I0828342

Oración del pobre

Majzor kabbalístico para Shavuot

KABBALAH PUBLISHING

www.kabbalah.com/espanol™

The Kabbalah Centre
155 E. 48th St., New York, NY 10017
1062 S. Robertson Blvd., Los Ángeles, CA 90035

Primera impresión, abril 2013

Impreso en los Estados Unidos

ISBN13: 978-1-57189-877-7

Tabla de contenido

A LA GRANDEZA DEL VALOR DE LA FUENTE ASHURIT

Y entonces debes abrir tu boca con sabiduría y decir *Kriat Shmá* con intención. Esto quiere decir que debes entender las palabras que estás diciendo y que, cuando recites las palabras de *Kriat Shmá* (del libro de rezos), debes visualizar la forma de cada palabra y sus letras. Por ejemplo, cuando dices la palabra "*Shmá*", debes visualizar las letras *Shin*, *Mem* y *Ayin* frente a tus ojos en la forma que están escritas en la fuente *Ashurit*. Luego debes visualizar cada palabra de la misma manera hasta el final. Debes visualizar las vocales y las entonaciones que están sobre cada letra en la misma forma que están en este libro de rezos y, al hacerlo, merecerás que cada palabra se eleve en su forma a los Mundos Celestiales y cada letra irá a su lugar y a su raíz, para activar acciones milagrosas y *tikunim* (correcciones) relacionadas contigo. Y hacer esto [escanear la fuente *Ashurit*] de manera diaria, te permitirá (y esto ha sido demostrado) eliminar todos los pensamientos negativos y tonterías que interfieren con la pureza de tu pensamiento e intención durante las oraciones. Cuanto más escaneo de la fuente *Ashurit* haga una persona con el *Kriat Shmá* y cualquier otra parte de la oración, más pureza será añadida a sus pensamientos durante la oración. Esta meditación es una acción sencilla y se te garantizará un aprendizaje exitoso con tu oración y todo será deseado por Dios al igual que el buen aroma. Amén, que así sea.

(*Séder HaYom* por Rav Yosef Jaím, el Ben Ish-Jai).

"Cuando vas a dormir, debes visualizar el Nombre del Tetragramatón (יְהֹוָה), bendito sea Él, como si estuviera escrito en letra *Ashurit* mayúscula. Los ojos siempre deben volverse a Dios y Dios lo protegerá de caer en alguna trampa".

(*Tsiporen Shamir*, par. 68 v. 121 por Rav Jayim Yosef David Azulai – El Jidá 1724-1806)

GUÍA GENERAL

De acuerdo con Rav Isaac Luria (el Arí) y Rav Shalom Sharabi (el Rashash), todas las palabras de intención, nombres sagrados y nombres de ángeles que están escritos en este libro, aunque formen parte del texto, no deben ser pronunciados. Cuando llegues a una palabra de este tipo, debes escanearla y no pronunciarla.

EN MATERIA DE SHAVUOT

(DEL LIBRO *LA PUERTA DE LAS MEDITACIONES* Y *PRI ETS JAYIM*)

MEDITACIONES PARA LA MIKVE EN ÉREV SHAVUOT

Durante *Érev Shavuot* necesitas hacer *mikve* y debes meditar en los Nombres: יוד הי ויו הי אלף הי יוד הי, los cuales en conjunto tienen el valor numérico de la palabra "festividad" (*réguel* = 233), y debes meditar en que *mikve* tiene el valor numérico del Nombre: אלף הה יוד הה, el cual es 151. Y debes recitar el siguiente verso y meditar en los Nombres que se derivan del mismo:

Vayikrá וַיִּקְרָא

אלף למד הי יוד מם

ע"ב יוד הי ויו הי

Elohim אֱלֹהִים

אלף למד הי יוד מם

ס"ג יוד הי ואו הי

Layabashá לַיַּבָּשָׁה

אלף למד הה יוד מם

מ"ה יוד הא ואו הא

Érets אֶרֶץ

אלף למד הא יוד מם

ב"ן יוד הה וו הה

ר"ת ולמקוה המים קרא ימים

Ulemikve Hamáyim Kará Yamim

(con sus nueve letras = 121) יהוה אלהים

MEDITACIONES PARA LA MIKVE ANTES DEL AMANECER DE SHAVUOT

Sumérgete temprano en la mañana, en un momento llamado *Ayélet HaShájar* (Cierva de la Mañana) de *Shavuot*, y medita en ser el Séquito (*Shushvín*) de la Reina Novia Santa (*Matronita Malquetá Kadishá*), *Rajel-Akéret Habáyit*, y recibir la Santidad adicional del aspecto de *Kéter* de *Zeir Anpín* y continuar esta iluminación (en el secreto de la *Mikve* Superior, la cual es la 50ma Puerta de *Biná*, que es la fuente de *Kéter* de *Zeir Anpín*) hacia la *Nukvá*, para limpiarla y purificarla de la negatividad de las 49 Puertas de Impureza y prepararla para la unificación con *Zeir Anpín*.

לשם יחוד קודשא בריך הוא ושכינתיה (יאהדונהי), **בדחילו ורחימו** (יאהויהה), **ורחימו ודחילו** (איההיוהה) **ליחדא שם יוד קי בואו קי** (יהוה) **ביחודא שלים, בשם כל ישראל, הנה אני מכין את עצמי להיות מן השושבינין דמטרוניתא מלכתא קדישא, רחל עקרת הבית, והנני בא עתה באשמורת הבוקר של יום חג השבועות, בעת הנקרא אילת השחר לטבול במקוה. לתקן את שרש טבילה זו במקום עליון ולהמשיך טהרה וטבילה ממקור כתר עליון הנמשך בלילה הזאת והוא נקרא השער החמישים. ככתוב: "וזרקתי עליכם מים טהורים". והריני מוכן לטבול ארבע הטבילות כנגד ארבע אותיות השם ברוך הוא בניקוד קמץ, ועוד הריני מוכן לטבול טבילה חמישית כנגד אור החסד העליון, שהוא הרצון העליון, המתגלה במזל השמיני הנקרא "נוצר חסד". ויהי נעם אדני אלהינו עלינו ומעשה ידינו כוננה עלינו ומעשה ידינו כוננהו.**

Ten la intención de construir el *Kéter* de *Nukvá*. Medita en que *Jésed* (representado por el agua de la *Mikve*) de *Tiféret* de *Zeir Anpín* es dividido en dos aspectos: La primera parte asciende y crea el *Kéter* de *Zeir Anpín* (como una compleción del estudio de toda la noche) y la segunda parte va hacia la parte posterior y comienza a crear el *Kéter* de *Nukvá*.

También medita en atraer iluminaciones para *Kéter* de *Nukvá*:

Yud Hei de **ע"ב** (=35) y *Yud Hei* de **ס"ג** (=35) y *Milui* de **ע"ב** (=46) y *Milui* de **ס"ג** (=37) equivalen a 153, que es el valor numérico de *Mikve* (151= **אלף הה יוד הה**) y los dos Nombres: **ע"ב** y **ס"ג**. Y medita en que en esta *Mikve* la *Nukvá* es purificada y Ella está lista para iniciar la elevación (para que el *Kéter* de *Nukvá* sea igual) hacia el *Kéter* de *Zeir Anpín* y para la unificación final con *Zeir Anpín* en *Musaf*.

Entonces te sumerges cinco veces:

En la primera inmersión, medita en la *Yud* del Tetragramatón con *Kamats* **יָ**.
En la segunda inmersión, medita en la primera *Hei* del Tetragramatón con *Kamats* **הָ**.
En la tercera inmersión, medita en la *Vav* del Tetragramatón con *Kamats* **וָ**.
En la cuarta inmersión, medita en la segunda *Hei* del Tetragramatón con *Kamats* **הָ**.
En la quinta inmersión, medita en atraer la iluminación del *Jésed* Superior, el Deseo Superior: **נוצר חסד** (el Octavo *Mazal*).

COMENTARIOS DEL ARÍ SOBRE SHAVUOT

Explicamos anteriormente que, en las siete semanas entre *Pésaj* y *Shavuot*, los *Mojín* se esparcen en *Zeir Anpín* y sus siete aspectos, que son: *Jojmá* y *Biná*, y los *Jasadim* y *Guevurot* de *Dáat*, y *Jésed*, y *Guevurá*, y *Tiféret*, y también la *Maljut* es incluida con *Tiféret*, ya que están adheridos espalda contra espalda. Y ahora, en *Shavuot*, también se esparcen en Su *Nétsaj* y *Hod* (el secreto de las dos Tablas de piedra que fueron entregadas en *Shavuot*, como se mencionó en el *Zóhar*). Y dado que se esparcieron hasta ahí, *Yesod* de *Zeir Anpín* se unifica con *Maljut*; *Zivug* de *Gadlut*.

Asimismo, durante las siete semanas de *Sfirat HaÓmer*, *Zeir Anpín* creció al nivel de *Jojmá* Celestial y *Biná* (*Gadlut Bet*, que está encima de *Yisrael Saba* y *Tevuná* que es llamado *Gadlut Álef*). Por lo tanto, el único aspecto de *Zeir Anpín* que falta es el *Kéter* (que está hecho del propio *Arij Anpín*) y, por lo tanto, es necesario que *Zeir Anpín* se eleve hasta *Arij Anpín* en *Shavuot*.

Este *Kéter* que es entregado a *Zeir Anpín* comienza a entrar en Él al principio de la noche de *Shavuot*, y no termina de entrar sino hasta el amanecer. Posteriormente, en la oración de *Shajarit* y *Musaf* del día de *Shavuot*, *Nukvá Rajel* es elevada para ser unificada con Él, como en *Shabat* y las festividades. Pero, a diferencia de *Shabat* y las festividades, *Zeir Anpín* comienza a elevarse hacia *Arij Anpín* desde el amanecer (lo cual ocurre más tarde en *Shabat* y las festividades), y esa es la grandeza de *Shavuot*. Por lo tanto, están prohibidas las relaciones sexuales en la noche de *Shavuot*, porque no hay Unificación en los Mundos Superiores, como se mencionó. Además, necesitas estar despierto toda la noche y estar ocupado con la Torá.

Con un poco de antelación a antes del amanecer, cuando la faz del cielo se hace oscura en el Este, llamada *Ayélet HaShájar*, tienes que ir a la *Mikve* y meditar en conectar con la *Mikve* Celestial, que es el *Kéter* Celestial de *Zeir Anpín* y también es llamada la 50ma Puerta; y mediante esto, recibimos la Santidad adicional del aspecto de este *Kéter*.

La razón es que en esta noche hacemos dos cosas: Una es atraer el *Kéter* Celestial de *Zeir Anpín* mediante estar ocupados con la Torá y, posteriormente, en *Ayélet HaShájar*, nos convertimos en damas de honor de la Reina (*Rajel Nukvá* de *Zeir Anpín*) y acompañamos a la novia a la casa de inmersión, y ella se sumerge en la *Mikve* Celestial (Ella no se eleva a *Kéter* de *Zeir Anpín*, pero recibe pureza e inmersión de *Kéter* de *Zeir Anpín*). Después, mediante la oración de *Shajarit* y *Musaf* del día de *Shavuot*, Ella se eleva como Él y luego se unifican, como se mencionó antes.

Kéter de *Zeir Anpín* y *Kéter* de *Nukvá* están listos en un momento, mientras *Jésed* se esparce en *Tiféret* de *Zeir Anpín* y se divide en dos, el primero se eleva hacia *Kéter* de *Zeir Anpín* y el segundo sale del pecho a través de la espalda de *Tiféret* y es entregado a *Rajel Nukvá* de *Zeir Anpín* para crear Su *Kéter*. *Kéter* de *Zeir Anpín* es el aspecto de *Dikná* de *Arij Anpín* y desciende a través de la mitad inferior de *Tiféret* de *Ima* hasta la cabeza de *Zeir Anpín*. Sabemos que hay 50 Puertas en *Ima*, que son el secreto de Sus cinco *Jasadim*, y cuando estos cinco *Jasadim* terminan de esparcirse en *Zeir Anpín*, la mitad de *Tiféret* de *Ima* desciende para ser una corona (*Kéter*) en Su cabeza. Resulta que el *Kéter* de *Zeir Anpín* es llamado la 50ma Puerta.

Por lo tanto, desde la mitad de *Jésed* de *Tiféret* de *Zeir Anpín* (que fue dividida y elevada hacia el *Kéter* de *Zeir Anpín*, y causa que este *Kéter* descienda a la cabeza de *Zeir Anpín*), el cual es el aspecto del agua (misericordia), esta agua continúa hacia la *Nukvá*, y Ella se sumerge en Ellas.

LOS 24 ADORNOS DE LA NOVIA

Como explicamos antes, mediante el estudio nocturno estamos preparando a la Novia para su unificación con *Zeir Anpín* en *Musaf*. Al leer los 24 libros de la Biblia, meditamos en 24 Nombres; uno por cada libro. Cada Nombre es derivado de la primera y la última letra de la segunda palabra del último versículo del libro. La primera letra tiene la vocal *Kubuts* y la segunda tiene la vocal *Kamats*. Por ejemplo: En el libro Bereshit, la segunda palabra en el último versículo es Yosef יוסף, por lo tanto, tomamos la primera letra que es *Yud* י y la última letra que es *Pei* פ con las vocales de la siguiente manera: יֻפָ.

Es importante meditar en los Nombres presentados a continuación durante la *Kedushá* de *Kéter* de *Musaf* (pág. 423), puesto que está escrito en el *Zóhar* (Introducción, párrafo 129): "Durante el año, la *Nukvá* tiene el Nombre: אל, pero ahora (durante *Musaf* de *Shavuot* y también durante *Shabat*), la *Nukvá* es elevada y recibe un nuevo Nombre: כבוד אל (=63 el secreto de la *Dáat* interna).

יֻפָ עֻנָ הֻתָ הֻתָ הֻדָ דֻיָ

מֻיָ הֻדָ אֻמָ אֻתָ בֻנָ הֻםָ

שֻׁםָ אֻתָ וֻוָ אֻתָ שֻׁהָ לֻבָ

הֻהָ אֻבָ לֻהָ לֻךָ אֻרָ הֻםָ:

COMENTARIOS DEL RAV SOBRE SHAVUOT

Aprendemos del *Zóhar* que, en la noche de *Shavuot*, Rav Shimón y sus estudiantes permanecían despiertos y estudiaban la Torá. Pero, para muchas personas actualmente, el verdadero significado de la festividad de *Shavuot* se ha perdido u olvidado. Pocos recuerdan o entienden la razón de la presentación de la Torá por el Creador en el Monte Sinaí hace 3.400 años. De acuerdo con la regla que aprendimos de Rav Brandwein (mi maestro), el hecho de que tantas personas ignoren este evento es una prueba de su importancia. Si no fuese tan importante, el lado negativo no se molestaría en apartar la atención de la gente de esta festividad.

La gente se ha desconectado de la importancia del evento en el Monte Sinaí porque es considerado solamente como parte de una tradición religiosa. Y la tradición, para la mayoría de las personas, tiene sólo un propósito: Conmemorar un evento del pasado. No obstante, ¿cuál es el propósito de conmemorar un evento que ocurrió hace 3.400 años si no podemos percibir la conexión directa e inmediata entre ese evento y nuestra vida hoy en día?

Rav Shimón dice que, en efecto, cada año en *Shavuot* podemos comprar un seguro de vida. Quienquiera que haga la conexión espiritual correcta en *Shavuot* ha sido asegurado: No morirán ni serán lastimados, y este seguro durará, al menos, hasta el próximo *Rosh Hashaná*. Pero si Rav Shimón no hubiese afirmado esto claramente en la *Introducción al Zóhar*, volumen 1, párrafo 150, nadie creería que tal cosa es posible. En un mundo donde la gente no sabe qué ocurrirá mañana, el tipo de seguro que nos ofrece Rav Shimón no tiene precio. Entonces, partiendo de esto, podemos ver que la razón para celebrar *Shavuot* no es la tradición religiosa o histórica sino, más bien, puro interés personal.

Por lo tanto, ¿qué ocurrió exactamente en el Monte Sinaí hace 3.400 años? ¿Cuál es el secreto de este evento maravilloso? En el Monte Sinaí, los israelitas recibieron la Torá y los Diez Enunciados. Aprendemos del *Midrash* que, antes de que la Torá fuese entregada, el Creador se la ofreció a todas las naciones del mundo… y todas se rehusaron a aceptarla. Pero cuando el Creador acudió a los israelitas, ellos contestaron: "Haremos y escucharemos".

Sin embargo, el *Talmud* describe el evento de una forma diferente y menos ideal. Según el *Talmud*, el Creador les dio a los israelitas un ultimátum. Él elevó el Monte Sinaí en el aire, reunió a los israelitas en el cráter que había debajo, y les dijo: "O aceptan la Torá o éste será su lugar de entierro". Bajo estas circunstancias, los israelitas dijeron lo que cualquiera habría dicho: "Haremos y escucharemos".

Actualmente, así como ocurrió en aquel momento, la mayoría de la gente no está entusiasmada con la Torá. Entonces, ¿cuál es el propósito de *Shavuot*?

En el evento de la entrega de la *Torá* y cada año en la festividad de *Shavuot*, el Creador nos da una oportunidad muy especial que puede aprovecharse si tan sólo cumplimos con los requerimientos energéticos específicos. Estos requerimientos ocurren solamente una vez al año: en el sexto día del mes de *Siván*. No fue coincidencia que la Torá fuese entregada en este día en específico. *Shavuot* es el único día del año que es perfecto para esta misión. El *Zóhar* revela que el tiempo tiene un significado decisivo en nuestro mundo. *Shavuot* nos da la oportunidad de conectar con la conciencia de la certeza y la unidad, que es necesaria para revelar todos los estratos de la realidad. El mensaje es simple: El secreto de la vida es la conexión con la Luz. El secreto del éxito en el mundo está en nuestra capacidad de conectar con la Fuerza de Luz del Creador y canalizarla a través de nosotros. Sólo en un mes con esta conciencia se puede revelar la Torá.

Cada mes, la Luz del Creador personificada en la Torá es revelada en el mundo, pero la revelación es canalizada mediante los aspectos negativos de separación y diferenciación. Durante cualquier otro mes, habríamos visto a los Diez Enunciados como leyes; diez mandamientos que dictan que no robaremos, que no mataremos, y así sucesivamente. Sólo en el mes de *Siván* podemos entender la verdad interna y esencial que elevará nuestra conciencia: No lastimaremos a otra persona, no porque sea la ley, sino porque la otra persona es parte de nosotros. Los Diez Enunciados no describen un orden social perfecto o alguna clase de utopía sino, más bien, el resultado de estar en la conciencia correcta. Cuando conectamos con la Luz, no habrá necesidad de un juez, legislador o policía que nos haga seguir las leyes impuestas sobre nosotros por un ente externo.

La combinación de letras arameas usadas para escribir los Diez Enunciados es un canal de comunicación que transmite tanto la Luz del Creador como la eliminación de la muerte. Este es el secreto de los Diez Enunciados; el contenido del texto es secundario en cuanto a importancia. Si una persona quiere reconectar con su ser espiritual, automáticamente entiende "no matarás" porque nunca se haría eso a sí misma. Podemos tomar la vida de alguien más sólo si existimos en separación. Por esta razón, el mandamiento es secundario. Ese nunca fue el propósito real.

El *Zóhar* dice que la Revelación de *Shavuot* —la entrega de la Torá en el Monte Sinaí— no sólo incluyó a los Diez Enunciados, sino también energía de vida en una proporción tan enorme que pudo cancelar por completo la conciencia de muerte. En otras palabras, hubo una "eliminación de la muerte". En ese evento, la corrección había sido alcanzada y se logró la libertad del dominio del Ángel de la Muerte: Libertad del caos, libertad de cualquier manifestación de la conciencia de Satán en el mundo. Esta libertad fue resultado de la iluminación de todo el mundo con la Luz del Creador, una Luz de vida y perfección. Esta iluminación permitió que cada individuo pudiera ver más allá del tiempo y el espacio, de un extremo del mundo a otro, y alcanzar control absoluto y certeza sobre todos los aspectos de su vida, incluyendo eventos futuros.

Dado que no hay carencia en el reino espiritual, la energía no desaparece. Por lo tanto, lo que ocurrió hace 3.400 años en el Monte Sinaí debe ocurrir nuevamente cada año en todo el universo en el sexto día de *Siván*. En *Shavuot*, todos nosotros podemos conectar con la inmortalidad. Al seguir el consejo de Rav Shimón y el Arí, podemos conectar con esta inmensa energía de vida, pero hay una manera muy específica para establecer esta conexión: Debemos atraer la Luz mientras practicamos la restricción; y son los Diez Enunciados los que nos enseñan a practicar la restricción en nuestra vida. Quienquiera que esté expuesto a la enorme Luz de *Shavuot* sin la vasija espiritual apropiada, se quemará; ese fue el mensaje que el Creador le transmitió a la gente. Cuando esa Luz asombrosa es revelada en el mundo, o conectamos con ella mediante la conciencia explicada en la Torá y, por consiguiente, obtenemos vida eterna y el final del proceso de corrección, o esa gran Luz nos quemará. Esto no es un castigo, sino el resultado físico de una incompatibilidad entre la vasija y la Luz, de la misma manera que un electrodoméstico hecho para manejar 110 voltios de electricidad se quemará cuando reciba 220 voltios.

Durante el Éxodo de Egipto, la nación israelita era sólo un potencial. Cuando los israelitas dijeron "Haremos", crearon una situación nueva. A nivel individual, las vasijas espirituales se hicieron compatibles al revelar y conectar con los Diez Enunciados; al aprender la manera de practicar la restricción. Durante la entrega de la Torá en el Monte Sinaí, la energía cósmica los protegió de la abundancia de Luz revelada por el Creador en el mundo. Los israelitas se convirtieron en canales de esta increíble Fuerza de Luz, pero sólo para ofrecer un "servicio comunitario" al universo.

De acuerdo con el *Zóhar*, los israelitas están destinados a canalizar la Luz del Creador y transmitirla a toda la humanidad. Este concepto también fue establecido a nivel cósmico: En el sexto día de *Siván*, todo el universo es capaz de recibir la energía del Sol sin calcinarse.

Por consiguiente, en el evento de la Revelación no recibimos diez mandamientos, sino diez niveles de Luz, salud, amor, continuidad y seguridad. Pero en el momento de la Revelación como tal, no pudimos contener la Luz y revelarla en nuestra vida cotidiana. La Luz estaba en estado potencial. Imagina, por así decirlo, que recibimos una batería eléctrica en la Revelación. Después de 40 días, Moshé desciende sosteniendo una bombilla de Luz en sus manos; un objeto que puede revelar el potencial en la batería. Así, la Torá y las tablas de piedra son los dispositivos físicos mediante los cuales la Luz del Creador es revelada en el mundo.

Al estudiar la Torá y el *Zóhar* durante la noche de *Shavuot*, conectamos con el canal que atrae para nosotros, de forma controlada, la plenitud espiritual revelada en el Monte Sinaí exactamente de la misma manera que lo hizo el Pergamino de la Torá que Moshé recibió en esos 40 días en el Monte Sinaí. Somos alimentados por una fuerza de vida que elimina el caos y el Ángel de la Muerte de nuestro entorno al menos hasta el final del año. Esto es lo que Rav Shimón nos enseña.

La Luz revelada en el Monte Sinaí es la misma Luz que será revelada en el tiempo del Mesías en la Era de Acuario. Debemos aprender a optimizar esta energía y cuidar de ella, o podría ser muy poderosa para el control humano y finalmente causar un gran desastre, Dios no lo permita, que nos afectaría a todos.

Cuando los israelitas construyeron el becerro de oro, asumieron que Moshé sería el intermediario entre ellos y la Luz. No estaban buscando un reemplazo de Dios, como comúnmente se nos dice, sino un reemplazo de la Torá; buscaban un dispositivo espiritual diferente que contuviera y revelara la Luz potencial revelada en *Shavuot*. Desafortunadamente, los israelitas no esperaron por Moshé y, por lo tanto, perdieron la oportunidad de terminar toda la corrección de la humanidad. No obstante, cada año en *Shavuot* recibimos una oportunidad de corregir parte de ese error histórico. Rav Shimón sugiere que nos "ocupemos" con la Torá toda la noche. "Ocuparse" con la Torá significa invertir el mismo esfuerzo que ponemos en nuestra carrera o en nuestro negocio, donde nos esforzamos desde la mañana hasta la noche. Más allá de eso, así como vemos nuestro negocio como una ocupación práctica y útil, de la misma manera debemos ver a la Torá.

La Torá no es más que una herramienta física que contiene Luz en una forma codificada. Necesitamos la Torá —igual que necesitamos nuestro cuerpo físico— para revelar Luz en el mundo material. Durante *Shavuot*, la Luz es revelada con una fuerza colosal. Para prepararnos para esto, es necesario contar el *Ómer*. El Arí dice que la festividad de *Shavuot* ocurre siete semanas después de *Pésaj*, no porque así es como está escrito en la Torá, sino porque *Shavuot* es el resultado de la actividad que tiene lugar en el mundo espiritual. Nada en el mundo físico puede ser la causa de otra cosa. Contamos el *Ómer*, de acuerdo con las meditaciones kabbalísticas, para construir una vasija que nos permita manejar efectivamente la Revelación de *Shavuot*. No hay necesidad de nada más. El Creador quiere bendecir a toda la Creación.

Otra conexión kabbalística es hacer el *Kidush* después de la Oración Matutina y comer algún alimento lácteo seguido a esto. Es algo que se hace sólo en *Shavuot*, cuando *Maljut* (nuestro mundo físico) alcanza y toca el *Kéter* de *Zeir Anpín*. Esto es un salto enorme al futuro.

Al tocar el punto de origen, podemos alcanzar el futuro y lograr la eliminación de la muerte para siempre. Esta energía es compatible con la energía de la leche, la cual está conectada a la Columna Derecha; la emanación de *Jésed* (misericordia), el nacimiento y la fuerza de vida que surge y es manifestada en el mundo. Mediante el consumo de alimentos lácteos, hacemos una acción física que nos conecta con los eventos de *Shavuot* en los Mundos Superiores. Así como activar el interruptor enciende la Luz en una habitación, los alimentos lácteos atraen la energía de *Shavuot* a nuestra vida. Es difícil de creer que comer un pastelillo relleno de queso y beber leche achocolatada puede ofrecernos una porción de vida hasta el fin del año, pero esta es la ley natural del universo: Cada acción física, incluso una pequeña, despierta acciones similares en el mundo espiritual. Y estas acciones, cuando se realizan en el momento indicado, pueden tener resultados de gran alcance.

La Kabbalah no es algo nuevo, tiene 3.400 años y nos fue entregada en el Monte Sinaí. La Kabbalah nos conecta con verdades muy antiguas; trae a nuestra conciencia cosas que ya sabíamos en nuestro subconsciente. Sólo las influencias robóticas de la vida moderna evitan que apliquemos estas verdades con la seriedad apropiada en nuestra cotidianidad. Para dejar de ser robots, debemos cambiar y renovar nuestra conciencia de forma fundamental. El "seguro de vida" que adquirimos durante *Shavuot* debe estar acompañado de nuestra decisión de que podemos cambiar la faz de la Tierra y a nosotros mismos. A partir de ahora, veremos a los otros seres humanos como una parte integral de nuestro ser y los trataremos como tal. En nuestros esfuerzos de cambiar y elevar nuestra conciencia, avanzaremos hasta *Rosh Hashaná*, sabiendo que, hasta entonces, se nos ha dado vida sin límites.

Oremos por que, con la revelación del secreto —la Kabbalah— en el Monte Sinaí, nosotros mismos podamos convertirnos en la verdadera revelación. Debemos darnos cuenta que a través del poder de la Revelación somos uno con el Creador. No hay verdad más grande que ésta. En *Shavuot*, tenemos la oportunidad de entenderlo con nuestra mente, conectarlo con nuestro corazón y ejecutarlo con cada aspecto de nuestro ser.

ERUV TAVSHILÍN (MEZCLA DE COMIDAS)

Cuando una festividad es seguida por un *Shabat*, se realiza la ceremonia de *Eruv Tavshilín* antes del inicio de la festividad, para permitirnos cocinar alimentos para *Shabat* durante la festividad; de otra manera no podemos. En la víspera de la festividad tomamos dos tipos de alimentos cocidos (preferiblemente uno horneado como pan/matsá – mínimo dos onzas) y algún alimento cocido; huevos, carne o pescado (mínimo dos onzas). La persona que hace el *Eruv* debe meditar en incluir a toda la comunidad con esta bendición.

Ponemos los dos elementos cocidos juntos y decimos la siguiente bendición:

בָּרוּךְ Baruj אַתָּה Atá יְהֹוָהאדניאהדונהי Adonai אֱלֹהֵינוּ Eloheinu ילה

מֶלֶךְ Mélej הָעוֹלָם haolam אֲשֶׁר asher קִדְּשָׁנוּ kidshanu

בְּמִצְוֹתָיו bemitsvotav וְצִוָּנוּ vetsivanu עַל al מִצְוַת mitsvat עֵרוּב eruv:

Y luego decimos:

בְּדֵין bedein עֵירוּבָא eiruvá יְהֵא yehé שָׁרֵא sharé לָנָא laná

לַאֲפוּיֵי laafuyei וּלְבַשּׁוּלֵי ulevishulei וּלְאַטְמוּנֵי uleatmunei

וּלְתַקּוּנֵי uletakunei (וּלְמִשְׁחַט ulemishjat) וּלְאַדְלוּקֵי uleadlukei

שְׁרַגָּא shragá וּלְמֶעֱבַד ulmeevad כָּל col ילי צָרְכָנָא tsarjaná

מִיּוֹם miYom ע"ה נגד, מזבח, זן, אל יהוה טוֹב Tov והו לְשַׁבָּת leShabat לָנָא laná

וּלְכָל ulejol יה אדני בְּנֵי bnei הָעִיר hair מוזוהר, סנדלפון, ערי הַזֹּאת hazot:

Luego de recitarlo en arameo, la persona debe decir la bendición en un idioma que entienda
(a continuación está en hebreo y español):

בעירוב זה יהיה מותר לנו לאפות ולבשל ולהדליק הנר
ולעשות כל צרכינו מיו"ט לשבת:

"Mediante estos alimentos cocidos y horneados tendremos permiso de continuar horneando, cocinando, encendiendo una llama a partir de un fuego existente y hacer todas las preparaciones necesarias en *Yom Tov* apropiadas para *Shabat*".

Este *Eruv* se comerá durante la Tercera Comida de *Shabat* (debemos asegurarnos de que esté bien guardado durante *la festividad* y *Shabat*; si desaparece podría ser un problema).

ERUV TAVSHILÍN (MEZCLA DE COMIDAS)

Bendito seas Tú, Señor, nuestro Dios, Rey del mundo,
Quien nos ha santificado con Sus mandamientos y nos obliga respecto al Precepto de Eruv.
"Mediante estos alimentos cocidos y horneados tendremos permiso de continuar horneando, cocinando, encendiendo una llama a partir de un fuego existente y hacer todas las preparaciones necesarias en Yom Tov apropiadas para Shabat".

ENCENDIDO DE VELAS

Encendemos las velas para atraer Luz espiritual en nuestra vida personal. Cada acción física en nuestro mundo inicia una reacción correspondiente en los Mundos Superiores. Al encender las velas físicas de *Shavuot* con la conciencia y la intención de conectarse con la energía de *Shavuot* en los Mundos Superiores, despertamos y traemos Luz espiritual hacia nuestro mundo físico.

Cuando una mujer enciende las velas, también está ayudando a corregir el pecado de Eva, que fue el Deseo de Recibir para Sí Mismo. La acción de encender las velas se convierte en un acto de compartir. Debido a que el esposo y los hijos son los más cercanos a la mujer, ellos reciben los beneficios de esta acción.

LESHEM YIJUD

לשם leShem יחוד yijud קודשא Kudshá בריך Berij הוא Hu
ושכינתיה uShjintei (יאהדונהי) בדחילו bidjilu ורחימו urjimu
(יאההויהה), ורחימו urjimu ודחילו udjilu (איההיוהה),
ליחדא leyajdá שם Shem יו"ד Yud ק"י Kei בוא"ו beVav ק"י Kei
ביחודא beyijudá שלים shlim (יהוה) בשם beshem כל col ילי
ישראל, Yisrael הריני hareini באה vaá לקיים lekayem
מצות mitsvat עשה asé של shel הצדקה hatsedaká ע"ה ריבוע אלהים
והריני vahareini נותנת noténet שתי shtei פרוטות prutot
לצדקה litsedaká ע"ה ריבוע אלהים ועוד veod הריני hareini נותנת noténet
פרוטה prutá אחת ajat לצדקה litsedaká ע"ה ריבוע אלהים לתקן letakén
את et שורש shóresh מצוה mitsvá זו zo וכל vejol ילי תרי"ג taryag
מצוות mitsvot הכלולות haclulot בה ba במקום bemakom עליון elyón.

Es bueno que una mujer dé tres monedas en caridad antes del encendido de las velas y prosiga a decir:

והריני vahareini באה vaá לקיים lekayem מצות mitsvat עשה asé
דרבנן derabanán להדליק lehadlik נרות nerot לכבוד lijvod

ENCENDIDO DE LAS VELAS - LESHEM YIJUD

Para la unificación del Santísimo, Bendito sea Él, y Su Shejiná, con temor y amor y con amor y temor, para unificar El Nombre Yud-Kei y Vav-Kei en perfecta unidad, y en el nombre de Yisrael, yo estoy lista y dispuesta a cumplir el precepto obligatorio de Tsedaká, y por lo tanto estoy dando dos monedas como Tsedaká y una más en Tsedaká para corregir la raíz del precepto de Tsedaká con todos los otros 613 preceptos que están incluidos en él, en el Lugar Celestial,
(Es bueno que una mujer dé tres monedas en caridad antes del encendido de las velas y prosiga a decir).
Yo estoy preparada para cumplir el precepto obligatorio de los sabios del encendido de las velas en honor del

יוֹם Yom ע"ה נגד, מזבח, זן, אל יהוה טוֹב Tov והו• לְתַקֵּן letakén שֹׁרֶשׁ shóresh
מִצְוָה mitsvá זוֹ zo בְּמָקוֹם bemakom עֶלְיוֹן elyón• וִיהִי vihí נֹעַם nóam
אֲדֹנָי Adonai ללה אֱלֹהֵינוּ Eloheinu ילה עָלֵינוּ aleinu וּמַעֲשֵׂה umaasé יָדֵינוּ yadeinu
כּוֹנְנָה conená עָלֵינוּ aleinu וּמַעֲשֵׂה umaasé יָדֵינוּ yadeinu כּוֹנְנֵהוּ conenehu:

Entonces la mujer enciende las velas, cubre sus ojos con sus manos y recita la siguiente bendición:

בָּרוּךְ Baruj אַתָּה Atá יְהֹוָאדהנויאהדונהי Adonai אֱלֹהֵינוּ Eloheinu ילה
מֶלֶךְ Mélej הָעוֹלָם haolam אֲשֶׁר asher קִדְּשָׁנוּ kidshanu
בְּמִצְוֹתָיו bemitsvotav וְצִוָּנוּ vetsivanu לְהַדְלִיק lehadlik
נֵר ner יהוה אהיה יהוה אלהים יהוה אדני שֶׁל shel (en *Shabat* agregar: שַׁבָּת Shabat וְשֶׁל veshel)
יוֹם Yom ע"ה נגד, מזבח, זן, אל יהוה טוֹב Tov והו:
בָּרוּךְ Baruj אַתָּה Atá יְהֹוָאדהנויאהדונהי Adonai אֱלֹהֵינוּ Eloheinu ילה
מֶלֶךְ Mélej הָעוֹלָם haolam שֶׁהֶחֱיָנוּ shehejeyanu
וְקִיְּמָנוּ vekiyemanu וְהִגִּיעָנוּ vehiguianu לַזְּמַן lazmán הַזֶּה hazé והו:

YEHÍ RATSÓN

A través de esta bendición se nos da el poder de tener hijos justos y de tener un esposo justo. La mayor oportunidad que tiene una mujer de compartir es con su familia, que es lo que está más cerca de ella en su vida diaria. La definición de compartir con nuestro hijo o cónyuge toma todo un nuevo significado cuando se entiende desde el punto de vista kabbalístico. Para ayudarnos a entender lo que de verdad significa compartir, debemos primero comprender lo que *no* es compartir. El Kabbalista Rav Berg explica que cuando los padres crían a sus hijos, la mayoría de los actos de compartir están considerados como parte de nuestro deber como padres amorosos. En otras palabras, cuando compartimos con nuestros seres queridos, no se generan "puntos meritorios" en los Mundos Superiores. El verdadero compartir sólo ocurre cuando nos es difícil dar, cuando nos salimos de nosotros mismos y nos salimos de nuestras zonas de confort. Comúnmente jugamos con nuestros hijos o les damos a nuestros hijos cuando esto nos satisface. Obtenemos tanto placer como ellos mismos. Sin embargo, si podemos aprender a compartir y a darles nuestro tiempo y atención cuando nos es difícil, obtendremos mayores beneficios. El encender las velas de *Shabat* se considera un verdadero acto de compartir con nuestra familia.

Yom Tov para corregir la raíz del precepto en el Lugar Celestial. "Y sea la gracia del Señor, nuestro Dios, sobre nosotros y pueda Él establecer en nosotros la obra de nuestras manos y que la obra de nuestras manos pueda establecerlo a Él" (Salmos 90:17).
Bendito eres Tú, Señor, nuestro Dios, Rey del universo, que nos has santificado con Tus mandamientos y nos has ordenado encender las velas de Yom Tov.
Bendito eres Tú, Señor, nuestro Dios, Rey del universo, que nos has otorgado la vida y subsistencia y nos ha permitido llegar hasta el momento presente.

יְהִי yehí רָצוֹן ratsón מהש ע"ה, ע"ב בריבוע קס"א ע"ה, אל שדי ע"ה
מִלְּפָנֶיךָ milfaneja ס"ג מ"ה ב"ן יְהֹוָהאדניאהדונהי Adonai אֱלֹהַי Elohai
מילוי דע"ב, דמ"ב ; ילה וֵאלֹהֵי veElohei לכב ; מילוי דע"ב, דמ"ב ; ילה אֲבוֹתַי avotai
שֶׁתָּחוּס shetajús וּתְרַחֵם uterajem ג"פ רי"ו ; וז"פ אל, רי"ו ול"ב נתיבות החכמה,
רמ"ח (אברים), עסמ"ב וט"ז אותיות פשוטות עָלַי alai, וְתַגְדִּיל vetagdil חַסְדְּךָ jasdejá
עִמָּדִי imadí לָתֵת latet לִי li זֶרַע zera אֲנָשִׁים anashim עוֹשֵׂי osei
רְצוֹנֶךָ retsoneja• וְעוֹסְקִים veoskim בְּתוֹרָתְךָ betoratjá לִשְׁמָהּ lishmá•
וְיִהְיוּ veyihyú אל (ייא" דס"ג) מְאִירִים meirim בַּתּוֹרָה baTorá
בִּזְכוּת bizjut נֵרוֹת nerot יוֹם Yom ע"ה נגד, מזבח, זן, אל יהוה טוֹב Tov והו:
הַלָּלוּ halalu, כְּמוֹ cmó שֶׁנֶּאֱמַר sheneemar: כִּי qui נֵר ner מִצְוָה mitsvá
וְתוֹרָה veTorá אוֹר or רז, אין סוף• וְגַם vegam תָּחוּס tajós וּתְרַחֵם uterajem
ג"פ רי"ו ; וז"פ אל, רי"ו ול"ב נתיבות החכמה, רמ"ח (אברים), עסמ"ב וט"ז אותיות פשוטות

עַל al בַּעְלִי baalí

(La mujer debe mencionar aquí el nombre de su esposo y el nombre del padre de él)

וְתִתֵּן vetitén ב"פ כהת לוֹ lo אֹרֶךְ órej יָמִים yamim נלך
וּשְׁנוֹת ushnot וְחַיִּים jayim אהיה אהיה יהוה, בינה ע"ה
עִם im בְּרָכָה brajá וְהַצְלָחָה vehatslajá, וּתְסַיְּעֵהוּ utesayehu
לַעֲשׂוֹת laasot רְצוֹנְךָ retsonjá בִּשְׁלֵמוּת bishlemut• כֵּן quen יְהִי yehí
רָצוֹן ratsón מהש ע"ה, ע"ב בריבוע קס"א ע"ה, אל שדי ע"ה אָמֵן יאהדונהי Amén•

(מ"ב אותיות בפסוק)

יִהְיוּ yihyú אל (ייא" דס"ג) לְרָצוֹן leratsón מהש ע"ה, ע"ב בריבוע וקס"א ע"ה, אל שדי ע"ה
אִמְרֵי imrei פִי fi ר"ת אֶלֶף = אלף למד שין דלת יוד ע"ה וְהֶגְיוֹן vehegyón לִבִּי libí
לְפָנֶיךָ lefaneja ס"ג מ"ה ב"ן יְהֹוָהאדניאהדונהי Adonai צוּרִי tsurí וְגֹאֲלִי vegoalí:

YEHÍ RATSÓN

Sea agradable ante Ti, Señor, mi Dios, y Dios de mis ancestros, que tengas piedad y seas misericordioso conmigo, y puedas Tú aumentar Tu compasión hacia mí al concederme, como prole, aquellos que cumplan Tus órdenes y que se ocupen de Tu Torá por Su propio bien. Puedan ellos ser resplandecientes en la Torá gracias a estas velas, como fue dicho: "Porque el mandamiento es una vela y la Torá es Luz" (Proverbios 6:23). *Tengas también piedad y seas misericordioso hacia mi esposo* (la mujer debe mencionar aquí el nombre de su esposo y el nombre del padre de él) *y le otorgues Tú largos días y años de vida, llenos de bendiciones y éxitos, y puedas Tú ayudarlo a cumplir Tus órdenes, de manera perfecta. Sea ese Tu deseo, Amén. "Sean agradables los dichos de mi boca y los pensamientos de mi corazón ante Ti, Dios, mi fortaleza y mi redentor"* (Salmos 19:15).

MINJÁ DE ÉREV SHAVUOT

El propósito de la oración de *Minjá* no es sólo hacer una conexión con la Luz del Creador, sino también aquietar la energía de juicio en el mundo. El mejor momento para hacer esto es cuando la energía de juicio aparece en su mayor magnitud e intensidad. El Kabbalista Rav Yitsjak Luria (el Arí) sólo recitaba la *Minjá* cuando el Sol se estaba poniendo. Él tenía conocimiento de que el valor numérico de la palabra *Minjá* (103) también es el número de los submundos (dentro de los cinco mundos principales), controlados por la energía de juicio de la Columna Izquierda.

El pecado del becerro de oro ocurrió durante la hora de *Minjá*, convirtiéndose entonces en la semilla que ayudaría a infundir el mundo con juicio al final de la tarde. Yitsjak el Patriarca es nuestro canal para superar el juicio. Yitsjak vino a este mundo para crear un camino que nos llevaría a suavizar el juicio en nuestra vida. Podemos escoger entre seguir creando caminos difíciles para nosotros o podemos seguir el camino de endulzar el juicio que pavimentó Yitsjak.

LESHEM YIJUD

לְשֵׁם leShem יִחוּד yijud קוּדְשָׁא Kudshá בְּרִיךְ Berij הוּא Hu
וּשְׁכִינְתֵּיהּ uShjintei (יאהדונהי), בִּדְחִילוּ bidjilu וּרְחִימוּ urjimu
(יאההויהה), וּרְחִימוּ urjimu וּדְחִילוּ udjilu (איההויהה), לְיַחֲדָא leyajdá
שֵׁם Shem יו"ד Yud קֵ"י Kei בְּוא"ו beVav קֵ"י Kei בְּיִחוּדָא beyijudá
שְׁלִים shlim (יהוה) בְּשֵׁם beshem כָּל col ילי יִשְׂרָאֵל Yisrael,
הִנֵּה hiné אֲנַחְנוּ anajnu בָּאִים baim לְהִתְפַּלֵּל lehitpalel תְּפִלַּת tfilat
מִנְחָה minjá ע"ה ב"פ ב"ן שֶׁתִּקֵּן shetikén יִצְחָק Yitsjak ד"פ ב"ן אָבִינוּ avinu
עָלָיו alav הַשָּׁלוֹם hashalom עִם im כָּל col ילי הַמִּצְוֹות hamitsvot
הַכְּלוּלוֹת haclulot בָּהּ, ba לְתַקֵּן letakén אֶת et שׁוֹרְשָׁהּ shorshá
בְּמָקוֹם bemakom עֶלְיוֹן elyón לַעֲשׂוֹת laasot נַחַת־ nájat רוּחַ rúaj
לְיוֹצְרֵנוּ leyotsrenu, וְלַעֲשׂוֹת velaasot רְצוֹן retsón מהש ע"ה, ע"ב
בּוֹרְאֵנוּ borenu. ברבוע וקס"א ע"ה, אל שדי ע"ה וִיהִי vihí נֹעַם nóam אֲדֹנָי Adonai ללה
אֱלֹהֵינוּ Eloheinu ילה עָלֵינוּ aleinu וּמַעֲשֵׂה umaasé יָדֵינוּ yadeinu
כּוֹנְנָה conená עָלֵינוּ aleinu וּמַעֲשֵׂה umaasé יָדֵינוּ yadeinu כּוֹנְנֵהוּ conenehu:

MINJÁ DE ÉREV SHAVUOT
LESHEM YIJUD

Para la unificación del Santísimo, bendito sea Él, y Su Shejiná, con temor y amor y con amor y temor, para unificar El Nombre Yud-Kei y Vav-Kei en perfecta unidad, y en el nombre de Yisrael, hemos venido por este medio a recitar la oración de Minjá establecida por Yitsjak, nuestro ancestro, sea la paz con él con todos sus preceptos, para corregir su raíz en el Lugar Celestial, para llevar satisfacción a nuestro Hacedor, y para satisfacer el deseo de nuestro Creador. "Y sea la gracia del Señor, nuestro Dios, sobre nosotros y pueda Él establecer en nosotros la obra de nuestras manos y que la obra de nuestras manos pueda establecerlo a Él" (Salmos 90:17).

LOS SACRIFICIOS – KORBANOT - EL TAMID – OFRENDA (DIARIA)

וַיְדַבֵּר vaydaber ראה יְהוָהאדניאהדונהי Adonai אֶל־ el מֹשֶׁה Moshé

מהש, ע"ב בריבוע וקס"א, אל שדי לֵּאמֹר lemor: פוי, אל אדני צַו tsav אֶת־ et בְּנֵי bnei

יִשְׂרָאֵל Yisrael וְאָמַרְתָּ veamarta אֲלֵהֶם alehem אֶת־ et קָרְבָּנִי karbaní

לַחְמִי lajmí לְאִשַּׁי leishai רֵיחַ réaj נִיחֹחִי nijojí תִּשְׁמְרוּ tishmerú

לְהַקְרִיב lehakriv לִי li בְּמוֹעֲדוֹ bemoadó: וְאָמַרְתָּ veamarta לָהֶם lahem

זֶה ze הָאִשֶּׁה haishé אֲשֶׁר asher תַּקְרִיבוּ takrivu לַיהוָהאדניאהדונהי laAdonai

כְּבָשִׂים cvasim בְּנֵי־ bnei שָׁנָה shaná תְמִימִם tmimim שְׁנַיִם shnáyim

לַיּוֹם layom ע"ה נגד, מזבח, זן, אל יהוה עֹלָה olá ר"ת עשל תָּמִיד tamid ע"ה קס"א קנ"א קמ"ג:

אֶת־ et הַכֶּבֶשׂ haqueves אֶחָד ejad אהבה, דאגה תַּעֲשֶׂה taasé בַבֹּקֶר vabóker

וְאֵת veet הַכֶּבֶשׂ haqueves הַשֵּׁנִי hashení תַּעֲשֶׂה taasé בֵּין bein

הָעַרְבָּיִם haarbáyim: וַעֲשִׂירִית vaasirit הָאֵיפָה haefá סֹלֶת sólet

לְמִנְחָה leminjá ע"ה = ב"פ ב"ן בְּלוּלָה blulá בְּשֶׁמֶן beshemen

כָּתִית catit רְבִיעִת reviit הַהִין hahín: עֹלַת olat ישר, אבגיתץ

(Aquí meditar en doblegar la *klipá* llamada *Tolá* usando el Nombre: אבגיתץ)

תָּמִיד tamid ע"ה קס"א קנ"א קמ"ג הָעֲשֻׂיָה haasuyá

בְּהַר beHar סִינַי Sinai נמם = ה' הויות (ה' גבורות) לְרֵיחַ leréaj נִיחֹחַ nijóaj

אִשֶּׁה ishé לַיהוָהאדניאהדונהי laAdonai: וְנִסְכּוֹ veniscó רְבִיעִת reviit

הַהִין hahín לַכֶּבֶשׂ laqueves הָאֶחָד haejad אהבה, דאגה בַּקֹּדֶשׁ bakódesh

הַסֵּךְ hasej נֶסֶךְ nésej שֵׁכָר shejar י"פ ב"ן לַיהוָהאדניאהדונהי laAdonai:

LOS SACRIFICIOS – KORBANOT - EL TAMID – OFRENDA (DIARIA)

"Y habló Dios a Moshé y dijo: Ordena a los Hijos de Israel y diles: Mi ofrenda, el pan para ofrenda por fuego, Mi agradable fragancia, guardarán para entregar en sacrificio a Mí en el momento especificado. Y les dirás: Esta es la ofrenda por fuego que ofrecerán a Dios: cordero de un año sin defecto, dos diarios, como una ofrenda diaria regular; un cordero ofrecerán en la mañana y el segundo cordero ofrecerán al final de la tarde. Y una décima de efá de harina fina, para la ofrenda de harina, mezclada con un cuarto de hin de aceite. Una ofrenda quemada permanente hecha en el Monte Sinaí para fragancia adorable y una ofrenda por fuego ante Dios. Su libación es un cuarto de hin para el cordero en el Santuario, vierte una libación de vino superior ante Dios.

וְאֵת veet הַכֶּבֶשׂ haqueves הַשֵּׁנִי hashení תַּעֲשֶׂה taasé בֵּין bein

הָעַרְבָּיִם haarbáyim כְּמִנְחַת queminjat הַבֹּקֶר habóker וּכְנִסְכּוֹ ujniscó

תַּעֲשֶׂה taasé אִשֵּׁה ishé (elevación a *Yetsirá*) רֵיחַ réaj (elevación a *Briá*)

נִיחֹחַ nijóaj (elevación a *Atsilut*) לַיהוָֹה laAdonai ;(elevación al Mundo Infinito):

EL INCIENSO

Estos versículos de la *Torá* y del *Talmud* hablan sobre las 11 hierbas y especias que fueron usadas en el Templo. Estas hierbas y especias fueron usadas con un solo propósito: Para ayudarnos a eliminar la fuerza de la muerte de cada área de nuestra vida. Esta es una de las varias oraciones cuyo único propósito es la erradicación de la muerte. El *Zóhar* nos enseña que todo aquel que tenga juicio persiguiéndole, necesita conectarse con este incienso. Estas 11 hierbas y especias se conectan con las 11 Luces que sostienen a las *klipot* (cáscaras de negatividad). Cuando arrancamos las 11 Luces que sostienen a las *klipot* a través del poder del incienso, las *klipot* pierden su fuerza vital y mueren. Además de llevar las 11 especias al Templo, la gente llevaba resina, vino y otros elementos con propiedades metafísicas para ayudar a combatir al Ángel de la Muerte.

Está escrito en el *Zóhar*: "Ven y ve: Quien es perseguido por el juicio necesita incienso y debe arrepentirse ante su Señor, ya que el incienso ayuda a desaparecer el juicio de él". Las 11 hierbas y especias corresponden a las 11 Iluminaciones Santas que reviven a la *klipá*. Al elevarlas, la *klipá* muere. Mediante estas 11 hierbas, las *klipot* son alejadas y se elimina la fuerza energética que les daba vida. Y debido a que el Lado Puro y su sustento desaparecen, las *klipot* quedan sin vida. Por lo tanto, el secreto del incienso es que éste limpia la fuerza de la plaga y la cancela. El incienso destruye al Ángel de la Muerte y le quita su poder de asesinar.

אַתָּה Atá הוּא Hu יְהוָֹה Adonai אֱלֹהֵינוּ Eloheinu ילה

שֶׁהִקְטִירוּ shehiktiru אֲבוֹתֵינוּ avoteinu לְפָנֶיךָ lefaneja ס"ג מ"ה ב"ן

אֶת et קְטֹרֶת któret י"א פעמים אדני (הנבררים מהקליפות ע"י י"א הסממנים) ;

קטרת - הק' באתב"ש ד' = תרי"ג (מצוות) הַסַּמִּים hasamim ע"ה קנ"א, אדני אלהים

בִּזְמַן bizmán שֶׁבֵּית shebeit ב"פ ראה הַמִּקְדָּשׁ hamikdash קַיָּם kayam

כַּאֲשֶׁר caasher צִוִּיתָ tsivita אוֹתָם otam עַל al יַד yad מֹשֶׁה Moshé מהש,

ע"ב בריבוע וקס"א, אל שדי נְבִיאָךְ neviaj כַּכָּתוּב cacatuv בְּתוֹרָתָךְ beTorataj:

Ofrecerás el segundo cordero en la tarde como la ofrenda de la mañana; su libación ofrecerás como ofrenda por fuego de una fragancia agradable a Dios" (*Números 28:1-8*).

EL INCIENSO

Eres Tú, Señor, nuestro Dios, ante quien nuestros antepasados quemaron las especias del incienso. Durante el tiempo en el que existía el Sagrado Templo, como habías ordenado a través de Moshé, Tu Profeta, y como está escrito en Tu Torá:

LA PORCIÓN DEL INCIENSO

Para elevar las *Sefirot* de todas las *Noga* de *Atsilut*, *Briá*, *Yetsirá* y *Asiyá*.

וַיֹּאמֶר vayómer יְהֹוָה(אדני יאהדונהי) Adonai אֶל־ el מֹשֶׁה Moshé

מהש, ע"ב בריבוע וקס"א, אל שדי קַח־ kaj לְךָ lejá סַמִּים samim (*Tiféret, Nétsaj*)

ע"ה קנ"א, אדני אלהים נָטָף nataf | (*Hod*) וּשְׁחֵלֶת ushjélet (*Yesod*) וְחֶלְבְּנָה vejelbená

(*Maljut*) ע"ה פוי, אל אדני סַמִּים samim (*Kéter, Jojmá, Biná, Jésed, Guevurá*)

ע"ה קנ"א, אדני אלהים וּלְבֹנָה ulevoná זַכָּה zacá (Luz Circundante) בַּד bad בְּבַד bevad

יִהְיֶה yihyé ייי : וְעָשִׂיתָ veasita אֹתָהּ otá קְטֹרֶת któret י"א פעמים אדני (הנבררים

מהקליפות ע"י י"א הסממנים); קטרת - הק' באתב"ש ד' = תרי"ג (מצוות) רֹקַח rókaj מַעֲשֵׂה maasé

רוֹקֵחַ rokéaj שדי מְמֻלָּח memulaj טָהוֹר tahor פ"י אכא קֹדֶשׁ kódesh

ס"ת רוחש בכוונה לגרש החיצונים ויועיל לזכירה: וְשָׁחַקְתָּ veshajakta מִמֶּנָּה mimena

הָדֵק hadek וְנָתַתָּה venatata מִמֶּנָּה mimena לִפְנֵי lifnei הָעֵדֻת haedut

בְּאֹהֶל beóhel מוֹעֵד moed אֲשֶׁר asher אִוָּעֵד ivaed לְךָ lejá שָׁמָּה shama

קֹדֶשׁ kódesh קָדָשִׁים kadashim תִּהְיֶה tihyé לָכֶם lajem. וְנֶאֱמַר veneemar:

וְהִקְטִיר vehiktir עָלָיו alav אַהֲרֹן Aharón קְטֹרֶת któret י"א פעמים אדני

(הנבררים מהקליפות ע"י י"א הסממנים); קטרת - הק' באתב"ש ד' = תרי"ג (מצוות) סַמִּים samim

ע"ה קנ"א, אדני אלהים בַּבֹּקֶר babóker בַּבֹּקֶר babóker בְּהֵיטִיבוֹ beheitivo

אֶת־ et הַנֵּרֹת hanerot יַקְטִירֶנָּה yaktirena: וּבְהַעֲלֹת uvehaalot

אַהֲרֹן Aharón אֶת־ et הַנֵּרֹת hanerot בֵּין bein הָעַרְבַּיִם haarbáyim

ר"ת אהבה, דאגה, אחד יַקְטִירֶנָּה yaktirena קְטֹרֶת któret י"א פעמים אדני

(הנבררים מהקליפות ע"י י"א הסממנים); קטרת - הק' בא"ת ב"ש ד' = תרי"ג (מצוות) תָּמִיד tamid

ע"ה קס"א קנ"א קמ"ג לִפְנֵי lifnei יְהֹוָה(אדני יאהדונהי) Adonai לְדֹרֹתֵיכֶם ledoroteijem:

LA PORCIÓN DEL INCIENSO

"Y Dios dijo a Moshé: Toma especias de bálsamo, uña aromática, gálbano y olíbano puro, de todo en igual peso. Y deberás preparar una mezcla de incienso: la obra de un perfumador, bien combinada, pura y santa. Molerás de ella pulverizándola y la colocarás delante del Testimonio en el Tabernáculo de Reunión, en donde Yo me encontraré contigo. Será el Santo de los Santos para ti" (Éxodo 30:34-36). *Y Dios también dijo: "Aharón quemará sobre el Altar especies de incienso cada mañana cuando prepare las velas. Y cuando Aharón encienda las velas a la caída del sol, él deberá quemar especias de incienso como una ofrenda de incienso permanente ante Dios, por todas sus generaciones"* (Éxodo 30:7-8).

LAS FUNCIONES DEL INCIENSO

El relleno del incienso tiene dos propósitos: Primero, remover las *klipot* para evitar que éstas acompañen la elevación de los Mundos y, segundo, atraer Luz hacia *Asiyá*. Por lo tanto, medita en elevar las chispas de Luz de todas las *Noga* de *Atsilut*, *Briá*, *Yetsirá* y *Asiyá*.

Cuenta el incienso uno por uno usando tu mano derecha y no te saltes ni uno, porque está escrito: "Si uno omite uno de los ingredientes, es probable que reciba la pena de muerte". Y, por lo tanto, debes tener cuidado de no saltarte ninguno, porque recitar este párrafo es un sustituto de la verdadera quema del incienso.

תָּנוּ tanú רַבָּנָן rabanán פִּטּוּם pitum הַקְּטֹרֶת haktóret י"א פעמים אדני
(הנבררים מהקליפות ע"י י"א הסממנים); קטרת - הק' באתב"ש ד' = תרי"ג (מצוות);
פטום הקטרת = יְהוָה יֱהֹוִה מצפצ יה אדני אל אלהים מצפצ (ו' מרגלאין דשבת) ❖
כֵּיצַד queitsad. שְׁלֹשׁ shlosh מֵאוֹת meot המספר = ש' = אלהים דיודין
וְשִׁשִּׁים veshishim המספר = מילוי הש' (ין) וּשְׁמוֹנָה ushmoná מָנִים manim הָיוּ hayú
בָהּ va. שְׁלֹשׁ shlosh מֵאוֹת meot המספר = ש' = אלהים דיודין וְשִׁשִּׁים veshishim
המספר = מילוי הש' (ין) וַחֲמִשָּׁה vajamishá כְּמִנְיַן queminyán יְמוֹת yemot
הַחַמָּה hajamá מָנֶה mané ע"ה פוי, אל אדני בְּכָל־ bejol ב"ן, לכב
יוֹם yom ע"ה נגד, מזבח, זן, אל יהוה. מַחֲצִיתוֹ majatsitó בַּבֹּקֶר babóker
וּמַחֲצִיתוֹ umajatsitó בָּעֶרֶב baérev. וּשְׁלֹשָׁה ushloshá מָנִים manim
יְתֵרִים yeterim קס"א, קנ"א וקמ"ג שֶׁמֵּהֶם shemehem מַכְנִיס majnís כֹּהֵן Cohén מלה
גָּדוֹל gadol להח ; עם ד' אותיות = מבה, יזל, אום וְנוֹטֵל venotel מֵהֶם mehem
מְלֹא meló חָפְנָיו jafnav בְּיוֹם beyom ע"ה נגד, מזבח, זן, אל יהוה הַכִּפּוּרִים haKipurim.
מַחֲזִירָן majazirán לַמַּכְתֶּשֶׁת lamajtéshet בְּעֶרֶב beérev
יוֹם Yom ע"ה נגד, מזבח, זן, אל יהוה הַכִּפּוּרִים haKipurim כְּדֵי quedei לְקַיֵּם lekayem
מִצְוַת mitsvat דַּקָּה daká מִן min הַדַּקָּה hadaká. וְאַחַד veajad אהבה, דאגה
עֲשָׂר asar סַמָּנִים samanim הָיוּ hayú בָהּ va. וְאֵלּוּ veelu הֵן hen:

LAS FUNCIONES DEL INCIENSO

Nuestros Sabios han enseñado: ¿Cómo se hacía la composición del incienso? Trescientas sesenta y ocho porciones estaban contenidas allí. Trescientas sesenta y cinco correspondían al número de días en el año solar, una porción para cada día: La mitad de ella en la mañana y la otra mitad a la caída del Sol. Y las tres porciones restantes, El Sumo Sacerdote (Cohén Hagadol), en Yom Kipur, se llenaba ambas manos con ellas. En la Víspera de Yom Kipur, él las llevaría de regreso al mortero para cumplir el requerimientode que debían estar muy finamente molidas. Cada porción contenía once especias:

1) הַצֳּרִי haTsorí (Kéter) מצפצ, אלהים דיודין, י"פ ייי. 2) וְהַצִּפֹּרֶן vehaTsiporén (Yesod)
יהוה אדני אהיה שדי. 3) וְהַחֶלְבְּנָה vehaJelbená (Maljut) ע"ה פוי, אל אדני.
4) וְהַלְּבוֹנָה vehaLevoná (Luz Circundante - שהוא אור לבן והוא יוזיד"י הנקרא אדון יוזי"ד)
מִשְׁקַל mishkal שִׁבְעִים shivim שִׁבְעִים shivim מָנֶה mané ע"ה פוי, אל אדני.
5) מוֹר Mor (Jésed). 6) וּקְצִיעָה uKetsía רהע (Guevurá - "כי מצפון תפתח הרעה",
והגבורה סוד רווז צפון). 7) וְשִׁבֹּלֶת veShibólet נֵרְדְּ nerd (Tiféret).
8) וְכַרְכֹּם veJarcom (Nétsaj) בוזך, סנדלפון, ערי. מִשְׁקַל mishkal שִׁשָּׁה shishá
עָשָׂר asar שִׁשָּׁה shishá עָשָׂר asar מָנֶה mané ע"ה פוי, אל אדני. 9) קֹשְׁטְ Kosht
(Jojmá) שְׁנֵים shneim עָשָׂר asar. 10) קִלּוּפָה Kilufá (Biná) שְׁלֹשָׁה shloshá.
11) קִנָּמוֹן Kinamón (Hod) ר"ת ג"פ ק' (בסוד קדוש קדוש קדוש) תִּשְׁעָה tishá.
בּוֹרִית borit כַּרְשִׁינָא carshiná תִּשְׁעָה tishá קַבִּין kabín. יֵין yein מיכ, י"פ האא
קַפְרִיסִין kafrisín סְאִין seín תְּלָת tlat וְקַבִּין vekabín תְּלָתָא tlatá אהיה קבין
וְאִם veim יוהך, מ"א אותיות דפשוט, דמילוי ודמילוי דמילוי דאהיה ע"ה לֹא lo מָצָא matsá
יֵין yein מיכ, י"פ האא קַפְרִיסִין kafrisín מֵבִיא meví חֲמַר jamar חִוָּר jivar
עַתִּיק atik. מֶלַח mélaj סְדוֹמִית sdomit רוֹבַע rova. מַעֲלֶה maalé
עָשָׁן ashán כָּל col ילי שֶׁהוּא shehú. רִבִּי Ribí נָתָן Natán הַבַּבְלִי haBavlí
אוֹמֵר omer אַף af מִכִּפַּת miquipat הַיַּרְדֵּן haYardén י' הויות וד' אותיות כָּל col ילי
שֶׁהִיא shehí. אִם im יוהך, מ"א אותיות דפשוט, דמילוי ודמילוי דמילוי דאהיה ע"ה נָתַן natán
בָּהּ ba דְּבַשׁ dvash שו' (דשופר) + י"ד (האוזן) = ש"ך דינין הגדלות פְּסָלָהּ psalá.
וְאִם veim יוהך, מ"א אותיות דפשוט, דמילוי ודמילוי דמילוי דאהיה ע"ה וְחִסֵּר jiser
אַחַת ajat מִכָּל־ micol ילי סַמְמָנֶיהָ samemaneha חַיָּב jayav מִיתָה mitá:

---

1) Bálsamo 2) Uña aromática 3) Gálbano 4) Olíbano; el peso de setenta porciones cada una. 5) Mirra 6) Acacia 7) Nardo 8) Y Azafrán; el peso de dieciséis porciones cada una. 9) Doce porciones de Costo 10) Tres de Corteza aromática 11) Nueve de Canela. Asimismo, nueve kavs de Lejía de Carsina. Y tres kavín y tres seín de Vino de Chipre. Y si uno no encontrase vino de Chipre, él deberá traer vino blanco añejo. Y un cuarto de la sal de Sodoma. Y una pequeña medida de una hierba generadora de humo. Rabí Natán, el Babilonio, también aconsejaba una pequeña cantidad de ámbar de Jordania. Si se le añadía miel, se hacía defectuoso. Si omite aunque sea una de todas las hierbas, era merecedor de la muerte.

רַבָּן Rabán שִׁמְעוֹן Shimón בֶּן ben גַּמְלִיאֵל Gamliel אוֹמֵר omer:
הַצֳּרִי haTsorí מצפצ, אלהים דיודין, י"פ ייי אֵינוֹ einó אֶלָּא ela שְׂרָף seraf
הַנּוֹטֵף hanotef מֵעֲצֵי meatsei הַקְּטָף haktaf. בּוֹרִית borit
כַּרְשִׁינָא carshiná לְמָה lemá הִיא hi בָאָה vaá כְּדֵי quedei
לְשַׁפּוֹת leshapot בָּהּ ba אֶת et הַצִּפּוֹרֶן haTsiporén יהוה אדני אהיה שדי
כְּדֵי quedei שֶׁתְּהֵא shetehé נָאָה naá. יֵין yein ע' (כנגד ע' אומות העולם התלויים בסמאל)
מ"כ, י"פ האא קַפְרִיסִין Kafrisín לְמָה lemá הוּא hu בָא va כְּדֵי quedei
לִשְׁרוֹת lishrot בּוֹ bo אֶת et הַצִּפּוֹרֶן haTsiporén יהוה אדני אהיה שדי
כְּדֵי quedei שֶׁתְּהֵא shetehé עַזָּה azá. וַהֲלֹא vahaló מֵי mei ילי רַגְלַיִם ragláyim
יָפִין yafín לָהּ la אֶלָּא ela שֶׁאֵין sheein מַכְנִיסִין majnisín מֵי mei ילי
רַגְלַיִם ragláyim בַּמִּקְדָּשׁ bamikdash מִפְּנֵי mipnei הַכָּבוֹד hacavod לאו:
תַּנְיָא tanyá רִבִּי Ribí נָתָן Natán אוֹמֵר omer כְּשֶׁהוּא queshehú
שׁוֹחֵק shojek אוֹמֵר omer הָדֵק hadek הֵיטֵב heitev. הֵיטֵב heitev
הָדֵק hadek. מִפְּנֵי mipnei שֶׁהַקּוֹל shehakol יָפֶה yafé לַבְּשָׂמִים labesamim.
פִּטְּמָהּ pitmá לַחֲצָאִין lajatsaín כְּשֵׁרָה quesherá. לִשְׁלִישׁ leshalish
וּלְרָבִיעַ uleravía לֹא lo שָׁמַעְנוּ shamanu. אָמַר amar רִבִּי Ribí
יְהוּדָה Yehudá זֶה ze הַכְּלָל haclal אִם im יוהך, מ"א אותיות דפשוט, דמילוי
ודמילוי דמילוי דאהיה ע"ה כְּמִדָּתָהּ quemidatá כְּשֵׁרָה quesherá לַחֲצָאִין lajatsaín.
וְאִם veim יוהך, מ"א אותיות דפשוט, דמילוי ודמילוי דמילוי דאהיה ע"ה וְחִסֵּר jiser
אַחַת ajat מִכָּל־ micol ילי סַמָּמָנֶיהָ samemaneha חַיָּב jayav מִיתָה mitá:

Rabán Shimón ben Gamliel dice: El bálsamo era sólo una savia que rezumaba de los árboles de bálsamo. ¿Para qué se añadía la lejía de Carsina? Para frotar la uña aromática con ella y hacerlo agradable a la vista. ¿Cuál era el propósito de añadir vino de Chipre? Para remojarlo con la uña aromática. Orina es lo más apropiado para esto, pero no se lleva orina al Templo Sagrado por respeto. Se enseñaba que Rabí Natán decía: Cuando él molía, él decía: "Muélela finamente, muélela finamente". Esto es porque la voz es beneficiosa para las especias. Si combina la mitad de la cantidad es todavía válido, pero con relación a un tercio o un cuarto no poseemos información. Rabí Yehuda decía: Esta es la regla general: Si está en las proporciones correctas, la mitad es válida. Pero si él omite una de las especias, es merecedor de la muerte.

תָּנֵי tanei בַּר Var קַפָּרָא Kapará אַחַת ajat לְשִׁשִּׁים leshishim אוֹ o
לְשִׁבְעִים leshivim שָׁנָה shaná הָיְתָה haytá בָּאָה vaá שֶׁל shel
שִׁירַיִם shirayim לַחֲצָאִין lajatsaín. וְעוֹד veod תָּנֵי tanei בַּר Var
קַפָּרָא Kapará אִלּוּ ilú הָיָה hayá יהה נוֹתֵן notén אבגיתץ, ושר בָּהּ ba
קָרְטוֹב kartov שֶׁל shel דְּבַשׁ dvash שו (דשופר) + י״ד (האוזן) = ע״ך דינין דגדלות
אֵין ein אָדָם adam מ״ה יָכוֹל yajol לַעֲמוֹד laamod מִפְּנֵי mipnei
רֵיחָהּ reijá. וְלָמָּה velama אֵין ein מְעָרְבִין mearvín בָּהּ ba דְּבַשׁ dvash
שו (דשופר) + י״ד (האוזן) = ע״ך דינין דגדלות מִפְּנֵי mipnei שֶׁהַתּוֹרָה shehaTorá
אָמְרָה amrá (ויקרא ב, י״א): כִּי qui כָל־ jol ילי שְׂאֹר seor ג׳ מוחין דאלהים דקטנות
(ש׳ = אלהים דיודין ; א׳ כללות שם אלהים ; ר׳ = ריבוע אלהים) וְכָל־ vejol ילי דְּבַשׁ dvash
שו (דשופר) + י״ד (האוזן) = ע״ך דינין דגדלות לֹא־ lo תַקְטִירוּ taktiru מִמֶּנּוּ mimenu
שכן הם בחינת דינין דקטנות ודגדלות לכן נאסרה הקרבתן אִשֶּׁה ishé לַיהֹוָהאדניאהדונהי laAdonai:

Derecha

יְהֹוָהאדניאהדונהי Adonai צְבָאוֹת Tsvaot פני שכינה עִמָּנוּ imanu
ריבוע דס״ג = קס״א ע״ה וד׳ אותיות מִשְׂגָּב־ misgav משה, מהש, ע״ב בריבוע קס״א, אל שדי,
ד״פ אלהים ע״ה לָנוּ lanu אלהים, אהיה אדני אֱלֹהֵי elohei מילוי ע״ב, דמב ; ילה
יַעֲקֹב Yaakov י׳ הויות, אידהנויה סֶלָה sela:

Izquierda

יְהֹוָהאדניאהדונהי Adonai צְבָאוֹת Tsvaot פני שכינה אַשְׁרֵי ashrei
אָדָם adam מ״ה ; יהוה צבאות אשרי אדם = תפארת בֹּטֵחַ botéaj
בָּךְ baj אדם בוטח בך = אמן ע״ה = ע״ה ; בוטח בך = מילוי ע״ב ע״ה:

Bar Kapara enseñaba que una vez cada sesenta o setenta años, las sobras se acumularían hasta llegar a la mitad de la medida. Bar Kapara también enseñaba que si se le añadía un kortov de miel, ningún hombre soportaría su olor. ¿Por qué no se mezcla miel con ella? Porque la Torá ha estipulado: Porque cualquier levadura o miel, no debes quemar en una ofrenda por fuego a Dios (*Kritut 6; Yerushalmi, Yomá: cap. 4*). (Derecha) *"El Señor de los Ejércitos está con nosotros, nuestra fuerza es el Dios de Yaakov, Sela"* (*Salmos 46:12*). (Izquierda) *"El Señor de los Ejércitos, dichoso es aquel que confía en Ti"* (*Salmos 84:13*).

Central

יְהֹוָֽאדהּאהדונהי Adonai הוֹשִׁיעָה hoshía יהוה וש"ע נהורין הַמֶּלֶךְ haMélej ר"ת יהה

יַעֲנֵנוּ yaanenu בְיוֹם veyom ע"ה נגד, מזבח, זן, אל יהוה

קָרְאֵנוּ karenu ר"ת יב"ק, אלהים יהוה, אהיה אדני יהוה ; ס"ת = ב"ן ועם כף דהמלך = ע"ב :

וְעָרְבָה vearvá לַיהֹוָֽאדהּאהדונהי laAdonai

מִנְחַת minjat יְהוּדָה Yehudá וִירוּשָׁלָםִ virushaláim

כִּימֵי quimei עוֹלָם olam וּכְשָׁנִים ujeshanim קַדְמֹנִיּוֹת kadmoniyot:

Ana Bejóaj (para saber más sobre el *Aná Bejóaj*, ir a la pág. 249)

El *Aná Bejóaj* probablemente es la oración más poderosa en todo el universo. El kabbalista del siglo II Rav Najunyá ben HaKaná, fue el primer sabio en revelar esta combinación de 42 letras, la cual contiene el poder de la Creación.

Jésed, domingo (*Álef Bet Guímel Yud Tav Tsadi*) אבג יתץ

אָנָּא aná בְּכֹחַ bejóaj, גְּדוּלַּת guedulat יְמִינְךָ yemineja,

תַּתִּיר tatir צְרוּרָה tserurá:

Guevurá, lunes (*Kof Resh Ayin Shin Tet Nun*) קרע שטן

קַבֵּל kabel רִנַּת rinat, עַמְּךָ ameja שַׂגְּבֵנוּ sagvenu,

טַהֲרֵנוּ taharenu נוֹרָא norá:

(Central) *"Señor, sálvanos. El Rey nos responderá el día que lo invoquemos"* (Salmos 20:10). *"Que el Señor encuentre la ofrenda de Yehuda y Jerusalem agradable como siempre y como en los tiempos antiguos"* (Malaquías 3:4).

Aná Bejóaj

Jésed, domingo אבג יתץ

Te suplicamos, con el gran poder de Tu diestra, pon en libertad a los cautivos.

Guevurá, lunes קרע שטן

Acepta el canto de Tu Nación. Fortifícanos y purifícanos, Oh Reverenciado.

Tiféret, martes (*Nun Guímel Dálet Yud Caf Shin*) נג״ד יכ״ש

•yijudeja יִחוּדֶךָ dorshei דּוֹרְשֵׁי •guibor גִּבּוֹר na נָא

:shamrem שָׁמְרֵם quevavat כְּבָבַת

Nétsaj, miércoles (*Bet Tet Resh Tsadi Tav Guímel*) בט״ר צת״ג

•tsidkateja צִדְקָתֶךָ rajamei רַחֲמֵי •taharem טַהֲרֵם barjem בָּרְכֵם

:gomlem גָּמְלֵם tamid תָּמִיד

Hod, jueves (*Jet Kof Bet Tet Nun Ayin*) חק״ב טנ״ע

•tuvjá טוּבְךָ berov בְּרוֹב •kadosh קָדוֹשׁ jasín חֲסִין

:adateja עֲדָתֶךָ nahel נַהֵל

Yesod, viernes (*Yud Guímel Lámed Pei Zayin Kof*) יג״ל פז״ק

•pené פְּנֵה leamjá לְעַמְּךָ •gueé גֵּאֶה yajid יָחִיד

:kedushateja קְדוּשָּׁתֶךָ zojrei זוֹכְרֵי

Maljut, sábado (*Shin Kof Vav Tsadi Yud Tav*) שק״ו צי״ת

•tsaakatenu צַעֲקָתֵנוּ ushmá וּשְׁמַע •kabel קַבֵּל shavatenu שַׁוְעָתֵנוּ

:taalumot תַּעֲלוּמוֹת yodea יוֹדֵעַ

BARUJ SHEM QUEVOD

Susurrar este verso final atrae toda la Luz de los Mundos Superiores hacia nuestra existencia física.

maljutó מַלְכוּתוֹ quevod כְּבוֹד Shem שֵׁם Baruj בָּרוּךְ יוז״ו אותיות יוז״ו :(Susurra)

:vaed וָעֶד ריבוע ס״ג וי׳ אותיות דס״ג leolam לְעוֹלָם

Tiféret, martes נג״ד יכ״ש

Por favor, Todopoderoso, a los que buscan Tu unidad, cuídalos como a la pupila de los ojos.

Nétsaj, miércoles בט״ר צת״ג

Bendícelos. Purifícalos. Otórgales siempre tu fidelidad compasiva.

Hod, jueves חק״ב טנ״ע

Invencible y Todopoderoso, con la abundancia de Tu bondad, guía a Tu congregación.

Yesod, viernes יג״ל פז״ק

Oh exaltado y orgulloso, vuélvete a Tu pueblo, aquellos que recuerdan Tu santidad.

Maljut, sábado שק״ו צי״ת

Acepta nuestra plegaria y escucha nuestro clamor, Tú que conoces todo lo oculto.

BARUJ SHEM QUEVOD

"Bendito es el Nombre de la Gloria. Su Reino es para siempre y para la eternidad" (*Pesajim 56a*).

EL ASHREI

De las veintidós letras del alfabeto arameo, veintiuna de ellas están codificadas en el Ashrei en el orden correcto, de la *Álef* a la *Tav*. El Rey David, el autor, dejó a la letra aramea *Nun* fuera de esta oración, ya que la *Nun* es la primera letra de la palabra aramea *Nefilá*, que significa "caída". Caída se refiere a un descenso espiritual, caer en la *klipá*. Los sentimientos de duda, depresión, preocupación e incertidumbre son consecuencias de la caída espiritual. Debido a que las letras arameas son los verdaderos instrumentos de la Creación, esta oración ayuda a inyectar el orden y la fuerza de la Creación en nuestra vida, sin la energía de la caída.

En este Salmo está escrito diez veces el Nombre: יהוה por las Diez Sefirot. Este Salmo está escrito según el orden del *Álef Bet*, pero la letra *Nun* es omitida para evitar la caída.

אַשְׁרֵי ashrei (סוד הכתר) יוֹשְׁבֵי yoshvei בֵיתֶךָ veiteja ב"פ ראה

עוֹד od יְהַלְלוּךָ yehaleluja סֶּלָה sela: אַשְׁרֵי ashrei הָעָם haam

שֶׁכָּכָה shecaja מהש (מֹשֶׁה), ע"ב בריבוע קס"א, אל שדי, ד"פ אלהים ע"ה לוֹ lo

אַשְׁרֵי ashrei הָעָם haam ר"ת לאה שֶׁיְהֹוָאדהנויאהדונהי sheAdonai **(*Kéter*)**

אֱלֹהָיו Elohav ילה: תְּהִלָּה tehilá ע"ה אמת, אהיה פעמים אהיה, ז"פ ס"ג לְדָוִד leDavid

אֲרוֹמִמְךָ aromimjá אֱלוֹהַי Elohai הַמֶּלֶךְ haMélej וַאֲבָרְכָה vaavarjá

שִׁמְךָ Shimjá לְעוֹלָם leolam ריבוע ס"ג ו' אותיות ס"ג וָעֶד vaed:

בְּכָל־ bejol ב"ן, לכב יוֹם yom ע"ה, נגד, מזבח, זן, אל יהוה

אֲבָרְכֶךָּ avarjecá וַאֲהַלְלָה vaahalelá מ"ה יהוה שִׁמְךָ Shimjá

לְעוֹלָם leolam ריבוע ס"ג ו' אותיות ס"ג וָעֶד vaed:

גָּדוֹל gadol להח ; עם ד' אותיות = מבה, יזל, אום

יְהֹוָאדהנויאהדונהי Adonai (*Jojmá*) וּמְהֻלָּל umehulal אדני, ללה

מְאֹד meod וְלִגְדֻלָּתוֹ veligdulató והו אֵין ein חֵקֶר jéker:

EL ASHREI

"Dichosos aquellos que moran en Tu casa, ellos Te alabarán, Sela" (Salmos 84:5). *"Dichosa es la nación que así es para ella y dichosa la nación de la que El Señor es su Dios"* (Salmos 145:15). *"Una alabanza de David:*

א *Yo te exaltaré a Ti, mi Dios, el Rey, y yo bendeciré Tu Nombre por siempre y por la eternidad.*

ב *Te bendeciré cada día y alabaré Tu Nombre por siempre y por la eternidad.*

ג *El Señor es grande y extremadamente alabado. Su grandeza es inescrutable.*

דּוֹר dor לְדוֹר ledor יְשַׁבַּח yeshabaj מַעֲשֶׂיךָ maaseja ר״ת דלים

וּגְבוּרֹתֶיךָ ugvuroteja יַגִּידוּ yaguidu יו״ = כ״ב אותיות פשוטות (=אכא) וה׳ אותיות סופיות מנצפך:

הֲדַר hadar כְּבוֹד quevod הוֹדֶךָ hodeja וְדִבְרֵי vedivrei

נִפְלְאוֹתֶיךָ nifleoteja ר״ת אלהים, אהיה אדני

אָשִׂיחָה asija ר״ת הפסוק = פ״ז (בסוד כתם טהור פז):

וֶעֱזוּז veezuz נוֹרְאֹתֶיךָ noroteja יֹאמֵרוּ yomeru וּגְדוּלָּתְךָ ugdulatjá

(כתיב: וגדלותיך) ר״ת = ע״ב, ריבוע יהוה אֲסַפְּרֶנָּה asaprena ס״ת = ״יא״י (מילוי דס״ג):

זֵכֶר zéjer רַב־ rav טוּבְךָ tuvjá לאו יַבִּיעוּ yabíu

וְצִדְקָתְךָ vetsidkatjá יְרַנֵּנוּ yeranenú ס״ת = ב״ן, יבמ, לכב ; ר״ת הפסוק = ר״ו יהוה:

חַנּוּן janún וְרַחוּם verajum יְהֹוָהאדניאהדונהי Adonai (*Biná*)

חנון ורחום יהוה = עש״ל אֶרֶךְ érej ס״ת = ס״ג ב״ן אַפַּיִם apáyim ר״ת = יהוה

וּגְדָל־ ugdal (כתיב: וגדול) וָחֶסֶד jásed ע״ב (יוד הי ויו הי), ריבוע יהוה (י יה יהו יהוה):

טוֹב־ tov והו יְהֹוָהאדניאהדונהי Adonai (*Jésed*) לַכֹּל lacol

יה אדני ; ס״ת ל״ז (מילוי דס״ג) וְרַחֲמָיו verajamav עַל־ al

כָּל col ילי ; עמם ; ר״ת ריבוע ב״ן ע״ה מַעֲשָׂיו maasav ס״ת = ע״ב (יוד הי ויו הי), ריבוע יהוה:

ד *Una generación y la próxima alabarán Tus obras y narrarán Tus proezas.*

ה *Yo hablaré de la luminosidad de Tu espléndida gloria y de la maravilla de Tus actos.*

ו *Ellos proclamarán el asombroso poder de tus actos y yo hablaré de Tu grandeza.*

ז *Ellos expresarán el recuerdo de Tu abundante bondad y proclamarán dichosos Tu justicia.*

ח *El Señor es misericordioso y compasivo, lento para la ira y grande en misericordia.*

ט *El Señor es bueno para con todos, Su compasión se extiende sobre todos Sus actos.*

יוֹדוּךָ yoduja יְהֹוָאדֹנָיאהדונהי Adonai **(*Guevurá*)** כָּל־ col ילי מַעֲשֶׂיךָ maaseja

וַחֲסִידֶיךָ vajasideja ר"ת = אלהים, אהיה אדני יְבָרְכוּכָה yevarjuja ס"ת = מ"ה:

כְּבוֹד quevod מַלְכוּתְךָ maljutjá יֹאמֵרוּ yomeru וּגְבוּרָתְךָ ugvuratjá

יְדַבֵּרוּ yedaberu ר"ת הפסוק = אלהים, אהיה אדני; ס"ת = ב"ן, יבמ, לכב:

לְהוֹדִיעַ lehodía לִבְנֵי livnei הָאָדָם haadam ר"ת ללה, אדני

גְּבוּרֹתָיו gvurotav וּכְבוֹד ujvod הֲדַר hadar

מַלְכוּתוֹ maljutó ר"ת מ"ה וס"ת רי"ו ; ר"ת הפסוק ע"ה = ק"כ צירופי אלהים:

מַלְכוּתְךָ maljutjá מַלְכוּת maljut כָּל־ col ילי עֹלָמִים olamim

וּמֶמְשַׁלְתְּךָ umemshaltejá בְּכָל־ bejol ב"ן, לכב דּוֹר dor וָדֹר vador רי"ו:

סוֹמֵךְ somej ריבוע אדני יְהֹוָאדֹנָיאהדונהי Adonai **(*Tiféret*)**

לְכָל־ lejol יה אדני ; סומך אדני לכל ר"ת סאל, אמן (יאהדונהי) הַנֹּפְלִים hanoflim

וְזוֹקֵף vezokef לְכָל־ lejol יה אדני הַכְּפוּפִים hacfufim נמם:

עֵינֵי־ einei ריבוע דמ"ה כֹל jol ילי אֵלֶיךָ eleja יְשַׂבֵּרוּ yesaberu וְאַתָּה veAtá

נוֹתֵן־ notén אבגיתץ, ושר לָהֶם lahem אֶת־ et אָכְלָם ajlam בְּעִתּוֹ beitó:

י *Todas tus obras Te agradecerán, Señor, y Tus fieles devotos te bendicen.*
כ *Ellos dirán de la gloria de Tu Reino y hablarán de Tus poderosos actos.*
ל *Él hace que el hombre conozca Sus proezas y la gloria de Su espléndido Reino.*
מ *Tuyo es el Reino de todos los mundos y Tu dominio se extiende a toda y cada generación.*
ס *El Señor sostiene a todos aquellos que caen y endereza a los doblegados.*
ע *Los ojos de todos ven con esperanza hacia Ti, y Tú les das su alimento al momento apropiado.*

Potéaj et Yadeja

Conectamos con las letras *Pei*, *Álef* y *Yud* al abrir nuestras manos con las palmas hacia arriba. Nuestra conciencia está enfocada en recibir el sustento y la prosperidad financiera de parte de la Luz a través de nuestras acciones del diezmo y compartir; nuestro *Deseo de Recibir para Dar y Compartir.* Al hacer esto, también reconocemos que el sustento que recibimos proviene de una fuente superior y no de nuestras acciones. Según los sabios, si no meditamos en esta idea en este punto, debemos repetir la oración.

פתוח (שע״ח נהורין למ״ה ולס״ה)

יוד הי ויו הי יוד הי ויו הי (וח׳ וזיווררתי)
אלף למד אלף למד (ש״ע)
יוד הא ואו הא (לז״א)
אדני (ולנוקבא)

פותח את ידך ר״ת פאי
גימ׳ יאהדונהי זו״ן
וחכמה דז״א ו״ק
יסוד דנוק׳

פותח potéaj **את** et **ידך** yadeja ר״ת פאי וס״ת חתך עם ג׳ אותיות = דיקרנוסא

ובאתב״ש הוא סאל, פאי, אמן, יאהדונהי ; ועוד יכוין שם חתך בשילוב יהוה – יחוהתוכה

אלף למד הי יוד מם אלף למד הי יוד מם מוחין דפנים דאוור **אלהים**
להמשיך פ״ו אורות לכל מילוי דכל

אוור דפרצופי נה״י וחג״ת
דפרצוף וחג״ת דיצירה דז״א
לף מד י וד ם
אלף למד הי יוד מם

חתך
סאל יאהדונהי

ואוור דפרצופי נה״י וחג״ת
דיצירה דרחל הנקראת לאה
לף מד י וד ם
אלף למד הי יוד מם

ומשביע umasbía חתך עם ג׳ אותיות = דיקרנוסא

ובא״ת ב״ש הוא סאל, אמן, יאהדונהי ; ועוד יכוין שם חתך בשילוב יהוה – יחוהתוכה

אלף למד הי יוד מם אלף למד הי יוד מם מוחין דפנים דאוור **אלהים**
להמשיך פ״ו אורות לכל מילוי דכל

אוור דפרצופי נה״י וחג״ת
דפרצוף נה״י דיצירה דז״א
לף מד י וד ם
אלף למד הי יוד מם

חתך

ואוור דפרצופי נה״י וחג״ת
דיצירה דרחל הנקראת לאה
לף מד י וד ם
אלף למד הי יוד מם

לכל lejol יה אדני (להמשיך מוחין ד־יה אל הנוקבא שהיא אדני)

חי jai כל חי = אהיה אהיה יהוה, בינה ע״ה, חיים

רצון ratsón מהש ע״ה, ע״ב בריבוע וקס״א ע״ה, אל שדי ע״ה ; ר״ת רחל שהיא המלכות הצריכה לשפע

יוד יוד הי יוד הי ויו יוד הי ויו הי יסוד דאבא
אלף הי יוד הי יסוד דאימא
להמתיק **רחל** וב׳ דמעין **שך פר**

También debemos meditar en atraer abundancia, sustento y bendiciones a todos los mundos desde el *ratsón* mencionado anteriormente. Debemos meditar y enfocarnos en este versículo porque es la esencia de la prosperidad, y meditar en que Dios esté interviniendo, sustentando y apoyando a toda la Creación.

Potéaj et Yadeja

פ *Abre Tus Manos y satisface el deseo de todo ser viviente.*

צַדִּיק tsadik יְהוָה(אדני אהדונהי) Adonai (*Yesod*) בְּכָל bejol ב"ן, לכב

דְּרָכָיו derajav וְחָסִיד vejasid בְּכָל bejol ב"ן, לכב מַעֲשָׂיו maasav יכמ, ב"ן:

קָרוֹב karov יְהוָה(אדני אהדונהי) Adonai (*Maljut*) לְכָל־ lejol יה אדני

קֹרְאָיו korav לְכֹל lejol יה אדני אֲשֶׁר asher

יִקְרָאֻהוּ yikraúhu בֶאֱמֶת veemet אהיה פעמים אהיה, ז"פ ס"ג:

רְצוֹן retsón מהש ע"ה, ע"ב בריבוע וקס"א ע"ה, אל שדי ע"ה יְרֵאָיו yereav יַעֲשֶׂה yaasé

ר"ת רי"ו וְאֶת־ veet שַׁוְעָתָם shavatam יִשְׁמַע yishmá וְיוֹשִׁיעֵם veyoshiem:

שׁוֹמֵר shomer כ"א הויות שבתפילין יְהוָה(אדני אהדונהי) Adonai (*Nétsaj*)

אֶת־ et כָּל־ col ילי אֹהֲבָיו ohavav ר"ת אכא

וְאֵת veet כָּל־ col ילי הָרְשָׁעִים hareshaim יַשְׁמִיד yashmid:

תְּהִלַּת tehilat יְהוָה(אדני אהדונהי) Adonai (*Hod*) יְדַבֶּר yedaber ראה פִּי pi

וִיבָרֵךְ vivarej ע"סמ"ב, הברכה (למתק את ז' המלכים שמתו) כָּל col ילי

בְּשַׂר basar שֵׁם Shem קָדְשׁוֹ kadshó לְעוֹלָם leolam ריבוע ס"ג וי' אותיות דס"ג

וָעֶד vaed: וַאֲנַחְנוּ vaanajnu נְבָרֵךְ nevarej יָהּ Ya מֵעַתָּה meatá

וְעַד־ vead עוֹלָם olam הַלְלוּיָהּ haleluyá אלהים, אהיה אדני ; ללה:

ר"ת הפסוק = נפש רוח נשמה חיה יחידה ע"ה

צ *El Señor es justo en todos Sus caminos y virtuoso en todas Sus obras.*

ק *El Señor está cerca de todos los que Lo llaman, de todos aquellos que Lo llaman sinceramente.*

ר *Él cumplirá la voluntad de aquellos que Le temen; Él escucha sus clamores y los salva.*

ש *El Señor protege a todos los que Lo aman y destruye a los impíos.*

ת *"Mis labios proclamarán la alabanza al Señor y toda criatura bendecirá Su Santo Nombre, por siempre y por la eternidad"* (Salmos 145:21). *"Y bendeciremos a Dios por siempre y por la eternidad. ¡Aleluya!"* (Salmos 115:18).

תִּכּוֹן ticón תְּפִלָּתִי tfilatí קְטֹרֶת któret י״א פעמים אדני לְפָנֶיךָ lefaneja ס״ג מ״ה ב״ן
מַשְׂאַת masat כַּפַּי capai מִנְחַת־ minjat עָרֶב :árev הַקְשִׁיבָה hakshiva
לְקוֹל lekol שַׁוְעִי shaví מַלְכִּי malquí וֵאלֹהָי veElohai לכב ; מילוי ע״ב, דמ״ב ; ילה
כִּי־ qui אֵלֶיךָ eleja אֶתְפַּלָּל :etpalal

MEDIO KADISH

יִתְגַּדַּל yitgadal וְיִתְקַדַּשׁ veyitkadash שדי ← ין לת וד (מילוי שדי) ; י״א אותיות כמנין ו״ה
שְׁמֵיהּ Shmei (שם י״ה דע״ב) רַבָּא rabá קנ״א ב״ן, יהוה אלהים יהוה אדני,
מילוי קס״א וס״ג, מ״ה ברבוע וע״ב ע״ה ; ר״ת = ו״פ אלהים ; ס״ת = ג״פ יב״ק ◆ אָמֵן Amén אידהנויה ◆
בְּעָלְמָא bealmá דִּי di בְרָא verá כִּרְעוּתֵיהּ quirutei◆
וְיַמְלִיךְ veyamlij מַלְכוּתֵיהּ maljutei◆ וְיַצְמַח veyatsmaj
פּוּרְקָנֵיהּ purkanei◆ וִיקָרֵב vikarev מְשִׁיחֵיהּ Meshijei◆ אָמֵן Amén אידהנויה ◆
בְּחַיֵּיכוֹן bejayeijón וּבְיוֹמֵיכוֹן uveyomeijón וּבְחַיֵּי uvejayei
דְּכָל dejol בֵּית beit ב״פ ראה יִשְׂרָאֵל Yisrael בַּעֲגָלָא baagalá
וּבִזְמַן uvizmán קָרִיב kariv וְאִמְרוּ veimrú אָמֵן Amén◆ אָמֵן Amén אידהנויה ◆

La congregación y el *jazán* dicen lo siguiente:

28 palabras (hasta *bealmá*) medita en: מילוי דמילוי דע״ב (יוד ויו דלת הי יוד ויו יוד ויו הי יוד)
28 letras (hasta *almayá*) medita en: מילוי דמילוי דע״ב (יוד ויו דלת הי יוד ויו יוד ויו הי יוד)

יְהֵא yehé שְׁמֵיהּ Shmei (שם י״ה דס״ג) רַבָּא rabá קנ״א ב״ן,
יהוה אלהים יהוה אדני, מילוי קס״א וס״ג, מ״ה ברבוע וע״ב ע״ה מְבָרַךְ mevaraj,
לְעָלַם lealam לְעָלְמֵי lealmei עָלְמַיָּא almayá◆ יִתְבָּרַךְ yitbaraj◆

Siete palabras con seis letras cada una (שם בן מ״ב) medita en:

"Que mi oración se pose ante Ti como la ofrenda de incienso, la elevación de mi mano como la ofrenda de harina de la tarde" (Salmos 141:2).

"Escucha el sonido de mi clamor, mi Rey, mi Dios, porque es a Ti a quien yo oro" (Salmos 5:3).

MEDIO KADISH

¡Glorificado y santificado sea su Gran Nombre! (Amén).

En el mundo que Él creó de acuerdo a Su voluntad y pueda Su Reino reinar. Y pueda Él hacer que su Redención florezca y pueda Él acercar el Mesías (Amén). En tus vidas y en tus días y en la vida de la Casa de Yisrael, prontamente y en el futuro cercano, y dígase: Amén (Amén). Que Su gran Nombre sea bendito por siempre y para toda la eternidad, y bendito

יהוה - יוד הי ויו הי - מילוי דמילוי דע״ב (יוד ויו דלת הי יוד ויו יוד ויו הי יוד)
También, siete veces la letra Vav (שׁם בן מ״ב) medita en:
יהוה - יוד הי ויו הי - מילוי דמילוי דע״ב (יוד ויו דלת הי יוד ויו יוד ויו הי יוד).

וְיִשְׁתַּבַּח veyishtabaj י״פ ע״ב יהוה אל אבג יתץ•

וְיִתְפָּאַר veyitpaar הי נו יה קרע שטן• וְיִתְרוֹמַם veyitromam וה כוזו נגד יכש•

וְיִתְנַשֵּׂא veyitnasé במוכסז בטר צתג• וְיִתְהַדָּר veyithadar כוזו יה וזקב טנע•

וְיִתְעַלֶּה veyitalé וה יוד ה יגל פזק• וְיִתְהַלָּל veyithalal א ואו הא שקו צית•

שְׁמֵיהּ Shmei (שם יה דמ״ה) דְּקוּדְשָׁא deKudshá בְּרִיךְ Verij הוּא Hu•

אָמֵן Amén אידהנויה •

לְעֵלָּא leelá מִן min כָּל col ילי בִּרְכָתָא birjatá• שִׁירָתָא shiratá•

תֻּשְׁבְּחָתָא tishbejatá וְנֶחָמָתָא venejamatá• דַּאֲמִירָן daamirán

בְּעָלְמָא bealmá וְאִמְרוּ veimrú אָמֵן Amén: אָמֵן Amén אידהנויה.

LA AMIDÁ

Cuando comenzamos la conexión, damos tres pasos hacia atrás que significan que estamos dejando este mundo físico. Después damos tres pasos hacia delante para comenzar la *Amidá*. Los tres pasos son:

1. Entrar a la tierra de Israel; para entrar en el primer círculo espiritual.
2. Entrar en la ciudad de Jerusalem; para entrar en el segundo círculo espiritual.
3. Entrar en el Santo Sanctórum; para entrar en el círculo más interno.

Antes de recitar el primer verso de la *Amidá*, pedimos: "*Dios, abre mis labios y permite que mi boca hable*", estamos pidiendo a la Luz que hable por nosotros para que podamos recibir lo que necesitamos y no sólo lo que queremos. Con mucha frecuencia, lo que queremos de la vida no es necesariamente el deseo del alma, que es lo que verdaderamente necesitamos para estar satisfechos. Al pedirle a la Luz que hable a través de nosotros, nos aseguramos de que nuestra conexión nos traiga realización genuina y oportunidades para el crecimiento espiritual y el cambio.

---

alabado, y glorificado y exaltado, y ensalzado y honrado,
y adorado y loado, sea el Nombre del Santísimo, bendito sea Él (Amén). Más allá de todas las bendiciones, himnos, alabanzas y palabras de consolación que deben decirse en el mundo, y dígase: Amén (Amén).

Cuando la noche de Shavuot (segundo día) cae un viernes:
Debes meditar en elevar *Néfesh* de *Asiyá* por el Nombre: יוד הה וו הה (ב"ן), y después al *Rúaj* del mundo de *Yetsirá* por el Nombre: יוד הא ואו הא (מ"ה), y después al *Neshamá* de *Briá* por el Nombre: יוד הי ואו הי (ס"ג), y después elevar todo lo mencionado anteriormente a *Néfesh* de *Atsilut*: יוד הי ויו הי (ע"ב).

אֲדֹנָי Adonai ללה (pausa aquí) שְׂפָתַי sfatai תִּפְתָּח tiftaj וּפִי ufí יַגִּיד yaguid

תְּהִלָּתֶךָ tehilateja ס"ת = בוכו: ייז (כ"ב אותיות פשוטות [=אכא] וה' אותיות סופיות מנצפך)

La primera bendición – Invoca al escudo de Avraham

Avraham es el canal de la energía de la Columna Derecha de positividad, compartir y misericordia. Las acciones dadoras pueden protegernos de todas las formas de negatividad.

Jésed que se convierte en *Jojmá*

En esta sección hay 42 palabras, el secreto del Nombre de Dios de 42 letras y, por lo tanto, comienza con la letra *Bet* (2) y termina con la letra *Mem* (40).

Flexiona tus rodillas en "*Baruj*", inclínate en "*Atá*" y enderézate en "*Adonai*".

א ב

בָּרוּךְ Baruj אַתָּה Atá א–ת (אותיות הא"ב המסמלות את השפע המגיע) לה' המלכות

Cuando la noche de Shavuot (segundo día) cae un viernes:
Mientras te inclinas, debes meditar en el Nombre: אלף הי יוד הי para bajar la *Neshamá* del mundo de *Atsilut* para que sea *Mayin Nukvín* para elevar a la *Shejiná*. Y **mientras te enderezas**, debes meditar en el Nombre: יוד הי ויו הי para elevar la *Shejiná* y preparar el Mundo de *Atsilut* para que pueda recibir el mundo de *Briá*.

ג י

יְהֹוָהאדהיאהדונהי Adonai (יא) אֱלֹהֵינוּ Eloheinu ילה

ת צ

וֵאלֹהֵי veElohei לכב ; מילוי ע"ב, דמב ; ילה אֲבוֹתֵינוּ avoteinu.

ק ר

אֱלֹהֵי Elohei מילוי ע"ב, דמב ; ילה אַבְרָהָם Avraham (*Jojmá*)

וז"פ אל, רי"ו ול"ב נתיבות החכמה, רמ"ח (אברים), עסמ"ב וט"ז אותיות פשוטות.

La Amidá

"Mi Señor, abre mis labios y mi boca declarará Tu alabanza" (*Salmos 51:17*).

La primera bendición

Bendito eres, Señor,
nuestro Dios y Dios de nuestros ancestros: el Dios de Avraham,

ע ש

אֱלֹהֵי Elohei מילוי ע״ב, דמב ; ילה יִצְחָק Yitsjak (*Biná*) ד״פ ב״ן

ט נ

וֵאלֹהֵי veElohei לכב; מילוי ע״ב, דמב ; ילה יַעֲקֹב Yaakov (*Dáat*) ו׳ הויות, אידהנויה.

נ ג

הָאֵל haEl לאה ; ייא״י (מילוי דס״ג) הַגָּדוֹל hagadol האל הגדול = סיט ; גדול = להח

ד י

עם ד׳ אותיות = מבה, יזל, אום הַגִּבּוֹר haguibor ר״ת ההה וְהַנּוֹרָא vehanorá.

כ ש

אֵל El ייא״י (מילוי דס״ג) ; ר״ת = ע״ב, ריבוע יהוה עֶלְיוֹן elyón.

ב ט ר צ ת

גּוֹמֵל gomel חֲסָדִים jasadim טוֹבִים tovim. קוֹנֵה koné הַכֹּל hacol

ג ח ק ב

וְזוֹכֵר vezojer חַסְדֵי jasdei אָבוֹת avot. וּמֵבִיא umeví

ט נ ע י

גּוֹאֵל goel לִבְנֵי livnei בְנֵיהֶם veneihem לְמַעַן lemaan

ג ל

שְׁמוֹ Shemó מהש ע״ה, ע״ב בריבוע וקס״א ע״ה, אל שדי ע״ה בְּאַהֲבָה beahavá אחד, דאגה:

Cuando digas la palabra "*beahavá*" debes meditar en dedicar tu alma a santificar el Santo Nombre y aceptar sobre ti mismo las cuatro formas de muerte.

---

el Dios de Yitsjak
y el Dios de Yaakov.
El Dios grande, poderoso y reverenciado.
El Dios Celestial, El que otorga benevolencia y crea todas las cosas. El que recuerda las buenas acciones de nuestros ancestros y El que trae un Redentor a los hijos de sus hijos por el bien de Su Nombre, con amor.

ש ק ז פ

umaguén וּמָגֵן umoshía וּמוֹשִׁיעַ ozer עוֹזֵר Mélej מֶלֶךְ

ג"פ אל (ייא"י מילוי דס"ג) ; ר"ת מיכאל גבריאל נוריאל:

Flexiona tus rodillas en "*Baruj*", inclínate en "*Atá*" y enderézate en "*Adonai*".

ו ק

Atá אַתָּה Baruj בָּרוּךְ

Cuando la noche de Shavuot (segundo día) cae un viernes:
Mientras flexionas las rodillas, debes meditar en: אלף הי יוד הי, a fin de bajar la *Neshamá* de *Briá*, para que sea como *Mayin Nukvín* y así elevar a la *Shejiná*. Y **mientras te enderezas**, debes meditar en: יוד הי ואו הי, para elevar a la *Shejiná* y preparar el Mundo de *Briá* para que sea elevado a *Atsilut* y pueda recibir a *Yetsirá*.

צ

(הד) Adonai יאהדונהי(יְהֹוָהאֱדֹנָי)יְהֹוָהאדני

ת י

Avraham אַבְרָהָם ג"פ אל (ייא"י מילוי דס"ג) ; ר"ת מיכאל גבריאל נוריאל maguén מָגֵן

וז"פ אל, רי"ו ול"ב נתיבות החכמה, רמ"ח (אברים), עסמ"ב וט"ז אותיות פשוטות:

La segunda bendición

La energía de Yitsjak enciende el poder de la resurrección de los muertos

Mientras que Avraham representa el poder de compartir, Yitsjak representa a la Columna Izquierda, energía de juicio. El juicio acorta el proceso de *tikún* y prepara la vía para nuestra resurrección final.

Guevurá que se convierte en _Biná_
En esta sección hay 49 palabras que corresponden a las 49 Puertas del Sistema Puro en *Biná*.

ללה Adonai אֲדֹנָי ריבוע ס"ג - י' אותיות דס"ג leolam לְעוֹלָם guibor גִּבּוֹר Atá אַתָּה

(ר"ת אַגְלָא והוא שם גדול ואמיץ, ובו היה יהודה מתגבר על אויביו. ע"ה אלד, בוכו.)

.lehoshía לְהוֹשִׁיעַ rav רַב .Atá אַתָּה metim מֵתִים (ס"ג (יוד הי ואו הי mejayé מְחַיֵּה

Rey, Asistente, Salvador y Escudo.

Bendito seas Tú, Señor, Escudo de Avraham.

La segunda bendición

Tú, Señor, eres poderoso por siempre. Tú revives a los muertos y eres muy capaz de redimir.

מוֹרִיד morid הַטָּל hatal יוד הא וא, כוזו, מספר אותיות דמילואי עסמ״ב ; ר״ת מ״ה:

Si por error dices "*Mashiv harúaj*" y te das cuenta de ello antes del final de la bendición ("*Baruj Atá Adonai*"), debes regresar al comienzo de la bendición ("*Atá guibor*") y continuar normalmente. Pero si sólo te das cuenta de ello después del final de la bendición, debes iniciar la *Amidá* desde el principio.

מְכַלְכֵּל mejalquel חַיִּים jayim אהיה אהיה יהוה, בינה ע״ה בְּחֶסֶד bejésed

ע״ב, ריבוע יהוה. מְחַיֵּה mejayé ס״ג מֵתִים metim בְּרַחֲמִים berajamim

(במוכסז) מצפצ, אלהים דההין, י״פ ייי רַבִּים rabim (טלא דעתיק). סוֹמֵךְ somej

(אכדטם) כוק, ריבוע אדני נוֹפְלִים noflim (זו״ן). וְרוֹפֵא verofé חוֹלִים jolim

חולה = מ״ה וד׳ אותיות. וּמַתִּיר umatir אֲסוּרִים asurim. וּמְקַיֵּם umekayem

אֱמוּנָתוֹ emunató לִישֵׁנֵי lishenei עָפָר afar. מִי mi ילי כָּמוֹךָ jamoja

(debes pronunciar la letra *Ayin* en la palabra *Báal*) בַּעַל báal גְּבוּרוֹת gvurot

וּמִי umí ילי דּוֹמֶה domé לָּךְ laj. מֶלֶךְ Mélej מֵמִית memit

וּמְחַיֶּה umejayé ס״ג (יוד הי ואו הי) וּמַצְמִיחַ umatsmíaj יְשׁוּעָה yeshuá:

וְנֶאֱמָן veneemán אַתָּה Atá לְהַחֲיוֹת lehajayot מֵתִים metim:

בָּרוּךְ Baruj אַתָּה Atá יְהֹוָאֲדֹנָהִי(יְהֹוָאדנָי)יאהדונהי Adonai

מְחַיֵּה mejayé ס״ג (יוד הי ואו הי) הַמֵּתִים hametim ר״ת מ״ה וס״ת מ״ה:

NAKDISHAJ – LA KEDUSHÁ

La congregación recita esta oración juntos

Levantar un cofre pesado lleno de vastos tesoros es imposible si usas un simple hilo. El hilo se rompe porque es muy débil. Sin embargo, si nos unimos y combinamos numerosos hilos, finalmente construiremos una cuerda. Una cuerda puede fácilmente levantar el cofre con los tesoros. Al combinar y unir las oraciones de la congregación, nos transformamos en una fuerza unida, capaz de halar los tesoros espirituales más valiosos. Más aún, esta unidad ayuda a las personas que no están bien versadas o no conocen bien las conexiones. Al unirnos y meditar como una sola alma, todos recibimos los beneficios debido al poder de la unidad, sin importar nuestro conocimiento y entendimiento. Esta oración tiene lugar entre la segunda y la tercera bendición. Representa a la Columna Central que une las Columnas Izquierda y Derecha.

El que hace caer el rocío.

Tú sostienes a los vivientes con bondad y revives a los muertos con gran compasión. Tú sostienes a los caídos, curas a los enfermos, pones en libertad a los cautivos y cumples Tu promesa con los que duermen en el polvo. ¿Quién es como Tú, Señor de fortaleza, y quién puede compararse contigo, Rey, que causas la muerte, das vida y haces crecer la salvación? ¿Quién es como Tú, Padre Misericordioso, quién llama a Sus criaturas con misericordia para la vida? Y eres fiel para resucitar a los muertos. Bendito eres Tú, Señor, que resucitas a los muertos.

En esta oración, los ángeles hablan entre ellos, diciendo: "*Kadosh, Kadosh, Kadosh*" ("Santo, Santo, Santo"). Cuando recitamos estas tres palabras, nuestros pies están juntos como si fuesen uno solo. Cada vez que pronunciamos *Kadosh*, saltamos un poco más alto en el aire. Saltar es un acto de restricción y de desafío a la fuerza de la gravedad. Espiritualmente hablando, la gravedad contiene la energía del Deseo de Recibir para Sí Mismo. Es la fuerza reactiva de nuestro planeta, siempre atrae todo para sí.

Mientras decimos la *Kedushá* (Santidad) meditamos en traer la Santidad del Creador entre nosotros. Como está escrito: "*Venikdashti betoj Bnei Yisrael*" (Dios es santificado entre los hijos de Israel). Debes meditar en las letras *Álef* א y *Bet* ב del Nombre: אבג״יתץ (las iniciales del primer verso del *Aná Bejóaj*), las cuales ayudan fortalecer la memoria espiritual.

נַקְדִּישָׁךְ nakdishaj וְנַעֲרִיצָךְ venaaritsaj•

כְּנוֹעַם quenóam שִׂיחַ síaj סוֹד sod מ״כ, י״פ האא שַׂרְפֵי sarfei

קֹדֶשׁ kódesh הַמְשַׁלְּשִׁים hameshalshim לְךָ lejá קְדֻשָּׁה kedushá•

וְכֵן vején כָּתוּב catuv עַל al יַד yad נְבִיאָךְ neviaj• וְקָרָא vekará

זֶה ze אֶל־ el זֶה ze י״ב פרקין דיעקב מאירים ל״ב דרוזל וְאָמַר veamar:

קָדוֹשׁ Kadosh | קָדוֹשׁ Kadosh קָדוֹשׁ Kadosh (סוד ג׳ רישין דעתיקא קדישא)

יְהֹוָהאדניאהדונהי Adonai צְבָאוֹת Tsvaot פני שכינה מְלֹא meló כָל־ jol ילי

הָאָרֶץ haárets אלהים דההין ע״ה כְּבוֹדוֹ quevodó:

לְעֻמָּתָם leumatam מְשַׁבְּחִים meshabjim וְאוֹמְרִים veomrim:

(אר״א) בָּרוּךְ Baruj כְּבוֹד־ Quevod יְהֹוָהאדניאהדונהי Adonai ; כבוד ה׳ = יוד הי ואו הה

מִמְּקוֹמוֹ mimkomó עסמ״ב, הברכה (למתק את ז׳ המלכים שמתו); ר״ת ע״ב, ריבוע יהוה ; ר״ת מ״כ:

וּבְדִבְרֵי uvedivrei קָדְשְׁךָ kadshaj כָּתוּב catuv לֵאמֹר lemor:

(זו״ן) יִמְלֹךְ yimloj קדוש ברוך מלך ר״ת יב״ק, אלהים יהוה, אהיה אדני יהוה

יְהֹוָהאדניאהדונהי Adonai לְעוֹלָם leolam ריבוע ס״ג ו׳ אותיות דס״ג אֱלֹהַיִךְ Eloháyij ילה

צִיּוֹן Tsiyón יוסף, ו׳ הויות, קנאה לְדֹר ledor וָדֹר vador רי״ו ר״ת אצלו (מלכות אצל ז״א – ו)

הַלְלוּיָהּ haleluyá אלהים, אהיה אדני ; ללה:

NAKDISHAJ

Te santificamos y Te honramos,

según las palabras agradables de los Ángeles Santos, que recitan 'Santo' ante Ti tres veces, como está escrito por Tu Profeta: "Y cada uno llamó al otro y dijo: Santo, Santo, Santo es el Señor de los Ejércitos, todo el mundo está lleno de Su gloria" (Isaías 6:3). Frente a ellos alaban y dicen: "Bendita sea la gloria del Señor desde Su Lugar" (Ezequiel 3:12). Y en Tus santas Palabras, está escrito como sigue: "El Señor, tu Dios, reinará por siempre, para toda y cada generación. ¡Sión, alaben al Señor!" (Salmos 146:10).

LA TERCERA BENDICIÓN

Esta bendición nos conecta con Yaakov, la Columna Central, el poder de la restricción. Yaakov es nuestro canal para conectar la Misericordia con el Juicio. Al restringir nuestro comportamiento reactivo, estamos deteniendo nuestro Deseo de Recibir para Nosotros Mismos. Yaakov también nos da el poder para equilibrar nuestros actos de Misericordia y Juicio hacia otras personas en nuestra vida.

Tiféret que se convierte en *Dáat*.

אַתָּה Atá קָדוֹשׁ Kadosh וְשִׁמְךָ veShimjá קָדוֹשׁ Kadosh ר"ת = אור, רז, אין סוף.

וּקְדוֹשִׁים ukdoshim בְּכָל־ bejol ב"ן, לכב יוֹם yom ע"ה נגד, מזבח, זן, אל יהוה

יְהַלְלוּךָ yehaleluja סֶּלָה sela:

בָּרוּךְ Baruj אַתָּה Atá יְהֹוָאדהנָי (יְהֹוָאדהנָי) יאהדונהי Adonai

הָאֵל haEl לאה ; ייא"י (במילוי דס"ג) הַקָּדוֹשׁ hakadosh י"פ מ"ה (יוד הא ואו הא):

Aqui medita en el Nombre: יאהדונהי, ya que puede ayudar a eliminar la ira.

LAS TRECE BENDICIONES DEL MEDIO

Hay trece bendiciones en el medio de la *Amidá* que nos conectan a los Trece Atributos.

LA PRIMERA (CUARTA) BENDICIÓN

Esta bendición nos ayuda a transformar la información en conocimiento al ayudarnos a internalizar todo lo que aprendemos.

Jojmá

En esta bendición hay 17 palabras, el mismo valor numérico de la palabra *Tov* (bueno) en el secreto de *Ets HaDáat Tov vaRá*, (Árbol de Conocimiento del Bien y el Mal), donde conectamos solamente con el *Tov*.

אַתָּה Atá חוֹנֵן jonén לְאָדָם leadam מ"ה דַּעַת dáat.

וּמְלַמֵּד umelamed לֶאֱנוֹשׁ leenosh בִּינָה biná ע"ה אהיה אהיה יהוה, חיים.

וְחָנֵּנוּ vejonenu מֵאִתְּךָ meitjá חָכְמָה Jojmá במילוי = תרי"ג (מצוות)

בִּינָה Biná ע"ה אהיה אהיה יהוה, חיים וָדָעַת vaDáat ר"ת חבו:

בָּרוּךְ Baruj אַתָּה Atá יְהֹוָאדהנָי יאהדונהי Adonai חוֹנֵן jonén הַדָּעַת haDáat:

LA TERCERA BENDICIÓN

Tú eres Santo y Santo es Tu Nombre, y los Seres Santos Te alaban día a día, porque Tú eres Dios, el Rey Santo, Sela. Bendito eres Tú, Señor, el Santo Dios.

LAS TRECE BENDICIONES DEL MEDIO - LA PRIMERA (CUARTA) BENDICIÓN

Tú graciosamente le otorgas conocimiento al hombre y entendimiento a la humanidad.Concédenos con gracia, de Ti, sabiduría, comprensión y conocimiento. ¡Bendito eres Tú, Señor, que con gracia concedes conocimiento!

LA SEGUNDA (QUINTA) BENDICIÓN

Esta bendición nos mantiene en la Luz. Todos nosotros, en algún momento u otro, sucumbimos a las dudas y a la incertidumbre que el Satán constantemente nos implanta. Si cometemos el desafortunado error de retroceder y alejarnos de la Luz, no queremos que el Creador imite nuestras acciones y se aleje de nosotros. En lugar de eso, queremos que Él nos atrape. En el recuadro inferior hay algunas líneas que podemos recitar y sobre las que podemos meditar para el beneficio de otros que pudiesen estar alejándose. La guerra contra el Satán es la guerra más antigua que conoce el hombre. Y la única manera de vencer al Satán es uniéndonos, compartiendo, ayudando y meditando unos por otros.

Biná

En esta bendición hay 15 palabras, al igual que la poderosa acción de la *teshuvá* (arrepentimiento) que eleva 15 niveles en el camino hacia el *Quisé HaCavod* (el Trono de Honor). Éste pasa por siete *Rekiim* (Firmamentos), siete *Avirim* (Aires), y otro Firmamento en la parte superior de los Animales Santos (juntos suman 15). Además, hay 15 palabras en los dos versículos principales del Profeta Yeshayahu y del Rey David que hablan sobre la *teshuvá* (*Isaías 55:7; Salmos 32:5*). El número 15 también es el secreto del Nombre: יה.

הֲשִׁיבֵנוּ hashivenu אָבִינוּ avinu לְתוֹרָתֶךָ letorateja (וסד עבה – יְהֹוָאדִּהֹיאהדונהי).

וְקָרְבֵנוּ vekarvenu מַלְכֵּנוּ malquenu לַעֲבוֹדָתֶךָ laavodateja.

וְהַחֲזִירֵנוּ vehajazirenu בִּתְשׁוּבָה bitshuvá שְׁלֵמָה shlemá

לְפָנֶיךָ lefaneja ס"ג מ"ה ב"ן:

> Si quieres meditar por otra persona y ayudarla en su proceso espiritual, recita:
>
> יְהִי yehí רָצוֹן ratsón מהש ע"ה, ע"ב בריבוע וקס"א ע"ה, אל שדי ע"ה
> מִלְּפָנֶיךָ milfaneja ס"ג מ"ה ב"ן יְהֹוָאדִּהֹיאהדונהי Adonai אֱלֹהַי Elohai מילוי ע"ב, דמב ; ילה
> וֵאלֹהֵי veElohei לכב ; מילוי ע"ב, דמב ; ילה אֲבוֹתַי avotai שֶׁתַּחֲזוֹר shetajtor
> וַחֲתִירָה jatirá מִתַּחַת mitájat כִּסֵּא quisé כְּבוֹדֶךָ quevodeja וּתְקַבֵּל utkabel
> בִּתְשׁוּבָה bitshuvá אֶת et (*el nombre de la persona y el nombre de su padre*) כִּי qui יְמִינְךָ yeminjá
> יְהֹוָאדִּהֹיאהדונהי Adonai פְּשׁוּטָה pshutá לְקַבֵּל lekabel שָׁבִים shavim.

בָּרוּךְ Baruj אַתָּה Atá יְהֹוָאדִּהֹיאהדונהי Adonai

הָרוֹצֶה harotsé בִּתְשׁוּבָה bitshuvá:

LA SEGUNDA (QUINTA) BENDICIÓN

Regrésanos, Padre nuestro, a Tu Torá
y acércanos, Rey nuestro, a Tu servicio, y haznos retornar ante Ti en perfecto arrepentimiento.

> *Que sea agradable ante Ti, Señor, mi Dios y Dios de mis ancestros, que Tú seas generoso en el Trono de Tu Gloria y aceptes como arrepentido a* (el nombre de la persona y el nombre su padre) *porque Tu Mano Derecha, Señor, se extiende hacia fuera para recibir a aquellos que se arrepienten.*

¡Bendito eres Tú, Señor, que desea arrepentimiento!

LA TERCERA (SEXTA) BENDICIÓN

Esta bendición nos ayuda a alcanzar el perdón verdadero. Tenemos el poder de limpiarnos de nuestro comportamiento negativo y acciones hirientes hacia los demás a través del perdón. Esta bendición no significa que al rogar por el perdón ya nuestra pizarra quedará limpia. El perdón se refiere a la metodología para eliminar los residuos que provienen de nuestras injusticias. Hay dos formas de eliminar los residuos: física y espiritual. Acumulamos residuo físico cuando no aceptamos nuestras faltas y las leyes de causa y efecto. Nos limpiamos a nosotros mismos cuando experimentamos cualquier tipo de dolor, bien sea financiero, emocional o físico. Si decidimos limpiarnos espiritualmente, prescindimos de la limpieza física. Hacemos esto generando en nosotros el dolor que les causamos a los demás. Sentimos a la otra persona y, con un corazón sincero, recitamos esta oración mientras experimentamos la herida y el dolor que infligimos a los demás. Esta forma de limpieza espiritual evita que tengamos que pasar por una limpieza física.

Jésed

En esta bendición hay 21 palabras, el cual es el valor numérico del Santo Nombre: אהיה.

סְלַח slaj יהוה ע״ב לָנוּ lanu אלהים, אהיה אדני אָבִינוּ avinu ר״ת סאל, אמן,

כִּי qui חָטָאנוּ jatanu. מְחוֹל mejol לָנוּ lanu אלהים, אהיה אדני ; מחול לנו ע״ה =

קס״א וי׳ אותיות מַלְכֵּנוּ malquenu כִּי qui פָשָׁעְנוּ fashanu. כִּי qui אֵל El ״יאי (מילוי דס״ג)

טוֹב tov והו וְסַלָּח vesalaj יהוה ע״ב אָתָּה Atá: בָּרוּךְ Baruj אַתָּה Atá

יְהֹוָהאדניאהדונהי Adonai חַנּוּן janún הַמַּרְבֶּה hamarbé לִסְלוֹחַ lislóaj:

LA CUARTA (SÉPTIMA) BENDICIÓN

Esta bendición nos ayuda a alcanzar la redención después que somos limpiados espiritualmente.

Guevurá

רְאֵה reé ראה נָא na בְעָנְיֵנוּ veanyenu ר״ת רנ״ב (אברים באשה - כנגד הגבורה)

וְרִיבָה verivá רִיבֵנוּ rivenu. וּמַהֵר umaher לְגָאֳלֵנוּ legaolenu

גְּאֻלָּה gueulá מ״ה שְׁלֵמָה shlemá לְמַעַן lemaan שְׁמֶךָ Shemeja

כִּי qui אֵל El ״יאי (מילוי דס״ג) גּוֹאֵל goel וְחָזָק jazak פהל אָתָּה Atá:

בָּרוּךְ Baruj אַתָּה Atá יְהֹוָהאדניאהדונהי Adonai גּוֹאֵל goel יִשְׂרָאֵל Yisrael:

LA QUINTA (OCTAVA) BENDICIÓN

Esta bendición nos da el poder de sanar cada parte de nuestro cuerpo. Toda sanación se origina en la Luz del Creador. El aceptar y entender esta verdad nos da la abertura para recibir esta Luz. También debemos pensar en compartir esta energía de sanación con otros.

LA TERCERA (SEXTA) BENDICIÓN

Perdónanos, Padre nuestro,
porque hemos transgredido. Perdónanos, Rey nuestro, porque hemos pecado, porque Tú eres un Dios bueno y que perdona. ¡Bendito eres Tú, Señor, que eres bondadoso y perdonas de manera magnánima!

LA CUARTA (SÉPTIMA) BENDICIÓN

Mira nuestra aflicción y defiende nuestra causa; por Tu Nombre redímenos prontamente, pues Tú eres un Dios poderoso y redentor. ¡Bendito eres Tú, Señor, que redimes a Israel!

Tiféret

רְפָאֵנוּ refaenu יְהֹוָה(אדני)אהדונהי Adonai וְנֵרָפֵא venerafé ר"ת רי"ו.

הוֹשִׁיעֵנוּ hoshienu וְנִוָּשֵׁעָה venivashea כִּי qui תְהִלָּתֵנוּ tehilatenu

אַתָּה Atá ר"ת = ב"פ רי"ו. וְהַעֲלֵה vehaalé אֲרוּכָה arujá וּמַרְפֵּא umarpé

לְכָל־ lejol יה אדני תַחֲלוּאֵינוּ tajalueinu. וּלְכָל־ ulejol יה אדני

מַכְאוֹבֵינוּ majoveinu וּלְכָל־ ulejol יה אדני מַכּוֹתֵינוּ macoteinu.

Para meditar por sanación para ti mismo u otras personas, agrega lo siguiente; y en los paréntesis a continuación, incluye los nombres:

יְהִי yehí רָצוֹן ratsón מהש ע"ה, ע"ב בריבוע וקס"א ע"ה, אל שדי ע"ה

מִלְּפָנֶיךָ milfaneja ס"ג מ"ה ב"ן יְהֹוָה(אדני)אהדונהי Adonai אֱלֹהַי Elohai מילוי ע"ב, דמב ; ילה

וֵאלֹהֵי veElohei לכב ; מילוי ע"ב, דמב ; ילה אֲבוֹתַי avotai שֶׁתְּרַפְּאֵנִי shetirpaeni

(וְתִרְפָּא vetirpá (incluye el nombre de la persona) בֶּן ben (Mujeres: בַּת bat) (incluye el nombre de su madre))

רְפוּאָה refuá שְׁלֵמָה shlemá רְפוּאַת refuat הַנֶּפֶשׁ hanéfesh

וּרְפוּאַת urfuat הַגּוּף haguf, כְּדֵי quedei שֶׁאֶהְיֶה sheehyé חָזָק jazak פהל

(Mujeres: חֲזָקָה jazaká פהל) בִּבְרִיאוּת bivriut, וְאַמִּיץ veamíts

(Mujeres: וְאַמִּיצַת veamitsat) כֹּחַ cóaj, בְּמָאתַיִם bematáyim וְאַרְבָּעִים vearbaim

וּשְׁמוֹנָה ushmoná אברהם, ח"פ אל, רי"ו ול"ב נתיבות החכמה, עסמ"ב וט"ז אותיות

פשוטות (Mujeres: בְּמָאתַיִם bematáyim וַחֲמִשִּׁים vejamishim וּשְׁנַיִם ushnáyim)

אֵבָרִים evarim וּשְׁלֹשׁ ushlosh מֵאוֹת meot המספר = ש = אלהים דיודין

וְשִׁשִּׁים veshishim המספר = מילוי הש' (ין) וַחֲמִשָּׁה vajamishá גִּידִים guidim שֶׁל shel

נִשְׁמָתִי nishmatí וְגוּפִי vegufí, לְקִיּוּם lekiyum תּוֹרָתְךָ toratjá הַקְּדוֹשָׁה hakdoshá.

כִּי qui אֵל El יא"י (מילוי ד"ס"ג) רוֹפֵא rofé רַחֲמָן rajamán וְנֶאֱמָן veneemán

אַתָּה Atá: בָּרוּךְ Baruj אַתָּה Atá יְהֹוָה(אדני)אהדונהי Adonai רוֹפֵא rofé

חוֹלֵי jolei חולה = מ"ה (יוד הא ואו הא) וד' אותיות עַמּוֹ amó יִשְׂרָאֵל Yisrael

ר"ת רפ"ח (להעלות הניצוצות שנפלו לקליפה דמשם באים התחלואים):

LA QUINTA (OCTAVA) BENDICIÓN

Cúranos, Señor, y seremos curados. Sálvanos y seremos salvados. Porque Tú eres nuestro orgullo. Trae curación y sanación a todas nuestras dolencias, a todos nuestros dolores, a todas nuestras heridas.

Sea agradable ante Ti, Señor, mi Dios y Dios de mis ancestros, que Tú me sanes completamente (y el nombre de la persona y el nombre de su madre) *con la sanación del espíritu y la sanación del cuerpo, para que sea fuerte en salud y vigoroso en mi fortaleza en todos mis 248* (la mujer dice: *252) órganos y los 365 tendones de mi alma y mi cuerpo, para que yo sea capaz de mantener Tu Santa Torá.*

Porque Tú eres un Dios sanador, compasivo y leal.
¡Bendito eres Tú, Señor, que sanas a los enfermos de Tu Pueblo, Israel!

LA SEXTA (NOVENA) BENDICIÓN

Esta bendición trae sustento y prosperidad para todo el planeta y nos provee sustento personal. Quisiéramos que todos nuestros años estuviesen llenos de rocío y lluvia, que son la corriente vital que sostiene nuestro mundo.

Nétsaj

Si por error dices "*Barej alenu*" en lugar de "*Barjenu*" y te das cuenta de ello antes del final de la *Amidá* ("*yihyú leratzón*", el segundo), entonces debes regresar y decir "*Barjenu*" y continuar normalmente. Si te das cuenta de ello después, debes comenzar la *Amidá* desde el principio.

ברכנו barjenu יהוהאדניאהדונהי Adonai אלהינו Eloheinu ילה בכל bejol
ב"ן, לכב מעשי maasei ידינו yadeinu• וברך uvarej שנתנו shenatenu
בטללי betalelei רצון ratsón מהש ע"ה, ע"ב בריבוע וקס"א ע"ה, אל שדי ע"ה
ברכה brajá ונדבה unedavá בינה (וע"ה אהיה אהיה יהוה, וחיים)• ותהי utehí
אחריתה ajaritá וחיים jayim אהיה אהיה יהוה, בינה ע"ה ושבע vesavá
ושלום veshalom כשנים cashanim הטובות hatovot לברכה livrajá•

Para meditar por sustento para ti mismo u otras personas, agrega lo siguiente; y en los paréntesis a continuación, incluye los nombres:

יהי yehí רצון ratsón מהש ע"ה, ע"ב בריבוע וקס"א ע"ה, אל שדי ע"ה מלפניך milfaneja
ס"ג מ"ה ב"ן יהוהאדניאהדונהי Adonai אלהינו Eloheinu ילה ואלהי veElohei
לכב ; מילוי ע"ב, דמב ; ילה אבותינו avoteinu שתתן shetitén ב"פ כהת לי li
(וכן vején ל le (incluye el nombre de la persona) בן ben (Mujeres: בת bat) (incluye el nombre de su padre))
ולכל ulejol יה אדני הסמוכים hasmujim על al שולחני shuljaní, היום hayom
ע"ה נגד, מזבח, זן, אל יהוה ובכל uvejol ב"ן, לכב יום yom ע"ה נגד, מזבח, זן, אל יהוה
מזונותי mezonotai ומזונותיהם umezonoteihem בכבוד bejavod בוכו ולא veló
בבזוי bevizui בהיתר beheiter ולא veló באיסור beisur בזכות bizjut
שמך Shimjá הגדול hagadol להח ; עם ד' אותיות = מבה, יזל, אום
(No pronunciar este nombre: דיקרנוסא וחתך עם ג' אותיות - ובאתב"ש סאל, אמן, יאהדונהי)

LA SEXTA (NOVENA) BENDICIÓN

Durante el verano:

Bendícenos, Señor, nuestro Dios, en todos nuestros esfuerzos, y bendice nuestros años con el rocío de la buena voluntad, bendiciones y benevolencia. Que su conclusión sea vida, satisfacción y paz, así como otros años de bendiciones,

Sea agradable ante Ti, Señor, mi Dios y Dios de mis ancestros, que Tú me proveas a mí y a mi hogar, hoy y todos los días, mi alimento y el de ellos, con dignidad y no con vergüenza, de forma permisible y no prohibida, en virtud de Tu gran Nombre

הַיּוֹצֵא hayotsé מִפָּסוּק mipasuk (מלאכי ג', י'): וַהֲרִיקֹתִי vaharikoti לָכֶם lajem
בְּרָכָה brajá עַד־ ad בְּלִי־ bli דָי dai וּמִפָּסוּק umipasuk (תהלים ד', ז'): נְסָה nesá
עָלֵינוּ aleinu אוֹר or רז, אין סוף ס"ג מ"ה ב"ן פָּנֶיךָ paneja יְהֹוָה יאהדונהי Adonai
וְאַל veal תַּצְרִיכֵנוּ tatsrijenu לִידֵי lidei מַתְּנוֹת matnot בָּשָׂר basar
וָדָם vadam, כִּי qui אִם im יוהך, מ"א אותיות אהיה בפשוטו מילואו ומילוי דמילואו ע"ה
מִיָּדְךָ miyadjá הַמְּלֵאָה hamleá וּמֵאוֹצַר umeotsar מַתְּנַת matnat חִנָּם jinam
תְּכַלְכְּלֵנִי tejalquelni וְתַשְׁפִּיעֵנִי vetashpieni, אָמֵן יאהדונהי Amén סֶלָה sela.

כִּי qui אֵל El ייא"י (מילוי דס"ג) טוֹב tov והו וּמֵטִיב umetiv
אַתָּה Atá וּמְבָרֵךְ umevarej הַשָּׁנִים hashanim: בָּרוּךְ Baruj
אַתָּה Atá יְהֹוָה יאהדונהי Adonai מְבָרֵךְ mevarej הַשָּׁנִים hashanim:

LA SÉPTIMA (DÉCIMA) BENDICIÓN

Esta bendición nos da el poder de influir de manera positiva sobre toda la humanidad. La Kabbalah enseña que cada individuo afecta la totalidad. Nosotros tenemos un efecto sobre el mundo y el resto del mundo tiene un efecto sobre nosotros, aunque no podamos percibir esta relación con nuestros cinco sentidos. Llamamos a esta relación conciencia cuántica.

Hod

תְּקַע teká ב"פ כוזו במוכסז כוזו י' אותיות בְּשׁוֹפָר beshofar גָּדוֹל gadol להוו ; עם ד' אותיות =
מבה, יזל, אום לְחֵרוּתֵנוּ lejerutenu. וְשָׂא vesá נֵס nes מ"ה אדני לְקַבֵּץ lekabets
גָּלֻיּוֹתֵינוּ galuyotenu. וְקַבְּצֵנוּ vekabtsenu יַחַד yájad מֵאַרְבַּע mearbá
כַּנְפוֹת canfot וּבו (בסגולתו להוציא ניצוצות מן הקליפות) ויכוין וחבן עם נקודותיו = ע"ב, ריבוע יהוה
הָאָרֶץ haárets אלהים דההין ע"ה ; ר"ת = אדני לְאַרְצֵנוּ leartsenu:

---

que proviene del versículo: "derramar bendiciones sobre ti hasta que no haya espacio suficiente para éstas" (Malaquías 3:10) y del versículo: "Eleva sobre nosotros la Luz de Tu rostro, Señor" (Salmos 4:7), y no necesitaremos los regalos de carne y sangre, sino sólo de tu mano, la cual está llena, y del tesoro del regalo gratuito Tú me sostendrás y me alimentarás. Amén. Sela.

porque Tú eres un Dios bueno y benefactor y Tú bendices los años.
¡Bendito eres Tú, Oh Dios, que bendices los años!

LA SÉPTIMA (DÉCIMA) BENDICIÓN

Suena un gran Shofar para nuestra libertad y levanta un estandarte para reunir a nuestros exiliados, y reúnenos prontaente de los cuatro confines de la Tierra en nuestra tierra.

Lo siguiente es recitado a lo largo de todo el año:

La siguiente meditación nos ayuda a liberar y redimir todas las chispas restantes de Luz que hemos perdido mediante nuestras acciones irresponsables (especialmente el comportamiento sexual irresponsable):

יְהִי yehí רָצוֹן ratsón מהש ע"ה, ע"ב בריבוע וקס"א ע"ה, אל שדי ע"ה מִלְּפָנֶיךָ milfaneja
ס"ג מ"ה ב"ן יְהֹוָהאדניאהדונהי Adonai אֱלֹהַי Elohai מילוי ע"ב, דמב ; ילה
וֵאלֹהֵי veElohei לכב ; מילוי ע"ב, דמב ; ילה אֲבוֹתַי avotai שֶׁכָּל shecol ילי טִיפָּה tipá
וְטִיפָּה vetipá שֶׁל shel קֶרִי kerí שֶׁיָּצָא sheyatsá מִמֶּנִּי mimeni לְבַטָּלָה levatalá
וּמִכָּל umicol ילי יִשְׂרָאֵל Yisrael בִּכְלָל bijlal וּבִפְרַט ubifrat שֶׁלֹּא sheló
בִּמְקוֹם bimkom מִצְוָה mitsvá בֵּין bein בְּאוֹנֶס beones בֵּין bein בְּרָצוֹן beratsón
מהש ע"ה, ע"ב בריבוע וקס"א ע"ה, אל שדי ע"ה בֵּין bein בְּשׁוֹגֵג beshogueg בֵּין bein
בְּמֵזִיד bemezid, בֵּין bein בְּהִרְהוּר behirhur וּבֵין uvein בְּמַעֲשֶׂה bemaasé,
בֵּין bein בְּגִלְגּוּל beguilgul זֶה ze בֵּין bein בְּגִלְגּוּל beguilgul אַחֵר ajer
וְנִבְלַע venivlá בַּקְּלִיפּוֹת baklipot, שֶׁתָּקִיא shetakí הַקְּלִיפּוֹת haklipot
הַנִּיצוֹצוֹת hanitsotsot קֶרִי kerí שֶׁנִּבְלְעוּ shenivleú בָּהּ ba, בִּזְכוּת bizjut
שִׁמְךָ Shimjá הַגָּדוֹל hagadol להח ; עם ד' אותיות = מבה, יזל, אום הַיּוֹצֵא hayotsé
מִפָּסוּק mipasuk: חַיִל jáyil ומב בָּלַע balá וַיְקִאֶנּוּ vaykienu ר"ת חזבו ו- ילי
מִבִּטְנוֹ mibitnó יֹרִשֶׁנּוּ yorishenu אֵל El ייא"י (מילוי דס"ג) ; ס"ת וול וּבִזְכוּת uvizjut
שִׁמְךָ Shimjá הַגָּדוֹל hagadol להח ; עם ד' אותיות = מבה, יזל, אום יְוֹהֲבֶוִהָ
(durante *Shovavim*: יְוֹהֲבֶוִהָ) שֶׁתַּחֲזִירֵם shetajazirem לִמְקוֹם limkom
קְדוּשָּׁה kedushá וְהַטּוֹב vehatov והו בְּעֵינֶיךָ beeineja קסא עה ; רהע מה עֲשֵׂה asé.

Debes meditar en corregir el pensamiento que provocó la pérdida de las chispas de Luz. También medita en los Nombres que controlan nuestros pensamientos para cada uno de los seis días de la semana como está a continuación:

Domingo	יְהֹוָה	על צבא כף ואו זין ואו טפטפיה א מן אהיה דמרגלא ושם:	*Briá*.
Lunes	יְהֹוָה	על מגן כף ואו זין ואו טפטפיה ה מן אהיה דמרגלא ושם:	*Yetsirá*.
Martes	מצפץ	צוה פוזד כף ואו זין ואו טפטפיה י מן אהיה דמרגלא ושם:	*Asiyá*.
Miércoles	אל	צוה פוזד כף ואו זין ואו טפטפיה י מן יהו דמרגלא ושם:	*Asiyá*.
Jueves	אלהים	על מגן כף ואו זין ואו טפטפיה ה מן יהו דמרגלא ושם:	*Yetsirá*.
Viernes	מצפץ	על צבא כף ואו זין ואו טפטפיה ו מן יהו דמרגלא ושם:	*Briá*.

Cada uno de estos Nombres (על צבא, כף ואו זין ואו, טפטפיה) tienen una suma total de 193, que es el mismo valor numérico de la palabra *zokef* (elevar). Estos Nombres elevan la Chispa Sagrada de los *Jitsoniyim*. Asimismo, cuando digas las palabras "*mekabets nidjei*" (en la continuación de la bendición), que tiene una suma total de 304, el mismo valor numérico de *Shin*, *Dálet* (demonio), medita en reunir todas las chispas perdidas y anular el poder de las fuerzas negativas.

Sea agradable ante Ti, Señor, mi Dios y Dios de mis ancestros, que cada una de las gotas de kerí que salieron de mí en vano, y de todo Israel en general, y especialmente no a causa de un precepto, si fue obligado o voluntariamente, con o sin intención, debido a pensamiento o acción, en esta vida o en vidas anteriores, y si fue devorado por la klipá, que ésta vomite todas las chispas de kerí en virtud de Tu gran Nombre que proviene del versículo: "Él devoró riqueza y la vomitó, y desde su estómago Dios la extrajo" (Job 20:15), y en virtud de Tu gran Nombre las regresarás al Lugar Santo, y harás lo que es bueno ante Tus ojos.

בָּרוּךְ Baruj אַתָּה Atá יְהֹוָאדהויאהדונהי Adonai ; יכוין חבו בשילוב יהוה כוזה: יְוָזֲהֵבֵוּה
מְקַבֵּץ mekabets ע״ב ס״ג מ״ה ב״ן, הברכה (למתק את ז׳ המלכים שמתו)
נִדְחֵי nidjei ע״ב, ריבוע יהוה עַמּוֹ amó חבו יִשְׂרָאֵל Yisrael:

LA OCTAVA (UNDÉCIMA) BENDICIÓN

Esta bendición nos ayuda a equilibrar el juicio con misericordia. Debido a que la misericordia es tiempo, podemos emplearlo en cambiarnos a nosotros mismos antes que el juicio ocurra.

Yesod

הָשִׁיבָה hashiva שׁוֹפְטֵינוּ shoftenu כְּבָרִאשׁוֹנָה quevarishoná.
וְיוֹעֲצֵינוּ veyoatsenu כְּבַתְּחִלָּה quevatjilá ר״ת= שכ״ה (דינים דכרים שביסוד) ויהוה (הממתקם).
וְהָסֵר vehaser מִמֶּנּוּ mimenu יָגוֹן yagón (סמאל) וַאֲנָחָה vaanajá (לילית).
וּמְלוֹךְ umloj עָלֵינוּ aleinu מְהֵרָה meherá אַתָּה Atá
יְהֹוָאדהויאהדונהי Adonai לְבַדְּךָ levadjá. בְּחֶסֶד bejésed ע״ב, ריבוע יהוה
וּבְרַחֲמִים uverajamim מצפצ, אלהים דיודין, י״פ ייי ; להמתיק ברחמים דיני צדק ומשפט
בְּצֶדֶק betsédek וּבְמִשְׁפָּט uvemishpat ע״ה ה״פ אלהים:

LA NOVENA (DUODÉCIMA) BENDICIÓN

Esta bendición nos ayuda eliminar todas las formas de negatividad, ya sea que provengan de personas, situaciones o, inclusive, de la energía negativa del Ángel de la Muerte [(**no pronunciar estos nombres**) *Sa-ma-el* (aspecto masculino) y *Li-lit* (aspecto femenino), los cuales están codificados aquí], al usar el Santo Nombre: *Shadai* שדי, el cual está codificado matemáticamente en las últimas cuatro palabras de esta bendición y también se encuentra dentro de la *Mezuzá* con el mismo propósito.

¡Bendito eres Tú, Señor, que reúnes a los dispersos de Su Nación, Israel!

LA OCTAVA (UNDÉCIMA) BENDICIÓN

Restaura nuestros jueces, como al principio, y a nuestros consejeros, como al principio. Aparta de nosotros el pesar y los lamentos. Reina sobre nosotros pronto, Tú solo, Señor, con bondad y compasión, con rectitud y justicia. ¡Bendito eres Tú, Dios, el Rey que ama la rectitud y la justicia!

Kéter

לַמִּינִים laminim וְלַמַּלְשִׁינִים velamalshinim אַל al תְּהִי tehí תִקְוָה tikvá

וְכָל vejol ילי הַזֵּדִים hazedim כְּרֶגַע querega ג"פ אלהים עם ט"ו אותיות פשוטות

יֹאבֵדוּ yovedu◆ וְכָל vejol ילי אוֹיְבֶיךָ oyveja (סמאל)

וְכָל vejol ילי שׂוֹנְאֶיךָ soneja (לילית) מְהֵרָה meherá יִכָּרֵתוּ yicaretu◆

וּמַלְכוּת umaljut הָרִשְׁעָה harishá מְהֵרָה meherá תְעַקֵּר teaker

וּתְשַׁבֵּר uteshaber וּתְכַלֵּם utejalem וְתַכְנִיעֵם vetajniem בִּמְהֵרָה bimherá

בְיָמֵינוּ veyamenu: בָּרוּךְ Baruj אַתָּה Atá יְהֹוָה (יהואדניה) Adonai

שׁוֹבֵר shover אוֹיְבִים oyvim וּמַכְנִיעַ umajnía זֵדִים zedim ר"ת = שדי:

LA DÉCIMA (DECIMOTERCERA) BENDICIÓN

Esta bendición nos rodea con absoluta positividad para ayudarnos a estar siempre en el lugar correcto en el momento correcto. También nos ayuda a atraer sólo personas positivas a nuestra vida.

Yesod

עַל al הַצַּדִּיקִים hatsadikim צדיק יסוד עולם וְעַל veal הַחֲסִידִים hajasidim

וְעַל veal שְׁאֵרִית sheerit עַמְּךָ amjá בֵּית beit ב"פ ראה יִשְׂרָאֵל Yisrael◆

וְעַל veal פְּלֵיטַת pleitat בֵּית beit ב"פ ראה סוֹפְרֵיהֶם sofreihem◆

וְעַל veal גֵּרֵי guerei הַצֶּדֶק hatsédek וְעָלֵינוּ vealeinu◆ יֶהֱמוּ yehemú

נָא na רַחֲמֶיךָ rajameja יְהֹוָה יאהדונהי Adonai אֱלֹהֵינוּ Eloheinu ילה

וְתֵן vetén שָׂכָר sajar י"פ ב"ן טוֹב tov והו לְכָל lejol יה אדני

הַבּוֹטְחִים habotjim בְּשִׁמְךָ beShimjá בֶּאֱמֶת beemet אהיה פעמים אהיה, ו"פ ס"ג.

LA NOVENA (DUODÉCIMA) BENDICIÓN

Para los herejes y los difamadores, que no haya esperanza. Que los impíos perezcan en un instante. Y que todos Tus enemigos y los que Te odian sean pronto arrasados. Y en el caso del gobierno dañino, puedas Tú rápidamente desarraigarlo y aplastarlo, y puedas Tú destruirlo y humillarlo, con rapidez en nuestros días. ¡Bendito eres Tú, Señor, que aplastas a los enemigos y humillas a los malvados!

LA DÉCIMA (DECIMOTERCERA) BENDICIÓN

Sobre los justos, sobre los piadosos, sobre los demás de la Casa de Israel, sobre los remanentes de las academias de sus escritores, sobre los conversos sinceros y sobre nosotros, que se encienda Tu compasión, Señor, nuestro Dios. Otorga buena recompensa a todos los que verdaderamente confían en Tu Nombre.

וְשִׂים vesim וְחֶלְקֵנוּ jelkenu עִמָּהֶם imahem וּלְעוֹלָם uleolam ריבוע ס"ג וי' אותיות דס"ג

לֹא lo נֵבוֹשׁ nevosh כִּי qui בְךָ vejá בָטָחְנוּ batajnu

וְעַל veal חַסְדְּךָ jasdejá הַגָּדוֹל hagadol להוו ; עם ד' אותיות = מבה, יזל, אום

בֶּאֱמֶת beemet אהיה פעמים אהיה, ז"פ ס"ג נִשְׁעָנְנוּ nishanenu:

בָּרוּךְ Baruj אַתָּה Atá יְהֹוָהאדניאהדונהי Adonai מִשְׁעָן mishán

וּמִבְטָח umivtaj לַצַּדִּיקִים latsadikim ר"ת ימול (כל מי שנימול נקרא צדיק):

LA UNDÉCIMA (DECIMOCUARTA) BENDICIÓN

Esta bendición nos conecta con la energía de Jerusalem, con la construcción del Templo y con la preparación para el *Mashíaj*.

Hod

תִשְׁכּוֹן tishcón בְּתוֹךְ betoj יְרוּשָׁלַיִם Yerushaláyim עִירְךָ irjá

כַּאֲשֶׁר caasher דִּבַּרְתָּ dibarta ראה וְכִסֵּא vejisé דָוִד David

עַבְדְּךָ avdejá פוי, אל אדני מְהֵרָה meherá בְּתוֹכָהּ vetojá תָּכִין tajín

Meditar aquí en que el *Mashíaj Ben Yosef* no sea asesinado por el malvado *Armilos* **(no pronunciar)**.

וּבְנֵה uvné אוֹתָהּ otá בִּנְיַן binyán עוֹלָם olam בִּמְהֵרָה bimherá

בְיָמֵינוּ veyamenu: בָּרוּךְ Baruj אַתָּה Atá יְהֹוָהאדניאהדונהי Adonai

בּוֹנֵה boné ס"ג יְרוּשָׁלָיִם Yerushaláyim:

LA DUODÉCIMA (DECIMOQUINTA) BENDICIÓN

Esta bendición nos ayuda a lograr un estado personal de *Mashíaj* al transformar nuestra naturaleza reactiva en proactiva. Así como hay un *Mashíaj* global, cada uno de nosotros tiene dentro un *Mashíaj* personal. Cuando suficientes personas alcancen su transformación, se preparará el camino para la aparición del *Mashíaj* global.

---

y coloca nuestra suerte junto a la de ellos. Que nunca nos avergoncemos, porque es en Ti en quien colocamos nuestra confianza; es en Tu gran compasión en la que nos apoyamos.
¡Bendito eres Tú, Señor, que eres sostén y refugio de los justos!

LA UNDÉCIMA (DECIMOCUARTA) BENDICIÓN

Puedas Tú morar en Jerusalem, Tu Ciudad, como lo has prometido. Y puedas Tú establecer el trono de David, Tu servidor, rápidamente dentro de ella y construirlo como una estructura eterna, pronto en nuestros días. ¡Bendito eres Tú, Señor, que construye Jerusalem!

Nétsaj

Esta bendición contiene 20 palabras, que es el mismo número de palabras en el versículo *"Qui nijam Adonai Tsiyón nijam col jorvotea..."* (*Isaías 51:3*), un versículo que habla sobre la Redención Final.

אֶת et צֶמַח tsémaj יהוה אהיה יהוה אדני דָּוִד David

עַבְדְּךָ avdejá פוי, אל אדני מְהֵרָה meherá תַצְמִיחַ tatsmíaj וְקַרְנוֹ vekarnó

תָּרוּם tarum בִּישׁוּעָתֶךָ bishuateja. כִּי qui לִישׁוּעָתְךָ lishuatjá

קִוִּינוּ kivinu כָּל־ col ילי הַיּוֹם hayom ע"ה, נגד, מזבח, זן, אל יהוה

Aquí debes meditar y pedir por que la Redención Final ocurra ahora mismo.

בָּרוּךְ Baruj אַתָּה Atá יְהֹוָהאדהנויאהדונהי Adonai

מַצְמִיחַ matsmíaj קֶרֶן keren יְשׁוּעָה yeshuá:

LA DECIMOTERCERA (DECIMOSEXTA) BENDICIÓN

Esta bendición es la más importante de todas las bendiciones, porque aquí reconocemos todos nuestros comportamientos reactivos. Hacemos referencia a comportamientos errados en general, y también especificamos algún incidente en particular. La sección dentro del recuadro nos ofrece una oportunidad para pedirle a la Luz sustento personal. El Arí afirma que a través de esta oración, inclusive en los días de ayuno, tenemos un ángel personal acompañándonos. Si meditamos en este ángel, todas nuestras oraciones deberán ser respondidas. La decimotercera bendición es uno por encima de los doce signos del Zodíaco y nos eleva más allá de la influencia de las estrellas y los planetas.

Tiféret

שְׁמַע shmá קוֹלֵנוּ kolenu יְהֹוָהאדהנויאהדונהי Adonai (יוד הה וו הה)

אֱלֹהֵינוּ Eloheinu ילה (אבג יתץ). אָב av הָרַחֲמָן harajamán רַחֵם rajem

אברהם, וה"פ אל, רי"ו ול"ב נתיבות החכמה, רמ"ח (אברים), עסמ"ב וט"ז אותיות פשוטות עָלֵינוּ aleinu

(קרע שטן). וְקַבֵּל vekabel בְּרַחֲמִים berajamim מצפצ, אלהים דיודין, י"פ ייי

וּבְרָצוֹן uveratsón מהש ע"ה, ע"ב בריבוע וקס"א ע"ה, אל שדי ע"ה אֶת et

תְּפִלָּתֵנוּ tfilatenu (נגד יכש). כִּי qui אֵל El ייא"י (מילוי דס"ג)

שׁוֹמֵעַ shomea תְּפִלּוֹת tfilot וְתַחֲנוּנִים vetajanunim אַתָּה Atá (בטר צתג).

LA DUODÉCIMA (DECIMOQUINTA) BENDICIÓN

La progenie de David, Tu servidor, puedas Tú rápidamente hacer florecer. Y puedas Tú exaltar su gloria con Tu salvación, porque es por Tu salvación que esperamos todo el día. ¡Bendito eres Tú, Señor, que haces florecer la salvación!

LA DECIMOTERCERA (DECIMOSEXTA) BENDICIÓN

Escucha nuestra voz, Señor, nuestro Dios, Padre misericordioso, ten piedad de nosotros. Acepta nuestra oración con compasión y favor, porque Tú eres Dios, que escuchas oraciones y súplicas.

Es bueno que estés al tanto, reconozcas y confieses tus acciones negativas del pasado y que pidas por tu sustento aquí:

רבונו Ribonó של shel עולם olam, וחטאתי jatati עויתי aviti
ופשעתי ufashati לפניך lefaneja ס״ג מ״ה ב״ן יהי yehí רצון ratsón מהש ע״ה,
ע״ב בריבוע וקס״א ע״ה, אל שדי ע״ה מלפניך milfaneja ס״ג מ״ה ב״ן שתמחול shetimjol
ותסלח vetislaj יהוה ע״ב ותכפר utejaper לי li על al כל col ילי ; עמם
מה ma מ״ה שחטאתי shejatati ושעויתי vesheaviti ושפשעתי veshepashati
לפניך lefaneja ס״ג מ״ה ב״ן מיום miyom ע״ה נגד, מזבח, זן, אל יהוה
שנבראתי shenivreti עד ad היום hayom ע״ה נגד, מזבח, זן, אל יהוה הזה hazé והו.
ובפרט uvifrat (menciona aquí alguna acción negativa o comportamiento por el cual te gustaría pedir perdón)
ויהי viyhí רצון ratsón מהש ע״ה, ע״ב בריבוע וקס״א ע״ה, אל שדי ע״ה
מלפניך milfaneja ס״ג מ״ה ב״ן יהוהאדניאהדונהי Adonai אלהינו Eloheinu ילה
ואלהי veElohei לכב ; מילוי ע״ב, דמב ; ילה אבותינו avoteinu שתזמין shetazmín
פרנסתנו parnasatenu ומזונותינו umezonoteinu לי li ולכל ulejol יה אדני
אנשי anshei ביתי veití ב״פ ראה היום hayom ע״ה נגד, מזבח, זן, אל יהוה
ובכל uvejol ב״ן, לכב יום yom ע״ה נגד, מזבח, זן, אל יהוה
ויום vayom ע״ה נגד, מזבח, זן, אל יהוה בריוח bereivaj ולא veló
בצמצום vetsimtsum, בכבוד bejavod בוכו ולא veló בבזוי bevizui,
בנחת benájat ולא veló בצער vetsáar, ולא veló אצטרך etstarej
למתנות lematnot בשר basar ודם vadam ולא veló להלואתם lehalvaatam,
אלא ela מידך miyadjá הרחבה harjavá והפתוחה vehaptujá
והמלאה vehamleá ובזכות ubizjut שמך Shimjá הגדול hagadol
להוו; עם ד׳ אותיות = מבה, יזל, אום (No pronunciar este Nombre: דיקרנוסא וזהך עם ג׳ אותיות
- ובאתב״ש = סאל = אמן = יאהדונהי) הממונה hamemuné על al הפרנסה haparnasá:

¡Señor del mundo!
He transgredido. He cometido iniquidades y he pecado frente a Ti. Sea Tu voluntad que me perdones y olvides y expíes por todo aquello que he transgredido, y por todas las iniquidades que he cometido y por todo lo que he pecado ante Ti, desde el día en que he sido creado y hasta este día (y en especial: menciona aquí alguna acción negativa específica o comportamiento por el cual te gustaría pedir perdón). Sea agradable ante Ti, Señor, nuestro Dios y el Dios de mis ancestros, que Tú me proveas de vitalidad y sustento a mí y a toda mi familia, hoy y todos y cada día, con abundancia y no con escasez; con dignidad y no con vergüenza; con comodidad y no con sufrimiento; y que yo no requiera los regalos de la carne y la sangre, ni sus préstamos, sino sólo de Tu Mano que es generosa, abierta y llena y por virtud de Tu gran Nombre, que es responsable del sustento.

malquenu מַלְכֵּנוּ ב"ן מ"ה ס"ג umilfaneja וּמִלְּפָנֶיךָ

(טנע וזקב) teshivenu תְּשִׁיבֵנוּ al אַל־ reikam רֵיקָם

:tfilatenu תְּפִלָּתֵנוּ ushmá וּשְׁמַע vaanenu וַעֲנֵנוּ janenu וְחָנֵּנוּ

pe פֶּה ילי col כָּל־ tfilat תְּפִלַּת shomea שׁוֹמֵעַ Atá אַתָּה qui כִּי

(פה דו"א) מילה ; וע"ה אלהים, אהיה אדני (יגל פזק)

Adonai(יהוהאדניה)יְהֹוָ(אדניה)ה Atá אַתָּה Baruj בָּרוּךְ

En este punto debes meditar en el Santo Nombre: אראריתא"א

Rav Jayim Vital dice: "He encontrado en los libros de los kabbalistas que la oración de un individuo que medite en este Nombre, en la bendición *shomea tfilá*, siempre será respondida".

:יוד הי וו הה = ע"ה אדני וניקודה = ב"ן אֻכּצַ אתב"ש (שקו צית) tfilá תְּפִלָּה shomea שׁוֹמֵעַ

LAS TRES BENDICIONES FINALES

A través del mérito de Moshé, Aharón y Yosef, quienes son nuestros canales para las últimas tres bendiciones, somos capaces de hacer descender toda la energía espiritual que despertamos con nuestras oraciones y bendiciones.

LA DECIMOSÉPTIMA BENDICIÓN

Durante esta bendición, que se refiere a Moshé, siempre debemos meditar en tratar de saber exactamente qué quiere Dios de nosotros en nuestra vida, como lo indica la frase: "Que sea la voluntad de Dios". Estamos pidiéndole a Dios que nos guíe hacia el trabajo que vinimos a hacer en esta Tierra. El Creador no puede aceptar sólo el trabajo que queremos hacer, debemos llevar a cabo el trabajo que estamos destinados a hacer.

Nétsaj

Has hecho peticiones (de necesidades diarias) a Dios. Ahora, después de pedir que tus necesidades sean cumplidas, debes alabar al Creador en las últimas tres bendiciones. Esto es como una persona que ha recibido lo que necesita de su Señor y se aparta de Él. Debes decir "*retsé*" y meditar en el Deseo Celestial (*Kéter*) que es llamado *Métsaj Haratsón* (la Frente del Deseo).

Y de Tu presencia, nuestro Rey,
no nos devuelvas con manos vacías, sino sé amable, responde y escucha nuestra oración.
Porque Tú escuchas la oración de cada boca. Bendito eres Tú, Señor, que escuchas las oraciones.

רצה retsé אלף למד הה יוד מם

Aquí meditar en transformar el infortunio y la tragedia (צרה) en deseo y aceptación (רצה).

יהוהאדניאהדונהי Adonai אלהינו Eloheinu ילה בעמך beamjá ישראל Yisrael
ולתפלתם velitfilatam שעה sheé• והשב vehashev העבודה haavodá
לדביר lidvir רי״ו ביתך beiteja ב״פ ראה • ואשי veishei ישראל Yisrael
ותפלתם utfilatam מהרה meherá באהבה beahavá אחד, דאגה
תקבל tekabel ברצון beratsón מהש ע״ה, ע״ב בריבוע וקס״א ע״ה, אל שדי ע״ה•
ותהי utehí לרצון leratsón מהש ע״ה, ע״ב בריבוע וקס״א ע״ה, אל שדי ע״ה
תמיד tamid ע״ה קס״א קנ״א קמ״ג עבודת avodat ישראל Yisrael עמך ameja:

ואתה veAtá ברחמיך verajameja הרבים harabim• תחפץ tajpots
בנו banu ותרצנו vetirtsenu ותחזינה vetejezena עינינו eineinu ריבוע מ״ה
בשובך beshuvjá לציון leTsiyón יוסף, ו׳ הויות, קנאה ברחמים berajamim
מצפצ, אלהים דיודין, י״פ ייי : ברוך Baruj אתה Atá יהוהאדניאהדונהי Adonai
המחזיר hamajazir שכינתו Shjinató לציון leTsiyón יוסף, ו׳ הויות, קנאה:

LA DECIMOCTAVA BENDICIÓN

Esta bendición es nuestro agradecimiento. Kabbalísticamente, el mayor agradecimiento que le podemos dar a nuestro Creador es hacer exactamente lo que estamos destinados a hacer en términos de nuestro trabajo espiritual.

LAS TRES BENDICIONES FINALES
LA DECIMOSÉPTIMA BENDICIÓN

Encuentra gracia, Señor, nuestro Dios, en tu Pueblo, Israel y oye su oración. Restaura el culto en el santuario interno de Tu Templo. Acepta las ofrendas de Israel y sus oraciones con complacencia, prontamente y con amor. Que siempre sea agradable a Ti, el servicio de Israel, Tu Nación. Y Tú en Tu gran compasión, te deleites en nosotros y estés complacido con nosotros. Puedan nuestros ojos contemplar Tu retorno a Sión con compasión. ¡Bendito eres Tú, Señor, que devuelve su Shejiná a Sión!

Hod

Inclina todo tu cuerpo en "*modim*" y enderézate en "*Adonai*".

מוֹדִים modim מאה ברכות שתיקן דוד לאמרם כל יום

> **Cuando la noche de Shavuot (segundo día) cae en viernes:**
> **Mientras te inclinas,** debes meditar en: **אלף הא יוד הא**, a fin de bajar el *Rúaj* de *Yetsirá*, para que sea como *Mayin Nukvín* y así elevar a la *Shejiná*. Y **mientras te enderezas,** debes meditar en: **יוד הא ואו הא**, para elevar a la *Shejiná* y para preparar el Mundo de *Yetsirá* para que sea elevado a *Briá* y pueda recibir a *Asiyá*.

אֲנַחְנוּ anajnu **לָךְ** laj **שָׁאַתָּה** sheAtá **הוּא** Hu **יְהֹוָה**אדהנויה יאהדונהי Adonai (ונ)
אֱלֹהֵינוּ Eloheinu ילה **וֵאלֹהֵי** veElohei לכב ; מילוי ע"ב, דמב ; ילה **אֲבוֹתֵינוּ** avoteinu
לְעוֹלָם leolam ריבוע ס"ג וי' אותיות דס"ג **וָעֶד** vaed. **צוּרֵנוּ** tsurenu
צוּר tsur אלהים דההין ע"ה **וְחַיֵּינוּ** jayeinu **וּמָגֵן** umaguén ג"פ אל (יא"י מילוי דס"ג) ;
ר"ת **מ**יכאל **ג**בריאל **נ**וריאל **יִשְׁעֵנוּ** yishenu **אַתָּה** Atá **הוּא** Hu.
לְדוֹר ledor **וָדוֹר** vador רי"ו **נוֹדֶה** nodé **לְךָ** lejá **וּנְסַפֵּר** unesaper
תְּהִלָּתֶךָ tehilateja. **עַל** al **חַיֵּינוּ** jayeinu **הַמְּסוּרִים** hamesurim
בְּיָדֶךָ beyadeja. **וְעַל** veal **נִשְׁמוֹתֵינוּ** nishmotenu **הַפְּקוּדוֹת** hapekudot
לָךְ laj. **וְעַל** veal **נִסֶּיךָ** niseja **שֶׁבְּכָל** shebejol ב"ן, לכב
יוֹם yom ע"ה נגד, מזבח, זן, אל יהוה **עִמָּנוּ** imanu ריבוע ס"ג, קס"א ע"ה וד' אותיות **וְעַל** veal
נִפְלְאוֹתֶיךָ nifleoteja **וְטוֹבוֹתֶיךָ** vetovoteja **שֶׁבְּכָל** shebejol ב"ן, לכב
עֵת et. **עֶרֶב** érev **וָבֹקֶר** vavóker **וְצָהֳרָיִם** vetsahoráyim. **הַטּוֹב** hatov והו
כִּי qui **לֹא** lo **כָלוּ** jalu **רַחֲמֶיךָ** rajameja. **הַמְרַחֵם** hamerajem
וה"פ אל, רי"ו ול"ב נתיבות החכמה, רמ"ח (אברים), עסמ"ב וט"ז אותיות פשוטות **כִּי** qui **לֹא** lo
תַמּוּ tamu **חֲסָדֶיךָ** jasadeja **כִּי** qui **מֵעוֹלָם** meolam **קִוִּינוּ** kivinu **לָךְ** laj:

La decimoctava bendición

Nosotros te damos gracias a Ti, porque eres Tú, Señor, quien es nuestro Dios y el Dios de nuestros padres, por siempre y por toda la eternidad. Tú eres nuestra Fortaleza, la Fortaleza de nuestras vidas y el Escudo de nuestra salvación. De una generación a otra, te daremos gracias a Ti y cantaremos Tu alabanza. Por nuestras vidas que están en Tus Manos, por nuestras almas que están a Tu cuidado, por Tus milagros que están con nosotros todos los días y por Tus maravillas y Tus favores que están con nosotros en todo momento: de noche, de mañana y de tarde. Tú eres bueno, porque Tu compasión nunca se ha acabado. Tú eres el misericordioso, porque Tu bondad nunca ha cesado, porque siempre hemos puesto nuestras esperanzas en Ti.

MODIM DERABANÁN

Esta oración es recitada por la congregación en la repetición cuando el *jazán* dice "*modim*".

En esta sección hay 44 palabras, que es el mismo valor numérico del Nombre:
ריבוע אהי (א אה אהי אהיה)

מודים modim מאה ברכות שתיקן דוד לאמרם כל יום אנחנו anajnu לך laj
שאתה sheAtá הוא hu יהוהאדניאהדונהי Adonai אלהינו Eloheinu ילה
ואלהי veElohei לכב ; מילוי ע"ב, דמב ; ילה אבותינו avoteinu
אלהי Elohei מילוי ע"ב, דמב ; ילה כל jol ילי בשר basar• יוצרנו yotsrenu
יוצר yotser בראשית bereshit• ברכות brajot והודאות vehodaot
לשמך leshimjá הגדול hagadol להח ; עם ד' אותיות = מבה, יזל, אום
והקדוש vehakadosh על al שהחייתנו shehejeyitanu וקימתנו vekiyamtanu•
כן quen תחיינו tejayenu ותחננו utejonenu• ותאסוף veteesof
גליותינו galuyoteinu לחצרות lejatsrot קדשך kodsheja• לשמור lishmor
חקיך jukeja ולעשות velaasot רצונך retsoneja• ולעבדך uleavdejá
בלבב belevav פוי, אל אדני בוכו שלם shalem• על al שאנחנו sheanajnu
מודים modim לך laj• ברוך baruj אל El ייא"י (מילוי דס"ג) ההודאות hahodaot:

ועל veal כלם culam יתברך yitbaraj ויתרומם veyitromam
ויתנשא veyitnasé תמיד tamid ע"ה קס"א קנ"א קמ"ג שמך Shimjá
מלכנו malquenu לעולם leolam ריבוע ס"ג ו' אותיות דס"ג ועד vaed•
וכל vejol ילי החיים hajayim אהיה אהיה יהוה, בינה ע"ה יודוך yoduja סלה sela:

MODIM DERABANÁN

Nosotros te damos gracias a Ti, porque eres Tú, Señor, quien es nuestro Dios y el Dios de nuestros ancestros, el Dios de toda la humanidad, nuestro Hacedor y el Creador de toda la Creación. Bendiciones y gracias a Tu gran y Santo Nombre por darnos vida y por preservarnos. Que puedas Tú continuar dándonos vida, sé amable con nosotros y reúne nuestros exiliados en las Cortes de Tu Santuario, para que podamos cumplir Tus leyes, hacer Tu voluntad y servir a Ti con todo el corazón. Por esto Te agradecemos. ¡Bendito sea el Dios de los agradecimientos!

Y por todas estas cosas, que Tu Nombre sea siempre bendecido, exaltado y ensalzado, por siempre, nuestro Rey, por siempre y para siempre, y todos los vivientes Te agradecen, Sela.

וִיהַלְלוּ vihalelú וִיבָרְכוּ vivarjú יהוה ריבוע יהוה ריבוע מ״ה אֶת־ et

שִׁמְךָ Shimjá הַגָּדוֹל hagadol להח ; עם ד׳ אותיות = מבה, יזל, אום בֶּאֱמֶת beemet

אהיה פעמים אהיה, ז״פ ס״ג לְעוֹלָם leolam ריבוע ס״ג וי׳ אותיות דס״ג כִּי qui טוֹב tov והו ;

כי טוב = יהוה אהיה, אום, מבה, יזל. הָאֵל haEl לאה ; ייא״י (מילוי דס״ג) יְשׁוּעָתֵנוּ yeshuatenu

וְעֶזְרָתֵנוּ veezratenu סֶלָה sela. הָאֵל haEl לאה ; ייא״י (מילוי דס״ג) הַטּוֹב hatov והו:

Flexiona tus rodillas en "*Baruj*", inclínate en "*Atá*" y enderézate en "*Adonai*".

בָּרוּךְ Baruj אַתָּה Atá

Cuando la noche de Shavuot (segundo día) cae un viernes:
Mientras te inclinas, debes meditar en: אלף הה יוד הה, a fin de bajar el *Néfesh* de *Asiyá*, para que sea como *Mayin Nukvín* y así elevar a la *Shejiná*. Y mientras te enderezas, debes meditar en: יוד הה וו הה, para elevar a la *Shejiná* y preparar a *Asiyá* para que sea elevado a *Yetsirá*.

יְהֹוָהאדניאהדונהי Adonai (ה׳) הַטּוֹב hatov והו שִׁמְךָ shimjá

וּלְךָ ulejá נָאֶה naé לְהוֹדוֹת lehodot ס״ת כהת, משיח בן דוד ע״ה:

LA BENDICIÓN FINAL

Estamos emanando la energía de paz para el mundo entero. También nos proponemos utilizar nuestras bocas sólo para el bien. Kabbalísticamente, el poder de las palabras y del habla es inimaginable. Esperamos usar este poder sabiamente, lo que tal vez es una de las tareas más difíciles de llevar a cabo.

Yesod

שִׂים sim שָׁלוֹם shalom טוֹבָה tová אכא וּבְרָכָה uvrajá

וַחַיִּים jayim אהיה אהיה יהוה, בינה ע״ה וְחֵן jen מילוי דמ״ה בריבוע, מוזי

וָחֶסֶד vajésed ע״ב, ריבוע יהוה צְדָקָה tsedaká ע״ה ריבוע אלהים

וְרַחֲמִים verajamim עָלֵינוּ aleinu וְעַל־ veal כָּל־ col ילי ; עמם

יִשְׂרָאֵל Yisrael עַמֶּךָ ameja וּבָרְכֵנוּ uvarjenu אָבִינוּ avinu כֻּלָּנוּ culanu

כְּאֶחָד queejad אהבה, דאגה בְּאוֹר beor רז, א״ס פָּנֶיךָ paneja ס״ג מ״ה ב״ן

Y ellos te alabarán y bendecirán Tu gran Nombre, sinceramente y para siempre, porque es bueno, el Dios de nuestra salvación y nuestra ayuda, Sela, el buen Dios. Bendito eres Tú, Señor, cuyo Nombre es bueno. Y a Ti es propio dar gracias.

LA BENDICIÓN FINAL

Otorga paz, bondad, bendiciones, vida, gracia, amabilidad, justicia y misericordia a nosotros y a todo Israel, Tu Pueblo. Bendícenos a todos como uno solo, Padre nuestro, con la Luz de Tu Rostro,

כִּי qui בְּאוֹר veor רז, א"ס פָּנֶיךָ paneja ס"ג מ"ה ב"ן נָתַתָּ natata לָנוּ lanu אלהים,

אהיה אדני יְהֹוָה־אדני־אהדונהי Adonai אֱלֹהֵינוּ Eloheinu ילה תּוֹרָה Torá

וְחַיִּים vejayim אהיה אהיה יהוה, בינה ע"ה. אַהֲבָה ahavá אחד, דאגה וָחֶסֶד vajésed

ע"ב, ריבוע יהוה. צְדָקָה tsedaká ע"ה ריבוע אלהים וְרַחֲמִים verajamim.

בְּרָכָה brajá וְשָׁלוֹם veshalom. וְטוֹב vetov והו בְּעֵינֶיךָ beeineja

ע"ה קס"א ; ריבוע מ"ה לְבָרְכֵנוּ levarjenu וּלְבָרֵךְ ulevarej אֶת et כָּל col ילי

עַמְּךָ ameja יִשְׂרָאֵל Yisrael בְּרוֹב berov י"פ אהיה עֹז oz וְשָׁלוֹם veshalom:

בָּרוּךְ Baruj אַתָּה Atá יְהֹוָה־אדני־אהדונהי Adonai

הַמְּבָרֵךְ hamevarej אֶת et עַמּוֹ amó יִשְׂרָאֵל Yisrael

ר"ת = אלהים = (אילההויהם = יב"ק) בַּשָּׁלוֹם bashalom. אָמֵן Amén יאהדונהי.

Cuando la noche de Shavuot (segundo día) cae un viernes:
Medita aquí para elevar el Nombre: יהוה, de la siguiente manera:
La letra ה y el Nombre ב"ן a la letra ו y al Nombre מ"ה.
La letra ו y el Nombre מ"ה a la letra ה y al Nombre ס"ג.
La letra ה y el Nombre ס"ג a la letra י y al Nombre ע"ב.

YIHYÚ LERATSÓN

Hay 42 letras en el versículo en el secreto del *Aná Bejóaj*.

יִהְיוּ yihyú אל (ייא"י מילוי דס"ג) לְרָצוֹן leratsón מהש ע"ה, ע"ב בריבוע וקס"א ע"ה, אל שדי ע"ה

אִמְרֵי imrei פִי fi ר"ת אֶלֶף = אלף למד שין דלת יוד ע"ה וְהֶגְיוֹן vehegyón לִבִּי libí

לְפָנֶיךָ lefaneja ס"ג מ"ה ב"ן יְהֹוָה־אדני־אהדונהי Adonai צוּרִי tsurí וְגֹאֲלִי vegoalí:

---

porque es con la Luz de Tu rostro que Tú, Señor, nuestro Dios, nos has dado la Torá y vida, amor y amabilidad, justicia y misericordia, bendición y paz. Que sea grato a Tus Ojos bendecirnos y bendecir a tu Nación, Israel, con abundante poder y con paz. ¡Bendito eres Tú, Señor, que bendice a Su Pueblo, Israel, con paz, Amén!

YIHYÚ LERATSÓN

"Sean gratos ante Ti, Señor,

mi Fortaleza y mi Redentor, los dichos de mi boca y los pensamientos de mi corazón" (Salmos 19:15)

ELOHAI NETSOR

אֱלֹהַי Elohai מילוי ע"ב, דמב ; ילה נְצוֹר netsor לְשׁוֹנִי leshoní מֵרָע merá.

וּשְׂפָתוֹתַי vesiftotai מִדַּבֵּר midaber ראה מִרְמָה mirmá. וְלִמְקַלְלַי velimkalelai

נַפְשִׁי nafshí תִדּוֹם tidom. וְנַפְשִׁי venafshí כֶּעָפָר queafar

לַכֹּל lacol יה אדני תִּהְיֶה tihyé. פְּתַח ptaj לִבִּי libí בְּתוֹרָתֶךָ betorateja.

וְאַחֲרֵי veajarei מִצְוֹתֶיךָ mitsvoteja תִּרְדּוֹף tirdof נַפְשִׁי nafshí.

וְכָל־ vejol ילי הַקָּמִים hakamim עָלַי alai לְרָעָה leraá רהע. מְהֵרָה meherá

הָפֵר hafer עֲצָתָם atsatam וְקַלְקֵל vekalkel מַחְשְׁבוֹתָם majshevotam.

עֲשֵׂה asé לְמַעַן lemaan שְׁמָךְ Shmaj. עֲשֵׂה asé לְמַעַן lemaan

יְמִינָךְ yeminaj. עֲשֵׂה asé לְמַעַן lemaan תּוֹרָתָךְ torataj. עֲשֵׂה asé

לְמַעַן lemaan קְדֻשָּׁתָךְ kdushataj. ר"ת הפסוק = מ"ה יהוה לְמַעַן lemaan

יֵחָלְצוּן yejaltsún יְדִידֶיךָ yedideja ר"ת ילי הוֹשִׁיעָה hoshía יהוה ושי"ע נהורין

יְמִינְךָ yeminjá וַעֲנֵנִי vaaneni (כתיב: ועננו) ר"ת אל (יי"א מילוי דס"ג):

Antes de que recitemos el próximo verso ("*Yihyú leratsón*") tenemos una oportunidad para fortalecer la conexión con nuestra alma usando nuestro nombre. Cada persona tiene un versículo en la Torá que lo conecta con su nombre. O bien su nombre está en el versículo, o la primera y última letra del nombre corresponden a la primera y última letra de un versículo. Por ejemplo, el nombre Yehuda comienza con una *Yud* y termina con una *Hei*. Antes de terminar la *Amidá*, declaramos que nuestro nombre sea siempre recordado cuando nuestra alma abandone este mundo.

YIHYÚ LERATSÓN (EL SEGUNDO)

Hay 42 letras en el versículo en el secreto del *Aná Bejóaj*.

יִהְיוּ yihyú אל (יי"א מילוי דס"ג) לְרָצוֹן leratsón מהש ע"ה, ע"ב בריבוע וקס"א ע"ה, אל שדי ע"ה

אִמְרֵי־ imrei פִי fi ר"ת אֱלֹהֵי = אלף למד ÷ שין דלת יוד ע"ה וְהֶגְיוֹן vehegyón לִבִּי libí

לְפָנֶיךָ lefaneja ס"ג מ"ה ב"ן יְהֹוָהאדניאהדונהי Adonai צוּרִי tsurí וְגֹאֲלִי vegoalí:

ELOHAI NETSOR

Mi Dios, cuida mi lengua del mal y mis labios de decir falsedad. Que mi alma permanezca en silencio ante aquellos que me maldicen y permite que mi espíritu sea humilde ante todos, como el polvo. Abre mi corazón a Tu Torá y permite que mi corazón siga Tus mandamientos. Prontamente frustra los planes y daña los pensamientos de todos aquellos que se levantan contra mí para hacerme daño. Hazlo por la gloria de Tu Nombre. Haz esto por el bien de Tu Diestra. Haz esto por el mérito de Tu Torá. Haz esto por Tu Santidad, "Que Tus amados sean rescatados. Sálvalos con Tu Diestra y contéstame" (Salmos 60:7).

YIHYÚ LERATSÓN (EL SEGUNDO)

"Que los dichos de mi boca y los pensamientos de mi corazón sean gratos ante Ti, Señor, mi Fortaleza y mi Redentor" (Salmos 19:15).

OSÉ SHALOM

Ahora damos tres pasos hacia atrás para atraer la Luz de los Mundos Superiores a nuestra vida. Nos inclinamos a la derecha, a la izquierda y al centro, y debemos meditar en que, al dar estos tres pasos hacia atrás, se construya nuevamente el Templo Sagrado que fue destruido.

Da tres pasos hacia atrás;

Izquierda
Te vuelves a la izquierda y dices:

עֹשֶׂה osé שָׁלוֹם shalom
בִּמְרוֹמָיו bimromav ר״ת ע״ב, ריבוע יהוה

Derecha
Te vuelves a la derecha y dices:

הוּא Hu בְּרַחֲמָיו verajamav יַעֲשֶׂה yaasé
שָׁלוֹם shalom עָלֵינוּ aleinu ר״ת ש״ע נהורין

Centro
Te alineas al centro y dices:

וְעַל veal כָּל־ col ילי ; עמם עַמּוֹ amó יִשְׂרָאֵל Yisrael
וְאִמְרוּ veimrú אָמֵן Amén יאהדונהי:

יְהִי yehí רָצוֹן ratsón מהש ע״ה, ע״ב בריבוע וקס״א ע״ה, אל שדי ע״ה
מִלְּפָנֶיךָ milfaneja ס״ג מ״ה ב״ן יְהֹוָהאדניאהדונהי Adonai אֱלֹהֵינוּ Eloheinu ילה
וֵאלֹהֵי veElohei לכב ; מילוי ע״ב, דמב ; ילה אֲבוֹתֵינוּ avoteinu, שֶׁתִּבָּנֶה shetivné
בֵּית beit ב״פ ראה הַמִּקְדָּשׁ hamikdash בִּמְהֵרָה bimherá בְּיָמֵינוּ veyameinu
וְתֵן vetén חֶלְקֵנוּ jelkenu בְּתוֹרָתָךְ vetorataj לַעֲשׂוֹת laasot חֻקֵּי jukei
רְצוֹנָךְ retsonaj וּלְעָבְדָךְ uleavdaj פוי, אל אדני בְּלֵבָב belevav בוכו שָׁלֵם shalem.

Da tres pasos hacia delante.

OSÉ SHALOM

Él, que establece la Paz en Sus altos lugares,
Él, en Su compasión, hará que la paz esté entre nosotros y sobre Su pueblo entero, Israel, y dirán: Amén.

Sea agradable ante Ti, Señor, nuestro Dios y Dios de nuestros antepasados, que puedas reconstruir rápidamente el santo Templo, en nuestros días, y otórganos participación en Tu Torá, para que podamos cumplir las leyes de Tu deseo y servirte con todo el corazón.

YEHÍ SHEM

יְהִי yehí שֵׁם shem יְהֹוָהאדניאהדונהי Adonai מְבֹרָךְ mevoraj ר״ת ריבוע ע״ב וריבוע ס״ג

יהוה מברך = רפ״ח (להעלות רפ״ח ניצוצות שנפלו לקליפה דמשם באים התוולאים) מֵעַתָּה meatá

וְעַד־ vead עוֹלָם olam ילי: מִמִּזְרַח־ mimizraj שֶׁמֶשׁ shémesh עַד־ ad

ר״ת קדוש מְבוֹאוֹ mevoó מְהֻלָּל mehulal שֵׁם shem יְהֹוָהאדניאהדונהי Adonai:

רָם ram עַל־ al כָּל־ col ילי ; עמם גּוֹיִם goyim יְהֹוָהאדניאהדונהי Adonai עַל al

הַשָּׁמַיִם hashamáyim י״פ טל, י״פ כוזו ; ר״ת וזשמל כְּבוֹדוֹ quevodó:

יְהֹוָהאדניאהדונהי Adonai אֲדֹנֵינוּ adoneinu מָה־ ma מ״ה אַדִּיר adir הרי

שִׁמְךָ Shimjá בְּכָל־ bejol ב״ן, לכב ; ומב הָאָרֶץ haárets אלהים דההין ע״ה:

KADISH TITKABAL

יִתְגַּדַּל yitgadal וְיִתְקַדַּשׁ veyitkadash שדי ⸗ ין לת וד (מילוי שדי) ; י״א אותיות כמנין ו״ה

שְׁמֵיהּ Shmei (שם י״ה דע״ב) רַבָּא rabá קנ״א ב״ן, יהוה אלהים יהוה אדני,

מילוי קס״א וס״ג, מ״ה ברבוע וע״ב ע״ה ; ר״ת = ו״פ אלהים ; ס״ת = ג״פ יב״ק. אָמֵן Amén אידהנויה.

בְּעָלְמָא bealmá דִּי di בְּרָא verá כִּרְעוּתֵיהּ quirutei.

וְיַמְלִיךְ veyamlij מַלְכוּתֵיהּ maljutei. וְיַצְמַח veyatsmaj

פֻּרְקָנֵיהּ purkanei. וִיקָרֵב vikarev מְשִׁיחֵיהּ Meshijei. אָמֵן Amén אידהנויה.

בְּחַיֵּיכוֹן bejayeijón וּבְיוֹמֵיכוֹן uveyomeijón וּבְחַיֵּי uvejayei

דְכָל dejol בֵּית beit ב״פ ראה יִשְׂרָאֵל Yisrael בַּעֲגָלָא baagalá

וּבִזְמַן uvizmán קָרִיב kariv וְאִמְרוּ veimrú אָמֵן Amén. אָמֵן Amén אידהנויה.

YEHÍ SHEM

"Que el Nombre del Señor sea bendecido desde ahora hasta toda la eternidad. Desde la salida del Sol hasta su caída, que el Nombre del Señor sea alabado y elevado. Sobre todas las naciones está el Señor. Su gloria está sobre los Cielos" (Salmos 113:2-4). "Dios, nuestro Señor, cuán tremendo es Tu Nombre en toda la Tierra" (Salmos 8:10).

KADISH TITKABAL

Glorificado y santificado sea Su gran Nombre (Amén).

En el mundo que Él creó de acuerdo a Su voluntad, y pueda Su Reino reinar. Y pueda Él hacer que Su redención florezca y pueda Él acercar al Mesías (Amén). En tus vidas y en tus días y en la vida de toda la Casa de Israel, prontamente y en el futuro cercano, y dígase: Amén (Amén).

Minjá de Érev Shavuot
Endulzar el Juicio Severo

La congregación y el *jazán* dicen lo siguiente:

28 palabras (hasta *bealmá*) – meditar en:
מילוי דמילוי דע"ב (יוד ויו דלת הי יוד ויו יוד ויו הי יוד)
28 letras (hasta *almayá*) - meditar en:
מילוי דמילוי דע"ב (יוד ויו דלת הי יוד ויו יוד ויו הי יוד)

יְהֵא yehé **שְׁמֵיהּ** Shmei (שׁם י"ה דס"ג) **רַבָּא** rabá קנ"א ב"ן,

יהוה אלהים יהוה אדני, מילוי קס"א וס"ג, מ"ה ברבוע וע"ב ע"ה **מְבָרַךְ** mevaraj,

לְעָלַם lealam **לְעָלְמֵי** lealmei **עָלְמַיָּא** almayá. **יִתְבָּרַךְ** yitbaraj.

Siete palabras con seis letras cada una (שׁם בן מ"ב) – meditar en:
יהוה + יוד הי ויו הי + מילוי דמילוי דע"ב (יוד ויו דלת הי יוד ויו יוד ויו הי יוד)
También, siete veces la letra Vav (שׁם בן מ"ב) – meditar en:
יהוה + יוד הי ויו הי + מילוי דמילוי דע"ב (יוד ויו דלת הי יוד ויו יוד ויו הי יוד).

וְיִשְׁתַּבַּח veyishtabaj י"פ ע"ב יהוה אל אבג יתץ.

וְיִתְפָּאַר veyitpaar הי נו יה קרע שטן. **וְיִתְרוֹמַם** veyitromam וה כוזו נגד יכש.

וְיִתְנַשֵּׂא veyitnasé במוכסז בטר צתג. **וְיִתְהַדָּר** veyihadar כוזו יה וזקב טנע.

וְיִתְעַלֶּה veyitalé וה יוד ה יגל פזק. **וְיִתְהַלָּל** veyithalal א ואו הא שקו צית.

שְׁמֵיהּ Shmei (שׁם י"ה דמ"ה) **דְּקוּדְשָׁא** deKudshá **בְּרִיךְ** Verij **הוּא** Hu.

אָמֵן Amén אידהנויה.

לְעֵלָּא leelá **מִן** min **כָּל** col ילי **בִּרְכָתָא** birjatá. **שִׁירָתָא** shiratá.

תֻּשְׁבְּחָתָא tishbejatá **וְנֶחָמָתָא** venejamatá. **דַּאֲמִירָן** daamirán

בְּעָלְמָא bealmá **וְאִמְרוּ** veimrú **אָמֵן** Amén: **אָמֵן** Amén אידהנויה.

תִּתְקַבַּל titkabal **צְלוֹתָנָא** tslotaná **וּבָעוּתָנָא** uvautaná

עִם im **צְלוֹתְהוֹן** tslothón **וּבָעוּתְהוֹן** uvauthón **דְּכָל** dejol ילי

בֵּית beit ב"פ ראה **יִשְׂרָאֵל** Yisrael **קֳדָם** kadam **אֲבוּנָא** avuná

דְּבִשְׁמַיָּא devishmayá **וְאִמְרוּ** veimrú **אָמֵן** Amén: **אָמֵן** Amén אידהנויה.

Que Su gran Nombre sea bendito por siempre y por toda la eternidad. Bendito y alabado, y glorificado y exaltado, y ensalzado y honrado, y adorado y loado sea el Nombre del Santísimo, bendito sea Él (Amén). *Más allá de todas las bendiciones, himnos, alabanzas y palabras de consolación que jamás se dijeran en el mundo, y dígase: Amén* (Amén). *Sean aceptadas nuestras oraciones y súplicas, junto con las oraciones y las súplicas de toda la Casa de Israel, ante nuestro Padre en los Cielos, y dígase: Amén* (Amén).

יְהֵא yehé שְׁלָמָא shlemá רַבָּא rabá קנ"א ב"ן, יהוה אלהים יהוה אדני, מילוי קס"א וס"ג,
מ"ה ברבוע וע"ב ע"ה מִן min שְׁמַיָּא shmayá. וְחַיִּים jayim אהיה אהיה יהוה, בינה ע"ה
וְשָׂבָע vesavá וִישׁוּעָה vishuá וְנֶחָמָה venejamá וְשֵׁיזָבָא vesheizavá
וּרְפוּאָה urfuá וּגְאֻלָּה ugueulá וּסְלִיחָה uslijá וְכַפָּרָה vejapará
וְרֵיוַח vereivaj וְהַצָּלָה vehatsalá. לָנוּ lanu אלהים, אהיה אדני וּלְכָל ulejol יה אדני
עַמּוֹ amó יִשְׂרָאֵל Yisrael וְאִמְרוּ veimrú אָמֵן Amén: אָמֵן Amén אידהנויה.

Da tres pasos para atrás y dice:

עוֹשֶׂה osé שָׁלוֹם shalom ספריאל המלאך החותם לחיים

בִּמְרוֹמָיו bimromav ע"ב, ריבוע יהוה. הוּא Hu בְּרַחֲמָיו berajamav
יַעֲשֶׂה yaasé שָׁלוֹם shalom עָלֵינוּ aleinu ר"ת ש"ע נהורין.
וְעַל veal כָּל col ילי ; עמם עַמּוֹ amó יִשְׂרָאֵל Yisrael וְאִמְרוּ veimrú אָמֵן Amén:
אָמֵן Amén אידהנויה.

LAMENATSÉAJ

Al meditar en el *Maguén David* (Escudo de David), aprovechamos el poder, fortaleza y valentía del Rey David para que podamos vencer a nuestros enemigos personales. Nuestros verdaderos enemigos no se encuentran en el mundo exterior, a pesar de lo que nos diga nuestro ego. Nuestro verdadero enemigo es nuestro *Deseo de Recibir para Sí Mismo*. Cuando vencemos al enemigo interno, los enemigos externos de pronto desaparecen de nuestra vida.

Dios reveló este Salmo al Rey David a través de la Inspiración Divina. Fue escrito en una placa de oro en forma de una *Menorá* (ilustrado en la pág.57). Dios también se la mostró a Moshé. El Rey David llevaba este Salmo escrito y grabado en la placa de oro en su escudo, el Escudo de David. Cuando el Rey David iba a la guerra, él meditaba en los secretos de la *Menorá* y en las siete oraciones de este Salmo grabadas en ésta, y sus enemigos, literalmente, caían vencidos ante él. Al meditar en él (leyendo las letras sin cambiar la posición de la página), aprovechamos ese poder. (*Midbar Kdemot*, por el Jidá, y también en *Menorat Zahav*, por Rav Zusha).

Que haya paz abundante del Cielo. Vida, satisfacción, salvación, consuelo, entrega, sanación, redención, perdón, expiación, comodidad y alivio para nosotros y para toda Su nación, Israel y dígase: Amén (Amén). Él, que establece la paz en Sus Alturas, Él, en Su compasión, hará la paz sobre nosotros y sobre toda Su nación, Israel. Y dígase: Amén (Amén).

לַמְנַצֵּחַ lamenatséaj בִּנְגִינֹת binguinot מִזְמוֹר mizmor שִׁיר shir:

אֱלֹהִים Elohim אהיה אדני ; ילה יְחָנֵּנוּ yejanenu וִיבָרְכֵנוּ vivarjenu

יָאֵר yaer כף ויו זין ויו פָּנָיו panav אִתָּנוּ itanu ר"ת פאי, אמן (יאהדונהי) סֶלָה sela:

לָדַעַת ladáat ר"ת סאל, אמן (יאהדונהי) בָּאָרֶץ baárets דַּרְכֶּךָ darquejá

בְּכָל bejol ב"ן, לכב גּוֹיִם goyim יְשׁוּעָתֶךָ yeshuateja:

יוֹדוּךָ yoduja עַמִּים amim אֱלֹהִים Elohim אהיה אדני ; ילה יוֹדוּךָ yoduja

עַמִּים amim כֻּלָּם culam: יִשְׂמְחוּ yismejú וִירַנְּנוּ viranenú

לְאֻמִּים leumim ר"ת ע"ה = איההיוהה כִּי qui תִשְׁפֹּט tishpot עַמִּים amim

מִישֹׁר mishor וּלְאֻמִּים uleumim בָּאָרֶץ baárets תַּנְחֵם tanjem סֶלָה sela:

יוֹדוּךָ yoduja עַמִּים amim אֱלֹהִים Elohim אהיה אדני ; ילה יוֹדוּךָ yoduja

עַמִּים amim כֻּלָּם culam: ר"ת יודוך ישמחו יודוך ארץ = יא"י (מילוי דס"ג)

ועם ר"ת אלהים לדעת יברכנו = ע"ב, ריבוע יהוה אֶרֶץ érets נָתְנָה natná קס"א קנ"א קמ"ג, נתה

יְבוּלָהּ yevulá ר"ת אני יְבָרְכֵנוּ yevarjenu אֱלֹהִים Elohim אהיה אדני ; ילה

אֱלֹהֵינוּ Eloheinu ילה : יְבָרְכֵנוּ yevarjenu אֱלֹהִים Elohim אהיה אדני ; ילה

וְיִירְאוּ veyirú אוֹתוֹ otó כָּל col ילי אַפְסֵי afsei אָרֶץ árets:

LAMENATSÉAJ

"Al Director del Coro, con música melodiosa, un Salmo. Tenga Dios gracia con nosotros y nos bendiga, y haga resplandecer Su rostro sobre nosotros, Sela. Para que sea Tu camino conocido en la Tierra y Tu salvación entre todas las naciones. Las naciones te darán gracias, Dios. Todas las naciones te darán gracias. La gente se alegrará y cantará porque Tú juzgas a los pueblos con equidad y Tú guías a las naciones en la Tierra, Sela. Los pueblos te darán gracias, Dios. Todos los pueblos te darán gracias. La Tierra ha dado su fruto. Nos bendiga Dios, nuestro Dios. Nos bendiga Dios y le teman desde todos los confines de la Tierra" (Salmos 67).

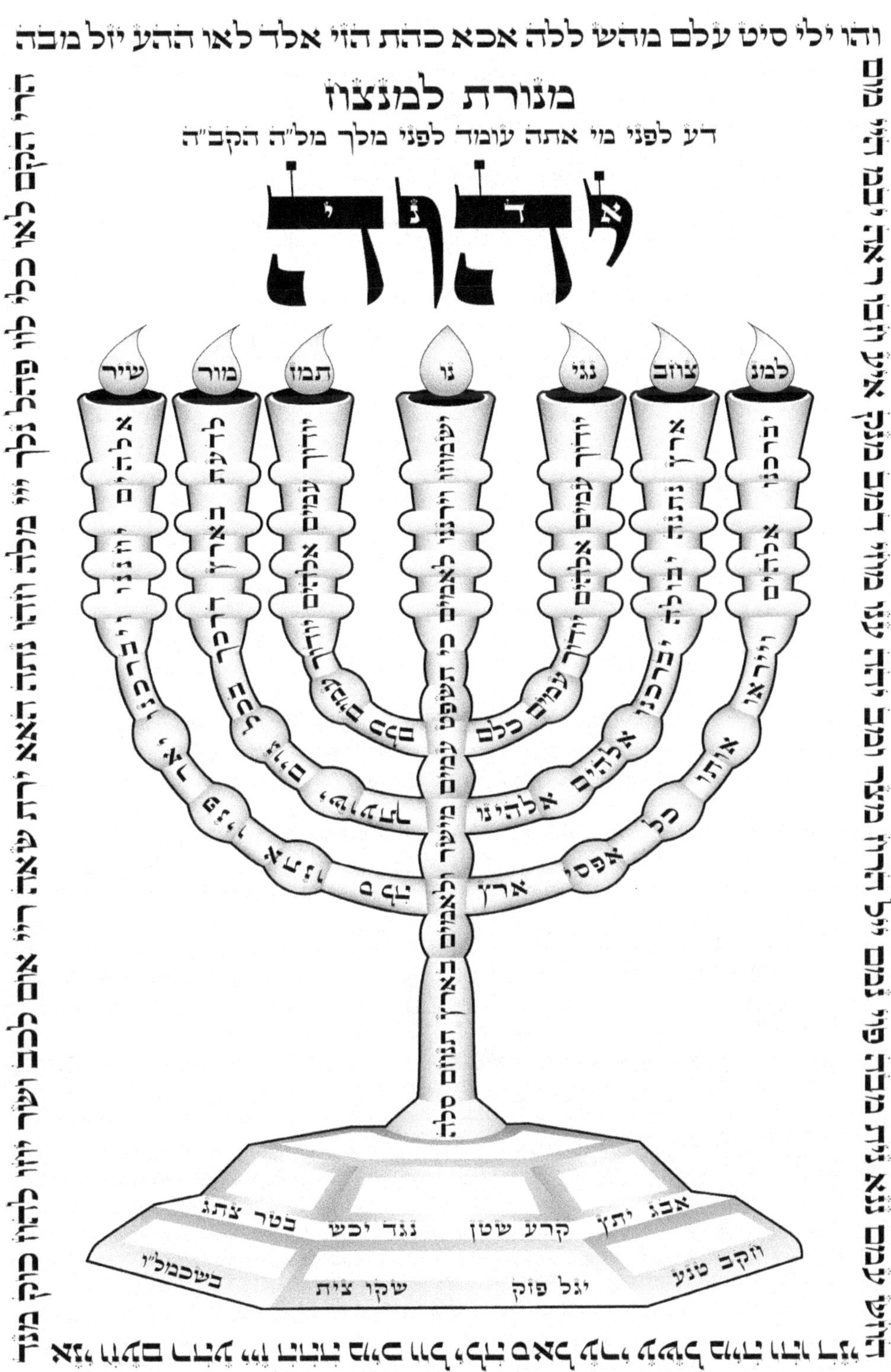

והו ילי סיט עלם מהש ללה אכא כהת הזי אלד לאו ההע יזל מבה
מנורת למנצח
דע לפני מי אתה עומד לפני מלך מל"ה הקב"ה

Endulzar el Juicio Severo

Cuando la noche de *Shavuot* (segundo día) cae un viernes, se recita lo siguiente en lugar de "*Lamenatséaj binguinot*":

יְהֹוָה יאהדונהי Adonai מָלָךְ malaj גֵּאוּת gueut לָבֵשׁ lavesh לָבֵשׁ lavesh

יְהֹוָה יאהדונהי Adonai עֹז oz הִתְאַזָּר hitazar אַף־ af ר"ת = אלהים, אהיה אדני

תִּכּוֹן ticón תֵּבֵל tevel ב"פ רי"ו בַּל־ bal תִּמּוֹט timot: נָכוֹן najón כִּסְאֲךָ quisajá

מֵאָז meaz ומב מֵעוֹלָם meolam אָתָּה Atá ר"ת הפסוק = קנ"א, אדני אלהים : נָשְׂאוּ nasú

נָשְׂאוּ neharot יְהֹוָה יאהדונהי Adonai נָשְׂאוּ nasú ר"ת = קין נְהָרוֹת neharot

קוֹלָם kolam יִשְׂאוּ yisú נְהָרוֹת neharot דָּכְיָם dajyam ר"ת דני:

מִקֹּלוֹת mikolot מַיִם máyim רַבִּים rabim אַדִּירִים adirim הרי

מִשְׁבְּרֵי־ mishberei יָם yam ילי ; ר"ת אמי אַדִּיר adir הרי

בַּמָּרוֹם bamarom יְהֹוָה יאהדונהי Adonai ; ר"ת אבי: עֵדֹתֶיךָ edoteja

נֶאֶמְנוּ neemnú מְאֹד meod ר"ת = קין לְבֵיתְךָ leveitjá ב"פ ראה

נַאֲוָה־ naavá קֹדֶשׁ kódesh יְהֹוָה יאהדונהי Adonai לְאֹרֶךְ leórej:

לְאֹרֶךְ yamim נלך ; ר"ת ילי ; ס"ת = אדני ; יהוה לאורך ימים = ש"ע נהורין עם י"ג אותיות:

Kadish Yehé Shlamá

יִתְגַּדַּל yitgadal וְיִתְקַדַּשׁ veyitkadash שדי + ין לת וד (מילוי שדי) ; י"א אותיות כמנין ו"ה

שְׁמֵיהּ Shmei (שם י"ה) רַבָּא rabá קנ"א ב"ן, יהוה אלהים יהוה אדני,

מילוי קס"א וס"ג, מ"ה ברבוע וע"ב ע"ה ; ר"ת = ו"פ אלהים ; ס"ת = ג"פ יב"ק • אָמֵן Amén אידהנויה•

בְּעָלְמָא bealmá דִּי di בְרָא verá כִרְעוּתֵיהּ quirutei•

וְיַמְלִיךְ veyamlij מַלְכוּתֵיהּ maljutei• וְיַצְמַח veyatsmaj

פּוּרְקָנֵיהּ purkanei• וִיקָרֵב vikarev מְשִׁיחֵיהּ Meshijei• אָמֵן Amén אידהנויה•

"El Señor ha reinado. Se ha vestido a Sí mismo con orgullo. El Señor se vistió a Sí mismo y se adornó con poder. También estableció el mundo firmemente, para que no colapsara. Tu Trono ha sido establecido. Desde entonces, Tú has sido para siempre. Los ríos han elevado, Señor, los ríos han elevado sus voces. Los ríos elevarán sus poderosas olas. Más que el estruendo de muchas aguas y que las poderosas olas del mar, Tú eres inmenso en las Alturas, Señor. Tus testimonios son extremadamente firmes. Tu Casa es el Santuario Santo. El Señor estará por los siglos y para siempre" (Salmos 93).

Kadish Yehé Shlamá

Glorificado y santificado sea Su gran Nombre (Amén). En el mundo que Él creó de acuerdo a Su voluntad, y pueda Su Reino reinar. Y pueda Él hacer que Su redención florezca y acercar al Mesías (Amén).

בְּחַיֵּיכוֹן bejayeijón וּבְיוֹמֵיכוֹן uveyomeijón וּבְחַיֵּי uvejayei

דְּכָל dejol בֵּית beit ב"פ ראה יִשְׂרָאֵל Yisrael בַּעֲגָלָא baagalá

וּבִזְמַן uvizmán קָרִיב kariv וְאִמְרוּ veimrú אָמֵן Amén• אָמֵן Amén אידהנויה•

La congregación y el *jazán* dicen lo siguiente:

28 palabras (hasta *bealmá*) – meditar en:
מילוי דמילוי דס"ג (יוד ויו דלת הי יוד ואו אלף ואו הי יוד)
28 letras (hasta *almayá*)- meditar en:
מילוי דמילוי דמ"ה (יוד ואו דלת הא אלף ואו אלף ואו הא אלף).

יְהֵא yehé שְׁמֵיהּ Shmei (שם י"ה דס"ג) רַבָּא rabá קנ"א ב"ן,

יהוה אלהים יהוה אדני, מילוי קס"א וס"ג, מ"ה ברבוע וע"ב ע"ה מְבָרַךְ mevaraj,

לְעָלַם lealam לְעָלְמֵי lealmei עָלְמַיָּא almayá• יִתְבָּרַךְ yitbaraj•

Siete palabras con seis letras cada una (שם בן מ"ב) – meditar en:
יהוה + יוד הי ואו הי + מילוי דמילוי דס"ג (יוד ויו דלת הי יוד ואו אלף ואו הי יוד) ;
También, siete veces la letra Vav (שם בן מ"ב) – meditar en:
יהוה + יוד הא ואו הא + מילוי דמילוי דמ"ה (יוד ואו דלת הא אלף ואו אלף ואו הא אלף).

וְיִשְׁתַּבַּח veyishtabaj י"פ ע"ב יהוה אל אבג יתץ•

וְיִתְפָּאַר veyitpaar הי נו יה קרע שטן• וְיִתְרוֹמַם veyitromam וה כוזו נגד יכש•

וְיִתְנַשֵּׂא veyitnasé במוכסז בטר צתג• וְיִתְהַדָּר veyihadar כוזו יה וזקב טנע•

וְיִתְעַלֶּה veyitalé וה יוד ה יגל פזק• וְיִתְהַלָּל veyithalal א ואו הא שקו צית•

שְׁמֵיהּ Shmei (שם י"ה דמ"ה) דְּקוּדְשָׁא deKudshá בְּרִיךְ Verij הוּא Hu•

אָמֵן Amén אידהנויה•

לְעֵלָּא leelá מִן min כָּל col ילי בִּרְכָתָא birjatá• שִׁירָתָא shiratá•

תֻּשְׁבְּחָתָא tishbejatá וְנֶחֱמָתָא venejamatá• דַּאֲמִירָן daamirán

בְּעָלְמָא bealmá וְאִמְרוּ veimrú אָמֵן Amén: אָמֵן Amén אידהנויה.

En tus vidas y en tus días y en la vida de toda la Casa de Israel, prontamente y en el futuro cercano, y dígase: Amén (Amén). *Que Su gran Nombre sea bendito por siempre y por toda la eternidad. Bendito y alabado, y glorificado y exaltado, y ensalzado y honrado, y adorado y loado, sea el Nombre del Santísimo, Bendito sea Él* (Amén). *Más allá de todas las bendiciones, himnos, alabanzas y palabras de consolación que jamás se dijeran en el mundo, y dígase: Amén* (Amén).

יְהֵא yehé שְׁלָמָא shlemá רַבָּא rabá קנ"א ב"ן, יהוה אלהים יהוה אדני, מילוי קס"א וס"ג,
מ"ה ברבוע וע"ב ע"ה מִן min שְׁמַיָּא shmayá. וְחַיִּים jayim אהיה אהיה יהוה, בינה ע"ה
וְשָׂבָע vesavá וִישׁוּעָה vishuá וְנֶחָמָה venejamá וְשֵׁיזָבָא vesheizavá
וּרְפוּאָה urfuá וּגְאֻלָּה ugueulá וּסְלִיחָה uslijá וְכַפָּרָה vejapará
וְרֵוַח vereivaj וְהַצָּלָה vehatsalá. לָנוּ lanu אלהים, אהיה אדני וּלְכָל ulejol יה אדני
עַמּוֹ amó יִשְׂרָאֵל Yisrael וְאִמְרוּ veimrú אָמֵן Amén: אָמֵן Amén אידהנויה.

Da tres pasos para atrás y dice:

עוֹשֶׂה osé שָׁלוֹם shalom בִּמְרוֹמָיו bimromav ע"ב, ריבוע יהוה. הוּא Hu
בְּרַחֲמָיו berajamav יַעֲשֶׂה yaasé שָׁלוֹם shalom עָלֵינוּ aleinu ר"ת ש"ע נהורין.
וְעַל veal כָּל col ילי ; עמם עַמּוֹ amó יִשְׂרָאֵל Yisrael וְאִמְרוּ veimrú אָמֵן Amén:
אָמֵן Amén אידהנויה.

ALEINU

Aleinu es un agente sellador cósmico. Cementa y asegura todas nuestras oraciones, protegiéndolas de cualquier fuerza negativa tales como las *klipot*. Todas las oraciones anteriores a *Aleinu* atrajeron lo que los kabbalistas llaman Luz Interna. Sin embargo, *Aleinu* atrae Luz Circundante, la cual envuelve nuestras oraciones con un campo de fuerza protectora para bloquear a las *klipot*.

Atraer Luz Circundante para ser protegido de las *klipot* (la inclinación negativa).

עָלֵינוּ aleinu ריבוע דס"ג לְשַׁבֵּחַ leshabéaj עלינו לשבח = אבג יתץ, ושר
לַאֲדוֹן laAdón אני ; ס"ת = ס"ג ע"ה הַכֹּל hacol ר"ת ללה, אדני.
לָתֵת latet גְּדֻלָּה guedulá לְיוֹצֵר leyotser בְּרֵאשִׁית bereshit ר"ת גל"ב (באך ב"י יג"ל).
שֶׁלֹּא sheló עָשָׂנוּ asanu כְּגוֹיֵי quegoyei הָאֲרָצוֹת haaratsot
וְלֹא veló שָׂמָנוּ samanu כְּמִשְׁפְּחוֹת quemishpejot הָאֲדָמָה haadamá

Que haya paz abundante del Cielo. Vida, satisfacción, salvación, consuelo, entrega, sanación, redención, perdón, expiación, comodidad y alivio para nosotros y para toda Su nación, Israel, y dirán: Amén (Amén). Él, que establece la paz en Sus Alturas, Él, en Su compasión, hará la paz sobre nosotros y sobre toda Su nación, Israel. Y dirán: Amén (Amén).

ALEINU

Es nuestro deber alabar al Soberano de todo y atribuir grandeza al Moldeador de la Creación, que no nos ha hecho como los pueblos del mundo. Él no nos colocó como las familias de la Tierra.

שֶׁלֹּא sheló שָׂם sam חֶלְקֵנוּ jelkenu כָּהֶם cahem וְגוֹרָלֵנוּ vegoralenu

כְּכָל quejol הֲמוֹנָם hamonam. שֶׁהֵם shehem מִשְׁתַּחֲוִים mishtajavim

לְהֶבֶל lahével וָרִיק varik וּמִתְפַּלְלִים umitpalelim אֶל el אֵל el

לֹא lo יוֹשִׁיעַ yoshía. (haz una pausa aquí, y cuando digas "*vaanajnu mishtajavim*" inclina todo tu cuerpo)

וַאֲנַחְנוּ vaanajnu מִשְׁתַּחֲוִים mishtajavim לִפְנֵי lifnei מֶלֶךְ Mélej

מַלְכֵי maljei הַמְּלָכִים hamlajim הַקָּדוֹשׁ haKadosh בָּרוּךְ Baruj

הוּא Hu. שֶׁהוּא sheHú נוֹטֶה noté שָׁמַיִם shamáyim י״פ טל, י״פ כוזו ; ר״ת = י״פ אדני

שב׳ ספירות של נוקבא דז״א וְיוֹסֵד veyosed אָרֶץ árets. וּמוֹשַׁב umoshav

יְקָרוֹ yekaró בַּשָּׁמַיִם bashamáyim י״פ טל, י״פ כוזו מִמַּעַל mimáal עלם.

וּשְׁכִינַת ushjinat עֻזּוֹ uzó בְּגָבְהֵי begavhei מְרוֹמִים meromim.

הוּא Hu אֱלֹהֵינוּ Eloheinu ילה וְאֵין veein עוֹד od אַחֵר ajer.

אֱמֶת emet אהיה פעמים אהיה, ו״פ ס״ג מַלְכֵּנוּ malquenu וְאֶפֶס veéfes

זוּלָתוֹ zulató. כַּכָּתוּב cacatuv בַּתּוֹרָה baTorá (דברים ד׳, ל״ט): וְיָדַעְתָּ veyadata

הַיּוֹם hayom ע״ה נגד, מזבח, זן, אל יהוה וַהֲשֵׁבֹתָ vahashevotá אֶל־ el

לְבָבֶךָ levaveja ר״ת לאו כִּי qui יְהֹוָהאדניאהדונהי Adonai הוּא Hu

הָאֱלֹהִים haElohim אהיה אדני ; ילה ; ר״ת יהה וכן עולה למנין ענו ע״ג כ

בַּשָּׁמַיִם bashamáyim י״פ טל, י״פ כוזו מִמַּעַל mimáal עלם ;

רמז לאור פנימי המתווכל מלמעלה וְעַל־ veal הָאָרֶץ haárets אלהים דההין ע״ה

מִתָּחַת mitájat רמז לאור מקיף המתווכל מלמטה אֵין ein עוֹד od:

Él no hizo nuestra suerte como la de ellos ni nuestro destino como el de sus multitudes, ya que ellos se inclinan ante la futilidad y el vacío, y rezan a una deidad que no ayuda. Nosotros nos inclinamos ante el Supremo Rey de Reyes, el Santísimo, Bendito sea Él. Él es quien extiende los Cielos y funda la Tierra. La Sede de Su gloria está arriba en el Cielo y la Presencia Divina de Su poder está en las alturas excelsas. Él es nuestro Dios y no hay ningún otro. Nuestro Rey es verdadero y no hay nadie excepto Él. Como está escrito en la Torá: "Aprende hoy y grábalo en tu corazón que el Señor es Dios arriba en los Cielos y abajo sobre la Tierra, y no hay otro" (Deuteronomio 4:39).

עַל al כֵּן quen נְקַוֶּה nekavé לָךְ laj יְהֹוָה יאהדונהי Adonai אֱלֹהֵינוּ Eloheinu

ילה לִרְאוֹת lirot מְהֵרָה meherá בְּתִפְאֶרֶת betiféret עֻזָּךְ: uzaj ס"ת כהת, משיח

בן דוד ע"ה לְהַעֲבִיר lehaavir גִּלּוּלִים guilulim מִן min הָאָרֶץ haárets אלהים דההין ע"ה

ע"ה וְהָאֱלִילִים vehaelilim כָּרוֹת carot יִכָּרֵתוּן •yicaretún לְתַקֵּן letakén

עוֹלָם olam בְּמַלְכוּת bemaljut שַׁדַּי •Shadai וְכָל vejol ילי בְּנֵי bnei

בָשָׂר vasar יִקְרְאוּ yikreú בִשְׁמֶךָ vishmeja לְהַפְנוֹת lehafnot אֵלֶיךָ eleja

כָּל col ילי רִשְׁעֵי rishei אָרֶץ •árets יַכִּירוּ yaquiru וְיֵדְעוּ veyedú כָּל col ילי

יוֹשְׁבֵי yoshvei תֵבֵל tevel ב"פ רי"ו• כִּי qui לְךָ lejá תִּכְרַע tijrá כָּל־ col ילי

בֶּרֶךְ bérej תִּשָּׁבַע tishavá כָּל col ילי לָשׁוֹן •lashón לְפָנֶיךָ lefaneja ס"ג מ"ה ב"ן

יְהֹוָה יאהדונהי Adonai אֱלֹהֵינוּ Eloheinu ילה יִכְרְעוּ yijreú וְיִפֹּלוּ veyipolu

וְלִכְבוֹד velijvod שִׁמְךָ shimjá יְקָר yekar יִתֵּנוּ •yitenu וִיקַבְּלוּ vikablú

כֻלָּם julam אֶת et עוֹל־ ol מַלְכוּתֶךָ •maljuteja וְתִמְלוֹךְ vetimloj

עֲלֵיהֶם aleihem מְהֵרָה meherá לְעוֹלָם leolam ריבוע ס"ג וי' אותיות דס"ג וָעֶד •vaed

כִּי qui הַמַּלְכוּת hamaljut שֶׁלְּךָ sheljá הִיא •hi וּלְעוֹלְמֵי uleolmei

עַד ad תִּמְלוֹךְ timloj בְּכָבוֹד bejavod בוכו• כַּכָּתוּב cacatuv:

בְּתוֹרָתָךְ beTorataj יְהֹוָה יאהדונהי Adonai | יִמְלֹךְ yimloj לְעֹלָם leolam

ריבוע ס"ג וי' אותיות דס"ג ; ר"ת ייל וָעֶד vaed: וְנֶאֱמַר veneemar: וְהָיָה vehayá יהוה ; יהה

יְהֹוָה יאהדונהי Adonai לְמֶלֶךְ leMélej עַל־ al כָּל־ col ילי ; עמם

הָאָרֶץ haárets אלהים דההין ע"ה בַּיּוֹם bayom ע"ה נגד, מזבח, זן, אל יהוה

הַהוּא hahú יִהְיֶה yihyé ייי יְהֹוָה יאהדונהי Adonai אֶחָד ejad אהבה, דאגה

וּשְׁמוֹ uShmó מהש ע"ה, ע"ב בריבוע וקס"א ע"ה, אל שדי ע"ה אֶחָד ejad אהבה, דאגה:

Por eso, Señor, nuestro Dios, esperamos contemplar pronto la gloria majestuosa de Tu poder, cuando elimines los ídolos de la Tierra y los falsos dioses hayan sido completamente destruidos, para perfeccionar al mundo con el Reino del Todopoderoso. Y la humanidad entera invocará Tu Nombre y todos los malvados de la Tierra se dirigirán a Ti. Entonces todos los habitantes del mundo reconocerán y sabrán que, por Ti, toda rodilla se dobla y toda lengua se colma. Que ante Ti, Señor, nuestro Dios, se arrodillen y se prosternen y honren Tu glorioso Nombre. Y todos aceptarán el yugo de Tu Reino y Tú reinarás sobre ellos para siempre jamás. Pues el Reino es Tuyo. Y para siempre y por la eternidad, Tú reinarás en gloria. Como está escrito en la Torá: "El Señor reinará por los siglos de los siglos" (Éxodo15:18) y también está dicho: "El Señor será Rey sobre toda la Tierra y, en aquél día, el Señor será Uno y Uno su Nombre" (Zacarías 14:9).

Cuando la noche de *Shavuot* (segundo día) cae un viernes comenzamos aquí, de lo contrario comenzamos en la página 80.

KABALAT SHABAT

Debes salir al campo y, de no ser posible, es bueno que salgas a un jardín o un lugar que esté solo y despejado. Y debes ubicarte en un lugar elevado y volverte hacia el Oeste. En el momento de la puesta de Sol, cierra tus ojos y pon las manos sobre tu pecho, la mano derecha sobre la izquierda, y párate con sobrecogimiento y temor como si estuvieras parado ante el Rey para recibir la Santidad del *Shabat*.

Debes meditar en que *Jakal* חק״ל (campo), el cual tiene el valor numérico de 138, es igual a: הויה אהיה הויה אדני (יאההויהה + יאהדונהי). También tiene el valor numérico del *Milui* de los cuatro Nombres (וד י יו י + וד י או י + וד א או א + וד ה ו ה) con las diez letras. Y también ס״ג (יוד הי ואו הי) con sus diez letras y el Nombre אדני tienen el valor numérico de 138.

Ahora en el campo (*Sadé* שדה) meditar en que sea considerado como la parte externa de los Cuatro Mundos, y nuestra meta durante *Kabalat Shabat* en el campo es elevar esta parte externa (la elevación es el secreto de la Luz Interna de lo externo). Debes visualizar los Cuatro Mundos en el orden siguiente, y meditar en elevarlos mientras *Jojmá*, *Biná*, *Dáat* del Mundo Inferior pasa a *Nétsaj*, *Hod*, *Yesod* del Mundo Superior. Y posteriormente, mientras digas la palabra "*havú*" en el Salmo 29, medita en la elevación de los tres Niveles Superiores de *Asiyá* hacia *Nétsaj*, *Hod*, *Yesod* de *Yetsirá*.

Atsilut יוד הי ויו הי
Briá יוד הי ואו הי
Yetsirá יוד הא ואו הא
Asiyá יוד הה וו הה

Recitar lo siguiente con toda tu energía, todas tus fuerzas, y con felicidad:

לְשֵׁם leShem יִחוּד yijud קוּדְשָׁא Kudshá בְּרִיךְ Berij הוּא Hu
וּשְׁכִינְתֵּיהּ uShjintei (יאהדונהי) בִּדְחִילוּ bidjilu וּרְחִימוּ urjimu
(יאההויהה), וּרְחִימוּ urjimu וּדְחִילוּ udjilu (איההיוהה), לְיַחֲדָא leyajdá
שֵׁם Shem יו״ד Yud קֵי Kei בְּוָא״ו beVav קֵי Kei בְּיִחוּדָא beyijudá
שְׁלִים shlim (יהוה) בְּשֵׁם beshem כָּל col ילי יִשְׂרָאֵל Yisrael,
בּוֹאוּ bou וְנֵצֵא venetsé לִקְרַאת likrat שַׁבָּת Shabat מַלְכְּתָא malquetá,
לַחֲקַל lajakal תַּפּוּחִין tapujín קַדִּישִׁין kadishín.

KABALAT SHABAT
LESHEM YIJUD

Para la unificación de El Santo, Bendito sea y Su Shejiná, con temor y amor y con amor y temor, para unificar El Nombre Yud-Kei y Vav-Kei en perfecta unidad, y en el nombre de Israel, salgamos a recibir a la Reina Shabat al campo de las Manzanas Sagradas.

MIZMOR LEDAVID

En este salmo, la palabra *Kol* קוֹל, que significa "voz" aparece siete veces.

La voz es la del Creador, *Kol Adonai*. Estas sietes voces representan siete dimensiones de la Luz. Estas siete dimensiones se expresan a sí mismas a través de los siete versos del *Aná Bejóaj*, el Nombre de Dios de 42 Letras. Cada vez que hacemos una conexión con el Nombre de Dios de 42 Letras, estamos accediendo a la fuerza primordial de la Creación. Este tipo de energía proporciona vida nueva, rejuvenecimiento y positividad absoluta a nuestra vida. Esto ayuda a despertarnos para recibir la Luz de *Shabat*.

En este salmo también encontramos el Nombre: יהוה dieciocho veces. Dieciocho es el mismo valor numérico de la palabra aramea *Jai* חי que quiere decir "vida". En consecuencia, tenemos 72 letras (4x18). Esto equivale al valor numérico de la palabra aramea *Jésed* חסד. *Jésed* representa la energía de misericordia. La razón detrás de la estructura de esta oración es darnos la capacidad de envolvernos con la energía de misericordia que ahora está fluyendo hacia nuestro mundo durante *Shabat*. Usualmente, en este momento del día (atardecer), el universo está lleno de energía de juicio. No obstante, en *Shabat* estamos sólo conectando con misericordia, ya que *Shabat* es una realidad sin juicio. Pero hay un prerrequisito: Tenemos que tener cuidado de no juzgar a los demás durante el período justo antes de *Shabat*. En este momento, el Satán intenta instigar a hostilidades y discusiones entre cónyugues, familiares y amigos. Si el Satán gana y actuamos con juicio, no podemos conectar con la Luz de misericordia. Debemos ubicarnos en un marco de felicidad total.

En este Salmo aparece 18 veces יהוה que tienen 72 letras, que es el valor numérico de *Jésed*, por la misericordia que desciende del Mundo Superior. Hay 11 versículos, los cuales tienen el mismo valor numérico que ו"ה y 91 palabras, que es el valor numérico de *Amén* אמן. Meditar en que las tres partes inferiores de la letra ל de *Tsélem* de *Aba* e *Ima* están entrando a *Zeir Anpín*.

מִזְמוֹר mizmor לְדָוִד leDavid

הָבוּ havú אחד, אהבה, דאגה

Debes meditar en atraer tres veces ב"ן de los Trece *Tikunéi Dikná* de *Asiyá*
hacia *Dáat* de *Asiyá* para poder elevarla a *Yesod* de *Yetsirá*.

לַיהֹוָהאדנייאהדונהי laAdonai בְּנֵי bnei ר"ת הבל

Debes meditar que tu alma sea elevada con el alma de Abel durante la noche.

אֵלִים elim הבו יהוה בני אלים = יעקב

הָבוּ havú אחד, אהבה, דאגה

Debes meditar en atraer tres veces מ"ה de los Trece *Tikunéi Dikná* de *Yetsirá*
hacia *Biná* de *Asiyá* para poder elevarla a *Hod* de *Yetsirá*.

לַיהֹוָהאדנייאהדונהי laAdonai כָּבוֹד cavod ר"ת כלה (ב"ן ג' ספירות) וָעֹז vaoz:

MIZMOR LEDAVID

"Un Salmo de David:
¡Aclamen al Señor, hijos de los poderosos, aclamen la gloria y el poder del Señor!

הָבוּ havú אוזר, אהבה, דאגה

Debes meditar en atraer tres veces ס"ג de los Trece *Tikunei Dikná* de *Briá* hacia *Jojmá* de *Asiyá* para poder elevarla hacia *Nétsaj* de *Yetsirá*. También, tres veces הבו equivale a יוד הא ואו הא (39), donde el último הא (*Nukvá*) recibió de él.

לַיהֹוָהאדניאהדונהי laAdonai כְּבוֹד quevod ר"ת כלה (ב"ן וג' ספירות) שְׁמוֹ Shemó

ע"ב בריבוע וקס"א ע"ה, אל שדי ע"ה, מהש ע"ה ; הבו יהוה כבוד שמו = אדם דוד משיח

הִשְׁתַּחֲווּ hishtajavú

Debes meditar en atraer tres veces ע"ב de los Trece *Tikunei Dikná* de *Atsilut* hacia *Jojmá* de *Asiyá* para que ס"ג vaya hacia *Biná* y מ"ה y ב"ן vayan hacia *Dáat*, ya que este es Su lugar en el secreto de *Jasadim* y *Guevurot* como se conoce.

לַיהֹוָהאדניאהדונהי laAdonai בְּהַדְרַת־ behadrat ר"ת הבל

Debes meditar que tu alma sea elevada con el alma de Abel durante la noche.

קֹדֶשׁ kódesh ר"ת למפרע קבלה (שביום שבת צריך ללמוד קבלה):

Siete voces – ז' קולות

קוֹל kol (*Jésed*) יְהֹוָהאדניאהדונהי Adonai (אֶבְגִיתָץ – ו)

עַל־ al הַמָּיִם hamáyim ר"ת = אלף למד (חסד – ואל שני רמוז במילה בהמשך).

אֵל־ El "יא" (מילוי דס"ג) הַכָּבוֹד hacavod לאו הִרְעִים hirim

ה"פ אדני (להמתיק שכ"ה דינים) יְהֹוָהאדניאהדונהי Adonai עַל־ al מַיִם máyim

רַבִּים rabim ר"ת הרעים (שכ"ה דינים – ושני השכ"ה דינים נמתקים ע"י שני שמות א"ל הרמוזים לעיל):

קוֹל־ kol (*Guevurá*) יְהֹוָהאדניאהדונהי Adonai (קְרַעשָׂטָן – ד)

בַּכֹּחַ bacóaj ר"ת יב"ק, אלהים יהוה, אהיה אדני יהוה

קוֹל kol (*Tiféret*) יְהֹוָהאדניאהדונהי Adonai (נַגְדִיכַשׁ – א)

בֶּהָדָר behadar ר"ת יב"ק, אלהים יהוה, אהיה אדני יהוה:

¡Aclamen la gloria del Nombre del Señor, adórenlo al manifestarse Su santidad! ¡La voz del Señor sobre las aguas! El Dios de la gloria hace oír su trueno: el Señor está sobre las aguas torrenciales. ¡La voz del Señor es potente, la voz del Señor es majestuosa!

קוֹל kol (*Nétsaj*) יְהֹוָהאדנייאהדונהי Adonai (בטרצתג - א) שֹׁבֵר shover

אֲרָזִים arazim וַיְשַׁבֵּר vayshaber יְהֹוָהאדנייאהדונהי Adonai אֶת־ et אַרְזֵי arzei

הַלְּבָנוֹן haLevanón ר"ת האא: וַיַּרְקִידֵם vayarkidem כְּמוֹ־ cmó עֵגֶל éguel

לְבָנוֹן Levanón וְשִׂרְיוֹן veSiryón כְּמוֹ cmó בֶן־ ven רְאֵמִים reemim:

קוֹל־ kol (*Hod*) יְהֹוָהאדנייאהדונהי Adonai (וזקבטנע - ו) חֹצֵב jotsev

ס"ת הב"ל (כי עתה עולים בקדושה כל ניצוצות קין והבל שירדו בקליפות) לַהֲבוֹת lahavot אֵשׁ esh:

קוֹל kol (*Yesod*) יוהוואדנייאהדונהי Adonai (יוגולופוזוקו - א)

יָחִיל yajil ס"ת ללה, אדני מִדְבָּר midbar יָחִיל yajil יְהֹוָהאדנייאהדונהי Adonai

מִדְבַּר midbar קָדֵשׁ kadesh ר"ת קין: קוֹל kol (*Maljut*) יְהֹוָהאדנייאהדונהי Adonai

(שקוצית ויכוין לכלול בו כל שישה השמות האורים - ודאאוא)

יְחוֹלֵל yejolel אַיָּלוֹת ayalot וַיֶּחֱשֹׂף vayejesof יְעָרוֹת yearot

וּבְהֵיכָלוֹ uveheijaló כֻּלּוֹ culó אֹמֵר omer כָּבוֹד cavod:

יְהֹוָהאדנייאהדונהי Adonai לַמַּבּוּל lamabul יָשָׁב yashav ר"ת ילי וס"ת הבל

וַיֵּשֶׁב vayeshev יְהֹוָהאדנייאהדונהי Adonai מֶלֶךְ mélej לְעוֹלָם leolam

ריבוע ס"ג י' אותיות דס"ג: יְהֹוָהאדנייאהדונהי Adonai עֹז oz לְעַמּוֹ leamó יִתֵּן yitén

יְהֹוָהאדנייאהדונהי Adonai יְבָרֵךְ yevarej עסמ"ב, הברכה (למתק את ז' המלכים שמתו) אֶת־ et

עַמּוֹ amó בַשָּׁלוֹם vashalom ר"ת ע"ב, ריבוע יהוה:

Meditar en elevar a *Jésed*, *Guevurá*, *Tiféret* al lugar de *Jojmá*, *Biná*, *Dáat* y luego en elevar a *Nétsaj*, *Hod*, *Yesod* al lugar de *Jésed*, *Guevurá*, *Tiféret* y después en elevar *Maljut* al lugar de *Nétsaj*, *Hod*, *Yesod* por las siete voces (*kol*) y los siete יהוה.

La voz del Señor parte los cedros, el Señor parte los cedros del Líbano; hace saltar al Líbano como a un novillo y al Sirión como a un toro salvaje. La voz del Señor talla llamas de fuego; la voz del Señor hace temblar el desierto, el Señor hace temblar el desierto de Cadés. La voz del Señor retuerce las encinas, el Señor arrasa las selvas. En Su Templo, todos dicen: '¡Gloria!'. El Señor tiene Su Trono sobre las aguas celestiales, el Señor se sienta en Su Trono de Rey Eterno. El Señor fortalece a Su pueblo, Él bendice a Su pueblo con la paz" (Salmos 29).

ANÁ BEJÓAJ (ver explicación y traducción en las págs. 249-251)

Jésed, domingo (*Álef Bet Guímel Yud Tav Tsadi*) אבג יתץ

•yemineja יְמִינְךָ guedulat גְּדוּלַּת •bejóaj בְּכֹחַ aná אָנָּא

:tserurá צְרוּרָה tatir תַּתִּיר

Guevurá, lunes (*Kof Resh Ayin Shin Tet Nun*) קרע שטן

•sagvenu שַׂגְּבֵנוּ ameja עַמְּךָ •rinat רִנַּת kabel קַבֵּל

:norá נוֹרָא taharenu טַהֲרֵנוּ

Tiféret, martes (*Nun Guímel Dálet Yud Caf Shin*) נגד יכש

•yijudeja יִחוּדְךָ dorshei דוֹרְשֵׁי •guibor גִּבּוֹר na נָא

:shamrem שָׁמְרֵם quevavat כְּבָבַת

Nétsaj, miércoles (*Bet Tet Resh Tsadi Tav Guímel*) בטר צתג

•tsidkateja צִדְקָתְךָ rajamei רַחֲמֵי •taharem טַהֲרֵם barjem בָּרְכֵם

:gomlem גָּמְלֵם tamid תָּמִיד

Hod, jueves (*Jet Kof Bet Tet Nun Ayin*) חקב טנע

•tuvjá טוּבְךָ berov בְּרוֹב •kadosh קָדוֹשׁ jasín חֲסִין

:adateja עֲדָתֶךָ nahel נַהֵל

Yesod, viernes (*Yud Guímel Lámed Pei Zayin Kof*) יגל פזק

•pené פְּנֵה leamjá לְעַמְּךָ •gueé גֵּאֶה yajid יָחִיד

:kedushateja קְדוּשָּׁתֶךָ zojrei זוֹכְרֵי

Maljut, sábado (*Shin Kof Vav Tsadi Yud Tav*) שקו צית

•tsaakatenu צַעֲקָתֵנוּ ushmá וּשְׁמַע •kabel קַבֵּל shavatenu שַׁוְעָתֵנוּ

:taalumot תַּעֲלוּמוֹת yodea יוֹדֵעַ

BARUJ SHEM QUEVOD

Susurrar esta frase final trae toda la Luz de los Mundos Superiores a nuestra existencia física.

maljutó מַלְכוּתוֹ quevod כְּבוֹד Shem שֵׁם Baruj בָּרוּךְ יוו אותיות : (Susurrar)

:vaed וָעֶד ריבוע ס״ג וי׳ אותיות דס״ג leolam לְעוֹלָם

LEJÁ DODÍ

Esta oración fue escrita por el Kabbalista Rav Shlomó Elkabets, y contiene diez versos que nos conectan con todas las Diez *Sefirot*, los transmisores por los cuales la Luz de Dios da vida a nuestro universo, incluyendo nuestras almas. Durante la semana, nos encontramos con muchos desafíos y oportunidades que pueden perturbar y desalinear estas diez fuerzas de energía tanto a nivel personal y universal. El nivel de perturbación está basado en nuestras acciones individuales y colectivas. Como consecuencia, los niveles de energía en el mundo y en nuestras almas podrían estar desordenados y confusos. A nivel personal, esto puede manifestarse en reacciones exageradas y enojo ante situaciones en las cuales normalmente responderíamos con restricción y paciencia. Cada uno de los diez versos en el *Lejá Dodí* ajusta cada nivel de las Diez *Sefirot*, reacomodándolas en su correcta posición en el universo. Además realinea cada *Sefirá* dentro de nuestro cuerpo, poniéndonos en un apropiado equilibrio emocional, físico y espiritual.

La intención del *Lejá Dodí* es elevar las *Diez Sefirot* de *Yetsirá* al Mundo Superior (*Briá*).

Kéter

לְכָה lejá דוֹדִי dodí לִקְרַאת likrat כַּלָּה calá.

פְּנֵי pnei וחכמה בינה שַׁבָּת Shabat נְקַבְּלָה nekablá:

Jojmá

שָׁמוֹר shamor וְזָכוֹר vezajor ע״ב קס״א, יהי אור ע״ה

(סוד המשכת השפע מן ד׳ שמות ליסוד הנקרא זכור) בְּדִבּוּר bedibur אֶחָד ejad אהבה, דאגה.

הִשְׁמִיעָנוּ hishmianu אֵל El ״יא״ (מילוי דס״ג) הַמְיוּחָד hameyujad.

יְהֹוָהאדניאהדונהי Adonai אֶחָד ejad אהבה, דאגה וּשְׁמוֹ uShmó ע״ב בריבוע קס״א ע״ה,

אל שדי ע״ה, מהש ע״ה אֶחָד ejad אהבה, דאגה. לְשֵׁם leshem

וּלְתִפְאֶרֶת uleTiféret וְלִתְהִלָּה velitehilá ע״ה אמת, אהיה פעמים אהיה, ז״פ ס״ג: *Lejá*

Biná

לִקְרַאת likrat שַׁבָּת Shabat לְכוּ leju וְנֵלְכָה venelja.

כִּי qui הִיא hi מְקוֹר mekor הַבְּרָכָה habrajá.

מֵרֹאשׁ merosh ריבוע אלהים אלהים דיודין ע״ה מִקֶּדֶם mikédem נְסוּכָה nesuja.

סוֹף sof מַעֲשֶׂה maasé בְּמַחֲשָׁבָה bemajashavá תְּחִלָּה tjilá: *Lejá*

LEJÁ DODÍ

Kéter *¡Ven amado mío al encuentro de la novia; a recibir la presencia del Shabat!*

Jojmá *Guarden y recuerden al unísono en una sola frase el Dios único nos hizo escuchar el Eterno es Uno y Su nombre es Uno, para honra, gloria y alabanza.*

Biná *Al encuentro del Shabat vayamos pues es la fuente de la bendición, desde el comienzo, desde el principio consagrado como finalidad de la obra de la creación.*

Jésed

·melujá מְלוּכָה ערי סנדלפון, בןזוך, ir עִיר mélej מֶלֶךְ mikdash מִקְדַּשׁ

·hahafejá הַהֲפֵכָה mitoj מִתּוֹךְ tséi צְאִי kumi קוּמִי

·habajá הַבָּכָא beémek בְּעֵמֶק shévet שֶׁבֶת laj לָךְ rav רַב

Lejá :jemlá חֶמְלָה aláyij עָלַיִךְ yajmol יַחֲמוֹל vehú וְהוּא

Guevurá

bigdei בִּגְדֵי livshí לִבְשִׁי ·kumi קוּמִי meafar מֵעָפָר hitnaarí הִתְנַעֲרִי

beit בֵּית Yishai יִשַׁי ben בֶּן yad יַד al עַל ·amí עַמִּי tifartej תִּפְאַרְתֵּךְ

Lejá :guealá גְּאָלָהּ nafshí נַפְשִׁי el אֶל korvá קָרְבָה ·halajmí הַלַּחְמִי ב"פ ראה

Tiféret

kumi קוּמִי órej אוֹרֵךְ va בָא qui כִּי ·hitoreri הִתְעוֹרְרִי ·hitoreri הִתְעוֹרְרִי

quevod כְּבוֹד ·ראה daberi דַּבֵּרִי shir שִׁיר uri עוּרִי uri עוּרִי ·ori אוֹרִי

Lejá :niglá נִגְלָה aláyij עָלַיִךְ הה ואו הי יוד = יהוה כבוד ; Adonai יְהֹוָהאדניאהדונהי

Nétsaj

·ticalmi תִכָּלְמִי veló וְלֹא tevoshi תֵבוֹשִׁי lo לֹא

·tehemi תֶּהֱמִי מ"ה umá וּמַה tishtojaji תִּשְׁתּוֹחֲחִי מ"ה ma מַה

·amí עַמִּי מ"ה ריבוע aniyéi עֲנִיֵּי yejesú יֶחֱסוּ baj בָּךְ

Lejá :tilá תִּלָּהּ al עַל ערי סנדלפון, בןזוך, ir עִיר venivnetá וְנִבְנְתָה

Jésed *Santuario del Rey, ciudad real, ¡levántate!, ¡sal de en medio de las ruinas!; demasiado has morado en el valle de las lágrimas y Él de ti se apiadará.*

Guevurá *¡Sacúdete del polvo! ¡Levántate! Vístete hermosas galas, pueblo mío, que por medio del hijo de Ishai de Bet Léjem se acerca tu redención.*

Tiféret *¡Despiértate! ¡Despiértate!, que ha llegado tu luz, ¡Levántate! ¡Resplandece! ¡Despierta! ¡Despierta! Entona una canción, que la Gloria del Eterno te será revelada.*

Nétsaj *No te avergüences ni te humilles, ¿por qué tiemblas, por qué te conmueves? En ti buscarán refugio los pobres de mi pueblo y la ciudad se construirá sobre sus ruinas.*

Hod

וְהָיוּ vehayú לִמְשִׁסָּה limshisá שׁוֹסָיִךְ ♦shosáyij וְרָחֲקוּ verajakú כָּל col ילי

מְבַלְּעָיִךְ ♦mevaláyij יָשִׂישׂ yasís עָלַיִךְ aláyij אֱלֹהָיִךְ Eloháyij ילה♦

כִּמְשׂוֹשׂ quimsós חָתָן jatán עַל al כַּלָּה ⁝calá *Lejá*

Yesod

יָמִין yamín וּשְׂמֹאל usmol תִּפְרוֹצִי ♦tifrotsi וְאֶת veet

יְהֹוָה יאהדונהי Adonai תַּעֲרִיצִי ♦taaritsi עַל al יַד yad

אִישׁ ish בֶּן ben פַּרְצִי ♦Partsi וְנִשְׂמְחָה venismejá וְנָגִילָה ⁝venaguilá *Lejá*

Maljut

בּוֹאִי boi בְשָׁלוֹם veshalom עֲטֶרֶת atéret בַּעְלָהּ ♦baalá

גַּם gam בְּשִׂמְחָה besimjá בְּרִנָּה beriná וּבְצָהֳלָה ♦uvetsahalá

תּוֹךְ toj אֱמוּנֵי emunei עַם am סְגֻלָּה ⁝sgulá

BOI CALÁ

Cuando pronunciamos las palabras *Boi Calá*, que quieren decir "acércate, Novia", recibimos un alma adicional que viene a nosotros cada *Shabat* para ayudarnos a capturar la energía adicional que es revelada. Por ejemplo, un vaso de ocho onzas no puede contener diez onzas de agua. El vaso necesitaría ser agrandado. Cuando recibimos el alma adicional, esto agranda nuestra alma y, de este modo, incrementa su capacidad total de recibir la Luz adicional de *Shabat*. Esta es una oportunidad única para unir nuestras almas, mediante la Luz de *Shabat*, con la Luz del Creador.

De este verso aprendemos que, para maximizar nuestra conexión, debemos tratar a la energía de *Shabat* como a una novia. Después de que un hombre ha estado casado por veinte años, usualmente no tiene el mismo sentimiento, pasión, anhelo y anticipación que tuvo inicialmente cuando su esposa aún era su novia, justo unos momentos antes de la ceremonia de matrimonio.

Hod *Y serán para despojo los que te despojaron y todos tus destructores de ti se alejarán. Contigo se alegrará tu Dios, como se alegra el novio con su amada.*

Yesod *A diestra y siniestra te extenderás y a Dios reverenciarás, de la mano de un hombre descendiente de Pérets y nos alegraremos y nos regocijaremos.*

Maljut *Ven en paz, corona de su esposo, con alegría, con canto y alborozo, entre los fieles del pueblo escogido.*

Debes meditar en elevar el Mundo de *Yetsirá* (lo que significa: *Maljut* es elevada a *Nétsaj*, *Hod*, *Yesod*, después *Nétsaj*, *Hod*, *Yesod* son elevadas a *Jésed*, *Guevurá*, *Tiféret*, luego *Jésed*, *Guevurá*, *Tiféret* son elevadas a *Jojmá*, *Biná*, *Dáat*, y después *Jojmá*, *Biná*, *Dáat* son elevadas a *Nétsaj*, *Hod*, *Yesod* de *Briá*). De hecho, las siete *Sefirot* inferiores de *Yetsirá* son elevadas por los siete *Marguelaín* y los Santos Nombres: אהי"ה יה"ו, que equivalen a 42:
א יְהֹוָה, ה אל, י יֱהֹוִה, יה אדני, ה אלהים, ה מצפצ, ו מצפצ
Y las Tres *Sefirot* Superiores son elevadas por las tres repeticiones de la palabra *Boi*, que equivale a 13, como las palabras de amor, unidad y ocupación (אחד, אהבה, דאגה), y también equivale a **יאאא** (13).

Inclínate a la derecha
Jojmá – Habla

בּוֹאִי boi ג״פ באי = יוד הא ואו **כַּלָּה** calá
בואי כלה = אכדטם (כי על ידי זה נמתקו הדינים)

Inclínate a la izquierda
Biná – Acción

בּוֹאִי boi ג״פ באי = יוד הא ואו **כַּלָּה** calá
בואי כלה = אכדטם (כי על ידי זה נמתקו הדינים)

תּוֹךְ toj **אֱמוּנֵי** emunei **עַם** am **סְגֻלָּה** sgulá:

Meditar en recibir el alma adicional llamada: *Néfesh*
del aspecto de la noche de *Shabat*

El tercer "*boi calá*" debe decirse silenciosamente, ya que corresponde a *Dáat* (y *Dáat* no es parte de las Diez *Sefirot*).

Inclínate al centro
Dáat – Pensamiento

בּוֹאִי boi ג״פ באי = יוד הא ואו **כַּלָּה** calá
ג״פ באי כלה = צדיק ; בואי כלה = אכדטם (כי על ידי זה נמתקו הדינים)

שַׁבָּת Shabat **מַלְכְּתָא** malquetá:
לְכָה lejá **דוֹדִי** dodí **לִקְרַאת** likrat **כַּלָּה** calá.
פְּנֵי pnei חכמה בינה **שַׁבָּת** Shabat **נְקַבְּלָה** nekablá:

MIZMOR SHIR LEYOM HASHABAT

Las iniciales son de: *LeMoshé* (para Moshé), las cuales nos conectan a la conciencia cuántica.

Después de que cantamos *Lejá Dodí*, recitamos dos párrafos que fueron recitados por Adam durante el primer *Shabat* en el Jardín de Edén. Adam representa a todas las almas de la humanidad. En el momento de la Creación, todas estas almas que existieron y existirán estaban unidas como una sola entidad a la que llamamos Adam. El Jardín de Edén es un sitio de pura Luz e inmortalidad. Las letras arameas que conforman este párrafo representan fuerzas específicas de energía que nutren y satisfacen a esta alma unificada llamada Adam. Las letras son una fórmula que actúa como una antena que trae estas fuerzas hacia nuestras vidas, dándonos por lo tanto una prueba del Jardín de Edén.

(nos inclinamos hacia la izquierda) *¡Ven, Novia!* (nos inclinamos hacia la derecha) *¡Ven, Novia!*
(nos inclinamos hacia el centro) *Entre los fieles del pueblo escogido, ¡Ven, novia! ¡La Reina Shabat!*
¡Ven amado mío al encuentro de la novia; a recibir la presencia del Shabat!

מִזְמוֹר mizmor שִׁיר shir לְיוֹם leyom ע"ה נגד, מזבח, זן, אל יהוה הַשַּׁבָּת haShabat

Las iniciales de *LeMoshé* (למשה) – *Moshé* es un código para el mundo de *Atsilut*, el cual es donde ahora estamos elevando a *Briá*, que se ilumina de *Nétsaj*, *Hod*, *Yesod* de *Atsilut*. También es llamado *Moshé* porque ahora *Moshé* recibe 1.000 Iluminaciones (aquellas que él había perdido a causa del becerro de oro) y entonces nos regresa las que perdimos. También, *Moshé* junto a decenas de miles de almas justas están descendiendo para poder elevar todas las Chispas Sagradas y las almas que están en las profundidades de la *klipá* y todas las almas de los vivos y muertos que no se pueden elevar por sí mismas.

טוֹב tov והו לְהֹדוֹת lehodot ר"ת ט"ל (ג"פ באי וג"פ הבו דלעיל)

(טל = יוד הא ואו, שהם ג"ר (וזב"ד) דבריאה שיעלו כעת לאצילות)

Meditar en elevar las Tres *Sefirot* Superiores de *Briá* a *Atsilut*.

לַיהֹוָהאדניאהדונהי laAdonai

Meditar en el Santo Nombre: יוד הי ויו הי que es *Maljut* de *Atsilut*.
También meditar en el Nombre de 42 Letras de *Mem Hei* de *Atsilut*:
יהוה, יוד הא ואו הא, יוד ואו דלת הא אלף ואו אלף ואו הא אלף
con este Nombre, las Siete *Sefirot* Inferiores de *Briá* van a ser elevadas a *Atsilut*.
También meditar en el Santo Nombre: יוד הי ואו הי, el cual es el secreto del mundo de *Briá* (que ahora es elevado a *Atsilut* por el Nombre de 42 Letras mencionado anteriormente).

וּלְזַמֵּר ulezamer לְשִׁמְךָ leshimjá עֶלְיוֹן: elyón לְהַגִּיד lehaguid בַּבֹּקֶר babóker

חַסְדֶּךָ jasdejá וֶאֱמוּנָתְךָ veemunatjá בַּלֵּילוֹת: baleilot עֲלֵי־ alei עָשׂוֹר asor

וַעֲלֵי־ vaalei נָבֶל navel עֲלֵי alei הִגָּיוֹן higayón בְּכִנּוֹר: bejinor כִּי qui

שִׂמַּחְתַּנִי simajtani יְהֹוָהאדניאהדונהי Adonai בְּפָעֳלֶךָ befaoleja

בְּמַעֲשֵׂי bemaasei יָדֶיךָ yadeja אֲרַנֵּן: aranén מַה־ ma מ"ה גָּדְלוּ gadlú

מַעֲשֶׂיךָ maaseja יְהֹוָהאדניאהדונהי Adonai מְאֹד meod עָמְקוּ amkú

מַחְשְׁבֹ(ו)תֶיךָ majshevoteja **(*Kéter* Superior)** יוהו: אִישׁ ish בַּעַר baar לֹא lo

יֵדָע yedá וּכְסִיל ujsil לֹא־ lo יָבִין yavín אֶת־ et זֹאת: zot

בִּפְרֹחַ bifróaj רְשָׁעִים reshaím כְּמוֹ cmó עֵשֶׂב ésev כוונות הקדושה (ע"ב שמות)

Las almas de los malvados son juzgadas ahora para ver si merecen ser elevadas de *Guehinom*.

MIZMOR SHIR LEYOM HASHABAT

"Salmo, ¡cántico para el día de Shabat! Es bueno darte las gracias a Ti, Señor, y cantar Tu Nombre, ¡Oh Enaltecido! y relatar Tu bondad en la mañana y Tu fidelidad en las noches, con un instrumento y un arpa, con música de la lira. Porque Tú me alegras, Señor, con Tu obra, con las obras de Tus manos, yo cantaré alegremente. Cuán grandes son Tus obras, Señor, y cuán profundos son Tus pensamientos. El necio no sabe, y el insensato no puede entender esto: Cuando brotan los impíos como la hierba

aven אָוֶן poalei פֹּעֲלֵי ילי col כָּל־ vayatsitsu וַיָּצִיצוּ
lehishamdam לְהִשָּׁמְדָם (la *klipá* que quiere ser elevada con la Santidad)
marom מָרוֹם veAtá וְאַתָּה :(pero no le es permitido subir) ad עַד adei עֲדֵי־
hiné הִנֵּה qui כִּי :Adonai יְהֹוָהאדנייאהדונהי ריבוע דס"ג י' אותיות דס"ג leolam לְעֹלָם
oyveja אֹיְבֶיךָ hiné הִנֵּה qui כִּי־ Adonai יְהֹוָהאדנייאהדונהי oyveja אֹיְבֶיךָ
:(la *klipá*) aven אָוֶן poalei פֹּעֲלֵי ילי col כָּל־ yitpardú יִתְפָּרְדוּ yovedú יֹאבֵדוּ
balotí בַּלֹּתִי karní קַרְנִי quiréim כִּרְאֵים (la Santidad) vatarem וַתָּרֶם
ריבוע דמ"ה einí עֵינִי vatabet וַתַּבֵּט :raanán רַעֲנָן beshemen בְּשֶׁמֶן
mereim מְרֵעִים alai עָלַי bakamim בַּקָּמִים beshurai בְּשׁוּרָי
Las almas de los justos que son elevadas ahora :יוד הי ואו הה oznai אָזְנָי tishmaná תִּשְׁמַעְנָה
ס"ת קרח yifraj יִפְרָח catamar כַּתָּמָר ג"פ באי כלה דלעיל tsadik צַדִּיק
:yisgué יִשְׂגֶּה baLevanón בַּלְּבָנוֹן queérez כְּאֶרֶז (meditar en elevar el alma de *Kóraj*)
Adonai יְהֹוָהאדנייאהדונהי ב"פ ראה beveit בְּבֵית shtulim שְׁתוּלִים
od עוֹד :yafriju יַפְרִיחוּ ילה Eloheinu אֱלֹהֵינוּ bejatsrot בְּחַצְרוֹת
veraananim וְרַעֲנַנִּים deshenim דְּשֵׁנִים beseivá בְּשֵׂיבָה yenuvún יְנוּבוּן
yashar יָשָׁר qui כִּי־ lehaguid לְהַגִּיד אל ("יא" במילוי דס"ג): yihyú יִהְיוּ
:bo בּוֹ (כתיב: עלתה) avlatá עֹלָתָה veló וְלֹא־ tsurí צוּרִי Adonai יְהֹוָהאדנייאהדונהי

ADONAI MALAJ

En este salmo tenemos 45 palabras que corresponden al Santo Nombre: (מ"ה (יוד הא ואו הא

gueut גֵּאוּת malaj מָלָךְ (***Zeir Anpín***) Adonai יְהֹוָהאדנייאהדונהי
(410 cordones de *Arij Anpín* – donde *Zeir Anpín* es elevado en *Shabat* y Él los viste).
hitazar הִתְאַזָּר oz עֹז Adonai יְהֹוָהאדנייאהדונהי lavesh לָבֵשׁ lavesh לָבֵשׁ

---

y todos los que cometen injusticias florecen, es para ser destruidos para siempre. Y Tú serás enaltecido para siempre, Señor. ¡Porque he aquí Tus enemigos, Señor! Porque he aquí que Tus enemigos perecerán y todos los que cometen iniquidad serán dispersados. Y Tú elevarás mi mérito como un buey y yo seré ungido con aceite fresco. Y mis ojos mirarán sobre mis enemigos y mis oídos oirán a aquellos que se levanten para perjudicarme. El justo como la palma florecerá: Como el cedro en el Líbano crecerá. Plantados en la casa del Señor, en los atrios de nuestro Dios florecerán. Aún fructificarán en la vejez; vigorosos y reverdecidos serán. Declararán que el Señor es justo, que es mi Fortaleza, y que no hay injusticias en Él" (Salmo 92).

ADONAI MALAJ

"El Señor reinó, de magnificencia se vistió, se vistió el Señor, con fortaleza se ciñó;

אַף־ af ר"ת = אלהים, אהיה אדני ticón תִּכּוֹן tevel תֵּבֵל ב"פ רי"ו

בַּל־ bal תִּמּוֹט timot: נָכוֹן najón כִּסְאֲךָ quisajá מֵאָז meaz ומב

מֵעוֹלָם meolam אָתָּה Atá ר"ת = קנ"א, אדני אלהים: נָשְׂאוּ nasú נְהָרוֹת neharot

(410 cordones de *Arij Anpín* –
los cuales atraen Luz desde el mar de *Jojmá* —מוחא סתימא דא"א— en *Shabat* hasta *Zeir Anpín*).

יְהֹוָה יאהדונהי Adonai

נָשְׂאוּ nasú ר"ת = קין neharot נְהָרוֹת kolam קוֹלָם yisú יִשְׂאוּ

(Las iniciales forman el nombre *Kaín*, porque cuando *Briá* es elevado, sus chispas son corregidas).

נְהָרוֹת neharot דָּכְיָם dojyam ר"ת דני:

Meditar en que estamos ahora en el Mundo de *Atsilut*, y con el Nombre de 42 Letras (las siete voces) que proviene de *Aba* e *Ima*, estamos elevándonos al Mundo de *Briá*.

מִקֹּלוֹת mikolot (410 cords) מַיִם máyim רַבִּים rabim ר"ת = מוֹזְחָךְ, סנדלפון, ערי

(*Ima* - לעשות בה מ"ן שהם ה"ג) אַדִּירִים adirim הרי מִשְׁבְּרֵי־ mishberei יָם yam ילי

Arij Anpín [tiene 221 *Ribo* (decenas de miles) Iluminaciones],
Él está dando 150 *Ribo* (decenas de miles) iluminaciones a *Zeir Anpín*.
Las iniciales de אמי (mi madre) porque *Zeir Anpín* primero sube y toma *Mojín* de *Ima* (madre).

אַדִּיר adir הרי בַּמָּרוֹם bamarom יְהֹוָה יאהדונהי Adonai

Las iniciales de אבי (mi padre) porque *Zeir Anpín* después sube y toma *Mojín* de *Aba* (padre).

עֵדֹתֶיךָ edoteja נֶאֶמְנוּ neemnú מְאֹד meod ר"ת = קין לְבֵיתְךָ leveitjá

ב"פ ראה נַאֲוָה naavá קֹּדֶשׁ kódesh יְהֹוָה יאהדונהי Adonai לְאֹרֶךְ: leórej

יָמִים yamim נלך ; ר"ת ילי ; ס"ת אדני ; ה' לאורך ימים = שע' נהורים עם האותיות:

Meditar en el Nombre ילי para elevar el Nombre: אדני y las chispas de las almas de *Briá* que son capturadas por la *klipá* y no pueden ser elevadas por el Nombre de 42 Letras mencionado anteriormente. Después meditar en el Nombre: יוּד הֵי וָיו הֵי, el cual es el *Atsilut* (donde todo está siendo elevado).

Él afirma el mundo, para que no se desplome. Establecido está Tu Trono desde entonces: Siempre estarás Tú. Alzaron los ríos; Señor, alzaron los ríos su voz. Los ríos elevarán sus poderosas olas. Más que el estruendo de muchas aguas, que las recias olas del mar. Eres magnífico en Tus alturas, Señor. Tus decretos son muy seguros. Tu casa es el Santo Santuario, el Señor será por los siglos y para siempre" (Salmos 93).

BAR YOJÁI

A lo largo de la historia, los kabbalistas han afirmado que el ser humano no puede superar la fuerza de la negatividad por sí solo, sin las enseñanzas y sabiduría del *Zóhar* y la tecnología de la Kabbalah. ¿Por qué, cuando sabemos que algo es dañino para nosotros, persistimos en ello? ¿Por qué, cuando sabemos que algo es bueno para nosotros, nos abstenemos o lo postergamos? ¿Por qué nueve veces de cada diez renunciamos a actividades positivas a favor de actividades negativas? La razón, según la Kabbalah, es que constantemente luchamos contra un oponente en el Juego de la Vida. Este oponente es llamado Satán. Él activa todos nuestros pensamientos y acciones reactivas negativas. Durante 5.000 años nos ha ganado en este juego que se desenvuelve en el angosto margen entre la vida y la muerte, dolor y sufrimiento, el bien y el mal. La perspectiva kabbalística sobre por qué el oponente ha tenido tanto éxito es porque el Satán convence a la humanidad de que él ni siquiera existe. A través de la Luz del *Zóhar*, el Satán queda expuesto y, una vez que sabemos quién es el oponente realmente, tenemos una oportunidad de derrotarlo. El *Zóhar* no sólo expone e identifica al verdadero enemigo, sino que también nos da el poder de superarlo y derrotarlo.

Nos es conveniente conectar con la semilla y el origen del *Zóhar* mismo; su autor, Rav Shimón bar Yojái. Por lo tanto, en cada *Shabat*, cantamos la canción *Bar Yojái* para hacer esta conexión tan vital.

בַּר Bar יוֹחָאי Yojái נִמְשַׁחְתָּ nimshajta אַשְׁרֶיךָ ashreja
שֶׁמֶן shemen שָׂשׂוֹן sasón מֵחֲבֵרֶיךָ :mejavereja

Maljut

בַּר bar יוֹחָאי Yojái שֶׁמֶן shemen מִשְׁחַת mishjat קֹדֶשׁ ,kódesh
נִמְשַׁחְתָּ nimshajta מִמִּדַּת mimidat הַקֹּדֶשׁ hakódesh
נָשָׂאתָ nasatá צִּיץ tsits מנק נֵזֶר nézer הַקֹּדֶשׁ ,hakódesh
חָבוּשׁ javush עַל al רֹאשְׁךָ roshjá פְּאֵרֶךָ :peereja *Bar Yojái*

Yesod

בַּר bar יוֹחָאי Yojái מוֹשַׁב moshav טוֹב tov והו יָשַׁבְתָּ ,yashavta
יוֹם yom ע״ה נגד, מזבח, זן, אל יהוה נַסְתָּ nasta
יוֹם yom ע״ה נגד, מזבח, זן, אל יהוה אֲשֶׁר asher בָּרַחְתָּ ,barajta
בִּמְעָרַת bimearat צוּרִים tsurim שֶׁעָמַדְתָּ ,sheamadta
קָנִיתָ kanita הוֹדְךָ hodeja וַהֲדָרֶךָ :vahadareja *Bar Yojái*

BAR YOJÁI

¡Bar Yojái, estás ungido para tu felicidad con el aceite del júbilo de tus amigos!

Maljut *Bar Yojái, aceite Sagrado te es ungido desde el tributo Sagrado. Tú llevas la Tiara de la Corona Sagrada, en tu cabeza para tu belleza.*

Yesod *Bar Yojái, te asentaste en un buen lugar el día que corriste y escapaste. En la cueva de la roca te detuviste, para obtener tu majestuosidad y gloria.*

Nétsaj Hod

,omdim עוֹמְדִים shitim שִׁטִּים atsei עֲצֵי Yojái יוֹחָאי bar בַּר
ר״ז, אין or אוֹר .lomdim לוֹמְדִים hem הֵם Adonai יְהֹוָה limudei לִמּוּדֵי
סוף
,yokdim יוֹקְדִים hem הֵם haykod הַיְקוֹד אין סוף ,רז or אוֹר muflá מֻפְלָא
Bar Yojái :moreja מוֹרֶךָ yoruja יוֹרוּךָ hema הֵמָּה haló הֲלֹא

Tiféret

,tapujim תַּפּוּחִים velisdé וְלִשְׂדֵה Yojái יוֹחָאי bar בַּר
.merkajim מֶרְקָחִים vo בוֹ lilkot לִלְקוֹט alita עָלִיתָ
,ufrajim וּפְרָחִים quetsitsim כְּצִיצִים Torá תּוֹרָה האא י״פ ,מ״כ sod סוֹד
Bar Yojái :baavureja בַּעֲבוּרֶךָ neemar נֶאֱמַר adam אָדָם naasé נַעֲשֶׂה

Guevurá

רי״ו bigvurá בִּגְבוּרָה neezarta נֶאֱזַרְתָּ Yojái יוֹחָאי bar בַּר
.hashara הַשְּׂעָרָה dat דָּת esh אֵשׁ uvemiljémet וּבְמִלְחֶמֶת
,mitara מִתַּעְרָהּ hotseta הוֹצֵאתָ רי״ו vejérev וְחֶרֶב
Bar Yojái :tsorereja צוֹרְרֶיךָ יהוה אל ,זן ,מזבח négued נֶגֶד shalafta שָׁלַפְתָּ

Jésed

,sháyish שַׁיִשׁ avnei אַבְנֵי limkom לִמְקוֹם Yojái יוֹחָאי bar בַּר
.láyish לַיִשׁ aryé אַרְיֵה בינה וחכמה lifnei לִפְנֵי higata הִגַּעְתָּ
,áyish עַיִשׁ al עַל cotéret כּוֹתֶרֶת gulat גֻּלַּת gam גַּם
Bar Yojái :yeshureja יְשׁוּרֶךָ יכי umí וּמִי tashuri תָּשׁוּרִי

Nétsaj Hod — *Bar Yojái, la madera de acacia se para por ti para estudiar las enseñanzas de Dios. Una maravillosa, Luz brillante es un resplandor, como tus maestros te enseñaron.*

Tiféret — *Bar Yojái, viniste a un campo de manzanas para cosechar brebajes. El secreto de la Torá es como los brotes y las flores, "Vamos a crear al hombre" fue dicho contigo en la mente.*

Guevurá — *Bar Yojái, tomas valor con vigor, y luchas con fuego. Sacaste una espada de su funda contra tu oponente.*

Jésed — *Bar Yojái, al lugar de las piedras de mármol, llegaste con la cara de un león. Veremos también las cabezas de los leones, pero ¿quién te verá a ti?*

Biná

בַּר bar יוֹחָאי Yojái בְּקֹדֶשׁ bekódesh הַקֳּדָשִׁים hakodashim,
קַו kav יָרוֹק yarok מְחַדֵּשׁ mejadesh י״ב הויות, קס״א קנ״א חֳדָשִׁים jodashim.
שֶׁבַע sheva שַׁבָּתוֹת Shabatot סוֹד sod מ״כ, י״פ האא חֲמִשִּׁים jamishim,
קָשַׁרְתָּ kasharta קִשְׁרֵי kishrei שׁי״ן shin קְשָׁרֶיךָ kshareja: *Bar Yojái*

Jojmá

בַּר bar יוֹחָאי Yojái יו״ד Yud חָכְמָה Jojmá במילוי = תרי״ג (מצוות)
קְדוּמָה kedumá, הִשְׁקַפְתָּ hishkafta לִכְבוֹדוֹ lijvodó פְּנִימָה pnima.
ל״ב lev נְתִיבוֹת netivot רֵאשִׁית reshit תְּרוּמָה trumá,
אַתְּ at כְּרוּב cruv מִמְשַׁח mimshaj זִיו ziv אוֹרֶךָ oreja: *Bar Yojái*

Kéter

בַּר bar יוֹחָאי Yojái אוֹר or רז, אין סוף מֻפְלָא muflá רוּם rom מַעְלָה mala,
יָרֵאתָ yareta מִלְּהַבִּיט milhabit כִּי qui רַב rav לָהּ la,
תַּעֲלוּמָה taalumá וְאַיִן veáyin קוֹרֵא koré לָהּ la,
נַמְתָּ namta עַיִן ayin ריבוע דמ״ה לֹא lo תְשׁוּרֶךָ teshureja: *Bar Yojái*

בַּר bar יוֹחָאי Yojái אַשְׁרֵי ashrei יוֹלַדְתֶּךָ yoladeteja,
אַשְׁרֵי ashrei הָעָם haam הֵם hem לוֹמְדֶךָ lomdeja.
וְאַשְׁרֵי veashrei הָעוֹמְדִים haomdim עַל al סוֹדֶךָ sodeja מ״כ, י״פ האא
לְבוּשֵׁי levushei חֹשֶׁן joshen תֻּמֶּיךָ tumeja וְאוּרֶךָ veureja: *Bar Yojái*

בַּר bar יוֹחָאי Yojái נִמְשַׁחְתָּ nimshajta אַשְׁרֶיךָ ashreja,
שֶׁמֶן shemen שָׂשׂוֹן sasón מֵחֲבֵרֶיךָ mejavereja:

Biná — *Bar Yojái, en el Santo Santuario, una línea verde renovará los meses. Siete Shabatot son el secreto de cincuenta, la letra Shin es para tu propia conexión.*

Jojmá — *Bar Yojái, la antigua Yud de Jojmá, tú observaste su honor interior. 32 caminos son el comienzo de la ofrenda, tú eres el Querubín del cual una Luz brillante se unta.*

Kéter — *Bar Yojái, una Luz maravillosa de elevada magnitud, temes al ver su grandeza. Un misterio que nadie puede leer, duermes y ningún ojo puede verte.*

Bar Yojái, ¡alabados quienes te dieron la vida!, alabada es la gente que estudia tus escrituras. Y alabada es la gente que puede entender tu secreto, vestido con armadura de tu peto y con tu Urim VeTunim.
¡Bar Yojái, estás ungido para tu felicidad con el aceite del júbilo de tus amigos!

QUEGAVNÁ

Quegavná es un pasaje del *Zóhar* que los sabios nos recomiendan leer después de la canción de *Bar Yojái*, porque ésta revela un secreto de *Shabat*. *Quegavná* ayuda a sacarnos de este mundo físico, actuando como un cohete que nos ayuda a escapar de la "fuerza de gravedad" de nuestro planeta.

כְּגַוְנָא quegavná דְּאִנּוּן deinún מִתְיַחֲדִין mityajadín לְעֵילָּא leeilá

בְּאֶחָד beejad אהבה, דאגה אוּף of הָכִי hají אִיהִי ihí, אִתְיַחֲדַת ityajadat

לְתַתָּא letatá בְּרָזָא berazá רז, א"ס דְּאֶחָד deejad אהבה, דאגה לְמֶהֱוֵי lemehevei

עִמְּהוֹן imhón לְעֵילָּא leeilá חָד jad לָקֳבֵל lakovel חָד jad,

קוּדְשָׁא Kudshá בְּרִיךְ Berij הוּא Hu אֶחָד ejad אהבה, דאגה

לְעֵילָּא leeilá לָא la יָתִיב yativ עַל al כּוּרְסַיָּא cursayá דִּיקָרֵיהּ dikarei,

עַד ad דְּאִיהִי deihí אִתְעֲבִידַת itavidat בְּרָזָא berazá רז, א"ס

דְּאֶחָד deejad אהבה, דאגה כְּגַוְנָא quegavná דִּילֵיהּ dilei, לְמֶהֱוֵי lemehevei

אֶחָד ejad אהבה, דאגה בְּאֶחָד beejad אהבה, דאגה וְהָא vehá אוּקִימְנָא ukimná

רָזָא razá רז, א"ס דַּיְהֹוָה daAdonai יאהדונהי אֶחָד ejad אהבה, דאגה

וּשְׁמוֹ uShmó מהש ע"ה, ע"ב בריבוע וקס"א ע"ה, אל שדי ע"ה אֶחָד ejad אהבה, דאגה :

רָזָא razá רז, א"ס דְּשַׁבָּת deShabat, אִיהִי ihí שַׁבָּת Shabat,

דְּאִתְאַחֲדָא deitajadá בְּרָזָא berazá רז, א"ס דְּאֶחָד deejad אהבה, דאגה

לְמִשְׁרֵי lemishrei עֲלָהּ alá רָזָא razá רז, א"ס דְּאֶחָד deejad אהבה, דאגה

צְלוֹתָא tslotá דְּמַעֲלֵי demaalei שַׁבַּתָּא shabtá, דְּהָא dehá

אִתְאַחֲדַת itajadat כּוּרְסַיָּא cursayá יַקִּירָא yakirá קַדִּישָׁא kadishá,

בְּרָזָא verazá רז, א"ס דְּאֶחָד deejad אהבה, דאגה וְאִתְתַּקָּנַת veitetakanat

לְמִשְׁרֵי lemishrei עֲלָהּ alá מַלְכָּא malcá קַדִּישָׁא kadishá עִלָּאָה ilaá.

QUEGAVNÁ

Ella se reunirá con ellos arriba en unidad. El Santo, Bendito sea Él, es Uno, arriba Él no se sienta en Su precioso Trono de Gloria hasta que Ella también sea como el secreto del uno como Él, para que Ella sea uno dentro de Uno. Y esté establecido el secreto de: El Señor es Uno y Su Nombre es Uno. El secreto del Shabat: Ella es llamada Shabat cuando Ella está unida en el Secreto del Uno, de manera que Él, siendo el Secreto del Uno, descansa sobre Ella. Esta es la oración de la víspera del Shabat, porque entonces, el Santo Trono de Gloria es unificado en el Secreto del Uno y es preparado para que el Santo Rey Supremo descanse en él.

כַּד cad עַיִּל áyil שַׁבְּתָא shabtá, אִיהִי ihí אִתְיַיחֲדַת ityajadat

וְאִתְפַּרְשַׁת veitparshat מִסִּטְרָא misitrá אָחֳרָא ajorá,

וְכָל vejol ילי דִּינִין dinín מִתְעַבְּרִין mitabrín מִנָּהּ miná,

וְאִיהִי veihí אִשְׁתְּאָרַת ishtearat בְּיִחוּדָא beyijudá דִּנְהִירוּ dinhirú

קַדִּישָׁא kadishá, וְאִתְעַטְּרַת veitatrat בְּכַמָּה bejamá עִטְּרִין itrín

לְגַבֵּי legabei מַלְכָּא malcá קַדִּישָׁא kadishá, וְכָל vejol ילי שׁוּלְטָנֵי shultanei

רוּגְזִין rugzín וּמָארֵי umarei דְּדִינָא dediná כֻּלְּהוּ culhú עַרְקִין arkín,

וְלֵית veleit שׁוּלְטָנָא shultaná אָחֳרָא ajorá בְּכֻלְּהוּ bejulhú עָלְמִין almín.

וְאַנְפָּהָא veanpahá נְהִירִין nehirín בִּנְהִירוּ binhiru עִלָּאָה ilaá,

וְאִתְעַטְּרַת veitatrat לְתַתָּא letatá בְּעַמָּא beamá קַדִּישָׁא kadishá,

וְכֻלְּהוּ vejulhú מִתְעַטְּרִין mitatrín בְּנִשְׁמָתִין benishmatín חַדְתִּין jadetín.

כְּדֵין quedéin שֵׁירוּתָא sheirutá דִּצְלוֹתָא ditslotá, לְבָרְכָא levarjá

לָהּ la בְּחֶדְוָה bejedvá, בִּנְהִירוּ binhiru דְּאַנְפִּין deanpín.

CONEXIÓN CON LAS VELAS DE SHABAT

Visualiza las velas y medita:

Aba* e *Ima
Por la primera vela:
Los tres *Yijudim* de *Aba* e *Ima* que suman 250, que es el valor numérico de *Ner* (vela).

יאההויהה
יאהלוההים
יאהדונהי

Zeir* y *Nukvá
Por la segunda vela:
Los tres *Yijudim* de *Zeir* y *Nukvá* que suman 250, que es el valor numérico de *Ner* (vela).

יאההויהה
יאהלוההים
יאהדונהי

Cuando se unen arriba al Uno, así Ella está unida abajo en el Secreto del Uno, de manera que al llegar el Shabat, Ella se unifica y se despoja del otro lado y todo el juicio es eliminado de Ella, y Ella permanece en la unidad de la Luz Santa, Ella se corona a Sí misma con muchas coronas para el Rey Sagrado. Y todos los dominios iracundos y los portadores de agravios huyen juntos. Y no hay otro poder más que Ella en todos los mundos. Y Su rostro brilla con Luz Celestial y Ella se corona a Sí misma con su Nación Santa abajo mientras que todos ellos se coronan con nuevas almas. Luego ellos empiezan bendiciéndola con alegría y con semblantes radiantes.

ARVIT DE SHAVUOT

En la conexión vespertina de *Arvit*, conectamos con Yaakov el Patriarca, quien es el canal para la energía de la Columna Central. Él nos ayuda a conectar la energía de Juicio y de Misericordia de forma equilibrada. Se dice que todo el mundo fue creado sólo para Yaakov, quien es la personificación de la verdad: "Dale verdad a Yaakov" (Miqueas 7:20). Para activar el poder de nuestra oración, y específicamente el poder de la oración de *Arvit*, debemos ser sinceros con los demás y, sobre todo, con nosotros mismos.

LESHEM YIJUD

לְשֵׁם leShem יִחוּד yijud קוּדְשָׁא Kudshá בְּרִיךְ Berij הוּא Hu
וּשְׁכִינְתֵּיהּ uShjintei (יאהדונהי), בִּדְחִילוּ bidjilu וּרְחִימוּ urjimu
(יאהדויהה), וּרְחִימוּ urjimu וּדְחִילוּ udjilu (איההיוהה), לְיַחֲדָא leyajdá
שֵׁם Shem יו"ד Yud קֵ"י Kei בְּוָא"ו beVav קֵ"י Kei בְּיִחוּדָא beyijudá
שְׁלִים shlim (יהוה) בְּשֵׁם beshem כָּל col ילי יִשְׂרָאֵל Yisrael, הִנֵּה hiné
אֲנַחְנוּ anajnu בָּאִים baim לְהִתְפַּלֵּל lehitpalel תְּפִלַּת tfilat עַרְבִית arvit
שֶׁל shel (en *Shabat* agregar: שַׁבָּת Shabat קוֹדֶשׁ kódesh וְ ve) שָׁבוּעוֹת Shavuot
שֶׁתִּקֵּן shetikén יַעֲקֹב Yaakov ו' הויות, יאהדונהי אידהנויה אָבִינוּ avinu עָלָיו alav
הַשָּׁלוֹם hashalom עִם im כָּל col ילי הַמִּצְוֹת hamitsvot הַכְּלוּלוֹת haclulot
בָּהּ ba, לְתַקֵּן letakén אֶת et שׁוֹרְשָׁהּ shorshá בְּמָקוֹם bemakom עֶלְיוֹן elyón
לַעֲשׂוֹת laasot נַחַת nájat רוּחַ rúaj לְיוֹצְרֵנוּ leyotsrenu, וְלַעֲשׂוֹת velaasot
רְצוֹן retsón מהש ע"ה, ע"ב בריבוע וקס"א ע"ה, אל שדי ע"ה בּוֹרְאֵנוּ borenu.
(תהלים צ', י"ז) וִיהִי vihí נֹעַם nóam אֲדֹנָי Adonai ללה אֱלֹהֵינוּ Eloheinu ילה
עָלֵינוּ aleinu וּמַעֲשֵׂה umaasé יָדֵינוּ yadeinu כּוֹנְנָה conená
עָלֵינוּ aleinu וּמַעֲשֵׂה umaasé יָדֵינוּ yadeinu כּוֹנְנֵהוּ conenehu:

ARVIT DE SHAVUOT - LESHEM YIJUD

Para la unificación del Santísimo, Bendito sea Él, y Su Shejiná,

con temor y amor y con amor y temor, para unificar el Nombre Yud-Kei y Vav-Kei en perfecta unidad, y en el nombre de Israel, hemos venido aquí a recitar la oración del Arvit de Shavuot, establecido por Yaakov nuestro ancestro, sea la paz sobre él, con todos sus mandamientos, para corregir sus raíces en el Lugar Celestial, para llevar satisfacción a nuestro Hacedor, y para satisfacer el deseo de nuestro Creador. "Y sea la Gracia del Señor, nuestro Dios, sobre nosotros y Él establezca el trabajo de nuestras manos sobre nosotros y pueda el trabajo de nuestras manos establecerlo a Él" (Salmos 90:17).

MEDIO KADISH

יִתְגַּדַּל yitgadal וְיִתְקַדַּשׁ veyitkadash שדי - ין לת וד (מילוי שדי) ; י"א אותיות כמנין ו"ה

שְׁמֵיהּ Shmei (שם י"ה דע"ב) רַבָּא rabá קנ"א ב"ן, יהוה אלהים יהוה אדני,

מילוי קס"א וס"ג, מ"ה ברבוע וע"ב ע"ה ; ר"ת = ו"פ אלהים ; ס"ת = ג"פ יב"ק • אָמֵן Amén אידהנויה •

בְּעָלְמָא bealmá דִּי di בְרָא verá כִּרְעוּתֵיהּ •quirutei

וְיַמְלִיךְ veyamlij מַלְכוּתֵיהּ •maljutei וְיַצְמַח veyatsmaj

פּוּרְקָנֵיהּ •purkanei וִיקָרֵב vikarev מְשִׁיחֵיהּ •Meshijei אָמֵן Amén •אידהנויה

בְּחַיֵּיכוֹן bejayeijón וּבְיוֹמֵיכוֹן uveyomeijón וּבְחַיֵּי uvejayei

דְכָל dejol בֵּית beit ב"פ ראה יִשְׂרָאֵל Yisrael בַּעֲגָלָא baagalá

וּבִזְמַן uvizmán קָרִיב kariv וְאִמְרוּ veimrú אָמֵן •Amén אָמֵן Amén •אידהנויה

La congregación y el *jazán* dicen lo siguiente:

28 palabras (hasta *bealmá*) y
28 letras (hasta *almayá*)

יְהֵא yehé שְׁמֵיהּ Shmei (שם י"ה דס"ג) רַבָּא rabá קנ"א ב"ן,

יהוה אלהים יהוה אדני, מילוי קס"א וס"ג, מ"ה ברבוע וע"ב ע"ה מְבָרַךְ mevaraj,

לְעָלַם lealam לְעָלְמֵי lealmei עָלְמַיָּא •almayá יִתְבָּרַךְ •yitbaraj

Siete palabras con seis letras cada una (שם בן מ"ב) y
también siete veces la letra Vav (שם בן מ"ב)

MEDIO KADISH

¡Glorificado y santificado sea su Gran Nombre! (Amén).
En el mundo que Él creó de acuerdo a Su voluntad y pueda Su Reino reinar. Y pueda Él hacer que su redención florezca y pueda Él acercar al Mesías (Amén). En tus vidas y en tus días y en la vida de la Casa de Israel, prontamente y en el futuro cercano, y dígase: Amén (Amén). Que Su gran Nombre sea bendito por siempre y para toda la eternidad, y bendito y alabado,

וְיִשְׁתַּבַּח veyishtabaj י"פ ע"ב יהוה אל אבג יתץ.

וְיִתְפָּאַר veyitpaar הי נו יה קרע שטן. וְיִתְרוֹמַם veyitromam וה כוזו נגד יכש.

וְיִתְנַשֵּׂא veyitnasé במוכסז בטר צתג. וְיִתְהַדָּר veyithadar כוזו יה וזקב טנע.

וְיִתְעַלֶּה veyitalé וה יוד ה יגל פזק. וְיִתְהַלָּל veyithalal א ואו הא שקו צית.

שְׁמֵיהּ Shmei (שם י"ה דמ"ה) דְּקוּדְשָׁא deKudshá בְּרִיךְ Verij הוּא Hu.

אָמֵן Amén אידהנויה.

לְעֵלָּא leelá מִן min כָּל col ילי בִּרְכָתָא birjatá. שִׁירָתָא shiratá.

תֻּשְׁבְּחָתָא tishbejatá וְנֶחָמָתָא venejamatá. דַּאֲמִירָן daamirán

בְּעָלְמָא bealmá וְאִמְרוּ veimrú אָמֵן Amén: אָמֵן Amén אידהנויה.

BARJÚ

El *jazán* dice:

בָּרְכוּ barjú יהוה ריבוע יהוה ריבוע מ"ה אֶת et יְהֹוָהאדניאהדונהי Adonai

הַמְּבֹרָךְ hamevoraj ס"ת כהת, משיח בן דוד ע"ה:

> **Si *Shavuot* (segundo día) cae en Shabat:**
> Medita en recibir el alma adicional llamada: *Rúaj*
> desde el aspecto de la noche de *Shabat*

Primero la congregación responde con lo siguiente y después el *jazán* repite lo siguiente:

Néfesh / *Rúaj* / *Neshamá*

בָּרוּךְ Baruj יְהֹוָהאדניאהדונהי Adonai הַמְּבֹרָךְ hamevoraj

Jayá / *Yejidá*

לְעוֹלָם leolam ריבוע ס"ג וי' אותיות דס"ג וָעֶד vaed:

---

y glorificado y exaltado, y ensalzado y honrado, y adorado y loado, sea el Nombre del Santísimo, Bendito sea Él (Amén). Más allá de todas las bendiciones, himnos, alabanzas y palabras de consolación que deben decirse en el mundo, y dígase: Amén (Amén).

BARJÚ

¡Bendigan a Dios, el Bendito!
Bendito es el Señor, el Bendito, por siempre y para siempre.

HAMAARIV ARAVIM – LA PRIMERA CÁMARA – LIVNAT HASAPIR

Al momento del *Arvit*, tenemos una oportunidad de conectar con cuatro "Cámaras" diferentes en la Casa del Rey: La Cámara de Zafiro (*Livnat Hasapir*), la Cámara del Amor (*Ahavá*), la Cámara del Deseo (*Ratsón*) y la Cámara del Santo Sanctorum (*Kódesh HaKadoshim*). Cada Cámara nos conecta con otro nivel en el plano espiritual. La bendición que nos conecta con la Primera Cámara, *Livnat Hasapir*, contiene 53 palabras, que también es el valor numérico de la palabra *gan* גַּן, que quiere decir "jardín"; por lo tanto, nos conecta con el Jardín de Edén de nuestro mundo.

Heijal Livnat Hasapir (la Cámara de Zafiro) de *Nukvá* en *Briá*.

בָּרוּךְ Baruj אַתָּה Atá יְהֹוָאדהנויאהדונהי Adonai אֱלֹהֵינוּ Eloheinu ילה

מֶלֶךְ Mélej הָעוֹלָם haolam אֲשֶׁר asher בִּדְבָרוֹ bidvaró מַעֲרִיב maariv

עֲרָבִים aravim בְּחָכְמָה bejojmá (*Atsilut*) במילוי = תרי״ג (מצוות)◆

פּוֹתֵחַ potéaj שְׁעָרִים shearim כתר בִּתְבוּנָה bitvuná (*Briá*)◆

מְשַׁנֶּה meshané עִתִּים itim (*Yetsirá*) וּמַחֲלִיף umajalif אֶת et

הַזְּמַנִּים hazmanim (*Asiyá*) וּמְסַדֵּר umesader אֶת et הַכּוֹכָבִים hacojavim

(*Los siete planetas*)◆ בְּמִשְׁמְרוֹתֵיהֶם bemishmeroteihem בָּרָקִיעַ barakía

כִּרְצוֹנוֹ quirtsonó◆ בּוֹרֵא boré יוֹמָם yomam וָלַיְלָה valayla מלה ◆ גּוֹלֵל golel

אוֹר or רז, אין סוף מִפְּנֵי mipnei חֹשֶׁךְ jóshej שך נצוצות של וז׳ המלכים

וְחֹשֶׁךְ vejóshej שך נצוצות של וז׳ המלכים מִפְּנֵי mipnei אוֹר or רז, אין סוף◆

הַמַּעֲבִיר hamaavir יוֹם yom ע״ה נגד, מזבח, זן, אל יהוה וּמֵבִיא umeví לָיְלָה layla

מלה ◆ וּמַבְדִּיל umavdil בֵּין bein יוֹם yom ע״ה נגד, מזבח, זן, אל יהוה וּבֵין uvein

לָיְלָה layla מלה ◆ יְהֹוָאדהנויאהדונהי Adonai צְבָאוֹת Tsvaot פני שכינה שְׁמוֹ Shemó

מהש ע״ה, ע״ב בריבוע וקס״א ע״ה, אל שדי ע״ה יְהֹוָאדהנויאהדונהי Adonai◆ בָּרוּךְ Baruj

אַתָּה Atá יְהֹוָאדהנויאהדונהי Adonai הַמַּעֲרִיב hamaariv עֲרָבִים aravim:◆

HAMAAVIR ARAVIM – PRIMERA CÁMARA – LIVNAT HASAPIR

Bendito eres Tú, Señor, nuestro Dios, Rey del universo, que con Sus palabras trae con sabiduría las noches. Él abre las puertas con discernimiento. Él cambia las estaciones y varía los tiempos y organiza las estrellas en sus constelaciones en el cielo, de acuerdo a Su voluntad. Él crea el día y la noche y aparta la Luz de la oscuridad, y la oscuridad de la Luz. Él es Quien causa que el día suceda y trae la noche, y separa el día de la noche. Señor de los Ejércitos, Su nombre es el Señor. Bendito eres Tú, Señor, quien trae las noches.

AHAVAT OLAM – LA SEGUNDA CÁMARA – AMOR

Esta bendición nos conecta con la Segunda Cámara, *Ahavá* (Amor), y su propósito es inspirarnos con un amor renovado por los demás y por el mundo.

Heijal Ahavá (la Cámara del Amor) de *Nukvá* en *Briá*.
El siguiente párrafo tiene 50 palabras que corresponden a las 50 Puertas de *Biná*.

אַהֲבַת ahavat עוֹלָם olam בֵּית beit ב"פ ראה יִשְׂרָאֵל Yisrael עַמְּךָ amjá
אַהֲבְתָּ •ahavta תּוֹרָה Torá (*Atsilut*) וּמִצְוֹת umitsvot (*Briá*) וְחֻקִּים jukim
(*Yetsirá*) וּמִשְׁפָּטִים umishpatim (*Asiyá*) אוֹתָנוּ otanu לִמַּדְתָּ •limadta
עַל al כֵּן quen יְהֹוָהאדניאהדונהי Adonai אֱלֹהֵינוּ Eloheinu ילה
בְּשָׁכְבֵנוּ beshajvenu וּבְקוּמֵנוּ uvekumenu נָשִׂיחַ nasíaj בְּחֻקֶּיךָ bejukeja
וְנִשְׂמַח venismaj וְנַעֲלוֹז venaaloz בְּדִבְרֵי bedivrei תַלְמוּד talmud
תּוֹרָתֶךָ torateja וּמִצְוֹתֶיךָ umitsvoteja וְחֻקּוֹתֶיךָ vejukoteja
לְעוֹלָם leolam ריבוע דס"ג וי' אותיות דס"ג וָעֶד •vaed כִּי qui הֵם hem
וְחַיֵּינוּ jayeinu וְאֹרֶךְ veórej יָמֵינוּ yameinu וּבָהֶם uvahem נֶהְגֶּה nehgué
יוֹמָם yomam וָלָיְלָה valayla מלה • וְאַהֲבָתְךָ veahavatjá לֹא lo תָסוּר tasur
מִמֶּנּוּ mimenu לְעוֹלָמִים •leolamim בָּרוּךְ Baruj אַתָּה Atá
יְהֹוָהאדניאהדונהי Adonai אוֹהֵב ohev אֶת et עַמּוֹ amó יִשְׂרָאֵל :Yisrael

EL SHMÁ (para saber más sobre el *Shmá*, ve a la pág. 351)

El *Shmá* es una de las herramientas más poderosas para atraer energía sanadora a nuestra vida. El verdadero poder del *Shmá* es liberado cuando recitamos esta oración mientras meditamos en otras personas que necesiten energía de sanación.

1) Para poder recibir la Luz del *Shmá*, debes aceptar el precepto de: "Ama a tu prójimo como a ti mismo", y verte a ti mismo unido con todas las almas que componen el Adam Original.

2) Necesitas meditar en conectarte al precepto de Recitar el *Shmá* dos veces al día.

3) Antes de recitar el *Shmá*, debes cubrir tus ojos con la mano derecha y luego decir las palabras "*Shmá Yisrael … leolam vaed*". Y debes recitar el *Shmá* con una meditación profunda, cantándolo con las entonaciones. Es necesario ser cuidadoso con la pronunciación de todas las letras.

(Según el *Ramjal*, la elevación del *Mojín* es como en el *Shmá* de *Shajarit* en la pág. 352)

AHAVAT OLAM – SEGUNDA CÁMARA – AMOR

Con eterno amor Tú has amado a Tu Nación, la Casa de Israel. Tú nos has enseñado Torá, mandamientos, estatutos y leyes. Por lo tanto, Señor, nuestro Dios, cuando nos acostemos y cuando nos levantemos, discutiremos Tus estatutos y nos regocijaremos y exultaremos en las palabras de las enseñanzas de Tu Torá, Tus mandamientos y Tus estatutos, por siempre y para siempre. Ellos son nuestras vidas y la longitud de nuestros días; con ellos nos dirigiremos día y noche. Y Tu amor nunca apartarás de nosotros. Bendito eres Tú, Señor, que amas a Tu Nación, Israel.

Primero, medita en general, en el primer *Yijud* de los cuatro *Yijuds* del Nombre: יהוה y, en particular, para despertar a la letra ה, y luego para conectarla con la letra ו. Entonces conecta a la letra י y a la letra ה juntas en el orden siguiente: *Hei* (ה), *Hei-Vav* (ה"ו), luego *Yud-Hei* (י"ה), lo que suma 31, el secreto de י"א״ (=31) del Nombre ס"ג. Es bueno meditar en este *Yijud* antes de recitar cualquier *Shmá* porque actúa como un reemplazo por las veces que quizás no hayas recitado el *Shmá*. Este *Yijud* tiene la capacidad de crear una conexión Celestial igual que la lectura del *Shmá*: elevar a *Zeir* y a *Nukvá* juntos para el *Zivug* de *Aba* e *Ima*.

Shmá – שמע

Meditación general: שם ע – para atraer la energía desde las siete *Sefirot* inferiores de *Ima* hacia la *Nukvá*, la cual permite a la *Nukvá* elevar las *Mayin Nukvín* (despertar desde Abajo). **Meditación particular**: שם = יהוה + שדי y cinco veces las letras י y ד de ב"ן = ע [La letra *Hei* (ה) es formada por las letras *Dálet* (ד) y *Yud* (י), por lo tanto en ב"ן tenemos cuatro veces la letra ה más otra vez las letras י y ד de י de ב"ן]. También las tres letras ו (18) que quedan de ב"ן, más ב"ן mismo (52) equivale a ע (70).

Yisrael – ישראל

Meditación general: שיר אל – para atraer energía desde *Jésed* y *Guevurá* de *Aba* hacia *Zeir Anpín*, para hacer su acción en el secreto de *Mayin Dujrín* (despertar desde Arriba).
Meditación particular: (las letras reordenadas de la palabra *Yisrael*): שר אלי
אלהים דיודין (אלף למד הי יוד מם) = ש',
רבוע אלהים (א אל אלה אלהי אלהים) = ר',
מ"א אותיות רבוע אלהים במילואו (אלף אלף למד אלף למד הי אלף למד הי יוד אלף למד הי יוד מם) = אל"י.
También meditar en atraer el *Mojín* Interno de *Aba* de *Katnut* hacia *Zeir Anpín*.

Adonai Eloheinu Adonai – יהוה אלהינו יהוה

Meditación general: para atraer energía hacia *Aba*, *Ima* y *Dáat* desde *Arij Anpín*.
Meditación particular: ע"ב (יוד הי ויו הי) קס"א (אלף הי יוד הי) ע"ב (יוד הי וי הי)

Ejad – אחד

(El secreto de la completa *Yijud-Unificación*)

Las letras *Álef* א y *Jet* ח de *Ejad* אחד son *Zeir Anpín* y la letra *Dálet* ד es *Nukvá*. **Debes meditar** en dedicar tu alma a la santificación del Nombre Sagrado, elevando de este modo a tu *Néfesh*, *Rúaj*, *Neshamá* y *Neshamá* de *Neshamá* con *Zeir Anpín* y *Nukvá* (usando los Nombres: ע"ב y ס"ג) hacia *Aba* e *Ima* como en el secreto de *Mayin Nukvín*, y por esa energía, *Aba* e *Ima* serán unificados en el secreto del Nombre: יאהדונה"י. **También meditar** en atraer los Seis Bordes Internos de *Gadlut* de *Ima* hacia *Zeir Anpín*. La Gota, que es ע"ב, es sacada desde lo externo de *Arij Anpín*, y desciende hacia *Yesod* de *Ima*, donde se convierte en: ע"ב ס"ג מ"ה ב"ן, y las cuatro אהיה deletreadas (אלף הי יוד הי, אלף הי יוד הי, אלף הא יוד הא, אלף הה יוד הה) se convierten en Su vestimenta. Como resultado, *Zeir Anpín* tiene cuatro יה"ו deletreadas (יוד הי ויו, יוד הי ואו, יוד הא ואו, יוד הה וו), cuatro אה"י deletreadas (אלף הי יוד, אלף הי יוד, אלף הא יוד, אלף הה יוד) y los Seis Bordes Internos de *Gadlut* de *Ima*. **También meditar** en el Nombre: אל"ף ה"י וי"ו ה"י, que es el *Mojín* entero en el secreto de *Dáat*. **Y también meditar** (según el Ramjal) en las cuatro *Álef* deletreadas (אלף =111) del Nombre: אהי"ה que es igual a la palabra *Midat* (444), haciendo el *Kéter* para *Leá*.

Baruj Shem – ברוך שם כבוד מלכותו לעולם ועד

Baruj Shem Quevod – *Jojmá*, *Biná*, *Dáat* de *Leá*;
Maljutó – Su *Kéter*; ***Leolam*** – el resto de Su *Partsuf*;
Vaed – los cuatro היה (4 veces 20 es igual a *Vaed* = 80) harán el *Kéter* para *Rajel*.
Y las cuatro היה deletreadas (הי יוד הי, הי יוד הי, הא יוד הא, הה יוד הה) harán el resto de Su cuerpo.

שְׁמַע Shmá ע׳ רבתי יִשְׂרָאֵל Yisrael יְהֹוָהאדניאהדונהי Adonai

אֱלֹהֵינוּ Eloheinu ילה יְהֹוָהאדניאהדונהי Adonai | אֶחָד ejad ד׳ רבתי ; אהבה, דאגה:

(susurrar): יוזו אותיות בָּרוּךְ Baruj שֵׁם Shem כְּבוֹד quevod מַלְכוּתוֹ maljutó,

לְעוֹלָם leolam ריבוע ס״ג וי׳ אותיות דס״ג וָעֶד vaed:

***Yud, Jojmá,* cabeza** – 42 palabras que corresponden al Santo Nombre de Dios de 42 Letras.

א ב

וְאָהַבְתָּ veahavtá ב״פ אור, ב״פ רז, ב״פ אין סוף ; (יכוין לקיים מ״ע של אהבת ה׳) אֵת et

ג י

יְהֹוָהאדניאהדונהי Adonai אֱלֹהֶיךָ Eloheja ילה ; ס״ת כהת, משיח בן דוד ע״ה

ת צ ק ר

בְּכָל־ bejol ב״ן, לכב לְבָבְךָ levavjá וּבְכָל־ uvejol ב״ן, לכב נַפְשְׁךָ nafshejá

ע ש ט נ

וּבְכָל־ uvejol ב״ן, לכב מְאֹדֶךָ: meodeja וְהָיוּ vehayú הַדְּבָרִים hadvarim

ג ג ד י כ

הָאֵלֶּה haéle אֲשֶׁר asher אָנֹכִי anojí מְצַוְּךָ metsavjá הַיּוֹם hayom

ש ב ט

ע״ה נגד, מזבח, זן, אל יהוה (pausa aquí) עַל al לְבָבֶךָ: levaveja וְשִׁנַּנְתָּם veshinantam

ר צ ת ג

לְבָנֶיךָ levaneja וְדִבַּרְתָּ vedibarta בָּם bam מ״ב בְּשִׁבְתְּךָ beshivtejá

ח ק ב

בְּבֵיתֶךָ beveiteja ב״פ ראה וּבְלֶכְתְּךָ uvelejtejá בַדֶּרֶךְ vadérej

ט נ

ב״פ יב״ק, ס״ג, קס״א וּבְשָׁכְבְּךָ uveshojbejá וּבְקוּמֶךָ: uvekumeja

ע י ג ל

וּקְשַׁרְתָּם ukshartam לְאוֹת leot עַל־ al יָדֶךָ yadeja

EL SHMÁ

"Escucha, Israel, el Señor nuestro Dios. El Señor es Uno" (Deuteronomio 6:4).

"Bendito es el glorioso Nombre, Su Reino es por siempre y para la eternidad" (Pesajim 56a).

"Y amarás al Señor, tu Dios, con todo tu corazón y con toda tu alma y con todo lo que posees. Deja que estas palabras que te ordeno hoy descansen sobre tu corazón. Y las enseñarás a tus hijos y hablarás de ellas mientras estés sentado en tu hogar y mientras camines por el sendero y cuando te acuestes y cuando te levantes. Las atarás como una señal sobre tu mano

פ וְהָיוּ vehayú · ז לְטֹטָפֹת letotafot · ק בֵּין bein · ש עֵינֶיךָ eineja

ע"ה ; קס"א ; ריבוע ; מ"ה: · ק וּכְתַבְתָּם ujtavtam · ו עַל־ al

צ מְזֻזוֹת mezuzot · נית (זו מות) · י בֵּיתֶךָ beiteja · ב"פ ראה · ת וּבִשְׁעָרֶיךָ: uvishaareja:

VEHAYÁ IM SHAMOA

***Hei, Biná,* brazos y cuerpo** – 72 palabras que corresponden a los 72 Nombres de Dios.

והו וְהָיָה vehayá · יהוה ; יהה ; · ילי אִם־ im · יוה"ך, מ"א אותיות דפשוט, דמילוי ודמילוי דמילוי דאהיה ע"ה

סיט שָׁמֹעַ shamoa · עלם תִּשְׁמְעוּ tishmeú · מהש אֶל־ el · ללה מִצְוֺתַי mitsvotai · אכא אֲשֶׁר asher

כהת אָנֹכִי anojí · הזי מְצַוֶּה metsavé · אלד אֶתְכֶם etjem · לאו הַיּוֹם hayom · ע"ה נגד, מזבח, זן, אל יהוה

(haz una pausa aquí) · ההע לְאַהֲבָה leahavá · אוזר, דאגה · יזל אֶת־ et · מבה יְהֹוָאדהויאהדונהי Adonai

הרי אֱלֹהֵיכֶם Eloheijem · ילה · (pronuncia la letra *Ayin* en la palabra *"uleavdó"*) · הקם וּלְעָבְדוֹ uleavdó

לאו בְּכָל bejol · ב"ן, לכב · כלי לְבַבְכֶם levavjem · לוו וּבְכָל־ uvejol · ב"ן, לכב

פהל נַפְשְׁכֶם: nafshejem: · נלך וְנָתַתִּי venatati · ייי מְטַר־ metar · מלה אַרְצְכֶם artsejem

ווהו בְּעִתּוֹ beitó · נתה יוֹרֶה yoré · האא וּמַלְקוֹשׁ umalkosh · ירת וְאָסַפְתָּ veasafta · שאה דְגָנֶךָ deganeja

ריי וְתִירֹשְׁךָ vetiroshjá · אום וְיִצְהָרֶךָ: veyitsareja: · לכב וְנָתַתִּי venatati · ושר עֵשֶׂב ésev · ע"ב שמות

---

y serán como filacterias entre tus ojos. Y las escribirás en los umbrales de tu casa y en tus puertas"

(Deuteronomio 6:5-9).

VEHAYÁ IM SHAMOA

"Y sucederá que si escuchan Mis mandamientos que les estoy ordenando hoy de amar al Señor, su Dios, y servirle con todo su corazón y con toda su alma, entonces enviaré lluvias sobre su tierra en el momento apropiado, tanto lluvias tempranas como lluvias tardías. Y recogerás tus granos y tu vino y tu aceite. Y te daré hierba

יוהו להחו כוק מנד

בְּשָׂדְךָ besadjá לִבְהֶמְתֶּךָ livhemteja וְאָכַלְתָּ veajalta וְשָׂבָעְתָּ vesavata:

אני וזעם רהע ייי ההה

הִשָּׁמְרוּ hishamrú לָכֶם lajem פֶּן־ pen יִפְתֶּה yifté לְבַבְכֶם levavjem

מיכ וול ילה סאל

וְסַרְתֶּם vesartem וַעֲבַדְתֶּם vaavadtem אֱלֹהִים elohim אֲחֵרִים ajerim

ערי עשל

משה (העומד נגד הקליפות) וְהִשְׁתַּחֲוִיתֶם vehishtajavitem לָהֶם lahem:

מיה והו דני הוזש

וְחָרָה vejará (haz una pausa aquí) אַף־ af יְהוָה אדניאהדונהי Adonai בָּכֶם bajem

עמם ננא נית מבה

וְעָצַר veatsar אֶת־ et הַשָּׁמַיִם hashamáyim י"פ טל, י"פ כוזו וְלֹא־ veló

פוי נמם ייל הרוח מצר

יִהְיֶה yihyé ייי מָטָר matar וְהָאֲדָמָה vehaadamá לֹא lo תִתֵּן titén ב"פ כהת

ומב יהה ענו מוזי דמב

אֶת־ et יְבוּלָהּ yevulá וַאֲבַדְתֶּם vaavadtem מְהֵרָה meherá מֵעַל meal עלם

מנק איע וזבו

הָאָרֶץ haárets אלהים דההין ע"ה הַטֹּבָה hatová אֲשֶׁר asher

ראה יבמ היי

יְהוָה אדניאהדונהי Adonai נֹתֵן notén אבג יתץ, ושר לָכֶם lajem : *Vav, Zeir Anpín*

מום

וְשַׂמְתֶּם vesamtem **estómago** – 50 palabras que corresponden a las 50 Puertas of *Biná*

א ה י ה א

אֶת־ et דְּבָרַי dvarai ראה אֵלֶּה ele עַל־ al לְבַבְכֶם levavjem

ה י ה א

וְעַל־ veal נַפְשְׁכֶם nafshejem וּקְשַׁרְתֶּם ukshartem אֹתָם otam

---

en tu campo para tu ganado. Y comerás y quedarás saciado. Pero cuiden que su corazón no sea seducido y se alejen para servir a deidades foráneas y se postren ante ellas. Y la ira del Señor caerá sobre ustedes y Él detendrá los Cielos y no habrá más lluvia y la tierra no brindará su cosecha. Y rápidamente perecerán de la buena tierra que el Señor les ha dado. Y pondrán estas palabras Mías sobre su corazón y sobre su alma y las atarán

ה י ה א

לְאוֹת leot ר"ת לאו עַל־ al יֶדְכֶם yedjem וְהָיוּ vehayú

ה י ה

לְטוֹטָפֹת letotafot בֵּין bein עֵינֵיכֶם eineijem ריבוע מ"ה:

א ה י ה

וְלִמַּדְתֶּם velimadtem אֹתָם otam אֶת־ et בְּנֵיכֶם bneijem

א ה י

לְדַבֵּר ledaber ראה בָּם bam שם בן מ"ב בְּשִׁבְתְּךָ beshivteja

ה א ה

בְּבֵיתֶךָ beveiteja ב"פ ראה וּבְלֶכְתְּךָ uvelejtejá בַדֶּרֶךְ vadérej ב"פ יב"ק, ס"ג קס"א

י ה א ה

וּבְשָׁכְבְּךָ uveshojbejá וּבְקוּמֶךָ: uvekumeja וּכְתַבְתָּם ujtavtam עַל־ al

י ה א ה

מְזוּזוֹת mezuzot בֵּיתֶךָ beiteja ב"פ ראה וּבִשְׁעָרֶיךָ: uvisheareja לְמַעַן lemaan

י ה א ה

יִרְבּוּ yirbú יְמֵיכֶם yemeijem ר"ת יל וִימֵי vimei בְנֵיכֶם vneijem

י ה אהיה

עַל al הָאֲדָמָה haadamá אֲשֶׁר asher (pronuncia la letra *Ayin* en la palabra "*nishbá*")

אהיה אהיה

נִשְׁבַּע nishbá יכוין לשבועת המבול יְהֹוָהאדניאהדונהי Adonai

אהיה אהיה אהיה אהיה

לַאֲבֹתֵיכֶם laavoteijem לָתֵת latet לָהֶם lahem כִּימֵי quimei

אהיה אהיה אהיה

הַשָּׁמַיִם hashamáyim י"פ טל, י"פ כוזו עַל־ al הָאָרֶץ haárets אלהים דההין ע"ה:

---

como una señal sobre sus manos y serán como filacterias entre sus ojos. Y las enseñarán a sus hijos hablando de ellas mientras estés sentado en tu hogar y mientras camines por el sendero y cuando te acuestes y cuando te levantes. Y las escribirás en los umbrales de tu casa y sobre tus puertas. Esto es para que sus días sean numerosos y también los días de sus hijos sobre la Tierra que el Señor ha prometido a sus padres darles como los días de los Cielos sobre la Tierra" (Deuteronomio 11:13-21).

VAYÓMER

Hei, Maljut, piernas y órganos reproductores,
72 palabras que corresponden a los 72 Nombres de Dios en orden directo (según el Ramjal).

והו ילי סיט עלם
וַיֹּאמֶר vayómer יְהֹוָהאדניאהדונהי Adonai אֶל־ el מֹשֶׁה Moshé

מהש ללה אכא
מהש, ע״ב בריבוע וקס״א, אל שדי, ד״פ אלהים ע״ה לֵאמֹר lemor: דַּבֵּר daber ראה אֶל־ el

כהת הזי אלד לאו ההע
בְּנֵי bnei יִשְׂרָאֵל Yisrael וְאָמַרְתָּ veamarta אֲלֵהֶם alehem וְעָשׂוּ veasú

יזל מבה הרי הקם לאו
לָהֶם lahem צִיצִת tsitsit עַל־ al כַּנְפֵי canfei בִגְדֵיהֶם vigdeihem

כלי לוו פהל נלך
לְדֹרֹתָם ledorotam וְנָתְנוּ venatnú עַל־ al צִיצִת tsitsit

ייי מלה חהו
הַכָּנָף hacanaf ע״ה קנ״א, אדני אלהים פְּתִיל ptil י״פ ב״ן תְּכֵלֶת tjélet:

נתה האא ירת שאה ריי
וְהָיָה vehayá יהוה ; יהה לָכֶם lajem לְצִיצִת letsitsit וּרְאִיתֶם ureitem אֹתוֹ otó

אום לכב ושר יחו להח
וּזְכַרְתֶּם uzjartem אֶת־ et כָּל־ col יכי מִצְוֹת mitsvot יְהֹוָהאדניאהדונהי Adonai

כוק מנד אני חעם רהע
וַעֲשִׂיתֶם vaasitem אֹתָם otam וְלֹא־ veló תָתוּרוּ taturu אַחֲרֵי ajarei

ייז ההה מיך
לְבַבְכֶם levavjem וְאַחֲרֵי veajarei עֵינֵיכֶם eineijem ריבוע מ״ה

Debes meditar en el precepto: "No seguirás los pensamientos sexuales negativos del corazón ni las miradas de los ojos que buscan prostitución".

VAYÓMER

"Y el Señor le habló a Moshé y dijo: Habla a los Hijos de Israel y diles que deben hacer para sí mismos Tsitsit, en las esquinas de sus vestimentas, a lo largo de todas sus generaciones. Y deben colocar sobre el Tsitsit de cada esquina un filamento azul. Y esto será para ustedes como un Tsitsit; lo verán y recordarán los mandamientos del Señor y los cumplirán. Y no se dejen llevar en pos de su propio corazón y de sus ojos

Debes meditar en recordar el Éxodo de *Mitsráyim* (Egipto).

Está atento de completar este párrafo junto con el *jazán* y la congregación, y de decir la palabra "*emet*" en voz alta. El *jazán* debe decir la palabra "*emet*" susurrando.

אֱמֶת emet אהיה פעמים אהיה, ז"פ ס"ג.

La congregación debe estar en silencio, escuchar y oír las palabras "*Adonai Eloheijem emet*" dichas por el *jazán*. Si no completaste el párrafo junto al *jazán*, debes repetir las últimas tres palabras por cuenta propia. Con estas tres palabras el *Shmá* es concluido

יְהֹוָה Adonai אֱלֹהֵיכֶם Eloheijem ילה:

אֱמֶת emet אהיה פעמים אהיה, ז"פ ס"ג.

---

porque de acuerdo con ellos irán por mal camino. Para que se acuerden y haga todos Mis mandamientos y de este modo serán santos ante su Dios. Yo soy el Señor, su Dios, quien los sacó de la tierra de Egipto para ser su Dios. Yo, el Señor, su Dios, es verdad" (*Números 15:37-41*). *El Señor, su Dios, ¡es verdad!*

VEEMUNÁ – LA TERCERA CÁMARA – RATSÓN

Veemuná nos conecta con la Tercera Cámara en la Casa del Rey: *Ratsón*, o deseo. Antes de que podamos conectar con cualquier forma de energía espiritual, tenemos que sentir un anhelo o deseo. El deseo es la vasija que atrae a la Luz espiritual. Un deseo pequeño atrae poca cantidad de Luz. Un gran deseo atrae una gran cantidad.

Heijal Ratsón (la Cámara del Deseo) de *Nukvá* en *Briá*.

וֶאֱמוּנָה veemuná (בוזינת לילה) כָּל col ילי זֹאת zot וְקַיָּם vekayam עָלֵינוּ aleinu,
כִּי qui הוּא Hu יְהֹוָהאדניאהדונהי Adonai אֱלֹהֵינוּ Eloheinu ילה וְאֵין veein
זוּלָתוֹ zulató. וַאֲנַחְנוּ vaanajnu יִשְׂרָאֵל Yisrael עַמּוֹ amó.
הַפּוֹדֵנוּ hapodenu מִיַּד miyad מְלָכִים melajim. הַגּוֹאֲלֵנוּ hagoalenu
מַלְכֵּנוּ Malquenu מִכַּף micaf כָּל col ילי עָרִיצִים aritsim.
הָאֵל haEl לאה ; ייא" (מילוי דס"ג) הַנִּפְרָע hanifrá לָנוּ lanu אלהים, אהיה אדני
מִצָּרֵינוּ mitsareinu. הַמְשַׁלֵּם hameshalem גְּמוּל gmul לְכָל lejol יה אדני
אוֹיְבֵי oyvei נַפְשֵׁנוּ nafshenu: הַשָּׂם hasam נַפְשֵׁנוּ nafshenu
בַּחַיִּים bajayim אהיה אהיה יהוה, בינה ע"ה וְלֹא־ veló נָתַן natán לַמּוֹט lamot
רַגְלֵנוּ raglenu. הַמַּדְרִיכֵנוּ hamadrijenu עַל al בָּמוֹת bamot
אוֹיְבֵינוּ oyveinu. וַיָּרֶם vayarem קַרְנֵנוּ karnenu עַל al כָּל col ילי ; עמם
שׂוֹנְאֵינוּ soneinu. הָאֵל haEl לאה ; ייא" (מילוי דס"ג) הָעוֹשֶׂה haosé
לָנוּ lanu אלהים, אהיה אדני נִסִּים nisim וּנְקָמָה unekamá בְּפַרְעֹה beFaró.
בְּאוֹתוֹת beotot וּבְמוֹפְתִים uvemoftim בְּאַדְמַת beadmat בְּנֵי bnei
חָם jam. הַמַּכֶּה hamaqué בְעֶבְרָתוֹ veevrató כָּל col ילי
בְּכוֹרֵי bejorei מִצְרָיִם Mitsráyim מצר. וַיּוֹצֵא vayotsí אֶת et
עַמּוֹ amó יִשְׂרָאֵל Yisrael מִתּוֹכָם mitojam לְחֵרוּת lejerut עוֹלָם olam.

VEEMUNÁ –TERCERA CÁMARA – RATSÓN

Y fidedigno. Todo esto y Él está sobre nosotros porque Él es el Señor, nuestro Dios, y no hay ningún otro. Y nosotros somos Israel, Su Nación. Él nos redime de las manos de reyes. Él es nuestro Rey, que nos libera del alcance de los tiranos; el Dios, que nos venga contra nuestros enemigos. Él paga a nuestros enemigos mortales su deuda. Él, que nos mantiene vivos y no permite que nuestros pies resbalen. Él, que nos ha guiado sobre las llanuras de nuestros enemigos y Él, que eleva nuestro poder sobre todos los que nos odian. Él es Dios, que hizo por nosotros milagros y acciones contra Faraón, con señales y maravillas, en la tierra de los hijos de Jam. Él que con Su ira cayó sobre los primogénitos de Egipto y sacó a Su Nación, Israel, de entre ellos a una libertad eterna.

הַמַּעֲבִיר hamaavir בָּנָיו banav

בֵּין bein גִּזְרֵי guizrei יַם yam ילי סוּף suf. וְאֶת veet רוֹדְפֵיהֶם rodfeihem

וְאֶת veet שׂוֹנְאֵיהֶם soneihem בִּתְהוֹמוֹת bitehomot טִבַּע tibá. רָאוּ raú

בָנִים vanim אֶת et גְּבוּרָתוֹ gvurató שִׁבְּחוּ shibjú וְהוֹדוּ vehodú אהיה

לִשְׁמוֹ liShmó מהש ע"ה, ע"ב בריבוע וקס"א ע"ה, אל שדי ע"ה. וּמַלְכוּתוֹ umaljutó

בְּרָצוֹן beratsón מהש ע"ה, ע"ב בריבוע וקס"א ע"ה, אל שדי ע"ה קִבְּלוּ kiblú

עֲלֵיהֶם aleihem. מֹשֶׁה Moshé מהש, ע"ב בריבוע קס"א, אל שדי, ד"פ אלהים ע"ה

וּבְנֵי uvnei יִשְׂרָאֵל Yisrael ר"ת ע"ה = נגד, מזבח, זן, אל יהוה לְךָ lejá עָנוּ anú

שִׁירָה shirá בְּשִׂמְחָה besimjá רַבָּה rabá וְאָמְרוּ veamrú כֻלָּם julam:

מִי mi ילי כָּמֹכָה jamoja בָּאֵלִם baelim יְהֹוָאדהנהי Adonai

ר"ת = ע"ב, ריבוע יהוה ; ס"ת מ"ה מִי mi ילי כָּמֹכָה camoja נֶאְדָּר needar

בַּקֹּדֶשׁ bakódesh ר"ת = יב"ק, אלהים יהוה, אהיה אדני יהוה נוֹרָא norá תְהִלֹּת tehilot

עֹשֵׂה osé פֶלֶא fele: מַלְכוּתְךָ maljutjá יְהֹוָאדהנהי Adonai

אֱלֹהֵינוּ Eloheinu ילה רָאוּ raú בָנֶיךָ vaneja עַל al הַיָּם hayam ילי

יַחַד yájad כֻּלָּם culam הוֹדוּ hodú אהיה וְהִמְלִיכוּ vehimliju

וְאָמְרוּ veamrú: יְהֹוָאדהנהי Adonai | יִמְלֹךְ yimloj לְעֹלָם leolam

ריבוע ס"ג וי' אותיות דס"ג ; ר"ת ייל וָעֶד vaed: וְנֶאֱמַר veneemar: כִּי qui פָדָה fadá

יְהֹוָאדהנהי Adonai אֶת et יַעֲקֹב Yaakov ד' הויות, אידהנויה

וּגְאָלוֹ uguealó מִיַּד miyad חָזָק jazak פהל מִמֶּנּוּ mimenu: בָּרוּךְ Baruj

אַתָּה Atá יְהֹוָאדהנהי Adonai גָּאַל gaal באתב"ש כתר5 יִשְׂרָאֵל Yisrael:

Él, que hizo pasar a Sus Hijos entre las secciones del Mar Rojo mientras ahogó en las profundidades a sus perseguidores y sus enemigos. Los Hijos contemplaron Su poder y lo alabaron y dieron gracias a Su Nombre; aceptaron Su soberanía sobre ellos con deseo. Moshé y los Hijos de Israel elevaron sus voces en canto a Él, con gran alegría y dijeron todos: "¿Quién es como Tú entre los dioses, Señor? ¿Quién es como Tú, poderoso en santidad, impresionante en alabanza y que hace maravillas?" (Éxodo 15:11). Nuestros Hijos vieron Tu Reino, Señor, nuestro Dios, sobre el mar y todos al unísono te dan las gracias y aceptan Tu soberanía y dicen: "El Señor reinará por siempre y para siempre" (Éxodo 15:18). Y está dicho: "Porque el Señor ha liberado a Yaakov y lo ha rescatado de la mano de uno más fuerte que él" (Jeremías 31:10). ¡Bendito eres Tú, Señor, Quien redimió a Israel!

HASHKIVENU – LA CUARTA CÁMARA – EL SANTO SANCTÓRUM

La Cuarta Cámara es *Kódesh HaKadoshim*, el Santo Sanctorum, el cual es nuestro vínculo al siguiente nivel que alcanzamos mediante la *Amidá*.

Heijal Kódesh HaKadoshim (la Cámara del Santo Sanctorum) de *Nukvá* en *Briá*

הַשְׁכִּיבֵנוּ hashquivenu אָבִינוּ avinu לְשָׁלוֹם leshalom ר"ת לאה

וְהַעֲמִידֵנוּ vehaamidenu מַלְכֵּנוּ Malquenu לְחַיִּים lejayim אהיה אהיה יהוה, בינה ע"ה

טוֹבִים tovim וּלְשָׁלוֹם uleshalom וּפְרוֹשׂ ufrós עָלֵינוּ aleinu

סֻכַּת sucat סוכה = סאל = אמן (יאהדונהי) שְׁלוֹמֶךָ shlomeja וְתַקְּנֵנוּ vetaknenu

מַלְכֵּנוּ Malquenu בְּעֵצָה beetsá טוֹבָה tová אכא מִלְּפָנֶיךָ milfaneja ס"ג מ"ה ב"ן

וְהוֹשִׁיעֵנוּ vehoshienu מְהֵרָה meherá לְמַעַן lemaan שְׁמֶךָ Shemeja

(No pedimos protección, ya que no es necesario protección de la *klipá* en *Shabat* – וְהָגֵן בַּעֲדֵנוּ)

Medita en incluir *Heijal Kódesh HaKodashim* de *Briá* en *Atsilut* para que sea como *Atsilut* mismo.

> **Si *Shavuot* (segundo día) cae en *Shabat*:**
> Medita en recibir el alma adicional llamada: *Neshamá*
> desde el aspecto de la noche de *Shabat*

וּפְרוֹשׂ ufrós particiones de *Yesod* en *Ima* עָלֵינוּ aleinu sobre *Yaakov* y *Rajel* וְעַל veal

יְרוּשָׁלַיִם Yerushaláyim עִירָךְ iraj סֻכַּת sucat סוכה = סאל = אמן (יאהדונהי)

שָׁלוֹם shalom• בָּרוּךְ Baruj אַתָּה Atá יְהֹוָה‍אדני יאהדונהי Adonai

הַפּוֹרֵשׂ haporés סֻכַּת sucat סוכה = סאל = אמן (יאהדונהי) ; ר"ת = אדני שָׁלוֹם shalom

Y las particiones deben ser como el techo de la *Sucá* a fin de hacer espacio (dentro de *Zeir Anpín*) para que las *Guevurot* se expandan sin salir hacia Yaakov y Rajel. Ahora Ellas reciben Luz de los *Jasadim* que fueron demorados de Su ascenso.

עָלֵינוּ aleinu ר"ת ש"ע נהורין וְעַל veal כָּל col ילי ; עמם עַמּוֹ amó יִשְׂרָאֵל Yisrael

וְעַל veal יְרוּשָׁלַיִם Yerushaláyim: אָמֵן יאהדונהי Amén

HASHKIVENU – LA CUARTA CÁMARA – EL SANTO SANCTÓRUM

Otórganos, Padre, que descansemos en paz y que nuevamente, Rey nuestro, nos levantemos a la buena vida y a la paz. Extiende sobre nosotros Tu protección de paz. Guíanos, Rey nuestro, con Tu buen consejo y sálvanos rápidamente por el bien de Tu Nombre. Y extiende sobre nosotros y sobre Jerusalem, Tu ciudad, un refugio de misericordia y paz. ¡Bendito eres Tú, Señor, que extiendes el refugio de paz sobre nosotros y sobre toda Su Nación, Israel, y sobre Jerusalem, Amén!

Cuando *Shavuot* (segundo día) cae en *Shabat*, agregamos:

VESHAMRÚ

Tenemos la capacidad de unir el Cielo y la Tierra mediante el poder del *Álef-Hei-Vav-Hei* אהוה.

וְשָׁמְרוּ veshamrú בְנֵי־ vnei יִשְׂרָאֵל Yisrael אֶת־ et הַשַּׁבָּת haShabat

ר״ת ביאה לַעֲשׂוֹת laasot אֶת־ et הַשַּׁבָּת haShabat לְדֹרֹתָם ledorotam

ר״ת אהל (וו אשתו, למשוך נשמה קדושה ולא מסט״א) בְּרִית brit עוֹלָם olam: בֵּינִי beiní

וּבֵין uvein בְּנֵי bnei יִשְׂרָאֵל Yisrael אוֹת ot הִוא hi ר״ת ביאה לְעֹלָם leolam

ריבוע דס״ג י׳ אותיות דס״ג כִּי־ qui שֵׁשֶׁת shéshet יָמִים yamim נלך עָשָׂה asá

יְהֹוָה אדני אהדונהי Adonai אֶת־ et הַשָּׁמַיִם hashamáyim י״פ טל, י״פ כוזו וְאֶת־ veet

הָאָרֶץ haárets אלהים דההין ע״ה וּבַיּוֹם uvayom ע״ה נגד, מזבח, זן, אל יהוה

הַשְּׁבִיעִי hashvií שָׁבַת shavat וַיִּנָּפַשׁ vayinafash:

ELE MOADEI

אֵלֶּה ele מוֹעֲדֵי moadei יְהֹוָה אדני אהדונהי Adonai מִקְרָאֵי mikraei

קֹדֶשׁ kódesh אֲשֶׁר־ asher תִּקְרְאוּ tikreú אֹתָם otam בְּמוֹעֲדָם bemoadam:

וַיְדַבֵּר vaydaber ראה מֹשֶׁה Moshé מהש, ע״ב בריבוע וקס״א, אל שדי, ד״פ אלהים ע״ה

אֶת־ et מֹעֲדֵי moadei יְהֹוָה אדני אהדונהי Adonai אֶל־ el בְּנֵי bnei יִשְׂרָאֵל Yisrael:

MEDIO KADISH

יִתְגַּדַּל yitgadal וְיִתְקַדַּשׁ veyitkadash שדי + ין לת וד (מילוי שדי) ; י״א אותיות כמנין ו״ה

שְׁמֵיהּ Shmei (שם י״ה דע״ב) רַבָּא rabá קנ״א ב״ן, יהוה אלהים יהוה אדני,

מילוי קס״א וס״ג, מ״ה ברבוע וע״ב ע״ה ; ר״ת = ו״פ אלהים ; ס״ת = ג״פ יב״ק. אָמֵן Amén אידהנויה.

VESHAMRÚ

"Observarán los Hijos de Israel el Shabat, para hacer el Shabat un convenio eterno para todas las generaciones. Será entre los Hijos de Israel y Yo una señal eterna de que en seis días el Señor creó los Cielos y la Tierra y, en el séptimo día, Él descansó" (Éxodo 31:16).

ELE MOADEI

"Estas son las festividades del Señor, las llamarás Santa Convocatoria, en tu tiempo. Y Moshé les indicó las festividades del a los hijos de Israel" (Levítico 23:4)

MEDIO KADISH

¡Glorificado y santificado sea su Gran Nombre! (Amén).

בְּעָלְמָא bealmá · דִּי di · בְרָא verá · כִרְעוּתֵיהּ quirutei.

וְיַמְלִיךְ veyamlij · מַלְכוּתֵיהּ maljutei. · וְיַצְמַח veyatsmaj

פּוּרְקָנֵיהּ purkanei. · וִיקָרֵב vikarev · מְשִׁיחֵיהּ Meshijei. · אָמֵן Amén אידהנויה.

בְּחַיֵּיכוֹן bejayeijón · וּבְיוֹמֵיכוֹן uveyomeijón · וּבְחַיֵּי uvejayei

דְכָל dejol · בֵּית beit · ב"פ ראה · יִשְׂרָאֵל Yisrael · בַּעֲגָלָא baagalá

וּבִזְמַן uvizmán · קָרִיב kariv · וְאִמְרוּ veimrú · אָמֵן Amén. · אָמֵן Amén אידהנויה.

La congregación y el *jazán* dicen lo siguiente:

28 palabras (hasta *bealmá*) – y 28 letras (hasta *almayá*)

יְהֵא yehé · שְׁמֵיהּ Shmei · (שם י"ה דס"ג) · רַבָּא rabá · קנ"א ב"ן,

יהוה אלהים יהוה אדני, מילוי קס"א וס"ג, מ"ה ברבוע וע"ב ע"ה · מְבָרַךְ mevaraj,

לְעָלַם lealam · לְעָלְמֵי lealmei · עָלְמַיָּא almayá. · יִתְבָּרַךְ yitbaraj.

Siete palabras con seis letras cada una (שם בן מ"ב). También, 7 veces la letra Vav (שם בן מ"ב).

וְיִשְׁתַּבַּח veyishtabaj י"פ ע"ב יהוה אל אבג יתץ.

וְיִתְפָּאַר veyitpaar הי נו יה קרע שטן. · וְיִתְרוֹמַם veyitromam וה כוזו נגד יכש.

וְיִתְנַשֵּׂא veyitnasé במוכסז בטר צתג. · וְיִתְהַדָּר veyithadar כוזו יה וקב טנע.

וְיִתְעַלֶּה veyitalé וה יוד ה יגל פזק. · וְיִתְהַלָּל veyithalal א ואו הא שקו צית.

שְׁמֵיהּ Shmei (שם י"ה דמ"ה) · דְּקוּדְשָׁא deKudshá · בְּרִיךְ Verij · הוּא Hu.

אָמֵן Amén אידהנויה.

לְעֵלָּא leelá · מִן min · כָּל col · יל"י · בִּרְכָתָא birjatá. · שִׁירָתָא shiratá.

תֻּשְׁבְּחָתָא tishbejatá · וְנֶחָמָתָא venejamatá. · דַּאֲמִירָן daamirán

בְּעָלְמָא bealmá · וְאִמְרוּ veimrú · אָמֵן Amén: · אָמֵן Amén אידהנויה.

En el mundo que Él creó de acuerdo a Su voluntad y pueda Su Reino reinar. Y pueda Él hacer que su Redención florezca y pueda Él acercar al Mesías (Amén). En tus vidas y en tus días y en la vida de la Casa de Israel, prontamente y en el futuro cercano, y dígase: Amén (Amén). Que Su gran Nombre sea bendito por siempre y para toda la eternidad, y bendito y alabado, y glorificado y exaltado, y ensalzado y honrado, y adorado y loado, sea el Nombre del Santísimo, Bendito sea Él (Amén). Más allá de todas las bendiciones, himnos, alabanzas y palabras de consolación que deben decirse en el mundo, y dígase: Amén (Amén).

LA AMIDÁ –GENERAL

Cuando comenzamos la conexión, damos tres pasos hacia atrás que significan que estamos dejando este mundo físico. Después damos tres pasos hacia delante para comenzar la *Amidá*. Los tres pasos son:

1. Entrar a la tierra de Israel; para entrar en el primer círculo espiritual.
2. Entrar en la ciudad de Jerusalem; para entrar en el segundo círculo espiritual.
3. Entrar en el Santo Sanctórum; para entrar en el círculo más interno.

Antes de recitar el primer verso de la *Amidá*, pedimos: "*Dios, abre mis labios y permite que mi boca hable*", de este modo estamos pidiendo a la Luz que hable por nosotros para que podamos recibir lo que necesitamos y no sólo lo que queremos. Con mucha frecuencia, lo que queremos de la vida no es necesariamente el deseo del alma, que es lo que verdaderamente necesitamos para estar satisfechos. Al pedirle a la Luz que hable a través de nosotros, garantizamos que nuestra conexión nos traiga realización genuina y oportunidades para el crecimiento espiritual y el cambio.

Si *Shavuot* cae en día de semana, omitimos las meditaciones siguientes y comenzamos la *Amidá* en la pág. 98.

Si *Shavuot* (segundo día) cae en *Shabat*, escaneamos las meditaciones siguientes y continuamos la *Amidá* en la próxima pág. (98).

El Formato de la Ascensión en el *Arvit* de *Shabat*

Cuando digas "*Baruj*", medita en atraer *Nétsaj, Hod, Yesod* y *Jésed, Guevurá, Tiféret* de *Kéter, Jojmá, Biná, Dáat* de *Nétsaj, Hod, Yesod* de *Jésed, Guevurá, Tiféret* de lo Interno de *Tevuná* (que fueron atraídos durante la recitación del "*Shmá*" hacia *Kéter, Jojmá, Biná, Dáat*. Y *Jésed, Guevurá, Tiféret*) **hacia** *Jésed, Guevurá, Tiféret* y *Nétsaj, Hod, Yesod* de *Kéter, Jojmá, Biná, Dáat* de *Nétsaj, Hod, Yesod* y *Jésed, Guevurá, Tiféret* de *Biná* de lo Interno de *Zeir Anpín*.

Cuando digas "*Atá*", medita en atraer *Kéter, Jojmá, Biná* de *Kéter, Jojmá, Biná* de *Tevuná* **hacia** *Kéter, Jojmá, Biná* de *Zeir Anpín* e impulsar hacia abajo los Seis Bordes (de *Tevuná*) hacia los Seis Bordes de *Zeir Anpín*.

Cuando digas "*Adonai*" medita en atraer *Nétsaj, Hod, Yesod* y *Jésed, Guevurá, Tiféret* de *Kéter, Jojmá, Biná, Dáat* de *Nétsaj, Hod, Yesod* de *Jésed, Guevurá, Tiféret* de lo Interno de *Yisrael Saba* **hacia** *Jésed, Guevurá, Tiféret* y *Nétsaj, Hod, Yesod* de *Zeir Anpín* **y después atraer** *Kéter, Jojmá, Biná* de *Yisrael Saba* **hacia** *Kéter, Jojmá, Biná* de *Zeir Anpín* e impulsar hacia abajo los Seis Bordes (de *Yisrael Saba*) hacia los Seis Bordes de *Zeir Anpín*.

אֲדֹנָי Adonai ללה (pausa aquí) שְׂפָתַי sfatai תִּפְתָּח tiftaj וּפִי ufí יַגִּיד yaguid

ייז (כ"ב אותיות פשוטות [=אכא] וה' אותיות סופיות מנצפך) תְּהִלָּתֶךָ tehilateja ס"ת = בוכו:

LA PRIMERA BENDICIÓN – INVOCA AL ESCUDO DE AVRAHAM

Avraham es el canal de la energía de la Columna Derecha de positividad, compartir y misericordia. Las acciones dadoras pueden protegernos de todas las formas de negatividad.

Jésed que se convierte en *Jojmá*

En esta sección hay 42 palabras, el secreto del Nombre de Dios de 42 letras y, por lo tanto, comienza con la letra *Bet* (2) y termina con la letra *Mem* (40).

Flexiona tus rodillas en "*Baruj*", inclínate en "*Atá*" y enderézate en "*Adonai*".

א ב

בָּרוּךְ Baruj אַתָּה Atá א-ת (אותיות הא"ב המסמלות את השפע המגיע) לה' המלכות

ג י

יְהֹוָאדנהיאהדונהי Adonai (יא) אֱלֹהֵינוּ Eloheinu ילה

ת צ

וֵאלֹהֵי veElohei לכב ; מילוי ע"ב, דמב ;ילה אֲבוֹתֵינוּ avoteinu

ק ר

אֱלֹהֵי Elohei מילוי ע"ב, דמב ; ילה אַבְרָהָם Avraham (*Jojmá*)

וז"פ אל, רי"ו ול"ב נתיבות החכמה, רמ"ח (אברים), עסמ"ב וט"ז אותיות פשוטות.

ע ש

אֱלֹהֵי Elohei מילוי ע"ב, דמב ; ילה יִצְחָק Yitsjak (***Biná***) ד"פ ב"ן

ט נ

וֵאלֹהֵי veElohei לכב ;מילוי ע"ב, דמב ; ילה יַעֲקֹב Yaakov (***Dáat***) ז' הויות, אידהנויה

LA AMIDÁ

"Mi Señor, abre mis labios y mi boca declarará Tu alabanza" (*Salmos 51:17*).

LA PRIMERA BENDICIÓN

Bendito eres, Señor, nuestro Dios y Dios de nuestros ancestros: el Dios de Avraham, el Dios de Yitsjak y el Dios de Yaakov.

נ ג

הָאֵל haEl לאה ; ייא״ (מילוי דס״ג) הַגָּדוֹל hagadol האל הגדול = סיט ; גדול = להח

ד י

עם ד׳ אותיות = מבה, יזל, אום הַגִּבּוֹר haguibor ר״ת ההה וְהַנּוֹרָא vehanorá.

ב ט ר צ ת

גּוֹמֵל gomel חֲסָדִים jasadim טוֹבִים tovim. קוֹנֵה koné הַכֹּל hacol

ג וז ק ב

וְזוֹכֵר vezojer חַסְדֵי jasdei אָבוֹת avot. וּמֵבִיא umeví

ט נ ע י

גּוֹאֵל goel לִבְנֵי livnei בְנֵיהֶם veneihem לְמַעַן lemaan

ג ל

שְׁמוֹ Shemó מהש ע״ה, ע״ב בריבוע וקס״א ע״ה, אל שדי ע״ה בְּאַהֲבָה beahavá אחד, דאגה:

Cuando digas la palabra *"beahavá"* debes meditar en dedicar tu alma a santificar el Santo Nombre y aceptar sobre ti mismo las cuatro formas de muerte.

פ ז ק ש

מֶלֶךְ Mélej עוֹזֵר ozer וּמוֹשִׁיעַ umoshía וּמָגֵן umaguén

ג״פ אל (ייא״ מילוי דס״ג) ; ר״ת מיכאל גבריאל נוריאל:

Flexiona tus rodillas en "*Baruj*", inclínate en "*Atá*" y enderézate en "*Adonai*".

אהיה יהו אלף הי יוד הי (en *Shabat*: יְהֹוָה)

ק ו צ

בָּרוּךְ Baruj אַתָּה Atá יְהֹוָאדִנָהי (יְהֹוָאהִיָה) יאהדונהי Adonai

י ת

מָגֵן maguén ג״פ אל (ייא״ מילוי דס״ג) ; ר״ת מיכאל גבריאל נוריאל אַבְרָהָם Avraham

וז״פ אל, רי״ו ול״ב נתיבות החכמה, רמ״ח (אברים), עסמ״ב וט״ז אותיות פשוטות:

El Dios grande, poderoso y reverenciado. El Dios Celestial. El que otorga benevolencia y crea todas las cosas. El que recuerda las buenas acciones de nuestros ancestros y El que trae un redentor a los hijos de sus hijos por el bien de Su Nombre, con amor. Rey, Asistente, Salvador y Escudo. Bendito seas Tú, Señor, Escudo de Avraham.

LA SEGUNDA BENDICIÓN

LA ENERGÍA DE YITSJAK ENCIENDE EL PODER DE LA RESURRECCIÓN DE LOS MUERTOS

Mientras que Avraham representa el poder de compartir, Yitsjak representa a la Columna Izquierda, energía de Juicio. El Juicio acorta el proceso de *tikún* y prepara la vía para nuestra resurrección final.

Guevurá* que se convierte en *Biná

En esta sección hay 49 palabras que corresponden a las 49 Puertas del Sistema Puro en *Biná*.

אַתָּה Atá גִּבּוֹר guibor לְעוֹלָם leolam ריבוע ס"ג + י' אותיות דס"ג אֲדֹנָי Adonai ללה

(ר"ת אֲגְלָא והוא שם גדול ואמיץ, ובו היה יהודה מתגבר על אויביו. ע"ה אלד, בוכו).

מְחַיֵּה mejayé ס"ג (יוד הי ואו הי) מֵתִים metim אַתָּה Atá• רַב rav לְהוֹשִׁיעַ lehoshía•

מוֹרִיד morid הַטָּל hatal יוד הא ואו, כוזו, מספר אותיות דמילואי עסמ"ב ; ר"ת מ"ה:

Si por error dices "*Mashiv harúaj*" y te das cuenta de ello antes del final de la bendición ("*Baruj Atá Adonai*"), debes regresar al comienzo de la bendición ("*Atá guibor*") y continuar normalmente. Pero si sólo te das cuenta de ello después del final de la bendición, debes iniciar la *Amidá* desde el principio.

מְכַלְכֵּל mejalquel חַיִּים jayim אהיה אהיה יהוה, בינה ע"ה בְּחֶסֶד bejésed

ע"ב, ריבוע יהוה• מְחַיֵּה mejayé ס"ג מֵתִים metim בְּרַחֲמִים berajamim

(במוכסז) מצפצ, אלהים דההין, י"פ ייי רַבִּים rabim (טלא דעתיק)• סוֹמֵךְ somej

(אכדטם) כוק, ריבוע אדני נוֹפְלִים noflim (זו"ן)• וְרוֹפֵא verofé חוֹלִים jolim

חולה = מ"ה וד' אותיות• וּמַתִּיר umatir אֲסוּרִים asurim• וּמְקַיֵּם umekayem

אֱמוּנָתוֹ emunató לִישֵׁנֵי lishenei עָפָר afar• מִי mi ילי כָּמוֹךָ jamoja

בַּעַל báal (debes pronunciar la letra *Ayin* en la palabra "*Báal*") גְּבוּרוֹת gvurot

וּמִי umí ילי דּוֹמֶה domé לָךְ laj• מֶלֶךְ Mélej מֵמִית memit

וּמְחַיֶּה umejayé ס"ג (יוד הי ואו הי) וּמַצְמִיחַ umatsmíaj יְשׁוּעָה yeshuá:

LA SEGUNDA BENDICIÓN

Tú, Señor, eres poderoso por siempre. Tú revives a los muertos y eres muy capaz de redimir.
El que hace caer el rocío.
Tú sostienes a los vivientes con bondad y revives a los muertos con gran compasión. Tú sostienes a los caídos, curas a los enfermos, pones en libertad a los cautivos y cumples Tu promesa con los que duermen en el polvo. ¿Quién es como Tú, Señor de fortaleza, y quién puede compararse contigo, Rey, que causas la muerte, das vida y haces crecer la salvación?

וְנֶאֱמָן veneemán אַתָּה Atá לְהַחֲיוֹת lehajayot מֵתִים metim:

אהיה יהו אלף הי יוד הי (en Shabat: יְהֹוִה)

בָּרוּךְ Baruj אַתָּה Atá יְהֹוָהאדני(יְהֹוָאדני)יאהדונהי Adonai

מְחַיֵּה mejayé ס״ג (יוד הי ואו הי) הַמֵּתִים hametim ר״ת מ״ה וס״ת מ״ה:

LA TERCERA BENDICIÓN

Esta bendición nos conecta con Yaakov, la Columna Central, el poder de la restricción. Yaakov es nuestro canal para conectar la Misericordia con el Juicio. Al restringir nuestro comportamiento reactivo, estamos deteniendo nuestro Deseo de Recibir para Nosotros Mismos. Yaakov también nos da el poder para equilibrar nuestros actos de Misericordia y Juicio hacia otras personas en nuestra vida.

Tiféret* que se convierte en *Dáat (14 palabras).

אַתָּה Atá קָדוֹשׁ Kadosh וְשִׁמְךָ veShimjá קָדוֹשׁ Kadosh ר״ת = אור, רז, אין סוף.

וּקְדוֹשִׁים ukdoshim בְּכָל bejol ב״ן, לכב יוֹם yom ע״ה נגד, מזבח, זן, אל יהוה

יְהַלְלוּךָ yehaleluja סֶּלָה sela:

אהיה יהו אלף הא יוד הא (en Shabat: מצפצ)

בָּרוּךְ Baruj אַתָּה Atá יְהֹוָהאדני(יְהֹוָאדני)יאהדונהי Adonai

הָאֵל haEl לאה ; ייא״י (מילוי דס״ג) הַקָּדוֹשׁ hakadosh י״פ מ״ה (יוד הא ואו הא):

Aqui medita en el Nombre: יאהדונהי, ya que puede ayudar a eliminar la ira.

LA BENDICIÓN DEL MEDIO

La bendición del medio nos conecta con la verdadera esencia de Shavuot. Shavuot es nuestra conexión con la inmortalidad, y esta bendición es nuestra oportunidad para escoger la semilla que deseamos sembrar para la inmortalidad. El poder de las letras en la cuarta bendición está en su capacidad de escoger automáticamente la semilla correcta que necesitamos y no necesariamente la semilla que queremos.

אַתָּה Atá בְחַרְתָּנוּ vejartanu מִכָּל micol ילי הָעַמִּים haamim

אָהַבְתָּ ahavta אוֹתָנוּ otanu וְרָצִיתָ veratsita בָּנוּ banu

---

Y eres fiel para resucitar a los muertos. Bendito eres Tú, Señor, que resucitas a los muertos.

LA TERCERA BENDICIÓN

Tú eres Santo y Santo es Tu Nombre, y los Seres Santos Te alaban día a día, porque Tú eres Dios, el Santo Rey, Sela. Bendito eres Tú, Señor, el Santo Dios.

LA BENDICIÓN DEL MEDIO

Tú nos has elegido entre todas las naciones. Tú nos has amado y has encontrado favor entre nosotros.

ורוממתנו veromamtanu   מכל micol   יל"י   הלשונות haleshonot•
וקדשתנו vekidashtanu   במצותיך bemitsvoteja•   וקרבתנו vekeravtanu
מלכנו malquenu   לעבודתך laavodateja•   ושמך veShimjá   הגדול hagadol
להוו ; ועם ד' אותיות = מבה, יזל, אום   והקדוש vehakadosh   עלינו aleinu   קראת karata:

Cuando *Shavuot* cae un sábado en la noche, se recita lo siguiente:

ותודיענו vatodienu   משפטי mishpetei   צדקך tsidkejá•   ותלמדנו vatelamdenu
לעשות laasot   בהם bahem   וחקי jukei   רצונך retsoneja•   ותתן vatitén   ב"פ כהת
לנו lanu   אלהים, אהיה אדני   יהוהאדניאהדונהי Adonai   אלהינו Eloheinu   ילה
באהבה beahavá   אוחד, דאגה•   משפטים mishpatim   ישרים yesharim•
ותורות vetorot   אמת emet   אהיה פעמים אהיה, ז"פ ס"ג•   וחקים jukim   ומצות umitsvot
טובים tovim•   ותנחילנו vatanjilenu   זמני zmanei   ששון sasón   ומועדי umoadei
קדש kódesh   וחגי vejaguei   נדבה nedavá•   ותורישנו vatorishenu
קדשת kdushat   שבת Shabat   וכבוד ujvod   מועד moed   וחגיגת vajaguigat
הרגל haréguel•   בין bein   קדשת kdushat   שבת Shabat   לקדשת likdushat
יום Yom   ע"ה נגד, מזבח, זן, אל יהוה   טוב Tov   והו   הבדלת hivdalta•
ואת veet   יום yom   ע"ה נגד, מזבח, זן, אל יהוה   השביעי hashvií   מששת misheshet
ימי yemei   המעשה hamaasé   קדשת kidashta   והבדלת vehivdalta•
וקדשת vekidashta   את et   עמך amjá   ישראל Yisrael   בקדשתך bikdushataj:

ותתן vatién   ב"פ כהת   לנו lanu   אלהים, אהיה אדני   יהוהאדניאהדונהי Adonai
אלהינו Eloheinu   ילה   באהבה beahavá   אוחד, דאגה
(En *Shabat* agregar: שבתות shabatot   למנוחה limnujá   ו u)   מועדים moadim
לשמחה lesimjá•   וחגים jaguim   וזמנים uzmanim   לששון lesasón•

Tú nos has exaltado sobre todas las lenguas y Tú nos has santificado con tus preceptos. Tú nos acercaste, Rey nuestro, a Tu servicio y proclamaste sobre nosotros Tu gran y Santo Nombre.

Tú nos has informado de Tus justas ordenanzas y Tú nos has enseñado a cumplir los decretos de Tu voluntad. Que puedas darnos, Señor, nuestro Dios, con amor, ordenanzas justas y enseñanzas verdaderas y buenas leyes y preceptos. Y puedas darnos, como herencia, temporadas de alegría y festivales designados de Santidad y ofrendas festivas. Haz que heredemos la Santidad de Shabat y la gloria de la Festividad y la ofrenda festiva de la Peregrinación. Tú has hecho la distinción entre la santidad de Shabat y la santidad del festival. Has santificado y distinguido entre el séptimo día y los seis días de trabajo, y has santificado a Tu nación, Israel, con Tu santidad.

Y puedas darnos Tú, Señor, nuestro Dios con amor este día (**en Shabat añade:** *de Shabat para el descanso y) festividades para regocijo, festivales y tiempo de dicha,*

אֶת et יוֹם yom ע"ה נגד, מזבח, זן, אל יהוה (En *Shabat* agregar: הַשַּׁבָּת haShabat

הַזֶּה hazé והו. וְאֶת veet יוֹם yom ע"ה נגד, מזבח, זן, אל יהוה) וְחַג Jag

הַשָּׁבוּעוֹת haShavuot הַזֶּה hazé והו. אֶת et יוֹם yom ע"ה נגד, מזבח, זן, אל יהוה

טוֹב tov והו מִקְרָא mikrá קֹדֶשׁ kódesh הַזֶּה hazé והו. זְמַן zmán

מַתַּן matán תּוֹרָתֵנוּ toratenu. בְּאַהֲבָה beahavá אחד, דאגה מִקְרָא mikrá

קֹדֶשׁ kódesh. זֵכֶר zéjer לִיצִיאַת litsiat מִצְרָיִם Mitsráyim מצר.

אֱלֹהֵינוּ Eloheinu ילה וֵאלֹהֵי veElohei לכב ; מילוי ע"ב, דמב ; ילה אֲבוֹתֵינוּ avoteinu

יַעֲלֶה yaalé וְיָבֹא veyavó וְיַגִּיעַ veyaguía וְיֵרָאֶה veyeraé ר"ו וְיֵרָצֶה veyeratsé

וְיִשָּׁמַע veyishamá וְיִפָּקֵד veyipaked וְיִזָּכֵר veyizajer ר"ת = מ"ב

זִכְרוֹנֵנוּ zijronenu וְזִכְרוֹן vezijrón ע"ב קס"א ונש"ב אֲבוֹתֵינוּ avoteinu.

זִכְרוֹן zijrón ע"ב קס"א ונש"ב יְרוּשָׁלַיִם Yerushaláyim עִירָךְ iraj.

וְזִכְרוֹן vezijrón ע"ב קס"א ונש"ב מָשִׁיחַ Mashíaj בֶּן ben דָּוִד David ע"ה כהת ;

בן דוד = אדני ע"ה עַבְדָּךְ avdaj פוי, אל אדני. וְזִכְרוֹן vezijrón ע"ב קס"א ונש"ב כָּל col

עַמְּךָ amjá ילי בֵּית beit ב"פ ראה יִשְׂרָאֵל Yisrael לְפָנֶיךָ lefaneja ס"ג מ"ה ב"ן

לִפְלֵיטָה lifletá לְטוֹבָה letová אכא. לְחֵן lején מילוי דמ"ה בריבוע ; מוזי

לְחֶסֶד lejésed ע"ב, ריבוע יהוה וּלְרַחֲמִים ulerajamim.

לְחַיִּים lejayim אהיה אהיה יהוה, בינה ע"ה. טוֹבִים tovim וּלְשָׁלוֹם uleshalom.

בְּיוֹם beyom ע"ה נגד, מזבח, זן, אל יהוה (En Shabat agregar: הַשַּׁבָּת haShabat הַזֶּה hazé והו.

וּבְיוֹם uveyom ע"ה נגד, מזבח, זן, אל יהוה) חַג jag הַשָּׁבוּעוֹת haShavuot הַזֶּה hazé והו

---

*este día (***en Shabat añade:** *de Shabat y este día) de la Festividad de Shavuot, y este buen día de Santa Convocatoria, el tiempo de nuestra libertad con amor, una Santa Convocatoria, una remembranza de la salida de Egipto.*

Nuestro Dios y el Dios de nuestros padres,

*pueda levantarse y venir y llegar y aparecer y encontrar favor y ser oído y ser considerado y ser recordado, nuestra remembranza y la remembranza de nuestros padres, las remembranza de Jerusalem, Tu ciudad, y la remembranza del Mesías Ben David, Tu sirviente, y la remembranza de toda Tu Nación, la Casa de Israel, ante Ti, para aceptación, para bien, para gracia, amabilidad y compasión, para una buena vida y para paz en este Día de (***en Shabat decimos:** *Shabat y en este día de) la Festividad de Shavuot,*

בְּיוֹם beyom ע"ה נגד, מזבח, זן, אל יהוה טוֹב tov והו מִקְרָא mikrá קֹדֶשׁ kódesh
הַזֶּה hazé והו• לְרַחֵם lerajem אברהם, וח"פ אל, רי"ו ול"ב נתיבות החכמה, רמ"ח (אברים),
עסמ"ב וט"ז אותיות פשוטות בּוֹ bo עָלֵינוּ aleinu וּלְהוֹשִׁיעֵנוּ ulehoshienu•
זָכְרֵנוּ zojrenu **(desde *Zeir Anpín*)** יְהֹוָהאדניאהדונהי Adonai אֱלֹהֵינוּ Eloihenu ילה
בּוֹ bo לְטוֹבָה letová אכא • וּפָקְדֵנוּ ufokdenu **(desde *Nukvá*)** בוֹ vo
לִבְרָכָה livrajá• וְהוֹשִׁיעֵנוּ vehoshienu **(desde *Dáat*)** בוֹ vo לְחַיִּים lejáyim אהיה
אהיה יהוה, בינה ע"ה טוֹבִים tovim• בִּדְבַר bidvar ראה יְשׁוּעָה yeshuá
וְרַחֲמִים verajamim• חוּס jus וְחָנֵּנוּ vejanenu וַחֲמוֹל vajamol
וְרַחֵם verajem אברהם, וח"פ אל, רי"ו ול"ב נתיבות החכמה, רמ"ח (אברים), עסמ"ב וט"ז אותיות פשוטות
עָלֵינוּ aleinu• וְהוֹשִׁיעֵנוּ vehoshienu כִּי qui אֵלֶיךָ eleja עֵינֵינוּ eineinu ריבוע מ"ה•
כִּי qui אֵל El יא"י מֶלֶךְ Mélej חַנּוּן janún וְרַחוּם verajum אָתָּה Atá:
וְהַשִּׂיאֵנוּ vehashienu יְהֹוָהאדניאהדונהי Adonai אֱלֹהֵינוּ Eloheinu ילה•
אֶת et בִּרְכַּת bircat מוֹעֲדֶיךָ moadeja לְחַיִּים lejayim אהיה אהיה יהוה, בינה ע"ה
בְּשִׂמְחָה besimjá וּבְשָׁלוֹם uveshalom• כַּאֲשֶׁר caasher רָצִיתָ ratsita
וְאָמַרְתָּ veamarta לְבָרְכֵנוּ levarjenu• כֵּן quen תְּבָרְכֵנוּ tevarjenu
סֶלָה sela:

MEKADESH YISRAEL VEHAZMANIM

(**En *Shabat* agregar:** אֱלֹהֵינוּ Eloheinu ילה וֵאלֹהֵי veElohei לכב ; מילוי ע"ב, דמב ; ילה
אֲבוֹתֵינוּ avoteinu רְצֵה retsé נָא na בִמְנוּחָתֵינוּ vimnujatenu)

---

en este día de Santa Convocatoria, que tengas piedad de nosotros y nos salves.
Recuérdanos, Señor, nuestro Dios, para bien y considéranos, en este día, para bendición y entréganos en este día una buena vida con las palabras de salvación y misericordia. Ten piedad y sé amable con nosotros, y ten misericordia y sé compasivo con nosotros, y sálvanos, porque nuestros ojos se vuelven hacia Ti, porque Tú eres Dios, Rey que es amable y compasivo.
Entréganos, Señor, nuestro Dios, Tu bendición de Tus festividades para una vida feliz y pacífica.
Así como Tú deseas y dices que nos bendecirás, así seremos bendecidos por Ti, Sela.

MEKADESH YISRAEL VEHAZMANIM

(**En Shabat:** *Dios nuestro y Dios de nuestros ancestros, que Te plazca nuestro descanso).*

קַדְּשֵׁנוּ kadshenu בְּמִצְוֹתֶיךָ vemitsvoteja• תֵּן ten וְחֶלְקֵנוּ jelkenu

בְּתוֹרָתָךְ vetorataj• שַׂבְּעֵנוּ sabenu מִטּוּבָךְ mituvaj לאו•

שַׂמֵּחַ saméaj נַפְשֵׁנוּ nafshenu בִּישׁוּעָתָךְ bishuataj•

וְטַהֵר vetaher לִבֵּנוּ libenu לְעָבְדְּךָ leovdejá פוי, אל יהוה בֶּאֱמֶת veemet

אהיה פעמים אהיה, ז"פ ס"ג• וְהַנְחִילֵנוּ vehanjilenu יְהֹוָהאדניאהדונהי Adonai

אֱלֹהֵינוּ Eloheinu ילה (En Shabat agregar: בְּאַהֲבָה beahavá אחד, דאגה

וּבְרָצוֹן uveratsón מהש ע"ה, ע"ב בריבוע וקס"א ע"ה, אל שדי) בְּשִׂמְחָה vesimjá

וּבְשָׂשׂוֹן uvesasón (En Shabat agregar: שַׁבָּתוֹת shabatot וּ u) מוֹעֲדֵי moadei

קָדְשֶׁךָ kodshejá, וְיִשְׂמְחוּ veyismejú בְךָ vejá כָּל col ילי יִשְׂרָאֵל Yisrael

מְקַדְּשֵׁי mekadshei שְׁמֶךָ shemeja• בָּרוּךְ Baruj אַתָּה Atá

יְהֹוָהאדניאהדונהי Adonai

אהיה יהו אלף הה יוד הה (en Shabat: יה אדני)

מְקַדֵּשׁ mekadesh (En Shabat agregar: הַשַּׁבָּת haShabat וְ ve) יִשְׂרָאֵל Yisrael

וְהַזְּמַנִּים vehazmanim:

LAS TRES BENDICIONES FINALES

A través del mérito de Moshé, Aharón y Yosef, quienes son nuestros canales para las últimas tres bendiciones, somos capaces de hacer descender toda la energía espiritual que despertamos con nuestras oraciones y bendiciones.

LA QUINTA BENDICIÓN

Durante esta bendición, que se refiere a Moshé, siempre debemos meditar en tratar de saber exactamente qué quiere Dios de nosotros en nuestra vida, como lo indica la frase: "Que sea la voluntad de Dios". Estamos pidiéndole a Dios que nos guíe hacia el trabajo que vinimos a hacer en la Tierra. El Creador no puede aceptar sólo el trabajo que queremos hacer, debemos llevar a cabo el trabajo que estamos destinados a hacer.

---

*Santifícanos con Tus mandamientos y sitúa nuestro destino en Tu Torá, y sácianos de Tu benevolencia y alegra nuestros espíritus con Tu salvación, y purifica nuestro corazón para servirte verdaderamente. Y otórganos, Señor, nuestro Dios (***en Shabat:** *con amor y gracia) regocijo y dicha, (***en Shabat:** *Shabatot y) las Festividades, y todos los Hijos de Israel, quienes santifican Tu Nombre, estarán gozosos contigo. Bendito eres Tú, Señor, que santificas (***en Shabat:** *el Shabat e) Israel y los Tiempos.*

Nétsaj

Medita por el Deseo Celestial (*Kéter*), que es llamado *Métsaj HaRatsón* (la Frente del Deseo).

רְצֵה retsé אלף למד הה יוד מם

Aquí medita en transformar el infortunio y la tragedia (צרה) en deseo y aceptación (רצה).

יְהֹוָהאדניאהדונהי Adonai אֱלֹהֵינוּ Eloheinu ילה בְּעַמְּךָ beamjá יִשְׂרָאֵל Yisrael

וְלִתְפִלָּתָם velitfilatam שְׁעֵה sheé. וְהָשֵׁב vehashev הָעֲבוֹדָה haavodá

לִדְבִיר lidvir ר״ו בֵּיתֶךָ beiteja ב״פ ראה. וְאִשֵּׁי veishei יִשְׂרָאֵל Yisrael

וּתְפִלָּתָם utfilatam מְהֵרָה meherá בְּאַהֲבָה beahavá אחד, דאגה

תְּקַבֵּל tekabel בְּרָצוֹן beratsón מהש ע״ה, ע״ב בריבוע וקס״א ע״ה, אל שדי ע״ה.

וּתְהִי utehí לְרָצוֹן leratsón מהש ע״ה, ע״ב בריבוע וקס״א ע״ה, אל שדי ע״ה

תָּמִיד tamid ע״ה קס״א קנ״א קמ״ג עֲבוֹדַת avodat יִשְׂרָאֵל Yisrael עַמֶּךָ ameja:

וְאַתָּה veAtá בְּרַחֲמֶיךָ verajameja הָרַבִּים harabim.

תַּחְפֹּץ tajpots בָּנוּ banu וְתִרְצֵנוּ vetirtsenu וְתֶחֱזֶינָה vetejezena

עֵינֵינוּ eineinu ריבוע מ״ה בְּשׁוּבְךָ beshuvjá לְצִיּוֹן leTsiyón יוסף, ו׳ הויות, קנאה

בְּרַחֲמִים berajamim מצפצ, אלהים דיודין, י״פ ייי:

אהיה יהו אלף למד הי יוד מם (en *Shabat*: אל)

בָּרוּךְ Baruj אַתָּה Atá יְהֹוָהאדניאהדונהי Adonai

הַמַּחֲזִיר hamajazir שְׁכִינָתוֹ Shjinató לְצִיּוֹן leTsiyón יוסף, ו׳ הויות, קנאה:

La quinta bendición

Encuentra gracia, Señor, nuestro Dios, en tu Pueblo, Israel y oye su oración. Restaura el culto en el santuario interno de Tu Templo. Acepta las ofrendas de Israel y sus oraciones con complacencia, prontamente y con amor. Que siempre sea agradable a Ti, el servicio de Israel, Tu Nación. Y Tú en Tu gran compasión, te deleites en nosotros y estés complacido con nosotros. Puedan nuestros ojos contemplar Tu retorno a Sión con compasión. ¡Bendito eres Tú, Señor, que devuelve Su Shejiná a Sión!

LA SEXTA BENDICIÓN

Esta bendición es nuestro agradecimiento. Kabbalísticamente, el mayor "agradecimiento" que le podemos dar a nuestro Creador es hacer exactamente lo que estamos destinados a hacer en términos de nuestro trabajo espiritual.

Hod

Inclina todo tu cuerpo en "*modim*" y enderézate en "*Adonai*".

מוֹדִים modim מאה ברכות שתיקן דוד לאמרם כל יום אֲנַחְנוּ anajnu לָךְ laj

שָׁאַתָּה sheAtá הוּא Hu יְהֹוָ(אדני)ה יאהדונהי Adonai (ונ) אֱלֹהֵינוּ Eloheinu ילה

וֵאלֹהֵי veElohei לכב ; מילוי ע"ב, דמב ; ילה אֲבוֹתֵינוּ avoteinu לְעוֹלָם leolam

ריבוע ס"ג וי' אותיות דס"ג וָעֶד •vaed צוּרֵנוּ tsurenu צוּר tsur אלהים דההין ע"ה

וְחַיֵּינוּ jayeinu וּמָגֵן umaguén ג"פ אל (ייא" מילוי דס"ג) ; ר"ת מיכאל גבריאל נוריאל

יִשְׁעֵנוּ yishenu אַתָּה Atá הוּא Hu• לְדֹר ledor וָדֹר vador ר"ו נוֹדֶה nodé

לְּךָ lejá וּנְסַפֵּר unsaper תְּהִלָּתֶךָ tehilateja• עַל־ al חַיֵּינוּ jayeinu

הַמְּסוּרִים hamesurim בְּיָדֶךָ beyadeja• וְעַל veal נִשְׁמוֹתֵינוּ nishmoteinu

הַפְּקוּדוֹת hapkudot לָךְ laj• וְעַל־ veal נִסֶּיךָ niseja שֶׁבְּכָל shebejol

יוֹם לכב, ב"ן yom ע"ה נגד, מזבח, זן, אל יהוה עִמָּנוּ imanu ריבוע ס"ג, קס"א ע"ה וד' אותיות

וְעַל veal נִפְלְאוֹתֶיךָ nifleoteja וְטוֹבוֹתֶיךָ vetovoteja שֶׁבְּכָל shebejol

ב"ן, לכב עֵת et• עֶרֶב érev וָבֹקֶר vavóker וְצָהֳרָיִם vetsahoráyim• הַטּוֹב hatov

והו כִּי־ qui לֹא־ lo כָלוּ jalú רַחֲמֶיךָ rajameja• הַמְרַחֵם hamerajem

אברהם, וז"פ אל, רי"ו ול"ב נתיבות החכמה, רמ"ח (אברים), עסמ"ב וט"ז אותיות פשוטות כִּי־ qui לֹא lo

תַמּוּ tamu חֲסָדֶיךָ jasadeja כִּי qui מֵעוֹלָם meolam קִוִּינוּ kivinu לָךְ laj:

וְעַל veal כֻּלָּם culam יִתְבָּרַךְ yitbaraj וְיִתְרוֹמַם veyitromam

---

LA SEXTA BENDICIÓN

Nosotros te damos gracias a Ti, porque eres Tú, Señor, quien es nuestro Dios y el Dios de nuestros padres, por siempre y por toda la eternidad. Tú eres nuestra Fortaleza, la Fortaleza de nuestras vidas y el Escudo de nuestra salvación. De una generación a otra, te daremos gracias a Ti y cantaremos Tu alabanza. Porque nuestras vidas que están en Tus Manos, por nuestras almas que están a Tu cuidado, por Tus milagros que están con nosotros todos los días y por Tus maravillas y Tus favores que están con nosotros en todo momento: de noche, de mañana y de tarde. Tú eres bueno, porque Tu compasión nunca se ha acabado. Tú eres el Misericordioso, porque Tu bondad nunca ha cesado, porque siempre hemos puesto nuestras esperanzas en Ti. Y por todas estas cosas, que sea siempre bendecido, exaltado

וְיִתְנַשֵּׂא veyitnasé תָּמִיד tamid ע"ה קס"א קנ"א קמ"ג שִׁמְךָ Shimjá

מַלְכֵּנוּ malquenu לְעוֹלָם leolam ריבוע ס"ג וי' אותיות דס"ג וָעֶד vaed.

וְכָל־ vejol ילי הַחַיִּים hajayim אהיה אהיה יהוה, בינה ע"ה יוֹדוּךָ yoduja סֶּלָה sela:

וִיהַלְלוּ vihalelú וִיבָרְכוּ vivarjú יהוה ריבוע יהוה ריבוע מ"ה אֶת־ et

שִׁמְךָ Shimjá הַגָּדוֹל hagadol להח ; עם ד' אותיות = מבה, יזל, אום בֶּאֱמֶת beemet אהיה

פעמים אהיה, ז"פ ס"ג לְעוֹלָם leolam ריבוע ס"ג וי' אותיות דס"ג כִּי qui טוֹב tov והו ;

כי טוב = יהוה אהיה, אום, מבה, יזל. הָאֵל haEl לאה ; ייא"י (מילוי דס"ג) יְשׁוּעָתֵנוּ yeshuatenu

וְעֶזְרָתֵנוּ veezratenu סֶלָה sela. הָאֵל haEl לאה ; ייא"י (מילוי דס"ג) הַטּוֹב hatov והו:

Flexiona tus rodillas en "*Baruj*", inclínate en "*Atá*" y enderézate en "*Adonai*".

אהיה יהו אלף למד הה יוד מם (en *Shabat*: אלהים)

בָּרוּךְ Baruj אַתָּה Atá יְהֹוָהאדניאהדונהי Adonai (הי) הַטּוֹב hatov והו

שִׁמְךָ Shimjá וּלְךָ ulejá נָאֶה naé לְהוֹדוֹת lehodot ס"ת כהת, משיח בן דוד ע"ה:

LA BENDICIÓN FINAL

Estamos emanando la energía de paz para el mundo entero. También nos proponemos utilizar nuestras bocas sólo para el bien. Kabbalísticamente, el poder de las palabras y del habla es inimaginable. Esperamos usar este poder sabiamente, lo que tal vez es una de las tareas más difíciles de llevar a cabo.

Yesod

שִׂים sim שָׁלוֹם shalom

טוֹבָה tová אכא וּבְרָכָה uvrajá וְחַיִּים jayim אהיה אהיה יהוה, בינה ע"ה חֵן jen

מילוי דמ"ה בריבוע, מוחי וָחֶסֶד vajésed ע"ב, ריבוע יהוה צְדָקָה tsedaká ע"ה ריבוע אלהים

וְרַחֲמִים verajamim עָלֵינוּ aleinu וְעַל־ veal כָּל־ col ילי ; עמם

---

y ensalzado, Tu Nombre, por siempre, nuestro Rey, por siempre y para siempre, y todos los vivientes Te agradecen, Sela. Y ellos te alabarán y bendecirán Tu gran Nombre, sinceramente y para siempre, porque es bueno, el Dios de nuestra salvación y nuestra ayuda, Sela, el buen Dios. Bendito eres Tú, Señor, cuyo Nombre es bueno. Y a Ti es propio dar gracias.

LA BENDICIÓN FINAL

Otorga paz, bondad, bendiciones, vida, gracia, amabilidad, justicia y misericordia a nosotros y a todo

יִשְׂרָאֵל Yisrael עַמֶּךָ ameja וּבָרְכֵנוּ uvarjenu אָבִינוּ avinu כֻּלָּנוּ culanu

כְּאֶחָד queejad אהבה, דאגה בְּאוֹר beor רז, א"ס פָּנֶיךָ paneja ס"ג מ"ה ב"ן כִּי qui

בְּאוֹר veor רז, א"ס פָּנֶיךָ paneja ס"ג מ"ה ב"ן נָתַתָּ natata לָּנוּ lanu אלהים, אהיה אדני

יְהֹוָהאדניאהדונהי Adonai אֱלֹהֵינוּ Eloheinu ילה תּוֹרָה Torá וְחַיִּים vejayim

אהיה אהיה יהוה, בינה ע"ה. אַהֲבָה ahavá אחד, דאגה וָחֶסֶד vajésed ע"ב, ריבוע יהוה.

צְדָקָה tsedaká ע"ה ריבוע אלהים וְרַחֲמִים verajamim. בְּרָכָה brajá

וְשָׁלוֹם veshalom. וְטוֹב vetov והו בְּעֵינֶיךָ beeineja ריבוע מ"ה, ע"ה קס"א

לְבָרְכֵנוּ levarjenu וּלְבָרֵךְ ulevarej אֶת et כָּל col ילי עַמְּךָ amjá

יִשְׂרָאֵל Yisrael בְּרוֹב berov י"פ אהיה עֹז oz וְשָׁלוֹם veshalom:

אהיה יהו אלף למד הא יוד מם (en *Shabat*: מצפצ)

בָּרוּךְ Baruj אַתָּה Atá יְהֹוָואדניאהדונהי Adonai

הַמְּבָרֵךְ hamevarej אֶת et עַמּוֹ amó יִשְׂרָאֵל Yisrael

ר"ת = אלהים (אילההויהם, יב"ק) בַּשָּׁלוֹם bashalom. אָמֵן Amén יאהדונהי.

YIHYÚ LERATSÓN

Hay 42 letras en el versículo en el secreto del *Aná Bejóaj*.

יִהְיוּ yihyú אל (ייא" מילוי דס"ג) לְרָצוֹן leratsón מהש ע"ה, ע"ב בריבוע וקס"א ע"ה, אל שדי ע"ה

אִמְרֵי imrei פִי fi ר"ת אֶלֶף = אלף למד - שין דלת יוד ע"ה וְהֶגְיוֹן vehegyón לִבִּי libí

לְפָנֶיךָ lefaneja ס"ג מ"ה ב"ן יְהֹוָהאדניאהדונהי Adonai צוּרִי tsurí וְגֹאֲלִי vegoalí:

Israel, Tu Pueblo. Bendícenos a todos como uno solo, Padre nuestro, con la Luz de Tu Rostro, porque es con la Luz de Tu rostro que Tú, Señor, nuestro Dios, nos has dado la Torá y vida, amor y amabilidad, justicia y misericordia, bendición y paz. Que sea grato a Tus Ojos bendecirnos y bendecir a tu Nación, Israel, con abundante poder y con paz. ¡Bendito eres Tú, Señor, que bendice a Su Pueblo, Israel, con paz, Amén!

YIHYÚ LERATSÓN

"Sean gratos ante Ti, Señor, mi Fortaleza y mi Redentor, los dichos de mi boca y los pensamientos de mi corazón" (Salmos 19:15).

ELOHAI NETSOR

אֱלֹהַי Elohai במילוי ע"ב, דמב ; ילה נְצוֹר netsor לְשׁוֹנִי leshoní מֵרָע •merá

וּשְׂפָתוֹתַי vesiftotai מִדַּבֵּר midaber ראה מִרְמָה •mirmá וְלִמְקַלְלַי velimkalelai

נַפְשִׁי nafshí תִדּוֹם •tidom וְנַפְשִׁי venafshí כֶּעָפָר queafar

לַכֹּל lacol יה אדני תִּהְיֶה •tihyé פְּתַח ptaj לִבִּי libí בְּתוֹרָתֶךָ •betorateja

וְאַחֲרֵי veajarei מִצְוֹתֶיךָ mitsvoteja תִּרְדּוֹף tirdof נַפְשִׁי •nafshí

וְכָל vejol ילי הַקָּמִים hakamim עָלַי alai לְרָעָה leraá רהע• מְהֵרָה meherá

הָפֵר hafer עֲצָתָם atsatam וְקַלְקֵל vekalkel מַחְשְׁבוֹתָם •majshevotam

עֲשֵׂה asé לְמַעַן lemaan שְׁמָךְ •Shmaj עֲשֵׂה asé לְמַעַן lemaan

יְמִינָךְ •yeminaj עֲשֵׂה asé לְמַעַן lemaan תּוֹרָתָךְ •torataj עֲשֵׂה asé

לְמַעַן lemaan קְדֻשָּׁתָךְ •kedushataj ר"ת הפסוק = מ"ה יהוה לְמַעַן lemaan

יֵחָלְצוּן yejaltsún יְדִידֶיךָ yedideja ר"ת ילי הוֹשִׁיעָה hoshía יהוה וש"ע נהורין

יְמִינְךָ yeminjá וַעֲנֵנִי vaaneni (כתיב: ועננו) ר"ת אל (ייא" מילוי דס"ג):

Antes de que recitemos el próximo verso ("*Yihyú leratsón*") tenemos una oportunidad de fortalecer la conexión con nuestra alma usando nuestro nombre. Cada persona tiene un versículo en la Torá que lo conecta con su nombre. O bien su nombre está en el versículo o la primera letra y última letra del nombre corresponden a la primera y última letra del versículo. Por ejemplo, el nombre Yehuda comienza con una *Yud* y termina con una *Hei*. Antes de terminar la *Amidá*, declaramos que nuestro nombre sea siempre recordado cuando nuestra alma abandone este mundo.

YIHYÚ LERATSÓN (EL SEGUNDO)

Hay 42 letras en el versículo en el secreto del *Aná Bejóaj*.

יִהְיוּ yihyú אל (ייא" מילוי דס"ג) לְרָצוֹן leratsón מהש ע"ה, ע"ב בריבוע וקס"א ע"ה, אל שדי ע"ה

אִמְרֵי imrei פִי fi ר"ת אֱלֹהַּ = אלף למד ← שין דלת יוד ע"ה וְהֶגְיוֹן vehegyón לִבִּי libí

לְפָנֶיךָ lefaneja ס"ג מ"ה ב"ן יְהֹוָה Adonai צוּרִי tsurí וְגֹאֲלִי vegoalí:

ELOHAI NETSOR

Mi Dios, cuida mi lengua del mal y mis labios de decir falsedad. Que mi alma permanezca en silencio ante aquellos que me maldicen y permite que mi espíritu sea humilde ante todos, como el polvo. Abre mi corazón a Tu Torá y permite que mi corazón siga Tus mandamientos. Prontamente frustra los planes y daña los pensamientos de todos aquellos que se levantan contra mí para hacerme daño. Hazlo por la gloria de Tu Nombre. Haz esto por el bien de Tu Diestra. Haz esto por el mérito de Tu Torá. Haz esto por Tu santidad, "Que Tus amados sean rescatados. Sálvalos con Tu Diestra y contéstame" (Salmos 60:7).

YIHYÚ LERATSÓN (EL SEGUNDO)

"Sean gratos ante Ti, Señor, mi Fortaleza y mi Redentor,
los dichos de mi boca y los pensamientos de mi corazón" (Salmos 19:15).

OSÉ SHALOM

Da tres pasos hacia atrás;

Izquierda

Te vuelves a la izquierda y dices:

עוֹשֶׂה osé שָׁלוֹם shalom

בִּמְרוֹמָיו bimromav ר"ת ע"ב, ריבוע יהוה

Derecha

Te vuelves a la derecha y dices:

הוּא Hu בְּרַחֲמָיו verajamav יַעֲשֶׂה yaasé

שָׁלוֹם shalom עָלֵינוּ aleinu ר"ת ש"ע נהורין

Centro

Te alineas al centro y dices:

וְעַל veal כָּל־ col ילי ; עִמם עַמּוֹ amó יִשְׂרָאֵל Yisrael

וְאִמְרוּ veimrú אָמֵן Amén יאהדונהי:

יְהִי yehí רָצוֹן ratsón מהש ע"ה, ע"ב בריבוע וקס"א ע"ה, אל שדי ע"ה מִלְּפָנֶיךָ milfaneja ס"ג מ"ה ב"ן יְהֹוָאדהנָי אהדונהי Adonai אֱלֹהֵינוּ Eloheinu ילה וֵאלֹהֵי veElohei לכב ; מילוי ע"ב, דמב ; ילה אֲבוֹתֵינוּ avoteinu, שֶׁתִּבְנֶה shetivné בֵּית beit ב"פ ראה הַמִּקְדָּשׁ hamikdash בִּמְהֵרָה bimherá בְיָמֵינוּ veyameinu וְתֵן vetén חֶלְקֵנוּ jelkenu בְּתוֹרָתָךְ: vetorataj לַעֲשׂוֹת laasot חֻקֵּי jukei רְצוֹנָךְ: retsonaj וּלְעָבְדָךְ: uleavdaj פוי, אל אדני בְּלֵבָב belevav בוכו שָׁלֵם shalem.

Da tres pasos hacia delante.

Cuando *Shavuot* (segundo día) cae en *Shabat*, decimos "*Bircat Meén Sheva*" (pág. 112-115), de otro modo continuamos con *Kadish Titkabal* (pág. 115).

OSÉ SHALOM

Él, que establece Paz en Sus altos lugares,
Él, en Su compasión, hará que la paz esté entre nosotros y sobre Su pueblo entero, Israel, y dirán: Amén.
Sea agradable ante Ti, Señor, nuestro Dios y Dios
de nuestros ancestros, que puedas reconstruir rápidamente el santo Templo en nuestros días, y otórganos participación en Tu Torá, para que podamos cumplir las leyes de Tu deseo y servirte con todo el corazón.

Cuando *Shavuot* (segundo día) cae en *Shabat*, decimos *Bircat Meén Sheva* aquí:

Después de la *Amidá*, la congregación debe permanecer de pie y decir "*Vayjulu*" en voz alta. E incluso cuando estés recitando las oraciones a solas, es obligatorio decirlo. Debido a que hay un profundo secreto acerca de recitarlo tres veces los viernes por la noche (en la *Amidá*, aquí y después en el *Kidush* sobre el vino), no debes omitir ninguno de los tres. No hables mientras la congregación dice "*Vayjulu*" y tampoco mientras el *jazán* dice "*Bircat Meén Sheva*".

VAYJULU

Estos versículos de la Torá nos conectan con el primer *Shabat* que tuvo lugar en el Jardín de Edén. Este *Shabat* fue la semilla de la creación de nuestro universo. Al conectarnos con la semilla original, capturamos la fuerza de Creación, trayendo rejuvenecimiento y renovación a nuestra vida.

Medita en la letra ק, del Nombre: שקוצית

También, medita en que las tres partes superiores de los *Mojín* Circundantes de la letra *Lámed* (ל) del *Tsélem* (צל"ם) de *Ima* están entrando en *Zeir Anpín* (a medida que la Cabeza de *Zeir Anpín* se expande). Los *Mojín* de *Aba* entrarán en *Zeir Anpín* después en el *Kidush*.

וַיְכֻלּוּ vayjulu ע״ב, ריבוע יהוה (י יה יהו יהוה) הַשָּׁמַיִם hashamáyim י״פ טל, י״פ כוזו

וְהָאָרֶץ vehaárets אלהים דההין ע״ה ; ר״ת והו וְכָל־ vejol צְבָאָם tsevaam ס״ת צלם:

וַיְכַל vayjal אֱלֹהִים Elohim אהיה אדני ; ילה בַּיּוֹם bayom ע״ה נגד, מזבח, זן, אל יהוה

הַשְּׁבִיעִי hashvií מְלַאכְתּוֹ melajtó אֲשֶׁר asher עָשָׂה asá

וַיִּשְׁבֹּת vayishbot בַּיּוֹם bayom ע״ה נגד, מזבח, זן, אל יהוה

הַשְּׁבִיעִי hashvií מִכָּל־ micol ילי מְלַאכְתּוֹ melajtó אֲשֶׁר asher

עָשָׂה asá: וַיְבָרֶךְ vayvarej עסמ״ב, הברכה (למתק את ז׳ המלכים שמתו)

אֱלֹהִים Elohim אהיה אדני ; ילה אֶת־ et יוֹם yom ע״ה נגד, מזבח, זן, אל יהוה

הַשְּׁבִיעִי hashvií וַיְקַדֵּשׁ vaykadesh אֹתוֹ otó כִּי qui בוֹ vo

שָׁבַת shavat מִכָּל־ micol ילי מְלַאכְתּוֹ melajtó אֲשֶׁר־ asher

בָּרָא bará קנ״א ב״ן, יהוה אלהים יהוה אדני, מילוי קס״א וס״ג, מ״ה ברבוע וע״ב ע״ה

אֱלֹהִים Elohim אהיה אדני ; ילה לַעֲשׂוֹת laasot:

VAYJULU

"Y se concluyeron los Cielos y la Tierra y todas sus huestes. Y completó Dios, en el séptimo día, la obra que Él había hecho. Y Él cesó, en el séptimo día, de toda Su obra que Él había hecho. Y bendijo Dios el séptimo día y Él lo santificó, porque en él descanso de toda Su obra creadora que Dios había hecho"

(Génesis 2:1-3).

BIRCAT MEÉN SHEVA

Estamos conectándonos con los Patriarcas fundadores: Avraham, Yitsjak y Yaakov. Esta conexión funciona como una mini oración de *Amidá* que sucede en *Shabat*. Usualmente no se repite la *Amidá* durante *Arvit* (la conexión vespertina), porque es de noche, un tiempo de oscuridad, lo que simboliza una carencia de Luz espiritual disponible. Pero en *Shabat*, la Luz inunda nuestro plano de existencia. La siguiente conexión es nuestra herramienta para capturar esta Luz adicional.

Según la Kabbalah, "*Bircat Meén Sheva*" tiene gran importancia, pues es el secreto de los Patriarcas —que significan *Jésed*, *Guevurá* y *Tiféret*— que iluminan desde Sus lugares a la *Nukvá* sin Ella tener que subir hacia Ellos. Es por ello que es llamada "*Meén Sheva*" (una bendición hecha a partir de siete) y no una repetición completa (para todas las siete bendiciones). Y por lo tanto la recitamos incluso cuando estemos rezando en un lugar sin un pergamino de *Torá* (como en la casa de un novio o la casa de un doliente).

בָּרוּךְ Baruj אַתָּה Atá א-ת

(אותיות הא״ב המסמלות את השפע המגיע) לה׳ המלכות

יְהֹוָהאדניאהדונהי Adonai אֱלֹהֵינוּ Eloheinu ילה

וֵאלֹהֵי veElohei לכב ; מילוי ע״ב, דמב ; ילה אֲבוֹתֵינוּ avoteinu♦

אֱלֹהֵי Elohei מילוי ע״ב, דמב ; ילה אַבְרָהָם Avraham וז״פ אל, רי״ו ול״ב נתיבות החכמה,

רמ״ח , עסמ״ב וט״ז אותיות פשוטות. אֱלֹהֵי Elohei מילוי ע״ב, דמב ; ילה יִצְחָק Yitsjak ד״פ ב״ן

וֵאלֹהֵי veElohei לכב ; מילוי ע״ב, דמב ; ילה יַעֲקֹב Yaakov ז׳ הויות, אידהנויה

הָאֵל haEl לאה ; ייא״י (מילוי דס״ג) הַגָּדוֹל hagadol האל הגדול = סיט ;

להח ; עם ד׳ אותיות = מבה, יזל, אום הַגִּבּוֹר haguibor ר״ת ההה וְהַנּוֹרָא vehanorá♦

אֵל El ייא״י (מילוי דס״ג) ; ר״ת ע״ב, ריבוע יהוה עֶלְיוֹן elyón♦

קוֹנֵה koné בְּרַחֲמָיו verajamav שָׁמַיִם shamáyim י״פ טל, י״פ כוזו וָאָרֶץ vaárets:

Si por error el *jazán* continua la repetición como en los días de semana, debe detenerse y regresar a la bendición de *Shabat*.

BIRCAT MEÉN SHEVA

Bendito eres Tú, Señor, nuestro Dios y Dios de nuestros ancestros: el Dios de Avraham, el Dios de Yitsjak y el Dios de Yaakov. El Dios grande, poderoso y reverenciado, el Dios supremo, que creó con Su compasión los Cielos y la Tierra.

La congregación dice junto al *jazán*:

מָגֵן magén ג"פ אל (ייא"י מילוי דס"ג) ; ר"ת מיכאל גבריאל נוריאל

אָבוֹת avot בִּדְבָרוֹ •bidvaró

אהיה יהו יְהֹוָה

מְחַיֶּה mejayé ס"ג מֵתִים metim בְּמַאֲמָרוֹ •bemaamaró

אהיה יהו יֱהֹוִה

הָאֵל haEl לאה ; אל (ייא"י מילוי דס"ג)

הַקָּדוֹשׁ hakadosh האל הקדוש = י"פ מ"ה שֶׁאֵין sheéin כָּמוֹהוּ •camohu

אהיה יהו מצפצ

הַמֵּנִיחַ hameníaj לְעַמּוֹ leamó בְּיוֹם beyom ע"ה נגד, מזבח, זן, אל יהוה

שַׁבַּת Shabat קָדְשׁוֹ •kodshó

אהיה יהו יה אדני

כִּי qui בָם vam מ"ב רָצָה ratsá לְהָנִיחַ lehaníaj לָהֶם •lahem

אהיה יהו אל

לְפָנָיו lefanav נַעֲבוֹד naavod בְּיִרְאָה beyirá רי"ו וָפַחַד •vafájad

וְנוֹדֶה venodé לִשְׁמוֹ lishmó מהש ע"ה, ע"ב בריבוע וקס"א ע"ה, אל שדי ע"ה

בְּכָל bejol ב"ן, לכב יוֹם yom ע"ה נגד, מזבח, זן, אל יהוה תָּמִיד tamid ע"ה קס"א קנ"א קמ"ג

מֵעֵין meéin הַבְּרָכוֹת habrajot וְהַהוֹדָאוֹת •vehahodaot

אהיה יהו אלהים

לַאֲדוֹן laAdón אני הַשָּׁלוֹם •hashalom

אהיה יהו מצפצ

מְקַדֵּשׁ mekadesh הַשַּׁבָּת haShabat וּמְבָרֵךְ umevarej הַשְּׁבִיעִי •hashvií

וּמֵנִיחַ umeníaj בִּקְדֻשָּׁה bikdushá לְעַם leam עלם

מְדֻשְּׁנֵי medushnei עֹנֶג óneg ר"ת עדן נהר גן זֵכֶר zéjer

לְמַעֲשֵׂה lemaasé בְרֵאשִׁית vereshit ר"ת מ"ב:

Con Su palabra Él fue escudo de nuestros ancestros, y Su mandato resucitará a los muertos, el Rey, el Dios Santo que no tiene igual, que le concede descanso a Su pueblo en Su Santo Shabat, porque Le place otorgarle descanso. Ante Él, serviremos con devoción y reverencia y daremos gracias a Su Nombre cada día, constantemente, con las bendiciones y alabanzas apropiadas. Al Señor de la paz, que santifica el Shabat, bendice el séptimo día y da descanso con santidad a un pueblo colmado de alegría, en memoria de la obra de la Creación.

El *jazán* continúa solo:

אֱלֹהֵינוּ Eloheinu ילה וֵאלֹהֵי veElohei לכב; מילוי דע"ב, דמב ילה אֲבוֹתֵינוּ avoteinu

רְצֵה retsé נָא na בִּמְנוּחָתֵנוּ vimnujatenu• קַדְּשֵׁנוּ kadshenu

בְּמִצְוֹתֶיךָ bemitsvoteja שִׂים sim וְחֶלְקֵנוּ jelkenu בְּתוֹרָתָךְ betorataj•

שַׂבְּעֵנוּ sabenu מִטּוּבָךְ mituvaj לאו• שַׂמֵּחַ saméaj נַפְשֵׁנוּ nafshenu

בִּישׁוּעָתָךְ bishuataj• וְטַהֵר vetaher לִבֵּנוּ libenu לְעָבְדְּךָ leavdejá

פוי, אל אדני בֶּאֱמֶת beemet אהיה פעמים אהיה, ז"פ ס"ג• וְהַנְחִילֵנוּ vehanjilenu

יְהֹוָה Adonai אֱלֹהֵינוּ Eloheinu ילה בְּאַהֲבָה beahavá אחד, דאגה

וּבְרָצוֹן uveratsón מהש ע"ה, ע"ב בריבוע וקס"א ע"ה, אל שדי ע"ה

שַׁבַּת Shabat קָדְשֶׁךָ kadshejá• וְיָנוּחוּ veyanuju בָהּ va כָּל col ילי

יִשְׂרָאֵל Yisrael מְקַדְּשֵׁי mekadshei שְׁמֶךָ Shemeja• בָּרוּךְ Baruj

אַתָּה Atá יְהֹוָה Adonai מְקַדֵּשׁ mekadesh הַשַּׁבָּת haShabat:

KADISH TITKABAL

יִתְגַּדַּל yitgadal וְיִתְקַדַּשׁ veyitkadash שדי - ין לת וד (מילוי שדי) ; י"א אותיות כמנין ו"ה

שְׁמֵיהּ Shmei (שם י"ה דע"ב) רַבָּא rabá קנ"א ב"ן, יהוה אלהים יהוה אדני,

מילוי קס"א וס"ג, מ"ה ברבוע וע"ב ע"ה ; ר"ת = ו"פ אלהים ; ס"ת = ג"פ יב"ק • אָמֵן Amén אידהנויה•

בְּעָלְמָא bealmá דִּי di בְרָא verá כִרְעוּתֵיהּ quirutei•

וְיַמְלִיךְ veyamlij מַלְכוּתֵיהּ maljutei• וְיַצְמַח veyatsmaj

פּוּרְקָנֵיהּ purkanei• וִיקָרֵב vikarev מְשִׁיחֵיהּ Meshijei• אָמֵן Amén אידהנויה•

Dios nuestro y Dios de nuestros ancestros, que nuestro descanso sea de Tu agrado, santifícanos con Tus mandamientos y concédenos participación en Tu Torá, sácianos con Tu bondad, alegra nuestras almas con Tu salvación y purifica nuestro corazón para servirte sinceramente. Y concédenos, Señor, nuestro Dios, con amor y favor, Tu Santo Shabat como una herencia. Y que todo Israel, santificando Tu Nombre, descanse en él. Bendito eres Tú, Señor, que santificas el Shabat.

KADISH TITKABAL

Glorificado y santificado sea Su gran Nombre (Amén).
En el mundo que Él creó de acuerdo a Su voluntad, y pueda Su Reino reinar. Y pueda Él hacer que Su redención florezca y pueda Él acercar al Mesías (Amén).

בְּחַיֵּיכוֹן bejayeijón וּבְיוֹמֵיכוֹן uveyomeijón וּבְחַיֵּי uvejayei

דְכָל dejol בֵּית beit ב"פ ראה יִשְׂרָאֵל Yisrael בַּעֲגָלָא baagalá

וּבִזְמַן uvizmán קָרִיב kariv וְאִמְרוּ veimrú אָמֵן Amén. אָמֵן Amén אידהנויה.

La congregación y el *jazán* dicen lo siguiente:

28 palabras (hasta *bealmá*) – y 28 letras (hasta *almayá*)

יְהֵא yehé שְׁמֵיהּ Shmei (שם י"ה דס"ג) רַבָּא rabá קנ"א ב"ן,

יהוה אלהים יהוה אדני, מילוי קס"א וס"ג, מ"ה ברבוע וע"ב ע"ה מְבָרַךְ mevaraj,

לְעָלַם lealam לְעָלְמֵי lealmei עָלְמַיָּא almayá. יִתְבָּרַךְ yitbaraj.

Siete palabras con seis letras cada una (שם בן מ"ב). También, 7 veces la letra Vav (שם בן מ"ב)

וְיִשְׁתַּבַּח veyishtabaj י"פ ע"ב יהוה אל אבג יתץ.

וְיִתְפָּאַר veyitpaar הי גו יה קרע שטן. וְיִתְרוֹמַם veyitromam וה כוזו נגד יכש.

וְיִתְנַשֵּׂא veyitnasé במוכסז בטר צתג. וְיִתְהַדָּר veyithadar כוזו יה וקב טנע.

וְיִתְעַלֶּה veyitalé וה יוד ה יגל פזק. וְיִתְהַלָּל veyithalal א ואו הא שקו צית.

שְׁמֵיהּ Shmei (שם י"ה דמ"ה) דְּקוּדְשָׁא deKudshá בְּרִיךְ Verij הוּא Hu.

אָמֵן Amén אידהנויה.

לְעֵלָּא leelá מִן min כָּל col ילי בִּרְכָתָא birjatá. שִׁירָתָא shiratá.

תֻּשְׁבְּחָתָא tishbejatá וְנֶחָמָתָא venejamatá. דַּאֲמִירָן daamirán

בְּעָלְמָא bealmá וְאִמְרוּ veimrú אָמֵן Amén: אָמֵן Amén אידהנויה.

תִּתְקַבַּל titkabal צְלוֹתָנָא tslotaná וּבָעוּתָנָא uvautaná

עִם im צְלוֹתְהוֹן tslothón וּבָעוּתְהוֹן uvauthón דְּכָל dejol ילי

בֵּית beit ב"פ ראה יִשְׂרָאֵל Yisrael קֳדָם kadam אֲבוּנָא avuná

דְּבִשְׁמַיָּא devishmayá וְאִמְרוּ veimrú אָמֵן Amén: אָמֵן Amén אידהנויה.

En tus vidas y en tus días y en la vida de toda la Casa de Israel, prontamente y en el futuro cercano, y dígase: Amén (Amén). Que Su gran Nombre sea bendito por siempre y por toda la eternidad. Bendito y alabado, y glorificado y exaltado, y ensalzado y honrado, y adorado y loado, sea el Nombre del Santísimo, Bendito sea Él (Amén). Más allá de todas las bendiciones, himnos, alabanzas y palabras de consolación que jamás se dijeran en el mundo, y dígase: Amén (Amén). Sean aceptadas nuestras oraciones y súplicas, junto con las oraciones y las súplicas de toda la Casa de Israel, ante nuestro Padre en los Cielos, y dígase: Amén (Amén).

יְהֵא yehé שְׁלָמָא shlamá רַבָּא rabá קנ"א ב"ן, יהוה אלהים יהוה אדני, מילוי קס"א וס"ג,
מ"ה ברבוע וע"ב ע"ה מִן min שְׁמַיָּא shmayá. וְחַיִּים jayim אהיה אהיה יהוה, בינה ע"ה
וְשָׂבָע vesavá וִישׁוּעָה vishuá וְנֶחָמָה venejamá וְשֵׁיזָבָא vesheizavá
וּרְפוּאָה urefuá וּגְאֻלָּה ugueulá וּסְלִיחָה uslijá וְכַפָּרָה vejapará
וְרֵיוַח vereivaj וְהַצָּלָה vehatsalá. לָנוּ lanu אלהים, אהיה אדני, וּלְכָל ulejol יה אדני
עַמּוֹ amó יִשְׂרָאֵל Yisrael וְאִמְרוּ veimrú אָמֵן Amén: אָמֵן Amén אידהנויה.

Da tres pasos para atrás y dice:

עוֹשֶׂה osé שָׁלוֹם shalom

בִּמְרוֹמָיו bimromav ע"ב, ריבוע יהוה. הוּא Hu בְּרַחֲמָיו berajamav
יַעֲשֶׂה yaasé שָׁלוֹם shalom עָלֵינוּ aleinu ר"ת ש"ע נהורין.
וְעַל veal כָּל col ילי ; עמם עַמּוֹ amó יִשְׂרָאֵל Yisrael וְאִמְרוּ veimrú אָמֵן Amén:
אָמֵן Amén אידהנויה.

Cuando *Shavuot* (segundo día) cae en *Shabat* agregamos *Mizmor LeDavid*:

MIZMOR LEDAVID

En "*Mizmor LeDavid*" hay 57 palabras, que es el valor numérico de la palabra *Zan* זן (sustento). Recitarlo ayudará a prevenir carencias de sustento tanto espiritual como material.

מִזְמוֹר mizmor לְדָוִד leDavid יְהֹוָה יאהדונהי Adonai רֹעִי roí לֹא lo
אֶחְסָר ejsar: בִּנְאוֹת binot דֶּשֶׁא deshe יַרְבִּיצֵנִי yarbitseni עַל־ al מֵי mei
ילי מְנֻחוֹת menujot ר"ת עמם יְנַהֲלֵנִי yenahaleni: נַפְשִׁי nafshí יְשׁוֹבֵב yeshovev
יַנְחֵנִי yanjeni בְמַעְגְּלֵי־ vemaglei צֶדֶק tsédek לְמַעַן lemaan
שְׁמוֹ Shemó מהש ע"ה, ע"ב בריבוע וקס"א ע"ה, אל שדי ע"ה:

Que haya paz abundante del Cielo; vida, satisfacción, salvación, consuelo, entrega, sanación, redención, perdón, expiación, comodidad y alivio para nosotros y para toda Su nación, Israel, y dígase: Amén (Amén). *Él, que establece la paz en Sus Alturas, Él, en Su compasión, hará la paz sobre nosotros y sobre toda Su nación, Israel. Y dígase: Amén* (Amén).

MIZMOR LEDAVID

"Un Salmo de David: El Señor es mi Pastor, nada me falta. En delicados pastos Él me hace yacer, por aguas tranquilas Él me guía. Él conforta mi alma. Él me conduce por senderos de justicia, por amor a Su Nombre.

גַּם gam כִּי־ qui אֵלֵךְ elej בְּגֵיא beguei צַלְמָוֶת tsalmávet לֹא־ lo אִירָא irá
רָע ra כִּי־ qui אַתָּה Atá עִמָּדִי imadí שִׁבְטְךָ shivtejá
וּמִשְׁעַנְתֶּךָ umishantejá הֵמָּה hema יְנַחֲמֻנִי yenajamuní: תַּעֲרֹךְ taaroj
לְפָנַי lefanai שֻׁלְחָן shulján נֶגֶד négued מזבח, זן, אל יהוה צֹרְרָי tsorerai
דִּשַּׁנְתָּ dishanta בַשֶּׁמֶן vashemen רֹאשִׁי roshí כּוֹסִי cosí רְוָיָה revayá:
אַךְ aj אהיה טוֹב tov והו וָחֶסֶד vajésed ע״ב, ריבוע יהוה; ס״ת = יהוה
יִרְדְּפוּנִי yirdefuni ר״ת = יהוה כָּל־ col ילי יְמֵי yemei חַיָּי jayai וְשַׁבְתִּי veshavti
בְּבֵית beveit ב״פ ראה יְהֹוָהאדהנויאהדונהי Adonai לְאֹרֶךְ leórej
יָמִים yamim נלך ; ר״ת ילי ; ס״ת = אדני ; יהוה לאורך ימים = ש״ע נהורים עם י״ג אותיות:

SHIR HAMAALOT LEDAVID

Estos versículos nos conectan con el antiguo Templo Sagrado. Según la Kabbalah, el Templo Sagrado es un centro energético y fuente de toda la Luz espiritual para el mundo entero, similar a una central nuclear que proporciona energía eléctrica a una ciudad completa. La Tierra de Israel es el centro de energía del planeta; Jerusalén es el centro de energía de Israel; el Templo físico era el centro de energía de Jerusalén; y el Santo Sanctórum, dentro del Templo, era la central máxima de energía para el Templo y, por ende, para el resto del mundo físico. Cuando el Templo existía, actuaba como un generador que trabajaba las 24 horas del día para producir toda la Luz y energía espiritual que necesitábamos. Con su destrucción, los cables transmisores fueron cortados. Las letras arameas en esta conexión restablecen los canales de comunicación con la esencia espiritual del Templo, dándonos la capacidad de capturar esta energía para nuestra vida personal.

Esta alabanza fue recitada por el Rey David por su reino, puesto que todo estaba en una sola unificación; "la justicia y la paz se besaron". Y ese es el significado de: "Yo solicitaré el bien para ti".

שִׁיר shir הַמַּעֲלוֹת hamaalot לְדָוִד leDavid שָׂמַחְתִּי samajti
בְּאֹמְרִים beomrim לִי li בֵּית beit ב״פ ראה יְהֹוָהאדהנויאהדונהי Adonai נֵלֵךְ nelej נלך:
עֹמְדוֹת omdot הָיוּ hayú רַגְלֵינוּ ragleinu ר״ת רהע בִּשְׁעָרַיִךְ bishearáyij
יְרוּשָׁלִָם Yerushaláyim: יְרוּשָׁלִַם Yerushaláyim הַבְּנוּיָה habnuyá
כְּעִיר queir במוכסז, סנדלפון, ערי שֶׁחֻבְּרָה־ shejubrá לָּהּ la יַחְדָּו yajdav:

Aunque camine en el valle ensombrecido por la muerte, no temeré ningún daño porque Tú estás conmigo. Tu vara y Tu sostén me infunden ánimo. Tú preparas una mesa para mí a la vista de mis adversarios. Tú ungiste mi cabeza con aceite, mi copa se rebosa. La bondad y la misericordia me seguirán todos los días de mi vida y moraré en la Casa del Señor por largos días" (Salmos 23).

SHIR HAMAALOT LEDAVID

"Cántico de las Ascensiones de David:

Me alegré cuando me dijeron: Vayamos a la Casa del Señor. Nuestros pies ya están pisando dentro de tus portones, Oh Jerusalem. Jerusalem que fuiste edificada en forma unificada.

שֶׁשָּׁם shesham עָלוּ alú שְׁבָטִים shvatim שִׁבְטֵי־ shivtei יָהּ Yah עֵדוּת edut

לְיִשְׂרָאֵל leYisrael לְהֹדוֹת lehodot לְשֵׁם leShem יְהֹוָה‎יאהדונהי Adonai:

כִּי qui שָׁמָּה shama יָשְׁבוּ yashvú כִסְאוֹת jisot לְמִשְׁפָּט lemishpat ע״ה ה״פ אלהים

כִּסְאוֹת quisot לְבֵית leveit ב״פ ראה דָּוִיד David: שַׁאֲלוּ shaalú שְׁלוֹם shlom

יְרוּשָׁלָםִ Yerushaláyim יִשְׁלָיוּ yishlayú אֹהֲבָיִךְ ohaváyij: יְהִי־ yehí

שָׁלוֹם shalom בְּחֵילֵךְ bejeilej שַׁלְוָה shalvá בְּאַרְמְנוֹתָיִךְ bearmenotáyij:

לְמַעַן lemaan אַחַי ajai וְרֵעָי vereái אֲדַבְּרָה־ adabrá נָּא na שָׁלוֹם shalom

בָּךְ baj: לְמַעַן lemaan בֵּית beit ב״פ ראה יְהֹוָה‎יאהדונהי Adonai

אֱלֹהֵינוּ Eloheinu ילה אֲבַקְשָׁה avakshá טוֹב tov והו לָךְ laj:

KADISH YEHÉ SHLAMÁ

יִתְגַּדַּל yitgadal וְיִתְקַדַּשׁ veyitkadash שדי ‑ ין לת וד (מילוי שדי) ; י״א אותיות כמנין ו״ה

שְׁמֵיהּ Shmei (שם י״ה דע״ב) רַבָּא rabá קנ״א ב״ן, יהוה אלהים יהוה אדני,

מילוי קס״א וס״ג, מ״ה ברבוע וע״ב ע״ה ; ר״ת = ו״פ אלהים ; ס״ת = ג״פ יב״ק ◆ אָמֵן Amén אידהנויה ◆

בְּעָלְמָא bealmá דִּי di בְרָא verá כִרְעוּתֵיהּ quirutei◆

וְיַמְלִיךְ veyamlij מַלְכוּתֵיהּ◆maljutei וְיַצְמַח veyatsmaj

פּוּרְקָנֵיהּ◆purkanei וִיקָרֵב vikarev מְשִׁיחֵיהּ◆Meshijei אָמֵן Amén אידהנויה◆

בְּחַיֵּיכוֹן bejayeijón וּבְיוֹמֵיכוֹן uveyomeijón וּבְחַיֵּי uvejayei

דְכָל dejol בֵּית beit ב״פ ראה יִשְׂרָאֵל Yisrael בַּעֲגָלָא baagalá

וּבִזְמַן uvizmán קָרִיב kariv וְאִמְרוּ veimrú אָמֵן◆Amén אָמֵן Amén אידהנויה◆

Allí subieron las tribus, las tribus del Señor, como testimonio para Israel, para ensalzar el Nombre del Señor. Por cuanto allí fueron puestos tronos para juzgar, los tronos de la Casa de David, pidieron por la paz de Jerusalem. Tengan serenidad quienes te aman y haya paz en tus palacios. Por amor a mis hermanos y mis compañeros, yo hablaré de paz en su nombre. Por amor a la Casa del Señor, buscaré tu felicidad" (Salmos 122).

KADISH YEHÉ SHLAMÁ

Glorificado y santificado sea Su gran Nombre (Amén).

En el mundo que Él creó de acuerdo a Su voluntad, y pueda Su Reino reinar. Y pueda Él hacer que Su redención florezca y pueda Él acercar al Mesías (Amén). En tus vidas y en tus días y en la vida de toda la Casa de Israel, prontamente y en el futuro cercano, y dígase: Amén (Amén).

La congregación y el *jazán* dicen lo siguiente:

28 palabras (hasta *bealmá*) y 28 letras (hasta *almayá*)

יְהֵא yehé שְׁמֵיהּ Shmei (שם י"ה ד"ס"ג) רַבָּא rabá קנ"א ב"ן,
יהוה אלהים יהוה אדני, מילוי קס"א וס"ג, מ"ה ברבוע וע"ב ע"ה מְבָרַךְ mevaraj,
לְעָלַם lealam לְעָלְמֵי lealmei עָלְמַיָּא almayá. יִתְבָּרַךְ yitbaraj.

Siete palabras con seis letras cada una (שם ב"ן מ"ב). También, siete veces la letra Vav (שם בן מ"ב).

וְיִשְׁתַּבַּח veyishtabaj י"פ ע"ב יהוה אל אבג יתץ.
וְיִתְפָּאַר veyitpaar הי נו יה קרע שטן. וְיִתְרוֹמַם veyitromam וה כוזו נגד יכש.
וְיִתְנַשֵּׂא veyitnasé במוכסז בטר צתג. וְיִתְהַדָּר veyithadar כוזו יה וזקב טנע.
וְיִתְעַלֶּה veyitalé וה יוד ה יגל פזק. וְיִתְהַלָּל veyithalal א ואו הא שקו צית.
שְׁמֵיהּ Shmei (שם י"ה דמ"ה) דְּקֻדְשָׁא deKudshá בְּרִיךְ Verij הוּא Hu.
אָמֵן Amén אידהנויה.

לְעֵלָּא leelá מִן min כָּל col ילי בִּרְכָתָא birjatá. שִׁירָתָא shiratá.
תֻּשְׁבְּחָתָא tishbejatá וְנֶחָמָתָא venejamatá. דַּאֲמִירָן daamirán
בְּעָלְמָא bealmá וְאִמְרוּ veimrú אָמֵן Amén: אָמֵן Amén אידהנויה.

יְהֵא yehé שְׁלָמָא shlamá רַבָּא rabá קנ"א ב"ן, יהוה אלהים יהוה אדני, מילוי קס"א וס"ג,
מ"ה ברבוע וע"ב ע"ה מִן min שְׁמַיָּא shmayá. וְחַיִּים jayim אהיה אהיה יהוה, בינה ע"ה
וְשָׂבָע vesavá וִישׁוּעָה vishuá וְנֶחָמָה venejamá וְשֵׁיזָבָא vesheizavá
וּרְפוּאָה urefuá וּגְאֻלָּה ugueulá וּסְלִיחָה uslijá וְכַפָּרָה vejapará
וְרֶיוַח vereivaj וְהַצָּלָה vehatsalá. לָנוּ lanu אלהים, אהיה אדני וּלְכָל ulejol יה אדני
עַמּוֹ amó יִשְׂרָאֵל Yisrael וְאִמְרוּ veimrú אָמֵן Amén: אָמֵן Amén אידהנויה.

Que Su gran Nombre sea bendito por siempre y por toda la eternidad.

Bendito y alabado, y glorificado y exaltado, y ensalzado y honrado, y adorado y loado, sea el Nombre del Santísimo, Bendito sea Él (Amén). Más allá de todas las bendiciones, himnos, alabanzas y palabras de consolación que jamás se dijeran en el mundo, y dígase: Amén (Amén). Que haya paz abundante del Cielo; vida, satisfacción, salvación, consuelo, entrega, sanación, redención, perdón, expiación, comodidad y alivio para nosotros y para toda Su nación, Israel y dígase: Amén (Amén).

Da tres pasos para atrás y dice:

עוֹשֶׂה osé שָׁלוֹם shalom בִּמְרוֹמָיו bimromav ע״ב, ריבוע יהוה. הוּא Hu

בְּרַחֲמָיו berajamav יַעֲשֶׂה yaasé שָׁלוֹם shalom עָלֵינוּ aleinu ר״ת ש״ע נהורין.

וְעַל veal כָּל col ילי ; עמם עַמּוֹ amó יִשְׂרָאֵל Yisrael וְאִמְרוּ veimrú אָמֵן Amén:

אָמֵן Amén אידהנויה.

Barjú

El *jazán* (o la persona que recitó el *Kadish Yehé Shlamá*) dice:

רַבָּנָן rabanán: בָּרְכוּ barjú יהוה ריבוע יהוה ריבוע מ״ה אֶת et

יְהֹוָאדהנויה יאהדונהי Adonai הַמְבוֹרָךְ: hamevoraj ס״ת כהת, משיח בן דוד ע״ה:

Primero la congregación responde con lo siguiente y después el *jazán* (o la persona que recitó el *Kadish Yehé Shlamá*) repite:

Néfesh	*Rúaj*	*Neshamá*
בָּרוּךְ Baruj	יְהֹוָאדהנויה יאהדונהי Adonai	הַמְבוֹרָךְ hamevoraj

Jayá	*Yejidá*
לְעוֹלָם leolam ריבוע ס״ג וי׳ אותיות דס״ג	וָעֶד vaed:

Aleinu

El *Aleinu* es un agente sellador cósmico. Cementa y asegura todas nuestras oraciones, protegiéndolas de cualquier fuerza negativa tales como las *klipot*. Todas las oraciones anteriores al *Aleinu* atrajeron lo que los kabbalistas llaman Luz Interna. Sin embargo, el *Aleinu* atrae Luz Circundante, la cual envuelve nuestras oraciones con un campo de fuerza protectora para bloquear a las *klipot*.

Atraer Luz Circundante para ser protegido de las *klipot* (la inclinación negativa).

עָלֵינוּ aleinu ריבוע דס״ג לְשַׁבֵּחַ leshabéaj עלינו לשבח = אבג יתץ, ושר

לַאֲדוֹן laAdón אני ; ס״ת = ס״ג ע״ה הַכֹּל hacol ר״ת ללה, אדני.

לָתֵת latet גְּדֻלָּה gdulá לְיוֹצֵר leyotser בְּרֵאשִׁית bereshit ר״ת גל״ב (באך ב״י יג״ל)

Él, que establece la paz en Sus Alturas,
Él, en Su compasión, hará la paz sobre nosotros y sobre toda Su nación, Israel. Y dígase: Amén (*Amén*).

Barjú

Señores: ¡Bendigan a Dios, el Bendito!
Bendito es el Señor, el Bendito, por siempre y para siempre.

Aleinu

Es nuestro deber alabar al Soberano de todo y atribuir grandeza al Moldeador de la Creación,

שֶׁלֹּא sheló עָשָׂנוּ asanu כְּגוֹיֵי quegoyei הָאֲרָצוֹת haaratsot וְלֹא veló

שָׂמָנוּ samanu כְּמִשְׁפְּחוֹת quemishpejot הָאֲדָמָה haadamá שֶׁלֹּא sheló

שָׂם sam חֶלְקֵנוּ jelkenu כָּהֶם cahem וְגוֹרָלֵנוּ vegoralenu כְּכָל quejol

הֲמוֹנָם hamonam. שֶׁהֵם shehem מִשְׁתַּחֲוִים mishtajavim לָהֶבֶל lahével

וָרִיק varik וּמִתְפַּלְּלִים umitpalelim אֶל el אֵל el לֹא lo יוֹשִׁיעַ yoshía.

(haz una pausa aquí, y cuando digas "*vaanajnu mishtajavim*" inclina todo tu cuerpo)

וַאֲנַחְנוּ vaanajnu מִשְׁתַּחֲוִים mishtajavim לִפְנֵי lifnei מֶלֶךְ Mélej

מַלְכֵי maljei הַמְּלָכִים hamlajim הַקָּדוֹשׁ haKadosh בָּרוּךְ Baruj

הוּא Hu. שֶׁהוּא shehú נוֹטֶה noté שָׁמַיִם shamáyim י״פ טל, י״פ כוזו; ר״ת = י״פ אדני

שבי׳ ספירות של נוקבא דז״א וְיוֹסֵד veyosed אָרֶץ árets. וּמוֹשַׁב umoshav

יְקָרוֹ yekaró בַּשָּׁמַיִם bashamáyim י״פ טל, י״פ כוזו מִמַּעַל mimáal עלם.

וּשְׁכִינַת uShjinat עֻזּוֹ uzó בְּגָבְהֵי begavhei מְרוֹמִים meromim.

הוּא Hu אֱלֹהֵינוּ Eloheinu ילה וְאֵין veéin עוֹד od אַחֵר ajer.

אֱמֶת emet אהיה פעמים אהיה, ד״פ ס״ג מַלְכֵּנוּ Malquenu וְאֶפֶס veéfes

זוּלָתוֹ zulató. כַּכָּתוּב cacatuv בַּתּוֹרָה baTorá (דברים ד׳, ל״ט): וְיָדַעְתָּ veyadata

הַיּוֹם hayom ע״ה נגד, מזבח, זן, אל יהוה וַהֲשֵׁבֹתָ vahashevotá אֶל־ el

לְבָבֶךָ levaveja ר״ת לאו כִּי qui יְהֹוָהאדניאהדונהי Adonai הוּא Hu

הָאֱלֹהִים haElohim אהיה אדני ; ילה ; ר״ת יהה וכן עולה למנין ענו ע״ב

---

porque no nos ha hecho como los pueblos del mundo. Él no nos colocó como las familias de la Tierra. Él no hizo nuestro lote como el de ellos ni nuestro destino como el de sus multitudes, ya que ellos se inclinan ante la futilidad y el vacío, y rezan a una deidad que no ayuda. Nosotros nos inclinamos ante el Rey de Reyes, el Santísimo, Bendito sea Él. Él es quien extiende los Cielos y funda la Tierra. La Sede de Su gloria está arriba en el Cielo y la Presencia Divina de Su poder está en las alturas excelsas. Él es nuestro Dios y no hay ningún otro. Nuestro Rey es verdadero y no hay nadie excepto Él. Como está escrito en la Torá: "Aprende hoy y grábalo en tu corazón que el Señor es Dios

בַּשָּׁמַיִם bashamáyim י"פ טל, י"פ כוזו מִמַּעַל mimáal עלם ;

רמז לאור פנימי המתווזיל מלמעלה וְעַל־ veal הָאָרֶץ haárets אלהים דההין ע"ה

מִתָּחַת mitájat רמז לאור מקיף המתווזיל מלמטה אֵין ein עוֹד od:

עַל al כֵּן quen נְקַוֶּה nekavé לָּךְ laj יְהֹוָהאדניאהדונהי Adonai

אֱלֹהֵינוּ Eloheinu ילה לִרְאוֹת lirot מְהֵרָה meherá בְּתִפְאֶרֶת betiféret

עֻזָּךְ uzaj ס"ת כהת, משיוו בן דוד ע"ה לְהַעֲבִיר lehaavir גִּלּוּלִים guilulim

מִן min הָאָרֶץ haárets אלהים דההין ע"ה וְהָאֱלִילִים vehaelilim כָּרוֹת carot

יִכָּרֵתוּן yicaretún. לְתַקֵּן letakén עוֹלָם olam בְּמַלְכוּת bemaljut

שַׁדַּי Shadai. וְכָל vejol ילי בְּנֵי bnei בָשָׂר vasar יִקְרְאוּ yikreú

בִשְׁמֶךָ vishmeja לְהַפְנוֹת lehafnot אֵלֶיךָ eleja כָּל col ילי רִשְׁעֵי rishei

אָרֶץ árets. יַכִּירוּ yaquiru וְיֵדְעוּ veyedú כָּל col ילי יוֹשְׁבֵי yoshvei

תֵּבֵל tevel ב"פ רי"ו. כִּי qui לְךָ lejá תִּכְרַע tijrá כָּל־ col ילי בֶּרֶךְ bérej

תִּשָּׁבַע tishavá כָּל col ילי לָשׁוֹן lashón. לְפָנֶיךָ lefaneja ס"ג מ"ה ב"ן

יְהֹוָהאדניאהדונהי Adonai אֱלֹהֵינוּ Eloheinu ילה יִכְרְעוּ yijreú וְיִפֹּלוּ veyipolu

וְלִכְבוֹד velijvod שִׁמְךָ Shimjá יְקָר yekar יִתֵּנוּ yitenu.

וִיקַבְּלוּ vikablú כֻלָּם julam אֶת et עוֹל־ ol מַלְכוּתֶךָ maljuteja.

וְתִמְלוֹךְ vetimloj עֲלֵיהֶם aleihem מְהֵרָה meherá לְעוֹלָם leolam

ריבוע ס"ג וי' אותיות דס"ג וָעֶד vaed. כִּי qui הַמַּלְכוּת hamaljut שֶׁלְּךָ sheljá

הִיא hi. וּלְעוֹלְמֵי uleolmei עַד ad תִּמְלוֹךְ timloj בְּכָבוֹד bejavod בוכו.

---

arriba en los Cielos y abajo sobre la Tierra, y no hay otro" (Deutoronomio 4:39).

Por eso, Señor, nuestro Dios,

esperamos contemplar pronto la gloria majestuosa de Tu poder, cuando elimines los ídolos de la Tierra y los falsos dioses hayan sido completamente destruidos, para perfeccionar al mundo con el Reino del Todopoderoso. Y la humanidad entera invocará Tu Nombre y todos los malvados de la Tierra se dirigirán a Ti. Entonces todos los habitantes del mundo reconocerán y sabrán que, por Ti, toda rodilla se dobla y toda lengua se colma. Que ante Ti, Señor, nuestro Dios, se arrodillen y se prosternen y honren Tu glorioso Nombre. Y todos aceptarán el yugo de Tu Reino y Tú reinarás sobre ellos para siempre jamás. Pues el Reino es Tuyo. Y para siempre y por la eternidad, Tú reinarás en gloria.

כַּכָּתוּב cacatuv בְּתוֹרָתָךְ: beTorataj יְהֹוָאדניאהדונהי Adonai | יִמְלֹךְ yimloj

לְעֹלָם leolam ריבוע ס"ג וי' אותיות דס"ג ; ר"ת ייל וָעֶד: vaed וְנֶאֱמַר: veneemar

וְהָיָה vehayá יהוה ; יהה יְהֹוָאדניאהדונהי Adonai לְמֶלֶךְ leMélej עַל־ al כָּל־ col

ילי ; עמם הָאָרֶץ haárets אלהים דההין ע"ה בַּיּוֹם bayom ע"ה נגד, מזבח, זן, אל יהוה

הַהוּא hahú יִהְיֶה yihyé ייי יְהֹוָאדניאהדונהי Adonai אֶחָד ejad אהבה, דאגה

וּשְׁמוֹ uShmó מהש ע"ה, ע"ב בריבוע וקס"א ע"ה, אל שדי ע"ה אֶחָד ejad אהבה, דאגה:

Si has estado rezando solo, recita lo siguiente antes de comenzar el *Arvit* y antes de "*Aleinu*" en lugar de "*Barjú*":

אָמַר amar רַבִּי Rabí עֲקִיבָא Akivá וְחַיָּה jayá אַחַת ajat עוֹמֶדֶת omédet

בִּרְקִיעַ barakía וּשְׁמָהּ ushmá יִשְׂרָאֵל Yisrael וְחָקוּק vejakuk עַל al

מִצְחָהּ mitsjá יִשְׂרָאֵל. Yisrael עוֹמֶדֶת omédet בְּאֶמְצַע beémtsa

הָרָקִיעַ harakía וְאוֹמֶרֶת: veoméret בָּרְכוּ barjú יהוה ריבוע יהוה ריבוע מ"ה אֶת et

יְהֹוָאדניאהדונהי Adonai הַמְבֹרָךְ hamevoraj ס"ת כהת, משיח בן דוד ע"ה וְכָל vejol

ילי גְּדוּדֵי gdudei מַעְלָה mala עוֹנִים: onim בָּרוּךְ Baruj יְהֹוָאדניאהדונהי Adonai

הַמְבֹרָךְ hamevoraj לְעוֹלָם leolam ריבוע ס"ג וי' אותיות דס"ג וָעֶד. vaed

BENDICIÓN PARA LOS HIJOS

Después del *Kidush*, los kabbalistas recomiendan que cada padre bendiga a sus hijos porque es un momento de gracia y las bendiciones son abundantes. Como los niños no pueden atraer bendiciones sobre sí mismos a través de sus acciones, que un adulto lo haga será muy efectivo. La Luz de abundancia baja desde Arriba para adherirse a los niños y acogerlos porque ellos aún no han pecado, y a través de ellos las bendiciones pueden difundirse mejor. (No obstante, incluso los hijos adultos pueden recibir bendiciones de sus padres).

Como está escrito en la Torá:

"El Señor reinará por los siglos de los siglos" (Éxodo 15:18) y también está dicho: "El Señor será Rey sobre toda la Tierra y, en aquél día, el Señor será Uno y Uno su Nombre" (Zacarías 14:9).

Rabí Akivá dijo: Erguido en el Cielo, hay un animal llamado Israel, y Israel está grabada en su frente, y ella está de pie en el medio Cielo diciendo: Bendito sea el Señor, el Santísimo, Bendito sea Él, y todos los ejércitos del Cielo contestan: Bendito es el Señor, el Santísimo, Bendito sea Él, por siempre y para toda la eternidad.

Para un hijo:

יְשִׂימְךָ yesimjá אֱלֹהִים Elohim אהיה אדני ; ילה

כְּאֶפְרַיִם queEfrayim וְכִמְנַשֶּׁה vejiMenashé. Continúa con *"yevarejejá"*

Para una hija:

יְשִׂימֵךְ yesimej אֱלֹהִים Elohim אהיה אדני ; ילה

כְּשָׂרָה queSará רִבְקָה Rivká, רָחֵל Rajel וְלֵאָה veLeá.

Derecha

יְבָרֶכְךָ yevarejejá יְהֹוָהאדנייאהדונהי Adonai

וְיִשְׁמְרֶךָ veyishmereja ר"ת = יהוה ; וס"ת = מ"ה:

Izquierda

יָאֵר yaer כף ויו זין ויו יְהֹוָהאדנייאהדונהי Adonai | פָּנָיו panav אֵלֶיךָ eleja

וִיחֻנֶּךָּ vijuneca מנד ; יהה אותיות בפסוק:

Central

יִשָּׂא yisá יְהֹוָהאדנייאהדונהי Adonai | פָּנָיו panav אֵלֶיךָ eleja

וְיָשֵׂם veyasem לְךָ lejá שָׁלוֹם shalom

וְשָׂמוּ vesamu אֶת־ et שְׁמִי Shmí עַל־ al בְּנֵי bnei יִשְׂרָאֵל Yisrael

וַאֲנִי vaaní אני אֲבָרְכֵם avarjem:

הַמַּלְאָךְ hamalaj פוי, אל אדני הַגֹּאֵל hagoel אֹתִי otí מִכָּל־ micol ילי רָע ra

יְבָרֵךְ yevarej ע"סמ"ב, הברכה (למתק את ז' המלכים שמתו) אֶת־ et הַנְּעָרִים hanearim

וְיִקָּרֵא veyikaré עם ה' אותיות ב"פ קס"א בָהֶם vahem שְׁמִי shmí וְשֵׁם veshem

אֲבֹתַי avotai אַבְרָהָם Avraham וז"פ אל, רי"ו ול"ב נתיבות החכמה, רמ"ח (אברים),

עסמ"ב וט"ז אותיות פשוטות וְיִצְחָק veYitsjak ד"פ ב"ן וְיִדְגּוּ veyidgú

לָרֹב larov בְּקֶרֶב bekérev הָאָרֶץ haárets אלהים דההין ע"ה:

בֵּן ben פֹּרָת porat יוֹסֵף Yosef ציון, ו' הויות, קנאה בֵּן ben פֹּרָת porat עֲלֵי־ alei

עַיִן ayin ריבוע מ"ה בָּנוֹת banot צָעֲדָה tsaadá עֲלֵי־ alei שׁוּר shur ושר:

BENDICIÓN PARA LOS HIJOS

Para un hijo: *"Quiera Dios bendecirte como a Efrayim y como Menashé" (Génesis 48:20).*

Para una hija: *Quiera Dios bendecirte como a Sará, Rivká, Rajel y como Leá.*

(Derecha) *"Que el Señor te bendiga y te proteja.*

(Izquierda) *Que el Señor ilumine Su rostro sobre ti y te dé gracia.*

(Central) *Que el Señor torne Su rostro hacia ti y te conceda paz.*

Y ellos colocarán Mi Nombre sobre los Hijos de Israel y Yo los bendeciré" (Números 6:24-27). "El ángel que me redimió de todo mal bendiga a estos jóvenes, y pueda mi nombre y el nombre de mis padres, Avraham y Yitsjak, ser llamado sobre ellos. Y puedan crecer en multitudes en medio de la Tierra" (Génesis 48:16). "Una rama fructífera es Yosef. Una rama fructífera junto al pozo y cuyas ramas se extienden sobre el muro" (Génesis 49:22).

KIDUSH PARA LA NOCHE DE SHAVUOT

Cuando *Shavuot* (segundo día) cae un Viernes en la noche decimos lo siguiente:

יוֹם yom ע"ה נגד, מזבח, זן, אל יהוה הַשִּׁשִּׁי hashishí:

וַיְכֻלּוּ vayjulu ע"ב, ריבוע יהוה (י יה יהו יהוה) הַשָּׁמַיִם hashamáyim י"פ טל, י"פ כוזו
וְהָאָרֶץ vehaárets אלהים דההין ע"ה ; ר"ת והו וְכָל־ vejol צְבָאָם tsevaam ס"ת צלם :
וַיְכַל vayjal אֱלֹהִים Elohim אהיה אדני ; ילה בַּיּוֹם bayom ע"ה נגד, מזבח, זן, אל יהוה
הַשְּׁבִיעִי hashvií מְלַאכְתּוֹ melajtó אֲשֶׁר asher עָשָׂה asá וַיִּשְׁבֹּת vayishbot
בַּיּוֹם bayom ע"ה נגד, מזבח, זן, אל יהוה הַשְּׁבִיעִי hashvií מִכָּל־ micol ילי
מְלַאכְתּוֹ melajtó אֲשֶׁר asher עָשָׂה asá: וַיְבָרֶךְ vayvarej עסמ"ב, הברכה (למתק
את ז' המלכים שמתו) אֱלֹהִים Elohim אהיה אדני ; ילה אֶת־ et יוֹם yom ע"ה נגד, מזבח, זן, אל
יהוה הַשְּׁבִיעִי hashvií וַיְקַדֵּשׁ vaykadesh אֹתוֹ otó כִּי qui בוֹ vo שָׁבַת shavat
מִכָּל־ micol ילי מְלַאכְתּוֹ melajtó אֲשֶׁר־ asher בָּרָא bará קנ"א ב"ן, יהוה אלהים יהוה
אדני, מילוי קס"א וס"ג, מ"ה ברבוע וע"ב ע"ה אֱלֹהִים Elohim אהיה אדני ; ילה לַעֲשׂוֹת laasot:

אֵלֶּה ele מוֹעֲדֵי moadei יְהֹוָהאדניאהדונהי Adonai מִקְרָאֵי mikraéi קֹדֶשׁ kódesh
אֲשֶׁר־ asher תִּקְרְאוּ tikreú אֹתָם otam בְּמוֹעֲדָם bemoadam:
וַיְדַבֵּר vaydaber ראה מֹשֶׁה Moshé מהש, ע"ב בריבוע וקס"א, אל שדי, ד"פ אלהים ע"ה
אֶת־ et מוֹעֲדֵי moadei יְהֹוָהאדניאהדונהי Adonai אֶל־ el בְּנֵי bnei יִשְׂרָאֵל Yisrael:

סַבְרִי savrí מָרָנָן maranán

(respondemos) לְחַיִּים lejáyim אהיה אהיה יהוה, בינה ע"ה

בָּרוּךְ Baruj אַתָּה Atá יְהֹוָהאדניאהדונהי Adonai אֱלֹהֵינוּ Eloheinu
מֶלֶךְ Mélej הָעוֹלָם haolam בּוֹרֵא boré פְּרִי prí הַגָּפֶן haguefen:

KIDUSH PARA LA NOCHE DE SHAVUOT

VAYJULU

"Y se concluyeron los Cielos y la Tierra y todas sus huestes. Y completó Dios, en el séptimo día, la obra que Él había hecho. Y Él cesó, en el séptimo día, de toda Su obra que Él había hecho. Y bendijo Dios el séptimo día y Él lo santificó, porque en él descanso de toda Su obra creadora que Dios había hecho" (Génesis 2:1-3).

Esas son las festividades del Señor, Santa alianza deberán llamarlas en su momento.
Y Moshé les mencionó las festividades del Señor a los hijos de Israel. (Levítico 23:44)
Con su permiso, maestros míos. (Respondemos: *¡Por la vida!)*
Bendito eres Tú, Señor, Nuestro Dios, Rey del universo, Quien crea los frutos de la vid.

Eloheinu אֱלֹהֵינוּ Adonai יְהֹוָאדְהַנָּיאהדונהי Atá אַתָּה Baruj בָּרוּךְ

banu בָּנוּ bajar בָּחַר asher אֲשֶׁר haolam הָעוֹלָם Mélej מֶלֶךְ

•lashón לָשׁוֹן ילי micol מִכָּל veromemanu וְרוֹמְמָנוּ •am עָם ילי micol מִכָּל

כהת כ"פ vatitén וַתִּתֶּן •vemitsotav בְּמִצְוֹתָיו vekidshanu וְקִדְּשָׁנוּ

ילה Eloheinu אֱלֹהֵינוּ Adonai יְהֹוָאדְהַנָּיאהדונהי אדני אהיה אלהים, lanu לָנוּ

limnujá לִמְנוּחָה Shabatot שַׁבָּתוֹת :En *Shabat* agregar) ראגה ,אוזד beahavá בְּאַהֲבָה

uzmanim וּזְמַנִּים jaguim וְחַגִּים •lesimjá לְשִׂמְחָה moadim מוֹעֲדִים (u וּ

:En *Shabat* agregar) ,אל יהוה ,זן ,מזבח ,נגד ,ע"ה yom יוֹם et אֶת •lesasón לְשָׂשׂוֹן

Jag חַג וְחַג (אל יהוה ,זן ,מזבח ,נגד ,ע"ה yom יוֹם veet וְאֶת •והו hazé הַזֶּה haShabat הַשַּׁבָּת

אל יהוה ,זן ,מזבח ,נגד ,ע"ה yom יוֹם et אֶת •והו hazé הַזֶּה haShavuot הַשָּׁבוּעוֹת

matán מַתַּן zmán זְמַן •והו hazé הַזֶּה kodesh קֹדֶשׁ mikrá מִקְרָא והו tov טוֹב

•kodesh קֹדֶשׁ mikrá מִקְרָא ראגה ,אוזד beahavá בְּאַהֲבָה •Toratenu תּוֹרָתֵנוּ

•מצר Mitsráyim מִצְרָיִם litsiat לִיצִיאַת zéjer זֵכֶר

kidashta קִדַּשְׁתָּ veotanu וְאוֹתָנוּ bajarta בָחַרְתָּ banu בָנוּ qui כִּי

(u וּ veShabatot וְשַׁבָּתוֹת :En *Shabat* agregar) •haamim הָעַמִּים ילי micol מִכָּל

ראגה ,אוזד beahavá בְּאַהֲבָה :En *Shabat* agregar) ,kodshejá קָדְשֶׁךָ moadei מוֹעֲדֵי

(שדי אל ,ע"ה וקס"א בריבוע ע"ב ,ע"ה מהש uveratsón וּבְרָצוֹן

•hinjaltanu הִנְחַלְתָּנוּ uvesasón וּבְשָׂשׂוֹן vesimjá בְּשִׂמְחָה

mekadesh מְקַדֵּשׁ Adonai יְהֹוָאדְהַנָּיאהדונהי Atá אַתָּה Baruj בָּרוּךְ

:vehazmanim וְהַזְּמַנִּים Yisrael יִשְׂרָאֵל (ve וְ haShabat הַשַּׁבָּת :En *Shabat* agregar)

Cuando *Shavuot* cae sábado en la noche hacemos también la conexión de *Havdalá* (en el cuadro de la página siguiente), de otro modo continuamos con "*Shehejayanu*" en la página siguiente.

Bendito eres Tú, Señor, nuestro Dios, Rey del Mundo, que nos has elegido entre todas las naciones, nos has exaltado sobre todas las lenguas y nos has santificado con Tus preceptos. Y Tú, Señor, nuestro Dios, nos has dado con amor: (**en Shabat añade:** *Shabatot para el descanso y) tiempos señalados para regocijo, festivales y momentos para dicha,* (**en Shabat añade:** *este Shabat y este día) de la Fiesta de Shavuot; este buen día de Santa Convocatoria, el tiempo en que recibimos nuestra Torá. Con amor, una Santa Convocatoria, una remembranza de la salida de Egipto. Porque Tú nos has elegido y santificado por encima de las naciones.* (**en Shabat añade:** *Y Shabatot y) Tus santas festividades.* (**en Shabat añade:** *con amor y con favor) con regocijo y alegría Tú no has concedido. Bendito eres Tú, Señor, que santificas* (**en Shabat añade:** *el Shabat) Israel y los tiempos.*

HAVDALÁ

Cuando *Shavuot* cae sábado en la noche decimos lo siguiente:

בָּרוּךְ Baruj אַתָּה Atá יְהֹוָהאדניאהדונהי Adonai אֱלֹהֵינוּ Eloheinu ילה מֶלֶךְ Mélej
הָעוֹלָם haolam בּוֹרֵא boré מְאוֹרֵי meorei הָאֵשׁ haesh שאה:

בָּרוּךְ Baruj אַתָּה Atá יְהֹוָהאדניאהדונהי Adonai אֱלֹהֵינוּ Eloheinu ילה מֶלֶךְ Mélej
הָעוֹלָם haolam הַמַּבְדִּיל hamavdil בֵּין bein קֹדֶשׁ kodesh לְחוֹל lejol וּבֵין uvein
אוֹר or רז, א"ס לְחוֹשֶׁךְ lejóshej שך נצוצות של ז' המלכים וּבֵין uvein יִשְׂרָאֵל Yisrael
לָעַמִּים ,laamim וּבֵין uvein יוֹם yom ע"ה נגד, מזבח, זן, אל יהוה הַשְּׁבִיעִי hashvií
לְשֵׁשֶׁת lesheshet יְמֵי yemei הַמַּעֲשֶׂה .hamaasé בֵּין bein קְדֻשַּׁת kedushat
שַׁבָּת shabat לִקְדֻשַּׁת likdushat יוֹם yom ע"ה נגד, מזבח, זן, אל יהוה טוֹב tov והו
הִבְדַּלְתָּ .hivdalta וְאֶת veet יוֹם yom ע"ה נגד, מזבח, זן, אל יהוה הַשְּׁבִיעִי hashevií
מִשֵּׁשֶׁת mishéshet יְמֵי yemei הַמַּעֲשֶׂה hamaasé הִקְדַּשְׁתָּ .hikdashta
וְהִבְדַּלְתָּ vehivdalta וְהִקְדַּשְׁתָּ vehikdashta אֶת et עַמְּךָ amjá יִשְׂרָאֵל Yisrael
בִּקְדֻשָּׁתָךְ :bikdushataj בָּרוּךְ Baruj אַתָּה Atá יְהֹוָהאדניאהדונהי Adonai
הַמַּבְדִּיל hamavdil בֵּין bein קֹדֶשׁ kódesh לְקֹדֶשׁ :lekódesh

SHEHEJEYANU

בָּרוּךְ Baruj אַתָּה Atá יְהֹוָהאדניאהדונהי Adonai אֱלֹהֵינוּ Eloheinu ילה
מֶלֶךְ Mélej הָעוֹלָם haolam שֶׁהֶחֱיָנוּ shehejeyanu
וְקִיְּמָנוּ vekiyemanu וְהִגִּיעָנוּ vehiguianu לַזְּמַן lazmán הַזֶּה hazé והו:

HAVDALÁ

Bendito eres Tú, Señor, nuestro Dios, Rey del mundo, Quien crea las luminarias de fuego. Bendito eres Tú, Señor, nuestro Dios, Rey del mundo, Quien distingue entre lo Sagrado y lo mundano, y entre la Luz y la oscuridad, y entre Israel y las otras naciones, y entre el Séptimo Día y los seis días de acción. Entre la santidad del Shabat y la santidad de la festividad haces distinción. Y el Séptimo Día de los seis días de acción santificaste y diferenciaste y santificaste a Tu Nación Israel con tu Santidad. Bendito eres Tú, Señor, Quien distingue lo Sagrado de lo Sagrado

SHEHEJEYANU

Bendito eres Tú, Señor, nuestro Dios, Rey del universo,
que nos has otorgado la vida y subsistencia y nos ha permitido llegar hasta el momento presente.

COMENTARIOS DEL RAV SOBRE TIKÚN LEIL SHAVUOT

Rav Isaac Luria (El Arí) cita al *Zóhar*, diciendo: "*Y deben saber que quienquiera que no duerma en esta noche* [la noche de *Shavuot*] *en lo absoluto, ni siquiera por un instante, y se ocupa con la Torá toda la noche, tiene garantizado completar su año y ningún daño caerá sobre él durante este año*".

Este es un pasaje asombroso. Lo que significa es que, en la noche de *Shavuot*, podemos conectar con el poder de la eliminación de la muerte en un nivel que es suficiente para cuatro meses. Si somos cuidadosos y permanecemos despiertos todo el tiempo para hacer una conexión espiritual en la noche de *Shavuot*, se nos garantiza que no seremos forzados a abandonar este mundo, al menos, hasta el final del año actual. ¡Cuatro meses sin caos! Nada en este mundo, salvo la sabiduría de la Kabbalah, puede proporcionarnos tal tesoro.

Para entender mejor la conexión entre el mes de *Siván* y la festividad de *Shavuot*, tenemos que regresar un momento a la noche de *Hoshaná Rabá*, la cual "sella" la festividad de *Sucot*. Después de la medianoche, podemos salir e inspeccionar nuestra sombra bajo la luz de la Luna. Al inspeccionar nuestra sombra, podemos determinar si tenemos suficiente vida-energía que nos sustente por todo un año.

La luz de la Luna en esta noche es diferente de cualquier otra fuente de luz en cualquier otro momento. La sombra que inspeccionamos es diferente de cualquier otra sombra que tengamos en otro momento de nuestra vida. Es una sombra espiritual que indica la densidad de la vida-energía en cada área de nuestro cuerpo. Como unos rayos-x, esta sombra especial revela defectos interiores en nuestro cuerpo pero, a diferencia de los rayos-x, la sombra también revela el futuro. Esta sombra tiene un nombre especial: *Tsélem* (*tsel* en arameo es sombra; *Tsélem* se refiere a una imagen, específicamente "a imagen de Dios").

Del libro de Génesis, aprendemos que *Tsélem* también es un molde, una imagen. La humanidad fue creada a imagen y semejanza del Creador, y nosotros somos una copia auténtica del original. El *Tsélem* en realidad representa una conciencia y no una forma física. Esta conciencia *Tsélem* (imagen de la Conciencia Divina) es aquélla de unidad y armonía. Esta misma conciencia existe en todas las actividades fisiológicas y psicológicas del cuerpo en cualquier momento dado. Si una persona se lastima un dedo, todo el cuerpo se une inmediatamente en la tarea de reparar y sanar la herida. La atención, la posición del cuerpo, el nivel de actividad, la presión sanguínea y el pulso, el ritmo respiratorio, el nivel metabólico, el suministro de oxígeno al lugar de la herida; todo esto indica que cada célula en el cuerpo es afectada por tal evento y trabaja a fin de remediar y curar la herida.

De acuerdo con el *Tsélem* (imagen de la Conciencia Divina), podemos entender que todas las personas del mundo están unidas a nivel espiritual, lo cual la ciencia llama el nivel cuántico. Todos somos creados a imagen de Dios. Todas las personas tienen una misión similar en este nivel: revelar la Luz en el universo. Toda la humanidad es responsable de los unos por los otros, y cada uno de nosotros es necesario para alcanzar la Corrección Final y la redención del mundo. El *Tsélem* (imagen de la Conciencia Divina) enfoca la identidad individual y el interés individual en una necesidad común, así como ninguna célula en el cuerpo descansa hasta que la herida ha formado una costra. De este modo, a la identidad individual de cada célula se le otorga un significado positivo: Cada célula tiene una función o "talentos" que pueden ayudar a alcanzar la misión general. Esta conciencia de unidad total duplica la Luz porque sólo en la Luz no hay separación.

Según el Arí, el mensaje y la conciencia del signo astrológico de Géminis, en general y en la festividad de *Shavuot* específicamente, se concentran en un punto: *Tsélem*. El *Tsélem* (imagen de la Conciencia Divina) y su fuerza pueden armonizar y unificar todo en el universo en cualquier nivel o aspecto.

Reconocer esta fuerza e incluirla en nuestras actividades diarias puede revolucionar la calidad de vida de todos en todo el mundo. En cierta medida, alcanzar estos objetivos es cuestión de adquirir conocimiento, pero este aspecto intelectual es secundario. Nuestro camino a la meta es la manifestación de ideas y el logro del control de nuestro destino de una manera que nos permita terminar nuestra corrección y completar el propósito de toda la Creación, en cooperación total con el Creador.

La religión dice: Rézale al Creador en tiempos difíciles. El *Tsélem* dice: Tú eres el Creador. La Fuerza del Creador está dentro de ti. Permite que ésta fluya a través de ti, y el milagro ocurrirá inmediatamente. *Tsélem* es la vida-fuerza que late dentro de todo tu ser, lo que te da vida y te sustenta.

Está escrito en la Torá, al final de la porción de *Bemidbar*, que para que los levitas que trabajaban en el Templo no murieran, tenían que cumplir con una regla específica. Estaba prohibido mirar al Arca del Pacto a simple vista, y quienquiera que desobedeciera esta regla, moriría por la Fuerza de la Luz. Tenían la instrucción de que el Arca siempre debía estar cubierta. Sin embargo, la Torá usa la palabra "tragar" en vez de "mirar" o "ver". Es como si alguien intentara comerse al Arca. Es cierto que si yo ingiero agua o algún alimento, en el momento en el que cualquiera de éstos entre en mi cuerpo, nadie puede verlo. Pero, ¿por qué usar una expresión tan indirecta para explicar una idea tan sencilla?

Hay una diferencia fundamental entre algo que desaparece dentro de mí después de tragarlo y algo que cubro con una máscara o un pañuelo. Con una máscara o un pañuelo, aún es posible ver la forma de aquello que está ocultando. Por el contrario, algo que es tragado desaparece y no puede ser identificado; ni su forma ni su existencia. La lección que la Torá está transmitiendo es muy especial: cuando los levitas cubrían el Arca, el Arca simplemente desaparecía, como por arte de magia. La cubierta era visible, pero era imposible reconocer la forma de lo que estaba cubriendo.

¿Por qué? Porque el Arca del Pacto había perdido su identidad separada y sólo quedaba su *Tsélem*. Después de ser cubierta, el Arca se extendía de una conciencia de 1% a una conciencia de 99%. El Arca en realidad regresaba a su estado embrionario. Se volvía inidentificable, así como las células de un embrión no pueden identificarse al principio del embarazo y no podemos ver cuál célula se desarrollará para formar un corazón y cuál formará el hígado. Las células existen realmente, pero su esencia es oculta. Podemos aprender una lección importante de esto: las células unificadas se desarrollan para formar tejidos diferenciados, pero los tejidos como tal nunca pierden el aspecto unificado a partir del cual se desarrollaron.

Lo más cercano a la expresión física del *Tsélem* es el ADN en el núcleo de las células. Dado que el ADN duplica las células del cuerpo de una manera que permite que cualquier herida sane y que todas las células sean reemplazadas cada siete años, ¿por qué no puede decirle al cuerpo de una persona con una pierna amputada que haga crecer una pierna nueva? Fisiológicamente, esto es posible; la infraestructura física existe. Sólo la duda y la conciencia negativa evitan que esta clase de milagros ocurran todos los días. El *Tsélem* está en todo y en todas partes. Todas las células de nuestro cuerpo son 99% iguales; la diferenciación celular no es más que un efecto ilusorio. Entonces, ¿quién le dijo a cierta célula en el embrión que se desarrollara para formar un ojo y a otra para formar una oreja? Debe haber un aspecto espiritual más allá del físico que estableció esta realidad. Este aspecto espiritual es el *Tsélem Elokim*, la Imagen de Dios.

Cuando realmente amamos a la gente, nos identificamos con ellos como lo hacemos con nosotros mismos. Sentimos sus emociones como si fuesen las nuestras. Esta es la unidad del *Tsélem*. Separación del *Tsélem* es lo que evita que creemos milagros y que revelemos la totalidad de la Fuerza de Luz del Creador en el mundo. El Arí nos enseña que, con la ayuda del signo astrológico de Géminis y la festividad de *Shavuot*, podemos reprogramar nuestra conciencia, cambiando así nuestra conciencia analítica e ilusoria por la realidad del El *Tsélem* (imagen de la Conciencia Divina). De esta manera, el espíritu gobernará sobre la materia, y manifestaremos la Luz dentro de nosotros y lograremos el control del destino del universo.

El signo astrológico de este mes es Géminis, simbolizado por los gemelos, como los dos ángeles en el Arca, los cuales representan dos aspectos de un mismo elemento y, por lo tanto, expresa la unidad de las diferencias: el El *Tsélem* (imagen de la Conciencia Divina). La única razón por la que tratamos a la gente como individuos separados es debido a nuestra conciencia ilusoria controlada por el lado negativo. El *Tsélem* (imagen de la Conciencia Divina) hace posible que trascendamos la ilusión de la separación. El nivel de nuestro éxito depende de nuestro nivel de certeza en la Luz. Con la certeza, no hay necesidad de acudir al Creador en busca de ayuda; nosotros podemos simplemente unirnos con el Creador. Cuando nos volvemos como el Creador, podemos crear cualquier milagro que necesitemos.

Sin embargo, una vez que alcanzamos este nivel, sólo hay una prueba que superar: la prueba de la certeza. Cada día, el Satán nos confrontará con desafíos predecibles e impredecibles; nos dará razones para enfurecernos, rendirnos, ver la separación. Pero nosotros podemos escoger seguir trascendiendo todas las ilusiones, seguir confiando en la Luz, estar unidos con el Creador y crear soluciones para todos aquellos problemas ilusorios. Podemos ordenarle al automóvil que encienda y arranque, así como esperaríamos que Dios lo hiciera. El *Tsélem* es capaz de coordinar millones de actividades en el cuerpo porque tiene certeza con respecto a la Luz. Nuestra prueba es estar en unidad con nuestro vecino desagradable, con el empleado del fisco, con el gerente del banco que hizo que nuestro cheque rebotara, con nuestro estricto y desconsiderado jefe. El nivel de nuestro éxito depende de nuestro nivel de certeza en la Luz.

Existe una conexión entre *Shavuot* y *Lag BaÓmer*. *Shavuot* y *Lag BaÓmer* son fechas en las cuales podemos recibir enormes paquetes de vida-energía. En *Lag BaÓmer*, es muy sencillo: Lee el *Zóhar* tanto como sea posible a lo largo de la noche. En *Shavuot*, también es simple, pero hay algunas instrucciones específicas más. Para poder conectar con el *Kéter* de *Zeir Anpín* y establecer la erradicación de la muerte en nuestra vida, debemos leer un resumen de la Torá. (Para más información, lee las páginas I-VIII).

BERESHIT - GÉNESIS

בְּרֵאשִׁית בָּרָא קנ"א ב"ן אֱלֹהִים ילה אֵת הַשָּׁמַיִם י"פ טל, י"פ כוזו
וְאֵת הָאָרֶץ אלהים דההין ע"ה: וְהָאָרֶץ אלהים דההין ע"ה הָיְתָה תֹהוּ וָבֹהוּ
וְחֹשֶׁךְ ש"ך ניצוצות של ז' מלכים עַל־פְּנֵי חכמה בינה תְהוֹם וְרוּחַ אֱלֹהִים ילה, מום
מְרַחֶפֶת עַל־פְּנֵי חכמה בינה הַמָּיִם: וַיֹּאמֶר אֱלֹהִים ילה, מום יְהִי אוֹר רז, אין-סוף
וַיְהִי־אוֹר רז, אין-סוף: וַיַּרְא אֱלֹהִים ילה, מום אֶת־הָאוֹר רז, אין-סוף כִּי־טוֹב והו, אום
וַיַּבְדֵּל אֱלֹהִים ילה, מום בֵּין הָאוֹר רז, אין-סוף וּבֵין הַחֹשֶׁךְ ש"ך ניצוצות של ז' מלכים:
וַיִּקְרָא עם ה' אותיות = ב"פ קס"א אֱלֹהִים ילה, מום | לָאוֹר רז, אין-סוף יוֹם ע"ה = נגד, זן, מזבח
וְלַחֹשֶׁךְ ש"ך ניצוצות של ז' מלכים קָרָא לָיְלָה מלה וַיְהִי־עֶרֶב וַיְהִי־בֹקֶר
יוֹם ע"ה = נגד, זן, מזבח אֶחָד אהבה, דאגה: וַיֹּאמֶר אֱלֹהִים ילה, מום יְהִי רָקִיעַ בְּתוֹךְ
הַמָּיִם וִיהִי מַבְדִּיל בֵּין מַיִם לָמָיִם: וַיַּעַשׂ אֱלֹהִים ילה, מום אֶת־הָרָקִיעַ וַיַּבְדֵּל

בין המים אשר מתחת לרקיע ובין המים אשר מעל עלם לרקיע ויהי־כן:
ויקרא עם ה' אותיות = ב"פ קס"א אלהים ילה, מום לרקיע שמים י"פ טל, י"פ כוזו ויהי־
ערב ויהי־בקר יום ע"ה = נגד, זן, מזבח שני: ויאמר אלהים ילה, מום יקוו המים
מתחת השמים י"פ טל, י"פ כוזו אל־מקום אחד אהבה, דאגה ותראה היבשה
ויהי־כן: ויקרא עם ה' אותיות = ב"פ קס"א אלהים ילה, מום | ליבשה ארץ
ולמקוה קנ"א, אלהים אדני המים קרא ימים נלך וירא אלהים ילה, מום
כי־טוב והו, אום: ויאמר אלהים ילה, מום תדשא הארץ אלהים דההין ע"ה דשא
עשב ע"ב שמות מזריע זרע עץ פרי עשה פרי למינו אשר זרעו־בו
על־הארץ אלהים דההין ע"ה ויהי־כן: ותוצא הארץ אלהים דההין ע"ה דשא
עשב ע"ב שמות מזריע זרע למינהו ועץ עשה־פרי אשר זרעו־בו למינהו
וירא אלהים ילה, מום כי־טוב והו, אום: ויהי־ערב ויהי־בקר יום ע"ה = נגד, זן, מזבח
שלישי: ויאמר אלהים ילה, מום יהי מארת ברקיע השמים י"פ טל, י"פ כוזו
להבדיל בין היום ע"ה = נגד, זן, מזבח ובין הלילה מלה והיו לאתת ולמועדים
ולימים נלך ושנים: והיו למאורת ברקיע השמים י"פ טל, י"פ כוזו להאיר
על־הארץ אלהים דההין ע"ה ויהי־כן: ויעש אלהים ילה, מום את־שני המארת
הגדלים להח, מבה, יזל, אום את־המאור הגדל להח, מבה, יזל, אום לממשלת
היום ע"ה = נגד, זן, מזבח ואת־המאור הקטן לממשלת הלילה מלה ואת
הכוכבים: ויתן אתם אלהים ילה, מום ברקיע השמים י"פ טל, י"פ כוזו להאיר
על־הארץ אלהים דההין ע"ה: ולמשל ביום ע"ה = נגד, זן, מזבח ובלילה מלה ולהבדיל
בין האור רז, אין־סוף ובין החשך ש"ך ניצוצות של ז' מלכים וירא אלהים ילה, מום
כי־טוב והו, אום: ויהי־ערב ויהי־בקר יום ע"ה = נגד, זן, מזבח רביעי:
ויאמר אלהים ילה, מום ישרצו המים שרץ נפש חיה ועוף יעופף
על־הארץ אלהים דההין ע"ה על־פני וחכמה בינה רקיע השמים י"פ טל, י"פ כוזו: ויברא
אלהים ילה, מום את־התנינם הגדלים להח, מבה, יזל, אום ואת כל־ ילי נפש החיה |
הרמשת אשר שרצו המים למינהם ואת כל־ ילי עוף כנף ע"ה קנ"א, אלהים אדני
למינהו וירא אלהים ילה, מום כי־טוב והו, אום: ויברך עסמ"ב אתם אלהים ילה, מום
לאמר פרו ורבו ומלאו את־המים בימים נלך והעוף ירב בארץ:
ויהי־ערב ויהי־בקר יום ע"ה = נגד, זן, מזבח חמישי: ויאמר
אלהים ילה, מום תוצא הארץ אלהים דההין ע"ה נפש חיה למינה
בהמה ב"ן, לכב ורמש וחיתו־ארץ למינה ויהי־כן: ויעש אלהים ילה, מום
את־חית הארץ אלהים דההין ע"ה למינה ואת־הבהמה ב"ן, לכב למינה

וְאֵת כָּל־ ילי רֶמֶשׂ הָאֲדָמָה לְמִינֵהוּ וַיַּרְא אֱלֹהִים ילה, מום כִּי־טוֹב והו:
וַיֹּאמֶר אֱלֹהִים ילה, מום נַעֲשֶׂה אָדָם מ"ה בְּצַלְמֵנוּ כִּדְמוּתֵנוּ וְיִרְדּוּ רי"י
בִדְגַת הַיָּם ילי וּבְעוֹף הַשָּׁמַיִם י"פ טל, י"פ כוזו וּבַבְּהֵמָה ב"ן, לכב וּבְכָל־ לכב
הָאָרֶץ אלהים דההין ע"ה וּבְכָל־ לכב הָרֶמֶשׂ הָרֹמֵשׂ עַל־הָאָרֶץ אלהים דההין ע"ה:
וַיִּבְרָא אֱלֹהִים ילה, מום | אֶת־הָאָדָם מ"ה בְּצַלְמוֹ בְּצֶלֶם אֱלֹהִים ילה, מום
בָּרָא קנ"א ב"ן אֹתוֹ זָכָר וּנְקֵבָה בָּרָא קנ"א ב"ן אֹתָם: וַיְבָרֶךְ עסמ"ב אֹתָם
אֱלֹהִים ילה, מום וַיֹּאמֶר לָהֶם אֱלֹהִים ילה, מום פְּרוּ וּרְבוּ וּמִלְאוּ אֶת־
הָאָרֶץ אלהים דההין ע"ה וְכִבְשֻׁהָ וּרְדוּ בִּדְגַת הַיָּם ילי וּבְעוֹף הַשָּׁמַיִם י"פ טל, י"פ כוזו
וּבְכָל־ לכב חַיָּה הָרֹמֶשֶׂת עַל־ הָאָרֶץ אלהים דההין ע"ה: וַיֹּאמֶר אֱלֹהִים ילה, מום
הִנֵּה נָתַתִּי לָכֶם אֶת־כָּל־ ילי עֵשֶׂב ע"ב שמות | זֹרֵעַ זֶרַע אֲשֶׁר עַל־פְּנֵי וחכמה בינה
כָל־ ילי הָאָרֶץ אלהים דההין ע"ה וְאֶת־כָּל־ ילי הָעֵץ אֲשֶׁר־בּוֹ פְרִי־ עֵץ זֹרֵעַ זָרַע
לָכֶם יִהְיֶה יי לְאָכְלָה: וּלְכָל־ יה אדני חַיַּת הָאָרֶץ אלהים דההין ע"ה וּלְכָל־ יה אדני
עוֹף הַשָּׁמַיִם י"פ טל, י"פ כוזו וּלְכֹל יה אדני | רוֹמֵשׂ עַל־הָאָרֶץ אלהים דההין ע"ה
אֲשֶׁר־בּוֹ נֶפֶשׁ חַיָּה אֶת־כָּל־ ילי יֶרֶק עֵשֶׂב ע"ב שמות לְאָכְלָה וַיְהִי־כֵן: וַיַּרְא
אֱלֹהִים ילה, מום אֶת־כָּל־ ילי אֲשֶׁר עָשָׂה וְהִנֵּה־טוֹב והו מְאֹד וַיְהִי־עֶרֶב וַיְהִי־
בֹקֶר יוֹם ע"ה = נגד, זן, מזבח הַשִּׁשִּׁי: וַיְכֻלּוּ ע"ב, ריבוע יהוה הַשָּׁמַיִם י"פ טל, י"פ כוזו
וְהָאָרֶץ אלהים דההין ע"ה וְכָל־ ילי צְבָאָם: וַיְכַל אֱלֹהִים ילה, מום
בַּיּוֹם ע"ה = נגד, זן, מזבח הַשְּׁבִיעִי מְלַאכְתּוֹ אֲשֶׁר עָשָׂה וַיִּשְׁבֹּת
בַּיּוֹם ע"ה = נגד, זן, מזבח הַשְּׁבִיעִי מִכָּל־ ילי מְלַאכְתּוֹ אֲשֶׁר עָשָׂה: וַיְבָרֶךְ עסמ"ב
אֱלֹהִים ילה, מום אֶת־יוֹם ע"ה = נגד, זן, מזבח הַשְּׁבִיעִי וַיְקַדֵּשׁ אֹתוֹ כִּי בוֹ שָׁבַת
מִכָּל־ ילי מְלַאכְתּוֹ אֲשֶׁר־בָּרָא קנ"א ב"ן אֱלֹהִים ילה, מום לַעֲשׂוֹת:

וַיַּרְא יְהֹוָהאדניאהדונהי כִּי רַבָּה רָעַת הָאָדָם מ"ה בָּאָרֶץ וְכָל־ ילי יֵצֶר מַחְשְׁבֹת
לִבּוֹ רַק רַע כָּל־ ילי הַיּוֹם ע"ה = נגד, זן, מזבח: וַיִּנָּחֶם יְהֹוָהאדניאהדונהי כִּי־עָשָׂה
אֶת־הָאָדָם מ"ה בָּאָרֶץ וַיִּתְעַצֵּב אֶל־לִבּוֹ: וַיֹּאמֶר יְהֹוָהאדניאהדונהי אֶמְחֶה
אֶת־הָאָדָם מ"ה אֲשֶׁר־בָּרָאתִי מֵעַל עלם פְּנֵי וחכמה בינה הָאֲדָמָה מֵאָדָם מ"ה
עַד־בְּהֵמָה ב"ן, לכב עַד־רֶמֶשׂ וְעַד־עוֹף הַשָּׁמָיִם י"פ טל, י"פ כוזו כִּי נִחַמְתִּי
כִּי עֲשִׂיתִם: וְנֹחַ מָצָא חֵן מוזי בְּעֵינֵי ריבוע מ"ה יְהֹוָהאדניאהדונהי:

אֵלֶּה תּוֹלְדֹת נֹחַ נֹחַ אִישׁ צַדִּיק תָּמִים הָיָה יהה בְּדֹרֹתָיו אֶת־הָאֱלֹהִים ילה, מום
הִתְהַלֶּךְ־ מיה נֹחַ: וַיּוֹלֶד נֹחַ שְׁלֹשָׁה בָנִים אֶת־שֵׁם אֶת־חָם וְאֶת־יָפֶת: וַתִּשָּׁחֵת
הָאָרֶץ אלהים דההין ע"ה לִפְנֵי הָאֱלֹהִים ילה, מום וַתִּמָּלֵא הָאָרֶץ אלהים דההין ע"ה

חמס: וירא אלהים ילה, מום את־הארץ אלהים דההין ע"ה והנה נשחתה כי־
השחית כל־ ילי בשר את־דרכו על־הארץ אלהים דההין ע"ה:
ויקח ווען אברם ונחור להם נשים שם אשת־אברם שרי ושם אשת־נחור
מלכה בת־הרן אבי־מלכה ואבי יסכה: ותהי שרי עקרה אין לה ולד:
ויקח ווען תרח את־אברם בנו ואת־לוט בן־הרן בן־בנו ואת שרי כלתו
אשת אברם בנו ויצאו אתם מאור כשדים ללכת ארצה כנען ויבאו עד־
חרן וישבו שם: ויהיו ימי־תרח חמש שנים ומאתים שנה וימת תרח בחרן:

ויאמר יהוהאדניאהדונהי אל־אברם לך־לך מארצך וממולדתך
ומבית ב"פ ראה אביך אל־הארץ אלהים דההין ע"ה אשר אראך: ואעשך לגוי
גדול להח, מבה, יזל, אום ואברכך ואגדלה שמך והיה יהוה, יהה ברכה:
ואברכה מברכיך ומקללך אאר ונברכו יהוה ריבוע יהוה ריבוע מ"ה בך כל ילי
משפחת האדמה:

ואברהם וז"פ אל, רמ"ח בן־תשעים ותשע שנה בהמלו בשר ערלתו:
וישמעאל בנו בן־שלש עשרה שנה בהמלו את בשר ערלתו: בעצם
היום ע"ה = נגד, זן, מזבח הזה והו נמול אברהם וז"פ אל, רמ"ח וישמעאל בנו: וכל־
ילי אנשי ביתו ב"פ ראה יליד בית ב"פ ראה ומקנת־כסף מאת בן־נכר נמלו
אתו:

וירא אליו יהוהאדניאהדונהי באלני ממרא והוא ישב פתח־האהל כחם
היום ע"ה = נגד, זן, מזבח: וישא עיניו ריבוע מ"ה וירא והנה שלשה אנשים נצבים
עליו וירא וירץ לקראתם מפתח האהל וישתחו ארצה אלהים דההין ע"ה:
ויאמר אדני (ווול) אם־ יוהך נא מצאתי חן מוזי בעיניך ע"ה קס"א אל־נא תעבר
מעל עלם עבדך פוי: יקח־ ווען נא מעט־מים ורחצו רגליכם והשענו תחת
העץ: ואקחה פת־לחם ג"פ יהוה וסעדו לבכם אחר תעברו כי־על־כן
עברתם על־עבדכם ויאמרו כן תעשה כאשר דברת ראה:

ויהי אחרי הדברים ראה האלה ויגד לאברהם וז"פ אל, רמ"ח לאמר הנה ילדה
מלכה גם־הוא בנים לנחור אחיך: את־עוץ בכרו ואת־בוז אחיו
ואת־ קמואל אבי ארם: ואת־כשד ואת־חזו ואת־פלדש ואת־ידלף
ואת בתואל: ובתואל ילד את־רבקה שמנה אלה ילדה מלכה

לְנָחוֹר אֲחִי אַבְרָהָם ח"פ אל, רמ"ח: וּפִילַגְשׁוֹ וּשְׁמָהּ רְאוּמָה וַתֵּלֶד גַּם־הִוא
אֶת־טֶבַח וְאֶת־גַּחַם וְאֶת־תַּחַשׁ וְאֶת־מַעֲכָה:

וַיִּהְיוּ אל חַיֵּי שָׂרָה מֵאָה שָׁנָה וְעֶשְׂרִים שָׁנָה וְשֶׁבַע שָׁנִים שְׁנֵי חַיֵּי שָׂרָה:
וַתָּמָת שָׂרָה בְּקִרְיַת אַרְבַּע הִוא חֶבְרוֹן בְּאֶרֶץ כְּנָעַן וַיָּבֹא
אַבְרָהָם ח"פ אל, רמ"ח לִסְפֹּד לְשָׂרָה וְלִבְכֹּתָהּ: וַיָּקָם אַבְרָהָם ח"פ אל, רמ"ח
מֵעַל עלם פְּנֵי חכמה בינה מֵתוֹ וַיְדַבֵּר ראה אֶל־בְּנֵי־חֵת לֵאמֹר:

אֵלֶּה הֵם בְּנֵי יִשְׁמָעֵאל וְאֵלֶּה שְׁמֹתָם בְּחַצְרֵיהֶם וּבְטִירֹתָם שְׁנֵים־עָשָׂר
נְשִׂיאִם לְאֻמֹּתָם: וְאֵלֶּה שְׁנֵי חַיֵּי יִשְׁמָעֵאל מְאַת שָׁנָה וּשְׁלֹשִׁים שָׁנָה
וְשֶׁבַע שָׁנִים וַיִּגְוַע וַיָּמָת וַיֵּאָסֶף אֶל־עַמָּיו: וַיִּשְׁכְּנוּ מֵחֲוִילָה עַד־
שׁוּר אבגיתץ, ושר, אהבת חנם אֲשֶׁר עַל־פְּנֵי חכמה בינה מִצְרַיִם מצר בֹּאֲכָה אַשּׁוּרָה
עַל־פְּנֵי חכמה בינה כָל־ ילי אֶחָיו נָפָל:

וְאֵלֶּה תּוֹלְדֹת יִצְחָק ד"פ ב"ן בֶּן־אַבְרָהָם ח"פ אל, רמ"ח
אַבְרָהָם ח"פ אל, רמ"ח הוֹלִיד אֶת־יִצְחָק ד"פ ב"ן: וַיְהִי יִצְחָק ד"פ ב"ן בֶּן־אַרְבָּעִים
שָׁנָה בְּקַחְתּוֹ אֶת־רִבְקָה בַּת־בְּתוּאֵל הָאֲרַמִּי מִפַּדַּן אֲרָם אֲחוֹת לָבָן
הָאֲרַמִּי לוֹ לְאִשָּׁה: וַיֶּעְתַּר יִצְחָק ד"פ ב"ן לַיהֹוָה יאהדונהי לְנֹכַח ג"פ יהוה אִשְׁתּוֹ
כִּי עֲקָרָה הִוא וַיֵּעָתֶר לוֹ יְהֹוָה יאהדונהי וַתַּהַר רִבְקָה אִשְׁתּוֹ:

וַיִּשְׁמַע יַעֲקֹב יאהדונהי אידהנויה אֶל־אָבִיו וְאֶל־אִמּוֹ וַיֵּלֶךְ כלי פַּדֶּנָה אֲרָם: וַיַּרְא
עֵשָׂו כִּי רָעוֹת בְּנוֹת כְּנָעַן בְּעֵינֵי ריבוע מ"ה יִצְחָק ד"פ ב"ן אָבִיו:
וַיֵּלֶךְ כלי עֵשָׂו אֶל־יִשְׁמָעֵאל וַיִּקַּח חעם אֶת־מַחֲלַת | בַּת־יִשְׁמָעֵאל בֶּן־
אַבְרָהָם ח"פ אל, רמ"ח אֲחוֹת נְבָיוֹת עַל־נָשָׁיו לוֹ לְאִשָּׁה:

וַיֵּצֵא יַעֲקֹב יאהדונהי אידהנויה מִבְּאֵר קנ"א ב"ן שָׁבַע וַיֵּלֶךְ כלי חָרָנָה:
וַיִּפְגַּע בַּמָּקוֹם וַיָּלֶן שָׁם כִּי־בָא הַשֶּׁמֶשׁ וַיִּקַּח חעם מֵאַבְנֵי הַמָּקוֹם וַיָּשֶׂם
מְרַאֲשֹׁתָיו ריבוע אלהים ואלהים דיודין ע"ה וַיִּשְׁכַּב בַּמָּקוֹם הַהוּא: וַיַּחֲלֹם וְהִנֵּה סֻלָּם
מֻצָּב אַרְצָה אלהים דההין ע"ה וְרֹאשׁוֹ ריבוע אלהים ואלהים דיודין ע"ה מַגִּיעַ הַשָּׁמָיְמָה
וְהִנֵּה מַלְאֲכֵי אֱלֹהִים ילה, מום עֹלִים וְיֹרְדִים ר"י בּוֹ:

וַיַּשְׁכֵּם לָבָן בַּבֹּקֶר וַיְנַשֵּׁק לְבָנָיו וְלִבְנוֹתָיו וַיְבָרֶךְ עסמ"ב אֶתְהֶם
וַיֵּלֶךְ כלי וַיָּשָׁב לָבָן לִמְקֹמוֹ: וְיַעֲקֹב יאהדונהי אידהנויה הָלַךְ מיה לְדַרְכּוֹ
וַיִּפְגְּעוּ־בוֹ מַלְאֲכֵי אֱלֹהִים ילה, מום: וַיֹּאמֶר יַעֲקֹב יאהדונהי אידהנויה כַּאֲשֶׁר רָאָם

מַחֲנֵה אֱלֹהִים ילה, מום זֶה וַיִּקְרָא עם ה' אותיות = ב"פ קס"א שֵׁם־הַמָּקוֹם הַהוּא מַחֲנָיִם׃

וַיִּשְׁלַח יַעֲקֹב יאהדונהי אידהנויה מַלְאָכִים לְפָנָיו אֶל־עֵשָׂו אָחִיו אַרְצָה אלהים דההין ע"ה שֵׂעִיר שְׂדֵה אֱדוֹם׃ וַיְצַו אֹתָם לֵאמֹר כֹּה היי תֹאמְרוּן לַאדֹנִי לְעֵשָׂו כֹּה היי אָמַר עַבְדְּךָ פוי יַעֲקֹב יאהדונהי אידהנויה עִם־לָבָן גַּרְתִּי וָאֵחַר עַד־עָתָּה׃ וַיְהִי־לִי שׁוֹר אבגיתצ, ושר, אהבת חנם וַחֲמוֹר צֹאן וְעֶבֶד וְשִׁפְחָה וָאֶשְׁלְחָה לְהַגִּיד לַאדֹנִי לִמְצֹא־חֵן מוזי בְּעֵינֶיךָ ע"ה קס"א׃

וְאֵלֶּה שְׁמוֹת אַלּוּפֵי עֵשָׂו לְמִשְׁפְּחֹתָם לִמְקֹמֹתָם בִּשְׁמֹתָם אַלּוּף תִּמְנָע אַלּוּף עַלְוָה אַלּוּף יְתֵת׃ אַלּוּף אָהֳלִיבָמָה אַלּוּף אֵלָה אַלּוּף פִּינֹן׃ אַלּוּף קְנַז אַלּוּף תֵּימָן אַלּוּף מִבְצָר׃ אַלּוּף מַגְדִּיאֵל אַלּוּף עִירָם אֵלֶּה ׀ אַלּוּפֵי אֱדוֹם לְמֹשְׁבֹתָם בְּאֶרֶץ אֲחֻזָּתָם הוּא עֵשָׂו אֲבִי אֱדוֹם׃

וַיֵּשֶׁב יַעֲקֹב יאהדונהי אידהנויה בְּאֶרֶץ מְגוּרֵי אָבִיו בְּאֶרֶץ כְּנָעַן׃ אֵלֶּה ׀ תֹּלְדוֹת יַעֲקֹב יאהדונהי אידהנויה יוֹסֵף ציון, ו"פ יהוה בֶּן־שְׁבַע־עֶשְׂרֵה שָׁנָה הָיָה יהה רֹעֶה רהע אֶת־אֶחָיו בַּצֹּאן וְהוּא נַעַר אֶת־בְּנֵי בִלְהָה וְאֶת־בְּנֵי זִלְפָּה נְשֵׁי אָבִיו וַיָּבֵא יוֹסֵף ציון, ו"פ יהוה אֶת־דִּבָּתָם רָעָה רהע אֶל־אֲבִיהֶם׃ וְיִשְׂרָאֵל אָהַב אֶת־יוֹסֵף ציון, ו"פ יהוה מִכָּל־ ילי בָּנָיו כִּי־בֶן־זְקֻנִים הוּא לוֹ וְעָשָׂה לוֹ כְּתֹנֶת פַּסִּים׃

וַיְהִי ׀ בַּיּוֹם ע"ה = נגד, זן, מזבח הַשְּׁלִישִׁי יוֹם ע"ה = נגד, זן, מזבח הֻלֶּדֶת אֶת־פַּרְעֹה וַיַּעַשׂ מִשְׁתֶּה לְכָל־ יה אדני עֲבָדָיו וַיִּשָּׂא אֶת־רֹאשׁ ׀ ריבוע אלהים ואלהים דיודין ע"ה שַׂר הַמַּשְׁקִים וְאֶת־רֹאשׁ ריבוע אלהים ואלהים דיודין ע"ה שַׂר הָאֹפִים בְּתוֹךְ עֲבָדָיו׃ וַיָּשֶׁב אֶת־שַׂר הַמַּשְׁקִים עַל־מַשְׁקֵהוּ וַיִּתֵּן הַכּוֹס אלהים, מום עַל־כַּף פַּרְעֹה׃ וְאֵת שַׂר הָאֹפִים תָּלָה כַּאֲשֶׁר פָּתַר לָהֶם יוֹסֵף ציון, ו"פ יהוה׃ וְלֹא־זָכַר שַׂר־הַמַּשְׁקִים אֶת־יוֹסֵף ציון, ו"פ יהוה וַיִּשְׁכָּחֵהוּ׃

וַיְהִי מִקֵּץ מנק שְׁנָתַיִם יָמִים נלך וּפַרְעֹה חֹלֵם וְהִנֵּה עֹמֵד עַל־הַיְאֹר כף ויו זין ויו׃ וְהִנֵּה מִן־הַיְאֹר כף ויו זין ויו עֹלֹת אבגיתצ, ושר, אהבת חנם שֶׁבַע פָּרוֹת יְפוֹת מַרְאֶה וּבְרִיאֹת בָּשָׂר וַתִּרְעֶינָה בָּאָחוּ׃ וְהִנֵּה שֶׁבַע פָּרוֹת אֲחֵרוֹת עֹלוֹת אבגיתצ, ושר, אהבת חנם אַחֲרֵיהֶן מִן־הַיְאֹר כף ויו זין ויו רָעוֹת מַרְאֶה וְדַקּוֹת בָּשָׂר וַתַּעֲמֹדְנָה אֵצֶל הַפָּרוֹת עַל־שְׂפַת הַיְאֹר כף ויו זין ויו׃

ותאכלנה הפרות רעות המראה ודקת הבשר את שבע הפרות יפת
המראה והבריאת וייקץ פרעה:
ויבא יהודה ואחיו ביתה ב"פ ראה יוסף ציון, ו"פ יהוה והוא עודנו שם ויפלו לפניו
ארצה אלהים דההין ע"ה: ויאמר להם יוסף ציון, ו"פ יהוה מה־ מ"ה המעשה הזה והו
אשר עשיתם הלוא ידעתם כי־נחש ינחש איש אשר כמני: ויאמר יהודה
מה־ מ"ה נאמר לאדני מה־ מ"ה נדבר ראה ומה־ מ"ה נצטדק האלהים ילה, מום
מצא את־עון עבדיך הננו עבדים לאדני גם־אנחנו גם אשר־נמצא
הגביע בידו: ויאמר חלילה לי מעשות זאת האיש אשר נמצא הגביע
בידו הוא יהיה־ ייי לי עבד ואתם עלו לשלום אל־אביכם:

ויגש אליו יהודה ויאמר בי אדני ידבר־ ראה נא עבדך פוי דבר ראה
באזני יוד הי ואו הה אדני ואל־יחר אפך בעבדך פוי כי כמוך כפרעה:
אדני שאל את־ עבדיו לאמר היש־לכם אב או־אח: ונאמר אל־ אדני
יש־לנו אלהים, מום אב זקן וילד זקנים קטן ואחיו מת ויותר הוא לבדו מ"ב
לאמו ואביו אהבו:

ויאמרו החיתנו נמצא־חן מוזי בעיני ריבוע מ"ה אדני והיינו עבדים לפרעה:
וישם אתה יוסף ציון, ו"פ יהוה לחק עד־היום ע"ה = נגד, זן, מזבח הזה והו
על־אדמת מצרים מצר לפרעה לחמש רק אדמת הכהנים לבדם
לא היתה לפרעה: וישב ישראל בארץ מצרים מצר בארץ גשן
ויאחזו בה ויפרו וירבו מאד:

ויחי יעקב יאהדונהי אידהנויה בארץ מצרים מצר שבע עשרה שנה
ויהי ימי־יעקב יאהדונהי אידהנויה שני חייו שבע שנים וארבעים ומאת שנה:
ויקרבו ימי־ישראל למות ויקרא עם ה' אותיות = ב"פ קס"א | לבנו ליוסף ציון, ו"פ יהוה
ויאמר לו אם־ יוהך נא מצאתי חן מוזי בעיניך ע"ה קס"א שים־נא ידך
תחת ירכי ועשית עמדי חסד ע"ב, ריבוע יהוה ואמת אהיה פעמים אהיה, ז"פ ס"ג
אל־נא תקברני במצרים מצר: ושכבתי עם־אבתי ונשאתני
ממצרים מצר וקברתני בקברתם ויאמר אנכי איע אעשה כדברך ראה:

ויאמר השבעה לי וישבע לו וישתחו ישראל על־
ראש ריבוע אלהים ואלהים דיודין ע"ה המטה:
וירא יוסף ציון, ו"פ יהוה לאפרים בני שלשים גם בני מכיר בן־מנשה ילדו
על־ברכי יוסף ציון, ו"פ יהוה: ויאמר יוסף ציון, ו"פ יהוה אל־אחיו אנכי איע מת
ואלהים ילה, מום פקד יפקד אתכם והעלה אתכם מן־הארץ אלהים דההין ע"ה
הזאת אל־הארץ אלהים דההין ע"ה אשר נשבע לאברהם וז"פ אל, רמ"ח
ליצחק ד"פ ב"ן וליעקב יאהדונהי אידהנויה: וישבע יוסף ציון, ו"פ יהוה את־בני ישראל
לאמר פקד יפקד אלהים ילה, מום אתכם והעלתם את־עצמתי מזה:
וימת יוסף ציון, ו"פ יהוה (יְפָ—YuFa)
בן־מאה ועשר שנים ויחנטו אתו ויישם בארון במצרים מצר:

SHEMOT - ÉXODO

ואלה מ"ב שמות בני ישראל הבאים מצרימה מצר את יעקב
ז"פ יהוה, יאהדונהי אידהנויה איש ע"ה קנ"א קס"א וביתו באו: ראובן ג"פ אלהים שמעון
לוי דמב, מילוי ע"ב ויהודה: יששכר י"פ אל י"פ ב"ן זבולן ובנימן: דן ונפתלי גד
ואשר מלוי אהיה דיודין: ויהי אל כל־ ילי נפש רמ"ח ז' הויות יצאי ירך־
יעקב ז"פ יהוה, יאהדונהי אידהנויה שבעים נפש רמ"ח ז' הויות ויוסף ציון, קנאה, ו' הויות
היה יהה במצרים מצר: וימת יוסף ציון, קנאה, ו' הויות וכל־ ילי אחיו וכל ילי הדור
ההוא: ובני ישראל פרו וישרצו וירבו ויעצמו במאד מ"ה מאד מ"ה
ותמלא הארץ אלהים דההין ע"ה אתם:

וישב משה מהש, אל שדי אל־יהוה(אדני)יאהדונהי ויאמר אדני ללה למה הרעתה
לעם הזה והו למה זה שלחתני: ומאז ומב באתי אל־פרעה לדבר ראה
בשמך הרע לעם הזה והו והצל לא־הצלת את־עמך ה' הויות, נמם: ויאמר
יהוה(אדני)יאהדונהי אל־משה מהש, אל שדי עתה תראה אשר אעשה לפרעה כי
ביד חזקה ישלחם וביד חזקה יגרשם מארצו:

וידבר ראה אלהים מום, אהיה אדני ; ילה אל־משה מהש, אל שדי ויאמר אליו
אני אני, טדה"ד כוז"ו יהוה(אדני)יאהדונהי: וארא אל־אברהם רמ"ח, וז"פ אל אל־
יצחק ד"פ ב"ן ואל־יעקב ז"פ יהוה, יאהדונהי אידהנויה באל ייא"י שדי רפ"ח יהוה
ושמי רבוע ע"ב ורבוע ס"ג יהוה(אדני)יאהדונהי לא נודעתי להם: וגם יג"ל הקמתי את־
בריתי אתם לתת להם את־ארץ אלהים דאלפין כנען את ארץ אלהים דאלפין

מגריהם אשר גרו בה: וגם יג״ל | אני אני, טדה״ד כוז״ו שמעתי את נאקת בני ישראל אשר מצרים מצר מעבדים אתם ואזכר את בריתי:

ויצא משה מהש, אל שדי מעם פרעה את העיר סוזוזף, ערי, סנדלפון ויפרש כפיו אל יהוה יאהדונהי ויחדלו הקלות והברד ראה ומטר רמ״ח ע״ה לא נתך ארצה אלהים דההין: וירא אלף למד יהוה פרעה כי חדל המטר רמ״ח ע״ה והברד ראה והקלת ויסף לחטא ויכבד לבו הוא ועבדיו: ויחזק לב פרעה ולא שלח את בני ישראל כאשר דבר ראה יהוה יאהדונהי ביד משה מהש, אל שדי:

ויאמר יהוה יאהדונהי אל משה מהש, אל שדי בא אל פרעה כי אני אני, טדה״ד כוז״ו הכבדתי את לבו ואת לב עבדיו למען שתי אתתי אלה בקרבו: ולמען תספר באזני בנך ובן בנך את אשר התעללתי במצרים מצר ואת אתתי אשר שמתי בם מ״ב וידעתם כי אני אני, טדה״ד כוז״ו יהוה יאהדונהי: ויבא משה מהש, אל שדי ואהרן ע״ב רבוע ע״ב אל פרעה ויאמרו אליו כה היי אמר יהוה יאהדונהי אלהי דמב, ילה העברים עד מתי מאנת לענת מפני שלח עמי ויעבדני:

והיה יהוה כי יבאך יהוה יאהדונהי אל ארץ אלהים דאלפין הכנעני כאשר נשבע לך ולאבתיך ונתנה לך: והעברת כל ילי פטר רפ״ח ע״ה רחם רמ״ח, ח״פ אל ליהוה יאהדונהי וכל ילי פטר רפ״ח ע״ה | שגר בהמה ב״ן, לכב, יבמ אשר יהיה ייי לך הזכרים ליהוה יאהדונהי: וכל ילי פטר רפ״ח ע״ה חמר תפדה בשה ואם יוהך, ע״ה מ״ב לא תפדה וערפתו וכל ילי בכור אדם מ״ה בבניך תפדה: והיה יהוה כי ישאלך בנך מחר רמ״ח לאמר מה מ״ה זאת ואמרת אליו בחזק פהל יד הוציאנו יהוה יאהדונהי ממצרים מצר מבית ב״פ ראה עבדים: ויהי אל כי הקשה פרעה לשלחנו ויהרג יהוה יאהדונהי כל ילי בכור בארץ אלהים דאלפין מצרים מצר מבכר אדם מ״ה ועד בכור בהמה ב״ן, לכב, יבמ על כן אני אני, טדה״ד כוז״ו זבח ליהוה יאהדונהי כל ילי פטר רפ״ח ע״ה רחם רמ״ח, ח״פ אל הזכרים וכל ילי בכור בני אפדה: והיה יהוה לאות על ידכה ולטוטפת בין עיניך ע״ה קס״א כי בחזק פהל יד הוציאנו יהוה יאהדונהי ממצרים מצר:

ויהי אל, ייא״י בשלח פרעה את העם ולא נחם אלהים מום, אהיה אדני ; ילה

דֶּרֶךְ ב״פ יב״ק אֶרֶץ אלהים דאלפין פְּלִשְׁתִּים י״פ אלהים כִּי קָרוֹב הוּא כִּי | אָמַר
אֱלֹהִים מום, אהיה אדני ; ילה פֶּן־יִנָּחֵם הָעָם בִּרְאֹתָם מִלְחָמָה וְשָׁבוּ מִצְרָיְמָה מצר:
וַיַּסֵּב אֱלֹהִים מום, אהיה אדני ; ילה | אֶת־הָעָם דֶּרֶךְ ב״פ יב״ק הַמִּדְבָּר יַם־ ילי סוּף
וַחֲמֻשִׁים עָלוּ בְנֵי־יִשְׂרָאֵל מֵאֶרֶץ אלהים דאלפין מִצְרָיִם מצר: וַיִּקַּח ווע״ם
מֹשֶׁה מהש, אל שדי אֶת־עַצְמוֹת יוֹסֵף ציון, קנאה, ו״פ יהוה עִמּוֹ כִּי
הַשְׁבֵּעַ ע״ב ואלהים דיודין הִשְׁבִּיעַ אֶת־בְּנֵי יִשְׂרָאֵל לֵאמֹר פָּקֹד רבוע ע״ב
יִפְקֹד רבוע ע״ב אֱלֹהִים מום, אהיה אדני ; ילה אֶתְכֶם וְהַעֲלִיתֶם אֶת־עַצְמֹתַי
מִזֶּה אִתְּכֶם: וַיִּסְעוּ מִסֻּכֹּת וַיַּחֲנוּ בְאֵתָם בִּקְצֵה ה״פ טל, ג״פ אדני הַמִּדְבָּר:
וַיהֹוָ֘אדני֘אהדונהי הֹלֵךְ מיה לִפְנֵיהֶם יוֹמָם בְּעַמּוּד עָנָן לַנְחֹתָם הַדֶּרֶךְ ב״פ יב״ק
וְלַיְלָה מלה בְּעַמּוּד אֵשׁ אלהים דיודין ע״ה לְהָאִיר לָהֶם לָלֶכֶת יוֹמָם וָלָיְלָה מלה:
לֹא־יָמִישׁ עַמּוּד הֶעָנָן יוֹמָם וְעַמּוּד הָאֵשׁ אלהים דיודין ע״ה לָיְלָה מלה לִפְנֵי הָעָם:

וַיֹּאמֶר יְהֹוָ֘אדני֘אהדונהי אֶל־מֹשֶׁה מהש, אל שדי כְּתֹב זֹאת זִכָּרוֹן ע״ב קס״א נש״ב
בַּסֵּפֶר וְשִׂים בְּאָזְנֵי יְהוֹשֻׁעַ כִּי־מָחֹה אֶמְחֶה אֶת־זֵכֶר עֲמָלֵק ב״פ ק״ך מִתַּחַת
הַשָּׁמָיִם י״פ טל, י״פ כוזו: וַיִּבֶן וזיים, בינה ע״ה מֹשֶׁה מהש, אל שדי מִזְבֵּחַ זן, נגד
וַיִּקְרָא עם ה׳ אותיות = ב״פ קס״א שְׁמוֹ מהש ע״ה, אל שדי ע״ה יְהֹוָ֘אדני֘אהדונהי | נִסִּי: וַיֹּאמֶר
כִּי־יָד עַל־כֵּס יָהּ מִלְחָמָה לַיהֹוָ֘אדני֘אהדונהי בַּעֲמָלֵק ב״פ ק״ך מִדֹּר דֹּר:

וַיִּשְׁמַע יִתְרוֹ קס״א קס״א קנ״א קמ״ג כֹהֵן מלה מִדְיָן חֹתֵן מֹשֶׁה מהש, אל שדי אֵת
כָּל־ ילי אֲשֶׁר עָשָׂה אֱלֹהִים מום, אהיה אדני ; ילה לְמֹשֶׁה מהש, אל שדי וּלְיִשְׂרָאֵל
עַמּוֹ כִּי־הוֹצִיא יְהֹוָ֘אדני֘אהדונהי אֶת־יִשְׂרָאֵל מִמִּצְרָיִם מצר: וַיִּקַּח ווע״ם
יִתְרוֹ קס״א קס״א קנ״א קמ״ג חֹתֵן מֹשֶׁה מהש, אל שדי אֶת־צִפֹּרָה אֵשֶׁת
מֹשֶׁה מהש, אל שדי אַחַר שִׁלּוּחֶיהָ: וְאֵת שְׁנֵי בָנֶיהָ אֲשֶׁר שֵׁם יהוה שדי
הָאֶחָד אהבה, דאגה גֵּרְשֹׁם רבוע קס״א כִּי אָמַר גֵּר ב״ן קנ״א הָיִיתִי
בְּאֶרֶץ אלהים דאלפין נָכְרִיָּה:

בַּחֹדֶשׁ י״ב הוויות הַשְּׁלִישִׁי לְצֵאת ר״ת הבל בְּנֵי־יִשְׂרָאֵל מֵאֶרֶץ אלהים דאלפין
מִצְרָיִם מצר בַּיּוֹם ע״ה = נגד, זן, מזבח הַזֶּה והו בָּאוּ מִדְבַּר סִינָי נמם, ה״פ יהוה:
וַיִּסְעוּ מֵרְפִידִים וַיָּבֹאוּ מִדְבַּר סִינַי נמם, ה״פ יהוה וַיַּחֲנוּ בַּמִּדְבָּר רמ״ח, וז״פ אל
וַיִּחַן־שָׁם יִשְׂרָאֵל נֶגֶד זן, מזבח הָהָר רבוע אלהים + ה׳: וּמֹשֶׁה מהש, אל שדי
עָלָה אֶל־הָאֱלֹהִים מום, אהיה אדני ; ילה וַיִּקְרָא עם ה׳ אותיות = ב״פ קס״א אֵלָיו
יְהֹוָ֘אדני֘אהדונהי מִן־הָהָר לֵאמֹר כֹּה היי תֹאמַר לְבֵית ב״פ ראה

יַעֲקֹב ז"פ יהוה, יאהדונהי אידהנויה וְתַגֵּיד לִבְנֵי יִשְׂרָאֵל: אַתֶּם רְאִיתֶם אֲשֶׁר
עָשִׂיתִי לְמִצְרָיִם מצר וָאֶשָּׂא אֶתְכֶם עַל־כַּנְפֵי נְשָׁרִים וָאָבִא אֶתְכֶם אֵלָי:
וְעַתָּה אִם־ יוהך, ע"ה מ"ב שָׁמוֹעַ תִּשְׁמְעוּ בְּקֹלִי וּשְׁמַרְתֶּם אֶת־בְּרִיתִי וִהְיִיתֶם
לִי סְגֻלָּה מִכָּל־ ילי הָעַמִּים ע"ה קס"א כִּי־לִי כָּל־ ילי הָאָרֶץ אלהים דההין ע"ה:
וְאַתֶּם תִּהְיוּ־לִי מַמְלֶכֶת כֹּהֲנִים מלה וְגוֹי קָדוֹשׁ אֵלֶּה הַדְּבָרִים ראה אֲשֶׁר
תְּדַבֵּר ראה אֶל־בְּנֵי יִשְׂרָאֵל: וַיָּבֹא מֹשֶׁה מהש, אל שדי וַיִּקְרָא עם ה' אותיות = ב"פ קס"א
לְזִקְנֵי הָעָם וַיָּשֶׂם לִפְנֵיהֶם אֵת כָּל־ ילי הַדְּבָרִים ראה הָאֵלֶּה אֲשֶׁר צִוָּהוּ
יְהֹוָה אדני יאהדונהי: וַיַּעֲנוּ כָל־ ילי הָעָם יַחְדָּו וַיֹּאמְרוּ כֹּל ילי אֲשֶׁר־דִּבֶּר ראה
יְהֹוָה אדני יאהדונהי נַעֲשֶׂה וַיָּשֶׁב מֹשֶׁה מהש, אל שדי אֶת־דִּבְרֵי ראה הָעָם
אֶל־יְהֹוָה אדני יאהדונהי: וַיֹּאמֶר יְהֹוָה אדני יאהדונהי אֶל־מֹשֶׁה מהש, אל שדי הִנֵּה מ"ה יה
אָנֹכִי איע בָּא אֵלֶיךָ אני בְּעַב הֶעָנָן בַּעֲבוּר יִשְׁמַע הָעָם בְּדַבְּרִי ראה
עִמָּךְ ה' הויות, נמם וְגַם־ יג"ל בְּךָ יַאֲמִינוּ לְעוֹלָם וַיַּגֵּד מֹשֶׁה מהש, אל שדי
אֶת־דִּבְרֵי ראה הָעָם אֶל־יְהֹוָה אדני יאהדונהי: וַיֹּאמֶר יְהֹוָה אדני יאהדונהי
אֶל־מֹשֶׁה מהש, אל שדי לֵךְ אֶל־הָעָם וְקִדַּשְׁתָּם הַיּוֹם ע"ה = נגד, זן, מזבח
וּמָחָר רמ"ח וְכִבְּסוּ שִׂמְלֹתָם: וְהָיוּ נְכֹנִים לַיּוֹם ע"ה = נגד, זן, מזבח הַשְּׁלִישִׁי כִּי |
בַּיּוֹם ע"ה = נגד, זן, מזבח הַשְּׁלִשִׁי יֵרֵד יְהֹוָה אדני יאהדונהי לְעֵינֵי ריבוע מ"ה כָל־ ילי הָעָם
עַל־הַר רבוע אלהים - ה' סִינָי נמם, ה"פ יהוה: וְהִגְבַּלְתָּ אֶת־הָעָם סָבִיב לֵאמֹר
הִשָּׁמְרוּ לָכֶם עֲלוֹת בָּהָר אור, רז וּנְגֹעַ מלוי אהיה דאלפין בְּקָצֵהוּ כָּל־ ילי
הַנֹּגֵעַ מלוי אהיה דאלפין בָּהָר אור, רז מוֹת יוּמָת: לֹא־תִגַּע בּוֹ יָד כִּי־סָקוֹל יִסָּקֵל
אוֹ־יָרֹה יִיָּרֶה אִם־ יוהך, ע"ה מ"ב בְּהֵמָה ב"ן, לכב, יבמ אִם־ יוהך, ע"ה מ"ב
אִישׁ ע"ה קנ"א קס"א לֹא יִחְיֶה בִּמְשֹׁךְ הַיֹּבֵל הֵמָּה יַעֲלוּ בָהָר אור, רז: וַיֵּרֶד רי"י
מֹשֶׁה מהש, אל שדי מִן־הָהָר אֶל־הָעָם וַיְקַדֵּשׁ אֶת־הָעָם וַיְכַבְּסוּ שִׂמְלֹתָם:
וַיֹּאמֶר אֶל־הָעָם הֱיוּ נְכֹנִים לִשְׁלֹשֶׁת יָמִים נלך אַל־תִּגְּשׁוּ אֶל־אִשָּׁה:
וַיְהִי אל, ייא"י בַיּוֹם ע"ה = נגד, זן, מזבח הַשְּׁלִישִׁי בִּהְיֹת הַבֹּקֶר וַיְהִי אל, ייא"י קֹלֹת
וּבְרָקִים וְעָנָן כָּבֵד עַל־הָהָר וְקֹל נמם, רבוע מ"ה שֹׁפָר חָזָק פהל מְאֹד מ"ה
וַיֶּחֱרַד כָּל־ ילי הָעָם אֲשֶׁר בַּמַּחֲנֶה: וַיּוֹצֵא מֹשֶׁה מהש, אל שדי אֶת־הָעָם
לִקְרַאת הָאֱלֹהִים מום, אהיה אדני ; ילה מִן־הַמַּחֲנֶה וַיִּתְיַצְּבוּ בְּתַחְתִּית הָהָר:
וְהַר רבוע אלהים - ה' סִינַי נמם, ה"פ יהוה עָשַׁן כֻּלּוֹ מִפְּנֵי חכמה בינה אֲשֶׁר יָרַד עָלָיו
יְהֹוָה אדני יאהדונהי בָּאֵשׁ אלהים דיודין ע"ה וַיַּעַל עֲשָׁנוֹ כְּעֶשֶׁן הַכִּבְשָׁן וַיֶּחֱרַד כָּל־ ילי

הָהָר מְאֹד מ״ה: וַיְהִי אל, ייא״י קוֹל ע״ב ס״ג ע״ה הַשֹּׁפָר הוֹלֵךְ וְחָזֵק פהל מְאֹד מ״ה
מֹשֶׁה מהש, אל שדי יְדַבֵּר ראה וְהָאֱלֹהִים מום, אהיה אדני ; ילה יַעֲנֶנּוּ בְקוֹל ע״ב ס״ג ע״ה:
וַיֵּרֶד ריי יְהֹוָה אהדונהי עַל־הַר רבוע אלהים + ה׳ סִינַי נמם, ה״פ יהוה אֶל־
רֹאשׁ ריבוע אלהים ואלהים דיודין ע״ה הָהָר רבוע אלהים + ה׳ וַיִּקְרָא עם ה׳ אותיות = ב״פ קס״א
יְהֹוָה אהדונהי לְמֹשֶׁה מהש, אל שדי אֶל־רֹאשׁ ריבוע אלהים ואלהים דיודין ע״ה הָהָר
וַיַּעַל מֹשֶׁה מהש, אל שדי: וַיֹּאמֶר יְהֹוָה אהדונהי אֶל־מֹשֶׁה מהש, אל שדי רֵד הָעֵד
בָּעָם פֶּן־יֶהֶרְסוּ אֶל־יְהֹוָה אהדונהי לִרְאוֹת וְנָפַל מִמֶּנּוּ רָב ע״ב ורבוע מ״ה: וְגַם יג״ל
הַכֹּהֲנִים מלה הַנִּגָּשִׁים אֶל־יְהֹוָה אהדונהי יִתְקַדָּשׁוּ פֶּן־יִפְרֹץ בָּהֶם
יְהֹוָה אהדונהי: וַיֹּאמֶר מֹשֶׁה מהש, אל שדי אֶל־יְהֹוָה אהדונהי לֹא־יוּכַל הָעָם
לַעֲלֹת אֶל־הַר רבוע אלהים + ה׳ סִינָי נמם, ה״פ יהוה כִּי־אַתָּה הַעֵדֹתָה בָּנוּ לֵאמֹר
הַגְבֵּל אֶת־הָהָר וְקִדַּשְׁתּוֹ: וַיֹּאמֶר אֵלָיו יְהֹוָה אהדונהי לֶךְ־רֵד וְעָלִיתָ ר״ת הבל
אַתָּה וְאַהֲרֹן ע״ב ורבוע ע״ב עִמָּךְ ה׳ הויות, נמם וְהַכֹּהֲנִים מלה וְהָעָם אַל־יֶהֶרְסוּ
לַעֲלֹת אֶל־יְהֹוָה אהדונהי פֶּן־יִפְרָץ־בָּם מ״ב: וַיֵּרֶד ריי מֹשֶׁה מהש, אל שדי אֶל־
הָעָם וַיֹּאמֶר אֲלֵהֶם: וַיְדַבֵּר ראה אֱלֹהִים מום, אהיה אדני ; ילה אֵת כָּל־ ילי
הַדְּבָרִים ראה הָאֵלֶּה לֵאמֹר: *(Kéter)* אָנֹכִי איע יְהֹוָה אהדונהי אֱלֹהֶיךָ ילה
אֲשֶׁר הוֹצֵאתִיךָ מֵאֶרֶץ אלהים דאלפין מִצְרַיִם מצר מִבֵּית ב״פ ראה עֲבָדִים
(Jojmá) לֹא־יִהְיֶה ייי לְךָ אֱלֹהִים מום, אהיה אדני ; ילה אֲחֵרִים
עַל־פָּנָי וחכמה בינה: לֹא־תַעֲשֶׂה לְךָ פֶסֶל וְכָל־ ילי תְּמוּנָה אֲשֶׁר בַּשָּׁמַיִם
מִמַּעַל עלם וַאֲשֶׁר בָּאָרֶץ אלהים דאלפין מִתָּחַת וַאֲשֶׁר בַּמַּיִם מִתַּחַת לָאָרֶץ
אלהים דאלפין: לֹא־תִשְׁתַּחֲוֶה לָהֶם וְלֹא תָעָבְדֵם כִּי אָנֹכִי איע יְהֹוָה אהדונהי
אֱלֹהֶיךָ ילה אֵל ייא״י קַנָּא קנ״א, מקוה פֹּקֵד רבוע ע״ב עֲוֹן ג״פ מ״ב אָבֹת עַל־בָּנִים
עַל־שִׁלֵּשִׁים וְעַל־רִבֵּעִים לְשֹׂנְאָי: וְעֹשֶׂה חֶסֶד ע״ב, ריבוע יהוה לַאֲלָפִים קס״א
לְאֹהֲבַי וּלְשֹׁמְרֵי מִצְוֹתָי: *(Biná)* לֹא תִשָּׂא אֶת־שֵׁם־ יהוה שדי יְהֹוָה אהדונהי
אֱלֹהֶיךָ ילה לַשָּׁוְא כִּי לֹא יְנַקֶּה יְהֹוָה אהדונהי אֵת אֲשֶׁר־יִשָּׂא אֶת־
שְׁמוֹ מהש ע״ה, אל שדי ע״ה לַשָּׁוְא: *(Jésed)* זָכוֹר ע״ב קס״א אֶת־יוֹם ע״ה = נגד, זן, מזבח
הַשַּׁבָּת לְקַדְּשׁוֹ: שֵׁשֶׁת יָמִים נלך תַּעֲבֹד וְעָשִׂיתָ כָּל־ ילי מְלַאכְתֶּךָ:
וְיוֹם ע״ה = נגד, זן, מזבח הַשְּׁבִיעִי שַׁבָּת לַיהֹוָה אהדונהי אֱלֹהֶיךָ ילה לֹא־תַעֲשֶׂה
כָל־ ילי מְלָאכָה אל אדני אַתָּה | וּבִנְךָ וּבִתֶּךָ עַבְדְּךָ פוי וַאֲמָתְךָ וּבְהֶמְתֶּךָ
וְגֵרְךָ אֲשֶׁר בִּשְׁעָרֶיךָ: כִּי שֵׁשֶׁת־יָמִים נלך עָשָׂה יְהֹוָה אהדונהי
אֶת־הַשָּׁמַיִם י״פ טל, י״פ כוזו וְאֶת־הָאָרֶץ אלהים דההין ע״ה אֶת־הַיָּם ילי

וְאֶת־כָּל־ ילי אֲשֶׁר־בָּם מ"ב וַיָּנַח בַּיּוֹם ע"ה = נגד, זן, מזבח הַשְּׁבִיעִי עַל־כֵּן בֵּרַךְ יְהֹוָהאדניאהדונהי אֶת־יוֹם ע"ה = נגד, זן, מזבח הַשַּׁבָּת וַיְקַדְּשֵׁהוּ׃ (Guevurá) כַּבֵּד אֶת־אָבִיךָ וְאֶת־אִמֶּךָ לְמַעַן יַאֲרִכוּן יָמֶיךָ עַל הָאֲדָמָה אֲשֶׁר־יְהֹוָהאדניאהדונהי אֱלֹהֶיךָ ילה נֹתֵן אבגיתצ, ושר, אהבת חנם לָךְ׃ (Tiféret) לֹא תִּרְצָח (Nétsaj) לֹא תִּנְאָף (Hod) לֹא תִּגְנֹב (Yesod) לֹא־תַעֲנֶה בְרֵעֲךָ עֵד שָׁקֶר׃ (Maljut) לֹא תַחְמֹד בֵּית ב"פ ראה רֵעֶךָ לֹא־תַחְמֹד אֵשֶׁת רֵעֶךָ וְעַבְדּוֹ וַאֲמָתוֹ וְשׁוֹרוֹ וַחֲמֹרוֹ וְכֹל ילי אֲשֶׁר לְרֵעֶךָ׃ וְכָל־ ילי הָעָם רֹאִים אֶת־הַקּוֹלֹת וְאֶת־הַלַּפִּידִם וְאֵת קוֹל ע"ב ס"ג ע"ה הַשֹּׁפָר וְאֶת־הָהָר עָשֵׁן וַיַּרְא אלף למד יהוה הָעָם וַיָּנֻעוּ וַיַּעַמְדוּ מֵרָחֹק שדי׃ וַיֹּאמְרוּ אֶל־מֹשֶׁה מהש, אל שדי דַּבֵּר־ ראה אַתָּה עִמָּנוּ וְנִשְׁמָעָה וְאַל־יְדַבֵּר ראה עִמָּנוּ אֱלֹהִים מום, אהיה אדני ; ילה פֶּן־נָמוּת׃ וַיֹּאמֶר מֹשֶׁה מהש, אל שדי אֶל־הָעָם אַל־תִּירָאוּ כִּי לְבַעֲבוּר נַסּוֹת אֶתְכֶם בָּא הָאֱלֹהִים מום, אהיה אדני ; ילה וּבַעֲבוּר תִּהְיֶה יִרְאָתוֹ עַל־פְּנֵיכֶם לְבִלְתִּי תֶחֱטָאוּ׃ וַיַּעֲמֹד הָעָם מֵרָחֹק שדי וּמֹשֶׁה מהש, אל שדי נִגַּשׁ אֶל־הָעֲרָפֶל אֲשֶׁר־שָׁם הָאֱלֹהִים מום, אהיה אדני ; ילה׃ וַיֹּאמֶר יְהֹוָהאדניאהדונהי אֶל־מֹשֶׁה מהש, אל שדי כֹּה היי תֹאמַר אֶל־בְּנֵי יִשְׂרָאֵל אַתֶּם רְאִיתֶם כִּי מִן־הַשָּׁמַיִם י"פ טל, י"פ כוזו דִּבַּרְתִּי ראה עִמָּכֶם׃ לֹא תַעֲשׂוּן אִתִּי אֱלֹהֵי דמב, ילה כֶסֶף וֵאלֹהֵי דמב, ילה זָהָב לֹא תַעֲשׂוּ לָכֶם׃ מִזְבַּח זן, נגד אֲדָמָה תַּעֲשֶׂה־לִּי וְזָבַחְתָּ עָלָיו אֶת־עֹלֹתֶיךָ וְאֶת־שְׁלָמֶיךָ אֶת־צֹאנְךָ וְאֶת־בְּקָרֶךָ בְּכָל־ ב"ן, לכב, יבמ הַמָּקוֹם יהוה ברבוע, ו"פ אל אֲשֶׁר אַזְכִּיר אֶת־שְׁמִי רבוע ע"ב ורבוע ס"ג אָבוֹא אֵלֶיךָ אני וּבֵרַכְתִּיךָ׃ וְאִם־ יוהך, ע"ה מ"ב מִזְבַּח זן, נגד אֲבָנִים תַּעֲשֶׂה־לִּי לֹא־תִבְנֶה אֶתְהֶן גָּזִית כִּי חַרְבְּךָ הֵנַפְתָּ עָלֶיהָ פהל וַתְּחַלְלֶהָ׃ וְלֹא־תַעֲלֶה בְמַעֲלֹת עַל־מִזְבְּחִי אֲשֶׁר לֹא־תִגָּלֶה עֶרְוָתְךָ עָלָיו׃

וְאֵלֶּה מ"ב הַמִּשְׁפָּטִים אֲשֶׁר תָּשִׂים לִפְנֵיהֶם׃ כִּי תִקְנֶה ג"פ אלף למד עֶבֶד עִבְרִי שֵׁשׁ שָׁנִים יַעֲבֹד וּבַשְּׁבִעִת יֵצֵא לַחָפְשִׁי חִנָּם׃ אִם־ יוהך, ע"ה מ"ב בְּגַפּוֹ יָבֹא בְּגַפּוֹ יֵצֵא אִם־ יוהך, ע"ה מ"ב בַּעַל ר"ת אביב אִשָּׁה הוּא וְיָצְאָה אִשְׁתּוֹ עִמּוֹ׃ אִם־ יוהך, ע"ה מ"ב אֲדֹנָיו יִתֶּן־לוֹ אִשָּׁה וְיָלְדָה־לוֹ בָנִים אוֹ בָנוֹת הָאִשָּׁה וִילָדֶיהָ תִּהְיֶה לַאדֹנֶיהָ וְהוּא יֵצֵא בְגַפּוֹ׃ וְאִם־ יוהך, ע"ה מ"ב אָמֹר יֹאמַר הָעֶבֶד אָהַבְתִּי אֶת־אֲדֹנִי אֶת־אִשְׁתִּי וְאֶת־בָּנָי לֹא אֵצֵא חָפְשִׁי׃ וְהִגִּישׁוֹ אֲדֹנָיו אֶל־הָאֱלֹהִים מום, אהיה אדני ; ילה וְהִגִּישׁוֹ

אֶל־הַדֶּלֶת אוֹ אֶל־הַמְּזוּזָה אדני, ללה וְרָצַע אֲדֹנָיו אֶת־אָזְנוֹ בַּמַּרְצֵעַ וַעֲבָדוֹ לְעֹלָם ריבוע ס״ג וי׳ אותיות:

וְאֶל־מֹשֶׁה מהש, אל שדי אָמַר עֲלֵה אֶל־יְהֹוָאדנָיאהדונהי אַתָּה וְאַהֲרֹן ע״ב ורבוע ע״ב נָדָב ע״ה אהיה בוכ״ו וַאֲבִיהוּא וְשִׁבְעִים מִזִּקְנֵי יִשְׂרָאֵל וְהִשְׁתַּחֲוִיתֶם מֵרָחֹק שדי: וְנִגַּשׁ מֹשֶׁה מהש, אל שדי לְבַדּוֹ מ״ב אֶל־יְהֹוָאדנָיאהדונהי וְהֵם לֹא יִגָּשׁוּ וְהָעָם לֹא יַעֲלוּ עִמּוֹ: וַיָּבֹא מֹשֶׁה מהש, אל שדי וַיְסַפֵּר לָעָם אֵת כָּל־ ילי דִּבְרֵי ראה יְהֹוָאדנָיאהדונהי וְאֵת כָּל־ ילי הַמִּשְׁפָּטִים וַיַּעַן כָּל־ ילי הָעָם קוֹל ע״ב ס״ג ע״ה אֶחָד אהבה, דאגה וַיֹּאמְרוּ כָּל־ ילי הַדְּבָרִים ראה אֲשֶׁר־דִּבֶּר ראה יְהֹוָאדנָיאהדונהי נַעֲשֶׂה: וַיִּכְתֹּב מֹשֶׁה מהש, אל שדי אֵת כָּל־ ילי דִּבְרֵי ראה יְהֹוָאדנָיאהדונהי וַיַּשְׁכֵּם בַּבֹּקֶר וַיִּבֶן ווים, בינה ע״ה מִזְבֵּחַ זן, נגד תַּחַת הָהָר וּשְׁתֵּים עֶשְׂרֵה מַצֵּבָה לִשְׁנֵים עָשָׂר שִׁבְטֵי יִשְׂרָאֵל: וַיִּשְׁלַח אֶת־נַעֲרֵי בְּנֵי יִשְׂרָאֵל וַיַּעֲלוּ עֹלֹת וַיִּזְבְּחוּ זְבָחִים שְׁלָמִים לַיהֹוָאדנָיאהדונהי פָּרִים: וַיִּקַּח ווען מֹשֶׁה מהש, אל שדי חֲצִי הַדָּם רבוע אהיה וַיָּשֶׂם בָּאַגָּנֹת וַחֲצִי הַדָּם רבוע אהיה זָרַק עַל־הַמִּזְבֵּחַ זן, נגד: וַיִּקַּח ווען סֵפֶר הַבְּרִית וַיִּקְרָא עם ה׳ אותיות = ב״פ קס״א בְּאָזְנֵי הָעָם וַיֹּאמְרוּ כֹּל ילי אֲשֶׁר־דִּבֶּר ראה יְהֹוָאדנָיאהדונהי נַעֲשֶׂה וְנִשְׁמָע: וַיִּקַּח ווען מֹשֶׁה מהש, אל שדי אֶת־הַדָּם רבוע אהיה וַיִּזְרֹק עַל־הָעָם וַיֹּאמֶר הִנֵּה מ״ה יה דַם־ רבוע אהיה הַבְּרִית אֲשֶׁר כָּרַת יְהֹוָאדנָיאהדונהי עִמָּכֶם עַל כָּל־ ילי, עמם הַדְּבָרִים ראה הָאֵלֶּה: וַיַּעַל מֹשֶׁה מהש, אל שדי וְאַהֲרֹן ע״ב ורבוע ע״ב נָדָב ע״ה אהיה בוכ״ו וַאֲבִיהוּא וְשִׁבְעִים מִזִּקְנֵי יִשְׂרָאֵל: וַיִּרְאוּ אֵת אֱלֹהֵי דמב, ילה יִשְׂרָאֵל וְתַחַת רַגְלָיו כְּמַעֲשֵׂה לִבְנַת הַסַּפִּיר וּכְעֶצֶם הַשָּׁמַיִם י״פ טל, י״פ כוזו לָטֹהַר: וְאֶל־אֲצִילֵי בְּנֵי יִשְׂרָאֵל לֹא שָׁלַח יָדוֹ וַיֶּחֱזוּ אֶת־הָאֱלֹהִים מום, אהיה אדני ; ילה וַיֹּאכְלוּ וַיִּשְׁתּוּ: וַיֹּאמֶר יְהֹוָאדנָיאהדונהי אֶל־מֹשֶׁה מהש, אל שדי עֲלֵה אֵלַי הָהָרָה וֶהְיֵה־ יהוה שָׁם וְאֶתְּנָה לְךָ אֶת־לֻחֹת הָאֶבֶן יוד הה ואו הה וְהַתּוֹרָה וְהַמִּצְוָה אֲשֶׁר כָּתַבְתִּי לְהוֹרֹתָם: וַיָּקָם מֹשֶׁה מהש, אל שדי וִיהוֹשֻׁעַ מְשָׁרְתוֹ וַיַּעַל מֹשֶׁה מהש, אל שדי אֶל־הַר רבוע אלהים + ה׳ הָאֱלֹהִים מום, אהיה אדני ; ילה: וְאֶל־הַזְּקֵנִים אָמַר שְׁבוּ־לָנוּ מום, אלהים, אהיה אדני בָזֶה עַד אֲשֶׁר־נָשׁוּב אֲלֵיכֶם וְהִנֵּה אַהֲרֹן ע״ב ורבוע ע״ב וְחוּר עִמָּכֶם מִי־ ילי בַעַל דְּבָרִים ראה יִגַּשׁ אֲלֵהֶם: וַיַּעַל מֹשֶׁה מהש, אל שדי אֶל־הָהָר וַיְכַס הֶעָנָן אֶת־הָהָר: וַיִּשְׁכֹּן כְּבוֹד־ ל״ב יְהֹוָאדנָיאהדונהי עַל־הַר רבוע אלהים + ה׳ סִינַי נמם, ה״פ יהוה

וַיְכַסֵּהוּ הֶעָנָן שֵׁשֶׁת יָמִים נלך וַיִּקְרָא עם ה' אותיות = ב"פ קס"א
אֶל־מֹשֶׁה מהש, אל שדי בַּיּוֹם ע"ה = נגד, זן, מזבח הַשְּׁבִיעִי מִתּוֹךְ הֶעָנָן׃
וּמַרְאֵה כְּבוֹד ל"ב יְהֹוָאדנהיאהדונהי כְּאֵשׁ אלהים דיודין ע"ה אֹכֶלֶת
בְּרֹאשׁ ריבוע אלהים ואלהים דיודין ע"ה הָהָר לְעֵינֵי ריבוע מ"ה בְּנֵי יִשְׂרָאֵל׃ וַיָּבֹא
מֹשֶׁה מהש, אל שדי בְּתוֹךְ הֶעָנָן וַיַּעַל אֶל־הָהָר וַיְהִי אל, ייא" מֹשֶׁה מהש, אל שדי
בָּהָר אור, רז אַרְבָּעִים יוֹם ע"ה = נגד, זן, מזבח וְאַרְבָּעִים לָיְלָה מלה׃

וַיְדַבֵּר ראה יְהֹוָאדנהיאהדונהי אֶל־מֹשֶׁה מהש, אל שדי לֵּאמֹר׃ דַּבֵּר ראה אֶל־בְּנֵי
יִשְׂרָאֵל וְיִקְחוּ־ וזעם לִי תְּרוּמָה מֵאֵת כָּל־ ילי אִישׁ ע"ה קנ"א קס"א אֲשֶׁר
יִדְּבֶנּוּ לִבּוֹ תִּקְחוּ אֶת־תְּרוּמָתִי׃ וְזֹאת הַתְּרוּמָה אֲשֶׁר תִּקְחוּ מֵאִתָּם זָהָב
וָכֶסֶף וּנְחֹשֶׁת׃

כָּל־ ילי עַמּוּדֵי הֶחָצֵר סָבִיב מְחֻשָּׁקִים כֶּסֶף וָוֵיהֶם כָּסֶף וְאַדְנֵיהֶם נְחֹשֶׁת׃
אֹרֶךְ הֶחָצֵר מֵאָה דמב, מלוי ע"ב בָאַמָּה דמב, מלוי ע"ב וְרֹחַב ׀ חֲמִשִּׁים בַּחֲמִשִּׁים
וְקֹמָה חָמֵשׁ אַמּוֹת שֵׁשׁ מָשְׁזָר וְאַדְנֵיהֶם נְחֹשֶׁת׃ לְכֹל יה אדני כְּלֵי כלי
הַמִּשְׁכָּן ב"פ רבוע אלהים ־ ה' בְּכֹל לכב, יבמ, ב"ן עֲבֹדָתוֹ וְכָל־ ילי יְתֵדֹתָיו וְכָל־ ילי
יִתְדֹת הֶחָצֵר נְחֹשֶׁת׃

וְאַתָּה תְּצַוֶּה ׀ אֶת־בְּנֵי יִשְׂרָאֵל וְיִקְחוּ וזעם אֵלֶיךָ שֶׁמֶן י"פ טל, י"פ כוז"ו, ביט
זַיִת אלהים אל מצפ"צ זָךְ כָּתִית לַמָּאוֹר לְהַעֲלֹת נֵר יהוה אהיה יהוה אלהים יהוה אדני
תָּמִיד קס"א קנ"א קמ"ג׃ בְּאֹהֶל לאה מוֹעֵד מִחוּץ לַפָּרֹכֶת אֲשֶׁר עַל־הָעֵדֻת
יַעֲרֹךְ אֹתוֹ אַהֲרֹן ע"ב ורבוע ע"ב וּבָנָיו מֵעֶרֶב רבוע יהוה ורבוע אלהים עַד־בֹּקֶר
לִפְנֵי וחכמה בינה יְהֹוָאדנהיאהדונהי חֻקַּת עוֹלָם לְדֹרֹתָם מֵאֵת בְּנֵי יִשְׂרָאֵל׃ וְאַתָּה
הַקְרֵב אֵלֶיךָ אני אֶת־אַהֲרֹן ע"ב ורבוע ע"ב אָחִיךָ וְאֶת־בָּנָיו אִתּוֹ מִתּוֹךְ בְּנֵי
יִשְׂרָאֵל לְכַהֲנוֹ־לִי אַהֲרֹן ע"ב ורבוע ע"ב נָדָב ע"ה אהיה בוכ"ו וַאֲבִיהוּא אֶלְעָזָר
וְאִיתָמָר בְּנֵי אַהֲרֹן ע"ב ורבוע ע"ב׃

וּבְהַעֲלֹת אַהֲרֹן ע"ב ורבוע ע"ב אֶת־הַנֵּרֹת בֵּין הָעַרְבַּיִם ר"ת אהבה יַקְטִירֶנָּה
קְטֹרֶת י"א אדני תָּמִיד ע"ה קס"א קנ"א קמ"ג לִפְנֵי וחכמה בינה יְהֹוָאדנהיאהדונהי
לְדֹרֹתֵיכֶם׃ לֹא־תַעֲלוּ עָלָיו קְטֹרֶת י"א אדני זָרָה וְעֹלָה וּמִנְחָה וְנֶסֶךְ
לֹא תִסְּכוּ עָלָיו׃ וְכִפֶּר מצפ"ץ אַהֲרֹן ע"ב ורבוע ע"ב עַל־קַרְנֹתָיו אַחַת בַּשָּׁנָה

מִדַּ֗ם רבוע אהיה חַטַּ֤את הַכִּפֻּרִים֙ אַחַ֣ת בַּשָּׁנָ֔ה יְכַפֵּ֥ר עָלָ֖יו לְדֹרֹתֵיכֶ֑ם קֹֽדֶשׁ־קָֽדָשִׁ֥ים ה֖וּא לַֽיהֹוָאדני אהדונהי׃

וַיְדַבֵּ֥ר ראה יְהֹוָאדני אהדונהי אֶל־מֹשֶׁ֥ה מהש, אל שדי לֵּאמֹֽר׃ כִּ֣י תִשָּׂ֞א אֶת־רֹ֥אשׁ ריבוע אלהים ואלהים דיודין ע״ה בְּנֵֽי־יִשְׂרָאֵל֮ לִפְקֻדֵיהֶם֒ וְנָ֨תְנ֜וּ אִ֣ישׁ ע״ה קנ״א קס״א כֹּ֧פֶר מוצפ״ץ נַפְשׁ֛וֹ לַיהֹוָאדני אהדונהי בִּפְקֹ֣ד רבוע ע״ב אֹתָ֑ם וְלֹא־יִהְיֶ֥ה ייי בָהֶ֛ם נֶ֖גֶף בִּפְקֹ֥ד רבוע ע״ב אֹתָֽם׃ זֶ֣ה ׀ יִתְּנ֗וּ כָּל־ ילי הָעֹבֵר֙ רבוע יהוה ורבוע אלהים עַל־הַפְּקֻדִ֔ים מַחֲצִ֥ית הַשֶּׁ֖קֶל בְּשֶׁ֣קֶל הַקֹּ֑דֶשׁ עֶשְׂרִ֤ים גֵּרָה֙ ד״פ ב״ן הַשֶּׁ֔קֶל מַחֲצִ֣ית הַשֶּׁ֔קֶל תְּרוּמָ֖ה לַיהֹוָאדני אהדונהי׃ כֹּ֗ל ילי הָעֹבֵר֙ רבוע יהוה ורבוע אלהים עַל־הַפְּקֻדִ֔ים מִבֶּ֛ן עֶשְׂרִ֥ים שָׁנָ֖ה וָמָ֑עְלָה יִתֵּ֖ן תְּרוּמַ֥ת יְהֹוָאדני אהדונהי׃ הֶעָשִׁ֣יר לֹֽא־יַרְבֶּ֗ה וְהַדַּל֙ לֹ֣א יַמְעִ֔יט מִמַּחֲצִ֖ית הַשָּׁ֑קֶל לָתֵת֙ אֶת־תְּרוּמַ֣ת יְהֹוָאדני אהדונהי לְכַפֵּ֖ר מוצפ״ץ עַל־נַפְשֹׁתֵיכֶֽם׃ וְלָקַחְתָּ֞ אֶת־כֶּ֣סֶף הַכִּפֻּרִ֗ים מֵאֵת֙ בְּנֵ֣י יִשְׂרָאֵ֔ל וְנָתַתָּ֣ אֹת֔וֹ עַל־עֲבֹדַ֖ת אֹ֣הֶל לאה מוֹעֵ֑ד וְהָיָה֩ יהוה, יהה לִבְנֵ֨י יִשְׂרָאֵ֤ל לְזִכָּרוֹן֙ ע״ב קס״א נש״ב לִפְנֵ֣י יְהֹוָאדני אהדונהי לְכַפֵּ֖ר מוצפ״ץ עַל־נַפְשֹׁתֵיכֶֽם׃

וַיֹּ֤אמֶר יְהֹוָאדני אהדונהי אֶל־מֹשֶׁ֔ה מהש, אל שדי כְּתָב־לְךָ֖ אֶת־הַדְּבָרִ֣ים ראה הָאֵ֑לֶּה כִּ֞י עַל־פִּ֣י ׀ הַדְּבָרִ֣ים ראה הָאֵ֗לֶּה כָּרַ֧תִּי אִתְּךָ֛ בְּרִ֖ית וְאֶת־יִשְׂרָאֵֽל׃ וַֽיְהִי־ אל, יא״י שָׁ֣ם עִם־יְהֹוָאדני אהדונהי אַרְבָּעִ֥ים י֙וֹם֙ ע״ה = נגד, זן, מזבח וְאַרְבָּעִ֣ים לַ֔יְלָה מלה לֶ֚חֶם ג״פ יהוה לֹ֣א אָכַ֔ל וּמַ֖יִם לֹ֣א שָׁתָ֑ה וַיִּכְתֹּ֣ב עַל־הַלֻּחֹ֗ת אֵ֚ת דִּבְרֵ֣י ראה הַבְּרִ֔ית עֲשֶׂ֖רֶת הַדְּבָרִֽים ראה׃ וַיְהִ֗י אל, יא״י בְּרֶ֤דֶת מֹשֶׁה֙ מהש, אל שדי מֵהַ֣ר סִינַ֔י נמם, ה״פ יהוה וּשְׁנֵ֨י לֻחֹ֤ת הָעֵדֻת֙ בְּיַד־מֹשֶׁ֔ה מהש, אל שדי בְּרִדְתּ֖וֹ מִן־הָהָ֑ר וּמֹשֶׁ֣ה מהש, אל שדי לֹֽא־יָדַ֗ע ב״פ מ״ב כִּ֥י קָרַ֛ן ע֥וֹר פָּנָ֖יו בְּדַבְּר֥וֹ ראה אִתּֽוֹ׃ וַיַּ֨רְא אלף למד יהוה אַהֲרֹ֜ן ע״ב ורבוע ע״ב וְכָל־ ילי בְּנֵ֤י יִשְׂרָאֵל֙ אֶת־מֹשֶׁ֔ה מהש, אל שדי וְהִנֵּ֥ה מ״ה יה קָרַ֖ן ע֣וֹר פָּנָ֑יו וַיִּֽירְא֖וּ מִגֶּ֥שֶׁת אֵלָֽיו׃ וַיִּקְרָ֤א עם ה׳ אותיות = ב״פ קס״א אֲלֵהֶם֙ מֹשֶׁ֔ה מהש, אל שדי וַיָּשֻׁ֧בוּ אֵלָ֛יו אַהֲרֹ֥ן ע״ב ורבוע ע״ב וְכָל־ ילי הַנְּשִׂאִ֖ים בָּעֵדָ֑ה וַיְדַבֵּ֥ר ראה מֹשֶׁ֖ה מהש, אל שדי אֲלֵהֶֽם׃ וְאַחֲרֵי־כֵ֥ן נִגְּשׁ֖וּ כָּל־ ילי בְּנֵ֣י יִשְׂרָאֵ֑ל וַיְצַוֵּ֗ם אֵת֩ כָּל־ ילי אֲשֶׁ֨ר דִּבֶּ֧ר ראה יְהֹוָאדני אהדונהי אִתּ֛וֹ בְּהַ֥ר אור, רז סִינָֽי נמם, ה״פ יהוה׃ וַיְכַ֣ל מֹשֶׁ֔ה מהש, אל שדי מִדַּבֵּ֖ר ראה אִתָּ֑ם וַיִּתֵּ֥ן י״פ מלוי ע״ב עַל־פָּנָ֖יו מַסְוֶֽה מ״ה אדני ע״ה; אלף׃ וּבְבֹ֨א מֹשֶׁ֜ה מהש, אל שדי לִפְנֵ֤י וחכמה בינה יְהֹוָאדני אהדונהי לְדַבֵּ֣ר ראה אִתּ֔וֹ יָסִ֥יר אֶת־הַמַּסְוֶ֖ה מ״ה אדני ע״ה; אלף עַד־צֵאת֑וֹ וְיָצָ֗א וְדִבֶּר֙ ראה אֶל־בְּנֵ֣י יִשְׂרָאֵ֔ל אֵ֖ת

אֲשֶׁר יְצֻוֶּה: וְרָאוּ בְנֵי־יִשְׂרָאֵל אֶת־ פְּנֵי וחכמה בינה מֹשֶׁה מהש, אל שדי
כִּי קָרַן עוֹר פְּנֵי וחכמה בינה מֹשֶׁה מהש, אל שדי וְהֵשִׁיב מֹשֶׁה מהש, אל שדי
אֶת־הַמַּסְוֶה מ"ה אדני ע"ה; אלף עַל־פָּנָיו עַד־בֹּאוֹ לְדַבֵּר ראה אִתּוֹ:

וַיַּקְהֵל קנ"א, מקוה מֹשֶׁה מהש, אל שדי אֶת־כָּל־ ילי עֲדַת בְּנֵי יִשְׂרָאֵל וַיֹּאמֶר
אֲלֵהֶם אֵלֶּה הַדְּבָרִים ראה אֲשֶׁר־צִוָּה פוי יְהֹוָאֲדֹנָיאהדונהי לַעֲשֹׂת אֹתָם: שֵׁשֶׁת
יָמִים נלך תֵּעָשֶׂה מְלָאכָה אל אדני וּבַיּוֹם ע"ה = נגד, זן, מזבח הַשְּׁבִיעִי יִהְיֶה ייי
לָכֶם קֹדֶשׁ שַׁבַּת שַׁבָּתוֹן לַיהֹוָאֲדֹנָיאהדונהי כָּל־ ילי הָעֹשֶׂה בוֹ מְלָאכָה אל אדני
יוּמָת: לֹא־תְבַעֲרוּ אֵשׁ אלהים דיודין ע"ה בְּכֹל ב"ן, לכב, יבמ מֹשְׁבֹתֵיכֶם
בְּיוֹם ע"ה = נגד, זן, מזבח הַשַּׁבָּת:

וּמָסַךְ שַׁעַר י"פ ז"ך הֶחָצֵר מַעֲשֵׂה רֹקֵם תְּכֵלֶת וְאַרְגָּמָן קנ"א קמ"ג
וְתוֹלַעַת שקוצי"ת שָׁנִי וְשֵׁשׁ מָשְׁזָר וְעֶשְׂרִים אַמָּה דמב, מלוי ע"ב אֹרֶךְ וְקוֹמָה
בְרֹחַב חָמֵשׁ אַמּוֹת לְעֻמַּת קַלְעֵי הֶחָצֵר: וְעַמֻּדֵיהֶם אַרְבָּעָה וְאַדְנֵיהֶם
אַרְבָּעָה נְחֹשֶׁת וָוֵיהֶם כֶּסֶף וְצִפּוּי רָאשֵׁיהֶם וַחֲשֻׁקֵיהֶם כָּסֶף: וְכָל־ ילי
הַיְתֵדֹת לַמִּשְׁכָּן ב"פ רבוע אלהים ־ ה' וְלֶחָצֵר סָבִיב נְחֹשֶׁת:

אֵלֶּה פְקוּדֵי הַמִּשְׁכָּן ב"פ רבוע אלהים ־ ה' מִשְׁכַּן ב"פ (רבוע אלהים ־ ה') הָעֵדֻת
אֲשֶׁר פֻּקַּד רבוע ע"ב עַל־פִּי מֹשֶׁה מהש, אל שדי עֲבֹדַת הַלְוִיִּם בְּיַד אִיתָמָר בֶּן־
אַהֲרֹן ע"ב ורבוע ע"ב הַכֹּהֵן מלה: וּבְצַלְאֵל בֶּן־אוּרִי בֶן־חוּר לְמַטֵּה יְהוּדָה עָשָׂה
אֵת כָּל־ ילי אֲשֶׁר־צִוָּה פוי יְהֹוָאֲדֹנָיאהדונהי אֶת־מֹשֶׁה מהש, אל שדי:
וְאִתּוֹ אָהֳלִיאָב בֶּן־אֲחִיסָמָךְ לְמַטֵּה־דָן חָרָשׁ וְחֹשֵׁב וְרֹקֵם בַּתְּכֵלֶת
וּבָאַרְגָּמָן קנ"א קמ"ג וּבְתוֹלַעַת שקוצי"ת הַשָּׁנִי וּבַשֵּׁשׁ:

וַיְכַס הֶעָנָן אֶת־אֹהֶל לאה מוֹעֵד וּכְבוֹד ל"ב יְהֹוָאֲדֹנָיאהדונהי מָלֵא
אֶת־הַמִּשְׁכָּן ב"פ רבוע אלהים ־ ה': וְלֹא־יָכֹל מֹשֶׁה מהש, אל שדי לָבוֹא אֶל־אֹהֶל
לאה מוֹעֵד כִּי־שָׁכַן ש"ע עָלָיו הֶעָנָן וּכְבוֹד ל"ב יְהֹוָאֲדֹנָיאהדונהי מָלֵא
אֶת־הַמִּשְׁכָּן ב"פ רבוע אלהים ־ ה': וּבְהֵעָלוֹת הֶעָנָן מֵעַל עלם
הַמִּשְׁכָּן ב"פ רבוע אלהים ־ ה' יִסְעוּ בְּנֵי יִשְׂרָאֵל בְּכֹל ב"ן, לכב, יבמ מַסְעֵיהֶם:
וְאִם־ יוהך לֹא יֵעָלֶה הֶעָנָן וְלֹא יִסְעוּ עַד־ יוֹם ע"ה = נגד, זן, מזבח הֵעָלֹתוֹ:

כִּי עֲנַן (עֲנָ—U NA)

יְהֹוָאדני׳אהדונהי עַל־הַמִּשְׁכָּן ב״פ רבוע אלהים - ה׳ יוֹמָם וְאֵשׁ אלהים דיודין ע״ה
תִּהְיֶה לַיְלָה מלה בּוֹ לְעֵינֵי ריבוע מ״ה כָל־ ילי בֵּית־ ב״פ ראה יִשְׂרָאֵל
בְּכָל־ ב״ן, לכב, יבמ מַסְעֵיהֶם׃

VAYIKRÁ - LEVÍTICO

וַיִּקְרָא עם ה׳ אותיות = ב״פ קס״א אֶל־מֹשֶׁה מהש, אל שדי וַיְדַבֵּר ראה יְהֹוָאדני׳אהדונהי
אֵלָיו מֵאֹהֶל לאה מוֹעֵד לֵאמֹר׃ דַּבֵּר ראה אֶל־בְּנֵי יִשְׂרָאֵל וְאָמַרְתָּ אֲלֵהֶם
אָדָם מ״ה כִּי־יַקְרִיב מִכֶּם קָרְבָּן לַיהֹוָאדני׳אהדונהי מִן־הַבְּהֵמָה ב״ן, לכב, יבמ מִן־
הַבָּקָר וּמִן־הַצֹּאן מלוי אהיה דיודין ע״ה תַּקְרִיבוּ אֶת־קָרְבַּנְכֶם׃ אִם־ יוהך, ע״ה מ״ב
עֹלָה קָרְבָּנוֹ מִן־הַבָּקָר זָכָר תָּמִים יַקְרִיבֶנּוּ אֶל־פֶּתַח אֹהֶל לאה מוֹעֵד
יַקְרִיב אֹתוֹ לִרְצֹנוֹ לִפְנֵי וחכמה בינה יְהֹוָאדני׳אהדונהי׃

אוֹ מִכֹּל ילי אֲשֶׁר־יִשָּׁבַע עָלָיו לַשֶּׁקֶר וְשִׁלַּם ב״פ רבוע ע״ב אֹתוֹ בְּרֹאשׁוֹ
וַחֲמִשִׁתָיו יֹסֵף עָלָיו לַאֲשֶׁר הוּא לוֹ יִתְּנֶנּוּ בְּיוֹם ע״ה = נגד, זן, מזבח אַשְׁמָתוֹ׃
וְאֶת־אֲשָׁמוֹ יָבִיא לַיהֹוָאדני׳אהדונהי אַיִל תָּמִים מִן־הַצֹּאן מלוי אהיה דיודין ע״ה
בְּעֶרְכְּךָ לְאָשָׁם אֶל־הַכֹּהֵן מלה׃ וְכִפֶּר מצפצ עָלָיו הַכֹּהֵן מלה לִפְנֵי וחכמה בינה
יְהֹוָאדני׳אהדונהי וְנִסְלַח לוֹ עַל־אַחַת מִכֹּל ילי אֲשֶׁר־יַעֲשֶׂה לְאַשְׁמָה בָהּ׃

וַיְדַבֵּר ראה יְהֹוָאדני׳אהדונהי אֶל־מֹשֶׁה מהש, אל שדי לֵּאמֹר׃ צַו פוי
אֶת־אַהֲרֹן ע״ב ורבוע ע״ב וְאֶת־בָּנָיו לֵאמֹר זֹאת תּוֹרַת הָעֹלָה הִוא הָעֹלָה עַל
מוֹקְדָה עַל־הַמִּזְבֵּחַ זן, נגד כָּל־ ילי הַלַּיְלָה מלה עַד־הַבֹּקֶר וְאֵשׁ אלהים דיודין ע״ה
הַמִּזְבֵּחַ זן, נגד תּוּקַד בּוֹ׃ וְלָבַשׁ הַכֹּהֵן מלה מִדּוֹ בַד וּמִכְנְסֵי־בַד יִלְבַּשׁ
עַל־בְּשָׂרוֹ וְהֵרִים אֶת־הַדֶּשֶׁן אֲשֶׁר תֹּאכַל הָאֵשׁ שאה אֶת־הָעֹלָה עַל־
הַמִּזְבֵּחַ זן, נגד וְשָׂמוֹ אֵצֶל הַמִּזְבֵּחַ זן, נגד׃ וּפָשַׁט אֶת־בְּגָדָיו וְלָבַשׁ בְּגָדִים
אֲחֵרִים וְהוֹצִיא אֶת־הַדֶּשֶׁן אֶל־מִחוּץ לַמַּחֲנֶה אֶל־מָקוֹם יהוה ברבוע, ו״פ אל
טָהוֹר י״פ אכא׃ וְהָאֵשׁ שאה עַל־הַמִּזְבֵּחַ זן, נגד תּוּקַד־בּוֹ לֹא תִכְבֶּה וּבִעֵר
עָלֶיהָ פהל הַכֹּהֵן מלה עֵצִים בַּבֹּקֶר בַּבֹּקֶר וְעָרַךְ עָלֶיהָ פהל הָעֹלָה וְהִקְטִיר
עָלֶיהָ פהל חֶלְבֵי הַשְּׁלָמִים׃ אֵשׁ אלהים דיודין ע״ה תָּמִיד ע״ה נתה, קס״א קנ״א קמ״ג תּוּקַד
עַל־הַמִּזְבֵּחַ זן, נגד לֹא תִכְבֶּה׃

כַּאֲשֶׁר עָשָׂה בַּיּוֹם ע״ה = נגד, זן, מזבח הַזֶּה והו צִוָּה פוי יְהֹוָאדני׳אהדונהי לַעֲשֹׂת
לְכַפֵּר מצפצ עֲלֵיכֶם׃ וּפֶתַח אֹהֶל לאה מוֹעֵד תֵּשְׁבוּ יוֹמָם וָלַיְלָה מלה שִׁבְעַת

יָמִים נלך וּשְׁמַרְתֶּם אֶת־מִשְׁמֶרֶת יְהֹוָה יאהדונהי וְלֹא תָמוּתוּ כִּי־כֵן צֻוֵּיתִי׃ וַיַּעַשׂ אַהֲרֹן ע"ב ורבוע ע"ב וּבָנָיו אֵת כָּל־ ילי הַדְּבָרִים ראה אֲשֶׁר־צִוָּה פוי יְהֹוָה יאהדונהי בְּיַד־מֹשֶׁה מהש, אל שדי׃

וַיְהִי אל בַּיּוֹם ע"ה = נגד, זן, מזבח הַשְּׁמִינִי קָרָא מֹשֶׁה מהש, אל שדי לְאַהֲרֹן ע"ב ורבוע ע"ב וּלְבָנָיו וּלְזִקְנֵי יִשְׂרָאֵל׃ וַיֹּאמֶר אֶל־אַהֲרֹן ע"ב ורבוע ע"ב קַח־לְךָ עֵגֶל בֶּן־בָּקָר לְחַטָּאת וְאַיִל לְעֹלָה תְּמִימִם וְהַקְרֵב לִפְנֵי חכמה בינה יְהֹוָה יאהדונהי׃ וְאֶל־בְּנֵי יִשְׂרָאֵל תְּדַבֵּר ראה לֵאמֹר קְחוּ שְׂעִיר־עִזִּים לְחַטָּאת וְעֵגֶל וָכֶבֶשׂ ב"פ קס"א בְּנֵי־שָׁנָה תְּמִימִם לְעֹלָה׃

כִּי ׀ אֲנִי אני, טדה"ד כוזו יְהֹוָה יאהדונהי הַמַּעֲלֶה אֶתְכֶם מֵאֶרֶץ אלהים דאלפין מִצְרַיִם מצר לִהְיֹת לָכֶם לֵאלֹהִים מום, אהיה אדני ; ילה וִהְיִיתֶם קְדֹשִׁים כִּי קָדוֹשׁ אָנִי אני, טדה"ד כוזו׃ זֹאת תּוֹרַת הַבְּהֵמָה ב"ן, לכב, יבמ וְהָעוֹף ג"פ ב"ן, יוסף, ציון וְכֹל ילי נֶפֶשׁ רמ"ח ז' הויות הַחַיָּה הָרֹמֶשֶׂת בַּמָּיִם וּלְכָל־ יה אדני נֶפֶשׁ רמ"ח ז' הויות הַשֹּׁרֶצֶת עַל־הָאָרֶץ אלהים דההין ע"ה׃ לְהַבְדִּיל בֵּין הַטָּמֵא וּבֵין הַטָּהֹר י"פ אכא וּבֵין הַחַיָּה הַנֶּאֱכֶלֶת וּבֵין הַחַיָּה אֲשֶׁר לֹא תֵאָכֵל׃

וַיְדַבֵּר ראה יְהֹוָה יאהדונהי אֶל־מֹשֶׁה מהש, אל שדי לֵּאמֹר׃ דַּבֵּר ראה אֶל־בְּנֵי יִשְׂרָאֵל לֵאמֹר אִשָּׁה כִּי תַזְרִיעַ וְיָלְדָה זָכָר וְטָמְאָה שִׁבְעַת יָמִים נלך כִּימֵי נִדַּת דְּוֺתָהּ תִּטְמָא׃ וּבַיּוֹם הַשְּׁמִינִי יִמּוֹל בְּשַׂר עָרְלָתוֹ׃

וְאִם־ יוהך, ע"ה מ"ב תֵּרָאֶה עוֹד בַּבֶּגֶד אוֹ־בַשְּׁתִי אוֹ־בָעֵרֶב רבוע יהוה ורבוע אלהים אוֹ בְכָל־ ב"ן, לכב, יבמ כְּלִי־ כלי עוֹר פֹּרַחַת הִוא בָּאֵשׁ אלהים דיודין ע"ה תִּשְׂרְפֶנּוּ אֵת אֲשֶׁר־בּוֹ הַנָּגַע מלוי אהיה דאלפין׃ וְהַבֶּגֶד אוֹ־הַשְּׁתִי אוֹ־הָעֵרֶב רבוע יהוה ורבוע אלהים אוֹ־כָל־ ילי כְּלִי כלי הָעוֹר אֲשֶׁר תְּכַבֵּס וְסָר י' הויות מֵהֶם הַנָּגַע מלוי אהיה דאלפין וְכֻבַּס שֵׁנִית וְטָהֵר י"פ אכא׃ זֹאת תּוֹרַת נֶגַע־ מלוי אהיה דאלפין צָרַעַת בֶּגֶד הַצֶּמֶר מצר ׀ אוֹ הַפִּשְׁתִּים אוֹ הַשְּׁתִי אוֹ הָעֵרֶב רבוע יהוה ורבוע אלהים אוֹ כָּל־ ילי כְּלִי־ כלי עוֹר לְטַהֲרוֹ אוֹ לְטַמְּאוֹ׃

וַיְדַבֵּר ראה יְהֹוָה יאהדונהי אֶל־מֹשֶׁה מהש, אל שדי לֵּאמֹר׃ זֹאת תִּהְיֶה תּוֹרַת הַמְּצֹרָע בְּיוֹם ע"ה = נגד, זן, מזבח טָהֳרָתוֹ וְהוּבָא אֶל־הַכֹּהֵן מלה׃ וְיָצָא הַכֹּהֵן מלה אֶל־מִחוּץ לַמַּחֲנֶה וְרָאָה הַכֹּהֵן מלה וְהִנֵּה מ"ה יה נִרְפָּא נֶגַע־ מלוי אהיה דאלפין הַצָּרַעַת מִן־הַצָּרוּעַ׃

וְהִזַּרְתֶּם אֶת־בְּנֵי־יִשְׂרָאֵל מִטֻּמְאָתָם וְלֹא יָמֻתוּ בְּטֻמְאָתָם בְּטַמְּאָם אֶת־

מִשְׁכָּנִי אֲשֶׁר בְּתוֹכָם׃ זֹאת תּוֹרַת הַזָּב וַאֲשֶׁר תֵּצֵא מִמֶּנּוּ שִׁכְבַת־זֶרַע לְטָמְאָה־בָהּ׃ וְהַדָּוָה בְּנִדָּתָהּ וְהַזָּב אֶת־זוֹבוֹ לַזָּכָר וְלַנְּקֵבָה וּלְאִישׁ אֲשֶׁר יִשְׁכַּב עִם־טְמֵאָה׃

וַיְדַבֵּר ראה יְהֹוָה יאהדונהי אֶל־מֹשֶׁה מהש, אל שדי אַחֲרֵי מוֹת שְׁנֵי בְּנֵי אַהֲרֹן ע"ב ורבוע ע"ב בְּקָרְבָתָם לִפְנֵי־ וחכמה בינה יְהֹוָה יאהדונהי וַיָּמֻתוּ׃ וַיֹּאמֶר יְהֹוָה יאהדונהי אֶל־מֹשֶׁה מהש, אל שדי דַּבֵּר ראה אֶל־אַהֲרֹן ע"ב ורבוע ע"ב אָחִיךָ וְאַל־יָבֹא בְכָל־ ב"ן, לכב, יבמ עֵת י"פ אהיה י' הויות אֶל־הַקֹּדֶשׁ מִבֵּית ב"פ ראה לַפָּרֹכֶת אֶל־פְּנֵי וחכמה בינה הַכַּפֹּרֶת אֲשֶׁר עַל־הָאָרֹן ע"ב ורבוע ע"ב וְלֹא יָמוּת כִּי בֶּעָנָן אֵרָאֶה עַל־הַכַּפֹּרֶת׃ בְּזֹאת יָבֹא אַהֲרֹן ע"ב ורבוע ע"ב אֶל־הַקֹּדֶשׁ בְּפַר סוזוחר, ערי, סנדלפון בֶּן־בָּקָר לְחַטָּאת וְאַיִל לְעֹלָה׃

וְלֹא־תָקִיא הָאָרֶץ אלהים דההין ע"ה אֶתְכֶם בְּטַמַּאֲכֶם אֹתָהּ כַּאֲשֶׁר קָאָה אֶת־הַגּוֹי אֲשֶׁר לִפְנֵיכֶם׃ כִּי כָּל־ ילי אֲשֶׁר יַעֲשֶׂה מִכֹּל ילי הַתּוֹעֵבוֹת הָאֵלֶּה וְנִכְרְתוּ הַנְּפָשׁוֹת הָעֹשֹׂת מִקֶּרֶב עַמָּם׃ וּשְׁמַרְתֶּם אֶת־מִשְׁמַרְתִּי לְבִלְתִּי עֲשׂוֹת מֵחֻקּוֹת הַתּוֹעֵבֹת אֲשֶׁר נַעֲשׂוּ לִפְנֵיכֶם וְלֹא תִטַּמְּאוּ בָּהֶם אֲנִי אני, טדה"ד כוז"ו יְהֹוָה יאהדונהי אֱלֹהֵיכֶם ילה׃

וַיְדַבֵּר ראה יְהֹוָה יאהדונהי אֶל־מֹשֶׁה מהש, אל שדי לֵּאמֹר׃ דַּבֵּר ראה אֶל־כָּל־ ילי עֲדַת בְּנֵי־יִשְׂרָאֵל וְאָמַרְתָּ אֲלֵהֶם קְדֹשִׁים תִּהְיוּ כִּי קָדוֹשׁ אֲנִי אני, טדה"ד כוז"ו יְהֹוָה יאהדונהי אֱלֹהֵיכֶם ילה׃ אִישׁ ע"ה קנ"א קס"א אִמּוֹ וְאָבִיו תִּירָאוּ וְאֶת־שַׁבְּתֹתַי תִּשְׁמֹרוּ אֲנִי אני, טדה"ד כוז"ו יְהֹוָה יאהדונהי אֱלֹהֵיכֶם ילה׃

וְהִבְדַּלְתֶּם בֵּין־הַבְּהֵמָה ב"ן, לכב, יבמ הַטְּהֹרָה לַטְּמֵאָה וּבֵין־הָעוֹף ג"פ ב"ן, יוסף, ציון הַטָּמֵא לַטָּהֹר י"פ אכא וְלֹא־תְשַׁקְּצוּ אֶת־נַפְשֹׁתֵיכֶם בַּבְּהֵמָה ב"ן, לכב, יבמ וּבָעוֹף ג"פ ב"ן, יוסף, ציון וּבְכֹל ב"ן, לכב, יבמ אֲשֶׁר תִּרְמֹשׂ הָאֲדָמָה אֲשֶׁר־הִבְדַּלְתִּי לָכֶם לְטַמֵּא׃ וִהְיִיתֶם לִי קְדֹשִׁים כִּי קָדוֹשׁ אֲנִי אני, טדה"ד כוז"ו יְהֹוָה יאהדונהי וָאַבְדִּל אֶתְכֶם מִן־הָעַמִּים ע"ה קס"א לִהְיוֹת לִי׃ וְאִישׁ ע"ה קנ"א קס"א אוֹ־אִשָּׁה כִּי־יִהְיֶה ייי בָהֶם אוֹב אוֹ יִדְּעֹנִי מוֹת יוּמָתוּ בָּאֶבֶן יוד הה ואו הה יִרְגְּמוּ אֹתָם דְּמֵיהֶם בָּם מ"ב׃

וַיֹּאמֶר יְהֹוָה יאהדונהי אֶל־מֹשֶׁה מהש, אל שדי אֱמֹר אֶל־הַכֹּהֲנִים מלה בְּנֵי

אַהֲרֹן ע"ב ורבוע ע"ב וְאָמַרְתָּ אֲלֵהֶם לְנֶפֶשׁ רמ"ח וו' הויות לֹא־יִטַּמָּא בְּעַמָּיו׃ כִּי
אִם־ יוהך, ע"ה מ"ב לִשְׁאֵרוֹ הַקָּרֹב אֵלָיו לְאִמּוֹ וּלְאָבִיו וְלִבְנוֹ וּלְבִתּוֹ וּלְאָחִיו׃
וְלַאֲחֹתוֹ הַבְּתוּלָה הַקְּרוֹבָה אֵלָיו אֲשֶׁר לֹא־הָיְתָה לְאִישׁ לָהּ יִטַּמָּא׃
וּסְפַרְתֶּם לָכֶם מִמָּחֳרַת הַשַּׁבָּת מִיּוֹם ע"ה = נגד, זן, מזבח הֲבִיאֲכֶם
אֶת־עֹמֶר יי"ש (עולמות) הַתְּנוּפָה שֶׁבַע ע"ב ואלהים דיודין שַׁבָּתוֹת תְּמִימֹת תִּהְיֶינָה׃
עַד מִמָּחֳרַת הַשַּׁבָּת הַשְּׁבִיעִת תִּסְפְּרוּ חֲמִשִּׁים יוֹם ע"ה = נגד, זן, מזבח
וְהִקְרַבְתֶּם מִנְחָה חֲדָשָׁה לַיהוָה אהדונהי׃ מִמּוֹשְׁבֹתֵיכֶם תָּבִיאוּ |
לֶחֶם ג"פ יהוה תְּנוּפָה שְׁתַּיִם שְׁנֵי עֶשְׂרֹנִים סֹלֶת תִּהְיֶינָה חָמֵץ תֵּאָפֶינָה
בִּכּוּרִים לַיהוָה אהדונהי׃ וְהִקְרַבְתֶּם עַל־הַלֶּחֶם ג"פ יהוה שִׁבְעַת כְּבָשִׂים
תְּמִימִם בְּנֵי שָׁנָה וּפַר בוזוהך, ערי, סנדלפון בֶּן־בָּקָר אֶחָד אהבה, דאגה וְאֵילִם שְׁנָיִם
יִהְיוּ אל עֹלָה לַיהוָה אהדונהי וּמִנְחָתָם וְנִסְכֵּיהֶם אִשֵּׁה רֵיחַ־נִיחֹחַ
לַיהוָה אהדונהי׃ וַעֲשִׂיתֶם שְׂעִיר־עִזִּים אֶחָד אהבה, דאגה לְחַטָּאת וּשְׁנֵי כְבָשִׂים
בְּנֵי שָׁנָה לְזֶבַח שְׁלָמִים׃ וְהֵנִיף הַכֹּהֵן מלה | אֹתָם עַל לֶחֶם ג"פ יהוה הַבִּכֻּרִים
תְּנוּפָה לִפְנֵי חכמה בינה יְהוָה אהדונהי עַל־שְׁנֵי כְּבָשִׂים קֹדֶשׁ יִהְיוּ אל
לַיהוָה אהדונהי לַכֹּהֵן מלה׃ וּקְרָאתֶם בְּעֶצֶם | הַיּוֹם ע"ה = נגד, זן, מזבח הַזֶּה והו
מִקְרָא־ שם ע"ה, יהוה שדי קֹדֶשׁ יִהְיֶה יי לָכֶם כָּל־ ילי מְלֶאכֶת עֲבֹדָה לֹא תַעֲשׂוּ
חֻקַּת עוֹלָם אהיה דההין בְּכָל־ ב"ן, לכב, יבמ מוֹשְׁבֹתֵיכֶם לְדֹרֹתֵיכֶם׃ וּבְקֻצְרְכֶם
אֶת־קְצִיר אַרְצְכֶם לֹא־תְכַלֶּה נתה, קס"א קנ"א קמ"ג פְּאַת שָׂדְךָ בְּקֻצְרֶךָ וְלֶקֶט
קְצִירְךָ לֹא תְלַקֵּט לֶעָנִי ע"ה קס"א וְלַגֵּר תַּעֲזֹב אֹתָם אֲנִי אני, טדה"ד כוז"ו
יְהוָה אהדונהי אֱלֹהֵיכֶם ילה׃

וּמַכֵּה בְהֵמָה ב"ן, לכב, יבמ יְשַׁלְּמֶנָּה וּמַכֵּה אָדָם מ"ה יוּמָת׃ מִשְׁפַּט ע"ה ה"פ אלהים
אֶחָד אהבה, דאגה יִהְיֶה יי לָכֶם כַּגֵּר ב"ן קנ"א כָּאֶזְרָח יִהְיֶה יי כִּי אֲנִי אני, טדה"ד כוז"ו
יְהוָה אהדונהי אֱלֹהֵיכֶם ילה׃ וַיְדַבֵּר ראה מֹשֶׁה מהש, אל שדי אֶל־בְּנֵי יִשְׂרָאֵל
וַיּוֹצִיאוּ אֶת־הַמְקַלֵּל אֶל־מִחוּץ לַמַּחֲנֶה וַיִּרְגְּמוּ אֹתוֹ אָבֶן יוד הה ואו הה וּבְנֵי־
יִשְׂרָאֵל עָשׂוּ כַּאֲשֶׁר צִוָּה פוי יְהוָה אהדונהי אֶת־מֹשֶׁה מהש, אל שדי׃

וַיְדַבֵּר ראה יְהוָה אהדונהי אֶל־מֹשֶׁה מהש, אל שדי בְּהַר אור, רז, אין סוף
סִינַי נמם, ה"פ יהוה לֵאמֹר׃ דַּבֵּר ראה אֶל־בְּנֵי יִשְׂרָאֵל וְאָמַרְתָּ אֲלֵהֶם כִּי תָבֹאוּ
אֶל־הָאָרֶץ אלהים דההין ע"ה אֲשֶׁר אֲנִי אני, טדה"ד כוז"ו נֹתֵן אבגית"ץ, ושר, אהבת חנם לָכֶם
וְשָׁבְתָה הָאָרֶץ אלהים דההין ע"ה שַׁבָּת לַיהוָה אהדונהי׃ שֵׁשׁ שָׁנִים תִּזְרַע שָׂדֶךָ

וְשֵׁ֤שׁ שָׁנִים֙ תִּזְמֹ֣ר כַּרְמֶ֑ךָ וְאָסַפְתָּ֖ אֶת־תְּבוּאָתָֽהּ׃

כִּֽי־לִ֤י בְנֵֽי־יִשְׂרָאֵל֙ עֲבָדִ֔ים עֲבָדַ֣י הֵ֔ם אֲשֶׁר־הוֹצֵ֥אתִי אוֹתָ֖ם מֵאֶ֣רֶץ אלהים דאלפין מִצְרָ֑יִם מצר אֲנִ֖י אני, טדה״ד כוז״ו יְהֹוָ֥האדניאהדונהי אֱלֹהֵיכֶֽם ילה׃ לֹא־תַעֲשׂ֨וּ לָכֶ֜ם אֱלִילִ֗ם וּפֶ֤סֶל וּמַצֵּבָה֙ לֹא־תָקִ֣ימוּ לָכֶ֔ם וְאֶ֣בֶן מַשְׂכִּ֗ית לֹ֤א תִתְּנוּ֙ בְּאַרְצְכֶ֔ם לְהִשְׁתַּחֲוֹ֖ת עָלֶ֑יהָ פהל כִּ֛י אֲנִ֥י אני, טדה״ד כוז״ו יְהֹוָ֖האדניאהדונהי אֱלֹהֵיכֶֽם ילה׃ אֶת־שַׁבְּתֹתַ֣י תִּשְׁמֹ֔רוּ וּמִקְדָּשִׁ֖י תִּירָ֑אוּ אֲנִ֖י אני, טדה״ד כוז״ו יְהֹוָֽהאדניאהדונהי׃

אִם־ יוהך, ע״ה מ״ב בְּחֻקֹּתַ֖י תֵּלֵ֑כוּ וְאֶת־מִצְוֺתַ֣י תִּשְׁמְר֔וּ וַעֲשִׂיתֶ֖ם אֹתָֽם׃ וְנָתַתִּ֥י גִשְׁמֵיכֶ֖ם בְּעִתָּ֑ם וְנָתְנָ֤ה הָאָ֙רֶץ֙ אלהים דההין ע״ה יְבוּלָ֔הּ וְעֵ֥ץ ע״ה קס״א הַשָּׂדֶ֖ה שדי יִתֵּ֥ן פִּרְיֽוֹ׃ וְהִשִּׂ֨יג לָכֶ֥ם דַּ֙יִשׁ֙ אֶת־בָּצִ֔יר וּבָצִ֖יר יַשִּׂ֣יג אֶת־זָ֑רַע וַאֲכַלְתֶּ֤ם לַחְמְכֶם֙ לָשֹׂ֔בַע ע״ב ואלהים דיודין וִישַׁבְתֶּ֥ם לָבֶ֖טַח בְּאַרְצְכֶֽם׃

וְכָל־ ילי מַעְשַׂ֤ר ירת בָּקָר֙ וָצֹ֔אן מלוי אהיה דיודין ע״ה כֹּ֥ל ילי אֲשֶׁר־יַעֲבֹ֖ר תַּ֣חַת הַשָּׁ֑בֶט הָֽעֲשִׂירִ֕י יִהְיֶה־ ייי קֹּ֖דֶשׁ לַֽיהֹוָֽהאדניאהדונהי׃ לֹ֧א יְבַקֵּ֛ר בֵּֽין־ט֥וֹב והו לָרַ֖ע ר״פ ז״ך וְלֹ֣א יְמִירֶ֑נּוּ וְאִם־ יוהך, ע״ה מ״ב הָמֵ֣ר ב״פ ק״ך יְמִירֶ֔נּוּ וְהָֽיָה־ יהוה ה֧וּא וּתְמוּרָת֛וֹ יִֽהְיֶה־ ייי קֹּ֖דֶשׁ לֹ֥א יִגָּאֵֽל׃

אֵ֣לֶּה הַמִּצְוֺ֗ת (הֻתָּ–HuTa)

אֲשֶׁ֨ר צִוָּ֧ה פוי יְהֹוָ֛האדניאהדונהי אֶת־מֹשֶׁ֖ה מהש, אל שדי אֶל־בְּנֵ֣י יִשְׂרָאֵ֑ל בְּהַ֖ר אור, רז, אין סוף סִינָֽי נמם, ה״פ יהוה׃

BEMIDBAR - NÚMEROS

וַיְדַבֵּ֨ר ראה יְהֹוָ֧האדניאהדונהי אֶל־מֹשֶׁ֛ה מהש, אל שדי בְּמִדְבַּ֥ר אברהם, וז״פ אל, רמ״ח סִינַ֖י נמם, ה״פ יהוה בְּאֹ֣הֶל לאה מוֹעֵ֑ד בְּאֶחָד֩ אהבה, דאגה לַחֹ֨דֶשׁ י״ב הוויות הַשֵּׁנִ֜י בַּשָּׁנָ֣ה הַשֵּׁנִ֗ית לְצֵאתָ֛ם מֵאֶ֥רֶץ אלהים דאלפין מִצְרַ֖יִם מצר לֵאמֹֽר׃ שְׂא֗וּ אֶת־רֹאשׁ֙ ריבוע אלהים ואלהים דיודין ע״ה כָּל־ ילי עֲדַ֣ת בְּנֵֽי־יִשְׂרָאֵ֔ל לְמִשְׁפְּחֹתָ֖ם לְבֵ֣ית ב״פ ראה אֲבֹתָ֑ם בְּמִסְפַּ֣ר שֵׁמ֔וֹת כָּל־ ילי זָכָ֖ר לְגֻלְגְּלֹתָֽם׃ מִבֶּ֨ן עֶשְׂרִ֤ים שָׁנָה֙ וָמַ֔עְלָה כָּל־ ילי יֹצֵ֥א צָבָ֖א בְּיִשְׂרָאֵ֑ל תִּפְקְד֥וּ אֹתָ֛ם לְצִבְאֹתָ֖ם אַתָּ֥ה וְאַהֲרֹֽן ע״ב ורבוע ע״ב׃

וַיְדַבֵּ֣ר ראה יְהֹוָ֔האדניאהדונהי אֶל־מֹשֶׁ֖ה מהש, אל שדי וְאֶֽל־אַהֲרֹ֥ן ע״ב ורבוע ע״ב לֵאמֹֽר׃

אַל־תַּכְרִיתוּ אֶת־שֵׁבֶט מִשְׁפְּחֹת הַקְּהָתִי מִתּוֹךְ הַלְוִיִּם: וְזֹאת | עֲשׂוּ לָהֶם וְחָיוּ וְלֹא יָמֻתוּ בְּגִשְׁתָּם אֶת־קֹדֶשׁ הַקֳּדָשִׁים אַהֲרֹן ע״ב ורבוע ע״ב וּבָנָיו יָבֹאוּ וְשָׂמוּ אוֹתָם אִישׁ ע״ה קנ״א קס״א אִישׁ ע״ה קנ״א קס״א עַל־עֲבֹדָתוֹ וְאֶל־מַשָּׂאוֹ: וְלֹא־יָבֹאוּ לִרְאוֹת כְּבַלַּע אֶת־הַקֹּדֶשׁ וָמֵתוּ:

וַיְדַבֵּר ראה יְהֹוָהאדניאהדונהי אֶל־מֹשֶׁה מהש, אל שדי לֵּאמֹר: נָשֹׂא אֶת־רֹאשׁ ריבוע אלהים ואלהים דיודין ע״ה בְּנֵי גֵרְשׁוֹן ע״ה ב״פ סוז״ף גַּם־ יג״ל הֵם לְבֵית ב״פ ראה אֲבֹתָם לְמִשְׁפְּחֹתָם: מִבֶּן שְׁלֹשִׁים שָׁנָה וָמַעְלָה עַד בֶּן־חֲמִשִּׁים שָׁנָה תִּפְקֹד אוֹתָם כָּל־ ילי הַבָּא לִצְבֹא צָבָא לַעֲבֹד עֲבֹדָה בְּאֹהֶל לאה (אלד ע״ה) מוֹעֵד:

זֹאת | חֲנֻכַּת הַמִּזְבֵּחַ זן, נגד בְּיוֹם ע״ה = נגד, זן, מזבח הִמָּשַׁח אֹתוֹ מֵאֵת נְשִׂיאֵי יִשְׂרָאֵל קַעֲרֹת כֶּסֶף שְׁתֵּים עֶשְׂרֵה מִזְרְקֵי־כֶסֶף שְׁנֵים עָשָׂר כַּפּוֹת זָהָב שְׁתֵּים עֶשְׂרֵה: שְׁלֹשִׁים וּמֵאָה דמב, מלוי ע״ב הַקְּעָרָה הָאַחַת כֶּסֶף וְשִׁבְעִים הַמִּזְרָק הָאֶחָד אהבה, דאגה כָּל ילי כֶּסֶף הַכֵּלִים אַלְפַּיִם קס״א וְאַרְבַּע־מֵאוֹת בְּשֶׁקֶל הַקֹּדֶשׁ: כַּפּוֹת זָהָב שְׁתֵּים־עֶשְׂרֵה מְלֵאֹת קְטֹרֶת עֲשָׂרָה עֲשָׂרָה הַכַּף בְּשֶׁקֶל הַקֹּדֶשׁ כָּל־ ילי זְהַב הַכַּפּוֹת עֶשְׂרִים וּמֵאָה דמב, מלוי ע״ב: כָּל־ ילי הַבָּקָר לָעֹלָה שְׁנֵים עָשָׂר פָּרִים אֵילִם שְׁנֵים־עָשָׂר כְּבָשִׂים בְּנֵי־שָׁנָה שְׁנֵים עָשָׂר וּמִנְחָתָם וּשְׂעִירֵי עִזִּים שְׁנֵים עָשָׂר לְחַטָּאת: וְכֹל ילי בְּקַר | זֶבַח הַשְּׁלָמִים עֶשְׂרִים וְאַרְבָּעָה פָּרִים אֵילִם שִׁשִּׁים עַתֻּדִים שִׁשִּׁים כְּבָשִׂים בְּנֵי־שָׁנָה שִׁשִּׁים זֹאת חֲנֻכַּת הַמִּזְבֵּחַ זן, נגד אַחֲרֵי הִמָּשַׁח אֹתוֹ: וּבְבֹא מֹשֶׁה מהש, אל שדי אֶל־אֹהֶל לאה (אלד ע״ה) מוֹעֵד לְדַבֵּר ראה אִתּוֹ וַיִּשְׁמַע אֶת־הַקּוֹל ע״ב ס״ג ע״ה מִדַּבֵּר ראה אֵלָיו מֵעַל עלם הַכַּפֹּרֶת אֲשֶׁר עַל־אֲרֹן הָעֵדֻת מִבֵּין שְׁנֵי הַכְּרֻבִים וַיְדַבֵּר ראה אֵלָיו:

וַיְדַבֵּר ראה יְהֹוָהאדניאהדונהי אֶל־מֹשֶׁה מהש, אל שדי לֵּאמֹר: דַּבֵּר ראה אֶל־אַהֲרֹן ע״ב ורבוע ע״ב וְאָמַרְתָּ אֵלָיו בְּהַעֲלֹתְךָ אֶת־הַנֵּרֹת אֶל־מוּל פְּנֵי חכמה בינה הַמְּנוֹרָה יָאִירוּ שִׁבְעַת הַנֵּרוֹת: וַיַּעַשׂ כֵּן אַהֲרֹן ע״ב ורבוע ע״ב אֶל־מוּל פְּנֵי חכמה בינה הַמְּנוֹרָה הֶעֱלָה נֵרֹתֶיהָ כַּאֲשֶׁר צִוָּה פוי יְהֹוָהאדניאהדונהי אֶת־מֹשֶׁה מהש, אל שדי:

וַיֹּאמֶר יְהֹוָהאדניאהדונהי אֶל־מֹשֶׁה מהש, אל שדי וְאָבִיהָ יָרֹק יָרַק בְּפָנֶיהָ

הֲלֹא תִכָּלֵם שִׁבְעַת יָמִים נלך תִּסָּגֵר שִׁבְעַת יָמִים נלך מִחוּץ לַמַּחֲנֶה וְאַחַר תֵּאָסֵף: וַתִּסָּגֵר מִרְיָם מִחוּץ לַמַּחֲנֶה שִׁבְעַת יָמִים נלך וְהָעָם לֹא נָסַע עַד־הֵאָסֵף מִרְיָם: וְאַחַר נָסְעוּ הָעָם מֵחֲצֵרוֹת וַיַּחֲנוּ בְּמִדְבַּר אברהם, וו״פ אל, רמ״ח פָּארָן:

וַיְדַבֵּר ראה יְהֹוָהאדנייאהדונהי אֶל־מֹשֶׁה מהש, אל שדי לֵּאמֹר: שְׁלַח־לְךָ אֲנָשִׁים וְיָתֻרוּ קס״א קס״א קנ״א קמ״ג אֶת־אֶרֶץ אלהים דאלפין כְּנַעַן אֲשֶׁר־אֲנִי אני, טדה״ד כוו״ו נֹתֵן אבגית״ץ, ושר, אהבת חנם לִבְנֵי יִשְׂרָאֵל אִישׁ ע״ה קנ״א קס״א אֶחָד אהבה, דאגה אִישׁ ע״ה קנ״א קס״א אֶחָד אהבה, דאגה לְמַטֵּה אֲבֹתָיו תִּשְׁלָחוּ כֹּל ילי נָשִׂיא בָהֶם: וַיִּשְׁלַח אֹתָם מֹשֶׁה מהש, אל שדי מִמִּדְבַּר פָּארָן עַל־פִּי יְהֹוָהאדנייאהדונהי כֻּלָּם אֲנָשִׁים רָאשֵׁי בְנֵי־יִשְׂרָאֵל הֵמָּה:

וַיֹּאמֶר יְהֹוָהאדנייאהדונהי אֶל־מֹשֶׁה מהש, אל שדי לֵּאמֹר: דַּבֵּר ראה אֶל־בְּנֵי יִשְׂרָאֵל וְאָמַרְתָּ אֲלֵהֶם וְעָשׂוּ לָהֶם צִיצִת עַל־כַּנְפֵי בִגְדֵיהֶם לְדֹרֹתָם וְנָתְנוּ עַל־צִיצִת הַכָּנָף ע״ה קנ״א, אלהים אדני פְּתִיל י״פ ב״ן תְּכֵלֶת: וְהָיָה יהוה, יהה לָכֶם לְצִיצִת וּרְאִיתֶם אֹתוֹ וּזְכַרְתֶּם אֶת־כָּל־ ילי מִצְוֹת יְהֹוָהאדנייאהדונהי וַעֲשִׂיתֶם אֹתָם וְלֹא־תָתֻרוּ אַחֲרֵי לְבַבְכֶם וְאַחֲרֵי עֵינֵיכֶם ריבוע מ״ה אֲשֶׁר־אַתֶּם זֹנִים אַחֲרֵיהֶם: לְמַעַן תִּזְכְּרוּ וַעֲשִׂיתֶם אֶת־כָּל־ ילי מִצְוֹתָי וִהְיִיתֶם קְדֹשִׁים לֵאלֹהֵיכֶם ילה: אֲנִי אני, טדה״ד כוו״ו יְהֹוָהאדנייאהדונהי אֱלֹהֵיכֶם ילה אֲשֶׁר הוֹצֵאתִי אֶתְכֶם מֵאֶרֶץ אלהים דאלפין מִצְרַיִם מצר לִהְיוֹת לָכֶם לֵאלֹהִים מום, אהיה אדני ; ילה אֲנִי אני, טדה״ד כוו״ו יְהֹוָהאדנייאהדונהי אֱלֹהֵיכֶם ילה:

וַיִּקַּח וזעם קֹרַח בֶּן־יִצְהָר בֶּן־קְהָת בֶּן־לֵוִי ע״ה יהוה אהיה וְדָתָן ע״ה קס״א קנ״א קמ״ג, ע״ה נתה וַאֲבִירָם בְּנֵי אֱלִיאָב וְאוֹן בֶּן־פֶּלֶת בְּנֵי רְאוּבֵן ג״פ אלהים ע״ה: וַיָּקֻמוּ לִפְנֵי חכמה בינה מֹשֶׁה מהש, אל שדי וַאֲנָשִׁים מִבְּנֵי־יִשְׂרָאֵל חֲמִשִּׁים וּמָאתָיִם נְשִׂיאֵי עֵדָה קְרִאֵי מוֹעֵד אַנְשֵׁי־שֵׁם יהוה שדי: וַיִּקָּהֲלוּ עַל־מֹשֶׁה מהש, אל שדי וְעַל־אַהֲרֹן ע״ב ורבוע ע״ב וַיֹּאמְרוּ אֲלֵהֶם רַב־ ע״ב ורבוע מ״ה לָכֶם כִּי כָל־ ילי הָעֵדָה כֻּלָּם קְדֹשִׁים וּבְתוֹכָם יְהֹוָהאדנייאהדונהי וּמַדּוּעַ תִּתְנַשְּׂאוּ עַל־קְהַל ע״ב ס״ג יְהֹוָהאדנייאהדונהי:

וְאָמַרְתָּ אֲלֵהֶם בַּהֲרִימְכֶם אֶת־חֶלְבּוֹ מִמֶּנּוּ וְנֶחְשַׁב לַלְוִיִּם כִּתְבוּאַת גֹּרֶן

וְכִתְבוּאַת יָקֶב׃ וַאֲכַלְתֶּם אֹתוֹ בְּכָל־ ב״ן, לכב, יבמ מָקוֹם יהוה ברבוע, ו״פ אל אַתֶּם וּבֵיתְכֶם כִּי־שָׂכָר י״פ ב״ן הוּא לָכֶם חֵלֶף עֲבֹדַתְכֶם בְּאֹהֶל לאה (אלד ע״ה) מוֹעֵד׃ וְלֹא־תִשְׂאוּ עָלָיו חֵטְא בַּהֲרִימְכֶם אֶת־חֶלְבּוֹ מִמֶּנּוּ וְאֶת־קָדְשֵׁי בְנֵי־יִשְׂרָאֵל לֹא תְחַלְּלוּ וְלֹא תָמוּתוּ׃

וַיְדַבֵּר ראה יְהֹוָאדנהיאהדונהי אֶל־מֹשֶׁה מהש, אל שדי וְאֶל־אַהֲרֹן ע״ב ורבוע ע״ב לֵאמֹר׃

זֹאת חֻקַּת הַתּוֹרָה אֲשֶׁר־צִוָּה פוי יְהֹוָאדנהיאהדונהי לֵאמֹר דַּבֵּר ראה | אֶל־בְּנֵי יִשְׂרָאֵל וְיִקְחוּ חעם אֵלֶיךָ אני פָרָה אֲדֻמָּה עסמ״ב ורבוע עסמ״ב תְּמִימָה אֲשֶׁר אֵין־בָּהּ מוּם מום, אלהים, אהיה אדני אֲשֶׁר לֹא־עָלָה עָלֶיהָ פהל עֹל׃ וּנְתַתֶּם אֹתָהּ אֶל־אֶלְעָזָר הַכֹּהֵן מלה וְהוֹצִיא אֹתָהּ אֶל־מִחוּץ לַמַּחֲנֶה וְשָׁחַט אֹתָהּ לְפָנָיו׃

וַיֹּאמֶר יְהֹוָאדנהיאהדונהי אֶל־מֹשֶׁה מהש, אל שדי אַל־תִּירָא אֹתוֹ כִּי בְיָדְךָ בוכ״ו נָתַתִּי אֹתוֹ וְאֶת־כָּל־ ילי עַמּוֹ וְאֶת־אַרְצוֹ וְעָשִׂיתָ לּוֹ כַּאֲשֶׁר עָשִׂיתָ לְסִיחֹן מֶלֶךְ הָאֱמֹרִי אֲשֶׁר יוֹשֵׁב בְּחֶשְׁבּוֹן׃ וַיַּכּוּ אֹתוֹ וְאֶת־בָּנָיו וְאֶת־כָּל־ ילי עַמּוֹ עַד־בִּלְתִּי הִשְׁאִיר־לוֹ שָׂרִיד וַיִּירְשׁוּ אֶת־אַרְצוֹ׃ וַיִּסְעוּ בְּנֵי יִשְׂרָאֵל וַיַּחֲנוּ בְּעַרְבוֹת מוֹאָב יוד הא ואו הה מֵעֵבֶר רבוע יהוה ורבוע אלהים לְיַרְדֵּן י״פ יהוה וד׳ אותיות יְרֵחוֹ׃

וַיַּרְא בָּלָק בֶּן־צִפּוֹר אֵת כָּל־ ילי אֲשֶׁר־עָשָׂה יִשְׂרָאֵל לָאֱמֹרִי׃ וַיָּגָר קס״א ב״ן מוֹאָב יוד הא ואו הה מִפְּנֵי חכמה בינה הָעָם מְאֹד מ״ה כִּי רַב־ ע״ב ורבוע מ״ה הוּא וַיָּקָץ מנק מוֹאָב מִפְּנֵי חכמה בינה בְּנֵי יִשְׂרָאֵל׃ וַיֹּאמֶר מוֹאָב יוד הא ואו הה אֶל־זִקְנֵי מִדְיָן עַתָּה יְלַחֲכוּ הַקָּהָל ע״ב ס״ג אֶת־כָּל־ ילי סְבִיבֹתֵינוּ כִּלְחֹךְ הַשּׁוֹר אבגית״ץ, ושר, אהבת חנם אֵת יֶרֶק הַשָּׂדֶה שדי וּבָלָק בֶּן־צִפּוֹר מֶלֶךְ לְמוֹאָב יוד הא ואו הה בָּעֵת י״פ אהיה י׳ הויות הַהִוא׃

וַיַּרְא אלף למד יהוה פִּינְחָס בֶּן־אֶלְעָזָר בֶּן־אַהֲרֹן ע״ב ורבוע ע״ב הַכֹּהֵן מלה וַיָּקָם מִתּוֹךְ הָעֵדָה וַיִּקַּח חעם רֹמַח אברהם, ח״פ אל, רמ״ח בְּיָדוֹ׃ וַיָּבֹא אַחַר אִישׁ־ ע״ה קנ״א קס״א יִשְׂרָאֵל אֶל־הַקֻּבָּה וַיִּדְקֹר אֶת־שְׁנֵיהֶם אֵת אִישׁ ע״ה קנ״א קס״א יִשְׂרָאֵל וְאֶת־הָאִשָּׁה אֶל־קֳבָתָהּ וַתֵּעָצַר הַמַּגֵּפָה מֵעַל עלם בְּנֵי יִשְׂרָאֵל׃ וַיִּהְיוּ מלוי ס״ג הַמֵּתִים בַּמַּגֵּפָה אַרְבָּעָה וְעֶשְׂרִים אָלֶף אלף למד שין דלת יוד ע״ה׃

וַיְדַבֵּר ראה יְהֹוָה יאהדונהי אֶל־מֹשֶׁה מהש, אל שדי לֵּאמֹר: פִּינְחָס בֶּן־אֶלְעָזָר בֶּן־אַהֲרֹן ע״ב ורבוע ע״ב הַכֹּהֵן מלה הֵשִׁיב אֶת־חֲמָתִי מֵעַל עלם בְּנֵי־יִשְׂרָאֵל בְּקַנְאוֹ אֶת־קִנְאָתִי בְּתוֹכָם וְלֹא־כִלִּיתִי אֶת־בְּנֵי־יִשְׂרָאֵל בְּקִנְאָתִי: לָכֵן אֱמֹר הִנְנִי נֹתֵן אבג״ית״ץ, ושר, אהבת חנם לוֹ אֶת־בְּרִיתִי שָׁלוֹם:

וּבְיוֹם ע״ה = נגד, זן, מזבח הַבִּכּוּרִים בְּהַקְרִיבְכֶם מִנְחָה ע״ה ב״פ ב״ן חֲדָשָׁה לַיהֹוָה יאהדונהי בְּשָׁבֻעֹתֵיכֶם מִקְרָא־ שם ע״ה, יהוה שדי קֹדֶשׁ יִהְיֶה ייי לָכֶם כָּל־ ילי מְלֶאכֶת עֲבֹדָה לֹא תַעֲשׂוּ: וְהִקְרַבְתֶּם עוֹלָה לְרֵיחַ אברהם, ח״פ אל, רמ״ח נִיחֹחַ לַיהֹוָה יאהדונהי פָּרִים בְּנֵי־בָקָר שְׁנַיִם אַיִל אֶחָד אהבה, דאגה שִׁבְעָה כְבָשִׂים בְּנֵי שָׁנָה: וּמִנְחָתָם סֹלֶת בְּלוּלָה בַשָּׁמֶן י״פ טל, י״פ כוז״ו, ביט שְׁלֹשָׁה עֶשְׂרֹנִים לַפָּר מנצפך, ערי, סנדלפו״ן הָאֶחָד אהבה, דאגה שְׁנֵי עֶשְׂרֹנִים לָאַיִל הָאֶחָד אהבה, דאגה: עִשָּׂרוֹן עִשָּׂרוֹן לַכֶּבֶשׂ ב״פ קס״א הָאֶחָד אהבה, דאגה לְשִׁבְעַת הַכְּבָשִׂים: שְׂעִיר עִזִּים אֶחָד אהבה, דאגה לְכַפֵּר מצפצ עֲלֵיכֶם: מִלְּבַד עֹלַת אבג״ית״ץ, ושר, אהבת חנם הַתָּמִיד ע״ה נתה, קס״א קנ״א קמ״ג וּמִנְחָתוֹ תַּעֲשׂוּ תְּמִימִם יִהְיוּ־ אל לָכֶם וְנִסְכֵּיהֶם:

בַּיּוֹם ע״ה נגד, זן, מזבח הַשְּׁמִינִי עֲצֶרֶת תִּהְיֶה לָכֶם כָּל־ ילי מְלֶאכֶת עֲבֹדָה לֹא תַעֲשׂוּ: וְהִקְרַבְתֶּם עֹלָה אִשֵּׁה רֵיחַ נִיחֹחַ לַיהֹוָה יאהדונהי פַּר מנצפך, ערי, סנדלפו״ן אֶחָד אהבה, דאגה אַיִל אֶחָד אהבה, דאגה כְּבָשִׂים בְּנֵי־שָׁנָה שִׁבְעָה תְּמִימִם: מִנְחָתָם וְנִסְכֵּיהֶם לַפָּר מנצפך, ערי, סנדלפו״ן לָאַיִל וְלַכְּבָשִׂים בְּמִסְפָּרָם כַּמִּשְׁפָּט ע״ה ה״פ אלהים: וּשְׂעִיר חַטָּאת אֶחָד אהבה, דאגה מִלְּבַד עֹלַת אבג״ית״ץ, ושר, אהבת חנם הַתָּמִיד ע״ה נתה, קס״א קנ״א קמ״ג וּמִנְחָתָהּ וְנִסְכָּהּ: אֵלֶּה תַּעֲשׂוּ לַיהֹוָה יאהדונהי בְּמוֹעֲדֵיכֶם לְבַד מִנִּדְרֵיכֶם וְנִדְבֹתֵיכֶם לְעֹלֹתֵיכֶם וּלְמִנְחֹתֵיכֶם וּלְנִסְכֵּיכֶם וּלְשַׁלְמֵיכֶם: וַיֹּאמֶר מֹשֶׁה מהש, אל שדי אֶל־בְּנֵי יִשְׂרָאֵל כְּכֹל אֲשֶׁר־צִוָּה פוי יְהֹוָה יאהדונהי אֶת־מֹשֶׁה מהש, אל שדי:

וַיְדַבֵּר ראה מֹשֶׁה מהש, אל שדי אֶל־רָאשֵׁי הַמַּטּוֹת לִבְנֵי יִשְׂרָאֵל לֵאמֹר זֶה הַדָּבָר ראה אֲשֶׁר צִוָּה פוי יְהֹוָה יאהדונהי: אִישׁ ע״ה קנ״א קס״א כִּי־יִדֹּר נֶדֶר לַיהֹוָה יאהדונהי אוֹ־הִשָּׁבַע ע״ב ואלהים דיודין שְׁבֻעָה לֶאְסֹר אִסָּר עַל־נַפְשׁוֹ לֹא יַחֵל דְּבָרוֹ ראה כְּכָל־ ילי הַיֹּצֵא מִפִּיו יַעֲשֶׂה: וְאִשָּׁה כִּי־תִדֹּר נֶדֶר לַיהֹוָה יאהדונהי וְאָסְרָה אִסָּר בְּבֵית ב״פ ראה אָבִיהָ בִּנְעֻרֶיהָ:

אֵלֶּה מַסְעֵי בְנֵי־יִשְׂרָאֵל אֲשֶׁר יָצְאוּ מֵאֶרֶץ אלהים דאלפין מִצְרַיִם מצר
לְצִבְאֹתָם בְּיַד־מֹשֶׁה מהש, אל שדי וְאַהֲרֹן ע״ב ורבוע ע״ב: וַיִּכְתֹּב מֹשֶׁה מהש, אל שדי
אֶת־מוֹצָאֵיהֶם לְמַסְעֵיהֶם עַל־פִּי יְהֹוָאדהנויאהדונהי וְאֵלֶּה מ״ב מַסְעֵיהֶם
לְמוֹצָאֵיהֶם: וַיִּסְעוּ מֵרַעְמְסֵס בַּחֹדֶשׁ י״ב הויות הָרִאשׁוֹן בַּחֲמִשָּׁה עָשָׂר
יוֹם ע״ה נגד, זן, מזבח לַחֹדֶשׁ י״ב הויות הָרִאשׁוֹן מִמָּחֳרַת הַפֶּסַח יָצְאוּ בְנֵי־יִשְׂרָאֵל
בְּיָד רָמָה לְעֵינֵי ריבוע מ״ה כָּל־ ילי מִצְרָיִם מצר:

וַתִּהְיֶינָה מַחְלָה תִרְצָה וְחָגְלָה וּמִלְכָּה ע״ה פוי, אל אדני וְנֹעָה בְּנוֹת צְלָפְחָד
לִבְנֵי דֹדֵיהֶן לְנָשִׁים: מִמִּשְׁפְּחֹת בְּנֵי־מְנַשֶּׁה בֶן־יוֹסֵף ציון, ו״פ יהוה
הָיוּ לְנָשִׁים וַתְּהִי נַחֲלָתָן עַל־מַטֵּה מִשְׁפַּחַת אֲבִיהֶן:

אֵלֶּה הַמִּצְוֹת (הֵתָ–HuTa)

וְהַמִּשְׁפָּטִים אֲשֶׁר צִוָּה פוי יְהֹוָאדהנויאהדונהי בְּיַד־מֹשֶׁה מהש, אל שדי אֶל־בְּנֵי
יִשְׂרָאֵל בְּעַרְבֹת מוֹאָב יוד הא ואו הה עַל יַרְדֵּן י״פ יהוה וד׳ אותיות יְרֵחוֹ:

DEVARIM - DEUTERONOMIO

אֵלֶּה הַדְּבָרִים ראה אֲשֶׁר דִּבֶּר ראה מֹשֶׁה מהש, אל שדי אֶל־כָּל־ ילי יִשְׂרָאֵל
בְּעֵבֶר רבוע יהוה ורבוע אלהים הַיַּרְדֵּן י״פ יהוה וד׳ אותיות בַּמִּדְבָּר אברהם, רמ״ח, ח״פ אל
בָּעֲרָבָה מוֹל סוּף בֵּין־פָּארָן וּבֵין־תֹּפֶל וְלָבָן וַחֲצֵרֹת וְדִי זָהָב: אַחַד
אהבה, דאגה עָשָׂר יוֹם ע״ה = נגד, זן, מזבח מֵחֹרֵב רבוע ס״ג ורבוע אהיה דֶּרֶךְ ב״פ יב״ק הַר־
רבוע אלהים + ה׳ שֵׂעִיר עַד קָדֵשׁ בַּרְנֵעַ: וַיְהִי אל בְּאַרְבָּעִים שָׁנָה בְּעַשְׁתֵּי־עָשָׂר
חֹדֶשׁ י״ב הויות בְּאֶחָד אהבה, דאגה לַחֹדֶשׁ י״ב הויות דִּבֶּר ראה מֹשֶׁה מהש, אל שדי
אֶל־בְּנֵי יִשְׂרָאֵל כְּכֹל ילי אֲשֶׁר צִוָּה פוי יְהֹוָאדהנויאהדונהי אֹתוֹ אֲלֵהֶם:

עַד אֲשֶׁר־יָנִיחַ יְהֹוָאדהנויאהדונהי | לַאֲחֵיכֶם כָּכֶם וְיָרְשׁוּ גַם־ יג״ל הֵם אֶת־
הָאָרֶץ אלהים דההין ע״ה אֲשֶׁר יְהֹוָאדהנויאהדונהי אֱלֹהֵיכֶם ילה נֹתֵן אבג״ית״ץ, ושר, אהבת חנם
לָהֶם בְּעֵבֶר רבוע יהוה ורבוע אלהים הַיַּרְדֵּן י״פ יהוה וד׳ אותיות וְשַׁבְתֶּם
אִישׁ ע״ה קנ״א קס״א לִירֻשָּׁתוֹ אֲשֶׁר נָתַתִּי לָכֶם: וְאֶת־יְהוֹשׁוּעַ צִוֵּיתִי
בָּעֵת י״פ אהיה י׳ הויות הַהִוא לֵאמֹר עֵינֶיךָ ע״ה קס״א הָרֹאֹת אֵת כָּל־ ילי אֲשֶׁר
עָשָׂה יְהֹוָאדהנויאהדונהי אֱלֹהֵיכֶם ילה לִשְׁנֵי הַמְּלָכִים הָאֵלֶּה כֵּן־יַעֲשֶׂה
יְהֹוָאדהנויאהדונהי לְכָל־ יה אדני הַמַּמְלָכוֹת אֲשֶׁר אַתָּה עֹבֵר רבוע יהוה ורבוע אלהים
שָׁמָּה מהש, משה, אל שדי: לֹא תִּירָאוּם כִּי יְהֹוָאדהנויאהדונהי אֱלֹהֵיכֶם ילה
הוּא הַנִּלְחָם לָכֶם:

וָאֶתְחַנַּן אֶל־יְהֹוָה יאהדונהי בָּעֵת י״פ אהיה י׳ הויות הַהִוא לֵאמֹר: אֲדֹנָי ללה
יְהֹוִה יאהדונהי אַתָּה הַחִלּוֹתָ לְהַרְאוֹת אֶת־עַבְדְּךָ פוי אֶת־גָּדְלְךָ
וְאֶת־יָדְךָ בוכ״ו הַחֲזָקָה אֲשֶׁר מִי־ ילי אֵל יי״א בַּשָּׁמַיִם י״פ טל, י״פ כוזו
וּבָאָרֶץ אלהים דאלפין אֲשֶׁר־יַעֲשֶׂה כְמַעֲשֶׂיךָ וְכִגְבוּרֹתֶךָ: אֶעְבְּרָה־נָּא
וְאֶרְאֶה אֶת־הָאָרֶץ אלהים ההין ע״ה הַטּוֹבָה אכא אֲשֶׁר בְּעֵבֶר רבוע יהוה ורבוע אלהים
הַיַּרְדֵּן י״פ יהוה וד׳ אותיות הָהָר הַטּוֹב והו הַזֶּה והו וְהַלְּבָנֹן:

וַיִּקְרָא עם ה׳ אותיות = ב״פ קס״א מֹשֶׁה מהש, אל שדי אֶל־כָּל־ ילי יִשְׂרָאֵל וַיֹּאמֶר
אֲלֵהֶם שְׁמַע יִשְׂרָאֵל אֶת־הַחֻקִּים וְאֶת־הַמִּשְׁפָּטִים אֲשֶׁר אָנֹכִי איע דֹּבֵר
ראה בְּאָזְנֵיכֶם הַיּוֹם ע״ה = נגד, זן, מזבח וּלְמַדְתֶּם אֹתָם וּשְׁמַרְתֶּם לַעֲשֹׂתָם:
יְהֹוָה יאהדונהי אֱלֹהֵינוּ ילה כָּרַת עִמָּנוּ ריבוע ס״ג בְּרִית בְּחֹרֵב רבוע ס״ג ורבוע אהיה:
לֹא אֶת־אֲבֹתֵינוּ כָּרַת יְהֹוָה יאהדונהי אֶת־הַבְּרִית הַזֹּאת כִּי אִתָּנוּ אֲנַחְנוּ
אֵלֶּה פֹה מילה, ע״ה אלהים ע״ה מום הַיּוֹם ע״ה = נגד, זן, מזבח כֻּלָּנוּ חַיִּים בינה ע״ה:
פָּנִים ע״ב ס״ג מ״ה בְּפָנִים | ע״ב ס״ג מ״ה דִּבֶּר ראה יְהֹוָה יאהדונהי עִמָּכֶם
בָּהָר אור, רז, אין סוף מִתּוֹךְ הָאֵשׁ שאה: אָנֹכִי איע עֹמֵד בֵּין־יְהֹוָה יאהדונהי
וּבֵינֵיכֶם בָּעֵת י״פ אהיה י׳ הויות הַהִוא לְהַגִּיד לָכֶם אֶת־דְּבַר ראה יְהֹוָה יאהדונהי
כִּי יְרֵאתֶם מִפְּנֵי חכמה בינה הָאֵשׁ שאה וְלֹא־עֲלִיתֶם בָּהָר אור, רז, אין סוף לֵאמֹר:
(*Kéter*) אָנֹכִי איע יְהֹוָה יאהדונהי אֱלֹהֶיךָ ילה אֲשֶׁר הוֹצֵאתִיךָ מֵאֶרֶץ אלהים דאלפין
מִצְרַיִם מצר מִבֵּית ב״פ ראה עֲבָדִים: (*Jojmá*) לֹא יִהְיֶה־ ייי לְךָ אֱלֹהִים ילה
אֲחֵרִים עַל־פָּנָי חכמה בינה לֹא תַעֲשֶׂה־לְךָ פֶסֶל | כָּל־ ילי תְּמוּנָה אֲשֶׁר
בַּשָּׁמַיִם י״פ טל, י״פ כוזו מִמַּעַל עלם וַאֲשֶׁר בָּאָרֶץ אלהים דאלפין מִתָּחַת וַאֲשֶׁר
בַּמַּיִם | מִתַּחַת לָאָרֶץ אלהים דאלפין לֹא־תִשְׁתַּחֲוֶה לָהֶם וְלֹא תָעָבְדֵם כִּי
אָנֹכִי איע יְהֹוָה יאהדונהי אֱלֹהֶיךָ ילה אֵל יי״א קַנָּא מקוה, קנ״א, אלהים אדני
פֹּקֵד רבוע ע״ב עֲוֹן ג״פ מ״ב אָבוֹת עַל־בָּנִים וְעַל־שִׁלֵּשִׁים וְעַל־רִבֵּעִים לְשֹׂנְאָי
וְעֹשֶׂה חֶסֶד ע״ב, ריבוע יהוה לַאֲלָפִים קס״א לְאֹהֲבַי וּלְשֹׁמְרֵי מִצְוֹתָי (כתיב: מצותו):
(*Biná*) לֹא תִשָּׂא אֶת־שֵׁם־ יהוה שדי יְהֹוָה יאהדונהי אֱלֹהֶיךָ ילה לַשָּׁוְא כִּי לֹא
יְנַקֶּה יְהֹוָה יאהדונהי אֵת אֲשֶׁר־יִשָּׂא אֶת־שְׁמוֹ מהש ע״ה, אל שדי ע״ה לַשָּׁוְא:
(*Jésed*) שָׁמוֹר אֶת־יוֹם ע״ה = נגד, זן, מזבח הַשַּׁבָּת לְקַדְּשׁוֹ כַּאֲשֶׁר צִוְּךָ |
יְהֹוָה יאהדונהי אֱלֹהֶיךָ ילה שֵׁשֶׁת יָמִים נלך תַּעֲבֹד וְעָשִׂיתָ כָּל־ ילי
מְלַאכְתֶּךָ וְיוֹם ע״ה = נגד, זן, מזבח הַשְּׁבִיעִי שַׁבָּת | לַיהֹוָה יאהדונהי אֱלֹהֶיךָ ילה

לֹא תַעֲשֶׂה כָל־ ילי מְלָאכָה אל אדני אַתָּה וּבִנְךָ־וּבִתֶּךָ וְעַבְדְּךָ־ פוי וַאֲמָתֶךָ
וְשׁוֹרְךָ וַחֲמֹרְךָ וְכָל־ ילי בְּהֶמְתֶּךָ וְגֵרְךָ אֲשֶׁר בִּשְׁעָרֶיךָ לְמַעַן יָנוּחַ עַבְדְּךָ פוי
וַאֲמָתְךָ כָּמוֹךָ אלהים, מום וְזָכַרְתָּ כִּי־עֶבֶד הָיִיתָ | בְּאֶרֶץ אלהים דאלפין מִצְרַיִם מצר
וַיֹּצִאֲךָ יְהֹוָה אהדונהי אֱלֹהֶיךָ ילה מִשָּׁם יהוה שדי בְּיָד חֲזָקָה פהל וּבִזְרֹעַ נְטוּיָה
עַל־כֵּן צִוְּךָ יְהֹוָה אהדונהי אֱלֹהֶיךָ ילה לַעֲשׂוֹת אֶת־יוֹם ע״ה = נגד, זן, מזבח הַשַּׁבָּת׃
(Guevurá) כַּבֵּד אֶת־אָבִיךָ וְאֶת־אִמֶּךָ כַּאֲשֶׁר צִוְּךָ יְהֹוָה אהדונהי אֱלֹהֶיךָ ילה
לְמַעַן | יַאֲרִיכֻן יָמֶיךָ וּלְמַעַן יִיטַב לָךְ עַל הָאֲדָמָה אֲשֶׁר־יְהֹוָה אהדונהי
אֱלֹהֶיךָ ילה נֹתֵן אבגית״ץ, ושר, אהבת חנם לָךְ׃ (Tiféret) לֹא תִּרְצָח׃
(Nétsaj) וְלֹא תִּנְאָף׃ (Hod) וְלֹא תִּגְנֹב׃ (Yesod) וְלֹא־תַעֲנֶה בְרֵעֲךָ
עֵד שָׁוְא׃ (Maljut) וְלֹא תַחְמֹד אֵשֶׁת רֵעֶךָ וְלֹא תִתְאַוֶּה בֵּית ב״פ ראה
רֵעֶךָ שָׂדֵהוּ וְעַבְדּוֹ וַאֲמָתוֹ שׁוֹרוֹ וַחֲמֹרוֹ וְכֹל ילי אֲשֶׁר לְרֵעֶךָ׃
אֶת־הַדְּבָרִים ראה הָאֵלֶּה דִּבֶּר ראה יְהֹוָה אהדונהי אֶל־כָּל־ ילי קְהַלְכֶם
בָּהָר אור, רז מִתּוֹךְ הָאֵשׁ שאה הֶעָנָן וְהָעֲרָפֶל קוֹל ע״ב ס״ג ע״ה
גָּדוֹל להח, מבה, יזל, אום וְלֹא יָסָף וַיִּכְתְּבֵם עַל־שְׁנֵי לֻחֹת אֲבָנִים וַיִּתְּנֵם אֵלָי׃
וַיְהִי אל כְּשָׁמְעֲכֶם אֶת־הַקּוֹל ע״ב ס״ג ע״ה מִתּוֹךְ הַחֹשֶׁךְ ש״ך ניצוצות של ז׳ מלכים
וְהָהָר בֹּעֵר בָּאֵשׁ אלהים דיודין ע״ה וַתִּקְרְבוּן אֵלַי כָּל־ ילי רָאשֵׁי שִׁבְטֵיכֶם
וְזִקְנֵיכֶם׃ וַתֹּאמְרוּ הֵן הֶרְאָנוּ יְהֹוָה אהדונהי אֱלֹהֵינוּ ילה אֶת־כְּבֹדוֹ וְאֶת־גָּדְלוֹ
וְאֶת־קֹלוֹ שָׁמַעְנוּ מִתּוֹךְ הָאֵשׁ שאה הַיּוֹם ע״ה = נגד, זן, מזבח הַזֶּה והו רָאִינוּ כִּי־
יְדַבֵּר ראה אֱלֹהִים מום, אהיה אדני ; ילה אֶת־הָאָדָם מ״ה וָחָי׃ וְעַתָּה לָמָּה מ״ה נָמוּת
כִּי תֹאכְלֵנוּ הָאֵשׁ שאה הַגְּדֹלָה הַזֹּאת אִם־ יוהך, ע״ה מ״ב יֹסְפִים | אֲנַחְנוּ לִשְׁמֹעַ
אֶת־קוֹל ע״ב ס״ג ע״ה יְהֹוָה אהדונהי אֱלֹהֵינוּ ילה עוֹד וָמָתְנוּ׃ כִּי מִי ילי כָל־ ילי
בָּשָׂר אֲשֶׁר שָׁמַע קוֹל ע״ב ס״ג ע״ה אֱלֹהִים מום, אהיה אדני ; ילה חַיִּים בינה ע״ה
מְדַבֵּר ראה מִתּוֹךְ־הָאֵשׁ שאה כָּמֹנוּ וַיֶּחִי׃ קְרַב אַתָּה וּשְׁמָע אֵת כָּל־ ילי אֲשֶׁר
יֹאמַר יְהֹוָה אהדונהי אֱלֹהֵינוּ ילה וְאַתְּ | תְּדַבֵּר ראה אֵלֵינוּ אֵת כָּל־ ילי אֲשֶׁר
יְדַבֵּר ראה יְהֹוָה אהדונהי אֱלֹהֵינוּ ילה אֵלֶיךָ אני וְשָׁמַעְנוּ וְעָשִׂינוּ׃ וַיִּשְׁמַע
יְהֹוָה אהדונהי אֶת־קוֹל ע״ב ס״ג ע״ה דִּבְרֵיכֶם ראה בְּדַבֶּרְכֶם ראה אֵלָי וַיֹּאמֶר
יְהֹוָה אהדונהי אֵלַי שָׁמַעְתִּי אֶת־קוֹל ע״ב ס״ג ע״ה דִּבְרֵי ראה הָעָם הַזֶּה והו אֲשֶׁר
דִּבְּרוּ ראה אֵלֶיךָ אני הֵיטִיבוּ כָּל־ ילי אֲשֶׁר דִּבֵּרוּ ראה׃ מִי־ ילי יִתֵּן וְהָיָה יהוה, יהה
לְבָבָם זֶה לָהֶם לְיִרְאָה רי״ו, גבורה אֹתִי וְלִשְׁמֹר אֶת־כָּל־ ילי מִצְוֺתַי
כָּל־ ילי הַיָּמִים נלך לְמַעַן יִיטַב לָהֶם וְלִבְנֵיהֶם לְעֹלָם ריבוע ס״ג וי׳ אותיות׃

לֵךְ אֱמֹר לָהֶם שׁוּבוּ לָכֶם לְאָהֳלֵיכֶם: וְאַתָּה פֹּה מילה, ע"ה אלהים, ע"ה מום עֲמֹד
עִמָּדִי וַאֲדַבְּרָה אֵלֶיךָ אני אֵת כָּל־ ילי הַמִּצְוָה וְהַחֻקִּים וְהַמִּשְׁפָּטִים אֲשֶׁר
תְּלַמְּדֵם וְעָשׂוּ בָאָרֶץ אלהים דאלפין אֲשֶׁר אָנֹכִי איע נֹתֵן אבג"ית"ץ, ושר, אהבת חנם
לָהֶם לְרִשְׁתָּהּ: וּשְׁמַרְתֶּם לַעֲשׂוֹת כַּאֲשֶׁר צִוָּה פוי יְהֹוָאדניאהדונהי אֱלֹהֵיכֶם ילה
אֶתְכֶם לֹא תָסֻרוּ יָמִין וּשְׂמֹאל: בְּכָל־ ב"ן, לכב, יבמ הַדֶּרֶךְ ב"פ יב"ק אֲשֶׁר צִוָּה פוי
יְהֹוָאדניאהדונהי אֱלֹהֵיכֶם ילה אֶתְכֶם תֵּלֵכוּ לְמַעַן תִּחְיוּן וְטוֹב והו לָכֶם
וְהַאֲרַכְתֶּם יָמִים נלך בָּאָרֶץ אלהים דאלפין אֲשֶׁר תִּירָשׁוּן: וְזֹאת הַמִּצְוָה הַחֻקִּים
וְהַמִּשְׁפָּטִים אֲשֶׁר צִוָּה פוי יְהֹוָאדניאהדונהי אֱלֹהֵיכֶם ילה לְלַמֵּד אֶתְכֶם לַעֲשׂוֹת
בָּאָרֶץ אלהים דאלפין אֲשֶׁר אַתֶּם עֹבְרִים שָׁמָּה מהש, משה, אל שדי לְרִשְׁתָּהּ:
לְמַעַן תִּירָא אֶת־יְהֹוָאדניאהדונהי אֱלֹהֶיךָ ילה לִשְׁמֹר אֶת־ כָּל־ ילי חֻקֹּתָיו
וּמִצְוֹתָיו אֲשֶׁר אָנֹכִי איע מְצַוֶּךָ אַתָּה וּבִנְךָ וּבֶן־בִּנְךָ כֹּל ילי יְמֵי חַיֶּיךָ וּלְמַעַן
יַאֲרִכֻן יָמֶיךָ: וְשָׁמַעְתָּ יִשְׂרָאֵל וְשָׁמַרְתָּ לַעֲשׂוֹת אֲשֶׁר יִיטַב לְךָ וַאֲשֶׁר
תִּרְבּוּן מְאֹד מ"ה כַּאֲשֶׁר דִּבֶּר ראה יְהֹוָאדניאהדונהי אֱלֹהֵי דמב, ילה אֲבֹתֶיךָ לָךְ
אֶרֶץ אלהים דאלפין זָבַת חָלָב וּדְבָשׁ: שְׁמַע יִשְׂרָאֵל יְהֹוָאדניאהדונהי אֱלֹהֵינוּ ילה
יְהֹוָאדניאהדונהי | אֶחָד אהבה, דאגה: וְאָהַבְתָּ ב"פ רז, ב"פ אור, ב"פ א"ס אֵת
יְהֹוָאדניאהדונהי אֱלֹהֶיךָ ילה בְּכָל־ ב"ן, לכב, יבמ לְבָבְךָ וּבְכָל־ ב"ן, לכב, יבמ נַפְשְׁךָ
וּבְכָל־ ב"ן, לכב, יבמ מְאֹדֶךָ: וְהָיוּ הַדְּבָרִים ראה הָאֵלֶּה אֲשֶׁר אָנֹכִי איע מְצַוְּךָ
הַיּוֹם ע"ה = נגד, זן, מזבח עַל־לְבָבֶךָ: וְשִׁנַּנְתָּם לְבָנֶיךָ וְדִבַּרְתָּ ראה בָּם מ"ב בְּשִׁבְתְּךָ
בְּבֵיתֶךָ ב"פ ראה וּבְלֶכְתְּךָ בַדֶּרֶךְ ב"פ יב"ק וּבְשָׁכְבְּךָ וּבְקוּמֶךָ: וּקְשַׁרְתָּם
לְאוֹת עַל־יָדֶךָ וְהָיוּ לְטֹטָפֹת בֵּין עֵינֶיךָ ע"ה קס"א: וּכְתַבְתָּם עַל־מְזֻזוֹת נית, זו מות
בֵּיתֶךָ ב"פ ראה וּבִשְׁעָרֶיךָ:

וְיָדַעְתָּ כִּי־יְהֹוָאדניאהדונהי אֱלֹהֶיךָ ילה הוּא הָאֱלֹהִים מום, אהיה אדני ; ילה
הָאֵל לאה (אלד ע"ה) הַנֶּאֱמָן שֹׁמֵר הַבְּרִית וְהַחֶסֶד ע"ב, ריבוע יהוה לְאֹהֲבָיו וּלְשֹׁמְרֵי
מִצְוֹתָו לְאֶלֶף אל שדי במילוי ע"ה דּוֹר: וּמְשַׁלֵּם לְשֹׂנְאָיו אֶל־פָּנָיו לְהַאֲבִידוֹ לֹא
יְאַחֵר לְשֹׂנְאוֹ אֶל־ פָּנָיו יְשַׁלֶּם־לוֹ: וְשָׁמַרְתָּ אֶת־הַמִּצְוָה וְאֶת־הַחֻקִּים וְאֶת־
הַמִּשְׁפָּטִים אֲשֶׁר אָנֹכִי איע מְצַוְּךָ הַיּוֹם ע"ה = נגד, זן, מזבח לַעֲשׂוֹתָם:

וְהָיָה יהוה, הויי | עֵקֶב תִּשְׁמְעוּן אֵת הַמִּשְׁפָּטִים הָאֵלֶּה
וּשְׁמַרְתֶּם וַעֲשִׂיתֶם אֹתָם וְשָׁמַר יְהֹוָאדניאהדונהי אֱלֹהֶיךָ ילה לְךָ
אֶת־הַבְּרִית וְאֶת־הַחֶסֶד ע"ב, ריבוע יהוה אֲשֶׁר נִשְׁבַּע לַאֲבֹתֶיךָ:

וַאֲהֵבְךָ וּבֵרַכְךָ וְהִרְבֶּךָ וּבֵרַךְ פְּרִי־ ע״ה אלהים דאלפין בִטְנְךָ וּפְרִי־
ע״ה אלהים דאלפין אַדְמָתֶךָ דְּגָנְךָ וְתִירֹשְׁךָ וְיִצְהָרֶךָ שְׁגַר־אֲלָפֶיךָ וְעַשְׁתְּרֹת
צֹאנֶךָ עַל הָאֲדָמָה אֲשֶׁר־נִשְׁבַּע לַאֲבֹתֶיךָ לָתֶת לָךְ׃ בָּרוּךְ יהוה ע״ב ורבוע מ״ה
תִּהְיֶה מִכָּל־ ילי הָעַמִּים ע״ה קס״א לֹא־יִהְיֶה ייי בְךָ עָקָר וַעֲקָרָה וּבִבְהֶמְתֶּךָ׃
וְהֵסִיר יְהֹוָואדנהיאהדונהי מִמְּךָ כָּל־ ילי חֹלִי וְכָל־ ע״ה קס״א מַדְוֵי מִצְרַיִם מצר
הָרָעִים ה״פ אדני, שכ״ה אֲשֶׁר יָדַעְתָּ לֹא יְשִׂימָם בָּךְ וּנְתָנָם בְּכָל־ ב״ן, לכב, יבמ
שֹׂנְאֶיךָ׃ וְאָכַלְתָּ אֶת־כָּל־ ילי הָעַמִּים ע״ה קס״א אֲשֶׁר יְהֹוָואדנהיאהדונהי אֱלֹהֶיךָ ילה
נֹתֵן אבג״ית״ץ, ושר, אהבת חנם לָךְ לֹא־תָחוֹס עֵינְךָ ריבוע מ״ה עֲלֵיהֶם וְלֹא תַעֲבֹד אֶת־
אֱלֹהֵיהֶם ילה כִּי־מוֹקֵשׁ הוּא לָךְ׃

וְהָיָה יהוה, הי״ אִם־ יוהך, ע״ה מ״ב שָׁמֹעַ תִּשְׁמְעוּ אֶל־מִצְוֹתַי אֲשֶׁר אָנֹכִי איע מְצַוֶּה
אֶתְכֶם הַיּוֹם ע״ה = נגד, זן, מזבח לְאַהֲבָה אחד, דאגה אֶת־יְהֹוָואדנהיאהדונהי אֱלֹהֵיכֶם ילה
וּלְעָבְדוֹ בְּכָל־ ב״ן, לכב, יבמ לְבַבְכֶם וּבְכָל־ ב״ן, לכב, יבמ נַפְשְׁכֶם׃ וְנָתַתִּי
מְטַר־ אברהם ע״ה, רמ״ח ע״ה, וז״פ אל ע״ה אַרְצְכֶם בְּעִתּוֹ יוֹרֶה וּמַלְקוֹשׁ וְאָסַפְתָּ
דְגָנֶךָ וְתִירֹשְׁךָ וְיִצְהָרֶךָ׃ וְנָתַתִּי עֵשֶׂב ע״ב שמות בְּשָׂדְךָ לִבְהֶמְתֶּךָ וְאָכַלְתָּ
וְשָׂבָעְתָּ׃ הִשָּׁמְרוּ לָכֶם פֶּן יִפְתֶּה לְבַבְכֶם וְסַרְתֶּם וַעֲבַדְתֶּם אֱלֹהִים אֲחֵרִים
וְהִשְׁתַּחֲוִיתֶם לָהֶם׃ וְחָרָה אַף־יְהֹוָואדנהיאהדונהי בָּכֶם ב״פ אל וְעָצַר
אֶת־הַשָּׁמַיִם י״פ טל, י״פ כוזו וְלֹא־יִהְיֶה ייי מָטָר אברהם ע״ה, רמ״ח ע״ה, וז״פ אל ע״ה
וְהָאֲדָמָה לֹא תִתֵּן ב״פ כהת אֶת־יְבוּלָהּ וַאֲבַדְתֶּם מְהֵרָה מֵעַל עלם
הָאָרֶץ אלהים דההין ע״ה הַטֹּבָה אֲשֶׁר יְהֹוָואדנהיאהדונהי נֹתֵן אבג״ית״ץ, ושר, אהבת חנם
לָכֶם׃ וְשַׂמְתֶּם אֶת־דְּבָרַי ראה אֵלֶּה עַל־לְבַבְכֶם וְעַל־נַפְשְׁכֶם וּקְשַׁרְתֶּם
אֹתָם לְאוֹת עַל־יֶדְכֶם וְהָיוּ לְטוֹטָפֹת בֵּין עֵינֵיכֶם ריבוע מ״ה׃ וְלִמַּדְתֶּם אֹתָם
אֶת־בְּנֵיכֶם לְדַבֵּר ראה בָּם מ״ב בְּשִׁבְתְּךָ בְּבֵיתֶךָ וּבְלֶכְתְּךָ בַדֶּרֶךְ ב״פ יב״ק
וּבְשָׁכְבְּךָ וּבְקוּמֶךָ׃ וּכְתַבְתָּם עַל־מְזוּזוֹת בֵּיתֶךָ ב״פ ראה וּבִשְׁעָרֶיךָ׃
לְמַעַן יִרְבּוּ יְמֵיכֶם וִימֵי בְנֵיכֶם עַל הָאֲדָמָה אֲשֶׁר נִשְׁבַּע יְהֹוָואדנהיאהדונהי
לַאֲבֹתֵיכֶם לָתֵת לָהֶם כִּימֵי הַשָּׁמַיִם י״פ טל, י״פ כוזו עַל־הָאָרֶץ אלהים דההין ע״ה׃
כִּי אִם־ יוהך, ע״ה מ״ב שָׁמֹר תִּשְׁמְרוּן אֶת־כָּל־ ילי הַמִּצְוָה הַזֹּאת אֲשֶׁר אָנֹכִי איע
מְצַוֶּה אֶתְכֶם לַעֲשֹׂתָהּ לְאַהֲבָה אחד, דאגה אֶת־יְהֹוָואדנהיאהדונהי אֱלֹהֵיכֶם ילה
לָלֶכֶת בְּכָל־ ב״ן, לכב, יבמ דְּרָכָיו וּלְדָבְקָה־בוֹ׃ וְהוֹרִישׁ יְהֹוָואדנהיאהדונהי
אֶת־כָּל־ ילי הַגּוֹיִם הָאֵלֶּה מִלִּפְנֵיכֶם וִירִשְׁתֶּם גּוֹיִם גְּדֹלִים וַעֲצֻמִים מִכֶּם׃

כָּל־ ילי הַמָּקוֹם יהוה ברבוע, ו״פ אל אֲשֶׁר תִּדְרֹךְ רבוע עסמ״ב כַּף־רַגְלְכֶם בּוֹ לָכֶם
יִהְיֶה ייי מִן־הַמִּדְבָּר וְהַלְּבָנוֹן מִן־הַנָּהָר נְהַר־פְּרָת וְעַד הַיָּם ילי הָאַחֲרוֹן
יִהְיֶה ייי גְּבֻלְכֶם׃ לֹא־יִתְיַצֵּב אִישׁ ע״ה קנ״א קס״א בִּפְנֵיכֶם פַּחְדְּכֶם וּמוֹרַאֲכֶם
יִתֵּן | יְהֹוָהאדניאהדונהי אֱלֹהֵיכֶם ילה עַל־פְּנֵי חכמה בינה כָּל־ ילי הָאָרֶץ אלהים דההין ע״ה
אֲשֶׁר תִּדְרְכוּ־בָהּ כַּאֲשֶׁר דִּבֶּר ראה לָכֶם׃

רְאֵה ראה אָנֹכִי איע נֹתֵן אבג״ית״ץ, ושר, אהבת חנם לִפְנֵיכֶם הַיּוֹם ע״ה = נגד, זן, מזבח
בְּרָכָה וּקְלָלָה׃ אֶת־הַבְּרָכָה עסמ״ב אֲשֶׁר תִּשְׁמְעוּ אֶל־מִצְוֹת יְהֹוָהאדניאהדונהי
אֱלֹהֵיכֶם ילה אֲשֶׁר אָנֹכִי איע מְצַוֶּה אֶתְכֶם הַיּוֹם ע״ה = נגד, זן, מזבח׃ וְהַקְּלָלָה
אִם־ יוהך, ע״ה מ״ב לֹא תִשְׁמְעוּ אֶל־מִצְוֹת יְהֹוָהאדניאהדונהי אֱלֹהֵיכֶם ילה וְסַרְתֶּם
מִן־הַדֶּרֶךְ ב״פ יב״ק אֲשֶׁר אָנֹכִי איע מְצַוֶּה אֶתְכֶם הַיּוֹם ע״ה = נגד, זן, מזבח לָלֶכֶת
אַחֲרֵי אֱלֹהִים אֲחֵרִים אֲשֶׁר לֹא־יְדַעְתֶּם׃

שִׁבְעָה שָׁבֻעֹת תִּסְפָּר־לָךְ מֵהָחֵל חֶרְמֵשׁ בַּקָּמָה תָּחֵל לִסְפֹּר שִׁבְעָה שָׁבֻעוֹת׃
וְעָשִׂיתָ חַג שָׁבֻעוֹת לַיהֹוָהאדניאהדונהי אֱלֹהֶיךָ ילה מִסַּת נִדְבַת יָדְךָ בוכ״ו אֲשֶׁר
תִּתֵּן ב״פ כהת כַּאֲשֶׁר יְבָרֶכְךָ יְהֹוָהאדניאהדונהי אֱלֹהֶיךָ ילה׃ וְשָׂמַחְתָּ לִפְנֵי
חכמה בינה | יְהֹוָהאדניאהדונהי אֱלֹהֶיךָ ילה אַתָּה וּבִנְךָ וּבִתֶּךָ וְעַבְדְּךָ פוי וַאֲמָתֶךָ
וְהַלֵּוִי דמב, מלוי ע״ב אֲשֶׁר בִּשְׁעָרֶיךָ וְהַגֵּר ר״פ ב״ן וְהַיָּתוֹם יוסף, ציון, ו״פ יהוה
וְהָאַלְמָנָה כוק, רבוע אדני אֲשֶׁר בְּקִרְבֶּךָ בַּמָּקוֹם יהוה ברבוע, ו״פ אל אֲשֶׁר יִבְחַר
יְהֹוָהאדניאהדונהי אֱלֹהֶיךָ ילה לְשַׁכֵּן ש״ע שְׁמוֹ מהש ע״ה, אל שדי ע״ה שָׁם שדי יהוה׃
וְזָכַרְתָּ כִּי־עֶבֶד הָיִיתָ בְּמִצְרָיִם מצר וְשָׁמַרְתָּ וְעָשִׂיתָ אֶת־הַחֻקִּים הָאֵלֶּה׃ חַג
הַסֻּכֹּת סאל תַּעֲשֶׂה לְךָ שִׁבְעַת יָמִים נלך בְּאָסְפְּךָ מִגָּרְנְךָ וּמִיִּקְבֶךָ׃ וְשָׂמַחְתָּ
בְּחַגֶּךָ אַתָּה וּבִנְךָ וּבִתֶּךָ וְעַבְדְּךָ פוי וַאֲמָתֶךָ וְהַלֵּוִי דמב, מלוי ע״ב וְהַגֵּר ר״פ ב״ן
וְהַיָּתוֹם יוסף, ציון, ו״פ יהוה וְהָאַלְמָנָה כוק, רבוע אדני אֲשֶׁר בִּשְׁעָרֶיךָ׃ שִׁבְעַת
יָמִים נלך תָּחֹג לַיהֹוָהאדניאהדונהי אֱלֹהֶיךָ ילה בַּמָּקוֹם יהוה ברבוע, ו״פ אל אֲשֶׁר־יִבְחַר
יְהֹוָהאדניאהדונהי כִּי יְבָרֶכְךָ יְהֹוָהאדניאהדונהי אֱלֹהֶיךָ ילה בְּכֹל ב״ן, לכב, יבמ תְּבוּאָתְךָ
וּבְכֹל ב״ן, לכב, יבמ מַעֲשֵׂה יָדֶיךָ וְהָיִיתָ אַךְ אהיה שָׂמֵחַ ס״ת וחת״ך׃ שָׁלוֹשׁ פְּעָמִים |
בַּשָּׁנָה יֵרָאֶה רי״ו, גבורה כָּל־ ילי זְכוּרְךָ אֶת־פְּנֵי חכמה בינה | יְהֹוָהאדניאהדונהי
אֱלֹהֶיךָ ילה בַּמָּקוֹם יהוה ברבוע, ו״פ אל אֲשֶׁר יִבְחָר בְּחַג הַמַּצּוֹת וּבְחַג הַשָּׁבֻעוֹת
וּבְחַג הַסֻּכּוֹת וְלֹא יֵרָאֶה רי״ו, גבורה אֶת־פְּנֵי חכמה בינה יְהֹוָהאדניאהדונהי רֵיקָם׃
אִישׁ ע״ה קנ״א קס״א כְּמַתְּנַת יָדוֹ כְּבִרְכַּת יְהֹוָהאדניאהדונהי אֱלֹהֶיךָ ילה
אֲשֶׁר נָתַן־לָךְ׃

שֹׁפְטִים וְשֹׁטְרִים תִּתֶּן־ ב"פ כהת לְךָ בְּכָל־ ב"ן, לכב, יבמ שְׁעָרֶיךָ אֲשֶׁר
יְהֹוָהאדניאהדונהי אֱלֹהֶיךָ ילה נֹתֵן אבגית"ץ, ושר, אהבת חנם לְךָ לִשְׁבָטֶיךָ וְשָׁפְטוּ אֶת־
הָעָם מִשְׁפַּט־ ע"ה ה"פ אלהים צֶדֶק: לֹא־תַטֶּה מִשְׁפָּט ע"ה ה"פ אלהים לֹא תַכִּיר
פָּנִים ע"ב ס"ג מ"ה וְלֹא־תִקַּח רבוע אהיה דאלפין שֹׁחַד כִּי הַשֹּׁחַד יְעַוֵּר עֵינֵי ריבוע מ"ה
חֲכָמִים וִיסַלֵּף דִּבְרֵי ראה צַדִּיקִם: צֶדֶק צֶדֶק תִּרְדֹּף לְמַעַן תִּחְיֶה
וְיָרַשְׁתָּ אֶת־הָאָרֶץ אלהים דההין ע"ה אֲשֶׁר־יְהֹוָהאדניאהדונהי אֱלֹהֶיךָ ילה
נֹתֵן אבגית"ץ, ושר, אהבת חנם לָךְ:

וְעָנוּ ג"פ מ"ב, רבוע אדני וְאָמְרוּ יָדֵינוּ יה אדני לֹא שָׁפְכוּ (כתיב: שפכה)
אֶת־הַדָּם רבוע אהיה הַזֶּה והו וְעֵינֵינוּ ריבוע מ"ה לֹא רָאוּ: כַּפֵּר מצפצ
לְעַמְּךָ ה הויות, נמם יִשְׂרָאֵל אֲשֶׁר־פָּדִיתָ יְהֹוָהאדניאהדונהי וְאַל־תִּתֵּן ב"פ כהת
דָּם רבוע אהיה נָקִי ע"ה קס"א בְּקֶרֶב קמ"ג קס"א עַמְּךָ ה הויות, נמם יִשְׂרָאֵל וְנִכַּפֵּר לָהֶם
הַדָּם רבוע אהיה: וְאַתָּה תְּבַעֵר הַדָּם רבוע אהיה הַנָּקִי ע"ה קס"א מִקִּרְבֶּךָ כִּי־תַעֲשֶׂה
הַיָּשָׁר בְּעֵינֵי ריבוע מ"ה יְהֹוָהאדניאהדונהי:

כִּי־תֵצֵא לַמִּלְחָמָה עַל־אֹיְבֶיךָ וּנְתָנוֹ אבגית"ץ, ושר, אהבת חנם יְהֹוָהאדניאהדונהי
אֱלֹהֶיךָ ילה בְּיָדֶךָ בוכו וְשָׁבִיתָ שִׁבְיוֹ: וְרָאִיתָ בַּשִּׁבְיָה אֵשֶׁת יְפַת־תֹּאַר
וְחָשַׁקְתָּ בָהּ וְלָקַחְתָּ לְךָ לְאִשָּׁה: וַהֲבֵאתָהּ אֶל־תּוֹךְ בֵּיתֶךָ ב"פ ראה וְגִלְּחָה
אֶת־רֹאשָׁהּ וְעָשְׂתָה אֶת־צִפָּרְנֶיהָ: וְהֵסִירָה אֶת־שִׂמְלַת שִׁבְיָהּ מֵעָלֶיהָ פהל
וְיָשְׁבָה בְּבֵיתֶךָ ב"פ ראה וּבָכְתָה אֶת־אָבִיהָ וְאֶת־אִמָּהּ יֶרַח יָמִים נלך
וְאַחַר כֵּן תָּבוֹא אֵלֶיהָ וּבְעַלְתָּהּ וְהָיְתָה לְךָ לְאִשָּׁה: וְהָיָה יהוה, יהה
אִם־ יוהך, ע"ה מ"ב לֹא חָפַצְתָּ בָּהּ וְשִׁלַּחְתָּהּ לְנַפְשָׁהּ וּמָכֹר י' הויות לֹא־תִמְכְּרֶנָּה
בַּכָּסֶף לֹא־תִתְעַמֵּר בָּהּ תַּחַת אֲשֶׁר עִנִּיתָהּ:

זָכוֹר ע"ב קס"א אֵת אֲשֶׁר־עָשָׂה לְךָ עֲמָלֵק ב"פ ק"ך בַּדֶּרֶךְ ב"פ יב"ק בְּצֵאתְכֶם
מִמִּצְרָיִם מצר: אֲשֶׁר קָרְךָ בַּדֶּרֶךְ ב"פ יב"ק וַיְזַנֵּב בְּךָ כָּל־ ילי הַנֶּחֱשָׁלִים אַחֲרֶיךָ
וְאַתָּה עָיֵף וְיָגֵעַ וְלֹא יָרֵא אלף למד יהוה אֱלֹהִים מום, אהיה אדני ; ילה: וְהָיָה יהוה, יהה
בְּהָנִיחַ יְהֹוָהאדניאהדונהי אֱלֹהֶיךָ ילה | לְךָ מִכָּל־ ילי אֹיְבֶיךָ מִסָּבִיב
בָּאָרֶץ אלהים דאלפין אֲשֶׁר יְהֹוָהאדניאהדונהי אֱלֹהֶיךָ ילה נֹתֵן אבגית"ץ, ושר, אהבת חנם לְךָ
נַחֲלָה לְרִשְׁתָּהּ תִּמְחֶה אֶת־זֵכֶר עֲמָלֵק ב"פ ק"ך מִתַּחַת הַשָּׁמָיִם י"פ טל, י"פ כוזו
לֹא תִּשְׁכָּח ע"ה קרעשט"ן:

וְהָיָה֙ יהוה, הוי כִּֽי־תָב֣וֹא אֶל־הָאָ֔רֶץ אלהים דההין ע״ה אֲשֶׁר֙ יְהֹוָ֣ה יאהדונהי
אֱלֹהֶ֔יךָ ילה נֹתֵ֥ן אבגית״ץ, ושר, אהבת חנם לְךָ֖ נַחֲלָ֑ה וִירִשְׁתָּ֖הּ וְיָשַׁ֥בְתָּ בָּֽהּ׃ וְלָקַחְתָּ֞
מֵרֵאשִׁ֣ית ׀ כָּל־ ילי פְּרִ֣י ע״ה אלהים דאלפין הָאֲדָמָ֗ה אֲשֶׁ֨ר תָּבִ֧יא מֵֽאַרְצְךָ֛ אֲשֶׁ֨ר
יְהֹוָ֧ה יאהדונהי אֱלֹהֶ֛יךָ ילה נֹתֵ֥ן אבגית״ץ, ושר, אהבת חנם לָ֖ךְ וְשַׂמְתָּ֣ בַטֶּ֑נֶא וְהָֽלַכְתָּ֙
אֶל־הַמָּק֔וֹם יהוה ברבוע, ו״פ אל אֲשֶׁ֤ר יִבְחַר֙ יְהֹוָ֣ה יאהדונהי אֱלֹהֶ֔יךָ ילה לְשַׁכֵּ֥ן ש״ע
שְׁמ֖וֹ מהש ע״ה, אל שדי ע״ה שָֽׁם׃ שדי יהוה: וּבָאתָ֙ אֶל־הַכֹּהֵ֔ן מלה אֲשֶׁ֥ר יִהְיֶ֖ה ייי
בַּיָּמִ֣ים נלך הָהֵ֑ם וְאָמַרְתָּ֣ אֵלָ֗יו הִגַּ֤דְתִּי הַיּוֹם֙ ע״ה = נגד, זן, מזבח לַיהֹוָ֣ה יאהדונהי
אֱלֹהֶ֔יךָ ילה כִּי־בָ֙אתִי֙ אֶל־הָאָ֔רֶץ אלהים דההין ע״ה אֲשֶׁ֨ר נִשְׁבַּ֧ע יְהֹוָ֛ה יאהדונהי
לַאֲבֹתֵ֖ינוּ לָ֥תֶת לָֽנוּ׃ מום, אלהים, אהיה אדני:

וַתָּבֹ֖אוּ אֶל־הַמָּק֣וֹם יהוה ברבוע, ו״פ אל הַזֶּ֑ה והו וַיֵּצֵ֣א סִיחֹ֣ן מֶֽלֶךְ־חֶ֠שְׁבּוֹן
וְע֨וֹג מֶֽלֶךְ־הַבָּשָׁ֧ן לִקְרָאתֵ֛נוּ לַמִּלְחָמָ֖ה וַנַּכֵּֽם׃ וַנִּקַּח֙ אֶת־אַרְצָ֔ם
וַנִּתְּנָ֣הּ לְנַחֲלָ֔ה לָרֽאוּבֵנִ֖י וְלַגָּדִ֑י וְלַחֲצִ֖י שֵׁ֥בֶט הַֽמְנַשִּֽׁי׃ וּשְׁמַרְתֶּ֗ם
אֶת־דִּבְרֵי֙ ראה הַבְּרִ֣ית הַזֹּ֔את וַעֲשִׂיתֶ֖ם אֹתָ֑ם לְמַ֣עַן תַּשְׂכִּ֔ילוּ אֵ֖ת כָּל־ ילי
אֲשֶׁ֥ר תַּעֲשֽׂוּן׃

אַתֶּ֨ם נִצָּבִ֤ים הַיּוֹם֙ ע״ה = נגד, זן, מזבח כֻּלְּכֶ֔ם לִפְנֵ֖י חכמה בינה יְהֹוָ֣ה יאהדונהי
אֱלֹהֵיכֶ֑ם ילה רָֽאשֵׁיכֶ֣ם שִׁבְטֵיכֶ֗ם זִקְנֵיכֶם֙ וְשֹׁ֣טְרֵיכֶ֔ם כֹּ֖ל ילי אִ֥ישׁ ע״ה קנ״א קס״א
יִשְׂרָאֵֽל׃ טַפְּכֶ֣ם נְשֵׁיכֶ֔ם וְגֵ֣רְךָ֔ אֲשֶׁ֖ר בְּקֶ֣רֶב קמ״ג קס״א מַחֲנֶ֑יךָ
מֵחֹטֵ֣ב עֵצֶ֔יךָ עַ֖ד שֹׁאֵ֥ב מֵימֶֽיךָ׃ לְעָבְרְךָ֗ בִּבְרִ֛ית יְהֹוָ֥ה יאהדונהי אֱלֹהֶ֖יךָ ילה
וּבְאָלָת֑וֹ אֲשֶׁר֙ יְהֹוָ֣ה יאהדונהי אֱלֹהֶ֔יךָ ילה כֹּרֵ֥ת עִמְּךָ֖ ה׳ הויות, נמם
הַיּֽוֹם׃ ע״ה = נגד, זן, מזבח:

הַעִידֹ֨תִי בָכֶ֣ם ב״פ אל הַיּוֹם֮ ע״ה = נגד, זן, מזבח אֶת־הַשָּׁמַ֣יִם י״פ טל, י״פ כוזו
וְאֶת־הָאָ֒רֶץ֒ אלהים דההין ע״ה הַחַיִּ֤ים בינה ע״ה וְהַמָּ֙וֶת֙ נָתַ֣תִּי לְפָנֶ֔יךָ סמ״ב
הַבְּרָכָ֖ה עסמ״ב וְהַקְּלָלָ֑ה וּבָֽחַרְתָּ֙ בַּחַיִּ֔ים בינה ע״ה לְמַ֥עַן תִּחְיֶ֖ה אַתָּ֥ה וְזַרְעֶֽךָ׃
לְאַהֲבָה֙ אחד, דאגה אֶת־יְהֹוָ֣ה יאהדונהי אֱלֹהֶ֔יךָ ילה לִשְׁמֹ֥עַ בְּקֹל֖וֹ וּלְדָבְקָה־ב֑וֹ
כִּ֣י ה֤וּא חַיֶּ֙יךָ֙ וְאֹ֣רֶךְ יָמֶ֔יךָ לָשֶׁ֣בֶת עַל־הָאֲדָמָ֗ה אֲשֶׁר֩ נִשְׁבַּ֨ע יְהֹוָ֧ה יאהדונהי
לַאֲבֹתֶ֛יךָ לְאַבְרָהָ֛ם רמ״ח, ח״פ אל לְיִצְחָ֥ק ד״פ ב״ן וּֽלְיַעֲקֹ֖ב ז״פ יהוה, יאהדונהי אידהנויה
לָתֵ֥ת לָהֶֽם׃

וַיֵּלֶךְ כלי מֹשֶׁה מהש, אל שדי וַיְדַבֵּר ראה אֶת־הַדְּבָרִים ראה הָאֵלֶּה אֶל־כָּל־ ילי יִשְׂרָאֵל: וַיֹּאמֶר אֲלֵהֶם בֶּן־מֵאָה דמב, מלוי ע״ב וְעֶשְׂרִים שָׁנָה אָנֹכִי איע הַיּוֹם ע״ה = נגד, זן, מזבח לֹא־אוּכַל עוֹד לָצֵאת וְלָבוֹא וַיהֹוָאדנָי יאהדונהי אָמַר אֵלַי לֹא תַעֲבֹר אֶת־הַיַּרְדֵּן י״פ יהוה וד׳ אותיות הַזֶּה והו: יְהֹוָאדנָי יאהדונהי אֱלֹהֶיךָ ילה הוּא | עֹבֵר רבוע יהוה ורבוע אלהים לְפָנֶיךָ סמ״ב הוּא־יַשְׁמִיד אֶת־הַגּוֹיִם הָאֵלֶּה מִלְּפָנֶיךָ סמ״ב וִירִשְׁתָּם יְהוֹשֻׁעַ הוּא עֹבֵר רבוע יהוה ורבוע אלהים לְפָנֶיךָ סמ״ב כַּאֲשֶׁר דִּבֶּר ראה יְהֹוָאדנָי יאהדונהי: וְעָשָׂה יְהֹוָאדנָי יאהדונהי לָהֶם כַּאֲשֶׁר עָשָׂה לְסִיחוֹן וּלְעוֹג מַלְכֵי הָאֱמֹרִי וּלְאַרְצָם אֲשֶׁר הִשְׁמִיד אֹתָם: וּנְתָנָם יְהֹוָאדנָי יאהדונהי לִפְנֵיכֶם וַעֲשִׂיתֶם לָהֶם כְּכָל־הַמִּצְוָה אֲשֶׁר צִוִּיתִי אֶתְכֶם: חִזְקוּ וְאִמְצוּ אַל־תִּירְאוּ וְאַל־תַּעַרְצוּ מִפְּנֵיהֶם כִּי | יְהֹוָאדנָי יאהדונהי אֱלֹהֶיךָ ילה הוּא הַהֹלֵךְ עִמָּךְ ה׳ הויות, נמם לֹא יַרְפְּךָ וְלֹא יַעַזְבֶךָּ:

הַקְהִילוּ אֵלַי אֶת־כָּל־ ילי זִקְנֵי שִׁבְטֵיכֶם וְשֹׁטְרֵיכֶם וַאֲדַבְּרָה ראה בְאָזְנֵיהֶם אֵת הַדְּבָרִים ראה הָאֵלֶּה וְאָעִידָה בָּם מ״ב אֶת־הַשָּׁמַיִם י״פ טל, י״פ כוזו וְאֶת־הָאָרֶץ אלהים דההין ע״ה: כִּי יָדַעְתִּי אַחֲרֵי מוֹתִי כִּי־הַשְׁחֵת תַּשְׁחִתוּן וְסַרְתֶּם מִן־הַדֶּרֶךְ ב״פ יב״ק אֲשֶׁר צִוִּיתִי אֶתְכֶם וְקָרָאת אֶתְכֶם הָרָעָה רהע בְּאַחֲרִית הַיָּמִים נלך כִּי־תַעֲשׂוּ אֶת־הָרַע בְּעֵינֵי ריבוע מ״ה יְהֹוָאדנָי יאהדונהי לְהַכְעִיסוֹ בְּמַעֲשֵׂה יְדֵיכֶם: וַיְדַבֵּר ראה מֹשֶׁה מהש, אל שדי בְּאָזְנֵי כָּל־ ילי קְהַל ע״ב ס״ג יִשְׂרָאֵל אֶת־דִּבְרֵי ראה הַשִּׁירָה הַזֹּאת עַד תֻּמָּם:

הַאֲזִינוּ הַשָּׁמַיִם י״פ טל, י״פ כוזו וַאֲדַבֵּרָה ראה וְתִשְׁמַע הָאָרֶץ אלהים דההין ע״ה אִמְרֵי־פִי: יַעֲרֹף כַּמָּטָר רמ״ח ע״ה, וז״פ אל ע״ה לִקְחִי תִּזַּל כַּטַּל כוזו אִמְרָתִי י״פ אדני ע״ה כִּשְׂעִירִם עֲלֵי־דֶשֶׁא וְכִרְבִיבִים עֲלֵי־עֵשֶׂב ע״ב שמות: כִּי שֵׁם יהוה שדי יְהֹוָאדנָי יאהדונהי אֶקְרָא ב״פ קנ״א הָבוּ אחד, אהבה, דאגה גֹדֶל להח, מבה, יזל, אום לֵאלֹהֵינוּ ילה:

וַיְדַבֵּר ראה יְהֹוָאדנָי יאהדונהי אֶל־מֹשֶׁה מהש, אל שדי בְּעֶצֶם הַיּוֹם ע״ה = נגד, זן, מזבח הַזֶּה והו לֵאמֹר: עֲלֵה אֶל־הַר רבוע אלהים + ה׳ הָעֲבָרִים הַזֶּה והו הַר־ רבוע אלהים + ה׳ נְבוֹ אֲשֶׁר בְּאֶרֶץ אלהים דאלפין מוֹאָב יוד הא ואו הה אֲשֶׁר עַל־פְּנֵי חכמה בינה יְרֵחוֹ וּרְאֵה ראה אֶת־אֶרֶץ אלהים דאלפין כְּנַעַן אֲשֶׁר אֲנִי אני, טדה״ד כוז״ו נֹתֵן אבג״ית״ץ, ושר, אהבת חנם לִבְנֵי יִשְׂרָאֵל לַאֲחֻזָּה:

וּמֻת י"פ רבוע אהיה בָּהָר אור, רז, אין סוף אֲשֶׁר אַתָּה עֹלֶה שָׁמָּה מהש, משה, אל שדי
וְהֵאָסֵף אֶל־עַמֶּיךָ כַּאֲשֶׁר־מֵת י"פ רבוע אהיה אַהֲרֹן ע"ב ורבוע ע"ב אָחִיךָ
בְּהֹר אור, רז, אין סוף הָהָר וַיֵּאָסֶף אֶל־עַמָּיו׃ עַל אֲשֶׁר מְעַלְתֶּם בִּי בְּתוֹךְ בְּנֵי
יִשְׂרָאֵל בְּמֵי־מְרִיבַת קָדֵשׁ מִדְבַּר־צִן עַל אֲשֶׁר לֹא־קִדַּשְׁתֶּם אוֹתִי בְּתוֹךְ
בְּנֵי יִשְׂרָאֵל׃ כִּי מִנֶּגֶד זן, מזבח תִּרְאֶה אֶת־הָאָרֶץ אלהים דההין ע"ה
וְשָׁמָּה מהש, אל שדי לֹא תָבוֹא אֶל־הָאָרֶץ אלהים דההין ע"ה אֲשֶׁר־אֲנִי אני, טדה"ד כוז"ו
נֹתֵן אבגית"ץ, ושר, אהבת חנם לִבְנֵי יִשְׂרָאֵל׃

וְזֹאת הַבְּרָכָה עסמ"ב אֲשֶׁר בֵּרַךְ מֹשֶׁה מהש, אל שדי אִישׁ ע"ה קנ"א קס"א
הָאֱלֹהִים מום, אהיה אדני ; ילה אֶת־בְּנֵי יִשְׂרָאֵל לִפְנֵי חכמה בינה מוֹתוֹ׃ וַיֹּאמַר
יְהֹוָה יאהדונהי מִסִּינַי בָּא וְזָרַח רי"ו ע"ה, סמ"ב מִשֵּׂעִיר לָמוֹ הוֹפִיעַ מֵהַר פָּארָן
וְאָתָה מֵרִבְבֹת קֹדֶשׁ מִימִינוֹ אֵשׁ דָּת (כתיב: אשדת) לָמוֹ׃ אַף חֹבֵב
עַמִּים ע"ה קס"א כָּל־ ילי קְדֹשָׁיו בְּיָדֶךָ בוכ"ו וְהֵם תֻּכּוּ לְרַגְלֶךָ יִשָּׂא מִדַּבְּרֹתֶיךָ׃
תּוֹרָה צִוָּה־ פוי לָנוּ מום, אלהים, אהיה אדני מֹשֶׁה מהש, אל שדי מוֹרָשָׁה קְהִלַּת
יַעֲקֹב ז"פ יהוה, יאהדונהי אידהנויה׃ וַיְהִי אל בִישֻׁרוּן מֶלֶךְ בְּהִתְאַסֵּף רָאשֵׁי עָם
יַחַד כ"ב אתוון שִׁבְטֵי ש"ך יִשְׂרָאֵל׃ יְחִי רְאוּבֵן ג"פ אלהים, ע"ה קנ"א קס"א וְאַל־יָמֹת
וִיהִי אל מְתָיו מִסְפָּר׃

וְלֹא־קָם נָבִיא עוֹד בְּיִשְׂרָאֵל כְּמֹשֶׁה מהש, אל שדי אֲשֶׁר יְדָעוֹ
יְהֹוָה יאהדונהי פָּנִים ע"ב ס"ג מ"ה אֶל־פָּנִים ע"ב ס"ג מ"ה׃ לְכָל־ יה אדני
הָאֹתֹת וְהַמּוֹפְתִים אֲשֶׁר שְׁלָחוֹ יְהֹוָה יאהדונהי לַעֲשׂוֹת בְּאֶרֶץ אלהים דאלפין
מִצְרָיִם מצר לְפַרְעֹה וּלְכָל־ יה אדני עֲבָדָיו וּלְכָל־ יה אדני אַרְצוֹ׃

וּלְכֹל יה אדני הַיָּד (הַדָ־HuDa)

הַחֲזָקָה וּלְכֹל יה אדני הַמּוֹרָא הַגָּדוֹל להח, מבה, יזל, אום
אֲשֶׁר עָשָׂה מֹשֶׁה מהש, אל שדי לְעֵינֵי ריבוע מ"ה כָּל־ ילי יִשְׂרָאֵל׃

Aquí decimos *Kadish Al Yisrael* (en pág. 444-446)

SHIR HASHIRIM – CANTAR DE LOS CANTARES

שִׁיר הַשִּׁירִים אֲשֶׁר לִשְׁלֹמֹה׃ יִשָּׁקֵנִי מִנְּשִׁיקוֹת פִּיהוּ כִּי־טוֹבִים
דֹּדֶיךָ מִיָּיִן מ״כ, י״פ האא׃ לְרֵיחַ שְׁמָנֶיךָ טוֹבִים שֶׁמֶן תּוּרַק שְׁמֶךָ
עַל־כֵּן עֲלָמוֹת אֲהֵבוּךָ׃ מָשְׁכֵנִי אַחֲרֶיךָ נָּרוּצָה הֱבִיאַנִי הַמֶּלֶךְ חֲדָרָיו
נָגִילָה וְנִשְׂמְחָה בָּךְ נַזְכִּירָה דֹדֶיךָ מִיַּיִן מ״כ, י״פ האא מֵישָׁרִים אֲהֵבוּךָ׃
כַּרְמִי שֶׁלִּי לְפָנָי וחכמה, בינה הָאֶלֶף לְךָ שְׁלֹמֹה וּמָאתַיִם לְנֹטְרִים
אֶת־פִּרְיוֹ׃ הַיּוֹשֶׁבֶת בַּגַּנִּים חֲבֵרִים מַקְשִׁיבִים לְקוֹלֵךְ הַשְׁמִיעִנִי׃

בְּרַח דּוֹדִי (דָּ֖י—DuYA)

וּדְמֵה־לְךָ לִצְבִי אוֹ לְעֹפֶר הָאַיָּלִים עַל הָרֵי בְשָׂמִים כוזו, י״פ טל׃

ESTER - ESTER

וַיְהִי בִּימֵי אֲחַשְׁוֵרוֹשׁ הוּא אֲחַשְׁוֵרוֹשׁ הַמֹּלֵךְ מֵהֹדּוּ וְעַד־כּוּשׁ שֶׁבַע
וְעֶשְׂרִים וּמֵאָה מְדִינָה׃ בַּיָּמִים נלך הָהֵם כְּשֶׁבֶת הַמֶּלֶךְ אֲחַשְׁוֵרוֹשׁ עַל כִּסֵּא
מַלְכוּתוֹ אֲשֶׁר בְּשׁוּשַׁן הַבִּירָה׃ בִּשְׁנַת שָׁלוֹשׁ לְמָלְכוֹ עָשָׂה מִשְׁתֶּה
לְכָל יה אדני שָׂרָיו וַעֲבָדָיו חֵיל ומב פָּרַס וּמָדַי הַפַּרְתְּמִים וְשָׂרֵי הַמְּדִינוֹת
לְפָנָיו׃ וַיָּשֶׂם הַמֶּלֶךְ אֲחַשְׁוֵרֹשׁ מַס עַל־הָאָרֶץ אלהים דההין וְאִיֵּי הַיָּם ילי׃
וְכָל ילי מַעֲשֵׂה תָקְפּוֹ וּגְבוּרָתוֹ וּפָרָשַׁת גְּדֻלַּת מָרְדֳּכַי אֲשֶׁר גִּדְּלוֹ הַמֶּלֶךְ
הֲלוֹא־הֵם כְּתוּבִים עַל־סֵפֶר דִּבְרֵי הַיָּמִים נלך לְמַלְכֵי נלך מָדַי וּפָרָס׃

כִּי מָרְדֳּכַי (מָ֖י—MuYA)

הַיְּהוּדִי אלד מִשְׁנֶה לַמֶּלֶךְ אֲחַשְׁוֵרוֹשׁ וְגָדוֹל להח, מבה לַיְּהוּדִים מלה וְרָצוּי
לְרֹב אֶחָיו דֹּרֵשׁ טוֹב והו לְעַמּוֹ וְדֹבֵר ראה שָׁלוֹם לְכָל יה אדני, ילי זַרְעוֹ׃

RUT - RUT

וַיְהִי בִּימֵי שְׁפֹט הַשֹּׁפְטִים וַיְהִי רָעָב בָּאָרֶץ וַיֵּלֶךְ אִישׁ מִבֵּית ב״פ ראה
לֶחֶם ג״פ יהו״ה יְהוּדָה לָגוּר בִּשְׂדֵי מוֹאָב הוּא וְאִשְׁתּוֹ וּשְׁנֵי בָנָיו׃ וְשֵׁם הָאִישׁ
אֱלִימֶלֶךְ וְשֵׁם אִשְׁתּוֹ נָעֳמִי וְשֵׁם שְׁנֵי־בָנָיו מַחְלוֹן מנד וְכִלְיוֹן אֶפְרָתִים
מִבֵּית ב״פ ראה לֶחֶם ג״פ יהו״ה יְהוּדָה וַיָּבֹאוּ שְׂדֵי מוֹאָב וַיִּהְיוּ שָׁם׃
וַיָּמָת אֱלִימֶלֶךְ אִישׁ נָעֳמִי וַתִּשָּׁאֵר הִיא וּשְׁנֵי בָנֶיהָ׃ וַיִּשְׂאוּ לָהֶם נָשִׁים
מֹאֲבִיּוֹת שֵׁם הָאַחַת עָרְפָּה וְשֵׁם הַשֵּׁנִית רוּת וַיֵּשְׁבוּ שָׁם כְּעֶשֶׂר שָׁנִים׃
וַיָּמוּתוּ גַם־שְׁנֵיהֶם מַחְלוֹן וְכִלְיוֹן מנד וַתִּשָּׁאֵר הָאִשָּׁה מִשְּׁנֵי יְלָדֶיהָ וּמֵאִישָׁהּ׃

וַתָּקָם הִיא וְכַלֹּתֶיהָ וַתָּשָׁב מִשְּׂדֵי מוֹאָב כִּי שָׁמְעָה בִּשְׂדֵה מוֹאָב כִּי־פָקַד
יְהֹוָהאדנייאהדונהי אֶת־עַמּוֹ לָתֵת לָהֶם לָחֶם ג״פ יהו״ה: וַתֵּצֵא מִן־הַמָּקוֹם אֲשֶׁר
הָיְתָה־שָׁמָּה וּשְׁתֵּי כַלֹּתֶיהָ עִמָּהּ וַתֵּלַכְנָה בַדֶּרֶךְ לָשׁוּב אֶל־אֶרֶץ יְהוּדָה:
וַתֹּאמֶר נָעֳמִי לִשְׁתֵּי כַלֹּתֶיהָ לֵכְנָה מלה שֹּׁבְנָה אִשָּׁה לְבֵית ב״פ ראה אִמָּהּ יַעַשׂ
(כתיב: יעשה) יְהֹוָהאדנייאהדונהי עִמָּכֶם חֶסֶד ע״ב, ריבוע יהוה כַּאֲשֶׁר עֲשִׂיתֶם עִם־
הַמֵּתִים וְעִמָּדִי: יִתֵּן יְהֹוָהאדנייאהדונהי לָכֶם וּמְצֶאןָ מְנוּחָה אִשָּׁה בֵּית ב״פ ראה
אִישָׁהּ וַתִּשַּׁק לָהֶן וַתִּשֶּׂאנָה קוֹלָן וַתִּבְכֶּינָה: וַתֹּאמַרְנָה־לָּהּ כִּי־אִתָּךְ נָשׁוּב
לְעַמֵּךְ: וַתֹּאמֶר נָעֳמִי שֹׁבְנָה בְנֹתַי לָמָּה תֵלַכְנָה עִמִּי הַעוֹד־לִי בָנִים בְּמֵעַי
וְהָיוּ לָכֶם לַאֲנָשִׁים: שֹׁבְנָה בְנֹתַי לֵכְןָ כִּי זָקַנְתִּי מִהְיוֹת לְאִישׁ כִּי אָמַרְתִּי
יֶשׁ־לִי תִקְוָה גַּם הָיִיתִי הַלַּיְלָה מלה לְאִישׁ וְגַם יָלַדְתִּי בָנִים: הֲלָהֵן תְּשַׂבֵּרְנָה
עַד אֲשֶׁר יִגְדָּלוּ הֲלָהֵן תֵּעָגֵנָה לְבִלְתִּי הֱיוֹת לְאִישׁ אַל בְּנֹתַי כִּי־מַר־לִי
מְאֹד מִכֶּם כִּי־יָצְאָה בִי יַד־יְהֹוָהאדנייאהדונהי: וַתִּשֶּׂנָה קוֹלָן וַתִּבְכֶּינָה עוֹד
וַתִּשַּׁק עָרְפָּה לַחֲמוֹתָהּ וְרוּת דָּבְקָה בָּהּ: וַתֹּאמֶר הִנֵּה שָׁבָה יְבִמְתֵּךְ אֶל־
עַמָּהּ וְאֶל־אֱלֹהֶיהָ שׁוּבִי אַחֲרֵי יְבִמְתֵּךְ: וַתֹּאמֶר רוּת אַל־תִּפְגְּעִי־בִי לְעָזְבֵךְ
לָשׁוּב מֵאַחֲרָיִךְ כִּי אֶל־אֲשֶׁר תֵּלְכִי אֵלֵךְ וּבַאֲשֶׁר תָּלִינִי אָלִין עַמֵּךְ עַמִּי
וֵאלֹהַיִךְ אֱלֹהָי דמב, ילה: בַּאֲשֶׁר תָּמוּתִי אָמוּת וְשָׁם אֶקָּבֵר כֹּה הי׳ יַעֲשֶׂה
יְהֹוָהאדנייאהדונהי לִי וְכֹה הי׳ יֹסִיף כִּי הַמָּוֶת יַפְרִיד בֵּינִי וּבֵינֵךְ: וַתֵּרֶא כִּי־
מִתְאַמֶּצֶת הִיא לָלֶכֶת אִתָּהּ וַתֶּחְדַּל לְדַבֵּר ראה אֵלֶיהָ: וַתֵּלַכְנָה שְׁתֵּיהֶם
עַד־בּוֹאָנָה בֵּית ב״פ ראה לָחֶם ג״פ יהו״ה וַיְהִי כְּבוֹאָנָה בֵּית ב״פ ראה לֶחֶם ג״פ יהו״ה
וַתֵּהֹם כָּל ילי הָעִיר ערי, סוזהר, סנדלפון עֲלֵיהֶן וַתֹּאמַרְנָה הֲזֹאת נָעֳמִי: וַתֹּאמֶר
אֲלֵיהֶן אַל תִּקְרֶאנָה לִי נָעֳמִי קְרֶאןָ לִי מָרָא כִּי־הֵמַר שַׁדַּי לִי מְאֹד:
אֲנִי אני מְלֵאָה הָלַכְתִּי וְרֵיקָם הֱשִׁיבַנִי יְהֹוָהאדנייאהדונהי לָמָּה תִקְרֶאנָה לִי נָעֳמִי
וַיהֹוָהאדנייאהדונהי עָנָה בִי וְשַׁדַּי הֵרַע לִי: וַתָּשָׁב נָעֳמִי וְרוּת הַמּוֹאֲבִיָּה כַלָּתָהּ
עִמָּהּ הַשָּׁבָה מִשְּׂדֵי מוֹאָב וְהֵמָּה בָּאוּ בֵּית ב״פ ראה לֶחֶם ג״פ יהו״ה בִּתְחִלַּת
קְצִיר שְׂעֹרִים כתר: וּלְנָעֳמִי מוֹדַע (כתיב: מידע) לְאִישָׁהּ אִישׁ גִּבּוֹר חַיִל ומב
מִמִּשְׁפַּחַת אֱלִימֶלֶךְ וּשְׁמוֹ בֹּעַז: וַתֹּאמֶר רוּת הַמּוֹאֲבִיָּה אֶל־נָעֳמִי אֵלְכָה־
נָּא הַשָּׂדֶה וַאֲלַקֳטָה בַשִּׁבֳּלִים אַחַר אֲשֶׁר אֶמְצָא־חֵן מוזי בְּעֵינָיו וַתֹּאמֶר לָהּ
לְכִי בִתִּי: וַתֵּלֶךְ וַתָּבוֹא וַתְּלַקֵּט בַּשָּׂדֶה אַחֲרֵי הַקֹּצְרִים וַיִּקֶר מִקְרֶהָ חֶלְקַת
הַשָּׂדֶה לְבֹעַז אֲשֶׁר מִמִּשְׁפַּחַת אֱלִימֶלֶךְ: וְהִנֵּה־בֹעַז בָּא מִבֵּית ב״פ ראה
לֶחֶם ג״פ יהו״ה וַיֹּאמֶר לַקּוֹצְרִים יְהֹוָהאדנייאהדונהי עִמָּכֶם וַיֹּאמְרוּ לוֹ יְבָרֶכְךָ
יְהֹוָהאדנייאהדונהי: וַיֹּאמֶר בֹּעַז לְנַעֲרוֹ הַנִּצָּב עַל־הַקּוֹצְרִים לְמִי ילי הַנַּעֲרָה

הַוֹּאת: וַיַּעַן הַנַּעַר הַנִּצָּב עַל־הַקּוֹצְרִים וַיֹּאמַר נַעֲרָה מוֹאֲבִיָּה הִיא הַשָּׁבָה
עִם־נָעֳמִי מִשְּׂדֵה מוֹאָב: וַתֹּאמֶר אֲלַקֳטָה־נָּא וְאָסַפְתִּי בָעֳמָרִים אַחֲרֵי
הַקּוֹצְרִים וַתָּבוֹא וַתַּעֲמוֹד מֵאָז ומב הַבֹּקֶר וְעַד־עַתָּה זֶה שִׁבְתָּהּ
הַבַּיִת ב"פ ראה מְעָט: וַיֹּאמֶר בֹּעַז אֶל־רוּת הֲלוֹא שָׁמַעַתְּ בִּתִּי אַל־תֵּלְכִי
לִלְקֹט בְּשָׂדֶה אַחֵר וְגַם לֹא תַעֲבוּרִי מִזֶּה וְכֹה היי תִדְבָּקִין עִם־נַעֲרֹתָי:
עֵינַיִךְ בַּשָּׂדֶה אֲשֶׁר יִקְצֹרוּן וְהָלַכְתְּ אַחֲרֵיהֶן הֲלוֹא צִוִּיתִי אֶת־הַנְּעָרִים
לְבִלְתִּי נָגְעֵךְ וְצָמִת וְהָלַכְתְּ אֶל־הַכֵּלִים וְשָׁתִית מֵאֲשֶׁר יִשְׁאֲבוּן הַנְּעָרִים:
וַתִּפֹּל עַל־פָּנֶיהָ וַתִּשְׁתַּחוּ אָרְצָה וַתֹּאמֶר אֵלָיו מַדּוּעַ מָצָאתִי חֵן מוחי בְּעֵינֶיךָ
לְהַכִּירֵנִי וְאָנֹכִי איע נָכְרִיָּה: וַיַּעַן בֹּעַז וַיֹּאמֶר לָהּ הֻגֵּד הֻגַּד לִי כֹּל ילי
אֲשֶׁר־עָשִׂית אֶת־חֲמוֹתֵךְ אַחֲרֵי מוֹת אִישֵׁךְ וַתַּעַזְבִי אָבִיךְ וְאִמֵּךְ
וְאֶרֶץ מוֹלַדְתֵּךְ וַתֵּלְכִי אֶל־עַם אֲשֶׁר לֹא־יָדַעַתְּ תְּמוֹל שִׁלְשׁוֹם:
יְשַׁלֵּם יְהֹוָאדניאהדונהי פָּעֳלֵךְ וּתְהִי מַשְׂכֻּרְתֵּךְ שְׁלֵמָה מֵעִם יְהֹוָאדניאהדונהי
אֱלֹהֵי דמב, ילה יִשְׂרָאֵל אֲשֶׁר־בָּאת לַחֲסוֹת תַּחַת־כְּנָפָיו: וַתֹּאמֶר
אֶמְצָא־חֵן מוחי בְּעֵינֶיךָ אֲדֹנִי כִּי נִחַמְתָּנִי וְכִי דִבַּרְתָּ עַל־לֵב שִׁפְחָתֶךָ וְאָנֹכִי
איע לֹא אֶהְיֶה כְּאַחַת שִׁפְחֹתֶיךָ: וַיֹּאמֶר לָהּ בֹעַז לְעֵת הָאֹכֶל גֹּשִׁי הֲלֹם
וְאָכַלְתְּ מִן־הַלֶּחֶם ג"פ יהוה וְטָבַלְתְּ פִּתֵּךְ בַּחֹמֶץ וַתֵּשֶׁב מִצַּד הַקֹּצְרִים וַיִּצְבָּט־
לָהּ קָלִי וַתֹּאכַל וַתִּשְׂבַּע וַתֹּתַר: וַתָּקָם לְלַקֵּט וַיְצַו בֹּעַז אֶת־ נְעָרָיו לֵאמֹר
גַּם בֵּין הָעֳמָרִים תְּלַקֵּט וְלֹא תַכְלִימוּהָ: וְגַם שֹׁל־תָּשֹׁלּוּ לָהּ מִן־הַצְּבָתִים
וַעֲזַבְתֶּם וְלִקְּטָה וְלֹא תִגְעֲרוּ־בָהּ: וַתְּלַקֵּט בַּשָּׂדֶה עַד־הָעָרֶב וַתַּחְבֹּט אֵת
אֲשֶׁר־לִקֵּטָה וַיְהִי כְּאֵיפָה שְׂעֹרִים כתר: וַתִּשָּׂא וַתָּבוֹא הָעִיר ערי, בוזוך, סנדלפון
וַתֵּרֶא חֲמוֹתָהּ אֵת אֲשֶׁר־לִקֵּטָה וַתּוֹצֵא וַתִּתֶּן ב"פ כהת לָהּ אֵת אֲשֶׁר־הוֹתִרָה
מִשָּׂבְעָהּ: וַתֹּאמֶר לָהּ חֲמוֹתָהּ אֵיפֹה לִקַּטְתְּ (כתיב: לקטתי) הַיּוֹם נגד, מזבח, זן
וְאָנָה עָשִׂית יְהִי מַכִּירֵךְ בָּרוּךְ וַתַּגֵּד לַחֲמוֹתָהּ אֵת אֲשֶׁר־עָשְׂתָה עִמּוֹ
וַתֹּאמֶר שֵׁם הָאִישׁ אֲשֶׁר עָשִׂיתִי עִמּוֹ הַיּוֹם נגד, מזבח, זן בֹּעַז: וַתֹּאמֶר נָעֳמִי
לְכַלָּתָהּ בָּרוּךְ הוּא לַיהֹוָאדניאהדונהי אֲשֶׁר לֹא־עָזַב חַסְדּוֹ אֶת־הַחַיִּים בינה
וְאֶת־הַמֵּתִים וַתֹּאמֶר לָהּ נָעֳמִי קָרוֹב לָנוּ הָאִישׁ מִגֹּאֲלֵנוּ הוּא: וַתֹּאמֶר רוּת
הַמּוֹאֲבִיָּה גַּם כִּי־אָמַר אֵלַי עִם־הַנְּעָרִים אֲשֶׁר־לִי תִּדְבָּקִין עַד אִם יוהך כִּלּוּ
אֵת כָּל ילי הַקָּצִיר אֲשֶׁר־לִי: וַתֹּאמֶר נָעֳמִי אֶל־רוּת כַּלָּתָהּ טוֹב והו בִּתִּי כִּי
תֵצְאִי עִם־נַעֲרוֹתָיו וְלֹא יִפְגְּעוּ־בָךְ בְּשָׂדֶה אַחֵר: וַתִּדְבַּק בְּנַעֲרוֹת בֹּעַז
לְלַקֵּט עַד־כְּלוֹת קְצִיר־הַשְּׂעֹרִים כתר וּקְצִיר הַחִטִּים וַתֵּשֶׁב אֶת־חֲמוֹתָהּ:
וַתֹּאמֶר לָהּ נָעֳמִי חֲמוֹתָהּ בִּתִּי הֲלֹא אֲבַקֶּשׁ־לָךְ מָנוֹחַ אֲשֶׁר יִיטַב־לָךְ:

וְעַתָּה הֲלֹא בֹעַז מֹדַעְתָּנוּ אֲשֶׁר הָיִית אֶת־נַעֲרוֹתָיו הִנֵּה־הוּא זֹרֶה אֶת־גֹּרֶן
הַשְּׂעֹרִים כתר הַלָּיְלָה מלה: וְרָחַצְתְּ וָסַכְתְּ וְשַׂמְתְּ שִׂמְלֹתַיִךְ (כתיב: שמלתך) עָלַיִךְ
וְיָרַדְתְּ (כתיב: וירדתי) הַגֹּרֶן אַל־תִּוָּדְעִי לָאִישׁ עַד כַּלֹּתוֹ לֶאֱכֹל וְלִשְׁתּוֹת: וִיהִי
בְשָׁכְבוֹ וְיָדַעַתְּ אֶת־הַמָּקוֹם אֲשֶׁר יִשְׁכַּב־שָׁם וּבָאת וְגִלִּית מַרְגְּלֹתָיו
וְשָׁכָבְתְּ (כתיב: ושכבתי) וְהוּא יַגִּיד ייי לָךְ אֵת אֲשֶׁר תַּעֲשִׂין: וַתֹּאמֶר אֵלֶיהָ
כֹּל ילי אֲשֶׁר־תֹּאמְרִי אֵלַי אֶעֱשֶׂה: וַתֵּרֶד הַגֹּרֶן וַתַּעַשׂ כְּכֹל ילי אֲשֶׁר־צִוַּתָּה
חֲמוֹתָהּ: וַיֹּאכַל בֹּעַז וַיֵּשְׁתְּ וַיִּיטַב לִבּוֹ וַיָּבֹא לִשְׁכַּב בִּקְצֵה הָעֲרֵמָה וַתָּבֹא
בַלָּט וַתְּגַל מַרְגְּלֹתָיו וַתִּשְׁכָּב: וַיְהִי בַּחֲצִי הַלַּיְלָה מלה וַיֶּחֱרַד הָאִישׁ וַיִּלָּפֵת
וְהִנֵּה אִשָּׁה שֹׁכֶבֶת מַרְגְּלֹתָיו: וַיֹּאמֶר מִי ילי אָתְּ וַתֹּאמֶר אָנֹכִי איע רוּת
אֲמָתֶךָ וּפָרַשְׂתָּ כְנָפֶךָ עַל־אֲמָתְךָ כִּי גֹאֵל א"ת ב"ש - כתר אָתָּה: וַיֹּאמֶר בְּרוּכָה
אַתְּ לַיהֹוָה יאהדונהי בִּתִּי הֵיטַבְתְּ חַסְדֵּךְ הָאַחֲרוֹן מִן־הָרִאשׁוֹן לְבִלְתִּי־לֶכֶת
אַחֲרֵי הַבַּחוּרִים אִם יוהך דַּל וְאִם יוהך עָשִׁיר: וְעַתָּה בִּתִּי אַל־תִּירְאִי כֹּל ילי
אֲשֶׁר־תֹּאמְרִי אֶעֱשֶׂה־לָּךְ כִּי יוֹדֵעַ כָּל ילי שַׁעַר עַמִּי כִּי אֵשֶׁת חַיִל ומב אָתְּ:
וְעַתָּה כִּי אָמְנָם כִּי (אם כתיב ולא קרי) גֹאֵל א"ת ב"ש - כתר אָנֹכִי איע וְגַם יֵשׁ
גֹּאֵל א"ת ב"ש - כתר קָרוֹב מִמֶּנִּי: לִינִי הַלַּיְלָה מלה וְהָיָה יהוה, יהה בַבֹּקֶר אִם יוהך
יִגְאָלֵךְ טוֹב והו יִגְאָל וְאִם יוהך לֹא יַחְפֹּץ לְגָאֳלֵךְ וּגְאַלְתִּיךְ אָנֹכִי איע חַי־
יְהֹוָה יאהדונהי שִׁכְבִי עַד־הַבֹּקֶר: וַתִּשְׁכַּב מַרְגְּלוֹתָיו (כתיב: מרגלתו) עַד־הַבֹּקֶר
וַתָּקָם בְּטֶרֶם (כתיב: בטרום) יַכִּיר אִישׁ אֶת־רֵעֵהוּ וַיֹּאמֶר אַל יִוָּדַע כִּי־בָאָה
הָאִשָּׁה הַגֹּרֶן: וַיֹּאמֶר הָבִי הַמִּטְפַּחַת אֲשֶׁר־עָלַיִךְ וְאֶחֳזִי־בָהּ וַתֹּאחֶז בָּהּ
וַיָּמָד שֵׁשׁ־שְׂעֹרִים כתר וַיָּשֶׁת עָלֶיהָ וַיָּבֹא הָעִיר ערי, בוזזך, סנדלפון: וַתָּבוֹא אֶל
חֲמוֹתָהּ וַתֹּאמֶר מִי ילי אַתְּ בִּתִּי וַתַּגֶּד־לָהּ אֵת כָּל ילי אֲשֶׁר עָשָׂה־לָהּ הָאִישׁ:
וַתֹּאמֶר שֵׁשׁ־הַשְּׂעֹרִים כתר הָאֵלֶּה נָתַן לִי כִּי אָמַר אֵלַי אַל־תָּבוֹאִי רֵיקָם
אֶל חֲמוֹתֵךְ: וַתֹּאמֶר שְׁבִי בִתִּי עַד אֲשֶׁר תֵּדְעִין אֵיךְ יִפֹּל דָּבָר ראה כִּי לֹא
יִשְׁקֹט הָאִישׁ כִּי־אִם יוהך כִּלָּה הַדָּבָר ראה הַיּוֹם נגד, מזבח, זן: וּבֹעַז עָלָה הַשַּׁעַר
וַיֵּשֶׁב שָׁם וְהִנֵּה הַגֹּאֵל א"ת ב"ש - כתר עֹבֵר אֲשֶׁר דִּבֶּר ראה בֹּעַז וַיֹּאמֶר סוּרָה
שְׁבָה־פֹּה מילה פְּלֹנִי אַלְמֹנִי וַיָּסַר וַיֵּשֵׁב: וַיִּקַּח ויעם עֲשָׂרָה אֲנָשִׁים מִזִּקְנֵי
הָעִיר ערי, בוזזך, סנדלפון וַיֹּאמֶר שְׁבוּ־פֹה מילה וַיֵּשֵׁבוּ: וַיֹּאמֶר לַגֹּאֵל א"ת ב"ש - כתר
חֶלְקַת הַשָּׂדֶה אֲשֶׁר לְאָחִינוּ לֶאֱלִימֶלֶךְ מָכְרָה נָעֳמִי הַשָּׁבָה מִשְּׂדֵה מוֹאָב:
וַאֲנִי אני אָמַרְתִּי אֶגְלֶה אָזְנְךָ לֵאמֹר קְנֵה נֶגֶד זן, מזבח הַיֹּשְׁבִים וְנֶגֶד זן, מזבח זִקְנֵי
עַמִּי אִם יוהך תִּגְאַל גְּאָל א"ת ב"ש - כתר וְאִם יוהך לֹא יִגְאַל הַגִּידָה לִּי וְאֵדְעָה
(כתיב: ואדע) כִּי אֵין זוּלָתְךָ לִגְאוֹל וְאָנֹכִי איע אַחֲרֶיךָ וַיֹּאמֶר אָנֹכִי איע אֶגְאָל:

וַיֹּאמֶר בֹּעַז בְּיוֹם נגד, מזבח, זן קְנוֹתְךָ הַשָּׂדֶה מִיַּד נָעֳמִי וּמֵאֵת רוּת הַמּוֹאֲבִיָּה
אֵשֶׁת־הַמֵּת קָנִיתָ (כתיב: קניתי) לְהָקִים שֵׁם־הַמֵּת עַל־נַחֲלָתוֹ: וַיֹּאמֶר
הַגֹּאֵל א״ת ב״ש - כתר לֹא אוּכַל לִגְאָל־ (כתיב: לגאול) לִי פֶּן־אַשְׁחִית אֶת־נַחֲלָתִי
גְּאַל א״ת ב״ש - כתר לְךָ אַתָּה אֶת־גְּאֻלָּתִי כִּי לֹא־אוּכַל לִגְאֹל א״ת ב״ש - כתר: וְזֹאת
לְפָנִים בְּיִשְׂרָאֵל עַל־הַגְּאוּלָּה מ״ה וְעַל־הַתְּמוּרָה לְקַיֵּם כָּל ילי דָּבָר ראה שָׁלַף
אִישׁ נַעֲלוֹ וְנָתַן אבג יתץ, ושר, אהבת חנם לְרֵעֵהוּ וְזֹאת הַתְּעוּדָה בְּיִשְׂרָאֵל: וַיֹּאמֶר
הַגֹּאֵל א״ת ב״ש - כתר לְבֹעַז קְנֵה־לָךְ וַיִּשְׁלֹף נַעֲלוֹ: וַיֹּאמֶר בֹּעַז לַזְּקֵנִים וְכָל ילי
הָעָם עֵדִים אַתֶּם הַיּוֹם נגד, מזבח, זן כִּי קָנִיתִי אֶת־כָּל ילי אֲשֶׁר לֶאֱלִימֶלֶךְ וְאֵת
כָּל ילי אֲשֶׁר לְכִלְיוֹן וּמַחְלוֹן מגד מִיַּד נָעֳמִי: וְגַם אֶת־רוּת הַמֹּאֲבִיָּה אֵשֶׁת
מַחְלוֹן מגד קָנִיתִי לִי לְאִשָּׁה לְהָקִים שֵׁם־הַמֵּת עַל־נַחֲלָתוֹ וְלֹא־יִכָּרֵת שֵׁם־
הַמֵּת מֵעִם אֶחָיו וּמִשַּׁעַר מְקוֹמוֹ עֵדִים אַתֶּם הַיּוֹם נגד, מזבח, זן: וַיֹּאמְרוּ כָּל ילי
הָעָם אֲשֶׁר־בַּשַּׁעַר וְהַזְּקֵנִים עֵדִים יִתֵּן יְהֹוָאדהנויאהדונהי אֶת־הָאִשָּׁה הַבָּאָה
אֶל־בֵּיתֶךָ כְּרָחֵל וּכְלֵאָה אֲשֶׁר בָּנוּ שְׁתֵּיהֶם אֶת־בֵּית ב״פ ראה יִשְׂרָאֵל
וַעֲשֵׂה־חַיִל ומב בְּאֶפְרָתָה וּקְרָא־שֵׁם בְּבֵית ב״פ ראה לָחֶם ג״פ יהו״ה: וִיהִי בֵיתְךָ
כְּבֵית ב״פ ראה פֶּרֶץ אֲשֶׁר־יָלְדָה תָמָר לִיהוּדָה מִן־הַזֶּרַע אֲשֶׁר יִתֵּן
יְהֹוָאדהנויאהדונהי לְךָ מִן־הַנַּעֲרָה הַזֹּאת: וַיִּקַּח חעם בֹּעַז אֶת־רוּת וַתְּהִי־לוֹ לְאִשָּׁה
וַיָּבֹא אֵלֶיהָ וַיִּתֵּן יְהֹוָאדהנויאהדונהי לָהּ הֵרָיוֹן וַתֵּלֶד בֵּן: וַתֹּאמַרְנָה הַנָּשִׁים
אֶל־נָעֳמִי בָּרוּךְ יְהֹוָאדהנויאהדונהי אֲשֶׁר לֹא הִשְׁבִּית לָךְ גֹּאֵל א״ת ב״ש - כתר הַיּוֹם
נגד, מזבח, זן וְיִקָּרֵא שְׁמוֹ בְּיִשְׂרָאֵל: וְהָיָה יהוה, יהה לָךְ לְמֵשִׁיב נֶפֶשׁ וּלְכַלְכֵּל
אֶת־שֵׂיבָתֵךְ כִּי כַלָּתֵךְ אֲשֶׁר־אֲהֵבַתֶךְ יְלָדַתּוּ אֲשֶׁר־הִיא טוֹבָה אכא לָךְ
מִשִּׁבְעָה בָּנִים: וַתִּקַּח נָעֳמִי אֶת־הַיֶּלֶד וַתְּשִׁתֵהוּ בְחֵיקָהּ וַתְּהִי־לוֹ לְאֹמֶנֶת:
וַתִּקְרֶאנָה לוֹ הַשְּׁכֵנוֹת שֵׁם לֵאמֹר יֻלַּד־בֵּן לְנָעֳמִי וַתִּקְרֶאנָה שְׁמוֹ עוֹבֵד הוּא
אֲבִי־יִשַׁי אֲבִי דָוִד: וְאֵלֶּה תּוֹלְדוֹת פָּרֶץ פֶּרֶץ הוֹלִיד אֶת־חֶצְרוֹן: וְחֶצְרוֹן
הוֹלִיד אֶת־רָם וְרָם הוֹלִיד אֶת־עַמִּינָדָב: וְעַמִּינָדָב הוֹלִיד אֶת־נַחְשׁוֹן
וְנַחְשׁוֹן הוֹלִיד אֶת שַׂלְמָה: וְשַׂלְמוֹן הוֹלִיד אֶת־בֹּעַז וּבֹעַז הוֹלִיד אֶת עוֹבֵד:

וְעֹבֵד הוֹלִיד (הֻדָ־HuDA)
אֶת־יִשָׁי וְיִשַׁי הוֹלִיד אֶת דָּוִד:

EIJÁ-LAMENTACIONES

אֵיכָה יָשְׁבָה בָדָד הָעִיר ערי, סנדלפון, סנדלפון
רַבָּתִי עָם הָיְתָה כְּאַלְמָנָה רַבָּתִי בַגּוֹיִם שָׂרָתִי בַּמְּדִינוֹת הָיְתָה לָמַס:

בָּכוֹ תִבְכֶּה בַּלַּיְלָה מלה וְדִמְעָתָהּ עַל לֶחֱיָהּ אֵין־לָהּ מְנַחֵם מִכָּל ילי אֹהֲבֶיהָ
כָּל ילי רֵעֶיהָ בָּגְדוּ בָהּ הָיוּ לָהּ לְאֹיְבִים: גָּלְתָה יְהוּדָה מֵעֹנִי ריבוע מ"ה וּמֵרֹב
עֲבֹדָה הִיא יָשְׁבָה בַגּוֹיִם לֹא מָצְאָה מָנוֹחַ כָּל ילי רֹדְפֶיהָ הִשִּׂיגוּהָ בֵּין
הַמְּצָרִים מצר: לָמָּה לָנֶצַח תִּשְׁכָּחֵנוּ תַּעַזְבֵנוּ לְאֹרֶךְ יָמִים נלך:
הֲשִׁיבֵנוּ יְהֹוָהאדניאהדונהי אֵלֶיךָ וְנָשׁוּבָה (כתיב: ונשוב) חַדֵּשׁ יָמֵינוּ כְּקֶדֶם:

כִּי אִם יוהך (אֶמָ—U Ma)

מָאֹס מְאַסְתָּנוּ קָצַפְתָּ עָלֵינוּ עַד־מְאֹד:

הֲשִׁיבֵנוּ יְהֹוָהאדניאהדונהי אֵלֶיךָ וְנָשׁוּבָה (כתיב: ונשוב) חַדֵּשׁ יָמֵינוּ כְּקֶדֶם:

Kohélet - Eclesiastés

דִּבְרֵי קֹהֶלֶת בֶּן־דָּוִד מֶלֶךְ בִּירוּשָׁלָםִ: הֲבֵל הֲבָלִים אָמַר קֹהֶלֶת
הֲבֵל הֲבָלִים הַכֹּל ילי הָבֶל: מַה יִּתְרוֹן לָאָדָם מ"ה בְּכָל ילי, לכב
עֲמָלוֹ שֶׁיַּעֲמֹל תַּחַת הַשָּׁמֶשׁ: וְיֹתֵר מֵהֵמָּה בְּנִי הִזָּהֵר עֲשׂוֹת
סְפָרִים הַרְבֵּה אֵין קֵץ מנק וְלַהַג הַרְבֵּה יְגִעַת בָּשָׂר: סוֹף דָּבָר ראה
הַכֹּל ילי נִשְׁמָע אֶת־הָאֱלֹהִים מום, ילה יְרָא וְאֶת מִצְוֹתָיו שְׁמוֹר כִּי־זֶה
כָּל ילי הָאָדָם מ"ה: כִּי אֶת־כָּל ילי מַעֲשֶׂה הָאֱלֹהִים מום, ילה יָבִא
בְמִשְׁפָּט עַל כָּל עמם, ילי נֶעְלָם אִם יוהך טוֹב והו וְאִם יוהך רָע:

סוֹף דָּבָר ראה (דֻרָ—DuRa)

הַכֹּל ילי נִשְׁמָע

אֶת־הָאֱלֹהִים מום, ילה יְרָא וְאֶת־מִצְוֹתָיו שְׁמוֹר כִּי־זֶה כָּל ילי הָאָדָם מ"ה:

Yehoshua - Josué

וַיְהִי אַחֲרֵי מוֹת מֹשֶׁה מהש עֶבֶד יְהֹוָהאדניאהדונהי וַיֹּאמֶר יְהֹוָהאדניאהדונהי
אֶל־יְהוֹשֻׁעַ בִּן־נוּן מְשָׁרֵת מֹשֶׁה מהש לֵאמֹר: מֹשֶׁה מהש עַבְדִּי מֵת
וְעַתָּה קוּם עֲבֹר אֶת־הַיַּרְדֵּן הַזֶּה והו אַתָּה וְכָל ילי הָעָם הַזֶּה והו
אֶל הָאָרֶץ אלהים דההין אֲשֶׁר אָנֹכִי איע נֹתֵן ושר, אבג יתץ, אהבת חנם לָהֶם
לִבְנֵי יִשְׂרָאֵל: כָּל ילי מָקוֹם אֲשֶׁר תִּדְרֹךְ כַּף רַגְלְכֶם בּוֹ לָכֶם נְתַתִּיו
כַּאֲשֶׁר דִּבַּרְתִּי אֶל־מֹשֶׁה מהש: וַיַּעֲבֹד יִשְׂרָאֵל אֶת־יְהֹוָהאדניאהדונהי
כֹּל ילי יְמֵי יְהוֹשֻׁעַ וְכֹל ילי יְמֵי הַזְּקֵנִים אֲשֶׁר הֶאֱרִיכוּ יָמִים נלך אַחֲרֵי יְהוֹשֻׁעַ
וַאֲשֶׁר יָדְעוּ אֵת כָּל ילי מַעֲשֵׂה יְהֹוָהאדניאהדונהי אֲשֶׁר עָשָׂה לְיִשְׂרָאֵל:

וְאֶת־עַצְמוֹת יוֹסֵף ציון אֲשֶׁר הֶעֱלוּ בְנֵי־יִשְׂרָאֵל מִמִּצְרַיִם מצר
קָבְרוּ בִשְׁכֶם בְּחֶלְקַת הַשָּׂדֶה אֲשֶׁר קָנָה יַעֲקֹב יאהדונהי אידהנויה
מֵאֵת בְּנֵי־חֲמוֹר אֲבִי־שְׁכֶם בְּמֵאָה קְשִׂיטָה וַיִּהְיוּ לִבְנֵי־יוֹסֵף ציון לְנַחֲלָה׃

וְאֶלְעָזָר בֶּן־ (בְּנָ–VuNA)

אַהֲרֹן מֵת וַיִּקְבְּרוּ אֹתוֹ בְּגִבְעַת פִּינְחָס בְּנוֹ אֲשֶׁר נִתַּן־לוֹ בְּהַר אֶפְרָיִם׃

SHOFTIM - JUECES

וַיְהִי אַחֲרֵי מוֹת יְהוֹשֻׁעַ וַיִּשְׁאֲלוּ בְּנֵי יִשְׂרָאֵל בַּיהֹוָהאדניאהדונהי לֵאמֹר
מִי ילי יַעֲלֶה־לָּנוּ אֶל־הַכְּנַעֲנִי בַּתְּחִלָּה לְהִלָּחֶם בּוֹ׃ וַיֹּאמֶר יְהֹוָהאדניאהדונהי
יְהוּדָה יַעֲלֶה הִנֵּה נָתַתִּי אֶת־הָאָרֶץ אלהים דההין בְּיָדוֹ׃ וַיֹּאמֶר יְהוּדָה
לְשִׁמְעוֹן אָחִיו עֲלֵה אִתִּי בְגוֹרָלִי וְנִלָּחֲמָה בַּכְּנַעֲנִי וְהָלַכְתִּי גַם־אֲנִי אני
אִתְּךָ בְּגוֹרָלֶךָ וַיֵּלֶךְ אִתּוֹ שִׁמְעוֹן׃ וַיַּעֲשׂוּ־כֵן בְּנֵי בִנְיָמִן וַיִּשְׂאוּ
נָשִׁים לְמִסְפָּרָם מִן־הַמְּחֹלְלוֹת אֲשֶׁר גָּזָלוּ וַיֵּלְכוּ וַיָּשׁוּבוּ אֶל נַחֲלָתָם
וַיִּבְנוּ אֶת־הֶעָרִים וַיֵּשְׁבוּ בָּהֶם׃ וַיִּתְהַלְּכוּ מִשָּׁם בְּנֵי־יִשְׂרָאֵל
בָּעֵת הַהִיא אִישׁ לְשִׁבְטוֹ וּלְמִשְׁפַּחְתּוֹ וַיֵּצְאוּ מִשָּׁם אִישׁ לְנַחֲלָתוֹ׃

בַּיָּמִים נלך הָהֵם (הֵמָ–HuMA)
אֵין מֶלֶךְ בְּיִשְׂרָאֵל אִישׁ הַיָּשָׁר בְּעֵינָיו יַעֲשֶׂה׃

SHMUEL - SAMUEL

וַיְהִי אִישׁ אֶחָד אהבה, דאגה מִן־הָרָמָתַיִם צוֹפִים מֵהַר אֶפְרָיִם
וּשְׁמוֹ אֶלְקָנָה בֶּן־יְרֹחָם בֶּן־אֱלִיהוּא בֶּן־תֹּחוּ בֶן־צוּף אֶפְרָתִי׃
וְלוֹ שְׁתֵּי נָשִׁים שֵׁם אַחַת חַנָּה וְשֵׁם הַשֵּׁנִית פְּנִנָּה וַיְהִי לִפְנִנָּה יְלָדִים
וּלְחַנָּה אֵין יְלָדִים׃ וְעָלָה הָאִישׁ הַהוּא מֵעִירוֹ מִיָּמִים נלך יָמִימָה
לְהִשְׁתַּחֲוֺת וְלִזְבֹּחַ לַיהֹוָהאדניאהדונהי צְבָאוֹת בְּשִׁלֹה וְשָׁם שְׁנֵי בְנֵי־עֵלִי
חָפְנִי וּפִנְחָס כֹּהֲנִים לַיהֹוָהאדניאהדונהי׃ הַכֹּל ילי נָתַן אֲרַוְנָה הַמֶּלֶךְ לַמֶּלֶךְ וַיֹּאמֶר
אֲרַוְנָה אֶל הַמֶּלֶךְ יְהֹוָהאדניאהדונהי אֱלֹהֶיךָ יִרְצֶךָ׃ וַיֹּאמֶר הַמֶּלֶךְ אֶל־אֲרַוְנָה
לֹא כִּי־קָנוֹ אֶקְנֶה מֵאוֹתְךָ בִּמְחִיר וְלֹא אַעֲלֶה לַיהֹוָהאדניאהדונהי אֱלֹהַי דמב, ילה
עֹלוֹת חִנָּם וַיִּקֶן דָּוִד אֶת־הַגֹּרֶן וְאֶת־הַבָּקָר בְּכֶסֶף שְׁקָלִים חֲמִשִּׁים׃

וַיִּבֶן שָׁם (שְׁמָ–ShuMA)

דָּוִד מִזְבֵּחַ לַיהֹוָהאדניאהדונהי וַיַּעַל עֹלוֹת וּשְׁלָמִים וַיֵּעָתֵר
יְהֹוָהאדניאהדונהי לָאָרֶץ וַתֵּעָצַר הַמַּגֵּפָה מֵעַל עלם יִשְׂרָאֵל׃

MELAJIM - REYES

וְהַמֶּלֶךְ דָּוִד זָקֵן בָּא בַּיָּמִים נלך וַיְכַסֻּהוּ בַּבְּגָדִים וְלֹא יִחַם לוֹ׃
וַיֹּאמְרוּ לוֹ עֲבָדָיו יְבַקְשׁוּ לַאדֹנִי הַמֶּלֶךְ נַעֲרָה בְתוּלָה וְעָמְדָה
לִפְנֵי וחכמה, בינה הַמֶּלֶךְ וּתְהִי־לוֹ סֹכֶנֶת וְשָׁכְבָה בְחֵיקֶךָ וְחַם לַאדֹנִי
הַמֶּלֶךְ׃ וַיְבַקְשׁוּ נַעֲרָה יָפָה בְּכֹל ילי לכב גְּבוּל יִשְׂרָאֵל וַיִּמְצְאוּ
אֶת־אֲבִישַׁג הַשּׁוּנַמִּית וַיָּבִאוּ אֹתָהּ לַמֶּלֶךְ׃ וַיְדַבֵּר אִתּוֹ טֹבוֹת
וַיִּתֵּן אֶת־כִּסְאוֹ מֵעַל עלם כִּסֵּא הַמְּלָכִים אֲשֶׁר אִתּוֹ בְּבָבֶל׃ וְשִׁנָּא אֵת בִּגְדֵי
כִלְאוֹ וְאָכַל לֶחֶם ג״פ יהו״ה תָּמִיד נתה, קס״א קנ״א קמ״ג לְפָנָיו כָּל ילי יְמֵי חַיָּיו׃

וַאֲרֻחָתוֹ אֲרֻחַת (אֶת—U TA)

תָּמִיד נתה, קס״א קנ״א קמ״ג נִתְּנָה לוֹ מֵאֵת הַמֶּלֶךְ דְּבַר־יוֹם בְּיוֹמוֹ כֹּל ילי יְמֵי חַיָּיו׃

YESHAYAHU - ISAÍAS

חֲזוֹן יְשַׁעְיָהוּ בֶן־אָמוֹץ אֲשֶׁר חָזָה עַל־יְהוּדָה וִירוּשָׁלָםִ בִּימֵי עֻזִּיָּהוּ יוֹתָם
אָחָז יְחִזְקִיָּהוּ מַלְכֵי נלך יְהוּדָה׃ שִׁמְעוּ שָׁמַיִם כוזו, י״פ טל וְהַאֲזִינִי אֶרֶץ כִּי
יְהֹוָהאדניאהדונהי דִּבֵּר ראה בָּנִים גִּדַּלְתִּי וְרוֹמַמְתִּי וְהֵם פָּשְׁעוּ בִי׃
יָדַע שׁוֹר ושר, אבג יתץ, אהבת חנם קֹנֵהוּ וַחֲמוֹר אֵבוּס בְּעָלָיו יִשְׂרָאֵל לֹא יָדַע
עַמִּי לֹא הִתְבּוֹנָן׃ כִּי כַאֲשֶׁר הַשָּׁמַיִם כוזו, י״פ טל הַחֲדָשִׁים וְהָאָרֶץ אלהים דההין
הַחֲדָשָׁה אֲשֶׁר אֲנִי אני עֹשֶׂה עֹמְדִים לְפָנַי וחכמה, בינה נְאֻם־יְהֹוָהאדניאהדונהי כֵּן
יַעֲמֹד זַרְעֲכֶם וְשִׁמְכֶם׃ וְהָיָה יהוה, יהה מִדֵּי־חֹדֶשׁ בְּחָדְשׁוֹ וּמִדֵּי שַׁבָּת
בְּשַׁבַּתּוֹ יָבוֹא כָל ילי בָּשָׂר לְהִשְׁתַּחֲוֺת לְפָנַי וחכמה, בינה אָמַר יְהֹוָהאדניאהדונהי׃

וְיָצְאוּ וְרָאוּ (וָו—VuVA)

בְּפִגְרֵי הָאֲנָשִׁים הַפֹּשְׁעִים בִּי כִּי תוֹלַעְתָּם לֹא תָמוּת וְאִשָּׁם לֹא תִכְבֶּה
וְהָיוּ דֵרָאוֹן לְכָל יה אדני בָּשָׂר׃ וְהָיָה יהוה, יהה מִדֵּי־חֹדֶשׁ בְּחָדְשׁוֹ וּמִדֵּי שַׁבָּת
בְּשַׁבַּתּוֹ יָבוֹא כָל ילי בָּשָׂר לְהִשְׁתַּחֲוֺת לְפָנַי וחכמה, בינה אָמַר יְהֹוָהאדניאהדונהי׃

YIRMIYAHU - JEREMÍAS

דִּבְרֵי יִרְמְיָהוּ בֶּן־חִלְקִיָּהוּ מִן־הַכֹּהֲנִים אֲשֶׁר בַּעֲנָתוֹת בְּאֶרֶץ בִּנְיָמִן׃
אֲשֶׁר הָיָה ההה יהה דְבַר ראה יְהֹוָהאדניאהדונהי אֵלָיו בִּימֵי יֹאשִׁיָּהוּ בֶן־אָמוֹן
מֶלֶךְ יְהוּדָה בִּשְׁלֹשׁ־עֶשְׂרֵה שָׁנָה לְמָלְכוֹ׃ וַיְהִי בִּימֵי יְהוֹיָקִים
בֶּן־יֹאשִׁיָּהוּ מֶלֶךְ יְהוּדָה עַד־תֹּם עַשְׁתֵּי עֶשְׂרֵה שָׁנָה לְצִדְקִיָּהוּ
בֶן־יֹאשִׁיָּהוּ מֶלֶךְ יְהוּדָה עַד־גְּלוֹת יְרוּשָׁלַםִ בַּחֹדֶשׁ הַחֲמִישִׁי׃

וַיְדַבֵּר אִתּוֹ טֹבוֹת וַיִּתֵּן אֶת־כִּסְאוֹ מִמַּעַל עלם לְכִסֵּא הַמְּלָכִים (כתיב: מלכים)
אֲשֶׁר אִתּוֹ בְּבָבֶל: וְשִׁנָּה אֵת בִּגְדֵי והו כִלְאוֹ וְאָכַל לֶחֶם ג"פ יהו"ה לְפָנָיו
תָּמִיד נתה, קס"א קנ"א קמ"ג כָּל ילי יְמֵי חַיָּו:

וַאֲרֻחָתוֹ אֲרֻחַת (אֶת–U Ta)
תָּמִיד נתה, קס"א קנ"א קמ"ג נִתְּנָה לוֹ מֵאֵת מֶלֶךְ־בָּבֶל
דְּבַר־יוֹם בְּיוֹמוֹ עַד־יוֹם נגד, מזבח, זן מוֹתוֹ כֹּל ילי יְמֵי חַיָּיו:

YEJEZKEL - EZEQUIEL

וַיְהִי בִּשְׁלֹשִׁים שָׁנָה בָּרְבִיעִי בַּחֲמִשָּׁה לַחֹדֶשׁ וַאֲנִי אני בְתוֹךְ־הַגּוֹלָה
עַל־נְהַר־כְּבָר נִפְתְּחוּ הַשָּׁמַיִם כוזו, י"פ טל וָאֶרְאֶה מַרְאוֹת אֱלֹהִים מום, ילה:
בַּחֲמִשָּׁה לַחֹדֶשׁ הִיא הַשָּׁנָה הַחֲמִישִׁית לְגָלוּת הַמֶּלֶךְ יוֹיָכִין: הָיֹה יהה
הָיָה יהה דְבַר ראה יְהֹוָהאדניאהדונהי אֶל־יְחֶזְקֵאל בֶּן־בּוּזִי הַכֹּהֵן מלה בְּאֶרֶץ
כַּשְׂדִּים עַל־נְהַר־כְּבָר וַתְּהִי עָלָיו שָׁם יַד־יְהֹוָהאדניאהדונהי: וָאֵרֶא וְהִנֵּה רוּחַ
סְעָרָה בָּאָה מִן־הַצָּפוֹן עָנָן גָּדוֹל להח, מבה וְאֵשׁ מִתְלַקַּחַת וְנֹגַהּ לוֹ סָבִיב
וּמִתּוֹכָהּ כְּעֵין ריבוע מ"ה הַחַשְׁמַל מִתּוֹךְ הָאֵשׁ: וּמִתּוֹכָהּ דְּמוּת אַרְבַּע חַיּוֹת
וְזֶה מַרְאֵיהֶן דְּמוּת אָדָם מ"ה לָהֵנָּה: וְאַרְבָּעָה פָנִים לְאֶחָת וְאַרְבַּע כְּנָפַיִם
לְאַחַת לָהֶם: וְרַגְלֵיהֶם רֶגֶל יְשָׁרָה וְכַף רַגְלֵיהֶם כְּכַף רֶגֶל עֵגֶל וְנֹצְצִים
כְּעֵין ריבוע מ"ה נְחֹשֶׁת קָלָל: וִידֵי (כתיב: וידו) אָדָם מ"ה מִתַּחַת כַּנְפֵיהֶם עַל
אַרְבַּעַת רִבְעֵיהֶם וּפְנֵיהֶם וְכַנְפֵיהֶם לְאַרְבַּעְתָּם: חֹבְרֹת אִשָּׁה אֶל־אֲחוֹתָהּ
כַּנְפֵיהֶם לֹא־יִסַּבּוּ בְלֶכְתָּן אִישׁ אֶל־עֵבֶר פָּנָיו יֵלֵכוּ: וּדְמוּת פְּנֵיהֶם
פְּנֵי חכמה, בינה אָדָם מ"ה וּפְנֵי חכמה, בינה אַרְיֵה רי"ו אֶל הַיָּמִין לְאַרְבַּעְתָּם וּפְנֵי־
שׁוֹר מֵהַשְּׂמֹאול לְאַרְבַּעְתָּן וּפְנֵי חכמה, בינה נֶשֶׁר לְאַרְבַּעְתָּן: וּפְנֵיהֶם וְכַנְפֵיהֶם
פְּרֻדוֹת מִלְמָעְלָה לְאִישׁ שְׁתַּיִם חֹבְרוֹת אִישׁ וּשְׁתַּיִם מְכַסּוֹת אֵת גְּוִיֹתֵיהֶנָה:
וְאִישׁ אֶל־עֵבֶר פָּנָיו יֵלֵכוּ אֶל אֲשֶׁר יִהְיֶה ייי שָׁמָּה הָרוּחַ לָלֶכֶת יֵלֵכוּ לֹא
יִסַּבּוּ בְּלֶכְתָּן: וּדְמוּת הַחַיּוֹת מַרְאֵיהֶם כְּגַחֲלֵי־אֵשׁ בֹּעֲרוֹת כְּמַרְאֵה
הַלַּפִּדִים הִיא מִתְהַלֶּכֶת בֵּין הַחַיּוֹת וְנֹגַהּ לָאֵשׁ וּמִן־הָאֵשׁ יוֹצֵא בָרָק:
וְהַחַיּוֹת רָצוֹא וָשׁוֹב כְּמַרְאֵה הַבָּזָק: וָאֵרֶא הַחַיּוֹת וְהִנֵּה אוֹפַן
אֶחָד אהבה, דאגה בָּאָרֶץ אֵצֶל הַחַיּוֹת לְאַרְבַּעַת פָּנָיו: מַרְאֵה ראה הָאוֹפַנִּים
וּמַעֲשֵׂיהֶם כְּעֵין ריבוע מ"ה תַּרְשִׁישׁ וּדְמוּת אֶחָד אהבה, דאגה
לְאַרְבַּעְתָּן וּמַרְאֵיהֶם וּמַעֲשֵׂיהֶם כַּאֲשֶׁר יִהְיֶה ייי הָאוֹפַן בְּתוֹךְ הָאוֹפָן:

עַל־אַרְבַּעַת רִבְעֵיהֶן בְּלֶכְתָּם יֵלֵכוּ לֹא יִסַּבּוּ בְּלֶכְתָּן׃ וְגַבֵּיהֶן וְגֹבַהּ לָהֶם
וְיִרְאָה רי״ו, גבורה לָהֶם וְגַבֹּתָם מְלֵאֹת עֵינַיִם סָבִיב לְאַרְבַּעְתָּן׃ וּבְלֶכֶת הַחַיּוֹת
יֵלְכוּ הָאוֹפַנִּים אֶצְלָם וּבְהִנָּשֵׂא הַחַיּוֹת מֵעַל עלם הָאָרֶץ אלהים דההין יִנָּשְׂאוּ
הָאוֹפַנִּים׃ עַל אֲשֶׁר יִהְיֶה ייי שָׁם הָרוּחַ לָלֶכֶת יֵלֵכוּ שָׁמָּה הָרוּחַ לָלֶכֶת
וְהָאוֹפַנִּים יִנָּשְׂאוּ לְעֻמָּתָם כִּי רוּחַ הַחַיָּה בָּאוֹפַנִּים׃ בְּלֶכְתָּם יֵלֵכוּ וּבְעָמְדָם
יַעֲמֹדוּ וּבְהִנָּשְׂאָם מֵעַל עלם הָאָרֶץ אלהים דההין יִנָּשְׂאוּ הָאוֹפַנִּים לְעֻמָּתָם כִּי
רוּחַ הַחַיָּה בָּאוֹפַנִּים׃ וּדְמוּת עַל־רָאשֵׁי הַחַיָּה רָקִיעַ כְּעֵין ריבוע מ״ה הַקֶּרַח
הַנּוֹרָא נָטוּי עַל־רָאשֵׁיהֶם מִלְמָעְלָה׃ וְתַחַת הָרָקִיעַ כַּנְפֵיהֶם יְשָׁרוֹת אִשָּׁה
אֶל אֲחוֹתָהּ לְאִישׁ שְׁתַּיִם מְכַסּוֹת לָהֵנָּה וּלְאִישׁ שְׁתַּיִם מְכַסּוֹת לָהֵנָּה אֵת
גְּוִיֹּתֵיהֶם׃ וָאֶשְׁמַע אֶת־קוֹל כַּנְפֵיהֶם כְּקוֹל מַיִם ילי רַבִּים כְּקוֹל־שַׁדַּי
בְּלֶכְתָּם קוֹל הֲמֻלָּה כְּקוֹל מַחֲנֶה בְּעָמְדָם תְּרַפֶּינָה כַנְפֵיהֶן׃ וַיְהִי־קוֹל
מֵעַל עלם לָרָקִיעַ אֲשֶׁר עַל־רֹאשָׁם בְּעָמְדָם תְּרַפֶּינָה כַנְפֵיהֶן׃ וּמִמַּעַל עלם
לָרָקִיעַ אֲשֶׁר עַל־רֹאשָׁם כְּמַרְאֵה אֶבֶן־סַפִּיר דְּמוּת כִּסֵּא וְעַל דְּמוּת
הַכִּסֵּא דְּמוּת כְּמַרְאֵה אָדָם מ״ה עָלָיו מִלְמָעְלָה׃ וָאֵרֶא כְּעֵין ריבוע מ״ה
חַשְׁמַל כְּמַרְאֵה אֵשׁ בֵּית ב״פ ראה לָהּ סָבִיב מִמַּרְאֵה מָתְנָיו וּלְמָעְלָה
וּמִמַּרְאֵה מָתְנָיו וּלְמַטָּה רָאִיתִי כְּמַרְאֵה אֵשׁ וְנֹגַהּ לוֹ סָבִיב׃
כְּמַרְאֵה הַקֶּשֶׁת אֲשֶׁר יִהְיֶה ייי בֶעָנָן בְּיוֹם נגד, מזבח, זן הַגֶּשֶׁם כֵּן מַרְאֵה ראה
הַנֹּגַהּ סָבִיב הוּא מַרְאֵה ראה דְּמוּת כְּבוֹד־יְהֹוָאדנָהיאהדונהי וָאֶרְאֶה וָאֶפֹּל
עַל־פָּנַי וחכמה, בינה וָאֶשְׁמַע קוֹל מְדַבֵּר ראה׃ וַתִּשָּׂאֵנִי רוּחַ וָאֶשְׁמַע אַחֲרַי קוֹל
רַעַשׁ גָּדוֹל להח, מבה בָּרוּךְ כְּבוֹד־יְהֹוָאדנָהיאהדונהי מִמְּקוֹמוֹ עסמ״ב׃ וּפְאַת־נֶגְבָּה
חֲמֵשׁ מֵאוֹת וְאַרְבַּעַת אֲלָפִים מִדָּה וּשְׁעָרִים כתר שְׁלֹשָׁה שַׁעַר שִׁמְעוֹן
אֶחָד אהבה, דאגה שַׁעַר יִשָּׂשכָר אֶחָד אהבה, דאגה שַׁעַר זְבוּלֻן אֶחָד אהבה, דאגה׃
פְּאַת־יָמָּה חֲמֵשׁ מֵאוֹת וְאַרְבַּעַת אֲלָפִים שַׁעֲרֵיהֶם שְׁלֹשָׁה שַׁעַר
גָּד אֶחָד אהבה, דאגה שַׁעַר אָשֵׁר אֶחָד אהבה, דאגה שַׁעַר נַפְתָּלִי אֶחָד אהבה, דאגה׃

סָבִיב שְׁמֹנָה פוי (שֻׁהָ—ShuHa)

עָשָׂר אָלֶף וְשֵׁם־הָעִיר ערי, סנדלפון מִיּוֹם נגד, מזבח, זן יְהֹוָאדנָהיאהדונהי | שָׁמָּה׃

TREI ASAR – LOS DOCE PROFETAS

דְּבַר ראה יְהֹוָאדנָהיאהדונהי אֲשֶׁר הָיָה יהה אֶל־הוֹשֵׁעַ בֶּן־בְּאֵרִי בִּימֵי עֻזִּיָּה יוֹתָם
אָחָז יְחִזְקִיָּה מַלְכֵי נלך יְהוּדָה וּבִימֵי יָרָבְעָם בֶּן־יוֹאָשׁ מֶלֶךְ יִשְׂרָאֵל׃

תְּחִלַּת דִּבֶּר ראה יְהֹוָהאדני יאהדונהי בְּהוֹשֵׁעַ וַיֹּאמֶר יְהֹוָהאדני יאהדונהי אֶל־הוֹשֵׁעַ לֵךְ
קַח־לְךָ אֵשֶׁת זְנוּנִים וְיַלְדֵי זְנוּנִים כִּי־זָנֹה תִזְנֶה הָאָרֶץ אלהים דההין מֵאַחֲרֵי
יְהֹוָהאדני יאהדונהי׃ וַיֵּלֶךְ וַיִּקַּח וזעם אֶת־גֹּמֶר בַּת־דִּבְלָיִם וַתַּהַר וַתֵּלֶד־לוֹ בֵּן׃
הַמַּשָּׂא אֲשֶׁר חָזָה חֲבַקּוּק הַנָּבִיא׃ עַד־אָנָה יְהֹוָהאדני יאהדונהי שִׁוַּעְתִּי וְלֹא
תִשְׁמָע אֶזְעַק אֵלֶיךָ חָמָס וְלֹא תוֹשִׁיעַ׃ לָמָּה תַרְאֵנִי אָוֶן וְעָמָל תַּבִּיט וְשֹׁד
וְחָמָס לְנֶגְדִּי וַיְהִי רִיב וּמָדוֹן יִשָּׂא׃ וַיהֹוָהאדני יאהדונהי בְּהֵיכַל אדני, ללה קָדְשׁוֹ הַס
מִפָּנָיו כָּל ילי הָאָרֶץ אלהים דההין׃ תְּפִלָּה לַחֲבַקּוּק הַנָּבִיא עַל שִׁגְיֹנוֹת׃
יְהֹוָהאדני יאהדונהי שָׁמַעְתִּי שִׁמְעֲךָ יָרֵאתִי יְהֹוָהאדני יאהדונהי פָּעָלְךָ בְּקֶרֶב שָׁנִים
חַיֵּיהוּ בְּקֶרֶב שָׁנִים תּוֹדִיעַ בְּרֹגֶז רַחֵם אברהם, רמ"ח תִּזְכּוֹר׃ אֱלוֹהַּ מִתֵּימָן
יָבוֹא וְקָדוֹשׁ מֵהַר־פָּארָן סֶלָה כִּסָּה שָׁמַיִם כוזו, י"פ טל הוֹדוֹ אהיה וּתְהִלָּתוֹ
מָלְאָה הָאָרֶץ אלהים דההין׃ וְנֹגַהּ כָּאוֹר רז, אין סוף תִּהְיֶה קַרְנַיִם מִיָּדוֹ לוֹ וְשָׁם
חֶבְיוֹן עֻזֹּה׃ לְפָנָיו יֵלֶךְ דָּבֶר ראה וְיֵצֵא רֶשֶׁף לְרַגְלָיו׃ עָמַד | וַיְמֹדֶד אֶרֶץ
רָאָה ראה וַיַּתֵּר גּוֹיִם וַיִּתְפֹּצְצוּ הַרְרֵי־עַד שַׁחוּ גִּבְעוֹת עוֹלָם הֲלִיכוֹת עוֹלָם
לוֹ׃ תַּחַת אָוֶן רָאִיתִי אָהֳלֵי כוּשָׁן יִרְגְּזוּן יְרִיעוֹת אֶרֶץ מִדְיָן׃ הֲבִנְהָרִים חָרָה
יְהֹוָהאדני יאהדונהי אִם יוהך בַּנְּהָרִים אַפֶּךָ אִם יוהך בַּיָּם ילי עֶבְרָתֶךָ כִּי תִרְכַּב עַל־
סוּסֶיךָ מַרְכְּבֹתֶיךָ יְשׁוּעָה׃ עֶרְיָה תֵעוֹר קַשְׁתֶּךָ שְׁבֻעוֹת מַטּוֹת אֹמֶר סֶלָה
נְהָרוֹת תְּבַקַּע־אָרֶץ׃ רָאוּךָ יָחִילוּ הָרִים זֶרֶם מַיִם ילי עָבָר נָתַן תְּהוֹם קוֹלוֹ
רוֹם יָדֵיהוּ נָשָׂא׃ שֶׁמֶשׁ יָרֵחַ עָמַד זְבֻלָה לְאוֹר רז, אין סוף חִצֶּיךָ יְהַלֵּכוּ לְנֹגַהּ
בְּרַק חֲנִיתֶךָ׃ בְּזַעַם תִּצְעַד־אָרֶץ בְּאַף תָּדוּשׁ גּוֹיִם׃ יָצָאתָ לְיֵשַׁע עַמֶּךָ
לְיֵשַׁע אֶת־מְשִׁיחֶךָ מָחַצְתָּ רֹּאשׁ מִבֵּית ב"פ ראה רָשָׁע עָרוֹת יְסוֹד ההע
עַד־צַוָּאר סֶלָה׃ נָקַבְתָּ בְמַטָּיו רֹאשׁ פְּרָזָיו (כתיב: פרזו) יִסְעֲרוּ לַהֲפִיצֵנִי
עֲלִיצֻתָם כְּמוֹ־לֶאֱכֹל עָנִי בַּמִּסְתָּר׃ דָּרַכְתָּ בַיָּם ילי סוּסֶיךָ חֹמֶר מַיִם ילי
רַבִּים׃ שָׁמַעְתִּי וַתִּרְגַּז בִּטְנִי לְקוֹל צָלְלוּ שְׂפָתַי יָבוֹא רָקָב בַּעֲצָמַי
וְתַחְתַּי אֶרְגָּז אֲשֶׁר אָנוּחַ לְיוֹם נגד, מזבח, זן צָרָה אלהים דההין לַעֲלוֹת
לְעַם עלם יְגוּדֶנּוּ׃ כִּי־תְאֵנָה לֹא־תִפְרָח וְאֵין יְבוּל בַּגְּפָנִים כִּחֵשׁ
מַעֲשֵׂה־זַיִת וּשְׁדֵמוֹת לֹא־עָשָׂה אֹכֶל גָּזַר מִמִּכְלָה צֹאן וְאֵין בָּקָר בָּרְפָתִים׃
וַאֲנִי אני בַּיהֹוָהאדני יאהדונהי אֶעְלוֹזָה אָגִילָה בֵּאלֹהֵי דמב, ילה יִשְׁעִי׃
יְהֹוִהאדני יאהדונהי אֲדֹנָי חֵילִי וַיָּשֶׂם רַגְלַי כָּאַיָּלוֹת וְעַל בָּמוֹתַי יַדְרִכֵנִי לַמְנַצֵּחַ
בִּנְגִינוֹתָי׃ זִכְרוּ תּוֹרַת מֹשֶׁה מהש עַבְדִּי אֲשֶׁר צִוִּיתִי אוֹתוֹ בְחֹרֵב עַל־כָּל ילי
יִשְׂרָאֵל חֻקִּים וּמִשְׁפָּטִים׃ הִנֵּה אָנֹכִי איע שֹׁלֵחַ לָכֶם אֵת אֵלִיָּה הַנָּבִיא
לִפְנֵי וחכמה, בינה בּוֹא יוֹם נגד, מזבח, זן יְהֹוָהאדני יאהדונהי הַגָּדוֹל להח, מבה וְהַנּוֹרָא׃

וְהֵשִׁיב לֵב (לָבָ–LuVa)

אָבוֹת עַל־בָּנִים וְלֵב בָּנִים עַל־אֲבוֹתָם פֶּן־אָבוֹא וְהִכֵּיתִי אֶת־
הָאָרֶץ אלהים דההין חֵרֶם: הִנֵּה אָנֹכִי איע שֹׁלֵחַ לָכֶם אֵת אֵלִיָּה הַנָּבִיא
לִפְנֵי חכמה, בינה בּוֹא יוֹם נגד, מזבח, זן יְהֹוָאֲדֹנָיאהדונהי הַגָּדוֹל להח, מבה וְהַנּוֹרָא:

Aquí decimos *Kadish Al Yisrael* (en pág. 444-446)

TEHILIM - SALMOS

אַשְׁרֵי־הָאִישׁ אֲשֶׁר לֹא הָלַךְ בַּעֲצַת רְשָׁעִים וּבְדֶרֶךְ חַטָּאִים לֹא עָמָד
וּבְמוֹשַׁב לֵצִים לֹא יָשָׁב: כִּי אִם יוהך בְּתוֹרַת יְהֹוָאֲדֹנָיאהדונהי חֶפְצוֹ וּבְתוֹרָתוֹ
יֶהְגֶּה יוֹמָם וָלָיְלָה מלה: וְהָיָה יהוה, יהה כְּעֵץ שָׁתוּל עַל־פַּלְגֵי מָיִם ילי אֲשֶׁר פִּרְיוֹ
יִתֵּן בְּעִתּוֹ וְעָלֵהוּ לֹא־יִבּוֹל וְכֹל ילי אֲשֶׁר־יַעֲשֶׂה יַצְלִיחַ: לֹא־כֵן הָרְשָׁעִים כִּי
אִם כַּמֹּץ אֲשֶׁר־תִּדְּפֶנּוּ רוּחַ: עַל־כֵּן לֹא־יָקֻמוּ רְשָׁעִים בַּמִּשְׁפָּט וְחַטָּאִים
בַּעֲדַת צַדִּיקִים: כִּי־יוֹדֵעַ יְהֹוָאֲדֹנָיאהדונהי דֶּרֶךְ צַדִּיקִים וְדֶרֶךְ רְשָׁעִים
תֹּאבֵד: הַלְלוּיָהּ הַלְלוּ אֵל בְּקָדְשׁוֹ הַלְלוּהוּ בִּרְקִיעַ עֻזּוֹ: הַלְלוּהוּ בִגְבוּרֹתָיו
הַלְלוּהוּ כְּרֹב גֻּדְלוֹ: הַלְלוּהוּ בְּתֵקַע שׁוֹפָר הַלְלוּהוּ בְּנֵבֶל וְכִנּוֹר:
הַלְלוּהוּ בְתֹף וּמָחוֹל הַלְלוּהוּ בְּמִנִּים וְעוּגָב: הַלְלוּהוּ בְצִלְצְלֵי שָׁמַע הַלְלוּהוּ
בְּצִלְצְלֵי תְרוּעָה: כֹּל ילי הַנְּשָׁמָה (הָהָ–HuHa) תְּהַלֵּל ר"ת כהת יָהּ הַלְלוּיָהּ:

IYOV - JOB

אִישׁ הָיָה ההה יהה בְאֶרֶץ־עוּץ אִיּוֹב שְׁמוֹ וְהָיָה יהוה, יהה הָאִישׁ הַהוּא תָּם
וְיָשָׁר וִירֵא אֱלֹהִים מום, ילה וְסָר מֵרָע: וַיִּוָּלְדוּ לוֹ שִׁבְעָה בָנִים וְשָׁלוֹשׁ בָּנוֹת:
וַיְהִי מִקְנֵהוּ שִׁבְעַת אַלְפֵי־צֹאן וּשְׁלֹשֶׁת אַלְפֵי גְמַלִּים וַחֲמֵשׁ מֵאוֹת
צֶמֶד־בָּקָר וַחֲמֵשׁ מֵאוֹת אֲתוֹנוֹת וַעֲבֻדָּה רַבָּה מְאֹד וַיְהִי הָאִישׁ הַהוּא
גָּדוֹל להח, מבה מִכָּל ילי בְּנֵי־קֶדֶם: וְלֹא נִמְצָא נָשִׁים יָפוֹת כִּבְנוֹת אִיּוֹב
בְּכָל ילי לכב הָאָרֶץ אלהים דההין וַיִּתֵּן לָהֶם אֲבִיהֶם נַחֲלָה בְּתוֹךְ אֲחֵיהֶם: וַיְחִי
אִיּוֹב אַחֲרֵי־זֹאת מֵאָה וְאַרְבָּעִים שָׁנָה וַיִּרְאֶה (כתיב: וירא) אֶת־בָּנָיו
וְאֶת־בְּנֵי בָנָיו אַרְבָּעָה דֹּרוֹת: וַיָּמָת אִיּוֹב (אָבָ–U Va) זָקֵן וּשְׂבַע יָמִים נלך:

MISHLEI - PROVERBIOS

מִשְׁלֵי שְׁלֹמֹה בֶן־דָּוִד מֶלֶךְ יִשְׂרָאֵל: לָדַעַת חָכְמָה וּמוּסָר לְהָבִין אִמְרֵי
בִינָה וזיים: לָקַחַת מוּסַר הַשְׂכֵּל צֶדֶק וּמִשְׁפָּט וּמֵישָׁרִים: אֵשֶׁת־חַיִל ומב מִי ילי
יִמְצָא וְרָחֹק מִפְּנִינִים מִכְרָהּ: בָּטַח בָּהּ לֵב בַּעְלָהּ וְשָׁלָל לֹא יֶחְסָר:
גְּמָלַתְהוּ טוֹב והו וְלֹא־רָע כֹּל ילי יְמֵי חַיֶּיהָ: דָּרְשָׁה צֶמֶר מצר וּפִשְׁתִּים וַתַּעַשׂ
בְּחֵפֶץ כַּפֶּיהָ: הָיְתָה כָּאֳנִיּוֹת סוֹחֵר מִמֶּרְחָק תָּבִיא לַחְמָהּ: וַתָּקָם | בְּעוֹד
לַיְלָה מלה וַתִּתֵּן ב"פ כהת טֶרֶף לְבֵיתָהּ וְחֹק לְנַעֲרֹתֶיהָ: זָמְמָה שָׂדֶה וַתִּקָּחֵהוּ
מִפְּרִי כַפֶּיהָ נָטְעָה (כתיב: נטע) כָּרֶם: חָגְרָה בְעוֹז מָתְנֶיהָ וַתְּאַמֵּץ זְרוֹעֹתֶיהָ:
טָעֲמָה כִּי־טוֹב והו סַחְרָהּ לֹא־יִכְבֶּה בַלַּיְלָה (כתיב: בליל) נֵרָהּ: יָדֶיהָ שִׁלְּחָה
בַכִּישׁוֹר וְכַפֶּיהָ תָּמְכוּ פָלֶךְ: כַּפָּהּ פָּרְשָׂה לֶעָנִי וְיָדֶיהָ שִׁלְּחָה לָאֶבְיוֹן: לֹא־
תִירָא לְבֵיתָהּ מִשָּׁלֶג כִּי כָל ילי בֵּיתָהּ לָבֻשׁ שָׁנִים: מַרְבַדִּים עָשְׂתָה־לָּהּ
שֵׁשׁ וְאַרְגָּמָן לְבוּשָׁהּ: נוֹדָע בַּשְּׁעָרִים כתר בַּעְלָהּ בְּשִׁבְתּוֹ עִם־זִקְנֵי־אָרֶץ:
סָדִין עָשְׂתָה וַתִּמְכֹּר וַחֲגוֹר נָתְנָה לַכְּנַעֲנִי: עֹז־וְהָדָר לְבוּשָׁהּ וַתִּשְׂחַק
לְיוֹם נגד, מזבח, זן אַחֲרוֹן: פִּיהָ פָּתְחָה בְחָכְמָה וְתוֹרַת־חֶסֶד ע"ב, ריבוע יהוה עַל־
לְשׁוֹנָהּ: צוֹפִיָּה הֲלִיכוֹת (כתיב: הילכות) בֵּיתָהּ וְלֶחֶם ג"פ יהו"ה עַצְלוּת לֹא תֹאכֵל:
קָמוּ בָנֶיהָ וַיְאַשְּׁרוּהָ בַּעְלָהּ וַיְהַלְלָהּ: רַבּוֹת בָּנוֹת עָשׂוּ חָיִל ומב וְאַתְּ עָלִית
עַל־כֻּלָּנָה: שֶׁקֶר הַחֵן מוזי וְהֶבֶל הַיֹּפִי אִשָּׁה יִרְאַת־יְהֹוָהאדניאהדונהי הִיא
תִתְהַלָּל: תְּנוּ־לָהּ (לָהּ — LuHA) מִפְּרִי יָדֶיהָ וִיהַלְלוּהָ בַשְּׁעָרִים כתר מַעֲשֶׂיהָ:

DANIEL - DANIEL

בִּשְׁנַת שָׁלוֹשׁ לְמַלְכוּת יְהוֹיָקִים מֶלֶךְ־יְהוּדָה בָּא נְבוּכַדְנֶאצַּר מֶלֶךְ־בָּבֶל
יְרוּשָׁלַםִ וַיָּצַר עָלֶיהָ: וַיִּתֵּן אֲדֹנָי בְּיָדוֹ אֶת־יְהוֹיָקִים מֶלֶךְ־יְהוּדָה וּמִקְצָת
כְּלֵי בֵית ב"פ ראה הָאֱלֹהִים מום, ילה וַיְבִיאֵם אֶרֶץ־שִׁנְעָר בֵּית ב"פ ראה אֱלֹהָיו ילה
וְאֶת־הַכֵּלִים הֵבִיא בֵּית ב"פ ראה אוֹצַר אֱלֹהָיו ילה: וַיֹּאמֶר הַמֶּלֶךְ לְאַשְׁפְּנַז רַב
סָרִיסָיו לְהָבִיא מִבְּנֵי יִשְׂרָאֵל וּמִזֶּרַע הַמְּלוּכָה וּמִן־הַפַּרְתְּמִים: וּמֵעֵת הוּסַר
הַתָּמִיד נתה, קס"א קנ"א קמ"ג וְלָתֵת שִׁקּוּץ שֹׁמֵם יָמִים נלך אֶלֶף מָאתַיִם וְתִשְׁעִים:
אַשְׁרֵי הַמְחַכֶּה וְיַגִּיעַ לְיָמִים נלך אֶלֶף שְׁלֹשׁ מֵאוֹת שְׁלֹשִׁים וַחֲמִשָּׁה:
וְאַתָּה לֵךְ (לֵךְ — LuJA) לַקֵּץ מנק וְתָנוּחַ וְתַעֲמֹד לְגֹרָלְךָ לְקֵץ מנק הַיָּמִין:

DIVREI HAYAMIM - CRÓNICAS

אָדָם מ״ה שֵׁת אֱנוֹשׁ: קֵינָן מַהֲלַלְאֵל יָרֶד: חֲנוֹךְ מְתוּשֶׁלַח לָמֶךְ: לִמְלֹאות דְּבַר ראה יְהֹוָה יאהדונהי בְּפִי יִרְמְיָהוּ עַד־רָצְתָה הָאָרֶץ אלהים דההין אֶת־שַׁבְּתוֹתֶיהָ כָּל ילי יְמֵי הָשַּׁמָּה שָׁבָתָה לִמְלֹאות שִׁבְעִים שָׁנָה: וּבִשְׁנַת אַחַת לְכוֹרֶשׁ מֶלֶךְ פָּרַס לִכְלוֹת דְּבַר ראה יְהֹוָה יאהדונהי בְּפִי יִרְמְיָהוּ הֵעִיר יְהֹוָה יאהדונהי אֶת־רוּחַ כּוֹרֶשׁ מֶלֶךְ־פָּרַס וַיַּעֲבֶר־ רפ״ח קוֹל בְּכָל ילי לכב מַלְכוּתוֹ וְגַם־בְּמִכְתָּב לֵאמֹר: כֹּה הי״ אָמַר (U RA–אֵרָ) כּוֹרֶשׁ מֶלֶךְ פָּרַס כָּל ילי מַמְלְכוֹת הָאָרֶץ אלהים דההין נָתַן לִי יְהֹוָה יאהדונהי אֱלֹהֵי דמב, ילה הַשָּׁמַיִם כוזו, י״פ טל וְהוּא־פָקַד עָלַי לִבְנוֹת־לוֹ בַיִת ב״פ ראה בִּירוּשָׁלַםִ אֲשֶׁר בִּיהוּדָה מִי־בָכֶם מִכָּל ילי עַמּוֹ יְהֹוָה יאהדונהי אֱלֹהָיו ילה עִמּוֹ וְיָעַל:

EZRÁ VENEJEMIA – ESDRAS Y NEHEMÍAS

וּבִשְׁנַת אַחַת לְכוֹרֶשׁ מֶלֶךְ פָּרַס לִכְלוֹת דְּבַר ראה יְהֹוָה יאהדונהי מִפִּי יִרְמְיָה הֵעִיר ערי, סנדלפון, בוזוחך יְהֹוָה יאהדונהי אֶת־רוּחַ כֹּרֶשׁ מֶלֶךְ־פָּרַס וַיַּעֲבֶר רפ״ח קוֹל בְּכָל ילי לכב מַלְכוּתוֹ וְגַם־בְּמִכְתָּב לֵאמֹר: כֹּה הי״ אָמַר כֹּרֶשׁ מֶלֶךְ פָּרַס כֹּל ילי מַמְלְכוֹת הָאָרֶץ אלהים דההין נָתַן לִי יְהֹוָה יאהדונהי אֱלֹהֵי דמב, ילה הַשָּׁמָיִם כוזו, י״פ טל וְהוּא־פָקַד עָלַי לִבְנוֹת־לוֹ בַיִת ב״פ ראה בִּירוּשָׁלַםִ אֲשֶׁר בִּיהוּדָה: מִי־בָכֶם מִכָּל ילי עַמּוֹ יְהִי אֱלֹהָיו ילה עִמּוֹ וְיַעַל לִירוּשָׁלַםִ אֲשֶׁר בִּיהוּדָה וְיִבֶן אֶת־בֵּית ב״פ ראה יְהֹוָה יאהדונהי אֱלֹהֵי דמב, ילה יִשְׂרָאֵל הוּא הָאֱלֹהִים מום, ילה אֲשֶׁר בִּירוּשָׁלָםִ: זָכְרָה לָהֶם אֱלֹהָי דמב, ילה עַל גָּאֳלֵי הַכְּהֻנָּה וּבְרִית הַכְּהֻנָּה וְהַלְוִיִּם: וְטִהַרְתִּים מִכָּל ילי נֵכָר וָאַעֲמִידָה מִשְׁמָרוֹת לַכֹּהֲנִים וְלַלְוִיִּם אִישׁ בִּמְלַאכְתּוֹ: וּלְקֻרְבַּן הָעֵצִים (HUMA–הָמָ) בְּעִתִּים מְזֻמָּנוֹת וְלַבִּכּוּרִים זָכְרָה־לִּי אֱלֹהַי דמב, ילה לְטוֹבָה אכא:

Aquí decimos *Kadish Al Yisrael* (en pág. 444-446)

MEDITACIÓN ESPECIAL PARA LA MEMORIA ESPIRITUAL

Rav Jayim Vital escribe (La Puerta de la Inspiración Divina, pág. 87): "Un *Yijud* (unificación) que aumenta la memoria de cada individuo es el secreto de los dos Nombres de *Yud* y *Hei* deletreados con *Yud* y con *Hei*. Sus letras están combinadas, una letra de cada una a la vez, de la siguiente manera:

ייוודדההיהייוודדהההי

El momento para esta meditación es cada mañana al amanecer.

BENDICIONES DE LA MAÑANA

Debes recitar las bendiciones de la mañana a partir de la medianoche en adelante. Y debes procurar recitar todas las bendiciones tan pronto como despiertes después de la medianoche, y si no las recitas completamente al despertar después de la medianoche, estás evitando que la abundancia del Mundo Superior y los *Mojín* infunda a los *Partsufim* Superiores. Y también causas que las *klipot* permanezcan adheridas en los lugares celestiales. También que el poder de las *klipot* se esparza en tu *Néfesh*, *Rúaj*, *Neshamá*, *Jayá*, *Yejidá* y tus sentidos. Usar tus sentidos ahora, con las *klipot* adheridas, agotará tu energía en lugar de aprovechar la oportunidad de usar el poder de remover y cancelar a las *klipot*. Y ésta es una de las razones por la cual otros tipos de infortunios y caos ocurren en nuestra vida, Dios no lo permita, y por esta razón es importante decir todas las bendiciones de la mañana cuando despiertes a la medianoche, incluso si planeas irte a dormir después. Esto no aplica a dormir durante el día, debido a que no hay energía negativa adherida al sueño en el día. Cuando te despiertes después de la medianoche o no duermas en lo absoluto y comiences a estudiar, después de la medianoche, debes recitar las bendiciones de la mañana (a excepción de las bendiciones de la Torá, las cuales serán recitadas al amanecer). Como está escrito en el *Zóhar*, *Vayakel* 14-25: "Rav Elazar y Rav Yosi estuvieron estudiando desde el comienzo de la noche, cuando llegó la medianoche escucharon el canto de un gallo y recitaron las bendiciones de la mañana" (Náhar Shalom, pág. 88).

MODÉ ANÍ

Cada noche, cuando nuestras almas ascienden a los Mundos Superiores, una fuerza poderosa intenta impedir que nos despertemos y veamos la luz de un nuevo día. Esta fuerza reside dentro de cada uno de nosotros. Es nuestro lado negativo, o lo que los kabbalistas llaman nuestra "Inclinación al Mal", alimentado por nuestro comportamiento negativo del día anterior. No obstante, cada día el Creador nos da otra oportunidad para cambiar y revelar la Luz que no fuimos capaces de revelar el día anterior. La conexión de *Modé Aní* nos permite aprovechar esta oportunidad. Esta secuencia de letras arameas despierta nuestra apreciación por el regreso de nuestra alma a nuestro cuerpo. Este acto de apreciación ayuda a fortalecer y proteger todas las bendiciones que recibimos.

Cuando despiertes, aun cuando tus manos no estén limpias, puedes decir el verso "*modé aní*" puesto que no contiene ninguno de los Nombres Sagrados.

מוֹדֶה modé (Las mujeres dicen: מוֹדָה modá) אֲנִי aní אני לְפָנֶיךָ lefaneja ס"ג מ"ה ב"ן
מֶלֶךְ Mélej חַי jai וְקַיָּם vekayam שֶׁהֶחֱזַרְתָּ shehejezarta בִּי bi
נִשְׁמָתִי nishmatí בְּחֶמְלָה bejemlá. רַבָּה rabá אֱמוּנָתֶךָ emunateja:

BENDICIONES DE LA MAÑANA
MODÉ ANÍ

Doy las gracias ante Ti, Rey viviente y existente,
por regresarme mi alma, misericordiosamente. Grande es Tu confianza (Bereshit Rabá, cap. 68).

EL LAVADO DE MANOS

Mientras dormimos en la noche, muchas fuerzas negativas se adhieren a nuestro cuerpo. Cuando nuestra alma regresa y se reconecta con nuestro cuerpo, elimina la mayor parte de esa negatividad, pero no de nuestras manos. Al lavar nuestras manos cada mañana al despertar, logramos tres objetivos importantes:
1) Limpiar y eliminar todas las fuerzas negativas que se adhirieron a nuestras manos durante la noche;
2) Conectarnos con la causa y el nivel de semilla de la realidad (proactivo), y no sólo el efecto (reactivo);
3) Desprendernos de la energía de *aní* (pobre) y conectarnos con la energía de *ashir* (rico).

Lava tus manos en el agua de *Jésed* (misericordia) para remover la suciedad de la *klipá* que está adherida a las cinco *Guevurot* (juicios) מנצפך que son revelados por los diez dedos de las manos de *Zeir Anpín* de *Asiyá*. **Primero**, sostén el recipiente de lavado en tu mano derecha y llénalo con agua, luego pásalo a la mano izquierda. **Después**, vierte el agua desde la izquierda sobre la derecha, y luego vierte agua desde la derecha sobre la izquierda. Este proceso debe ser repetido una segunda y una tercera vez. De manera que cada mano sea lavada tres veces. No debes lavar una mano tres veces seguidas, sino alternar entre derecha e izquierda y, al hacer esto, el espíritu impuro llamado "*Shivtá* **(no pronunciar este nombre)** la hija de un rey" salta de una mano a otra hasta que es removido completamente de las manos. Y si no sigues este orden, este espíritu impuro no es removido. Antes de la bendición, debes abrir las palmas de tus manos como alguien que quiere recibir algo, y meditar en elevar *Asiyá* mediante el Nombre de 42 Letras de *Yetsirá*, que tiene el valor numérico de tres manos:
Mano derecha (*HaGdolá*) יהוה אלהינו יהוה, el secreto de la primera mitad del Nombre יוד ואו דלת הא אלף
Mano izquierda (*HaJazaká*) כוזו במוכסז כוזו, el secreto de la última mitad del Nombre ואו אלף ואו הא אלף
Mano del medio (*Ramá*) יהוה יוד הא ואו הא Es la raíz del Nombre mismo y a partir de éste se extienden esas tres manos y, por lo tanto, está en el medio. Y mediante estas tres manos de *Yetsirá* elevamos a *Asiyá*. **El lavado** de las manos es el *tikún* de la Luz Interna, su interior y exterior (*Nétsaj, Hod, Yesod*) de *Asiyá*. **La bendición** es el *tikún* de la Luz Circundante del exterior (*Nétsaj, Hod, Yesod*) de *Asiyá*. Las 13 palabras corresponden a los Trece Atributos de *Asiyá*.

Lava tus manos, ve al baño si es necesario, y luego lava tus manos nuevamente. La forma de lavar nuestras manos: Sujeta el recipiente en tu mano derecha y llénalo con agua, luego pásalo a tu mano izquierda. Después, vierte el agua desde la izquierda sobre la derecha y luego vierte agua desde la derecha sobre la izquierda. Ese proceso debe repetirse una segunda y una tercera vez. No debes lavarlas tres veces seguidas, sino alternando entre derecha e izquierda. Frota tus manos tres veces y elévalas al nivel de los ojos y recita la bendición antes de secarlas.

בָּרוּךְ Baruj (אל) אַתָּה Atá (רחום) יְהֹוָהאדהנויאהדונהי Adonai (וחנון)

אֱלֹהֵינוּ Eloheinu ילה (ארך) מֶלֶךְ Mélej (אפים) הָעוֹלָם haolam (ורב וחסד)

אֲשֶׁר asher (ואמת) קִדְּשָׁנוּ kidshanu (נצר וחסד) בְּמִצְוֹתָיו bemitsvotav (לאלפים)

וְצִוָּנוּ vetsivanu (נשא עון) עַל al (ופשע) נְטִילַת netilat (וחטאה) יָדָיִם yadáyim (ונקה)

Las últimas tres palabras de esta bendición son *Al Netilat Yadáyim*: La primera letra de cada una de estas palabras forman la palabra *aní* עני, "persona pobre" en arameo, y tiene el valor numérico del Nombre Sagrado *Mem Hei* (יוד הא ואו הא). Las últimas dos letras de estas tres palabras, *Ayin Lámed* על, *Lámed Tav* לת, y *Yud Mem* ים, tienen el mismo valor numérico de la palabra *ashir* עשיר, que quiere decir "persona rica".

EL LAVADO DE MANOS

Bendito seas Tú, Señor, nuestro Dios, Rey del mundo,
Quien nos ha santificado con Sus mandamientos y nos ha ordenado sobre el lavado de manos.

ASHER YATSAR

Recitar el *Asher Yatsar* después de cada vez que vamos al baño nos conecta con el ADN espiritual y el mapa original del ser humano. Podemos despertar en la mañana sintiéndonos vacíos de energía espiritual, deprimidos, asustados, irritables o, inclusive, llenos de temor por el día que está por venir. A través del poder del *Asher Yatsar*, inyectamos la Luz de la Creación en nuestro sistema inmunológico, fortaleciéndolo y potenciándolo para estar llenos de Luz y recargados espiritualmente para el resto del día.

En esta sección hay 45 palabras, las cuales equivalen al valor numérico de la palabra *Adam* (ser humano) y el mismo valor numérico del Nombre *Mem-Hei*, que fue creado por *Jojmá*. La palabra *Jojmá* está dividida en otras dos palabras que significan fuerza (*cóaj*) para *Mem-Hei*.

Debes meditar en el Nombre Sagrado *Mem-Hei*:

יוד הא ואו הא

La bendición es el *tikún* de la Luz Circundante del interior (*Nétsaj, Hod, Yesod*) de *Asiyá*.

(*Aba de Asiyá*) בָּרוּךְ Baruj אַתָּה Atá יְהֹוָאדהיאהדונהי Adonai
אֱלֹהֵינוּ Eloheinu ילה מֶלֶךְ Mélej הָעוֹלָם haolam אֲשֶׁר asher יָצַר yatsar
אֶת et הָאָדָם haadam מ״ה בְּחָכְמָה bejojmá במילוי = תרי״ג (מצוות).
וּבָרָא uvará קנ״א ב״ן, יהוה אלהים יהוה אדני, מילוי קס״א וס״ג, מ״ה ברבוע וע״ב ע״ה
בוֹ vo נְקָבִים nekavim נְקָבִים nekavim. וַחֲלוּלִים jalulim
וַחֲלוּלִים jalulim אברהם, ח״פ אל, רי״ו ול״ב נתיבות החכמה, רמ״ח (אברים), עסמ״ב וט״ז אותיות
פשוטות. גָּלוּי galui וְיָדוּעַ veyadúa לִפְנֵי lifnei כִסֵּא jisé כְבוֹדֶךָ jevodeja
ב״ן, לכב שֶׁאִם sheím יוהך, מ״א אותיות דפשוט, דמילוי ודמילוי דמילוי דאהיה ע״ה
יִסָּתֵם yisatem אֶחָד ejad אהבה, דאגה מֵהֶם mehem אוֹ o אִם im יוהך, מ״א
אותיות דפשוט, דמילוי ודמילוי דמילוי דאהיה ע״ה יִפָּתֵחַ yipatéaj אֶחָד ejad אהבה, דאגה
מֵהֶם mehem אִי ei אֶפְשָׁר efshar לְהִתְקַיֵּם lehitkayem אֲפִלּוּ afilu
שָׁעָה shaá אֶחָת ejat. בָּרוּךְ Baruj אַתָּה Atá יְהֹוָאדהיאהדונהי Adonai
רוֹפֵא rofé כָל jol ילי בָּשָׂר basar וּמַפְלִיא umaflí לַעֲשׂוֹת laasot:

ASHER YATSAR

Bendito seas Tú, Señor, nuestro Dios, el Rey del mundo, Quien hizo al hombre con su sabiduría y creó en él muchas aberturas y muchas cavidades. Es obvio y sabido ante Tu Trono de Gloria que si cualquiera de ellas se bloquea o cualquiera de ellas se abre, entonces sería imposible permanecer vivo ni siquiera por una hora. Bendito seas Tú, Señor, el Sanador de toda la carne y quien asombra por lo que Él hace.

ELOHAI NESHAMÁ: CONECTAR CON NUESTRA ALMA

La Kabbalah nos enseña que hay cinco niveles principales en nuestra alma: *Néfesh, Rúaj, Neshamá, Jayá* y *Yejidá*. En nuestra vida cotidiana, la mayoría de nosotros no estamos totalmente conectados a estos cinco niveles. Una especie de cordón umbilical discurre constantemente entre los cinco niveles del alma, alimentándonos de con la cantidad mínima de Luz que necesitamos para mantener el "piloto" encendido en nuestra alma. Recitamos *Elohai Neshamá* cada mañana para conectar nuestra mente consciente a los cinco niveles de nuestra alma, para que podamos despertar el verdadero propósito y significado de nuestra vida.

El nombre de una persona no es meramente una palabra, es también la conexión espiritual con su alma. Cada letra de un nombre es parte del alfabeto espiritual genético que infunde al alma con la forma de energía particular creada por ese nombre. El poder de esta bendición es que abre un túnel a través de los Mundos Superiores y crea una conexión con los cinco niveles de nuestra alma. Nuestra conexión con esta oración se vuelve más profunda si combinamos nuestro nombre hebreo con la palabra *Neshamá* (alma). Para combinar tu nombre con *Neshamá*, de derecha a izquierda, **en los días de la semana**, inserta la primera letra de tu nombre, seguida por la primera letra de *Neshamá*. Luego inserta la segunda letra de tu nombre, seguida por la segunda letra de *Neshamá*, y así sucesivamente. **En *Shabat***, inserta la primera letra de *Neshamá* seguida de la primera letra de tu nombre. Después inserta la segunda letra de *Neshamá* seguida por la segunda letra de tu nombre, y así sucesivamente. Medita en la secuencia completa de letras antes de conectar con la oración. Por ejemplo, con el nombre Yehuda, la combinación quedaría de la siguiente manera:

Para Shabat:

Para días de la semana:

No todo individuo tiene el mérito de recibir la parte del alma llamada *Neshamá*, no obstante, todos aún tenemos una parte del alma de Adam (el primer hombre) que abarca a toda la Creación. En esta bendición hay 47 palabras, las cuales tienen el valor numérico de:

יאההויהה

(haz una pausa aquí) מילוי ע"ב, דמב ; ילה. Elohai אֱלֹהַי (*Ima* de *Asiyá*)

(cinco aspectos del colectivo *Atsilut, Briá, Yetsirá* y *Asiyá*) neshamá נְשָׁמָה

•(*Jayá* desde *Atsilut*) tehorá טְהוֹרָה (en el alma de *Adam*) bi בִּי shenatata שֶׁנָּתַתָּ

Atá אַתָּה •*Neshamá* desde *Briá*) verata בְרָאתָהּ Atá אַתָּה

nefajta נְפַחְתָּהּ Atá אַתָּה •(*Rúaj* desde *Yetsirá*) yetsarta יְצַרְתָּהּ

meshamrá מְשַׁמְּרָהּ veAtá וְאַתָּה •(*Néfesh* desde *Asiyá*) bi בִּי

litlá לִטְּלָהּ atid עָתִיד veAtá וְאַתָּה •שדי bekirbí בְּקִרְבִּי

•lavó לָבֹא leatid לֶעָתִיד bi בִּי ulehajazirá וּלְהַחֲזִירָהּ mimeni מִמֶּנִּי

ELOHAI NESHAMÁ

Mi Dios, el alma que Tú has dado en mí es pura Tú la has formado.
Tú la has creado. Tú la has insuflado en mí. Y la preservas dentro de mí. Finalmente, Tú la retirarás de mí, y sin embargo me la retornarás en un futuro venidero.

כָּל col יל"י זְמַן zmán שֶׁהַנְּשָׁמָה shehaneshamá בְּקִרְבִּי vekirbí שד"י

מוֹדֶה modé אֲנִי aní אנ"י לְפָנֶיךָ lefaneja ס"ג מ"ה ב"ן

יְהֹוָהאדניאהדונהי Adonai אֱלֹהַי Elohai מילוי ע"ב, דמב ; ילה וֵאלֹהֵי veElohei

לכב ; מילוי ע"ב, דמב ; ילה אֲבוֹתַי avotai רִבּוֹן ribón יהוה עסמ"ב

כָּל col יל"י הַמַּעֲשִׂים hamaasim. אֲדוֹן adón אנ"י כָּל col יל"י

הַנְּשָׁמוֹת haneshamot. בָּרוּךְ Baruj אַתָּה Atá יְהֹוָהאדניאהדונהי Adonai

הַמַּחֲזִיר hamajazir נְשָׁמוֹת neshamot לִפְגָרִים lifgarim מֵתִים metim:

LAS DIECIOCHO BENDICIONES

El propósito de las Dieciocho Bendiciones es reconectar a nuestra alma con nuestro cuerpo físico después de haber estado casi totalmente desconectada durante el sueño de la noche previa. Todos nosotros estamos bendecidos con diversos dones que, la mayor parte del tiempo, no apreciamos; como la conexión de nuestra alma a nuestro cuerpo. Lamentablemente, la mayoría de nosotros sólo empezamos a apreciar nuestros regalos cuando los hemos perdido. A través del poder de estas Dieciocho Bendiciones, podemos inyectar una fuerza de energía proactiva de apreciación, la cual, a su vez, protege y preserva todo lo que amamos.

Las Dieciocho Bendiciones corresponden a *Yesod* de *Asiyá*. Con estas bendiciones atraemos mucha abundancia y gran Iluminación hacia las tres *Sefirot* superiores de *Asiyá* y, por lo tanto, su parte exterior es bendecida y recibe esta gran Luz, y lo externo se hace igual a lo interno.

LA PRIMERA BENDICIÓN – DISTINGUE ENTRE LA NOCHE Y EL DÍA

El mayor don que tenemos como seres humanos es el poder del libre albedrío. La frase "distingue entre el día y la noche" se refiere a la capacidad que tenemos para escoger la Luz del Creador en lugar de la oscuridad, o el bien en vez del mal. Al decir esta bendición, se nos otorga la claridad para ver estas dos fuerzas opuestas que suelen estar ocultas para nosotros.

La Primera Bendición está en los tres *Partsufim* de *Kéter*: externo, medio e interno de la Luz Directa del *Partsuf* medio de *Zeir Anpín* de *Asiyá* de *Atsilut*, y de *Asiyá* Inferior.

בָּרוּךְ Baruj אַתָּה Atá יְהֹוָהאדניאהדונהי Adonai אֱלֹהֵינוּ Eloheinu ילה

מֶלֶךְ Mélej הָעוֹלָם haolam הַנּוֹתֵן hanotén אבגית"ץ, ושר

לַשֶּׂכְוִי lasejví שכוי ע"ה = מלאך גבריאל בִינָה viná ע"ה ווים, אהיה אהיה יהוה ;

ר"ת הבל, מילוי ס"ג (endulzando el juicio de la noche) וס"ת = ללה, אדני לְהַבְחִין lehavjín

בֵּין bein יוֹם yom ע"ה נגד, מזבח, זן, אל יהוה וּבֵין uvein לָיְלָה layla מלה ; ר"ת = ג"פ יהוה:

Mientras el alma esté dentro de mí, yo Te estoy agradecido ante Ti, Señor, mi Dios y Dios de mis padres, el Gobernante de todas las acciones. El Dueño de todas las almas. Bendito seas Tú, Señor, Quien regresa las almas a los cuerpos muertos.

LAS DIECIOCHO BENDICIONES - LA PRIMERA BENDICIÓN

Bendito seas Tú, Señor, nuestro Dios,
el Rey del mundo, Quien le otorga al gallo el entendimiento para distinguir entre el día y la noche.

LA SEGUNDA BENDICIÓN – OTORGA LA VISTA A LOS CIEGOS

El Rey David dijo: "Tenemos ojos, pero no vemos. Tenemos oídos, pero no escuchamos". Con demasiada frecuencia, nos dejamos cegar por una oportunidad lucrativa, o somos incapaces de anticipar el caos de una situación inminente. El verdadero poder de esta bendición es que nos ayuda a agudizar nuestros sentidos de percepción e intuición para que podamos ver las verdades que normalmente están ocultas para nosotros.

La Segunda Bendición está en los tres *Partsufim* de *Kéter*: externo, medio e interno de la Luz Retornante del *Partsuf* medio de *Zeir Anpín* de *Asiyá* de *Atsilut*, y de *Asiyá* Inferior.

בָּרוּךְ Baruj אַתָּה Atá יְהֹוָהאדניאהדונהי Adonai אֱלֹהֵינוּ Eloheinu ילה
מֶלֶךְ Mélej הָעוֹלָם haolam פּוֹקֵחַ pokéaj עִוְרִים ivrim:

LA TERCERA BENDICIÓN – LIBERA A AQUELLOS QUE ESTÁN CAUTIVOS

A menudo nos volvemos prisioneros de nuestro trabajo, nuestros pagos de la hipoteca, nuestras relaciones, nuestras profesiones o, inclusive, de las percepciones que otras personas tienen de nosotros. En esencia, cada uno de nosotros, en mayor o menor grado, es un prisionero cautivo de su Deseo de Recibir Sólo para Sí Mismo. La energía que emana de esta bendición tiene el poder de liberarnos de las garras de este deseo tan poderoso y autodestructivo.

La Tercera Bendición está en los tres *Partsufim* de *Jojmá*: externo, medio e interno de la Luz Directa del *Partsuf* medio de *Zeir Anpín* de *Asiyá* de *Atsilut*, y de *Asiyá* Inferior.

בָּרוּךְ Baruj אַתָּה Atá יְהֹוָהאדניאהדונהי Adonai אֱלֹהֵינוּ Eloheinu ילה
מֶלֶךְ Mélej הָעוֹלָם haolam מַתִּיר matir אֲסוּרִים asurim:

LA CUARTA BENDICIÓN – ENDEREZA A AQUELLOS QUE ESTÁN TORCIDOS

El significado profundo de esta bendición está relacionado con la visión a menudo tergiversada que tenemos del mundo y de las personas que nos rodean. Nuestro yo egocéntrico distorsiona nuestra percepción de la realidad hasta el punto en que todos los demás nos parecen desviados, imperfectos y equivocados. Esta secuencia específica de letras arameas tiene el poder de imbuirnos con la aceptación y la comprensión necesaria para que podamos transformar esa parte negativa de nuestro carácter que percibe a los demás como torcidos.

La Cuarta Bendición está en los tres *Partsufim* de *Jojmá*: externo, medio e interno de la Luz Retornante del *Partsuf* medio de *Zeir Anpín* de *Asiyá* de *Atsilut*, y de *Asiyá* Inferior.

בָּרוּךְ Baruj אַתָּה Atá יְהֹוָהאדניאהדונהי Adonai אֱלֹהֵינוּ Eloheinu ילה
מֶלֶךְ Mélej הָעוֹלָם haolam זוֹקֵף zokef כְּפוּפִים cfufim:

LA SEGUNDA BENDICIÓN

Bendito seas Tú, Señor, nuestro Dios, Rey del mundo, Quien otorga la vista a los ciegos.

LA TERCERA BENDICIÓN

Bendito seas Tú, Señor, nuestro Dios, Quien liberas a aquellos que están cautivos.

LA CUARTA BENDICIÓN

Bendito seas Señor, nuestro Dios, Rey del mundo, Quien endereza a aquellos que están torcidos.

LA QUINTA BENDICIÓN – VISTE A LOS QUE ESTÁN DESNUDOS

…a que el cuerpo es la vestimenta del alma. De igual forma que una persona negativa no … cambiar su carácter vistiendo un traje costoso, nosotros no podemos crear un cambio personal ni la satisfacción duradera si no nos conectamos a un mundo que está más allá de la conciencia de nuestro cuerpo. La secuencia de letras en esta bendición nos otorga el poder de elevarnos por encima de nuestra conciencia corpórea y conectarnos con nuestra conciencia del alma.

La Quinta Bendición está en los tres *Partsufim* de *Biná*: externo, medio e interno de la Luz Directa del *Partsuf* medio de *Zeir Anpín* de *Asiyá* de *Atsilut*, y de *Asiyá* Inferior. Al final de la bendición, medita en atraer 378 Iluminaciones desde el Rostro de *Arij Anpín* hacia el Rostro de *Jashmal* de *Zeir* y *Nukvá* de *Atsilut*, que es el secreto de *malbush*. (*Malbush* significa vestimenta, palabra que tiene el mismo valor numérico de *Jashmal*, electricidad).

בָּרוּךְ Baruj אַתָּה Atá יְהֹוָאדהנהאהדונהי Adonai אֱלֹהֵינוּ Eloheinu ילה

מֶלֶךְ Mélej הָעוֹלָם haolam מַלְבִּישׁ malbish עֲרוּמִּים arumim:

LA SEXTA BENDICIÓN – DA FUERZA AL FATIGADO

A menudo tratamos de efectuar cambios positivos dentro de nosotros mismos. Intentamos enfrentar nuestros miedos, deshacernos de la ira y vencer nuestros celos. Pero Satán, una inteligencia negativa, lucha contra nosotros desde nuestro interior, y puede evitar que estos cambios sucedan. La secuencia de letras en esta bendición nos brinda la ayuda adicional y la energía que necesitamos para vencer a Satán.

La Sexta Bendición está en los tres *Partsufim* de *Biná*: externo, medio e interno de la Luz Retornante del *Partsuf* medio de *Zeir Anpín* de *Asiyá* de *Atsilut*, y de *Asiyá* Inferior. Al final de la bendición, medita en atraer 378 Iluminaciones desde Rostro de *Arij Anpín* hacia el Rostro de *Jashmal* de *Zeir* y *Nukvá* de *Atsilut*, que es el secreto de *malbush*. (*Malbush* significa vestimenta, palabra que tiene el mismo valor numérico de *Jashmal*, electricidad).

בָּרוּךְ Baruj אַתָּה Atá יְהֹוָאדהנהאהדונהי Adonai אֱלֹהֵינוּ Eloheinu ילה מֶלֶךְ Mélej

הָעוֹלָם haolam הַנּוֹתֵן hanotén אבגיתץ, ושר לַיָּעֵף layaef כֹּחַ cóaj נלך:

LA SÉPTIMA BENDICIÓN – MANTIENE LA TIERRA SOBRE LAS AGUAS

Los kabbalistas enseñan que antes de la creación del mundo, el agua llenaba toda la realidad y la existencia. El agua es una expresión física de la fuerza-energía de la misericordia y la Fuerza de Luz del Creador, también conocida como el *Deseo de Compartir*. La materia física posee la esencia inherente del *Deseo de Recibir*, representado por la creación de la tierra en nuestro planeta. Dios creó un delicado equilibrio entre el *Deseo de Compartir* y el *Deseo de Recibir*, el cual se manifiesta en el equilibrio existente entre el agua y la tierra. Esta bendición nos ayuda a lograr y mantener este equilibrio.

LA QUINTA BENDICIÓN

Bendito seas Tú, Señor, nuestro Dios, Rey del mundo, Quien viste a los desnudos.

LA SEXTA BENDICIÓN

Bendito seas Tú, Señor, nuestro Dios, Rey del mundo, Quien le da fortaleza a los fatigados.

La Séptima Bendición está en los tres *Partsufim* de *Jésed*: externo, medio e interno de la L. Directa del *Partsuf* medio de *Zeir Anpín* de *Asiyá* de *Atsilut*, y de *Asiyá* Inferior.

בָּרוּךְ Baruj אַתָּה Atá יְהֹוָאדהנהי Adonai אֱלֹהֵינוּ Eloheinu ילה

מֶלֶךְ Mélej הָעוֹלָם haolam רוֹקַע roká הָאָרֶץ haárets אלהים דההין ע״ה

עַל al הַמָּיִם hamáyim:

LA OCTAVA BENDICIÓN – DIRIGE LOS PASOS DEL HOMBRE

Cuando una persona se embarca en un camino espiritual, ésta inevitablemente enfrentará obstáculos y desafíos a lo largo del camino. Esta secuencia particular de letras arameas nos da el poder de la certeza, para saber que el camino espiritual en el que nos encontramos es el correcto, incluso cuando el sendero ante nosotros se torne temporalmente sombrío.

La Octava Bendición está en los tres *Partsufim* de *Jésed*: externo, medio e interno de la Luz Retornante del *Partsuf* medio de *Zeir Anpín* de *Asiyá* de *Atsilut*, y de *Asiyá* Inferior.

בָּרוּךְ Baruj אַתָּה Atá יְהֹוָאדהנהי Adonai אֱלֹהֵינוּ Eloheinu ילה

מֶלֶךְ Mélej הָעוֹלָם haolam הַמֵּכִין hamejín מִצְעֲדֵי mitsadéi גָּבֶר gaver:

LA NOVENA BENDICIÓN – SATISFACE TODAS MIS NECESIDADES

Esta antigua secuencia de letras garantiza que recibamos lo que nuestra alma verdaderamente desea, y no lo que nuestros impulsos reactivos a corto plazo hacen que anhelemos.

La Novena Bendición está en los tres *Partsufim* de *Guevurá*: externo, medio e interno de la Luz Directa del *Partsuf* medio de *Zeir Anpín* de *Asiyá* de *Atsilut*, y de *Asiyá* Inferior.

בָּרוּךְ Baruj אַתָּה Atá יְהֹוָאדהנהי Adonai אֱלֹהֵינוּ Eloheinu ילה

מֶלֶךְ Mélej הָעוֹלָם haolam שֶׁעָשָׂה sheasá שֶׁעָ (ש״ע נהורין דפנים עליונים

להמתיק דינין ש״ה דלהלן) = אלף למד אלף למד [ב״פ מילואי אל = יהוה וד׳ אותיות ע״ה ÷ ייא״י (מילוי דס״ג)];

שָׂה = אלהים דיודין וה׳ אותיות אלהים לִי li כָּל col ילי צָרְכִּי tsarquí:

LA SÉPTIMA BENDICIÓN

Bendito seas Tú, Señor, nuestro Dios, Rey del mundo, Quien mantiene la tierra por encima del agua.

LA OCTAVA BENDICIÓN

Bendito seas Tú, Señor, nuestro Dios, Rey del mundo, Quien dirige los pasos del hombre.

LA NOVENA BENDICIÓN

Bendito seas Tú, Señor, nuestro Dios, Rey del mundo, Quien satisface todas mis necesidades.

LA DÉCIMA BENDICIÓN – FORTALECE A ISRAEL CON PODER

En arameo, la palabra para "fuerza" es *Guevurá*. *Guevurá* tiene el mismo valor numérico (216) que las secuencias de 3 letras de los 72 Nombres de Dios (72 x 3 = 216), las cuales nos ayudan a alcanzar el poder de la mente sobre la materia y a superar nuestra naturaleza reactiva. En las últimas tres palabras de la bendición se encuentra otro secreto. Las primeras tres letras de las últimas tres palabras (*Álef* א, *Yud* י, y *Bet* ב) tienen el mismo valor numérico (13) que la palabra aramea *Ahavá* (אהבה), que significa "amor". Si tenemos amor en nuestra vida, siempre tendremos la capacidad de acceder al poder de los 72 Nombres de Dios.

La Décima Bendición está en los tres *Partsufim* de *Guevurá*: externo, medio e interno de la Luz Retornante del *Partsuf* medio de *Zeir Anpín* de *Asiyá* de *Atsilut*, y de *Asiyá* Inferior.

בָּרוּךְ Baruj אַתָּה Atá יְהֹוָאדנײאהדונהי Adonai אֱלֹהֵינוּ Eloheinu ילה

מֶלֶךְ Mélej הָעוֹלָם haolam אוֹזֵר ozer יִשְׂרָאֵל Yisrael

בִּגְבוּרָה bigvurá רי״ו ; ר״ת = אהבה, אחד, דאגה:

LA UNDÉCIMA BENDICIÓN – CORONA A ISRAEL CON ESPLENDOR

La palabra en arameo para "esplendor" es *tifará*, de la raíz *Tiféret*. *Tiféret* es la *Sefirá* o la dimensión específica que conecta los Mundos Superiores con nuestro mundo físico. La secuencia de letras que compone esta bendición nos da la capacidad de capturar y almacenar la Luz —como una batería portátil que puede alimentarnos— incluso después de haber cerrado el *Sidur*.

La Undécima Bendición está en los tres *Partsufim* de *Tiféret*: externo, medio e interno de la Luz Directa del *Partsuf* medio de *Zeir Anpín* de *Asiyá* de *Atsilut*, y de *Asiyá* Inferior.

בָּרוּךְ Baruj אַתָּה Atá יְהֹוָאדנײאהדונהי Adonai אֱלֹהֵינוּ Eloheinu ילה

מֶלֶךְ Mélej הָעוֹלָם haolam עוֹטֵר oter יִשְׂרָאֵל Yisrael בְּתִפְאָרָה betifará:

LA DUODÉCIMA BENDICIÓN – NO ME HIZO UN HOMBRE GENTIL / UNA MUJER GENTIL

En un nivel superficial, esta bendición parece ser discriminatoria. Kabbalísticamente, la palabra gentil no tiene nada que ver con la afiliación religiosa de una persona. Más bien es una palabra en código que representa a alguien que no tiene un *Deseo de Recibir* poderoso e intenso. Esta bendición enciende nuestro deseo de crecimiento espiritual, cambio interno y transformación positiva.

LA DÉCIMA BENDICIÓN

Bendito seas Tú, Señor, nuestro Dios, Rey del mundo, Quien da fuerza a Israel con poder.

LA UNDÉCIMA BENDICIÓN

Bendito seas Tú, Señor, nuestro Dios, Rey del mundo, Quien corona a Israel con esplendor.

La **Duodécima Bendición** está en los tres *Partsufim* de *Tiféret*: externo, medio e interno de la Luz Retornante del *Partsuf* medio de *Zeir Anpín* de *Asiyá* de *Atsilut*, y de *Asiyá* Inferior.

בָּרוּךְ Baruj אַתָּה Atá יְהֹוָהאדניאהדונהי Adonai אֱלֹהֵינוּ Eloheinu ילה
מֶלֶךְ Mélej הָעוֹלָם haolam שֶׁלֹּא sheló עָשַׂנִי asani גּוֹי goy:

Las mujeres dicen: בָּרוּךְ Baruj אַתָּה Atá יְהֹוָהאדניאהדונהי Adonai אֱלֹהֵינוּ Eloheinu ילה
מֶלֶךְ Mélej הָעוֹלָם haolam שֶׁלֹּא sheló עָשַׂנִי asani גּוֹיָה goyá:

LA DECIMOTERCERA BENDICIÓN – NO ME HIZO UN ESCLAVO / UNA ESCLAVA

Esta bendición nos brinda el apoyo que necesitamos para no ser gobernados ni encarcelados por nuestra naturaleza reactiva y el mundo material.

La **Decimotercera Bendición** está en los tres *Partsufim* de *Nétsaj*: externo, medio e interno de la Luz Directa del *Partsuf* medio de *Zeir Anpín* de *Asiyá* de *Atsilut*, y de *Asiyá* Inferior.

בָּרוּךְ Baruj אַתָּה Atá יְהֹוָהאדניאהדונהי Adonai אֱלֹהֵינוּ Eloheinu ילה
מֶלֶךְ Mélej הָעוֹלָם haolam שֶׁלֹּא sheló עָשַׂנִי asani עָבֶד áved:

Las mujeres dicen: בָּרוּךְ Baruj אַתָּה Atá יְהֹוָהאדניאהדונהי Adonai אֱלֹהֵינוּ Eloheinu ילה
מֶלֶךְ Mélej הָעוֹלָם haolam שֶׁלֹּא sheló עָשַׂנִי asani שִׁפְחָה shifjá:

LA DECIMOCUARTA BENDICIÓN – NO ME HIZO MUJER / ME HIZO ACORDE A SU VOLUNTAD

Aunque esta bendición parece machista, no lo es. Kabbalísticamente, la energía inherente a la dimensión de *Zeir Anpín* (que comprende las *Sefirot* de *Jésed* a *Yesod*) —el canal a través del cual fluye la Luz desde los Mundos Superiores hasta nuestro mundo— es masculina. *Maljut*, nuestro mundo, tiene una energía inherente femenina. Este rezo despierta apreciación por nuestra capacidad de generar Luz espiritual a través de las dos fuerzas de energía de lo masculino y lo femenino, y ayuda a que las dos mitades del alma —femenina y masculina— se unan.

La **Decimocuarta Bendición** está en los tres *Partsufim* de *Nétsaj*: externo, medio e interno de la Luz Retornante del *Partsuf* medio de *Zeir Anpín* de *Asiyá* de *Atsilut*, y de *Asiyá* Inferior.

בָּרוּךְ Baruj אַתָּה Atá יְהֹוָהאדניאהדונהי Adonai אֱלֹהֵינוּ Eloheinu ילה
מֶלֶךְ Mélej הָעוֹלָם haolam שֶׁלֹּא sheló עָשַׂנִי asani אִשָּׁה ishá:

Las mujeres dicen: בָּרוּךְ Baruj שֶׁעָשַׂנִי sheasani כִּרְצוֹנוֹ quirtsonó:

LA DUODÉCIMA BENDICIÓN

Bendito seas Tú, Señor, nuestro Dios, Rey del mundo,
Quien no me hizo un hombre gentil / una mujer gentil.

LA DECIMOTERCERA BENDICIÓN

Bendito seas Tú, Señor, nuestro Dios, Rey del mundo, Quien no me hizo un esclavo / una esclava.

LA DECIMOCUARTA BENDICIÓN

Bendito seas Tú, Señor, nuestro Dios, Rey del mundo, Quien no me hizo una mujer.
Bendito Quien me hizo acorde a Su Voluntad.

LA DECIMOQUINTA BENDICIÓN – ELIMINA DE MIS OJOS LAS ATADURAS DEL SUEÑO

Los kabbalistas han dicho que la humanidad ha estado dormida durante dos mil años. Desafortunadamente, algunas personas viven dormidas toda su vida. Nunca elevan su nivel de conciencia, y no logran crear un verdadero cambio interno. Las letras arameas en esta bendición nos ayudan a despertarnos de ese estado de coma.

La Decimoquinta Bendición está en los tres *Partsufim* de *Hod*: externo, medio e interno de la Luz Directa del *Partsuf* medio de *Zeir Anpín* de *Asiyá* de *Atsilut*, y de *Asiyá* Inferior.

בָּרוּךְ Baruj אַתָּה Atá יְהֹוָאדניאהדונהי Adonai אֱלֹהֵינוּ Eloheinu ילה
מֶלֶךְ Mélej הָעוֹלָם haolam הַמַּעֲבִיר hamaavir וְחֶבְלֵי jevlei
שֵׁנָה shená מֵעֵינָי meenai ריבוע מ״ה וּתְנוּמָה utnumá מֵעַפְעַפָּי meafapai:

Esta bendición no termina aquí, sino al final de la siguiente sección ("*gomel jasadim tovim leamó Yisrael*"), por ese motivo no respondemos *AMÉN* aquí.

VIHÍ RATSÓN

Esta oración nos ayuda a eliminar las fuerzas negativas que habitan en nuestro interior.

Vihí Ratsón elimina el control de los *jitsoniyim* (fuerzas negativas externas) del aspecto interno.

וִיהִי vihí רָצוֹן ratsón מהש ע״ה, ע״ב בריבוע וקס״א ע״ה, אל שדי ע״ה מִלְּפָנֶיךָ milfaneja
ס״ג מ״ה ב״ן יְהֹוָאדניאהדונהי Adonai אֱלֹהַי Elohai מילוי ע״ב, דמב ; ילה
וֵאלֹהֵי veElohei לכב ; מילוי ע״ב, דמב ; ילה אֲבוֹתַי avotai שֶׁתַּרְגִּילֵנִי shetarguileni
בְּתוֹרָתֶךָ betorateja• וְתַדְבִּיקֵנִי vetadbikeni בְּמִצְוֹתֶיךָ bemitsvoteja•
וְאַל veal תְּבִיאֵנִי tevieni לִידֵי lidei חֵטְא jet• וְלֹא veló לִידֵי lidei
עָוֹן avón• וְלֹא veló לִידֵי lidei נִסָּיוֹן nisayón• וְלֹא veló לִידֵי lidei
בִּזָּיוֹן vizayón• וְתַרְחִיקֵנִי vetarjikeni מִיֵּצֶר miyétser הָרָע hará•
וְתַדְבִּיקֵנִי vetadbikeni בְּיֵצֶר beyétser הַטּוֹב hatov והו• וְכוֹף vejof אֶת et
יִצְרִי yitsrí לְהִשְׁתַּעְבֶּד lehishtabed לָךְ laj• וּתְנֵנִי utnení הַיּוֹם hayom
ע״ה נגד, מזבח, זן, אל יהוה וּבְכָל uvejol ב״ן, לכב יוֹם yom ע״ה נגד, מזבח, זן, אל יהוה

LA DECIMOQUINTA BENDICIÓN

Bendito seas Tú, Señor, nuestro Dios, Rey del mundo,
Quien elimina de mis ojos las ataduras del sueño y la pesadez de mis párpados.

VIHÍ RATSÓN

Y que sea Tu voluntad, Señor, nuestro Dios y Dios de nuestros padres, que Tú me acostumbres a Tu Torá y me hagas ser fiel a Tus preceptos, y no me lleves a las manos del pecado, la injusticia, la tentación ni la vergüenza. Y que hagas que me distancie a mí mismo de la Inclinación al Mal, y me adhieras a la Inclinación al Bien, y que fuerces mi voluntad para servirte a Ti. Concédeme en este día y todos los días

לְחֵן lején מוזי, מילוי מ״ה בריבוע וּלְחֶסֶד ulejésed ע״ב, ריבוע יהוה

וּלְרַחֲמִים ulerajamim בְּעֵינֶיךָ beeineja ע״ה קס״א ; ריבוע מ״ה

וּבְעֵינֵי uveinei ריבוע מ״ה כָּל jol ילי רוֹאַי roái. וְגָמְלֵנִי vegamleni

חֲסָדִים jasadim טוֹבִים tovim. בָּרוּךְ Baruj אַתָּה Atá יְהֹוָהאדניאהדונהי Adonai

גּוֹמֵל gomel חֲסָדִים jasadim טוֹבִים tovim לְעַמּוֹ leamó יִשְׂרָאֵל Yisrael:

YEHÍ RATSÓN

Con mucha frecuencia atraemos personas negativas y situaciones desfavorables a nuestra vida. Nos encontramos en el lugar equivocado en el momento equivocado. Hacemos negocios con las personas equivocadas. Aquí obtenemos la capacidad de eliminar todos los sucesos negativos externos e impedir que interfieran en nuestra vida. También eliminamos once áreas distintas de negatividad que pueden invadir nuestro entorno.

Yehí Ratsón elimina el control de los *jitsoniyim* (fuerzas negativas externas) del aspecto externo. En esta sección mencionamos once aspectos que corresponden a los once inciensos del *Któret*.

יְהִי yehí רָצוֹן ratsón מהש ע״ה, ע״ב בריבוע וקס״א ע״ה, אל שדי ע״ה מִלְּפָנֶיךָ milfaneja

ס״ג מ״ה ב״ן יְהֹוָהאדניאהדונהי Adonai אֱלֹהַי Elohai מילוי ע״ב, דמב ; ילה וֵאלֹהֵי veElohei

לכב ; מילוי ע״ב, דמב ; ילה אֲבוֹתַי avotai שֶׁתַּצִּילֵנִי shetatsileni הַיּוֹם hayom

ע״ה נגד, מזבח, זן, אל יהוה וּבְכָל uvejol ב״ן, לכב יוֹם yom ע״ה נגד, מזבח, זן, אל יהוה

וָיוֹם vayom ע״ה נגד, מזבח, זן, אל יהוה מֵעַזֵּי meazei אלהים ע״ה, אהיה אדני ע״ה

פָּנִים fanim. וּמֵעַזּוּת umeazut פָּנִים panim. מֵאָדָם meadam רָע ra.

מִיֵּצֶר miyétser רָע ra. מֵחָבֵר mejaver רָע ra. מִשָּׁכֵן mishajén רָע ra.

מִפֶּגַע mipega רָע ra. מֵעַיִן meáyin ריבוע מ״ה הָרָע hará.

וּמִלָּשׁוֹן umilashón הָרָע hará. מִדִּין midín קָשֶׁה kashé.

וּמִבַּעַל umibáal דִּין din קָשֶׁה kashé. בֵּין bein שֶׁהוּא shehú

בֶּן ven בְּרִית brit. וּבֵין uvein שֶׁאֵינוֹ sheeinó בֶּן ven בְּרִית brit:

---

gracia, benevolencia y misericordia ante Ti y ante todos aquellos que me observan, y otórgame bondad amorosa. Bendito seas Tú, Señor, Quien concede bondad amorosa a Su pueblo Israel.

YEHÍ RATSÓN

Que sea Tu voluntad, Señor nuestro Dios y Dios de nuestros antepasados, salvarme en este día y en todos los días del hombre arrogante y de la arrogancia, de un hombre malvado, de la Inclinación al Mal, de una compañía malvada, de un vecino malvado, de un suceso siniestro, del mal de ojo, de las palabras malignas, del juicio severo, y de un oponente severo, ya sea un hijo de la alianza o no sea un hijo de la alianza.

BENDICIONES DE LA TORÁ

Las tres bendiciones siguientes se conocen como *Bircot haTorá* (Bendiciones de la Torá).

LA DECIMOSEXTA BENDICIÓN – LAS ENSEÑANZAS DE LA TORÁ

Los kabbalistas enseñan que sin una conexión con la Torá no tenemos ninguna posibilidad de crear un cambio positivo genuino en nuestra vida ni en el mundo que nos rodea. Según la Kabbalah, la referencia a la Torá hace alusión al trabajo espiritual y al estudio espiritual, y al uso de herramientas espirituales. Esta bendición nos conecta con la esencia interna de la Torá, dándonos la energía y el combustible que necesitamos para activar todas las otras bendiciones que hemos recitado, y para imbuir nuestra vida de pasión y energía espiritual.

La Decimosexta Bendición posee dos aspectos:
1) El aspecto de la *Mitsvá* de *Ések* ("complejo") de la *Torá*, que está en *Zeir Anpín* de *Atsilut*.
2) El aspecto que está en los tres *Partsufim* de *Hod*: externo, medio e interno de la Luz Retornante del *Partsuf* medio de *Zeir Anpín* de *Asiyá* de *Atsilut*, y de *Asiyá* Inferior (al igual que en las otras bendiciones). Mientras recitas esta bendición, debes meditar en ambos aspectos, y mientras digas las palabras "*asher kidshanu…*" también debes meditar en atraer los *Tsélems* hacia *Jojmá, Biná, Dáat* de *Zeir Anpín* de *Atsilut*, mientras meditamos en los otros preceptos de la *Torá*.

בָּרוּךְ Baruj אַתָּה Atá יְהֹוָואדניאהדונהי Adonai אֱלֹהֵינוּ Eloheinu ילה

מֶלֶךְ Mélej הָעוֹלָם haolam אֲשֶׁר asher קִדְּשָׁנוּ kidshanu

בְּמִצְוֹתָיו bemitsvotav וְצִוָּנוּ vetsivanu עַל al דִּבְרֵי divrei ראה תוֹרָה Torá:

Según el Arí, respondemos AMÉN después de esta bendición, puesto que esta es una bendición separada de la siguiente.

LA DECIMOSÉPTIMA BENDICIÓN – ENSEÑA TORÁ A LA NACIÓN

Decimos esta bendición con la conciencia de ayudar a todo el mundo a hacer una conexión con la energía de la Torá. Esta es nuestra oportunidad de ocuparnos genuinamente por los demás y de compartir la Luz del Creador; una de las formas más poderosas de transformar nuestra naturaleza reactiva en una proactiva.

La Decimoséptima Bendición está en los tres *Partsufim* de *Yesod*: externo, medio e interno de la Luz Directa del *Partsuf* medio de *Zeir Anpín* de *Asiyá* de *Atsilut*, y de *Asiyá* Inferior.

וְהַעֲרֶב vehaarev נָא na יְהֹוָואדניאהדונהי Adonai אֱלֹהֵינוּ Eloheinu ילה

אֶת et דִּבְרֵי divrei ראה תּוֹרָתְךָ toratjá בְּפִינוּ befinu

וּבְפִיפִיּוֹת uvefifiyot עַמְּךָ amjá בֵּית beit כ״פ ראה יִשְׂרָאֵל Yisrael.

BENDICIONES DE LA TORÁ

LA DECIMOSEXTA BENDICIÓN

Bendito seas Tú, Señor, nuestro Dios, Rey del mundo,
Quien nos ha santificado con Sus mandamientos y nos ha obligado con respecto a las enseñanzas de la Torá.

LA DECIMOSÉPTIMA BENDICIÓN

Y endulza para nosotros, Señor, nuestro Dios,
las palabras de Tu Torá en nuestras bocas y en las bocas de Tu Nación, la Casa de Israel.

וְנִהְיֶה venihyé אֲנַחְנוּ anajnu וְצֶאֱצָאֵינוּ vetseetsaenu

(Debes meditar para que tus hijos sean justos, y estén conectados a la Torá y a la Luz).

וְצֶאֱצָאֵי vetseetsaéi צֶאֱצָאֵינוּ tseetsaenu וְצֶאֱצָאֵי vetseetsaéi

עַמְּךָ amjá בֵּית beit ב"פ ראה יִשְׂרָאֵל Yisrael כֻּלָּנוּ culanu

יוֹדְעֵי yodei שְׁמֶךָ Shemeja וְלוֹמְדֵי velomdei תוֹרָתֶךָ toratjá

לִשְׁמָהּ lishmá. בָּרוּךְ Baruj אַתָּה Atá יְהֹוָהאדניאהדונהי Adonai

הַמְלַמֵּד hamelamed תּוֹרָה Torá לְעַמּוֹ leamó יִשְׂרָאֵל: Yisrael

LA DECIMOCTAVA BENDICIÓN – DA LA TORÁ

La palabra aramea *jai* חי (vida) tiene el valor numérico de 18. Esta bendición nos conecta al Árbol de la Vida (*Ets HaJayim* - עץ החיים), la dimensión donde sólo existe realización, orden y felicidad eterna.

La Decimoctava Bendición está en los tres *Partsufim* de *Yesod*: externo, medio e interno de la Luz Retornante del *Partsuf* medio de *Zeir Anpín* de *Asiyá* de *Atsilut*, y de *Asiyá* Inferior.

בָּרוּךְ Baruj אַתָּה Atá יְהֹוָהאדניאהדונהי Adonai אֱלֹהֵינוּ Eloheinu ילה

מֶלֶךְ Mélej הָעוֹלָם haolam אֲשֶׁר asher בָּחַר bajar

בָּנוּ banu מִכָּל micol ילי הָעַמִּים haamim וְנָתַן venatán

לָנוּ lanu אלהים, אהיה אדני אֶת et תּוֹרָתוֹ Torató. בָּרוּךְ Baruj

אַתָּה Atá יְהֹוָהאדניאהדונהי Adonai נוֹתֵן notén אבגית"ץ, ושר הַתּוֹרָה: haTorá

LA BENDICIÓN DE LOS COHANIM

Al finalizar las Dieciocho Bendiciones, hacemos una conexión inmediata con la Torá. Los versos que recitamos son las bendiciones de los sacerdotes (*Cohanim*). En tiempos ancestrales, cuando el *Cohén* bendecía a la congregación en el Templo, él usaba la fórmula *Yud, Yud, Yud* ייי, uno de los 72 Nombres de Dios. Cada una de las tres frases siguientes comienza con una *Yud*. Cuando recitamos esta oración, activamos y revelamos enormes poderes de sanación en nuestra vida.

Y sea que nosotros y nuestra descendencia, y la descendencia de nuestra descendencia, y la descendencia de toda Tu Nación, la Casa de Israel, todos nosotros, sepamos Tus Nombres y seamos aprendices de Tu Torá por el bien de sí misma. Bendito seas Tú, Señor, Quien enseña la Torá a Su Nación, Israel.

LA DECIMOCTAVA BENDICIÓN

Bendito seas Tú, Señor, nuestro Dios, Rey del mundo, Quien nos ha elegido de entre todas las naciones y nos ha otorgado Su Torá. Bendito seas, Señor, Quien otorga la Torá.

וַיְדַבֵּר vaydaber ראה יְהֹוָהאדניאהדונהי Adonai אֶל־ el מֹשֶׁה Moshé

מהש, ע"ב בריבוע וקס"א, אל שדי, ד"פ אלהים ע"ה לֵּאמֹר lemor: דַּבֵּר daber ראה

אֶל־ el אַהֲרֹן Aharón וְאֶל־ veel בָּנָיו banav לֵאמֹר lemor

כֹּה co היי תְבָרְכוּ tevarjú יהוה ריבוע יהוה ריבוע מ"ה

אֶת־ et בְּנֵי bnei יִשְׂרָאֵל Yisrael אָמוֹר amor לָהֶם lahem:

Las letras iniciales de los tres versos nos dan el Nombre Sagrado: ייי.
En esta sección hay 15 palabras, que equivalen al valor numérico del Santo Nombre: ההה.

(Derecha – *Jésed*)

יְבָרֶכְךָ yevarejejá יְהֹוָהאדניאהדונהי Adonai וְיִשְׁמְרֶךָ veyishmereja

ר"ת = יהוה ; וס"ת = מ"ה:

(Izquierda – *Guevurá*)

יָאֵר yaer כף ויו זין ויו יְהֹוָהאדניאהדונהי Adonai | פָּנָיו panav

אֵלֶיךָ eleja וִיחֻנֶּךָּ vijuneca מנד יהה אותיות בפסוק:

(Central – *Tiféret*)

יִשָּׂא yisá יְהֹוָהאדניאהדונהי Adonai | פָּנָיו panav אֵלֶיךָ eleja

וְיָשֵׂם veyasem לְךָ lejá שָׁלוֹם shalom האא תיבות בפסוק:

(*Maljut*)

וְשָׂמוּ vesamu אֶת־ et שְׁמִי Shmí עַל־ al בְּנֵי bnei יִשְׂרָאֵל Yisrael

וַאֲנִי vaaní אני אֲבָרְכֵם avarjem:

La oración de *Shajarit* se encuentra en la pág.208 y el orden del *Talit* en la pág. 214

LA BENDICIÓN DE LOS COHANIM

"Y el Señor habló a Moshé y dijo: Habla a Aharón y a sus hijos diciendo:
Pues bendecirán a los Hijos de Israel, y les dirán:
Que el Señor te bendiga y te proteja.
Que el Señor haga brillar Su rostro sobre ti y te dé gracia.
Que el Señor eleve Su rostro hacia ti y te conceda paz.
Y ellos pondrán Mi Nombre sobre los Hijos de Israel y Yo les bendeciré" (*Números* 6:22-27).

AMAR RABÍ SHIMÓN

La esencia de este pasaje del *Zóhar, Nóaj*, 122-127, habla acerca de las manos. Debido a que las manos son las herramientas con las que llevamos a cabo las acciones de la vida, las fuerzas de la oscuridad se aferran a ellas con el propósito de influir en nuestras acciones. Podemos imbuir nuestras manos de energía positiva proveniente de los Mundos Superiores para que éstas provean bendiciones y buena fortuna a todas nuestras labores.

אֲמַר amar — רַבִּי Rabí — שִׁמְעוֹן Shimón — אֲרֵימַת areimat — יְדַאי yedai

בִּצְלוֹתִין bitslotín — לְעֵילָא, leeilá — דְּכַד dejad — רְעוּתָא reutá — עִלָּאָה, ilaá

לְעֵילָא leeilá — לְעֵילָא, leeilá — קַיְּימָא kaymá — עַל al — הַהוּא hahú

רְעוּתָא, reutá — דְּלָא delá — אִתְיְדַע, ityedá — וְלָא veló — אִתְפַּס itpás

לְעָלְמִין, lealmín — רֵישָׁא reishá — דְּסָתִים desatim — יַתִּיר yatir — לְעֵילָא, leeilá

וְהַהוּא vehahú — רֵישָׁא reishá — אַפֵּיק apeik — מַאי maí — דְּאַפֵּיק, deapeik — וְלָא velá

יְדִיעַ, yediá — וְנָהֵיר venaher — מַאי maí — דְּנָהֵיר, denaher — כֹּלָּא colá

בִּסְתִימוּ. bistimu — רְעוּ reó — דְּמַחֲשָׁבָה demajashavá — עִלָּאָה ilaá

לְמִרְדַּף lemirdaf — אֲבַתְרֵיהּ, avatrei — וּלְאִתְנְהָרָא ulitneharáa — מִנֵּיהּ. minei

וְחַד jad — פְּרִיסוּ prisú — אִתְפְּרֵיס, itpreis — וּמִגּוֹ umigó — הַהוּא hahú

פְּרִיסָא, prisá — בִּרְדִיפוּ birdifu — דְּהַהִיא dehahí — מַחֲשָׁבָה majashavá

עִלָּאָה, ilaá — מָטֵי matei — וְלָא velá — מָטֵי. matei — עַד ad

הַהוּא hahú — פְּרִיסָא, prisá — נָהֵיר naher — מַה ma — דְּנָהֵיר. denaher

וּכְדֵין ujdein — אִיהוּ ihú — מַחֲשָׁבָה majashavá — עִלָּאָה, ilaá

נָהֵיר naher — בִּנְהִירוּ binhirú — סָתִים satim — דְּלָא delá — יְדִיעַ, yediá

וְהַהוּא vehahú — מַחֲשָׁבָה majashavá — לָא la — יָדַע. yadá

AMAR RABÍ SHIMÓN

Rav Shimón dijo: "Elevo mis manos alto para orar. Cuando el Deseo Celestial en su punto más elevado Arriba es establecido sobre el eternamente desconocido e imperceptible deseo, se convierte en la Cabeza más oculta Arriba. Y esa Cabeza emana todo lo que Él emana y todo lo que es desconocido. Y Él ilumina todo lo que él ilumina de forma oculta. El deseo del Pensamiento Celestial corre tras de éste para ser iluminado por él. Pero un velo se despliega y, por extenderse y por correr tras éste, le es permitido alcanzar —y no alcanzar— a la Luz. La Luz brilla hacia arriba y hacia el velo. Por lo tanto, el Pensamiento Celestial brilla con Iluminación No Revelada y con Luz desconocida para la 'Mente (Móaj) de aire'. Y el Pensamiento mismo es considerado como desconocido.

כְּדֵין quedein בְּטַשׁ batash הַאי haí נְהִירוּ nehirú דְּמַחֲשָׁבָה demajashavá

דְּלָא delá אִתְיְדַע ityedá, בִּנְהִירוּ binhirú דְּפַרְסָא defarsá

דְּקַיְּימָא dekaymá, דְּנָהִיר denaher מִמַּה mimá דְּלָא delá יְדִיעַ yediá

וְלָא velá אִתְיְדַע ityedá, וְלָא velá אִתְגַּלְיָא itgalyá. וּכְדֵין ujdein דָּא da

נְהִירוּ nehirú דְּמַחֲשָׁבָה demajashavá דְּלָא delá אִתְיְדַע ityedá

בְּטַשׁ batash בִּנְהִירוּ binhirú דִּפְרִיסָא difrisá, וְנַהֲרִין venaharín

כַּחֲדָא cajadá, וְאִתְעֲבִידוּ veitavidu תֵּשַׁע teshá הֵיכָלִין heijalín.

וְהֵיכָלִין veheijalín, לָאו lav אִינּוּן inún נְהוֹרִין nehorín, וְלָאו velav

אִינּוּן inún רוּחִין rujín, וְלָאו velav אִינּוּן inún נִשְׁמָתִין nishmatín וְלָא velá

אִית it מַאן man דְּקַיְּימָא dekaymá בְּהוֹ behó. רְעוּתָא reutá, דְּכָל dejol

תֵּשַׁע teshá נְהוֹרִין nehorín, דְּקַיְּימֵי dekaymei כֻּלְּהוֹ calhó

בְּמַחֲשָׁבָה bemajashavá, דְּאִיהוּ deihú חַד jad מִנַּיְיהוּ minayehu

בְּחוּשְׁבְּנָא bejushbená כֻּלְּהוֹ calhó לְמִרְדַּף lemirdaf בַּתְרַיְיהוּ batrayehú,

בְּשַׁעֲתָא beshaatá דְּקַיְּימֵי dekaymei בְּמַחֲשָׁבָה bemajashavá וְלָא velá

מִתְדַּבְּקָן mitdabkán וְלָא velá אִתְיְדָעוּ ityedaú, וְאִלֵּין veilein לָא la

קַיְּימֵי kaymei לָא la בִּרְעוּתָא bireutá, וְלָא velá בְּמַחֲשָׁבָה bemajashavá

עִלָּאָה ilaá תָּפְסִין tafsín בָּהּ ba וְלָא velá תָּפְסִין tafsín.

Entonces, la iluminación del Pensamiento Desconocido llega a la iluminación del velo que está detenido y brilla sobre lo que es desconocido, lo que no se conoce, y lo que no es revelado. Así, la iluminación del Pensamiento que no es conocido llega a la iluminación del velo y brillan juntas. Y a partir de ellas se crean nueve Cámaras. Estas Cámaras no son Luz. Ellas tampoco son Rujot ni Neshamot, y nadie puede entender qué son. El deseo de todas las nueve Luces permanece en el Pensamiento y también es considerado como una de Ellas. Y todos desean perseguirlas mientras las nueve Luces están ubicadas en el Pensamiento. No obstante, las Cámaras no son alcanzadas y no son conocidas porque no están establecidas como un aspecto del deseo ni como un aspecto del Pensamiento Celestial. Ellas perciben y no perciben.

בְּאִלֵּין beilein קָיְימֵי kaymei כָּל col רָזֵי razei דִּמְהֵימְנוּתָא ,dimheimnutá

וְכָל vejol אִינּוּן inún נְהוֹרִין nehorín מֵרָזָא merazá

דְּמַחֲשָׁבָה demajashavá עִלָּאָה ilaá כֻּלְּהוּ calhó אִקְרוּן ikrún אֵין ein

סוֹף .sof עַד ad הָכָא hajá מָטוֹ mató נְהוֹרִין nehorín וְלָא velá

מָטוֹן ,matón וְלָא velá אִתְיְדָעוּ ,ityedaú לָאו lav הָכָא hajá

רְעוּתָא ,reutá וְלָא velá מַחֲשָׁבָה .majashavá כַּד cad נָהִיר naher

מַחֲשָׁבָה ,majashavá וְלָא velá אִתְיְדַע ityedá מִמַּאן mimán

דְּנָהִיר ,denaher כְּדֵין quedein אִתְלַבַּשׁ itlabesh וְאַסְתִּים veastim גּוֹ go

בִּינָה ,biná וְנָהִיר venaher לְמַאן lemaan דְּנָהִיר denaher וְאָעִיל veaeil דָּא da

בְּדָא ,bedá עַד ad דְּאִתְכְּלִילוּ deitclilú כֻּלְּהוּ calhó כַּחֲדָא .cajadá

וּבְרָזָא uverazá דְּקָרְבְּנָא dekarbaná כַּד cad סָלִיק ,saleik כֹּלָּא colá

אִתְקַשַּׁר itkashar דָּא da בְּדָא ,bedá וְנָהִיר venaher דָּא da בְּדָא ,bedá

כְּדֵין quedein קָיְימֵי kaymei כֻּלְּהוּ calhó בִּסְלִיקוּ ,bisliku

וּמַחֲשָׁבָה umajashavá אִתְעַטַּר itatar בְּאֵין beéin סוֹף .sof

הַהוּא hahú נְהִירוּ nehirú דְּאִתְנְהִיר deitneheir מִנֵּיהּ minei

מַחֲשָׁבָה majashavá עִלָּאָה ,ilaá אִקְרֵי ikrei אֵין ein סוֹף .sof

וּמִנֵּיהּ uminei אִשְׁתְּכַח ishtejaj וְקַיְּימָא vekaymá וְנָהִיר venaher

לְמַאן lemaan דְּנָהִיר ,denaheir וְעַל veal דָּא da כֹּלָּא colá

קָאִים .kaéim זַכָּאָה zacaá חוּלָקֵיהוֹן julakeihón דְּצַדִּיקַיָּיא detsadikaya

בְּעָלְמָא bealmá דֵּין dein וּבְעָלְמָא uvialimá דְּאָתֵי .deatei

---

Con éstas, se basan todos los secretos de la Fe. Y todas estas Luces provienen del secreto del Pensamiento Celestial y todas son llamadas Ein Sof. Porque las Luces alcanzan y no alcanzan, y no son conocidas, no hay ni deseo ni pensamiento en este punto. Cuando un Pensamiento Desconocido brilla desde su fuente, brilla sobre quien Ella brilla, y entran uno dentro de otro hasta que son uno. De regreso al secreto del sacrificio: Cuando es elevado, todos están enredados uno dentro de otro y brillan uno sobre otro. Ahora todas las etapas están en el secreto de la 'Ascención' y, cuando ésta asciende a la Cabeza Desconocida, el Pensamiento es coronado por el Ein Sof. Esta iluminación de donde brilla el Pensamiento Celestial es llamada Ein Sof. Y de ahí proviene. Es establecida y brilla sobre quien brilla. Y todo está basado en esto. ¡Felices son los justos en este mundo y en el Mundo por Venir!".

PTIJAT ELIYAHU HANAVÍ – LA APERTURA DEL PROFETA ELÍAS

Recitar estos párrafos puede ayudarte a abrir tu corazón a la sabiduría espiritual.

וִיהִי vihí נֹעַם nóam אֲדֹנָי Adonai ללה אֱלֹהֵינוּ Eloheinu יכה עָלֵינוּ aleinu
וּמַעֲשֵׂה umaasé יָדֵינוּ yadeinu כּוֹנְנָה conená עָלֵינוּ aleinu
וּמַעֲשֵׂה umaasé יָדֵינוּ yadeinu כּוֹנְנֵהוּ conenehu:

פָּתַח pataj אֵלִיָּהוּ Eliyahu לכב הַנָּבִיא Hanaví, זָכוּר zajur ע״ב קס״א,
יהי אור ע״ה (סוד המשכת השפע מן ד׳ שמות ליסוד הנקרא זכור) לְטוֹב letov והו ;
זכור לטוב = בןזךך, סנדלפון, ערי ;אליהו הנביא זכור לטוב = ת׳ כנגד ת׳ כוונות הס״א וְאָמַר veamar:
רִבּוֹן Ribón יהוה ע״ב ס״ג מ״ה ב״ן עָלְמִין almín דְּאַנְתְּ deánt הוּא Hu וְחָד jad
וְלָא velá בְּחֻשְׁבָּן bejushbán, אַנְתְּ ant הוּא Hu עִלָּאָה ilaá עַל al כָּל col
יכי ; עמם עִלָּאִין ilaín, סְתִימָא stimá עַל al כָּל col יכי ; עמם סְתִימִין stimín,
לֵית leit מַחֲשָׁבָה majashavá תְּפִיסָא tfisá בָּךְ baj כְּלָל clal. אַנְתְּ ant
הוּא Hu דְּאַפַּקְתְּ deapakt עֶשֶׂר éser תִּקּוּנִין tikunín, וְקָרֵינָן vekarenán
לוֹן lon עֶשֶׂר éser סְפִירָן sfirán, לְאַנְהָגָא leanhagá בְּהוֹן behón
עָלְמִין almín סְתִימִין stimín דְּלָא delá אִתְגַּלְיָן itgalyán וְעָלְמִין vealmín
דְּאִתְגַּלְיָן deitgalyán. וּבְהוֹן uvehón אִתְכַּסִּיאַת itcasiat מִבְּנֵי mibnei
נָשָׁא nashá. וְאַנְתְּ veánt הוּא Hu דְּקָשִׁיר dekashir לוֹן lon וּמְיַחֵד umeyajed
לוֹן lon. וּבְגִין uveguín דְּאַנְתְּ deánt מִלְּגָאו milgav כָּל col יכי מָאן man
דְּאַפְרִישׁ deafrish חַד jad מִן min חַבְרֵיהּ javrei מֵאִלֵּין meiléin
עֶשֶׂר éser, אִתְחֲשִׁיב itjashiv לֵיהּ lei כְּאִלּוּ queílu אַפְרִישׁ afrish בָּךְ baj.

PTIJAT ELIYAHU HANAVÍ

"Que la gracia del Señor, nuestro Dios, sea sobre nosotros y pueda Él establecer para nosotros el trabajo de nuestras manos y pueda el trabajo de nuestras manos establecerlo a Él" (Salmos 90:17). *Eliyahu abrió, diciendo: Señor de los mundos, Tú eres Uno sin enumeración. Tú estás por encima de los más elevados, el más oculto de todos. Ningún pensamiento puede alcanzarte en absoluto. Tú eres Aquél que produjo las Diez Emanaciones. Y nosotros las nombramos Las Diez Sefirot, para conducir con ellas mundos oscuros que no están revelados, y mundos revelados. Y a través de ellas, Tú estás oculto de los seres humanos. Y Tú eres El que las conecta y las une. Y puesto que Tú eres del interior, así, todo aquel que separa a estas Diez una de la otra, para dar dominio a esa sola, se considera como si él separara en Ti.*

וְאִלֵּין veiléin עֶשֶׂר éser סְפִירָן sfirán אִינּוּן inún אַזְלִין azlín
כְּסִדְרָן ,quesidrán חַד jad אָרִיךְ ,arij וְחַד vejad קָצַר ,katser
וְחַד vejad בֵּינוֹנִי .beinoní וְאַנְתְּ veánt הוּא Hu דְּאַנְהִיג deanhig לוֹן ,lon
וְלֵית veleit מָאן man דְּאַנְהִיג deanhig לָךְ .laj לָא la לְעֵילָּא ,leeilá
וְלָא velá לְתַתָּא ,letatá וְלָא velá מִכָּל micol יכ"י סִטְרָא .sitrá
לְבוּשִׁין levushín תַּקַּנְתְּ takant לוֹן ,lon דְּמִנַּיְהוּ deminayhú פַּרְחִין farjín
נִשְׁמָתִין nishmatín לִבְנֵי livnei נָשָׁא .nashá וְכַמָּה vejamá גּוּפִין gufín
תַּקַּנְתְּ takant לוֹן ,lon דְּאִתְקְרִיאוּ deitkriú גּוּפָא gufá לְגַבֵּי legabei
לְבוּשִׁין levushín דִּמְכַסִּין dimjasyán עֲלֵיהוֹן .aleihón וְאִתְקְרִיאוּ veitkriú
בְּתִקּוּנָא betikuná דָא ,da וָחֶסֶד Jésed ע"ב, ריבוע יהוה דְּרוֹעָא deroá
יְמִינָא ,yeminá גְּבוּרָה Gvurá רי"ו דְּרוֹעָא deroá שְׂמָאלָא ,smalá
תִּפְאֶרֶת Tiféret גּוּפָא ,gufá נֶצַח Nétsaj וְהוֹד veHod ההה תְּרֵין trein
שׁוֹקִין ,shokín יְסוֹד Yesod ההע סִיּוּמָא siyumá דְּגוּפָא degufá אוֹת ot
בְּרִית brit קֹדֶשׁ .kódesh מַלְכוּת Maljut פֶּה pe מילה ; וע"ה אלהים, אהיה אדני.
תּוֹרָה Torá שֶׁבְּעַל shebeal פֶּה pe מילה ; וע"ה אלהים, אהיה אדני קָרֵינָן kareinán
לָהּ .la וְחָכְמָה Jojmá במילוי = תרי"ג (מצוות) מוֹחָא ,mojá אִיהוּ ihú
מַחֲשָׁבָה majashavá מִלְּגָאו ,milgav בִּינָה Biná ע"ה וזיים, אהיה אהיה יהוה
לִבָּא libá וּבָהּ uvá הַלֵּב halev מֵבִין mevín וְעַל veal אִלֵּין ilein תְּרֵין trein
כְּתִיב ctiv: הַנִּסְתָּרֹת hanistarot לַיהֹוָה laAdonai אֱלֹהֵינוּ Eloheinu ילה

Y estas Diez Sefirot siguen su orden, la una es larga, y una es corta. Y la una es mediana. Y Tú las conduces, y no hay otro que te lidere a Ti, ni Arriba, ni Abajo, ni tampoco en ningún otro lado. Tú preparaste vestimentas, desde las cuales las Neshamot vuelan a los seres humanos, y preparaste varios cuerpos. Y éstos son llamados cuerpos en relación con la vestimenta, en la que están ataviados. Las Sefirot reciben su nombre por esta enmendación, siendo Jésed el brazo derecho, Guevurá siendo el brazo izquierdo. Tiféret significa el cuerpo. Nétsaj y Hod los dos muslos, Yesod la parte final del cuerpo, el signo de la Alianza Sagrada, Maljut, la boca, la llamamos la Torá Oral. Jojmá es el cerebro, el pensamiento interior. Biná es el corazón, y a través de ella el corazón entiende. Y acerca de estos dos, está escrito: "Las cosas secretas pertenecen al Señor, nuestro Dios" (Deuteronomio 29:29).

כֶּתֶר Kéter יהוה מלך יהוה מלך יהוה ימלוך לעולם ועד (באתב"ש גאל) עֶלְיוֹן elyón, אִיהוּ ihú

כֶּתֶר Kéter יהוה מלך יהוה מלך יהוה ימלוך לעולם ועד (באתב"ש גאל) מַלְכוּת Maljut.

וְעָלֵיהּ vealei פהל אִתְּמַר itmar: מַגִּיד maguid מֵרֵאשִׁית mereshit

אַחֲרִית ajarit. וְאִיהוּ veihú קַרְקַפְתָּא karkaftá דִּתְפִלֵּי ditfilei.

מִלְּגָאו milgav אִיהוּ ihú אוֹת ot יו"ד Yud וְאוֹת veot ה"א He וְאוֹת veot

וא"ו Vav וְאוֹת veot ה"א He, דְּאִיהוּ deihú אֹרַח óraj אֲצִילוּת Atsilut,

אִיהוּ ihú שַׁקְיוּ shakyú דְּאִילָנָא deilaná בִּדְרוֹעוֹי bidroói וְעַנְפּוֹי veanpoi,

כְּמַיָּא quemayá דְּאַשְׁקֵי deashkei לְאִילָנָא leilaná וְאִתְרַבֵּי veitrabei

בְּהַהוּא behahú שַׁקְיוּ shakyú. רִבּוֹן ribón יהוה ע"ב ס"ג מ"ה ב"ן עָלְמִין almín,

אַנְתְּ ant הוּא Hu עִלַּת ilat הָעִלּוֹת hailot, וְסִבַּת vesibat הַסִּבּוֹת hasibot,

דְּאַשְׁקֵי deashkei לְאִילָנָא leilaná בְּהַהוּא behahú נְבִיעוּ neviú,

וְהַהוּא vehahú נְבִיעוּ neviú אִיהוּ ihú כְּנִשְׁמְתָא quenishmetá לְגוּפָא legufá,

דְּאִיהִי deihí חַיִּים jayim אהיה אהיה יהוה, בינה ע"ה לְגוּפָא legufá. וּבָךְ uvaj

לֵית leit דִּמְיוֹן dimyón, וְלֵית veleit דְּיוּקְנָא diyukná, מִכָּל micol ילי

מַה ma מ"ה דִּלְגָאו dilgav וּלְבַר ulvar. וּבָרָאתָ uvarata שְׁמַיָּא shmayá

וְאַרְעָא veará, וְאַפַּקְתְּ veapakt מִנְּהוֹן minhón שִׁמְשָׁא shimshá

וְסִיהֲרָא vesihará וְכֹכְבַיָּא vejojvayá וּמַזָּלֵי umazalei. וּבְאַרְעָא uveará,

אִילָנִין ilanín וּדְשָׁאִין udshaín וְגִנְּתָא veguintá דְעֵדֶן deEden וְעִשְׂבִּין veisbín

וְחֵיוָן vejeiván וְעוֹפִין veofín וְנוּנִין venunín וּבְעִירִין uveirín וּבְנֵי uvnei

נָשָׁא nashá. לְאִשְׁתְּמוֹדְעָא leishtemodá בְּהוֹן behón עִלָּאִין ilaín,

וְאֵיךְ veéij יִתְנַהֲגוּן yitnahagún בְּהוֹן behón עִלָּאִין ilaín וְתַתָּאִין vetataín.

El Kéter Celestial es la corona de Maljut. Y sobre esto está dicho: "Que declaro el fin desde el principio" (Isaías 46:10). Y ese es el Cráneo del Tefilín. Dentro está Yud-Vav-Dálet, Hei-Álef, Vav-Álef-Vav, Hei-Álef, que está en el camino de Atsilut. Es el riego del árbol en sus brazos y sus ramas, como aguas que riegan ese árbol y éste se multiplica por este riego. Señor de los Mundos, Tú eres la Causa de todas las Causas, y la Razón de todas las Razones, que riega el árbol por ese arroyo, y ese manantial es como un alma para el cuerpo, que es la vida del cuerpo. Y no hay semejanza ni parecido Contigo ni desde adentro ni afuera. Y Tú creaste el Cielo y la Tierra y de éstos produjiste al Sol y la Luna y las estrellas y las constelaciones. Y en la Tierra, árboles y hierbas, y el Jardín de Edén, y las plantas y los animales y las aves y los peces y los seres humanos, para a través de ellos reconocer a los elevados, y cómo los superiores y los inferiores se comportan.

וְאֵיךְ veéij אִשְׁתְּמוֹדְעָן ishtemodán מֵעִלָּאֵי meilaéi וְתַתָּאֵי vetataéi•

וְלֵית veleit דְּיָדַע deyadá בָּךְ baj כְּלָל clal, וּבַר uvar יצחק, ד"פ ב"ן

מִנָּךְ minaj לֵית leit יִחוּדָא yijudá בְּעִלָּאֵי beilaéi וְתַתָּאֵי vetataéi,

וְאַנְתְּ veant אִשְׁתְּמוֹדָע ishtemodá אָדוֹן Adón אני עַל al כֹּלָּא colá•

וְכָל vejol ילי סְפִירָן sfirán, כָּל col ילי וַחַד jad אִית it לֵיהּ lei שֵׁם shem

יְדִיעַ yediá, וּבְהוֹן uvehón אִתְקְרִיאוּ itkriú מַלְאָכַיָּא malajayá•

וְאַנְתְּ veánt לֵית leit לָךְ laj שֵׁם shem יְדִיעַ yediá, דְּאַנְתְּ deánt הוּא Hu

מְמַלֵּא memalé כָּל col ילי שְׁמָהָן shmahán, וְאַנְתְּ veánt הוּא Hu

שְׁלִימוּ shlimú דְּכֻלְּהוּ dejulhú, וְכַד vejad אַנְתְּ ant תִּסְתַּלַּק tistalak

מִנְּהוֹן minhón אִשְׁתְּאָרוּ ishtearú כֻּלְּהוּ culhú שְׁמָהָן shmahán

כְּגוּפָא quegufá בְּלָא belá נִשְׁמָתָא nishmatá• אַנְתְּ ant חַכִּים jaquím

וְלָאו velav בְּחָכְמָה beJojmá במילוי = תרי"ג (מצוות) יְדִיעָא yediá• אַנְתְּ ant

הוּא Hu מֵבִין mevín, וְלָאו velav מִבִּינָה miBiná ע"ה חיים, אהיה אהיה יהוה

יְדִיעָא yediá• לֵית leit לָךְ laj אֲתַר atar יְדִיעָא yediá•

אֶלָּא elá לְאִשְׁתְּמוֹדְעָא leishtemodá תָּקְפָךְ tukfaj וְחֵילָךְ vejeilaj

לִבְנֵי livnei נָשָׁא nashá, וּלְאַחֲזָאָה uleajzaá לוֹן lon, אֵיךְ eij

אִתְנְהִיג itnehig עָלְמָא almá בְּדִינָא vediná וּבְרַחֲמֵי uverajamei,

דְּאִינוּן deinún צֶדֶק tsédek וּמִשְׁפָּט umishpat ע"ה ה"פ אלהים

כְּפוּם quefum עוֹבָדֵיהוֹן ovadeihón דִּבְנֵי divnei נָשָׁא nashá•

Y cómo los inferiores buscan alcanzar a los superiores; y en Ti, no hay absolutamente nadie que sea conocedor. Y aparte de Tu unificación, no hay tal unidad única en los superiores y los inferiores, y Tú eres reconocido como el Señor por encima de todo. Cada una de las Sefirot tiene un nombre reconocible, suyo propio. Y por ellas los ángeles reciben sus nombres. Sin embargo Tú no tienes un nombre conocido, Tú eres Él, quien llena todos los nombres. Y eres Tú quien los completas. Y cuando Tú te alejas de ellos, todos los nombres quedan como cuerpo sin alma. Tú eres sabio, pero no de sabiduría conocida. Tú entiendes, pero no con ningún entendimiento conocido. Y Tú no ocupas ningún lugar conocido para que así los humanos perciban Su fuerza y poderío y para mostrarles cómo se conduce el mundo con justicia y misericordia que son la rectitud y el juicio justo, de acuerdo con las acciones de los inferiores.

דִּין din, אִיהוּ ihú גְּבוּרָה Gvurá ריו. מִשְׁפָּט mishpat ע"ה ה"פ אלהים
עַמּוּדָא amudá דְּאֶמְצָעִיתָא deemtsaitá. צֶדֶק tsédek, מַלְכוּתָא maljutá
קַדִּישָׁא kadishá. מֹאזְנֵי moznei צֶדֶק tsédek, תְּרֵין trein סַמְכֵי samjei
קְשׁוֹט keshot. הִין hin צֶדֶק tsédek, אוֹת ot בְּרִית brit. כֻּלָּא culá
לְאַחֲזָאָה leajzaá אֵיךְ eij אִתְנְהִיג itnehig עָלְמָא almá. אֲבָל aval
לָאו lav דְּאִית deit לָךְ laj צֶדֶק tsédek יְדִיעָא yediá דְּאִיהוּ deihú
דִּין din, וְלָאו velav מִשְׁפָּט mishpat ע"ה ה"פ אלהים יְדִיעָא yediá דְּאִיהוּ deihú
רַחֲמֵי rajamei, וְלָאו velav מִכָּל micol ילי אִלֵּין ilein מִדּוֹת midot
כְּלָל clal. קוּם kum רִבִּי Ribí שִׁמְעוֹן Shimón וְיִתְחַדְּשׁוּן veyitjadshún
מִלִּין milín עַל al יְדָךְ yedaj, דְּהָא dehá רְשׁוּתָא reshutá אִית it לָךְ laj
לְגַלָּאָה legalaá רָזִין razín טְמִירִין tmirín עַל al יְדָךְ yedaj מַה ma מ"ה
דְּלָא delá אִתְיְהִיב ityehiv רְשׁוּ reshú לְגַלָּאָה legalaá לְשׁוּם leshum
בַּר bar נָשׁ nash עַד ad כְּעַן queán. קָם kam רִבִּי Ribí שִׁמְעוֹן Shimón,
פָּתַח pataj וְאָמַר veamar: לְךָ lejá יְהֹוָה(אדני יאהדונהי) Adonai הַגְּדֻלָּה haGdulá
וְהַגְּבוּרָה vehaGvurá רי"ו וְהַתִּפְאֶרֶת vehaTiféret וְהַנֵּצַח vehaNétsaj
וְהַהוֹד vehaHod ההה כִּי qui כֹל jol ילי בַּשָּׁמַיִם bashamáyim י"פ טל, י"פ כוזו
וּבָאָרֶץ uvaárets לְךָ lejá יְהֹוָה(אדני יאהדונהי) Adonai הַמַּמְלָכָה hamamlajá
וגו' vegomer, (Aquí debes dar tres monedas a caridad) עִלָּאִין ilaín
שִׁמְעוּ shmaú, אִינוּן inún דְּמִיכִין demijín דְּחֶבְרוֹן deJevrón
וְרַעְיָא veRaayá מְהֵימְנָא Meheimná, אִתְעָרוּ itarú מִשְּׁנַתְכוֹן mishnatjón.

Juicio es Guevurá, el proceso judicial es la Columna Central, la Rectitud: el Maljut Sagrado; las balanzas justas son dos soportes de la verdad. Una verdadera medida de un hin es este símbolo del pacto de Yesod. Todo para mostrar el liderazgo del mundo, pero no es como si hubiera cierta justicia que es estrictamente sentenciosa, ni cierto juicio justo que sea estrictamente misericordioso, ni ninguno de estos atributos, en absoluto. Levántate, Rabí Shimón y deja que nuevas ideas lleguen a través de ti, pues tienes permiso, de que a través de ti misterios oscuros se revelen, porque el permiso no le fue concedido a ninguna persona hasta ahora para revelarlos. Rabí Shimón se levantó, abrió y dijo: "Tuyos son, Señor, la grandeza y el poder…" (Crónicas 1 29:11). Escuchen, Supremos, aquellos que descansan en Hevrón, y el Pastor Fiel, sean sacudidos de su sueño.

הָקִיצוּ hakitsu וְרַנְּנוּ veranenú שֹׁכְנֵי shojnei עָפָר afar, אִלֵּין ilein אִנּוּן inún

צַדִּיקַיָּא tsadikaya, דְּאִנּוּן deinún מִסִּטְרָא misitrá דְּהַהוּא dehahú

דְּאִתְּמַר deitmar בָּהּ ba: אֲנִי aní אני יְשֵׁנָה yeshená וְלִבִּי velibí עֵר er,

וְלָאו velav אִנּוּן inún מֵתִים metim, וּבְגִין uveguín דָּא da

אִתְּמַר itmar בְּהוֹן vehón הָקִיצוּ hakitsu וְרַנְּנוּ veranenú וגו' vegomer.

רַעְיָא Raayá מְהֵימְנָא Meheimná, אַנְתְּ ant וַאֲבָהָן vaavahán, הָקִיצוּ hakitsu

וְרַנְּנוּ veranenú לְאִתְעֲרוּתָא leitarutá דִּשְׁכִינְתָּא diShjintá דְּאִיהִי deihí

יְשֵׁנָה yeshená בְּגָלוּתָא vegalutá. דְּעַד dead כְּעַן queán צַדִּיקַיָּא tsadikaya

כֻּלְּהוּ culhú דְּמִיכִין dmijín וְשִׁנְתָּא veshintá בְּחוֹרֵיהוֹן vejoreihón.

מִיַּד miyad יָהִיבַת yahivat שְׁכִינְתָּא Shjintá תְּלַת tlat קָלִין kalín

לְגַבֵּי legabei רַעְיָא Raayá מְהֵימְנָא Meheimná וְיֵימָא veyimá לֵיהּ lei

קוּם kum רַעְיָא Raayá מְהֵימְנָא Meheimná, דְּהָא dehá עָלָךְ alaj:

אִתְּמַר itmar קוֹל col דּוֹדִי dodí דוֹפֵק dofek מנקׁ לְגַבָּאי legabai,

בְּאַרְבַּע bearbá אַתְוָן atván דִּילֵיהּ dilei. וְיֵימָא veyimá בְּהוֹן vehón

פִּתְחִי־ pitjí לִי li אֲחֹתִי ajotí רַעְיָתִי raayatí יוֹנָתִי yonatí תַמָּתִי tamatí.

דְּהָא dehá תַּם־ tam עֲוֹנֵךְ avonej בַּת־ bat צִיּוֹן Tsiyón יוסף, ו' הויות, קנאה

לָא lo יוֹסִיף yosif לְהַגְלוֹתֵךְ lehaglotej. שֶׁרֹּאשִׁי sheroshí נִמְלָא־ nimlá

טָל tal יוד הא ואו, כוזו מַאי maí נִמְלָא nimlá טָל tal יוד הא ואו, כוזו.

"Despierten y canten, ustedes que moran en polvo" (Isaías 26:19). Son aquellos justos que son de este aspecto sobre el cual se dice: "Yo duermo, pero mi corazón vela" (Cantar de los Cantares 5:2). Y ellos no están muertos, por lo tanto dice de ellos: "Despierten y canten…" Pastor Fiel, tú y los Patriarcas, despiértense y canten al despertar de la Shejiná que duerme en el exilio ya que hasta ahora todos los justos están durmiendo, y el sueño está en las cavernas. Instantáneamente, la Shejiná emite tres sonidos hacia el Pastor Fiel, y le dice a él: ¡Levántate Pastor Fiel! Puesto que de ti se dijo: "Escucha, mi amado está llamando" (Ibid.) por mí, con Sus cuatro letras. Y él dirá con ellos: "Ábrete a mí, hermana mía, mi amada, paloma mía, casta mía" (Ibid.). Puesto que, "El castigo de tu iniquidad se ha completado, hija de Sión; Él no te llevará más al exilio" (Lamentaciones 4:22). "Porque mi cabeza está llena de rocío" (Cantar de los Cantares 5:2). Él pregunta: "¿Qué significa 'llena de rocío'?".

אֶלָּא elá אָמַר amar קֻדְשָׁא Kudshá בְּרִיךְ Berij הוּא Hu,
אַנְתְּ ant וְיָשַׁבְתְּ jashavt דְּמִיּוֹמָא demiyomá דְּאִתְחֲרַב deitjarav
בֵּי bei מַקְדְּשָׁא makdeshá דְּעָאלְנָא dealná בְּבֵיתָא beveitá דִּילִי dilí
וְעָאלְנָא vealná בְּיִשּׁוּבָא veyishuvá, לָאו lav הָכִי hají, דְּלָא delá
עָאלְנָא alná כָּל col יכ"י זִמְנָא zimná דְּאַנְתְּ deánt בְּגָלוּתָא begalutá,
הֲרֵי harei לָךְ laj סִימָנָא simaná שֶׁרֹּאשִׁי sheroshí נִמְלָא nimlá
טָל tal יוד הא ואו, כוזו. הֵ"א He, שְׁכִינְתָּא Shjintá בְּגָלוּתָא begalutá,
שְׁלִימוּ shlimú דִּילָהּ dilá וְחַיִּים vejayim אהיה אהיה יהוה, בינה ע"ה דִּילָהּ dilá,
אִיהוּ ihú טַל tal יוד הא ואו, כוזו. וְדָא vedá אִיהוּ ihú אוֹת ot יוּ"ד Yod
וְאוֹת veot הֵ"א He וְאוֹת veot וָא"ו Vav. וְאוֹת veot הֵ"א He אִיהִי ihí
שְׁכִינְתָּא Shjintá, דְּלָא delá מֵחֻשְׁבַּן mejushbán טַ"ל tal יוד הא ואו, כוזו.
אֶלָּא elá יוּ"ד Yod הֵ"א He וָא"ו Vav, דִּסְלִיקוּ disliku אַתְוָן atván
לְחֻשְׁבַּן lejushbán טַ"ל tal יוד הא ואו, כוזו. דְּאִיהוּ deihú מַלְיָא malyá
לִשְׁכִינְתָּא liShjintá, מִנְּבִיעוּ mineviú דְּכָל dejol יכ"י מְקוֹרִין mekorín
עִלָּאִין ilaín. מִיַּד miyad קָם kam רַעְיָא Raayá מְהֵימְנָא Meheimná,
וַאֲבָהָן vaavahán קַדִּישִׁין kadishín עִמֵּיהּ imei. עַד ad כָּאן can רָזָא razá
דְּיִחוּדָא deyijudá. בָּרוּךְ Baruj יְהֹוָהאדנייאהדונהי Adonai לְעוֹלָם leolam
ריבוע דס"ג וי' אותיות דס"ג אָמֵן Amén יאהדונהי וְאָמֵן veAmén יאהדונהי ; ר"ת לאו:

Pero el Santísimo, Bendito sea Él, dijo: ¿Tú piensas que desde el día de la destrucción del Templo, Yo entré en Mi propia morada, y entré en el asentamiento? No es así, pues no he entrado ya que ustedes están en exilio. Y he aquí su prueba: "Puesto que mi cabeza está llena de rocío". Hei-Álef es la Shejiná, y ella está en exilio. Su perfección, y su vida es el rocío (heb. tal = 39), y éste es Yud-Vav-Dálet, Hei-Álef, Vav-Álef-Vav numéricamente tal (=39). Y el Hei-Álef, la Shejiná, no estaba en las cuentas de tal, sólo la Yud-Vav-Dálet, Hei-Álef, Vav-Álef-Vav, que equivalen a tal. Y es Él, quien llena la Shejiná del manantial de todas las Fuentes Celestiales. El Pastor Fiel se levantó inmediatamente, y los sagrados Patriarcas con él. Hasta aquí los misterios de la unificación. "¡Bendito sea el Señor por siempre, Amén y Amén!" (Salmos 89:53).

וִיהֵא veyehé רַעֲוָא raavá מִן min קֳדָם kodam עַתִּיקָא atiká

קַדִּישָׁא kadishá דְּכָל dejol ילי קַדִּישִׁין kadishín טְמִירָא tmirá

דְּכָל dejol ילי טְמִירִין tmirín סְתִימָא stimá דְּכֹלָּא, dejolá

דְּיִתְמְשָׁךְ deyitmeshaj טַלָּא talá עִילָּאָה ilaá מִנֵּיהּ minei לְמַלְיָא lemalyá

רֵישֵׁיהּ reishei דִּזְעֵיר diZeir אַנְפִּין Anpín וּלְהַטִּיל ulehatil לַחֲקַל lajakal

אהיה יהוה יהוה אדני, מנוזם (שמו של משיח) תַּפּוּחִין tapujín קַדִּישִׁין kadishín

בִּנְהִירוּ binhirú דְּאַנְפִּין deanpín בְּרַעֲוָא beraavá וּבְחֶדְוְתָא uvejedvatá

דְּכֹלָּא. dejolá וְיִתְמְשָׁךְ veyitmeshaj מִן min קֳדָם kodam עַתִּיקָא atiká

קַדִּישָׁא kadishá דְּכָל dejol ילי קַדִּישִׁין kadishín טְמִירָא tmirá

דְּכָל dejol ילי טְמִירִין tmirín סְתִימָא stimá דְּכֹלָּא. dejolá

רְעוּתָא reutá וְרַחֲמֵי verajamei וְחִנָּא jiná וְחִסְדָּא vejisdá

בִּנְהִירוּ binhirú עִילָּאָה ilaá בִּרְעוּתָא bireutá וְחֶדְוָה vejedvá

עָלַי alai וְעַל veal כָּל col ילי ; עמם בְּנֵי bnei בֵּיתִי veití ב״פ ראה וְעַל veal

כָּל col ילי ; עמם בְּנֵי bnei יִשְׂרָאֵל Yisrael עַמֵּיהּ. amei וְיִפְרְקִינָן veyifrekinán

מִכָּל micol ילי עַקְתִין aktín בִּישִׁין bishín דְּיֵיתוּן deyetún לְעָלְמָא. lealmá

וְיַזְמִין veyazmín וְיִתְיְהִיב veyityehiv לָנָא laná וּלְכָל ulejol יה אדני

נַפְשָׁתָנָא nafshataná וְחִנָּא jiná וְחִסְדָּא vejisdá וְחַיֵּי vejayei

אֲרִיכֵי arijei וּמְזוֹנֵי umezonei רְוִיחֵי revijei וְרַחֲמֵי verajamei מִן min

קֳדָמֵיהּ. kodamei אָמֵן Amén יאהדונהי כֵּן quen יְהִי yehí רָצוֹן ratsón

מהש ע״ה, ע״ב בריבוע וקס״א ע״ה, אל שדי ע״ה אָמֵן Amén יאהדונהי וְאָמֵן יאהדונהי:

Y que sea grato ante el Santo de los Santos Atiká, el escondido de todos y el más oculto, que un rocío Celestial será atraído de Él para llenar la Cabeza de Zeir Anpín, y para que deje caer sobre Jakal Tapujíin Kadishín de su Brillante Rostro con deseo y felicidad para todos. Y también será atraído del Santo de los Santos Atiká, el escondido de todos y el más oculto voluntariamente, misericordia, gracia, amabilidad, con Iluminación Celestial con deseo y felicidad, para mí y para mi hogar, y para todo Tu pueblo, Israel. Y Él nos salvará de todos los incidentes negativos que existen en nuestro mundo. Y Él traerá y nos dará a nosotros y al resto de la gente, gracia y amabilidad, una vida larga y sustento, bienestar y misericordia de ante Su presencia. Amén, que así sea. Amén y Amén.

יְדִיד yedid נֶפֶשׁ néfesh אָב av הָרַחֲמָן harajamán• מְשׁוֹךְ meshoj

עַבְדָּךְ avdaj (פוי, אל אדני) אֶל el רְצוֹנָךְ retsonaj• יָרוּץ yaruts

עַבְדָּךְ avdaj (פוי, אל אדני) כְּמוֹ cmó אַיָּל ayal• יִשְׁתַּחֲוֶה yishtajavé אֶל el

מוּל mul הֲדָרָךְ hadaraj (ב"פ יבק, ס"ג קס"א)• יֶעֱרַב yeerav לוֹ lo

יְדִידוּתָךְ yedidutaj (ר"ת יכי)• מִנֹּפֶת minófet צוּף tsuf וְכָל vejol טָעַם táam:

הָדוּר hadur נָאֶה naé זִיו ziv הָעוֹלָם haolam• נַפְשִׁי nafshí

חוֹלַת jolat אַהֲבָתָךְ ahavataj• אָנָּא aná (ב"ן) אֵל El (יא"י) (במילוי ד"ס"ג)

נָא na רְפָא refá נָא na לָהּ la **•(Nombre de 11 letras** para sanación)

בְּהַרְאוֹת beharot לָהּ la נֹעַם nóam זִיוָךְ zivaj• אָז az תִּתְחַזֵּק titjazek

וְתִתְרַפֵּא vetitrapé• וְהָיְתָה vehaytá לָהּ la שִׂמְחַת simjat עוֹלָם olam:

וָתִיק vatik יֶהֱמוּ yehemú רַחֲמֶיךָ rajameja• וְחוּסָה vejusá

נָא na עַל al בֵּן ben אֲהוּבָךְ ahuvaj• כִּי qui זֶה ze

כַּמֶּה jame נִכְסוֹף nijsof נִכְסַף nijsaf• לִרְאוֹת lirot

בְּתִפְאֶרֶת betiféret עֻזָּךְ uzaj• אָנָּא ana (ב"ן) אֵלִי Elí חֶמְדַּת jemdat

לִבִּי libí• חוּשָׁה jushá נָא na וְאַל veal תִּתְעַלָּם titalam:

הִגָּלֶה higalé נָא na וּפְרוֹשׂ ufrós חָבִיב javiv (הוי)• עָלַי alai אֶת et סֻכַּת sucat

שְׁלוֹמָךְ shlomaj• תָּאִיר tair אֶרֶץ érets מִכְּבוֹדָךְ micvodaj (ב"ן, לכב)•

נָגִילָה naguilá וְנִשְׂמְחָה venismejá בָּךְ vaj• מַהֵר maher אָהוּב ahuv

כִּי qui בָא va מוֹעֵד moed• וְחָנֵּנוּ vejanenú כִּימֵי quimei עוֹלָם olam:

י *Querido del alma, Padre misericordioso, atrae a Tu siervo hacia Tu voluntad. Correrá Tu siervo como el corzo para postrarse frente a Tu majestad; pues le agrada Tu amistad más que la miel que destila el panal, y más que todo deleite.* ה *Majestad, Esplendor del mundo, mi alma padece por Tu amor. Te ruego, Dios, cúrala mostrándole la belleza de tu esplendor. Entonces ella será fortalecida y sanará, y será para Ti una servidora eterna.* ו *Oh Poderoso, que Tus piedades se enternezcan, y ten compasión hacia tu pueblo amado, porque hace tiempo que éste desea contemplar la gloria de Tu fuerza. Te ruego, oh, Dios, deleite de mi corazón, apresúrate y no te alejes.* ה *Revélate, te ruego, y extiende, oh Amado, sobre mí el abrigo de Tu paz; ilumina la tierra con Tu gloria; nos alegraremos y nos regocijaremos por Tu causa. De prisa Amado, pues llegó la hora de concedernos Tu gracia como en los tiempos antiguos..*

LESHEM YIJUD

לְשֵׁם leShem יִחוּד yijud קוּדְשָׁא Kudshá בְּרִיךְ Berij הוּא Hu
וּשְׁכִינְתֵּיהּ uShjintei (יאהדונהי) בִּדְחִילוּ bidjilu וּרְחִימוּ urjimu
(יאהדויהה), וּרְחִימוּ urjimu וּדְחִילוּ udjilu (איההיוהה), לְיַחֲדָא leyajadá
שֵׁם Shem יו"ד Yud קֵ"י Kei בְּוָא"ו beVav קֵ"י Kei בְּיִחוּדָא beyijudá
שְׁלִים shlim (יהוה) בְּשֵׁם beShem כָּל col ילי יִשְׂרָאֵל Yisrael,
הֲרֵינִי hareini מְקַבֵּל mekabel עָלַי alai אֱלָהוּתוֹ elohutó יִתְבָּרַךְ yitbaraj
וְיִרְאָתוֹ veyirató וְאַהֲבָתוֹ veahavató וְהִנְנִי vehineni עֶבֶד éved
לְהַשֵּׁם lehaShem יִתְבָּרַךְ yitbaraj, וַהֲרֵינִי vehareini מְקַיֵּם mekayem
מִצְוַת mitsvat (ויקרא י"ט, י"ח) וְאָהַבְתָּ veahavta ב"פ אור, ב"פ רז, ב"פ א"ס לְרֵעֲךָ lereajá
כָּמוֹךָ camoja וַהֲרֵינִי vehareini אוֹהֵב ohev אֶת et כָּל col ילי אָדָם adam
מִיִּשְׂרָאֵל miYisrael כְּנַפְשִׁי quenafshí, וַהֲרֵינִי vehareini מְכַוֵּין mejavén
לְקַיֵּם lekayem מִצְוַת mitsvat צִיצִית tsitsit וּמִצְוַת vemitsvat תַּלְמוּד talmud
תּוֹרָה Torá, וַהֲרֵינִי vehareini מְכַוֵּין mejavén לְקַיֵּם lekayem
מִצְוַת mitsvat קְרִיאַת kriat שְׁמַע Shmá וּתְפִלַּת utfilat שַׁחֲרִית shajarit,
הֵם hem וְהַמִּצְווֹת vehamitsvot הַנִּלְווֹת hanilvot וְהַכְּלוּלוֹת vehaclulot
בָּהֶם bahem, וַאֲנִי vaaní אני מְכַוֵּין mejavén בְּכָל bacol ב"ן, לכב
לַעֲשׂוֹת laasot נַחַת nájat רוּחַ rúaj לְיוֹצְרֵנוּ leyotsrenu שֶׁלֹּא sheló
עַל al מְנַת menat לְקַבֵּל lekabel פְּרָס pras בְּשׁוּם beshum צַד tsad,
וַאֲנִי vaaní אני מְכַוֵּין mejavein בְּכָל bacol ב"ן, לכב לָדַעַת ledáat
רַבִּי Rabí שִׁמְעוֹן Shimón בֶּן ben יוֹחַאי Yojái הַקָּדוֹשׁ hakadosh,

---

LESHEM YIJUD

Para la unificación entre El Santo, Bendito sea y Su Shejiná, con temor y amor y con amor y temor, para unificar El Nombre Yud-Kei y Vav-Kei en perfecta unidad, y en el nombre de toda Israel, por este medio acepto sobre mí Su divinidad, bendito sea Él, y el amor de Él y el temor de Él, y por este medio me declaro siervo de Dios, bendito sea Él. Y por este medio acepto sobre mí el precepto obligatorio de "Ama a tu prójimo como a ti mismo". Y por este medio declaro que amo a cada miembro de Israel con mi alma. Y por el presente medio estoy preparado para cumplir con el precepto obligatorio de usar el Tsitsit, y el precepto del estudio de la Torá. Y por este medio estoy preparado para cumplir con el precepto obligatorio de recitar el Shmá y la oración de Shajarit, y todos los preceptos relacionados a ésta. Y medito para dar satisfacción a nuestro Creador, sin el propósito de recibir alguna recompensa. Y toda mi intención está basada en las enseñanzas del Santo Rabí Shimón Bar Yojái.

וְהַרֵינִי vehareini מְקַבֵּל mekabel עָלַי alai כָּל col ילי תרי"ג taryag
מִצְוֹות mitsvot דְּאוֹרַיְיתָא deoraytá וּמִצְוֹות umitsvot דְּרַבָּנָן derabanán
הֵם hem וְעַנְפֵיהֶם veanfeihem וְאַתָּה veAtá הָאֵל haEl לאה ; ייא" (מילוי דס"ג)
הַטּוֹב hatov והו בְּרוֹב berov י"פ אהיה רַחֲמֶיךָ rajameja
תַּצִּילֵנוּ tatsilenu מִיֵּצֶר miyétser הָרָע hará וּתְזַכֵּנוּ utezaquenu
לְעָבְדְךָ leavdejá פוי, אל אדני בֶּאֱמֶת beemet אהיה פעמים אהיה, ז"פ ס"ג
אָמֵן Amén יאהדונהי כֵּן quen יְהִי yehí רָצוֹן ratsón מהש ע"ה, ע"ב בריבוע וקס"א ע"ה,
אל שדי ע"ה. וִיהִי vihí נֹעַם noám אֲדֹנָי Adonai ללה אֱלֹהֵינוּ Eloheinu ילה
עָלֵינוּ aleinu וּמַעֲשֵׂה umaasé יָדֵינוּ yadeinu כּוֹנְנָה conená
עָלֵינוּ aleinu וּמַעֲשֵׂה umaasé יָדֵינוּ yadeinu כּוֹנְנֵהוּ: conenehu

יְהִי yehí רָצוֹן ratsón מהש ע"ה, ע"ב בריבוע וקס"א ע"ה, אל שדי ע"ה
מִלְּפָנֶיךָ milfaneja ס"ג מ"ה ב"ן יְהֹוָה (יהואדניאהדונהי) Adonai
אֱלֹהֵינוּ Eloheinu ילה וֵאלֹהֵי veElohei לכב ; מילוי ע"ב, דמב ; ילה
אֲבוֹתֵינוּ avoteinu שֶׁתַּכְנִיעַ shetajnía כָּל col ילי
הַמְקַטְרְגִים hamekatreguim וְכָל vejol ילי הַקְּלִיפּוֹת haklipot
הַחִיצוֹנִים hajitsonim הַמְשׁוֹטְטִים hamshotetim בָּעוֹלָם baolam
וּמְעַכְּבִים umeakvim תְּפִלָּתִי tfilatí לַעֲלוֹת laalot לְפָנֶיךָ lefaneja ס"ג מ"ה ב"ן
כִּי qui אַתָּה Atá יוֹדֵעַ yodea שֶׁרְצוֹנִי shertsoní לַעֲשׂוֹת laasot
רְצוֹנְךָ, retsonjá אַךְ aj אהיה שְׂאוֹר seor שֶׁבְּעִיסָה shebeisá מְעַכֵּב meaquev
אוֹתִי, otí לָכֵן lajén גְּעוֹר gueor בָּהֶם bahem שֶׁאַל sheal
יְזִיקוּנִי yezikuni וְאַל veal יְעַכְּבוּ yeacvú אֶת et תְּפִלָּתִי tfilatí

Y por este medio acepto sobre mí todos los 613 preceptos de la Torá y los sabios y sus ramificaciones. Y Tú, el buen Dios, con Tu gran misericordia, nos salvarás de la inclinación al mal y nos darás el privilegio de servirte con verdad. Amén, que así sea Su voluntad. "Que la gracia del Señor, nuestro Dios, sea sobre nosotros y pueda Él establecer para nosotros el trabajo de nuestras manos y pueda el trabajo de nuestras manos establecerlo a Él" (Salmos 90:17). *Que sea agradable ante Ti, Señor, mi Dios y Dios de mis antepasados, que Tú puedas subyugar a todos los acusadores y a las klipot externas que existen en el mundo y que han evitado que mi oración llegue ante Ti. Y Tú sabes que mi único deseo es seguir tus deseos, pero la levadura en la masa me ha entorpecido. Así que castígalos para que no me hagan daño y no retrasen mi oración,*

וְאַל veal יִשְׁלְטוּ yishletú בִּי bi לֹא lo בְּגוּפִי begufí וְלֹא veló
בְּנִשְׁמָתִי benishmatí, וְשֶׁתְּהֵא veshetehé תְּפִלָּתִי tfilatí רְצוּיָה retsuyá
וּמְקוּבֶּלֶת umekubélet לְפָנֶיךָ lefaneja ס״ג מ״ה ב״ן אָמֵן amén יאהדונהי כֵּן quen
יְהִי yehí רָצוֹן ratsón מהש ע״ה, ע״ב בריבוע וקס״א ע״ה, אל שדי ע״ה:

הֲרֵינִי hareini מְכַוֵּין mejavén בִּתְפִלָּתִי bitfilatí כְּאִילוּ queílu
אֲנִי aní אני עוֹמֵד omed בִּירוּשָׁלַיִם biYerushaláyim בְּבֵית beveit ב״פ ראה
הַמִּקְדָּשׁ Hamikdash וּמְכַוֵּין umjavein כְּנֶגֶד quenégued מטט״ז, ק, אל יהוה בֵּית beit
קֹדֶשׁ ב״פ ראה kódesh הַקֳּדָשִׁים hakodashim כְּמוֹ cmó שֶׁנֶּאֱמַר sheneemar:
וְהִתְפַּלְלוּ vehitpalelú אֶל el הַמָּקוֹם hamakom הַזֶּה hazé והו:
יְהִי yehí רָצוֹן ratsón מהש ע״ה, ע״ב בריבוע וקס״א ע״ה, אל שדי ע״ה
מִלְּפָנֶיךָ milfaneja ס״ג מ״ה ב״ן יְהֹוָהאדניאהדונהי Adonai אֱלֹהֵינוּ Eloheinu ילה
וֵאלֹהֵי veElohei לכב ; מילוי ע״ב, דמב ; ילה אֲבוֹתֵינוּ avoteinu שֶׁיִּהֵא sheyhé לִבִּי libí
נָכוֹן najón וּמָסוּר umasur בְּיָדִי beyadí שֶׁלֹּא sheló אֶשְׁכָּחֵךְ eshcajejá:

RIBÓN ALMÁ

Rabí Shimón dice en el *Zóhar, Idra Rabá* 303: "*El alma de un hombre es bajada desde los niveles elevados hacia Maljut. Por medio de eso, causa que todo esté en unión singular. Quien interrumpa esta unión del mundo es como si cortara al alma previamente mencionada, e indica que otra alma existe además de ésta. Como resultado, él y su memoria desaparecerán de este mundo por generaciones tras generaciones*". Decir "*Ribón Almá*" antes de la oración nos protege de cometer errores intelectuales en el transcurso de nuestro trabajo espiritual.

רִבּוֹן Ribón עָלְמָא Almá יְהֵא yehé רַעֲוָא raavá קָמָּךְ kamaj לְמֵיהַב lemeihav
לַן lan חֵילָא jeilá לְאִתְעָרָא leitatrá בִּיקָרָךְ vikaraj וּלְמֶעְבַּד ulmebad
רְעוּתָךְ reutaj וּלְסַדְּרָא ulesadará כֹּלָּא jolá כִּדְקָא quedecá יָאוּת yaut.

Y que no me controlen, ni a mi cuerpo ni a mi alma.
Y que mi oración sea aceptada por Ti, Amén, que así sea Su voluntad.

Por este medio, medito en mi oración
como si estuviera en el Templo en Jerusalem, de espalda al Santo Sanctorum. Como dice: "y ellos orarán hacia este lugar" (I Reyes 8:35). *Que sea agradable ante Ti, Señor, mi Dios y Dios de mis antepasados, que yo constituya y dedique mi corazón para que yo no Te olvide.*

RIBÓN ALMÁ

Señor del Mundo, que sea de Tu agrado proporcionarnos fortaleza,
para actuar y honrarte, para hacer Tu voluntad y poner todo en la dirección correcta.

leshavaá לְשַׁוָּאָה yadín יָדְעִין anán אֲנַן deleit דְּלֵית gav גַּב al עַל veaf וְאַף

raavá רַעֲוָא yehé יְהֵא ,jolá כֹּלָּא letakaná לְתַקָּנָא velibá וְלִבָּא reutá רְעוּתָא

dilán דִּילָן utslotá וּצְלוֹתָא vemilín בְּמִלִּין detitreéi דְּתִתְרְעֵי kamaj קָמָךְ

yaut יָאוּת quidecá כִּדְקָא dilelá דִּלְעֵלָּא tikuná תִּקּוּנָא letakaná לְתַקָּנָא

ilaín עִלָּאִין verujín וְרוּחִין ilaín עִלָּאִין heijalín הֵיכָלִין ulehevó וְלֶהֱוֹו

verujá בְּרוּחָא verujá וְרוּחָא beheijalá בְּהֵיכָלָא heijalá הֵיכָלָא aylí עָיְלֵי

quidecá כִּדְקָא bedujtayhó בְּדוּכְתַּיְהוּ demitjabrán דְּמִתְחַבְּרָן ad עַד

da דָא veishtlimu וְאִשְׁתְּלִימוּ ,bisheyafá בְּשַׁיְפָא sheyafá שַׁיְפָא ,jazei וְחָזֵי

,jad חַד inún אִנּוּן ad עַד vedá בְּדָא da דָא veityajadú וְאִתְיַיחֲדוּ vedá בְּדָא

nishmetá נִשְׁמָתָא ujdein וּכְדֵין .vedá בְּדָא da דָא venaharín וְנַהֲרִין

lon לוֹן venaher וְנָהֵר milelá מִלְּעֵלָּא atyá אַתְיָא dejolá דְּכֹלָּא ilaá עִלָּאָה

bishlemú בִּשְׁלֵימוּ vutsinín בּוּצִינִין colhó כֻּלְּהוּ nehirín נְהִירִין velehevú וְלֶהֱווּ

ilaá עִלָּאָה nehorá נְהוֹרָא dehahú דְּהַהוּא ad עַד ,jazei וְחָזֵי quidecá כִּדְקָא

kódesh קֹדֶשׁ legabei לְגַבֵּי aéil אַעִיל vejolá וְכֹלָּא ,itear אִתְּעַר

queveirá כְּבֵירָא veitmalyá וְאִתְמַלְיָא veitbarjá וְאִתְבָּרְכָא kodashim קָדָשִׁים

vejolhó וְכֻלְּהוּ faskín פָּסְקִין velá וְלָא navín נָבְעִין demayín דְּמַיִין

delá דְּלָא vehahú וְהַהוּא .vetatá וְתַתָּא leelá לְעֵלָּא mitbarján מִתְבָּרְכָן

reutá רְעוּתָא ,bejushbená בְּחֻשְׁבְּנָא aéil אַעִיל velá וְלָא ityedá אִתְיְדַע

legó לְגוֹ legó לְגוֹ basim בָּסִים ,lealmín לְעָלְמִין itpás אִתְפַּס delá דְּלָא

reutá רְעוּתָא hahú הַהוּא ityedá אִתְיְדַע velá וְלָא ,begavayhó בְּגַוַּיְהוּ

Y, aunque no sabemos cómo ser diligentes ni cómo dirigir nuestro corazón para corregirlo todo, que sea de Tu agrado que nuestras palabras y oraciones sean aceptadas para corregir el tikún Celestial de la manera correcta, para que las cámaras Celestiales y las almas Celestiales sean elevadas, una cámara penetra a la otra, y un alma a otra, hasta que todas reposen en sus respectivos lugares como es debido. Un órgano está dentro del otro y uno complementa al otro. Los elementos se funden hasta que vuelven uno y brilla uno dentro del otro. Por consiguiente, el Alma más Celestial desciende e irradia sobre ellos, y todas las Velas (Sefirot) se van encendiendo en completa perfección, hasta que esta Luz Celestial es despertada y todas las cámaras entran al Santo Sanctorum y es bendecida y llenada como un pozo de agua de manantial que nunca cesa de brotar, y todos los Superiores e Inferiores son bendecidos. El más guardado de los secretos que no puede ser concebido, y que es tomado en cuenta, es un deseo que nunca se puede comprender, es endulzado muy dentro de las Sefirot, y su deseo no puede ser concebido

וְלָא velá אִתְפַּס itpás לְמִנְדַּע ,lemindá וּכְדֵין ujdein כֹּלָּא colá רְעוּתָא reutá
חֲדָא jadá עַד ad אֵין ein סוֹף sof וְכֹלָּא vejolá אִיהוּ ihú בִּשְׁלִימוּ vishlemú
מִלְּתַתָּא miltatá וּמִגּוֹ umigó לְגּוֹ legó עַד ad דְּאִתְעֲבֵד deitaved כֹּלָּא colá
חַד ,jad וְאִתְמַלִּיאַת veitmaliá כֹּלָּא colá וְאִשְׁלֵם veashlem כֹּלָּא colá
וְאִתְנְהִיר veitnahir וְאִתְבַּסֵּם veitbasem כֹּלָּא colá כִּדְקָא quidecá יָאוּת •yaut

רִבּוֹן Ribón עָלְמָא Almá יְהֵא yehé רְעוּתָךְ reutaj עִם im עַמָּךְ amaj
יִשְׂרָאֵל Yisrael לְעָלַם •lealam וּפֻרְקַן ufurkán יְמִינָךְ yeminaj אַחֲזֵי ajazei
לְעַמָּךְ leamaj בְּבֵית beveit מַקְדְּשָׁךְ makdeshaj וּלְאַמְטוּיֵי uleamtuyei
לַנָּא laná מִטּוּב mituv נְהוֹרָךְ nehoraj וּלְקַבְּלָא ulekabalá צְלוֹתָנָא tslotaná
בְּרַחֲמֵי •berajamei יְהֵא yehé רַעֲוָא raavá קַמָּךְ kamaj דְּתֶהֱוֵי detehevei
סָעֵד saed וְסָמֵךְ vesamej לַן lan דְּנֵימָא deneimá מִלִּין milín בְּאֹרַח beóraj
מֵישׁוֹר •mishor בְּתִקּוּנָא betikuná דִּלְעֵלָּא dilelá בְּתִקּוּנִין betikunín
דְּמַלְכָּא demalcá קַדִּישָׁא kadishá וּמַטְרוֹנִיתָא umatronitá קַדִּישָׁא kadishá
וּלְמֶעְבַּד ulemeebad יִחוּדָא yijudá שְׁלִים shlim לְאַשְׁלְפָא leashlafá
לְהַהִיא lehahí נִשְׁמְתָא nishmetá דְּכָל dejol חַיֵּי jayei מִדַּרְגָּא midargá
לְדַרְגָּא ledargá עַד ad סוֹפָא sofá דְּכָל dejol דַּרְגִּין •darguín
בְּגִין beguín דִּיהֱוֵי dihevei הַהִיא hahí נִשְׁמְתָא nishmetá
מִשְׁתַּכְּחָא mishtejajá בְּכֹלָּא bejolá וּמִתְפַּשְּׁטָא umitpashtá
בְּכֹלָּא bejolá דְּהָא dehá עֵלָּא elá וְתַתָּא vetatá תְּלַיִין tlayín
בְּהַאי behai נִשְׁמְתָא nishmetá וּמִתְקַיְּמֵי umitkaymei בָּהּ :va

---

ni conocido directamente. De este modo, todos los niveles hasta Ein Sof [Mundo Infinito] se unen en uno, y todo es perfeccionado desde Arriba, Abajo y adentro. Todos los niveles son llenados con su Luz, todos alcanzan la completitud y todos brillan a causa de él, y son apropiadamente endulzados de la forma debida. Señor del Mundo, que Tu deseo esté con Tu nación Israel para siempre. La redención de Tu Diestra puedas enseñar a Tu nación en Tu Templo. Que Tú nos llenes con lo mejor de Tu iluminación y que Tú recibas nuestras oraciones con misericordia. Que sea agradable ante Ti, ayudarnos y apoyarnos para que digamos las palabras de la manera correcta, para el tikún Celestial y el tikún del Santo Rey y la Santa Matrona. Para crear una unificación completa que atraiga esta Alma que da vida a todos desde una altura a otra; y así hasta el final de todos los niveles. Debido a la existencia de esta Alma en todo y su extensión en todo, Arriba y Abajo dependen de esta Alma y existen por causa de ella.

ADÓN OLAM

Las dos palabras *Adón Olam* (אדון עולם) equivalen al valor numérico de las palabras arameas *Ein Sof* (207), que significan el "Mundo Infinito", nuestro verdadero origen. *Adón Olam* también es el valor numérico de la palabra aramea *Or*, que quiere decir "Luz". Las palabras *Adón Olam* en sí se traducen como "Señor del Universo". Mediante esta oración queremos despertar un sentido de temor reverencial y asombro por la sabiduría y la comprensión del sistema espiritual, y por el orden y perfección del mundo y la Luz del Creador.

אֲדוֹן Adón אני עוֹלָם Olam אור, רז, א"ס אֲשֶׁר asher מָלַךְ malaj•

בְּטֶרֶם betérem כָּל col ילי יְצִיר yetsir נִבְרָא :nivrá לְעֵת leet נַעֲשָׂה naasá

בְחֶפְצוֹ vejeftsó כֹּל col ילי • אֲזַי azai מֶלֶךְ Mélej שְׁמוֹ Shmó מהש ע"ה,

ע"ב בריבוע וקס"א ע"ה, אל שדי ע"ה נִקְרָא :nikrá וְאַחֲרֵי veajarei כִּכְלוֹת quijlot

הַכֹּל hacol ילי• לְבַדּוֹ levadó מ"ב יִמְלוֹךְ yimloj נוֹרָא :norá

וְהוּא vehú הָיָה hayá יהה וְהוּא vehú הֹוֶה •hové וְהוּא vehú יִהְיֶה yihyé ייי

בְּתִפְאָרָה :betifará וְהוּא vehú אֶחָד ejad אהבה, דאגה וְאֵין veein שֵׁנִי •shení

לְהַמְשִׁילוֹ lehamshiló וּלְהַחְבִּירָה :ulehajbirá בְּלִי bli רֵאשִׁית reshit

בְּלִי bli תַכְלִית •tajlit וְלוֹ veló הָעֹז haoz וְהַמִּשְׂרָה :vehamisrá בְּלִי bli

עֵרֶךְ érej בְּלִי bli דִמְיוֹן •dimyón בְּלִי bli שִׁנּוּי shinui וּתְמוּרָה :utmurá

בְּלִי bli חִבּוּר jibur בְּלִי bli פֵרוּד •pirud גְּדוֹל guedol להוו ; עם ד' אותיות =

מבה, יזל, הום כֹּחַ cóaj וּגְבוּרָה ugvurá ריי: וְהוּא vehú אֵלִי Elí וְחַי vejai

גֹּאֲלִי •goalí וְצוּר vetsur אלהים דההין ע"ה חֶבְלִי jevlí בְּיוֹם beyom ע"ה נגד,

מזבח, זן, אל יהוה צָרָה tsará אלהים דההין: וְהוּא vehú נִסִּי nisí וּמָנוּסִי •umanusí

מְנָת menat כּוֹסִי cosí בְּיוֹם beyom ע"ה נגד, מזבח, זן, אל יהוה אֶקְרָא :ekrá

ADÓN OLAM

Señor del Universo, Quien reinó antes de que cualquier forma se crease, y cuando todo se hizo de acuerdo a Su voluntad, Su Nombre fue proclamado como Rey. Y después que todo haya expirado, Él, el reverentemente temido, reinará solo. Él fue, Él es y Él se mantendrá en esplendor. Él es Uno y no hay otro que se compare a Él o que se declare Su igual. Sin comienzo, sin final, Suyo es el poder y el dominio, insondable e inimaginable, inmutable e irremplazable. Él no tiene uniones ni separaciones. Su fuerza y valor son inmensos. Él es mi Dios y mi Redentor viviente, mi sostén en momentos de angustia. Él es mi guía y mi refugio, mi parte de bienaventuranza en el día que lo invoco.

וְהוּא vehú רוֹפֵא rofé וְהוּא vehú מַרְפֵּא marpé. וְהוּא vehú צוֹפֶה tsofé

וְהוּא vehú עֶזְרָה ezrá: בְּיָדוֹ beyadó אַפְקִיד afkid רוּחִי rují

ר"ת = קנ"א ב"ן, יהוה אלהים יהוה אדני, מילוי קס"א וס"ג, מ"ה ברבוע וע"ב ע"ה. בְּעֵת beet

אִישָׁן ishán וְאָעִירָה veairá: וְעִם veim רוּחִי rují גְּוִיָּתִי gueviyatí.

אֲדֹנָי Adonai ללה לִי li וְלֹא veló אִירָא irá: בְּמִקְדָּשׁוֹ bemikdashó

תָּגֵל taguel נַפְשִׁי nafshí. מְשִׁיחֵנוּ meshijenu יִשְׁלַח yishlaj מְהֵרָה meherá:

וְאָז veaz נָשִׁיר nashir בְּבֵית beveit ב"פ ראה קָדְשִׁי kadshí.

אָמֵן Amén יאהדונהי אָמֵן Amén יאהדונהי שֵׁם Shem הַנּוֹרָא hanorá:

EL TALIT PEQUEÑO

La conexión con el *Talit* pequeño (*Talit katán* o *Tsitsit*) se refiere a la prenda de vestir que se lleva debajo de la camisa. El *Talit* pequeño crea un escudo de protección alrededor de la piel y el cuerpo de quien lo usa, para que las fuerzas negativas no puedan infiltrarse ni penetrarlo. Nuestra piel tiene la energía de *Maljut*, la cual está conectada a la realidad del uno por ciento. El *Talit* pequeño controla el campo energético alrededor de la piel y la protege.

Está escrito en el *Zóhar* que el *Tsitsit* es un talismán que cubre y protege a quien lo usa de todos los espíritus malignos y ángeles negativos. Rabeinu Bajyé dice que el precepto del *Tsitsit* está vinculado a la Resurrección de los Muertos. El *Tsitsit* representa a la Luz Circundante y, por esta razón, el *Talit* debe ser grande para que pueda cubrir la cabeza y el cuerpo, por delante y por detrás, hasta llegar al pecho. El *Talit* pequeño representa la Luz Circundante de *Katnut*.

Si no usas un *Talit* para las oraciones, sólo debes recitar esta bendición.
Si dormiste con un *Talit* pequeño, debes tocar el *Tsitsit* primero.

בָּרוּךְ Baruj אַתָּה Atá יְהֹוָאדהיאהדונהי Adonai אֱלֹהֵינוּ Eloheinu ילה

מֶלֶךְ Mélej הָעוֹלָם haolam אֲשֶׁר asher קִדְּשָׁנוּ kidshanu

בְּמִצְוֹתָיו bemitsvotav וְצִוָּנוּ vetsivanu עַל al מִצְוַת mitsvat צִיצִית tsitsit:

Él es un sanador y un remedio. Él observa y Él ayuda. En Sus Manos, yo confío mi espíritu cuando duermo y cuando me despierto. Mientras mi alma está en mi cuerpo, el Señor está conmigo, no temeré. En Su Templo se regocijará mi espíritu. Él nos enviará con rapidez a nuestro Mesías. Entonces cantaremos en Su Templo: Amén, Amén, el grandioso Nombre.

EL TALIT PEQUEÑO

Bendito eres Tú, Señor, nuestro Dios, el Rey del Mundo,
que nos has santificado con Tus preceptos y nos has obligado con el precepto del Tsitsit.

EL TALIT

El *Talit* es un manto que se coloca sobre los hombros, por encima de la ropa. Éste rodea a la persona que lo usa con una capa espiritual protectora de iluminación. Las cuatro esquinas del *Talit*, con sus flecos, nos conectan a las cuatro esquinas del universo y al nivel cuántico de nuestro mundo, ayudándonos a obtener el control sobre nuestra vida. El *Talit* nos conecta con la Luz Circundante, el potencial de nuestra alma. Generalmente, sólo los hombres casados lo usan debido a que la energía despertada por el *Talit* se manifiesta a través de la conexión de un hombre con su esposa.

LESHEM YIJUD

LeShem Yijud es una bujía que activa la siguiente serie de oraciones y acciones, uniendo los Mundos Superiores con nuestra realidad física.

לְשֵׁם leShem יִחוּד yijud קוּדְשָׁא Kudshá בְּרִיךְ Berij הוּא Hu

וּשְׁכִינְתֵּיהּ uShjintei (יאהדונהי) בִּדְחִילוּ bidjilu וּרְחִימוּ urjimu

(יאהויהה), וּרְחִימוּ urjimu וּדְחִילוּ udjilu (איההיוהה), לְיַחֲדָא leyajadá

שֵׁם Shem יו״ד Yud קֵ״י Kei בְּוָא״ו beVav קֵ״י Kei בְּיִחוּדָא beyijudá

שְׁלִים shlim (יהוה) בְּשֵׁם beShem כָּל col ילי יִשְׂרָאֵל Yisrael, הֲרֵינִי hareini

מוּכָן muján לִלְבּוֹשׁ lilvosh טַלִּית talit מְצֻיֶּצֶת metsuyétset

כְּהִלְכָתָהּ quehiljatá כְּמוֹ cmó שֶׁצִּוָּנוּ shetsivanu יְהֹוָהאדניאהדונהי Adonai

אֱלֹהֵינוּ Eloheinu ילה בְּתוֹרָתוֹ vetorató הַקְּדוֹשָׁה hakdoshá: וְעָשׂוּ veasú

לָהֶם lahem צִיצִת tsitsit עַל־ al כַּנְפֵי canfei בִגְדֵיהֶם vigdeihem, כְּדֵי quedei

לַעֲשׂוֹת laasot נַחַת nájat רוּחַ rúaj לְיוֹצְרִי leyotsrí וְלַעֲשׂוֹת velaasot

רְצוֹן retsón מהש ע״ה, ע״ב בריבוע וקס״א ע״ה, אל שדי ע״ה בּוֹרְאִי borí, וְהֲרֵינִי vehareini

מוּכָן muján לְבָרֵךְ levarej עַל al עֲטִיפַת atifat הַטַּלִּית hatalit

כְּתִקּוּן quetikún רז״ל razal, וְהֲרֵינִי vehareini מְכַוֵּין mejavén לִפְטוֹר liftor

בִּבְרָכָה bivrajá זוֹ zo גַּם gam טַלִּית talit הַקָּטָן hakatán שֶׁעָלַי shealai.

EL TALIT
LESHEM YIJUD

Para la unificación entre El Santo, Bendito sea y Su Shejiná, con temor y amor y con amor y temor, para unificar El Nombre Yud-Kei y Vav-Kei en perfecta unidad, y en el nombre de todo Israel, estoy por este medio preparado para usar un Talit con Tsitsit, de acuerdo a la ley y como fuimos ordenados por el Señor, nuestro Dios, en Su santa Torá: "Y ellos deberán hacerse para sí mismos Tsitsit en las esquinas de sus ropajes" (Números 15:38). Para darle placer a mi Hacedor y para satisfacer el deseo de mi Creador, estoy por este medio preparado para bendecir al envolverme con el Talit, como fue establecido por nuestros Sabios de bendita memoria. Por este medio pretendo eximir el pequeño Talit que estoy usando con esta bendición.

ילה Eloheinu אֱלֹהֵינוּ ללה Adonai אֲדֹנָי nóam נֹעַם vihí וִיהִי

conená כּוֹנְנָה yadeinu יָדֵינוּ umaasé וּמַעֲשֵׂה aleinu עָלֵינוּ

:conenehu כּוֹנְנֵהוּ yadeinu יָדֵינוּ umaasé וּמַעֲשֵׂה aleinu עָלֵינוּ

ENVOLTURA CON EL TALIT: Después de la bendición, envuelves el *Talit* sobre tu cabeza, dejando tu cara descubierta y las cuatro esquinas colgando sobre tu pecho. Luego tomas los dos *Tsitsits* del lado derecho y los arrojas sobre tu hombro izquierdo de forma que caigan sobre la espalda; haz una pequeña pausa antes de sostener los dos *Tsitsits* del lado izquierdo y arrojarlos sobre tu hombro izquierdo, para que caigan sobre la espalda de modo que los cuatro *Tsitsits* estén pendiendo sobre tu hombro izquierdo y hacia atrás. Debes hacer una pausa en esta posición durante unos cuatro segundos antes de dejar que el *Talit* caiga al frente para luego acomodarlo de forma cómoda y holgada sobre ambos hombros con dos *Tsitsits* al frente y dos atrás.

El *Talit* es el aspecto de la Luz Circundante de *Gadlut*.
El *Talit* es el *tikún* de la parte externa (*Nétsaj, Hod, Yesod*) de *Yetsirá*.
La bendición es el *tikún* de la Luz Circundante, y
Usar el *Talit* es el *tikún* de la Luz Interior.

Mélej מֶלֶךְ: ילה Eloheinu אֱלֹהֵינוּ Adonai יְהֹוָהאדניאהדונהי Atá אַתָּה Baruj בָּרוּךְ

bemitsvotav בְּמִצְוֹתָיו kidshanu קִדְּשָׁנוּ asher אֲשֶׁר haolam הָעוֹלָם

:הוכמה נתיבות ל״ב ר״ת betsitsit בְּצִיצִית lehitatef לְהִתְעַטֵּף vetsivanu וְצִוָּנוּ

El *Yijud* del *Talit*: Al principio debes meditar en el *Yijud* (unificación) de *Zeir Anpín*, el cual es יהוה, y tiene el valor numérico de 32 caminos de sabiduría (ל״ב נתיבות הוכמה). A nivel específico, debes meditar en conectar las letras יה, que son *Aba* e *Ima*, con la letra ו, que es *Zeir Anpín*, para que se convierta en la Luz Circundante, que es el *Talit*. Después, debes meditar en conectar la letra ו (*Zeir Anpín*) con la última letra ה, para atraer la Luz Circundante a la letra ה, que es el *Tsitsit*.

VAANÍ

COMUNICACIÓN CON LOS TRES PILARES DE ORACIÓN (AVRAHAM, YITSJAK Y YAAKOV)

Existen tres fuerzas en el universo que son necesarias para generar energía, sea física o espiritual. Estas fuerzas son la Columna Derecha positiva, energía de compartir, canalizada por Avraham; la Columna Izquierda receptora, energía negativa, la cual es canalizada por Yitsjak; y la Columna Central de equilibrio, resistencia, canalizada por Yaakov. Los kabbalistas ancestrales explican que Avraham, Yitsjak y Yaakov son los cimientos de cada oración. Sus nombres son transmisores que activan y dan poder a todas las bendiciones y oraciones que realizamos mediante este *Sidur*.

"Que la gracia del Señor, nuestro Dios, sea sobre nosotros y pueda Él establecer para nosotros el trabajo de nuestras manos y pueda el trabajo de nuestras manos establecerlo a Él" (Salmos 90:17).
Bendito eres Tú, Señor, nuestro Dios, el Rey del Mundo,
que nos has santificado con Tus preceptos y nos has obligado a envolvernos con el Talit.

Debes decir el siguiente verso antes de entrar al lugar de oración, mientras estás parado en la puerta:

Avraham (Derecha)

וַאֲנִי vaaní אני בְּרֹב berov י"פ אהיה וְחַסְדְּךָ jasdeja אבג'יתץ

אָבוֹא avó בֵיתֶךָ veiteja ב"פ ראה

Yitsjak (Izquierda)

אֶשְׁתַּחֲוֶה eshtajavé י"פ ע"ב אֶל־ el הֵיכַל heijal ללה, אדני ; ר"ת = יהוה

קָדְשְׁךָ kodsheja

Yaakov (Central)

בְּיִרְאָתֶךָ beyirateja:

Luego te inclinas y entras.

Derecha

יְהֹוָהאדניאהדונהי Adonai צְבָאוֹת Tsvaot פני שכינה עִמָּנוּ imanu

ריבוע ס"ג, קס"א ע"ה וד' אותיות מִשְׂגָּב־ misgav משה, מהש, ריבוע ע"ב וקס"א, אל שדי,

ד"פ אלהים ע"ה לָנוּ lanu אלהים, אהיה אדני אֱלֹהֵי Elohei מילוי ע"ב, דמב ; ילה

יַעֲקֹב Yaakov ז' הויות, יאהדונהי אידהנויה סֶלָה sela:

Izquierda

יְהֹוָהאדניאהדונהי Adonai צְבָאוֹת Tsvaot פני שכינה אַשְׁרֵי ashrei

אָדָם adam מ"ה ; ה' צבאות אשרי אדם = תפארת בֹּטֵחַ botéaj

בָּךְ baj אדם בוטח בך = אמן (יאהדונהי) ע"ה ; בוטח בך = מילוי ע"ב ע"ה:

Central

יְהֹוָהאדניאהדונהי Adonai הוֹשִׁיעָה hoshía יהוה וש"ע נהורין הַמֶּלֶךְ haMélej ר"ת יהה

יַעֲנֵנוּ yaanenu בְיוֹם veyom ע"ה נגד, מזבח, זן, אל יהוה קָרְאֵנוּ karenu

ר"ת יב"ק, אלהים יהוה, אהיה אדני יהוה ; ס"ת = ב"ן ועם אות כ' דהמלך = ע"ב:

VAANÍ

"Y yo, con la profusión de Tu benevolencia,

vengo a Tu Casa y me inclino hacia Tu Arca Sagrada, en temor reverencial hacia Ti" (Salmos 5:8).
"El Señor de los Ejércitos está con nosotros. El Dios de Yaakov es un refugio para nosotros, Sela" (Salmos 46:12)
"El Señor de los Ejércitos, lleno de alegría es aquel que confía en Ti" (Salmos 84:13).
El Señor nos redime. El Rey nos responderá en el día en que lo invoquemos" (Salmos 20:10).

ESH TAMID – MEDITACIÓN PARA CONTROLAR NUESTROS PENSAMIENTOS

Nuestro cerebro es un receptor, y existen dos estaciones transmisoras que envían señales/pensamientos a nuestro cerebro. Una fuente es la Luz y la otra es Satán. Estos versos interrumpen y anulan cualquier pensamiento negativo que pueda entrar en nuestra mente.

Cada versículo se recita siete veces:

אֵשׁ esh תָּמִיד tamid ע״ה קס״א קנ״א קמ״ג תּוּקַד tukad עַל־ al

הַמִּזְבֵּחַ hamizbéaj נגד, זן, אל יהוה לֹא lo תִכְבֶּה tijbé:

Recita siete veces.

סֵעֲפִים seafim שָׂנֵאתִי saneti וְתוֹרָתְךָ vetoratjá אָהָבְתִּי ahavti:

Recita siete veces.

לֵב lev טָהוֹר tahor י״פ אכא בְּרָא־ berá

קנ״א ב״ן, יהוה אלהים יהוה אדני, מילוי קס״א וס״ג, מ״ה ברבוע וע״ב ע״ה

לב טהור ברא = קס״א קנ״א קמ״ג

לִי li אֱלֹהִים Elohim אהיה אדני ; ילה ; לי אלהים = ריבוע אדני

וְרוּחַ verúaj נָכוֹן najón חַדֵּשׁ jadesh י״ב הויות, קס״א קנ״א בְּקִרְבִּי bekirbí שדי:

Recita siete veces.

AYIN LÁMED MEM

Esta combinación de tres letras de los 72 Nombres de Dios nos da control sobre pensamientos indeseados como preocupación, pesimismo, e ideas obsesivas o compulsivas. Además de usar esta meditación en las oraciones de la mañana, podemos usarla durante el resto del día según sea necesario.

Debes meditar en el Nombre Sagrado:

עלם

Esto ayuda a controlar tus pensamientos.

ESH TAMID

"Y el Fuego Eterno deberá quemarse sobre el Altar y nunca deberá extinguirse" (Levítico 6:6). *"Pensamientos dispersos desprecio, pero a Tu Torá yo amo"* (Salmos 119:113). *"Crea para mí un corazón puro, Dios, y renueva dentro de mí un espíritu correcto"* (Salmos 51:12).

LA ORACIÓN DE LA MAÑANA

Debes ser muy cuidadoso de no hablar, ni una sola palabra, durante las oraciones y meditaciones.

Según la Kabbalah, existen tres tipos de energía diferentes que gobiernan tres momentos específicos del día: Columna Derecha (Avraham), la mañana; Columna Izquierda (Yitsjak), la tarde; y Columna Central (Yaakov), la noche. Las oraciones de *Shajarit* corresponden a la Columna Derecha (Avraham), que es energía dadora, misericordiosa y positiva. Con mucha frecuencia despertamos de mal humor, y este estado de conciencia negativa permanece con nosotros durante el resto del día. Para contrarrestar esta negatividad, tenemos la conexión de *Shajarit*, la cual nos imbuye de energía de felicidad y vitalidad, motivándonos a revelar Luz a lo largo del día.

LESHEM YIJUD

לְשֵׁם leShem יִחוּד yijud קוּדְשָׁא Kudshá בְּרִיךְ Berij הוּא Hu

וּשְׁכִינְתֵּיהּ uShjintei (יאהדונהי) בִּדְחִילוּ bidjilu וּרְחִימוּ urjimu

(יאההויהה) וּרְחִימוּ urjimu וּדְחִילוּ udjilu (איההויהה) לְיַחֲדָא leyajdá

שֵׁם Shem יוּ"ד Yud קֵ"י Kei בְּוָא"ו beVav קֵ"י Kei בְּיִחוּדָא beyijudá

שְׁלִים shlim (יהוה) בְּשֵׁם beShem כָּל col ילי יִשְׂרָאֵל Yisrael,

הִנֵּה hiné אֲנַחְנוּ anajnu בָּאִים baim לְהִתְפַּלֵּל lehitpalel תְּפִלַּת tfilat

שַׁחֲרִית shajarit שֶׁל shel (**En** *Shabat* **agregar:** שַׁבָּת Shabat קֹדֶשׁ kódesh וְ ve)

שָׁבוּעוֹת Shavuot שֶׁתִּקֵּן shetikén אַבְרָהָם Avraham וז"פ אל, רי"ו ול"ב נתיבות החכמה,

רמ"ח (אברים), עסמ"ב וט"ז אותיות פשוטות אָבִינוּ avinu עָלָיו alav הַשָּׁלוֹם hashalom

עִם im כָּל col ילי הַמִּצְוֹת hamitsvot הַכְּלוּלוֹת haclulot

בָּהּ ba לְתַקֵּן letakén אֶת et שׁוֹרְשָׁהּ shorshá בְּמָקוֹם bemakom

עֶלְיוֹן elyón לַעֲשׂוֹת laasot נַחַת nájat רוּחַ rúaj לְיוֹצְרֵנוּ leyotsrenu

וְלַעֲשׂוֹת velaasot רְצוֹן retsón מהש ע"ה, ע"ב בריבוע וקס"א ע"ה, אל שדי ע"ה

בּוֹרְאֵנוּ boreinu. (תהלים צ', י"ז) וִיהִי vihí נֹעַם nóam אֲדֹנָי Adonai ללה

אֱלֹהֵינוּ Eloheinu ילה עָלֵינוּ aleinu וּמַעֲשֵׂה umaasé יָדֵינוּ yadeinu כּוֹנְנָה conená

עָלֵינוּ aleinu וּמַעֲשֵׂה umaasé יָדֵינוּ yadeinu כּוֹנְנֵהוּ conenehu:

LA ORACIÓN DE LA MAÑANA – LESHEM YIJUD

*Para la unificación entre El Santo, Bendito sea y Su Shejiná, con temor y amor y con amor y temor, para unificar El Nombre Yud-Kei y Vav-Kei en perfecta unidad, y en el nombre de Israel, hemos venido por este medio a rezar la Oración de la Mañana (***En Shabat:** *del Santo Shabat y) de Shavuot, establecida por Avraham, nuestro patriarca, sea la paz sobre él, con todos sus mandamientos, para corregir su raíz en el Lugar Celestial, para llevarle satisfacción a nuestro Hacedor y para satisfacer el deseo de nuestro Creador. "Que la gracia del Señor, nuestro Dios, sea sobre nosotros y pueda Él establecer para nosotros el trabajo de nuestras manos y pueda el trabajo de nuestras manos establecerlo a Él" (Salmos 90:17).*

Un compromiso de amor y unidad – Elevar nuestra conciencia

Un hilo delgado y débil no puede levantar un cofre lleno de tesoros. Sin embargo, cuando tejemos numerosos hilos delgados, formamos una soga. Cuando nos unimos con el resto del mundo mediante un compromiso de amor, podemos halar los tesoros espirituales más grandes, aunque no seamos dignos o lo suficientemente fuertes para lograr esto de manera individual.

Respecto al peligro de la desviación, el Caf-HaJayim dice: "En un lugar de desviación, la bendición se elimina a sí misma, y la gente que tuvo discordancias terminan con daños y accidentes en sus cuerpos así como en su salud. Aquellos que cuidan de sí mismos deben mantenerse alejados de cualquier desviación".

El Arí escribe en *La puerta de las meditaciones*: Antes de que comiences tus conexiones y oraciones, debes aceptar dentro de ti mismo el precepto de "ama a tu prójimo como a ti mismo". Esto quiere decir que debes meditar en amar a todas las personas que están haciendo el trabajo espiritual como si fueran parte de tu alma, para que tus oraciones sean incluidas y elevadas junto a la oración universal y tenga resultados. Es especialmente importante tener amor por los *Javerim* (las personas que dedican su vida al trabajo espiritual) y reconocer que rezar por los demás fortalece nuestras oraciones y permite que éstas sean aceptadas.

הֲרֵינִי hareini מְקַבֵּל mekabel עָלַי alai מִצְוַת mitsvat עֲשֵׂה asé שֶׁל shel

וְאָהַבְתָּ veahavtá ב״פ אור, ב״פ רז, ב״פ א״ס לְרֵעֲךָ lereajá כָּמוֹךָ camoja •

וַהֲרֵינִי vehareini אוֹהֵב ohev אֶת et כָּל col ילי אֶחָד ejad אהבה, דאגה

מִבְּנֵי mibnei יִשְׂרָאֵל Yisrael כְּנַפְשִׁי quenafshí וּמְאוֹדִי umeodí •

וַהֲרֵינִי vehareini מְזַמֵּן mezamén פֶּה pe מילה ; ע״ה אלהים, אהיה אדני

שֶׁלִּי shelí לְהִתְפַּלֵּל lehitpalel לִפְנֵי lifnei מֶלֶךְ Mélej מַלְכֵי maljei

הַמְּלָכִים hamelajim הַקָּדוֹשׁ haKadosh בָּרוּךְ Baruj הוּא Hu :

La atadura de Yitsjak

Al recitar este verso, que describe a Yitsjak siendo atado por Avraham, conectamos con el poder de la misericordia. De manera simultánea, atamos nuestro juicio como parte de nuestra limpieza interior y recibimos ayuda para atar los pensamientos negativos de personas que vienen con juicio contra nosotros.

Un compromiso de amor
Elevar nuestra conciencia

Por este medio yo acepto sobre mí el mandamiento obligatorio de "Ama a tu prójimo como a ti mismo". Por este medio yo declaro que yo amo a cada uno de los hijos de Israel con toda mi alma y toda mi fuerza. Y por este medio preparo mi boca para rezar ante el Rey de todos los Reyes, El Santo Bendito Sea.

אֱלֹהֵינוּ Eloheinu ילה וֵאלֹהֵי veElohei לכב ; מילוי ע"ב, דמב ; ילה אֲבוֹתֵינוּ avoteinu

זָכְרֵנוּ zajrenu בְּזִכְרוֹן bezijrón ע"ב קס"א ונש"ב טוֹב tov והו

מִלְּפָנֶיךָ milfaneja ס"ג מ"ה ב"ן וּפָקְדֵנוּ ufakdenu בִּפְקֻדַּת bifkudat

יְשׁוּעָה yeshuá וְרַחֲמִים verajamim מִשְּׁמֵי mishmei שְׁמֵי shmei

קֶדֶם •kédem וּזְכָר uzjar לָנוּ lanu אלהים, אהיה אדני יְהֹוָה Adonai יאהדונהי

אֱלֹהֵינוּ Eloheinu ילה אַהֲבַת ahavat הַקַּדְמוֹנִים hakadmonim

אַבְרָהָם Avraham ו"פ אל, רי"ו ול"ב נתיבות החכמה, רמ"ח (אברים), עסמ"ב וט"ז אותיות פשוטות

יִצְחָק Yitsjak ד"פ ב"ן וְיִשְׂרָאֵל veYisrael עֲבָדֶיךָ •avadeja

אֶת et הַבְּרִית habrit וְאֶת veet הַחֶסֶד hajésed ע"ב = ריבוע יהוה

וְאֶת veet הַשְּׁבוּעָה hashvuá שֶׁנִּשְׁבַּעְתָּ shenishbata לְאַבְרָהָם leAvraham

ו"פ אל, רי"ו ול"ב נתיבות החכמה, רמ"ח (אברים), עסמ"ב וט"ז אותיות פשוטות

אָבִינוּ avinu בְּהַר behar הַמּוֹרִיָּה •haMoriyá וְאֶת veet הָעֲקֵדָה haakedá

שֶׁעָקַד sheakad אֶת et יִצְחָק Yitsjak ד"פ ב"ן בְּנוֹ bnó עַל al גַּבֵּי gabei

הַמִּזְבֵּחַ hamizbéaj נגד, זן, אל יהוה כַּכָּתוּב cacatuv בְּתוֹרָתָךְ: :betorataj

LA PORCIÓN RELACIONADA CON LA ATADURA

Recitar cada día la porción relacionada con la Atadura de Yitsjak nos permite expiar todos nuestros pecados y crear un escudo de protección contra toda enfermedad, el cual cancela la muerte de la humanidad.

LA ATADURA DE YITSJAK

Nuestro Dios y el Dios de nuestros antepasados, recuérdanos favorablemente ante Ti y evoca para nosotros la reminiscencia de salvación y misericordia, desde los primeros y más elevados Cielos. Y recuerda, por nosotros, Señor, nuestro Dios, el amor de los ancestros: Tus sirvientes, Avraham, Yitsjak e Yisrael. Y recuerda, también, la Alianza, la benevolencia y el juramento que Tú le hiciste a Avraham, nuestro antepasado, sobre el Monte Moriá, cuando él ató a su hijo, Yitsjak, sobre el altar, como se relata en Tu Torá:

וַיְהִי vayhí אַחַר ajar הַדְּבָרִים hadvarim הָאֵלֶּה haéle
וְהָאֱלֹהִים vehaElohim אהיה אדני ; ילה נִסָּה nisá אֶת־ et אַבְרָהָם Avraham
וַיֹּאמֶר vayómer וה"פ אל, רי"ו ול"ב נתיבות החכמה, רמ"ח (אברים), עסמ"ב וט"ז אותיות פשוטות
אֵלָיו elav אַבְרָהָם Avraham וה"פ אל, רי"ו ול"ב נתיבות החכמה, רמ"ח (אברים),
עסמ"ב וט"ז אותיות פשוטות וַיֹּאמֶר vayómer הִנֵּנִי׃ hineni וַיֹּאמֶר vayómer קַח־ kaj
נָא na אֶת־ et בִּנְךָ binjá אֶת־ et יְחִידְךָ yejidjá אֲשֶׁר־ asher
אָהַבְתָּ ahavta אֶת־ et יִצְחָק Yitsjak ד"פ ב"ן וְלֶךְ־ velej לְךָ lejá
אֶל־ el אֶרֶץ érets הַמֹּרִיָּה haMoriyá וְהַעֲלֵהוּ vehaalehu שָׁם sham
לְעֹלָה leolá עַל al אַחַד ajad אהבה, דאגה הֶהָרִים heharim אֲשֶׁר asher
אֹמַר omar אֵלֶיךָ׃ eleja וַיַּשְׁכֵּם vayashquem אַבְרָהָם Avraham וה"פ אל,
רי"ו ול"ב נתיבות החכמה, רמ"ח (אברים), עסמ"ב וט"ז אותיות פשוטות בַּבֹּקֶר babóker
וַיַּחֲבֹשׁ vayajavosh אֶת־ et חֲמֹרוֹ jamoró וַיִּקַּח vayikaj וזעם אֶת־ et
שְׁנֵי shnei נְעָרָיו nearav אִתּוֹ itó וְאֵת veet יִצְחָק Yitsjak ד"פ ב"ן בְּנוֹ bnó
וַיְבַקַּע vayvaká עֲצֵי atsei עֹלָה olá וַיָּקָם vayakam וַיֵּלֶךְ vayélej כלי
אֶל־ el הַמָּקוֹם hamakom אֲשֶׁר־ asher אָמַר־ amar לוֹ lo
הָאֱלֹהִים haElohim אהיה אדני ; ילה׃ בַּיּוֹם bayom ע"ה נגד, מזבח, זן, אל יהוה
הַשְּׁלִישִׁי hashlishí וַיִּשָּׂא vayisá אַבְרָהָם Avraham וה"פ אל, רי"ו ול"ב נתיבות החכמה,
רמ"ח (אברים), עסמ"ב וט"ז אותיות פשוטות אֶת־ et עֵינָיו einav ריבוע מ"ה
וַיַּרְא vayar אֶת־ et הַמָּקוֹם hamakom מֵרָחֹק merajok שדי׃

LA PORCIÓN RELACIONADA CON LA ATADURA

"Y aconteció después de estos sucesos, Dios puso a prueba a Avraham y le dijo: 'Avraham', y éste contestó: 'Heme aquí'. Y Él dijo: 'Por favor, toma ahora a tu hijo, tu hijo único, a quien amas, Yitsjak, y ve a la tierra de Moriá y ofrécelo allí en holocausto sobre una de las montañas que te indicaré'. Y madrugó Avraham, preparó su asno y tomó a dos siervos consigo y a su hijo Yitsjak. Avraham partió leña para el holocausto, luego se levantó y fue al lugar que Dios le indicó. Al tercer día alzó Avraham sus ojos y vio el lugar a lo lejos.

וַיֹּאמֶר vayómer אַבְרָהָם Avraham ו"פ אל, רי"ו ול"ב נתיבות החכמה, רמ"ח (אברים),
עסמ"ב וט"ז אותיות פשוטות אֶל־ el נְעָרָיו nearav שְׁבוּ־ shvú לָכֶם lajem פֹּה po
מילה (להכניע הקליפות בסוד החמור ; ע"ה אלהים, אהיה אדני עִם־ im הַחֲמוֹר hajamor
וַאֲנִי vaaní אני וְהַנַּעַר vehanáar נֵלְכָה neljá עַד־ ad כֹּה co
וְנִשְׁתַּחֲוֶה venishtajavé וְנָשׁוּבָה venashuva אֲלֵיכֶם aleijem: וַיִּקַּח vayikaj
ועם אַבְרָהָם Avraham ו"פ אל, רי"ו ול"ב נתיבות החכמה, רמ"ח (אברים), עסמ"ב וט"ז אותיות פשוטות
אֶת־ et עֲצֵי atsei הָעֹלָה haolá וַיָּשֶׂם vayasem עַל־ al יִצְחָק Yitsjak ד"פ ב"ן
בְּנוֹ bnó וַיִּקַּח vayikaj ועם בְּיָדוֹ beyadó אֶת־ et הָאֵשׁ haesh שאה
וְאֶת־ veet הַמַּאֲכֶלֶת hamaajélet וַיֵּלְכוּ vayeljú שְׁנֵיהֶם shneihem
יַחְדָּו yajdav: וַיֹּאמֶר vayómer יִצְחָק Yitsjak ד"פ ב"ן אֶל־ el
אַבְרָהָם Avraham ו"פ אל, רי"ו ול"ב נתיבות החכמה, רמ"ח (אברים), עסמ"ב וט"ז אותיות פשוטות
אָבִיו aviv וַיֹּאמֶר vayómer אָבִי aví וַיֹּאמֶר vayómer הִנֶּנִּי hineni בְנִי vní
וַיֹּאמֶר vayómer הִנֵּה hiné הָאֵשׁ haesh שאה וְהָעֵצִים vehaetsim וְאַיֵּה veayé
הַשֶּׂה hasé לְעֹלָה leolá: וַיֹּאמֶר vayómer אַבְרָהָם Avraham ו"פ אל, רי"ו ול"ב
נתיבות החכמה, רמ"ח (אברים), עסמ"ב וט"ז אותיות פשוטות אֱלֹהִים Elohim אהיה אדני ; ילה
יִרְאֶה־ yiré רי"ו לּוֹ lo הַשֶּׂה hasé לְעֹלָה leolá בְּנִי bní ר"ת הבל (למתק או"ח
"מ לתקן עון הבל שחטא בראיה) וַיֵּלְכוּ vayeljú שְׁנֵיהֶם shneihem יַחְדָּו yajdav:
וַיָּבֹאוּ vayavóu אֶל־ el הַמָּקוֹם hamakom אֲשֶׁר asher אָמַר־ amar לוֹ lo
הָאֱלֹהִים haElohim אהיה אדני ; ילה וַיִּבֶן vayivén שָׁם sham אַבְרָהָם Avraham
ו"פ אל, רי"ו ול"ב נתיבות החכמה, רמ"ח (אברים), עסמ"ב וט"ז אותיות פשוטות אֶת־ et
הַמִּזְבֵּחַ hamizbéaj נגד, זן, אל יהוה וַיַּעֲרֹךְ vayaaroj אֶת־ et הָעֵצִים haetsim
וַיַּעֲקֹד vayaakod אֶת־ et יִצְחָק Yitsjak ד"פ ב"ן בְּנוֹ bnó וַיָּשֶׂם vayasem ו"פ אל,

---

Les dijo entonces a los mozos: Esperen aquí con el asno, mientras yo y mi hijo vamos allá, donde nos prosternaremos y volveremos a ustedes. Y tomó Avraham la leña para el holocausto y la cargó sobre su hijo Yitsjak. Tomó el fuego y el cuchillo, y ambos fueron juntos. Entonces Yitsjak le dijo a su padre: 'Padre mío', y él contestó: 'Aquí estoy, hijo mío'. Y dijo Yitsjak: 'He aquí el fuego y la leña, ¿pero dónde está el cordero para el sacrificio?'. Y respondió Avraham: 'Hijo mío, Dios proveerá el cordero para el holocausto'. Y siguieron andando los dos juntos. Y llegaron al lugar que Dios le había indicado, y Avraham erigió allí un altar, ordenó la leña y ató a su hijo, Yitsjak, y lo colocó

אֹתוֹ otó עַל־ al הַמִּזְבֵּחַ hamizbéaj נגד, זן, אל יהוה מִמַּעַל mimáal עלם

לָעֵצִים laetsim: וַיִּשְׁלַח vayishlaj אַבְרָהָם Avraham ו"פ אל, רי"ו ול"ב נתיבות

החכמה, רמ"ח (אברים), עסמ"ב וט"ז אותיות פשוטות אֶת־ et יָדוֹ yadó וַיִּקַּח vayikaj ועם

אֶת־ et הַמַּאֲכֶלֶת hamaajélet לִשְׁחֹט lishjot אֶת־ et בְּנוֹ bnó:

וַיִּקְרָא vayikrá עם ה' אותיות ב"פ קס"א אֵלָיו elav מַלְאַךְ malaj

יְהֹוָה אדניאהדונהי Adonai מִן־ min הַשָּׁמַיִם hashamáyim י"פ טל, י"פ כוזו ; ר"ת מ"ה

וַיֹּאמַר vayómer אַבְרָהָם Avraham | ו"פ אל, רי"ו ול"ב נתיבות החכמה, רמ"ח (אברים),

עסמ"ב וט"ז אותיות פשוטות אַבְרָהָם Avraham ו"פ אל, רי"ו ול"ב נתיבות החכמה, רמ"ח (אברים),

עסמ"ב וט"ז אותיות פשוטות וַיֹּאמֶר vayómer הִנֵּנִי hineni: וַיֹּאמֶר vayómer אַל־ al

תִּשְׁלַח tishlaj יָדְךָ yadjá אֶל־ el הַנַּעַר hanáar וְאַל־ veal תַּעַשׂ taás

לוֹ lo מְאוּמָה meumá כִּי qui | עַתָּה ata יָדַעְתִּי yadati כִּי־ qui יְרֵא yeré

אֱלֹהִים Elohim אהיה אדני ; ילה אַתָּה atá וְלֹא veló חָשַׂכְתָּ jasajta אֶת־ et

בִּנְךָ binjá אֶת־ et יְחִידְךָ yejidjá מִמֶּנִּי mimeni: וַיִּשָּׂא vayisá

אַבְרָהָם Avraham ו"פ אל, רי"ו ול"ב נתיבות החכמה, רמ"ח (אברים), עסמ"ב וט"ז אותיות פשוטות

אֶת־ et עֵינָיו einav ריבוע מ"ה וַיַּרְא vayar וְהִנֵּה־ vehiné אַיִל áyil אַחַר ajar

נֶאֱחַז neejaz בַּסְּבַךְ basvaj בְּקַרְנָיו bekarnav כשאומר נאחז בסבך בקרניו

יכוין לתיבות שאחר סבך הם עגל, והשטן בעבור קיטרוג העגל היה מרחיק האיל, כדי שישחט יצחק.

ומיכאל (= נ"א = הנה איל) אחר נאחז בקרניו (= עס"ח סממני הקטורת) הכניע את השטן (כף החיים י"ב - ג')

וַיֵּלֶךְ vayelej כלי אַבְרָהָם Avraham ו"פ אל, רי"ו ול"ב נתיבות החכמה,

רמ"ח (אברים), עסמ"ב וט"ז אותיות פשוטות וַיִּקַּח vayikaj ועם אֶת־ et

הָאַיִל haáyil וַיַּעֲלֵהוּ vayaalehu לְעֹלָה leolá תַּחַת tájat בְּנוֹ bnó:

וַיִּקְרָא vayikrá עם ה' אותיות ב"פ קס"א אַבְרָהָם Avraham ו"פ אל, רי"ו ול"ב נתיבות

החכמה, רמ"ח (אברים), עסמ"ב וט"ז אותיות פשוטות שֵׁם־ shem הַמָּקוֹם hamakom

---

en el altar, sobre la leña. Y Avraham extendió la mano en la que portaba el cuchillo para sacrificar a su hijo cuando lo llamó desde Cielo el Ángel del Señor diciéndole: 'Avraham, Avraham'. Y éste contestó dijo: 'Heme aquí'. Y Él dijo: 'No abatas tu mano sobre el muchacho ni le hagas nada, porque ahora sé que eres temeroso de Dios y no escatimaste para Mí a tu propio hijo'. Y Avraham alzó la vista y vio a un carnero cercano que tenía sus cuernos trabados en el matorral. Avraham fue allí y tomó al carnero; lo ofreció por holocausto en lugar de su hijo. Y llamó Avraham ese lugar

הַהוּא hahú יְהֹוָה אדני אהדונהי Adonai | יִרְאֶה yiré ר"י אֲשֶׁר asher

יֵאָמֵר yeamer הַיּוֹם hayom ע"ה נגד, זן, מזבח, אל יהוה בְּהַר behar

יְהֹוָה אדני אהדונהי Adonai יֵרָאֶה yeraé ר"י: וַיִּקְרָא vayikrá עם ה' אותיות ב"פ קס"א

מַלְאַךְ malaj יְהֹוָה אדני אהדונהי Adonai אֶל־ el אַבְרָהָם Avraham וז"פ אל,

ר"ו ול"ב נתיבות החכמה, רמ"ח (אברים), עסמ"ב וט"ז אותיות פשוטות שֵׁנִית shenit מִן־ min

הַשָּׁמָיִם hashamáyim י"פ טל, י"פ כוזו ; ר"ת מ"ה: וַיֹּאמֶר vayómer בִּי bi

נִשְׁבַּעְתִּי nishbati נְאֻם־ neúm יְהֹוָה אדני אהדונהי Adonai כִּי qui יַעַן yaán

אֲשֶׁר asher עָשִׂיתָ asita אֶת־ et הַדָּבָר hadavar ראה הַזֶּה hazé והו וְלֹא veló

חָשַׂכְתָּ jasajta אֶת־ et בִּנְךָ binjá אֶת־ et יְחִידֶךָ yejideja: כִּי־ qui

בָרֵךְ varej אֲבָרֶכְךָ avarejejá וְהַרְבָּה veharbá אַרְבֶּה arbé יצחק, ד"פ ב"ן

אֶת־ et זַרְעֲךָ zarajá כְּכוֹכְבֵי quejójvei הַשָּׁמַיִם hashamáyim י"פ טל, י"פ כוזו

וְכַחוֹל vejajol אֲשֶׁר asher עַל־ al שְׂפַת sfat הַיָּם hayam ילי

וְיִרַשׁ veyirash זַרְעֲךָ zarajá אֵת et שַׁעַר sháar אֹיְבָיו oyvav:

וְהִתְבָּרְכוּ vehitbarjú יהוה ריבוע יהוה ריבוע מ"ה בְזַרְעֲךָ vezarajá

כֹּל col ילי גּוֹיֵי goyei הָאָרֶץ haárets אלהים דההין ע"ה עֵקֶב ékev ב"פ מום

אֲשֶׁר asher שָׁמַעְתָּ shamata בְּקֹלִי bekolí: וַיָּשָׁב vayashav

אַבְרָהָם Avraham וז"פ אל, ר"ו ול"ב נתיבות החכמה, רמ"ח (אברים), עסמ"ב וט"ז אותיות פשוטות

אֶל־ el נְעָרָיו nearav וַיָּקֻמוּ vayakumu וַיֵּלְכוּ vayeljú יַחְדָּו yajdav

אֶל־ el בְּאֵר Beer קנ"א ב"ן, יהוה אלהים יהוה אדני, מילוי קס"א וס"ג, מ"ה ברבוע וע"ב ע"ה

שָׁבַע Shava וַיֵּשֶׁב vayeshev אַבְרָהָם Avraham וז"פ אל,

ר"ו ול"ב נתיבות החכמה, רמ"ח (אברים), עסמ"ב וט"ז אותיות פשוטות בִּבְאֵר biVeer

קנ"א ב"ן, יהוה אלהים יהוה אדני, מילוי קס"א וס"ג, מ"ה ברבוע וע"ב ע"ה שָׁבַע Shava:

El Señor verá, de donde se dice hasta hoy día que en la Montaña del Señor se puede ver. Entonces el Ángel del Señor llamó a Avraham desde el Cielo por segunda vez diciendo: 'Por Mí juré, dijo el Señor, que por haber hecho tú cosa semejante y no Me negaste a tu hijo, el único, ciertamente he de bendecirte y multiplicaré inmensamente tu simiente como las estrellas del cielo y la arena de las costas. Tu simiente heredará el portal de sus enemigos. Todos los pueblos de la Tierra serán bendecidos por tu simiente, porque tú has obedecido a Mi Voz'. Y Avraham regresó al lugar donde estaban sus mozos. Se levantaron todos y fueron a Beer Sheva. Y Avraham moró en Beer Sheva" (Génesis 22:1-19).

RIBONÓ SHEL OLAM

La Luz nunca se puede revelar sin una Vasija. *Ribonó Shel Olam* nos ayuda a construir nuestra propia Vasija personal para atraer toda la Luz que Avraham generó en virtud de sus acciones.

רִבּוֹנוֹ Ribonó שֶׁל shel עוֹלָם olam• כְּמוֹ cmó שֶׁכָּבַשׁ shecavash

אַבְרָהָם Avraham ו"פ אל, רי"ו ול"ב נתיבות החכמה, רמ"ח (אברים), עסמ"ב וט"ז אותיות פשוטות

אָבִינוּ avinu אֶת et רַחֲמָיו rajamav לַעֲשׂוֹת laasot רְצוֹנְךָ retsonjá

בְּלֵבָב belevav בוכו שָׁלֵם shalem• כֵּן quen יִכְבְּשׁוּ yijbeshú

רַחֲמֶיךָ rajameja אֶת et כַּעַסְךָ caaseja• וְיִגֹּלוּ veyigolu

רַחֲמֶיךָ rajameja עַל al מִדּוֹתֶיךָ midoteja• וְתִתְנַהֵג vetitnaheg

עִמָּנוּ imanu ריבוע דס"ג, קס"א ע"ה וד' אותיות יְהֹוָה Adonai אֱלֹהֵינוּ Eloheinu

ילה בְּמִדַּת bemidat הַחֶסֶד hajésed ע"ב, ריבוע יהוה וּבְמִדַּת uvemidat

הָרַחֲמִים harajamim• וְתִכָּנֵס veticanés לָנוּ lanu אלהים, אהיה אדני

לִפְנִים lifnim מִשּׁוּרַת mishurat הַדִּין hadín• וּבְטוּבְךָ uvetuvjá לאו

הַגָּדוֹל hagadol להח ; עם ד' אותיות = מבה, יזל, אום יָשׁוּב yashuv חֲרוֹן jarón

אַפְּךָ apaj• מֵעַמְּךָ meamaj וּמֵעִירְךָ umeiraj וּמֵאַרְצְךָ umeartsaj

וּמִנַּחֲלָתְךָ uminajalataj• וְקַיֵּם vekayem לָנוּ lanu אלהים, אהיה אדני

יְהֹוָה Adonai אֱלֹהֵינוּ Eloheinu ילה אֶת et הַדָּבָר hadavar ראה

שֶׁהִבְטַחְתָּנוּ shehivtajtanu בְּתוֹרָתְךָ betorataj עַל al יְדֵי yedei

מֹשֶׁה Moshé מהש, ע"ב בריבוע וקס"א, אל שדי, ד"פ אלהים ע"ה עַבְדָּךְ avdaj פוי, אל אדני

כָּאָמוּר caamur (ויקרא כ"ו, מ"ב): וְזָכַרְתִּי vezajarti אֶת־ et בְּרִיתִי brití

יַעֲקוֹב Yaakov ז' הויות, אידהנויה וְאַף veaf אֶת־ et בְּרִיתִי brití

RIBONÓ SHEL OLAM

Señor del Mundo, igual que Avraham nuestro padre suprimió su compasión para cumplir con Tu voluntad con todo el corazón, de igual manera que Tu compasión suprima a Tu ira y pueda Tu compasión revelarse por encima de Tus otros atributos. Compórtate con nosotros, Señor, nuestro Dios, de acuerdo con los atributos de benevolencia y de compasión; por nuestro bien, actúa hacia nosotros desde más allá del marco de juicio estricto. Por Tu gran bondad, Tu furia se retractará de Tu Nación, Tu Ciudad, Tu Tierra, y Tu Herencia. Cumple para nosotros, Señor, nuestro Dios, lo que nos has prometido en Tu Torá, a través de Moshé, Tu sirviente, como está dicho: "Me acordaré de Mi Pacto con Yaakov, de Mi Pacto

יִצְחָק Yitsjak ד"פ ב"ן וְאַף veaf אֶת־ et בְּרִיתִי brití

אַבְרָהָם Avraham ר"פ אל, רי"ו ול"ב נתיבות החכמה, רמ"ח (אברים), עסמ"ב וט"ז אותיות פשוטות

אֶזְכֹּר ezcor וְהָאָרֶץ vehaárets אלהים דההין ע"ה אֶזְכֹּר: ezcor: וְנֶאֱמַר: veneemar:

וְאַף־ veaf גַּם־ gam זֹאת zot בִּהְיוֹתָם bihyotam בְּאֶרֶץ beérets

אֹיְבֵיהֶם oyveihem לֹא־ lo מְאַסְתִּים meastim וְלֹא־ veló גְעַלְתִּים guealtim

לְכַלֹּתָם lejalotam לְהָפֵר lehafer בְּרִיתִי brití אִתָּם itam כִּי qui אֲנִי aní אני

יְהֹוָה אדני אהדונהי Adonai אֱלֹהֵיהֶם Eloheihem ילה: וְזָכַרְתִּי vezajarti

לָהֶם lahem בְּרִית brit רִאשֹׁנִים rishonim אֲשֶׁר asher הוֹצֵאתִי־ hotseti

אֹתָם otam מֵאֶרֶץ meérets מִצְרַיִם Mitsráyim מצר לְעֵינֵי leeinei ריבוע מ"ה

הַגּוֹיִם hagoyim לִהְיוֹת lihyot לָהֶם lahem לֵאלֹהִים leElohim אהיה אדני ; ילה

אֲנִי Aní אני יְהֹוָה אדני אהדונהי: Adonai: וְנֶאֱמַר: veneemar: וְשָׁב veshav

יְהֹוָה אדני אהדונהי Adonai אֱלֹהֶיךָ Eloheja ילה אֶת־ et שְׁבוּתְךָ shevutjá

וְרִחֲמֶךָ verijameja וְשָׁב veshav וְקִבֶּצְךָ vekibetsjá מִכָּל־ micol ילי

הָעַמִּים haamim אֲשֶׁר asher הֱפִיצְךָ hefitsjá יְהֹוָה אדני אהדונהי Adonai

אֱלֹהֶיךָ Eloheja ילה שָׁמָּה: shama: אִם־ im יוהך, מ"א אותיות דפשוט,

דמילוי ודמילוי דמילוי דאהיה ע"ה יִהְיֶה yihyé ייי נִדַּחֲךָ nidajajá בִּקְצֵה biktsé

הַשָּׁמָיִם hashamáyim י"פ טל, י"פ כוזו מִשָּׁם misham יְקַבֶּצְךָ yekabetsjá

יְהֹוָה אדני אהדונהי Adonai אֱלֹהֶיךָ Eloheja ילה וּמִשָּׁם umisham

יִקָּחֶךָ: yikajejá: וֶהֱבִיאֲךָ veheviajá יְהֹוָה אדני אהדונהי Adonai

אֱלֹהֶיךָ Eloheja ילה אֶל־ el הָאָרֶץ haárets אלהים דההין ע"ה אֲשֶׁר־ asher

---

con Yitsjak y hasta de Mi Pacto con Avraham y me acordaré también de la tierra" (Levítico 26:42). *Y también está dicho: "Y a pesar de las iniquidades de Israel, cuando estuvieron en tierras de sus enemigos, no los desprecié ni los odié de tal manera como para destruirlos y anular Mi Pacto con ellos, porque Yo soy El Señor, su Dios. Y por ellos, recordaré de Mi Pacto con la primera generación a quienes libré de la tierra de Egipto ante los ojos de todos los pueblos para que Yo fuera su Dios. Yo soy el Señor"* (Levítico 26:44-45). *Y también está dicho: "Y el Señor te hará volver del cautiverio y se apiadará de ti y te recogerá del seno de los pueblos donde Él te hubiere dispersado. Incluso si estuvieses desterrado en el extremo del Cielo, de allí mismo el Señor, tu Dios, ha de reunirte y de allí mismo ha de recogerte. Y el Señor, tu Dios, te traerá a la Tierra que*

yarshú יָרְשׁוּ avoteja אֲבֹתֶיךָ virishtá וִירִשְׁתָּהּ veheitivjá וְהֵיטִבְךָ

vehirbeja וְהִרְבְּךָ meavoteja מֵאֲבֹתֶיךָ: veneemar וְנֶאֱמַר al עַל

yedei יְדֵי nevieja נְבִיאֶךָ: Adonai יְהֹוָה (יאהדונהי) janenu חָנֵּנוּ

lejá לְךָ kivinu קִוִּינוּ heyé הֱיֵה (יהה) zroam זְרֹעָם labkarim לַבְּקָרִים

(referencia a los “Diez mártires del reino”) af אַף yeshuatenu יְשׁוּעָתֵנוּ

beet בְּעֵת tsará צָרָה (אלהים דההין): veneemar וְנֶאֱמַר: veet וְעֵת-

tsará צָרָה (אלהים דההין) hi הִיא leYaakov לְיַעֲקֹב (י' הויות, אידהנויה)

umimena וּמִמֶּנָּה yivashea יִוָּשֵׁעַ: veneemar וְנֶאֱמַר: bejol בְּכָל- (ב"ן, לכב)

tsaratam צָרָתָם | lo לוֹ (כתיב: לא) tsar צָר umalaj וּמַלְאַךְ

panav פָּנָיו hoshiam הוֹשִׁיעָם beahavató בְּאַהֲבָתוֹ uvejemlató וּבְחֶמְלָתוֹ

Hu הוּא guealam גְאָלָם vayenatlem וַיְנַטְּלֵם vaynasem וַיְנַשְּׂאֵם

col כָּל- (ילי) yemei יְמֵי olam עוֹלָם: veneemar וְנֶאֱמַר:

LOS TRECE ATRIBUTOS

Los Trece Atributos son 13 virtudes o propiedades que reflejan 13 aspectos de nuestra relación diaria con el Creador. Actúan como un espejo. Si realizamos una acción negativa en nuestro mundo, el espejo refleja esta energía negativa de vuelta a nosotros. A medida que intentamos transformar nuestra naturaleza reactiva en una proactiva, esta retroalimentación directa desde el mundo de *Yetsirá* ayuda a orientarnos y a corregirnos. El número 13 también representa “uno por encima de los 12 signos del Zodíaco”. Los 12 signos astrológicos determinan nuestro comportamiento instintivo y reactivo. El número 13 nos da el control sobre los 12 signos, lo que nos da el dominio sobre nuestra naturaleza reactiva.

Una carta astrológica se conoce mejor como el mapa de ADN del alma de un individuo, revelando qué vino a hacer a este mundo, y qué necesita corregir y transformar en este tiempo de vida. Estamos destinados a usar los aspectos positivos de nuestro signo astrológico para superar y transformar todos los aspectos negativos imbuidos en nuestra personalidad interior. Es importante comprender que nuestro perfil astrológico no es la *causa* de nuestra naturaleza, sino el *efecto*. Recibimos un mapa de ADN en particular basado en nuestro historial de vidas pasadas. Este comportamiento de una vida pasada —y sus consecuentes créditos y deudas espirituales— determinó el momento y el signo en que nacimos. La astrología es sólo el mecanismo mediante el cual adquirimos las características necesarias para nuestro crecimiento y cambio interior.

---

heredaron tus padres y que también tú poseerás. Él será benévolo contigo y hará que te multipliques más que tus padres” (Deuteronomio 30:3-5). Y también está dicho a través de Tus profetas: “Señor, ten misericordia de nosotros, a Ti hemos esperado; Tú, brazo de ellos en la mañana, sé también nuestra salvación en tiempo de la tribulación.” (Isaías 33:2). Y como está dicho: “Es tiempo de tribulaciones para Yaakov, mas él será librado de ellas” (Jeremías 30:7). También: “Dios estaba afligido por la aflicción de ellos, y por eso los ángeles de Su presencia, los redimieron. En Su amor y en Su piedad los salvó. Él los trajo y los levantó todos los días de la eternidad” (Isaías 63:9). Y se ha dicho:

(1) אל מִי־ mi יל״י אֵל El ״יא״י (מילוי דס״ג) כָּמוֹךָ camoja

(2) רחום נֹשֵׂא nosé עָוֹן avón

(3) וחנון וְעֹבֵר veover עַל־ al פֶּשַׁע pesha

(4) ארך לִשְׁאֵרִית lisherit נַחֲלָתוֹ najalató

(5) אפים לֹא־ lo הֶחֱזִיק hejezik לָעַד laad ב״פ ב״ן אַפּוֹ apó

(6) ורב חסד כִּי־ qui חָפֵץ jafets חֶסֶד jésed ע״ב, ריבוע יהוה הוּא hu:

(7) ואמת יָשׁוּב yashuv יְרַחֲמֵנוּ yerajamenu

(8) נצר חסד יִכְבֹּשׁ yijbosh עֲוֹנֹתֵינוּ avonoteinu

(9) לאלפים וְתַשְׁלִיךְ vetashlij בִּמְצֻלוֹת bimtsulot

יָם yam יל״י כָּל־ col יל״י חַטֹּאותָם jatotam:

(10) נשא עון תִּתֵּן titén ב״פ כהת אֱמֶת emet אהיה פעמים אהיה, ז״פ ס״ג

לְיַעֲקֹב leYaakov ז׳ הויות, יאהדונהי אידהנויה (חיבור ז״א ומלכות)

(11) ופשע חֶסֶד jésed ע״ב, ריבוע יהוה לְאַבְרָהָם leAvraham

ח״פ אל, רי״ו ול״ב נתיבות החכמה, רמ״ח (אברים), עסמ״ב וט״ז אותיות פשוטות

(12) וחטאה אֲשֶׁר־ asher נִשְׁבַּעְתָּ nishbata לַאֲבֹתֵינוּ laavoteinu

(13) ונקה מִימֵי mimei קֶדֶם kédem:

LOS TRECE ATRIBUTOS

"1) ¿Quién es un Dios como Tú? 2) Quien perdona la iniquidad, 3) y olvida el pecado 4) del remanente de Su heredad. 5) Él no retuvo para siempre Su enojo 6) porque Él se deleita en misericordia. 7) Él tendrá de nuevo misericordia sobre nosotros 8) y eliminará nuestras iniquidades. 9) Él echará en las profundidades del mar todos sus pecados. 10) Da la verdad a Yaakov 11) y benevolencia a Avraham 12) que prometiste nuestros padres, 13) desde el comienzo de los días" (Miqueas 7:18-20).

וְנֶאֱמַר veneemar: וַהֲבִיאוֹתִים vahaviotim אֶל־ el הַר har
קָדְשִׁי kadshí וְשִׂמַּחְתִּים vesimajtim בְּבֵית beveit ב"פ ראה
תְּפִלָּתִי tfilatí עוֹלֹתֵיהֶם oloteihem וְזִבְחֵיהֶם vezivjeihem לְרָצוֹן leratsón
עַל־ al מִזְבְּחִי mizbejí כִּי qui מהש ע"ה, ע"ב בריבוע וקס"א ע"ה, אל שדי ע"ה
בֵיתִי veití ב"פ ראה בֵּית־ beit ב"פ ראה תְּפִלָּה tfilá באתב"ש אֻכְּצַ = ב"ן + אדני
ונקודה ע"ה = יוד הי וו הה יִקָּרֵא yikaré לְכָל־ lejol יה אדני הָעַמִּים haamim ר"ת יכה:

ELU DVARIM

אֵלּוּ elu דְּבָרִים dvarim ראה שֶׁאֵין sheéin לָהֶם lahem שִׁעוּר shiur
הַפֵּאָה hapeá וְהַבִּכּוּרִים vehabicurim וְהָרֵאָיוֹן vehareayón וּגְמִילוּת ugmilut
חֲסָדִים jasadim וְתַלְמוּד vetalmud תּוֹרָה Torá. אֵלּוּ elu
דְּבָרִים dvarim ראה שֶׁאָדָם sheadam מ"ה עוֹשֶׂה osé אוֹתָם otam,
אוֹכֵל ojel מִפֵּירוֹתֵיהֶם miperoteihem בָּעוֹלָם baolam הַזֶּה hazé והו
וְהַקֶּרֶן vehakeren קַיֶּמֶת kayémet לוֹ lo לְעוֹלָם leolam ריבוע ס"ג ו' אותיות דס"ג
הַבָּא habá. וְאֵלּוּ veelu הֵן hen. כִּבּוּד quibud אָב av וָאֵם vaem.
וּגְמִילוּת ugmilut חֲסָדִים jasadim. וּבִקּוּר uvikur חוֹלִים jolim חולה =
מ"ה עם ד' אותיות. וְהַכְנָסַת vehajnasat אוֹרְחִים orjim. וְהַשְׁכָּמַת vehashcamat
בֵּית beit ב"פ ראה הַכְּנֶסֶת hacnéset. וַהֲבָאַת vahavaat שָׁלוֹם shalom בֵּין bein
אָדָם adam מ"ה לַחֲבֵירוֹ lajaveró. וּבֵין uvein אִישׁ ish לְאִשְׁתּוֹ leishtó.
וְתַלְמוּד vetalmud תּוֹרָה Torá כְּנֶגֶד quenégued מזבח, זן, אל יהוה כֻּלָּם culam:

Y también está dicho: "Yo los he traído a Mi Montaña Sagrada y los he regocijado en Mi Casa de Oración. Sus holocaustos y sus sacrificios serán aceptados sobre Mi Altar, porque Mi Casa será llamada: 'Mi Casa de Oración' para todas las naciones" (Isaías 56:7).

ELU DVARIM

"Los siguientes elementos no tienen medida: la esquina del terreno, la primicia, una ofrenda visual, la benevolencia y el estudio de la Torá. Estas son las cosas que una persona puede hacer y beneficiarse de sus frutos, en este mundo y, mientras su esencia permanezca intacta, en el Mundo por Venir. Y estas son: Honrar al padre y a la madre, Otorgar benevolencia, Visitar a los enfermos, Brindar hospitalidad a los huéspedes, Llegar temprano a la sinagoga, Traer paz entre el hombre y sus semejantes y entre marido y mujer. Y el estudio de la Torá es equivalente a todos ellos" (Peá Cap. 1:1; Shabat 127a).

LEOLAM YEHÉ ADAM

Es importante mantener un sentido de temor reverencial por el Creador y tener un miedo saludable de desconectarse de la Luz por actuar de forma deshonesta, bien sea que estemos solos o entreotras personas. El temor reverencial nos ayuda a reconocer que es nuestro oponente —*Satán*— quien intenta controlar nuestro comportamiento, y no nuestra naturaleza verdadera

לְעוֹלָם leolam ריבוע דס"ג וי' אותיות דס"ג יְהֵא yehé אָדָם adam יְרֵא yeré

שָׁמַיִם shamáyim י"פ טל, י"פ כוזו בַּסֵּתֶר baséter ב"פ מצר כְּבַגָּלוּי quevagalui•

וּמוֹדֶה umodé עַל al הָאֱמֶת haemet אהיה פעמים אהיה, ד"פ ס"ג•

וְדוֹבֵר vedover אֱמֶת emet אהיה פעמים אהיה, ד"פ ס"ג בִּלְבָבוֹ bilvavó•

וְיַשְׁכֵּם veyashquim וְיֹאמַר veyomar:• רִבּוֹן Ribón יהוה ע"ב ס"ג מ"ה ב"ן

הָעוֹלָמִים haolamim וַאֲדוֹנֵי vaAdonei הָאֲדוֹנִים haadonim• לֹא lo עַל־ al

צִדְקוֹתֵינוּ tsidkoteinu אֲנַחְנוּ anajnu מַפִּילִים mapilim תַּחֲנוּנֵינוּ tajanuneinu

לְפָנֶיךָ lefaneja ס"ג מ"ה ב"ן כִּי qui עַל־ al רַחֲמֶיךָ rajameja הָרַבִּים harabim:•

אֲדֹנָי Adonai ללה | שְׁמָעָה shmaá אֲדֹנָי Adonai ללה | סְלָחָה slajá

אֲדֹנָי Adonai ללה הַקְשִׁיבָה hakshiva וַעֲשֵׂה vaasé אַל־ al תְּאַחַר teajar

לְמַעַנְךָ lemaanjá אֱלֹהַי Elohai מילוי ע"ב, דמב ; ילה כִּי־ qui שִׁמְךָ Shimjá

נִקְרָא nikrá עַל־ al עִירְךָ irjá וְעַל־ veal עַמֶּךָ ameja:• מַה ma מ"ה

אֲנַחְנוּ anajnu מֶה ma מ"ה חַיֵּינוּ jayeinu• מֶה ma מ"ה חַסְדֵּנוּ jasdenu

מַה ma מ"ה צִדְקוֹתֵינוּ tsidkoteinu• מַה ma מ"ה כֹּחֵנוּ cojenu מַה ma מ"ה

גְּבוּרָתֵנוּ gvuratenu• מַה ma מ"ה נֹּאמַר nomar לְפָנֶיךָ lefaneja ס"ג מ"ה ב"ן

יְהֹוָהאדניאהדונהי Adonai אֱלֹהֵינוּ Eloheinu ילה וֵאלֹהֵי veElohei לכב ; מילוי ע"ב, דמב ; ילה

אֲבוֹתֵינוּ avoteinu הֲלֹא haló כָּל col ילי הַגִּבּוֹרִים haguiborim כְּאַיִן queáyin

---

LEOLAM YEHÉ ADAM

Uno siempre debe temer a los Cielos en privado y en público, y uno debe reconocer la verdad y hablar la verdad en su corazón. Uno debe levantarse temprano y decir: Gobernador de los mundos, Señor de todos los Señores, "No ponemos nuestras súplicas ante Ti por causa de nuestra rectitud, sino debido a Tu abundante compasión. Señor, escúchanos. Señor, perdónanos. Señor, escucha, actúa y no demores. Mi Dios, hazlo así por Tu propia causa, porque Tu Nombre es invocado sobre Tu Ciudad y Tu Nación" (Daniel 9:18-19). *¿Cuál es nuestro valor y cuál es el beneficio de nuestra vida, nuestra rectitud, nuestra fortaleza y nuestro valor? ¿Qué debemos decir ante Ti, Señor, nuestro Dios y el Dios de nuestros padres? Todos los poderosos son como nada ante Ti. Los hombres famosos como si nunca hubiesen existido.*

לְפָנֶיךָ lefaneja ס״ג מ״ה ב״ן • וְאַנְשֵׁי veanshei הַשֵּׁם haShem כְּלֹא queló הָיוּ hayú•
וַחֲכָמִים vajajamim כִּבְלִי quivlí מַדָּע madá וּנְבוֹנִים unevonim
כִּבְלִי quivlí הַשְׂכֵּל hasquel• כִּי qui כָל jol ילי מַעֲשֵׂינוּ maaseinu
תֹהוּ tohú וִימֵי vimei חַיֵּינוּ jayeinu הֶבֶל hével
לְפָנֶיךָ lefaneja ס״ג מ״ה ב״ן : וּמוֹתַר umotar הָאָדָם haadam מ״ה מִן min
הַבְּהֵמָה habehemá ב״ן אָיִן ayin כִּי qui הַכֹּל hacol ילי הָבֶל hável:

LEVAD HANESHAMÁ (EXCEPTO POR ESA ALMA PURA)

La única entidad de valor genuino e importancia es nuestra alma, ya que el alma es una parte real de Dios. Si cometemos el error de olvidar que todos los que nos rodean también son parte del Creador, nos desconectamos inmediatamente de la Luz. *Levad HaNeshamá* nos ayuda a valorar y a apreciar el aspecto divino en todas las criaturas, y a respetar la esencia espiritual de nuestro mundo.

לְבַד levad הַנְּשָׁמָה haNeshamá הַטְּהוֹרָה hatehorá שֶׁהִיא shehí
עֲתִידָה atidá לִתֵּן litén דִּין din וְחֶשְׁבּוֹן vejeshbón לִפְנֵי lifnei כִּסֵּא jisé
כְבוֹדֶךָ jevodeja ב״ן, לכב וְכָל vejol ילי הַגּוֹיִם hagoyim כְּאַיִן queayin
נֶגְדֶּךָ negdejá מזבח, זן, אל יהוה שֶׁנֶּאֱמַר sheneemar: הֵן hen גּוֹיִם goyim
כְּמַר cmar מִדְּלִי midlí וּכְשַׁחַק ujeshájak מֹאזְנַיִם moznáyim
נֶחְשָׁבוּ nejshavú הֵן hen אִיִּים iyim כַּדַּק cadak יִטּוֹל yitol:

AVAL

Todos somos descendientes de Avraham, Yitsjak y Yaakov. Estos grandes patriarcas bíblicos vinieron a este mundo y crearon una estructura espiritual siendo ellos los conductores, conectando con aspectos específicos de la Luz para que tú, yo y todas las personas del mundo pudiéramos acceder a la misma energía que ellos mismos encarnaron. Es gracias al mérito de estos gigantes espirituales que ahora podemos hacer las conexiones espirituales más elevadas posibles.

Los hombres sabios como si no tuvieran conocimiento y los hombres con entendimiento como si carecieran de sentido. Todas nuestras obras son confusión y los días de nuestras vidas son vanos ante Ti (Taná Devei Rabí Eleazar Cap. 21). Y el hombre no es superior a las bestias, porque todo es vanidad (Eclesiastés 3:19).

LEVAD HANESHAMÁ

Excepto por esa alma pura la cual está destinada a ser juzgada y a rendir cuentas ante el Trono de Tu Gloria. Todas las naciones son como nada ante Ti, como está dicho: "He aquí que las naciones son para Él como una gota de agua que cae de un balde y son contadas como el polvillo en la balanza. Él hace desaparecer las islas como si fueran polvo" (Isaías 40:15).

אֲבָל aval אֲנַחְנוּ anajnu עַמְּךָ amjá בְּנֵי bnei בְרִיתֶךָ vriteja בְּנֵי bnei

אַבְרָהָם Avraham ו"פ אל, רי"ו ול"ב נתיבות החכמה, רמ"ח (אברים), עסמ"ב וט"ז אותיות פשוטות

אֹהַבְךָ ohaveja שֶׁנִּשְׁבַּעְתָּ shenishbata לוֹ lo בְּהַר behar

הַמּוֹרִיָּה haMoriyá• זֶרַע zera יִצְחָק Yitsjak ד"פ ב"ן עֲקֵדְךָ akedeja

שֶׁנֶּעֱקַד sheneekad עַל al גַּבֵּי gabei הַמִּזְבֵּחַ hamizbéaj נגד, זן, אל יהוה

עֲדַת adat יַעֲקֹב Yaakov ז' הויות, אידהנויה בִּנְךָ binjá

בְּכוֹרֶךָ vejoreja• שֶׁמֵּאַהֲבָתְךָ shemeahavatjá שֶׁאָהַבְתָּ sheahavta

אוֹתוֹ otó וּמִשִּׂמְחָתְךָ umisimjatjá שֶׁשָּׂמַחְתָּ shesamajta בּוֹ bo

קָרָאתָ karata אוֹתוֹ otó יִשְׂרָאֵל Yisrael וִישֻׁרוּן vishurún:•

LeFijaj

LeFijaj despierta un sentido de apreciación que garantiza nuestra buena fortuna y protege aquello que amamos. Espiritualmente, no hay nada malo en trabajar por cosas más grandes y mejores en la vida; pero es nuestra conciencia de alma, no nuestra conciencia corpórea, lo que determinará si recibimos felicidad y satisfacción interior o insatisfacción y frustración. El mensaje profundo es que debemos estar felices con nuestro destino en la vida, como quiera que éste se vea, porque esa sensación de felicidad y apreciación es exactamente lo que necesitamos para lograr nuestro crecimiento espiritual.

לְפִיכָךְ lefijaj אֲנַחְנוּ anajnu חַיָּבִים jayavim לְהוֹדוֹת lehodot לָךְ laj

וּלְשַׁבֵּחֲךָ uleshabjaj וּלְפָאֲרָךְ ulefaaraj וּלְרוֹמְמָךְ uleromemaj

וְלִתֵּן velitén שִׁיר shir שֶׁבַח shévaj וְהוֹדָאָה vehodaá לְשִׁמְךָ leShimjá

הַגָּדוֹל hagadol להח ; עם ד' אותיות = מבה, יזל, הום וַחַיָּבִים vejayavim

אֲנַחְנוּ anajnu לוֹמַר lomar לְפָנֶיךָ lefaneja ס"ג מ"ה ב"ן שִׁירָה shirá

בְּכָל bejol ב"ן, לכב יוֹם yom ע"ה נגד, מזבח, זן, אל יהוה תָּמִיד tamid ע"ה נתה, קס"א קנ"א קמ"ג.

Aval

Sin embargo somos Tu Nación, los hijos de Tu pacto: los Hijos de Avraham, que Te ha amado y a quien Tú le has jurado sobre el Monte Moriá; la semilla de Yitsjak, Tu atado, que fue atado sobre el altar; y la Congregación de Yaakov, Tu hijo, Tu primogénito, que por el amor y la alegría que Tú sentías hacia él, Te has regocijado en él y lo llamaste Israel y también Yeshurún.

LeFijaj

Por lo tanto, es nuestra obligación agradecerte, alabarte, glorificarte y exaltarte, y brindar una canción de alabanza y gratitud a Tu Gran Nombre. Estamos obligados a decir ante Ti, todos los días y para siempre,

אַשְׁרֵינוּ ashrenu מַה ma מ"ה טּוֹב tov והו חֶלְקֵנוּ jelkenu

וּמַה umá מ"ה נָּעִים naim גּוֹרָלֵנוּ goralenu• וּמַה umá מ"ה

יָּפָה yafá מְאֹד meod יְרֻשָּׁתֵנוּ yerushatenu• אַשְׁרֵינוּ ashrenu

שֶׁאָנוּ sheanajnu מַשְׁכִּימִים mashquimim וּמַעֲרִיבִים umaarivim

בְּבָתֵּי bevatei כְּנֵסִיּוֹת jnesiyot וּבְבָתֵּי uvevatei מִדְרָשׁוֹת midrashot•

וּמְיַחֲדִים umeyajadim שִׁמְךָ Shimjá בְּכָל bejol ב"ן, לכב

יוֹם yom ע"ה נגד, מזבח, זן, אל יהוה תָּמִיד tamid ע"ה נתה, קס"א קנ"א קמ"ג

אוֹמְרִים omrim פַּעֲמַיִם paamáyim בְּאַהֲבָה beahavá אחד, דאגה:

Pequeño Shmá

Esta versión del *Shmá* actúa como un propulsor de cohetes, ayudándonos a despegar hacia *Shajarit*, la conexión matutina. Primero escaneamos las meditaciones que anteceden al *Shmá* para preparar nuestra Vasija interior. Cuando recitamos el *Shmá*, unimos a los Mundos Superiores con el mundo físico. Reconocemos que sólo hay un Creador, una Fuente, y que pasado, presente y futuro son uno. Recubrimos nuestra realidad física con la Realidad del Árbol de la Vida, creando un puente con nuestra conciencia al meditar en que todo es uno solo.

Dentro del *Shmá* hay dos letras arameas grandes: *Ayin* ע y *Dálet* ד. Juntas forman la palabra aramea para "testigo", עד. La Luz es testigo de todo lo que hacemos, y siempre somos responsables de nuestras acciones, incluso si creemos que nadie nos vio haciéndolas. Esta es la ley de causa y efecto.

En *Shabat* omitimos esta meditación y continuamos en la página 236.

Primero, medita en general, en el primer *Yijud* de los cuatro *Yijuds* del Nombre: יהוה y, en particular, para despertar a la letra ה, y luego para conectarla con la letra ו. Entonces conecta a la letra י y a la letra ה juntas en el orden siguiente: *Hei* (ה), *Hei-Vav* (ה"ו), luego *Yud-Hei* (י"ה), lo que suma 31, el secreto de י"אי del Nombre ס"ג. Es bueno meditar en este *Yijud* antes de recitar cualquier *Shmá* porque actúa como un reemplazo por las veces que quizás no hayas recitado el *Shmá*. Este *Yijud* tiene la capacidad de crear una conexión Celestial como la lectura del *Shmá*: elevar a *Zeir* y a *Nukvá* juntos para el *Zivug* de *Aba* e *Ima*.

¡Qué afortunados somos!

¡Qué buena es nuestra providencia! ¡Qué agradable es nuestro destino! ¡Qué hermosa es nuestra herencia! Estamos dichosos por ser capaces de llegar temprano y regresar tarde, a y desde las sinagogas y casas de estudio, y proclamar la unidad de Tu Nombre, diariamente y para siempre, y decimos dos veces, con amor:

Shmá – שְׁמַע

Meditación general: שם ע – para atraer la energía desde las siete *Sefirot* inferiores de *Ima* hacia la *Nukvá*, la cual permite a la *Nukvá* elevar las *Mayin Nukvín* (despertar desde Abajo). **Meditación particular**: שם = יהוה + שדי y cinco veces las letras י y ד de ב"ן = ע [La letra *Hei* (ה) es formada por las letras *Dálet* (ד) y *Yud* (י), por lo tanto en ב"ן tenemos cuatro veces la letra ה más otra vez las letras י y ד de י de ב"ן]. También las tres letras ו (18) que quedan de ב"ן, más ב"ן mismo (52) equivale a ע (70).

Yisrael – יִשְׂרָאֵל

Meditación general: שי"ר אל – para atraer energía desde *Jésed* y *Guevurá* de *Aba* hacia *Zeir Anpín*, para hacer su acción en el secreto de *Mayin Dujrín* (despertar desde Arriba).

Meditación particular: (las letras reordenadas de la palabra *Yisrael*): שר אלי

ש"ר = מילוי דשד"י (ין לת וד),

אלי = מ"א אותיות שבאהיה דאלפין פשוט ומלא ומלא דמלא

(אהיה אלף הא יוד הא אלף למד פא הא אלף יוד ואו דלת הא אלף).

Medita en atraer la Luz Circundante de *Ima* y la Luz Interna de *Aba* de *Katnut* hacia *Zeir Anpín*.

Adonai Eloheinu Adonai – יהוה אלהינו יהוה

Meditación general: para atraer energía hacia *Aba*, *Ima* y *Dáat* desde *Arij Anpín*.

Meditación particular: ע"ב (יוד הי ויו הי) קס"א (אלף הי יוד הי) ע"ב (יוד הי וי הי)

Ejad – אֶחָד

(El secreto de la completa *Yijud-Unificación*)

Las letras *Álef* א y *Jet* ח de *Ejad* אחד son *Zeir Anpín* y la letra *Dálet* ד es *Nukvá*. **Debes meditar** en dedicar tu alma a la santificación del Nombre Sagrado, elevando de este modo a tu *Néfesh*, *Rúaj*, *Neshamá* y *Neshamá* de *Neshamá* con *Zeir Anpín* y *Nukvá* (usando los Nombres: ע"ב y ס"ג) hacia *Aba* e *Ima* como en el secreto de *Mayin Nukvín*, y por esa energía, *Aba* e *Ima* serán unificados en el secreto del Nombre: יאהדויה"ה. **También meditar** en atraer la Luz Circundante de *Katnut* de *Aba* y los Seis Bordes Internos de *Gadlut* de *Ima* hacia *Zeir Anpín*. La Gota, que es ע"ב, es sacada desde lo Interno de *Arij Anpín*, y desciende hacia *Yesod* de *Ima*, donde se convierte en: ע"ב ס"ג מ"ה ב"ן, y las cuatro אהיה deletreadas (אלף הי יוד הי, אלף הי יוד הי, אלף הא יוד הא, אלף הה יוד הה) se convierten en Su vestimenta. Como resultado, *Zeir Anpín* tiene cuatro יה"ו deletreadas (יוד הי ויו, יוד הי ואו, יוד הא ואו, יוד הה וו), cuatro אה"י deletreadas (אלף הי יוד, אלף הי יוד, אלף הא יוד, אלף הה יוד) y los Seis Bordes Internos de *Gadlut* de *Ima*. **También meditar** en el Nombre: אל"ף ה"י וי"ו ה"י, que son los *Mojín* enteros en el secreto de *Dáat*. **Y también meditar** (según el Ramjal) en las cuatro *Álef* deletreadas (אלף =111) del Nombre: אהי"ה que es igual a la palabra *Midat* (444), haciendo el *Kéter* para *Leá*.

Baruj Shem Quevod Maljutó Leolam Vaed

בָּרוּךְ שֵׁם כְּבוֹד מַלְכוּתוֹ לְעוֹלָם וָעֶד

Baruj Shem Quevod – *Jojmá*, *Biná*, *Dáat* de *Leá*;

Maljutó – Su *Kéter*; ***Leolam*** – el resto de Su *Partsuf*;

Vaed – los cuatro היה (4 veces 20 es igual a *Vaed*= 80) harán el *Kéter* para *Rajel*.

Y las cuatro היה deletreadas (הי יוד הי, הי יוד הי, הא יוד הא, הה יוד הה) harán el resto de Su cuerpo.

שְׁמַע Shmá ע׳ רבתי יִשְׂרָאֵל Yisrael יְהֹוָהאדניאהדונהי Adonai

אֱלֹהֵינוּ Eloheinu ילה יְהֹוָהאדניאהדונהי Adonai | אֶחָד ejad ד׳ רבתי ; אהבה, דאגה:

(:Susurrar) יוזו אותיות בָּרוּךְ Baruj שֵׁם Shem כְּבוֹד quevod מַלְכוּתוֹ maljutó,

לְעוֹלָם leolam ריבוע ס״ג וי׳ אותיות דס״ג וָעֶד vaed:

ATÁ HU

El siguiente *Atá Hu* ocupa la realidad metafísica —*Ein Sof* (el Mundo Infinito)— que existió antes de que nuestro mundo fuera creado. El segundo *Atá Hu* reside en nuestro mundo físico, el cual fue creado después de que el universo existiera. Este conocimiento ayuda a reforzar la idea de que sólo hay una Luz que abarca tanto los dominios espirituales como los físicos.

אַתָּה Atá הוּא Hu אֶחָד ejad אהבה, דאגה קוֹדֶם kódem עמם

שֶׁבָּרָאתָ shebarata הָעוֹלָם haolam וְאַתָּה veAtá הוּא Hu אֶחָד ejad

אהבה, דאגה לְאַחַר leajar שֶׁבָּרָאתָ shebarata הָעוֹלָם haolam. אַתָּה Atá

הוּא Hu אֵל El ייא״י (מילוי דס״ג) בָּעוֹלָם baolam הַזֶּה hazé והו וְאַתָּה veAtá

הוּא Hu אֵל El ייא״י (מילוי דס״ג) בָּעוֹלָם baolam הַבָּא habá. וְאַתָּה־ veAtá

הוּא Hu וּשְׁנוֹתֶיךָ ushnoteja לֹא lo יִתָּמּוּ yitamu: קַדֵּשׁ kadesh

שִׁמְךָ Shmaj בְּעוֹלָמָךְ beolamaj עַל al עַם am מְקַדְּשֵׁי mekadshei

שְׁמֶךָ Shemeja. וּבִישׁוּעָתְךָ uvishuatjá מַלְכֵּנוּ malquenu תָּרוּם tarum

וְתַגְבִּיהַּ vetagbiha קַרְנֵנוּ karnenu. וְתוֹשִׁיעֵנוּ vetoshienu בְּקָרוֹב vekarov

לְמַעַן lemaan שְׁמֶךָ Shemeja. בָּרוּךְ Baruj הַמְקַדֵּשׁ hamekadesh

שְׁמוֹ Shemó מהש ע״ה, ע״ב בריבוע וקס״א ע״ה, אל שדי ע״ה בָּרַבִּים varabim:

PEQUEÑO SHMÁ

"Escucha, Israel, el Señor nuestro Dios. El Señor es Uno" (Deuteronomio 6:4).
"Bendito es el glorioso Nombre, Su Reino es por siempre y para la eternidad" (Pesajim 56a).

ATÁ HU

Tú eres Uno antes que Tú crearas el mundo y Tú eres Uno después que Tú crearas el mundo. Tú eres Dios en este mundo y Tú eres Dios en el Mundo por Venir. Tú eres Tú y Tus años no tienen fin (Salmos 102:28). *Santifica Tu Nombre, en Tu mundo, sobre la Nación que santifica Tu Nombre. Con Tu salvación, nuestro Rey, Tú Te levantarás y exaltarás nuestro valor. Redímenos pronto en Tu Nombre. Bendito es Él, que santifica Su Nombre sobre las multitudes.*

אַתָּה Atá הוּא Hu יְהֹוָאדהיאהדונהי Adonai הָאֱלֹהִים haElohim

אהיה אדני ; ילה ; ר"ת אהיה בַּשָּׁמַיִם bashamáyim י"פ טל, י"פ כוזו מִמַּעַל mimáal עלם

וְעַל veal הָאָרֶץ haárets אלהים דההין ע"ה מִתָּחַת mitájat בִּשְׁמֵי bishmei

הַשָּׁמַיִם hashamáyim י"פ טל, י"פ כוזו הָעֶלְיוֹנִים haelyonim

וְהַתַּחְתּוֹנִים vehatajtonim. אַתָּה Atá הוּא Hu רִאשׁוֹן rishón וְאַתָּה veAtá

הוּא Hu אַחֲרוֹן ajarón וּמִבַּלְעָדֶיךָ umibaladeja אֵין ein אֱלֹהִים Elohim

אהיה אדני ; ילה. קַבֵּץ kabets נְפוּצוֹת nefutsot קוֶֹיךָ koveja מֵאַרְבַּע mearbá

כַּנְפוֹת canfot הָאָרֶץ haárets אלהים דההין ע"ה ; ר"ת = אדני. יַכִּירוּ yaquiru

וְיֵדְעוּ veyedú כָּל־ jol ילי בָּאֵי baéi עוֹלָם olam כִּי qui אַתָּה Atá הוּא Hu

הָאֱלֹהִים haElohim אהיה אדני ; ילה לְבַדְּךָ levadjá לְכֹל lejol יה אדני

מַמְלְכוֹת mamlejot הָאָרֶץ haárets אלהים דההין ע"ה אַתָּה Atá עָשִׂיתָ asita

אֶת־ et הַשָּׁמַיִם hashamáyim י"פ טל, י"פ כוזו וְאֶת־ veet הָאָרֶץ haárets

אלהים דההין ע"ה: אֶת et הַיָּם hayam ילי וְאֶת veet כָּל col ילי - אֲשֶׁר־ asher

בָּם bam מ"ב וּמִי umí ילי בְּכָל vejol ב"ן, לכב מַעֲשֵׂה maasé יָדֶיךָ yadeja

בָּעֶלְיוֹנִים baelyonim וּבַתַּחְתּוֹנִים uvatajtonim שֶׁיֹּאמַר sheyomar לְךָ: laj

מַה ma מ"ה - תַּעֲשֶׂה taasé וּמַה umá מ"ה תִּפְעָל tifal. אָבִינוּ avinu

שֶׁבַּשָּׁמַיִם shebashamáyim י"פ טל , י"פ כוזו וְחַי jai וְקַיָּם vekayam עֲשֵׂה asé

עִמָּנוּ imanu ריבוע ס"ג, קס"א ע"ה וד' אותיות וָחֶסֶד jésed ע"ב, ריבוע יהוה

בַּעֲבוּר baavur כְּבוֹד quevod שִׁמְךָ Shimjá הַגָּדוֹל hagadol להח ; עם ד' אותיות =

מבה, יזל, אום הַגִּבּוֹר haguibor וְהַנּוֹרָא vehanorá שֶׁנִּקְרָא shenikrá עָלֵינוּ aleinu

---

Tú eres el Señor, el Dios en los Cielos Arriba y en la Tierra Abajo. En los cielos de los Cielos Superiores e Inferiores, Tú eres primero y Tú eres último y, aparte de Ti, no hay otro Dios. Desde las cuatro esquinas de la Tierra reúne a los dispersos que tienen esperanza en Ti. Permite que toda la humanidad venga a reconocer y a saber que eres Tú solo Quien es el Dios de todos los reinos de la Tierra. Tú has hecho los Cielos y la Tierra, el mar, y todo lo que contienen. ¿Y quién entre todas las criaturas que salieron de Tus manos, de arriba o de abajo, puede decirte qué hacer y cómo hacerlo? Nuestro Padre en los Cielos, Viviente y Existente, concédenos benevolencia por la gloria de Tu grande, poderoso y reverentemente temido Nombre, que ha sido invocado sobre nosotros.

וְקַיֵּם vekayem לָנוּ lanu אלהים, אהיה אדני יְהֹוָהאדנייאהדונהי Adonai
אֱלֹהֵינוּ Eloheinu ילה אֶת et הַדָּבָר hadavar ראה שֶׁהִבְטַחְתָּנוּ shehivtajtanu
עַל al יְדֵי yedei צְפַנְיָה Tsefanyá חוֹזָךְ jozaj כָּאָמוּר: caamur:
בָּעֵת baet הַהִיא hahí אָבִיא aví אֶתְכֶם etjem וּבָעֵת uvaet קַבְּצִי kabtsí
אֶתְכֶם etjem כִּי־ qui אֶתֵּן etén אֶתְכֶם etjem לְשֵׁם leShem
וְלִתְהִלָּה velitehilá ע״ה אמת, אהיה פעמים אהיה, ז״פ ס״ג בְּכֹל bejol ב״ן, לכב עַמֵּי amei
הָאָרֶץ haárets אלהים דההין ע״ה בְּשׁוּבִי beshuvi אֶת־ et שְׁבוּתֵיכֶם shvuteijem
לְעֵינֵיכֶם leeineijem ריבוע דמ״ה אָמַר amar יְהֹוָהאדנייאהדונהי Adonai:

LOS SACRIFICIOS – KORBANOT

La palabra *Korbanot* significa "sacrificios". *Korbanot* viene de la palabra aramea *krav*, que significa "guerra", y también de la palabra aramea *kiruv*, que significa "acercar". Evidentemente, no podemos llevar sacrificios físicos a un Templo pero, a través de esta conexión, aún podemos ir a la guerra contra Satán y acercarnos a los Mundos Superiores. Al recitar las oraciones de los *Korbanot* con una mente abierta y un corazón que confía, estamos generando la misma cantidad de energía como si estuviéramos llevando a cabo todas las acciones necesarias en el Templo.

EL SACRIFICIO DE OLÁ (GRANOS)

Según el *Zóhar* (*Zóhar Jadash* 41d), recitamos esta sección para limpiar la noche de los pensamientos negativos.

וַיְדַבֵּר vaydaber ראה יְהֹוָהאדנייאהדונהי Adonai אֶל־ el מֹשֶׁה Moshé
מהש, ע״ב בריבוע וקס״א, אל שדי לֵּאמֹר: lemor: צַו tsav פוי , אל אדני אֶת־ et
אַהֲרֹן Aharón וְאֶת־ veet בָּנָיו banav לֵאמֹר lemor זֹאת zot תּוֹרַת torat
הָעֹלָה haolá הִוא hi הָעֹלָה haolá עַל al מוֹקְדָה mokdá עַל־ al
הַמִּזְבֵּחַ hamizbéaj נגד, זן, אל יהוה כָּל־ col ילי הַלַּיְלָה halayla מלה עַד־ ad

---

Puedas Tú satisfacernos, Señor, nuestro Dios, con lo que Tú has prometido a través de Tsefanyá, Tu vidente, como estaba dicho: "En ese tiempo, Yo les traeré y, en ese tiempo, Yo les reuniré. Yo les daré fama y alabanza entre todas las naciones de la Tierra. Yo los regresaré del cautiverio delante de vuestros propios ojos. Así dijo el Señor" (*Sofonías 3:20*).

LOS SACRIFICIOS – KORBANOT – EL SACRIFICIO DE OLÁ (GRANOS)

"Y el Señor dijo a Moshé: Ordena a Aharón y a sus hijos, diciéndoles: Esta es la ley del holocausto. Es una ofrenda quemada que permanecerá encendido sobre al Altar toda la noche, hasta la

הַבֹּקֶר habóker וְאֵשׁ veesh הַמִּזְבֵּחַ hamizbéaj נגד, זן, אל יהוה תּוּקַד tukad

בּוֹ: bo וְלָבַשׁ velavash הַכֹּהֵן haCohén מלה מִדּוֹ midó בַד vad

וּמִכְנְסֵי־ umijnesei בַד vad יִלְבַּשׁ yilbash עַל־ al בְּשָׂרוֹ besaró

וְהֵרִים veherim אֶת־ et הַדֶּשֶׁן hadeshen אֲשֶׁר asher תֹּאכַל tojal

הָאֵשׁ haesh שאה אֶת־ et הָעֹלָה haolá עַל־ al הַמִּזְבֵּחַ hamizbéaj

נגד, זן, אל יהוה וְשָׂמוֹ vesamó אֵצֶל etsel הַמִּזְבֵּחַ hamizbéaj נגד, זן, אל יהוה

וּפָשַׁט ufashat אֶת־ et בְּגָדָיו begadav וְלָבַשׁ velavash בְּגָדִים begadim

אֲחֵרִים ajerim וְהוֹצִיא vehotsí אֶת־ et הַדֶּשֶׁן hadeshen אֶל־ el

מִחוּץ mijuts לַמַּחֲנֶה lamajané אֶל־ el מָקוֹם makom טָהוֹר tahor י"פ אכא:

וְהָאֵשׁ vehaesh שאה עַל־ al הַמִּזְבֵּחַ hamizbéaj נגד, זן, אל יהוה תּוּקַד־ tukad

בּוֹ bo לֹא lo תִכְבֶּה tijbé וּבִעֵר uvier עָלֶיהָ aleha פהל הַכֹּהֵן haCohén מלה

עֵצִים etsim בַּבֹּקֶר babóker בַּבֹּקֶר babóker וְעָרַךְ vearaj עָלֶיהָ aleha פהל

הָעֹלָה haolá וְהִקְטִיר vehiktir עָלֶיהָ aleha פהל חֶלְבֵי jelvei

הַשְּׁלָמִים hashlamim: אֵשׁ esh תָּמִיד tamid ע"ה קס"א קנ"א קמ"ג (מילואי אהיה)

תּוּקַד tukad עַל־ al הַמִּזְבֵּחַ hamizbéaj נגד, זן, אל יהוה לֹא lo תִכְבֶּה tijbé:

El Tamid – La Ofrenda (Diaria)

El segundo sacrificio es la ofrenda diaria. La palabra aramea *olat* עולת, que quiere decir “elevado”, puede ser reordenada para deletrear *tolá* תולע, una fuerza negativa que es despertada cada mañana. Al agregar la palabra *olat*, como en *Olat Tamid*, desarraigamos y anulamos las fuerzas negativas de la mañana. *Olat* tiene el mismo valor numérico (506) que la primera frase en el *Aná Bejóaj*, que corresponde a la *Sefirá* de *Jésed*, que es misericordia. También representa el nivel de semilla de nuestra alma, un reino donde la separación y la negatividad no existen. Al cambiar las letras en *tolá* por *olat*, y meditando en la primera frase del *Aná Bejóaj*, removemos la fuerza negativa y regresamos a la semilla de amor incondicional y unidad.

Al recitar esta sección, elevamos la parte interior de las tres Sefirot Superiores de *Asiyá* al Nivel Superior. Este es el secreto de la Ofrenda *Tamid*, para acercar lo Superior y lo Inferior, y para elevar lo Inferior hasta lo más alto (*Los escritos del Arí: Las puertas de la meditación*, vol. 1 cap. 3).

---

mañana y el fuego del Altar se mantendrá ardiendo. El Cohén vestirá su túnica de lino; pantalones de lino vestirá sobre su carne. Él retirará las cenizas cuando el fuego haya consumido la ofrenda y las pondrá a un lado del Altar. Se quitará luego su vestimenta y se pondrá otra ropa, y llevará las cenizas fuera del campamento, a un lugar limpio. Y el fuego del Altar seguirá ardiendo y no debe ser extinguido. Temprano en la mañana, el Cohén colocará sobre él leños. Él dispondrá la ofrenda sobre el Altar y quemará la grasa como incienso de los sacrificios de paz. El fuego eterno arderá en el Altar y no se extinguirá” (*Levítico* 6:1-6).

Existe una *toláat* (lombriz) en el Lado Santo, que es el secreto de *Jésed* que aumenta, se revela y brilla cada mañana. Y similar a ello, existe otra *tolá* en la *klipá* (Lado Impuro). Esta lombriz negativa despierta cada mañana para destruir el mundo, y Dios, con misericordia, revela la lombriz del Lado Puro, que es la Luz de *Jésed* (mencionada anteriormente). Y este es el secreto del *Tamid* (Ofrenda Diaria) que es llamado "*Olat HaTamid*", puesto que la palaba *olat* tiene las mismas letras que *tolá*, sólo que en diferente orden. A través de *Olat HaTamid*, que se recita cada mañana, la *tolá* del Lado Impuro se rendirá. En esta sección, debes meditar en purificar a los Mundos y en prepararlos para recibir la abundancia desde el aspecto de *Shabat*, a pesar de haber sido purificados desde el aspecto de los días de la semana.

וַיְדַבֵּר vaydaber ראה יְהֹוָאדנִיאהדונהי Adonai אֶל־ el מֹשֶׁה Moshé

מהש, ע״ב בריבוע וקס״א, אל שדי לֵּאמֹר: lemor צַו tsav פוי, אל אדני אֶת־ et בְּנֵי bnei

יִשְׂרָאֵל Yisrael וְאָמַרְתָּ veamarta אֲלֵהֶם aleihem אֶת־ et קָרְבָּנִי karbaní

לַחְמִי lajmí לְאִשַּׁי leishai רֵיחַ réaj נִיחֹחִי nijojí תִּשְׁמְרוּ tishmerú

לְהַקְרִיב lehakriv לִי li בְּמוֹעֲדוֹ: bemoadó וְאָמַרְתָּ veamarta לָהֶם lahem

זֶה ze הָאִשֶּׁה haishé אֲשֶׁר asher תַּקְרִיבוּ takrivu לַיהֹוָאדנִיאהדונהי laAdonai

כְּבָשִׂים cvasim בְּנֵי־ bnei שָׁנָה shaná תְמִימִם tmimim שְׁנַיִם shnáyim

לַיּוֹם layom ע״ה נגד, מזבח, זן, אל יהוה עֹלָה olá ר״ת עשל תָמִיד tamid ע״ה קס״א קנ״א קמ״ג :

אֶת־ et הַכֶּבֶשׂ haqueves אֶחָד ejad אהבה, דאגה תַּעֲשֶׂה taasé בַבֹּקֶר vabóker

וְאֵת veet הַכֶּבֶשׂ haqueves הַשֵּׁנִי hashení תַּעֲשֶׂה taasé בֵּין bein

הָעַרְבָּיִם: haarbáyim וַעֲשִׂירִית vaasirit הָאֵיפָה haefá סֹלֶת sólet

לְמִנְחָה leminjá ע״ה ב״פ ב״ן בְּלוּלָה blulá בְּשֶׁמֶן beshemen

כָּתִית catit רְבִיעִת reviít הַהִין: hahín עֹלַת olat ושר, אבגית״ץ

(Aquí meditar en doblegar a la *klipá* llamada *Tolá* usando el nombre: אבגית״ץ)

תָּמִיד tamid ע״ה קס״א קנ״א קמ״ג הָעֲשֻׂיָה haasuyá בְּהַר behar סִינַי Sinai נמם, ה

הויות (ה גבורות) לְרֵיחַ leréaj נִיחֹחַ nijóaj אִשֶּׁה ishé לַיהֹוָאדנִיאהדונהי laAdonai:

EL TAMID – OFRENDA (DIARIA)

"Y habló Dios a Moshé y dijo: Ordena a los Hijos de Israel y diles: Mi ofrenda, el pan para ofrenda de fuego, Mi agradable fragancia, guardarán para entregar en sacrificio a Mí en el momento especificado. Y les dirás: Este es la ofrenda de fuego que ofrecerán a Dios: cordero sin tacha de un año, dos diarios, como una ofrenda diaria regular; un cordero ofrecerás en la mañana y el segundo cordero ofrecerás al final de la tarde. Y un décimo de una fanega de harina fina, para la ofrenda de comida, mezclada con un cuarto de cuartal de aceite. Una ofrenda quemada permanente hecha en el Monte Sinaí, para fragancia adorable y una ofrenda de fuego ante Dios.

וְנִסְכּוֹ veniscó רְבִיעִת reviít הַהִין hahín לַכֶּבֶשׂ laqueves

הָאֶחָד haejad אהבה, דאגה בַּקֹּדֶשׁ bakódesh הַסֵּךְ hasej

נֶסֶךְ nésej שֵׁכָר shejar י״פ ב״ן לַיהֹוָֽהאדניאהדונהי laAdonai:

וְאֵת veet הַכֶּבֶשׂ haqueves הַשֵּׁנִי hashení תַּעֲשֶׂה taasé בֵּין bein

הָעַרְבָּיִם haarbáyim כְּמִנְחַת queminjat הַבֹּקֶר habóker וּכְנִסְכּוֹ ujeniscó

תַּעֲשֶׂה taasé אִשֵּׁה ishé (elevación a *Yetsirá*) רֵיחַ réaj (elevación a *Briá*)

נִיחֹחַ nijóaj (elevación a *Atsilut*) לַיהֹוָֽהאדניאהדונהי laAdonai ; (elevación al Mundo Infinito):

EL INCIENSO

Estos versículos de la Torá y el Talmud hablan sobre las 11 hierbas y especias que fueron usadas en el Templo. Estas hierbas y especias fueron usadas con un solo propósito: Para ayudarnos a remover la fuerza de la muerte de cada área de nuestra vida. Esta es una de las varias oraciones cuyo único propósito es la erradicación de la muerte. El *Zóhar* nos enseña que todo aquel que tenga juicio persiguiéndole, necesita conectarse con este incienso. Estas 11 hierbas y especias se conectan con las 11 Luces que sostienen a las *klipot* (cáscaras de negatividad). Cuando arrancamos las 11 Luces que sostienen a las *klipot* a través del poder del incienso, las *klipot* pierden su fuerza vital y mueren. Además de llevar las 11 especias al Templo, la gente llevaba resina, vino y otros elementos con propiedades metafísicas para ayudar a combatir al Ángel de la Muerte.

Está escrito en el *Zóhar*: "Ven y ve: Quien es perseguido por el juicio necesita incienso y debe arrepentirse ante su Señor, ya que el incienso ayuda a desaparecer el juicio de él". Las 11 hierbas y especias corresponden a las 11 Iluminaciones Santas que reviven a la *klipá*. Al elevarlas, la *klipá* muere. Mediante estas 11 hierbas, las *klipot* son alejadas y se elimina la fuerza energética que les daba vida. Y debido a que el Lado Puro y su sustento desaparecen, las *klipot* quedan sin vida. Por lo tanto, el secreto del incienso es que éste limpia la fuerza de la plaga y la cancela. El incienso destruye al Ángel de la Muerte y le quita su poder de asesinar.

אַתָּה Atá הוּא Hu יְהֹוָֽהאדניאהדונהי Adonai אֱלֹהֵינוּ Eloheinu ילה שֶׁהִקְטִירוּ shehiktiru

אֲבוֹתֵינוּ avoteinu לְפָנֶיךָ lefaneja ס״ג מ״ה ב״ן אֶת et קְטֹרֶת któret

י״א פעמים אדני (הנבררים מהקליפות ע״י י״א סממני הקטורת) ; קטרת - הק׳ באתב״ש ד׳ = תרי״ג (מצוות)

הַסַּמִּים hasamim ע״ה קנ״א, אדני אלהים בִּזְמַן bizmán

שֶׁבֵּית shebeit ב״פ ראה הַמִּקְדָּשׁ hamikdash קַיָּם kayam

כַּאֲשֶׁר caasher צִוִּיתָ tsivita אוֹתָם otam עַל־ al יַד yad מֹשֶׁה Moshé מהש,

ע״ב בריבוע קס״א, אל שדי, ד״פ אלהים ע״ה נְבִיאָךְ neviaj כַּכָּתוּב cacatuv בְּתוֹרָתָךְ beTorataj:

Su libación es un cuarto de cuartal para un cordero en el Santuario, vierte una libación de vino superior ante Dios. Ofrecerás el segundo cordero en la tarde como la ofrenda de la mañana; su libación ofrecerás como ofrenda por fuego de una fragancia agradable a Dios" (*Números 28:1-8*).

EL INCIENSO

Eres Tú, Señor, nuestro Dios, ante quien nuestros antepasados quemaron las especias del incienso. Durante el tiempo en el que existía el Sagrado Templo, como habías ordenado a través de Moshé, Tu Profeta, y como está escrito en Tu Torá:

LA PORCIÓN DEL INCIENSO

Para elevar las *Sefirot* de todas las *Noga* de *Atsilut*, *Briá*, *Yetsirá* y *Asiyá*.

וַיֹּאמֶר vayómer יְהֹוָהאדניאהדונהי Adonai אֶל־ el מֹשֶׁה Moshé

מהש, ע"ב בריבוע קס"א, אל שדי, ד"פ אלהים ע"ה קַח־ kaj לְךָ lejá סַמִּים samim (*Tiféret, Nétsaj*)

ע"ה קנ"א, אדני אלהים נָטָף nataf | (*Hod*) וּשְׁחֵלֶת ushjélet (*Yesod*) וְחֶלְבְּנָה vejelbená

(*Maljut*) ע"ה פוי, אל אדני סַמִּים samim (*Kéter, Jojmá, Biná, Jésed, Guevurá*)

ע"ה קנ"א, אדני אלהים וּלְבֹנָה ulevoná זַכָּה zacá (Luz Circundante) בַּד bad בְּבַד bevad

יִהְיֶה yihyé ייי: וְעָשִׂיתָ veasita אֹתָהּ otá קְטֹרֶת któret י"א פעמים אדני (הנבררים

מהקליפות ע"י י"א סממני הקטורת) ; קטרת – הק' באתב"ש ד' = תרי"ג (מצוות) רֹקַח rókaj מַעֲשֵׂה maasé

רוֹקֵחַ rokéaj שדי מְמֻלָּח memulaj טָהוֹר tahor י"פ אכא קֹדֶשׁ kódesh

סת חוש בסוד לגרש החיצונים ועל לכוח (קו חוים ס יב): וְשָׁחַקְתָּ veshajakta מִמֶּנָּה mimena

הָדֵק hadek וְנָתַתָּה venatata מִמֶּנָּה mimena לִפְנֵי lifnei הָעֵדֻת haedut

בְּאֹהֶל beóhel מוֹעֵד moed אֲשֶׁר asher אִוָּעֵד ivaed לְךָ lejá שָׁמָּה shama

קֹדֶשׁ kódesh קָדָשִׁים kadashim תִּהְיֶה tihyé לָכֶם lajem• וְנֶאֱמַר veneemar:

וְהִקְטִיר vehiktir עָלָיו alav אַהֲרֹן Aharón קְטֹרֶת któret י"א פעמים אדני

(הנבררים מהקליפות ע"י י"א סממני הקטורת) ; קטרת – הק' באתב"ש ד' = תרי"ג (מצוות) סַמִּים samim

ע"ה קנ"א, אדני אלהים בַּבֹּקֶר babóker בַּבֹּקֶר babóker בְּהֵיטִיבוֹ beheitivo

אֶת־ et הַנֵּרֹת hanerot יַקְטִירֶנָּה yaktirena: וּבְהַעֲלֹת uvehaalot

אַהֲרֹן Aharón אֶת־ et הַנֵּרֹת hanerot בֵּין bein הָעַרְבַּיִם haarbáyim

ר"ת אהבה, דאגה, אחד יַקְטִירֶנָּה yaktirena קְטֹרֶת któret י"א פעמים אדני

(הנבררים מהקליפות ע"י י"א סממני הקטורת) ; קטרת – הק' בא"ת ב"ש ד' = תרי"ג (מצוות) תָּמִיד tamid

ע"ה קס"א קנ"א קמ"ג לִפְנֵי lifnei יְהֹוָהאדניאהדונהי Adonai לְדֹרֹתֵיכֶם ledoroteijem:

LA PORCIÓN DEL INCIENSO

"Y Dios dijo a Moshé: Toma especias de bálsamo, uña aromática, gálbano, e olíbano puro, de todo en igual peso. Y deberás preparar una mezcla de incienso: la obra de un perfumador, bien combinada, pura y santa. Molerás de ella pulverizándola y la colocarás delante del Testimonio en el Tabernáculo de Reunión, en donde Yo me encontraré contigo. Será el Santo de los Santos para ti" (Éxodo 30:34-36). *Y Dios también dijo: "Aharón quemará sobre el Altar especies de incienso cada mañana cuando prepare las velas. Y cuando Aharón encienda las velas a la caída del sol, él deberá quemar especias de incienso como una ofrenda de incienso permanente ante Dios, por todas sus generaciones"* (Éxodo 30:7-8).

LAS FUNCIONES DEL INCIENSO

El relleno del incienso tiene dos propósitos: Primero, remover las *klipot* para evitar que éstas acompañen la elevación de los Mundos y, segundo, para atraer Luz hacia *Asiyá*. Por lo tanto, meditar en elevar las chispas de Luz de todas las *Noga* de *Atsilut*, *Briá*, *Yetsirá* y *Asiyá*.

Cuenta el incienso uno por uno usando tu mano derecha y no te saltes ni uno, porque está escrito: "Si uno omite uno de los ingredientes, es probable que reciba la pena de muerte". Y por lo tanto, debes tener cuidado de no saltarte ninguno, porque recitar este párrafo es un sustituto de la verdadera quema del incienso.

תָּנוּ tanú רַבָּנָן rabanán פִּטּוּם pitum הַקְּטֹרֶת ha któret י״א פְּעָמִים אדנ״י
(הַנִּבְרָרִים מֵהַקְּלִיפּוֹת ע״י י״א סַמְמָנֵי הַקְּטוֹרֶת) קְטֹרֶת - הַקְּ׳ בְּאתב״ש ד׳ = תרי״ג (מִצְוֹת);
פִּטּוּם הַקְּטֹרֶת = יְהֹוָה יֱהֹוִה מצפץ יה אדנ״י אל אלהים מצפץ (ז׳ מרגלאין דשבת):
כֵּיצַד queitsad. שְׁלֹשׁ shlosh מֵאוֹת meot הַמִּסְפָּר = ש׳ = אלהים דיודין
וְשִׁשִּׁים veshishim הַמִּסְפָּר = מילוי הש׳ (יו) וּשְׁמוֹנָה ushmoná מָנִים manim הָיוּ hayú
בָּהּ va. שְׁלֹשׁ shlosh מֵאוֹת meot הַמִּסְפָּר = ש׳ = אלהים דיודין וְשִׁשִּׁים veshishim
הַמִּסְפָּר = מילוי הש׳ (יו) וַחֲמִשָּׁה vajamishá כְּמִנְיַן queminyán יְמוֹת yemot
הַחַמָּה hajamá מָנֶה mané ע״ה פוי, אל אדנ״י בְּכָל־ bejol ב״ן, לכב
יוֹם yom ע״ה נגד, מזבח, זן, אל יהוה. מַחֲצִיתוֹ majatsitó בַּבֹּקֶר babóker
וּמַחֲצִיתוֹ umajatsitó בָּעֶרֶב baérev. וּשְׁלֹשָׁה ushloshá מָנִים manim
יְתֵרִים yeterim קס״א, קנ״א וקמ״ג שֶׁמֵּהֶם shemehem מַכְנִיס majnís כֹּהֵן Cohén מלה
גָּדוֹל gadol להח ; עם ד׳ אותיות = מבה, יזל, אום וְנוֹטֵל venotel מֵהֶם mehem
מְלֹא meló חָפְנָיו jafnav בְּיוֹם beYom ע״ה נגד, מזבח, זן, אל יהוה הַכִּפּוּרִים haKipurim.
מַחֲזִירָן majazirán לַמַּכְתֶּשֶׁת lamajtéshet בְּעֶרֶב beérev
יוֹם Yom ע״ה נגד, מזבח, זן, אל יהוה הַכִּפּוּרִים haKipurim כְּדֵי quedei לְקַיֵּם lekayem
מִצְוַת mitsvat דַּקָּה daká מִן min הַדַּקָּה hadaká. וְאַחַד veajad אהבה, דאגה
עֲשָׂר asar סַמָּנִים samanim הָיוּ hayú בָהּ va. וְאֵלּוּ veelu הֵן hen:

LAS FUNCIONES DEL INCIENSO

Nuestros Sabios han enseñado: ¿Cómo se hacía la composición del incienso? Trescientas sesenta y ocho porciones estaban contenidas allí. Trescientas sesenta y cinco correspondían al número de días en el año solar, una porción para cada día: La mitad de ella en la mañana y la otra mitad a la caída del sol. Y las tres porciones restantes, El Sumo Sacerdote, en Yom Kipur, se llenaba ambas manos con ellas. En la Víspera de Yom Kipur, él las llevaría de regreso al mortero para cumplir el requerimiento de que debían estar muy finamente molidas. Cada porción contenía once especias:

1) הַצְּרִי haTsorí (*Kéter*) מצפצ, אלהים דיודין, י״פ ייי• 2) וְהַצִּפּוֹרֶן vehaTsiporén (*Yesod*)
יהוה אדני אהיה שדי• 3) וְהַחֶלְבְּנָה vehaJelbená (*Maljut*) ע״ה פוי, אל אדני•
4) וְהַלְּבוֹנָה vehaLevoná (**Luz Circundante**) - שהוא אור לבן והוא יוזידי הנקרא אדון יוזיד)
מִשְׁקַל mishkal שִׁבְעִים shivim שִׁבְעִים shivim מָנֶה mané ע״ה פוי, אל אדני•
5) מוֹר Mor (*Jésed*)• 6) וּקְצִיעָה uKetsía רהע (*Guevurá*) - "כי מצפון תפתח הרעה",
והגבורה סוד רוח צפון)• 7) וְשִׁבּוֹלֶת veShibólet נֵרְדְּ nerd (*Tiféret*)•
8) וְכַרְכּוֹם veJarcom (*Nétsaj*) בוזחר, סנדלפון, ערי• מִשְׁקַל mishkal שִׁשָּׁה shishá
עָשָׂר asar שִׁשָּׁה shishá עָשָׂר asar מָנֶה mané ע״ה פוי, אל אדני• 9) קוֹשְׁטְ Kosht
(*Jojmá*) שְׁנֵים shneim עָשָׂר asar• 10) קְלוּפָה Kilufá (*Biná*) שְׁלֹשָׁה shloshá•
11) קִנָּמוֹן Kinamón (*Hod*) ר״ת ג״פ ק׳ (בסוד קדוש קדוש קדוש)• תִּשְׁעָה tishá•
בּוֹרִית borit כַּרְשִׁינָא carshiná תִּשְׁעָה tishá קַבִּין kabín• יֵין yein מ״כ, י״פ האא
קַפְרִיסִין kafrisín סְאִין seín תְּלַת tlat וְקַבִּין vekabín תְּלָתָא tlatá אהיה קבין
וְאִם veim יוהך, מ״א אותיות דפשוט, דמילוי ודמילוי דמילוי דאהיה ע״ה לֹא lo מָצָא matsá
יֵין yein מ״כ, י״פ האא קַפְרִיסִין kafrisín מֵבִיא meví חֲמַר jamar חִוָּר jivar
עַתִּיק atik• מֶלַח mélaj סְדוֹמִית sdomit רוֹבַע rova• מַעֲלֶה maalé
עָשָׁן ashán כָּל col ילי שֶׁהוּא shehú• רִבִּי Ribí נָתָן Natán הַבַּבְלִי haBavlí
אוֹמֵר omer אַף af מִכִּפַּת miquipat הַיַּרְדֵּן haYardén י׳ הויות וד׳ אותיות כָּל col ילי
שֶׁהִיא shehí• אִם im יוהך, מ״א אותיות דפשוט, דמילוי ודמילוי דמילוי דאהיה ע״ה נָתַן natán
בָּהּ ba דְּבַשׁ dvash שו׳ (דשופר) + י״ד (האוזן) = ש״ך דינין דגדלות פְּסָלָהּ psalá•
וְאִם veim יוהך, מ״א אותיות דפשוט, דמילוי ודמילוי דמילוי דאהיה ע״ה חִסֵּר jiser
אַחַת ajat מִכָּל־ micol ילי סַמְמָנֶיהָ samemaneha חַיָּב jayav מִיתָה mitá:

---

1) Bálsamo 2) Uña Aromática 3) Gálbano 4) Olíbano; el peso de setenta porciones cada una. 5) Mirra 6) Acacia 7) Nardo 8) y Azafrán, el peso de dieciséis porciones cada una. 9) Doce porciones de Costo 10) Tres de Corteza aromática 11) Nueve de Canela. Asimismo, nueve kavs de Lejía de Carsina. Y tres kavín y tres seín de Vino de Chipre. Y si uno no encontrase vino de Chipre, él deberá traer vino blanco añejo. Y un cuarto de la sal de Sodoma. Y una pequeña medida de una hierba generadora de humo. Rabí Natán, el Babilonio, también aconsejaba una pequeña cantidad de ámbar de Jordania. Si se le añadía miel, se hacía defectuoso. Si omite aunque sea una de todas las hierbas, era merecedor de la muerte.

רַבָּן Rabán שִׁמְעוֹן Shimón בֶּן ben גַּמְלִיאֵל Gamliel אוֹמֵר omer:
הַצֳּרִי haTsorí מצפצ, אלהים דיודין, י״פ ייי אֵינוֹ einó אֶלָּא ela שְׂרָף seraf
הַנּוֹטֵף hanotef מֵעֲצֵי meatsei הַקְּטָף haktaf. בּוֹרִית borit
כַּרְשִׁינָא carshiná לְמָה lemá הִיא hi בָּאָה vaá כְּדֵי quedei
לְשַׁפּוֹת leshapot בָּהּ ba אֶת et הַצִּפֹּרֶן haTsiporén יהוה אדני אהיה שדי
כְּדֵי quedei שֶׁתְּהֵא shetehé נָאָה naá. יֵין yein ע׳ (כנגד ע׳ אומות העולם התלויים בסמאל)
מ״כ, י״פ האא קַפְרִיסִין Kafrisín לְמָה lemá הוּא hu בָא va כְּדֵי quedei
לִשְׁרוֹת lishrot בּוֹ bo אֶת et הַצִּפֹּרֶן haTsiporén יהוה אדני אהיה שדי
כְּדֵי quedei שֶׁתְּהֵא shetehé עַזָּה azá. וַהֲלֹא vahaló מֵי mei ילי רַגְלַיִם ragláyim
יָפִין yafín לָהּ la אֶלָּא ela שֶׁאֵין sheéin מַכְנִיסִין majnisín מֵי mei ילי
רַגְלַיִם ragláyim בַּמִּקְדָּשׁ bamikdash מִפְּנֵי mipnei הַכָּבוֹד hacavod לאו:
תַּנְיָא tanyá רִבִּי Ribí נָתָן Natán אוֹמֵר omer כְּשֶׁהוּא queshehú
שׁוֹחֵק shojek אוֹמֵר omer הָדֵק hadek הֵיטֵב heitev. הֵיטֵב heitev
הָדֵק hadek. מִפְּנֵי mipnei שֶׁהַקּוֹל shehakol יָפֶה yafé לַבְּשָׂמִים labesamim.
פִּטְּמָהּ pitmá לַחֲצָאִין lajatsaín כְּשֵׁרָה queshera. לִשְׁלִישׁ leshalish
וּלְרָבִיעַ uleravía לֹא lo שָׁמַעְנוּ shamanu. אָמַר amar רִבִּי Ribí
יְהוּדָה Yehudá זֶה ze הַכְּלָל haclal אִם im יוהך, מ״א אותיות דפשוט, דמילוי
ודמילוי דמילוי דאהיה ע״ה כְּמִדָּתָהּ quemidatá כְּשֵׁרָה queshera לַחֲצָאִין lajatsaín.
וְאִם veim יוהך, מ״א אותיות דפשוט, דמילוי ודמילוי דמילוי דאהיה ע״ה וְחִסַּר jiser
אַחַת ajat מִכָּל־ micol ילי סַמָּמָנֶיהָ samemaneha חַיָּב jayav מִיתָה mitá:

Rabán Shimón ben Gamliel dice: El bálsamo era sólo una savia que rezumaba de los árboles de bálsamo. ¿Para qué se añadía la lejía de Carsina? Para frotar la uña aromática con ella y hacerlo agradable a la vista. ¿Cuál era el propósito de añadir vino de Chipre? Para remojarlo con la uña aromática. Orina es lo más apropiado para esto, pero no se lleva orina al Templo Sagrado por respeto. Se enseñaba que Rabí Natán decía: Cuando él molía, él decía: "Muélela finamente, muélela finamente". Esto es porque la voz es beneficiosa para las especias. Si combina la mitad de la cantidad es todavía válido, pero con relación a un tercio o un cuarto no poseemos información. Rabí Yehuda decía: Esta es la regla general: Si está en las proporciones correctas, entonces la mitad es válida. Pero si él omite una de las especias, es merecedor de la muerte.

תָּנֵי tanei בַּר Var קַפָּרָא Kapará אַחַת ajat לְשִׁשִּׁים leshishim אוֹ o
לְשִׁבְעִים leshivim שָׁנָה shaná הָיְתָה haytá בָּאָה vaá שֶׁל shel
שִׁירַיִם shiráyim לַחֲצָאִין lajatsaín. וְעוֹד veod תָּנֵי tanei בַּר Var
קַפָּרָא Kapará אִלּוּ ilu הָיָה hayá יהה נוֹתֵן notén אבגיתץ, ושר בָּהּ ba
קָרְטוֹב kartov שֶׁל shel דְּבַשׁ dvash שו׳ (דשופר) + י״ד (האוזן) = ש״ך דינין דגדלות
אֵין ein אָדָם adam מ״ה יָכוֹל yajol לַעֲמוֹד laamod מִפְּנֵי mipnei
רֵיחָהּ reijá. וְלָמָּה velama אֵין ein מְעָרְבִין mearvín בָּהּ ba דְּבַשׁ dvash
שו׳ (דשופר) + י״ד (האוזן) = ש״ך דינין דגדלות מִפְּנֵי mipnei שֶׁהַתּוֹרָה shehaTorá
אָמְרָה amrá (ויקרא ב׳, י״א): כִּי qui כָּל־ jol ילי שְׂאֹר seor ג׳ מוחין דאלהים דקטנות
(ע׳ = אלהים דיודין ; א׳ כללות שם אלהים ; ר׳ = ריבוע אלהים) וְכָל־ vejol ילי דְּבַשׁ dvash
שו׳ (דשופר) + י״ד (האוזן) = ש״ך דינין דגדלות לֹא־ lo תַקְטִירוּ taktiru מִמֶּנּוּ mimenu
שכן הם בחינת דינין דקטנות ודגדלות לכן נאסרה הקרבתן אִשֶּׁה ishé לַיהֹוָה יאהדונהי laAdonai:

Derecha

יְהֹוָה יאהדונהי Adonai צְבָאוֹת Tsvaot פני שכינה עִמָּנוּ imanu
ריבוע דס״ג = קס״א ע״ה וד׳ אותיות מִשְׂגָּב־ misgav משה, מהש, ע״ב בריבוע קס״א, אל שדי,
ר״פ אלהים ע״ה לָנוּ lanu אלהים, אהיה אדני אֱלֹהֵי elohei מילוי ע״ב, דמב ; ילה
יַעֲקֹב Yaakov ז׳ הויות, אידהנויה סֶלָה sela:

Izquierda

יְהֹוָה יאהדונהי Adonai צְבָאוֹת Tsvaot פני שכינה אַשְׁרֵי ashrei
אָדָם adam מ״ה ; יהוה צבאות אשרי אדם = תפארת בֹּטֵחַ botéaj
בָּךְ baj אדם בוטח בך = אמן ע״ה = ע״ה ; בוטח בך = מילוי ע״ב ע״ה:

Bar Kapara enseñaba que una vez cada sesenta o setenta años, las sobras se acumularían hasta llegar a la mitad de la medida. Bar Kapara también enseñaba que si se le añadía una pequeña medida de miel, ningún hombre soportaría su olor. ¿Por qué no se mezcla miel con ella? Porque la Torá ha estipulado: Porque cualquier levadura o miel, no debes quemar en una ofrenda por fuego a Dios (Kritut 6; Yerushalmi, Yomá: cap. 4). (Derecha) *"El Señor de los Ejércitos está con nosotros, nuestra fuerza es el Dios de Yaakov, Sela" (Salmos 46:12).* (Izquierda) *"El Señor de los Ejércitos, dichoso es aquel que confía en Ti" (Salmos 84:13).*

Central

יְהֹוָה יאהדונהי Adonai הוֹשִׁיעָה hoshía יהוה ושׁ״ע נהורין הַמֶּלֶךְ haMélej ר״ת יהה

יַעֲנֵנוּ yaanenu בְיוֹם veyom ע״ה נגד, מזבח, זן, אל יהוה

קָרְאֵנוּ karenu ר״ת יב״ק, אלהים יהוה, אהיה אדני יהוה ; ס״ת = ב״ן ועם כף דהמלך = ע״ב:

וְעָרְבָה vearvá לַיהֹוָה יאהדונהי laAdonai

מִנְחַת minjat יְהוּדָה Yehudá וִירוּשָׁלָם virushaláim

כִּימֵי quimei עוֹלָם olam וּכְשָׁנִים ujeshanim קַדְמֹנִיּוֹת kadmoniyot:

EL ORDEN DEL SERVICIO RITUAL DEL ALTAR

Relatamos todas las actividades y acciones que se realizaban en el Templo. El utilizar la transferencia de energía de las letras arameas es como si en realidad estuviéramos realizando estos ritos y rituales nosotros mismos. Los órganos de los animales sacrificados en el Templo representan nuestros órganos internos y, cuando recitamos las palabras de estos sacrificios específicos, atraemos sanación y orden a nuestra vida.

אַבַּיֵּי Abayei• (haz una pausa aquí) הֲוָה havá מְסַדֵּר mesader סֵדֶר séder

הַמַּעֲרָכָה hamaarajá מִשְּׁמָא mishmá דִגְמָרָא diGmará וְאַלִּבָּא vealibá

דְאַבָּא deAbá שָׁאוּל Shaul• מַעֲרָכָה maarajá גְדוֹלָה guedolá

קוֹדֶמֶת kodémet לְמַעֲרָכָה lemaarajá שְׁנִיָּה shniyá שֶׁל shel

קְטֹרֶת któret י״א פעמים אדני (הנבררים מהקליפות ע״י י״א סממני הקטורת) ; קטרת - הק׳ באתב״ש ד׳ =

תרי״ג (מצוות) • וּמַעֲרָכָה umaarajá שְׁנִיָּה shniyá שֶׁל shel קְטֹרֶת któret

י״א פעמים אדני (הנבררים מהקליפות ע״י י״א סממני הקטורת) ; קטרת - הק׳ באתב״ש ד׳ = תרי״ג (מצוות)

קוֹדֶמֶת kodémet לְסִדּוּר lesidur שְׁנֵי shnei גִזְרֵי guezirei עֵצִים etsim•

(Central) *"Señor, sálvanos. El Rey nos responderá el día que lo invoquemos"* (Salmos 20:10). *"Que el Señor encuentre la ofrenda de Yehuda y Jerusalem agradable como siempre y como en los tiempos antiguos"* (Malaquías 3:4).

EL ORDEN DEL SERVICIO DEL RITUAL DEL ALTAR

Abayei, él listaba el orden del ritual de acuerdo con la Guemará y Abá Shaul.
El orden de la pira mayor precedía al orden de la segunda pira de incienso. La segunda pira de incienso precedía al arreglo de los dos troncos de madera.

וְסִדּוּר vesidur שְׁנֵי shnei גְּזִירֵי gzirei עֵצִים etsim קוֹדֵם kódem עסמב

לְדִשּׁוּן ledishún מִזְבֵּחַ mizbéaj נגד, זן, אל יהוה הַפְּנִימִי hapnimí•

וְדִשּׁוּן vedishún מִזְבֵּחַ mizbéaj נגד, זן, אל יהוה הַפְּנִימִי hapnimí

קוֹדֵם kódem עסמב לַהֲטָבַת lahatavat חָמֵשׁ jamesh נֵרוֹת nerot•

וַהֲטָבַת vahatavat חָמֵשׁ jamesh נֵרוֹת nerot קוֹדֶמֶת kodémet

לְדַם ledam הַתָּמִיד hatamid ע"ה קס"א קנ"א קמ"ג• וְדַם vedam

הַתָּמִיד hatamid ע"ה קס"א קנ"א קמ"ג קוֹדֵם kódem עסמב

לַהֲטָבַת lahatavat שְׁתֵּי shtei נֵרוֹת nerot• וַהֲטָבַת vahatavat

שְׁתֵּי shtei נֵרוֹת nerot קוֹדֶמֶת kodémet לִקְטֹרֶת liktóret י"א פעמים אדני

(הנבררים מהקליפות ע"י י"א סממני הקטורת) ; קטרת - הק' באתב"ש ד' = תרי"ג (מצוות)• וּקְטֹרֶת uktóret

י"א פעמים אדני (הנבררים מהקליפות ע"י י"א סממני הקטורת) ; קטרת - הק' באתב"ש ד' = תרי"ג (מצוות)

לְאֵבָרִים leevarim• וְאֵבָרִים veevarim לְמִנְחָה leminjá ע"ה ב"פ ב"ן

וּמִנְחָה uminjá ע"ה ב"פ ב"ן לַחֲבִתִּין lajavitín• וַחֲבִתִּין vajavitín

לִנְסָכִין linsajín• וּנְסָכִין unsajín לְמוּסָפִין lemusafín• וּמוּסָפִין umusafín

לְבָזִיכִין levazijín• וּבָזִיכִין uvazijín קוֹדְמִין kodmín לְתָמִיד letamid

ע"ה קס"א קנ"א קמ"ג שֶׁל shel בֵּין bein הָעַרְבַּיִם haarbáyim• שֶׁנֶּאֱמַר sheneemar:

וְעָרַךְ vearaj עָלֶיהָ aleha פהל הָעֹלָה haolá וְהִקְטִיר vehiktir

עָלֶיהָ aleha פהל חֶלְבֵי jelvei הַשְּׁלָמִים hashlamim: עָלֶיהָ aleha פהל

הַשְׁלֵם hashlem כָּל־ col ילי הַקָּרְבָּנוֹת hakarbanot כֻּלָּם culam:

El arreglo de los dos troncos de madera precedía la retirada de las cenizas del Altar interior. La retirada de las cenizas del Altar interior precedía la preparación de las cinco velas. La preparación de las cinco velas precedía la sangre de la ofrenda diaria. La sangre de la ofrenda diaria precedía la preparación de las dos velas. La preparación de las dos velas precedía el incienso. El incienso precedía a los miembros y los miembros precedían las ofrendas de comida, y las ofrendas de comida precedían las ofrendas horneadas. Las ofrendas horneadas precedían las libaciones de vino. Las libaciones de vino precedían los sacrificios del Musaf. Los sacrificios del Musaf precedían las ofrendas diarias a la caída del sol. Como se decía: Él preparaba las ofrendas quemadas sobre el Altar como incienso. Y sobre él, debes completar todos los sacrificios (Yomá 33a).

ANÁ BEJÓAJ

El *Aná Bejóaj* probablemente sea la oración más poderosa en todo el universo. El kabbalista del siglo II Rav Najunyá ben HaKaná fue el primer sabio en revelar esta combinación de 42 letras, la cual contiene el poder de la Creación.

El *Aná Bejóaj* es una fórmula única, compuesta por 42 letras distribuidas en siete frases que nos proporciona la capacidad de trascender este mundo físico con todas sus limitaciones. Se conoce como el Nombre de Dios de 42 letras. El *Aná Bejóaj* puede eliminar literalmente todas las fricciones, barreras y obstáculos asociados con nuestra existencia física. Inyecta orden en el caos, elimina la influencia de Satán de nuestra naturaleza, genera sustento financiero, crea unidad y amor con los demás, y proporciona energía sanadora al cuerpo y la mente. Recitamos o escaneamos el *Aná Bejóaj* cada día, tantas veces como queramos.

Cuando utilizamos el *Aná Bejóaj* nos estamos conectando a estos cuatro elementos:

1) SIETE FRASES: Las siete frases corresponden a las siete *Sefirot*, desde *Jésed* hasta *Maljut*. Aunque hay diez *Sefirot* en total, sólo las Siete Inferiores ejercen influencia en nuestro mundo físico. Al conectarnos a estas siete, obtenemos el control sobre este mundo físico.

2) LETRAS DEL MES: Avraham el Patriarca reveló los secretos astrológicos de las letras arameas y de los signos del Zodíaco en su tratado kabbalístico, *El libro de la formación* (*Séfer Yetsirá*). Cada mes del año está gobernado por un planeta, y cada planeta tiene un verso correspondiente en el *Aná Bejóaj*; por lo tanto, también meditamos en el planeta y la letra aramea que creó tanto el planeta como el signo del Zodíaco de ese mes. Al hacer esto, nos conectamos con la energía positiva de cada planeta y no con su influencia negativa. Por ejemplo, la letra aramea *Zayin* creó el signo de Géminis, *Siván*. Géminis está gobernado por el planeta Mercurio. La letra aramea que dio nacimiento a Mercurio es *Resh*, por lo tanto, cada día durante el mes de *Siván* meditamos en las letras *Zayin* y *Resh* después de recitar y meditar en el primer verso del *Aná Bejóaj*.

El mes y las letras		El signo astrológico y la letra		El planeta y la letra		Meditación del Aná Bejóaj
Siván	זר	Géminis	ז	Mercurio	ר	יגלפזק

3) CORRECCIÓN DEL ALMA – TIKÚN HANÉFESH: A lo largo de la historia, los kabbalistas han utilizado esta meditación sanadora dos veces al día, siete días a la semana, para regenerar y revitalizar todos los órganos del cuerpo. Cuando llegamos a la frase del *Aná Bejóaj* que gobierna el mes en el cual nos encontramos, nos detenemos y meditamos en las letras del mes, y luego hacemos el *Tikún HaNéfesh*. (Ver pág.581). Utilizando la tabla como guía, coloca tu mano derecha sobre la parte del cuerpo en particular a la que estás canalizando energía. Mira la combinación de letras arameas para esa área específica del cuerpo, y permite que la Luz penetre a través de tu mano derecha en esa parte del cuerpo.

4) LOS ÁNGELES DEL DÍA: Los ángeles son paquetes diferenciados de energía espiritual que actúan como un sistema de transporte para nuestras oraciones. Ellos llevan nuestras palabras y pensamientos hacia los Mundos Superiores. Hay una línea del *Aná Bejóaj* para cada día de la semana, y hay ángelesúnicos que gobiernan cada día. (Ver pág. 582-584).

Jésed, domingo (*Álef Bet Guímel Yud Tav Tsadi*) אבג יתץ

ana אָנָּא bejóaj בְּכֹחַ• guedulat גְּדוּלַּת yemineja יְמִינְךָ•

tatir תַּתִּיר tserurá צְרוּרָה:

Guevurá, lunes (*Kof Resh Ayin Shin Tet Nun*) קרע שטן

kabel קַבֵּל rinat רִנַּת• ameja עַמְּךָ sagvenu שַׂגְּבֵנוּ•

taharenu טַהֲרֵנוּ norá נוֹרָא:

Tiféret, martes (*Nun Guímel Dálet Yud Caf Shin*) נגד יכש

na נָא guibor גִּבּוֹר• dorshei דּוֹרְשֵׁי yijudeja יְחוּדֶךָ•

quevavat כְּבָבַת shamrem שָׁמְרֵם:

Nétsaj, miércoles (*Bet Tet Resh Tsadi Tav Guímel*) בטר צתג

barjem בָּרְכֵם taharem טַהֲרֵם• rajamei רַחֲמֵי tsidkateja צִדְקָתְךָ•

tamid תָּמִיד gomlem גָּמְלֵם:

Hod, jueves (*Jet Kof Bet Tet Nun Ayin*) חקב טנע

jasín חֲסִין kadosh קָדוֹשׁ• berov בְּרוֹב tuvjá טוּבְךָ•

nahel נַהֵל adateja עֲדָתֶךָ:

ANÁ BEJÓAJ

Jésed, domingo אבג יתץ

Te suplicamos, con el gran poder de Tu diestra, pon en libertad a los cautivos.

Guevurá, lunes קרע שטן

Acepta el canto de Tu Nación. Fortifícanos y purifícanos, Oh Reverenciado.

Tiféret, martes נגד יכש

Por favor, oh Todopoderoso, a los que buscan Tu unidad, cuídalos como a la pupila de los ojos.

Nétsaj, miércoles בטר צתג

Bendícelos. Purifícalos. Otórgales siempre tu fidelidad compasiva.

Hod, jueves חקב טנע

Invencible y Todopoderoso, con la abundancia de Tu bondad, guía a Tu congregación.

Yesod, viernes (*Yud Guímel Lámed Pei Zayin Kof*) יג״ל פז״ק

יָוִיד yajid גֵּאֶה gueé• לְעַמְּךָ leamjá פְּנֵה pené•

זוֹכְרֵי zojrei קְדֻשָּׁתֶךָ kedushateja:

Maljut, sábado (*Shin Kof Vav Tsadi Yud Tav*) שק״ו צי״ת

שַׁוְעָתֵנוּ shavatenu קַבֵּל kabel• וּשְׁמַע ushmá צַעֲקָתֵנוּ tsaakatenu•

יוֹדֵעַ yodea תַּעֲלוּמוֹת taalumot:

BARUJ SHEM QUEVOD

Susurrar esta frase final trae toda la Luz de los Mundos Superiores a nuestra existencia física.

(Susurrar): יוזו אותיות בָּרוּךְ Baruj שֵׁם Shem כְּבוֹד quevod מַלְכוּתוֹ maljutó

לְעוֹלָם leolam ריבוע ס״ג ו׳ אותיות דס״ג וָעֶד vaed:

RIBÓN HAOLAMIM

Dios nos ha dado instrucciones específicas respecto a los sacrificios que debían ser realizados en el *Beit HaMikdash* (Templo Sagrado de Jerusalén). Debido a la destrucción del Templo, no podemos llevar a cabo dichas instrucciones. Aquí, pedimos a Dios que nos permita usar el poder de estas letras arameas como reemplazo a esos sacrificios.

רִבּוֹן Ribón יהוה עסמ״ב הָעוֹלָמִים haolamim אַתָּה Atá צִוִּיתָנוּ tsivitanu

לְהַקְרִיב lehakriv קָרְבַּן karbán הַתָּמִיד hatamid ע״ה קס״א קנ״א קמ״ג

בְּמוֹעֲדוֹ bemoadó• וְלִהְיוֹת velihyot כֹּהֲנִים cohanim

בַּעֲבוֹדָתָם baavodatam וּלְוִיִּם ulviyim בְּדוּכָנָם bedujanam

וְיִשְׂרָאֵל veYisrael בְּמַעֲמָדָם bemaamadam• וְעַתָּה veAtá

בַּעֲוֹנוֹתֵינוּ baavonoteinu חָרֵב jarev בֵּית beit ב״פ ראה הַמִּקְדָּשׁ hamikdash

---

Yesod, viernes יג״ל פז״ק

Oh exaltado y orgulloso, vuélvete a Tu pueblo, aquellos que recuerdan Tu santidad.

Maljut, sábado שק״ו צי״ת

Acepta nuestra plegaria y escucha nuestro clamor, Tú que conoces todo lo oculto.

BARUJ SHEM QUEVOD

"Bendito es el Nombre de la Gloria. Su Reino es para siempre y para la eternidad" (*Pesajim 56a*).

RIBÓN HAOLAMIM

Señor de todos los Mundos, Tú nos has ordenado sacrificar las ofrendas diarias en su momento apropiado, que los Cohanim hagan su servicio, los Levitas deban estar en sus tribunas, y los israelitas deban estar en sus posiciones. Pero ahora, debido a nuestros pecados, el Templo ha sido destruido

וּבֻטַּל uvutal הַתָּמִיד hatamid ע"ה קס"א קנ"א קמ"ג וְאֵין veéin

לָנוּ lanu אלהים, אהיה אדני לֹא lo כֹהֵן Johén מלה

בַּעֲבוֹדָתוֹ baavodató. וְלֹא veló לֵוִי leví בְּדוּכָנוֹ bedujanó.

וְלֹא veló יִשְׂרָאֵל Yisrael בְּמַעֲמָדוֹ bemaamadó. וְאַתָּה veAtá

אָמַרְתָּ amarta (הושע י"ד, ג): וּנְשַׁלְּמָה unshalmá פָרִים farim שְׂפָתֵינוּ sfateinu:

לָכֵן lajén יְהִי yehí רָצוֹן ratsón מהש ע"ה, ע"ב בריבוע וקס"א ע"ה, אל שדי ע"ה

מִלְּפָנֶיךָ milfaneja ס"ג מ"ה ב"ן יְהֹוָה Adonai אֱלֹהֵינוּ Eloheinu ילה

וֵאלֹהֵי veElohei לכב ; מילוי ע"ב, דמב ; ילה אֲבוֹתֵינוּ avoteinu שֶׁיְּהֵא sheyhé

זֶה ze שִׂיחַ síaj שִׂפְתוֹתֵינוּ siftoteinu וְחָשׁוּב jashuv וּמְקֻבָּל umekubal

וּמְרוּצֶּה umerutsé לְפָנֶיךָ lefaneja ס"ג מ"ה ב"ן כְּאִלּוּ queílu הִקְרַבְנוּ hikravnu

קָרְבַּן karbán הַתָּמִיד hatamid ע"ה קס"א קנ"א קמ"ג בְּמוֹעֲדוֹ bemoadó

וְעָמַדְנוּ veamadnu עַל al מַעֲמָדוֹ maamadó. כְּמוֹ cmó שֶׁנֶּאֱמַר sheneemar:

וּנְשַׁלְּמָה unshalmá פָרִים farim שְׂפָתֵינוּ sfateinu. וְנֶאֱמַר veneemar:

וְשָׁחַט veshajat אֹתוֹ otó עַל al יֶרֶךְ yérej הַמִּזְבֵּחַ hamizbéaj נגד, זן, אל יהוה

צָפֹנָה tsafona יה פעמים יה וע"ה עסמ"ב, הברכה (מכוון למאמרם ז"ל הרוצה להעשיר יצפין)

לִפְנֵי lifnei יְהֹוָה Adonai וְזָרְקוּ vezarkú ס"ת יהוה

בְּנֵי bnei אַהֲרֹן Aharón הַכֹּהֲנִים hacohanim אֶת־ et דָּמוֹ damó

עַל־ al הַמִּזְבֵּחַ hamizbéaj נגד, זן, אל יהוה סָבִיב saviv:

וְנֶאֱמַר veneemar: זֹאת zot הַתּוֹרָה haTorá לָעֹלָה laolá

לַמִּנְחָה laminjá ע"ה ב"פ ב"ן וְלַחַטָּאת velajatat וְלָאָשָׁם velaasham

וְלַמִּלּוּאִים velamiluim וּלְזֶבַח ulezévaj הַשְּׁלָמִים hashlamim:

---

y la ofrenda diaria ha cesado. Ahora no tenemos un Cohén que lleve a cabo su servicio; ningún Levita que esté en su tribuna y ningún israelita en su posición. Pero preguntamos: "¿Podemos compensar las ofrendas de los toros con nuestros labios?" (Oseas 14:3). Por lo tanto, que sea Tu voluntad, Señor, nuestro Dios, y Dios de nuestros padres, que esas palabras que salen de nuestros labios sean adecuadas, aceptadas, y favorables ante Ti, como si hubiésemos sacrificado nuestra ofrenda diaria en su momento adecuado y como si hubiésemos estado de pie en esa ocasión, como fue dicho: "¿Podemos compensar las ofrendas de los toros con nuestros labios?" (Oseas 14:3). Y como también fue dicho: "Y él deberá degollarlos en el lado Norte del Altar ante el Señor. Los hijos de Aharón, los Cohanim, rociarán su sangre sobre el Altar, por todas partes" (Levítico 1:11). Y: "Esta es la ley relacionada con la ofrenda quemada, la ofrenda de comida, la ofrenda de pecado, la ofrenda de culpa, la ofrenda de inauguración y la ofrenda de paz" (Levítico 7:37).

EL PODER DE LA PAZ

Es importante conectar con todos los niveles de la Torá a lo largo del día; por lo tanto, leemos estos versículos de la *Mishná*, seguido por versículos de la *Guemará* (ambos son aspectos del *Talmud*). Esta sección específica del *Talmud* ayuda a imbuirnos del poder de la verdad, la unidad y la paz, puesto que es el único capítulo donde no se encuentran debates o perspectivas opuestas sobre las interpretaciones de la *Torá*.

Aquí medita para elevar a *Nétsaj, Hod, Yesod* de *Asiyá* hasta *Jésed, Guevurá, Tiféret*; y luego para elevar *Maljut* hasta *Nétsaj, Hod, Yesod*; y después para elevar las Chispas de Luz que están en la *klipá* hasta *Maljut*.

Recitamos esta sección en este momento porque es el único capítulo de toda la *Mishná* donde todas las opiniones concuerdan, y es por ello que el capítulo se llama: *Halajá Pesuká*, que quiere decir Ley Indiscutible. Ahora, mientras los mundos son elevados, necesitamos el poder de la paz, no del desacuerdo.

PRIMERA MISHNÁ

Al recitar esta *Mishná*, el aspecto interno de *Nétsaj* de *Asiyá* se eleva y se vuelve externo para la parte externa de *Jésed* de *Asiyá*.

אֵיזֶהוּ eizehú מְקוֹמָן mekomán שֶׁל shel זְבָחִים •zvajim קָדְשֵׁי kadshei

קָדָשִׁים kadashim שְׁחִיטָתָן shjitatán בַּצָּפוֹן •batsafón פַּר par

וְשָׂעִיר vesair שֶׁל shel יוֹם yom ע"ה נגד, מזבח, זן, אל יהוה הַכִּפּוּרִים haKipurim

שְׁחִיטָתָן shjitatán בַּצָּפוֹן batsafón וְקִבּוּל vekibul דָּמָן damán בִּכְלֵי bijlei

שָׁרֵת sharet בַּצָּפוֹן •batsafón וְדָמָן vedamán טָעוּן taún הַזָּיָה hazayá עַל al

בֵּין bein הַבַּדִּים habadim וְעַל veal הַפָּרֹכֶת haparójet וְעַל veal

מִזְבַּח mizbaj נגד, זן, אל יהוה הַזָּהָב hazahav והו• מַתָּנָה matana נתה, קס"א קנ"א קמ"ג

אַחַת ajat מֵהֶן mehén מְעַכֶּבֶת •meaquévet שְׁיָרֵי shiyerei הַדָּם hadam

הָיָה hayá יהה שׁוֹפֵךְ shofej עַל al יְסוֹד yesod ההע מַעֲרָבִי maaraví

שֶׁל shel מִזְבֵּחַ mizbéaj נגד, זן, אל יהוה הַחִיצוֹן •hajitsón אִם im יוהך,

מ"א אותיות דפשוט, דמילוי ודמילוי דמילוי דאהיה ע"ה לֹא lo נָתַן natán לֹא lo עִכֵּב •:iquev

---

EL PODER DE LA PAZ
PRIMERA MISHNÁ

¿Cuál es la ubicación de los sacrificios? Lo más sagrado se sacrifica en el lado norte. El toro y el macho cabrío de Yom Kipur son sacrificados en el lado norte; su sangre es recibida en vasijas de servicio en el lado norte. Su sangre debe ser rociada entre las perchas, sobre la cortina y sobre el Altar Dorado. La ausencia de uno de estos invalida. Él vierte la sangre sobrante en la base oeste del Altar exterior; si él no vierte, él no invalida.

SEGUNDA MISHNÁ

Al recitar esta *Mishná*, el aspecto interno de *Hod* de *Asiyá* se eleva y se vuelve externo para la parte externa de *Guevurá* de *Asiyá*.

פָּרִים parim הַנִּשְׂרָפִים hanisrafim וּשְׂעִירִים useirim הַנִּשְׂרָפִים hanisrafim

שְׁחִיטָתָן shjitatán בַּצָּפוֹן •batsafón וְקִבּוּל vekibul דָּמָן damán

בִּכְלֵי bijlei שָׁרֵת sharet בַּצָּפוֹן •batsafón וְדָמָן vedamán טָעוּן taún

הַזָּיָה hazayá עַל al הַפָּרֹכֶת haparójet וְעַל veal מִזְבַּח mizbaj נגד, זן, אל יהוה

הַזָּהָב hazahav וזהו• מַתָּנָה matana נתה, קס"א קנ"א קמ"ג אַחַת ajat

מֵהֶן mehén מְעַכֶּבֶת •meaquévet שְׁיָרֵי shiyerei הַדָּם hadam הָיָה hayá יהה

שׁוֹפֵךְ shofej עַל al יְסוֹד yesod ההע מַעֲרָבִי maaraví שֶׁל shel

מִזְבֵּחַ mizbéaj נגד, זן, אל יהוה הַחִיצוֹן •hajitsón אִם im יוהך,

מ"א אותיות דפשוט, דמילוי ודמילוי דמילוי דאהיה ע"ה לֹא lo נָתַן natán לֹא lo עִכֵּב •iquev

אֵלּוּ elu וָאֵלּוּ vaelu נִשְׂרָפִין nisrafín בְּבֵית beveit ב"פ ראה הַדֶּשֶׁן :hadeshen

TERCERA MISHNÁ

Al recitar esta *Mishná*, el aspecto interno de *Yesod* de *Asiyá* se eleva y se vuelve externo para la parte externa de *Tiféret* de *Asiyá*. Aquí, completamos a *Jésed, Guevurá, Tiféret* de *Asiyá*.

וְחַטֹּאת jatot הַצִּבּוּר hatsibur וְהַיָּחִיד vehayajid אֵלּוּ elu הֵן hen

וְחַטֹּאת jatot הַצִּבּוּר •hatsibur שְׂעִירֵי seirei רָאשֵׁי rashei

חֳדָשִׁים jodashim וְשֶׁל veshel מוֹעֲדוֹת moadot שְׁחִיטָתָן shjitatán

בַּצָּפוֹן •batsafón וְקִבּוּל vekibul דָּמָן damán בִּכְלֵי bijlei שָׁרֵת sharet

בַּצָּפוֹן •batsafón וְדָמָן vedamán טָעוּן taún אַרְבַּע arbá מַתָּנוֹת matanot

---

SEGUNDA MISHNÁ

Los toros y los machos cabríos que van a ser quemados son degollados en el lado norte. Su sangre se recibe en vasijas de servicio en el lado norte. Su sangre debe ser rociada sobre la cortina y sobre el Altar Dorado. La ausencia de uno de éstos invalida. Él vierte la sangre sobrante en la base oeste del Altar exterior; si él no vierte, él no invalida. Esta y las ofrendas precedentes se queman en repositorios de cenizas.

TERCERA MISHNÁ

Las ofrendas de pecados personales y comunitarios son las ofrendas de pecado comunitarias:

Los machos cabríos de Rosh Jódesh y de las Festividades: éstos se degollan en el lado norte. Y su sangre se recibe en vasijas de servicio en el lado norte. Su sangre requiere cuatro porciones vertidas

עַל al · אַרְבַּע arbá · קְרָנוֹת •kranot · כֵּיצַד •queitsad · עָלָה alá

בַּכֶּבֶשׁ baquévesh · וּפָנָה ufaná · ע״ב · ס״ג · לַסּוֹבֵב lasovev · וּבָא uvá · לוֹ lo

לְקֶרֶן lekeren · דְּרוֹמִית dromit · מִזְרָחִית •mizrajit · מִזְרָחִית mizrajit

צְפוֹנִית •tsfonit · צְפוֹנִית tsfonit · מַעֲרָבִית •maaravit · מַעֲרָבִית maaravit

דְּרוֹמִית •dromit · שִׁירֵי shiyerei · הַדָּם hadam · הָיָה hayá · יהה

שׁוֹפֵךְ shofej · עַל al · יְסוֹד yesod · ההע · הַדְּרוֹמִי •hadromí

וְנֶאֱכָלִין veneejalín · לִפְנִים lifnim · מִן min · הַקְּלָעִים haklaim

לְזִכְרֵי lezijrei · כְהֻנָּה jehuná · בְּכָל bejol · ב״ן, · לכב · מַאֲכָל •maajal

לְיוֹם leyom · ע״ה נגד, מזבח, זן, אל יהוה · וָלַיְלָה valayla · מלה · עַד ad · וַחֲצוֹת :jatsot

CUARTA MISHNÁ – LAS OFRENDAS DE OLÁ (QUEMADA)

Recitamos esta *Mishná* por la totalidad de *Asiyá*.

הָעוֹלָה haolá · קֹדֶשׁ kódesh · קָדָשִׁים kadashim · שְׁחִיטָתָהּ shjitatá

בַּצָּפוֹן •batsafón · וְקִבּוּל vekibul · דָּמָהּ damá · בִּכְלֵי bijlei

שָׁרֵת sharet · בַּצָּפוֹן •batsafón · וְדָמָהּ vedamá · טָעוּן taún · שְׁתֵּי shtei

מַתָּנוֹת matanot · שֶׁהֵן shehén · אַרְבַּע •arbá · וּטְעוּנָה uteuná

הֶפְשֵׁט hefshet · וְנִתּוּחַ venitúaj · וְכָלִיל vejalil · לָאִשִּׁים :laishim

QUINTA MISHNÁ – LAS OFRENDAS DE ASHAM (CULPA)

Al recitar esta *Mishná*, el aspecto interno de la Columna Derecha de *Maljut* de *Asiyá* se eleva y se vuelve externa para el aspecto externo de *Nétsaj* de *Asiyá*.

זִבְחֵי zivjei · שַׁלְמֵי shalmei · צִבּוּר tsibur · וַאֲשָׁמוֹת •vaashamot

אֵלּוּ elu · הֵן hen · אֲשָׁמוֹת •ashamot · אֲשַׁם asham · גְּזֵלוֹת •gzelot

---

sobre las cuatro esquinas del Altar. ¿Cómo?: Él asciende la rampa, luego cruza al borde que lo rodea; luego va a la esquina Sureste, la noreste, la noroeste y la esquina suroeste. Él vierte la sangre restante en la base sur. Estas eran comidas por los varones de los Cohanim, entre las cortinas, en cada comida durante un día y una noche, hasta la medianoche.

CUARTA MISHNÁ – LAS OFRENDAS DE OLÁ (QUEMADA)

La ofrenda quemada corresponde a lo más sagrado.

Se degolla en el norte y su sangre se recibe en vasijas de servicio en el norte. Su sangre requiere dos porciones de cuatro partes. Requiere ser desollado, desmembrado y consumido completamente por el fuego.

QUINTA MISHNÁ – LAS OFRENDAS DE ASHAM (CULPA)

Las ofrendas de paz y de culpa comunitarias:

Estas son las ofrendas de culpa: Las ofrendas de culpa por robos,

אשם asham מעילות meilot. אשם asham שפחה shifjá וחרופה jarufá.
אשם asham נזיר nazir. אשם asham מצורע metsorá. אשם asham
תלוי talui. שחיטתן shjitatán בצפון batsafón. וקבול vekibul דמן damán
בכלי bijlei שרת sharet בצפון batsafón. ודמן vedamán
טעון taún שתי shtei מתנות matanot שהן shehén ארבע arbá.
ונאכלין veneejalín לפנים lifnim מן min הקלעים haklaim
לזכרי lezijrei כהנה jehuná בכל bejol ב"ן (יוד הה וו הה), לכב מאכל maajol
ליום leyom ע"ה נגד, מזבח, זן, אל יהוה ולילה valayla מלה עד ad וחצות jatsot:

SEXTA MISHNÁ – LAS OFRENDAS DE TODÁ (AGRADECIMIENTO)

Al recitar esta *Mishná*, el aspecto interno de la Columna Izquierda de *Maljut* de *Asiyá* se eleva y se vuelve externa para el aspecto externo de *Hod* de *Asiyá*.

התודה hatodá ואיל veéil נזיר nazir קדשים kadashim קלים kalim
שחיטתן shjitatán בכל bejol ב"ן, לכב מקום makom בעזרה baazará
ודמן vedamán טעון taún שתי shtei מתנות matanot שהן shehén
ארבע arbá. ונאכלין veneejalín בכל bejol ב"ן, לכב העיר hair
סןזהר, סנדלפון, ערי לכל- lejol יה אדני מ"ה אדם adam בכל- bejol ב"ן, לכב
מאכל maajol ליום leyom ע"ה נגד, מזבח, זן, אל יהוה ולילה valayla מלה עד- ad
וחצות jatsot. המורם hamuram מהם mehem כיוצא cayotsé בהם vahem
אלא ela שהמורם shehamuram נאכל neejal לכהנים lacohanim
לנשיהם linsheihem ולבניהם velivneihem ולעבדיהם uleavdeihem:

---

por mal uso de objetos sagrados, por estar con una sirvienta casada, por Nazir, por leproso, y por trasgresión dudosa. Éstas son sacrificadas en el lado norte y su sangre se recibe en vasijas de servicio en el lado norte. Su sangre requiere dos porciones de cuatro partes. Las comen los varones de los Cohanim entre las cortinas, en cada comida durante un día y una noche, hasta la medianoche.

SEXTA MISHNÁ – LAS OFRENDAS DE TODÁ (AGRADECIMIENTO)

Las ofrendas de agradecimiento

y del carnero del Nazir son de menor santidad. Se degollan en cualquier lugar en el patio. Su sangre requiere dos porciones de cuatro partes. Se comen por toda la ciudad, por cualquier persona, en cada comida durante un día y una noche, hasta la medianoche. Esa parte que se coloca a un lado se trata de la misma forma, a excepción que esa parte es comida por los Cohanim, sus esposas, sus hijos y sus esclavos.

SÉPTIMA MISHNÁ – LAS OFRENDAS DE SHLAMIM (PAZ)

Al recitar esta *Mishná*, el aspecto interno de la Columna Central de *Maljut* de *Asiyá* se eleva y se vuelve externo para el aspecto externo de *Yesod* de *Asiyá*.

שְׁלָמִים shlamim קָדָשִׁים kadashim קַלִּים kalim שְׁחִיטָתָן shjitatán

בְּכָל bejol ב"ן, לכב מָקוֹם makom בָּעֲזָרָה baazará· וְדָמָן vedamán

טָעוּן taún שְׁתֵּי shtei מַתָּנוֹת matanot שֶׁהֵן shehén אַרְבַּע arbá·

וְנֶאֱכָלִין veneejalín בְּכָל bejol ב"ן, לכב הָעִיר hair מטטרון, סנדלפון, ערי

לְכָל־ lejol יה אדני אָדָם adam מ"ה בְּכָל־ bejol ב"ן, לכב מַאֲכָל maajal

לִשְׁנֵי lishnei יָמִים yamim נלך וְלַיְלָה velayla מלה אֶחָד ejad אהבה, דאגה ·

הַמּוּרָם hamuram מֵהֶם mehem כַּיּוֹצֵא cayotsé בָהֶם vahem

אֶלָּא ela שֶׁהַמּוּרָם shehamuram נֶאֱכָל neejal לַכֹּהֲנִים lacohanim

לִנְשֵׁיהֶם linsheihem וְלִבְנֵיהֶם velivneihem וּלְעַבְדֵיהֶם uleavdeihem:

LA MISHNÁ FINAL

Con esta *Mishná* final, tenemos el poder de elevar a todo el mundo de *Asiyá*. Cualquier alma o Luz que haya quedado atrapada dentro de las *klipot* también son elevadas con este verso. Debido a que esta sección en particular no contiene debates o perspectivas opuestas, genera un cordón de unidad; sólo a través de esta unidad es que tenemos la capacidad de elevarnos al Mundo de Formación (*Yetsirá*).

Al recitar esta *Mishná*, el aspecto interno (que se encontraba en la *klipá*) se eleva y se vuelve externo para el aspecto externo de *Maljut* de *Asiyá*. Con esto, completas todo el mundo de *Asiyá*.

הַבְּכוֹר habejor וְהַמַּעֲשֵׂר vehamaaser וְהַפֶּסַח vehapésaj קָדָשִׁים kadashim

קַלִּים kalim שְׁחִיטָתָן shjitatán בְּכָל bejol ב"ן, לכב מָקוֹם makom

בָּעֲזָרָה baazará וְדָמָן vedamán טָעוּן taún מַתָּנָה matana נתה, קס"א קנ"א קמ"ג

אֶחָת ejat· וּבִלְבָד uvilvad שֶׁיִּתֵּן sheyitén כְּנֶגֶד quenégued מזבח, זן, אל יהוה

הַיְסוֹד hayesod ההע· שִׁנָּה shiná בַּאֲכִילָתָן vaajilatán·

SÉPTIMA MISHNÁ – LAS OFRENDAS DE SHLAMIM (PAZ)

Las ofrendas de paz son de menor santidad. Se degollan en cualquier lugar en el patio. Su sangre requiere dos porciones de cuatro partes. Se comen por toda la ciudad, por cualquier persona, en cada comida, durante dos días y una noche. Esa parte que se coloca a un lado se trata de la misma forma, a excepción que esa parte es comida por los Cohanim, sus esposas, sus hijos y sus esclavos.

MISHNÁ FINAL

El animal primogénito, el diezmo del ganado y la ofrenda de Pésaj son de menor santidad. Son sacrificados en cualquier parte del patio. Su sangre requiere una porción, siempre que se vierta contra la base del Altar. Difieren en la forma en la que son consumidas:

הַבְּכוֹר habejor נֶאֱכָל neejal לַכֹּהֲנִים lacohanim• וְהַמַּעֲשֵׂר vehamaaser

לְכָל־ lejol יה אדני אָדָם adam מ"ה • וְנֶאֱכָלִין veneejalín

בְּכָל־ bejol ב"ן, לכב הָעִיר hair סוזוך, סנדלפון, ערי

בְּכָל־ bejol ב"ן, לכב מַאֲכָל maajol לִשְׁנֵי lishnei יָמִים yamim נלך

וְלַיְלָה velayla מלה אֶחָד ejad אהבה, דאגה• הַפֶּסַח hapésaj אֵינוֹ einó

נֶאֱכָל neejal אֶלָּא ela בַּלַּיְלָה valayla מלה• וְאֵינוֹ veeinó נֶאֱכָל neejal

אֶלָּא ela עַד ad וַחֲצוֹת jatsot• וְאֵינוֹ veeinó נֶאֱכָל neejal אֶלָּא ela

לִמְנוּיָיו limnuyav• וְאֵינוֹ veeinó נֶאֱכָל neejal אֶלָּא ela צָלִי tsalí:

RIBÍ YISHMAEL

Ribí Yishmael actúa como un eslabón en la cadena de *Sefirot*. Nos conecta con 13 *Sefirot*: Diez en el Mundo de Acción (*Asiyá*) y tres en el siguiente nivel, el Mundo de Formación (*Yetsirá*). Es bueno contar las 13 *Sefirot* de *Asiyá* con los dedos de la mano derecha.

רִבִּי Ribí יִשְׁמָעֵאל Yishmael אוֹמֵר omer, בִּשְׁלֹשׁ bishlosh עֶשְׂרֵה esré

מִדּוֹת midot הַתּוֹרָה haTorá נִדְרֶשֶׁת nidréshet• 1) מִקַּל mikal נמם

וָחוֹמֶר vajómer• 2) מִגְּזֵרָה migzerá שָׁוָה shavá• 3) מִבִּנְיַן mibinyán אָב av

וְכָתוּב vejatuv אֶחָד ejad אהבה, דאגה• וּמִבִּנְיַן umibinyán אָב av

וּשְׁנֵי ushnei כְתוּבִים jetuvim• 4) מִכְּלָל miclal וּפְרָט ufrat•

5) מִפְּרָט miprat וּכְלָל ujlal• 6) כְּלָל clal וּפְרָט ufrat וּכְלָל ujlal

אִי ei אַתָּה atá דָן dan אֶלָּא ela כְּעֵין queéin הַפְּרָט haprat•

El animal primogénito puede ser comido por el Cohén, y el diezmo puede ser comido por cualquiera. Se comen por toda la ciudad, en cualquier comida durante dos días y una noche. La ofrenda de Pésaj sólo puede ser comida durante esa noche y sólo hasta la medianoche, y sólo puede ser comida por aquellos que contribuyeron con ella. Sólo puede ser comida asada.

RIBÍ YISHMAEL

'Rabí Yishmael dice: A través de trece atributos es enseñada la Torá: 1) Por ley de indulgencia y por ley estricta. 2) Por similitud de palabras. 3) De un principio general derivado de un versículo y un principio general derivado de dos versículos. 4) De una declaración general seguida por una específica. 5) De una declaración específica seguida por una generalidad. 6) De una declaración general, seguida por una específica, seguida por una generalidad: entonces sólo puedes inferir lo que es similar a la especificación.

(7 מִכְּלָל miclal שֶׁהוּא shehú צָרִיךְ tsarij לִפְרָט lifrat. וּמִפְּרָט umiprat
שֶׁהוּא shehú צָרִיךְ tsarij לִכְלָל lijlal. (8 וְכָל vejol ילי דָּבָר davar ראה
שֶׁהָיָה shehayá יהה בִּכְלָל bijlal וְיָצָא veyatsá מִן־ min הַכְּלָל haclal
לְלַמֵּד lelamed. לֹא lo לְלַמֵּד lelamed עַל al עַצְמוֹ atsmó יָצָא yatsá
אֶלָּא ela לְלַמֵּד lelamed עַל al הַכְּלָל haclal כֻּלּוֹ culó יָצָא yatsá:
(9 וְכָל vejol ילי דָּבָר davar ראה שֶׁהָיָה shehayá יהה בִּכְלָל bijlal.
וְיָצָא veyatsá לִטְעוֹן litón טָעוּן taún אַחֵר ajer שֶׁהוּא shehú
כְּעִנְיָנוֹ jeinyanó. יָצָא yatsá לְהָקֵל lehakel וְלֹא veló לְהַחְמִיר lehajmir:
(10 וְכָל vejol ילי דָּבָר davar ראה שֶׁהָיָה shehayá יהה בִּכְלָל bijlal
וְיָצָא veyatsá לִטְעוֹן litón טָעוּן taún אַחֵר ajer שֶׁלֹּא sheló
כְּעִנְיָנוֹ jeinyanó יָצָא yatsá לְהָקֵל lehakel וּלְהַחְמִיר ulehajmir:
(11 וְכָל vejol ילי דָּבָר davar ראה שֶׁהָיָה shehayá יהה בִּכְלָל bijlal
וְיָצָא veyatsá לִדּוֹן lidón בְּדָבָר bedavar ראה וְחָדָשׁ jadash ב״י הויות, קס״א קנ״א
אִי ei אַתָּה atá יָכוֹל yajol לְהַחֲזִירוֹ lehajaziró לִכְלָלוֹ lijlaló עַד ad
שֶׁיַּחֲזִירֶנּוּ sheyajazirenu הַכָּתוּב hacatuv לִכְלָלוֹ lijlaló בְּפֵירוּשׁ beferush:
(12 וְדָבָר vedavar ראה הַלָּמֵד halamed מֵעִנְיָנוֹ meinyanó וְדָבָר vedavar ראה
הַלָּמֵד halamed מִסּוֹפוֹ misofó: (13 וְכֵן veján (וְכָאן) שְׁנֵי shnei
כְתוּבִים jetuvim הַמַּכְחִישִׁים hamajishim זֶה ze אֶת et זֶה ze
עַד ad שֶׁיָּבֹא sheyavó הַכָּתוּב hacatuv הַשְּׁלִישִׁי hashlishí
וְיַכְרִיעַ veyajría בֵּינֵיהֶם beineihem:

---

7) De una declaración general que requiere una declaración específica que, a su vez, requiere una declaración general para explicarla. 8) Cualquier cosa que era parte de una declaración general que luego era extraída de la declaración general para enseñar algo. No era para enseñar sobre ella misma que era extraída, sino para enseñar con relación a la declaración general completa. 9) Cualquier cosa que sea parte de una declaración general, que después era extraída para discutir otra instancia de su contexto. Era extraída para ser más indulgente y no más rigurosa. 10) Cualquier cosa que era parte de una declaración general y era después extraída para discutir otra instancia fuera de su contexto. Era extraída para ser más indulgente y no más rigurosa. 11) Cualquier cosa que era parte de una declaración general, y era extraída para discutir un concepto nuevo, no la puedes regresar a su contexto general, a menos que el texto explícitamente lo devuelva a su contexto general. 12) Una materia que se aprende de su contexto y una materia que se desprende de su fin. 13) Y también de dos versículos que se contradicen el uno al otro, hasta que aparezca un tercero que los reconcilie" (Torat Cohanim, Porción Vayikrá).

יְהוּדָה Yehudá בֶּן ven תֵּימָא Teimá אוֹמֵר :omer הֱוֵי hevei עַז az

כַּנָּמֵר canamer וְקַל vekal נמם (שהם ה גבורות) כַּנֶּשֶׁר canésher וְרָץ verats

כַּצְּבִי catsví וְגִבּוֹר veguibor כָּאֲרִי caarí לַעֲשׂוֹת laasot רְצוֹן retsón

מהש ע"ה, ע"ב בריבוע וקס"א ע"ה, אל שדי ע"ה אָבִיךָ avija שֶׁבַּשָּׁמַיִם shebashamáyim

י"פ טל, י"פ כוזו: הוּא hu הָיָה hayá יהה אוֹמֵר :omer עַז az פָּנִים panim

לַגֵּיהִנָּם laGueihinam וּבֹשֶׁת uvóshet פָּנִים panim לְגַן leGán עֵדֶן :Eden

YEHÍ RATSÓN

A pesar de que, según la Kabbalah, el Templo todavía existe en la realidad espiritual del Mundo Infinito, su estructura física no está; dejando a nuestro mundo físico incompleto. Esta oración ayuda a movilizar y acelerar la reconstrucción del Templo físico.

יְהִי yehí רָצוֹן ratsón מהש ע"ה, ע"ב בריבוע וקס"א ע"ה, אל שדי ע"ה

מִלְּפָנֶיךָ milfaneja ס"ג מ"ה ב"ן יְהֹוָהאדנילאהדונהי Adonai אֱלֹהֵינוּ Eloheinu ילה

וֵאלֹהֵי veElohei לכב ; מילוי ע"ב, דמב ; ילה אֲבוֹתֵינוּ avoteinu

שֶׁתִּבְנֶה shetivné בֵּית beit ב"פ ראה הַמִּקְדָּשׁ hamikdash

בִּמְהֵרָה bimherá בְּיָמֵינוּ veyameinu• וְתֵן vetén וְחֶלְקֵנוּ jelkenu

בְּתוֹרָתָךְ betorataj לַעֲשׂוֹת laasot וְחֻקֵּי jukei רְצוֹנָךְ retsonaj

וּלְעָבְדָךְ uleavdaj פוי, אל אדני בְּלֵבָב belevav בוכו שָׁלֵם :shalem

Debes tener cuidado de no hablar o, inclusive, hacer una pausa muy larga aquí; y debes proseguir a recitar *Hodú* inmediatamente después del *Kadish*.

KADISH AL YISRAEL

Kadish, en general, significa elevar los mundos en el secreto de la Columna. Hay una columna que conecta los mundos unos con otros y está erigida en el medio de cada Palacio. Y mediante esta columna, cada Palacio se eleva al superior y se vuelve uno con él (como es mencionado en el *Zóhar*). Esta columna es el *Kadish*. El secreto del *Kadish Al Yisrael* es que nos eleva desde el Mundo de *Asiyá* (ב"ן) hasta el Mundo de *Yetsirá* (מ"ה).

"Yehuda Ben Teimá dice: Sé valiente como un tigre y ligero como un águila, y corre como un venado y sé fuerte como un león para así satisfacer la voluntad de Tu Padre en el Cielo. Él solía decir: Una persona insolente va al Infierno y una persona modesta al Jardín de Edén" (*Avot, cap. 5*).

YEHÍ RATSÓN

Sea Tu voluntad, Señor, nuestro Dios y Dios de nuestros padres, que Tú construyas el Templo rápidamente en nuestros días. Y que Tú coloques nuestra providencia en Tu Torá, para que podamos cumplir las leyes de Tus deseos y adorarte con todo el corazón.

יִתְגַּדַּל yitgadal וְיִתְקַדַּשׁ veyitkadash שדי ‑ ין לת וד (מילוי שדי) ; י"א אותיות כמנין ו"ה

שְׁמֵיהּ Shmei (שם י"ה דע"ב) רַבָּא rabá קנ"א ב"ן, יהוה אלהים יהוה אדני,

מילוי קס"א וס"ג, מ"ה ברבוע וע"ב ע"ה ; ר"ת = ו"פ אלהים ; ס"ת = ג"פ יב"ק ♦ אָמֵן Amén אידהנויה♦

בְּעָלְמָא bealmá דִּי di בְרָא verá כִּרְעוּתֵיהּ quirutei♦

וְיַמְלִיךְ veyamlij מַלְכוּתֵיהּ maljutei♦ וְיַצְמַח veyatsmaj

פּוּרְקָנֵיהּ purkanei♦ וִיקָרֵב vikarev מְשִׁיחֵיהּ Meshijei♦ אָמֵן Amén אידהנויה ♦

בְּחַיֵּיכוֹן bejayeijón וּבְיוֹמֵיכוֹן uveyomeijón וּבְחַיֵּי uvejayei

דְכָל dejol בֵּית beit ב"פ ראה יִשְׂרָאֵל Yisrael בַּעֲגָלָא baagalá

וּבִזְמַן uvizmán קָרִיב kariv וְאִמְרוּ veimrú אָמֵן Amén♦ אָמֵן Amén אידהנויה♦

La congregación y el *jazán* dicen lo siguiente:

28 palabras (hasta *bealmá*) – meditar: מילוי דמילוי דע"ב (יוד ויו דלת הי יוד ויו יוד ויו הי יוד)

28 letras (hasta *almayá*) – meditar: מילוי דמילוי דמ"ה (יוד ואו דלת הא אלף ואו אלף ואו הא אלף)

יְהֵא yehé שְׁמֵיהּ Shmei (שם י"הדס"ג) רַבָּא rabá קנ"א ב"ן,

יהוה אלהים יהוה אדני, מילוי קס"א וס"ג, מ"ה ברבוע וע"ב ע"ה מְבָרַךְ mevaraj,

לְעָלַם lealam לְעָלְמֵי lealmei עָלְמַיָּא almayá♦ יִתְבָּרַךְ yitbaraj♦

Siete palabras con seis letras cada una (שם בן מ"ב) – meditar:
יהוה ‑ יוד הי ויו הי ‑ מילוי דמילוי דע"ב (יוד ויו דלת הי יוד ויו יוד ויו הי יוד)
También, siete veces la letra Vav (שם בן מ"ב) – meditar:
יהוה ‑ יוד הי ואו הי ‑ מילוי דמילוי דמ"ה (יוד ואו דלת הא אלף ואו אלף ואו הא אלף).

וְיִשְׁתַּבַּח veyishtabaj י"פ ע"ב יהוה אלאבג יתץ♦

וְיִתְפָּאַר veyitpaar הי נו יהקרע שטן♦ וְיִתְרוֹמַם veyitromam וה כוזו נגד יכש♦

וְיִתְנַשֵּׂא veyitnasé במוכסז בטר צתג♦ וְיִתְהַדָּר veyithadar כוזו יהוקב טנע♦

וְיִתְעַלֶּה veyitalé וה יוד היגל פזק♦ וְיִתְהַלָּל veyithalal א ואו האשקו ציח♦

שְׁמֵיהּ Shmei (שם י"ה דמ"ה) דְּקוּדְשָׁא deKudshá בְּרִיךְ Verij הוּא Hu♦

אָמֵן Amén אידהנויה ♦

KADISH AL YISRAEL

¡Glorificado y santificado sea su Gran Nombre! (Amén).

En el mundo que Él creó de acuerdo a Su voluntad y pueda Su Reino reinar. Y pueda Él hacer que su Redención florezca y pueda Él acercar al Mesías (Amén). *En tus vidas y en tus días y en la vida de la Casa de Israel, prontamente y en el futuro cercano, y dígase, Amén* (Amén). *Que Su gran Nombre sea bendito por siempre y para toda la eternidad, y bendito y alabado, y glorificado y exaltado, y ensalzado y honrado, y adorado y loado, sea el Nombre del Santo Bendito Sea* (Amén).

לְעֵלָּא leelá מִן min כָּל col יל״י בִּרְכָתָא birjatá• שִׁירָתָא shiratá•
תֻּשְׁבְּחָתָא tishbejatá וְנֶחֱמָתָא venejamatá• דַּאֲמִירָן daamirán
בְּעָלְמָא bealmá וְאִמְרוּ veimrú אָמֵן Amén: אָמֵן Amén אידהנויה.
עַל al יִשְׂרָאֵל Yisrael וְעַל veal רַבָּנָן rabanán וְעַל veal
תַּלְמִידֵיהוֹן talmideihón וְעַל veal כָּל col יל״י ; עמם תַּלְמִידֵי talmidei
תַלְמִידֵיהוֹן talmideihón• דְּעָסְקִין deaskín בְּאוֹרַיְתָא beoraytá
קַדִּישְׁתָּא kadishtá• דִּי di בְּאַתְרָא veatrá הָדֵין hadein וְדִי vedí
בְּכָל vejol ב״ן, לכב אֲתַר atar וַאֲתַר veatar• יְהֵא yehé
לָנָא laná וּלְהוֹן ulhón וּלְכוֹן uljón חִנָּא jiná וְחִסְדָּא vejisdá
וְרַחֲמֵי verajamei• מִן min קֳדָם kodam מָארֵי marei שְׁמַיָּא Shmayá
וְאַרְעָא veará וְאִמְרוּ veimrú אָמֵן Amén: אָמֵן Amén אידהנויה.
יְהֵא yehé שְׁלָמָא shlamá רַבָּא rabá קנ״א ב״ן, יהוה אלהים יהוה אדני, מילוי קס״א וס״ג,
מ״ה ברבוע וע״ב ע״ה מִן min שְׁמַיָּא Shmayá• וְחַיִּים jayim אהיה אהיה יהוה, בינה ע״ה
וְשָׂבָע vesavá וִישׁוּעָה vishuá וְנֶחָמָה venejamá וְשֵׁיזָבָא vesheizavá
וּרְפוּאָה urefuá וּגְאֻלָּה ugueulá וּסְלִיחָה uslijá וְכַפָּרָה vejapará
וְרֶוַח vereivaj וְהַצָּלָה vehatsalá• לָנוּ lanu אלהים, אהיה אדני וּלְכָל ulejol יה אדני
עַמּוֹ amó יִשְׂרָאֵל Yisrael וְאִמְרוּ veimrú אָמֵן Amén: אָמֵן Amén אידהנויה.

Da tres pasos para atrás y dí:

עוֹשֶׂה osé שָׁלוֹם shalom בִּמְרוֹמָיו bimromav ע״ב, ריבוע יהוה • הוּא Hu
בְּרַחֲמָיו berajamav יַעֲשֶׂה yaasé שָׁלוֹם shalom עָלֵינוּ aleinu ר״ת ש״ע נהורין•
וְעַל veal כָּל col יל״י ; עמם עַמּוֹ amó יִשְׂרָאֵל Yisrael וְאִמְרוּ veimrú אָמֵן Amén:
אָמֵן Amén אידהנויה•

Más allá de todas las bendiciones, himnos, alabanzas y palabras de consolación que deben decirse en el mundo, y dirán, Amén (Amén). Sobre Israel, Sus Sabios, Sus discípulos y todos los estudiantes de sus discípulos que se ocupan de la Santa Torá, en este lugar y en cada y toda localidad, que hay para nosotros, para ellos, y para todos, gracia, benevolencia y compasión del Señor de los Cielos y la Tierra y dígase: Amén (Amén). Que haya paz abundante del Cielo, vida, satisfacción, salvación, consuelo, entrega, sanación, redención, perdón, expiación, comodidad y alivio para nosotros y para toda Su Nación, Israel, y dígase: Amén (Amén). Él, que establece la paz en Sus Alturas y con Su compasión hará la paz sobre nosotros y sobre toda Su Nación, Israel. Y dígase: Amén (Amén).

HODÚ, EL NEKAMOT Y AROMIMJÁ

El poder del *Kadish* reside en su capacidad para elevarnos a los Mundos Superiores. Pero el lanzamiento inicial desde nuestro mundo físico (*Asiyá*) requiere un impulso adicional. Los sabios ancestrales nos dieron tres oraciones, *Hodú, El Nekamot* y *Aromimjá*, para este propósito. Esta etapa inicial de lanzamiento ocurre en el Mundo de Acción (*Asiyá*).

HODÚ

El único alimento de nuestras *klipot* proviene de nuestro mundo (*Maljut* o *Asiyá*) y, como consecuencia, las *klipot* intentan evitar que nuestro mundo de *Maljut*, el Mundo de Acción (*Asiyá*), se eleve al Mundo de Formación (*Yetsirá*), puesto que esta traslación las desconectaría de su única fuente de Luz. *Hodú* corta el suministro de oxígeno a las *klipot*, ayudándonos a liberarnos de la fuerza gravitacional de las éstas.

Decimos *Hodú* para fortalecer a *Maljut* de *Yetsirá*, que está incluida en *Heijal Kódesh HaKodashim* de *Asiyá*, con el propósito de romper el poder de las *klipot* que evitan que *Asiyá* se eleve a *Yetsirá*. Desde *Hodú* hasta *Baruj Elohim* (pág. 253) hay 295 palabras, que es el valor numérico de *Elohim* deletreado sin *Hei* (אלף למד הה יוד מם). Y, por lo tanto, no debes agregar ni omitir ninguna de las palabras. Esta oración alaba al Sol en su camino cuando viene a iluminar al mundo. También *Yisrael* está alabando a Dios junto al Sol, como está escrito: “Deben ser vistos junto al Sol” (Salmos 72:5).

הוֹדוּ hodú אהיה לַיהוָֹהאדניאהדונהי laAdonai קִרְאוּ kirú בִשְׁמוֹ viShmó מהש ע"ה,

ע"ב בריבוע וקס"א ע"ה, אל שדי ע"ה ; לאו הוֹדִיעוּ hodíu בָעַמִּים vaamim

עֲלִילוֹתָיו alilotav: שִׁירוּ shiru לוֹ lo זַמְּרוּ־ zamrú לוֹ lo שִׂיחוּ sijú

בְּכָל־ bejol ב"ן, לכב נִפְלְאוֹתָיו nifleotav: הִתְהַלְלוּ hithalelú בְּשֵׁם beShem

קָדְשׁוֹ kadshó יִשְׂמַח yismaj משיח לֵב lev מְבַקְשֵׁי mevakshei

יְהֹוָהאדניאהדונהי Adonai: דִּרְשׁוּ dirshú יְהֹוָהאדניאהדונהי Adonai וְעֻזּוֹ veuzó

בַּקְּשׁוּ bakshú פָנָיו fanav תָּמִיד tamid ע"ה קס"א קנ"א קמ"ג:

זִכְרוּ zijrú נִפְלְאוֹתָיו nifleotav אֲשֶׁר asher עָשָׂה asá מֹפְתָיו moftav

וּמִשְׁפְּטֵי־ umishpetei פִיהוּ fihu: זֶרַע zera יִשְׂרָאֵל Yisrael

עַבְדּוֹ avdó בְּנֵי bnei יַעֲקֹב Yaakov ז' הויות, אידהנויה

בְּחִירָיו bejirav: הוּא Hu יְהֹוָהאדניאהדונהי Adonai אֱלֹהֵינוּ Eloheinu ילה

בְּכָל־ bejol ב"ן, לכב הָאָרֶץ haárets אלהים דההין ע"ה מִשְׁפָּטָיו mishpatav:

HODÚ, EL NEKAMOT Y AROMIMJÁ

HODÚ

“Agradece al Señor, invoca Su Nombre y da a conocer sus proezas entre los pueblos. Cántale, cántale alabanzas y habla de Sus maravillas. Sé orgulloso de Su santo Nombre. Quienes buscan al Señor y a Su fuerza sienten regocijo en sus corazones. Busca Su presencia continuamente. Recuerda las maravillosas obras que Él ha hecho, Sus milagros y las leyes que Él ha enunciado. Ustedes son simiente de Israel, Su siervo, y los hijos de Yaakov, Sus Escogidos. Él es el Señor, nuestro Dios. Sus juicios cubren toda la Tierra.

זִכְרוּ zijrú לְעוֹלָם leolam ריבוע דס"ג וי' אותיות ס"ג בְּרִיתוֹ britó דָּבָר davar ראה

צִוָּה tsivá לְאֶלֶף leélef המספר אֶלֶף = אלף למד + שין דלת יוד ע"ה דּוֹר dor: אֲשֶׁר asher

כָּרַת carat אֶת־ et אַבְרָהָם Avraham וז"פ אל, רי"ו ול"ב נתיבות החכמה, רמ"ח (אברים,

עסמ"ב וט"ז אותיות פשוטות וּשְׁבוּעָתוֹ ushvuató לְיִצְחָק leYitsjak ד"פ ב"ן:

וַיַּעֲמִידֶהָ vayaamideha לְיַעֲקֹב leYaakov י' הויות, אידהנויה לְחֹק lejok

לְיִשְׂרָאֵל leYisrael בְּרִית brit עוֹלָם olam: לֵאמֹר lemor לְךָ lejá

אֶתֵּן etén אֶרֶץ־ érets כְּנָעַן cnaán חֶבֶל jével נַחֲלַתְכֶם najalatjem:

בִּהְיוֹתְכֶם bihyotjem מְתֵי metei מִסְפָּר mispar כִּמְעַט quimat

וְגָרִים vegarim בָּהּ ba: וַיִּתְהַלְּכוּ vayithaljú ניצוצות קדושה מִגּוֹי migoy אֶל־ el

גּוֹי goy וּמִמַּמְלָכָה umimamlajá אֶל־ el עַם am אַחֵר ajer: לֹא־ lo

הִנִּיחַ hiníaj לְאִישׁ leísh לְעָשְׁקָם leashkam ר"ת ללה, אדני וַיּוֹכַח vayojaj

עֲלֵיהֶם aleihem מְלָכִים melajim: אַל־ al תִּגְּעוּ tigú בִּמְשִׁיחָי bimshijai

וּבִנְבִיאַי uvinviai אַל־ al תָּרֵעוּ tareú: שִׁירוּ shiru לַיהֹוָהאדניאהדונהי laAdonai

כָּל־ col ילי הָאָרֶץ haárets אלהים דההין ע"ה בַּשְּׂרוּ basrú מִיּוֹם־ miyom

ע"ה נגד, מזבח, זן, אל יהוה אֶל־ el יוֹם yom ע"ה נגד, מזבח, זן, אל יהוה יְשׁוּעָתוֹ yeshuató:

סַפְּרוּ saprú בַגּוֹיִם vagoyim (pronuncia bien la letra *Álef* en la palabra "*et*") אֶת־ et

כְּבוֹדוֹ quevodó בְּכָל bejol ב"ן, לכב הָעַמִּים haamim נִפְלְאוֹתָיו nifleotav:

כִּי qui גָדוֹל gadol להח ; עם ד' אותיות = מבה, יזל, הום יְהֹוָהאדניאהדונהי Adonai

וּמְהֻלָּל umehulal ס"ת ללה, אדני מְאֹד meod וְנוֹרָא venorá הוּא hu עַל־ al

כָּל־ col ילי ; עמם אֱלֹהִים Elohim אהיה אדני ; ילה • כִּי qui כָּל־ col ילי

אֱלֹהֵי Elohei מילוי ע"ב, דמב ; ילה הָעַמִּים haamim אֱלִילִים elilim (pausa aquí)

Recuerda Su Pacto por siempre. Pacto que Él hizo con Avraham, y juramentó a Yitsjak, que Él estableció para Yaakov por estatuto y para Israel como Pacto eterno: A ti te daré la tierra de Canaán, la parte de tu herencia, donde no eran más que unos pocos y eran extranjeros perdidos en ella. Ellos deambularon de nación en nación y de un reino a otro. Sin embargo, Él no permitió que nadie les hiciese mal. Por ellos Él reprobaba a reyes: ¡No toquéis a Mis ungidos y no causéis daños a Mis profetas! Canta al Señor toda la Tierra y proclama Su salvación día a día. Relata Su gloria entre las naciones y Sus maravillosas obras entre todos los pueblos: porque grande es el Señor y alabado, Él es reverenciado por sobre todos los dioses. Porque todos los dioses de los pueblos no son nada, son solo dioses,

וַיהוָה יאהדונהי vaAdonai שָׁמַיִם shamáyim י"פ טל, י"פ כוזו עָשָׂה asá: הוֹד hod ההה

וְהָדָר vehadar לְפָנָיו lefanav עֹז oz וְחֶדְוָה vejedvá בִּמְקֹמוֹ bimkomó:

הָבוּ havú אוזד, אהבה, דאגה לַיהוָה יאהדונהי laAdonai מִשְׁפְּחוֹת mishpejot

עַמִּים amim הָבוּ havú אוזד, אהבה, דאגה לַיהוָה יאהדונהי laAdonai כָּבוֹד cavod

וָעֹז: vaoz הָבוּ havú אוזד, אהבה, דאגה לַיהוָה יאהדונהי laAdonai כְּבוֹד quevod

שְׁמוֹ Shmó מהש ע"ה, ע"ב בריבוע וקס"א ע"ה, אל שדי ע"ה ; הבו יהוה כבוד שמו = אדם דוד משיוז

שְׂאוּ seú מִנְחָה minjá ע"ה ב"פ ב"ן וּבֹאוּ uvóu לְפָנָיו lefanav

הִשְׁתַּחֲווּ hishtajavú לַיהוָה יאהדונהי laAdonai בְּהַדְרַת behadrat

קֹדֶשׁ kódesh ר"ת למפרע קבלה (היינו שביום שבת צריך ללמוד קבלה):

חִילוּ jilú מִלְּפָנָיו milfanav כָּל col ילי הָאָרֶץ haárets אלהים דההין ע"ה

אַף af תִּכּוֹן ticón תֵּבֵל tevel ב"פ רי"ו בַּל bal תִּמּוֹט timot:

יִשְׂמְחוּ yismejú הַשָּׁמַיִם hashamáyim י"פ טל, י"פ כוזו וְתָגֵל vetaguel אותיות גלות

(שכשתהיה גאולה תהא שמוזה) הָאָרֶץ haárets אלהים דההין ע"ה ; ר"ת יהוה ; ס"ת = ריבוע דס"ג

וְיֹאמְרוּ veyomrú בַגּוֹיִם vagoyim יְהוָה יאהדונהי Adonai מָלָךְ malaj:

ר"ת יבמ, ב"ן: יִרְעַם yiram הַיָּם hayam ילי וּמְלוֹאוֹ umloó ר"ת יה"ו, אהיה ;

ס"ת מום, אלהים, אהיה אדני יַעֲלֹץ yaalots הַשָּׂדֶה hasadé וְכָל vejol ילי

אֲשֶׁר asher בּוֹ: bo אָז az יְרַנְּנוּ yeranenu עֲצֵי atsei הַיָּעַר hayaar

סוזפר, סנדלפון, ערי מִלִּפְנֵי milifnei יְהוָה יאהדונהי Adonai כִּי qui בָא va

לִשְׁפּוֹט lishpot אֶת et הָאָרֶץ haárets אלהים דההין ע"ה ; ר"ת לאה: הוֹדוּ hodú אהיה

לַיהוָה יאהדונהי laAdonai כִּי qui טוֹב tov והו ; כי טוב = יהוה אהיה, אום, מבה, ילי כִּי qui

לְעוֹלָם leolam ריבוע דס"ג וי' אותיות דס"ג חַסְדּוֹ jasdó ג' הויות, מזלא (ממזלא עילאה) ; ר"ת = נגה:

---

mientras que el Señor hizo los Cielos. Majestad y magnificencia son Su presencia; poder y gloria son Su morada. Otorga al Señor, oh familias de los pueblos, otorga al Señor honra y poder. Otorga al Señor la gloria debida a Su nombre. Trae una ofrenda y ven ante Él con esplendor de santidad. Estremeceos ante Él, moradores de la Tierra, para que el mundo sea establecido y no pueda desplomarse. Alégrense los Cielos y regocíjese la Tierra. Sea dicho entre las naciones: ¡El Señor reina! Brame la mar con todo lo que contiene, exáltese el campo y todo lo que hay allí. Los bosques cantarán ante el Señor, porque Él ha venido a juzgar la Tierra. Agradece al Señor porque Él es bueno y Su misericordia perdura eternamente.

וְאִמְרוּ veimrú הוֹשִׁיעֵנוּ hoshienu אֱלֹהֵי Elohei מילוי ע"ב, דמב ; ילה

יִשְׁעֵנוּ yishenu וְקַבְּצֵנוּ vekabtsenu וְהַצִּילֵנוּ vehatsilenu מִן־ min

הַגּוֹיִם hagoyim לְהֹדוֹת lehodot לְשֵׁם leShem קָדְשֶׁךָ kadsheja

לְהִשְׁתַּבֵּחַ lehishtabéaj בִּתְהִלָּתֶךָ: bitehilateja בָּרוּךְ Baruj

יְהֹוָהאדנייאהדונהי Adonai אֱלֹהֵי Elohei מילוי ע"ב, דמב ; ילה יִשְׂרָאֵל Yisrael

יהוה אלהי ישראל = תרי"ג (מצוות) ; ס"ת = אדני מִן־ min הָעוֹלָם haolam וְעַד vead

הָעֹלָם haolam וַיֹּאמְרוּ vayomrú כָל־ jol ילי הָעָם haam אָמֵן יאהדונהי Amén

וְהַלֵּל vehalel ללה, אדני לַיהֹוָהאדנייאהדונהי :laAdonai רוֹמְמוּ romemú

יְהֹוָהאדנייאהדונהי Adonai אֱלֹהֵינוּ Eloheinu ילה וְהִשְׁתַּחֲווּ vehishtajavú

לַהֲדֹם lahadom רַגְלָיו raglav קָדוֹשׁ Kadosh הוּא :Hu רוֹמְמוּ romemú

יְהֹוָהאדנייאהדונהי Adonai אֱלֹהֵינוּ Eloheinu ילה וְהִשְׁתַּחֲווּ vehishtajavú

לְהַר lehar קָדְשׁוֹ kadshó כִּי־ qui קָדוֹשׁ Kadosh יְהֹוָהאדנייאהדונהי Adonai

אֱלֹהֵינוּ Eloheinu ילה: וְהוּא vehú רַחוּם rajum יְכַפֵּר yejaper ר"ת רי"ו

עָוֹן avón (*Aba* de la *klipá*) וְלֹא־ veló יַשְׁחִית yashjit (*Ima* de la *klipá*)

וְהִרְבָּה vehirbá לְהָשִׁיב lehashiv אַפּוֹ apó (*Zeir* de la *klipá*) וְלֹא־ veló

יָעִיר yair כָּל־ col ילי חֲמָתוֹ jamató (*Nukvá* de la *klipá*): אַתָּה Atá

יְהֹוָהאדנייאהדונהי Adonai לֹא־ lo תִכְלָא tijlá רַחֲמֶיךָ rajameja מִמֶּנִּי mimeni

חַסְדְּךָ jasdejá ר"ת = אברהם, וז"פ אל, רי"ו ול"ב נתיבות החכמה, רמ"ח (אברים), עסמ"ב וט"ז

אותיות פשוטות וַאֲמִתְּךָ vaamitjá תָּמִיד tamid ע"ה קס"א קנ"א קמ"ג יִצְּרוּנִי :yitsruni

זְכֹר־ zjor ע"ב קס"א, יהי אור ע"ה (סוד המשכת השפע מן ד' שמות ליסוד הנקרא זכור)

רַחֲמֶיךָ rajameja יְהֹוָהאדנייאהדונהי Adonai וַחֲסָדֶיךָ vajasadeja כִּי qui

---

Y digan: Sálvanos, Dios de nuestra salvación; reúnenos para librarnos de las naciones, para que agradezcamos a Tu santo Nombre, y nos glorifiquemos en Tu alabanza. ¡Bendito sea el Señor, Dios de Israel, en este mundo y en el Mundo por Venir! Y todo el pueblo dice 'Amén' y alabó al Señor" (1 Crónicas 16:8-36). *"Exalten al Señor, nuestro Dios y póstrense ante Su escaño, porque Él es sagrado"* (Salmos 99:5). *"Exalten al Señor, nuestro Dios, y póstrense ante Su Santa Montaña, porque el Señor, nuestro Dios es santo"* (Salmos 99:9). *"Él es misericordioso, olvida iniquidades, y no destruye. Él frecuentemente contiene Su furia y no libera toda Su ira"* (Salmos 78:38). *"Y Tú, Señor, no alejes Tu misericordia de mí. Que Tu benevolencia y verdad siempre me protejan"* (Salmos 40:12). *"Recuerda Tu misericordia y benevolencia, Señor,*

מֵעוֹלָם meolam הֵמָּה hema עמם: תְּנוּ tnú עֹז oz לֵאלֹהִים leElohim אהיה אדני ; ילה

עַל־ al יִשְׂרָאֵל Yisrael גַּאֲוָתוֹ gaavató וְעֻזּוֹ veuzó בַּשְּׁחָקִים bashjakim:

נוֹרָא norá אֱלֹהִים Elohim אהיה אדני ; ילה מִמִּקְדָּשֶׁיךָ mimikdasheja

אֵל el ייא״י (מילוי דס״ג) יִשְׂרָאֵל Yisrael אל ישראל = כ״ב הויות (כ״א דתפילין וא׳ דטלית)

הוּא Hu נֹתֵן notén אבגית״ץ, ושר עֹז oz וְתַעֲצֻמוֹת vetaatsumot לָעָם laam עלם

בָּרוּךְ: Baruj אֱלֹהִים Elohim אהיה אדני ; ילה ; ס״ת = מילוי דשדי (ין לת וד) ; ברוך אלהים = שדי:

EL NEKAMOT

El Nombre *Yud, Hei, Vav* y *Hei* aparece once veces en esta conexión. El poder de once elimina el dominio de las *klipot*. Existen Diez *Sefirot* entre nuestro mundo y el Mundo Infinito. La undécima conexión está diseñada para darle su alimento a las *klipot* para que no intenten robarnos el nuestro. Cuando iniciamos esta entrega de Luz, obtenemos control sobre las *klipot*. Tenemos apoyo adicional disponible en virtud de diez gigantes espirituales que vivieron y murieron para poder asistirnos. Estas diez almas justas fueron la reencarnación de los diez hermanos que vendieron a Yosef (hijo del Patriarca bíblico Yaakov) como esclavo. En su última encarnación, los hermanos de Yosef fueron brutalmente asesinados, pero tuvieron el poder de abandonar los confines de sus cuerpos físicos para que no sufrieran dolor alguno. Como reflejo de sus acciones, podemos obtener un aumento adicional de energía para ayudarnos a despegar de este mundo físico.

Desde aquí hasta *Aromimjá*, el Nombre Sagrado: יהוה aparece once veces con el propósito de separar las *klipot* que están adheridas a las 11 cortinas. Cuando dices *El Nekamot*, debes meditar en que Dios vindique (*nekamá*, pero el significado más profundo es "elevar", que proviene de la misma raíz, *lehakim*) las muertes de los Diez Mártires. Cuando recitamos *El Nekamot*, esto le da fortaleza a las almas de los Diez Mártires para que puedan reunir las chispas de las almas que están capturadas dentro de la *klipá* de *Asiyá*.

אֵל El ייא״י (מילוי דס״ג) נְקָמוֹת nekamot יְהֹוָה Adonai יאהדונהי ; ר״ת אני

אֵל El ייא״י (מילוי דס״ג) נְקָמוֹת nekamot מנק ; ר״ת = יב״ק, אלהים יהוה, אהיה אדני יהוה

הוֹפִיעַ hofía: הִנָּשֵׂא hinasé שֹׁפֵט shofet הָאָרֶץ haárets אלהים דההין ע״ה

הָשֵׁב hashev ר״ת = שדי ע״ה גְּמוּל gmul עַל־ al גֵּאִים gueim:

---

porque son eternas" (*Salmos 25:6*). *"Da poder a Dios, porque Su majestad está sobre Israel y Su poder está en los Cielos. Dios, Tú eres reverentemente temido en Tus Templos, Dios de Israel. Él da poderes y fortaleza a la nación, bendito sea Dios"* (*Salmos 68:35-36*).

EL NEKAMOT

"Tú eres el Dios de la venganza, Señor, Oh El Dios de la venganza aparece. Levántate, Juez del mundo. Devuelve a los arrogantes lo que se merecen" (*Salmos 94:1-2*).

לַיהֹוָה יאהדונהי laAdonai הַיְשׁוּעָה hayeshuá עַל־ al עַמְּךָ amjá
בִרְכָתֶךָ virjateja סֶלָה sela: יְהֹוָה יאהדונהי Adonai צְבָאוֹת Tsvaot פני שכינה
עִמָּנוּ imanu ריבוע ס"ג, קס"א ע"ה וד' אותיות מִשְׂגָּב־ misgav משה, מהש, ע"ב בריבוע וקס"א,
אל שדי, ד"פ אלהים ע"ה לָנוּ lanu אלהים, אהיה אדני אֱלֹהֵי Elohei מילוי ע"ב, דמב ; ילה
יַעֲקֹב Yaakov ו' הויות, אידהנויה סֶלָה sela: יְהֹוָה יאהדונהי Adonai
צְבָאוֹת Tsvaot פני שכינה אַשְׁרֵי ashrei אָדָם adam מ"ה ; יהוה צבאות אשרי אדם = תפארת
בֹּטֵחַ botéaj בָּךְ baj אדם בוטח בך = אמן ע"ה = ע"ה ; בוטח בך = מילוי ע"ב ע"ה:
יְהֹוָה יאהדונהי Adonai הוֹשִׁיעָה hoshía יהוה וש"ע נהורין הַמֶּלֶךְ haMélej ר"ת יהה
יַעֲנֵנוּ yaanenu בְיוֹם veyom ע"ה נגד, מזבח, זן, אל יהוה קָרְאֵנוּ karenu ר"ת יב"ק,
אלהים יהוה, אהיה אדני יהוה ; ס"ת = בן ; ועם את כף המלך = ע"ב : הוֹשִׁיעָה hoshía יהוה וש"ע נהורין
אֶת־ et עַמֶּךָ ameja ס"ת כהת, משיח בן דוד ע"ה וּבָרֵךְ uvarej אֶת־ et
נַחֲלָתֶךָ najalateja וּרְעֵם ureem וְנַשְּׂאֵם venasem עַד־ ad הָעוֹלָם haolam:
נַפְשֵׁנוּ nafshenu (pronuncia bien la letra *Jet* en la palabra "*jictá*") חִכְּתָה jictá
כהת, משיח בן דוד ע"ה לַיהֹוָה יאהדונהי laAdonai (יוד הה וו הה) ; ר"ת שם נחל
עֶזְרֵנוּ ezrenu וּמָגִנֵּנוּ umaguinenu הוּא Hu: כִּי־ qui בוֹ vo יִשְׂמַח yismaj משיח
לִבֵּנוּ libenu כִּי qui בְשֵׁם veShem קָדְשׁוֹ kadshó בָטָחְנוּ vatajnu: יְהִי־ yehí
חַסְדְּךָ jasdejá יְהֹוָה יאהדונהי Adonai עָלֵינוּ aleinu כַּאֲשֶׁר caasher
יִחַלְנוּ yijalnu סאל = אמן (יאהדונהי) לָךְ laj: הַרְאֵנוּ harenu יְהֹוָה יאהדונהי Adonai
חַסְדֶּךָ jasdejá וְיֶשְׁעֲךָ veyeshajá תִּתֶּן־ titén ב"פ כהת לָנוּ lanu אלהים, אהיה אדני:

"La salvación pertenece al Señor y Tu bendición está sobre Tu Nación, Sela" (Salmos 3:9). "El Señor de los Ejércitos está con nosotros, y nuestra fortaleza es el Dios de Yaakov, Sela" (Salmos 46:12). "El Señor de los Ejércitos, dichoso es el hombre que confía en Ti" (Salmos 84:13). "Señor, redímenos. El Rey nos responderá en el día en el que lo llamemos" (Salmos 20:10). "Redime a Tu Nación y bendice Tu herencia, provee para ellos y elévalos para siempre" (Salmos 28:9). "Nuestra alma ha esperado al Señor. Él es nuestra ayuda y nuestro escudo. Porque, en Él, nuestro corazón se regocija porque hemos confiado en Su Santo Nombre. Señor, que Tu benevolencia esté sobre nosotros porque hemos colocado nuestra confianza en Ti" (Salmos 33:20-22). "Muéstranos Tu benevolencia, Señor, y otórganos Tu salvación" (Salmos 85:8).

קוּמָה kuma קנ"א (מקוה) עֶזְרָתָה ezratá לָּנוּ lanu אלהים, אהיה אדני וּפְדֵנוּ ufdenu

לְמַעַן lemaan חַסְדֶּךָ jasdejá: אָנֹכִי anojí יְהֹוָהאדניאהדונהי Adonai

אֱלֹהֶיךָ Eloheja ילה הַמַּעַלְךָ hamaaljá מֵאֶרֶץ meérets מִצְרָיִם Mitsráyim

מצר הַרְחֶב־ harjev פִּיךָ pija וַאֲמַלְאֵהוּ vaamalehu: אַשְׁרֵי ashrei

הָעָם haam שֶׁכָּכָה shecaja משה, מהש, ע"ב בריבוע וקס"א, אל שדי, ד"פ אלהים ע"ה

לוֹ lo אַשְׁרֵי ashrei הָעָם haam ר"ת לאה שֶׁיְהֹוָהאדניאהדונהי sheAdonai

אֱלֹהָיו Elohav ילה: וַאֲנִי vaaní אני בְּחַסְדְּךָ bejasdejá בָּטַחְתִּי vatajti

יָגֵל yaguel להח לִבִּי libí בִּישׁוּעָתֶךָ bishuateja ר"ת = בין אָשִׁירָה ashira

לַיהֹוָהאדניאהדונהי laAdonai כִּי qui גָמַל gamal עָלָי alai ס"ת ילי:

AROMIMJÁ

Cuando realizamos acciones negativas, le damos nuestra Luz a la *klipá* —especialmente a aquellas que están en *Asiyá*— evitando de este modo la elevación de *Asiyá*. Debido a su pesadez espiritual, tenemos que deshacernos de la *klipá* para que *Asiyá* pueda ascender al Mundo de Formación. Mientras que la oración *Hodú* nos desconecta de la *klipá*, *Aromimjá* ayuda a reunir y elevar las chispas de Luz que aún están atrapadas dentro de la *klipá*. Cuando separamos estas chispas de Luz de la *klipá*, la *klipá* pierde todo su poder y deja ir a *Asiyá*. La palabra *Aromimjá* significa "alabar", pero también "elevar", en referencia a la elevación de las chispas desde la *klipá*. *Aromimjá* contiene 92 palabras que nos conectan al poder de la palabra "*Amén*" (que es 91 más 1 por la palabra misma).

En este Salmo está diez veces el Nombre: יהוה que corresponde a las Diez *Sefirot*. Y hay 92 palabras, que es el valor numérico de יהוה אדני (más 1 por la palabra misma). *Aromimjá* está compuesta de palabras de gratitud de las almas y las chispas de *Asiyá* que fueron salvadas y elevadas de las *klipot* de *Asiyá* para transformarse en *Mayin Nukvín*. Estas almas agradecen a Dios por elevarlas del *Sheol*.

אֲרוֹמִמְךָ aromimjá

ענין נצוצי הקדושה העולים ויוצאים מקליפות דעשיה הנקרא נפש יְהֹוָהאדניאהדונהי Adonai (**Kéter**)

כִּי qui דִלִּיתָנִי dilitani וְלֹא־ veló שִׂמַּחְתָּ simajta אֹיְבַי oyvai לִי li:

"¡Levántate y ayúdanos! ¡Redímenos por causa de Tu benevolencia!" (Salmos 44:27). *"Yo soy el Señor, su Dios, Quien los sacó de la tierra de Egipto. Abre tu boca con amplitud y Yo la llenaré"* (Salmos 81:11). *"Dichosa es la nación para la cual todo esto es cierto; feliz es la nación de la cual el Señor es su Dios"* (Salmos 144:15). *"Y yo he confiado en Tu benevolencia, por lo tanto, mi corazón se regocijará en Tu salvación. Yo cantaré al Señor, porque Él me ha recompensado"* (Salmos 13:6).

AROMIMJÁ

"Te exaltaré, Señor, porque Tú me has elevado, y no permitiste que mis enemigos se rieran de mí.

יְהֹוָהאדהויאהדונהי Adonai (*Jojmá*) אֱלֹהָי Elohai מילוי ע"ב, דמב ; ילה שִׁוַּעְתִּי shivati
אֵלֶיךָ eleja וַתִּרְפָּאֵנִי vatirpaeni: יְהֹוָהאדהויאהדונהי Adonai (*Biná*)
הֶעֱלִיתָ heelita מִן־ min שְׁאוֹל sheol נַפְשִׁי nafshí (elevación de las almas desde *Asiyá*)
חִיִּיתַנִי jiyitani ס"ת ילי מִיָּרְדִי־ miyardí (כתיב: מיורדי) בוֹר vor: זַמְּרוּ zamrú
לַיהֹוָהאדהויאהדונהי laAdonai (*Jésed*) חֲסִידָיו jasidav וְהוֹדוּ vehodú אהיה
לְזֵכֶר lezéjer קָדְשׁוֹ kadshó: כִּי qui רֶגַע rega ג"פ אלהים עם ה' אותיות שבכל שם אלהים
בְּאַפּוֹ beapó ס"ת = אלהים, אהיה אדני ; ועם ם דווים = ריבוע אדני
חַיִּים jayim אהיה אהיה יהוה, בינה ע"ה בִּרְצוֹנוֹ birtsonó כי רגע באפו חיים ברצונו = עין דלת יוד
בָּעֶרֶב baérev יָלִין yalín בֶּכִי beji ר"ת י"ד (כנגד מספר אותיות יהוה אלהינו יהוה,
וכן מספר האותיות כוזו במוכסז כוזו) וְלַבֹּקֶר velabóker רִנָּה riná בערב ילין בכי ולבקר רנה =
מטטרון שר הפנים: וַאֲנִי vaaní אני אָמַרְתִּי amarti בְשַׁלְוִי veshalví בַּל־ bal
אֶמּוֹט emot לְעוֹלָם leolam ריבוע ס"ג וי' אותיות דס"ג: יְהֹוָהאדהויאהדונהי Adonai (*Guevurá*)
בִּרְצוֹנְךָ birtsonjá הֶעֱמַדְתָּה heemadta לְהַרְרִי leharerí עֹז oz
הִסְתַּרְתָּ histarta פָנֶיךָ faneja ס"ג מ"ה ב"ן הָיִיתִי hayiti נִבְהָל nivhal:
אֵלֶיךָ eleja יְהֹוָהאדהויאהדונהי Adonai (*Tiféret*) אֶקְרָא ekrá וְאֶל veel
יְהֹוָהאדהויאהדונהי Adonai (*Nétsaj*) אֶתְחַנָּן etjanán: מַה־ ma מ"ה בֶּצַע betsá
בְּדָמִי bedamí בְּרִדְתִּי beridtí אֶל el ס"ת ילי שָׁחַת shájat הֲיוֹדְךָ hayodjá
עָפָר afar הֲיַגִּיד hayaguid ייז, כ"ב אותיות פשוטות (= אכא) וה' אותיות סופיות (מנצפך)
אֲמִתֶּךָ amiteja: שְׁמַע־ Shmá יְהֹוָהאדהויאהדונהי Adonai (*Hod*) וְחָנֵּנִי vejaneni
יוהווואדהויאהדונהי Adonai (*Yesod*) הֱיֵה־ heyé יהה עֹזֵר ozer לִי li מוזי:

Señor, Dios mío, clamé a Ti y Tú me sanaste. Señor, Tú alzaste mi alma del Sheol (Infierno), y me mantuviste con vida cuando caí en el abismo. Entonen cánticos al Señor, ustedes, Sus piadosos siervos y alaben Su Santo Nombre. Porque Su ira dura un instante y Su voluntad por siempre. Si por la noche se derraman lágrimas, por la mañana despertamos cantando. Y yo pensaba confiado, que nunca me desplomaría. Señor, eras Tú que diste fortaleza a mi montaña; y cuando ocultaste Tu Rostro, estuve asustado. Es a Ti, Señor, a Quien llamo y es al Señor a Quien yo imploro. ¿Qué provecho habrá con mi muerte o con que sea bajado al sepulcro? ¿Acaso el polvo Te alabará? ¿Proclamará Tu fidelidad? Señor, escúchame y sé misericordioso conmigo. Señor, sé mi asistente.

הָפַכְתָּ hafajta מִסְפְּדִי mispedí לְמָחוֹל lemajol לִי li ס"ת ילי

פִּתַּחְתָּ pitajta שַׂקִּי sakí וַתְּאַזְּרֵנִי vateazreni שִׂמְחָה simjá:

לְמַעַן lemaan יְזַמֶּרְךָ yezamerjá כָבוֹד javod וְלֹא veló יִדֹּם yidom (pausa)

יְהֹוָהאדנייאהדונהי Adonai (*Maljut*) ר"ת = אלהים, אהיה אדני אֱלֹהַי Elohai

מילוי ע"ב, דמב ; ילה לְעוֹלָם leolam ריבוע ס"ג וי' אותיות דס"ג אוֹדֶךָּ odeca:

ADONAI MÉLEJ

Esta oración trasciende el concepto de tiempo, espacio y movimiento, así como las ilusiones de los cinco sentidos. La frase "El Señor es Rey, el Señor ha reinado, el Señor reinará para siempre y por la eternidad" unifica pasado, presente y futuro en uno solo, de modo que cuando recitamos *Adonai Mélej* (El Señor es Rey) con la conciencia de transformación, podemos corregir errores cometidos en el pasado, a la vez que creamos un mejor futuro y lo logramos en el presente. Cuando vivimos en el presente, podemos corregir el pasado e influir en nuestro futuro.

Los ángeles son fuerzas energéticas particulares que actúan como sistema de transporte de nuestras oraciones. Esta conexión es tan poderosa que incluso los ángeles se quedan y cantan junto a nosotros, en lugar de sólo transportar nuestras palabras y pensamientos a los Mundos Superiores.

Según el Libro de *Heijalot*: "Hay un ángel que se para cada mañana en medio del Cielo, y canta los versos de '*Adonai Mélej*', y todos los ejércitos de los Mundos Superiores cantan con él hasta *Barjú*". Como los ángeles cantan *Adonai Mélej* mientras están de pie, nosotros también.

Recita lo siguiente mientras estás de pie:

חכמה-חסד ם ן בינה-גבורה ץ

יְהֹוָהאדנייאהדונהי Adonai מֶלֶךְ Mélej יְהֹוָהאדנייאהדונהי Adonai מָלָךְ malaj

דעת-תפארת ף ך

יְהֹוָהאדנייאהדונהי Adonai | יִמְלֹךְ yimloj (מֶלֶךְ מָלַךְ יִמְלֹךְ = מנצפך, סנדלפון, ערי)

יהוה דעת-תפארת

לְעֹלָם leolam ריבוע דס"ג וי' אותיות דס"ג ; ר"ת ייל וָעֶד vaed:

Tú convertiste mi lamento en júbilo. Me quitaste el luto y me vestiste de regocijo, para que mi corazón pueda cantarte alabanzas y nunca quedarse callado, ¡Señor, mi Dios, Te agradeceré por siempre!" (Salmos 30:2-13).

ADONAI MÉLEJ

El Señor es Rey, El Señor ha reinado, el Señor reinará por siempre y para la eternidad.

נצח ס ן הוד ץ

יְהֹוָהאדני יאהדונהי Adonai מֶלֶךְ Mélej יְהֹוָהאדני יאהדונהי Adonai מָלָךְ malaj

יסוד ף ך

יְהֹוָהאדני יאהדונהי Adonai | יִמְלֹךְ yimloj (מֶלֶךְ מָלָךְ יִמְלֹךְ = מנצפך, סנדלפון, ערי)

יהוה יסוד

לְעֹלָם leolam ריבוע דס"ג וי' אותיות דס"ג ; ר"ת ייל וָעֶד vaed:

וְהָיָה vehayá יהוה ; יהה יְהֹוָהאדני יאהדונהי Adonai לְמֶלֶךְ leMélej

עַל־ al כָּל col ילי ; עמם הָאָרֶץ haárets אלהים דההין ע"ה בַּיּוֹם bayom

ע"ה נגד, מזבח, זן, אל יהוה הַהוּא hahú יִהְיֶה yihyé ייי יְהֹוָהאדני יאהדונהי Adonai

אֶחָד ejad אהבה, דאגה וּשְׁמוֹ uShmó מהש ע"ה, ע"ב בריבוע וקס"א, אל שדי ע"ה

אֶחָד ejad אהבה, דאגה (בסוד אבא ואמא ואריך אנפין דעולם העשיה):

הוֹשִׁיעֵנוּ hoshienu | יְהֹוָהאדני יאהדונהי Adonai אֱלֹהֵינוּ Eloheinu ילה

וְקַבְּצֵנוּ vekabtsenu מִן min הַגּוֹיִם hagoyim לְהוֹדוֹת lehodot לְשֵׁם leShem

קָדְשֶׁךָ kadsheja לְהִשְׁתַּבֵּחַ lehishtabéaj בִּתְהִלָּתֶךָ bithilateja:

בָּרוּךְ Baruj יְהֹוָהאדני יאהדונהי Adonai | אֱלֹהֵי Elohei מילוי ע"ב, דמב ; ילה

יִשְׂרָאֵל Yisrael ס"ת = אדני ; יהוה אלהי ישראל = תרי"ג (מצוות) מִן־ min הָעוֹלָם haolam

וְעַד vead הָעוֹלָם haolam וְאָמַר veamar כָּל־ col ילי הָעָם haam

אָמֵן Amén יאהדונהי הַלְלוּיָהּ haleluyá אלהים, אהיה אדני ; ללה:

כֹּל col ילי הַנְּשָׁמָה haneshamá תְּהַלֵּל tehalel ר"ת כהת, משיח בן דוד ע"ה

יָהּ Yah הַלְלוּיָהּ haleluyá אלהים, אהיה אדני ; ללה:

El Señor es Rey, El Señor ha reinado, el Señor reinará por siempre y para la eternidad. "Y el Señor siempre ha sido Rey sobre toda la Tierra. Y en ese día, el Señor será Uno y Su Nombre Uno" (Zacarías 14:9).

HOSHIENU

Sálvanos, Señor, nuestro Dios, y reúnenos de entre las naciones para darle gracias a Tu Santo Nombre y ser glorificados en Tu alabanza. Bendito es el Señor, el Dios de Israel, de este mundo al Mundo por Venir y toda la nación dice: Amén ¡Alaba al Señor!" (Salmos 106:47-48). "¡Todas las almas alabarán a Dios, Aleluya!" (Salmos 150:6).

LAMENATSÉAJ

En este Salmo hay 13 versículos que corresponden a los Trece Atributos de Misericordia, y seis veces el Nombre: יהוה que corresponde a los Seis Bordes de *Zeir Anpín*. Medita en el primer *Maamar* (Enunciado) de Creación: בראשית ברא אלהים את השמים ואת הארץ.

(א-אל) לַמְנַצֵּחַ lamenatséaj מִזְמוֹר mizmor לְדָוִד leDavid:

(ב-רווים) הַשָּׁמַיִם hashamáyim י"פ טל, י"פ כוזו מְסַפְּרִים mesaprim כְּבוֹד quevod

אֵל El ייא"י (מילוי דס"ג) ; ר"ת מכאל (מיכאל = נֿנֿא) ; כבוד אל = ס"ג (יוד הי ואו הי - דעת דנוקבא)

וּמַעֲשֵׂה umaasé יָדָיו yadav מַגִּיד maguid הָרָקִיעַ harakía:

(ג-וזנון) יוֹם yom ע"ה נגד, מזבוח, זן, אל יהוה לְיוֹם leyom ע"ה נגד, מזבוח, זן, אל יהוה

יַבִּיעַ yabía אֹמֶר omer וְלַיְלָה velayla מלה לְלַיְלָה lelayla מלה

יְחַוֶּה־ yejavé דָּעַת dáat: (ד-ארך) אֵין־ ein אֹמֶר omer וְאֵין veéin

דְּבָרִים dvarim ראה בְּלִי blí נִשְׁמָע nishmá קוֹלָם kolam:

(ה-אפים) בְּכָל־ bejol ב"ן, לכב הָאָרֶץ haárets אלהים דההין ע"ה

יָצָא yatsá קַוָּם kavam וּבִקְצֵה uviktsé תֵבֵל tevel ב"פ רי"ו

מִלֵּיהֶם mileihem לַשֶּׁמֶשׁ lashémesh שָׂם־ sam אֹהֶל óhel בָּהֶם bahem:

(ו-ורב חסד) וְהוּא vehú כְּחָתָן quejatán יֹצֵא yotsé מֵחֻפָּתוֹ mejupató

יָשִׂישׂ yasís כְּגִבּוֹר queguibor לָרוּץ larúts אֹרַח óraj:

(ז-ואמת) מִקְצֵה miktsé הַשָּׁמַיִם hashamáyim י"פ טל, י"פ כוזו

מוֹצָאוֹ motsaó וּתְקוּפָתוֹ utkufató עַל־ al קְצוֹתָם ketsotam

וְאֵין veéin נִסְתָּר nistar ב"פ מצר מֵחַמָּתוֹ mejamató:

LAMENATSÉAJ

"1) Al Director de los cánticos, un Salmo de David.

2) Los Cielos declaran la gloria de Dios y el firmamento muestra la obra de Sus manos. 3) Un día transmite al siguiente día la palabra y una noche a la otra noche revela el conocimiento. 4) Sin discursos, sin palabras y sin que se escucha sus voces. 5) Su pregón recorre toda la Tierra y sus palabras se expanden hasta el confín del mundo. Y entre ellos Él puso allí una tienda para el Sol. 6) Y Él es cual novio que sale de su alcoba nupcial y se regocija como un valiente guerrero por recorrer su camino. 7) El sale del confín del cielo y su llegada es en el otro extremo de él. No hay nada que se escape a su calor.

Los kabbalistas escribieron: Este Salmo posee una gran y magnífica capacidad de protección. De aquí en adelante tenemos seis versículos consecutivos de cinco palabras cada uno, y en la segunda palabra de cada uno está: יהוה. Debes contar las palabras con los dedos de tu mano dereja de la siguiente manera: Di la primera palabra y baja tu pulgar, luego dices la segunda palabra, que es יהוה y mantén el dedo índice arriba, luego di la tercera palabra y baja el dedo del medio, después di la cuarta palabra y baja el dedo anular, y mientras dices la quinta palabra baja el dedo meñique. Y mientras haces eso, medita en que el Creador enderece a aquellos que están doblegados y, también, que todos tus enemigos espirituales se rindan y que tú puedas vencerlos.

(וז-נצר וחסד) תּוֹרַת torat יְהֹוָה יאהדונהי Adonai (*Jésed*) תְּמִימָה tmimá

מְשִׁיבַת meshivat נָפֶשׁ náfesh עֵדוּת edut יְהֹוָה יאהדונהי Adonai (*Guevurá*)

נֶאֱמָנָה neemaná מַחְכִּימַת majquimat פֶּתִי petí: (ט-לאלפים) פִּקּוּדֵי pikudei מנק

יְהֹוָה יאהדונהי Adonai (*Tiféret*) יְשָׁרִים yesharim מְשַׂמְּחֵי־ mesamjei

לֵב lev מִצְוַת mitsvat יְהֹוָה יאהדונהי Adonai (*Nétsaj*) בָּרָה bará

מְאִירַת meirat עֵינָיִם eináyim ריבוע מ"ה : (י-נשא עון) יִרְאַת yirat

יְהֹוָה יאהדונהי Adonai (*Hod*) טְהוֹרָה tehorá עוֹמֶדֶת omédet

לָעַד laad ב"פ ב"ן מִשְׁפְּטֵי־ mishpetei יְהֹוָה יאהדונהי Adonai (*Yesod*)

אֱמֶת emet אהיה פעמים אהיה, ז"פ ס"ג צָדְקוּ tsadkú יַחְדָּו yajdav:

(י"א-ופשע) הַנֶּחֱמָדִים hanejemadim מִזָּהָב mizahav וּמִפַּז umipaz רָב rav

וּמְתוּקִים umetukim מִדְּבַשׁ midvash שו' דשופר וי"ד האוזו הרי ש"ך דינין דגדלות

וְנֹפֶת venófet צוּפִים tsufim: גַּם־ gam עַבְדְּךָ avdejá פוי, אל אדני

נִזְהָר nizhar בָּהֶם bahem בְּשָׁמְרָם beshamram עֵקֶב ékev ב"פ מום רָב rav:

---

8) La Torá del Señor (Jésed) *es perfecta, restauradora del alma.*
El testimonio del Señor (Guevurá) *es seguro y da sabiduría al simple.*
9) Los preceptos del Señor (Tiféret) *son rectos y alegran el corazón.*
Los mandamientos del Señor (Nétsaj) *son claros e iluminan los ojos.*
10) El temor del Señor (Hod) *es puro y dura para siempre.*
Los juicios del Señor (Yesod) *son verdaderos y absolutamente justos.*
11) Son más deseables que el oro y que muchas piedras preciosas, y son más dulces que la miel y las gotas que destilan los panales. Incluso yo, Tu siervo, soy cuidadoso en observarlos puesto que es muy provechoso.

(י"ב-ווטאה) שְׁגִיאוֹת shguiot מִי־ mi ילי יָבִין yavín מִנִּסְתָּרוֹת ministarot

נַקֵּנִי nakeni: (י"ג-ונקה) גַּם gam מִזֵּדִים mizedim וַחֲשֹׂךְ jasoj

שך נצוצות של ו' המלכים עַבְדֶּךָ avdeja פוי, אל אדני אַל־ al יִמְשְׁלוּ־ yimshelú

בִּי vi אָז az אֵיתָם eitam וְנִקֵּיתִי venikeiti מִפֶּשַׁע mipesha רָב rav:

מ"ב אותיות בפסוק

יִהְיוּ yihyú אל (יא" מילוי דס"ג) לְרָצוֹן leratsón מהש ע"ה, ע"ב בריבוע וקס"א ע"ה, אל שדי ע"ה

אִמְרֵי־ imrei פִי fi ר"ת המספר אֶלֶף = אלף למד + שין דלת יוד ע"ה

וְהֶגְיוֹן vehegyón לִבִּי libí לְפָנֶיךָ lefaneja ס"ג מ"ה ב"ן יְהֹוָהאדניאהדונהי Adonai

צוּרִי tsurí וְגֹאֲלִי vegoalí:

RANENÚ

Hay 22 versículos en este Salmo, indicando una conexión con las 22 letras del alfabeto arameo. Debido a que las letras arameas son los verdaderos instrumentos de la Creación, esta oración ayuda a inyectar orden y el poder de la Creación en aquellas áreas caóticas que necesitan rejuvenecimiento en nuestra vida. Los seres humanos están compuestos de un alfabeto genético de cuatro letras (A, T, C y G) que se encuentra en nuestro ADN, cada una de estas letras representa un elemento químico diferente. Las letras se combinan y crean una serie de instrucciones para formar a un ser humano. De acuerdo con la Kabbalah, el universo está compuesto por el alfabeto genético de las 22 letras arameas, y cada una de las 22 letras representan una fuerza energética particular; estas fuerzas se combinan en diferentes secuencias para crear nuestro universo.

En los dos Salmos siguientes hay grandes y profundos secretos, así que cuida recitarlos meticulosamente. Porque si omites o te comes una de las palabras, estarías perdiendo gran bienaventuranza.

En este Salmo hay 161 palabras, como el valor numérico del Nombre: אלף הי יוד הי. También hay 22 versículos que corresponden a las 22 letras del alfabeto arameo, que es el valor numérico del Nombre: אכא de los 72 Nombres de Dios.

También medita en el segundo *Maamar* (Enunciado) de Creación: יהי אור ("y Dios dijo: Sea la luz" – La Luz fue creada inicialmente para los justos y luego ocultada para el futuro por venir).

---

12) Además de Ti, ¿quién puede discernir los errores? Líbrame Tú de las faltas ocultas. 13) Y aparta también a Tu siervo de los pecados de soberbia. No permitas que me controlen; entonces seré irreprochable y me veré libre de ese gran pecado. Sean gratos ante Ti, Señor, mi Fortaleza y mi Redentor, los dichos de mi boca y los pensamientos de mi corazón" (Salmos 19).

רַנְּנוּ ranenú צַדִּיקִים tsadikim

Medita en el Nombre: אהיה דיודין (אלף הי יודי הי), porque es una corrección para eliminar la ira.

בַּיהֹוָהאדניאהדונהי baAdonai לַיְשָׁרִים layesharim נָאוָה navá תְהִלָּה tehilá

ע"ה אמת, אהיה פעמים אהיה, ז"פ ס"ג: הוֹדוּ hodú אהיה לַיהֹוָהאדניאהדונהי laAdonai

בְּכִנּוֹר bejinor ס"ת = אלף למד יהוה בְּנֵבֶל benével עָשׂוֹר asor ר"ת ע"ב, ריבוע יהוה

זַמְּרוּ zamrú לוֹ lo ר"ת = מילוי ס"ג (וד י או י) ; ס"ת = רל"ב (עסמ"ב) וי' אותיות אלף הי יוד הי:

שִׁירוּ shiru לוֹ lo שִׁיר shir חָדָשׁ jadash י"ב הויות, קס"א קנ"א

הֵיטִיבוּ heitivu נַגֵּן naguén בִּתְרוּעָה bitruá: כִּי qui יָשָׁר yashar

דְּבַר dvar ראה - יְהֹוָהאדניאהדונהי Adonai וְכָל vejol ילי מַעֲשֵׂהוּ maasehu

בֶּאֱמוּנָה beemuná ר"ת ומב: אֹהֵב ohev צְדָקָה tsdaká ע"ה ריבוע אלהים

וּמִשְׁפָּט umishpat ע"ה ה"פ אלהים חֶסֶד jésed ע"ב, ריבוע יהוה יְהֹוָהאדניאהדונהי Adonai

מָלְאָה malá הָאָרֶץ haárets אלהים ההין ע"ה: בִּדְבַר bidvar ראה

יְהֹוָהאדניאהדונהי Adonai שָׁמַיִם shamáyim י"פ טל, י"פ כוזו נַעֲשׂוּ naasú

וּבְרוּחַ uverúaj פִּיו piv כָּל col ילי צְבָאָם tsevaam: כֹּנֵס conés כַּנֵּד caned

מֵי mei ילי הַיָּם hayam ילי נֹתֵן notén אבגית"ץ, ושר בְּאוֹצָרוֹת beotsarot

תְהוֹמוֹת tehomot: יִירְאוּ yirú מֵיְהֹוָהאדניאהדונהי meAdonai כָּל col ילי

הָאָרֶץ haárets אלהים ההין ע"ה מִמֶּנּוּ mimenu יָגוּרוּ yaguru כָּל col ילי

יֹשְׁבֵי yoshvei תֵבֵל tevel ב"פ רי"ו: כִּי qui הוּא Hu אָמַר amar וַיֶּהִי vayehí

הוּא Hu צִוָּה tsivá וַיַּעֲמֹד vayaamod: יְהֹוָהאדניאהדונהי Adonai הֵפִיר hefir

עֲצַת atsat גּוֹיִם goyim הֵנִיא hení מַחְשְׁבוֹת majshevot עַמִּים amim:

RANENÚ

"Aclamen llenos de júbilo, oh justos, para el Señor, porque es propio de los rectos alabarlo. Den gracias al Señor con al arpa, y toquen melodías en su honor con la lira de diez cuerdas. Canten un cántico nuevo y toquen diestramente las trompetas, por cuanto la palabra del Señor es verdadera y Él obra siempre con lealtad. Él ama la caridad y la justicia, y la Tierra está llena de Su bondad. Por la Palabra del Señor fueron hechos los Cielos, y por el Aliento de Su Boca, fueron hechos los ejércitos celestiales. Él reúne las aguas del mar como en un muro y Él guarda las aguas profundas en bóvedas. Toda la Tierra temerá el Señor, y temblarán ante Él todos los habitantes del mundo. Porque Él lo dijo y el mundo existió. Él dio una orden y todo subsiste. El Señor invalida el proyecto de las naciones y Él deshace los planes de los pueblos.

עֲצַת atsat יְהֹוָהאדניאהדונהי Adonai לְעוֹלָם leolam ריבוע ס"ג וי' אותיות דס"ג
תַּעֲמֹד taamod מַחְשְׁבוֹת majshevot לִבּוֹ libó לְדֹר ledor וָדֹר vador: רי"ו
אַשְׁרֵי ashrei הַגּוֹי hagoy אֲשֶׁר־ asher יְהֹוָהאדניאהדונהי Adonai
אֱלֹהָיו Elohav ילה הָעָם haam בָּחַר bajar לְנַחֲלָה lenajalá לוֹ lo:
מִשָּׁמַיִם mishamáyim י"פ טל, י"פ כוזו הִבִּיט hibit יְהֹוָהאדניאהדונהי Adonai
רָאָה raá ראה אֶת־ et כָּל־ col ילי בְּנֵי bnei הָאָדָם haadam: מ"ה
מִמְּכוֹן־ mimejón שִׁבְתּוֹ shivtó הִשְׁגִּיחַ hishguíaj אֶל el כָּל־ col ילי
יֹשְׁבֵי yoshvei הָאָרֶץ haárets אלהים דההין ע"ה: הַיֹּצֵר hayotser יַחַד yájad
לִבָּם libam הַמֵּבִין hamevín אֶל־ el כָּל־ col ילי מַעֲשֵׂיהֶם: maaseihem
אֵין־ ein הַמֶּלֶךְ haMélej נוֹשָׁע noshá בְּרָב־ berov חָיִל jáyil ומב גִּבּוֹר guibor
לֹא־ lo יִנָּצֵל yinatsel בְּרָב־ berov כֹּחַ cóaj: שֶׁקֶר shéker הַסּוּס hasús
ריבוע אדני, כוק לִתְשׁוּעָה litshuá וּבְרֹב uverov י"פ אהיה וְחֵילוֹ jeiló לֹא lo
יְמַלֵּט yemalet: הִנֵּה hiné עֵין ein ריבוע מ"ה יְהֹוָהאדניאהדונהי Adonai
אֶל־ el נֿא יְרֵאָיו yereav לַמְיַחֲלִים lameyajalim לְחַסְדּוֹ lejasdó ג' הויות, מוזלא
(להמשיך הארה ממזלא עילאה): לְהַצִּיל lehatsil מִמָּוֶת mimávet נַפְשָׁם nafsham
וּלְחַיּוֹתָם ulejayotam בָּרָעָב baráav: נַפְשֵׁנוּ nafshenu (צריך להדגיש הז"ת)
חִכְּתָה jictá כהת, משיח בן דוד ע"ה לַיהֹוָהאדניאהדונהי laAdonai (יוד הה וו הה) ;
ר"ת שם נזל עֶזְרֵנוּ ezrenu וּמָגִנֵּנוּ umaguinenu הוּא Hu: כִּי־ qui בוֹ vo
יִשְׂמַח yismaj משיח לִבֵּנוּ libenu כִּי qui בְּשֵׁם veShem קָדְשׁוֹ kadshó
בָטָחְנוּ vatajnu: יְהִי־ yehí חַסְדְּךָ jasdejá יְהֹוָהאדניאהדונהי Adonai
עָלֵינוּ aleinu כַּאֲשֶׁר caasher יִחַלְנוּ yijalnu סאל, אמן (יאהדונהי) לָךְ laj:

El designio del Señor permanece para siempre y las ideas de Su Corazón para todas las generaciones. Dichosa es la nación cuyo Dios es el Señor, el pueblo que Él ha escogido para Su propia herencia. Desde Su Santa Morada, el Señor mira hacia abajo y contempla a toda la humanidad. Él modela sus corazones en unidad y Él conoce todas sus acciones. Un rey no vence por la fuerza de su ejército ni un héroe es salvado por su gran vigor. No sirve un caballo para la victoria, a pesar de su gran fuerza, no puede escapar. He aquí que el Ojo del Señor está sobre los que Le temen, sobre los que esperan Su misericordia para que libere sus alma de la muerte y los sustente en medio del hambre. Nuestra alma ha esperado al Señor. Él es nuestra ayuda y nuestro escudo. Porque en Él se regocija nuestro corazón, porque hemos confiado en Su Santo Nombre. Señor, que tu benevolencia descienda sobre nosotros conforme a la esperanza que tenemos en Ti" (Salmos 33).

LEDAVID

En este Salmo hay 161 palabras, el mismo valor numérico del Nombre: אלף הי יוד הי. También hay 22 versículos que corresponden a las 22 letras del alfabeto arameo, que es el valor numérico del Nombre: אכא de los 72 Nombres de Dios. Y cada versículo comienza con una de las letras del alfabeto en orden consecutivo (con una excepción, la letra ו *Vav* no aparece. En lugar de ello, al final hay un versículo adicional que comienza con la letra פ *Pei*, que en *Atbash* es la letra *Vav*). También medita en el tercer *Maamar* (Enunciado) de Creación: יְהִי רָקִיעַ ("y dijo Dios: Haya firmamento" – El firmamento separó al agua debajo del firmamento del agua por encima de él).

leDavid לְדָוִד

Avimélej אֲבִימֶלֶךְ lifnei לִפְנֵי tamó טַעְמוֹ et אֶת־ beshanotó בְּשַׁנּוֹתוֹ

:ככלי vayelaj וַיֵּלַךְ (לסמא"ל) vaygarshehu וַיְגָרְשֵׁהוּ (שבשמים (אבינו

et עֵת לככ ,ב"ן bejol בְּכָל־ Adonai יְהֹוָהאדני אהדונהי et אֶת־ avarjá אֲבָרְכָה

:befí בְּפִי tehilató תְּהִלָּתוֹ קמ"ג קנ"א קס"א ע"ה tamid תָּמִיד

nafshí נַפְשִׁי tithalel תִּתְהַלֵּל baAdonai בַּיהֹוָהאדני אהדונהי

:veyismajú וְיִשְׂמָחוּ anavim עֲנָוִים yishmeú יִשְׁמְעוּ

uneromemá וּנְרוֹמְמָה ití אִתִּי laAdonai לַיהֹוָהאדני אהדונהי gadlú גַּדְּלוּ

:yajdav יַחְדָּו ע"ה שדי אל ,ע"ה וקס"א בריבוע ע"ב ,ע"ה מהש Shemó שְׁמוֹ

veanani וְעָנָנִי Adonai יְהֹוָהאדני אהדונהי et אֶת־ darashti דָּרַשְׁתִּי

ר"ת ודאי, אהיה (ובשם זה עלה משה למרום והוא מגן ממלאכי חבלה) ; ס"ת = כהת, משיח בן דוד ע"ה

:נתה hitsilani הִצִּילָנִי megurotai מְגוּרוֹתַי ילי umicol וּמִכָּל־

venaharú וְנָהָרוּ elav אֵלָיו hibitu הִבִּיטוּ

:yejparú יֶחְפָּרוּ al אַל־ ufneihem וּפְנֵיהֶם

vaAdonai וַיהֹוָהאדני אהדונהי kará קָרָא מ"ה ריבוע aní עָנִי ze זֶה

:hoshío הוֹשִׁיעוֹ tsarotav צָרוֹתָיו ילי umicol וּמִכָּל־ shamea שָׁמֵעַ

LEDAVID

"De David, cuando se fingió demente delante de Avimélej, que lo echó y él tuvo que irse. Bendeciré al Señor en todo tiempo, Su alabanza estará siempre en mis labios. Mi alma se gloria en el Señor. Los humildes Lo oirán y se alegrarán. Glorifiquen conmigo al Señor, alabemos su Nombre todos juntos. Busqué al Señor y Él me respondió y me libró de todos mis temores. Ellos Le miraron, quedaron iluminados y sus rostros no fueron avergonzados. Este pobre hombre clamó y el Señor escuchó y le salvó de todas sus angustias.

חֹנֶה joné מַלְאַךְ־ malaj יְהֹוָה יאהדונהי Adonai

סָבִיב saviv לִירֵאָיו lireav וַיְחַלְּצֵם vayjaltsem:

טַעֲמוּ taamú וּרְאוּ ureú כִּי־ qui טוֹב tov והו ; כי טוב = יהוה אהיה, אום, מבה, יזל

יְהֹוָה יאהדונהי Adonai אַשְׁרֵי ashrei הַגֶּבֶר haguéver יֶחֱסֶה־ yejesé בּוֹ bo:

יְראוּ yirú אֶת־ et יְהֹוָה יאהדונהי Adonai קְדֹשָׁיו kedoshav

כִּי־ qui אֵין ein מַחְסוֹר majsor לִירֵאָיו lireav:

כְּפִירִים cfirim רָשׁוּ rashú וְרָעֵבוּ veraevú וְדֹרְשֵׁי vedorshei

יְהֹוָה יאהדונהי Adonai לֹא־ lo יַחְסְרוּ yajserú כָל־ jol ילי טוֹב tov והו:

לְכוּ־ lejú בָנִים vanim שִׁמְעוּ־ shimú לִי li

יִרְאַת yirat יְהֹוָה יאהדונהי Adonai אֲלַמֶּדְכֶם alamedjem:

מִי־ mi ילי הָאִישׁ haísh הֶחָפֵץ hejafets חַיִּים jayim אהיה אהיה יהוה, בינה ע"ה

אֹהֵב ohev יָמִים yamim נלך לִרְאוֹת lirot טוֹב tov והו:

נְצֹר netsor לְשׁוֹנְךָ leshonjá מֵרָע merá

וּשְׂפָתֶיךָ usfateja מִדַּבֵּר midaber ראה מִרְמָה mirmá:

סוּר sur מֵרָע merá וַעֲשֵׂה־ vaasé טוֹב tov והו

בַּקֵּשׁ bakesh שָׁלוֹם shalom וְרָדְפֵהוּ veradfehu:

עֵינֵי einei ריבוע מ"ה יְהֹוָה יאהדונהי Adonai אֶל־ el צַדִּיקִים tsadikim עלם

וְאָזְנָיו veaznav יוד הי ואו הה אֶל־ el שַׁוְעָתָם shavatam:

El ángel del Señor acampa en torno de Sus fieles y los libra. Gusten y vean que el Señor es bueno. Dichoso es el hombre que se refugia en Él. Teman al Señor, todos sus santos, pues nada faltará a los que le temen. Los leoncillos padecen de necesidad y sufren hambre, pero los que buscan al Señor no carecen de ninguna cosa buena. Vengan, hijos, escuchen. Yo les enseñaré el temor del Señor. ¿Quién es el hombre que ama la vida, y desea gozar de días felices? Guarda tu lengua de hablar mal y tus labios de decir engaños. Apártate del mal y practica el bien. Busca la paz y ve tras ella. Los Ojos del Señor miran a los justos y Sus Oídos escuchan su clamor.

פְּנֵי pnei חכמה בינה (el rostro de la ira) יְהֹוָהאדניאהדונהי Adonai

בְּעֹשֵׂי beosei רָע ra לְהַכְרִית lehajrit מֵאֶרֶץ meérets זִכְרָם zijram מצר

(incluyendo al hueso eterno *luz* mientras Él salva todos los huesos de los justos):

צָעֲקוּ tsaakú וַיהֹוָהאדניאהדונהי vaAdonai שָׁמֵעַ shamea

וּמִכָּל־ umicol ילי צָרוֹתָם tsarotam הִצִּילָם hitsilam:

קָרוֹב karov יְהֹוָהאדניאהדונהי Adonai לְנִשְׁבְּרֵי־ lenishberei לֵב lev

(los siete reyes que murieron) וְאֶת־ veet דַּכְּאֵי־ daquei רוּחַ rúaj יוֹשִׁיעַ yoshía:

רַבּוֹת rabot רָעוֹת raot צַדִּיק tsadik

וּמִכֻּלָּם umiculam יַצִּילֶנּוּ yatsilenu יְהֹוָהאדניאהדונהי Adonai:

שֹׁמֵר shomer כָּל־ col ילי עַצְמוֹתָיו atsmotav

אַחַת ajat מֵהֵנָּה mehená לֹא lo נִשְׁבָּרָה nishbará:

תְּמוֹתֵת temotet רָשָׁע rashá רָעָה raá רהע

וְשֹׂנְאֵי vesonei צַדִּיק tsadik יֶאְשָׁמוּ yeshamú:

פּוֹדֶה podé יְהֹוָהאדניאהדונהי Adonai נֶפֶשׁ néfesh עֲבָדָיו avadav

וְלֹא veló יֶאְשְׁמוּ yeshmú כָּל col ילי הַחוֹסִים hajosim בּוֹ bo:

TFILÁ LEMOSHÉ

Esta oración nos da la capacidad de conectar con la conciencia de Moshé, el profeta más grande que haya existido. Moshé era la personificación del compartir puro, con amor incondicional y ocupación por los demás. Fue este el atributo, junto a su profunda y cercana relación con Dios, lo que le dio todo su poder.

El Rostro (el Rostro de la ira) del Señor rechaza a los que hacen el mal, para eliminar el recuerdo de ellos de la Tierra (incluyendo al hueso perenne luz, mientras que Él salva todos los huesos de los justos). Clamaron y el Señor les oyó y les libró de todas sus tribulaciones. El Señor se acerca a quienes tienen el corazón destrozado [los siete reyes que murieron] y salva a los de espíritu contrito. Muchos son los pesares del justo, pero el Señor los libra de todos. Él guarda todos Sus huesos de tal manera que ninguno de ellos se rompa. La maldad dará muerte al malvado y los que aborrecen al justo serán castigados. El Señor redime las almas de Sus servidores, y los que se refugian en Él no será condenado" (Salmos 34).

Medita en el cuarto *Maamar* (Enunciado) de Creación:
יקוו המים מתחת השמים אל מקום אחד ותראה היבשה ("Y dijo Dios: Júntense las aguas que están debajo de los cielos en un lugar, y descúbrase lo seco" – como está dicho (más adelante): "Muestra Tus obras a Tus siervos" – 'Tus obras', que quiere decir la revelación de la tierra).

תְּפִלָּה tfilá בא"ת ב"ש אֻכְצֵ = ב"ן + אדני וניקודה ע"ה יוד הי וו הה לְמֹשֶׁה leMoshé

אִישׁ ish מהש, ע"ב בריבוע וקס"א, אל שדי, ד"פ אלהים ע"ה הָאֱלֹהִים haElohim ילה ;

ר"ת לאה (רומז לז"א כבוד ישראל המזווג עם לאה) ; ס"ת משה (כלת משה)

אֲדֹנָי Adonai ללה מָעוֹן maón אַתָּה Atá הָיִיתָ hayita לָּנוּ lanu אלהים, אהיה אדני

בְּדֹר bedor ר"ת הבל (שהוא משה גלגול הבל שמתגלגל בכל דור להורות בני דורו) וָדֹר vador רי"ו:

בְּטֶרֶם betérem הָרִים harim יֻלָּדוּ yuladú וַתְּחוֹלֵל vatejolel אֶרֶץ érets

וְתֵבֵל vetevel ב"פ רי"ו וּמֵעוֹלָם umeolam עַד־ ad עוֹלָם olam

אַתָּה Atá אֵל el ייא"י (מילוי דס"ג): תָּשֵׁב tashev אֱנוֹשׁ enosh עַד־ ad

דַּכָּא dacá וַתֹּאמֶר vatómer שׁוּבוּ shuvu בְנֵי־ vnei אָדָם adam מ"ה:

כִּי qui אֶלֶף élef מספר אֶלֶף = אלף למד + שין דלת יוד ע"ה שָׁנִים shanim

בְּעֵינֶיךָ beeineja ע"ה קס"א ; ריבוע מ"ה כְּיוֹם queyom ע"ה נגד, מזבח, זן, אל יהוה

אֶתְמוֹל etmol כִּי qui יַעֲבֹר yaavor וְאַשְׁמוּרָה veashmurá בַלָּיְלָה valayla מלה:

זְרַמְתָּם zramtam שֵׁנָה shená יִהְיוּ yihyú אל (ייא"י מילוי דס"ג)

בַּבֹּקֶר babóker כֶּחָצִיר quejatsir יַחֲלֹף yajalof: בַּבֹּקֶר babóker יָצִיץ yatsíts

וְחָלָף vejalaf לָעֶרֶב laérev יְמוֹלֵל yemolel וְיָבֵשׁ veyavesh: כִּי־ qui

כָלִינוּ jalinu בְאַפֶּךָ veapeja וּבַחֲמָתְךָ uvajamatjá נִבְהָלְנוּ nivhalnu:

TFILÁ LEMOSHÉ

"Plegaria de Moshé, varón de Dios: Señor, Tú has sido nuestro refugio durante todas las generaciones, antes de que las montañas fuesen engendradas y aún antes de que Tú formaras la Tierra y el mundo. Desde siempre y hasta la eternidad, Tú eres Dios. Tú llevas al hombre a la aflicción y dices: Arrepiéntanse, hijos del hombre. Porque mil años ante Tus Ojos son como el día de ayer que ya ha pasado y como la vigilia de una noche. Tú los inundas y se adormecen. A la mañana son como hierba que crece. En la mañana florece y es rejuvenecida, y por la tarde es segada y se marchita. Por cuanto somos consumidos en Tu ira y por Tu ira estamos consternados.

שַׁתָּה shatá (כתיב: שת) עֲוֹנֹתֵינוּ avonoteinu לְנֶגְדֶּךָ lenegdeja עֲלֻמֵנוּ alumenu

לִמְאוֹר limor פָּנֶיךָ paneja ס"ג מ"ה ב"ן: כִּי qui כָל jol יל"י יָמֵינוּ yameinu

פָּנוּ panú בְעֶבְרָתֶךָ veevrateja כִּלִּינוּ quilinu שָׁנֵינוּ shaneinu כְמוֹ־ jmó

הֶגֶה: hegue יְמֵי־ yemei שְׁנוֹתֵינוּ shnoteinu בָהֶם vahem שִׁבְעִים shivim

שָׁנָה shaná וְאִם veim יוהך, מ"א אותיות דפשוט, דמילוי ודמילוי דמילוי דאהיה ע"ה

בִּגְבוּרֹת bigvurot שְׁמוֹנִים shmonim שָׁנָה shaná וְרָהְבָּם verahbam

עָמָל amal וָאָוֶן vaáven כִּי־ qui גָז gaz חִישׁ jish וַנָּעֻפָה: vanaufá מִי־ mi יל"י

יוֹדֵעַ yodea עֹז oz אַפֶּךָ apeja וּכְיִרְאָתְךָ ujeyiratjá עֶבְרָתֶךָ: evrateja

לִמְנוֹת limnot יָמֵינוּ yameinu כֵּן quen הוֹדַע hodá וְנָבִא venaví לְבַב levav בוכו

חָכְמָה jojmá במילוי = תרי"ג (מצוות): שׁוּבָה shuvá הוזש יְהֹוָהאדניאהדונהי Adonai

עַד־ ad מָתָי matai וְהִנָּחֵם vehinajem עַל־ al עֲבָדֶיךָ avadeja דמב, מילוי דע"ב:

שַׂבְּעֵנוּ sabenu בַבֹּקֶר vabóker חַסְדֶּךָ jasdeja וּנְרַנְּנָה uneranená

וְנִשְׂמְחָה venismejá בְּכָל־ bejol ב"ן, לכב יָמֵינוּ: yameinu שַׂמְּחֵנוּ samjenu

כִּימוֹת quimot עִנִּיתָנוּ initanu שְׁנוֹת shnot רָאִינוּ raínu רָעָה raá רהע:

יֵרָאֶה yeraé רי"ו אֶל־ el עֲבָדֶיךָ avadeja פָעֳלֶךָ faoleja וַהֲדָרְךָ vahadarjá

עַל־ al בְּנֵיהֶם: bneihem וִיהִי vihí נֹעַם nóam (נֹעם עליון) אֲדֹנָי Adonai ללה

אֱלֹהֵינוּ Eloheinu ילה עָלֵינוּ aleinu וּמַעֲשֵׂה umaasé יָדֵינוּ yadeinu

כּוֹנְנָה conená עָלֵינוּ aleinu וּמַעֲשֵׂה umaasé יָדֵינוּ yadeinu כּוֹנְנֵהוּ: conenehu

---

Tú colocas nuestras iniquidades ante Ti, nuestra inmadurez frente a la Luz de Tu rostro. Porque todos nuestros días transcurren bajo el peso de Tu enojo y nuestros años se consumen como un suspiro. Los días de nuestros años son setenta años, a lo sumo ochenta años, si tenemos más vigor, su mayor éxito son afán y dolor, porque pasan pronto y nosotros nos vamos. ¿Quién conoce el poder de Tu furia? Pues eres temido, al igual que Tu ira. Enséñanos a contar nuestros días, para que nuestro corazón alcance la sabiduría. Vuélvete Señor, ¿hasta cuándo? Conduélete de Tus siervos. Sácianos por la mañana con Tu bondad, para que cantemos y nos regocijemos todos nuestros días. Alégranos por los días en que Tú nos afligiste, por los años en soportamos la desgracia. Muestra Tu obra a Tus siervos y Tu majestad a sus hijos. Que la gracia del Señor, nuestro Dios, sea sobre nosotros y pueda Él establecer para nosotros el trabajo de nuestras manos y pueda el trabajo de nuestras manos establecerlo a Él" (Salmos 90).

YOSHEV

Cada acción positiva crea ángeles positivos, y cada acción negativa crea ángeles negativos. Los ángeles son fuerzas particulares de energía espiritual. Los ángeles negativos o fuerzas energéticas negativas perturban nuestra vida de muchas maneras. Por ejemplo, a menudo la gente no entiende lo que intentamos decirles, o nosotros no entendemos completamente lo que se nos dice. Es como una interferencia invisible que genera confusión y envía señales ambiguas. Los problemas de comunicación finalmente conllevan a malentendidos, lo que a su vez conllevan a peleas, discusiones y, con mucha frecuencia, a mucho dolor. En otras ocasiones, las cosas van mal; sin importar qué hagamos, nada parece mejorar la situación.

Medita en el quinto *Maamar* (Enunciado) de Creación: תדשא הארץ דשא ("y dijo Dios: Que la tierra produzca vegetación" – la vegetación fue creada para sustentar a todas las criaturas y para que éstas moraran bajo su sombra).

יֹשֵׁב yoshev בְּסֵתֶר beséter ב״פ מצר עֶלְיוֹן elyón בְּצֵל betsel שַׁדַּי Shadai

יִתְלוֹנָן׃ yitlonán אֹמַר omar לַיהֹוָה אהדונהי laAdonai מַחְסִי majsí

וּמְצוּדָתִי umetsudatí אֱלֹהַי Elohai מילוי דע״ב, דמב ; ילה; ר״ת אום, מבה, יזל

אֶבְטַח־ evtaj סיט בּוֹ׃ bo כִּי qui הוּא Hu יַצִּילְךָ yatsiljá

מִפַּח mipaj ר״ת מיה יָקוּשׁ yakush מִדֶּבֶר midéver הַוּוֹת׃ havot

בְּאֶבְרָתוֹ beevrató יָסֶךְ yasej לָךְ laj וְתַחַת־ vetájat כְּנָפָיו cnafav

תֶּחְסֶה tejsé צִנָּה tsiná וְסֹחֵרָה vesojerá אֲמִתּוֹ׃ amitó לֹא־ lo תִירָא tirá

מִפַּחַד mipájad לָיְלָה layla מלה מֵחֵץ mejéts יָעוּף yauf יוֹמָם׃ yomam

מִדֶּבֶר midéver בָּאֹפֶל baófel יַהֲלֹךְ yahaloj מִקֶּטֶב mikétev יָשׁוּד yashud

צָהֳרָיִם׃ tsahoráyim יִפֹּל yipol מִצִּדְּךָ mitsidjá אֶלֶף élef מספר אֶלֶף = אלף למד + שין

דלת יוד ע״ה וּרְבָבָה urvavá מִימִינֶךָ mimineja אֵלֶיךָ eleja לֹא lo יִגָּשׁ׃ yigash

---

YOSHEV

"Tú que vives al amparo del Altísimo y moras a la sombra de Shadai. Yo diré del Señor: Él es mi refugio y mi baluarte, mi Dios en Quien confío. Porque Él ha de librarte de la red del cazador y la peste perniciosa. Te cubrirá con Sus plumas y bajo Sus alas hallarás refugio. Su verdad es un escudo y un yelmo. No temerás los terrores de la noche, ni la flecha que vuela de día, ni la peste que acecha en la oscuridad ni la destrucción que asuela a mediodía. Aunque caigan mil a tu lado y diez mil a tu derecha, tú no serás alcanzado.

רַק rak בְּעֵינֶיךָ beeineja ע"ה קס"א ; ריבוע מ"ה תַבִּיט tabit וְשִׁלֻּמַת veshilumat

רְשָׁעִים reshaim תִּרְאֶה :tiré כִּי־ qui אַתָּה Atá יְהֹוָה(אדני)אהדונהי Adonai

מַחְסִי .majsí עֶלְיוֹן elyón שַׂמְתָּ samta מְעוֹנֶךָ meoneja ו"עם:

לֹא־ lo תְאֻנֶּה teuné אֵלֶיךָ eleja רָעָה raá רהע (לילית) וְנֶגַע venega (סמאל)

לֹא־ lo יִקְרַב yikrav בְּאָהֳלֶךָ :beaholeja כִּי qui מַלְאָכָיו malajav

יְצַוֶּה־ yetsavé לָּךְ laj ס"ת שם קדוש יוהך לִשְׁמָרְךָ lishmarjá

בְּכָל־ bejol ב"ן, לכב דְּרָכֶיךָ derajeja ס"ת שם קדוש כלך:

עַל־ al כַּפַּיִם capáyim ע"ה קנ"א, אדני אלהים יִשָּׂאוּנְךָ yisaunjá פֶּן־ pen

תִּגֹּף tigof בָּאֶבֶן baéven (לילית) רַגְלֶךָ :ragleja עַל־ al שַׁחַל shájal (דכורא)

וָפֶתֶן vafeten (נוקבא) תִּדְרֹךְ tidroj תִּרְמֹס tirmós כְּפִיר cfir (יסוד דקליפה)

וְתַנִּין :vetanín כִּי qui בִי vi שם בן מ"ב חָשַׁק jashak וַאֲפַלְּטֵהוּ vaafaltehu

(ע"ה שם ב"ט העולה למנין יה"ו ביסוד וכן למנין אהיה ומסוגל לשמירה) אֲשַׂגְּבֵהוּ asagvehu

כִּי־ qui יָדַע yadá שְׁמִי Shmí ר"ת אכיש (ע"ה שם ב"ט ברוז דוד מאכיש) ; ר"ת יכש:

יִקְרָאֵנִי yikraeni וְאֶעֱנֵהוּ veeenehu עִמּוֹ־ imó אָנֹכִי anojí

בְצָרָה vetsará אלהים ההין אֲחַלְּצֵהוּ ajaltsehu וַאֲכַבְּדֵהוּ :vaajabdehu

Decimos el último versículo de este Salmo dos veces para tener 130 palabras, que es el valor numérico del Nombre: יוד יוד הא יוד הא ואו יוד הא ואו הא, que tiene el poder de ahuyentar a las entidades negativas que aquí se mencionan.

אֹרֶךְ órej יָמִים yamim נלך

אַשְׂבִּיעֵהוּ asbiehu וְאַרְאֵהוּ vearehu בִּישׁוּעָתִי :bishuatí אֹרֶךְ órej

יָמִים yamim נלך אַשְׂבִּיעֵהוּ asbiehu וְאַרְאֵהוּ vearehu בִּישׁוּעָתִי :bishuatí

Mas con tus ojos verás como los malvados reciben su merecido. Porque Tú eres, Señor, mi refugio. Hiciste Tu Morada en las Alturas. No te alcanzará ningún mal, ni plaga alguna se acercará a tu tienda. Porque Él te encomendó a sus ángeles para que te cuiden en todos tus caminos. Te conducirán de la mano para que tu pie no tropiece contra una piedra. Caminarás sobre el león y la cobra, pisotearás al leoncillo y a la serpiente. Porque tiene puesto en Mí su amor y Yo le corresponderé. Le colocaré bien alto, porque él conoce Mi nombre. Él me llamará y Yo le responderé. Estaré con él en tiempo de aflicción. Le rescataré y le glorificaré. Con larga vida le satisfaré y haré que contemple Mi salvación" (Salmos 91).

MIZMOR SHIRU

De acuerdo con la Kabbalah, a veces las personas reencarnan en animales como parte de su proceso de *tikún* (corrección). Al recitar este Salmo con eso en mente, estamos ayudando a elevar sus almas.

Medita en el séptimo *Maamar* (Enunciado) de Creación: ישרצו המים ("y dijo Dios: Que las aguas se llenen" – como dice en este Salmo: "El mar en su totalidad bramará").

מִזְמוֹר mizmor שִׁירוּ shiru לַיהֹוָ(אדני)ה יאהדונהי laAdonai שִׁיר shir חָדָשׁ jadash
י״ב הויות, קס״א קנ״א (שנתחדשו בחידוש היום) כִּי־ qui נִפְלָאוֹת niflaot עָשָׂה asá
הוֹשִׁיעָה hoshía יהוה וש״ע נהורין לוֹ lo יְמִינוֹ yeminó ר״ת ילה וּזְרוֹעַ uzroa
קָדְשׁוֹ: kadshó הוֹדִיעַ hodía יְהֹוָ(אדני)ה יאהדונהי Adonai יְשׁוּעָתוֹ yeshuató ר״ת הי״
לְעֵינֵי leeinei ריבוע מ״ה הַגּוֹיִם hagoyim גִּלָּה guilá צִדְקָתוֹ: tsidkató זָכַר zajar
חַסְדּוֹ jasdó ג׳ הויות, מזלא (להמשיך הארה ממזלא עילאה) וֶאֱמוּנָתוֹ veemunató
לְבֵית leveit ב״פ ראה יִשְׂרָאֵל Yisrael רָאוּ raú כָל־ jol ילי אַפְסֵי־ afsei
אָרֶץ árets אֵת et יְשׁוּעַת yeshuat אֱלֹהֵינוּ Eloheinu ילה: הָרִיעוּ haríu
אלהים דאלפין לַיהֹוָ(אדני)ה יאהדונהי laAdonai כָּל־ col ילי הָאָרֶץ haárets אלהים ההין ע״ה;
ר״ת הלכה ; ס״ת ע״ה = ריבוע אדני פִּצְחוּ pitsjú להח וְרַנְּנוּ veranenu וְזַמֵּרוּ: vezameru
זַמְּרוּ zamrú לַיהֹוָ(אדני)ה יאהדונהי laAdonai בְּכִנּוֹר bejinor בְּכִנּוֹר bejinor
וְקוֹל vekol זִמְרָה: zimrá בַּחֲצֹצְרוֹת bajatsotsrot וְקוֹל vekol שׁוֹפָר shofar
הָרִיעוּ haríu אלהים דאלפין לִפְנֵי lifnei הַמֶּלֶךְ haMélej יְהֹוָ(אדני)ה יאהדונהי: Adonai
יִרְעַם yiram הַיָּם hayam ילי וּמְלֹאוֹ umloó תֵּבֵל tevel ב״פ רי״ו וְיֹשְׁבֵי veyoshvei
בָהּ: va נְהָרוֹת neharot יִמְחֲאוּ־ yimjaú כָף jaf יַחַד yájad
הָרִים harim יְרַנֵּנוּ: yeranenu לִפְנֵי־ lifnei יְהֹוָ(אדני)ה יאהדונהי Adonai
כִּי qui בָא va לִשְׁפֹּט lishpot הָאָרֶץ haárets אלהים דההין ע״ה יִשְׁפֹּט־ yishpot
תֵּבֵל tevel ב״פ רי״ו בְּצֶדֶק betsédek וְעַמִּים veamim בְּמֵישָׁרִים: bemeisharim

---

MIZMOR SHIRU

"Un Salmo: Canten al Señor un nuevo cántico porque Él ha hechos cosas maravillosas. Su Diestra y Su santo Brazo Le dieron la victoria. El Señor ha dado a conocer Su salvación. Él reveló Su justicia ante la vista de las naciones. Él se ha acordado de su amor y de Su fidelidad por la Casa de Israel. Todos los confines de la Tierra han contemplado el triunfo de nuestro Dios. Aclamen al Señor toda la Tierra. Prorrumpan en cantos jubilosos y alabanzas. Canten alabanzas al Señor con el arpa. Con el arpa y el sonido de los cantos. Con trompetas y el son del Shofar, aclamen al Rey, el Señor. Resuene el mar y todo lo que hay en él, el mundo y todos sus habitantes. Los ríos aplaudirán y las montañas cantarán jubilosamente ante el Señor, porque Él vendrá para juzgar la Tierra. Juzgará al mundo con justicia y a los pueblos con equidad" (Salmos 98).

SHIR LAMAALOT

Esta configuración de letras arameas ayuda a despertar una conciencia interior de que nada de valor puede lograrse en este mundo físico sin ayuda del Creador. Solos, no podemos hacer nada. El Satán, nuestro ego, hará cualquier cosa para convencernos de que nosotros somos los únicos arquitectos de nuestro éxito. Esta conexión nos ayuda a reconocer la profunda verdad de que la mano del Creador siempre se encontrará detrás de nuestra buena fortuna.

En esta alabanza, la palabra *shomer* (guardia o derivados de ésta) es mencionada seis veces. Esto representa la letra *Vav* (ו=6) del Nombre: יהוה. También, medita por el octavo *Maamar* (Enunciado) de Creación: תוצא הארץ נפש חיה ("y dijo Dios: Que la tierra produzca criaturas vivientes").

שִׁיר shir לַמַּעֲלוֹת lamaalot (מלמד שמלכות נוקבית בכל מעלות) אֶשָּׂא esá

עֵינַי einai ריבוע מ"ה אֶל־ el הֶהָרִים heharim (האבות שנקראים הרים)

מֵאַיִן meáyin (א"א) יָבֹא yavó עֶזְרִי ezrí: עֶזְרִי ezrí מֵעִם meim

יהוהאדני אהדונהי Adonai עֹשֵׂה osé שָׁמַיִם shamáyim י"פ טל, י"פ כוזו וָאָרֶץ vaárets:

אַל־ al יִתֵּן yitén לַמּוֹט lamot רַגְלֶךָ ragleja אַל־ al יָנוּם yanum

שֹׁמְרֶךָ shomreja: הִנֵּה hiné לֹא־ lo יָנוּם yanum וְלֹא veló ר"ת = דמב, מילוי דע"ב

יִישָׁן yishán ש"ע נהורין דא"א שׁוֹמֵר shomer כ"א ההויות שבתפילין יִשְׂרָאֵל Yisrael:

יהוהאדני אהדונהי Adonai שֹׁמְרֶךָ shomreja יהוהאדני אהדונהי Adonai צִלְּךָ tsiljá

עַל־ al יַד yad יְמִינֶךָ yemineja הויי: יוֹמָם yomam הַשֶּׁמֶשׁ hashémesh

לֹא־ lo יַכֶּכָּה yaqueca ר"ת ילה וְיָרֵחַ veyaréaj בַּלָּיְלָה balayla מלה:

יהוהאדני אהדונהי Adonai יִשְׁמָרְךָ yishmarjá מִכָּל־ micol ילי רָע ra

יִשְׁמֹר yishmor אֶת־ et נַפְשֶׁךָ nafsheja מיכ:

יהוהאדני אהדונהי Adonai יִשְׁמָר־ yishmar צֵאתְךָ tsetjá וּבוֹאֶךָ uvoeja

מֵעַתָּה meatá וְעַד־ vead עוֹלָם olam וולי:

SHIR LAMAALOT

"Cántico de las Ascensiones: Alzaré mis ojos a las montañas, ¿de dónde provendrá mi auxilio? Mi ayuda viene del Señor, que hizo los Cielos y la Tierra. Él no permitirá que resbale tu pie. Tu Guardián nunca duerme. He aquí que Él no dormita ni duerme, el Guardián de Israel. El Señor es tu Guardián. El Señor es la sombra protectora sobre tu diestra. No te herirá el Sol de día ni la Luna de noche. El Señor te guardará de todo mal. Él cuidará tu alma. El Señor protegerá tu partida y tu regreso, desde ahora para siempre" (Salmos 121).

SHIR HAMAALOT LEDAVID

Estos versículos nos conectan con el antiguo Templo Sagrado. Según la Kabbalah, el Templo Sagrado es un centro energético y fuente de toda la Luz espiritual para el mundo entero, similar a una central nuclear que proporciona energía eléctrica a una ciudad completa. La Tierra de Israel es el centro de energía del planeta; Jerusalén es el centro de energía de Israel; el Templo físico era el centro de energía de Jerusalén; y el Santo Sanctórum, dentro del Templo, era la central máxima de energía para el Templo y, por ende, para el resto del mundo físico. Cuando el Templo existía, actuaba como un generador que trabajaba las 24 horas del día para producir toda la Luz y energía espiritual que necesitábamos. Con su destrucción, los cables transmisores fueron cortados. Las letras arameas en esta conexión restablecen los canales de comunicación con la esencia espiritual del Templo, dándonos la capacidad de capturar esta energía para nuestra vida personal.

Esta alabanza fue recitada por el Rey David por su reino, puesto que todo estaba en una sola unificación; "la justicia y la paz se besaron". Y ese es el significado de: "Yo solicitaré el bien para ti".

שִׁיר shir הַמַּעֲלוֹת hamaalot לְדָוִד leDavid שָׂמַחְתִּי samajti

בְּאֹמְרִים beomrim לִי li בֵּית beit ב״פ ראה יְהֹוָהאדניאהדונהי Adonai נֵלֵךְ nelej נלך׃

עֹמְדוֹת omdot הָיוּ hayú רַגְלֵינוּ ragleinu ר״ת רהע בִּשְׁעָרַיִךְ bishearáyij

יְרוּשָׁלִָם Yerushaláyim׃ יְרוּשָׁלִַם Yerushaláyim הַבְּנוּיָה habnuyá כְּעִיר queir

מוזהר, סנדלפון, ערי שֶׁחֻבְּרָה־ shejubrá לָּהּ la יַחְדָּו yajdav׃ שֶׁשָּׁם shesham

עָלוּ alú שְׁבָטִים shvatim שִׁבְטֵי־ shivtei יָהּ Yah עֵדוּת edut

לְיִשְׂרָאֵל leYisrael לְהֹדוֹת lehodot לְשֵׁם leShem יְהֹוָהאדניאהדונהי Adonai׃

כִּי qui שָׁמָּה shama יָשְׁבוּ yashvú כִסְאוֹת jisot לְמִשְׁפָּט lemishpat ע״ה ה״פ אלהים

כִּסְאוֹת quisot לְבֵית leveit ב״פ ראה דָּוִיד David׃ שַׁאֲלוּ shaalú שְׁלוֹם shlom

יְרוּשָׁלִָם Yerushaláyim יִשְׁלָיוּ yishlayú אֹהֲבָיִךְ ohaváyij׃ יְהִי־ yehí

שָׁלוֹם shalom בְּחֵילֵךְ bejeilej שַׁלְוָה shalvá בְּאַרְמְנוֹתָיִךְ bearmenotáyij׃

לְמַעַן lemaan אַחַי ajai וְרֵעָי vereái אֲדַבְּרָה־ adabrá נָּא na שָׁלוֹם shalom

בָּךְ baj׃ לְמַעַן lemaan בֵּית beit ב״פ ראה יְהֹוָהאדניאהדונהי Adonai

אֱלֹהֵינוּ Eloheinu ילה אֲבַקְשָׁה avakshá טוֹב tov והו לָךְ laj׃

SHIR HAMAALOT LEDAVID

"Cántico de las Ascensiones de David: Me alegré cuando me dijeron: Vayamos a la Casa del Señor. Nuestros pies ya están pisando dentro de tus portones, Oh Jerusalem. Jerusalem que fuiste edificada en forma unificada. Allí subieron las tribus, las tribus del Señor, como testimonio para Israel, para ensalzar el Nombre del Señor. Por cuanto allí fueron puestos tronos para juzgar, los tronos de la Casa de David, pidieron por la paz de Jerusalem. Tengan serenidad quienes te aman y haya paz en tus palacios. Por amor a mis hermanos y mis compañeros, yo hablaré de paz en su nombre. Por amor a la Casa del Señor, buscaré tu felicidad" (Salmos 122).

SHIR HAMAALOT ELEJA

Toda la humanidad es considerada como una sola alma unificada, cuya naturaleza es recibir. La Luz del Creador tiene muchas dimensiones, una de ellas se expresa en nuestra dimensión física como la *Shejiná*, que tiene la naturaleza de compartir e impartir. La unión del alma unificada con la *Shejiná* es como la unión de una novia y un novio. Las palabras que componen este Salmo nos ayudan a unirnos con la *Shejiná* y, por lo tanto, a alcanzar la máxima realización.

Esta alabanza es recitada por *Yisrael* inferior en nombre de la Novia. Por lo tanto, en la palabra "*hayoshví*" hay una letra *Hei* adicional (ה - *Maljut*) puesto que es la última letra del Nombre: יהוה – que es la Novia.

שִׁיר shir הַמַּעֲלוֹת hamaalot אֵלֶיךָ eleja נָשָׂאתִי nasati אֶת־ et

עֵינַי einai ריבוע מ״ה הַיֹּשְׁבִי hayoshví בַּשָּׁמָיִם bashamáyim י״פ טל, י״פ כוזו:

הִנֵּה hiné כְעֵינֵי jeeinei ריבוע מ״ה עֲבָדִים avadim אֶל־ el יַד yad

אֲדוֹנֵיהֶם adoneihem כְּעֵינֵי queeinei ריבוע מ״ה שִׁפְחָה shifjá אֶל־ el יַד yad

גְּבִרְתָּהּ gvirtá כֵּן quen עֵינֵינוּ eineinu ריבוע מ״ה אֶל־ el יְהֹוָהאדניאהדונהי Adonai

אֱלֹהֵינוּ Eloheinu ילה עַד ad שֶׁיְּחָנֵּנוּ sheyjanenu: חָנֵּנוּ janenu

יְהֹוָהאדניאהדונהי Adonai חָנֵּנוּ janenu כִּי־ qui רַב rav שָׂבַעְנוּ savanu בוּז vuz:

רַבַּת rabat שָׂבְעָה־ savá לָּהּ la נַפְשֵׁנוּ nafshenu הַלַּעַג haláag

הַשַּׁאֲנַנִּים hashaananim הַבּוּז habuz לִגְאֵי liguei יוֹנִים yonim (כתיב: לגאיונים):

SHIR HAMAALOT LEDAVID

Aquí hacemos nuestra conexión con la Redención Final, el fin de todo caos y oscuridad espiritual. Hace dos mil años, el Kabbalista Rav Shimón Bar Yojái dijo que cuando la sabiduría del *Zóhar* perteneciera a la gente (como ahora) y los secretos de la Torá fueran conocidos por todos, jóvenes y ancianos (como estás haciéndolo tú en este momento), sería la señal de que la era de la Redención Final se acerca a nosotros.

La siguiente alabanza habla sobre la Redención Final. También nos conecta con la Novia que se mencionó anteriormente, quien escapa de la aflicción que la estaba persiguiendo desde el Otro Lado, y entra al Lado Santo, cuando comienza *Shabat*.

SHIR HAMAALOT ELEJA

"Cántico de las Ascensiones: Levanto mis ojos hacia Ti, Tú que habitas en los Cielos. Tal como los ojos de los servidores miran la mano de su amo, y como los ojos de la servidora mira la mano de su ama, así nuestros ojos miran al Señor, nuestro Dios, hasta que Él nos favorezca. Sé misericordioso con nosotros, Señor, sé misericordioso porque estamos hartos de menosprecios. Nuestra alma está saturada de las burlas de los indolentes, y del desprecio de los arrogantes" (Salmos 123).

Medita en el noveno *Maamar* (Enunciado) de Creación: נעשה אדם ("y dijo Dios: hagamos al hombre", como está dicho en este Salmo "si el Señor no hubiese estado con nosotros"; la imagen de Dios está en nosotros).

שִׁיר shir הַמַּעֲלוֹת hamaalot לְדָוִד leDavid לוּלֵי lulei יְהֹוָהאדניאהדונהי Adonai
שֶׁהָיָה shehayá יהה לָנוּ lanu אלהים, אהיה אדני יֹאמַר־ yomar נָא na
יִשְׂרָאֵל Yisrael: לוּלֵי lulei יְהֹוָהאדניאהדונהי Adonai ; ר"ת ילי שֶׁהָיָה shehayá יהה
לָנוּ lanu אלהים, אהיה אדני בְּקוּם bekum עָלֵינוּ aleinu אָדָם adam (אדם בליעל ס"מ):
אֲזַי azai חַיִּים jayim אהיה אהיה יהוה, בינה ע"ה בְלָעוּנוּ belaúnu בַּחֲרוֹת bajarot
אַפָּם apam (נוקבא דס"מ) בָּנוּ banu: אֲזַי azai הַמַּיִם hamáyim שְׁטָפוּנוּ shetafunu
(כילית וכת דלהון) נַחְלָה najlá עָבַר avar עַל־ al נַפְשֵׁנוּ nafshenu: אֲזַי azai
עָבַר avar עַל־ al נַפְשֵׁנוּ nafshenu הַמַּיִם hamáyim הַזֵּידוֹנִים hazeidonim:
בָּרוּךְ Baruj יְהֹוָהאדניאהדונהי Adonai שֶׁלֹּא sheló נְתָנָנוּ netananu
טֶרֶף téref לְשִׁנֵּיהֶם leshineihem: נַפְשֵׁנוּ nafshenu כְּצִפּוֹר quetsipor
נִמְלְטָה nimletá מִפַּח mipaj יוֹקְשִׁים yokshim הַפַּח hapaj נִשְׁבָּר nishbar
וַאֲנַחְנוּ vaanajnu נִמְלָטְנוּ nimlatnu: עֶזְרֵנוּ ezrenu בְּשֵׁם beShem
יְהֹוָהאדניאהדונהי Adonai עֹשֵׂה osé שָׁמַיִם shamáyim י"פ טל, י"פ כוזו וָאָרֶץ vaárets:

HALELUYÁ

El Rey David dice: "Tenemos ojos, pero no vemos. Tenemos oídos, pero no escuchamos" (Salmos 115:6). Con demasiada frecuencia, nuestros cinco sentidos y mente racional nos proveen de sólo una visión limitada de la realidad. Incluso la ciencia nos dice que utilizamos menos del 10% de nuestra capacidad cerebral. La Kabbalah pregunta: "¿Dónde está el 90% restante?" Esta oración nos ayuda a despertar nuestras capacidades adormecidas y fortalecer nuestra percepción. Alcanzamos un estado de conciencia más elevado y una intuición superior.

En el siguiente Salmo tenemos 20 versículos por los 13 Atributos y las siete voces, y también tenemos 165 palabras por el Nombre: (אלף הי יוד הי (וד' אותיות השורש. Medita en el sexto *Maamar* (Enunciado) de la Creación: יהי מאורות ("y Dios dijo: Que haya luceros" – las estrellas fueron creadas para servir a Dios en Sus jardines; el mundo).

SHIR HAMAALOT LEDAVID

"Cánticos de las Ascensiones de David: Si el Señor no hubiese estado con nosotros, ¡que lo diga Israel! Si no hubiese estado el Señor de nuestra parte cuando los hombres se levantaron contra nosotros, ellos nos habrían devorado vivos cuando su ira se encendió contra nosotros. Entonces las aguas nos habrían inundado y un torrente nos habría sumergido y las soberbias aguas habrían sobrepasado nuestra alma. ¡Bendito sea el Señor, que no nos entregó como presa para sus dientes! Escapó nuestra alma como pájaro de la trampa de los cazadores. Se rompió la trampa y nosotros escapamos. Nuestro auxilio es el Nombre del Señor, que hizo el Cielo y la Tierra" (Salmos 124).

הַלְלוּיָהּ haleluyá אלהים, אהיה אדני ; ללה הַלְלוּ halelú אֶת־ et שֵׁם Shem

יְהֹוָהאדניאהדונהי Adonai הַלְלוּ halelú עַבְדֵי avdei יְהֹוָהאדניאהדונהי Adonai:

שֶׁעֹמְדִים sheomdim בְּבֵית beveit ב"פ ראה יְהֹוָהאדניאהדונהי Adonai

בְּחַצְרוֹת bejatsrot בֵּית beit ב"פ ראה אֱלֹהֵינוּ Eloheinu ילה: הַלְלוּיָהּ haleluyá

אלהים, אהיה אדני ; ללה כִּי־ qui טוֹב tov והו ; יהוה אהיה, אום, מבה, יזל

יְהֹוָהאדניאהדונהי Adonai זַמְּרוּ zamrú לִשְׁמוֹ lishmó מהש ע"ה, ע"ב בריבוע וקס"א ע"ה,

אל שדי ע"ה כִּי qui נָעִים naim: כִּי־ qui יַעֲקֹב Yaakov ד' הויות, אידהנויה

בָּחַר bajar לוֹ lo יָהּ Yah יִשְׂרָאֵל Yisrael לִסְגֻלָּתוֹ lisgulató: כִּי qui

אֲנִי aní אני יָדַעְתִּי yadati כִּי־ qui גָדוֹל gadol להח; עם ד' אותיות - מבה, יזל, אום

יְהֹוָהאדניאהדונהי Adonai וַאֲדֹנֵינוּ vaadoneinu מִכָּל־ micol ילי

אֱלֹהִים Elohim אהיה אדני ; ילה: כֹּל col ילי אֲשֶׁר־ asher חָפֵץ jafets

יְהֹוָהאדניאהדונהי Adonai עָשָׂה asá בַּשָּׁמַיִם bashamáyim י"פ טל, י"פ כוזו

וּבָאָרֶץ uvaárets בַּיַּמִּים bayamim נלך וְכָל־ vejol תְּהֹמוֹת tehomot:

מַעֲלֶה maalé נְשִׂאִים nesiim מִקְצֵה miktsé הָאָרֶץ haárets אלהים דההין ע"ה

בְּרָקִים brakim לַמָּטָר lamatar עָשָׂה asá מוֹצֵא־ motsé רוּחַ rúaj

מֵאוֹצְרוֹתָיו meotsrotav: שֶׁהִכָּה shehicá בְּכוֹרֵי bejorei מִצְרָיִם Mitsráyim

מצר מֵאָדָם meadam מ"ה עַד־ ad בְּהֵמָה behemá ב"ן: שָׁלַח shalaj אֹתוֹת otot

וּמֹפְתִים umoftim בְּתוֹכֵכִי betojejí מִצְרָיִם Mitsráyim מצר בְּפַרְעֹה beFaró

וּבְכָל־ uvejol ב"ן, לכב עֲבָדָיו avadav: שֶׁהִכָּה shehicá גּוֹיִם goyim

רַבִּים rabim וְהָרַג veharag מְלָכִים melajim עֲצוּמִים atsumim:

HALELUYÁ

"¡Aleluya! Alaben el Nombre del Señor. Alábenlo, oh siervos del Señor. Ustedes que están en la Casa del Señor, en los atrios de la Casa de nuestro Dios. Alaben al Señor, porque el Señor es benevolente. Canten alabanzas a Su Nombre porque es amable y porque El Señor eligió a Yaakov para Sí y a Israel por tesoro Suyo. Sí, yo sé que el Señor, nuestro Dios, es grande por encima de todos los poderes celestiales. Todo lo que El Señor desea Él lo hace, en el Cielo y en la Tierra, en los mares y en los océanos. Él levanta las nubes desde el horizonte, con los relámpagos provoca la lluvia; Él saca el viento de Sus bóvedas. Él hirió a los primogénitos de Egipto, tanto de hombre como de bestia. Es Él que realizó señales y prodigios en medio de ti, Oh Egipto, sobre el Faraón y todos sus ministros. Él derrotó a muchas naciones y mató a reyes poderosos:

לְסִיחוֹן leSijón מֶלֶךְ mélej הָאֱמֹרִי haEmorí וּלְעוֹג uleOg מֶלֶךְ mélej

הַבָּשָׁן haBashán וּלְכֹל ulejol יה אדני מַמְלְכוֹת mamlejot כְּנָעַן cnaán:

וְנָתַן venatán אַרְצָם artsam נַחֲלָה najalá נַחֲלָה najalá לְיִשְׂרָאֵל leYisrael

עַמּוֹ amó: יְהֹוָהאדניאהדונהי Adonai שִׁמְךָ Shimjá לְעוֹלָם leolam

ריבוע דס"ג וי' אותיות דס"ג יְהֹוָהאדניאהדונהי Adonai זִכְרְךָ zijrejá לְדֹר- ledor ר"ת יזל

וָדֹר vador ר"יו: כִּי qui יָדִין yadín יְהֹוָהאדניאהדונהי Adonai עַמּוֹ amó

וְעַל- veal עֲבָדָיו avadav יִתְנֶחָם yitnejam: עֲצַבֵּי atsabei הַגּוֹיִם hagoyim

כֶּסֶף quésef וְזָהָב vezahav מַעֲשֵׂה maasé יְדֵי yedei אָדָם adam:

פֶּה pe מילה, וע"ה אלהים, אהיה אדני לָהֶם lahem וְלֹא veló יְדַבֵּרוּ yedaberu

עֵינַיִם eináyim ריבוע מ"ה לָהֶם lahem וְלֹא veló יִרְאוּ yirú: אָזְנַיִם aznáyim

יוד הי ואו הה לָהֶם lahem וְלֹא veló יַאֲזִינוּ yaazinu אַף af אֵין- ein יֶשׁ- yesh

רוּחַ rúaj בְּפִיהֶם befihem: כְּמוֹהֶם cmohem יִהְיוּ yihyú אל (ייא" מילוי דס"ג)

עֹשֵׂיהֶם oseihem כֹּל col ילי אֲשֶׁר- asher בֹּטֵחַ botéaj בָּהֶם bahem:

בֵּית beit ב"פ ראה יִשְׂרָאֵל Yisrael בָּרְכוּ barjú יהוה ריבוע יהוה ריבוע מ"ה אֶת- et

יְהֹוָהאדניאהדונהי Adonai בֵּית beit ב"פ ראה אַהֲרֹן Aharón בָּרְכוּ barjú יהוה ריבוע

יהוה ריבוע מ"ה אֶת- et יְהֹוָהאדניאהדונהי Adonai: בֵּית beit ב"פ ראה הַלֵּוִי haLeví

בָּרְכוּ barjú יהוה ריבוע יהוה ריבוע מ"ה אֶת- et יְהֹוָהאדניאהדונהי Adonai

יִרְאֵי yirei יְהֹוָהאדניאהדונהי Adonai בָּרְכוּ barjú יהוה ריבוע יהוה ריבוע מ"ה

אֶת- et יְהֹוָהאדניאהדונהי Adonai: בָּרוּךְ Baruj יְהֹוָהאדניאהדונהי Adonai

מִצִּיּוֹן miTsiyón יוסף, ו' הויות, קנאה שֹׁכֵן shojén יְרוּשָׁלָיִם Yerushaláyim

הַלְלוּיָהּ haleluyá אלהים, אהיה אדני ; ללה:

A Sijón, rey de los amorreos, y a Og, rey de Basán, y a todos los reyes de Canaán y dio las tierras de ellos por heredad, por herencia a Israel, Su Pueblo. El Señor es Tu Nombre para siempre. El Señor es tu recuerdo por todas las generaciones. Cuando el Señor juzgará a las naciones, Él se apiadará de Sus servidores. Los ídolos de las naciones son plata y oro, obra de las manos de hombres. Tienen boca, pero no hablan; ojos tienen pero no ven; tienen orejas, pero no escuchan. Y tampoco hay aliento en sus bocas. Como ellos serán los que los fabrican y todo aquel que confía en ellos. Casa de Israel, bendigan al Señor. Casa de Aharón, bendigan al Señor. Casa de Leví, bendigan al Señor. Ustedes que temen al Señor, bendigan al Señor. Bendito es el Señor desde Sión, Él que habita en Jerusalem, ¡Aleluya!" (Salmos 135).

HODÚ

El siguiente Salmo tiene 26 versículos que nos conectan con el Nombre: יהוה. También nos conectan con los 26 Ángeles (uno por cada versículo), en orden consecutivo del alfabeto arameo. Medita en el décimo *Maamar* (Enunciado) de la Creación: פרו ורבו ("y Dios dijo: Sean fecundos y multiplíquense" – para que los justos nacieran y agradecieran al Creador).

י

אדריאל

הוֹדוּ hodú אהיה לַיהֹוָהאדניאהדונהי laAdonai כִּי־ qui טוֹב tov והו ;

כי טוב = יהוה אהיה = אום, מבה, יזל

כִּי qui לְעוֹלָם leolam ריבוע דס״ג וי׳ אותיות דס״ג וְחַסְדּוֹ jasdó

ג׳ הויות, מזלא (להמשיך הארה ממזלא עילאה) ; ר״ת = נגה : יוד

ברכיאל

הוֹדוּ hodú אהיה לֵאלֹהֵי leElohei מילוי דע״ב, דמב ; ילה

הָאֱלֹהִים haElohim אהיה אדני ; ילה

כִּי qui לְעוֹלָם leolam ריבוע דס״ג וי׳ אותיות דס״ג וְחַסְדּוֹ jasdó

ג׳ הויות, מזלא (להמשיך הארה ממזלא עילאה) ; ר״ת = נגה : יוד

גועיאל

הוֹדוּ hodú אהיה לַאֲדֹנֵי laAdonei הָאֲדֹנִים haAdonim

כִּי qui לְעוֹלָם leolam ריבוע דס״ג וי׳ אותיות דס״ג וְחַסְדּוֹ jasdó

ג׳ הויות, מזלא (להמשיך הארה ממזלא עילאה) ; ר״ת = נגה : יוד

דורשיאל

לְעֹשֵׂה leosé נִפְלָאוֹת niflaot גְּדֹלוֹת gdolot לְבַדּוֹ levadó מ״ב בסוד שם בן מ״ב

כִּי qui לְעוֹלָם leolam ריבוע דס״ג וי׳ אותיות דס״ג וְחַסְדּוֹ jasdó

ג׳ הויות, מזלא (להמשיך הארה ממזלא עילאה) ; ר״ת = נגה : יוד

הדריאל

לְעֹשֵׂה leosé הַשָּׁמַיִם hashamáyim י״פ טל, י״פ כוזו בִּתְבוּנָה bitvuná

כִּי qui לְעוֹלָם leolam ריבוע דס״ג וי׳ אותיות דס״ג וְחַסְדּוֹ jasdó

ג׳ הויות, מזלא (להמשיך הארה ממזלא עילאה) ; ר״ת = נגה : יוד

HODÚ

"Agradezcan al Señor porque es benevolente, porque Su misericordia perdura por siempre. Agradezcan al Dios de dioses, porque Su misericordia perdura por siempre. Agradezcan al Señor de los señores, porque Su misericordia perdura por siempre. Al único que hace grandes maravillas, porque Su misericordia perdura por siempre. Al que hizo los Cielos con discernimiento, porque Su misericordia perdura por siempre.

וועדיאל

לְרֹקַע leroká הָאָרֶץ haárets ע״ה אלהים דההין עַל־ al הַמָּיִם hamáyim

כִּי qui לְעוֹלָם leolam ריבוע דס״ג וי׳ אותיות דס״ג וַחַסְדּוֹ jasdó

ג׳ הויות = מוזלא (להמשיך הארה ממוזלא עילאה) ; ר״ת = נגה : יוד

זבדיאל

לְעֹשֵׂה leosé אוֹרִים orim רז, אין סוף גְּדֹלִים gdolim

כִּי qui לְעוֹלָם leolam ריבוע דס״ג וי׳ אותיות דס״ג וַחַסְדּוֹ jasdó

ג׳ הויות = מוזלא (להמשיך הארה ממוזלא עילאה) ; ר״ת = נגה : יוד

ווניאל

אֶת־ et הַשֶּׁמֶשׁ hashémesh

לְמֶמְשֶׁלֶת lememshélet בַּיּוֹם bayom ע״ה נגד, מזבח, זן, אל יהוה

כִּי qui לְעוֹלָם leolam ריבוע דס״ג וי׳ אותיות דס״ג וַחַסְדּוֹ jasdó

ג׳ הויות, מוזלא (להמשיך הארה ממוזלא עילאה) ; ר״ת = נגה : יוד

טהוריאל

אֶת־ et הַיָּרֵחַ hayaréaj וְכוֹכָבִים vejojavim

לְמֶמְשְׁלוֹת lememshelot בַּלָּיְלָה balayla מלה

כִּי qui לְעוֹלָם leolam ריבוע דס״ג וי׳ אותיות דס״ג וַחַסְדּוֹ jasdó

ג׳ הויות, מוזלא (להמשיך הארה ממוזלא עילאה) ; ר״ת = נגה : יוד

ידידיאל

לְמַכֵּה lemaqué מִצְרַיִם Mitsráyim מצר בִּבְכוֹרֵיהֶם bivjoreihem

כִּי qui לְעוֹלָם leolam ריבוע דס״ג וי׳ אותיות דס״ג וַחַסְדּוֹ jasdó

ג׳ הויות, מוזלא (להמשיך הארה ממוזלא עילאה) ; ר״ת = נגה : יוד

Al que extendió la Tierra sobre las aguas, porque Su misericordia perdura por siempre.
Al que hizo las grandes luminarias, porque Su misericordia perdura por siempre.
Al que hizo el Sol que gobierna en el día, porque Su misericordia perdura por siempre.
La Luna y las estrellas que gobiernan en la noche, porque Su misericordia perdura por siempre.
Al que hirió a Egipto en sus primogénitos, porque Su misericordia perdura por siempre.

ה

כרוביאל

וַיּוֹצֵא vayotsé יִשְׂרָאֵל Yisrael מִתּוֹכָם mitojam

כִּי qui לְעוֹלָם leolam ריבוע דס״ג וי׳ אותיות דס״ג חַסְדּוֹ jasdó

ג׳ הויות, מזלא (להמשיך הארה ממזלא עילאה) ; ר״ת = נגה : הָיָ

להטיאל

בְּיָד beyad חֲזָקָה jazaká וּבִזְרוֹעַ uvizroa נְטוּיָה netuyá

כִּי qui לְעוֹלָם leolam ריבוע דס״ג וי׳ אותיות דס״ג חַסְדּוֹ jasdó

ג׳ הויות, מזלא (להמשיך הארה ממזלא עילאה) ; ר״ת = נגה : הָיָ

מהגביאל

לְגֹזֵר legozer יַם־ yam ילי סוּף Suf לִגְזָרִים ligzarim

כִּי qui לְעוֹלָם leolam ריבוע דס״ג וי׳ אותיות דס״ג חַסְדּוֹ jasdó

ג׳ הויות, מזלא (להמשיך הארה ממזלא עילאה) ; ר״ת = נגה : הָיָ

נוריאל

וְהֶעֱבִיר veheevir יִשְׂרָאֵל Yisrael בְּתוֹכוֹ betojó

כִּי qui לְעוֹלָם leolam ריבוע דס״ג וי׳ אותיות דס״ג חַסְדּוֹ jasdó

ג׳ הויות, מזלא (להמשיך הארה ממזלא עילאה) ; ר״ת = נגה : הָיָ

נוצציאל

וְנִעֵר venier פַּרְעֹה Paró וְחֵילוֹ vejeiló בְיַם־ veyam ילי סוּף Suf

כִּי qui לְעוֹלָם leolam ריבוע דס״ג וי׳ אותיות דס״ג חַסְדּוֹ jasdó

ג׳ הויות, מזלא (להמשיך הארה ממזלא עילאה) ; ר״ת = נגה : הָיָ

Y sacó a Israel de entre ellos, porque Su misericordia perdura por siempre.
Con mano fuerte y brazo extendido, porque Su misericordia perdura por siempre.
Al que partió en dos el Mar Rojo, porque Su misericordia perdura por siempre.
E hizo que Israel pasará en medio de él, porque Su misericordia perdura por siempre.
Y hundió al Faraón y a su ejército en el Mar Rojo, porque Su misericordia perdura por siempre.

ו

נודיאל

לְמוֹלִיךְ lemolij עַמּוֹ amó בַּמִּדְבָּר bamidbar

כִּי qui לְעוֹלָם leolam ריבוע דס"ג וי' אותיות דס"ג חַסְדּוֹ jasdó

ג' הויות, מזלא (להמשיך הארה ממזלא עילאה) ; ר"ת = נגה : ויי

סרעיאל

לְמַכֵּה lemaqué מְלָכִים melajim גְּדֹלִים gdolim

כִּי qui לְעוֹלָם leolam ריבוע דס"ג וי' אותיות דס"ג חַסְדּוֹ jasdó

ג' הויות, מזלא (להמשיך הארה ממזלא עילאה) ; ר"ת = נגה : ויי

עשאל

וַיַּהֲרֹג vayaharog מְלָכִים melajim אַדִּירִים adirim הרי

כִּי qui לְעוֹלָם leolam ריבוע דס"ג וי' אותיות דס"ג חַסְדּוֹ jasdó

ג' הויות, מזלא (להמשיך הארה ממזלא עילאה) ; ר"ת = נגה : ויי

פקדיאל

לְסִיחוֹן leSijón מֶלֶךְ mélej הָאֱמֹרִי haEmorí

כִּי qui לְעוֹלָם leolam ריבוע דס"ג וי' אותיות דס"ג חַסְדּוֹ jasdó

ג' הויות, מזלא (להמשיך הארה ממזלא עילאה) ; ר"ת = נגה : ויי

צרופיאל

וּלְעוֹג uleOg מֶלֶךְ mélej הַבָּשָׁן haBashán

כִּי qui לְעוֹלָם leolam ריבוע דס"ג וי' אותיות דס"ג חַסְדּוֹ jasdó

ג' הויות, מזלא (להמשיך הארה ממזלא עילאה) ; ר"ת = נגה : ויי

קדושיאל

וְנָתַן venatán אַרְצָם artsam לְנַחֲלָה lenajalá

כִּי qui לְעוֹלָם leolam ריבוע דס"ג וי' אותיות דס"ג חַסְדּוֹ jasdó

ג' הויות, מזלא (להמשיך הארה ממזלא עילאה) ; ר"ת = נגה : ויי

Al que condujo a Su pueblo por el desierto, porque Su misericordia perdura por siempre.
Al que derrotó a grandes reyes, porque Su misericordia perdura por siempre.
Y mató a reyes poderosos, porque Su misericordia perdura por siempre.
A Sijón, rey de los amorreos, porque Su misericordia perdura por siempre.
Y a Og, rey de Basán, porque Su misericordia perdura por siempre.
Y dio sus tierras por heredad, porque Su misericordia perdura por siempre.

ה

רוממיאל

avdó עַבְדּוֹ leYisrael לְיִשְׂרָאֵל najalá נַחֲלָה

jasdó חַסְדּוֹ ריבוע דס"ג וי' אותיות דס"ג leolam לְעוֹלָם qui כִּי

ג' הויות, מזלא (להמשיך הארה ממזלא עילאה) ; ר"ת = נגה : הָיָ

שומריאל

אלהים, אהיה אדני lanu לָנוּ zajar זָכַר shebeshiflenu שֶׁבְּשִׁפְלֵנוּ

jasdó חַסְדּוֹ ריבוע דס"ג וי' אותיות דס"ג leolam לְעוֹלָם qui כִּי

ג' הויות, מזלא (להמשיך הארה ממזלא עילאה) ; ר"ת = נגה : הָיָ

שמריאל

mitsareinu מִצָּרֵינוּ vayifrekenu וַיִּפְרְקֵנוּ

jasdó חַסְדּוֹ ריבוע דס"ג וי' אותיות דס"ג leolam לְעוֹלָם qui כִּי

ג' הויות, מזלא (להמשיך הארה ממזלא עילאה) ; ר"ת = נגה : הָיָ

תומכיאל

basar בָּשָׂר יה אדני lejol לְכָל־ ג' הויות léjem לֶחֶם ושר , אבג יתץ notén נֹתֵן

ר"ת = יב"ק, אלהים יהוה, אהיה אדני יהוה

jasdó חַסְדּוֹ ריבוע דס"ג וי' אותיות דס"ג leolam לְעוֹלָם qui כִּי

ג' הויות, מזלא (להמשיך הארה ממזלא עילאה) ; ר"ת = נגה : הָיָ

תהפיאל

י"פ טל, י"פ כוזו hashamáyim הַשָּׁמָיִם (מילוי דס"ג) ייא"י leEl לְאֵל אהיה hodú הוֹדוּ

jasdó חַסְדּוֹ ריבוע דס"ג וי' אותיות דס"ג leolam לְעוֹלָם qui כִּי

ג' הויות, מזלא (להמשיך הארה ממזלא עילאה) ; ר"ת = נגה : הָיָ

LeJai Olamim

Esta oración tiene 22 frases, cada una empieza con una de las 22 letras del alfabeto arameo. Siempre que encontremos una conexión con el número 22, es nuestra oportunidad de traer hacia nosotros los poderes de la Creación, semejantes al ADN, de las letras arameas para transformar nuestra naturaleza reactiva en una proactiva y para crear orden a partir del caos.

Por heredad a Israel, Su siervo, porque Su misericordia perdura por siempre. Quien se acuerda de nosotros en nuestra humillación, porque Su misericordia perdura por siempre. Quien nos ha librado de nuestros opresores, porque Su misericordia perdura por siempre. Quien da alimento a toda carne, porque Su misericordia perdura por siempre. Agradezcan al Dios del Cielo, porque Su misericordia perdura por siempre" (Salmos 136).

הָאַדֶּרֶת haadéret וְהָאֱמוּנָה vehaemuná לְחַי lejai עוֹלָמִים olamim

הַבִּינָה habiná וְהַבְּרָכָה vehabrajá לְחַי lejai עוֹלָמִים olamim

בינה ע"ה = אהיה אהיה יהוה = וזיים

הַגַּאֲוָה hagaavá וְהַגְּדֻלָּה vehagdulá לְחַי lejai עוֹלָמִים olamim

הַדֵּעָה hadeá וְהַדִּבּוּר vehadibur לְחַי lejai עוֹלָמִים olamim

הַהוֹד hahod ההה וְהֶהָדָר vehehadar לְחַי lejai עוֹלָמִים olamim

הַוַּעַד havåad וְהַוָּתִיקוּת vehavatikut לְחַי lejai עוֹלָמִים olamim

הַזַּךְ hazaj ייז וְהַזֹּהַר vehazóhar לְחַי lejai עוֹלָמִים olamim

הַחַיִל hajáyil ומב וְהַחֹסֶן vehajosen לְחַי lejai עוֹלָמִים olamim

הַטֶּכֶס hatejes וְהַטֹּהַר vehatóhar לְחַי lejai עוֹלָמִים olamim

הַיִּחוּד hayijud וְהַיִּרְאָה vehayirá רי"ו לְחַי lejai עוֹלָמִים olamim

הַכֶּתֶר hakéter וְהַכָּבוֹד vehacavod לאו לְחַי lejai עוֹלָמִים olamim

כתר = ה' מלך ה' מלך ה' ימלוך לעולם ועד ובאתב"ש גאל

הַלֶּקַח halékaj וְהַלִּבּוּב vehalibuv לְחַי lejai עוֹלָמִים olamim

הַמְּלוּכָה hamelujá וְהַמֶּמְשָׁלָה vehamemshalá לְחַי lejai עוֹלָמִים olamim

הַנּוֹי hanoi וְהַנֵּצַח vehanétsaj לְחַי lejai עוֹלָמִים olamim

---

LEJAI OLAMIM

La fortaleza y la lealtad a Él, que vive eternamente.
El discernimiento y la bendición a Él, que vive eternamente.
La grandeza y la magnificencia a Él, que vive eternamente.
La sabiduría y el discurso a Él, que vive eternamente.
La gloria y la majestad a Él, que vive eternamente.
La convocatoria y la autoridad a Él, que vive eternamente.
El brillo y el esplendor a Él, que vive eternamente.
El valor y la opulencia a Él, que vive eternamente.
La ceremonia y la pureza a Él, que vive eternamente.
La unicidad y la reverencia a Él, que vive eternamente.
La corona y la gloria a Él, que vive eternamente.
La lección y la comprensión a Él, que vive eternamente.
El reinado y el dominio a Él, que vive eternamente.
La belleza y el triunfo a Él, que vive eternamente.

הַסִּגּוּי hasiguy וְהַשֶּׂגֶּב vehaséguev לְחַי lejai עוֹלָמִים olamim

הָעֹז haoz וְהָעֲנָוָה vehaanavá לְחַי lejai עוֹלָמִים olamim

הַפְּדוּת hapdut וְהַפְּאֵר vehapeer לְחַי lejai עוֹלָמִים olamim

הַצְּבִי hatsví וְהַצֶּדֶק vehatsédek לְחַי lejai עוֹלָמִים olamim

הַקְּרִיאָה hakriá וְהַקְּדֻשָּׁה vehakdushá לְחַי lejai עוֹלָמִים olamim

הָרֹן harón וְהָרוֹמֵמוּת veharomemot לְחַי lejai עוֹלָמִים olamim

הַשִּׁיר hashir וְהַשֶּׁבַח vehashévaj לְחַי lejai עוֹלָמִים olamim

הַתְּהִלָּה hatehilá וְהַתִּפְאֶרֶת vehatiféret לְחַי lejai עוֹלָמִים olamim

תהלה ע"ה = אמת, אהיה פעמים אהיה, ז"פ ס"ג

כִּי qui גָּבַר gavar עָלֵינוּ aleinu וְחַסְדּוֹ jasdó ג' הויות, מוֹלא (להמשיך הארה ממוֹלא עילאה)

וֶאֱמֶת veemet אהיה פעמים אהיה, ז"פ ס"ג יְהֹוָה Adonai

לְעוֹלָם leolam ריבוע דס"ג וי' אותיות דס"ג הַלְלוּיָהּ haleluyá אלהים, אהיה אדני ; ללה:

בָּרוּךְ baruj שֶׁנָּתַן shenatán לְעַמּוֹ leamó יִשְׂרָאֵל Yisrael אֶת et

יוֹם yom ע"ה נגד, מזבח, זן, אל יהוה (En Shabat agrega: הַשַּׁבָּת haShabat הַזֶּה hazé והו

וְאֶת veet יוֹם yom ע"ה נגד, מזבח, זן, אל יהוה) וְחַג jag שָׁבוּעוֹת Shavuot

הַזֶּה hazé והו. אֶת et יוֹם yom ע"ה נגד, מזבח, זן, אל יהוה

טוֹב tov והו מִקְרָא mikrá קֹדֶשׁ kódesh הַזֶּה hazé והו.

La eminencia y la supremacía a Él, que vive eternamente.
El poder y la modestia a Él, que vive eternamente.
La redención y el esplendor a Él, que vive eternamente.
El hermosura y la rectitud a Él, que vive eternamente.
La proclamación y la santidad a Él, que vive eternamente.
El regocijo y la exaltación a Él, que vive eternamente.
La canción y la alabanza a Él, que vive eternamente.
El elogio y la magnificencia a Él, que vive eternamente.

"Porque ha engrandecido sobre nosotros su misericordia y la verdad del Señor es para siempre. ¡Aleluya!" (Salmos 117:2). *Bendito sea Él que concede a Su nación Israel este día de* (**en Shabat:** *Shabat y este día de) fiesta de Shavuot, este buen día de Santa Convocatoria.*

BARUJ SHEAMAR

Desde aquí, "*Baruj Sheamar*", hasta "*Jei Haolamim*" (pág. 335) estás en el Mundo de *Yetsirá*.

Cuando digas *Baruj Sheamar* debes estar de pie y sostener los dos *Tsitsiot* delanteros y meditar en crear igualdad entre *Asiyá* y *Yetsirá*, puesto que la purificación de *Yetsirá* se hace a través del *Talit*. Trece veces la palabra "*Baruj*" corresponde a los Trece Atributos de *Yetsirá*.

(1) אל **(*Kéter*)** בָּרוּךְ Baruj שֶׁאָמַר sheamar וְהָיָה vehayá יהה

הָעוֹלָם haolam. - בְּשָׁוֶה *Olam Asiyá* ahora es igual a *Olam Yetsirá*

(2) רוזום **(*Jojmá*)** בָּרוּךְ Baruj הוּא hu.

(3) ווזנון **(*Biná*)** בָּרוּךְ Baruj אוֹמֵר omer וְעֹשֶׂה veosé.

(4) ארך בָּרוּךְ Baruj גּוֹזֵר gozer וּמְקַיֵּם umekayem.

(5) אפים בָּרוּךְ Baruj עֹשֶׂה osé בְרֵאשִׁית vereshit.

(6) ורב וזסד בָּרוּךְ Baruj מְרַחֵם merajem אברהם, וז"פ אל, רי"ו ול"ב נתיבות הוזכמה,

רמ"וז (אברים), עסמ"ב וט"ז אותיות פשוטות עַל al הָאָרֶץ haárets אלהים דההין ע"ה

(7) ואמת בָּרוּךְ Baruj מְרַחֵם merajem אברהם, וז"פ אל, רי"ו ול"ב נתיבות הוזכמה,

רמ"וז (אברים), עסמ"ב וט"ז אותיות פשוטות עַל al הַבְּרִיּוֹת habriyot.

(8) נצר וזסד בָּרוּךְ Baruj מְשַׁלֵּם meshalem שָׂכָר sajar י"פ ב"ן

טוֹב tov והו לִירֵאָיו lireav.

(9) לאלפים בָּרוּךְ Baruj וַזַי jai לָעַד laad ב"פ ב"ן

וְקַיָּם vekayam לָנֶצַח lanétsaj.

(10) נשא עון בָּרוּךְ Baruj פּוֹדֶה podé וּמַצִּיל umatsil.

(11) ופשע בָּרוּךְ Baruj שְׁמוֹ Shemó מהש ע"ה, ע"ב בריבוע וקס"א ע"ה, אל שדי ע"ה.

BARUJ SHEAMAR

1) Bendito sea Él que habló y el mundo entero existió.

2) Bendito sea Él. 3) Bendito sea Él cuya palabra es obra.

4) Bendito sea Él cuyo decreto de cumple. 5) Bendito sea Él que instiga creaciones. 6) Bendito sea Él que es compasivo con el mundo. 7) Bendito sea Él que se apiada todas las criaturas. 8) Bendito sea Él que recompensa bien a aquellos que Le temen. 9) Bendito sea Él que vive para siempre y existe para la eternidad. 10) Bendito sea Él que redime y salva. 11) Bendito es Su Nombre.

(12) ווזטאה בָּרוּךְ Baruj אַתָּה Atá יְהֹוָה(אדני)יאהדונהי Adonai

אֱלֹהֵינוּ Eloheinu ילה מֶלֶךְ Mélej הָעוֹלָם haolam

הָאֵל haEl לאה ; ״יא״ (מילוי דס״ג) אָב av

הָרַחֲמָן harajmán הַמְהֻלָּל hamehulal בְּפֶה befé פ״ו

(מנין התיבות בברוך שאמר - בסוד ״כתם טהור פז״) עַמּוֹ amó.

מְשֻׁבָּח meshubaj וּמְפֹאָר umefoar בִּלְשׁוֹן bilshón

חֲסִידָיו jasidav וַעֲבָדָיו vaavadav. וּבְשִׁירֵי uveshirei

דָּוִד David עַבְדֶּךָ avdaj פוי, אל אדני נְהַלֶּלְךָ nehalelaj

יְהֹוָה(אדני)יאהדונהי Adonai אֱלֹהֵינוּ Eloheinu ילה בִּשְׁבָחוֹת bishvajot

וּבִזְמִירוֹת uvizmirot. וּנְגַדֶּלְךָ unegadlaj וּנְשַׁבֵּחֲךָ uneshabjaj

וּנְפָאֶרְךָ unefaaraj וְנַמְלִיכְךָ venamlijaj וְנַזְכִּיר venazquir

שִׁמְךָ Shimjá מַלְכֵּנוּ malquenu אֱלֹהֵינוּ Eloheinu ילה

יָחִיד yajid חֵי jei (לפי האריז״ל, חַי לפי הרש״ש)

הָעוֹלָמִים haolamim. מֶלֶךְ Mélej מְשֻׁבָּח meshubaj

וּמְפֹאָר umefoar עֲדֵי adei עַד ad

שְׁמוֹ Shemó מהש ע״ה, ע״ב בריבוע וקס״א ע״ה, אל שדי ע״ה

הַגָּדוֹל hagadol להח ; עם ד׳ אותיות = מבה, יזל, אום.

(13) ונקה בָּרוּךְ Baruj אַתָּה Atá יְהֹוָה(אדני)(יְהֹוָה)יאהדונהי Adonai

מֶלֶךְ Mélej מְהֻלָּל mehulal בַּתִּשְׁבָּחוֹת batishbajot:

---

12) Bendito eres Tú, Señor, nuestro Dios, el Rey del universo. El Dios, el Padre compasivo, Quien es exaltado en labios de Su Nación. Quien es alabado y glorificado por las lenguas de Sus piadosos y Sus siervos. Con las canciones de David, Tu siervo. Te loaremos, Señor, nuestro Dios, con alabanzas y canciones, nos regocijaremos y Te alabaremos, Te glorificaremos, y Te proclamaremos, Rey. Mencionaremos Tu Nombre nuestro Rey, nuestro Dios, Único y eternamente vivo; el Rey Quien es alabado y glorificado. Y por siempre es Su gran Nombre. 13) Bendito eres Tú, Señor, el Rey exaltado en alabanzas.

MIZMOR SHIR LEYOM HASHABAT

El *Zóhar* dice que los siguientes dos párrafos fueron recitados por Adam durante el primer *Shabat* en el Jardín de Edén. Los términos "Adam" y "Jardín de Edén" son códigos. Adam es el nombre que se le da al alma unificada que abarca a todas las almas de la humanidad que hayan existido o existirán en este mundo. El Jardín de Edén era una dimensión de Luz pura y energía positiva. Las letras arameas que componen este párrafo representan fuerzas energéticas específicas que nutrieron y satisficieron a esta alma unificada llamada Adam. Este párrafo es sólo una fórmula que define a estas fuerzas. Las letras también actúan como antenas que atraen estas fuerzas a nuestra vida, dándonos a probar del Jardín de Edén.

El primer párrafo conecta con la dimensión de *Maljut*, nuestro universo físico de caos y oscuridad. El segundo se refiere al nivel de *Zeir Anpín*, los Mundos Superiores de positividad absoluta y realización. El único propósito de unir estos dos mundos es eliminar todo el caos y oscuridad de nuestra existencia.

En el primer párrafo tenemos 112 palabras (יב״ק, אלהים + יהוה, אהיה + אדני + יהוה) y 16 versículos que corresponden a los nueve puntos de *Maljut* (ya que *Maljut* no tiene un punto consistente, pero Ella está incluida en cada uno de los otros nueve puntos) y las siete Voces de la Torá dada.

מִזְמוֹר mizmor שִׁיר shir לְיוֹם leyom ע״ה נגד, מזבח, זן, אל יהוה הַשַּׁבָּת haShabat

Iniciales de *LeMoshé* (למשה)

טוֹב tov והו לְהֹדוֹת lehodot ר״ת ט״ל לַיהֹוָהאדניאהדונהי laAdonai

וּלְזַמֵּר ulzamer לְשִׁמְךָ leShimjá עֶלְיוֹן elyón: לְהַגִּיד lehaguid בַּבֹּקֶר babóker

חַסְדֶּךָ jasdejá וֶאֱמוּנָתְךָ veemunatjá בַּלֵּילוֹת baleilot: עֲלֵי־ alei

עָשׂוֹר asor וַעֲלֵי־ vaalei נָבֶל navel עֲלֵי alei הִגָּיוֹן higayón בְּכִנּוֹר bejinor:

כִּי qui שִׂמַּחְתַּנִי simajtani יְהֹוָהאדניאהדונהי Adonai בְּפָעֳלֶךָ befaoleja

בְּמַעֲשֵׂי bemaasei יָדֶיךָ yadeja אֲרַנֵּן aranén: מַה־ ma מ״ה גָּדְלוּ gadlú

מַעֲשֶׂיךָ maaseja יְהֹוָהאדניאהדונהי Adonai מְאֹד meod עָמְקוּ amkú

מַחְשְׁבֹ(וֹ)תֶיךָ majshevoteja **(*Kéter* Superior)** יוזו: אִישׁ־ ish בַּעַר baar

לֹא lo יֵדָע yedá וּכְסִיל ujsil לֹא־ lo יָבִין yavín אֶת־ et זֹאת zot:

MIZMOR SHIR LEYOM HASHABAT

"Un Salmo, cántico para el día del Shabat: Es bueno dar gracias al Señor y cantar alabanzas a Tu Nombre, Oh Altísimo, declarando Tu benevolencia por la mañana y Tu fidelidad por las noches, con el arpa de diez cuerdas y con una lira, y con el dulce son de la cítara. Tú me alegras con Tus acciones, cantaré jubiloso las obras de Tus manos. Cuán grandes son Tus obras, Señor, y que profundos Tus designios. El hombre insensato no sabe y el necio no comprende esto.

בִּפְרֹחַ bifróaj רְשָׁעִים reshaim (מגיהנם) כְּמוֹ cmó עֵשֶׂב ésev (ע"ב שמות)

(Las almas de los malvados son juzgadas ahora para ver si merecen ser elevados de *Gehinom*)

וַיָּצִיצוּ vayatsitsu כָּל־ col יל"י פֹּעֲלֵי poalei אָוֶן aven

(La *klipá* que quiere ser elevada con la Santidad) לְהִשָּׁמְדָם lehishamdam

עֲדֵי־ adei עַד ad (pero no se le permite subir)׃ וְאַתָּה veAtá מָרוֹם marom

לְעֹלָם leolam ריבוע דס"ג וי' אותיות דס"ג יְהֹוָה יאהדונהי Adonai׃ כִּי qui הִנֵּה hiné

אֹיְבֶיךָ oyveja יְהֹוָה יאהדונהי Adonai כִּי־ qui הִנֵּה hiné אֹיְבֶיךָ oyveja

יֹאבֵדוּ yovedu יִתְפָּרְדוּ yitpardú כָּל־ col יל"י פֹּעֲלֵי poalei אָוֶן aven (La *klipá*)׃

וַתָּרֶם vatarem (La Santidad) כִּרְאֵים quireim קַרְנִי karní בַּלֹּתִי balotí

בְּשֶׁמֶן beshemen רַעֲנָן raanán׃ וַתַּבֵּט vatabet עֵינִי einí ריבוע מ"ה

בְּשׁוּרָי beshurai בַּקָּמִים bakamim עָלַי alai מְרֵעִים mereím

תִּשְׁמַעְנָה tishmaná אָזְנָי oznai יוד הי ואו הה׃ (Las almas de los justos que son elevadas ahora)

צַדִּיק tsadik כַּתָּמָר catamar יִפְרָח yifraj ס"ת קרח

(medita en elevar el alma de *Kóraj*) כְּאֶרֶז queérez בַּלְּבָנוֹן baLevanón יִשְׂגֶּה yisgué׃

שְׁתוּלִים shtulim בְּבֵית beveit ב"פ ראה יְהֹוָה יאהדונהי Adonai

בְּחַצְרוֹת bejatsrot אֱלֹהֵינוּ Eloheinu ילה יַפְרִיחוּ yafriju׃ עוֹד od

יְנוּבוּן yenuvún בְּשֵׂיבָה beseivá דְּשֵׁנִים deshenim וְרַעֲנַנִּים veraananim

יִהְיוּ yihyú אל (ייא"י מילוי דס"ג)׃ לְהַגִּיד lehaguid כִּי־ qui יָשָׁר yashar

יְהֹוָה יאהדונהי Adonai צוּרִי tsurí וְלֹא־ veló עַלְתָה avlatá (כתיב: עלתה) בּוֹ bo׃

Si los impíos (de Guehinom) *crecen como la hierba y los que hacen el mal proliferan, es para ser destruidos eternamente. Pero Tú, Señor, eres excelso por siempre. Pero he aquí que Tus enemigos, Señor, Tus enemigos perecerán. Todos los que cometen iniquidad* (esas son las *klipot*) *serán esparcidos. Y Tú elevarás* (la Santidad) *Mi fuerza como la de un buey y yo seré ungido con aceite fresco. Y mis ojos verán a mis enemigos y mis oídos oirán a aquellos que se levantan para hacerme daño. El hombre justo florecerá como la palmera, crecerá alto como un cedro en el Líbano. Trasplantados en la Casa del Señor, florecerán en los atrios de nuestro Dios. Aún en la vejez fructificarán, vigorosos y frescos serán, para declarar que el Señor es justo, mi roca, y no hay iniquidad en Él"* (Salmos 92).

ADONAI MALAJ

En este Salmo hay 45 palabras que corresponden al Nombre Sagrado: מ״ה (יוד הא ואו הא)

יְהֹוָהאדניאהדונהי Adonai (*Zeir Anpín*) מָלָךְ malaj גֵּאוּת gueut

(410 hilos de *Arij Anpín* – donde *Zeir Anpín* es elevado en *Shabat* y se viste de ellos)

לָבֵשׁ lavesh לָבֵשׁ lavesh יְהֹוָהאדניאהדונהי Adonai עֹז oz הִתְאַזָּר hitazar

אַף־ af ר״ת = אלהים, אהיה אדני תִּכּוֹן ticón תֵּבֵל tevel ב״פ רי״ו

בַּל־ bal תִּמּוֹט timot: נָכוֹן najón כִּסְאֲךָ quisajá מֵאָז meaz ומב

מֵעוֹלָם meolam אָתָּה Atá ר״ת = קנ״א, אלהים אדני: נָשְׂאוּ nasú נְהָרוֹת neharot

(410 hilos de *Arij Anpín*,

que atraen Luz desde el mar de *Jojmá* —מוחא סתימא דא״א— en *Shabat* hacia *Zeir Anpín*).

יְהֹוָהאדניאהדונהי Adonai נָשְׂאוּ nasú ר״ת = קין נְהָרוֹת neharot

קוֹלָם kolam יִשְׂאוּ yisú נְהָרוֹת neharot דָּכְיָם dajyam ר״ת דני:

מִקֹּלוֹת mikolot (410 hilos) מַיִם máyim רַבִּים rabim ר״ת מנצפ״ך (=סנדלפון, ער״י)

(*Ima* - לעשות בה מ״ן שהם ה״ג) אַדִּירִים adirim הרי מִשְׁבְּרֵי־ mishberei יָם yam ילי

Arij Anpín [tiene 221 *Ribó* (decenas de mil) iluminaciones],

Él está dando 150 *Ribó* (decenas de mil) iluminaciones a *Zeir Anpín*.

Iniciales de אמי (mi madre) porque *Zeir Anpín* primero sube y obtiene *Mojín* de *Ima* (Madre).

אַדִּיר adir הרי בַּמָּרוֹם bamarom יְהֹוָהאדניאהדונהי Adonai

Iniciales de אבי (mi padre) porque *Zeir Anpín* luego sube y obtiene *Mojín* de *Aba* (Padre).

ADONAI MALAJ

"El Señor reina. Revestido es de majestad. El Señor se ha revestido: se ha ceñido con Poder. El mundo está establecido firmemente para que no pueda desplomarse. Tu trono está establecido desde entonces. Tú existes desde la eternidad. Los ríos hacen resonar sus voces, Señor, los ríos hacen resonar su fragor. Pero más fuerte que las aguas impetuosas, más fuerte que el oleaje del mar, Tú eres inmenso en las Alturas, Señor.

עֵדֹתֶיךָ edoteja נֶאֶמְנוּ neemnú מְאֹד meod ר״ת = קין לְבֵיתְךָ leveitjá

ב״פ ראה נַאֲוָה־ naavá קֹדֶשׁ kódesh יְהֹוָאדהנויה Adonai לְאֹרֶךְ: leórej

יָמִים yamim נלך ; ר״ת ילי ; ס״ת = אדני ; יהוה לאורך ימים = שע׳ נהורים עם י״ג אותיות:

YEHÍ JEVOD

Hay 18 versículos en esta conexión, con 18 veces el poder de *Yud, Hei, Vav* y *Hei*. La relevancia de 18 se encuentra dentro del poder de la *Mezuzá*. Los kabbalistas enseñan que la *Mezuzá*, que contiene un pedazo de pergamino con las letras arameas *Shin, Dálet, Yud* שדי, o *Shadai* (un poderoso Nombre de Dios que nos proporciona protección de las fuerzas negativas), debe colocarse en el marco de cada puerta. La puerta o la entrada es el inicio, el nivel de semilla de una habitación. Las fuerzas negativas se adhieren a todas las entradas, infectando la semilla con negatividad. La *Mezuzá* no sólo cancela a esta fuerza negativa, sino que también transforma la energía negativa en energía positiva.

Otro secreto de *Shin, Dálet, Yud* es que es una conexión con uno de los 72 Nombres de Dios, uno que nos da la capacidad de erradicar todas las formas de negatividad: Al reemplazar las letras *Shin, Dálet* y *Yud* con la letra que le sigue a cada una de ellas en el alfabeto arameo (ej: *Shin* ש con la letra *Tav* ת, *Dálet* ד con la letra *Hei* ה, y *Yud* י con la letra *caf* כ) y ubicándolas una al lado de la otra en orden inverso, estas letras forman *Caf, Hei, Tav* כהת. Esta secuencia de tres letras tiene el poder de desactivar la energía negativa, y fue usada para destruir al malvado Hamán en Persia durante *Purim*, hace 2500 años.

Cuando dices los 18 versículos de *Yehí Jevod*, debes meditar en las 18 letras de las seis combinaciones del Nombre *Shadai* שדי que existen en las Vasijas centrales de *Zeir Anpín* de *Yetsirá*, y también meditar en las 18 veces que aparece el Nombre: יהוה en esta sección, porque esto equivale a las dos letras *Tet* ט en el Nombre del Ángel Me-ta-trón מטטרון (**no pronunciar**) que está en *Zeir Anpín* de *Yetsirá*. Debes meditar en que la *Tet* (9) corresponda a *Tikunéi Dikná* de *Zeir Anpín* de *Yetsirá* (nueve de Luz Directa y nueve de Luz Retornante).

El valor numérico del acrónimo de los 18 versículos de *Yehí Jevod* es 686. El valor numérico de las últimas letras de cada uno de los 18 versículos es 602, más 18 (*Yesod-Jai* - וח״י) suma 620. El número de palabras en *Yehí Jevod* es 138 (con el *Colel*). También debes meditar en atraer ע״ב, ס״ג, מ״ה, ב״ן con קס״א, קמ״ג, קנ״א (que suma 686 —con el *Colel*— y es igual al valor numérico de la palabra *Porat*), de "*Ben Porat Yosef*" que es *Yesod-Jai* (18) *Almín*. Creando por lo tanto el *Kéter* (620) de *Nukvá* (que es llamado: *Jakal* חק״ל, que suma 138). El *Kéter* mismo será construido más adelante por las 22 letras del *Ashrei*.

Tus testimonios son extremadamente fidedignos.
Tu Casa es el Santuario Santo. El Señor estará a lo largo de los tiempos" (Salmos 93).

(Kéter—שׁ) יְהִי yehí כְּבוֹד jevod יְהֹוָה אדני יאהדונהי Adonai (ארך)
כבוד יהוה = יוד הי ואו הה ריבוע ס"ג וי' אותיות דס"ג לְעוֹלָם leolam יִשְׂמַח yismaj משיוח;
לעולם ישמח ע"ה = ריבוע קס"א יְהֹוָה אדני יאהדונהי Adonai (אפים) בְּמַעֲשָׂיו bemaasav
יהוה במעשיו ע"ה = קס"א קנ"א קמ"ג ; הו"ש ; ר"ת הפסוק = אמן (יאהדונהי) ע"ה: (Kéter—ד) יְהִי yehí
שֵׁם Shem יְהֹוָה אדני יאהדונהי Adonai (ורב וחסד) מְבֹרָךְ mevoraj ר"ת =
ריבוע ע"ב ריבוע ס"ג ; יהוה מברך = רפ"ח (להעלות רפ"ח ניצוצות שנפלו לקליפה דמשם באים התולואים)
מֵעַתָּה meatá וְעַד vead עוֹלָם olam יי"ל:

(Jojmá—י) מִמִּזְרַח mimizraj שֶׁמֶשׁ shémesh עַד ad ר"ת קדוש
מְבוֹאוֹ mevoó מְהֻלָּל mehulal שֵׁם Shem יְהֹוָה אדני יאהדונהי Adonai (נשא עון):
(Jojmá—שׁ) רָם ram עַל al כָּל col ילי ; עמם גּוֹיִם goyim
יְהֹוָה אדני יאהדונהי Adonai (ופשע) עַל al הַשָּׁמַיִם hashamáyim י"פ טל, י"פ כוזו ;
ר"ת = וזשמל כְּבוֹדוֹ quevodó: (Biná—י) יְהֹוָה אדני יאהדונהי Adonai (ונקה) שִׁמְךָ Shimjá
לְעוֹלָם leolam ריבוע ס"ג וי' אותיות דס"ג יְהֹוָה אדני יאהדונהי Adonai (פוקד)
זִכְרְךָ zijrejá לְדֹר ledor ר"ת יזל וָדֹר vador רי"ו:
(Biná—ד) יְהֹוָה אדני יאהדונהי Adonai (על שלשים) בַּשָּׁמַיִם bashamáyim י"פ טל, י"פ כוזו
הֵכִין hejín כִּסְאוֹ quisó וּמַלְכוּתוֹ umaljutó בַּכֹּל bacol ב"ן, לכב
מָשָׁלָה mashalá מבה (= יזל, אום): (Jésed—ד) יִשְׂמְחוּ yismejú הַשָּׁמַיִם hashamáyim
י"פ טל, י"פ כוזו וְתָגֵל vetaguel אותיות גלות (כשתהיה גאולה תהא שמחה) הָאָרֶץ haárets אלהים
דההין ע"ה ; ר"ת יהוה ; ס"ת ריבוע דס"ג וְיֹאמְרוּ veyomrú בַגּוֹיִם vagoyim
יְהֹוָה אדני יאהדונהי Adonai (ועל רבעים) מָלָךְ malaj ר"ת יבמ, ב"ן:

YEHÍ JEVOD

"Que la gloria del Señor dure por siempre. Que el Señor pueda regocijarse en Sus obras" (Salmos 104:31). *"Que el Nombre del Señor sea bendecido desde ahora y por toda la eternidad. Desde que el Sol se levanta hasta que se pone, el Nombre del Señor es alabado. El Señor está sobre todas las naciones. Su gloria se eleva sobre los Cielos"* (Salmos 113:2-4). *"Señor, Tu Nombre es para siempre. Señor, Tu fama es para todas las generaciones"* (Salmos 135:13). *"El Señor estableció Su Trono en los Cielos, y Su Reino gobierna sobre todo"* (Salmos 103:19). *"¡Alégrense los Cielos, y regocíjese la Tierra! Digan las naciones: ¡El Señor ha reinado!"* (1 Crónicas 16:31).

(שׁ—*Jésed*) יְהֹוָהאדניאהדונהי Adonai (ארך) מֶלֶךְ Mélej

יְהֹוָהאדניאהדונהי Adonai (אפים) מָלָךְ malaj יְהֹוָהאדניאהדונהי Adonai (ורב וחסד) |

יִמְלֹךְ yimloj מלך מלך ימלך = סוזרך, סנדלפון, ערי לְעֹלָם leolam ריבוע ס"ג וי' אותיות דס"ג

ר"ת ייל וָעֶד vaed: (י—*Guevurá*) יְהֹוָהאדניאהדונהי Adonai (נושא עון)

מֶלֶךְ Mélej עוֹלָם olam וָעֶד vaed ר"ת = כוק, ריבוע אדני

אָבְדוּ avdú גוֹיִם goyim מֵאַרְצוֹ meartsó ס"ת = בן:

(ד—*Guevurá*) יְהֹוָהאדניאהדונהי Adonai (ופשע) הֵפִיר hefir עֲצַת־ atsat

גוֹיִם goyim הֵנִיא hení מַחְשְׁבוֹת majshevot עַמִּים amim:

(י—*Tiféret*) רַבּוֹת rabot מַחֲשָׁבוֹת majashavot בְּלֶב־ belev אִישׁ ish

וַעֲצַת vaatsat יְהֹוָהאדניאהדונהי Adonai (ונקה) הִיא hi תָקוּם takum כ"א הויות:

(שׁ—*Tiféret*) עֲצַת atsat יְהֹוָהאדניאהדונהי Adonai (פוקד)

לְעוֹלָם leolam ריבוע ס"ג וי' אותיות דס"ג תַּעֲמֹד taamod מַחְשְׁבוֹת majshevot

לִבּוֹ libó לְדֹר ledor וָדֹר vador רי"ו: (י —*Nétsaj*) כִּי qui הוּא Hu

אָמַר amar וַיֶּהִי vayehí הוּא־ Hu צִוָּה tsivá וַיַּעֲמֹד vayaamod:

(שׁ—*Nétsaj*) כִּי־ qui בָּחַר vajar יְהֹוָהאדניאהדונהי Adonai (על שלשים)

בְּצִיּוֹן beTsiyón יוסף, ו' הויות, קנאה אִוָּהּ ivá וזבו לְמוֹשָׁב lemoshav לוֹ lo:

(ד—*Hod*) כִּי־ qui יַעֲקֹב Yaakov ז' הויות, אידהנויה בָּחַר bajar לוֹ lo יָהּ Yah

יִשְׂרָאֵל Yisrael לִסְגֻלָּתוֹ lisgulató: (י—*Hod*) כִּי qui לֹא־ lo יִטֹּשׁ yitosh

יְהֹוָהאדניאהדונהי Adonai (ועל רבעים) עַמּוֹ amó וְנַחֲלָתוֹ venajalató לֹא lo

יַעֲזֹב yaazov: (ד—*Yesod*) וְהוּא veHú רַחוּם rajum יְכַפֵּר yejaper ר"ת רי"ו

"El Señor reina, el Señor ha reinado. El Señor reinará por siempre y para siempre. El Señor es Rey por siempre y para siempre. Las naciones han perecido de Su tierra" (Salmos 10:16). *"El Señor frustra el designio de las naciones y deshace los planes de los pueblos"* (Salmos 33:10). *"Muchos son los pensamientos en el corazón del hombre, pero es el designio del Señor permanecerá"* (Proverbios 19:21). *"El designio del Señor durará para siempre y los pensamientos de Su Corazón, para todas las geneaciones"* (Salmos 33:11). *"Porque Él dijo y se hizo, Él ordenó y se estableció"* (Salmos 33:9). *"Porque el Señor escogió a Sión como Su lugar de morada deseado"* (Salmos 132:13). *"Porque Dios escogió a Yaakov para Sí Mismo y a Israel como su tesoro"* (Salmos 135:4). *"Porque el Señor no Israel como su tesoro"* (Salmos 135:4). *"Porque el Señor no renunciará a Su gente ni abandonará Su herencia"* (Salmos 94:14). *"Y Él es misericordioso compasivo, perdona*

עָוֹן avón (*Aba* de la *klipá*) וְלֹא־ veló יַשְׁחִית yashjit (*Ima* de la *klipá*)

וְהִרְבָּה vehirbá לְהָשִׁיב lehashiv אַפּוֹ apó (*Zeir* de la *klipá*)

וְלֹא־ veló יָעִיר yair כָּל־ col ילי וַחֲמָתוֹ jamató (*Nukvá* de la *klipá*):

(*Yesod*–שׁ) יְהֹוָהאדהויאהדונהי Adonai הוֹשִׁיעָה hoshía יהוה וש״ע נהורין

הַמֶּלֶךְ haMélej ר״ת יהה יַעֲנֵנוּ yaanenu בְיוֹם veyom ע״ה נגד, מזבח, זן, אל יהוה

קָרְאֵנוּ karenu ר״ת יב״ק, אלהים יהוה, אהיה אדני יהוה ; ס״ת ב״ן ; ועם כף דהמלך = ע״ב:

Entonces, sin interrupción alguna, debes comenzar inmediatamente los dos versículos del *Ashrei* para formar el *Kéter* para la *Nukvá* con las 22 letras del *Ashrei* (como se mencionó antes de *Yehí Jevod*).

EL ASHREI

De las veintidós letras del alfabeto arameo, veintiuna de ellas están codificadas en el *Ashrei* en el orden correcto, de la *Álef* a la *Tav*. El Rey David, el autor, dejó a la letra aramea *Nun* fuera de esta oración, ya que la *Nun* es la primera letra de la palabra aramea *Nefilá*, que significa "caída". Caída se refiere a un descenso espiritual, caer en la *klipá*. Los sentimientos de duda, depresión, preocupación e incertidumbre son consecuencias de la caída espiritual. Debido a que las letras arameas son los verdaderos instrumentos de la Creación, esta oración ayuda a inyectar el orden y la fuerza de la Creación en nuestra vida, sin la energía de la caída.

En este Salmo está escrito diez veces el Nombre: יהוה por las Diez Sefirot. Este Salmo está escrito según el orden del *Álef Bet*, pero la letra *Nun* es omitida para evitar la caída.

אַשְׁרֵי ashrei (סוד הכתר) יוֹשְׁבֵי yoshvei בֵיתֶךָ veiteja ב״פ ראה

עוֹד od יְהַלְלוּךָ yehaleluja סֶּלָה sela: אַשְׁרֵי ashrei הָעָם haam

שֶׁכָּכָה shecaja מהש (משה), ע״ב בריבוע קס״א, אל שדי, ד״פ אלהים ע״ה לּוֹ lo

אַשְׁרֵי ashrei הָעָם haam ר״ת לאה שֶׁיְהֹוָהאדהויאהדונהי sheAdonai (*Kéter*)

אֱלֹהָיו Elohav ילה: תְּהִלָּה tehilá ע״ה אמת, אהיה פעמים אהיה, ז״פ ס״ג לְדָוִד leDavid

אֲרוֹמִמְךָ aromimjá אֱלוֹהַי Elohai הַמֶּלֶךְ haMélej וַאֲבָרְכָה vaavarjá

שִׁמְךָ Shimjá לְעוֹלָם leolam ריבוע ס״ג וי׳ אותיות דס״ג וָעֶד vaed:

---

sus iniquidades y no los destruye; muchas veces contiene su ira, y no despierta todo su furor; muchas veces contuvo su ira, y no despertó todo su furor (Salmos 78:38). *"Señor sálvanos. El Rey nos responderá en el día en el que Lo invoquemos"* (Salmos 20:10).

EL ASHREI

"Dichosos aquellos que moran en Tu casa, ellos Te alabarán, Sela" (Salmos 84:5). *"Dichosa es la nación que así es para ella y dichosa la nación de la que El Señor es su Dios"* (Salmos 145:15). *"Una alabanza de David:*

א *Yo te exaltaré a Ti, mi Dios, el Rey, y yo bendeciré Tu Nombre por siempre y por la eternidad.*

בְּכָל־ bejol ב"ן, לכב יוֹם yom ע"ה נגד, מזבח, זן, אל יהוה

אֲבָרְכֶךָּ avarjeca וַאֲהַלְלָה vaahalelá מ"ה יהוה שִׁמְךָ Shimjá

לְעוֹלָם leolam ריבוע דס"ג וי' אותיות דס"ג וָעֶד vaed:

גָּדוֹל gadol להח ; עם ד' אותיות = מבה, יזל, אום

יְהֹוָה Adonai (Jojmá) וּמְהֻלָּל umehulal אדני, ללה

מְאֹד meod וְלִגְדֻלָּתוֹ veligdulató והו אֵין ein וְחֵקֶר jéker:

דּוֹר dor לְדוֹר ledor יְשַׁבַּח yeshabaj מַעֲשֶׂיךָ maaseja ר"ת דלים

וּגְבוּרֹתֶיךָ ugvuroteja יַגִּידוּ yaguidu ייי = כ"ב אותיות פשוטות (=אכא) וה' אותיות סופיות בןךףך:

הֲדַר hadar כְּבוֹד quevod הוֹדֶךָ hodeja וְדִבְרֵי vedivrei

נִפְלְאוֹתֶיךָ nifleoteja ר"ת אלהים, אהיה אדני

אָשִׂיחָה asija ר"ת הפסוק = פ"ז (בסוד כתם טהור פז):

וֶעֱזוּז veezuz נוֹרְאֹתֶיךָ noroteja יֹאמֵרוּ yomeru וּגְדוּלָּתְךָ ugdulatjá

(כתיב: וגדלותיך) ר"ת = ע"ב, ריבוע יהוה אֲסַפְּרֶנָּה asaprena ס"ת = "יאי" (מילוי דס"ג):

זֵכֶר zéjer רַב־ rav טוּבְךָ tuvjá לאו יַבִּיעוּ yabíu

וְצִדְקָתְךָ vetsidkatjá יְרַנֵּנוּ yeranenu ס"ת = ב"ן, יבמ, לכב ; ר"ת הפסוק = רי"ו יהוה:

חַנּוּן janún וְרַחוּם verajum יְהֹוָה Adonai (Biná)

חנון ורחום יהוה = עשל אֶרֶךְ érej ס"ת = ס"ג ב"ן אַפַּיִם apáyim ר"ת = יהוה

וּגְדָל־ ugdal (כתיב: וגדול) וָחֶסֶד jásed ע"ב (יוד הי ויו הי), ריבוע יהוה (י יה יהו יהוה):

ב *Te bendeciré cada día y alabaré Tu Nombre por siempre y por la eternidad.*

ג *El Señor es grande y extremadamente alabado. Su grandeza es inescrutable.*

ד *Una generación y la próxima alabarán Tus obras y narrarán Tus proezas.*

ה *Yo hablaré de la luminosidad de Tu espléndida gloria y de la maravilla de Tus actos.*

ו *Ellos proclamarán el asombroso poder de tus actos y yo hablaré de Tu grandeza.*

ז *Ellos expresarán el recuerdo de Tu abundante bondad y proclamarán dichosos Tu justicia.*

ח *El Señor es misericordioso y compasivo, lento para la ira y grande en misericordia.*

טוֹב־ tov   והו   יְהֹוָהאדני יאהדונהי Adonai   *(Jésed)*   לַכֹּל lacol

יה   אדני   ;   ס"ת   ל"ו   (מילוי   דס"ג)   וְרַחֲמָיו verajamav   עַל־ al

כָּל col ילי ; עמם ; ר"ת ריבוע ב"ן ע"ה מַעֲשָׂיו maasav ס"ת = ע"ב (יוד הי ויו הי), ריבוע יהוה:

יוֹדוּךָ yoduja   יְהֹוָהאדני יאהדונהי Adonai   *(Guevurá)*   כָּל־ col ילי   מַעֲשֶׂיךָ maaseja

וַחֲסִידֶיךָ vajasideja ר"ת = אלהים, אהיה אדני   יְבָרְכוּכָה yevarjuja ס"ת = מ"ה:

כְּבוֹד quevod   מַלְכוּתְךָ maljutjá   יֹאמֵרוּ yomeru   וּגְבוּרָתְךָ ugvuratjá

יְדַבֵּרוּ yedaberu ר"ת הפסוק = אלהים, אהיה אדני; ס"ת = ב"ן, יבמ, לכב:

לְהוֹדִיעַ lehodía   לִבְנֵי livnei   הָאָדָם haadam   ר"ת ללה, אדני

גְּבוּרֹתָיו gvurotav   וּכְבוֹד ujvod   הֲדַר hadar

מַלְכוּתוֹ maljutó ר"ת מ"ה וס"ת רי"ו ; ר"ת הפסוק ע"ה = ק"כ צירופי אלהים:

מַלְכוּתְךָ maljutjá   מַלְכוּת maljut   כָּל־ col ילי   עֹלָמִים olamim

וּמֶמְשַׁלְתְּךָ umemshaltejá   בְּכָל־ bejol ב"ן, לכב   דּוֹר dor   וָדֹר vador רי"ו:

סוֹמֵךְ somej   ריבוע   אדני   יְהֹוָהאדני יאהדונהי Adonai   *(Tiféret)*

לְכָל־ lejol יה אדני ; סומך אדני לכל ר"ת סאל, אמן (יאהדונהי) הַנֹּפְלִים hanoflim

וְזוֹקֵף vezokef   לְכָל־ lejol   יה   אדני   הַכְּפוּפִים hacfufim   נמם:

עֵינֵי־ einei ריבוע דמ"ה   כֹל jol ילי   אֵלֶיךָ eleja   יְשַׂבֵּרוּ yesaberu   וְאַתָּה veAtá

נוֹתֵן־ notén אבגית"ץ, ושר   לָהֶם lahem   אֶת־ et   אָכְלָם ajlam   בְּעִתּוֹ beitó:

ט *El Señor es bueno para con todos, Su compasión se extiende sobre todos Sus actos.*

י *Todas tus obras Te agradecerán, Señor, y Tus fieles devotos te bendicen.*

כ *Ellos dirán de la gloria de Tu Reino y hablarán de Tus poderosos actos.*

ל *Él hace que el hombre conozca Sus proezas y la gloria de Su espléndido Reino.*

מ *Tuyo es el Reino de todos los mundos y Tu dominio se extiende a toda y cada generación.*

ס *El Señor sostiene a todos aquellos que caen y endereza a los doblegados.*

ע *Los ojos de todos ven con esperanza hacia Ti, y Tú les das su alimento al momento apropiado.*

POTÉAJ ET YADEJA

Conectamos con las letras *Pei*, *Álef* y *Yud* al abrir nuestras manos con las palmas hacia arriba. Nuestra conciencia está enfocada en recibir el sustento y la prosperidad financiera de parte de la Luz a través de nuestras acciones del diezmo y compartir; nuestro *Deseo de Recibir para Dar y Compartir*. Al hacer esto, también reconocemos que el sustento que recibimos proviene de una Fuente Superior y no de nuestras acciones. Según los sabios, si no meditamos en esta idea en este punto, debemos repetir la oración.

פתוח (שע״ה נהורין למ״ה ולס״ה)

יוד הי ויו הי יוד הי ויו הי (וז׳ וזיוורתי)
אלף למד אלף למד (ש״ע)
יוד הא ואו הא (לז״א)
אדני (ולנוקבא)

פותוז את ידך ר״ת פאי
גימ׳ יאהדונהי זו״ן
וחכמה דז״א ו״ק
יסוד דנוק׳

פּוֹתֵחַ potéaj אֶת et יָדֶךָ yadeja ר״ת פאי וס״ת חתך עם ג׳ אותיות = דִּיקָרְנוֹסָא

ובאתב״ש הוא סאל, פאי, אמן, יאהדונהי ; ועוד יכוין שם חתך בשילוב יהוה – יְוָהֲהָתְוּכָהָ

מצפץ מצפץ מוחין דפנים דאחור אלהים אלהים
להמשיך פ״ו אורות לכל מילוי דכל

אחור דפרצופי נה״י וחג״ת
דפרצוף וחג״ת דיצירה דז״א
לף מד י וד ם
אלף למד הי יוד מם

חתך
סאל יאהדונהי

ואחור דפרצופי נה״י וחג״ת
דיצירה דרחל הנקראת לאה
לף מד י וד ם
אלף למד הי יוד מם

וּמַשְׂבִּיעַ umasbía חתך עם ג׳ אותיות = דִּיקָרְנוֹסָא

ובא״ת ב״ש הוא סאל, אמן, יאהדונהי ; ועוד יכוין שם חתך בשילוב יהוה – יְוָהֲהָתְוּכָהָ

מצפץ מצפץ מוחין דפנים דאחור אלהים אלהים
להמשיך פ״ו אורות לכל מילוי דכל

אחור דפרצופי נה״י וחג״ת
דפרצוף נה״י דיצירה דז״א
לף מד י וד ם
אלף למד הי יוד מם

חתך

ואחור דפרצופי נה״י וחג״ת
דיצירה דרחל הנקראת לאה
לף מד י וד ם
אלף למד הי יוד מם

לְכָל־ lejol יה אדני (להמשיך מוחין ד־יה אל הנוקבא שהיא אדני)

חַי jai כל חי = אהיה אהיה יהוה, בינה ע״ה, חיים

רָצוֹן ratsón מהש ע״ה, ע״ב בריבוע וקס״א ע״ה, אל שדי ע״ה ; ר״ת רחל שהיא המלכות הצריכה לשפע

יוד יוד הי יוד הי ויו יוד הי ויו הי יסוד דאבא
אלף הי יוד הי יסוד דאימא
להמתיק רחל וב׳ דמעין שך פר

También debemos meditar en atraer abundancia, sustento y bendiciones a todos los mundos desde el *ratsón* mencionado anteriormente. Debemos meditar y enfocarnos en este versículo porque es la esencia de la prosperidad, y meditar en que Dios esté interviniendo, sustentando y apoyando a toda la Creación.

POTÉAJ ET YADEJA

פ *Abre Tus Manos y satisface el deseo de todo ser viviente.*

צַדִּיק tsadik יְהֹוָה Adonai (*Yesod*) בְּכָל bejol ב"ן, לכב

דְּרָכָיו drajav וְחָסִיד vejasid בְּכָל bejol ב"ן, לכב מַעֲשָׂיו maasav יבמ, ב"ן:

קָרוֹב karov יְהֹוָה Adonai (*Maljut*) לְכָל־ lejol יה אדני

קֹרְאָיו korav לְכֹל lejol יה אדני אֲשֶׁר asher

יִקְרָאֻהוּ yikraúhu בֶאֱמֶת veemet אהיה פעמים אהיה, ו"פ ס"ג:

רְצוֹן retsón מהש ע"ה, ע"ב בריבוע וקס"א ע"ה, אל שדי ע"ה יְרֵאָיו yereav יַעֲשֶׂה yaasé

ר"ת רי"י וְאֶת־ veet שַׁוְעָתָם shavatam יִשְׁמַע yishmá וְיוֹשִׁיעֵם veyoshiem:

שׁוֹמֵר shomer כ"א הויות שבתפילין יְהֹוָה Adonai (*Nétsaj*)

אֶת־ et כָּל־ col ילי אֹהֲבָיו ohavav ר"ת אכא

וְאֵת veet כָּל־ col ילי הָרְשָׁעִים harshaim יַשְׁמִיד yashmid:

תְּהִלַּת tehilat יְהֹוָה Adonai (*Hod*) יְדַבֶּר yedaber ראה פִּי pi

וִיבָרֵךְ vivarej ע"סמ"ב, הברכה (למתק את ו' המלכים שמתו) כָּל col ילי

בָּשָׂר basar שֵׁם Shem קָדְשׁוֹ kadshó לְעוֹלָם leolam ריבוע ס"ג ו' אותיות דס"ג

וָעֶד vaed: וַאֲנַחְנוּ vaanajnu נְבָרֵךְ nevarej יָהּ Yah מֵעַתָּה meatá

וְעַד־ vead עוֹלָם olam הַלְלוּיָהּ haleluyá אלהים, אהיה אדני ; ללה:

LOS CINCO SALMOS

Al principio y la final de estos cinco Salmos, encontramos la palabra *Haleluyá*, que significa "Alaben al Señor". Como la Kabbalah siempre dice, Dios no necesita nuestra alabanza. La palabra es un código; estos diez *Haleluyás* nos conectan con las Diez *Sefirot*. Nos ayudan a ascender a la cima del Mundo de Formación, *Yetsirá*.

צ *El Señor es justo en todos Sus caminos y virtuoso en todas Sus obras.*

ק *El Señor está cerca de todos los que Lo llaman, de todos aquellos que Lo llaman sinceramente.*

ר *Él cumplirá la voluntad de aquellos que Le temen; Él escucha sus clamores y los salva.*

ש *El Señor protege a todos los que Lo aman y destruye a los impíos.*

ת *Mis labios proclamarán la alabanza al Señor y toda criatura bendecirá Su Santo Nombre, por siempre y por la eternidad" (Salmos 145). "Y bendeciremos a Dios por siempre y por la eternidad. ¡Aleluya!" (Salmos 115:18).*

Diez veces *Haleluyá* es el *tikún* de las Diez *Sefirot* de *Briá* en *Yetsirá*.

EL PRIMER SALMO – MALJUT Y YESOD

Este primer Salmo contiene *Yud, Hei, Vav* y *Hei* (el Tetragramatón – יהוה), nueve veces. Este nueve está vinculado a las nueve *Sefirot* superiores, desde *Yesod* hasta *Kéter*. La energía de nuestra dimensión, el Mundo de *Maljut*, es receptora. Al igual que la Luna, *Maljut* no tiene Luz propia y atrae su Luz de las nueve dimensiones superiores mediante nuestras acciones espirituales de transformación.

(*Maljut* de *Yetsirá*) הַלְלוּיָהּ haleluyá אלהים, אהיה אדני ; ללה הַלְלִי halelí

נַפְשִׁי nafshí אֶת־ et יְהֹוָהאדניאהדונהי Adonai **(*Kéter*)**: אֲהַלְלָה ahalelá מ"ה יהוה

יְהֹוָהאדניאהדונהי Adonai **(*Jojmá*)** בְּחַיָּי bejayai אֲזַמְּרָה azamrá

לֵאלֹהַי leElohai מילוי ע"ב, דמב ; ילה בְּעוֹדִי beodí ר"ת וס"ת הפסוק = אמן (יאהדונהי):

אַל־ al תִּבְטְחוּ tivtejú בִנְדִיבִים vinedivim בְּבֶן־ bevén אָדָם adam

שֶׁאֵין sheéin לוֹ lo תְשׁוּעָה teshuá: תֵּצֵא tetsé רוּחוֹ rujó יָשֻׁב yashuv

לְאַדְמָתוֹ leadmató בַּיּוֹם bayom ע"ה נגד, מזבח, זן, אל יהוה הַהוּא hahú

אָבְדוּ avdú עֶשְׁתֹּנֹתָיו eshtonotav: אַשְׁרֵי ashrei שֶׁאֵל sheEl ייא" (מילוי דס"ג)

יַעֲקֹב Yaakov ד' הויות, אידהנויה בְּעֶזְרוֹ beezró שִׂבְרוֹ sivró

עַל al יְהֹוָהאדניאהדונהי Adonai **(*Biná*)** אֱלֹהָיו Elohav ילה: עֹשֶׂה osé

שָׁמַיִם shamáyim י"פ טל, י"פ כוזו וָאָרֶץ vaárets אֶת־ et הַיָּם hayam ילי

וְאֶת־ veet כָּל col ילי - אֲשֶׁר־ asher בָּם bam שם בן מ"ב הַשֹּׁמֵר hashomer

אֱמֶת emet אהיה פעמים אהיה, ד"פ ס"ג לְעוֹלָם leolam ריבוע ס"ג וי' אותיות דס"ג:

עֹשֶׂה osé מִשְׁפָּט mishpat ע"ה ה"פ אלהים לַעֲשׁוּקִים laashukim נֹתֵן notén

אבגיתץ, ושר לֶחֶם léjem ג' הויות לָרְעֵבִים lareevim יְהֹוָהאדניאהדונהי Adonai

(*Jésed*) מַתִּיר matir אֲסוּרִים asurim: יְהֹוָהאדניאהדונהי Adonai **(*Guevurá*)**

פֹּקֵחַ pokéaj מ"ה קמ"ג עִוְרִים ivrim יְהֹוָהאדניאהדונהי Adonai **(*Tiféret*)** זֹקֵף zokef

כְּפוּפִים cfufim יְהֹוָהאדניאהדונהי Adonai **(*Nétsaj*)** אֹהֵב ohev צַדִּיקִים tsadikim:

LOS CINCO SALMOS – EL PRIMER SALMO

"¡Aleluya! ¡Alaba al Señor, oh alma mía! Yo alabaré al Señor mientras viva. Cantaré alabanzas a mi Dios mientras yo exista. No confíen en nobles, ni en mortales que no tienen salvación. Su aliento se va y vuelven al polvo. Ese día, sus pensamientos perecen. Feliz es aquel que se apoya en el Dios de Yaakov, y pone su esperanza en el Señor, su Dios. Él que hizo el Cielo y la Tierra; el mar y todo lo que hay en ellos; que guarda su fidelidad por siempre; hace justicia a los oprimidos; da pan al hambriento. El Señor libera a los prisioneros. El Señor otorga visión los ciegos. El Señor endereza a los que están torcidos. El Señor ama a los justos.

יְהֹוָהאדניאהדונהי Adonai (*Hod*) שֹׁמֵר shomer אֶת־ et גֵּרִים guerim ר״ת = שדי

יָתוֹם yatom יוסף (ויהי יוסף יְפה תואר ויפה מראה) וְאַלְמָנָה vealmaná

יְעוֹדֵד yeoded ר״ת = יהוה וְדֶרֶךְ vedérej ב״פ יב״ק, ע״ב קס״א רְשָׁעִים reshaim

יְעַוֵּת yeavet ר״ת רי״ו: יִמְלֹךְ yimloj יוהוווהאדניליאהדונהי Adonai (*Yesod*)

לְעוֹלָם leolam ריבוע ס״ג וי׳ אותיות דס״ג אֱלֹהַיִךְ Eloháyij ילה צִיּוֹן Tsiyón

יוסף, ו׳ הויות, קנאה לְדֹר ledor וָדֹר vador רי״ו ; ר״ת אצלו (רמז שמלכות אצל ז״א

אע״פ שאין הויה כנגדה) (*Yesod de Yetsirá*) הַלְלוּיָהּ haleluyá אלהים, אהיה אדני ; ללה:

EL SEGUNDO SALMO – LAS DOS SEFIROT SIGUIENTES

El poder de este Salmo nos ayuda a equilibrar nuestros actos de juicio y misericordia hacia las demás personas.

Este Salmo contiene el Nombre: יהוה cinco veces, que corresponde a los cinco *Jasadim* (Misericordias) a través de las cuales las cinco *Guevurot* (Juicios) son endulzados. Este Salmo contiene 139 palabras (con el *colel*) que es el valor numérico de *cóaj* (fortaleza) y *Yabok* (יב״ק = יהוה + אלהים – un código para endulzar el Juicio).

הַלְלוּיָהּ haleluyá אהיה אדני ; ללה כִּי־ qui טוֹב tov והו ; כי טוב =

יהוה אהיה, אום, מבה, יזל (*Yesod*) זַמְּרָה zamrá אֱלֹהֵינוּ Eloheinu ילה (*Hod*) כִּי־ qui

נָעִים naim (*Nétsaj*) נָאוָה navá תְהִלָּה tehilá ע״ה אמת, אהיה פעמים אהיה, ז״פ ס״ג:

בּוֹנֵה boné ס״ג יְרוּשָׁלַיִם Yerushaláyim יְהֹוָהאדניאהדונהי Adonai (**Primer *Jésed***)

נִדְחֵי nidjei ע״ב (יוד הי ויו הי), ריבוע יהוה (י יה יהו יהוה) יִשְׂרָאֵל Yisrael יְכַנֵּס yejanés:

הָרֹפֵא harofé לִשְׁבוּרֵי lishvurei לֵב lev ר״ת ללה, אדני

El Señor protege a los extranjeros. Sostiene al huérfano y a la viuda y entorpece el camino de los malvados. El Señor reinará por siempre, tu Dios, oh Sión, para todas las generaciones. ¡Aleluya!" (Salmos 146).

EL SEGUNDO SALMO

"¡Aleluya! Porque es bueno cantar alabanzas a nuestro Dios. Porque es grato y agradable alabarlo. El Señor edifica Jerusalem. Reúne a los dispersos de Israel. Sana a los de corazón quebrantado.

UMEJABESH LEATSVOTAM

Según el *Zóhar*, este versículo libera la energía de inmortalidad, acelerando su llegada. Al liberar la energía de inmortalidad en nuestra atmósfera espiritual, estamos ayudando a impulsar a investigadores médicos, biólogos, genetistas y a todos los demás científicos en su búsqueda para encontrar los secretos de la longevidad, el anti envejecimiento y la regeneración de células y órganos humanos.

וּמְחַבֵּשׁ umejabesh לְעַצְּבוֹתָם leatsvotam:

מוֹנֶה moné מִסְפָּר mispar לַכּוֹכָבִים lacojavim לְכֻלָּם lejulam

שֵׁמוֹת shemot יִקְרָא yikrá: גָּדוֹל gadol להח ; עם ד' אותיות = מבה, יזל, אום

אֲדוֹנֵינוּ adoneinu וְרַב־ verav כֹּחַ cóaj ע"ב ס"ג מ"ה ב"ן, וד' כוללים

לִתְבוּנָתוֹ litvunató אֵין ein מִסְפָּר mispar: מְעוֹדֵד meoded עֲנָוִים anavim

יְהֹוָהאדניאהדונהי Adonai (Segundo *Jésed*) מַשְׁפִּיל mashpil רְשָׁעִים reshaim

עֲדֵי־ adei אָרֶץ árets: עֱנוּ enu לַיהֹוָהאדניאהדונהי laAdonai (Tercer *Jésed*)

בְּתוֹדָה betodá זַמְּרוּ zamrú לֵאלֹהֵינוּ leEloheinu ילה בְכִנּוֹר vejinor:

הַמְכַסֶּה hamejasé שָׁמַיִם shamáyim י"פ טל, י"פ כוזו בְּעָבִים beavim

הַמֵּכִין hamejín לָאָרֶץ laárets מָטָר matar ר"ת מלה הַמַּצְמִיחַ hamatsmíaj

הָרִים harim חָצִיר jatsir: נוֹתֵן notén אבג"יתץ, ושר לִבְהֵמָה livhemá ב"ן

לַחְמָהּ lajmá לִבְנֵי livnei עֹרֵב órev אֲשֶׁר asher יִקְרָאוּ yikraú:

לֹא lo בִגְבוּרַת vigvurat הַסּוּס hasús ריבוע אדני, כוק יֶחְפָּץ yejpats

לֹא־ lo בְשׁוֹקֵי veshokei הָאִישׁ haísh (*Nétsaj* y *Hod*) יִרְצֶה yirtsé:

UMEJABESH LEATSVOTAM

Y venda sus aflicciones. Cuenta el número de las estrellas. A todas les da sus nombres. Grande es Nuestro Señor e inmenso en poder. Su entendimiento es infinito. El Señor sostiene a los humildes, y echa por tierra a los malvados. Canten al Señor con alabanzas. Toquen la cítara a nuestro Dios. A Él que cubre el cielo de nubes, que provee la lluvia a la Tierra, que hace brotar hierba en las montañas, dispensa alimento a la bestia y a los pichones del cuervo que lo reclaman. Él no se complace con la fuerza del caballo, ni se complace en las piernas de un hombre.

רוֹצֶה rotsé יְהֹוָה(אדני)יאהדונהי Adonai (Cuarto *Jésed*) אֶת־ et יְרֵאָיו yereav

אֶת־ et הַמְיַחֲלִים hameyajalim ייי לְחַסְדּוֹ lejasdó ג' הויות, מוזלא

(להמשיך הארה ממוזלא עילאה): שַׁבְּחִי shabjí יְרוּשָׁלַםִ Yerushaláyim אֶת־ et

יְהֹוָה(אדני)יאהדונהי Adonai (Quinto *Jésed*) הַלְלִי halelí אֱלֹהַיִךְ Eloháyij ילה

צִיּוֹן Tsiyón יוסף, ו' הויות, קנאה: כִּי־ qui חִזַּק jizak פהל בְּרִיחֵי berijei

שְׁעָרָיִךְ shearáyij בֵּרַךְ beraj בָּנַיִךְ banáyij בְּקִרְבֵּךְ: bekirbej

הַשָּׂם־ hasam גְּבוּלֵךְ gvulej שָׁלוֹם shalom חֵלֶב jélev חִטִּים jitim

יַשְׂבִּיעֵךְ: yasbiej הַשֹּׁלֵחַ hasholéaj אִמְרָתוֹ imrató אָרֶץ árets ר"ת האא

עַד־ ad מְהֵרָה meherá יָרוּץ yaruts דְּבָרוֹ dvaró ראה:

הַנֹּתֵן hanotén אבג יתץ, ושר שֶׁלֶג shéleg אלף אלף אלף ד"ג' אהיה כַּצָּמֶר catsámer מצר

כְּפוֹר cfor כָּאֵפֶר caéfer יְפַזֵּר: yefazer מַשְׁלִיךְ mashlij קַרְחוֹ karjó

כְפִתִּים jefitim לִפְנֵי lifnei קָרָתוֹ karató מִי mi ילי יַעֲמֹד: yaamod

יִשְׁלַח yishlaj דְּבָרוֹ dvaró ראה וְיַמְסֵם veyamsem יַשֵּׁב yashev רוּחוֹ rujó

יִזְּלוּ־ yizlú מָיִם: máyim מַגִּיד maguid דְּבָרָיו dvarav ראה (כתיב:דברו)

לְיַעֲקֹב leYaakov ד' הויות, אידהנויה חֻקָּיו jukav וּמִשְׁפָּטָיו umishpatav

לְיִשְׂרָאֵל leYisrael (*Hod*): לֹא lo עָשָׂה asá כֵן jen לְכָל־ lejol יה אדני

גּוֹי goy וּמִשְׁפָּטִים umishpatim בַּל־ bal ל"ב נתיבות שבקדושה וכנגדם ב"ל בס"א (בלעם ובלק) ;

ר"ת = סמאל יְדָעוּם yedaum (*Hod*) הַלְלוּיָהּ haleluyá אלהים, אהיה אדני ; ללה:

El Señor se complace en los que Le temen, en los que esperan Su misericordia. Glorifica al Señor, Oh Jerusalem. Alaba a tu Dios, Oh Sión, porque Él ha fortalecido las barras de tus portones, ha bendecido a tus hijos dentro de ti, ha impuesto paz en las fronteras, te da en abundancia con lo mejor del trigo, envía su mensaje sobre la Tierra, Su palabra corre con rapidez, hace caer la nieve como lana y esparce la escarcha como ceniza. Él arroja granizo como migajas. ¿Quién puede soportar Su frío? Él emite Su palabra y éste se derrite. Hace que sople su viento y fluyen las aguas. Revela Su palabra a Yaakov y Sus leyes y justicias a Israel. No ha obrado así con ningún otro pueblo, ni le dio a conocer sus mandamientos ¡Aleluya!" (Salmos 147).

EL TERCER SALMO (HALEL DIARIO) – TIFÉRET Y GUEVURÁ

En este Salmo, damos gracias al Creador, pero lo que en realidad estamos haciendo es reconocer que no somos merecedores de nada, que los regalos en nuestra vida superan con creces a nuestros esfuerzos. Esto no proviene de tener un sentimiento de baja autoestima, sino más bien de un sentido combinado de humildad y apreciación por todo lo que recibimos en la vida.

Debes ser muy cuidadoso con ese Salmo y decirlo lentamente con una meditación profunda y genuina, porque aquí los sabios dicen: "Mi porción estará con aquellos que reciten el *Halel* diariamente". Hay 14 versículos para la palabra *yad* (mano) cuyo valor numérico es 14, esto nos conecta con la *Yad Ramá* (Columna Central) y *Yad Jazaká* (Columna Izquierda).

(***Tiféret* de *Yetsirá***) הַלְלוּיָהּ haleluyá אהיה אדני ; ללה הַלְלוּ halelú (***Asiyá***)

אֶת־ et יְהֹוָה (יאהדונהי) Adonai ; ר"ת אהיה מִן־ min הַשָּׁמַיִם hashamáyim

י"פ טל, י"פ כוזו ; ר"ת מ"ה הַלְלוּהוּ haleluhu (***Yetsirá***) בַּמְּרוֹמִים bameromim:

הַלְלוּהוּ haleluhu (***Briá***) כָל jol ילי מַלְאָכָיו malajav הַלְלוּהוּ haleluhu

(***Atsilut***) כָּל col ילי צְבָאָו tsevaav ר"ת הפסוק = ע"ב ס"ג מ"ה ; ס"ת הפסוק = אהיה ס"ג:

הַלְלוּהוּ haleluhu שֶׁמֶשׁ shémesh וְיָרֵחַ veyaréaj הַלְלוּהוּ haleluhu כָּל col ילי

כּוֹכְבֵי cojvei אוֹר or רז, אין סוף: הַלְלוּהוּ haleluhu שְׁמֵי shmei

הַשָּׁמָיִם hashamáyim י"פ טל, י"פ כוזו וְהַמַּיִם vehamáyim אֲשֶׁר asher מֵעַל meal

עלם הַשָּׁמָיִם hashamáyim י"פ טל, י"פ כוזו ; ר"ת מ"ה: יְהַלְלוּ yehalelú אֶת־ et

שֵׁם Shem יְהֹוָה (יאהדונהי) Adonai כִּי qui הוּא Hu צִוָּה tsivá וְנִבְרָאוּ venivraú:

וַיַּעֲמִידֵם vayaamidem לָעַד laad ב"פ ב"ן לְעוֹלָם leolam ריבוע ס"ג וי' אותיות דס"ג

חָק־ jak נָתַן natán וְלֹא veló ס"ת קנ"א (= אלף הה יוד הה = מקוה), אדני אלהים

יַעֲבוֹר yaavor רפ"ח (להעלות רפ"ח ניצוצות שנפלו לקליפה דמשם באים התחלואים):

EL TERCER SALMO

"¡Aleluya! Alaben al Señor desde los Cielos. Alábenle en las Alturas. Alábenle todos Sus ángeles. Alábenle todos Sus ejércitos. Alábenle el Sol y la Luna. Alábenle todas las luminarias. Alábenle los Cielos Superiores, y las aguas que están sobre los Cielos. Alaben el Nombre del Señor, porque Él lo ordenó y fueron creados. Él los estableció por siempre y para siempre. Él impuso una ley que no será trasgredida.

הַלְלוּ halelú אֶת־ et יְהֹוָהאדניאהדונהי Adonai מִן min הָאָרֶץ haárets אלהים דההין ע"ה
תַּנִּינִים taninim וְכָל־ vejol ילי תְּהֹמוֹת: tehomot אֵשׁ esh וּבָרָד uvarad
שֶׁלֶג shéleg אלף אלף אלף ד"ג אהיה וְקִיטוֹר vekitor רוּחַ rúaj סְעָרָה seará
עֹשָׂה osá דְבָרוֹ dvaró ראה: הֶהָרִים heharim וְכָל־ vejol ילי גְּבָעוֹת gvaot
עֵץ ets פְּרִי prí וְכָל vejol ילי אֲרָזִים: arazim הַחַיָּה hajayá וְכָל־ vejol ילי
בְּהֵמָה behemá ב"ן רֶמֶשׂ remes וְצִפּוֹר vetsipor כָּנָף canaf ע"ה קנ"א, אדני אלהים
מַלְכֵי maljei אֶרֶץ érets וְכָל־ vejol ילי לְאֻמִּים leumim שָׂרִים sarim
וְכָל־ vejol ילי שֹׁפְטֵי shoftei אָרֶץ: árets בַּחוּרִים bajurim וְגַם־ vegam
בְּתוּלוֹת betulot זְקֵנִים zkenim עִם־ im נְעָרִים: nearim יְהַלְלוּ yehalelú
אֶת־ et שֵׁם Shem יְהֹוָהאדניאהדונהי Adonai כִּי־ qui נִשְׂגָּב nisgav
שְׁמוֹ Shmó מהש ע"ה, ע"ב בריבוע וקס"א ע"ה, אל שדי ע"ה לְבַדּוֹ levadó שם בן מ"ב
הוֹדוֹ hodó אהיה עַל־ al אֶרֶץ érets וְשָׁמָיִם veshamáyim י"פ טל, י"פ כוזו:
וַיָּרֶם vayarem קֶרֶן keren לְעַמּוֹ leamó תְּהִלָּה tehilá ע"ה אמת, אהיה פעמים אהיה, ז"פ ס"ג
לְכָל lejol יה אדני וַחֲסִידָיו jasidav לִבְנֵי livnei יִשְׂרָאֵל Yisrael
עַם־ am קְרֹבוֹ krovó (*Guevurá de Yetsirá*) הַלְלוּיָהּ haleluyá אהיה אדני ; ללה:

EL CUARTO SALMO (SHIRU) – JÉSED

Este Salmo está compuesto de nueve versículos que se refieren a nueve "cielos" que separan a los Mundos Superiores del Mundo Inferior. Esta idea de separación es una referencia directa al concepto del tiempo y su relación con la ley de causa y efecto. Mediante estos versículos, manipulamos el tiempo y acortamos la distancia entre causa y efecto.

Para permitir que expresemos nuestra característica exclusivamente humana del libre albedrío, el tiempo es insertado en el proceso de causa y efecto. Este espacio le da a Satán, nuestro ego, y a nuestros pensamientos egoístas limitantes la oportunidad de desafiarnos. Satán nos hace creer que nos salimos con la nuestra al hacer acciones negativas. Él nos hace creer que la vida es injusta y que el buen comportamiento no es recompensado. Cambiarnos a nosotros mismos y a nuestro sistema de creencias se hace más difícil. Ahora que estamos acercándonos al fin de los tiempos —la Corrección Final— podemos acortar la separación entre Causa y Efecto y cosechar las recompensas de nuestro comportamiento positivo mucho más rápidamente. De la misma manera, nuestras acciones negativas producirán retaliaciones más rápidas. El resultado en ambas situaciones es un cambio acelerado de nuestra parte.

Alaben al Señor desde la Tierra, los grandes peces marinos y todas las profundidades. El fuego y el granizo, la nieve y el vapor, el viento tormentoso cumple Su palabra. Las montañas y todas las colinas, los árboles frutales y todos los cedros, las bestias y todo el ganado, los reptiles y las aves, los reyes de la Tierra y todos los pueblos, príncipes y todos los jueces de la Tierra; jóvenes y doncellas, ancianos y niños, alaben todos el Nombre del Señor, porque sólo Su Nombre es digno de ser ensalzado. Su gloria está por encima de la Tierra y del Cielo. Y Él exalta las palabras de Su pueblo, una alabanza para todos Sus fieles, para los Hijos de Israel, pueblo cercano a Él. ¡Aleluya!" (Salmos 148).

Hay 61 palabras en este Salmo, como el valor numérico de los Nombres: *Álef Guímel Lámed Álef* (אגלא=35), que también es igual a *Álef Lámed Dálet* אלד más יהוה (26), para darnos protección contra el Mal de Ojo.

(*Jésed de Yetsirá*) הַלְלוּיָהּ haleluyá אהיה אדני ; ללה שִׁירוּ shiru

לַיהוָה laAdonai שִׁיר shir חָדָשׁ jadash י"ב הויות, קס"א קנ"א

תְּהִלָּתוֹ tehilató בִּקְהַל bikhal חֲסִידִים jasidim: יִשְׂמַח yismaj משיח

יִשְׂרָאֵל Yisrael בְּעֹשָׂיו beosav בְּנֵי־ bnei צִיּוֹן Tsiyón יוסף, ו' הויות, קנאה

יָגִילוּ yaguilu בְמַלְכָּם vemalcam: יְהַלְלוּ yehalelú שְׁמוֹ Shmó מהש ע"ה,

ע"ב בריבוע וקס"א ע"ה, אל שדי ע"ה בְמָחוֹל vemajol בְּתֹף betof וְכִנּוֹר vejinor

יְזַמְּרוּ־ yezamrú לוֹ lo: כִּי qui רוֹצֶה rotsé יְהוָה Adonai

בְּעַמּוֹ beamó ר"ת = עסמ"ב, הברכה (למתק את ז' המלכים שמתו) ; ס"ת יהוה

יְפָאֵר yefaer עֲנָוִים anavim בִּישׁוּעָה bishuá פוי, אל אדני ; ר"ת הפסוק = שדי:

יַעְלְזוּ yalzú ג"פ אם (אותיות דפשוט, דמילוי ודמילוי דמילוי דג"פ אהיה) חֲסִידִים jasidim

בְּכָבוֹד bejavod בוכו, ובאתב"ש הוא שם שלשפ"ק הממתק את ג' אם דלעיל (והוא עולה למנין

עסמ"ב קס"א קנ"א קמ"ג וג"פ אם הנ"ל) יְרַנְּנוּ yeranenú עַל־ al מִשְׁכְּבוֹתָם mishquevotam:

רוֹמְמוֹת romemot אֵל El ייא"י (מילוי דס"ג) בִּגְרוֹנָם bigronam

ר"ת = קנ"א ב"ן, יהוה אלהים יהוה אדני, מילוי קס"א וס"ג, מ"ה ברבוע ע"ב ע"ה

וְחֶרֶב vejérev רי"ו פִּיפִיּוֹת pifiyot בְּיָדָם beyadam: לַעֲשׂוֹת laasot

נְקָמָה nekamá מנק בַּגּוֹיִם bagoyim תּוֹכֵחוֹת tojejot בַּלְאֻמִּים baleumim:

לֶאְסֹר lesor מַלְכֵיהֶם maljeihem בְּזִקִּים bezikim וְנִכְבְּדֵיהֶם venijbedeihem

בְּכַבְלֵי bejavlei בַרְזֶל varzel ר"ת בלהה, רחל, זלפה, לאה : לַעֲשׂוֹת laasot

בָּהֶם bahem מִשְׁפָּט mishpat ע"ה ה"פ אלהים כָּתוּב catuv הָדָר hadar הוּא hu

לְכָל־ lejol יה אדני חֲסִידָיו jasidav הַלְלוּיָהּ haleluyá אלהים, אהיה אדני ; ללה:

EL CUARTO SALMO

"¡Aleluya! Canten al Señor un nuevo cántico y resuene Su alabanza en la congregación de los fieles. Regocíjese Israel en su Creador. Alégrense los Hijos de Sión en su Rey. Alaben Su Nombre con danzas. Cántenle alabanzas con tamboril y cítara. Porque el Señor se complace en Su pueblo. Corona con triunfo a los humildes. Regocíjense los fieles en Su gloria y canten con alegría en sus lechos. Estén las alabanzas de Dios en su boca y una espada de dos filos en su mano para ejecutar venganza sobre las naciones y castigar a los pueblos y atar a sus reyes con cadenas y a sus nobles con grillos de hierro y aplicar a ellos la sentencia dictada. Él es la gloria de todos Sus fieles, ¡Aleluya!" (Salmos 149).

EL QUINTO SALMO (HALELÚ EL) – LAS TRES SEFIROT SUPERIORES

Los seis versículos que se encuentran aquí nos conectan con Me-ta-trón (**no pronunciar**), el ángel más elevado de todos. El nombre arameo para Me-ta-trón contiene seis letras: *Mem, Tet, Tet, Resh, Vav* y *Nun* final. Cada versículo en esta conexión ayuda a formar el nombre. Debido a que Me-ta-trón controla a todos los ángeles en el mundo espiritual, él puede ayudarnos a tener el control sobre nuestro mundo físico y a asistirnos en el logro de nuestro trabajo espiritual.

Este Salmo tiene seis versículos por las seis letras del Ángel מטטרו"ן (**no pronunciar**) de *Yetsirá* para elevar a *Asiyá* en él. El Ángel סנדלפו"ן (**no pronunciar**) tiene siete letras y, por este motivo, repetimos el sexto versículo para completar el séptimo. También decimos este Salmo para conectar con las tres *Sefirot* Superiores de *Yetsirá*. Esto incluye a todas las Diez *Sefirot* de *Yetsirá* con el secreto de los Diez *Haleluyás*.

אל ("יא" מילוי ד"ס ג) אותיות בפסוק הַלְלוּיָהּ haleluyá (**Kéter**) אהיה אדני ; ללה

הַלְלוּ־ halelú אֵל el "יא" (מילוי ד"ס ג) בְּקָדְשׁוֹ bekadshó

הַלְלוּהוּ haleluhu (*Jojmá*) בִּרְקִיעַ birkía עֻזּוֹ uzó ס"ת = ע"ב בן:

הַלְלוּהוּ haleluhu (**Biná**) בִגְבוּרֹתָיו vigvurotav הַלְלוּהוּ haleluhu (*Jésed*)

כְּרֹב querov גֻּדְלוֹ gudló: הַלְלוּהוּ haleluhu (**Guevurá**) בְּתֵקַע beteka

שׁוֹפָר shofar הַלְלוּהוּ haleluhu (**Tiféret**) בְּנֵבֶל benével וְכִנּוֹר vejinor:

הַלְלוּהוּ haleluhu (**Nétsaj**) בְתֹף betof וּמָחוֹל umajol הַלְלוּהוּ haleluhu (**Hod**)

בְּמִנִּים beminim וְעֻגָב veugav: הַלְלוּהוּ haleluhu (**Yesod**) בְצִלְצְלֵי־ vetsiltselei

שָׁמַע shamá הַלְלוּהוּ haleluhu (**Maljut**) בְּצִלְצְלֵי betsiltselei תְרוּעָה truá:

כֹּל col יכי הַנְּשָׁמָה haneshamá תְּהַלֵּל tehalel ר"ת כהת, משיח בן דוד ע"ה

יָהּ Yah הַלְלוּיָהּ haleluyá אהיה אדני ; ללה:

כֹּל col יכי הַנְּשָׁמָה haneshamá תְּהַלֵּל tehalel ר"ת כהת, משיח בן דוד ע"ה

יָהּ Yah הַלְלוּיָהּ haleluyá אהיה אדני ; ללה:

EL QUINTO SALMO

"¡Aleluya! Alaben a Dios en Su Santuario. Alábenle en Su poderoso firmamento; alábenle por Sus grandes proezas; alábenle conforme a Su grandeza; alábenle con el toque del Shofar; alábenle con el arpa y la cítara; alábenle tamboriles y danzas; alábenle con laudes y flautas; alábenle con resonantes platillos; alábenle con platillos reverberantes. ¡Alaben al Señor todas las almas! ¡Aleluya! ¡Alaben al Señor todas las almas! ¡Aleluya!" (Salmos 150).

BARUJ

Cada uno de esos cuatro versículos es un conducto para las cuatro letras en *Yud, Hei, Vav* y *Hei* (יהוה), que nos ayudan a saltar a la parte superior del Mundo de Formación, *Atsilut* de *Yetsirá.*

י

בָּרוּךְ Baruj יְהֹוָהאדניאהדונהי Adonai לְעוֹלָם leolam ריבוע דס״ג וי׳ אותיות דס״ג
אָמֵן Amén יאהדונהי וְאָמֵן veAmén יאהדונהי ; ר״ת לאו:

ה

בָּרוּךְ Baruj יְהֹוָהאדניאהדונהי Adonai מִצִּיּוֹן miTsiyón יוסף, ו׳ הויות, קנאה
שֹׁכֵן shojén יְרוּשָׁלָיִם Yerushaláyim הַלְלוּיָהּ haleluyá אלהים, אהיה אדני ; ללה:

ו

בָּרוּךְ Baruj יְהֹוָהאדניאהדונהי Adonai אֱלֹהִים Elohim אהיה אדני ; ילה
אֱלֹהֵי Elohei מילוי ע״ב, דמב ; ילה יִשְׂרָאֵל Yisrael
עֹשֵׂה osé נִפְלָאוֹת niflaot לְבַדּוֹ levadó שם בן מ״ב:

ה

וּבָרוּךְ uvaruj שֵׁם shem כְּבוֹדוֹ quevodó לְעוֹלָם leolam ריבוע דס״ג וי׳ אותיות דס״ג
וְיִמָּלֵא veyimalé כְבוֹדוֹ jevodó אֶת־ et כָּל־ col ילי
הָאָרֶץ haárets אלהים דההין ע״ה אָמֵן Amén יאהדונהי וְאָמֵן veAmén יאהדונהי:

BARUJ

"Bendito es el Señor por siempre, Amén y Amén" (Salmos 89:53).
"Bendito es el Señor desde Sión, Quien habita en Jerusalem. ¡Aleluya!" (Salmos 135:21).
"Bendito es el Señor, nuestro Dios, el Dios de Israel, el único que realiza maravillas. Y bendito es Su Nombre glorioso, para siempre. Que Su gloria llene todo el mundo, Amén y Amén" (Salmos 72:18-19).

VAYEVAREJ DAVID – EL PUNTO MÁS ELEVADO DEL MUNDO DE FORMACIÓN (YETSIRÁ)

Los kabbalistas nos enseñan que hay dos prerrequisitos para activar el poder de una oración:

1) Entender el significado interno de la oración, y
2) Tener certeza de que la oración producirá la Luz y energía que está destinada a generar.

La siguiente oración nos imbuye con el poder de la certeza. *Vadái* ודאי (certeza) es creada por la primera letra de cada una de las primeras cuatro palabras en esta oración. Cualquiera que recite esta oración despierta una sensación intensa de certeza en su vida. Si no tenemos la certeza de que esta oración funcionará, entonces no lo hará. El trabajo de Satán es llenarnos de incertidumbre cada vez que puede, incluso mientras leemos estas palabras. Esta oración combate nuestras dudas e incertidumbres, y nos llena de convicción y certidumbre.

Tikún de *Atsilut* de *Yetsirá*
Hasta el Cántico del Mar tenemos diez veces el Nombre: יהוה, cinco por *Jasadim* y cinco por *Guevurot*.

Ponte de pie mientras recitas "*Vayevarej David*".

וַיְבָרֶךְ vayevarej עסמ״ב, הברכה (למתק את ז׳ המלכים שמתו) דָּוִיד David

אֶת־ et יְהֹוָהאדניאהדונהי Adonai **(Primer *Jésed*)** ; ר״ת ודאי (=אהיה) (בשם זה עלה משה למרום

והוא מגן ממלאכי חבלה) לְעֵינֵי leeinei ריבוע מ״ה כָּל col ילי הַקָּהָל hakahal

וַיֹּאמֶר vayómer דָּוִיד David ר״ת = אדני בָּרוּךְ Baruj אַתָּה Atá

יְהֹוָהאדניאהדונהי Adonai **(Segundo *Jésed*)** אֱלֹהֵי Elohei מילוי ע״ב, דמב ; ילה

יִשְׂרָאֵל Yisrael יהוה אלהי ישראל = תרי״ג (מצוות) אָבִינוּ avinu מֵעוֹלָם meolam

וְעַד־ vead עוֹלָם׃ olam לְךָ lejá יְהֹוָהאדניאהדונהי Adonai **(Tercer *Jésed*)**

הַגְּדֻלָּה hagdulá וְהַגְּבוּרָה vehaGvurá רי״ו וְהַתִּפְאֶרֶת vehaTiféret

וְהַנֵּצַח vehaNétsaj וְהַהוֹד vehaHod ההה כִּי־ qui כֹל jol ילי

בַּשָּׁמַיִם bashamáyim י״פ טל, י״פ כוזו וּבָאָרֶץ uvaárets לְךָ lejá

יְהֹוָהאדניאהדונהי Adonai **(Cuarto *Jésed*)** הַמַּמְלָכָה hamamlajá

וְהַמִּתְנַשֵּׂא vehamitnasé לְכֹל lejol אדני יה לְרֹאשׁ lerosh ריבוע אלהים דיודין

ע״ה׃ וְהָעֹשֶׁר vehaósher וְהַכָּבוֹד vehacavod לאו מִלְּפָנֶיךָ milfaneja ס״ג מ״ה ב״ן

VAYEVAREJ DAVID

"Entonces David bendijo al Señor ante los ojos de toda la congregación. David dijo: Bendito eres Tú, Señor, el Dios de Israel, nuestro Padre, por siempre y para la eternidad. Tuyas, Señor, son la magnificencia, el poder, la gloria, la victoria y el esplendor. Porque Tuyo es todo lo que está en el Cielo y en la Tierra. Tuyo, Señor, es el reinado; Tú eres excelso por sobre los líderes. Las riquezas y los honores Te preceden;

וְאַתָּה veAtá מוֹשֵׁל moshel בַּכֹּל bacol ב"ן, לכב ; ר"ת ומב

וּבְיָדְךָ uveyadjá כֹּחַ cóaj וּגְבוּרָה ugvurá רי"ו ; ר"ת בוכו (אהיה)

וּבְיָדְךָ uveyadjá לְגַדֵּל legadel וּלְחַזֵּק ulejazek פהל לַכֹּל lacol יה אדני:

וְעַתָּה veAtá אֱלֹהֵינוּ Eloheinu ילה מוֹדִים modim כנגד מאה ברכות שתיקן דוד

לאמרם כל יום אֲנַחְנוּ anajnu לָךְ laj וּמְהַלְלִים umehalelim לְשֵׁם leShem

תִּפְאַרְתֶּךָ: tifarteja וִיבָרְכוּ vivarjú יהוה ריבוע יהוה ריבוע מ"ה שֵׁם Shem

כְּבוֹדֶךָ quevodeja ב"ן, לכב וּמְרוֹמָם umeromam עַל־ al כָּל־ col ילי ; עמם

בְּרָכָה brajá וּתְהִלָּה utehilá ע"ה אמות, אהיה פעמים אהיה, ז"פ ס"ג :

אַתָּה־ Atá הוּא Hu יְהֹוָהאדניאהדונהי Adonai **(Quinto *Jésed*)** לְבַדֶּךָ levadeja

אַתָּה Atá עָשִׂיתָ asita אֶת־ et הַשָּׁמַיִם hashamáyim י"פ טל, י"פ כוזו שְׁמֵי shmei

הַשָּׁמַיִם hashamáyim י"פ טל, י"פ כוזו וְכָל־ vejol ילי צְבָאָם tsevaam

הָאָרֶץ haárets אלהים דההין ע"ה וְכָל־ vejol ילי אֲשֶׁר asher עָלֶיהָ aleha פהל

הַיַּמִּים hayamim נלך וְכָל־ vejol ילי אֲשֶׁר asher בָּהֶם bahem

וְאַתָּה veAtá מְחַיֶּה mejayé ס"ג אֶת־ et כֻּלָּם culam וּצְבָא utsvá

הַשָּׁמַיִם hashamáyim י"פ טל, י"פ כוזו לְךָ lejá מִשְׁתַּחֲוִים mishtajavim ר"ת מלה:

אַתָּה־ Atá הוּא Hu יְהֹוָהאדניאהדונהי Adonai **(Primera *Guevurá*)** הָאֱלֹהִים haElohim

אהיה אדני ; ילה ; ר"ת אהיה (Permanece de pie hasta aquí) אֲשֶׁר asher בָּחַרְתָּ bajarta

בְּאַבְרָם beAvram וְהוֹצֵאתוֹ vehotsetó מֵאוּר meUr כַּשְׂדִּים Casdim

וְשַׂמְתָּ vesamta שְׁמוֹ shmó מהש ע"ה, ע"ב בריבוע וקס"א ע"ה, אל שדי ע"ה

אַבְרָהָם Avraham וז"פ אל, רי"ו ול"ב נתיבות החכמה, רמ"ח (אברים), עסמ"ב וט"ז אותיות פשוטות:

Tú gobiernas sobre todo. En Tu Mano están el poder y la fuerza. Y está en Tu Mano hacer grande y dar fuerza a todos. Ahora, nuestro Dios, Te estamos agradecidos y alabamos en Nombre de Tus esplendores" (1 Crónicas 29:10-13). "Y ellos bendecirán el Nombre de Tu gloria, que es exaltada sobre todas las bendiciones y alabanzas. Eres sólo Tú, Quien es el Señor. Tú hiciste los Cielos y los Cielos Superiores y todos sus ejércitos, la Tierra y todo lo que está sobre ella, los mares y todo lo que contienen, y Tú sostienes la vida en todos ellos. Y los ejércitos de los Cielos se postran ante Ti. Eres Tú, Señor, el Dios, Quien escogió a Avram y lo sacó de Ur de los Caldeos y le pusiste por nombre Avraham.

וּמָצָאתָ umatsata אֶת־ et לְבָבוֹ levavó נֶאֱמָן neemán לְפָנֶיךָ lefaneja

ס״ג מ״ה ב״ן וְכָרוֹת vejarot עִמּוֹ imó הַבְּרִית habrit לָתֵת latet אֶת־ et

אֶרֶץ érets הַכְּנַעֲנִי hacnaaní הַחִתִּי hajití הָאֱמֹרִי haemorí

וְהַפְּרִזִּי vehaprizí וְהַיְבוּסִי vehayevusí וְהַגִּרְגָּשִׁי vehaguirgashí לָתֵת latet

לְזַרְעוֹ lezaró וַתָּקֶם vatakem אֶת־ et דְּבָרֶיךָ dvareja ראה כִּי qui

צַדִּיק tsadik אָתָּה: Atá וַתֵּרֶא vateré אֶת־ et עֳנִי oni ריבוע מ״ה

אֲבֹתֵינוּ avoteinu בְּמִצְרָיִם beMitsráyim מצר וְאֶת־ veet זַעֲקָתָם zaakatam

שָׁמַעְתָּ shamata עַל־ al יַם־ yam ילי סוּף: Suf וַתִּתֵּן vatitén ב״פ כהת

אֹתֹת otot וּמֹפְתִים umoftim בְּפַרְעֹה beFaró וּבְכָל־ uvejol ב״ן, לכב

עֲבָדָיו avadav וּבְכָל־ uvejol ב״ן, לכב עַם am אַרְצוֹ artsó כִּי qui יָדַעְתָּ yadata

כִּי qui הֵזִידוּ hezidu עֲלֵיהֶם aleihem וַתַּעַשׂ־ vataas לְךָ lejá שֵׁם shem

כְּהַיּוֹם quehayom ע״ה נגד, מזבח, זן, אל יהוה הַזֶּה hazé והו: וְהַיָּם vehayam ילי

בָּקַעְתָּ bakata לִפְנֵיהֶם lifneihem וַיַּעַבְרוּ vayaavrú בְתוֹךְ־ vetoj

הַיָּם hayam ילי בַּיַּבָּשָׁה bayabashá וְאֶת־ veet רֹדְפֵיהֶם rodfeihem

הִשְׁלַכְתָּ hishlajta בִמְצוֹלֹת vimtsolot ר״ת רהב (שרו של מצרים) כְמוֹ־ quemó

אֶבֶן even ר״ת = אהיה בְּמַיִם bemáyim עַזִּים azim ר״ת ע״ב, ריבוע יהוה:

Hallaste que su corazón Te era fiel e hiciste un Pacto con él para darle la tierra de los cananeos, los heteos, los amorreos, los ferezeos, los jebuseos y los gergeseos, cuyas tierras las diste a su descendencia, cumpliendo Tu palabra, porque Tú eres justo. Y viste la aflicción de nuestros padres en Egipto y escuchaste su llanto junto al Mar Rojo. Y realizaste señales y maravillas contra el Faraón y todos sus siervos, porque sabías que obraban con soberbia contra nuestros padres y así Te creaste fama hasta el día de hoy. Y partiste el mar delante de ellos, de modo que pasaron por el medio del mar en tierra seca, pero sus perseguidores fueron arrojados por Ti a las profundidades, como una piedra en aguas turbulentas" (Nehemías 9:5-11).

VAYOSHA

Cuando se recita con gran alegría, *Vayosha* tiene el poder de eliminar la negatividad y hacer nuestro proceso de *tikún* mucho más fácil. El proceso de *tikún* se refiere a las correcciones personales que cada individuo vino a hacer en este mundo. Las correcciones que debemos hacer están basadas en nuestros comportamientos negativos y reactivos de esta vida y de vidas anteriores. El *tikún* puede incluir aspectos económicos, de relaciones y de salud, entre otros. Podemos identificar nuestro *tikún* en todas las áreas de nuestra vida al observar dónde estamos experimentando más dificultades.

וַיּוֹשַׁע vayosha יְהֹוָה אדני יאהדונהי Adonai **(Segunda *Guevurá*)** בַּיּוֹם bayom

ע״ה נגד, מזבח, זן, אל יהוה ; ר״ת = וז״ו הַהוּא hahú אֶת־ et יִשְׂרָאֵל Yisrael

מִיַּד miyad מִצְרָיִם Mitsráyim מצר ; ר״ת = אמן (יאהדונהי) וַיַּרְא vayar

יִשְׂרָאֵל Yisrael אֶת־ et מִצְרַיִם Mitsráyim מצר מֵת met עַל־ al

שְׂפַת sfat הַיָּם hayam ילי : וַיַּרְא vayar יִשְׂרָאֵל Yisrael אֶת־ et

הַיָּד hayad והו הַגְּדֹלָה hagdolá ר״ת אהיה אֲשֶׁר asher עָשָׂה asá

יְהֹוָה אדני יאהדונהי Adonai **(Tercera *Guevurá*)** בְּמִצְרַיִם beMitsráyim מצר

וַיִּירְאוּ vayirú הָעָם haam אֶת־ et יְהֹוָה אדני יאהדונהי Adonai **(Cuarta *Guevurá*)**

וַיַּאֲמִינוּ vayaaminu בַּיהֹוָה אדני יאהדונהי baAdonai **(Quinta *Guevurá*)** ; ר״ת איב

וּבְמֹשֶׁה uveMoshé מהש, ע״ב בריבוע וקס״א, אל שדי, ד״פ אלהים ע״ה עַבְדּוֹ avdó :

LOS 72 NOMBRES DE DIOS

Esta tabla presenta los 72 Nombres de Dios. Moshé usó estas secuencias y fórmulas para conectar con las verdaderas leyes de la naturaleza —milagros y maravillas— y eliminar todos los obstáculos que evitan que la humanidad se conecte con éstas. Es así como el Mar Rojo fue dividido (Éxodo 14:19-21). La partición del Mar Rojo es una expresión de la conexión con la Realidad del 99%, donde los milagros son la norma. Simplemente con escanear esta configuración de letras, conectamos con nuestra verdadera naturaleza y poder. Nos volvemos más proactivos y nos acercamos más al verdadero propósito de nuestra alma.

VAYOSHA

"Y el Señor salvó ese día a Israel de la mano de Egipto, e Israel vio a los egipcios muertos a la orilla del mar. Y vio Israel la grandeza de la Mano de Señor contra los egipcios; y temió el pueblo al Señor y creyeron en Él y en Moshé, Su siervo" (Éxodo 14:30-31).

Para escanear: Comienza en la parte superior derecha (A-1) y escanea cada fila de derecha a izquierda, terminando en la parte inferior izquierda (I-8).

8	7	6	5	4	3	2	1	
כהת	אכא	ללה	מהש	עלם	סיט	ילי	והו	A
הקם	הרי	מבה	יזל	ההע	לאו	אלד	הזי	B
חהו	מלה	ייי	נלך	פהל	לוו	כלי	לאו	C
ושר	לכב	אום	ריי	שאה	ירת	האא	נתה	D
ייז	רהע	חעם	אני	מנד	כוק	להח	יחו	E
מיה	עשל	ערי	סאל	ילה	וול	מיכ	ההה	F
פוי	מבה	נית	ננא	עמם	החש	דני	והו	G
מחי	ענו	יהה	ומב	מצר	הרח	ייל	נמם	H
מום	היי	יבמ	ראה	חבו	איע	מנק	דמב	I

AZ YASHIR MOSHÉ – CANCIÓN DEL MAR

Moshé y los israelitas cantaron esta canción después de la partición del Mar Rojo. Es la canción del alma. Lamentablemente, perdemos contacto con nuestra alma cuando estamos atrapados en el mundo material. Esta oración ayuda a despertar la memoria y el poder de la canción original que reside en las profundidades de nuestra alma; porque cuando estamos conectados con nuestra alma, podemos alcanzar cualquier cosa.

Dieciocho veces el Nombre de Dios (יהוה o אדני) por las dieciocho bendiciones de los Mundos de *Yetsirá*. Debes meditar en que estos dieciocho son el valor numérico de las dos letras *Tet* ט en Metatrón (**no pronunciar**) que está en *Zeir Anpín* de *Yetsirá*, así como también debes meditar en los nueve *tikunim* de *Zeir Anpín* de *Yetsirá*, nueve de Luz Directa y nueve de Luz Retornante, (de la misma manera que meditamos en *Yehí Jevod* en la pág. 137). También debes imaginar que cruzaste el Mar Rojo ese día. Decirlo con felicidad limpiará todas nuestras transgresiones.

אָז az יָשִׁיר־ yashir מֹשֶׁה Moshé מהש, ע"ב בריבוע וקס"א, אל שדי, ד"פ אלהים ע"ה

וּבְנֵי uvnei יִשְׂרָאֵל Yisrael ר"ת ע"ה = נגד, מזבח, זן, אל יהוה אֶת־ et הַשִּׁירָה hashirá

הַזֹּאת hazot לַיהֹוָהאדניאהדונהי laAdonai (ארך) וַיֹּאמְרוּ vayomrú לֵאמֹר lemor

אָשִׁירָה ashira לַיהֹוָהאדניאהדונהי laAdonai (אפים) כִּי־ qui גָאֹה gaó גָּאָה gaá

סוּס sus ריבוע אדני, כוק וְרֹכְבוֹ verojvó רָמָה ramá בַיָּם vayam ילי:

עָזִּי azí אלהים ע"ה, אהיה אדני ע"ה וְזִמְרָת vezimrat יָהּ Yah וַיְהִי־ vayehí לִי li

לִישׁוּעָה lishuá זֶה ze אֵלִי Elí וְאַנְוֵהוּ veanvehu (Medita en el Nombre Sagrado: יְהוּאֵלוֹ)

יהואל = לכב) אֱלֹהֵי Elohei מילוי ע"ב, דמב ; ילה אָבִי aví וַאֲרֹמְמֶנְהוּ vaaromemenhu:

AZ YASHIR MOSHÉ – CANCIÓN DEL MAR

"Entonces entonaron Moshé y los Hijos de Israel este cántico al Señor: Cantaré al Señor, exaltando su grandeza. Al caballo y al jinete arrojó a la mar. Mi fortaleza y mi canto es Dios; Él es mi salvación. Él es mi Dios y como tal Lo alabaré. Es el Dios de mi padre y como tal Lo ensalzaré.

יְהֹוָה יאהדונהי Adonai (ורב וחסד) אִישׁ ish מִלְחָמָה miljamá

יְהֹוָה יאהדונהי Adonai (נשא עון) שְׁמוֹ Shmó מהש, ע״ב בריבוע וקס״א, אל שדי, ד״פ אלהים ע״ה:

מַרְכְּבֹת marquevot פַּרְעֹה Paró וְחֵילוֹ vejeiló יָרָה yará בַיָּם vayam ילי

וּמִבְחַר umivjar שָׁלִשָׁיו shalishav טֻבְּעוּ tubú בְיַם־ veyam ילי סוּף Suf:

תְּהֹמֹת tehomot יְכַסְיֻמוּ yejasyumu יָרְדוּ yardú בִמְצוֹלֹת vimtsolot

כְּמוֹ־ cmó אָבֶן áven ר״ת = אהיה: יְמִינְךָ yeminjá יְהֹוָה יאהדונהי Adonai

(ופשע) נֶאְדָּרִי nedarí בַּכֹּחַ bacóaj ר״ת = ע״ב, ריבוע יהוה ; ס״ת = יגל

יְמִינְךָ yeminjá יְהֹוָה יאהדונהי Adonai (ונקה) תִּרְעַץ tirats אוֹיֵב oyev

צרעת איוב (בזמנא דמלכא משיחא): וּבְרֹב uverov י״פ אהיה גְּאוֹנְךָ gueonjá

תַּהֲרֹס taharós קָמֶיךָ kameja (בימי גוג ומגוג) תְּשַׁלַּח teshalaj

חֲרֹנְךָ jaronjá יֹאכְלֵמוֹ yojlemó כַּקַּשׁ cakash (בעת תחיית המתים):

וּבְרוּחַ uverúaj אַפֶּיךָ apeja נֶעֶרְמוּ neermú מַיִם máyim ר״ת אמן (יאהדונהי)

נִצְּבוּ nitsvú כְמוֹ־ jmó נֵד ned ר״ת ק״כ צירופי אלהים נֹזְלִים nozlim

קָפְאוּ kafú תְהֹמֹת tehomot בְּלֶב־ belev יָם yam ילי: אָמַר amar אוֹיֵב oyev

אֶרְדֹּף erdof אַשִּׂיג asig אֲחַלֵּק ajalek שָׁלָל shalal תִּמְלָאֵמוֹ timlaemo

נַפְשִׁי nafshí אָרִיק arik חַרְבִּי jarbí ר״י תּוֹרִישֵׁמוֹ torishemo יָדִי yadí:

נָשַׁפְתָּ nashafta בְרוּחֲךָ vrujajá ר״ת ב״ן כִּסָּמוֹ quisamó יָם yam ילי

צָלְלוּ tsalelú כַּעוֹפֶרֶת caoféret בְּמַיִם bemáyim אַדִּירִים adirim הרי ; ר״ת קמ״ג:

El Señor es el Amo de la guerra. El Señor es Su Nombre. Precipitó en el mar los carros del Faraón y su ejército. Sus capitanes escogidos fueron hundidos en el Mar Rojo. Las aguas profundas los cubrieron y cual piedras bajaron hasta lo más hondo. Tu diestra, Señor, es inmensamente poderosa; Tu diestra, Señor, aniquila al enemigo. Con Tu gran ingenio destruyes a Tus adversarios. Les envías Tu furia y los consume como paja. Y con las alas de Tu ira se elevaron y se abrieron las aguas, deteniéndose como si fueran muros. Se congelaron los abismos en medio de la mar. Dijo el enemigo: Los perseguiré y los alcanzaré y repartiré sus despojos, con los que hartaré mi alma. Desenvainaré mi espada y los quebrantará mi mano. Pero Tú soplaste con Tu poderoso aliento y el mar los fue cubriendo hasta que se hundieron como plomo en las procelosas aguas.

מִי־ mi ילי כָמֹכָה jamoja בָּאֵלִם baelim יְהֹוָה Adonai (פוקד)

ר"ת = ע"ב, ריבוע יהוה ; ס"ת = מ"ה מִי mi ילי כָּמֹכָה camoja נֶאְדָּר needar

בַּקֹּדֶשׁ bakódesh ר"ת = יבק, אלהים יהוה, אהיה אדני יהוה נוֹרָא norá תְהִלֹּת tehilot

עֹשֵׂה osé פֶלֶא fele: נָטִיתָ natita יְמִינְךָ yeminjá תִּבְלָעֵמוֹ tivlaemo

ר"ת נ"ת אָרֶץ árets: נָחִיתָ najita בְחַסְדְּךָ vejasdejá ר"ת ב"ן עַם־ am

זוּ zu גָּאָלְתָּ gaalta נֵהַלְתָּ nehalta בְעָזְּךָ veazjá אֶל־ el נְוֵה nevé

קָדְשֶׁךָ kadshejá ר"ת קנ"א ב"ן, יהוה אלהים יהוה אדני, מילוי קס"א וס"ג, מ"ה ברבוע ע"ב ע"ה:

שָׁמְעוּ shamú עַמִּים amim יִרְגָּזוּן yirgazún חִיל jil ומ"ב אָחַז ajaz

יֹשְׁבֵי yoshvei פְּלָשֶׁת peláshet (כוונות ישמעאל): אָז az נִבְהֲלוּ nivhalú

אַלּוּפֵי alufei אֱדוֹם edom (כוונות עשו) אֵילֵי eilei מוֹאָב moav

יֹאחֲזֵמוֹ yojazemo רָעַד raad (כוונות שאר כל השרים שהם נכנעים תחתיהם)

נָמֹגוּ namogu כֹּל col ילי יֹשְׁבֵי yoshvei כְנָעַן Jnaán:

תִּפֹּל tipol עֲלֵיהֶם aleihem אֵימָתָה eimatá וָפַחַד vafájad ר"ת שם קדוש תעא"ו

בִּגְדֹל bigdol זְרוֹעֲךָ zroajá יִדְּמוּ yidmú כָּאָבֶן caáven ר"ת = טל (יוד הא ואו)

עַד־ ad יַעֲבֹר yaavor עַמְּךָ amjá יְהֹוָה Adonai (על שלשים)

עַד־ ad יַעֲבֹר yaavor עַם־ am זוּ zu קָנִיתָ kanita: תְּבִאֵמוֹ teviemo

וְתִטָּעֵמוֹ vetitaemo בְּהַר behar נַחֲלָתְךָ najalatjá ר"ת ב"ן מָכוֹן majón

לְשִׁבְתְּךָ leshivtejá פָּעַלְתָּ paalta יְהֹוָה Adonai (ועל רבעים) ; ר"ת

ע"ה = קס"א מִקְּדָשׁ mikdash אֲדֹנָי Adonai (ארך) כּוֹנְנוּ conenu יָדֶיךָ yadeja:

¿Quién como Tú entre los dioses, Señor? ¿Quién como Tú inmenso en Santidad, el más digno de alabanzas y hacedor de milagros? Cuando extendiste Tu diestra se los tragó la tierra. Con Tu benevolencia gobernaste al pueblo que redimiste. Los condujiste con Tu fuerza a Tu Santo Santuario. Escucharon pueblos y se estremecieron. Se apoderó el terror de los filisteos. Se angustiaron los príncipes de Edom. Temblaron los valientes de Moab y el miedo dominó a todos los cananeos. Se abatieron espantados por el poderío de Tu brazo y enmudecieron como la piedra, hasta que pasó Tu pueblo, Señor, hasta que pasó el pueblo que Tú redimiste. Los llevarás para que arraiguen en el monte de Tu santidad, en el lugar de Tu morada, el cual Tú preparaste. Tus manos establecieron el Templo del Señor.

Uno de los 72 Nombres de Dios está codificado en esta conexión: *Yud, Yud, Lámed* ייל. Esta fórmula nos da el poder de la certeza y la capacidad de dejar ir, especialmente en medio de la adversidad. Cuando las cosas van bien, a la mayoría de nosotros nos es fácil aceptar la idea de un Creador y de un principio de causa y efecto en funcionamiento en nuestro universo. Pero tan pronto como enfrentamos un obstáculo repentino o una situación estresante, dudamos de la existencia del Creador y de las enseñanzas de la Kabbalah. Los kabbalistas nos enseñan que absolutamente todo es una prueba. Si podemos mantener la certeza en la Luz cuando las adversidades ataquen, superaremos la prueba y la Luz trabajará para nosotros 100% del tiempo. La misión de Satán es inundar nuestras mentes con incertidumbre. El Nombre *Yud, Yud, Lámed* remueve todas las incertidumbres, esto nos da la fuerza de reconocer y superar nuestras pruebas. Una prueba producirá consecuencias negativas sólo si no reconocemos que la dificultad es una prueba y si dudamos de la existencia del Creador.

יְהֹוָה אהדונהי Adonai (אפים) | יִמְלֹךְ yimloj לְעֹלָם leolam

רִיבּוּעַ ס"ג וי' אותיות דס"ג ; ר"ת ייל וָעֶד vaed: יְהֹוָה אהדונהי Adonai (ורב וחסד) |

יִמְלֹךְ yimloj לְעֹלָם leolam ריבוע ס"ג וי' אותיות דס"ג ; ר"ת ייל וָעֶד vaed:

יְהֹוָה אהדונהי Adonai (נשא עון) מַלְכוּתֵיהּ maljutei קָאֵים kaeim

לְעָלַם lealam וּלְעָלְמֵי ulealmei עָלְמַיָּא almayá: כִּי qui בָא va סוּס sus ריבוע

אדני, כוק פַּרְעֹה Paró בְּרִכְבּוֹ berijbó וּבְפָרָשָׁיו uvefarashav בַּיָּם bayam ילי

וַיָּשֶׁב vayashev יְהֹוָה אהדונהי Adonai (ופשע) עֲלֵהֶם aleihem אֶת־ et מֵי mei

ילי הַיָּם hayam וּבְנֵי uvnei יִשְׂרָאֵל Yisrael הָלְכוּ haljú בַיַּבָּשָׁה vayabashá

בְּתוֹךְ betoj הַיָּם hayam ילי: כִּי qui לַיהֹוָה אהדונהי laAdonai (ונקה)

הַמְּלוּכָה hamelujá ר"ת כלה (רמז למלכות שהיא הכלה) וּמוֹשֵׁל umoshel

בַּגּוֹיִם bagoyim: וְעָלוּ vealú מוֹשִׁעִים moshiím בְּהַר behar צִיּוֹן Tsiyón

יוסף, ו' הויות, קנאה לִשְׁפֹּט lishpot אֶת־ et הַר har עֵשָׂו Esav וְהָיְתָה vehaytá

לַיהֹוָה אהדונהי laAdonai (פוקד) הַמְּלוּכָה hamelujá: וְהָיָה vehayá יהוה ; יההה

יְהֹוָה אהדונהי Adonai (על שלשים) לְמֶלֶךְ leMélej עַל־ al כָּל col ילי ; עמם

הָאָרֶץ haárets אלהים דההין ע"ה בַּיּוֹם bayom ע"ה נגד, מזבח, זן, אל יהוה הַהוּא hahú

יִהְיֶה yihyé ייי יְהֹוָה אהדונהי Adonai (ועל רבעים) אֶחָד ejad אהבה, דאגה

וּשְׁמוֹ uShmó מהש, ע"ב בריבוע וקס"א, אל שדי, ד"פ אלהים ע"ה אֶחָד eiad אהבה, דאגה:

Y reinará el Señor eternamente y para siempre. Y reinará el Señor eternamente y para siempre" (Éxodo 15:1-18). *Señor, tu Reino reinará por siempre y eternamente. "Porque cuando penetró el caballo del faraón con su carro y sus jinetes en el mar, el Señor hizo tornar sobre ellos las aguas, en tanto que los Hijos de Israel habían cruzado el mar en seco"* (Éxodo 15:19). *"Porque el Reino pertenece al Señor y Él gobierna sobre las naciones"* (Salmos 22:29). *"Y los salvadores ascenderán al Monte Sión para buscar el castigo del Monte Esaú, y luego todo el universo reconocerá el reinado del Señor"* (Abdías 1:21). *"Y el Señor será entonces Rey sobre toda la Tierra, y en ese día el Señor será Uno y su Nombre Uno"* (Zacarías 14:9).

NISHMAT COL JAI

Siempre hay energía adicional que es liberada en nuestro mundo físico durante una festividad o en *Shabat*. Esta conexión en particular construye nuestra Vasija interna para que tengamos la capacidad de atraer esta fuerza adicional y la capacidad de manejar aquello que atraemos.

Esta alabanza es preciosa y exaltada, y debes recitarla de forma placentera. Los kabbalistas dicen que cuando una persona pasa por una dificultad, problema o peligro, hacer una promesa de recitar "*Nishmat Col Jai*" le proporciona gran ayuda.

Si se te olvidó y omitiste "*Nishmat Col Jai*" y ya recitaste la bendición de "*Yishtabaj*", mientras no hayas comenzado la siguiente bendición "*Yotser Or*", puedes regresar y decir "*Nishmat Col Jai*". Pero si comienzas "*Yotser Or*", debes completarla luego de terminar la oración sin decir la bendición de "*Yishtabaj*".

נִשְׁמַת nishmat כָּל col ילי חַי jai

ר"ת נכוז כמס' ג' הויות יהוה יהוה יהוה

En *Shabat*, medita en recibir el alma adicional llamada: *Néfesh*
del aspecto del día de *Shabat* y escanea la siguiente meditación:

Los tres יהוה que se mencionaron anteriormente son los tres *Mojín* —*Jojmá*, *Biná*, *Dáat*— que están en el Entorno de la letra *Mem* (מ) del *Tsélem* (צל"ם) de *Aba*, puesto que los *Mojín* de *Ima* ya entraron en *Zeir Anpín*. Así que ahora *Zeir Anpín* tiene todo su Entorno para *Aba* e *Ima* [de la letra *Mem* (מ) del *Tsélem* (צל"ם)] y es por ello que ahora podemos recibir el alma adicional de *Shabat*.

כָּל וַחַי = ווּיים, אהיה אהיה יהוה

תמורת תפילין הנקרא וזיי המלך, והוא נשמה, כי בינה הוא בוזינת נשמה.

אטמון = ק"ו, ב"פ ב"ן (יוד הה וו הה) עם ב' כוללים.

קול = ר"ת ועשה לו כתנת פסים (להתיר הקול).

אלף הי יוד הי

אלף הא יוד הא

אלף הה יוד הה

ס"ת ועשה לו כתנת פסים עולה למנין קס"א קמ"ג קנ"א (עם ד' תיבות ועשה לו כתנת פסים).

גם יכוין: פסי"ם נוטריקון פסקו"ן סגרו"ן יהוא"ל מטטרו"ן

פֲּסְקוֹן (בניקוד ה' שפתי תפתח)

סָגְרַוֹן (יכוין ס"ג ורנו כנפי הוזיות וניקו' ניקו' רָנּוּ שָׁמַיִם)

יְהַוְאֵל (según el Rashash) לכב (יוצא מפסוק זה אלי וְאַנְוֵהוּ הוא וניקודו)

מִטָטְרַוֹן (בניקוד ר"ת הִנֵּה אָנֹכִי שֹׁלֵחַ מַלְאָךְ לְפָנֶיךָ)

תְּבָרֵךְ tevarej אֶת et שִׁמְךָ Shimjá יְהֹוָהאדניאהדונהי Adonai אֱלֹהֵינוּ Eloheinu ילה

וְרוּחַ verúaj כָּל col ילי בָּשָׂר basar תְּפָאֵר tefaer וּתְרוֹמֵם uteromem

זִכְרְךָ zijrejá מַלְכֵּנוּ malquenu תָּמִיד tamid ע"ה קס"א קנ"א קמ"ג (מילואי אהיה).

NISHMAT COL JAI

El alma de cada ser viviente bendecirá Tu Nombre, Señor, nuestro Dios,
y el espíritu de toda criatura siempre glorificará y exaltará Tu remembranza, nuestro Rey.

מִן min הָעוֹלָם haolam וְעַד vead הָעוֹלָם haolam אַתָּה Atá
אֵל El ייא״י (מילוי דס״ג). וּמִבַּלְעָדֶיךָ umibaladeja אֵין ein לָנוּ lanu אלהים, אהיה אדני
מֶלֶךְ mélej גּוֹאֵל goel וּמוֹשִׁיעַ umoshía. פּוֹדֶה podé וּמַצִּיל umatsil.
וְעוֹנֶה veoné וּמְרַחֵם umerajem אברהם, וז״פ אל, רי״ו ול״ב נתיבות החכמה, רמ״ח (אברים),
עסמ״ב וט״ז אותיות פשוטות. בְּכָל bejol ב״ן, לכב עֵת et צָרָה tsará אלהים דההין
וְצוּקָה vetsuká. אֵין ein לָנוּ lanu אלהים, אהיה אדני מֶלֶךְ mélej
עוֹזֵר ozer וְסוֹמֵךְ vesomej ריבוע אדני, כוק אֶלָּא ela אַתָּה Atá:
אֱלֹהֵי Elohei מילוי דע״ב, דמב ; ילה הָרִאשׁוֹנִים harishonim
וְהָאַחֲרוֹנִים vehaajaronim. אֱלוֹהַּ Elohá מ״ב כָּל col ילי בְּרִיּוֹת briyot.
אֲדוֹן Adón אני כָּל col ילי תּוֹלָדוֹת toladot. הַמְהֻלָּל hamehulal
בְּכָל bejol ב״ן, לכב הַתִּשְׁבָּחוֹת hatishbajot. הַמְנַהֵג hamenaheg
עוֹלָמוֹ olamó בְּחֶסֶד bejésed ע״ב, ריבוע יהוה וּבְרִיּוֹתָיו uvriyotav
בְּרַחֲמִים berajamim מצפצ, אלהים דיודין, י״פ ייי. וַיהֹוָהאדניאהדונהי vaAdonai
אֱלֹהִים Elohim אהיה אדני ; ילה אֱמֶת emet אהיה פעמים אהיה, ז״פ ס״ג
לֹא lo יָנוּם yanum וְלֹא veló יִישָׁן yishán ש״ע נהורין דא״א.
הַמְעוֹרֵר hameorer יְשֵׁנִים yeshenim וְהַמֵּקִיץ vehamekits נִרְדָּמִים nirdamim.
מְחַיֵּה mejayé ס״ג מֵתִים metim. וְרוֹפֵא verofé חוֹלִים jolim חולה =
מ״ה עם ד׳ אותיות. פּוֹקֵחַ pokéaj עִוְרִים ivrim. וְזוֹקֵף vezokef כְּפוּפִים cfufim.
הַמֵּשִׂיחַ hamesíaj אִלְּמִים ilmim. וְהַמְפַעְנֵחַ vehamfaanéaj
נֶעֱלָמִים neelamim. וּלְךָ uLejá לְבַדְּךָ levadjá אֲנַחְנוּ anajnu
מוֹדִים modim כנגד מאה ברכות שתיקן דוד לאמרם כל יום:

Desde este mundo al Mundo por Venir, Tú eres Dios. Y aparte de Ti, no tenemos rey, redentor o salvador. Él Quien libera, rescata, sostiene, responde y es misericordioso en cada momento de ansiedad y angustia; no tenemos otro rey, ayudante o apoyo que no seas Tú. Dios del primero y del último, Dios de todas las criaturas, Señor de todas las generaciones, Quien es exaltado a través de multitud de alabanzas y Quien guía Su mundo con benevolencia y a Sus criaturas con misericordia. Y el Señor, Dios, es verdad y Él ni dormita ni duerme. Él Quien levanta a los que duermen y despierta a los adormilados. Él Quien resucita los muertos y cura a los enfermos. Él, que otorga vista a los ciegos y endereza a los doblegados. Él hace a los mudos hablar y descubre lo oculto. Y a Ti solamente, te damos gracias.

ואלו veílu פינו finú מלא malé שירה shirá כים cayam יכ"י•

ולשוננו ulshonenu רנה riná כהמון cahamón גליו galav•

ושפתותינו vesiftoteinu שבח shévaj כמרחבי quemerjavei רקיע rakía•

ועינינו veeineinu ריבוע מ"ה מאירות meirot כשמש cashémesh

וכירח vejayaréaj• וידינו veyadeinu פרושות frusot כנשרי quenishrei

שמים shamáyim י"פ טל, י"פ כוז"ו• ורגלינו veragleinu קלות calot

כאילות caayalot• אין ein אנחנו anajnu מספיקין maspikin

להודות lehodot לך Lejá יהוה Adonai אלהינו Eloheinu ילה•

ולברך ulevarej את et שמך Shimjá מלכנו malquenu• על al

אחת ajat מאלף meélef מספר אלף = אלף למד שין דלת יוד ע"ה אלפי alfei

אלפים alafim ורוב verov רבי ribei רבבות revavot פעמים peamim•

הטובות hatovot נסים nisim ונפלאות veniflaot שעשית sheasita

עמנו imanu ריבוע ס"ג, קס"א ע"ה וד' אותיות ועם veím אבותינו avoteinu•

מלפנים milfanim ממצרים miMitsráyim מצר גאלתנו guealtanu

יהוה Adonai אלהינו Eloheinu ילה• מבית mibeit ב"פ ראה

עבדים avadim פדיתנו pditanu• ברעב beráav זנתנו zantanu•

ובשבע uvesavá כלכלתנו quilcaltanu• מחרב mejérev הצלתנו hitsaltanu•

מדבר midéver מלטתנו milatetanu• ומחלאים umejolaím רעים raím

ורבים verabim דליתנו dilitanu: עד ad הנה hena עזרונו azarunu

רחמיך rajameja ולא veló עזבונו azavunu חסדיך jasadeja•

Y si fuese nuestra boca llena de canciones como el mar y nuestra lengua tan llena de cánticos alegres como su multitud de olas, y nuestros labios tan llenos de alabanza como la amplitud del firmamento, y nuestros ojos tan brillantes como el Sol y la Luna, y nuestras manos tan extendidas como águilas de los cielos y nuestras piernas tan ágiles como ciervos, todavía no podemos agradecer lo suficiente, Señor, nuestro Dios, y bendecir Tu Nombre, nuestro Rey, así sea por uno de los miles entre los miles de miles y de las miríadas entre miríadas de miríadas de favores, milagros y maravillas que Tú hiciste para nuestros ancestros y para nosotros. Desde el interior de Egipto, Tú nos has redimido, Señor, nuestro Dios, y nos has liberado de la casa de cautiverio. En momentos de hambre, Tú nos nutriste en abundancia, Tú nos sostuviste. De la espada, Tú nos salvaste y de la plaga, Tú nos dejaste escapar y de severas, numerosas y largas enfermedades, Tú nos eximiste. Hasta ahora Tu misericordia nos ha ayudado y Tu benevolencia no nos ha defraudado.

עַל al כֵּן quen אֵבָרִים evarim שֶׁפִּלַּגְתָּ shepilagta בָּנוּ banu.
וְרוּחַ verúaj וּנְשָׁמָה unshamá שֶׁנָּפַחְתָּ shenafajta בְּאַפֵּינוּ beapenu.
וְלָשׁוֹן velashón אֲשֶׁר asher שַׂמְתָּ samta בְּפִינוּ befinu.
הֵן hen הֵם hem, יוֹדוּ yodú וִיבָרְכוּ vivarjú יהוה ריבוע יהוה ריבוע מ"ה.
וִישַׁבְּחוּ vishabjú. וִיפָאֲרוּ vifaarú. אֶת et שִׁמְךָ Shimjá מַלְכֵּנוּ malquenu
תָּמִיד tamid ע"ה קס"א קנ"א קמ"ג. כִּי qui כָּל jol ילי פֶּה pe מילה ; וע"ה אלהים, אהיה אדני
לְךָ lejá יוֹדֶה yodé. וְכָל vejol ילי לָשׁוֹן lashón לְךָ lejá
תְשַׁבֵּחַ teshabéaj. וְכָל vejol ילי עַיִן ayin ריבוע מ"ה לְךָ lejá תְצַפֶּה tetsapé.
וְכָל vejol ילי בֶּרֶךְ bérej לְךָ lejá תִכְרַע tijrá.
וְכָל vejol ילי קוֹמָה komá לְפָנֶיךָ lefaneja ס"ג מ"ה ב"ן תִשְׁתַּחֲוֶה tishtajavé.
וְהַלְּבָבוֹת vehalevavot יִירָאוּךָ yirauja וְהַקֶּרֶב vehakérev
וְהַכְּלָיוֹת vehaclayot יְזַמְּרוּ yezamrú לִשְׁמֶךָ lishmeja. כַּדָּבָר cadavar ראה
שֶׁנֶּאֱמַר sheneemar: כָּל col ילי עַצְמוֹתַי atsmotai תֹּאמַרְנָה tomarna
יְהֹוָה(אדניאהדונהי) Adonai מִי mi ילי כָמוֹךָ jamoja מַצִּיל matsil עָנִי aní ריבוע מ"ה
מֵחָזָק mejazak פהל מִמֶּנּוּ mimenu וְעָנִי veaní ריבוע מ"ה וְאֶבְיוֹן veevyón
מִגֹּזְלוֹ migozló: שַׁוְעַת shavat עֲנִיִּים aniyim עין = ריבוע מ"ה אַתָּה áa
תִּשְׁמַע tishmá. צַעֲקַת tsaakat הַדַּל hadal תַּקְשִׁיב takshiv וְתוֹשִׁיעַ vetoshía.
וְכָתוּב vejatuv: רַנְּנוּ ranenú צַדִּיקִים tsadikim בַּיהֹוָה(אדניאהדונהי) baAdonai
לַיְשָׁרִים layesharim נָאוָה navá תְהִלָּה tehilá ע"ה אמת, אהיה פעמים אהיה, ז"פ ס"ג:

Por lo tanto, Tú has extendido órganos dentro de nosotros, y el espíritu y alma que Tú has soplado en nuestras narices y la lengua que Tú has colocado en nuestra boca, son ellos los que deberían agradecer, bendecir, alabar y glorificar Tu Nombre, nuestro Rey, para siempre. Porque cada boca deberá agradecerte y cada lengua deberá alabarte, y cada ojo deberá ver hacia Ti, y cada rodilla debe doblarse ante Ti, y toda forma erguida deberá postrarse ante Ti. Y los corazones Te temerán. Y los órganos internos y los riñones cantarán Tu Nombre, como está escrito: "Todos mis huesos dirán: Señor, ¿Quién es como Tú? Tú salvas al hombre débil del más fuerte que él, y al pobre y al indigente de quien quiere robarle" (Salmos 35:10). Tú escuchas el llamado del pobre y Tú escuchas los gritos del indigente y Tú salvas. Y está escrito: "Canten con alegría, oh justos, ante el Señor, porque la alabanza del hombre recto es conveniente" (Salmos 33:1).

YITSJAK Y RIVKÁ

Yitsjak el Patriarca rezó exitosamente para que su esposa Rivká tuviera un hijo. Todos nosotros, especialmente en este punto, debemos rezar por otras personas que tengan necesidad de sustento económico, personal, emocional o de salud. La única manera para que nuestras oraciones serán contestadas es que recemos por otros con un corazón genuino.

Los siguientes cuatro versículos corresponden a los cuatro pilares que llevan el Trono de *Briá*, donde están erigidas las Diez *Sefirot* de *Atsilut*. También, los cuatro versículos simbolizan el Trono de *Briá* como tal, el cual incluye a los tres Patriarcas (*Jésed, Guevurá, Tiféret*) y al Rey David (*Maljut*).

Derecha Avraham	מיכאל בפי befí	קדמיאל ישרים yesharim	פדאל תתרומם titromam:
Izquierda Yitsjak	גבריאל ובשפתי uvesiftei	צדקיאל צדיקים tsadikim	חסדיאל תתברך titbaraj:
Este Yaakov	רפאל ובלשון uvilshón	רזיאל וחסידים jasidim	סטטרויה תתקדש titkadash:
Cuarta David	נוריאל ובקרב uvekérev	יופיאל קדושים kdoshim	ענאל תתהלל tithalal:

במקהלות bemikhalot רבבות rivevot עמך amjá בית beit ב"פ ראה

ישראל Yisrael. שכן shequén חובת jovat כל col ילי היצורים hayetsurim

לפניך lefaneja ס"ג מ"ה ב"ן יהוהאדניאהדונהי Adonai אלהינו Eloheinu ילה

ואלהי veElohei לכב ; מילוי דע"ב, דמ"ב ; ילה אבותינו avoteinu

להודות lehodot. להלל lehalel אדני, לכה. לשבח leshabéaj.

לפאר lefaer. לרומם leromem. להדר lehader. ולנצח ulenatséaj.

על al כל col ילי ; עמם דברי divrei ראה שירות shirot ותשבחות vetishbajot

דוד David בן ben ישי Yishai עבדך avdeja פוי, אל אדני משיחך meshijeja:

YITSJAK Y RIVKÁ

Por las bocas de los rectos, Tú serás exaltado.
Y por los labios de los justos, Tú serás bendecido.
Y por las lenguas de los piadosos, Tú serás santificado. Y entre los santos, Tú serás loado.
Y en las asambleas de la miríada de Tu Nación, la Casa de Israel, porque esa es la obligación de todas las criaturas ante Ti, Señor, nuestro Dios y el Dios de nuestros padres, el agradecer y el loar, el alabar, glorificar, exaltar, adorar y triunfar inclusive más allá de todas las expresiones de las canciones y alabanzas de David, el hijo de Ishai, Tu siervo, Tu ungido.

YISHTABAJ

Ahora que hemos dividido el Mar Rojo, nuestro próximo nivel de conexión es el Mundo de Creación (*Briá*). La primera palabra, *Yishtabaj* ישתבח tiene el valor numérico de 720 o diez veces los 72 Nombres de Dios (10 x 72). Al recitar *Yishtabaj*, recibimos el poder del Rey Shlomó, el de la sabiduría. Shlomó שלמה está codificado en el grupo de palabras y letras presentado a continuación. Además de ello, las primeras letras de cada una de las últimas cinco líneas de esta oración forman el nombre de Avraham. Avraham denota el poder de compartir. Usamos el poder de Shlomó y Avraham —sabiduría y compartir— para ayudarnos a saltar al Mundo de Creación.

La alabanza de *Yishtabaj* es inmensa y grandiosa. Consiste de 13 alabanzas por los 13 Atributos de *Briá* y las 13 *Sefirot* de *Yetsirá*. Debes decir las palabras lenta y gentilmente, y contarlas con los dedos de tu mano derecha. Procura no detener el conteo de 13 bajo ningún motivo. Y si te has detenido por alguna razón, debes regresar y contarlas nuevamente desde el principio ("*Qui lejá naé*") para decirlas en una sola respiración, como se menciona en el *Zóhar*.

וּבְכֵן uvjén ע״ב, ריבוע יהוה

יִשְׁתַּבַּח yishtabaj י״פ ע״ב שִׁמְךָ Shimjá לָעַד laad ב״פ ב״ן מַלְכֵּנוּ malquenu

הָאֵל haEl לאה ; יי״א״י (מילוי ד״ס״ג) הַמֶּלֶךְ: haMélej (**Rey Shlomó**)

הַגָּדוֹל hagadol להח ; עם ד׳ אותיות = מבה, יזל, אום וְהַקָּדוֹשׁ vehakadosh

בַּשָּׁמַיִם bashamáyim י״פ טל, י״פ כוזו וּבָאָרֶץ uvaárets: כִּי qui לְךָ lejá נָאֶה naé

יְהֹוָהאדניאהדונהי Adonai אֱלֹהֵינוּ Eloheinu ילה וֵאלֹהֵי veElohei לכב ; מילוי ע״ב, דמב ; ילה

אֲבוֹתֵינוּ avoteinu לְעוֹלָם leolam ריבוע ס״ג ו׳ אותיות ד״ס״ג וָעֶד vaed:

1) שִׁיר shir (אל) 2) וּשְׁבָחָה ushvajá (רחום). 3) הַלֵּל halel (וחנון) ללה, אדני

4) וְזִמְרָה vezimrá (ארך). 5) עֹז oz (אפים) 6) וּמֶמְשָׁלָה umemshalá (ורב חסד).

7) נֶצַח Nétsaj (ואמת). 8) גְּדֻלָּה gdulá (נצר חסד). 9) גְּבוּרָה Gvurá

(לאלפים) רי״ו. 10) תְּהִלָּה tehilá (נשא עון) ע״ה אמת, אהיה פעמים אהיה, ז״פ ס״ג.

11) וְתִפְאֶרֶת veTiféret (ופשע). 12) קְדֻשָּׁה kdushá (וחטאה).

YISHTABAJ

Que Tu Nombre sea alabado para siempre, nuestro Rey, el Dios, el gran y Santo Rey, Quien está en los Cielos y en la Tierra. Porque Tú eres digno, Señor, nuestro Dios y el Dios de nuestros padres, de: 1) canción 2) y alabanza 3) regocijo 4) y melodía 5) poder 6) y dominio 7) eternidad 8) grandeza 9) valor 10) alabanza 11) y gloria 12) santidad

13) וּמַלְכוּת uMaljut (וּנְקֵה). בְּרָכוֹת brajot וְהוֹדָאוֹת vehodaot
לְשִׁמְךָ leShimjá הַגָּדוֹל hagadol להוו ; עם ד' אותיות = מבה, יזל, אום
וְהַקָּדוֹשׁ vehakadosh. וּמֵעוֹלָם umeolam וְעַד־ vead עוֹלָם olam
אַתָּה Atá אֵל El ייא"י (מילוי דס"ג). בָּרוּךְ Baruj אַתָּה Atá
יְהֹוָהאדני (יְהֹוָהאדני) Adonai מֶלֶךְ Mélej גָּדוֹל gadol להוו ; עם ד' אותיות =
מבה, יזל, אום וּמְהֻלָּל umehulal בַּתִּשְׁבָּחוֹת batishbajot. אֵל El ייא"י (מילוי דס"ג)
הַהוֹדָאוֹת hahodaot. אֲדוֹן Adón אני הַנִּפְלָאוֹת haniflaot. בּוֹרֵא boré
כָּל־ col ילי הַנְּשָׁמוֹת haneshamot. רִבּוֹן ribón יהוה עסמ"ב כָּל־ col ילי
הַמַּעֲשִׂים hamaasim. הַבּוֹחֵר habojer בְּשִׁירֵי beshirei זִמְרָה zimrá.
מֶלֶךְ Mélej ר"ת (*Avraham*) אֵל El ייא"י (מילוי דס"ג)
חֵי jei (לפי הרש"ש) חַי (לפי האריז"ל) הָעוֹלָמִים haolamim: אָמֵן יאהדונהי Amén.

MEDIO KADISH

El secreto de este medio Kadish es que nos eleva desde Yetsirá (מ"ה) a *Briá* (ס"ג).

יִתְגַּדַּל yitgadal וְיִתְקַדַּשׁ veyitkadash שדי - ין לת וד (מילוי שדי) ; י"א אותיות כמנין ר"ה
שְׁמֵיהּ Shmei (שם י"ה דע"ב) רַבָּא rabá קנ"א ב"ן, יהוה אלהים יהוה אדני,
מילוי קס"א וס"ג, מ"ה ברבוע וע"ב ע"ה ; ר"ת = ר"פ אלהים ; ס"ת = ג"פ יב"ק . אָמֵן Amén אידהנויה .
בְּעָלְמָא bealmá דִּי di בְרָא verá כִּרְעוּתֵיהּ quirutei.
וְיַמְלִיךְ veyamlij מַלְכוּתֵיהּ maljutei. וְיַצְמַח veyatsmaj
פּוּרְקָנֵיהּ purkanei. וִיקָרֵב vikarev מְשִׁיחֵיהּ Meshijei. אָמֵן Amén אידהנויה.

---

13) y soberanía. Bendiciones y agradecimientos a Tu gran y Santo Nombre desde este mundo al Mundo por Venir. Tú eres Dios. Bendito eres Tú, Señor, Rey, Quien es grande y loado con alabanza. Dios de agradecimiento. Señor de Maravillas. Creador de las almas. Señor de todos los hechos. Quien escoge melodiosas canciones de alabanza. El Rey, el Dios Quien da vida a todos los mundos, Amén.

MEDIO KADISH

¡Glorificado y santificado sea su Gran Nombre! (Amén).

En el mundo que Él creó de acuerdo a Su voluntad y pueda Su Reino reinar. Y pueda Él hacer que su Redención florezca y pueda Él acercar el Mesías (Amén).

בְּחַיֵּיכוֹן bejayeijón וּבְיוֹמֵיכוֹן uveyomeijón וּבְחַיֵּי uvejayei

דְכָל dejol בֵּית beit ב"פ ראה יִשְׂרָאֵל Yisrael בַּעֲגָלָא baagalá

וּבִזְמַן uvizmán קָרִיב kariv וְאִמְרוּ veimrú אָמֵן Amén• אָמֵן Amén אידהנויה•

La congregación y el *jazán* dicen lo siguiente:

28 palabras (hasta *bealmá*) medita en: מילוי דמילוי דע"ב (יוד ויו דלת הי יוד ויו יוד ויו הי יוד)
28 letras (hasta *almayá*) medita en: מילוי דמילוי דס"ג (יוד ויו דלת הי יוד ואו אלף ואו הי יוד)

יְהֵא yehé שְׁמֵיהּ Shmei (שם י"ה דס"ג) רַבָּא rabá קנ"א ב"ן,

יהוה אלהים יהוה אדני, מילוי קס"א וס"ג, מ"ה ברבוע וע"ב ע"ה מְבָרַךְ mevaraj,

לְעָלַם lealam לְעָלְמֵי lealmei עָלְמַיָּא almayá• יִתְבָּרַךְ yitbaraj•

Siete palabras con seis letras cada una (שם בן מ"ב) medita en:
יהוה + יוד הי ויו הי + מילוי דמילוי דע"ב (יוד ויו דלת הי יוד ויו יוד ויו הי יוד)
También siete veces la letra Vav (שם בן מ"ב) medita en:
יהוה + יוד הי ואו הי + מילוי דמילוי דס"ג (יוד ויו דלת הי יוד ואו אלף ואו הי יוד).

וְיִשְׁתַּבַּח veyishtabaj י"פ ע"ב יהוה אל אבג יתץ•

וְיִתְפָּאַר veyitpaar הי נו יה קרע שטן• וְיִתְרוֹמַם veyitromam וה כוזו נגד יכש•

וְיִתְנַשֵּׂא veyitnasé במוכסז בטר צתג• וְיִתְהַדָּר veyithadar כוזו יה וזקב טנע•

וְיִתְעַלֶּה veyitalé וה יוד ה יגל פזק• וְיִתְהַלָּל veyithalal א ואו הא שקו צית•

שְׁמֵיהּ Shmei (שם י"ה דמ"ה) דְּקוּדְשָׁא deKudshá בְּרִיךְ Verij הוּא Hu•

אָמֵן Amén אידהנויה•

לְעֵלָּא leelá מִן min כָּל col ילי בִּרְכָתָא birjatá• שִׁירָתָא shiratá•

תֻּשְׁבְּחָתָא tishbejatá וְנֶחָמָתָא venejamatá• דַּאֲמִירָן daamirán

בְּעָלְמָא bealmá וְאִמְרוּ veimrú אָמֵן Amén: אָמֵן Amén אידהנויה.

En tus vidas y en tus días y en la vida de la Casa de Israel, prontamente y en el futuro cercano, y dígase, Amén (Amén). Que Su gran Nombre sea bendito por siempre y para toda la eternidad, y bendito y alabado, y glorificado y exaltado, y ensalzado y honrado, y adorado y loado, sea el Nombre del Santo Bendito Sea (Amén). Más allá de todas las bendiciones, himnos, alabanzas y palabras de consolación que pueden decirse en el mundo, y dirán: Amén (Amén)

BARJÚ

Cuando entramos en el Mundo de Creación (*Briá*), recitamos el *Barjú* (debes bendecir). Esta conexión poderosa devuelve la parte de nuestra alma que nos abandonó mientras dormíamos. Incluso si alguien permanece despierto, una parte de su alma lo abandona durante la noche. Hay cinco palabras en el *Barjú* que nos conectan con las cinco partes de nuestra alma. Cada parte del alma está conectada a uno de los cinco mundos.

El *jazán* dice:

בָּרְכוּ barjú יהוה ריבוע יהוה ריבוע מ"ה אֶת et יְהֹוָהאדניאהדונהי Adonai

הַמְּבוֹרָךְ hamevoraj ס"ת כהת, משיח בן דוד ע"ה:

Mientras el *jazán* dice el verso "*barjú*", la congregación dice "*yishtabaj*" de la siguiente manera (El *jazán* dirá "*yishtabaj*" mientras la congregación responde "*baruj*" como está a continuación):

יִשְׁתַּבַּח yishtabaj י"פ ע"ב וְיִתְפָּאַר veyitpaar שְׁמוֹ Shmó מהש ע"ה, ע"ב בריבוע וקס"א ע"ה,

אל שדי ע"ה שֶׁל shel מֶלֶךְ Mélej מַלְכֵי maljei הַמְּלָכִים hamelajim

הַקָּדוֹשׁ haKadosh בָּרוּךְ Baruj הוּא Hu שֶׁהוּא sheHú רִאשׁוֹן rishón וְהוּא veHú

אַחֲרוֹן ajarón וּמִבַּלְעָדָיו umibaladav אֵין ein אֱלֹהִים Elohim אהיה אדני ; ילה.

יְהִי yehí שֵׁם Shem יְהֹוָהאדניאהדונהי Adonai מְבֹרָךְ mevoraj ר"ת = ריבוע ע"ב ריבוע ס"ג

יהוה מברך = רפ"ח (להעלות רפ"ח ניצוצות שנפלו לקליפה דמשם באים התולאים)

מֵעַתָּה meatá וְעַד vead עוֹלָם olam ייל : וּמְרוֹמָם umeromam עַל al

כָּל col ילי ; עמם בְּרָכָה brajá וּתְהִלָּה utehilá ע"ה אמת, אהיה פעמים אהיה, ז"פ ס"ג:

Cuando contestamos "*Baruj Adonai hamevoraj leolam vaed*" recibimos las cinco partes del alma (*Néfesh*, *Rúaj*, *Neshamá*, *Jayá* y *Yejidá*) que nos abandonaron durante el sueño de anoche.

Primero la congregación responde lo siguiente, y luego el *jazán* lo repite:

Néfesh — *Rúaj* — *Neshamá*

בָּרוּךְ Baruj יְהֹוָהאדניאהדונהי Adonai הַמְּבוֹרָךְ hamevoraj

Jayá — *Yejidá*

לְעוֹלָם leolam ריבוע ס"ג וי' אותיות דס"ג וָעֶד vaed:

BARJÚ

Bendigan al Señor, el Bendito. Alabado y exaltado es el Nombre del Rey de todos los Reyes, El Santo Bendito sea, Quien es primero y Quien es último y sin el cual no hay Dios. Que el Nombre del Señor sea bendecido desde ahora y hasta toda la eternidad, por encima de todas las bendiciones y alabanzas. Bendito es el Señor, el Bendito, eternamente y para siempre.

EL MUNDO DE CREACIÓN – *BRIÁ*

El versículo inicial dice: *yotser or uvoré jóshej* (forma la luz y crea la oscuridad). Esto se refiere al concepto de Luz y oscuridad, el bien y el mal. Una división 50/50 entre el bien y el mal nos da el libre albedrío de escoger Luz u oscuridad.

Desde aquí ("*yotser or*") hasta "*gaal Yisrael*" (pág. 363) te encuentras en el Mundo de *Briá*.

Heijal Livnat HaSapir (La Cámara de Zafiro): *Yesod* de *Zeir Anpín* en *Briá*.

En el siguiente párrafo hay sesenta palabras que corresponden con los sesenta poderosos (ellos protegen la *Maljut* de *Atsilut* cuando asciende a *Briá*). El ministro en el *Heijal* es el ángel *Adarhani-el* - אדרהניאל **(no pronunciar este nombre)** y el espíritu de este *Heijal* es יאהדונהי.

בָּרוּךְ Baruj אַתָּה Atá יְהֹוָהאדניאהדונהי Adonai אֱלֹהֵינוּ Eloheinu ילה

מֶלֶךְ Mélej הָעוֹלָם haolam יוֹצֵר yotser אוֹר or רז, אין סוף

וּבוֹרֵא uvoré חֹשֶׁךְ jóshej שך נצוצות של רז מלכים. עֹשֶׂה osé שָׁלוֹם shalom

וּבוֹרֵא uvoré אֶת et הַכֹּל hacol ילי: הַכֹּל hacol ילי יוֹדוּךְ yoduja

וְהַכֹּל vehacol ילי יְשַׁבְּחוּךְ yeshabejuja וְהַכֹּל vehacol ילי יֹאמְרוּ yomrú

אֵין ein קָדוֹשׁ kadosh כַּיהֹוָהאדניאהדונהי caAdonai הַכֹּל hacol ילי

יְרוֹמְמוּךְ yeromemuja סֶּלָה sela יוֹצֵר yotser הַכֹּל hacol ילי.

הָאֵל haEl לאה ; אל (״יא״ מילוי דס״ג) הַפּוֹתֵחַ hapotéaj בְּכָל bejol ב״ן, לכב יוֹם yom ע״ה

נגד, מזבח, זן, אל יהוה דַּלְתוֹת daltot שַׁעֲרֵי shaarei מִזְרָח mizraj.

וּבוֹקֵעַ uvokea חַלּוֹנֵי jalonei רָקִיעַ rakía. מוֹצִיא motsí חַמָּה jamá

מִמְּקוֹמָהּ mimkoma וּלְבָנָה ulvaná מִמְּכוֹן mimejón שִׁבְתָּהּ shivtá.

וּמֵאִיר umeir לְעוֹלָם leolam ריבוע ס״ג י׳ אותיות דס״ג כֻּלּוֹ culó וּלְיוֹשְׁבָיו uleyoshvav

שֶׁבָּרָא shebará קנ״א ב״ן, יהוה אלהים יהוה אדני, מילוי קס״א וס״ג, מ״ה ברבוע ע״ב ע״ה

בְּמִדַּת bemidat הָרַחֲמִים harajamim:

EL MUNDO DE CREACIÓN

Bendito eres Tú, Señor, nuestro Dios, Rey del Universo,

"Quien forma Luz y crea la oscuridad, hace la paz y lo crea todo" (*Isaías 45:7*). *Todo Te da las gracias. Todo Te alaba. Todos dicen que no hay nadie tan Santo como el Señor. ¡Todos te exaltan, Sela! Él, Quien forma todo. El Dios Quien abre diariamente las puertas de las pasarelas del este y Quien abre las ventanas del firmamento, y Quien retira al Sol de su sitio y a la Luna del lugar de su descanso. Quien ilumina a todo el mundo y sus habitantes, Que Él creó con Su atributo de misericordia.*

הַמֵּאִיר hameir לָאָרֶץ laárets וְלַדָּרִים veladarim עָלֶיהָ aleha פהל

בְּרַחֲמִים berajamim מצפצ, אלהים דיודין, י"פ ייי • וּבְטוּבוֹ uvetuvó (שהוא החסד אור גנוז בו)

מְחַדֵּשׁ mejadesh י"ב הויות, קס"א קנ"א קמ"ג בְּכָל bejol ב"ן, לכב יוֹם yom ע"ה נגד, מזבח, זן,

אל יהוה תָּמִיד tamid ע"ה קס"א קנ"א קמ"ג מַעֲשֵׂה maasé בְרֵאשִׁית vereshit ר"ת מ"ב:

מָה־ ma מ"ה רַבּוּ rabu מַעֲשֶׂיךָ maaseja יְהֹוָהאדני Adonai

כֻּלָּם culam בְּחָכְמָה bejojmá במילוי = תרי"ג (מצוות) עָשִׂיתָ asita

Todas las acciones provienen (como potencial de potencial) desde *Aba*, quien rodea a la Luz Infinita, y son realizadas (como hecho de potencial) por *Ima*, quien rodea a *Aba*. *Aba* dice e *Ima* hace.

מָלְאָה malá הָאָרֶץ haárets אלהים דההין ע"ה קִנְיָנֶךָ kinyaneja

Los Animales Sagrados y los *Ofanim* de "*Heijal Livnat Hasapir*".

הַמֶּלֶךְ hamélej הַמְּרוֹמָם hameromam

לְבַדּוֹ levadó מ"ב מֵאָז meaz ומב ; לבדו מאז ע"ה = אמן (יאהדונהי)

Maljut* de *Briá (donde *Asiyá* y *Yetsirá* están incluidas en Ella ahora) sube desde "*Heijal Kódesh HaKodashim*" de *Yetsirá* a "*Heijal Livnat Hasapir*" de *Briá*. **Medita** en conectar *Maljut* y *Yesod* de *Briá*, y atraer la *Neshamá* desde el *Dáat* Superior de *Briá* para Ellos.

הַמְשֻׁבָּח hameshubaj וְהַמְּפֹאָר vehamefoar

וְהַמִּתְנַשֵּׂא vehamitnasé מִימוֹת mimot עוֹלָם olam:

אֱלֹהֵי Elohei מילוי דע"ב, דמב ; ילה עוֹלָם olam בְּרַחֲמֶיךָ berajameja

הָרַבִּים harabim רַחֵם rajem אברהם, וו"פ אל, רי"ו ול"ב נתיבות החכמה,

רמ"ח (אברים), עסמ"ב וט"ז אותיות פשוטות עָלֵינוּ aleinu • אֲדוֹן Adón אני עֻזֵּנוּ uzenu •

צוּר tsur אלהים דההין ע"ה מִשְׂגַּבֵּנוּ misgabenu •

מָגֵן maguén ג"פ אל (ייא" במילוי דס"ג) ; ר"ת מיכאל גבריאל נוריאל יִשְׁעֵנוּ yishenu •

מִשְׂגָּב misgav משה, מהש, ע"ב בריבוע קס"א, אל שדי, ד"פ אלהים ע"ה בַּעֲדֵנוּ baadenu:

En Shabat: *Heijal Ratsón* (la Cámara del Deseo) – *Tiféret* de *Zeir Anpín* en *Briá*.

Y, con Su bondad, Él renueva, cada día y siempre, las obras de Creación.Qué diversas son Tus obras, Señor. Has hecho todo con sabiduría y el mundo está lleno con Tus posesiones. El Rey, Quien fue exaltado solo desde el comienzo. El que es alabado, glorificado y loado desde el comienzo del tiempo. Dios del mundo, ten piedad de nosotros con Tus abundantes misericordias. Amo de nuestra fuerza, escudo de nuestra redención y Quien es fortaleza para nosotros.

אֵין ein עֲרוֹךְ aroj לְךָ lejá וְאֵין veein זוּלָתְךָ zulataj• אֶפֶס éfes

בִּלְתְּךָ biltaj וּמִי umí ילי דּוֹמֶה domé לָךְ laj: אֵין ein עֲרוֹךְ aroj לְךָ lejá

יְהֹוָהאדהנויה Adonai. אֱלֹהֵינוּ Eloheinu ילה בָּעוֹלָם baolam הַזֶּה hazé והו•

וְאֵין veéin זוּלָתְךָ zulataj מַלְכֵּנוּ malquenu לְחַיֵּי lejayei

הָעוֹלָם haolam הַבָּא habá: אֶפֶס éfes בִּלְתְּךָ biltaj גּוֹאֲלֵנוּ goalenu

לִימוֹת limot הַמָּשִׁיחַ haMashíaj• וּמִי umí ילי דּוֹמֶה domé

לָךְ laj מוֹשִׁיעֵנוּ moshienu לִתְחִיַּת litjiyat הַמֵּתִים hametim:

EL ADÓN

Encontramos las 22 letras del alfabeto arameo codificadas en esta oración. La primera letra en cada una de las primeras 22 frases está en el orden alfabético correcto. Debido a que las letras arameas son los verdaderos instrumentos de la Creación, esta oración ayuda a inyectar orden y el poder de la Creación en nuestra vida.

> ***En Shabat:*** *Heijal Ahavá* (la Cámara del Amor) – *Jésed* de *Zeir Anpín* en *Briá*.
> **Medita** en atraer la Santidad adicional de *Shabat* (desde el aspecto del día; masculino) hacia *Nukvá* de *Zeir Anpín* de *Briá* para que Ella tenga un nuevo Nombre: אל אלף דלת נון יוד (702=*Shabat*). También **medita** en elevar "*Heijal Ahavá*" (*Jésed*) de *Zeir Anpín* de *Briá* hacia el "*Heijal Ahavá*" Superior (*Jésed*) de *Aba* e *Ima* de *Briá*, para atraer la Santidad adicional de *Shabat*.

Heijal Étsem Hashamáyim (La Cámara de la Personificación del Cielo) – *Hod* de *Zeir Anpín* en *Briá*.

א אֵל El ייא״י (מילוי דס״ג) ב אָדוֹן adón אני

ג עַל al ד כָּל col ילי ; עמם ה הַמַּעֲשִׂים hamaasim•

ו בָּרוּךְ baruj ז וּמְבוֹרָךְ umevoraj

ח בְּפִי befí ט כָּל jol ילי ; עמם י הַנְּשָׁמָה hanshamá•

No hay comparación contigo, Señor, nuestro Dios, en este mundo y no habrá nada a excepción de Ti, nuestro Rey, en la vida del Mundo por Venir. No habrá nada sin Ti, nuestro Redentor en los días del Mesías. ¿Y quién será como Tú, nuestro Salvador, en la resurrección de los muertos?

EL ADÓN

א *Dios, Señor sobre todas las obras.* ב *Bendito Quien es bendecido por la boca de cada alma.*

והו ילי סיט עלם

גָּדְלוֹ godló וְטוּבוֹ vetuvó מָלֵא malé עוֹלָם olam ◆

מהש ללה אכא כהת

דַּעַת dáat וּתְבוּנָה utvuná סוֹבְבִים sovevim הוֹדוֹ hodó אהיה:

הזי אלד לאו ההע

הַמִּתְגָּאֶה hamitgaé עַל al וְחַיּוֹת jayot הַקֹּדֶשׁ hakódesh ◆

יזל מבה הרי הקם

וְנֶהְדָּר venehedar בְּכָבוֹד bejavod בוכו עַל al הַמֶּרְכָּבָה hamercavá ◆

לאו כלי לוו פהל

זְכוּת zjut וּמִישׁוֹר umishor לִפְנֵי lifnei כִסְאוֹ jisó ◆

נלך ייי מלה חהו

וָחֶסֶד jésed ע״ב, ריבוע יהוה וְרַחֲמִים verajamim מָלֵא malé כְּבוֹדוֹ jevodó:

נתה האא ירת שאה

טוֹבִים tovim מְאוֹרוֹת meorot שֶׁבְּרָאָם sheberaam אֱלֹהֵינוּ Eloheinu ילה ◆

ריי אום

יְצָרָם yetsaram בְּדַעַת bedáat

לכב ושר

בְּבִינָה beviná ע״ה אהיה אהיה יהוה, חיים וּבְהַשְׂכֵּל uvehasquel ◆

ייז להח כוק מנד

כֹּחַ cóaj וּגְבוּרָה ugvurá רי״י נָתַן natán בָּהֶם bahem ◆

אני חעם רהע ייז

לִהְיוֹת lihyot מוֹשְׁלִים moshlim בְּקֶרֶב bekérev תֵּבֵל tevel ב״פ רי״ו:

ההה מיכ וול ילה

מְלֵאִים meleim זִיו ziv וּמְפִיקִים umefikim נֹגַהּ noga דני ◆

ג Su grandeza y Su bondad llenan el mundo. ד Sabiduría y entendimiento rodean Su gloria. ה Él Quien es exaltado por sobre las Bestias sagradas. ו Y sus esplendores en gloria sobre la Carroza. ז Mérito y justicia están ante Su Trono. ח Benevolencia y misericordia llenan Su gloria ט Buenas son las luminarias que nuestro Dios ha creado. י Las creó con entendimiento, discernimiento y sabiduría. כ Él les concedió fortaleza y poder, ל para ser dominante en el mundo. מ Están llenas de brillo e irradian luminosidad.

סאל ערי עשל מיה

נָאֶה naé זִיוָם zivam בְּכָל bejol ב"ן, לכב הָעוֹלָם haolam•

והו דני הזוש עמם

שְׂמֵחִים smejim בְּצֵאתָם betsetam שָׂשִׂים sasim בְּבוֹאָם bevoam•

ננא נית

עוֹשִׂים osim בְּאֵימָה beeimá ר"ת ע"ב (יוד הי ויו הי), ריבוע יהוה (י יה יהו יהוה)

מבה פוי

רְצוֹן retsón מהש ע"ה, ע"ב בריבוע וקס"א ע"ה, אל שדי ע"ה קוֹנֵיהֶם koneihem:

נמם ייל הרוז מצר

פְּאֵר peer וְכָבוֹד vejavod נוֹתְנִים notnim לִשְׁמוֹ lishmó

מהש ע"ה, ע"ב בריבוע וקס"א ע"ה, אל שדי ע"ה

ומב יהה ענו מחי

צָהֳלָה tsaholá וְרִנָּה veriná לְזֵכֶר lezéjer מַלְכוּתוֹ maljutó•

דמב מנק איע חבו

קָרָא kará לַשֶּׁמֶשׁ lashémesh וַיִּזְרַח vayizraj אוֹר or רז, אין סוף•

ראה יבמ היי מום

רָאָה raá ראה וְהִתְקִין vehitkín צוּרַת tsurat הַלְּבָנָה halevaná:

י"א י"ב י"ג י"ד ט"ו ט"ז

שֶׁבַח shévaj נוֹתְנִים notnim לוֹ lo כָּל col ילי צְבָא tsvá מָרוֹם marom•

י"ז י"ח י"ט

תִּפְאֶרֶת tiféret וּגְדוּלָּה ugdulá (*Briá*) שְׂרָפִים serafim

כ' כ"א כ"ב

(*Yetsirá*) וְחַיּוֹת vejayot (*Asiyá*) וְאוֹפַנֵּי veofanei הַקֹּדֶשׁ hakódesh:

נ *Su brillantez es hermosa alrededor del mundo.* ס *Alegres mientras avanzan y rebosantes mientras regresan.* ע *Ellas hacen con admiración la voluntad de su Creador.* פ *Todos los ejércitos arriba conceden alabanza a Él.* צ *Júbilo y canciones alegres ante la mención de Su Reino.* ק *Él llamó al Sol y éste brilló con luz.* ר *Él vio y creó la forma de la Luna.* ש *Todos los ejércitos del cielo lo alaban.* ת *Esplendor y grandeza le atribuyen los Serafines, Bestias y los santos Ofanim.*

En *Shabat* agregamos:

LAEL ASHER

Cada uno de nosotros está imbuido del ADN del Creador. Este versículo nos ayuda a despertartodas las características divinas dentro de nosotros para que podamos alcanzar la realización y obtener control sobre nuestra vida.

לָאֵל laEl ייא״ (מילוי דס״ג) אֲשֶׁר asher שָׁבַת shavat מִכָּל micol הַמַּעֲשִׂים hamaasim.

וּבַיּוֹם uvayom ע״ה נגד, מזבח, זן, אל יהוה הַשְּׁבִיעִי hashvií נִתְעַלָּה nitalá

Medita en que *Zeir Anpín*, que estaba “sentado” en *Yetsirá*, ahora se está elevando a *Briá*.

Hasta ahora, los cinco *Tsélem* (de *Nétsaj, Hod, Yesod* de *Yisrael Saba* y *Tevuná*), que son llamados צ, los cinco *Tsélem* (de *Jésed, Guevurá, Tiféret* de *Yisrael Saba* y *Tevuná*), que son llamados ל, y los cinco *Tsélem* (de *Jojmá, Biná, Dáat* de *Yisrael Saba* y *Tevuná*), que son llamados ם, (y también son llamados: *Néfesh, Rúaj, Neshamá, Jayá, Yejidá*, de *Neshamá*), ya han entrado a los cinco *Partsufim* de *Nétsaj, Hod, Yesod*, y a los cinco *Partsufim* de *Jésed, Guevurá, Tiféret* y a los cinco *Partsufim* de *Jojmá, Biná, Dáat* de *Biná* de *Zeir Anpín*, que es llamado *Gadlut Álef* (Primera Adultez, que no es considerada como una elevación para *Zeir Anpín*). **También medita** por *Yaakov* y *Rajel*, Quienes ahora están rodeando a *Nétsaj, Hod, Yesod* de *Biná* de *Zeir Anpín* (que es *Nétsaj, Hod, Yesod* de *Yisrael Saba* y *Tevuná*).

וַיָּשַׁב veyashav עַל al כִּסֵּא quisé כְּבוֹדוֹ jevodó. תִּפְאֶרֶת tiféret

עָטָה atá לְיוֹם leyom ע״ה נגד, מזבח, זן, אל יהוה הַמְּנוּחָה hamenujá.

עֹנֶג óneg ר״ת עדן נהר גן קָרָא kará לְיוֹם leyom ע״ה נגד, מזבח, זן, אל יהוה

הַשַּׁבָּת haShabat: זֶה ze שִׁיר shir שֶׁבַח shévaj שֶׁל shel

יוֹם yom ע״ה נגד, מזבח, זן, אל יהוה הַשְּׁבִיעִי hashvií שֶׁבּוֹ shebó שָׁבַת shavat

אֵל El ייא״ (מילוי דס״ג) מִכָּל micol ילי מְלַאכְתּוֹ melajtó.

וְיוֹם veyom ע״ה נגד, מזבח, זן, אל יהוה הַשְּׁבִיעִי hashvií מְשַׁבֵּחַ mshabéaj

וְאוֹמֵר veomer: מִזְמוֹר mizmor שִׁיר shir לְיוֹם leyom ע״ה נגד, מזבח, זן, אל יהוה

הַשַּׁבָּת haShabat ר״ת למשה: לְפִיכָךְ lefijaj יְפָאֲרוּ yefaarú

לָאֵל laEl ייא״ (מילוי דס״ג) כָּל col ילי יְצוּרָיו yetsurav שֶׁבַח shévaj וִיקָר vikar

וּגְדֻלָּה ugdulá וְכָבוֹד vejavod יִתְּנוּ yitnú לַמֶּלֶךְ laMélej יוֹצֵר yotser

כֹּל col ילי. הַמַּנְחִיל hamanjil מְנוּחָה menujá לְעַמּוֹ leamó יִשְׂרָאֵל Yisrael

בְּיוֹם beyom ע״ה נגד, מזבח, זן, אל יהוה שַׁבַּת Shabat קֹדֶשׁ kódesh.

LAEL ASHER

Al Dios Quien descansó de todas las obras y Quien, en el Séptimo Día, fue elevado y se sentó en el Trono de Su gloria. Con esplendor Él envolvió el Día de Descanso. Él declaró el Día de Shabat una delicia. Esta es la canción de alabanza del Día de Shabat en el que Dios descansó de todo Su trabajo. Y el Séptimo Día alaba y dice: Un salmo, una canción para el Día de Shabat. Es bueno dar gracias al Señor. Por lo tanto, que todo lo que Él ha creado glorifique y bendiga a Dios.Alabanza, honor, grandeza y gloria, que se rindan a Dios, el Rey, Quien creó todo. Él Quien da una herencia de alegría a Su Pueblo, Israel, en Su santidad, en el Día de Shabat.

שִׁמְךָ Shimjá יְהֹוָאדהנהי Adonai אֱלֹהֵינוּ Eloheinu ילה יִתְקַדַּשׁ yitkadash

שין דלת יוד• וְזִכְרְךָ vezijrejá יִתְפָּאַר yitpaar מַלְכֵּנוּ malquenu

בַּשָּׁמַיִם bashamáyim י״פ טל, י״פ כוזו מִמַּעַל mimáal עלם וְעַל veal הָאָרֶץ haárets

אלהים דההין ע״ה מִתָּחַת •mitájat עַל al כָּל col ילי ; עמם שֶׁבַח shévaj

מַעֲשֵׂה maasé יָדֶיךָ •yadeja וְעַל veal מְאוֹרֵי meorei אוֹר or רז, אין סוף

שֶׁיָּצַרְתָּ sheyatsarta הֵמָּה hema יְפָאֲרוּךָ yefaaruja סֶּלָה sela•:

TITBARAJ LANÉTSAJ

El último Nombre de los 72 Nombres de Dios —*Mem, Vav, Mem* final מום— aparece en esta conexión. Este Nombre significa “mancha” o “imperfección”. Si estamos en este planeta, todavía tenemos al menos una imperfección, si no es que tenemos innumerables imperfecciones más. Esta conexión nos ayuda a corregir estas fallas.

תִּתְבָּרַךְ titbaraj לָנֶצַח lanétsaj צוּרֵנוּ tsurenu מַלְכֵּנוּ malquenu

וְגוֹאֲלֵנוּ vegoalenu בּוֹרֵא boré קְדוֹשִׁים kdoshim

יִשְׁתַּבַּח yishtabaj י״פ ע״ב ; ר״ת יב״ק, אלהים יהוה, אהיה אדני יהוה שִׁמְךָ Shimjá

לָעַד laad ב״פ ב״ן מַלְכֵּנוּ malquenu יוֹצֵר yotser מְשָׁרְתִים meshartim

וַאֲשֶׁר vaasher מְשָׁרְתָיו meshartav ר״ת מום, אלהים כֻּלָּם culam

עוֹמְדִים omdim כלם עומדים = י׳ הויות בְּרוּם berum עוֹלָם olam ר״ת ע״ב, ריבוע יהוה ;

ברום עולם ע״ה = קס״א קנ״א קמ״ג עם ג׳ כוללים (לא כולל האהיה עצמם) וּמַשְׁמִיעִים umashmiím

בְּיִרְאָה beyirá רי״ו יַחַד yájad בְּקוֹל bekol, דִּבְרֵי divrei ראה

אֱלֹהִים Elohim אהיה אדני ; ילה וְחַיִּים jayim אהיה אהיה יהוה, בינה ע״ה וּמֶלֶךְ: uMélej

עוֹלָם olam• כֻּלָּם culam אֲהוּבִים ahuvim• כֻּלָּם culam בְּרוּרִים brurim•

כֻּלָּם culam גִּבּוֹרִים guiborim ר״ת אבג• כֻּלָּם culam קְדוֹשִׁים kdoshim•

Que Tu Nombre, Señor, nuestro Dios, sea santificado y que Tu recuerdo, nuestro Rey, sea glorificada en el Cielo arriba y sobre la Tierra abajo. Que Tú seas bendecido, nuestro Salvador, más allá de todas las alabanzas de Tu obra. Y más allá de las luminarias brillantes que Tú has creado, ¡que te glorifiquen, Sela!

TITBARAJ LANÉTSAJ

Que Tú seas eternamente bendecido, nuestra Fortaleza, nuestro Rey y nuestro Redentor, Creador de los Santos ángeles. Que Tu Nombre sea alabado por siempre, nuestro Rey, Quien forma ángeles asistentes. Y Cuyos ángeles asistentes están de pie en las alturas del mundo y fuertemente proclaman, con reverencia y al unísono, las palabras del Dios Viviente y Rey del Universo. Todos son amados. Todos son puros. Todos son poderosos. Todos son Santos.

כֻּלָּם culam עוֹשִׂים osim בְּאֵימָה beeimá ר״ת ע״ב, ריבוע יהוה

וּבְיִרְאָה uveyirá רי״ו רְצוֹן retsón מהש ע״ה, ע״ב בריבוע וקס״א ע״ה, אל שדי ע״ה

קוֹנֵיהֶם koneihem וְכֻלָּם vejulam פּוֹתְחִים potjim אֶת et

פִּיהֶם pihem בִּקְדוּשָּׁה bikdushá וּבְטָהֳרָה uvetahorá בְּשִׁירָה beshirá

וּבְזִמְרָה uvezimrá וּמְבָרְכִין umevarjín• וּמְשַׁבְּחִין umeshabjín•

וּמְפָאֲרִין umefaarín• וּמַקְדִּישִׁין umakdishín• וּמַעֲרִיצִין umaaritsín•

וּמַמְלִיכִין umamlijín ר״ת ז׳ ווין בסוד שם בן מ״ב ; ס״ת = מצפצ, אלהים דיודין, י״פ ייי•

ET SHEM

La palabra *reshut* רשות se encuentra dentro de esta conexión. *Reshut* tiene el mismo valor numérico (906) que las iniciales de las palabras que componen la última frase del *Aná Bejóaj* (*shavateinu kabel, ushmá tsaakateinu, yodea taalumot*) – שקוצית. Esta secuencia específica está relacionada con nuestro mundo físico, *Maljut*.

אֶת־ et שֵׁם shem הָאֵל haEl לאה ; אל (״יא״ מילוי דס״ג) הַמֶּלֶךְ: haMélej

הַגָּדוֹל hagadol להח ; עם ד׳ אותיות = מבה, יזל, אום הַגִּבּוֹר haguibor

וְהַנּוֹרָא vehanorá ר״ת = יהוה קָדוֹשׁ kadosh הוּא Hu•

וְכֻלָּם vejulam מְקַבְּלִים mekablim עֲלֵיהֶם aleihem עוֹל ol

מַלְכוּת maljut שָׁמַיִם shamáyim י״פ טל, י״פ כוזו זֶה ze מִזֶּה mizé•

וְנוֹתְנִים venotnim רְשׁוּת reshut שקו צית זֶה ze לָזֶה lazé•

לְהַקְדִּישׁ lehakdish לְיוֹצְרָם leyotsram בְּנַחַת benájat רוּחַ rúaj•

בְּשָׂפָה besafá בְרוּרָה vrurá בשפה ברורה ע״ה = לשון הקודש וּבִנְעִימָה uvinimá•

קְדוּשָּׁה kdushá כֻּלָּם culam כְּאֶחָד queejad אהבה, דאגה

עוֹנִים onim בְּאֵימָה beeimá• וְאוֹמְרִים veomrim בְּיִרְאָה beyirá רי״ו:•

Todos ejecutan, con reverencia y con asombro, la voluntad de su Hacedor. Todos abren sus bocas con Santidad y con pureza, con canciones y melodías. Ellos bendicen, alaban, glorifican, santifican, reverencian y entronan.

ET SHEM

El Nombre de Dios, el Rey, el grande, poderoso y reverenciado, porque Él es Santo. Todos aceptan sobre sí el yugo del Reino Celestial, uno del otro. Y se dan permiso uno al otro y ellos dan su consentimiento para santificar a su Creador. Con un espíritu calmo y con una expresión clara, y placentera, ellos proclaman santidad, con reverencia. Y todos ellos dicen al unísono y en asombro:

KADOSH, KADOSH, KADOSH

Esta frase se traduce como "Santo, Santo, Santo", pero no se refiere al significado convencional de la palabra "santo" (sagrado, bendecido o santificado). En lugar de ello, se refiere al concepto de completitud o "totalidad", como en la completitud cuántica de la realidad que está unificada e interconectada. Repetir la palabra "santo" tres veces también nos conecta con las Columnas Derecha (positiva), Izquierda (negativa) y Central (neutral). Esta oración nos infunde con la conciencia de que, a pesar de que tengamos imperfecciones, aún tenemos la Chispa Divina de Luz dentro de nosotros. Nuestra alma es parte de Dios.

Es bueno recitar este versículo siguiendo sus entonaciones (*teamim*).

קָדוֹשׁ kadosh **(Derecha)** | קָדוֹשׁ kadosh **(Izquierda)** קָדוֹשׁ kadosh **(Central)**

יְהֹוָהאדניאהדונהי Adonai צְבָאוֹת Tsvaot פני שכינה

מְלֹא meló כָל־ jol ילי הָאָרֶץ haárets אלהים דההין ע״ה כְּבוֹדוֹ quevodó:

וְהָאוֹפַנִּים vehaofanim וְחַיּוֹת vejayot הַקֹּדֶשׁ hakódesh

בְּרַעַשׁ beráash גָּדוֹל gadol להח ; עם ד׳ אותיות = מבה, יזל, הום

מִתְנַשְּׂאִים mitnaseim לְעֻמַּת leumat הַשְּׂרָפִים haserafim

לְעֻמָּתָם leumatam מְשַׁבְּחִים meshabjim וְאוֹמְרִים veomrim:

בָּרוּךְ Baruj כְּבוֹד Quevod יְהֹוָהאדניאהדונהי Adonai ; כבוד יהוה = יוד הי ואו הה

מִמְּקוֹמוֹ mimcomó עסמ״ב, הברכה (למתק את י׳ המלכים שמתו)

ר״ת = ע״ב, ריבוע יהוה ; ר״ת מ״כ, י״פ האא:

LAEL BARUJ

Heijal Noga (La Cámara la Luminosidad) - *Nétsaj* de *Zeir Anpín* in *Briá*.

לָאֵל laEl יא״י (מילוי דס״ג) בָּרוּךְ baruj • נְעִימוֹת neimot יִתֵּנוּ yitenu •

לַמֶּלֶךְ laMélej אֵל El יא״י (מילוי דס״ג) חַי jai וְקַיָּם vekayam •

זְמִירוֹת zmirot יֹאמֵרוּ yomrú • וְתִשְׁבָּחוֹת vetishbajot יַשְׁמִיעוּ yashmíu •

KADOSH, KADOSH, KADOSH

"Santo, Santo, Santo Es el Señor de los Ejércitos. El mundo está lleno con Su gloria" (Isaías 6:3). *"Los Ofanim y todas las Bestias Sagradas rugen con voz estruendosa hacía los Serafines que están de pie enfrente de ellos, y alaban y dicen: Bendita es la gloria del Señor desde Su lugar"* (Ezequiel 3:12).

LAEL BARUJ

Al Dios bendito, ellos le dan melodías.

Al Rey, al Dios viviente y eterno, ellos le cantarán himnos y proclamarán alabanzas.

SIETE VERSÍCULOS

Cada uno de estos siete versículos conecta con un cuerpo celeste diferente. Hace cuatro mil años, Avraham el Patriarca reveló que había siete cuerpos celestes claves que podían verse con los ojos: El Sol, la Luna, Marte, Mercurio, Saturno, Venus y Júpiter. Estos son los que tienen una influencia directa en nuestro mundo físico y ellos corresponden a las Siete *Sefirot* Inferiores. Según Avraham, las Tres Dimensiones Superiores (*Sefirot*) no influyen directamente en nuestro mundo.

כִּי qui הוּא Hu לְבַדּוֹ levadó מ"ב

(*Kéter*) מָרוֹם marom **(*Jojmá*)** וְקָדוֹשׁ vekadosh.

כנגד ז' כוכבי לכת – correspondiendo a los siete planetas:

(***Biná***) פּוֹעֵל poel גְּבוּרוֹת guevurot **(Sol)**

(***Jésed***) עוֹשֶׂה osé חֲדָשׁוֹת jadashot **(Luna)**

(***Guevurá***) בַּעַל báal מִלְחָמוֹת miljamot **(Marte)**

(***Tiféret***) זוֹרֵעַ zorea צְדָקוֹת tsedakot **(Mercurio)**

ד כ פ ר ת ב ג (*Dálet Caf Pei Resh Tav Bet Guímel*)

(***Nétsaj***) מַצְמִיחַ matsmíaj יְשׁוּעוֹת yeshuot **(Saturno)**

(***Hod***) בּוֹרֵא boré רְפוּאוֹת refuot **(Venus)**

(***Yesod***) נוֹרָא norá תְהִלּוֹת tehilot **(Júpiter)**

(***Maljut***) אֲדוֹן Adón אנ"י הַנִּפְלָאוֹת haniflaot.

MAASÉ BERESHIT

Heijal Zejut (la Cámara del Mérito) – *Guevurá* de *Zeir Anpín* en *Briá*.

Ten en cuenta en todo momento que cada nuevo día es una renovación para toda la Creación. Con frecuencia, vivimos la vida ya sea en el pasado o en el futuro, dejando que el presente se nos escape. El verdadero crecimiento espiritual ocurre en el presente. Esta oración ayuda a infundir esta conciencia en nosotros. En el presente, lidiamos proactivamente con los efectos que hemos creado en el pasado y, a través de nuestras acciones, sembramos las semillas para nuestro futuro. Si nos perdemos las oportunidades que nos ofrece el presente, estaremos en un círculo reactivo, sin control sobre nuestra vida.

SIETE VERSÍCULOS

(Kéter) *Porque solamente Él es elevado* (Jojmá) *y Santo.*

(Biná) *Él realiza hechos poderosos.* (Sol) (Jésed) *Hace cosas nuevas.* (Luna)

(Guevurá) *El Señor de las guerras.* (Marte) (Tiféret) *Siembra rectitud.* (Mercurio)

(Nétsaj) *Hace brotar salvación.* (Saturno) (Hod) *Crea remedios.* (Venus)

(Yesod) *Magnífico en alabanzas.* (Júpiter) (Maljut) *Señor de los prodigios.*

הַמְחַדֵּשׁ hamejadesh יב הויות, קס"א קנ"א בְּטוּבוֹ betuvó בְּכָל bejol ב"ן, לכב

יוֹם yom ע"ה נגד, מזבח, זן, אל יהוה תָּמִיד tamid ע"ה קס"א קנ"א קמ"ג.

מַעֲשֵׂה maasé בְרֵאשִׁית vereshit ר"ת מ"ב. כָּאָמוּר caamur:

לְעֹשֵׂה leosé אוֹרִים orim רז, אין סוף גְּדֹלִים gdolim כִּי qui

לְעוֹלָם leolam ריבוע ס"ג וי' אותיות דס"ג וְחַסְדּוֹ jasdó ג' הויות, מזלא ; ר"ת = נגה:

בָּרוּךְ Baruj אַתָּה Atá יְהֹוָהאדניאהדונהי Adonai יוֹצֵר yotser הַמְּאוֹרוֹת hameorot:

AHAVAT OLAM (AHAVÁ RABÁ)

Heijal Ahavá (la Cámara del Amor) – *Jésed* de *Zeir Anpín* en *Briá*.

El propósito de esta oración es infundirnos con amor por el mundo y por las demás personas.

אַהֲבַת ahavat עוֹלָם olam (en **Shabat** decimos "*Ahavá Rabá*" en vez de "*Ahavat Olam*"):

אַהֲבָה ahavá אחד, דאגה רַבָּה rabá) אֲהַבְתָּנוּ ahavtanu ר"ת = ע"ב, ריבוע יהוה

יְהֹוָהאדניאהדונהי Adonai אֱלֹהֵינוּ Eloheinu ילה וְחֶמְלָה jemlá גְדוֹלָה gdolá

וִיתֵרָה viterá חָמַלְתָּ jamaltá עָלֵינוּ aleinu. אָבִינוּ avinu מַלְכֵּנוּ malquenu

בַּעֲבוּר baavur שִׁמְךָ Shimjá הַגָּדוֹל hagadol להח ; עם ד' אותיות = מבה, יזל, אום

וּבַעֲבוּר uvaavur אֲבוֹתֵינוּ avoteinu שֶׁבָּטְחוּ shebatjú בָךְ vaj:

וַתְּלַמְּדֵמוֹ vatelamdemo חֻקֵּי jukei חַיִּים jayim אהיה אהיה יהוה, בינה ע"ה

לַעֲשׂוֹת laasot רְצוֹנְךָ retsonjá בְּלֵבָב belevav בוכו שָׁלֵם shalem.

כֵּן quen תְּחָנֵּנוּ tejanenú אָבִינוּ avinu אָב av הָרַחֲמָן harajamán.

MAASÉ BERESHIT

Renueva, cada día y para siempre, el trabajo de Creación como está dicho: "Al que hace las grandes luminarias, porque Su benevolencia es para siempre" (Salmos 136:7).

Bendito eres Tú, Señor, Hacedor de luminarias.

AHAVAT OLAM (AHAVÁ RABÁ)

Tú nos has amado con amor eterno (**en Shabat**: *gran amor*), *Señor, nuestro Dios. Tú has concedido sobre nosotros grande y abundante compasión, nuestro Padre, nuestro Rey, por Tu Gran Nombre y por nuestros antepasados que confiaron en Ti. Enseña preceptos de entrega de vida para que podamos cumplir Tu voluntad, con todo el corazón, para que seas amable a nosotros, nuestro Padre, Padre misericordioso.*

הַמְרַחֵם hamerajem אברהם, ח"פ אל, רי"ו ול"ב נתיבות החכמה, רב

עסמ"ב וט"ז אותיות פשוטות רַחֵם rajem אברהם, ח"פ אל, רי"ו ול"ב נתיבות החכמה, רמ"ח (אב

עסמ"ב וט"ז אותיות פשוטות נָא na עָלֵינוּ aleinu וְתֵן vetén בְּלִבֵּנוּ belibenu

בִּינָה viná ע"ה אהיה אהיה יהוה, וחיים לְהָבִין lehavín • לְהַשְׂכִּיל lehasquil •

לִשְׁמוֹעַ lishmoa • לִלְמוֹד lilmod וּלְלַמֵּד ulelamed • לִשְׁמוֹר lishmor

וְלַעֲשׂוֹת velaasot וּלְקַיֵּם ulekayem אֶת־ et כָּל־ col יל"י דִּבְרֵי divrei ראה

תַּלְמוּד talmud תּוֹרָתֶךָ toratjá בְּאַהֲבָה beahavá אחד, דאגה • וְהָאֵר vehaer

עֵינֵינוּ eineinu ריבוע מ"ה בְּתוֹרָתֶךָ betorateja • וְדַבֵּק vedabek

לִבֵּנוּ libenu בְּמִצְוֹתֶיךָ vemitsvoteja • וְיַחֵד veyajed לְבָבֵנוּ levavenu

לְאַהֲבָה leahavá אחד, דאגה וּלְיִרְאָה uleyirá רי"ו אֶת־ et שְׁמֶךָ Shmeja •

וְלֹא veló נֵבוֹשׁ nevosh וְלֹא veló נִכָּלֵם nicalem וְלֹא veló נִכָּשֵׁל nicashel

לְעוֹלָם leolam ריבוע ס"ג וי' אותיות דס"ג וָעֶד vaed • כִּי qui בְּשֵׁם veShem

קָדְשְׁךָ kadshejá הַגָּדוֹל hagadol להח ; עם ד' אותיות = מבה, יזל, אום

וְהַנּוֹרָא vehanorá בָּטָחְנוּ vatajnu • נָגִילָה naguilá וְנִשְׂמְחָה venismejá

בִּישׁוּעָתֶךָ vishuateja • וְרַחֲמֶיךָ verajameja יְהֹוָה אדני אהדונהי Adonai

אֱלֹהֵינוּ Eloheinu ילה וַחֲסָדֶיךָ vajasadeja הָרַבִּים harabim

אַל al יַעַזְבוּנוּ yaazvunu נֶצַח nétsaj סֶלָה sela וָעֶד vaed •

Sostén las cuatro esquinas del *Talit* con tu mano izquierda y llévalas a tu pecho hasta que termines de recitar las palabras "*laad uleolmei olamim*" en la pág. 359.

מַהֵר maher וְהָבֵא vehavé עָלֵינוּ aleinu בְּרָכָה brajá

וְשָׁלוֹם veshalom מְהֵרָה meherá מֵאַרְבַּע mearbá כַּנְפוֹת canfot

הָאָרֶץ haárets אלהים דההין ע"ה ; ר"ת = אדני •

Sé misericordioso con nosotros, Oh El misericordioso. Coloca comprensión en nuestros corazones para que podamos entender, discernir, oír, estudiar, enseñar, mantener, hacer y cumplir todas las palabras de enseñanza de Tu Torá en amor. Ilumina nuestros ojos con Tu Torá. Enlaza nuestros corazones con Tus mandamientos. Unifica nuestros corazones para amar y temer a Tu Nombre; entonces no estaremos ni avergonzados ni humillados; ni fallaremos nunca y por toda la eternidad. Porque hemos colocado nuestra confianza en Tu gran y reverentemente temido Nombre. Que nos regocijemos y seamos felices en Tu Salvación. Que Tu compasión nunca nos abandone, Señor, nuestro Dios, ni Tus muchas benevolencias, Sela, por siempre. Apúrate y trae sobre nosotros bendición y paz, rápidamente, de los cuatro confines de la Tierra.

tsavarenu צַוָּארֵנוּ עלם meal מֵעַל hagoyim הַגּוֹיִם ol עוֹל ushvor שְׁבוֹר
•leartsenu לְאַרְצֵנוּ komemiyut קוֹמְמִיּוּת meherá מְהֵרָה veholijenu וְהוֹלִיכֵנוּ
אמן ,ר״ת פאי Atá אַתָּה yeshuot יְשׁוּעוֹת poel פּוֹעֵל (מילוי דס״ג) ״יא״ El אֵל qui כִּי
•velashón וְלָשׁוֹן am עַם ילי micol מִכָּל־ vajarta בָחַרְתָּ uvanu וּבָנוּ (יאהדונהי)

VEKERAVTANU MALQUENU

Recitar *Vekeravtanu Malquenu* nos hace recordar el Monte Sinaí y nos proporciona una conexión directa con éste y con la energía de inmortalidad.

malquenu מַלְכֵּנוּ vekeravtanu וְקֵרַבְתָּנוּ

LESHIMJÁ HAGADOL

Esta frase nos da el poder de eliminar toda duda e incertidumbre de nuestra vida.

Sin el poder de la certeza, todas nuestras oraciones son ineficientes. Los kabbalistas explican que la incertidumbre es la semilla de todo mal en el mundo: incertidumbre sobre nosotros, sobre la existencia de Dios, sobre nuestro destino y sobre nuestra capacidad de superar desafíos. Debido a que nuestra conciencia crea nuestra realidad, nuestra incertidumbre inevitablemente conllevará al caos. Cuando destruimos nuestra duda, todo lo que queda es positividad y certeza en la Luz. La palabra *Amalek* עמלק tiene el mismo valor numérico que la palabra aramea para "incertidumbre" y "duda" ספק (240). *Amalek* se refiere a las dudas e incertidumbres que nos infectan, provocando desunión y odio entre los pueblos. Una historia en la Biblia relata cómo Dios ordenó a los israelitas a salir y matar a todos los hombres, mujeres y niños de la nación de *Amalek*. El *Zóhar* explica que en este pasaje hay un código para destruir nuestra duda. En realidad, Dios les estaba diciendo a los israelitas que mataran a la incertidumbre dentro de ellos.

אום ,יזל ,מבה = עם ד׳ אותיות ; להח hagadol הַגָּדוֹל leShimjá לְשִׁמְךָ

BEAHAVÁ LEHODOT LAJ

Ahora estamos obteniendo la fuerza para abstenernos de cualquier tipo de habla maliciosa o chisme acerca de otras personas.

Espiritualmente, el habla maliciosa es considerada como una de las acciones negativas más graves que una persona puede realizar; es incluso más grave que el asesinato. Dicen los sabios que con el asesinato una persona muere una vez. Cuando hablamos chismes de otra persona, a nivel espiritual, tres personas mueren: el hablante, el oyente y el individuo de quien se está hablando. Y no sólo eso, cada vez que el chisme pasa de una persona a otra, matamos a ese individuo nuevamente. El habla tiene un poder enorme. Cuando hablamos mal de los demás, no sólo herimos y dañamos sus vidas, sino que el daño también se extiende a la vida de la persona que está escuchando el chisme, así como a nuestra propia vida. El *Talmud* enseña que la destrucción del Templo ocurrió debido al habla maliciosa y al odio entre la gente. Si no nos abstenemos de hablar negativamente de nuestro prójimo, los demás tampoco podrán abstenerse de hablar mal de nosotros. Los kabbalistas nos enseñan que el habla maliciosa es una de las causas espirituales de la mayor fuerza negativa en nuestro mundo físico: *El odio gratuito.*

laj לָךְ lehodot לְהוֹדוֹת אחד, דאגה beahavá בְּאַהֲבָה

Rompe el yugo de las naciones de nuestros cuellos y rápidamente guíanos, orgullosamente erguidos, a nuestra tierra. Porque Tú eres Dios, Quien obra la salvación. Tú nos escogiste entre todas las naciones y lenguas.

VEKERAVTANU MALQUENU	*Y nos acercaste, nuestro Rey,*
LESHIMJÁ HAGADOL	*A Tu gran Nombre*
BEAHAVÁ LEHODOT LAJ	*Para expresar amorosamente nuestra gratitud,*

וּלְיַחֶדְךָ uleyajedjá וּלְאַהֲבָה uleahavá אחד, דאגה אֶת־ et שִׁמְךָ Shimjá:

ר"ת הברכה עולה למנין ל"ב נתיבות החכמה

בָּרוּךְ Baruj אַתָּה Atá יְהֹוָהאדנייאהדונהי Adonai

הַבּוֹחֵר habojer בְּעַמּוֹ beamó יִשְׂרָאֵל Yisrael בְּאַהֲבָה beahavá אחד, דאגה

ר"ת שם קדוש ב"ב (באתב"ש שמע):

EL SHMÁ

El *Shmá* es una de las herramientas más poderosas para atraer energía sanadora a nuestra vida. El verdadero poder del *Shmá* es liberado cuando recitamos esta oración mientras meditamos en otras personas que necesiten energía de sanación.

El primer verso del *Shmá* canaliza la energía de *Zeir Anpín* o los Mundos Superiores.
El segundo verso se refiere a nuestro mundo, el Mundo de *Maljut*.

Hay un total de 248 palabras en esta oración, y estas 248 palabras transmiten energía de sanación a las 248 partes del cuerpo humano y su alma. El primer párrafo del *Shmá* está compuesto de 42 palabras que nos conectan con el Nombre de Dios de 42 Letras en el *Aná Bejóaj*. El segundo párrafo está compuesto de 72 palabras que nos conecta con los 72 Nombres de Dios. El tercer párrafo contiene 50 palabras que nos vinculan con las 50 Puertas de *Biná*, que nos ayudan a elevarnos sobre las 50 Puertas de la Negatividad. El párrafo final del *Shmá* tiene 72 palabras, que también nos conectan con los 72 Nombres de Dios, pero a través de una combinación diferente de letras que la que se usa en el segundo párrafo.

1) Para poder recibir la Luz del *Shmá*, debes aceptar el precepto de: "Ama a tu prójimo como a ti mismo", y verte a ti mismo unido con todas las almas que componen el Adam Original.
2) Necesitas meditar en conectarte al precepto de Recitar el *Shmá* dos veces al día.
3) Antes de recitar el *Shmá*, debes cubrir tus ojos con la mano derecha y decir las palabras "*Shmá Yisrael ... leolam vaed*", y sostener los cuatro *tsitsiot* con la mano izquierda y colocarlos sobre tu corazón.
4) Debes leer el *Shmá* con meditación profunda, recitándolo con las entonaciones. Es necesario ser cuidadoso con la pronunciación de todas las letras. Cada palabra que termine en la misma letra que inicia la palabra siguiente debe pronunciarse por separado y no como una continuación de la siguiente palabra. Ej.: *bejol levavjá*. *Bejol* termina con una *Lámed* y *levavjá* comienza con una *Lámed*. Cada una de estas palabras debe pronunciarse por separado de forma que las dos *Lámed* sean escuchadas. Por lo tanto, hemos añadido un símbolo especial (•) sobre cada lugar donde esto ocurra.

Primero, medita en general, en el primer *Yijud* de los cuatro *Yijuds* del Nombre: יהוה y, en particular, para despertar a la letra ה, y luego para conectarla con la letra ו. Después conecta a la letra י y a la letra ה juntas en el orden siguiente: *Hei* (ה), *Hei-Vav* (ה"ו), luego *Yud-Hei* (י"ה), lo que suma 31, el secreto de "יא" del Nombre ס"ג. Es bueno meditar en este *Yijud* antes de recitar cualquier *Shmá* porque actúa como un reemplazo por las veces que quizás no hayas recitado el *Shmá*. Este *Yijud* tiene la misma capacidad de crear una conexión Celestial como la lectura del *Shmá*: elevar a *Zeir* y a *Nukvá* juntos para el *Zivug* de *Aba* e *Ima*. (Según el Ramjal, la elevación de los *Mojín* durante este *Shmá* es el mismo que durante el *Shmá* de

---

para unificarte y amar Tu Nombre.
Bendito eres Tú, Señor, Quien ha escogido a Su Nación, Israel, con amor.

Shajarit de los días de la semana, excepto que *Zeir Anpín* es elevado a *Nétsaj*, *Hod*, *Yesod* de *Ima*).

Shmá – שְׁמַע

La razón para decir aquí el *Shmá* es para despertar los *Mojín* (cerebros/energía) para *Zeir Anpín*. Tenemos que hacer esto en *Briá*, porque en *Atsilut* no tenemos la capacidad de hacerlo. **Meditación general**: שם ע – para atraer la energía desde las siete *Sefirot* inferiores de *Ima* hacia la *Nukvá*, la cual permite a la *Nukvá* elevar las *Máyin Nukvín* (despertar desde Abajo). **Meditación particular**: שם = יהוה + שדי y cinco veces las letras י y ד de ב"ן = ע [La letra *Hei* (ה) es formada por las letras *Dálet* (ד) y *Yud* (י), por lo tanto en ב"ן tenemos cuatro veces la letra ה más otra vez las letras י y ד de י de ב"ן]. También las tres letras ו (18) que quedan de ב"ן, más ב"ן mismo (52) equivale a ע (70).

Yisrael – ישראל

Meditación general: שיר אל – para atraer energía desde *Jésed* y *Guevurá* de *Aba* hacia *Zeir Anpín*, para hacer su acción en el secreto de *Máyin Dujrín* (despertar desde Arriba).

Meditación particular: (las letras reordenadas de la palabra *Yisrael*): שר אלי

י"ה דאלהים דמוח וחכמה בהכאה (יו"ד פעמים ה"י) = ש',

י"ה דאלהים דמוח בינה בהכאה (יו"ד פעמים ה"ה) = ר',

י"ה דאלהים דמוח דחסדים דדעת (יו"ד ה"א), וי"ה דאלהים דמוח דגבורות דדעת (י"ה) = אל"י.

También meditar en atraer la Luz Circundante de *Aba* de *Katnut* hacia *Zeir Anpín*.

Adonai Eloheinu Adonai – יהוה אלהינו יהוה

Meditación general: para atraer energía hacia *Aba*, *Ima* y *Dáat* desde *Arij Anpín*.

Meditación particular: ע"ב (יוד הי ויו הי) קס"א (אלף הי יוד הי) ע"ב (יוד הי וי הי)

Ejad – אחד

(El secreto de la completa *Yijud-Unificación*)

Las letras *Álef* א y *Jet* ח de *Ejad* אחד son *Zeir Anpín* y la letra *Dálet* ד es *Nukvá*. **Debes meditar** en dedicar tu alma a la santificación del Nombre Sagrado, elevando de este modo a tu *Néfesh*, *Rúaj*, *Neshamá* y *Neshamá* de *Neshamá* con *Zeir Anpín* y *Nukvá* (usando los Nombres: ע"ב y ס"ג) hacia *Aba* e *Ima* como en el secreto de *Máyin Nukvín*, y por esa energía, *Aba* e *Ima* serán unificados en el secreto del Nombre: יאההויה"ה. **También meditar** en atraer los Seis Bordes Internos de *Gadlut* de *Ima* hacia *Zeir Anpín*. La Gota, que es ע"ב, es sacada desde lo externo de *Arij Anpín*, y desciende hacia *Yesod* de *Ima*, donde se convierte en: ע"ב ס"ג מ"ה ב"ן, y las cuatro אהיה deletreadas (אלף הי יוד הי, אלף הי יוד הי, אלף הא יוד הא, אלף הה יוד הה) se convierten en Su vestimenta. <u>Como resultado</u>, *Zeir Anpín* tiene cuatro יה"ו deletreadas (יוד הי ויו, יוד הי ואו, יוד הא ואו, יוד הה וו), cuatro אה"י deletreadas (אלף הי יוד, אלף הי יוד, אלף הא יוד, אלף הה יוד) y los Seis Bordes Internos de *Gadlut* de *Ima*. **También meditar en el Nombre:** אל"ף ה"י וי"ו ה"י, que es los *Mojín* enteros en el secreto de *Dáat*. **Y también meditar** (según el Ramjal) en las cuatro *Álef* deletreadas (אלף =111) del Nombre: אהי"ה que es igual a la palabra *Midat* (444), haciendo el *Kéter* para *Leá*.

Baruj Shem – ברוך שם כבוד מלכותו לעולם ועד

Baruj Shem Quevod – *Jojmá*, *Biná*, *Dáat* de *Leá*;

Maljutó – Su *Kéter*; **Leolam** – el resto de Su *Partsuf*;

Vaed – los cuatro היה (4 veces 20 es igual a *Vaed*= 80) harán el *Kéter* para *Rajel*.

Y las cuatro היה deletreadas (הי יוד הי, הי יוד הי, הא יוד הא, הה יוד הה) harán el resto de Su cuerpo.

שְׁמַע Shmá ע׳ רבתי יִשְׂרָאֵל Yisrael יְהֹוָהאדניאהדונהי Adonai

אֱלֹהֵינוּ Eloheinu ילה יְהֹוָהאדניאהדונהי Adonai | אֶחָד Ejad ד׳ רבתי ; אהבה, דאגה:

(:Susurrar) יוזו אותיות בָּרוּךְ Baruj שֵׁם Shem כְּבוֹד quevod מַלְכוּתוֹ maljutó,

לְעוֹלָם leolam ריבוע ס״ג וי׳ אותיות דס״ג וָעֶד vaed:

***Yud, Jojmá*, cabeza** – 42 palabras que corresponden al Santo Nombre de Dios de 42 Letras.

א ב

וְאָהַבְתָּ veahavtá ב״פ אור, ב״פ רז, ב״פ אין סוף ; (יכוין לקיים מ״ע של אהבת ה׳) אֵת et

ג י

יְהֹוָהאדניאהדונהי Adonai אֱלֹהֶיךָ Eloheja ילה ; ס״ת כהת, משיח בן דוד ע״ה

ת צ ק ר

בְּכָל־ bejol ב״ן, לכב לְבָבְךָ levavjá וּבְכָל־ uvejol ב״ן, לכב נַפְשְׁךָ nafshejá

ע ש ט נ

וּבְכָל־ uvejol ב״ן, לכב מְאֹדֶךָ meodeja: וְהָיוּ vehayú הַדְּבָרִים hadvarim

ג ג ד י כ

הָאֵלֶּה haéle אֲשֶׁר asher אָנֹכִי anojí מְצַוְּךָ metsavjá הַיּוֹם hayom

ש ב ט

ע״ה נגד, מזבח, זן, אל יהוה (pausa aquí) עַל al לְבָבֶךָ levaveja: וְשִׁנַּנְתָּם veshinantam

ר צ ת ג

לְבָנֶיךָ levaneja וְדִבַּרְתָּ vedibarta בָּם bam מ״ב בְּשִׁבְתְּךָ beshivtejá

ח ק ב

בְּבֵיתֶךָ beveiteja ב״פ ראה וּבְלֶכְתְּךָ uvelejtejá בַדֶּרֶךְ vadérej

ט נ

ב״פ יב״ק, ס״ג קס״א וּבְשָׁכְבְּךָ uveshojbejá וּבְקוּמֶךָ uvkumeja:

ע י ג ל

וּקְשַׁרְתָּם ukshartam לְאוֹת leot עַל־ al יָדֶךָ yadeja

EL SHMÁ

"Escucha, Israel, el Señor nuestro Dios. El Señor es Uno" (Deuteronomio 6:4). *"Bendito es el glorioso Nombre, Su Reino es por siempre y para la eternidad"* (Pesajim 56a). *"Y amarás al Señor, tu Dios, con todo tu corazón y con toda tu alma y con todo lo que posees. Deja que estas palabras que te ordeno hoy descansen sobre tu corazón. Y las enseñarás a tus hijos y hablarás de ellas mientras estés sentado en tu hogar y mientras caminas por el sendero y cuando te acuestas y cuando te levantas. Las atarás como una señal sobre tu mano*

פ ז ק ש

וְהָיוּ vehayú לְטֹטָפֹת letotafot בֵּין bein עֵינֶיךָ eineja

ק ו

ע״ה קס״א ; ריבוע מ״ה: וּכְתַבְתָּם ujtavtam עַל־ al

צ י ת

מְזֻזוֹת mezuzot נ״ת (זו מות) בֵּיתֶךָ beiteja ב״פ ראה וּבִשְׁעָרֶיךָ uvisheareja:

VEHAYÁ IM SHAMOA

***Hei, Biná*, brazos y cuerpo** – 72 palabras que corresponden a los 72 Nombres de Dios.

והו יכי

וְהָיָה vehayá יהוה ; יהה אִם־ im יוה״ך, מ״א אותיות דפשוט, דמילוי ודמילוי דמילוי דאהיה ע״ה

סיט עלם מהש ללה אכא

שָׁמֹעַ shamoa תִּשְׁמְעוּ tishmeú אֶל־ el מִצְוֺתַי mitsvotai אֲשֶׁר asher

כהת הזי אלד לאו

אָנֹכִי anojí מְצַוֶּה metsavé אֶתְכֶם etjem הַיּוֹם hayom ע״ה נגד, מזבח, זן, אל יהוה

ההע יזל מבה

(haz una pausa aquí) לְאַהֲבָה leahavá אוזר, דאגה אֶת־ et יְהֹוָאדהנויאהדונהי Adonai

הרי הקם

אֱלֹהֵיכֶם Eloheijem ילה (pronuncia la letra *Ayin* en la palabra "*uleavdó*") וּלְעָבְדוֹ uleavdó

לאו כלי לוו

בְּכָל bejol ב״ן, לכב לְבַבְכֶם levavjem וּבְכָל־ uvejol ב״ן, לכב

פהל נלך ייי מלה

נַפְשְׁכֶם nafshejem: וְנָתַתִּי venatati מְטַר־ metar אַרְצְכֶם artsejem

ווהו נתה האא ירת שאה

בְּעִתּוֹ beitó יוֹרֶה yoré וּמַלְקוֹשׁ umalkosh וְאָסַפְתָּ veasafta דְגָנֶךָ deganeja

ריי אום לכב ושר

וְתִירֹשְׁךָ vetiroshjá וְיִצְהָרֶךָ veyitsareja: וְנָתַתִּי venatati עֵשֶׂב ésev ע״ב שמות

---

y serán como filacterias entre tus ojos.
Y las escribirás en los umbrales de tu casa y en tus puertas" (*Deuteronomio 6:5-9*).

VEHAYÁ IM SHAMOA

"Y sucederá que si escuchan Mis mandamientos que les estoy ordenando hoy de amar al Señor, su Dios, y servirle con todo su corazón y con toda su alma. Entonces enviaré lluvias sobre su tierra en el momento apropiado, tanto lluvias tempranas como lluvias tardías. Y recogerás tus granos y tu vino y tu aceite. Y te daré hierba

בְּשָׂדְךָ besadjá לִבְהֶמְתֶּךָ livhemteja וְאָכַלְתָּ veajalta וְשָׂ

הִשָּׁמְרוּ hishamrú לָכֶם lajem פֶּן־ pen יִפְתֶּה yifté לְבַבְכֶם levavjem

וְסַרְתֶּם vesartem וַעֲבַדְתֶּם vaavadtem אֱלֹהִים elohim אֲחֵרִים ajerim

משה (העומד נגד הקליפות) וְהִשְׁתַּחֲוִיתֶם vehishtajavitem לָהֶם: lahem

וְחָרָה vejará (haz una pausa aquí) אַף־ af יְהֹוָה Adonai בָּכֶם bajem

וְעָצַר veatsar אֶת־ et הַשָּׁמַיִם hashamáyim י״פ טל, י״פ כוזו וְלֹא־ veló

יִהְיֶה yihyé מָטָר matar וְהָאֲדָמָה vehaadamá לֹא lo תִתֵּן titén ב״פ כהת

אֶת־ et יְבוּלָהּ yevulá וַאֲבַדְתֶּם vaavadtem מְהֵרָה meherá מֵעַל meal עלם

הָאָרֶץ haárets אלהים דההין ע״ה הַטֹּבָה hatová אֲשֶׁר asher

יְהֹוָה Adonai נֹתֵן notén אבג יתץ, ושר לָכֶם lajem: ***Vav, Zeir Anpín***

וְשַׂמְתֶּם vesamtem **estómago** – 50 palabras que corresponden a las 50 Puertas de *Biná*

אֶת־ et דְּבָרַי dvarai ראה אֵלֶּה ele עַל־ al לְבַבְכֶם levavjem

וְעַל־ veal נַפְשְׁכֶם nafshejem וּקְשַׁרְתֶּם ukshartem אֹתָם otam לְאוֹת leot ר״ת לאו

---

en tu campo para tu ganado. Y comerás y quedarás saciado. Pero cuiden que su corazón no sea seducido y se alejen para servir a deidades foráneas y se postren ante ellas. Y la ira del Señor caerá sobre ustedes y Él detendrá los Cielos y no habrá más lluvia y la tierra no brindará su cosecha. Y rápidamente perecerán de la buena tierra que el Señor les ha dado. Y pondrán estas palabras Mías sobre su corazón y sobre su alma y las atarán como una señal

עַל־ al יֶדְכֶם yedjem וְהָיוּ vehayú

לְטוֹטָפֹת letotafot בֵּין bein עֵינֵיכֶם eineijem ריבוע מ"ה:

וְלִמַּדְתֶּם velimadtem אֹתָם otam אֶת־ et בְּנֵיכֶם bneijem

לְדַבֵּר ledaber ראה בָּם bam שם בן מ"ב בְּשִׁבְתְּךָ beshivtejá

בְּבֵיתֶךָ beveiteja ב"פ ראה וּבְלֶכְתְּךָ uvelejtejá בַדֶּרֶךְ vadérej ב"פ יב"ק, ס"ג קס"א

וּבְשָׁכְבְּךָ uveshojbejá וּבְקוּמֶךָ uvkumeja: וּכְתַבְתָּם ujtavtam עַל־ al

מְזוּזוֹת mezuzot בֵּיתֶךָ beiteja ב"פ ראה וּבִשְׁעָרֶיךָ uvisheareja: לְמַעַן lemaan

יִרְבּוּ yirbú יְמֵיכֶם yemeijem ר"ת יי"ל וִימֵי vimei בְנֵיכֶם vneijem

עַל al הָאֲדָמָה haadamá אֲשֶׁר asher (pronuncia la letra *Ayin* en la palabra "*nishbá*")

נִשְׁבַּע nishbá יכוין לשבועת המבול יְהֹוָה Adonai

לַאֲבֹתֵיכֶם laavoteijem לָתֵת latet לָהֶם lahem כִּימֵי quimei

הַשָּׁמַיִם hashamáyim י"פ טל, י"פ כוזו עַל־ al הָאָרֶץ haárets אלהים דההין ע"ה:

---

sobre sus manos y serán como filacterias entre sus ojos. Y las enseñarán a sus hijos hablando de ellas mientras estés sentado en tu hogar y mientras caminas por el sendero y cuando te acuestas y cuando te levantas. Y las escribirás en los umbrales de tu casa y sobre tus puertas. Esto es para que sus días sean numerosos y también los días de sus hijos sobre la Tierra que el Señor ha prometido a sus padres darles como los días de los Cielos sobre la Tierra" (Deuteronomio 11:13-21).

VAYÓMER

Hei, Maljut, piernas y órganos reproductores,

72 palabras que corresponden a los 72 Nombres de Dios en orden directo (según el Ramjal).

וַיֹּאמֶר vayómer יְהֹוָהאדניאהדונהי Adonai אֶל־ el מֹשֶׁה Moshé
(ווו ייי סבט עאם)

מהש, ע"ב בריבוע וקס"א, אל שדי, ד"פ אלהים ע"ה לֵּאמֹר: lemor דַּבֵּר daber ראה אֶל־ el
(מבש ליה אנא)

בְּנֵי bnei יִשְׂרָאֵל Yisrael וְאָמַרְתָּ veamarta אֲלֵהֶם alehem וְעָשׂוּ veasú
(כמות הוזי אנד להו המע)

לָהֶם lahem צִיצִת tsitsit עַל־ al כַּנְפֵי canfei בִגְדֵיהֶם vigdeihem
(יצל מרה היי המם לוו)

לְדֹרֹתָם ledorotam וְנָתְנוּ venatnú עַל־ al צִיצִת tsitsit
(כבי ליו פגל נמך)

הַכָּנָף hacanaf ע"ה קנ"א, אדני אלהים פְּתִיל ptil י"פ ב"ן תְּכֵלֶת: tjélet
(יוזי מנה וזהו)

וְהָיָה vehayá יהוה ; יהה לָכֶם lajem לְצִיצִת letsitsit וּרְאִיתֶם ureitem אֹתוֹ otó
(ניה השא ירת שאה רכי)

Debes pasar los *tsitsiot* sobre tus ojos y besarlos, luego repite el procedimiento.

וּזְכַרְתֶּם uzjartem אֶת־ et כָּל־ col ילי מִצְוֹת mitsvot יְהֹוָהאדניאהדונהי Adonai
(אום ליב והר ייו להו)

וַעֲשִׂיתֶם vaasitem אֹתָם otam וְלֹא־ veló תָתוּרוּ taturu אַחֲרֵי ajarei
(כעק מנד אני וזום רהע)

לְבַבְכֶם levavjem וְאַחֲרֵי veajarei עֵינֵיכֶם eineijem ריבוע מ"ה
(יוזו השה מככ)

Debes pasar los *tsitsiot* sobre tus ojos y después besarlos.

Hacer esto (besar los *tsitsiot* y pasarlos sobre tus ojos), es de gran apoyo y asistencia para que el alma esté protegida de cualquier transgresión. Debes meditar en el precepto: "No seguirás los pensamientos sexuales negativos del corazón ni a las miradas de los ojos que buscan prostitución".

VAYÓMER

"Y el Señor le habló a Moshé y dijo: habla a los Hijos de Israel y diles que deben hacere para sí mismos Tsitsit, en las esquinas de sus vestimentas, a lo largo de todas sus generaciones. Y deben colocar sobre el Tsitsit de cada esquina un filamento azul. Y esto será para ustedes como un Tsitsit; lo verán y recordarán los mandamientos del Señor y los cumplirán. Y no se dejen llevar en pos de su corazón y de sus ojos.

Está atento de completar este párrafo junto con el *jazán* y la congregación, y de decir la palabra "*emet*" en voz alta. El *jazán* debe decir la palabra "*emet*" susurrando.

אֱמֶת emet אהיה פעמים אהיה, ז"פ ס"ג.

La congregación debe estar en silencio, escuchar y oír las palabras "*Adonai Eloheijem emet*" dichas por el *jazán*. Si no completaste el párrafo junto al *jazán*, debes repetir las últimas tres palabras por cuenta propia. Con estas tres palabras el *Shmá* es concluido.

יְהֹוָה Adonai אֱלֹהֵיכֶם Eloheijem ילה:

אֱמֶת emet אהיה פעמים אהיה, ז"פ ס"ג.

VEYATSIV

Antes de la *Amidá*, que significa el Mundo de Emanación (*Atsilut*), nos encontramos con varias conexiones. La palabra aramea *Emet* אמות aparece cuatro veces en dos ocasiones. El Arí dice que las cuatro apariciones de la palabra *Emet*, que aparecen en dos ocasiones para un total de ocho veces, se refieren a los cuatro Exilios y a las cuatro Redenciones de los israelitas que han ocurrido a lo largo de la historia. Esta palabra significa "verdad". Cuando hay un poco de falsedad en nuestro corazón, es difícil tener éxito en el trabajo espiritual. Esta oración tiene el poder de remover toda falsedad y abrir nuestro corazón a la verdad.

---

porque de acuerdo con ellos irás por mal camino. Para que se acuerden y hagan todos Mis mandamientos y de este modo serán santos ante su Dios. Yo soy el Señor, su Dios, quien los sacó de la tierra de Egipto para ser su Dios. Yo, el Señor, su Dios, Es verdad" (Números 15:37-41). El Señor, su Dios, ¡es verdad!

Encontramos otro código en la palabra *Emet* אמת:

En arameo, esta palabra comienza con la letra *Álef* א, la primera letra del alfabeto. La segunda letra en *Emet* es *Mem* מ, la letra del medio del alfabeto. La última letra en *Emet* es *Tav* ת, la última letra del alfabeto. Una persona con el atributo de la verdad tiene el poder de todo el alfabeto que, en esencia, es el poder de todo el universo.

Heijal Ratsón (la Cámara del Deseo) - *Tiféret* de *Zeir Anpin* en *Briá*.

יה וין ; א של אמת וט"ז וין = אבן (יאהדונהי) וְיַצִּיב veyatsiv• וְנָכוֹן venajón• וְקַיָּם vekayam•

וְיָשָׁר veyashar• וְנֶאֱמָן veneemán• וְאָהוּב veahuv• וְחָבִיב vejaviv הוי•

וְנֶחְמָד venejmad• וְנָעִים venaim• וְנוֹרָא venorá• וְאַדִּיר veadir הרי•

וּמְתוּקָּן umetukán• וּמְקֻבָּל umekubal• וְטוֹב vetov והו• וְיָפֶה veyafé•

יכוין ט"ו וין ג"מ יה, הוין עצמן ו, ור"ת הדבר הרי יהוה הַדָּבָר hadavar ראה

הַזֶּה hazé והו עָלֵינוּ aleinu לְעוֹלָם leolam ריבוע ס"ג וי' אותיות דס"ג וָעֶד vaed:

יוד הי ואו אֱמֶת emet אהיה פעמים אהיה, ז"פ ס"ג אֱלֹהֵי Elohei מילוי ע"ב, דמב ; ילה

עוֹלָם olam מַלְכֵּנוּ malquenu• צוּר tsur אלהים דההין ע"ה יַעֲקֹב Yaakov

ו' הויות, אידהנויה מָגֵן maguén ג"פ אל (יא"י מילוי דס"ג) ; ר"ת מיכאל גבריאל נוריאל

יִשְׁעֵנוּ yishenu• לְדוֹר ledor וָדוֹר vador רי"ו הוּא hu קַיָּם kayam

וּשְׁמוֹ uShmó מהש ע"ה, ע"ב בריבוע וקס"א ע"ה, אל שדי ע"ה קַיָּם kayam וְכִסְאוֹ vejisó

נָכוֹן najón וּמַלְכוּתוֹ umaljutó וֶאֱמוּנָתוֹ veemunató לָעַד laad ב"פ ב"ן ; ר"ת לוו

קַיֶּמֶת kayémet: וּדְבָרָיו udvarav וְחַיִּים jayim אהיה אהיה יהוה, בינה ע"ה

וְקַיָּמִים vekayamim וְנֶאֱמָנִים veneemanim וְנֶחֱמָדִים venejemadim לָעַד laad

ב"פ ב"ן (besa los *tsitsiot*, pásalos sobre tus ojos y luego suéltalos) וּלְעוֹלְמֵי uleolmei עוֹלָמִים olamim

---

VEYATSIV

Y Él es establecido, y correcto, y duradero, y directo, y digno de verdad, y amado, y querido, y deseable, y agradable, y reverentemente temido, y poderoso, y aceptado, y bueno, y hermoso. Esto es para nosotros, por siempre y para siempre. Es cierto que el Dios del Mundo es nuestro Rey, la Fortaleza de Yaakov y el Escudo de nuestra Salvación. Para cada generación Él perdura y Su Nombre perdura. Su Trono es establecido; Su soberanía y Su lealtad existen para siempre. Sus palabras están vivas, duraderas, leales y agradables para toda la eternidad.

עַל al אֲבוֹתֵינוּ avoteinu. עָלֵינוּ aleinu וְעַל veal בָּנֵינוּ baneinu
וְעַל veal דּוֹרוֹתֵינוּ doroteinu וְעַל veal כָּל־ col ילי ; עמם דּוֹרוֹת dorot זֶרַע zera
יִשְׂרָאֵל Yisrael עֲבָדֶיךָ avadeja: עַל al הָרִאשׁוֹנִים harishonim וְעַל veal
הָאַחֲרוֹנִים haajaronim דָּבָר davar ראה טוֹב tov והו וְקַיָּם vekayam.
יוד הא ואו בֶּאֱמֶת beemet אהיה פעמים אהיה, ד"פ ס"ג וּבֶאֱמוּנָה uveemuná חוֹק jok
וְלֹא veló יַעֲבוֹר yaavor רפ"ח (להעלות רפ"ח ניצוצות שנפלו לקליפה דמשם באים התחלואים).
יוד הה וו אֱמֶת emet אהיה פעמים אהיה, ד"פ ס"ג שָׁאַתָּה sheAtá
הוּא Hu יְהֹוָהאדניאהדונהי Adonai אֱלֹהֵינוּ Eloheinu ילה
וֵאלֹהֵי veElohei לכב ; מילוי ע"ב, דמב ; ילה אֲבוֹתֵינוּ avoteinu.
מַלְכֵּנוּ malquenu מֶלֶךְ Mélej אֲבוֹתֵינוּ avoteinu גּוֹאֲלֵנוּ goalenu
גּוֹאֵל goel אֲבוֹתֵינוּ avoteinu. יוֹצְרֵנוּ yotsrenu צוּר tsur אלהים דההין ע"ה
יְשׁוּעָתֵנוּ yeshuatenu. פּוֹדֵנוּ podenu וּמַצִּילֵנוּ umatsilenu ר"ת = אלהים, אהיה אדני

MEM, HEI, SHIN

Las letras *Mem* מ, *Hei* ה y *Shin* ש liberan la fuerza de sanación.

Cuando cerramos nuestros ojos y visualizamos a estas letras emitiendo rayos de Luz, despertamos energía de sanación desde los Mundos Superiores y desde nuestro interior. Podemos meditar en inundar nuestro cuerpo en una riada de Luz blanca y en enviar esta energía a otras personas que necesiten sanación. Estas letras, reordenadas, forman el nombre de Moshé מהש = משה, quien alcanzó el nivel más alto de conexión con la Luz del Creador.

מֵעוֹלָם meolam הוּא Hu שְׁמֶךָ Shemeja
ר"ת מהש, משה, ע"ב בריבוע וקס"א, אל שדי
וְאֵין veein לָנוּ lanu אלהים, אהיה אדני עוֹד od
אֱלֹהִים Elohim אהיה אדני ; ילה זוּלָתְךָ zulatjá סֶלָה sela:

Esto está sobre nuestros padres, sobre nosotros y sobre nuestros hijos y sobre nuestras generaciones futuras y sobre todas las generaciones futuras de los descendientes de Israel, Tus siervos. Sobre los primeros y sobre los últimos, esto es una cosa buena y eterna. Con verdad y con fe, este es un decreto inquebrantable. Es cierto que Tú eres el Señor, nuestro Dios y Dios de nuestros padres, nuestro Rey y Rey de nuestros padres, nuestro Redentor y Redentor de nuestros padres, nuestro Hacedor y la Fortaleza de nuestra Salvación. Nuestro Redentor y Salvador.

MEM HEI SHIN

Tu Nombre es de la eternidad, y no tenemos otro Dios sino Tú, Sela.

EZRAT

Ayin, *Álef* y *Álef*, עאא, las primeras letras de las primeras tres palabras de esta oración, tienen el valor numérico de 72. El número 72 también es un código para el concepto de misericordia y la *Sefirá* de *Jésed*. De esta conexión aprendemos que estamos destinados a vivir nuestra vida con misericordia genuina por los demás para activar el poder de los 72 Nombres de Dios. Si por alguna razón no estamos obteniendo resultados de nuestras oraciones, es sólo por una razón: No estamos tratando a las personas en nuestra vida con verdadera misericordia. La Kabbalah nos enseña que, incluso si nuestra ira o falta de perdón están justificadas, debemos tener misericordia en nuestro corazón y en nuestras acciones, tanto para nuestros amigos como nuestros enemigos.

עֶזְרַת ezrat מיכאל מלכיאל שׂנדריאל, יהוה פעמים יהוה ע"ה אֲבוֹתֵינוּ avoteinu אַתָּה Atá

ר"ת = ע"ב, ריבוע יהוה הוּא Hu מֵעוֹלָם meolam. מָגֵן maguén ג"פ אל (ייא"י מילוי דס"ג);

ר"ת מיכאל גבריאל נוריאל וּמוֹשִׁיעַ umoshía לָהֶם lahem וְלִבְנֵיהֶם velivneihem

אַחֲרֵיהֶם ajareihem בְּכָל bejol ב"ן, לכב דּוֹר dor וָדוֹר vador רי"ו.

בְּרוּם berum עוֹלָם olam ר"ת ע"ב, ריבוע יהוה; ברום עולם ע"ה = קס"א קנ"א קמ"ג

עם ג' כוללים (לא כולל האהיה עצמם) מוֹשָׁבֶךָ moshaveja. וּמִשְׁפָּטֶיךָ umishpateja

וְצִדְקָתְךָ vetsidkatjá עַד ad אַפְסֵי afsei אָרֶץ árets:

אהיה אֱמֶת emet אהיה פעמים אהיה, ז"פ ס"ג אַשְׁרֵי ashrei

אִישׁ ish שֶׁיִּשְׁמַע sheyishmá לְמִצְוֹתֶיךָ lemitsvoteja.

וְתוֹרָתְךָ vetoratjá וּדְבָרְךָ udevarjá יָשִׂים yasim עַל al לִבּוֹ libó:

אהיה אֱמֶת emet אהיה פעמים אהיה, ז"פ ס"ג שֶׁאַתָּה sheAtá הוּא Hu

אָדוֹן Adón אני לְעַמֶּךָ leameja. וּמֶלֶךְ uMélej גִּבּוֹר guibor

לָרִיב lariv רִיבָם rivam לְאָבוֹת leavot וּבָנִים uvanim:

EZRAT

Tú siempre has sido la ayuda de nuestros antepasados, un escudo y un salvador para ellos y para sus hijos después de ellos, en cada generación. En las alturas del mundo está Tu morada y Tus leyes yjusticia se extienden a los confines de la Tierra. Es cierto que un hombre que cumple con Tus mandamientos es gozoso, mientras pone Tu Torá y Tus enseñanzas en su corazón. Es cierto que Tú eres un Señor de Tu pueblo y un Rey valeroso, Quien lucha por su causa, sea por los padres o por los hijos.

אהיה אֱמֶת emet אהיה פעמים אהיה, ז"פ ס"ג אַתָּה Atá הוּא Hu רִאשׁוֹן rishón

וְאַתָּה veAtá הוּא Hu אַחֲרוֹן •ajarón וּמִבַּלְעָדֶיךָ umibaladeja אֵין ein

לָנוּ lanu אלהים, אהיה אדני מֶלֶךְ Mélej גּוֹאֵל goel וּמוֹשִׁיעַ :umoshía

אהיה אֱמֶת emet אהיה פעמים אהיה, ז"פ ס"ג מִמִּצְרַיִם miMitsráyim מצר

גְּאַלְתָּנוּ guealtanu יְהֹוָהאדניאהדונהי Adonai אֱלֹהֵינוּ Eloheinu ילה • מִבֵּית mibeit

ב"פ ראה עֲבָדִים avadim פְּדִיתָנוּ •pditanu כָּל־ col ילי בְּכוֹרֵיהֶם bejoreihem

הָרַגְתָּ haragta וּבְכוֹרְךָ uvejorjá יִשְׂרָאֵל Yisrael גָּאָלְתָּ •gaalta

וְיַם־ veyam ילי סוּף Suf לָהֶם lahem בָּקַעְתָּ •bakata וְזֵדִים vezedim

טִבַּעְתָּ •tibata וִידִידִים vididim עָבְרוּ avrú יָם yam ילי• וַיְכַסּוּ vayjasú

מַיִם máyim צָרֵיהֶם tsareihem אֶחָד ejad אהבה, דאגה מֵהֶם mehem לֹא lo

נוֹתָר :notar עַל al זֹאת zot שִׁבְּחוּ shibjú אֲהוּבִים ahuvim

וְרוֹמְמוּ veromemú לָאֵל laEl ייא"י (מילוי דס"ג) וְנָתְנוּ venatnú יְדִידִים yedidim

זְמִירוֹת zemirot שִׁירוֹת shirot וְתִשְׁבָּחוֹת vetishbajot בְּרָכוֹת brajot

וְהוֹדָאוֹת vehodaot לַמֶּלֶךְ laMélej אֵל el ייא"י (מילוי דס"ג) חַי jai וְקַיָּם •vekayam

רָם ram וְנִשָּׂא venisá גָּדוֹל gadol להח ; עם ד' אותיות = מבה, יזל, אום וְנוֹרָא •venorá

מַשְׁפִּיל mashpil גֵּאִים gueim עֲדֵי adei אָרֶץ •árets מַגְבִּיהַּ magbiha

שְׁפָלִים shfalim עַד ad מָרוֹם •marom מוֹצִיא motsí אֲסִירִים •asirim

פּוֹדֶה podé עֲנָוִים •anavim עוֹזֵר ozer דַּלִּים dalim הָעוֹנֶה haoné

לְעַמּוֹ leamó יִשְׂרָאֵל Yisrael בְּעֵת beet שַׁוְּעָם shavam אֵלָיו •elav

Ozer Dalim: La pobreza elimina las transgresiones de un individuo y, a través de ésta, el Creador da misericordia a Su creación. Y, por lo tanto, debes meditar en hacerte pobre ante los ojos de la *Shejiná*, y estar preocupado porque la *Shejiná* está en el exilio junto a los hijos de Israel.

Es cierto que Tú eres primero y Tú eres último y aparte de Ti, no tenemos otro Rey que redima y salve. Es cierto que Tú nos redimiste de Egipto, Señor, nuestro Dios, y nos liberaste de la casa de esclavos. Tú mataste a todos sus primogénitos y Tú salvaste a Tu primogénito Israel. Tú partiste el Mar Rojo para ellos y Tú ahogaste a los tiranos mientras Tus amados cruzaban el mar. Luego las aguas cubrieron a sus enemigos y ninguno de ellos fue salvado. Por esto, los amados alaban y exaltan a Dios. Y los queridos ofrecieron melodías, canciones, líricas y alabanzas, bendiciones y agradecimientos al Rey, al Dios viviente y duradero, Quien es Excelso y elevado, poderoso y reverentemente temido y Quien degrada a los soberbios en el suelo; Quien eleva a los sumisos a grandes alturas; Quien libera a los prisioneros, redime a los humildes y ayuda a los necesitados. Él, que responde a su Pueblo Israel, cuando ellos le claman.

TEHILOT

Ahora comenzamos a elevarnos al Mundo de Emanación (*Atsilut*). Por consiguiente, nos ponemos de pie para encender los motores de nuestra alma. Para prepararnos para este despegue, debemos eliminar cualquier odio o sentimiento negativo hacia otras personas que albergamos en nuestra mente.

Heijal Kódesh HaKodashim (La Cámara del Santo Sanctórum) – de *Zeir Anpín* en *Briá*.

תְּהִלּוֹת tehilot לָאֵל laEl ייא״י (מילוי דס״ג) עֶלְיוֹן elyón גּוֹאֲלָם goalam

בָּרוּךְ Baruj הוּא Hu וּמְבוֹרָךְ umevoraj. מֹשֶׁה Moshé מהש, ע״ב בריבוע וקס״א,

אל שדי, ד״פ אלהים ע״ה וּבְנֵי uvnei יִשְׂרָאֵל Yisrael ר״ת ע״ה נגד, מזבח, זן, אל יהוה

לְךָ lejá עָנוּ anú שִׁירָה shirá בְּשִׂמְחָה besimjá רַבָּה rabá וְאָמְרוּ veamrú

כֻלָּם julam: מִי mi ילי כָמֹכָה jamoja בָּאֵלִם baelim

יְהֹוָאדהנויאהדונהי Adonai ; ר״ת = ע״ב, ריבוע יהוה ; ס״ת מ״ה מִי mi ילי כָּמֹכָה camoja

נֶאְדָּר needar בַּקֹּדֶשׁ bakódesh ר״ת = יב״ק, אלהים יהוה, אהיה אדני יהוה נוֹרָא norá

תְהִלֹּת tehilot עֹשֵׂה osé פֶלֶא fele: שִׁירָה shirá חֲדָשָׁה jadashá

שִׁבְּחוּ shibjú גְאוּלִים gueulim לְשִׁמְךָ leShimjá הַגָּדוֹל hagadol להח ; עם ד

אותיות = מבה, יזל, אום עַל al שְׂפַת sfat הַיָּם hayam ילי יַחַד yájad כֻּלָּם culam

הוֹדוּ hodú אהיה וְהִמְלִיכוּ vehimliju וְאָמְרוּ veamrú יְהֹוָאדהנויאהדונהי Adonai |

יִמְלֹךְ yimloj לְעֹלָם leolam ריבוע ס״ג וי׳ אותיות דס״ג ; ר״ת ייל וָעֶד vaed:

וְנֶאֱמַר veneemar גֹּאֲלֵנוּ goalenu יְהֹוָאדהנויאהדונהי Adonai צְבָאוֹת Tsvaot פני שכינה

שְׁמוֹ Shmó מהש ע״ה, ע״ב בריבוע וקס״א ע״ה, אל שדי ע״ה קְדוֹשׁ kedosh יִשְׂרָאֵל Yisrael:

בָּרוּךְ Baruj אַתָּה Atá יְהֹוָאדהנויאהדונהי Adonai גָּאַל gaal יִשְׂרָאֵל Yisrael:

Comienza la *Amidá* inmediatamente sin ninguna interrupción, ni siquiera una respiración. Hacer esto evita la separación entre *Yesod* (despertada por las palabras "*gaal Yisrael*") y *Maljut* (despertada por la palabra "*Adonai*"). Tu recompensa es grande. Recibes protección contra la negatividad y para no cometer errores. Esta acción también ayuda a corregir la transgresión del derramamiento de nuestra simiente

---

TEHILOT

Alabanzas al Dios Supremo, Quien es su redentor. Bendito es Él Quien es bendecido. Moshé y los Hijos de Israel elevaron sus voces en canción a Ti, con gran alegría y todos dijeron: "¿Quién es como Tú entre las deidades, Señor? ¿Quién es como Tú, poderoso en Santidad, magnífico en alabanzas, y Quién realiza maravillas?" (Éxodo 15:11). Con una nueva canción los redimidos alabaron Tu gran Nombre en la orilla del mar. Todos ellos al unísono le dieron gracias y aceptaron Tu soberanía y dijeron: "El Señor reinará por siempre y para la eternidad" (Éxodo 15:18). Y está dicho: "Nuestro redentor, el Señor de los Ejércitos es Su Nombre, El Santo de Israel" (Isaías 47:4). Bendito eres Tú, Señor, Quien redimió a Israel.

Maljut de *Atsilut* ahora está incluida en *Heijal Kódesh HaKodashim* de *Briá*.

Cuando *Shavuot* (segundo día) cae en *Shabat* debes escanear lo siguiente:

El formato de la Ascensión en *Shajarit* de *Shabat*

En la conexión silenciosa de *Shajarit* de *Shabat*, los *Mojín* de *Aba* e *Ima* Celestiales están comenzando a entrar en *Zeir Anpín*. **Medita** en que la letra *Tsadi* צ del *Tsélem* entre en los cinco *Partsufim* de *Nétsaj*, *Hod*, *Yesod* de *Jojmá* de *Zeir Anpín* (que es llamado *Néfesh*, *Rúaj*, *Neshamá*, *Jayá*, *Yejidá* de *Néfesh* de *Jayá*). **Así que ahora**, *Kéter*, *Jojmá*, *Biná*, *Dáat* de *Zeir Anpín* son elevadas a *Nétsaj*, *Hod*, *Yesod* de *Aba* e *Ima* Celestiales, y *Jésed*, *Guevurá*, *Tiféret* de *Zeir Anpín* son elevadas a *Jojmá*, *Biná*, *Dáat* de *Yisrael Saba* y *Tevuná*, y *Nétsaj*, *Hod*, *Yesod* de *Zeir Anpín* son elevadas a *Jésed*, *Guevurá*, *Tiféret* de *Yisrael Saba* y *Tevuná*, y Yaakov y Rajel (Quienes están de pie en *Nétsaj*, *Hod*, *Yesod* de *Biná* de *Zeir Anpín*, que significa *Nétsaj*, *Hod*, *Yesod* de *Yisrael Saba* y *Tevuná*) son elevados a *Jésed*, *Guevurá*, *Tiféret* de *Biná* de *Zeir Anpín* (que significa *Jésed*, *Guevurá*, *Tiféret* de *Yisrael Saba* y *Tevuná*). **Así que ahora**, *Nétsaj*, *Hod*, *Yesod* de *Zeir Anpín* se convierten en *Mojín* (*Kéter*, *Jojmá*, *Biná*, *Dáat*) para Yaakov y Rajel.

En la conexión silenciosa – cuando digas "*Baruj*" medita en atraer los Seis Bordes (*Jésed*, *Guevurá*, *Tiféret*, *Nétsaj*, *Hod*, *Yesod* de *Kéter*, *Jojmá*, *Biná*, *Dáat* de *Nétsaj*, *Hod*, *Yesod* de lo Interno de *Ima* Celestial) que fueron atraídos por el *Shmá* (hacia *Kéter*, *Jojmá*, *Biná*, *Dáat*, *Jésed*, *Guevurá*, *Tiféret* de *Zeir Anpín*); **a** *Jésed*, *Guevurá*, *Tiféret*, *Nétsaj*, *Hod*, *Yesod* de *Kéter*, *Jojmá*, *Biná*, *Dáat* de *Nétsaj*, *Hod*, *Yesod* de *Jojmá* de lo Interno de *Zeir Anpín*

Cuando digas "*Atá*", medita en atraer a *Kéter*, *Jojmá*, *Biná*, *Dáat* de *Kéter*, *Jojmá*, *Biná*, *Dáat* hacia las Tres Sefirot Superiores de *Zeir Anpín* y empujar hacia abajo los Seis Bordes (*Tevuná*) hacia los Seis Bordes de *Zeir Anpín*.

Cuando digas "*Adonai*", medita en atraer a *Jojmá*, *Jésed*, *Nétsaj*, *Biná*, *Guevurá*, *Hod*, *Dáat*, *Tiféret*, *Yesod* (en tres columnas) de *Kéter*, *Jojmá*, *Biná*, *Dáat* de *Nétsaj*, *Hod*, *Yesod* de lo Interno de *Aba* Celestial a *Zeir Anpín* mediante las dos etapas en las que estás de pie.

En la repetición de *Shajarit* de *Shabat*, *Zeir Anpín* y Leá se elevan en *Jésed*, *Guevurá*, *Tiféret* de *Aba* e *Ima* Celestiales. **Medita** en que la letra *Lámed* ל del *Tsélem* (cinco *Tselamim* de *Jésed*, *Guevurá*, *Tiféret* de *Aba* e *Ima* Celestiales) entra en los cinco *Partsufim* de *Jésed*, *Guevurá*, *Tiféret* de *Jojmá* de *Zeir Anpín* (que es llamado: *Néfesh*, *Rúaj*, *Neshamá*, *Jayá*, *Yejidá* de *Rúaj* de *Jayá*).

Así que ahora, *Kéter*, *Jojmá*, *Biná*, *Dáat* de *Zeir Anpín* son elevadas hacia *Jésed*, *Guevurá*, *Tiféret* de *Aba* e *Ima* Celestiales, y *Jésed*, *Guevurá*, *Tiféret* de *Zeir Anpín* son elevadas a *Nétsaj*, *Hod*, *Yesod* de *Aba* e *Ima* Celestiales, y *Nétsaj*, *Hod*, *Yesod* de *Zeir Anpín* son elevadas a *Kéter*, *Jojmá*, *Biná*, *Dáat* de *Yisrael Saba* y *Tevuná*, y Yaakov y Rajel (que están de pie en *Jésed*, *Guevurá*, *Tiféret* de *Biná* de *Zeir Anpín*, que significa *Jésed*, *Guevurá*, *Tiféret* de *Yisrael Saba* y *Tevuná*) son elevados a *Kéter*, *Jojmá*, *Biná*, *Dáat* de *Biná* de *Zeir Anpín* (que significa *Kéter*, *Jojmá*, *Biná*, *Dáat* de *Yisrael Saba* y *Tevuná*). **Así que ahora**, *Nétsaj*, *Hod*, *Yesod* de *Biná* de *Zeir Anpín* se convierten en *Mojín* (*Kéter*, *Jojmá*, *Biná*, *Dáat*) para Yaakov y Rajel.

En la repetición, cuando digas "*Baruj*", medita en traer a los Seis Bordes (*Jésed*, *Guevurá*, *Tiféret*, *Nétsaj*, *Hod*, *Yesod* de *Kéter*, *Jojmá*, *Biná*, *Dáat* de *Jésed*, *Guevurá*, *Tiféret* de lo Interno de *Ima* Celestial) que fueron atraídos por el *Shemá* (hacia *Kéter*, *Jojmá*, *Biná*, *Dáat*, *Jésed*, *Guevurá*, *Tiféret* de *Zeir Anpín*); a *Jésed*, *Guevurá*, *Tiféret*, *Nétsaj*, *Hod*, *Yesod* de *Kéter*, *Jojmá*, *Biná*, *Dáat* de *Jésed*, *Guevurá*, *Tiféret* de *Jojmá* de lo Interno de *Zeir Anpín*.

Cuando digas "*Atá*", medita en atraer a *Kéter*, *Jojmá*, *Biná*, *Dáat* de *Kéter*, *Jojmá*, *Biná*, *Dáat* hacia las Tres *Sefirot* Superiores de *Zeir Anpín* y empujar hacia abajo los Seis Bordes (de *Tevuná*) hacia los Seis Bordes de *Zeir Anpín*. **Cuando digas "*Adonai*", medita en atraer** a *Jojmá*, *Jésed*, *Nétsaj*, y *Biná*, *Guevurá*, *Hod*, y *Dáat*, *Tiféret*, *Yesod* (en tres columnas) de *Kéter*, *Jojmá*, *Biná*, *Dáat* de *Jésed*, *Guevurá*, *Tiféret* de lo Interno de *Aba* Celestial hacia *Zeir Anpín* mediante las dos etapas en las que estás de pie.

Medita para recibir el alma adicional llamada: *Rúaj*

del aspecto del día de *Shabat*.

אֲדֹנָי Adonai ללה (pausa aquí) שְׂפָתַי sfatai תִּפְתָּח tiftaj וּפִי ufí יַגִּיד yaguid

תְּהִלָּתֶךָ tehilateja (כ״ב אותיות פשוטות [=אכא] וה׳ אותיות סופיות מנצפך) ייז ס״ת = בוכו:

LA PRIMERA BENDICIÓN – INVOCA AL ESCUDO DE AVRAHAM

Avraham es el canal de la energía de la Columna Derecha de positividad, compartir y misericordia. Las acciones dadoras pueden protegernos de todas las formas de negatividad.

Jésed que se convierte en *Jojmá*

En esta sección hay 42 palabras, el secreto del Nombre de Dios de 42 letras y, por lo tanto, comienza con la letra *Bet* (2) y termina con la letra *Mem* (40).

Flexiona tus rodillas en "*Baruj*", inclínate en "*Atá*" y enderézate en "*Adonai*".

א ב

בָּרוּךְ Baruj אַתָּה Atá א-ת (אותיות הא״ב המסמלות את השפע המגיע) לה׳ המלכות

ג י

יְהֹוָהאדניאהדונהי Adonai (י״א) אֱלֹהֵינוּ Eloheinu ילה

ת צ

וֵאלֹהֵי veElohei לכב ; מילוי ע״ב, דמב ;ילה אֲבוֹתֵינוּ avoteinu.

ק ר

אֱלֹהֵי Elohei מילוי ע״ב, דמב ; ילה אַבְרָהָם Avraham (*Jojmá*)

וז״פ אל, רי״ו ול״ב נתיבות הוזכמה, רמ״וז (אברים), עסמ״ב וט״ז אותיות פשוטות.

ע ש

אֱלֹהֵי Elohei מילוי ע״ב, דמב ; ילה יִצְחָק Yitsjak (*Biná*) ד״פ ב״ן

ט נ

וֵאלֹהֵי veElohei לכב ;מילוי ע״ב, דמב ; ילה יַעֲקֹב Yaakov (*Dáat*) ו׳ הויות, אידהנויה

LA AMIDÁ

"Mi Señor, abre mis labios y mi boca declarará Tu alabanza" (*Salmos 51:17*).

LA PRIMERA BENDICIÓN

Bendito eres, Señor, nuestro Dios y Dios de nuestros padres: el Dios de Avraham, el Dios de Yitsjak y el Dios de Yaakov.

ג ג

הָאֵל haEl לאה ; ייא״ (מילוי דס״ג) הַגָּדוֹל hagadol האל הגדול = סיט ; גדול = להו

ד י

עם ד׳ אותיות = מבה, יזל, אום הַגִּבּוֹר haguibor ר״ת ההה וְהַנּוֹרָא vehanorá.

ב ט ר צ ת

גּוֹמֵל gomel חֲסָדִים jasadim טוֹבִים tovim. קוֹנֵה koné הַכֹּל hacol

ג וו ק ב

וְזוֹכֵר vezojer חַסְדֵי jasdei אָבוֹת avot. וּמֵבִיא umeví

ט נ ע י

גּוֹאֵל goel לִבְנֵי livnei בְנֵיהֶם vneihem לְמַעַן lemaan

ג ל

שְׁמוֹ Shemó מהש ע״ה, ע״ב בריבוע וקס״א ע״ה, אל שדי ע״ה בְּאַהֲבָה beahavá אחד, דאגה:

Cuando digas la palabra "*beahavá*" debes meditar en dedicar tu alma a santificar el Santo Nombre y aceptar sobre ti mismo las cuatro formas de muerte.

פ ז ק ש

מֶלֶךְ Mélej עוֹזֵר ozer וּמוֹשִׁיעַ umoshía וּמָגֵן umaguén

ג״פ אל (ייא״ מילוי דס״ג) ; ר״ת מיכאל גבריאל נוריאל:

Flexiona tus rodillas en "*Baruj*", inclínate en "*Atá*" y enderézate en "*Adonai*".

אהיה יהו אלף הי יוד הי (en *Shabat*: יְהֹוָה)

ק ו צ

בָּרוּךְ Baruj אַתָּה Atá יְהֹוָהאדני(יְהֹוָהאדני)אהדונהי Adonai

י ת

מָגֵן maguén ג״פ אל (ייא״ מילוי דס״ג) ; ר״ת מיכאל גבריאל נוריאל אַבְרָהָם Avraham

ו״פ אל, רי״ו ול״ב נתיבות החכמה, רמ״ח (אברים), עסמ״ב וט״ז אותיות פשוטות:

El Dios grande, poderoso y reverenciado. El Dios sublime. El que otorga favores. Amo de todas las cosas. El que recuerda las buenas acciones de nuestros antepasados y El que trae un redentor a los hijos de sus hijos por el bien de Su nombre, con amor. Rey, Asistente, Salvador y Escudo. Bendito seas Tú, Señor, Escudo de Avraham.

LA SEGUNDA BENDICIÓN

LA ENERGÍA DE YITSJAK ENCIENDE EL PODER DE LA RESURRECCIÓN DE LOS MUERTOS

Mientras que Avraham representa el poder de compartir, Yitsjak representa a la Columna Izquierda, energía de Juicio. El Juicio acorta el proceso de *tikún* y prepara la vía para nuestra resurrección final.

Guevurá* que se convierte en *Biná

En esta sección hay 49 palabras que corresponden a las 49 Puertas del Sistema Puro en *Biná*.

אַתָּה Atá גִּבּוֹר guibor לְעוֹלָם leolam ריבוע ס״ג + י׳ אותיות דס״ג אֲדֹנָי Adonai ללה

(ר״ת אַגְלָא והוא שם גדול ואמיץ, ובו היה יהודה מתגבר על אויביו. ע״ה אלד, בוכו).

מְחַיֶּה mejayé ס״ג (יוד הי ואו הי) מֵתִים metim אַתָּה Atá. רַב rav לְהוֹשִׁיעַ lehoshía.

מוֹרִיד morid הַטָּל hatal יוד הא ואו, כוזו, מספר אותיות דמילואי עסמ״ב ; ר״ת מ״ה:

Si por error dices "*Mashiv harúaj*" y te das cuenta de ello antes del final de la bendición ("*Baruj Atá Adonai*"), debes regresar al comienzo de la bendición ("*Atá guibor*") y continuar normalmente. Pero si sólo te das cuenta de ello después del final de la bendición, debes iniciar la *Amidá* desde el principio.

מְכַלְכֵּל mejalquel חַיִּים jayim אהיה אהיה יהוה, בינה ע״ה בְּחֶסֶד bejésed

ע״ב, ריבוע יהוה. מְחַיֵּה mejayé ס״ג מֵתִים metim בְּרַחֲמִים berajamim

(במוכסז) מצפצ, אלהים דההין, י״פ ייי רַבִּים rabim (טלא דעתיק). סוֹמֵךְ somej

(אכדטם) כוק, ריבוע אדני נוֹפְלִים noflim (זו״ן). וְרוֹפֵא verofé חוֹלִים jolim

וחולה = מ״ה וד׳ אותיות. וּמַתִּיר umatir אֲסוּרִים asurim. וּמְקַיֵּם umekayem

אֱמוּנָתוֹ emunató לִישֵׁנֵי lishenei עָפָר afar. מִי mi ילי כָּמוֹךָ jamoja

(debes pronunciar la letra *Ayin* en la palabra "*Báal*") בַּעַל báal גְּבוּרוֹת gvurot

וּמִי umí ילי דּוֹמֶה domé לָּךְ laj. מֶלֶךְ mélej מֵמִית memit

וּמְחַיֶּה umejayé ס״ג (יוד הי ואו הי) וּמַצְמִיחַ umatsmíaj יְשׁוּעָה yeshuá:

LA SEGUNDA BENDICIÓN

Tú, Señor, eres poderoso por siempre. Tú revives a los muertos y eres muy capaz de redimir. El que hace caer el rocío.

Tú sostienes a los vivientes con bondad y revives a los muertos con gran compasión. Tú sostienes a los caídos, curas a los enfermos, pones en libertad a los cautivos y cumples Tu promesa con los que duermen en el polvo. ¿Quién es como Tú, Señor de fortaleza, y quién puede compararse contigo, Rey, que causas la muerte, das vida y haces crecer la salvación?

וְנֶאֱמָן veneemán אַתָּה Atá לְהַחֲיוֹת lehajayot מֵתִים metim:

אהיה יהו אלף הי יוד הי (en *Shabat*: יֱהֹוִה)

בָּרוּךְ Baruj אַתָּה Atá יְהֹוָאדְנָהי(יֱהֹוִאדְנִהי)יאהדונהי Adonai

מְחַיֵּה mejayé ס״ג (יוד הי ואו הי) הַמֵּתִים hametim ר״ת מ״ה וס״ת מ״ה:

NAKDISHAJ – LA KEDUSHÁ

La congregación recita esta oración juntos

Mientras decimos la *Kedushá* (Santidad) meditamos en traer la Santidad del Creador entre nosotros. Como está escrito: "*Venikdashti betoj Bnei Yisrael*" (Dios es santificado entre los hijos de Israel).

נַקְדִּישָׁךְ nakdishaj וְנַעֲרִיצָךְ venaaritsaj.

כְּנֹעַם quenóam שִׂיחַ síaj סוֹד sod מ״כ, י״פ האא שַׂרְפֵי sarfei

קֹדֶשׁ kódesh הַמְשַׁלְּשִׁים hameshalshim לְךָ Lejá קְדֻשָּׁה kedushá.

וְכֵן vején כָּתוּב catuv עַל al יַד yad נְבִיאָךְ neviaj. וְקָרָא vekará

זֶה ze אֶל־ el זֶה ze י״ב פרקין דיעקב מאירים ל״ב פרקין דרוזל וְאָמַר veamar:

קָדוֹשׁ Kadosh | קָדוֹשׁ Kadosh קָדוֹשׁ Kadosh (סוד ג׳ רישין דעתיקא קדישא)

יְהֹוָאדהיאהדונהי Adonai צְבָאוֹת Tsvaot פני שכינה מְלֹא meló כָל־ jol ילי

הָאָרֶץ haárets אלהים דההין ע״ה כְּבוֹדוֹ quevodó:

לְעֻמָּתָם leumatam מְשַׁבְּחִים meshabjim וְאוֹמְרִים veomrim:

(או״א) בָּרוּךְ Baruj כְּבוֹד־ Quevod יְהֹוָאדהיאהדונהי Adonai ; כבוד ה׳ = יוד הי ואו הה

מִמְּקוֹמוֹ mimkomó עסמ״ב, הברכה (למתק את ז׳ המלכים שמתו); ר״ת ע״ב, ריבוע יהוה ; ר״ת מ״כ:

וּבְדִבְרֵי uvedivrei קָדְשְׁךָ kadshaj כָּתוּב catuv לֵאמֹר lemor:

(זו״ן) יִמְלֹךְ yimloj קדוש ברוך ימלך ר״ת יב״ק, אלהים יהוה, אהיה אדני יהוה

יְהֹוָאדהיאהדונהי Adonai לְעוֹלָם leolam ריבוע ס״ג וי׳ אותיות דס״ג אֱלֹהַיִךְ Eloháyij ילה

צִיּוֹן Tsiyón יוסף, ו׳ הויות, קנאה לְדֹר ledor וָדֹר vador רי״ו ר״ת אצלו (מלכות אצל ז״א – ו)

הַלְלוּיָהּ haleluyá אלהים, אהיה אדני ; ללה:

Y eres fiel para resucitar a los muertos. Bendito eres Tú, Señor, que resucitas a los muertos.

NAKDISHAJ

Te santificamos y Te honramos, como la agradable charla de la reunión de los Santos Serafines, que recitan la Santidad ante Ti tres veces, como está escrito por Tu Profeta: "Y cada uno llamó al otro y dijo: Santo, Santo, Santo es el Señor de los Ejércitos, todo el mundo está lleno de Su gloria" (Isaías 6:3). *Frente a ellos alaban y dicen: "Bendita sea la gloria del Señor desde Su Lugar"* (Ezequiel 3:12). *Y en Tus santas Palabras, está escrito como sigue: "El Señor, tu Dios, reinará por siempre, para toda y cada generación, Oh Sión, ¡Aleluya!"* (Salmos 146:10).

LA TERCERA BENDICIÓN

Esta bendición nos conecta con Yaakov, la Columna Central, el poder de la restricción. Yaakov es nuestro canal para conectar la Misericordia con el Juicio. Al restringir nuestro comportamiento reactivo, estamos deteniendo nuestro Deseo de Recibir para Nosotros Mismos. Yaakov también nos da el poder para equilibrar nuestros actos de Misericordia y Juicio hacia otras personas en nuestra vida.

Tiféret que se convierte en *Dáat* (14 palabras).

אַתָּה Atá קָדוֹשׁ Kadosh וְשִׁמְךָ veShimjá קָדוֹשׁ Kadosh ר״ת = אור, רז, אין סוף.

וּקְדוֹשִׁים ukdoshim בְּכָל־ bejol ב״ן, לכב יוֹם yom ע״ה נגד, מזבח, זן, אל יהוה

יְהַלְלוּךָ yehaleluja סֶּלָה sela:

בָּרוּךְ Baruj אַתָּה Atá יְהֹוָהאדהנויה (יאהדונהי) Adonai

הָאֵל haEl לאה ; ייא״י (מילוי דס״ג) הַקָּדוֹשׁ haKadosh י״פ מ״ה (יוד הא ואו הא):

Aqui medita en el Nombre: יאהדונהי, ya que puede ayudar a eliminar la ira.

LA BENDICIÓN DEL MEDIO

La cuarta bendición nos conecta con la verdadera esencia de *Shavuot*. *Shavuot* es nuestra conexión con inmortalidad y esta bendición es nuestra oportunidad para escoger la semilla que queremos sembrar para alcanzar la inmortalidad. El poder de las letras en esta bendición radica en su capacidad de ayudarnos a escoger automáticamente la semilla correcta que necesitamos y no necesariamente la semilla que queremos.

אַתָּה Atá בְחַרְתָּנוּ vejartanu מִכָּל micol ילי הָעַמִּים haamim.

אָהַבְתָּ ahavta אוֹתָנוּ otanu וְרָצִיתָ veratsita בָּנוּ banu.

וְרוֹמַמְתָּנוּ veromamtanu מִכָּל micol ילי הַלְּשׁוֹנוֹת haleshonot.

וְקִדַּשְׁתָּנוּ vekidashtanu בְּמִצְוֹתֶיךָ bemitsvoteja. וְקֵרַבְתָּנוּ vekeravtanu

מַלְכֵּנוּ malquenu לַעֲבוֹדָתֶךָ laavodateja. וְשִׁמְךָ veShimjá הַגָּדוֹל hagadol

וְהַקָּדוֹשׁ vehakadosh להחו ; ועם ד׳ אותיות = מבה, יזל, אום עָלֵינוּ aleinu קָרָאתָ karata:

LA TERCERA BENDICIÓN

Tú eres Santo y Santo es Tu Nombre, y los Seres Santos Te alaban día a día, Sela.
De generación en generación, ellos proclaman a Dios como Rey, porque solo Él es y es Santo.

LA BENDICIÓN DEL MEDIO

Tú nos has elegido entre todas las naciones. Tú nos has amado y has encontrado favor entre nosotros. Tú nos has exaltado sobre todas las lenguas y Tú nos has santificado con tus preceptos. Tú nos acercaste, Rey nuestro, a Tu servicio y proclamaste sobre nosotros Tu gran y Santo Nombre.

וַתִּתֶּן vatitén ב"פ כהת לָנוּ lanu אלהים, אהיה אדני יְהֹוָ‍ֽאדהֿיאהדונהי Adonai
אֱלֹהֵינוּ Eloheinu ילה בְּאַהֲבָה beahavá אחד, דאגה (En *Shabat* agregar:
שַׁבָּתוֹת shabatot לִמְנוּחָה limnujá ו (u מוֹעֲדִים moadim לְשִׂמְחָה lesimjá.
וְחַגִּים jaguim וּזְמַנִּים uzmanim לְשָׂשׂוֹן lesasón. אֶת et
יוֹם yom ע"ה נגד, מזבח, זן, אל יהוה (En *Shabat* agregar: הַשַּׁבָּת haShabat הַזֶּה hazé והו.
וְאֶת veet יוֹם yom ע"ה נגד, מזבח, זן, אל יהוה) וְחַג Jag הַשָּׁבוּעוֹת haShavuot
הַזֶּה hazé והו. אֶת et יוֹם yom ע"ה נגד, מזבח, זן, אל יהוה טוֹב tov והו
מִקְרָא mikrá קֹדֶשׁ kódesh הַזֶּה hazé והו. זְמַן zmán מַתַּן matán
תּוֹרָתֵנוּ toratenu. בְּאַהֲבָה beahavá אחד, דאגה מִקְרָא mikrá
קֹדֶשׁ kódesh. זֵכֶר zéjer לִיצִיאַת litsiat מִצְרָיִם Mitsráyim מצר.
אֱלֹהֵינוּ Eloheinu ילה וֵאלֹהֵי veElohei לכב ; מילוי ע"ב, דמב ; ילה אֲבוֹתֵינוּ avoteinu
יַעֲלֶה yaalé וְיָבֹא veyavó וְיַגִּיעַ veyaguía וְיֵרָאֶה veyeraé ר"ו וְיֵרָצֶה veyeratsé
וְיִשָּׁמַע veyishamá וְיִפָּקֵד veyipaked וְיִזָּכֵר veyizajer ר"ת = מ"ב
זִכְרוֹנֵנוּ zijronenu וְזִכְרוֹן vezijrón ע"ב קס"א ונש"ב אֲבוֹתֵינוּ avoteinu.
זִכְרוֹן zijrón ע"ב קס"א ונש"ב יְרוּשָׁלַיִם Yerushaláyim עִירָךְ iraj.
וְזִכְרוֹן vezijrón ע"ב קס"א ונש"ב מָשִׁיחַ Mashíaj בֶּן ben דָּוִד David ע"ה כהת ;
בן דוד = אדני ע"ה עַבְדָּךְ avdaj פוי, אל אדני. וְזִכְרוֹן vezijrón ע"ב קס"א ונש"ב כָּל col
ילי עַמְּךָ amjá בֵּית beit ב"פ ראה יִשְׂרָאֵל Yisrael לְפָנֶיךָ lefaneja ס"ג מ"ה ב"ן
לִפְלֵיטָה lifletá לְטוֹבָה letová אכא. לְחֵן lején מילוי דמ"ה בריבוע ; מוזי
לְחֶסֶד lejésed ע"ב, ריבוע יהוה וּלְרַחֲמִים ulerajamim.

---

*Y puedas darnos Tú, Señor, nuestro Dios con amor este día (***en Shabat agregar***: de Shabat para el descanso y) festividades para regocijo, festivales y tiempos de dicha, este día (***en Shabat agregar:*** de Shabat y este día) de la Fiesta de Shavuot, y este buen día de Santa Convocatoria, el momento en que recibimos nuestra Torá con amor, una Santa Convocatoria, una remembranza de nuestra salida de Egipto.*

Nuestro Dios y el Dios de nuestros padres,

pueda levantarse y venir y llegar y aparecer y encontrar el favor y ser oído y ser considerado y ser recordado, nuestra remembranza y la remembranza de nuestros padres, las remembranza de Jerusalem, Tu ciudad, y la remembranza del Mashíaj Ben David, Tu sirviente, y la remembranza de toda Tu Nación, la Casa de Israel, ante Ti, para aceptación, para bien, para gracia, amabilidad y compasión,

לְחַיִּים lejayim אהיה אהיה יהוה, בינה ע"ה • טוֹבִים tovim וּלְשָׁלוֹם uleshalom•

בְּיוֹם beyom ע"ה נגד, מזבח, זן, אל יהוה (**En *Shabat* agregar:** הַשַּׁבָּת haShabat הַזֶּה hazé והו•

וּבְיוֹם uveyom ע"ה נגד, מזבח, זן, אל יהוה) חַג Jag הַשָּׁבוּעוֹת haShavuot הַזֶּה hazé והו

בְּיוֹם beyom ע"ה נגד, מזבח, זן, אל יהוה טוֹב tov והו מִקְרָא mikrá קֹדֶשׁ kódesh

הַזֶּה hazé והו• לְרַחֵם lerajem אברהם, ח"פ אל, רי"ו ול"ב נתיבות החכמה, רמ"ח (אברים),

עסמ"ב וט"ז אותיות פשוטות בּוֹ bo עָלֵינוּ aleinu וּלְהוֹשִׁיעֵנוּ ulehoshienu•

זָכְרֵנוּ zajrenu **(desde *Zeir Anpín*)** יְהֹוָהאדניאהדונהי Adonai אֱלֹהֵינוּ Eloheinu ילה

בּוֹ bo לְטוֹבָה letová אכא• וּפָקְדֵנוּ ufokdenu **(desde *Nukvá*)** בוֹ vo

לִבְרָכָה livrajá• וְהוֹשִׁיעֵנוּ vehoshienu **(desde *Dáat*)** בוֹ vo לְחַיִּים lejayim אהיה

אהיה יהוה, בינה ע"ה טוֹבִים tovim• בִּדְבַר bidvar ראה יְשׁוּעָה yeshuá

וְרַחֲמִים verajamim• חוּס jus וְחָנֵּנוּ vejanenu וַחֲמוֹל vajamol

וְרַחֵם verajem אברהם, ח"פ אל, רי"ו ול"ב נתיבות החכמה, רמ"ח (אברים), עסמ"ב וט"ז אותיות פשוטות

עָלֵינוּ aleinu• וְהוֹשִׁיעֵנוּ vehoshienu כִּי qui אֵלֶיךָ eleja עֵינֵינוּ eineinu ריבוע מ"ה•

כִּי qui אֵל El ייא"י מֶלֶךְ Mélej חַנּוּן janún וְרַחוּם verajum אָתָּה Atá:

וְהַשִּׂיאֵנוּ vehashienu יְהֹוָהאדניאהדונהי Adonai אֱלֹהֵינוּ Eloheinu ילה•

אֶת et בִּרְכַּת bircat מוֹעֲדֶיךָ moadeja לְחַיִּים lejayim אהיה אהיה יהוה, בינה ע"ה

בְּשִׂמְחָה besimjá וּבְשָׁלוֹם uveshalom• כַּאֲשֶׁר caasher רָצִיתָ ratsita

וְאָמַרְתָּ veamarta לְבָרְכֵנוּ levarjenu• כֵּן quen תְּבָרְכֵנוּ tevarjenu

סֶלָה sela:

---

para una buena vida y para paz en este Día de (**en Shabat decimos:** *Shabat y en este día de) la Fiesta de Shavuot, en este buen día de Santa Convocatoria, que te apiades de nosotros y nos salves. Recuérdanos, Señor, nuestro Dios, para bien en este día, y considéranos para bendición, y libéranos hacia una buena vida con las palabras de salvación y misericordia. Ten piedad y gracia de nosotros, y ten misericordia y sé compasivo con nosotros y sálvanos, porque nuestros ojos se vuelven a Ti, porque Tú eres Dios, Rey, Quien es bondadoso y compasivo. Y danos, Señor, nuestro Dios, Tu bendición de Tus festividades, para una vida feliz y pacífica. Así como Tú deseas y dices que nos bendices, así nos bendecirás, Sela.*

MEKADESH YISRAEL VEHAZMANIM

(En *Shabat* agregar: אֱלֹהֵינוּ Eloheinu ילה וֵאלֹהֵי veElohei לכב ; מילוי ע״ב, דמב ; ילה
אֲבוֹתֵינוּ avoteinu רְצֵה retsé נָא na בִמְנוּחָתֵינוּ vimnujateinu)
קַדְּשֵׁנוּ kadshenu בְּמִצְוֹתֶיךָ vemitsvoteja• תֵּן ten וְחֶלְקֵנוּ jelkenu
בְּתוֹרָתָךְ vetorataj• שַׂבְּעֵנוּ sabenu מִטּוּבָךְ mituvaj לאו•
שַׂמֵּחַ saméaj נַפְשֵׁנוּ nafshenu בִּישׁוּעָתָךְ bishuataj•
וְטַהֵר vetaher לִבֵּנוּ libenu לְעָבְדְּךָ leovdeja פוי, אל יהוה בֶּאֱמֶת veemet
אהיה פעמים אהיה, ז״פ ס״ג• וְהַנְחִילֵנוּ vehanjilenu יְהֹוָה אדניאהדונהי Adonai
אֱלֹהֵינוּ Eloheinu ילה (En *Shabat* agregar: בְּאַהֲבָה beahavá אחד, דאגה
וּבְרָצוֹן uveratsón מהש ע״ה, ע״ב בריבוע וקס״א ע״ה, אל שדי) בְּשִׂמְחָה vesimjá
וּבְשָׂשׂוֹן uvesasón (En *Shabat* agregar: שַׁבָּתוֹת shabatot וּ u) מוֹעֲדֵי moadei
קָדְשֶׁךָ kodshejá, וְיִשְׂמְחוּ veyismejú בְךָ vejá כָּל col ילי יִשְׂרָאֵל Yisrael
מְקַדְּשֵׁי mekadshei שְׁמֶךָ Shemeja• בָּרוּךְ Baruj אַתָּה Atá
יְהֹוָה אדניאהדונהי Adonai
אהיה יהו אלף הה יוד הה (en *Shabat*: יה אדני)
מְקַדֵּשׁ mekadesh (En *Shabat* agregar: הַשַּׁבָּת haShabat וְ ve) יִשְׂרָאֵל Yisrael
וְהַזְּמַנִּים vehazmanim:

LAS TRES BENDICIONES FINALES

A través del mérito de Moshé, Aharón y Yosef, quienes son nuestros canales para las últimas tres bendiciones, somos capaces de hacer descender toda la energía espiritual que despertamos con nuestras oraciones y bendiciones.

LA QUINTA BENDICIÓN

Durante esta bendición, que se refiere a Moshé, siempre debemos meditar en tratar de saber exactamente que quiere Dios de nosotros en nuestra vida, como lo indica la frase: "Que sea la voluntad de Dios". Estamos pidiéndole a Dios que nos guíe hacia el trabajo que vinimos a hacer en la Tierra. El Creador no puede aceptar sólo el trabajo que queremos hacer, debemos llevar a cabo el trabajo que estamos destinados a hacer.

MEKADESH YISRAEL VEHAZMANIM

(**En Shabat:** *Dios nuestro y Dios de nuestros antepasados, que Te plazca nuestro descanso).*
Santifícanos con Tus mandamientos y ubica nuestro destino en Tu Torá y sácianos con Tu benevolencia y alegra nuestros espíritus con Tu salvación, y purifica nuestro corazón para poder servirte verdaderamente. Y otórganos, Señor, nuestro Dios (**en Shabat:** *amor y gracia), felicidad y dicha* (**en Shabat:** *Shabatot y) las festividades, y todo Israel, quienes santifican Tu Nombre, estarán gozosos contigo. Bendito eresTú, Señor, Quien santifica* (**en Shabat:** *el Shabat e) Israel y los Tiempos.*

Nétsaj

Meditar por el Deseo Celestial (*Kéter*), que es llamado *Métsaj HaRatsón* (la Frente del Deseo).

רְצֵה retsé אלף למד הה יוד מם

Aquí meditar en transformar el infortunio y la tragedia (צרה) en deseo y aceptación (רצה).

יְהֹוָהאדניאהדונהי Adonai אֱלֹהֵינוּ Eloheinu ילה בְּעַמְּךָ beamjá יִשְׂרָאֵל Yisrael

וְלִתְפִלָּתָם velitfilatam שְׁעֵה sheé. וְהָשֵׁב vehashev הָעֲבוֹדָה haavodá

לִדְבִיר lidvir ר״ו בֵּיתֶךָ beiteja ב״פ ראה. וְאִשֵּׁי veishei יִשְׂרָאֵל Yisrael

וּתְפִלָּתָם utfilatam מְהֵרָה meherá בְּאַהֲבָה beahavá אחד, דאגה

תְקַבֵּל tekabel בְּרָצוֹן beratsón מהש ע״ה, ע״ב בריבוע וקס״א ע״ה, אל שדי ע״ה.

וּתְהִי utehí לְרָצוֹן leratsón מהש ע״ה, ע״ב בריבוע וקס״א ע״ה, אל שדי ע״ה

תָּמִיד tamid ע״ה קס״א קנ״א קמ״ג עֲבוֹדַת avodat יִשְׂרָאֵל Yisrael עַמֶּךָ ameja:

וְאַתָּה veAtá בְּרַחֲמֶיךָ verajameja הָרַבִּים harabim. תַּחְפֹּץ tajpots

בָּנוּ banu וְתִרְצֵנוּ vetirtsenu וְתֶחֱזֶינָה vetejezena עֵינֵינוּ eineinu ריבוע מ״ה

בְּשׁוּבְךָ beshuvjá לְצִיּוֹן leTsiyón יוסף, ו׳ הויות, קנאה

בְּרַחֲמִים berajamim מצפצ, אלהים דיודין, י״פ ייי:

אהיה יהו אלף למד הי יוד מם (en *Shabat*: אל)

בָּרוּךְ Baruj אַתָּה Atá יְהֹוָהאדניאהדונהי Adonai

הַמַּחֲזִיר hamajazir שְׁכִינָתוֹ Shjinató לְצִיּוֹן leTsiyón יוסף, ו׳ הויות, קנאה:

Las tres bendiciones finales

La quinta bendición

Encuentra gracia, Señor, nuestro Dios, en tu Pueblo, Israel y oye su oración. Restaura el culto en el santuario interno de Tu Templo. Acepta las ofrendas de Israel y sus oraciones con complacencia, prontamente y con amor. Que siempre sea agradable a Ti, el servicio de Israel, Tu Nación. Y Tú en Tu gran compasión, te deleites en nosotros y estés complacido con nosotros. Puedan nuestros ojos contemplar Tu retorno a Sión con compasión. ¡Bendito eres Tú, Señor, que devuelve su Shejiná a Sión.

LA SEXTA BENDICIÓN

Esta bendición es nuestro agradecimiento. Kabbalísticamente, el mayor "agradecimiento" que le podemos dar a nuestro Creador es hacer exactamente lo que estamos destinados a hacer en términos de nuestro trabajo espiritual.

Hod

Inclina todo tu cuerpo en "*modim*" y enderézate en "*Adonai*".

מוֹדִים modim מאה ברכות שתיקן דוד לאמרם כל יום אֲנַחְנוּ anajnu לָךְ laj

שָׁאַתָּה sheAtá הוּא Hu יְהֹוָהאדניאהדונהי Adonai (וג) אֱלֹהֵינוּ Eloheinu ילה

וֵאלֹהֵי veElohei לכב ; מילוי ע"ב, דמב ; ילה אֲבוֹתֵינוּ avoteinu לְעוֹלָם leolam

ריבוע ס"ג וי' אותיות דס"ג וָעֶד vaed. צוּרֵנוּ tsurenu צוּר tsur אלהים דההין ע"ה

וְחַיֵּינוּ jayeinu וּמָגֵן umaguén ג"פ אל (ייא" מילוי דס"ג) ; ר"ת מיכאל גבריאל נוריאל

יִשְׁעֵנוּ yishenu אַתָּה Atá הוּא Hu. לְדוֹר ledor וָדוֹר vador רי"ו נוֹדֶה nodé

לְךָ Lejá וּנְסַפֵּר unesaper תְּהִלָּתֶךָ tehilateja. עַל־ al חַיֵּינוּ jayeinu

הַמְּסוּרִים hamesurim בְּיָדֶךָ beyadeja. וְעַל veal נִשְׁמוֹתֵינוּ nishmoteinu

הַפְּקוּדוֹת hapkudot לָךְ laj. וְעַל־ veal נִסֶּיךָ niseja שֶׁבְּכָל shebejol

ב"ן, לכב יוֹם yom ע"ה נגד, מזבח, זן, אל יהוה עִמָּנוּ imanu ריבוע ס"ג, קס"א ע"ה וד' אותיות

וְעַל veal נִפְלְאוֹתֶיךָ nifleoteja וְטוֹבוֹתֶיךָ vetovoteja שֶׁבְּכָל shebejol

ב"ן, לכב עֵת et. עֶרֶב érev וָבֹקֶר vavóker וְצָהֳרָיִם vetsahoráyim. הַטּוֹב hatov

והו כִּי־ qui לֹא־ lo כָלוּ jalú רַחֲמֶיךָ rajameja. הַמְרַחֵם hamerajem

אברהם, וז"פ אל, רי"ו ול"ב נתיבות החכמה, רמ"ח (איברים), עסמ"ב וט"ז אותיות פשוטות כִּי־ qui לֹא lo

תַמּוּ tamu חֲסָדֶיךָ jasadeja כִּי qui מֵעוֹלָם meolam קִוִּינוּ kivinu לָךְ laj:

LA SEXTA BENDICIÓN

Nosotros te damos gracias a Ti, porque eres Tú, Señor, quien es nuestro Dios y el Dios de nuestros padres, por siempre y por toda la eternidad. Tú eres nuestra Fortaleza, la Fortaleza de nuestras vidas y el Escudo de nuestra salvación. De una generación a otra, te daremos gracias a Ti y cantaremos Tu alabanza. Por nuestras vidas que están en Tus Manos, por nuestras almas que están a Tu cuidado, por Tus milagros que están con nosotros todos los días y por Tus maravillas y Tus favores que están con nosotros en todo momento: de noche, de mañana y de tarde. Tú eres bueno, porque Tu compasión nunca se ha acabado. Tú eres el misericordioso, porque Tu bondad nunca ha cesado, porque siempre hemos puesto nuestras esperanzas en Ti.

MODIM DERABANÁN

Esta oración es recitada por la congregación en la repetición cuando el *jazán* dice "*modim*".

En esta sección hay 44 palabras, que es el mismo valor numérico que el Nombre: ריבוע אהיה (א אה אהי אהיה).

מוֹדִים modim מאה ברכות שתיקן דוד לאמרם כל יום אֲנַחְנוּ anajnu לָךְ laj
שָׁאַתָּה sheAtá הוּא Hu יְהֹוָהאדניאהדונהי Adonai אֱלֹהֵינוּ Eloheinu ילה
וֵאלֹהֵי veElohei לכב ; מילוי ע"ב, דמב ; ילה אֲבוֹתֵינוּ avoteinu
אֱלֹהֵי Elohei מילוי ע"ב, דמב ; ילה כָל jol ילי בָּשָׂר basar. יוֹצְרֵנוּ yotsrenu
יוֹצֵר yotser בְּרֵאשִׁית bereshit. בְּרָכוֹת brajot וְהוֹדָאוֹת vehodaot
לְשִׁמְךָ leShimjá הַגָּדוֹל haGadol להח ; עם ד' אותיות = מבה, יזל, אום
וְהַקָּדוֹשׁ vehakadosh עַל al שֶׁהֶחֱיִיתָנוּ shehejeyitanu וְקִיַּמְתָּנוּ vekiyamtanu.
כֵּן quen תְּחַיֵּינוּ tejayenu וּתְחָנֵּנוּ utejonenu. וְתֶאֱסוֹף veteesof
גָּלֻיּוֹתֵינוּ galuyoteinu לְחַצְרוֹת lejatsrot קָדְשֶׁךָ kodshejá. לִשְׁמוֹר lishmor
חֻקֶּיךָ jukeja וְלַעֲשׂוֹת velaasot רְצוֹנֶךָ retsonjá. וּלְעָבְדְךָ uleovdeja
פוי, אל אדני בְּלֵבָב belevav בוכו שָׁלֵם shalem. עַל al שֶׁאֲנַחְנוּ sheanajnu
מוֹדִים modim לָךְ laj. בָּרוּךְ Baruj אֵל El ייא"י (מילוי דס"ג) הַהוֹדָאוֹת hahodaot:

וְעַל veal כֻּלָּם culam יִתְבָּרַךְ yitbaraj וְיִתְרוֹמָם veyitromam
וְיִתְנַשֵּׂא veyitnasé תָּמִיד tamid ע"ה קס"א קנ"א קמ"ג שִׁמְךָ Shimjá
מַלְכֵּנוּ malquenu לְעוֹלָם leolam ריבוע ס"ג וי' אותיות דס"ג וָעֶד vaed.
וְכָל־ vejol ילי הַחַיִּים hajayim אהיה אהיה יהוה, בינה ע"ה יוֹדוּךָ yoduja סֶּלָה sela:

וִיהַלְלוּ vihalelú וִיבָרְכוּ vivarjú יהוה ריבוע יהוה ריבוע מ"ה
אֶת־ et שִׁמְךָ Shimjá הַגָּדוֹל hagadol להח ; עם ד' אותיות = מבה, יזל, אום

MODIM DERABANÁN

Nosotros Te agradecemos, porque eres Tú Señor, nuestro Dios y el Dios de nuestros padres, el Dios de toda carne, nuestro Hacedor y el Creador de toda la creación. Bendiciones y gracias a Tu gran y Santo Nombre por darnos vida y por preservarnos. Que puedas Tú continuar dándonos vida, sé amable con nosotros y reúne nuestros exiliados en las cortes de Tu Santuario, para que podamos cumplir Tus leyes, hacer Tu voluntad y Te sirvamos con todo el corazón. Por esto Te agradecemos. ¡Bendito sea el Dios de los agradecimientos!

Y por todas estas cosas, que Tu Nombre sea siempre bendecido, exaltado y exultado, nuestro Rey, por siempre y para siempre, y todo lo que vive te agradecerá, Sela. Y te alabarán y bendecirán Tu gran Nombre.

בֶּאֱמֶת beemet אהיה פעמים אהיה, ז"פ ס"ג לְעוֹלָם leolam ריבוע ס"ג וי' אותיות דס"ג

כִּי qui טוֹב tov והו ; כי טוב = יהוה אהיה, אום, מבה, יזל.

הָאֵל haEl לאה ; ייא"י (מילוי דס"ג) יְשׁוּעָתֵנוּ yeshuatenu וְעֶזְרָתֵנוּ veezratenu

סֶלָה sela. הָאֵל haEl לאה ; ייא"י (מילוי דס"ג) הַטּוֹב hatov והו:

Flexiona tus rodillas en "*Baruj*", inclínate en "*Atá*" y enderézate en "*Adonai*".

אהיה יהו אלף למד הה יוד מם (en *Shabat*: אלהים)

בָּרוּךְ Baruj אַתָּה Atá יְהֹוָהאדניאהדונהי Adonai (הי) הַטּוֹב hatov והו

שִׁמְךָ Shimjá וּלְךָ ulejá נָאֶה naé לְהוֹדוֹת lehodot ס"ת כהת, משיח בן דוד ע"ה:

BENDICIÓN DE LOS COHANIM

Durante la repetición decimos la bendición de los *Cohanim*. El *Cohén* es un canal de la energía dadora de la Columna Derecha y, por lo tanto, también de sanación. Debido a que la Luz revelada a través de esta bendición es más poderosa de lo que podemos manejar, cubrimos nuestros ojos para evitar ver directamente a esta asombrosa Luz de sanación.

Si no hay *Cohén* presente, el *jazán* debe decir:

אֱלֹהֵינוּ Eloheinu ילה וֵאלֹהֵי veElohei לכב ; מילוי ע"ב, דמב ; ילה אֲבוֹתֵינוּ avoteinu,

בָּרְכֵנוּ barjenu בַּבְּרָכָה babrajá הַמְשֻׁלֶּשֶׁת hameshuléshet בַּתּוֹרָה batorá

הַכְּתוּבָה hactuvá עַל al יְדֵי yedei מֹשֶׁה Moshé מהש, ע"ב בריבוע וקס"א, אל שדי,

עַבְדֶּךָ avdeja פוי, אל אדני הָאֲמוּרָה haamurá מִפִּי mipí אַהֲרֹן Aharón ד"פ אלהים ע"ה

וּבָנָיו uvanav כֹּהֲנִים cohanim עַם am קְדוֹשֶׁךָ kedosheja, כָּאָמוּר caamur:

Entonces el *jazán* continuará desde "*yevarejejá Adonai…*" hasta "*vesayem lejá Shalom*" (en la página siguiente).

Después de que la congregación responda *Amén*, el *jazán* dirá "*Cohanim*". Luego los *Cohanim* recitarán lo siguiente en silencio:

יְהִי yehí רָצוֹן ratsón מהש ע"ה, ע"ב בריבוע וקס"א ע"ה, אל שדי ע"ה מִלְּפָנֶיךָ milfaneja

ס"ג מ"ה ב"ן יְהֹוָהאדניאהדונהי Adonai אֱלֹהֵינוּ Eloheinu ילה וֵאלֹהֵי veElohei

לכב ; מילוי ע"ב, דמב ; ילה אֲבוֹתֵינוּ avoteinu, שֶׁתְּהִיֶה shetihyé בְּרָכָה brajá זוֹ zo

שֶׁצִּוִּיתָנוּ shetsivitanu לְבָרֵךְ levarej אֶת et עַמְּךָ amjá יִשְׂרָאֵל Yisrael

בְּרָכָה brajá שְׁלֵמָה shlemá וְלֹא veló יִהְיֶה yihyé ייי בָּהּ ba

מִכְשׁוֹל mijshol וְעָוֹן veavón מֵעַתָּה meatá וְעַד vead עוֹלָם olam:

---

sinceramente y para siempre, porque Es bueno, el Dios de nuestra salvación y nuestra ayuda, Sela, el buen Dios. Bendito eres Tú, Señor, cuyo Nombre es bueno, y a Ti es propio dar gracias.

BENDICIÓN DE LOS COHANIM

Nuestro Dios y el Dios de nuestros antepasados, bendícenos con la triple de bendición escrita en la Torá por Moshé, Tu siervo, y dicha por Aharón y sus hijos, los Cohanim, Tu Pueblo Santo, como está dicho: Que sea tu voluntad, Señor, nuestro Dios y el Dios de nuestros antepasados, que esta bendición con la que Tú nos ordenaste que bendecir a Tu pueblo, Israel, sea una bendición perfecta, y que no contenga ningún impedimento o iniquidad desde ahora y para siempre.

Los *Cohanim* dicen la siguiente bendición de cara al Arca y cuando llegan a la palabra "*vetsivanu*", deben girar en dirección de las manecillas del reloj y dar la cara a la congregación y continuar la bendición. Si sólo hay un *Cohén*, el *jazán* no debe llamarlo, sino que, en lugar de ello, el *Cohén* debe decir la siguiente bendición inmediatamente:

בָּרוּךְ Baruj אַתָּה Atá יְהֹוָה אדני יאהדונהי Adonai אֱלֹהֵינוּ Eloheinu ילה
מֶלֶךְ Mélej הָעוֹלָם haolam אֲשֶׁר asher קִדְּשָׁנוּ kidshanu
בִּקְדֻשָּׁתוֹ bikdusható שֶׁל shel אַהֲרֹן Aharón וְצִוָּנוּ vetsivanu
לְבָרֵךְ levarej אֶת et עַמּוֹ amó יִשְׂרָאֵל Yisrael בְּאַהֲבָה beahavá אוזד, ראגה:

El *jazán* orienta a los *Cohanim* recitando una palabra a la vez (incluso si sólo hay un *Cohén* presente).
Y la congregación responde "*Amén*" (o "*quen yehí ratsón*" en caso de que el *jazán* sea quien lo recite) después de cada verso.

Las iniciales de los tres versos nos dan el Nombre Sagrado: ייי.
En esta sección hay 15 palabras, que es el valor numérico del Nombre Sagrado: ההה.

(Derecha – *Jésed*)

יְבָרֶכְךָ yevarejejá יְהֹוָה אדני יאהדונהי Adonai וְיִשְׁמְרֶךָ veyishmereja
ר"ת = יהוה ; וס"ת = מ"ה:

(Izquierda - *Guevurá*)

יָאֵר yaer כף ויו זין ויו יְהֹוָה אדני יאהדונהי Adonai | פָּנָיו panav אֵלֶיךָ eleja
וִיחֻנֶּךָּ vijuneca מנד ; יהה אותיות בפסוק:

(Central – *Tiféret*)

יִשָּׂא yisá יְהֹוָה אדני יאהדונהי Adonai | פָּנָיו panav אֵלֶיךָ eleja
וְיָשֵׂם veyasem לְךָ lejá שָׁלוֹם shalom האא תיבות בפסוק:

(*Maljut*)

(וְשָׂמוּ vesamu אֶת־ et שְׁמִי Shmí עַל־ al בְּנֵי bnei יִשְׂרָאֵל Yisrael
וַאֲנִי vaAní אני אֲבָרְכֵם avarjem:)

Los *Cohanim* añaden en silencio:

רִבּוֹן ribón יהוה ע"ב ס"ג מ"ה ב"ן הָעוֹלָמִים haolamim,
עָשִׂינוּ asinu מַה ma מ"ה שֶׁגָּזַרְתָּ shegazarta עָלֵינוּ aleinu, עֲשֵׂה asé אַתָּה Atá
מַה ma מ"ה שֶׁהִבְטַחְתָּנוּ shehivtajtanu: הַשְׁקִיפָה hashkifa מִמְּעוֹן mimeón
קָדְשְׁךָ kodshejá מִן־ min הַשָּׁמַיִם hashamáyim י"פ טל, י"פ כוזו ; ר"ת מ"ה
וּבָרֵךְ uvarej אֶת־ et עַמְּךָ amjá אֶת־ et יִשְׂרָאֵל Yisrael:

Bendito eres Tú, Señor, nuestro Dios, Rey del universo, Quien nos ha santificado con la santidad de Aharón y nos ha ordenado bendecir a Su Pueblo, Israel, con amor.
(Derecha) *Que el Señor te bendiga y te proteja (Amén).*
(Izquierda) *Que el Señor haga brillar Su rostro sobre ti y te dé gracia (Amén).*
(Central) *Que el Señor eleve Su rostro hacia Ti y te conceda paz (Amén).*
(Y ellos pondrán Mi nombre sobre los Hijos de Israel y Yo los bendeciré) (Números 6:24-27). Señor del mundo, hemos hecho lo que Tú has decretado sobre nosotros. Ahora, haz Tú como prometiste: "Mira hacia abajo desde Tu Santa Morada, desde los Cielos, y bendice a tu pueblo, Israel" (Deuteronomio 26:15).

En esta sección hay 22 palabras, que es el valor numérico del Nombre Sagrado: **אכא**. Debes meditar en lo siguiente cuando el *jazán* diga la primera palabra de cada verso:

Yevarejejá (primer verso): **אֵל נָא קְרַב תְּשׁוּעַת מְצַפֶּיךָ** (ר"ת אנקתם)

Yaer (segundo verso): **פּוֹדֶךָ סַר תּוֹצִיאֵם מִמַּאֲסָר** (ר"ת פסתם)

Yisá (tercer verso): **פְּדֵה סוֹעִים פְּתוֹחַ סוּמִים יִשְׁעֲךָ מְצַפִּים** (ר"ת פספסים)

דַּלֵּה יוֹקְשִׁים וְקַבֵּץ נְפוּצִים סָמוּךְ יָהּ מַפִּלְתֵּנוּ (ר"ת דיונסים)

(susurra:) יוז"ו אותיות בפסוק בָּרוּךְ Baruj שֵׁם Shem כְּבוֹד quevod מַלְכוּתוֹ, maljutó

לְעוֹלָם leolam ריבוע ס"ג וי' אותיות דס"ג וָעֶד vaed:

Si tuviste un mal sueño que te esté causando angustia, di lo siguiente mientras los *Cohanim* dicen su bendición:

רִבּוֹנוֹ ribonó שֶׁל shel עוֹלָם olam אֲנִי אני aní שֶׁלָּךְ sheljá וַחֲלוֹמוֹתַי vejalomotai
שֶׁלָּךְ. sheljá חֲלוֹם jalom חָלַמְתִּי jalamti וְאֵינִי veeiní יוֹדֵעַ yodea מַה ma מ"ה
הוּא. hu בֵּין bein שֶׁחָלַמְתִּי shejalamti אֲנִי אני aní לְעַצְמִי leatsmí וּבֵין uvein
שֶׁחָלְמוּ shejalmú לִי li אֲחֵרִים, ajerim וּבֵין uvein שֶׁאֲנִי sheaní אני חָלַמְתִּי jalamti
עַל al אֲחֵרִים, ajerim אִם im יוהך, מ"א אותיות אהיה בפשוטו במילואו ובמילוי דמילואו ע"ה
טוֹבִים tovim הֵם hem חַזְּקֵם jazkem וְאַמְּצֵם veamtsem כַּחֲלוֹמוֹתָיו cajalomotav
שֶׁל shel יוֹסֵף Yosef קנאה, ו הויות, ציון הַצַּדִּיק, Hatsadik וְאִם veim יוהך, מ"א אותיות אהיה
בפשוטו במילואו ובמילוי דמילואו ע"ה צְרִיכִים tsrijim רְפוּאָה refuá רְפָאֵם refaem
כְּמֵי quemei ילי מָרָה mará עַל al יְדֵי yedei מֹשֶׁה Moshé מהש, ע"ב בריבוע וקס"א, אל שדי,
ד"פ אלהים ע"ה רַבֵּינוּ rabeinu עָלָיו alav הַשָּׁלוֹם, hashalom וּכְמֵי ujmei ילי
יְרִיחוֹ Yerijó עַל al יְדֵי yedei אֱלִישָׁע, Elishá וּכְמִרְיָם ujeMiryam
מִצָּרַעְתָּהּ, mitsaratá וּכְנַעֲמָן ujeNaamán מִצָּרַעְתּוֹ, mitsarató וּכְחִזְקִיָּהוּ ujeJizkiyahu
מֵחָלְיוֹ. mejolyó וּכְשֵׁם ujshem שֶׁהָפַכְתָּ shehafajta קִלְלַת kilelat בִּלְעָם Bilam
הָרָשָׁע harashá לִבְרָכָה, livrajá כֵּן quen הֲפוֹךְ hafoj כָּל col ילי חֲלוֹמוֹתַי jalomotai
עָלַי alai וְעַל veal כָּל col ילי ; עמם יִשְׂרָאֵל Yisrael לְטוֹבָה letová אכא
וְלִבְרָכָה velivrajá וְתִרְצֵנִי vetirtseni בְּרַחֲמֶיךָ berajameja הָרַבִּים. harabim
מ"ב אותיות בפסוק יִהְיוּ yihyú אל (ייא"י מילוי דס"ג) לְרָצוֹן leratsón מהש ע"ה, ע"ב בריבוע וקס"א
ע"ה, אל שדי ע"ה אִמְרֵי imrei פִי fi ר"ת אֶלֶף = אלף למד שין דלת יוד ע"ה וְהֶגְיוֹן veyihyú
לִבִּי libí לְפָנֶיךָ lefaneja ס"ג מ"ה ב"ן יְהוָֹה יאהדונהי Adonai צוּרִי tsurí וְגוֹאֲלִי. vegoalí

¡Señor del Mundo! Yo soy Tuyo y mis sueños son Tuyos. Yo tuve un sueño pero no conozco su significado; ya sea que haya soñado sobre mí mismo, o que otros soñaron conmigo, o sea que yo he soñado con otros. Si ellos [mis sueños] son buenos entonces refuérzalos y vigorízalos, como los sueños de Yosef, el justo. Si requieren sanación, entonces remédialos como a las aguas de Mará en las manos de Moshé, nuestro señor, que la paz esté con él; como a las aguas de Jericó en las manos de Elishá y como a Miriam de su lepra, como a Naamán de su lepra, y como a Jizkiyahu de su enfermedad. Y así como Tú has convertido la maldición del malvado Bilaam en bendiciones, así también cambia mis sueños, por mi bien y por el bien de Israel, en cosas buenas y en bendiciones. Favoréceme con Tu generosa compasión. "Sean gratos ante Ti, Señor, mi Fortaleza y mi Redentor, los dichos de mi boca y los pensamientos de mi corazón" (Salmos 19:15).

LA BENDICIÓN FINAL

Estamos emanando la energía de paz para el mundo entero. También nos proponemos utilizar nuestras bocas sólo para el bien. Kabbalísticamente, el poder de las palabras y del habla es inimaginable. Esperamos usar este poder sabiamente, lo que tal vez es una de las tareas más difíciles de llevar a cabo.

Yesod

שִׂים sim שָׁלוֹם shalom

טוֹבָה tová אכא וּבְרָכָה uvrajá חַיִּים jayim אהיה אהיה יהוה, בינה ע״ה חֵן jen מילוי

דמ״ה בריבוע, מוחי וָחֶסֶד vajésed ע״ב, ריבוע יהוה צְדָקָה tsedaká ע״ה ריבוע אלהים

וְרַחֲמִים verajamim עָלֵינוּ aleinu וְעַל־ veal כָּל־ col ילי ; עמם

יִשְׂרָאֵל Yisrael עַמֶּךָ ameja וּבָרְכֵנוּ uvarjenu אָבִינוּ avinu כֻּלָּנוּ culanu

כְּאֶחָד queejad אהבה, דאגה בְּאוֹר beor רז, א״ס פָּנֶיךָ paneja ס״ג מ״ה ב״ן כִּי qui

בְאוֹר veor רז, א״ס פָּנֶיךָ paneja ס״ג מ״ה ב״ן נָתַתָּ natata לָּנוּ lanu אלהים, אהיה אדני

יְהֹוָהאדניאהדונהי Adonai אֱלֹהֵינוּ Eloheinu ילה תּוֹרָה Torá וְחַיִּים vejayim אהיה

אהיה יהוה, בינה ע״ה. אַהֲבָה ahavá אחד, דאגה וָחֶסֶד vajésed ע״ב, ריבוע יהוה.

צְדָקָה tsedaká ע״ה ריבוע אלהים וְרַחֲמִים verajamim. בְּרָכָה brajá

וְשָׁלוֹם veshalom. וְטוֹב vetov והו בְּעֵינֶיךָ beeineja ע״ה קס״א ; ריבוע מ״ה

לְבָרְכֵנוּ levarjenu וּלְבָרֵךְ ulevarej אֶת et כָּל־ col ילי עַמְּךָ amjá

יִשְׂרָאֵל Yisrael בְּרוֹב־ berov י״פ אהיה עֹז oz וְשָׁלוֹם veshalom:

אהיה יהו אלף למד הא יוד מם (en *Shabat*: מצפצ)

בָּרוּךְ Baruj אַתָּה Atá יוהוהאדניאהדונהי Adonai

הַמְבָרֵךְ hamevarej אֶת et עַמּוֹ amó יִשְׂרָאֵל Yisrael

ר״ת = אלהים (אילההויהם = יב״ק) בַּשָּׁלוֹם bashalom. אָמֵן Amén יאהדונהי.

LA BENDICIÓN FINAL

Otorga paz, bondad, bendiciones, vida, gracia, amabilidad, justicia y misericordia a nosotros y a todo Israel, Tu Pueblo. Bendícenos a todos como uno solo, Padre nuestro, con la Luz de Tu Rostro, porque es con la Luz de Tu rostro que Tú, Señor, nuestro Dios, nos has dado la Torá y vida, amor y amabilidad, justicia y misericordia, bendición y paz. Que sea grato a Tus Ojos bendecirnos y bendecir a tu Nación, Israel, con abundante poder y con paz. ¡Bendito eres Tú, Señor, que bendice a Su Pueblo, Israel, con paz, Amén!

YIHYÚ LERATSÓN

Hay 42 letras en el versículo en el secreto del *Aná Bejóaj*.

יִהְיוּ yihyú אל (ייא״ מילוי דס״ג) לְרָצוֹן leratsón מהש ע״ה, ע״ב בריבוע וקס״א ע״ה, אל שדי ע״ה

אִמְרֵי imrei פִי fi ר״ת אֶלֶף = אלף למד שין דלת יוד ע״ה וְהֶגְיוֹן vehegyón לִבִּי libí

לְפָנֶיךָ lefaneja ס״ג מ״ה ב״ן יְהֹוָה יאהדונהי Adonai צוּרִי tsurí וְגֹאֲלִי vegoalí:

ELOHAI NETSOR

אֱלֹהַי Elohai מילוי ע״ב, דמב ; ילה נְצוֹר netsor לְשׁוֹנִי leshoní מֵרָע merá.

וּשְׂפָתוֹתַי vesiftotai מִדַּבֵּר midaber ראה מִרְמָה mirmá. וְלִמְקַלְלַי velimkalelai

נַפְשִׁי nafshá תִדֹּם tidom. וְנַפְשִׁי venafshá כֶּעָפָר queafar

לַכֹּל lacol יה אדני תִּהְיֶה tihyé. פְּתַח ptaj לִבִּי libí בְּתוֹרָתֶךָ betorateja.

וְאַחֲרֵי veajarei מִצְוֹתֶיךָ mitsvoteja תִּרְדּוֹף tirdof נַפְשִׁי nafshí. וְכָל vejol

ילי הַקָּמִים hakamim עָלַי alai לְרָעָה leraá רהע. מְהֵרָה meherá

הָפֵר hafer עֲצָתָם atsatam וְקַלְקֵל vekalkel מַחְשְׁבוֹתָם majshevotam.

עֲשֵׂה asé לְמַעַן lemaan שְׁמָךְ Shmaj. עֲשֵׂה asé לְמַעַן lemaan

יְמִינָךְ yeminaj. עֲשֵׂה asé לְמַעַן lemaan תּוֹרָתָךְ torataj. עֲשֵׂה asé

לְמַעַן lemaan קְדוּשָׁתָךְ kedushataj. ר״ת הפסוק = מ״ה יהוה לְמַעַן lemaan

יֵחָלְצוּן yejaltsun יְדִידֶיךָ yedideja ר״ת ילי הוֹשִׁיעָה hoshía יהוה וש״ע נהורין

יְמִינְךָ yeminjá וַעֲנֵנִי vaaneni (כתיב: ועננו) ר״ת אל (ייא״ מילוי דס״ג):

Antes de que recitemos el próximo verso ("*Yihyú leratsón*") tenemos una oportunidad de fortalecer nuestra conexión con nuestra alma usando nuestro nombre. Cada persona tiene un versículo en la Torá que lo conecta con su nombre. O bien su nombre está en el versículo o la primera letra y última letra de nuestro nombre corresponden a la primera y última letra del versículo. Por ejemplo, el nombre Yehuda empieza con una *Yud* y termina con una *Hei*, antes de terminar la *Amidá*, declaramos que nuestro nombre sea siempre recordado cuando nuestra alma abandone este mundo.

YIHYÚ LERATSÓN

"Sean gratos ante Ti, Señor,
mi Fortaleza y mi Redentor, los dichos de mi boca y los pensamientos de mi corazón" (Salmos 19:15).

ELOHAI NETSOR

Mi Dios, cuida mi lengua del mal y mis labios de decir falsedad. Que mi alma permanezca en silencio ante aquellos que me maldicen y permite que mi espíritu sea humilde ante todos, como el polvo. Abre mi corazón a Tu Torá y permite que mi corazón siga Tus mandamientos. Prontamente frustra los planes y daña los pensamientos de todos aquellos que se levantan contra mí para hacerme daño. Hazlo por la gloria de Tu Nombre. Haz esto por el bien de Tu Diestra. Haz esto por el mérito de Tu Torá. Haz esto por Tu santidad, "Que Tus amados sean rescatados. Sálvalos con Tu Diestra y contéstame" (Salmos 60:7).

YIHYÚ LERATSÓN (EL SEGUNDO)

Hay 42 letras en el versículo en el secreto del *Aná Bejóaj*.

יִהְיוּ yihyú אל (ייא" מילוי דס"ג) לְרָצוֹן leratsón מהש ע"ה, ע"ב בריבוע וקס"א ע"ה, אל שדי ע"ה

אִמְרֵי־ imrei פִי fi ר"ת אֶלֶף = אלף למד שין דלת יוד ע"ה וְהֶגְיוֹן vehegyón לִבִּי libí

לְפָנֶיךָ lefaneja ס"ג מ"ה ב"ן יְהֹוָהאדהנויאהדונהי Adonai צוּרִי tsurí וְגֹאֲלִי vegoalí:

OSÉ SHALOM

Da tres pasos hacia atrás;

Izquierda

Te vuelves a la izquierda y dices:

עֹשֶׂה osé שָׁלוֹם shalom

בִּמְרוֹמָיו bimromav ר"ת ע"ב, ריבוע יהוה

Derecha

Te vuelves a la derecha y dices:

הוּא Hu בְּרַחֲמָיו verajamav יַעֲשֶׂה yaasé

שָׁלוֹם shalom עָלֵינוּ aleinu ר"ת ש"ע נהורין

Centro

Te alineas al centro y dices:

וְעַל veal כָּל־ col ילי ; עמם עַמּוֹ amó יִשְׂרָאֵל Yisrael

וְאִמְרוּ veimrú אָמֵן Amén יאהדונהי:

יְהִי yehí רָצוֹן ratsón מהש ע"ה, ע"ב בריבוע וקס"א ע"ה, אל שדי ע"ה

מִלְּפָנֶיךָ milfaneja ס"ג מ"ה ב"ן יְהֹוָהאדהנויאהדונהי Adonai אֱלֹהֵינוּ Eloheinu ילה

וֵאלֹהֵי veElohei לכב ; מילוי ע"ב, דמב ; ילה אֲבוֹתֵינוּ avoteinu, שֶׁתִּבְנֶה shetivné

בֵּית beit ב"פ ראה הַמִּקְדָּשׁ hamikdash בִּמְהֵרָה bimherá בְיָמֵינוּ veyameinu

וְתֵן vetén חֶלְקֵנוּ jelkenu בְּתוֹרָתָךְ vetorataj לַעֲשׂוֹת laasot חֻקֵּי jukei

רְצוֹנָךְ retsonaj וּלְעָבְדָךְ uleavdaj פוי, אל אדני בְּלֵבָב belevav בוכו שָׁלֵם shalem.

Da tres pasos hacia delante.

YIHYÚ LERATSÓN (EL SEGUNDO)

"Sean gratos ante Ti, Señor,
mi Fortaleza y mi Redentor, los dichos de mi boca y los pensamientos de mi corazón" (Salmos 19:15).

OSÉ SHALOM

Él, que establece Paz en Sus altos lugares,
Él, en Su compasión, hará que la paz esté entre nosotros y sobre Su pueblo entero, Israel, y dirán: Amén.
Sea agradable ante Ti, Señor, nuestro Dios y Dios de nuestros antepasados, que puedas reconstruir rápidamente el santo Templo, en nuestros días, y otórganos participación en Tu Torá, para que podamos cumplir las leyes de Tu deseo y servirte con todo el corazón.

EL HALEL

La palabra *Halel* tiene el mismo valor numérico (65) de *Lámed*, *Lámed*, *Hei* ללה, la combinación de los 72 Nombres de Dios para los sueños. Sesenta y cinco es también el valor numérico de *haclí* הכלי, que significa "la Vasija", y la palabra aramea אדני *Adonai*, el Nombre de Dios que corresponde a nuestro mundo físico de *Maljut*. El *Halel* nos ayuda a despegar de este mundo físico para hacer nuestras conexiones con las festividades. Las siete partes del *Halel* corresponden a las siete *Sefirot* que influyen directamente en nuestro mundo.

בָּרוּךְ Baruj אַתָּה Atá יְהֹוָאדנייאהדונהי Adonai אֱלֹהֵינוּ Eloheinu ילה
מֶלֶךְ Mélej הָעוֹלָם haolam אֲשֶׁר asher קִדְּשָׁנוּ kidshanu
בְּמִצְוֹתָיו bemitsvotav וְצִוָּנוּ vetsivanu לִקְרוֹא likró
אֶת et הַהַלֵּל haHalel ללה, אדני ; ר"ת לאה:

JÉSED – HALELUYÁ

"Dios me levanta del polvo". Este versículo representa la capacidad de que un cambio positivo ocurra en cualquier momento. El primer paso es abandonar a nuestro ego. Si desconectamos sus murmullos y mantenemos certeza total en que la Luz puede alterar drásticamente nuestra situación en un instante, activaremos el poder de esta conexión.

En este Salmo hay 58 palabras, que es el valor numérico del Santo Nombre: אל יהוה ע"ה.

הַלְלוּיָהּ haleluyá אלהים, אהיה אדני ; ללה הַלְלוּ halelú עַבְדֵי avdei
יְהֹוָאדנייאהדונהי Adonai הַלְלוּ halelú אֶת־ et שֵׁם shem יְהֹוָאדנייאהדונהי Adonai:
יְהִי yehí שֵׁם shem יְהֹוָאדנייאהדונהי Adonai מְבֹרָךְ mevoraj ר"ת ריבוע ע"ב ריבוע ס"ג
יהוה מברך = רפ"ח (להעלות רפ"ח ניצוצות שנפלו לקליפה דמשם באים התולאים) מֵעַתָּה meatá
וְעַד־ vead עוֹלָם olam ייל: מִמִּזְרַח mimizraj שֶׁמֶשׁ shémesh עַד־ ad
ר"ת קדוש מְבוֹאוֹ mevoó מְהֻלָּל mehulal שֵׁם shem יְהֹוָאדנייאהדונהי Adonai:
רָם ram עַל־ al כָּל־ col ילי ; עמם גּוֹיִם goyim יְהֹוָאדנייאהדונהי Adonai
עַל al הַשָּׁמַיִם hashamáyim י"פ טל, י"פ כוזו ; ר"ת וחשמל כְּבוֹדוֹ quevodó:

EL HALEL

Bendito eres Tú, Señor, nuestro Dios, Rey del mundo,
Quien nos ha santificado con Sus mandamientos y nos ha obligado a leer el Halel.

JÉSED – HALELUYÁ

"Alaben al Señor, siervos de Dios. Alaben el Nombre del Señor. Que el Nombre del Señor sea bendito desde ahora y para siempre. Desde que el Sol se levanta hasta que se pone, el Nombre del Señor es alabado. El Señor está sobre todas las naciones. Su gloria se eleva sobre los Cielos.

מִי mi ילי כַּיהֹוָהאדניאהדונהי caAdonai אֱלֹהֵינוּ Eloheinu ילה

הַמַּגְבִּיהִי hamagbihí לָשָׁבֶת lashávet: הַמַּשְׁפִּילִי hamashpilí לִרְאוֹת lirot

בַּשָּׁמַיִם bashamáyim י״פ טל, י״פ כוזו וּבָאָרֶץ uvaárets:

מְקִימִי mekimí מֵעָפָר meafar דָּל dal מֵאַשְׁפֹּת meashpot יָרִים yarim

אֶבְיוֹן evyón: לְהוֹשִׁיבִי lehoshiví עִם־ im נְדִיבִים nedivim עִם im

נְדִיבֵי nedivei עַמּוֹ amó: מוֹשִׁיבִי moshiví עֲקֶרֶת akéret הַבַּיִת habáyit

ב״פ ראה ; עקרת הבית היא רוז״ל אֵם־ em יוהך, מ״א אותיות דפשוט, דמילוי ודמילוי דמילוי דאהיה ע״ה

הַבָּנִים habanim שְׂמֵחָה smejá הַלְלוּיָהּ haleluyá אלהים, אהיה אדני ; ללה:

GUEVURÁ - BETSET YISRAEL

"Yehuda era santo" se refiere al jefe de la Tribu de Yehuda, un hombre llamado Najshón ben Aminadav. Najshón fue el primer individuo en demostrar certeza absoluta cuando entró al Mar Rojo durante el Éxodo. Él superó sus dudas y miedos reactivos, y continuó caminando hacia el agua hasta que ésta le llegó a la nariz; seguidamente le llegó a la garganta y comenzó a ahogarlo. En ese preciso momento, Satán intentó bombardearlo con temor e incertidumbre. Incluso cuando los milagros están destinados a ocurrir, la más ligera duda puede evitar que ocurran. Pero Najshón ben Aminadav no vaciló. Una milésima de segundo después, estaba respirando aire fresco mientras las aguas del Mar Rojo se elevaban al Cielo.

En este Salmo hay 52 palabras que corresponden al Santo Nombre: יוד הה וו הה (בוזינת נוקבא).

בְּצֵאת betset יִשְׂרָאֵל Yisrael מִמִּצְרָיִם miMitsráyim מצר בֵּית beit ב״פ ראה

יַעֲקֹב Yaakov ז׳ הויות, יאהדונהי אידהנויה מֵעַם meam לֹעֵז loez: הָיְתָה haytá

יְהוּדָה Yehudá לְקָדְשׁוֹ lekadshó יִשְׂרָאֵל Yisrael מַמְשְׁלוֹתָיו mamshelotav:

הַיָּם hayam ילי רָאָה raá ראה וַיָּנֹס vayanós הַיַּרְדֵּן haYardén י׳ הויות וד׳ אותיות

יִסֹּב yisov לְאָחוֹר leajor: הֶהָרִים heharim רָקְדוּ rakdú כְאֵילִים jeeilim

גְּבָעוֹת guevaot כִּבְנֵי־ quivnei צֹאן tson: מַה־ ma מ״ה לְּךָ lejá הַיָּם hayam ילי

כִּי qui תָנוּס tanús הַיַּרְדֵּן haYardén י׳ הויות וד׳ אותיות תִּסֹּב tisov לְאָחוֹר leajor:

¿Quién es como el Señor, nuestro Dios, que mora en las alturas, que observa sobre los Cielos y la Tierra? Él levanta al pobre del polvo y eleva al indigente de los escombros. Él los ubica junto a los nobles, con la nobleza de Su Nación. Él ubica a la sierva de la casa junto a la madre de los hijos, felizmente. ¡Alaben al Señor!" (Salmos 113).

GUEVURÁ - BETSET YISRAEL

"Cuando Israel abandonó Egipto, la Casa de Yaakov de una nación extranjera, Yehuda se santificó ante Él e Israel fue Su Dominio. El mar vio esto y huyó, el Jordán se volvió atrás. Las montañas saltaron como carneros, y las colinas corderitos. ¿Qué te aflige, mar, que huiste? ¿Por qué volviste atrás, Jordán?

הֶהָרִים heharim תִּרְקְדוּ tirkedú כְאֵילִים jeeilim גְּבָעוֹת guevaot
כִּבְנֵי־ quivnei צֹאן tson: מִלִּפְנֵי milifnei אָדוֹן adón אני חוּלִי julí אָרֶץ árets
מִלִּפְנֵי milifnei אֱלוֹהַּ Elohá שם בן מ״ב יַעֲקֹב Yaakov ד׳ הויות, יאהדונהי אידהנויה:
הַהֹפְכִי hahofjí הַצּוּר hatsur אלהים דההין ע״ה אֲגַם־ agam ריבוע אהיה = דם
(ומהפכו למים) מָיִם máyim חַלָּמִישׁ jalamish לְמַעְיְנוֹ־ lemaynó מָיִם máyim:

TIFÉRET - LO LANU

Rav Yehudá Áshlag nos recuerda que, a pesar de lo que podamos alcanzar por cuenta propia a nivel espiritual, nunca podremos ganarnos o merecer la Luz que irradia dentro de nosotros. Pueda que nuestro cuerpo físico no merezca nada en este mundo, pero el Creador nos dio la chispa de Luz que sustenta nuestra alma y que es nuestra esencia. Esta chispa de Luz es conocida por la palabra codificada *Nombre*, del versículo: "*¡Hazlo por Tu Nombre!*". En realidad, le estamos pidiendo al creador que dé Luz a la parte divina de nuestro ser: nuestra alma. Para garantizar que recibamos la Luz del Creador con esta oración, debemos reflejar nuestra petición mediante acciones. Hacemos esto cuando reconocemos la chispa de Luz dentro de los demás. Incluso nuestro peor enemigo está imbuido de una chispa de la Luz de Dios. Cuanto más reconozcamos esto, más bendiciones y buena fortuna recibiremos en nuestra propia vida.

לֹא lo לָנוּ lanu אלהים אהיה אדני יְהֹוָהאדניאהדונהי Adonai לֹא lo לָנוּ lanu
אלהים אהיה אדני כִּי־ qui לְשִׁמְךָ leShimjá תֵּן ten כָּבוֹד cavod
עַל־ al חַסְדְּךָ jasdeja עַל al אֲמִתֶּךָ amiteja: לָמָּה lama יֹאמְרוּ yomrú
הַגּוֹיִם hagoyim אַיֵּה־ ayé נָא na אֱלֹהֵיהֶם Eloheihem ילה: וֵאלֹהֵינוּ veEloheinu
ילה בַשָּׁמָיִם vashamáyim י״פ טל, י״פ כוזו כֹּל col ילי אֲשֶׁר asher חָפֵץ jafets
עָשָׂה asá: עֲצַבֵּיהֶם atsabeihem כֶּסֶף quésef וְזָהָב vezahav מַעֲשֵׂה maasé
יְדֵי yedei אָדָם adam מ״ה: פֶּה־ pe מילה ; ע״ה אלהים, אהיה אדני לָהֶם lahem
וְלֹא veló יְדַבֵּרוּ yedaberu עֵינַיִם eináyim ריבוע דמ״ה לָהֶם lahem
וְלֹא veló יִרְאוּ yirú: אָזְנַיִם oznáyim יוד הי ואו הה לָהֶם lahem וְלֹא veló
יִשְׁמָעוּ yishmaú אַף af לָהֶם lahem וְלֹא veló יְרִיחוּן yerijún:

Montañas, ¿por qué saltaron como carneros? Colinas, ¿por qué saltaron como corderitos? La Tierra tiembla ante el Dios de Yaakov, que convierte una roca en una laguna, y un pedernal en un manantial" (Salmos 113).

TIFÉRET - LO LANU

"No es por nuestro nombre, Señor, no es por nuestro nombre, sino por Tu Nombre da gloria, por T benevolencia y Tu verdad. ¿Por qué las naciones deberían decir: '¿Dónde está su Dios?'? Nuestro Dio está en los Cielos. Él formó todo lo que Él deseó. Sus ídolos son de plata y oro, la obra de las manos de hombre. Ellos tienen bocas, pero no hablan. Tienen ojos, pero no ven. Tienen narices pero no huelen

יְדֵיהֶם yedeihem וְלֹא veló יְמִישׁוּן yemishún רַגְלֵיהֶם ragleihem

וְלֹא veló יְהַלֵּכוּ yehaleju לֹא־ lo יֶהְגּוּ yehgú בִּגְרוֹנָם: bigronam

כְּמוֹהֶם quemohem יִהְיוּ yihyú ״יא״י (מילוי דס״ג) עֹשֵׂיהֶם oseihem

כֹּל col ילי אֲשֶׁר־ asher בֹּטֵחַ botéaj בָּהֶם: bahem יִשְׂרָאֵל Yisrael

בְּטַח btaj בַּיהֹוָהאדניאהדונהי baAdonai עֶזְרָם ezram וּמָגִנָּם umaguinam

הוּא: hu בֵּית beit ב״פ ראה אַהֲרֹן Aharón בִּטְחוּ bitjú

בַּיהֹוָהאדניאהדונהי baAdonai עֶזְרָם ezram וּמָגִנָּם umaguinam הוּא: hu יִרְאֵי yirei

יְהֹוָהאדניאהדונהי Adonai בִּטְחוּ bitjú בַּיהֹוָהאדניאהדונהי baAdonai עֶזְרָם ezram

ייו (כ״ב אותיות פשוטות (=אכא) ועוד ה׳ אותיות מנצפך) וּמָגִנָּם umaguinam הוּא: hu

NÉTSAJ – ADONAI ZJARANU

"Los Cielos fueron entregados a Dios, pero la Tierra fue entregada a la humanidad". El Creador separó este mundo para que pudiéramos convertirnos en creadores y expresar la divinidad que forma parte de todos nosotros. Este párrafo nos da la fuerza para ser los verdaderos creadores de nuestra vida. Pueda que una pequeña vela contribuya poco bajo la luz radiante del día, pero incluso la oscuridad de un gran estadio responde ante la luz de una sola vela. En esta realidad de oscuridad donde nos encontramos, una vela posee gran valor e importancia.

Cuando nuestras acciones son de compartir y de revelación de Luz, alcanzamos unidad con el Creador a través de la afinidad. Esta unidad nos permite convertirnos en los verdaderos creadores de nuestra vida.

יְהֹוָהאדניאהדונהי Adonai זְכָרָנוּ zjaranu יְבָרֵךְ yevarej עסמ״ב, הברכה

(למתק את ז׳ המלכים שמתו) יְבָרֵךְ yevarej עסמ״ב, הברכה (למתק את ז׳ המלכים שמתו) ; ר״ת ייז

אֶת־ et בֵּית beit ב״פ ראה יִשְׂרָאֵל Yisrael יְבָרֵךְ yevarej עסמ״ב, הברכה

(למתק את ז׳ המלכים שמתו) אֶת־ et בֵּית beit ב״פ ראה אַהֲרֹן: Aharón

יְבָרֵךְ yevarej עסמ״ב, הברכה (למתק את ז׳ המלכים שמתו) יִרְאֵי yirei

יְהֹוָהאדניאהדונהי Adonai ר״ת ייי הַקְּטַנִּים haktanim עִם im הַגְּדֹלִים: hagdolim

---

Sus manos no pueden tocar, sus piernas no pueden andar. Ellos no pronuncian palabras desde sus gargantas. Que sus hacedores y los que creen en ellos sean como ellos. Israel, pon tu confianza en el Señor. Él es tu Ayudador y Protector. Casa de Aharón, pon tu confianza en el Señor. Él es Tu Ayudador y Protector. Aquellos que temen al Señor, pongan su confianza en el Señor. Él es su Ayudador y Protector" (Salmos 115:1-11).

NÉTSAJ – ADONAI ZJARANU

"El Señor se ha acordado de nosotros y nos bendecirá. Bendecirá a la casa de Israel; bendecirá a la casa de Aharón. Bendecirá a los que temen al Señor, a pequeños y a grandes.

יֹסֵף yosef יְהֹוָה(אדני)יאהדונהי Adonai עֲלֵיכֶם aleijem עֲלֵיכֶם aleijem

וְעַל veal בְּנֵיכֶם: bneijem בְּרוּכִים brujim אַתֶּם atem

לַיהֹוָה(אדני)יאהדונהי laAdonai עֹשֵׂה osé שָׁמַיִם shamáyim י"פ טל, י"פ כוזו

וָאָרֶץ: vaárets הַשָּׁמַיִם hashamáyim י"פ טל, י"פ כוזו שָׁמַיִם shamáyim י"פ טל, י"פ כוזו

לַיהֹוָה(אדני)יאהדונהי laAdonai וְהָאָרֶץ vehaárets אלהים דההין ע"ה נָתַן natán

לִבְנֵי־ livnei אָדָם adam מ"ה: לֹא lo הַמֵּתִים hametim יְהַלְלוּ־ yehalelú

יָהּ Yah וְלֹא veló כָּל col ילי יֹרְדֵי yordei דוּמָה: dumá וַאֲנַחְנוּ vaanajnu

נְבָרֵךְ nevarej יָהּ Yah מֵעַתָּה meatá וְעַד־ vead עוֹלָם olam

הַלְלוּיָהּ Haleluyá אלהים, אהיה אדני ; ללה:

HOD – AHAVTI

Rav Elimélej, un gran kabbalista del siglo XVIII, nos enseña que cuando rezamos, Satán, nuestro Oponente, a menudo llega y nos dice: "¿Por qué te molestas estando acá y rezando? En realidad no quieres cambiar. Es muy difícil. ¿Por qué molestarte con todo este trabajo espiritual complicado? Con todas las acciones negativas que ya has realizado, tu situación personal no tiene futuro". Esta oración desactiva la influencia negativa y destructiva del Satán, y nos ayuda a entender que no importa lo que hayamos hecho antes. De aquí en adelante, podemos cambiar y transformar nuestra naturaleza si realmente lo queremos.

"Dios protege y salva a los incautos". El hombre más inteligente puede cometer los errores más grandes. Si pensamos que realmente lo sabemos todo, si nuestros egos nos dicen que somos personas brillantes, entonces en realidad somos tontos y la Luz nunca nos alcanzará. Pero a aquellas personas que pueden admitir que siempre hay algo que aprender y reconocen que todos somos incautos, de forma proactiva, Dios las protegerá y las llevará a niveles más elevados de realización.

אָהַבְתִּי ahavti כִּי־ qui יִשְׁמַע yishmá יְהֹוָה(אדני)יאהדונהי Adonai

אֶת־ et קוֹלִי kolí תַּחֲנוּנָי: tajanunai כִּי־ qui הִטָּה hitá

אָזְנוֹ oznó יוד הי ואו הה לִי li וּבְיָמַי uvyamai אֶקְרָא: ekrá

אֲפָפוּנִי afafuni חֶבְלֵי־ jevlei מָוֶת mávet וּמְצָרֵי umetsarei שְׁאוֹל sheol

מְצָאוּנִי metsaúni צָרָה tsará אלהים דההין וְיָגוֹן veyagón אֶמְצָא: emtsá

Aumentará el Señor bendición sobre ustedes; sobre ustedes y sobre sus hijos. Bendito eres Tú, Señor, Creador del Cielo y la Tierra. Los Cielos son los Cielos del Señor, y ha dado la Tierra la humanidad. No alabarán los muertos al Señor, ni cuantos descienden la tumba; pero nosotros bendeciremos al Señor desde ahora y para siempre. ¡Alaben al Señor!" (Salmos 115:12-18).

HOD– AHAVTI

"Amo al Señor pues ha oído mi voz y mis súplicas, porque ha inclinado a mí su oído; por tanto,lo invocaré en todos mis días. Me rodearon ligaduras de muerte, me encontraron las angustias de la oscuridad; angustia y dolor había yo hallado.

וּבְשֵׁם uveshem יְהֹוָה יאהדונהי Adonai אֶקְרָא ekrá ושר, אבג׳יתץ

אָנָּה aná יְהֹוָה יאהדונהי Adonai מַלְּטָה maltá נַפְשִׁי nafshí:

חַנּוּן janún יְהֹוָה יאהדונהי Adonai וְצַדִּיק vetsadik וֵאלֹהֵינוּ veEloheinu ילה

מְרַחֵם merajem אברהם, וז״פ אל, רי״ו ול״ב נתיבות החכמה, רמ״ח (אברים), עסמ״ב וט״ז אותיות

פשוטות: שֹׁמֵר shomer פְּתָאִים ptaím יְהֹוָה יאהדונהי Adonai דַּלּוֹתִי dalotí

וְלִי velí יְהוֹשִׁיעַ yehoshía: שׁוּבִי shuvi נַפְשִׁי nafshí לִמְנוּחָיְכִי limnujayjí

כִּי qui יְהֹוָה יאהדונהי Adonai גָּמַל gamal עָלָיְכִי alayjí: כִּי qui

חִלַּצְתָּ jilatsta נַפְשִׁי nafshí מִמָּוֶת mimávet אֶת־ et עֵינִי einí ריבוע מ״ה

מִן־ min דִּמְעָה dimá אֶת־ et רַגְלִי raglí מִדֶּחִי mideji:

אֶתְהַלֵּךְ ethalej לִפְנֵי lifnei יְהֹוָה יאהדונהי Adonai בְּאַרְצוֹת beartsot

הַחַיִּים hajayim אהיה אהיה יהוה, בינה ע״ה: הֶאֱמַנְתִּי heemanti כִּי qui

אֲדַבֵּר adaber ראה אֲנִי aní אני עָנִיתִי aniti מְאֹד meod: אֲנִי aní אני

אָמַרְתִּי amarti בְחָפְזִי vejofzí כָּל col ילי הָאָדָם haadam מ״ה כֹּזֵב cozev:

YESOD - MA ASHIV

En el siguiente párrafo, encontramos el versículo *Aná Hashem*, el cual reconoce que el Creador es nuestro único maestro espiritual y pide al Creador que nos dé señales, enseñanzas, orientaciones y caminos que nos lleven a la Luz.

מָה־ ma מ״ה אָשִׁיב ashiv לַיהֹוָה יאהדונהי laAdonai כָּל־ col ילי

תַּגְמוּלוֹהִי tagmulohi עָלָי alai: כּוֹס־ cos אלהים, אהיה אדני

במילוי (כף וו סמך) = עסמ״ב, הברכה (למתק את ז׳ המלכים שמתו) יְשׁוּעוֹת yeshuot

אֶשָּׂא esá וּבְשֵׁם uveshem יְהֹוָה יאהדונהי Adonai אֶקְרָא ekrá:

Entonces invoqué el nombre del Señor: Por favor, Dios, libra ahora mi alma. Clemente es el Señor, y justo; misericordioso es nuestro Dios. El Señor protege a los incautos. Estaba yo postrado, y me salvó. Vuelve, alma mía, a tu reposo, porque el Señor te ha hecho bien. Pues Tú has librado mi alma de la muerte, mis ojos de lágrimas y mis pies de resbalar. Andaré delante del Señor en la tierra de los vivientes. Creí; por tanto hablé, estando afligido en gran manera. Y dije en mi apresuramiento: Todo hombre es mentiroso" (Salmos 116:1-11).

YESOD - MA ASHIV

"¿Qué pagaré al Señor por todo lo que Él me ha otorgado? Tomaré la copa de la salvación e invocaré el Nombre del Señor.

נְדָרַי nedarai לַיהֹוָהאדניאהדונהי laAdonai אֲשַׁלֵּם ashalem נֶגְדָה־ negdá
נגד, מזבח, זן, אל יהוה נָּא na לְכָל־ lejol יה אדני עַמּוֹ amó: יָקָר yakar
בְּעֵינֵי beeinei ריבוע דמ"ה יְהֹוָהאדניאהדונהי Adonai הַמָּוְתָה hamavtá
לַחֲסִידָיו lajasidav: אָנָּה ana יְהֹוָהאדניאהדונהי Adonai כִּי־ qui אֲנִי aní אני
עַבְדְּךָ avdejá פוי, אל אדני אֲנִי־ aní אני עַבְדְּךָ avdejá פוי, אל אדני
בֶּן־ ben אֲמָתֶךָ amateja פִּתַּחְתָּ pitajta לְמוֹסֵרָי lemoserai: לְךָ־ lejá
אֶזְבַּח ezbaj זֶבַח zévaj תּוֹדָה todá וּבְשֵׁם uveshem יְהֹוָהאדניאהדונהי Adonai
אֶקְרָא ekrá: נְדָרַי nedarai לַיהֹוָהאדניאהדונהי laAdonai אֲשַׁלֵּם ashalem
נֶגְדָה־ negdá נגד, מזבח, זן, אל יהוה נָּא na לְכָל־ lejol יה אדני עַמּוֹ amó:
בְּחַצְרוֹת bejatsrot בֵּית beit ב"פ ראה יְהֹוָהאדניאהדונהי Adonai בְּתוֹכֵכִי betojejí
יְרוּשָׁלִָם Yerushaláyim הַלְלוּיָהּ haleluyá אלהים, אהיה אדני ; ללה:

MALJUT - HALELÚ

"Todas las naciones del mundo deben alabar a Dios". Según la Kabbalah, cada nación tiene su propio camino hacia la Luz. Pero sólo hay un Creador que nos da Luz a todos nosotros. Por esta razón, *"amar a tu prójimo como a ti mismo"* aplica a todas las naciones del mundo. Debemos tratar a todas las personas con dignidad humana. Hay guerra entre naciones y caos en la sociedad solo porque la falta de compasión y sensibilidad entre individuos.

הַלְלוּ halelú אֶת־ et יְהֹוָהאדניאהדונהי Adonai כָּל־ col ילי גּוֹיִם goyim
שַׁבְּחוּהוּ shabjuhu כָּל־ col ילי הָאֻמִּים haumim: כִּי qui גָבַר gavar
עָלֵינוּ aleinu חַסְדּוֹ jasdó ג' הויות, מזלא (להמשיך הארה ממזלא עילאה)
וֶאֱמֶת־ veemet אהיה פעמים אהיה, ז"פ ס"ג יְהֹוָהאדניאהדונהי Adonai
לְעוֹלָם leolam ריבוע ד"ס ס"ג וי' אותיות דס"ג הַלְלוּיָהּ Haleluyá אלהים, אהיה אדני ; ללה:

Ahora pagaré mis votos al Señor delante de todo Su pueblo. Difícil es a los ojos del Señor la muerte de Sus santos. Señor, ciertamente yo soy Tu siervo, siervo Tuyo soy, hijo de Tu sierva. Tú has roto mis prisiones. Te ofreceré sacrificio de alabanza e invocaré el nombre del Señor. Al Señor pagaré ahora mis votos delante de todo Su pueblo, en los atrios de la casa del Señor, en medio de Jerusalem. Alaben al Señor" (Salmos 116:12-19).

MALJUT - HALELÚ

"Todas las naciones, alaben al Señor. Todas las naciones, exáltenlo. Porque Su benevolencia nos ha abrumado y la verdad del Señor es eterna; alaben al Señor" (Salmos 117).

MALJUT – HODÚ

Los siguientes cuatro versículos nos conectan con los cuatro mundos espirituales, representados por las cuatro combinaciones diferentes de *Yud, Hei, Vav* y *Hei*. Cada una de estas combinaciones de letras es un transformador que canaliza corrientes de energía espiritual desde varios niveles de las Diez Sefirot hasta nuestra realidad física. En términos espirituales, algunas personas están conectadas a los Mundos Excelsos, mientras que otras están conectadas a las realidades Medias y Bajas. La única manera de que la humanidad alcance la unidad verdadera es que cada uno de nosotros abandone su ego y aceptemos el hecho de que nadie es más elevado o más bajo que otro; simplemente nuestras conexiones son diferentes.

El *Talmud* refuerza este concepto. Aprendemos que, en realidad, un mosquito está en un nivel mucho más elevado que un hombre que no ejerce el trabajo espiritual. Un mosquito viene a este mundo a picar. Como todos sabemos, el mosquito hace su trabajo de forma muy efectiva. Nosotros vinimos a lograr una transformación espiritual. Le damos mucha importancia al estatus físico de una persona en este mundo. No obstante, sin importar si alguien es un ejecutivo o un obrero en una fábrica, si ambos están haciendo su trabajo espiritual, están en el mismo nivel según el Creador. Algunos individuos nunca están contentos con lo que son. Parte de su trabajo es apreciar que están realizando su trabajo espiritual. Deben darse cuenta de que están en el mismo nivel espiritual no sólo de las personas que envidian, sino también de las personas que consideran que están por debajo de ellos. Todas ellas están trabajando en la transformación espiritual.

Jojmá **(ע"ב - יוד הי ויו הי, קס"א -אלף הי יוד הי)**

הוֹדוּ hodú אהיה לַיהֹוָהאדניאהדונהי laAdonai כִּי qui טוֹב tov והו

כי טוב = יהוה אהיה, אום, מבה, יזל

כִּי qui לְעוֹלָם leolam ריבוע ס"ג וי' אותיות דס"ג חַסְדּוֹ jasdó

ג' הויות, מולא (להמשיך הארה ממולא עילאה) ; ר"ת = נגה:

Biná **(ס"ג - יוד הי ואו הי, קס"א - אלף הי יוד הי)**

יֹאמַר yomar נָא na יִשְׂרָאֵל Yisrael

כִּי qui לְעוֹלָם leolam ריבוע ס"ג וי' אותיות דס"ג חַסְדּוֹ jasdó

ג' הויות, מולא (להמשיך הארה ממולא עילאה) ; ר"ת = נגה:

Zeir Anpín **(מ"ה - יוד הא ואו הא, קמ"ג - אלף הא יוד הא)**

יֹאמְרוּ yomrú נָא na בֵית veit ב"פ ראה אַהֲרֹן Aharón

כִּי qui לְעוֹלָם leolam ריבוע ס"ג וי' אותיות דס"ג חַסְדּוֹ jasdó

ג' הויות, מולא (להמשיך הארה ממולא עילאה) ; ר"ת = נגה:

Maljut **(ב"ן - יוד הה וו הה, קנ"א - אלף הה יוד הה)**

יֹאמְרוּ yomrú נָא na יִרְאֵי yirei יְהֹוָהאדניאהדונהי Adonai

כִּי qui לְעוֹלָם leolam ריבוע ס"ג וי' אותיות דס"ג חַסְדּוֹ jasdó

ג' הויות, מולא (להמשיך הארה ממולא עילאה) ; ר"ת = נגה:

MALJUT – HODÚ

Den gracias al Señor, porque Él es bueno, porque Su misericordia perdura por siempre.
Que Israel proclame esto ahora, porque Su misericordia perdura por siempre.
Que la Casa de Aharón proclame esto ahora, porque Su misericordia perdura por siempre
Que los que temen al Señor lo proclamen, porque Su misericordia perdura por siempre.

MIN HAMETSAR

"En las dificultades clamé a Dios". Desafortunadamente, la mayoría de nosotros llamamos al Creador cuando estamos en dificultades graves. La Kabbalah enseña que también tenemos que llamarle durante los buenos momentos y reconocer la influencia de la Luz en toda nuestra buena fortuna. El *Zóhar* señala que si hacemos una abertura espiritual dentro de nosotros del tamaño del ojillo de una aguja, Dios nos contestará y abrirá las Puertas Celestiales para nosotros. Cualquiera que sea su tamaño, esta abertura a la espiritualidad debe ser una abertura completa donde no puede haber duda o incertidumbre.

א' ארך מִן־ min הַמֵּצַר hametsar מצר קָרָאתִי karati יָּהּ Yah

ב' אפים עָנָנִי anani בַמֶּרְחָב vamerjav יָהּ: Yah

ג' ורב וחסד יְהֹוָה יאהדונהי Adonai לִי li לֹא lo אִירָא irá

ד' נשא עון מַה־ ma מ"ה יַּעֲשֶׂה yaasé לִי li אָדָם adam מ"ה:

ה' ופשע יְהֹוָה יאהדונהי Adonai לִי li בְּעֹזְרָי beozrai

ו' ונקה וַאֲנִי vaaní אני אֶרְאֶה eré בְשֹׂנְאָי: vesonai

ז' פוקד טוֹב tov והו לַחֲסוֹת lajasot בַּיהֹוָה יאהדונהי baAdonai

ח' על שלשים מִבְּטֹחַ mibtóaj בָּאָדָם baadam מ"ה:

ט' ועל רבעים טוֹב tov והו לַחֲסוֹת lajasot בַּיהֹוָה יאהדונהי baAdonai

מִבְּטֹחַ mibtóaj בִּנְדִיבִים binedivim כָּל־ col ילי גּוֹיִם goyim

סְבָבוּנִי svavuni בְּשֵׁם beshem יְהֹוָה יאהדונהי Adonai כִּי qui אֲמִילַם: amilam

סַבּוּנִי sabuni גַם־ gam סְבָבוּנִי svavuni בְּשֵׁם beshem יְהֹוָה יאהדונהי Adonai

כִּי qui אֲמִילַם: amilam סַבּוּנִי sabuni כִדְבֹרִים jidvorim דֹּעֲכוּ doajú

כְּאֵשׁ queesh קוֹצִים kotsim בְּשֵׁם beshem יְהֹוָה יאהדונהי Adonai

כִּי qui אֲמִילַם: amilam דָּחֹה dajó דְחִיתַנִי dejitani לִנְפֹּל linpol

וַיהֹוָה יאהדונהי vaAdonai עֲזָרָנִי: azarani עָזִּי ozí אלהים ע"ה, אהיה אדני ע"ה

וְזִמְרָת vezimrat יָהּ Yah וַיְהִי־ vayhí לִי li לִישׁוּעָה: lishuá

MIN HAMETSAR

Con gran fuerza clamé al Señor en mi aflicción. El Señor, paciente, me contestó en su abundancia. El Señor está conmigo, no temeré a los que hacen iniquidad. ¿Qué puede hacer el hombre por mí? Y los pecados, el Señor vendrá a mi rescate y los limpiará. Y consideraré a mis enemigos. Es bueno refugiarse en el Señor en vez de confiar en el hombre. Es mejor refugiarse en el Señor que confiar en nobles. Todas las naciones me rodearon. En Nombre del Señor yo las desterraré. Ellas me rodearon una y otra vez. En Nombre del Señor las desterraré. Me rodearon como abejas, pero están extintas como fuego en espinas. Con el Nombre del Señor, las desterraré. Ellas me empujaron una y otra vez para caer, y el Señor vino a mi ayuda. La fuerza y el poder abrasador del Señor fueron salvación para mí.

קוֹל kol רִנָּה riná וִישׁוּעָה vishuá בְּאָהֳלֵי beaholei צַדִּיקִים tsadikim
יְמִין yemín יְהֹוָה אדני יאהדונהי Adonai עֹשָׂה osá חָיִל jáyil ומב:
יְמִין yemín יְהֹוָה אדני יאהדונהי Adonai רוֹמֵמָה romemá ר"ת ר"י יְמִין yemín
יְהֹוָה אדני יאהדונהי Adonai עֹשָׂה osá ר"ת רהע חָיִל jáyil ומב: לֹא lo אָמוּת amut
כִּי qui אֶחְיֶה ejyé וַאֲסַפֵּר vaasaper מַעֲשֵׂי maasei יָהּ Yah:
יַסֹּר yasor יִסְּרַנִּי yisrani יָּהּ Yah ר"ת ייי וְלַמָּוֶת velamávet לֹא lo
נְתָנָנִי netanani: פִּתְחוּ pitjú לִי li שַׁעֲרֵי shaarei צֶדֶק tsédek אָבֹא avó
בָם vam שם בן מ"ב אוֹדֶה odé יָהּ Yah: זֶה ze הַשַּׁעַר hasháar
לַיהֹוָה אדני יאהדונהי laAdonai צַדִּיקִים tsadikim יָבֹאוּ yavóu בוֹ vo:

ODJÁ

Tenemos 4 versos que nos conectan con las cuatro letras del Tetragramatón. Cada verso se recita 2 veces.

Yod – Jojmá- י

אוֹדְךָ odjá כִּי qui עֲנִיתָנִי anitani וַתְּהִי vatehí לִי li לִישׁוּעָה lishuá: **2x**

Hei – Biná - ה

אֶבֶן even מָאֲסוּ maasú הַבּוֹנִים habonim הָיְתָה haytá
לְרֹאשׁ lerosh ריבוע אלהים ואלהים דיודין ע"ה פִּנָּה pina ע"ב ס"ג ; ר"ת פהל: **2x**

Vav – Zeir Anpín - ו

מֵאֵת meet יְהֹוָה אדני יאהדונהי Adonai הָיְתָה haytá זֹּאת zot
הִיא hi נִפְלָאת niflat בְּעֵינֵינוּ beeineinu ריבוע דמ"ה: **2x**

Hei – Maljut - ה

זֶה ze הַיּוֹם hayom ע"ה נגד, מזבח, זן, אל יהוה עָשָׂה asá יְהֹוָה אדני יאהדונהי Adonai
נָגִילָה naguilá וְנִשְׂמְחָה venismejá מלה בוֹ vo: **2x**

El sonido de una canción y la salvación se encuentran en las tiendas de los justos. La diestra del Señor hace cosas poderosas. La diestra Dios es elevada. La Diestra del Señor hace cosas poderosas. No moriré, sino más bien viviré y contaré las acciones de Dios. Dios me ha reprendido una y otra vez, pero Él no me ha sometido a la muerte. Él abre para mí las puertas de la justicia. Las cruzaré y daré gracias a Dios. Esta es la Puerta del Señor, los justos podrán cruzarla.

ODJÁ

Estoy agradecido a Ti, porque Tú me has contestado y te has convertido en mi salvación.
La piedra que fue rechazada por los edificadores se ha convertido en la piedra angular.
Esto provino del Señor, esto es maravilloso ante nuestros ojos.
El Señor ha hecho este día, alegrémonos y regocijémonos en él.

ANÁ

Estos cuatro versos nos ofrecen un camino diferente para conectar con la Luz. La numerología de אנא (*ná*) es 52, que también es el valor numérico del Nombre de Dios que conecta con nuestra realidad física de *Maljut*.

Debes meditar en que *Maljut*, que es: ב"ן, recibe de *Jojmá* que es: ע"ב.

אָנָּא aná ב"ן (יוד הה וו הה) יְהֹוָה אדני יאהדונהי Adonai (יוד הי ויו הי)

הוֹשִׁיעָה hoshía יהוה וש"ע נהורין נָּא na:

Debes meditar en que *Maljut*, que es: ב"ן, recibe de *Biná* que es: ס"ג.

אָנָּא aná ב"ן (יוד הה וו הה) יְהֹוָה אדני יאהדונהי Adonai (יוד הי ואו הי)

הוֹשִׁיעָה hoshía יהוה וש"ע נהורין נָּא na:

Debes meditar en que *Maljut*, que es ב"ן, recibe de *Zeir Anpín* que es: מ"ה.

אָנָּא aná ב"ן (יוד הה וו הה) יְהֹוָה אדני יאהדונהי Adonai (יוד הא ואו הא)

הַצְלִיחָה hatslija נָּא na:

Medita en que *Maljut*, que es ב"ן, recibe de todos los antes mencionados: ע"ב, ס"ג, מ"ה.

אָנָּא aná ב"ן (יוד הה וו הה) יְהֹוָה אדני יאהדונהי Adonai

(יוד הי ויו הי, יוד הי ואו הי, יוד הא ואו הא) הַצְלִיחָה hatslija נָּא na:

BARUJ HABÁ

Tenemos 4 versos que nos conectan con las cuatro letras del Tetragramatón. Cada verso se recita 2 veces.

Yud – Jojmá - י

בָּרוּךְ Baruj הַבָּא habá בְּשֵׁם beshem יְהֹוָה אדני יאהדונהי Adonai

בֵּרַכְנוּכֶם berajnujem מִבֵּית mibeit ב"פ ראה יְהֹוָה אדני יאהדונהי Adonai: 2x

Hei – Biná - ה

אֵל El ייא"י (מילוי דס"ג) יְהֹוָה אדני יאהדונהי Adonai וַיָּאֶר vayaer כף ויו זין ויו

לָנוּ lanu אלהים, אהיה אדני אִסְרוּ־ isrú חַג jag בַּעֲבֹתִים baavotim

עַד־ ad קַרְנוֹת karnot הַמִּזְבֵּחַ hamizbéaj נגד, זן, אל יהוה: 2x

---

ANÁ

Te imploramos, Señor, sálvanos ahora. Te imploramos, Señor, sálvanos ahora.
Te imploramos, Señor, provee buena fortuna ahora. Te imploramos, Señor, provee buena fortuna ahora.

BARUJ HABÁ

Bendito es aquél que viene en Nombre del Señor. Te bendecimos desde la Casa del Señor. El Señor es Dios, Él nos ilumina. Aten la ofrenda festiva con cuerdas en las esquinas del Altar.

Vav – Zeir Anpín - ו

אֵלִי Elí אַתָּה Atá וְאוֹדֶךָּ veodeca

אֱלֹהַי Elohai מילוי דע"ב, דמב ; ילה אֲרוֹמְמֶךָּ aromemeca: **2x**

Hei – Maljut - ה

הוֹדוּ hodú אהיה לַיהֹוָהאדניאהדונהי laAdonai כִּי qui טוֹב tov והו

כי טוב = יהוה אהיה, אום, מבה, יזל

כִּי qui לְעוֹלָם leolam ריבוע ס"ג וי' אותיות דס"ג חַסְדּוֹ jasdó

2x: ג' הויות, מזלא (להמשיך הארה ממזלא עילאה) ; ר"ת = נגה

יְהַלְלוּךָ yehaleluja יְהֹוָהאדניאהדונהי Adonai אֱלֹהֵינוּ Eloheinu ילה כָּל col ילי

מַעֲשֶׂיךָ maaseja וַחֲסִידֶיךָ vajasideja וְצַדִּיקִים vetsadikim עוֹשֵׂי osei

רְצוֹנֶךָ retsoneja וְעַמְּךָ veamjá בֵּית beit ב"פ ראה יִשְׂרָאֵל Yisrael

כֻּלָּם culam בְּרִנָּה beriná יוֹדוּ yodú וִיבָרְכוּ vivarjú יהוה ריבוע יהוה ריבוע מ"ה

וִישַׁבְּחוּ vishabjú וִיפָאֲרוּ vifaarú אֶת et שֵׁם Shem כְּבוֹדֶךָ quevodeja ב"ן,

לככב. כִּי qui לְךָ lejá טוֹב tov והו לְהוֹדוֹת lehodot. וּלְשִׁמְךָ uleShimjá

נָעִים naim לְזַמֵּר lezamer. וּמֵעוֹלָם umeolam וְעַד vead עוֹלָם olam

אַתָּה Atá אֵל El "יא" (מילוי דס"ג): בָּרוּךְ Baruj אַתָּה Atá

יְהֹוָהאדניאהדונהי Adonai מֶלֶךְ Mélej מְהֻלָּל mehulal בַּתִּשְׁבָּחוֹת batishbajot.

אָמֵן Amén יאהדונהי:

Tú eres mi Dios y Te agradezco, mi Dios, y Te exalto.
Agradezcan al Señor, porque Él es bueno. Su misericordia perdura para siempre" (Salmos 118).
Todas Tus acciones y todos Tus piadosos Te alabarán, Señor, nuestro Dios, y los justos, quienes hacen Tu voluntad, así como Tu nación, la Casa de Israel. Ellos darán gracias con regocijo, bendecirán, alabarán y glorificarán el Nombre de Tu gloria, porque a Ti es bueno dar gracias, y a Tu Nombre es agradable cantar. Y desde este mundo hasta el siguiente, Tú eres Dios. Bendito eres Tú, Señor, Rey que es ensalzado en alabanzas. Amén.

Recita este versículo tres veces para conectar con la Luz de protección.

וְאַבְרָהָם veAvraham וו״פ אל, רי״ו ול״ב נתיבות החכמה, רמ״ח (אברים), עסמ״ב וט״ז אותיות פשוטות

זָקֵן zakén בָּא ba בַּיָּמִים bayamim נלך וַיהֵוָהאדניאהדונהי vaAdonai בֵּרַךְ beraj אֶת־ et

אַבְרָהָם Avraham וו״פ אל, רי״ו ול״ב נתיבות החכמה, רמ״ח (אברים), עסמ״ב וט״ז אותיות פשוטות

בַּכֹּל bacol ב״ן, לכב:

Medita en el Nombre del Ángel (וְבְדְיָה) derivado del versículo anterior.

יִשְׁמְרֵנִי yishmereni וִיחַיֵּנִי viyejayeni, כֵּן quen יְהִי yehí רָצוֹן ratsón

מהש ע״ה, ע״ב בריבוע וקס״א ע״ה, אל שדי ע״ה מִלְּפָנֶיךָ milfaneja ס״ג מ״ה ב״ן אֱלֹהִים Elohim

אהיה אדני ; ילה וְחַיִּים jayim אהיה אהיה יהוה, בינה ע״ה וּמֶלֶךְ uMélej עוֹלָם olam

אֲשֶׁר asher בְּיָדוֹ beyadó נֶפֶשׁ néfesh כָּל col ילי חַי jai אָמֵן Amén יאהדונהי

כֵּן quen יְהִי yehí רָצוֹן ratsón מהש ע״ה, ע״ב בריבוע וקס״א ע״ה, אל שדי ע״ה:

KADISH TITKABAL

יִתְגַּדַּל yitgadal וְיִתְקַדַּשׁ veyitkadash שדי - ין לת וד (מילוי שדי) ; י״א אותיות כמנין ו״ה

שְׁמֵיהּ Shmei (שם י״ה דע״ב) רַבָּא rabá קנ״א ב״ן, יהוה אלהים יהוה אדני,

מילוי קס״א וס״ג, מ״ה ברבוע וע״ב ע״ה ; ר״ת = ר״פ אלהים ; ס״ת = ג״פ יב״ק. אָמֵן Amén אידהנויה.

בְּעָלְמָא bealmá דִּי di בְרָא verá כִּרְעוּתֵיהּ quirutei.

וְיַמְלִיךְ veyamlij מַלְכוּתֵיהּ maljutei. וְיַצְמַח veyatsmaj

פּוּרְקָנֵיהּ purkanei. וִיקָרֵב vikarev מְשִׁיחֵיהּ Meshijei. אָמֵן Amén אידהנויה.

בְּחַיֵּיכוֹן bejayeijón וּבְיוֹמֵיכוֹן uveyomeijón וּבְחַיֵּי uvejayei

דְכָל dejol בֵּית beit ב״פ ראה יִשְׂרָאֵל Yisrael בַּעֲגָלָא baagalá

וּבִזְמַן uvizmán קָרִיב kariv וְאִמְרוּ veimrú אָמֵן Amén. אָמֵן Amén אידהנויה.

Y Avraham estaba viejo, avanzado en edad, y Dios había bendecido a Avraham con todo" (Génesis 24:1). Que Él me preserve y me avive. Y que sea agradable ante el Dios de la vida y el Rey del mundo, en Cuyas Manos está el espíritu de todo lo que vive. Amén, que sea de Su agrado.

KADISH TITKABAL

Glorificado y santificado sea Su gran Nombre (Amén).

En el mundo que Él creó de acuerdo a Su voluntad, y pueda Su Reino reinar. Y pueda Él hacer que Su redención florezca y pueda Él acercar al Mashíaj (Amén). En tus vidas y en tus días y en la vida de toda la Casa de Israel, prontamente y en el futuro cercano, y dígase: Amén (Amén).

La congregación y el *jazán* dicen lo siguiente:

28 palabras (hasta *bealmá*) – y 28 letras (hasta *almayá*)

יְהֵא yehé שְׁמֵיהּ Shmei (שם י״ה דס״ג) רַבָּא rabá קנ״א ב״ן,

יהוה אלהים יהוה אדני, מילוי קס״א וס״ג, מ״ה ברבוע וע״ב ע״ה מְבָרַךְ mevaraj,

לְעָלַם lealam לְעָלְמֵי lealmei עָלְמַיָּא almayá. יִתְבָּרַךְ yitbaraj.

Siete palabras con seis letras cada una (שם בן מ״ב). También, siete veces la letra Vav (מ״ב שם בן).

וְיִשְׁתַּבַּח veyishtabaj י״פ ע״ב יהוה אל אבג יתץ.

וְיִתְפָּאַר veyitpaar הי נו יה קרע שטן. וְיִתְרוֹמַם veyitromam וה כוזו נגד יכש.

וְיִתְנַשֵּׂא veyitnasé במוכסז בטר צתג. וְיִתְהַדָּר veyithadar כוזו יה וקב טנע.

וְיִתְעַלֶּה veyitalé וה יוד ה יגל פזק. וְיִתְהַלָּל veyithalal א ואו הא שקו צית.

שְׁמֵיהּ Shmei (שם י״ה דמ״ה) דְּקוּדְשָׁא deKudshá בְּרִיךְ Verij הוּא Hu.

אָמֵן Amén אידהנויה.

לְעֵלָּא leelá מִן min כָּל col ילי בִּרְכָתָא birjatá. שִׁירָתָא shiratá.

תֻּשְׁבְּחָתָא tishbejatá וְנֶחָמָתָא venejamatá. דַּאֲמִירָן daamirán

בְּעָלְמָא bealmá וְאִמְרוּ veimrú אָמֵן Amén: אָמֵן Amén אידהנויה.

תִּתְקַבַּל titkabal צְלוֹתָנָא tslotaná וּבָעוּתָנָא uvautaná

עִם im צְלוֹתְהוֹן tslothón וּבָעוּתְהוֹן uvauthón דְּכָל dejol ילי

בֵּית beit ב״פ ראה יִשְׂרָאֵל Yisrael קֳדָם kadam אֲבוּנָא avuná

דְּבִשְׁמַיָּא devishmayá וְאִמְרוּ veimrú אָמֵן Amén: אָמֵן Amén אידהנויה.

Que Su gran Nombre sea bendito por siempre y por toda la eternidad. Bendito y alabado, y glorificado y exaltado, y ensalzado y honrado, y adorado y loado, sea el Nombre del Santo Bendito sea. (Amén). Más allá de todas las bendiciones, himnos, alabanzas y palabras de consolación que jamás se dijeran en el mundo, y dígase: Amén (Amén). Sean aceptadas nuestras oraciones y súplicas, junto con las oraciones y las súplicas de toda la Casa de Israel, ante nuestro Padre en los Cielos, y dígase: Amén (Amén).

יְהֵא yehé שְׁלָמָא shlamá רַבָּא rabá קנ"א ב"ן, יהוה אלהים יהוה אדני, מילוי קס"א וס"ג,

מ"ה ברבוע וע"ב ע"ה מִן min שְׁמַיָּא Shmayá. וְחַיִּים jayim אהיה אהיה יהוה, בינה ע"ה

וְשָׂבָע vesavá וִישׁוּעָה vishuá וְנֶחָמָה venejamá וְשֵׁיזָבָא vesheizavá

וּרְפוּאָה urefuá וּגְאֻלָּה ugueulá וּסְלִיחָה uslijá וְכַפָּרָה vejapará

וְרֵיוַח vereivaj וְהַצָּלָה vehatzalá. לָנוּ lanu אלהים, אהיה אדני וּלְכָל ulejol יה אדני

עַמּוֹ amó יִשְׂרָאֵל Yisrael וְאִמְרוּ veimrú אָמֵן Amén: אָמֵן Amén אידהנויה.

Da tres pasos hacia atrás y dí:

עוֹשֶׂה osé שָׁלוֹם shalom

בִּמְרוֹמָיו bimromav ע"ב, ריבוע יהוה. הוּא Hu בְּרַחֲמָיו berajamav

יַעֲשֶׂה yaasé שָׁלוֹם shalom עָלֵינוּ aleinu ר"ת ש"ע נהורין.

וְעַל veal כָּל col ילי ; עמם עַמּוֹ amó יִשְׂרָאֵל Yisrael וְאִמְרוּ veimrú אָמֵן Amén

אָמֵן Amén אידהנויה.

Que haya paz abundante del Cielo; Vida, satisfacción, salvación, consuelo, entrega, sanación, redención, perdón, expiación, comodidad y alivio para nosotros y para toda Su nación, Israel y dígase: Amén (Amén). Él, que establece la paz en Sus Alturas, Él, en Su compasión, hará la paz sobre nosotros y sobre toda Su nación, Israel. Y dígase: Amén (Amén).

Antes de abrir el Arca, decimos:
En *Shabat*, comenzamos aquí:

אַתָּה Atá הָרְאֵתָ hareta לָדַעַת ladáat כִּי qui יְהֹוָהאדניאהדונהי Adonai הוּא Hu
הָאֱלֹהִים haElohim אהיה אדני ; ילה ; ה' הוא האלקים = ענו עג"כ ; ר"ת יהה אֵין ein עוֹד od
מִלְּבַדּוֹ milvadó מ"ב: אֵין־ ein כָּמוֹךָ camoja בָאֱלֹהִים vaElohim אהיה אדני ; ילה
אֲדֹנָי Adonai ללה וְאֵין veéin כְּמַעֲשֶׂיךָ quemaaseja:

Cuando *Shavuot* cae en día de semana, comenzamos aquí:

יְהִי yehí יְהֹוָהאדניאהדונהי Adonai אֱלֹהֵינוּ Eloheinu ילה עִמָּנוּ imanu ריבוע ס"ג, קס"א
ע"ה וד' אותיות כַּאֲשֶׁר caasher הָיָה hayá יהה עִם־ im אֲבֹתֵינוּ avoteinu אַל־ al
יַעַזְבֵנוּ yaazvenu וְאַל־ veal יִטְּשֵׁנוּ: yitshenu הוֹשִׁיעָה hoshía יהוה ושע"ע נהורין
אֶת־ et עַמֶּךָ ameja ס"ת כהת, משיח בן דוד ע"ה וּבָרֵךְ uvarej אֶת־ et
נַחֲלָתֶךָ najalateja וּרְעֵם ureem וְנַשְּׂאֵם venasem עַד־ ad הָעוֹלָם: haolam
וַיְהִי vayehí בִּנְסֹעַ binsoa הָאָרֹן haarón וַיֹּאמֶר vayómer מֹשֶׁה Moshé מהש,
ע"ב בריבוע וקס"א, אל שדי, ד"פ אלהים ע"ה קוּמָה kumá קנ"א (מקוה) | יְהֹוָהאדניאהדונהי Adonai
וְיָפֻצוּ veyafutsu אֹיְבֶיךָ oyveja וְיָנֻסוּ veyanusu מְשַׂנְאֶיךָ mesaneja
מִפָּנֶיךָ mipaneja ס"ג מ"ה ב"ן: קוּמָה kumá קנ"א (מקוה) יְהֹוָהאדניאהדונהי Adonai
לִמְנוּחָתֶךָ limnujateja אַתָּה Atá וַאֲרוֹן vaarón עֻזֶּךָ: uzeja
כֹּהֲנֶיךָ cohaneja יִלְבְּשׁוּ־ yilbeshú צֶדֶק tsédek וַחֲסִידֶיךָ vajasideja
יְרַנֵּנוּ: yeranenú בַּעֲבוּר baavur דָּוִד David עַבְדֶּךָ avdeja פוי, אל אדני
אַל־ al תָּשֵׁב tashev פְּנֵי pnei וחכמה בינה מְשִׁיחֶךָ: meshijeja

---

"Tú has demostrado para que se conozca que el Señor es el Dios y no hay nadie aparte de Él" (Deuteronomio 4:35). *"No hay ninguno como Tú entre las deidades, Señor, y no hay nada como Tus obras"* (Salmos 86:8). *"Que el Señor, nuestro Dios, esté con nosotros como estuvo con nuestros padres, y no nos desampare ni nos deje"* (Reyes 1 8:57). *"Salva a Tu Pueblo y bendice Tu heredad. Guíalos y elévalos para siempre"* (Salmos 28:9). *"Cuando el Arca viajaba, Moshé decía: Levántate, Señor. Que tus enemigos sean esparcidos y que aquellos que te odian huyan ante Ti"* (Números 10:35). *"Levántate, Señor, a Tu lugar de descanso, Tú y el Arca de Tu fortaleza. Tus sacerdotes imparten justicia y Tus piadosos cantarán. Por David, Tu siervo, no abandones a Tus ungidos"* (Salmos 132:8-10).

APERTURA DEL ARCA

Atraer la Luz de *Jojmá*.

Rabí Shimón Bar Yojái dice: "Mientras el Arca está abierta, debemos prepararnos con temor reverencial. Todos deben despertar un sentido interno de asombro, como si realmente estuviéramos parados en el Monte Sinaí, temblando mientras contemplamos la abrumadora manifestación de Luz. Permanecemos parados en silencio, enfocados solamente en la oportunidad de escuchar cada palabra sagrada del pergamino. Cuando sacamos la Torá para leerla en público, todas las Puertas de la Misericordia en el Cielo están abiertas, y despertamos un amor desde Arriba".

וַיְהִי vayehí בִּנְסֹעַ binsoa הָאָרֹן haarón וַיֹּאמֶר vayómer מֹשֶׁה Moshé

מהש, ע״ב בריבוע וקס״א, אל שדי, ד״פ אלהים ע״ה קוּמָה kumá קנ״א (מקוה) |

יְהֹוָהאדניאהדונהי Adonai וְיָפֻצוּ veyafutsu אֹיְבֶיךָ oyveja וְיָנֻסוּ veyanusu

מְשַׂנְאֶיךָ mesaneja מִפָּנֶיךָ mipaneja ס״ג מ״ה ב״ן: כִּי qui

מִצִּיּוֹן miTsiyón יוסף, ו׳ הויות, קנאה תֵּצֵא tetsé תוֹרָה Torá וּדְבַר udvar ראה

יְהֹוָהאדניאהדונהי Adonai מִירוּשָׁלִָם mirushaláyim: בָּרוּךְ Baruj שֶׁנָּתַן shenatán

תּוֹרָה Torá לְעַמּוֹ leamó יִשְׂרָאֵל Yisrael בִּקְדֻשָּׁתוֹ bikdusható.

LOS TRECE ATRIBUTOS

Los Trece Atributos son 13 virtudes o propiedades que reflejan 13 aspectos de nuestra relación con el Creador. Estos Trece Atributos son la forma en la que interactuamos con Dios en nuestra vida diaria, bien sea que lo sepamos o no. Funcionan como un espejo.

Cuando nos vemos en un espejo y sonreímos, la imagen sonríe de vuelta. Cuando nos vemos en un espejo y maldecimos, la imagen maldice de vuelta. Si realizamos una acción negativa en nuestro mundo, el espejo nos refleja energía negativa. A medida que intentamos transformar nuestra naturaleza reactiva en una proactiva, esta retroalimentación directa nos guía y corrige.

El número 13 también representa uno por encima de los 12 signos del Zodíaco. Estos 12 signos controlan nuestra naturaleza instintiva y reactiva. El número 13 nos da el control sobre los 12 signos, lo que a su vez nos da el control sobre nuestro comportamiento.

APERTURA DEL ARCA

"Cuando el Arca viajaba, Moshé decía: Levántate, Señor. Que tus enemigos sean esparcidos y que aquellos que te odian huyan ante Ti" (Números 10:35). "Porque de Sión emergerá la Torá y la Palabra del Señor desde Jerusalem" (Isaías 2:3). Bendito es Él Quien dio la Torá a Su Nación, Israel, por Su Santidad.

En *Shabat* omitimos los Trece Atributos.
Recitamos el versículo tres veces:

יְהֹוָאדהנויאהדונהי Adonai | יְהֹוָאדהנויאהדונהי Adonai

(1 אֵל El ייא״ מילוי דס״ג (*Kéter*) (2 רַחוּם rajum (*Jojmá*) (3 וְחַנּוּן vejanún

(4 אֶרֶךְ érej (5 אַפַּיִם apáyim (6 וְרַב verav חֶסֶד jésed ע״ב, ריבוע יהוה

(7 וֶאֱמֶת veemet אהיה פעמים אהיה, ז״פ ס״ג : (8 נֹצֵר notser חֶסֶד jésed ע״ב, ריבוע יהוה

(9 לָאֲלָפִים laalafim ר״ת שם נוזל (10 נֹשֵׂא nosé עָוֹן avón (11 וָפֶשַׁע vafesha

(12 וְחַטָּאָה vejatáa (13 וְנַקֵּה venaké קס״א (אלף הי יוד הי)

וע״י שם זה יכוין לברר ולנקות את נצוצי הקדושה שנפלו עם הקיטרוגים, להעלותם לשורשם:

LA ORACIÓN DEL ARÍ (UN DESEO PERSONAL)

Es a través del mérito del Kabbalista Rav Isaac Luria (El Arí) que tenemos la oportunidad de pedir un deseo personal en *Shavuot* para efectuar un cambio para todo el año. Con mucha frecuencia, pedimos lo que queremos en lugar de pedir lo que realmente necesitamos para ayudarnos a crecer espiritualmente. Sólo mediante el crecimiento y la transformación interior podemos alcanzar la realización duradera en vez de la gratificación instantánea y momentánea.

רִבּוֹנוֹ Ribonó שֶׁל shel עוֹלָם Olam, מַלֵּא malé מִשְׁאֲלוֹתַי mishalotai

לְטוֹבָה letová אכא, וְהָפֵק vehafek רְצוֹנִי retsoní, וְתֵן vetén שְׁאֵלָתִי sheelatí

וּמְחוֹל umjol כָּל col ילי עֲוֹנוֹתַי avonotai וַעֲוֹנוֹת vaavonot בְּנֵי bnei

בֵּיתִי beití ב״פ ראה, מְחִילָה mejilá בְּחֶסֶד bejésed ע״ב, ריבוע יהוה,

מְחִילָה mejilá בְּרַחֲמִים berajamim מצפץ, אלהים דיודין, י״פ ייי,

וְטַהֲרֵנִי vetahareni מֵהַפְּשָׁעִים mehapshaim וְהַחֲטָאִים vehajataim.

וְזָכְרֵנִי vezajreni בִּרְצוֹן beratsón מהש ע״ה, ע״ב בריבוע וקס״א ע״ה, אל שדי ע״ה

טוֹב tov והו מִלְּפָנֶיךָ milfaneja ס״ג מ״ה ב״ן וּפָקְדֵנִי ufakdeni

בִּפְקֻדַּת bifkudat יְשׁוּעָה yeshuá וְרַחֲמִים verajamim,

LOS TRECE ATRIBUTOS

"Señor, Señor, 1) Dios (Kéter) 2) Compasivo (Jojmá) 3) Amable 4) Grande 5) Paciente 6) Abundante con benevolencia 7) y verdad 8) Él conserva la benevolencia 9) para los miles 10) Él dispensa las iniquidades 11) y el pecado 12) y la trasgresión 13) y purifica" (Éxodo 34:6-7).

LA ORACIÓN DEL ARÍ (UN DESEO PERSONAL)

Señor del mundo, satisface favorablemente mis peticiones y exhorta mi deseo y concédeme mi petición y perdona todos mis pecados y los pecados de los miembros de mi casa y el perdón a través del favor, un perdón a través de la misericordia. Purifícame de pecados y crímenes. Y recuérdame favorablemente ante Ti y visítame con redención y misericordia.

וְזָכְרֵנִי vezajreni בִּרְצוֹן beratsón מהש ע"ה, ע"ב בריבוע וקס"א ע"ה, אל שדי ע"ה
טוֹב tov והו מִלְּפָנֶיךָ milfaneja ס"ג מ"ה ב"ן וּפָקְדֵנִי ufakdeni
בִּפְקֻדַּת bifkudat יְשׁוּעָה yeshuá וְרַחֲמִים verajamim,
וְזָכְרֵנִי vezajrení לְחַיִּים lejayim אהיה אהיה יהוה, בינה ע"ה טוֹבִים tovim
וַאֲרוּכִּים vearuquim, וּפַרְנָסָה ufarnasá טוֹבָה tová אכא וְכַלְכָּלָה vejalcalá,
וְלֶחֶם veléjem ג"פ יהוה לֶאֱכוֹל leejol וּבֶגֶד uvégued לִלְבּוֹשׁ lilbosh,
וְעוֹשֶׁר veósher וְכָבוֹד vejavod וַאֲרִיכוּת vearijut יָמִים yamim נלך
בְּתוֹרָתֶךָ betorateja וּבְמִצְוֹתֶיךָ vevemitsvoteja, וְהַפֵּק vehafak תְּעָלָה tealá
וּרְפוּאָה urefuá לְכָל lejol יה אדני מַכְאוֹבֵי majovei לִבֵּנוּ libenu,
וּתְבָרֵךְ utevarej מַעֲשֵׂי maasei יָדֵינוּ yadeinu, וּגְזוֹר ugzor עָלֵינוּ aleinu
גְּזֵרוֹת gzerot טוֹבוֹת tovot וּבַטֵּל uvatel מֵעָלֵינוּ mealeinu כָּל col ילי
גְּזֵרוֹת gzerot קָשׁוֹת kashot וְרָעוֹת veraot. אָמֵן יאהדונהי Amén כֵּן quen יְהִי yehí
רָצוֹן ratsón מהש ע"ה, ע"ב בריבוע וקס"א ע"ה, אל שדי ע"ה. יִהְיוּ yihyú אל ("יא" במילוי דס"ג)
לְרָצוֹן leratsón מהש ע"ה, ע"ב בריבוע וקס"א ע"ה, אל שדי ע"ה אִמְרֵי imrei
פִּי fi ר"ת אֶלֶף = אלף למד + שין יוד דלת ע"ה וְהֶגְיוֹן vehegyón לִבִּי libí
לְפָנֶיךָ lefaneja ס"ג מ"ה ב"ן יְהֹוָאדהיאהדונהי Adonai צוּרִי tsurí וְגֹאֲלִי vegoalí:

BERIJ SHMEI

Esta sección es tomada directamente del *Zóhar* y aparece en su arameo original. El *Berij Shmei* funciona como una máquina del tiempo que, literalmente, transporta nuestra alma de regreso al evento de revelación en el Monte Sinaí, cuando Moshé recibió las tablas. Al volver a visitar el momento y lugar exacto de la revelación, podemos atraer hacia nosotros los aspectos de la Luz original mediante la lectura de la Torá. El *Berij Shmei* contiene 130 palabras. Adam fue separado de su esposa, Eva, por 130 años; tiempo en el que él pecó. Cada palabra en esta oración ayuda a corregir uno de esos años. Cada uno de nosotros estaba incluido en el alma de Adam. Nosotros somos Adam. Adam es simplemente el código para el alma unificada que incluye a cada ser humano que alguna vez transitó o transitará por este planeta.

בְּרִיךְ Berij שְׁמֵיהּ Shmei דְּמָארֵי demarei עָלְמָא almá
בְּרִיךְ Berij כִּתְרָךְ quitraj וְאַתְרָךְ veatraj. יְהֵא yehé
רְעוּתָךְ reutaj עִם im עַמָּךְ amaj יִשְׂרָאֵל Yisrael לְעָלַם lealam.

Y recuérdame favorablemente ante Ti y visítame con redención y misericordia. Recuérdame para una vida larga y buena y con buen sustento y con ganancias y con pan para comer y con vestidos para vestir y con abundancia, honor y largos días en el estudio de Tu Torá y en el cumplir de Tus mandamientos. Envía cura y sanación a todos los dolores de nuestros corazones y bendice nuestras obras, Amén, que sea Tu voluntad. Senténcianos con veredictos buenos y cancela por nosotros todos los veredictos negativos y difíciles. "Sean gratos ante Ti, Señor, mi Fortaleza y mi Redentor, los dichos de mi boca y los pensamientos de mi corazón" (Salmos 19:15).

BERIJ SHMEI

Bendito es el Nombre del Señor del Mundo.

Bendita es Tu corona y Tu lugar. Que Tu deseo esté con Tu Nación, Israel, para siempre.

וּפוּרְקַן ufurkán יְמִינָךְ yeminaj אַחֲזֵי ajzei לְעַמָּךְ leamaj

בְּבֵית beveit ב"פ ראה מִקְדְּשָׁךְ. ♦mikdashaj לְאַמְטוּיֵי leamtuyei לַנָא laná

מִטּוּב mituv נְהוֹרָךְ. ♦nehoraj וּלְקַבֵּל ulekabel צְלוֹתָנָא tslotaná

בְּרַחֲמִין. ♦berajamín יְהֵא yehé רַעֲוָא raavá קֳדָמָךְ kodamaj

דְּתוֹרִיךְ detorij לַן lan חַיִּין jayín בְּטִיבוּ. ♦betivu וְלֶהֱוֵי velehevei אֲנָא aná ב"ן

עַבְדָּךְ avdaj פוי, אל אדני פְּקִידָא pekidá בְּגוֹ begó צַדִּיקַיָּא. ♦tsadikaya

לְמִרְחַם lemirjam אברהם, וז"פ אל, רי"ו ול"ב נתיבות החכמה, רמ"ח (אברים), עסמ"ב וט"ז אותיות

פשוטות עֲלַי alai וּלְמִנְטַר ulemintar יָתִי yatí וְיַת veyat כָּל col ילי

דִּלִי dili וְדִי vedí לְעַמָּךְ leamaj יִשְׂרָאֵל. ♦Yisrael אַנְתְּ ant הוּא Hu

זָן zan נגד, מזבח, אל יהוה לְכֹלָּא lejolá וּמְפַרְנֵס umfarnés לְכֹלָּא. ♦lejolá

אַנְתְּ ant הוּא Hu שַׁלִּיט shalit עַל al כֹּלָּא. ♦colá אַנְתְּ ant הוּא Hu

דְּשַׁלִּיט deshalit עַל al מַלְכַיָּא maljayá וּמַלְכוּתָא umaljutá דִּילָךְ dilaj

הִיא. ♦hi אֲנָא aná ב"ן עַבְדָּא avdá דְּקוּדְשָׁא deKudshá בְּרִיךְ berij

הוּא Hu דְּסָגִידְנָא desaguidná קַמֵּהּ kamé וּמִן umín קַמָּה kamé דִּיקַר dikar

אוֹרַיְתֵהּ orayté בְּכָל bejol ב"ן, לכב עִדָּן idán וְעִדָּן. ♦veidán

לָא la עַל al אֱנָשׁ enash רְחִיצְנָא. ♦rajitsná וְלָא velá עַל al בַּר bar

אֱלָהִין elahín ילה סָמִיכְנָא. ♦samijná אֶלָּא ela בֶּאֱלָהָא beelahá

דִּשְׁמַיָּא. ♦dishmayá דְּהוּא dehú אֱלָהָא elahá קְשׁוֹט. ♦keshot

וְאוֹרַיְתֵהּ veorayté קְשׁוֹט keshot וּנְבִיאוֹהִי uneviohí קְשׁוֹט. ♦keshot

וּמַסְגֵּא umasguei לְמֶעְבַּד lemebad טַבְוָן taveván וּקְשׁוֹט. ♦ukeshot

---

Que puedas mostrar la redención de Tu Diestra a Tu Nación en Tu Templo Sagrado. Que nos puedas llenar con lo mejor de Tu iluminación y que puedas recibir nuestras oraciones con misericordia. Que sea agradable ante Ti el alargar nuestras vidas con bien. Y yo, Tu siervo, seré recordado junto a los justos. Ten misericordia de mí y protégeme, y todo lo que poseo y todo lo que pertenece a Tu Nación, Israel. Tú eres el que nutre todo y provee a todo con sustento. Tú eres el que gobierna todo. Tú tienes control sobre reyes y sus reinos son Tuyos. Yo soy el siervo del Santo Bendito Sea, mientras me postro ante Él y ante la gloria de Su Torá, en cada y todo momento. Yo no coloco mi confianza en ningún hombre y no tengo fe en los hijos de los dioses. Mi confianza y fe están sólo en el Dios en el Cielo, Quien es el verdadero Dios; Su Torá es verdadera; Sus profetas son verdaderos; y Él ejecuta abundante compasión y verdad.

בֵּיהּ bei אֲנָא aná ב״ן רָחִיץ rajits וְלִשְׁמֵהּ veliShmei יַקִּירָא yakirá
קַדִּישָׁא kadishá אֲנָא aná ב״ן אֵמַר emar תֻּשְׁבְּחָן tushbeján. יְהֵא yehé
רַעֲוָא raavá קֳדָמָךְ kodamaj דְּתִפְתַּח detiftaj לִבַּאי libaí
בְּאוֹרַיְתָךְ beoraytaj. (וְתִיהַב vetihav לִי li בְּנִין benín דִּכְרִין dijrín
דְּעָבְדִין deavdín רְעוּתָךְ (reutaj). וְתַשְׁלִים vetashlim מִשְׁאֲלִין mishalín
דְּלִבָּאי delibai וְלִבָּא velibá דְכָל dejol יל״י עַמָּךְ amaj יִשְׂרָאֵל Yisrael
לְטָב letav וּלְחַיִּין ulejayín וְלִשְׁלָם velishlam אָמֵן יאהדונהי Amén:

SACAR LA TORÁ DEL ARCA

Cuando la Torá es sacada del Arca, hay una oportunidad de hacer una conexión especial con ella, bien sea besándola o tocándola. A veces, las personas se apresuran en hacer su conexión, empujando, aglomerándose y apartando a la gente a un lado mientras intentan tocar el pergamino. Espiritualmente hablando, estas acciones reflejan una energía opuesta a la de la Torá. La conexión con la Torá no sólo es física. Las conexiones con la Torá se realizan a través de un estado mental espiritual, el cual incluye tolerancia y ocupación por los demás. No podemos estar en el marco mental espiritual adecuado si somos descorteses con otro individuo.

בָּרוּךְ Baruj הַמָּקוֹם hamakom שֶׁנָּתַן shenatán תּוֹרָה Torá לְעַמּוֹ leamó
יִשְׂרָאֵל Yisrael בָּרוּךְ Baruj הוּא Hu: אַשְׁרֵי ashrei הָעָם haam
שֶׁכָּכָה shecaja משה, מהש, ע״ב בריבוע קס״א, אל שדי, ד״פ אלהים ע״ה לוֹ lo אַשְׁרֵי ashrei
הָעָם haam ר״ת לאה שֶׁיְהֹוָהאדניאהדונהי sheAdonai אֱלֹהָיו Elohav ילה:

Antes de que la Torá sea llevada a la *bimá* (podio), el *jazán* dice:

גַּדְּלוּ gadlú לַיהֹוָהאדניאהדונהי laAdonai אִתִּי ití וּנְרוֹמְמָה uneromemá
שְׁמוֹ Shemó מהש ע״ה, ע״ב בריבוע וקס״א ע״ה, אל שדי ע״ה יַחְדָּו yajdav:

En Él, yo confío y digo alabanzas a Su Santo y precioso Nombre.
Que sea agradable ante Ti y Tú abrirás mi corazón con Tu Torá (y que Tú me concedas hijos varones, que puedan satisfacer Tu deseo). Y que Tú puedas satisfacer las solicitudes de mi corazón y el corazón de toda tu Nación, Israel, para bien, para vida y para paz. Amén.

SACAR LA TORÁ DEL ARCA

Bendita es la Providencia Quien ha dado la Torá a su Nación, Israel,
Bendito es Él. "Bienaventurada es la Nación a la que le pertenece esto, bienaventurada es la Nación de la que el Señor es su Dios" (Salmos 114:15).
"Glorifiquen conmigo al Señor, alabemos Su Nombre todos juntos" (Salmos 34:4).

Entonces la congregación dice lo siguiente mientras la Torá es llevada a la *bimá*:

לְךָ lejá יְהֹוָ֣ה יאהדונהי Adonai הַגְּדֻלָּ֣ה hagdulá וְהַגְּבוּרָ֗ה vehaGvurá רי"ו

וְהַתִּפְאֶ֙רֶת֙ vehaTiféret וְהַנֵּ֣צַח vehaNétsaj וְהַה֔וֹד vehaHod ההה כִּי־ qui

כֹ֖ל jol ילי בַּשָּׁמַ֣יִם bashamáyim י"פ טל, י"פ כוזו וּבָאָ֑רֶץ uvaárets לְךָ֤ lejá

יְהֹוָה֙ יאהדונהי Adonai הַמַּמְלָכָ֔ה hamamlajá וְהַמִּתְנַשֵּׂ֖א vehamitnasé

לְכֹ֥ל lejol יה אדני לְרֹֽאשׁ lerosh ריבוע אלהים ואלהים דיודין ע"ה: רוֹמְמ֡וּ romemú

יְהֹוָ֣ה יאהדונהי Adonai אֱלֹהֵ֗ינוּ Eloheinu ילה וְֽהִשְׁתַּחֲווּ֙ vehishtajavú

לַהֲדֹ֣ם lahadom רַגְלָ֔יו raglav קָד֖וֹשׁ kadosh ה֑וּא Hu: רוֹמְמ֡וּ romemú

יְהֹוָ֣ה יאהדונהי Adonai אֱלֹהֵ֗ינוּ Eloheinu ילה וְֽהִשְׁתַּחֲווּ֙ vehishtajavú לְהַ֣ר lehar

קָדְשׁ֑וֹ kodshó כִּי־ qui קָ֝ד֗וֹשׁ kadosh יְהֹוָ֥ה יאהדונהי Adonai אֱלֹהֵֽינוּ Eloheinu ילה:

Algunos añaden esta sección:

אֵין־ ein קָד֥וֹשׁ kadosh כַּיהֹוָ֖ה יאהדונהי caAdonai כִּ֣י qui אֵ֣ין ein בִּלְתֶּ֑ךָ bilteja

וְאֵ֥ין veéin צ֖וּר tsur אלהים דההין ע"ה כֵּאלֹהֵֽינוּ queEloheinu ילה: כִּ֣י qui מִ֣י mi ילי

אֱל֔וֹהַּ Elohá מ"ב מִבַּלְעֲדֵ֣י mibaladei יְהֹוָ֑ה יאהדונהי Adonai וּמִ֥י umí ילי צ֝֗וּר tsur

אלהים דההין ע"ה זוּלָתִ֥י zulatí אֱלֹהֵֽינוּ Eloheinu ילה: תּוֹרָ֥ה Torá צִוָּה־ tsivá לָ֖נוּ lanu

אלהים, אהיה אדני, מֹשֶׁ֑ה Moshé מהש, ע"ב בריבוע וקס"א, אל שדי, ד"פ אלהים ע"ה

מוֹרָשָׁ֖ה morashá קְהִלַּ֥ת kehilat יַעֲקֹֽב Yaakov ז' הויות, יאהדונהי אידהנויה:

עֵץ־ ets חַיִּ֣ים jayim אהיה אהיה יהוה, בינה ע"ה הִ֭יא hi

לַמַּחֲזִיקִ֣ים lamajazikim ר"ת להוו בָּ֑הּ ba וְֽתֹמְכֶ֥יהָ vetomjeha מְאֻשָּֽׁר meushar:

דְּרָכֶ֥יהָ derajeha דַרְכֵי־ darjei נֹ֑עַם nóam וְֽכָל־ vejol ילי

נְתִיבוֹתֶ֥יהָ netivoteha שָׁלֽוֹם shalom: שָׁל֣וֹם shalom רָ֭ב rav

לְאֹהֲבֵ֣י leohavei תוֹרָתֶ֑ךָ torateja וְאֵֽין־ veéin לָ֥מוֹ lamó מִכְשֽׁוֹל mijshol:

"Tuyos, Señor, son la grandeza, la fortaleza, el esplendor, el triunfo y la gloria, incluso todo lo que hay en los Cielos y en la Tierra. Tuyos, Señor, son el Reino y la soberanía sobre cada líder" (Crónicas 1, 29:11). *Exalten al Señor, nuestro Dios, y póstrense ante Su estrado, porque es Santo. "Exalten al Señor, nuestro Dios, y póstrense ante Su Santa Montaña porque el Señor, nuestro Dios, es Santo"* (Salmos 99:9).

"No hay nadie tan Santo como el Señor, porque no hay nadie más aparte de Ti. No hay Fortaleza como nuestro Dios" (Samuel 1 2:2). *"Porque ¿quién es Dios además del Señor? ¿Quién es Fortaleza como no sea nuestro Dios?"* (Salmos 18:32). *"La Torá que Moshé nos encomendó es una herencia para la congregación de Yaakov"* (Deuteronomio 33:4). *"Es un árbol de vida para aquellos que se aferran a él y los que lo apoyan son felices"* (Proverbios 3:18). *"Sus caminos son el camino de lo agradable y todos sus senderos llevan a la paz"* (Proverbios 3:17). *"Abundancia de paz para aquellos que aman Tu Torá y para ellos no hay obstáculos"* (Salmos 119:165)

יְהֹוָה יאהדונהי Adonai עֹז oz לְעַמּוֹ leamó יִתֵּן yitén יְהֹוָה יאהדונהי Adonai
יְבָרֵךְ yevarej ע״ב ס״ג מ״ה ב״ן, הברכה (למתק את ז׳ המלכים שמתו) אֶת־ et עַמּוֹ amó
בַשָּׁלוֹם vashalom ר״ת ע״ב, ריבוע יהוה: כִּי qui שֵׁם shem יְהֹוָה יאהדונהי Adonai
אֶקְרָא ekrá הָבוּ havú אחד, אהבה, דאגה גֹדֶל godel לֵאלֹהֵינוּ leEloheinu ילה:
הַכֹּל hacol ילי תְּנוּ tnú עֹז oz לֵאלֹהִים leElohim אהיה אדני ; ילה
וּתְנוּ utnú כָבוֹד javod לַתּוֹרָה laTorá :

LA ELEVACIÓN DE LA TORÁ

Después de que el pergamino es colocado en la *bimá* (podio), se llama a una persona para alzar la Torá para que la congregación vea la sección específica que se leerá de la Torá. Mientras elevamos la Torá, también meditamos en elevar nuestro nivel de conciencia. Debemos observar el pergamino para intentar ver la primera letra de la lectura de esa semana. También debemos tratar de encontrar la primera letra de nuestro nombre hebreo en el texto. Puedes usar el *Talit* para ayudarte a enfocar (Si no tienes un *Talit*, puedes usar tu dedo).

וְזֹאת vezot הַתּוֹרָה haTorá אֲשֶׁר־ asher שָׂם sam מֹשֶׁה Moshé
מהש, ע״ב בריבוע וקס״א, אל שדי, ד״פ אלהים ע״ה לִפְנֵי lifnei בְּנֵי bnei יִשְׂרָאֵל Yisrael:
אֵל El ייא״י (מילוי דס״ג) שַׁדַּי Shadai אל שדי = משה, מהש, ע״ב בריבוע וקס״א, ד״פ אלהים ע״ה
אֱמֶת emet אהיה פעמים אהיה, ז״פ ס״ג וּמֹשֶׁה uMoshé מהש, ע״ב בריבוע וקס״א, אל שדי,
ד״פ אלהים ע״ה אֱמֶת emet אהיה פעמים אהיה, ז״פ ס״ג וְתוֹרָתוֹ vetorató
אֱמֶת emet אהיה פעמים אהיה, ז״פ ס״ג: תּוֹרָה Torá צִוָּה־ tsivá
לָנוּ lanu אלהים, אהיה אדני מֹשֶׁה Moshé מהש, ע״ב בריבוע וקס״א, אל שדי, ד״פ אלהים ע״ה
מוֹרָשָׁה morashá קְהִלַּת kehilat יַעֲקֹב Yaakov ז׳ הויות, יאהדונהי אידהנויה:
הָאֵל haEl ייא״י (מילוי דס״ג) תָּמִים tamim דַּרְכּוֹ darcó אִמְרַת imrat
יְהֹוָה יאהדונהי Adonai צְרוּפָה tsrufá מָגֵן maguén ג״פ אל (ייא״י מילוי דס״ג)
ר״ת מיכאל גבריאל נוריאל הוּא hu לְכֹל lejol יה אדני הַחוֹסִים hajosim בּוֹ bo:

"El Señor da fuerza a Su gente. El Señor bendice a Su nación con paz" (Salmos 29:11). *"Cuando yo llamo al Nombre del Señor, proclamo grandeza a nuestro Dios"* (Deuteronomio 32:3). *"Todos reconozcan el poder de Dios"* (Salmos 68:35). *Y muestren respeto a la Torá.*

LA ELEVACIÓN DE LA TORÁ

"Y esta es la Torá que Moshé colocó ante los Hijos de Israel" (Deuteronomio 4:44). *Dios es verdad y Moshé es verdad y Su Torá es verdad. "La Torá que Moshé nos encomendó es una herencia para la congregación de Yaakov"* (Deuteronomio 33:4). *"¡Dios! Sus caminos son perfectos. La declaración del Señor es pura. Él es el Escudo para todos aquellos que se refugian en Él"* (Samuel 2 22:31).

La lectura de la Torá para *Shavuot* está en la pág 573.

El *jazán* dice:

בֵּית beit כ״פ ראה אַהֲרֹן Aharón בָּרְכוּ barjú יהוה ריבוע יהוה ריבוע מ״ה אֶת et

ה׳ Hashem הַמְבֹרָךְ hamevoraj, כֹּהֵן Cohén מלה קְרַב krav וְכַהֵן vejahén מלה.

La persona que sube a la *Torá* ("el *olé*"), sostiene el Pergamino con ambas manos y dice:

יְהֹוָהאדניאהדונהי Adonai עִמָּכֶם imajem:

La congregación responde:

יְבָרֶכְךָ yevarjejá ה׳ Hashem:

El *olé* continúa:

(ויכוין "ברכו את ה׳ המבורך" - מ״ב ור״ך שהם שמאל וימין):

רַבָּנָן rabanán: בָּרְכוּ Barjú יהוה ריבוע יהוה ריבוע מ״ה אֶת et

יְהֹוָהאדניאהדונהי Adonai הַמְבֹרָךְ hamevoraj: ס״ת כהת, משיח בן דוד ע״ה.

La congregación responde:

Néfesh בָּרוּךְ Baruj *Rúaj* יְהֹוָהאדניאהדונהי Adonai *Neshamá* הַמְבוֹרָךְ hamevoraj

Jayá לְעוֹלָם leolam ריבוע ס״ג ו׳ אותיות דס״ג *Yejidá* וָעֶד vaed:

El *olé* repite esta línea después de la congregación:

Néfesh בָּרוּךְ Baruj *Rúaj* יְהֹוָהאדניאהדונהי Adonai *Neshamá* הַמְבוֹרָךְ hamevoraj

Jayá לְעוֹלָם leolam ריבוע ס״ג ו׳ אותיות דס״ג *Yejidá* וָעֶד vaed:

LA LECTURA

(La Casa de Aharón, bendigan al Señor, el Bendito.
Cohén, acércate y ponte de pie y realiza tu responsabilidad sacerdotal).
Que el Señor esté con ustedes. Que el Señor te bendiga. Señores: Bendigan al Señor que es Bendito.
Bendito es el Señor que es Bendito, por siempre y para la eternidad.

Entonces el *olé* dice la siguiente bendición

בָּרוּךְ Baruj אַתָּה Atá יְהֹוָה יאהדונהי Adonai אֱלֹהֵינוּ Eloheinu ילה
מֶלֶךְ Mélej הָעוֹלָם haolam אֲשֶׁר asher בָּחַר־ bajar בָּנוּ banu מִכָּל־ micol
יכ"י הָעַמִּים haamim וְנָתַן־ venatán לָנוּ lanu אלהים, אהיה אדני אֶת et
תּוֹרָתוֹ Torató• בָּרוּךְ Baruj אַתָּה Atá יְהֹוָה יאהדונהי Adonai
נוֹתֵן notén אבג יתץ, ושר הַתּוֹרָה haTorá•

Después de la lectura, el *olé* dice la siguiente bendición:

בָּרוּךְ Baruj אַתָּה Atá יְהֹוָה יאהדונהי Adonai אֱלֹהֵינוּ Eloheinu ילה
מֶלֶךְ Mélej הָעוֹלָם haolam אֲשֶׁר asher נָתַן natán לָנוּ lanu אלהים, אהיה אדני
אֶת et תּוֹרָתוֹ Torató תּוֹרַת־ torat אֱמֶת emet אהיה פעמים אהיה, ז"פ ס"ג
וְחַיֵּי vejayei עוֹלָם olam נָטַע natán בְּתוֹכֵנוּ betojenu• בָּרוּךְ Baruj אַתָּה Atá
יְהֹוָה יאהדונהי Adonai נוֹתֵן notén אבג יתץ, ושר הַתּוֹרָה haTorá•

BENDICIÓN DE HAGOMEL

אוֹדֶה odé יְהֹוָה יאהדונהי Adonai בְּכָל־ bejol ב"ן, לכב לֵבָב levav בוכו
בְּסוֹד besod מיכ, י"פ האא יְשָׁרִים yesharim וְעֵדָה veedá סיט:
בָּרוּךְ Baruj אַתָּה Atá יְהֹוָה יאהדונהי Adonai אֱלֹהֵינוּ Eloheinu ילה
מֶלֶךְ Mélej הָעוֹלָם haolam הַגּוֹמֵל hagomel לְחַיָּבִים lejayavim
טוֹבוֹת tovot, שֶׁגְּמָלַנִי shegmalani כָּל col יכ"י טוֹב tuv והו•

La congregación responde: אָמֵן Amén יאהדונהי Y luego la congregación recita:

הָאֵל haEl לאה ; ייא"י (מילוי דס"ג) שֶׁגְּמָלְךָ shegmalaj כָּל col יכ"י טוֹב tuv והו•
הוּא hu יִגְמָלְךָ yigmaljá כָּל col יכ"י טוֹב tuv והו סֶלָה sela•

La persona que dijo "*HaGomel*" recita silenciosamente:

אָמֵן יאהדונהי Amén כֵּן quen יְהִי yehí רָצוֹן ratsón מהש ע"ה, ע"ב בריבוע וקס"א ע"ה, אל שדי

Bendito eres Tú, Señor, nuestro Dios, el Rey del Universo,
Quien nos escogió entre las naciones y nos otorgó Su Torá. Bendito eres Tú, Señor, Quien otorga la Torá.
Bendito eres Tú, Señor, nuestro Dios, Rey del Universo, Quien nos otorgó Su Torá, la Torá de verdad e implantó dentro de nosotros la vida eterna. Bendito eres Tú, Señor, Quien otorga la Torá.

BENDICIÓN DE HAGOMEL

"Doy gracias al Señor de todo corazón, en la congregación y en la asamblea de los justos" (Salmos 111:1). *Bendito eres Tú, Señor, nuestro Dios, Rey del Universo, Quien concede bienes al culpable, Quien me concede todo lo que es bueno. El Dios, Quien te concedió todo lo mejor, te concederá todo lo mejor, Sela.*
Amén, que así sea.

MEDIO KADISH

יִתְגַּדַּל yitgadal וְיִתְקַדַּשׁ veyitkadash שׂדי ומילוי שׂדי ; י״א אותיות כמנין ו״ה

שְׁמֵיהּ Shmei (שׁם י״ה דע״ב) רַבָּא rabá קנ״א ב״ן, יהוה אלהים יהוה אדני,

מילוי קס״א וס״ג, מ״ה ברבוע וע״ב ע״ה ; ר״ת = ו״פ אלהים ; ס״ת = ג״פ יב״ק: אָמֵן Amén אידהנויה.

בְּעָלְמָא bealmá דִּי di בְרָא verá כִּרְעוּתֵיהּ quirutei.

וְיַמְלִיךְ veyamlij מַלְכוּתֵיהּ maljutei. וְיַצְמַח veyatsmaj פּוּרְקָנֵיהּ purkanei.

וִיקָרֵב vikarev מְשִׁיחֵיהּ Meshijei: אָמֵן Amén אידהנויה.

בְּחַיֵּיכוֹן bejayeijón וּבְיוֹמֵיכוֹן uveyomeijón וּבְחַיֵּי uvejayei

דְכָל dejol ילי בֵּית beit ב״פ ראה יִשְׂרָאֵל Yisrael בַּעֲגָלָא baagalá

וּבִזְמַן uvizmán קָרִיב kariv וְאִמְרוּ veimrú אָמֵן Amén: אָמֵן Amén אידהנויה.

La congregación y el *jazán* dicen lo siguiente:

28 palabras (hasta *bealmá*) – y 28 letras (hasta *almayá*)

יְהֵא yehé שְׁמֵיהּ Shmei (שׁם י״ה דס״ג) רַבָּא rabá קנ״א ב״ן,

יהוה אלהים יהוה אדני, מילוי קס״א וס״ג, מ״ה ברבוע וע״ב ע״ה מְבָרַךְ mevaraj,

לְעָלַם lealam לְעָלְמֵי lealmei עָלְמַיָּא almayá. יִתְבָּרַךְ yitbaraj.

Siete palabras con seis letras cada una (שׁם בן מ״ב). También, siete veces la letra Vav (שׁם בן מ״ב).

וְיִשְׁתַּבַּח veyishtabaj י״פ ע״ב יהוה אל אבג יתץ.

וְיִתְפָּאַר veyitpaar הי נו יהקרע שׂטן. וְיִתְרוֹמַם veyitromam וה כוזו נגד יכש.

וְיִתְנַשֵּׂא veyitnasé במוכסז בטר צתג. וְיִתְהַדָּר veyithadar כוזו יה וקב טנע.

וְיִתְעַלֶּה veyitalé וה יוד ה יגל פזק. וְיִתְהַלָּל veyithalal א ואו הא שקו צית.

שְׁמֵיהּ Shmei (שׁם י״ה דמ״ה) דְּקֻדְשָׁא deKudshá בְּרִיךְ Verij הוּא Hu.

אָמֵן Amén אידהנויה.

MEDIO KADISH

Glorificado y santificado sea Su Gran Nombre (Amén).

En el mundo que Él creó de acuerdo a Su voluntad y pueda Su Reino reinar. Y pueda hacer que Su redención florezca y pueda Él acercar al Mesías (Amén). En tus vidas y en tus días y en la vida de toda la Casa de Israel, prontamente y en el futuro cercano, y dígase: Amén (Amén). Que Su gran Nombre sea bendito por siempre y por toda la eternidad, bendito, y alabado, y glorificado y exaltado, y ensalzado y honrado, y adorado y loado sea el Nombre del Santo Bendito Sea (Amén).

לְעֵלָּא leelá מִן min כָּל col ילי בִּרְכָתָא birjatá◆ שִׁירָתָא shiratá◆
תֻּשְׁבְּחָתָא tishbejatá וְנֶחֱמָתָא venejamatá◆ דַּאֲמִירָן daamirán
בְּעָלְמָא bealmá וְאִמְרוּ veimrú אָמֵן Amén: אָמֵן Amén אידהנויה.

BENDICIÓN DE LA HAFTARÁ

El *Maftir* (el *olé* del *Maftir*) recita esta bendición antes de la lectura de la *Haftará*. Se recomienda seguir y leer individualmente la *Haftará* (mientras ésta es recitada), ya que simplemente escucharla mientras la lee el lector no es una conexión completa.

Hay un nivel mucho más elevado que la Inspiración Divina llamado profecía. Muchos grandes personajes a lo largo de la historia han recibido Inspiración Divina. Esto se refiere a la recepción de conocimiento o mensajes ocultos de la vida que, normalmente, están fuera del alcance del individuo promedio. Más aún, el receptor de este mensaje lo entiende perfectamente, sin imprecisión alguna. En la profecía, la persona logra una unión absoluta y un vínculo con el Creador. El Kabbalista Rav Moshé Jaim Luzzatto explica que incluso la profecía debe llegar a través de un intermediario, el cual actúa como un lente a través del cual ver la visión. Alcanzar este nivel es un proceso de elevación gradual, progresiva. Las palabras en esta bendición nos preparan a nosotros, la Vasija, para una poderosa conexión con la sabiduría de los profetas en la *Haftará*, la lectura que viene después de la Torá. El hacer esta conexión nos ayuda a convertirnos en profetas.

בָּרוּךְ Baruj אַתָּה Atá יְהֹוָאדניאהדונהי Adonai אֱלֹהֵינוּ Eloheinu ילה
מֶלֶךְ Mélej הָעוֹלָם haolam אֲשֶׁר asher בָּחַר bajar
בִּנְבִיאִים bineviím טוֹבִים tovim וְרָצָה veratsá בְדִבְרֵיהֶם vedivreihem
הַנֶּאֱמָרִים haneemarim בֶּאֱמֶת beemet אהיה פעמים אהיה, ז"פ ס"ג
בָּרוּךְ Baruj אַתָּה Atá יְהֹוָאדניאהדונהי Adonai הַבּוֹחֵר habojer
בַּתּוֹרָה baTorá וּבְמֹשֶׁה uveMoshé מהש, ע"ב בריבוע וקס"א, אל שדי, ד"פ אלהים ע"ה
עַבְדּוֹ avdó וּבְיִשְׂרָאֵל uveYisrael עַמּוֹ amó וּבִנְבִיאֵי uvineviei
הָאֱמֶת haemet אהיה פעמים אהיה, ז"פ ס"ג וְהַצֶּדֶק vehatsédek:

Más allá de todas las bendiciones,
himnos, alabanzas y palabras de consolación que pueden decirse en el mundo, y dirán: Amén (Amén).

BENDICIÓN DE LA HAFTARÁ

Bendito eres Tú, Señor, nuestro Dios, el Rey del mundo, Quien ha escogido buenos profetas y Quien se complació con sus palabras que fueron proferidas con verdad. Bendito eres Tú, Señor, Quien escogió la Torá y a Moshé, Su siervo, e Israel, Su Nación, y los profetas de verdad y justicia.

BENDICIONES PARA DESPUÉS DE LA HAFTARÁ

El lector recita estas bendiciones después de la lectura de la *Haftará*:

בָּרוּךְ Baruj אַתָּה Atá יְהֹוָהאדניאהדונהי Adonai אֱלֹהֵינוּ Eloheinu ילה

מֶלֶךְ Mélej הָעוֹלָם haolam, צוּר tsur אלהים דההין ע"ה כָּל col ילי

הָעוֹלָמִים haolamim, צַדִּיק tsadik בְּכָל bejol ב"ן, לכב הַדּוֹרוֹת hadorot,

הָאֵל haEl לאה ; ייא" (מילוי דס"ג) הַנֶּאֱמָן haneemán הָאוֹמֵר haomer

וְעֹשֶׂה veosé, הַמְדַבֵּר hamedaber ראה וּמְקַיֵּם umekayem, כִּי qui כָּל jol ילי

דְּבָרָיו dvarav ראה אֱמֶת emet אהיה פעמים אהיה, ז"פ ס"ג וָצֶדֶק vatsédek:

נֶאֱמָן neemán אַתָּה Atá הוּא Hu יְהֹוָהאדניאהדונהי Adonai אֱלֹהֵינוּ Eloheinu ילה

וְנֶאֱמָנִים veneemanim דְּבָרֶיךָ devarej ראה וְדָבָר vedavar ראה אֶחָד ejad

אהבה, דאגה מִדְּבָרֶיךָ midvareja ראה אָחוֹר ajor לֹא lo יָשׁוּב yashuv

רֵיקָם reikam, כִּי qui אֵל El ייא" (מילוי דס"ג) מֶלֶךְ Mélej נֶאֱמָן neemán

וְרַחֲמָן verajamán אָתָּה Atá. בָּרוּךְ Baruj אַתָּה Atá יְהֹוָהאדניאהדונהי Adonai

הָאֵל haEl לאה ; ייא" הַנֶּאֱמָן haneemán בְּכָל bejol ב"ן, לכב דְּבָרָיו devarav ראה:

רַחֵם rajem אברהם, וז"פ אל, רי"ו ול"ב נתיבות החכמה, רמ"ח (אברים), עסמ"ב וט"ז אותיות פשוטות

עַל al צִיּוֹן Tsiyón יוסף, ו' הויות, קנאה כִּי qui הִיא hi בֵּית beit ב"פ ראה חַיֵּינוּ jayeinu,

וְלַעֲלוּבַת velaaluvat נֶפֶשׁ néfesh תּוֹשִׁיעַ toshía בִּמְהֵרָה bimherá

בְּיָמֵינוּ beyameinu. בָּרוּךְ Baruj אַתָּה Atá יְהֹוָהאדניאהדונהי Adonai

מְשַׂמֵּחַ mesaméaj צִיּוֹן Tsiyón יוסף, ו' הויות, קנאה בְּבָנֶיהָ bevaneha:

BENDICIÓN PARA DESPUÉS DE LA HAFTARÁ

Bendito eres Tú, señor, nuestro Dios, Rey del mundo, roca de todas las eternidades, justo en todas las generaciones. El Dios confiable Quien dice y hace, Quien habla y cumple, porque todas Sus palabras son verdad y justas. Confiable eres Tú, Señor, nuestro Dios, y confiables son Tus palabras, y ni una de Tus palabras regresa a su origen insatisfecha, porque Tú, Dios, eres un Rey confiable y compasivo. Bendito eres Tú, Señor, el Dios Quien es confiable en todas Sus palabras. Ten misericordia de Sión, porque es la casa de nuestro sustento, y para aquel cuyo espíritu es humillado trae rápidamente salvación en nuestros días. Bendito eres Tú, Señor, que alegras a Sión con sus hijos.

שַׂמְּחֵנוּ samjenu יְהֹוָהאדניאהדונהי Adonai אֱלֹהֵינוּ Eloheinu ילה
בְּאֵלִיָּהוּ beEliyahu לכב הַנָּבִיא Hanaví עַבְדֶּךָ avdeja פוי, אל אדני
וּבְמַלְכוּת uvemaljut בֵּית beit ב"פ ראה דָּוִד David מְשִׁיחֶךָ meshijeja,
בִּמְהֵרָה bimherá יָבֹא yavó וְיָגֵל veyaguel להח לִבֵּנוּ libenu,
עַל al כִּסְאוֹ quisó לֹא lo יֵשֵׁב yeshev זָר zar, וְלֹא veló
יִנְחֲלוּ yinjalú עוֹד od אֲחֵרִים ajerim אֶת et כְּבוֹדוֹ quevodó,
כִּי qui בְשֵׁם veShem קָדְשְׁךָ kadshejá נִשְׁבַּעְתָּ nishbata לוֹ lo,
שֶׁלֹּא sheló יִכְבֶּה yijbé נֵרוֹ neró לְעוֹלָם leolam ריבוע ס"ג וי' אותיות דס"ג
וָעֶד vaed. בָּרוּךְ Baruj אַתָּה Atá יְהֹוָהאדניאהדונהי Adonai
מָגֵן maguén ג"פ אל (ייא" מילוי דס"ג) ; ר"ת מיכאל גבריאל נוריאל דָּוִד David:

עַל al הַתּוֹרָה haTorá וְעַל veal הָעֲבוֹדָה haavodá
וְעַל veal הַנְּבִיאִים haneviím וְעַל veal יוֹם yom ע"ה נגד, מזבח, זן, אל יהוה
(en *Shabat* agregar: הַשַּׁבָּת haShabat הַזֶּה hazé והו וְעַל veal יוֹם yom ע"ה נגד, מזבח, זן, אל יהוה)
וְחַג Jag הַשָּׁבוּעוֹת haShavuot הַזֶּה hazé והו. וְעַל veal
יוֹם yom ע"ה נגד, מזבח, זן, אל יהוה טוֹב tov והו מִקְרָא mikrá קֹדֶשׁ kódesh
הַזֶּה hazé והו. שֶׁנָּתַתָּ shenatata לָּנוּ lanu אלהים, אהיה אדני יְהֹוָהאדניאהדונהי Adonai
אֱלֹהֵינוּ Eloheinu ילה (en *Shabat* agregar: לִקְדֻשָּׁה likdushá וְלִמְנוּחָה velimnujá)
לְכָבוֹד lejavod וּלְתִפְאָרֶת ultifáret:
עַל al הַכֹּל hajol ילי יְהֹוָהאדניאהדונהי Adonai אֱלֹהֵינוּ Eloheinu ילה אֲנַחְנוּ anajnu

---

*Alégranos, Señor, nuestro Dios, a través de Eliyahu el Profeta, Tu siervo, y con el Reino de la Casa de David, Tu ungido, que pueda él venir rápidamente y hacer que nuestros corazones se regocijen. No dejes que en su trono se siente ningún extraño, ni dejes que nunca otros más hereden su honor, porque por Tu Santo Nombre, Tú le juraste que la luz de su vela nunca se extinguiría por la eternidad. Bendito eres Tú, Señor, el escudo de David. Por la Torá y por los Profetas y por este día de (***En Shabat****: Shabat y en este Día de) la Festividad de Shavuot y en este buen día de Santa Convocatoria que Tú, Señor, nuestro Dios, nos has dado (***En Shabat****: para Santidad y contento) para honor y para esplendor.*

מוֹדִים modim כנגד מאה ברכות שתיקן דוד לאמרם כל יום לָךְ laj

וּמְבָרְכִים umevarjim אוֹתָךְ otaj יִתְבָּרַךְ yitbaraj שִׁמְךָ Shimjá בְּפִי befí

כָּל col ילי וְחַי jai כל חי = אהיה אהיה יהוה, בינה ע"ה, חיים תָּמִיד tamid ע"ה קס"א קנ"א קמ"ג

לְעוֹלָם leolam ריבוע ס"ג ו' אותיות דס"ג וָעֶד vaed•

בָּרוּךְ Baruj אַתָּה Atá יְהֺוָואדניאהדונהי Adonai מְקַדֵּשׁ mekadesh

(en Shabat agregar: הַשַּׁבָּת haShabat וְ ve) יִשְׂרָאֵל Yisrael וְהַזְּמַנִּים vehazmanim:

El "Amén" es dicho por el que recitó la bendición junto con toda la congregación:

אָמֵן יאהדונהי Amén•

YIZCOR - ORACIÓN PARA LOS FALLECIDOS

Pocas veces al año tenemos la oportunidad de ayudar a elevar las almas de los seres queridos que han partido. *Shavuot* es uno de esos momentos. Podemos tomar la Luz que estamos recibiendo y usarla para ayudar a que el alma de un ser querido se eleve más alto y con más facilidad hacia los Mundos Superiores. También hay un vacío metafísico en nuestra vida cuando un ser querido fallece. Parte de la Luz que ellos automáticamente compartían con nosotros ahora no está. *Yizcor* ayuda a llenar este vacio con su energía espiritual al hacer una conexión con el alma en los Mundos Supriores.

El Arí usaba la versión corta de esta "Oración para los fallecidos". Él solía decir que a veces las palabras en la versión larga en realidad no ayudan a elevar el alma del fallecido, sino que perturban el proceso de elevación.

הַמְרַחֵם hamerajem אברהם, ח"פ אל, רי"ו ול"ב נתיבות החכמה, רמ"ח (אברים), עסמ"ב וט"ז אותיות

פשוטות עַל al כָּל col ילי ; עמם בְּרִיּוֹתָיו briyotav הוּא hu יָחוּס yajús

וְיַחֲמוֹל veyajamol וִירַחֵם virajem אברהם, ח"פ אל, רי"ו ול"ב נתיבות החכמה, רמ"ח (אברים),

עסמ"ב וט"ז אותיות פשוטות עַל al נֶפֶשׁ Néfesh רוּחַ Rúaj וּנְשָׁמָה uNeshamá

שֶׁל shel (el nombre del fallecido y el nombre de su padre) רוּחַ rúaj יְהֺוָואדניאהדונהי Adonai

רוח ה' = י"פ יוזו תְּנִיחֶנּוּ tnijenu (para mujer: תְּנִיחֶנָּה tnijena) בְּגַן beGan עֵדֶן Éden:

---

*Por todo esto Te estamos agradecidos, Señor, nuestro Dios, y Te bendecimos. Que tu Nombre sea bendecido por la boca de todo ser vivo por siempre y para toda la eternidad. Y Tu palabra, nuestro Rey, es verdad y existe para siempre. Bendito eres Tú, Señor, Rey sobre toda la Tierra que santifica (***En Shabat:** al Shabat y) a Israel y a los Tiempos. ¡Amén!*

YIZCOR - ORACIÓN PARA LOS FALLECIDOS

Que el Uno que es misericordioso con todo lo que Él ha creado tenga piedad y consideración, y sea misericordioso con el Néfesh, Rúaj y Neshamá de (Nombre) *el hijo/la hija de* (el nombre del padre). *Que el Espíritu de Dios lo sitúe en el Jardín de Edén*

EL ASHREI

De las veintidós letras del alfabeto arameo, veintiuna de ellas están codificadas en el *Ashrei* en el orden correcto, de la *Álef* a la *Tav*. El Rey David, el autor, dejó a la letra aramea *Nun* fuera de esta oración, ya que la *Nun* es la primera letra de la palabra aramea *Nefilá*, que significa "caída". Caída se refiere a un descenso espiritual, caer en la *klipá*. Los sentimientos de duda, depresión, preocupación e incertidumbre son consecuencias de la caída espiritual. Debido a que las letras arameas son los verdaderos instrumentos de la Creación, esta oración ayuda a inyectar el orden y la fuerza de la Creación en nuestra vida, sin la energía de la caída.

En este Salmo está escrito diez veces el Nombre: יהוה por las Diez Sefirot. Este Salmo está escrito según el orden del *Álef Bet*, pero la letra *Nun* es omitida para evitar la caída.

אַשְׁרֵי ashrei (סוד הכתר) יוֹשְׁבֵי yoshvei בֵיתֶךָ veiteja ב"פ ראה

עוֹד od יְהַלְלוּךָ yehaleluja סֶּלָה sela: אַשְׁרֵי ashrei הָעָם haam

שֶׁכָּכָה shecaja מהש (משה), ע"ב בריבוע קס"א, אל שדי, ד"פ אלהים ע"ה לּוֹ lo

אַשְׁרֵי ashrei הָעָם haam ר"ת לאה שֶׁיְהֹוָהאדהנויאהדונהי sheAdonai **(*Kéter*)**

אֱלֹהָיו Elohav ילה: תְּהִלָּה tehilá ע"ה אמת, אהיה פעמים אהיה, ז"פ ס"ג לְדָוִד leDavid

אֲרוֹמִמְךָ aromimjá אֱלוֹהַי Elohai הַמֶּלֶךְ haMélej וַאֲבָרְכָה vaavarjá

שִׁמְךָ Shimjá לְעוֹלָם leolam ריבוע ס"ג ו' אותיות ס"ג וָעֶד vaed:

בְּכָל־ bejol ב"ן, לכב יוֹם yom ע"ה נגד, מזבח, זן, אל יהוה

אֲבָרְכֶךָּ avarjecá וַאֲהַלְלָה vaahalelá מ"ה יהוה שִׁמְךָ Shimjá

לְעוֹלָם leolam ריבוע ס"ג ו' אותיות ס"ג וָעֶד vaed:

גָּדוֹל gadol להח ; עם ד' אותיות = מבה, יזל, אום

יְהֹוָהאדהנויאהדונהי Adonai (*Jojmá*) וּמְהֻלָּל umehulal אדני, ללה

מְאֹד meod וְלִגְדֻלָּתוֹ veligdulató והו אֵין ein חֵקֶר jéker:

EL ASHREI

"Dichosos aquellos que moran en Tu casa, ellos Te alabarán, Sela" (Salmos 84:5). *"Dichosa es la nación que así es para ella y dichosa la nación de la que El Señor es su Dios"* (Salmos 145:15). *"Una alabanza de David:*

א *Yo te exaltaré a Ti, mi Dios, el Rey, y yo bendeciré Tu Nombre por siempre y por la eternidad.*

ב *Te bendeciré cada día y alabaré Tu Nombre por siempre y por la eternidad.*

ג *El Señor es grande y extremadamente alabado. Su grandeza es inescrutable.*

דּוֹר dor לְדוֹר ledor יְשַׁבַּח yeshabaj מַעֲשֶׂיךָ maaseja ר"ת דלים

וּגְבוּרֹתֶיךָ ugvuroteja יַגִּידוּ yaguidu ייז,כ"ב אותיות פשוטות (=אכא) וה' אותיות סופיות מנצפך:

הֲדַר hadar כְּבוֹד quevod הוֹדֶךָ hodeja וְדִבְרֵי vedivrei

נִפְלְאוֹתֶיךָ nifleoteja ר"ת אלהים, אהיה אדני

אָשִׂיחָה asija ר"ת הפסוק = פ"ז (בסוד כתם טהור פז):

וֶעֱזוּז veezuz נוֹרְאֹתֶיךָ noroteja יֹאמֵרוּ yomeru וּגְדוּלָּתְךָ ugdulatjá

(כתיב: וגדלותיך) ר"ת = ע"ב, ריבוע יהוה אֲסַפְּרֶנָּה asaprena ס"ת = "יא" (מילוי דס"ג):

זֵכֶר zéjer רַב־ rav טוּבְךָ tuvjá לאו יַבִּיעוּ yabíu

וְצִדְקָתְךָ vetsidkatjá יְרַנֵּנוּ yeranenú ס"ת = ב"ן, יבמ, לכב ; ר"ת הפסוק = רי"ו יהוה:

חַנּוּן janún וְרַחוּם verajum יְהֹוָהאדניאהדונהי Adonai (*Biná*)

חנון ורחום יהוה = עשל אֶרֶךְ érej ס"ת = ס"ג ב"ן אַפַּיִם apáyim ר"ת = יהוה

וּגְדָל־ ugdal (כתיב: וגדול) וָחֶסֶד jásed ע"ב (יוד הי ויו הי), ריבוע יהוה (י יה יהו יהוה):

טוֹב־ tov והו יְהֹוָהאדניאהדונהי Adonai (*Jésed*) לַכֹּל lacol

יה אדני ; ס"ת ל"ו (מילוי דס"ג) וְרַחֲמָיו verajamav עַל־ al

כָּל col ילי ; עמם ; ר"ת ריבוע ב"ן ע"ה מַעֲשָׂיו maasav ס"ת = ע"ב (יוד הי ויו הי), ריבוע יהוה:

ד *Una generación y la próxima alabarán Tus obras y narrarán Tus proezas.*
ה *Yo hablaré de la luminosidad de Tu espléndida gloria y de la maravilla de Tus actos.*
ו *Ellos proclamarán el asombroso poder de tus actos y yo hablaré de Tu grandeza.*
ז *Ellos expresarán el recuerdo de Tu abundante bondad y proclamarán dichosos Tu justicia.*
ח *El Señor es misericordioso y compasivo, lento para la ira y grande en misericordia.*
ט *El Señor es bueno para con todos, Su compasión se extiende sobre todos Sus actos.*

יוֹדוּךָ yoduja יְהֹוָאדֹנָי יאהדונהי Adonai (*Guevurá*) כָּל־ col יל"י מַעֲשֶׂיךָ maaseja

וַחֲסִידֶיךָ vajasideja ר"ת = אלהים, אהיה אדני יְבָרְכוּכָה yevarjuja ס"ת = מ"ה:

כְּבוֹד quevod מַלְכוּתְךָ maljutjá יֹאמֵרוּ yomeru וּגְבוּרָתְךָ ugvuratjá

יְדַבֵּרוּ yedaberu ר"ת הפסוק = אלהים, אהיה אדני; ס"ת = ב"ן, יבמ, לכב:

לְהוֹדִיעַ lehodía לִבְנֵי livnei הָאָדָם haadam ר"ת ללה, אדני

גְּבוּרֹתָיו gvurotav וּכְבוֹד ujvod הֲדַר hadar

מַלְכוּתוֹ maljutó ר"ת מ"ה וס"ת רי"ו ; ר"ת הפסוק ע"ה = ק"כ צירופי אלהים:

מַלְכוּתְךָ maljutjá מַלְכוּת maljut כָּל־ col יל"י עֹלָמִים olamim

וּמֶמְשַׁלְתְּךָ umemshaltejá בְּכָל־ bejol ב"ן, לכב דּוֹר dor וָדֹר vador רי"ו:

סוֹמֵךְ somej ריבוע אדני יְהֹוָאדֹנָי יאהדונהי Adonai (*Tiféret*)

לְכָל־ lejol יה אדני ; סומך אדני לכל ר"ת סאל, אמן (יאהדונהי) הַנֹּפְלִים hanoflim

וְזוֹקֵף vezokef לְכָל־ lejol יה אדני הַכְּפוּפִים hacfufim נמם:

עֵינֵי־ einei ריבוע דמ"ה כֹל jol יל"י אֵלֶיךָ eleja יְשַׂבֵּרוּ yesaberu וְאַתָּה veAtá

נוֹתֵן־ notén אבגיתץ, ושר לָהֶם lahem אֶת־ et אָכְלָם ajlam בְּעִתּוֹ beitó:

י *Todas tus obras Te agradecerán, Señor, y Tus fieles devotos te bendicen.*

כ *Ellos dirán de la gloria de Tu Reino y hablarán de Tus poderosos actos.*

ל *Él hace que el hombre conozca Sus proezas y la gloria de Su espléndido Reino.*

מ *Tuyo es el Reino de todos los mundos y Tu dominio se extiende a toda y cada generación.*

ס *El Señor sostiene a todos aquellos que caen y endereza a los doblegados.*

ע *Los ojos de todos ven con esperanza hacia Ti, y Tú les das su alimento al momento apropiado.*

POTÉAJ ET YADEJA

Conectamos con las letras *Pei*, *Álef* y *Yud* al abrir nuestras manos con las palmas hacia arriba. Nuestra conciencia está enfocada en recibir el sustento y la prosperidad financiera de parte de la Luz a través de nuestras acciones del diezmo y compartir; nuestro *Deseo de Recibir para Dar y Compartir*. Al hacer esto, también reconocemos que el sustento que recibimos proviene de una Fuente Superior y no de nuestras acciones. Según los sabios, si no meditamos en esta idea en este punto, debemos repetir la oración.

פתוח (שע״ה נהורין למ״ה ולס״ה)

יוד הי ויו הי יוד הי ויו הי (וז׳ וזיוורתי)	פותוז את ידך ר״ת פאי
אלף למד אלף למד (ש״ע)	גימ׳ יאהדונהי ז״ן
יוד הא ואו הא (לז״א)	וזכמה דז״א ו״ק
אדני (ולנוקבא)	יסוד דנוק׳

פּוֹתֵחַ potéaj אֶת et יָדֶךָ yadeja ר״ת פאי וס״ת וזתך עם ג׳ אותיות = דִּיקַרְנוֹסָא

ובאתב״ש הוא סאל, פאי, אמן, יאהדונהי ; ועוד יכוין שם וזתך בשילוב יהוה – יְוָהְהָתְוָכָהָ

Atrayendo abundancia y sustento desde *Jojmá* de *Zeir Anpín*.

יוד הי ויו הי יוד ויו דלת הי יוד ויו יוד ויו הי יוד

וזתך סאל יאהדונהי

וּמַשְׂבִּיעַ umasbía וזתך עם ג׳ אותיות = דִּיקַרְנוֹסָא

ובא״ת ב״ש הוא סאל, אמן, יאהדונהי ; ועוד יכוין שם וזתך בשילוב יהוה – יְוָהְהָתְוָכָהָ

Atrayendo abundancia y sustento desde *Jojmá* de *Zeir Anpín*.

יוד הי ויו הי יוד ויו דלת הי יוד ויו יוד ויו הי יוד

לְכָל־ lejol יה אדני (להמשיך מווזין ד־יה אל הנוקבא שהיא אדני)

וַזי jai כל וזי = אהיה אהיה יהוה, בינה ע״ה, וזיים

רָצוֹן ratsón מהש ע״ה, ע״ב בריבוע וקס״א ע״ה, אל שדי ע״ה ;
ר״ת רוזל שהיא המלכות הצריכה לשפע

יוד יוד הי יוד הי ויו יוד הי ויו הי יסוד דאבא
אלף הי יוד הי יסוד דאימא
להמתיק רוזל וב׳ דמעין שך פר

También debemos meditar en atraer abundancia, sustento y bendiciones a todos los mundos desde el *ratsón* mencionado anteriormente. Debemos meditar y enfocarnos en este versículo porque es la esencia de la prosperidad, y meditar en que Dios esté interviniendo, sustentando y apoyando a toda la Creación.

POTÉAJ ET YADEJA

פ *Abre Tus Manos y satisface el deseo de todo ser viviente.*

צַדִּיק tsadik יְהֹוָה יאהדונהי Adonai (*Yesod*) בְּכָל bejol ב"ן, לכב
דְּרָכָיו derajav וְחָסִיד vejasid בְּכָל bejol ב"ן, לכב מַעֲשָׂיו maasav יבמ, ב"ן:

קָרוֹב karov יְהֹוָה יאהדונהי Adonai (*Maljut*) לְכָל־ lejol יה אדני
קֹרְאָיו korav לְכֹל lejol יה אדני אֲשֶׁר asher
יִקְרָאֻהוּ yikraúhu בֶאֱמֶת veemet אהיה פעמים אהיה, ז"פ ס"ג:

רְצוֹן retsón מהש ע"ה, ע"ב בריבוע וקס"א ע"ה, אל שדי ע"ה יְרֵאָיו yereav יַעֲשֶׂה yaasé
ר"ת ריי וְאֶת־ veet שַׁוְעָתָם shavatam יִשְׁמַע yishmá וְיוֹשִׁיעֵם veyoshiem:

שׁוֹמֵר shomer כ"א הויות שבתפילין יְהֹוָה יאהדונהי Adonai (*Nétsaj*)
אֶת־ et כָּל־ col ילי אֹהֲבָיו ohavav ר"ת אכא
וְאֵת veet כָּל־ col ילי הָרְשָׁעִים hareshaim יַשְׁמִיד yashmid:

תְּהִלַּת tehilat יְהֹוָה יאהדונהי Adonai (*Hod*) יְדַבֶּר yedaber ראה פִּי pi
וִיבָרֵךְ vivarej ע"סמ"ב, הברכה (למתק את ז' המלכים שמתו) כָּל col ילי
בָּשָׂר basar שֵׁם Shem קָדְשׁוֹ kadshó לְעוֹלָם leolam ריבוע ס"ג וי' אותיות דס"ג
וָעֶד vaed: וַאֲנַחְנוּ vaanajnu נְבָרֵךְ nevarej יָהּ Yah מֵעַתָּה meatá
וְעַד־ vead עוֹלָם olam הַלְלוּיָהּ haleluyá אלהים, אהיה אדני ; ללה:

REGRESO DE LA TORÁ AL ARCA

Antes de regresar la Torá al Arca, recitamos el siguiente versículo dos veces:

יִמְלֹךְ yimloj יְהֹוָה יאהדונהי Adonai | לְעוֹלָם leolam ריבוע ס"ג וי' אותיות דס"ג
אֱלֹהַיִךְ Eloháyij ילה צִיּוֹן Tsiyón יוסף, ו' הויות, קנאה לְדֹר ledor
וָדֹר vador רי"ו ; ר"ת אצלו (רמז שמלכות אצל ז"א) הַלְלוּיָהּ haleluyá אלהים, אהיה אדני ; ללה:

צ *El Señor es justo en todos Sus caminos y virtuoso en todas Sus obras.*
ק *El Señor está cerca de todos los que Lo llaman, de todos aquellos que Lo llaman sinceramente.*
ר *Él cumplirá la voluntad de aquellos que Le temen; Él escucha sus clamores y los salva.*
ש *El Señor protege a todos los que Lo aman y destruye a los impíos.*
ת *"Mis labios proclamarán la alabanza al Señor y toda criatura bendecirá Su Santo Nombre, por siempre y por la eternidad" (Salmos 145:21). "Y bendeciremos a Dios por siempre y por la eternidad. ¡Aleluya!" (Salmos 115:18).*

REGRESO DE LA TORÁ AL ARCA

"El Señor reinará por siempre, tu Dios, Sión, para todas las generaciones, ¡Aleluya!" (Salmos 146:10).

מִזְמוֹר mizmor לְדָוִד leDavid הָבוּ havú אוזד, אהבה, דאגה

לַיהֹוָה יאהדונהי laAdonai בְּנֵי bnei ר"ת הבל אֵלִים elim הבו יהוה בני אלים = יעקב

הָבוּ havú אוזד, אהבה, דאגה לַיהֹוָה יאהדונהי laAdonai כָּבוֹד cavod וָעֹז vaoz:

הָבוּ havú אוזד, אהבה, דאגה לַיהֹוָה יאהדונהי laAdonai כְּבוֹד quevod שְׁמוֹ Shmó

מהש ע"ה, ע"ב בריבוע וקס"א ע"ה, אל שדי ע"ה ; הבו יהוה כבוד שמו = אדם דוד משיח

הִשְׁתַּחֲווּ hishtajavú לַיהֹוָה יאהדונהי laAdonai בְּהַדְרַת behadrat ר"ת הבל

קֹדֶשׁ kódesh ר"ת למפרע קבלה (שבים שבת צריך ללמוד קבלה): קוֹל kol

יְהֹוָה יאהדונהי Adonai עַל al הַמָּיִם hamáyim ר"ת = אלף למד (וחסד - ואל ב' רמוז

(במילה בהמשך) אֵל El ייא"י (מילוי דס"ג) הַכָּבוֹד haCavod לאו הִרְעִים hirim ה"פ אדני

(להמתיק שכ"ה דינים) יְהֹוָה יאהדונהי Adonai עַל al מַיִם máyim רַבִּים rabim

ר"ת הרעים (שכ"ה דינים - ושני השכ"ה דינים נמתקים ע"י שני שמות א"ל הרמוזים לעיל):

קוֹל kol יְהֹוָה יאהדונהי Adonai בַּכֹּחַ bacóaj ר"ת יב"ק, אלהים יהוה, אהיה אדני יהוה

קוֹל kol יְהֹוָה יאהדונהי Adonai בֶּהָדָר behadar ר"ת יב"ק, אלהים יהוה, אהיה אדני יהוה:

קוֹל kol יְהֹוָה יאהדונהי Adonai שֹׁבֵר shover אֲרָזִים arazim וַיְשַׁבֵּר vayshaber

יְהֹוָה יאהדונהי Adonai אֶת et אַרְזֵי arzei הַלְּבָנוֹן haLevanón ר"ת האא:

וַיַּרְקִידֵם vayarkidem כְּמוֹ cmó עֵגֶל éguel לְבָנוֹן Levanón

וְשִׂרְיוֹן veSiryón כְּמוֹ cmó בֶן ven רְאֵמִים reemim: קוֹל kol

יְהֹוָה יאהדונהי Adonai חֹצֵב jotsev ס"ת הב"ל לַהֲבוֹת lahavot אֵשׁ esh:

קוֹל kol יְהֹוָה יאהדונהי Adonai יָחִיל yajil ס"ת ללה, אדני מִדְבָּר midbar

יָחִיל yajil יְהֹוָה יאהדונהי Adonai מִדְבַּר midbar קָדֵשׁ kadesh ר"ת = קין:

"Salmo de David: Atribuyan al Señor, oh hijos de los poderosos, atribuyan al Señor gloria y fuerza. Atribuyan al Señor la honra debida a Su Nombre. Adoren al Señor en la belleza de Su Santidad. La Voz del Señor está sobre las aguas, truena el Dios de gloria, el Señor está sobre muchas aguas. La Voz del Señor es poderosa. La Voz del Señor es majestuosa. La Voz del Señor rompe los cedros, la Voz del Señor rompe los cedros del Líbano. Él los hace saltar como becerros, y a Líbano y a Sirión como un antílope joven. La Voz del Señor levanta llamas de fuego. La Voz del Señor estremece el desierto, el Señor sacude el desierto de Kadesh.

קוֹל kol יְהֹוָֽאדנָי אהדונהי Adonai יְחוֹלֵל yejolel אַיָּלוֹת ayalot
וַיֶּחֱשֹׂף vayejesof יְעָרוֹת yearot וּבְהֵיכָלוֹ uveheijaló כֻּלּוֹ culó אֹמֵר omer
כָּבוֹד cavod: יְהֹוָֽאדנָי אהדונהי Adonai לַמַּבּוּל lamabul יָשָׁב yashav
ר״ת ילי וס״ת הב״ל וַיֵּשֶׁב vayéshev יְהֹוָֽאדנָי אהדונהי Adonai מֶלֶךְ Mélej
לְעוֹלָם leolam ריבוע ס״ג וי׳ אותיות דס״ג : יְהֹוָֽאדנָי אהדונהי Adonai עֹז oz
לְעַמּוֹ leamó יִתֵּן yitén יְהֹוָֽאדנָי אהדונהי Adonai יְבָרֵךְ yevarej עסמ״ב, הברכה
(למתק את ז׳ המלכים שמתו) אֶת־ et עַמּוֹ amó בַשָּׁלוֹם vashalom ר״ת ע״ב, ריבוע יהוה:

שׁוּבָה shuva הו״ש לִמְעוֹנָךְ limeonaj וּשְׁכוֹן ushjón בְּבֵית beveit ב״פ ראה
מַאֲוַיָּךְ maavayaj. כִּי qui כָל jol ילי פֶּה pe מילה ע״ה, אלהים, אהיה אדני
וְכָל vejol ילי לָשׁוֹן lashón יִתְּנוּ yitnú הוֹד hod ההה וְהָדָר vehadar
לְמַלְכוּתָךְ lemaljutaj: וּבְנֻחֹה uvnujó יֹאמַר yomar שׁוּבָה shuva הו״ש
יְהֹוָֽאדנָי אהדונהי Adonai רִבְבוֹת rivevot אַלְפֵי alfei יִשְׂרָאֵל Yisrael:
הֲשִׁיבֵנוּ hashivenu יְהֹוָֽאדנָי אהדונהי Adonai | אֵלֶיךָ eleja וְנָשׁוּבָה venashuva
(כתיב: ונשוב) חַדֵּשׁ jadesh י״ב הויות, קס״א קנ״א יָמֵינוּ yameinu כְּקֶדֶם quekédem:

MEDIO KADISH

יִתְגַּדַּל yitgadal וְיִתְקַדַּשׁ veyitkadash שד״י ומילוי שד״י ; י״א אותיות כמנין ו״ה
שְׁמֵיהּ Shmei (שם י״ה דע״ב) רַבָּא rabá קנ״א ב״ן, יהוה אלהים יהוה אדני,
מילוי קס״א וס״ג, מ״ה ברבוע וע״ב ע״ה ; ר״ת = ו״פ אלהים ; ס״ת = ג״פ יב״ק: אָמֵן Amén אידהנויה.

La Voz del Señor asusta a las ciervas y desnuda los bosques, y en Su Templo todo proclama Su Gloria. El Señor se sentó en el diluvio, y el Señor se sienta como Rey por siempre. El Señor da fuerza a Su pueblo. El Señor bendice a Su pueblo con la paz" (Salmos 29). "Regresa a Tu Sitio de morada y reside en Tu Casa deseada, porque cada boca y cada lengua proclaman la majestad y esplendor de Tu reino. Y cuando descansó, él diría: Vuélvete, Señor, hacia las miríadas de millares de Israel" (Números 10:36). "Regrésanos a Ti, Señor, y nosotros volveremos. Renueva nuestros días como en los primeros tiempos" (Lamentaciones 5:21).

MEDIO KADISH

Glorificado y santificado sea su Gran Nombre (Amén).

בְּעָלְמָא bealmá דִּי di בְרָא verá כִרְעוּתֵיהּ quirutei◆

וְיַמְלִיךְ veyamlij מַלְכוּתֵיהּ maljutei◆ וְיַצְמַח veyatsmaj

פּוּרְקָנֵיהּ purkanei◆ וִיקָרֵב vikarev מְשִׁיחֵיהּ Meshijei◆ אָמֵן Amén אידהנויה◆

בְּחַיֵּיכוֹן bejayeijón וּבְיוֹמֵיכוֹן uveyomeijón וּבְחַיֵּי uvejayei

דְכָל dejol בֵּית beit ב״פ ראה יִשְׂרָאֵל Yisrael בַּעֲגָלָא baagalá

וּבִזְמַן uvizmán קָרִיב kariv וְאִמְרוּ veimrú אָמֵן Amén◆ אָמֵן Amén אידהנויה◆

La congregación y el *jazán* dicen lo siguiente:

28 palabras (hasta *bealmá*) – y 28 letras (hasta *almayá*)

יְהֵא yehé שְׁמֵיהּ Shmei (שם י״ה דס״ג) רַבָּא rabá קנ״א ב״ן,

יהוה אלהים יהוה אדנ״י, מילוי קס״א וס״ג, מ״ה ברבוע וע״ב ע״ה מְבָרַךְ mevaraj,

לְעָלַם lealam לְעָלְמֵי lealmei עָלְמַיָּא almayá◆ יִתְבָּרַךְ yitbaraj◆

Siete palabras con seis letras cada una (שם בן מ״ב). También, siete veces laletra Vav (שם בן מ״ב).

וְיִשְׁתַּבַּח veyishtabaj י״פ ע״ב יהוה אל אבג יתץ◆

וְיִתְפָּאַר veyitpaar הי נו יה קרע שטן◆ וְיִתְרוֹמַם veyitromam וה כוזו נגד יכש◆

וְיִתְנַשֵּׂא veyitnasé במוכסז בטר צתג◆ וְיִתְהַדָּר veyithadar כוזו יה וזקב טנע◆

וְיִתְעַלֶּה veyitalé וה יוד ה יגל פזק◆ וְיִתְהַלָּל veyithalal א ואו הא שקו צית◆

שְׁמֵיהּ Shmei (שם י״ה דמ״ה) דְּקוּדְשָׁא deKudshá בְּרִיךְ Verij הוּא Hu◆

אָמֵן Amén אידהנויה◆

לְעֵלָּא leelá מִן min כָּל col ילי בִּרְכָתָא birjatá◆ שִׁירָתָא shiratá◆

תֻּשְׁבְּחָתָא tishbejatá וְנֶחֱמָתָא venejamatá◆ דַּאֲמִירָן daamirán

בְּעָלְמָא bealmá וְאִמְרוּ veimrú אָמֵן Amén: אָמֵן Amén אידהנויה.

En el mundo que Él creó de acuerdo a Su voluntad y pueda Su Reino reinar. Y pueda Él hacer que su Redención florezca y pueda Él acercar al Mesías (Amén). En tus vidas y en tus días y en la vida de la Casa de Israel, prontamente y en el futuro cercano, y dígase, Amén (Amén). Que Su gran Nombre sea bendito por siempre y para toda la eternidad, y bendito y alabado, y glorificado y exaltado, y ensalzado y honrado, y adorado y loado, sea el Nombre del Santo Bendito Sea (Amén). Más allá de todas las bendiciones, himnos, alabanzas y palabras de consolación que deben decirse en el mundo, y dígase: Amén (Amén).

MUSAF DE SHAVUOT

אֲדֹנָי Adonai ללה (pausa aquí) שְׂפָתַי sfatai תִּפְתָּח tiftaj וּפִי ufí יַגִּיד yaguid

תְּהִלָּתֶךָ tehilateja ס״ת = בוכו: (כ״ב אותיות פשוטות [=אכא] וה׳ אותיות סופיות מנצפך) יי׳

LA PRIMERA BENDICIÓN – INVOCA AL ESCUDO DE AVRAHAM

Avraham es el canal de la energía de la Columna Derecha de positividad, compartir y misericordia. Las acciones dadoras pueden protegernos de todas las formas de negatividad.

Jésed que se convierte en *Jojmá*

En esta sección hay 42 palabras, el secreto del Nombre de Dios de 42 letras y, por lo tanto, comienza con la letra *Bet* (2) y termina con la letra *Mem* (40).

Flexiona tus rodillas en "*Baruj*", inclínate en "*Atá*" y enderézate en "*Adonai*".

א ב

בָּרוּךְ Baruj אַתָּה Atá א-ת (אותיות הא״ב המסמלות את השפע המגיע) לה׳ המלכות

ג י

יְהֹוָאדהיאהדונהי Adonai (יא) אֱלֹהֵינוּ Eloheinu ילה

ת צ

וֵאלֹהֵי veElohei לכב ; מילוי ע״ב, דמב ;ילה אֲבוֹתֵינוּ avoteinu:

ק ר

אֱלֹהֵי Elohei מילוי ע״ב, דמב ; ילה אַבְרָהָם Avraham (*Jojmá*)

וז״פ אל, רי״ו ול״ב נתיבות החכמה, רמ״ח (אברים), עסמ״ב וט״ז אותיות פשוטות.

ע ש

אֱלֹהֵי Elohei מילוי ע״ב, דמב ; ילה יִצְחָק Yitsjak (*Biná*) ד״פ ב״ן

ט נ

וֵאלֹהֵי veElohei לכב ;מילוי ע״ב, דמב ; ילה יַעֲקֹב Yaakov (*Dáat*) ו׳ הויות, אידהנויה

MUSAF DE SHAVUOT

LA AMIDÁ

"Mi Señor, abre mis labios y mi boca declarará Tu alabanza" (*Salmos 51:17*).

LA PRIMERA BENDICIÓN

Bendito eres, Señor,

nuestro Dios y Dios de nuestros padres: el Dios de Avraham, el Dios de Yitsjak y el Dios de Yaakov.

הָאֵל haEl לאה ; ייא״ (מילוי דס״ג) הַגָּדוֹל hagadol האל הגדול = סיט ; גדול = להח

עם ד׳ אותיות = מבה, יזל, הום הַגִּבּוֹר haguibor ר״ת ההה וְהַנּוֹרָא vehanorá.

גּוֹמֵל gomel וַחֲסָדִים jasadim טוֹבִים tovim. קוֹנֵה koné הַכֹּל hacol

וְזוֹכֵר vezojer וַחֲסְדֵי jasdei אָבוֹת avot. וּמֵבִיא umeví

גּוֹאֵל goel לִבְנֵי livnei בְנֵיהֶם veneihem לְמַעַן lemaan

שְׁמוֹ Shmó מהש ע״ה, ע״ב בריבוע וקס״א ע״ה, אל שדי ע״ה בְּאַהֲבָה beahavá אחד, דאגה:

Cuando digas la palabra "*beahavá*" debes meditar en dedicar tu alma a santificar el Santo Nombre y aceptar sobre ti mismo las cuatro formas de muerte.

מֶלֶךְ mélej עוֹזֵר ozer וּמוֹשִׁיעַ umoshía וּמָגֵן umaguén

ג״פ אל (ייא״ מילוי דס״ג) ; ר״ת מיכאל גבריאל נוריאל:

Flexiona tus rodillas en "*Baruj*", inclínate en "*Atá*" y enderézate en "*Adonai*".

אהיה יהו אלף הי יוד הי (en *Shabat*: יְהֶוִה)

בָּרוּךְ baruj אַתָּה Atá יְהֹוָוּאדִּהֹנָהִי (יְהֶוָוּאדִהֹנָהִי) יאהדונהי Adonai

מָגֵן maguén ג״פ אל (ייא״ מילוי דס״ג) ; ר״ת מיכאל גבריאל נוריאל אַבְרָהָם Avraham

וז״פ אל, רי״ו ול״ב נתיבות הוזכמה, רמ״וז (אברים), עסמ״ב וט״ז אותיות פשוטות:

El Dios grande, poderoso y reverenciado. El Dios sublime. El que otorga favores. Amo de todas las cosas. El que recuerda las buenas acciones de nuestros antepasados y El que trae un redentor a los hijos de sus hijos por el bien de Su nombre, con amor. Rey, Asistente, Salvador y Escudo. Bendito seas Tú, Señor, Escudo de Avraham.

LA SEGUNDA BENDICIÓN

LA ENERGÍA DE YITSJAK ENCIENDE EL PODER DE LA RESURRECCIÓN DE LOS MUERTOS

Mientras que Avraham representa el poder de compartir, Yitsjak representa a la Columna Izquierda, energía de Juicio. El Juicio acorta el proceso de *tikún* y prepara la vía para nuestra resurrección final.

Guevurá que se convierte en *Biná*

En esta sección hay 49 palabras que corresponden a las 49 Puertas del Sistema Puro en *Biná*.

אַתָּה Atá גִּבּוֹר guibor לְעוֹלָם leolam ריבוע ס"ג + י' אותיות דס"ג אֲדֹנָי Adonai ללה

(ר"ת אֲגְלָא והוא שם גדול ואמיץ, ובו היה יהודה מתגבר על אויביו. ע"ה אלד, בוכו).

מְחַיֶּה mejayé ס"ג (יוד הי ואו הי) מֵתִים metim אַתָּה Atá. רַב rav לְהוֹשִׁיעַ lehoshía.

מוֹרִיד morid הַטָּל hatal יוד הא ואו, כוזו, מספר אותיות דמילואי עסמ"ב ; ר"ת מ"ה:

Si por error dices "*Mashiv harúaj*" y te das cuenta de ello antes del final de la bendición ("*Baruj Atá Adonai*"), debes regresar al comienzo de la bendición ("*Atá guibor*") y continuar normalmente. Pero si sólo te das cuenta de ello después del final de la bendición, debes iniciar la *Amidá* desde el principio.

מְכַלְכֵּל mejalquel חַיִּים jayim אהיה אהיה יהוה, בינה ע"ה בְּחֶסֶד bejésed

ע"ב, ריבוע יהוה. מְחַיֶּה mejayé ס"ג מֵתִים metim בְּרַחֲמִים berajamim

(במוכסז) מצפצ, אלהים דההין, י"פ ייי רַבִּים rabim (טלא דעתיק). סוֹמֵךְ somej

(אכדטם) כוק, ריבוע אדני נוֹפְלִים noflim (זו"ן). וְרוֹפֵא verofé חוֹלִים jolim

חולה = מ"ה וד' אותיות. וּמַתִּיר umatir אֲסוּרִים asurim. וּמְקַיֵּם umekayem

אֱמוּנָתוֹ emunató לִישֵׁנֵי lishenei עָפָר afar. מִי mi ילי כָמוֹךָ jamoja

(debes pronunciar la letra *Ayin* en la palabra "*Báal*") בַּעַל báal גְּבוּרוֹת gvurot

וּמִי umí ילי דּוֹמֶה domé לָךְ laj. מֶלֶךְ mélej מֵמִית memit

וּמְחַיֶּה umejayé ס"ג (יוד הי ואו הי) וּמַצְמִיחַ umatsmíaj יְשׁוּעָה yeshuá:

וְנֶאֱמָן veneemán אַתָּה Atá לְהַחֲיוֹת lehajayot מֵתִים metim:

אהיה יהו אלף הי יוד הי (en Shabat: יֱהֹוִה)

בָּרוּךְ Baruj אַתָּה Atá יְהֹוָאדניה(יֱהֹוִהאדני)אהדונהי Adonai

מְחַיֶּה mejayé ס"ג (יוד הי ואו הי) הַמֵּתִים hametim ר"ת מ"ה וס"ת מ"ה:

LA SEGUNDA BENDICIÓN

Tú, Señor, eres poderoso por siempre. Tú revives a los muertos y eres muy capaz de redimir. El que hace caer el rocío. Tú sostienes a los vivientes con bondad y revives a los muertos con gran misericordia. Tú sostienes a los caídos, curas a los enfermos, pones en libertad a los cautivos y cumples Tu promesa con los que duermen en el polvo. ¿Quién es como Tú, Señor de fortaleza, y quién puede compararse contigo, Oh Rey, que causas la muerte, das vida y haces crecer la salvación? Y eres fiel para resucitar a los muertos. Bendito eres Tú, Señor, que resucitas a los muertos.

LA KEDUSHÁ DE KÉTER

La congregación recita junta esta oración.

Kéter es el nivel más alto en la atmósfera espiritual. A medida que alcanzamos este punto elevado en nuestras conexiones, nos ponemos de pie con las piernas juntas. Esta es también una de las oraciones más poderosas para ayudarnos a conectar con la semilla de la vida antes de que existiera alguna diferenciación entre las células del cuerpo. Nuestras meditaciones durante este momento aumentan la producción de células madres en nuestro cuerpo.

Alzar un cofre pesado lleno de tesoros es imposible si sólo usas un hilo: el hilo se romperá porque es demasiado débil. Sin embargo, si unimos y combinamos numerosas hilos, finalmente formaremos una soga. Una soga puede levantar fácilmente el cofre del tesoro. Al combinar y unir las oraciones de la congregación, nos convertimos en una fuerza unida, capaz de halar los tesoros espirituales más valiosos. Además de ello, esta unidad ayuda a las personas que no son muy versadas o conocedoras de las conexiones. Al unirnos y meditar como una sola alma, todos recibiremos el beneficio gracias al poder de la unidad, indiferentemente de nuestro conocimiento y entendimiento. Esta oración tiene lugar entre la segunda y la tercera bendición. Simboliza la Columna Central que une a la Columna Izquierda y a la Columna Derecha.

En esta oración los ángeles hablan entre sí, diciendo: "*Kadosh, Kadosh, Kadosh*" ("Santo, Santo, Santo"). Cuando recitamos estas tres palabras, estamos parados con nuestros pies juntos como si fueran uno solo. Con cada pronunciación de la palabra *Kadosh*, saltamos un poco más alto. Saltar es un acto de restricción y desafía a la fuerza de gravedad. En términos espirituales, la gravedad tiene la energía del Deseo de Recibir para Sí Mismo. Ésta es la fuerza reactiva de nuestro planeta, siempre atrayendo todo hacia sí misma.

El secreto de la *Kedushá* de parte del Ramjal:

Nosotros (los humanos) decimos *Kedushá* (Santidad) sólo desde el poder de la Santidad de los ángeles. Porque nuestra forma de lograr la Unificación es recitando el *Shmá* y los ángeles lo hacen mediante la *Kedushá*. Pero incluso la corrección de los ángeles es hecha por nosotros. Porque la Santidad de los ángeles se originó de *Aba* e *Ima*, ellos están protegidos de la negatividad, ya que *Aba* e *Ima* no permiten que la negatividad se acerque siquiera al aspecto externo de los ángeles.

Para nosotros, la negatividad puede aferrarse al aspecto externo, que es el cuerpo. Todo esto es temporal durante el proceso de *tikún*. Pero al final del proceso de *tikún*, incluso el cuerpo será corregido y santo, e incluso los ángeles obtendrán su *Kedushá* de nosotros. Pero por ahora, decimos la *Kedushá* desde el poder de los ángeles, ya que no tenemos el poder de hacerlo nosotros mismos y necesitamos obtenerla de la corrección de los ángeles y, de esta manera, recibimos una pequeña iluminación, incluso para el cuerpo. Esta iluminación no es lo suficientemente fuerte para eliminar completamente las fuerzas negativas, pero sólo podemos recibir la Santidad que está disponible ahora.

Para la oración de la congregación, debemos meditar en ser como *Maljut* (tú), que ahora se está uniendo con *Jésed*, *Guevurá* y *Tiféret* (la congregación). Entonces el despertar se elevará hacia *Arij Anpín* para atraer la abundancia de Santidad a *Maljut* y desde *Ella* a nosotros.

También escanea en este punto los 24 Nombres Santos —los Adornos de la Novia— en la página IV, y meditar por la Santa Unificación entre *Kéter* de *Zeir Anpín* y *Kéter* de *Nukvá*.

Mientras decimos la *Kedushá* (Santidad) meditamos en traer la Santidad del Creador entre nosotros. Ya que dice: "*Venikdashti betoj Bnei Yisrael*" (Dios es santificado entre los hijos de Israel).

כֶּתֶר Kéter ה' מלך ה' מלך ה' ימלוך לעולם ועד ובאתב"ש גאל יִתְּנוּ yitnú לְךָ lejá
יְהֹוָהאדניאהדונהי Adonai אֱלֹהֵינוּ Eloheinu ילה (Zeir y Nukvá) מַלְאָכִים malajim
הֲמוֹנֵי hamonei מַעְלָה malá (Aba e Ima) עִם im עַמְּךָ amjá יִשְׂרָאֵל Yisrael
קְבוּצֵי kevutsei מַטָּה matá .(por los Justos) יַחַד yájad כֻּלָּם culam
קְדֻשָּׁה kdushá לְךָ lejá יְשַׁלֵּשׁוּ yeshaleshu כַּדָּבָר cadavar ראה
הָאָמוּר haamur עַל al יַד yad נְבִיאָךְ neviáj וְקָרָא vekará
זֶה ze אֶל־ el זֶה ze י"ב פרקין דיעקב מאירין אל י"ב פרקין דרוזל וְאָמַר veamar:

Medita en elevar *Maljut* a *Jésed, Guevurá, Tiféret* de *Ima* Celestial.

קָדוֹשׁ Kadosh (*Jésed*) | קָדוֹשׁ Kadosh (*Guevurá*) •קָדוֹשׁ Kadosh (*Tiféret*)
יְהֹוָהאדניאהדונהי Adonai צְבָאוֹת Tsvaot פני שכינה, מְלֹא meló כָל־ jol ילי
הָאָרֶץ haárets אלהים דההין ע"ה כְּבוֹדוֹ quevodó:
כְּבוֹדוֹ quevodó מָלֵא malé עוֹלָם olam וּמְשָׁרְתָיו umeshartav שׁוֹאֲלִים shoalim

En *Shabat*: Medita en recibir el alma adicional llamada: *Neshamá*
desde el aspecto del día de *Shabat*.

Biná	***Jojmá***	***Dáat***
Ima	***Aba***	**Decimotercer *Mazal* (ונקה)**
ayé ה	י	אַ

מְקוֹם mekom כְּבוֹדוֹ quevodó

Maljut (que es llamada 'כבוד ו – el honor de *Zeir Anpín*)
está en *Jojmá, Biná, Dáat* (también conocida como איה – *Ayé*, como se mencionó anteriormente).

לְהַעֲרִיצוֹ lehaaritsó איה מקום כבודו להעריצו ר"ת = אמן (יאהדונהי)
לְעֻמָּתָם leumatam מְשַׁבְּחִים meshabjim וְאוֹמְרִים veomrim:
(או"א) בָּרוּךְ Baruj כְּבוֹד־ quevod יְהֹוָהאדניאהדונהי Adonai ; כבוד ה' = יוד הי ואו הה
בִּמְקוֹמוֹ mimcomó עסמ"ב, הברכה (למתק את ז' המלכים שמתו) ; ר"ת ע"ב, ריבוע יהוה ; ר"ת מ"כ:

LA KEDUSHÁ DE KÉTER

Te darán una corona, Señor, nuestro Dios, los ángeles de las multitudes arriba, junto con Tu Nación, Israel, que está reunida abajo. Juntos todos te recitarán la Santidad tres veces, como la palabra hablada por Tu profeta: "Y llamó uno al otro y dijo: Santo, Santo, Santo es el Señor de los Ejércitos, la Tierra entera está llena con Su gloria" (Isaías 6:3). Su gloria llena el mundo y Sus siervos preguntan: ¿Dónde? ¿Es el lugar de Su gloria para alabarlo? De cara uno al otro, ellos alaban y dicen: "Bendita es la gloria del Señor desde Su lugar" (Ezequiel 3:12).

yifén יִפֶן hu הוּא (למתק את ו' המלכים שמתו) עסמ"ב, הברכה mimcomó מִמְּקוֹמוֹ
ע"ב, ע"ה, מהש Shmó שְׁמוֹ hameyajadim הַמְיַחֲדִים leamó לְעַמּוֹ berajamav בְּרַחֲמָיו
yom יוֹם לכב יום בין, bejol בְּכָל vavóker וָבֹקֶר érev עֶרֶב ע"ה אל שדי ע"ה, ריבוע וקס"א ע"ה
קמ"ג קנ"א קס"א ע"ה tamid תָּמִיד יהוה אל, זן, מזבח, נגד, ע"ה
דאגה: אחד, beahavá בְּאַהֲבָה paamáyim פַּעֲמַיִם omrim אוֹמְרִים

Medita en dedicar tu alma a la santificación del Santo Nombre, así como en elevar tu *Neshamá* de *Neshamá*, mediante el Santo Nombre ע"ב, para que sea *Mayin Dujrín* para *Zeir Anpín*, y en elevar tu *Neshamá* mediante el Santo Nombre ס"ג, para que sea *Mayin Mayin* para que puedan ser unificadas en *Ima* (**en *Shabat*:** *Zeir Anpín* en *Aba* y *Nukvá* en *Ima*) en el secreto de la Completa Unificación.

ילה Eloheinu אֱלֹהֵינוּ Adonai יְהוָֹאדהנָי Yisrael יִשְׂרָאֵל ע' רבתי shmá שְׁמַע

דאגה: ד' רבתי ; אהבה, ejad אֶחָד | Adonai יְהוָֹאדהנָי

.malkenu מַלְכֵּנוּ hu הוּא .avinu אָבִינוּ hu הוּא .ילה Eloheinu אֱלֹהֵינוּ hu הוּא
veyigalenu וְיִגְאָלֵנוּ yoshienu יוֹשִׁיעֵנוּ hu הוּא .moshienu מוֹשִׁיעֵנוּ hu הוּא
מ"ה ריבוע leeinei לְעֵינֵי berajamav בְּרַחֲמָיו veyashmienu וְיַשְׁמִיעֵנוּ .shenit שֵׁנִית
.lemor לֵאמֹר ווזיים, ע"ה, בינה, יהוה, אהיה אהיה = וזי כל jai וָזי ילי col כָּל
quereshit כְּרֵאשִׁית ajarit אַחֲרִית etjem אֶתְכֶם gaalti גָּאַלְתִּי hen הֵן
.ילה ; אדני אהיה leElohim לֵאלֹהִים lajem לָכֶם lihyot לִהְיוֹת
ילה: Eloheijem אֱלֹהֵיכֶם Adonai יְהוָֹאדהנָי אני Aní אֲנִי
:lemor לֵאמֹר catuv כָּתוּב kodshaj קָדְשְׁךָ uvedivrei וּבְדִבְרֵי

יהוה אדני אהיה, יהוה, אלהים יב"ק, ר"ת ימלך ברוך קדוש yimloj יִמְלֹךְ (ז"ן)
ילה Elohayij אֱלֹהַיִךְ אותיות דס"ג ו' ס"ג ריבוע leolam לְעוֹלָם Adonai יְהוָֹאדהנָי
(מלכות אצל ז"א – ו) ר"ת אצלו ; ר"י vador וָדֹר ledor לְדֹר יוסף, ו' הויות, קנאה Tsiyón צִיּוֹן
ללה: ; אלהים, אהיה אדני haleluyá הַלְלוּיָהּ

Desde Su lugar, Él se puede voltear con compasión a Su Nación, que, de noche y de mañana, dos veces cada día, proclama con constancia la Unicidad de Su Nombre, diciendo con amor: "Escucha, Israel, el Señor es nuestro Dios, el Señor es Uno" (Deuteronomio 6:4)*. Él es nuestro Dios. Él es nuestro Padre. Él es nuestro Rey. Él es nuestro Salvador. Él nos salvará y nos redimirá de nuevo y nos dejará escuchar, a través de Su compasión a los ojos de todos los vivientes, y dirá: He aquí que Yo los he redimido tanto en tiempos posteriores como en tiempos anteriores, para ser un Dios para ustedes. Yo soy el Señor, su Dios. Y en Tus Sagradas Escrituras, lo siguiente está escrito: "El Señor reinará por siempre, tu Dios, Sión, de una generación a la otra, ¡Aleluya!"* (Salmos 146:10).

LA TERCERA BENDICIÓN

Esta bendición nos conecta con Yaakov, la Columna Central y el poder de la restricción. Yaakov es nuestro canal para conectar la Misericordia con el Juicio. Al restringir nuestro comportamiento reactivo, estamos deteniendo nuestro Deseo de Recibir para Nosotros Mismos. Yaakov también nos da el poder para equilibrar nuestros actos de Misericordia y Juicio hacia otras personas en nuestra vida.

Tiféret que se convierte en _Dáat_ (14 palabras)

אַתָּה Atá קָדוֹשׁ kadosh וְשִׁמְךָ veshimjá קָדוֹשׁ kadosh ר״ת = אור, רז, אין סוף◆

וּקְדוֹשִׁים ukdoshim בְּכָל־ bejol ב״ן, לכב יוֹם yom ע״ה נגד, מזבח, זן, אל יהוה

יְהַלְלוּךָ yehaleluja סֶּלָה sela:

אה״ה יהו אלף הא יוד הא (en *Shabat*: מצפ״צ)

בָּרוּךְ Baruj אַתָּה Atá יְהֹוָה(יְהֹוָאדֹנָי)יאהדונהי Adonai

הָאֵל haEl לאה ; ייא״י (מילוי דס״ג) הַקָּדוֹשׁ hakadosh י״פ מ״ה (יוד הא ואו הא):

Medita aquí en el Nombre: **יאהדונהי**, ya que puede ayudar a eliminar la ira.

LA BENDICIÓN DEL MEDIO

La cuarta bendición nos conecta con la verdadera esencia de *Shavuot*. *Shavuot* es nuestra conexión con inmortalidad y esta bendición es nuestra oportunidad para escoger la semilla que queremos sembrar para alcanzar la inmortalidad. El poder de las letras en esta bendición radica en su capacidad de ayudarnos a escoger automáticamente la semilla correcta que necesitamos y no necesariamente la semilla que queremos.

אַתָּה Atá בְחַרְתָּנוּ vejartanu מִכָּל micol ילי הָעַמִּים haamim◆

אָהַבְתָּ ahavta אוֹתָנוּ otanu וְרָצִיתָ veratsita בָּנוּ banu◆

וְרוֹמַמְתָּנוּ veromamtanu מִכָּל micol ילי הַלְּשׁוֹנוֹת haleshonot◆

וְקִדַּשְׁתָּנוּ vekidashtanu בְּמִצְוֹתֶיךָ bemitsvoteja◆ וְקֵרַבְתָּנוּ vekeravtanu

מַלְכֵּנוּ malquenu לַעֲבוֹדָתֶךָ laavodateja◆ וְשִׁמְךָ veshimjá הַגָּדוֹל hagadol להח

; ועם ד׳ אותיות = מבה, יזל, אום וְהַקָּדוֹשׁ vehakadosh עָלֵינוּ aleinu קָרָאתָ karata:

LA TERCERA BENDICIÓN

Tú eres Santo y Santo es Tu Nombre,
y los Seres Santos Te alaban día a día, Sela. Bendito eres Tú, Señor, el Santo Dios.

LA BENDICIÓN DEL MEDIO

Tú nos has elegido entre todas las naciones. Tú nos has amado y has encontrado favor entre nosotros. Tú nos has exaltado sobre todas las lenguas y Tú nos has santificado con Tus preceptos. Tú nos acercaste, Rey nuestro, a Tu servicio y proclamaste sobre nosotros Tu gran y Santo Nombre.

וַתִּתֶּן vatitén ב"פ כהת לָנוּ lanu אלהים, אהיה אדני יְהֹוָאדהִ׳אהדונהי Adonai
אֱלֹהֵינוּ Eloheinu ילה בְּאַהֲבָה beahavá אחד, דאגה (en Shabat agregar:
שַׁבָּתוֹת shabatot לִמְנוּחָה limnujá וּ u) מוֹעֲדִים moadim לְשִׂמְחָה lesimjá.
חַגִּים jagim וּזְמַנִּים uzmanim לְשָׂשׂוֹן lesasón. אֶת et
יוֹם yom ע"ה נגד, מזבח, ן, אל יהוה (en Shabat agregar: הַשַּׁבָּת hashabat הַזֶּה hazé והו.
וְאֶת veet יוֹם yom ע"ה נגד, מזבח, ן, אל יהוה) חַג jag הַשָּׁבוּעוֹת haShavuot
הַזֶּה hazé והו. אֶת et יוֹם yom ע"ה נגד, מזבח, ן, אל יהוה טוֹב tov והו
מִקְרָא mikrá קֹדֶשׁ kódesh הַזֶּה hazé והו. זְמַן zmán
מַתַּן matán תּוֹרָתֵנוּ toratenu. בְּאַהֲבָה beahavá אחד, דאגה מִקְרָא mikrá
קֹדֶשׁ kódesh. זֵכֶר zéjer לִיצִיאַת litsiat מִצְרָיִם Mitsráyim מצר.

אֱלֹהֵינוּ Eloheinu ילה וֵאלֹהֵי veElohei לכב; מילוי ע"ב, דמב; ילה אֲבוֹתֵינוּ avoteinu
מִפְּנֵי mipnei וַחֲטָאֵינוּ jataeinu גָּלִינוּ galinu מֵאַרְצֵנוּ meartsenu.
וְנִתְרַחַקְנוּ venitrajaknu מֵעַל meal עלם אַדְמָתֵנוּ admatenu. וְאֵין veein
אֲנַחְנוּ anajnu יְכוֹלִים yejolim לַעֲלוֹת laalot וְלֵרָאוֹת veleraot
וּלְהִשְׁתַּחֲוֹת ulehishtajavot לְפָנֶיךָ lefaneja ס"ג מ"ה ב"ן בְּבֵית beveit ב"פ ראה
בְּחִירָתָךְ: bjirataj בִּנְוֵה binvé הֲדָרָךְ: hadaraj ב"פ יב"ק, קס"א ס"ג
בַּבַּיִת babáyit ב"פ ראה הַגָּדוֹל hagadol להח; עם ד' אותיות = מבה, יזל, אום
וְהַקָּדוֹשׁ vehakadosh שֶׁנִּקְרָא shenikrá שִׁמְךָ Shimjá עָלָיו alav מִפְּנֵי mipnei
הַיָּד hayad והו שֶׁנִּשְׁתַּלְּחָה shenishtaljá בְּמִקְדָּשָׁךְ: bemikdashaj:

YEHÍ RATSÓN

Esta oración nos conecta con el deseo de ver reconstruido el Templo Sagrado. A pesar de que, según la Kabbalah, el templo todavía existe a nivel espiritual, la estructura física no está; esto deja incompleto a nuestro mundo. Esta oración nos ayuda a poner en marcha y acelerar la construcción final del templo físico.

---

*Y puedas darnos Tú, Señor, nuestro Dios con amor este Día (***en Shabat agrega***: de Shabat para descanso y) días festivos para alegría, festivales y tiempos de júbilo, en este día de (***en Shabat decimos***: de Shabat y este día) de la Festividad de Shavuot y este buen día de Santa Convocatoria, el tiempo en el cual recibimos nuestra Torá con amor, una Santa Convocatoria, recuerdo de la salida del Egipto. Nuestro Dios, Dios de nuestros padres, por motivo de nuestros pecados, fuimos exiliados de nuestra tierra y fuimos distanciados de nuestro suelo. Y no podemos venir a peregrinar, ser vistos por Ti e inclinarnos ante Ti, en tu casa de preferencia, Tu casa de gloria, la gran y Santa casa llamada en Tu Nombre, debido a la mano que destruyó Tu Templo.*

יְהִי yehí רָצוֹן ratsón מִלְּפָנֶיךָ milfaneja יְהֹוָאדֹנָי יאהדונהי Adonai

אֱלֹהֵינוּ Eloheinu ילה וֵאלֹהֵי veElohei לכב; מילוי ע״ב = דמב; ילה אֲבוֹתֵינוּ avoteinu•

מֶלֶךְ mélej רַחֲמָן rajamán• שֶׁתָּשׁוּב shetashuv וּתְרַחֵם uterajem ג״פ רי״ו; אברהם,

ו״פ אל, רי״ו ול״ב נתיבות החכמה, רמ״ח (איברים), עסמ״ב וט״ז אותיות פשוטות עָלֵינוּ aleinu•

וְעַל veal מִקְדָּשְׁךָ mikdashjá בְּרַחֲמֶיךָ berajameja הָרַבִּים harabim•

וְתִבְנֵהוּ vetivnehú מְהֵרָה meherá• וּתְגַדֵּל utegadel כְּבוֹדוֹ quevodó•

אָבִינוּ avinu• מַלְכֵּנוּ malquenu• אֱלֹהֵינוּ Eloheinu ילה• גַּלֵּה galé כְּבוֹד quevod

מַלְכוּתְךָ maljutjá עָלֵינוּ aleinu מְהֵרָה meherá• וְהוֹפַע vehofá

וְהִנָּשֵׂא vehinasé עָלֵינוּ aleinu לְעֵינֵי leeinei ריבוע מ״ה כָּל col ילי

חָי jai כל חי = חיים, אהיה אהיהיהוה, בינה ע״ה• וְקָרֵב vekarev פְּזוּרֵינוּ pzureinu

מִבֵּין mibein הַגּוֹיִם hagoyim• וּנְפוּצוֹתֵינוּ unefutsoteinu כַּנֵּס canés

מִיַּרְכְּתֵי miyarquetei אָרֶץ árets• וַהֲבִיאֵנוּ vahavienu יְהֹוָאדֹנָי יאהדונהי Adonai

אֱלֹהֵינוּ Eloheinu ילה לְצִיּוֹן leTsiyón יוסף, ו׳ הויות, קנאה עִירְךָ iraj בְּרִנָּה beriná•

וְלִירוּשָׁלַיִם velirushaláyim עִיר ir ערי, מנצפך, סנדלפון מִקְדָּשְׁךָ mikdashjá

בְּשִׂמְחַת besimjat עוֹלָם olam• אָנָּא aná ב״ן, לכב אֱלֹהֵינוּ Eloheinu ילה

וְשָׁם vesham נַעֲשֶׂה naasé לְפָנֶיךָ lefaneja ס״ג מ״ה ב״ן אֶת et קָרְבְּנוֹת korbenot

חוֹבוֹתֵינוּ jovoteinu• תְּמִידִים tmidim כְּסִדְרָם quesidram• וּמוּסָפִים umusafim

כְּהִלְכָתָם quehiljatam• (**En días de semana decimos:** אֶת et מוּסַף musaf יוסף)

(**En *Shabat* decimos:** אֶת et מוּסְפֵי musfei יוֹם yom ע״ה נגד, מזבח, זן, אל יהוה

הַשַּׁבָּת haShabat הַזֶּה hazé והו• וְאֵת (veet יוֹם yom ע״ה נגד, מזבח, זן, אל יהוה

חַג jag הַשָּׁבוּעוֹת haShavuot הַזֶּה hazé והו

Que sea Tu voluntad, Señor, nuestro Dios, Dios de nuestros antepasados, Rey compasivo, que Tú de nuevo tengas misericordia de nosotros y de Tu Santuario, en Tu abundante compasión, y puedas reconstruirlo prontamente y hagas grande su gloria. Nuestro Padre, nuestro Rey, nuestro Dios, revela la gloria de Tu Reino sobre nosotros prontamente, y aparece y sé exaltado sobre nosotros, ante los ojos de todo ser viviente. Acerca a los dispersos de entre las naciones, y reúne a nuestros dispersos desde los confines de la Tierra. Y tráenos, Señor, nuestro Dios, a Sión, Tu ciudad, con alegres cánticos, y a Jerusalem, ciudad de Tu Santuario, con regocijo eterno. Por favor, Dios nuestro; y ahí realizaremos ante Ti los sacrificios obligatorios: las ofrendas diarias en el orden adecuado y las ofrendas de Musaf según los estatutos. Las ofrendas de Musaf (**en Shabat decimos:** *ofrendas de Musaf de este día de Shabat y de*) *este día de la Fiesta de Shavuot.*

אֶת et יוֹם yom ע"ה נגד, מזבח, זן, אל יהוה טוֹב tov והו מִקְרָא mikrá קֹדֶשׁ kódesh
הַזֶּה hazé והו• נַעֲשֶׂה naasé וְנַקְרִיב venakriv לְפָנֶיךָ lefaneja ס"ג מ"ה ב"ן
בְּאַהֲבָה beahavá אחד, דאגה כְּמִצְוַת quemitsvat רְצוֹנָךְ retsonaj כְּמוֹ cmó
שֶׁכָּתַבְתָּ shecatavta עָלֵינוּ aleinu בְּתוֹרָתָךְ betorataj עַל al יְדֵי yedei
מֹשֶׁה Moshé מהש, ע"ב בריבוע וקס"א, אל שדי, ד"פ אלהים ע"ה עַבְדָּךְ avdeja פוי, אל יהוה:

אֱלֹהֵינוּ Eloheinu ילה וֵאלֹהֵי veElohei לכב; מילוי ע"ב, דמב; ילה אֲבוֹתֵינוּ avoteinu,
מֶלֶךְ mélej רַחֲמָן rajamán רַחֵם rajem אברהם, ח"ו אל, רי"ו ול"ב נתיבות החכמה, רמ"ח
(איברים), עסמ"ב וט"ז אותיות פשוטות עָלֵינוּ aleinu• טוֹב tov והו וּמֵטִיב umetiv
הִדָּרֵשׁ hidaresh לָנוּ lanu אלהים, אדני אהיה• שׁוּבָה shuvá הויש עָלֵינוּ aleinu
בַּהֲמוֹן bahamón רַחֲמֶיךָ rajameja• בִּגְלַל biglal אָבוֹת avot שֶׁעָשׂוּ sheasú
רְצוֹנֶךָ retsoneja• בְּנֵה bené בֵיתְךָ veitjá ב"פ ראה כְּבַתְּחִלָּה quevatjilá•
כּוֹנֵן conén כוק בֵּית beit ב"פ ראה מִקְדָּשְׁךָ mikdashjá עַל al מְכוֹנוֹ mejonó•
הַרְאֵנוּ harenu בְּבִנְיָנוֹ bevinyanó• שַׂמְּחֵנוּ samjenu בְּתִיקּוּנוֹ betikunó•
וְהָשֵׁב vehashev שְׁכִינָתְךָ shjinatjá לְתוֹכוֹ letojó, וְהָשֵׁב vehashev
כֹּהֲנִים Cohanim לַעֲבוֹדָתָם laavodatam, וּלְוִיִּם uLeviyim לְדוּכָנָם ledujanam
לְשִׁירָם leshiram וּלְזִמְרָם ulzimram• וְהָשֵׁב vehashev יִשְׂרָאֵל Yisrael
לִנְוֵיהֶם linveihem• וְשָׁם vesham נַעֲלֶה naalé וְנֵרָאֶה veneraé
וְנִשְׁתַּחֲוֶה venishtajavé לְפָנֶיךָ lefaneja ס"ג מ"ה ב"ן, בְּשָׁלֹשׁ beshalosh
פַּעֲמֵי peamei רְגָלֵינוּ regaleinu בְּכָל bejol יה אדני שָׁנָה shaná וְשָׁנָה veshaná•

El buen día de Santa Convocatoria.

Prepararemos y ofreceremos ante Ti, con amor, se acuerdo con el mandamiento de Tu voluntad, como Tú has escrito para nosotros en Tu Torá, por medio de Moshé, Tu siervo.

Nuestro Dios y el Dios de nuestros padres, Rey compasivo, ten misericordia de nosotros. Bueno y Benévolo, búscanos. Regresa a nosotros con Tu magna compasión. Por nuestros padres quienes obedecieron Tu voluntad. Construye Tu casa como antes. Y regresa el Templo a su lugar. Muéstranos su reconstrucción. Permítenos ser felices con su restauración. Trae a Tu Shejiná y regresa a los Cohanim a sus funciones, a los Levitas a su podio, con sus canciones y cánticos. Regresa a Israel a su lugar de morada. Ahí llegaremos a postrarnos ante Ti, cada año, durante las tres peregrinaciones.

כַּכָּתוּב cacatuv בַּתּוֹרָה baTorá: שָׁלוֹשׁ shalosh פְּעָמִים peamim

בַּשָּׁנָה bashaná יֵרָאֶה yeraé ריו כָּל jol ילי זְכוּרְךָ zejurjá אֶת et

פְּנֵי pnei וחכמה בינה יְהֹוָה יאהדונהי Adonai אֱלֹהֶיךָ Eloheja ילה

בַּמָּקוֹם bamakom אֲשֶׁר asher יִבְחָר yivjar בְּחַג beJag הַמַּצּוֹת haMatsot

וּבְחַג uveJag הַשָּׁבוּעוֹת haShavuot וּבְחַג uveJag הַסֻּכּוֹת haSucot וְלֹא veló

יֵרָאֶה yeraé ריו אֶת et פְּנֵי pnei וחכמה בינה יְהֹוָה יאהדונהי Adonai רֵיקָם reikam:

אִישׁ ish כְּמַתְּנַת quematnat יָדוֹ yadó כְּבִרְכַּת quevircat

יְהֹוָה יאהדונהי Adonai אֱלֹהֶיךָ Eloheja ילה אֲשֶׁר asher נָתַן natán לָךְ laj:

וְהַשִּׂיאֵנוּ vehasienu יְהֹוָה יאהדונהי Adonai אֱלֹהֵינוּ Eloheinu ילה.

אֶת et בִּרְכַּת bircat מוֹעֲדֶיךָ moadeja לְחַיִּים lejayim אהיה אהיה יהוה, בינה ע״ה

בְּשִׂמְחָה besimja וּבְשָׁלוֹם uveshalom. כַּאֲשֶׁר caasher רָצִיתָ ratsita

וְאָמַרְתָּ veamartá לְבָרְכֵנוּ levarjenu. כֵּן quen תְּבָרְכֵנוּ tevarjenu

סֶלָה sela:

MEKADESH YISRAEL VEHAZMANIM

(En *Shabat* agrega: אֱלֹהֵינוּ Eloheinu ילה וֵאלֹהֵי veElohei לכב ; מילוי ע״ב, דמב ; ילה

אֲבוֹתֵינוּ avoteinu רְצֵה retsé נָא na בִמְנוּחָתֵינוּ vimnujateinu)

קַדְּשֵׁנוּ kadshenu בְּמִצְוֹתֶיךָ vemitsvoteja. תֵּן ten חֶלְקֵנוּ jelkenu

בְּתוֹרָתָךְ vetorataj. שַׂבְּעֵנוּ sabenu מִטּוּבָךְ mituvaj לאו.

Como está dicho en la Torá: "Tres veces al año todas sus remembranzas verán el rostro del Señor, su Dios, en Su lugar de preferencia durante la festividad de las Matsot, la festividad de Shavuot y la festividad de Sucot, y nadie debería ver el rostro del señor con las manos vacías. Cada persona tendrá un presente bendecido por lo que el Señor, su Dios, les ha dado" (Deuteronomio 16:16-17). *Y entréganos, Señor, nuestro Dios, Tu bendición de Tus festividades, para una vida feliz y pacífica. Como Tú deseas y dices que nos bendices, así nos bendecirás, Sela.*

MEKADESH YISRAEL VEHAZMANIM

(**en Shabat:** *Dios nuestro y el Dios de nuestros antepasados, por favor, desea nuestro reposo).*

Santifícanos con Tus mandamientos y sitúa nuestro destino en Tu Torá, y sácianos con Tu benevolencia

שַׂמֵּחַ saméaj נַפְשֵׁנוּ nafshenu בִּישׁוּעָתֶךָ bishuataj.

וְטַהֵר vetaher לִבֵּנוּ libenu לְעָבְדְּךָ leovdejá פוי, אל יהוה בֶּאֱמֶת veemet

אהיה פעמים אהיה, ז"פ ס"ג. וְהַנְחִילֵנוּ vehanjilenu יְהֹוָהאדניאהדונהי Adonai

אֱלֹהֵינוּ Eloheinu ילה (En Shabat agregar: בְּאַהֲבָה beahavá אחד, דאגה

וּבְרָצוֹן uveratsón מהש ע"ה, ע"ב בריבוע וקס"א ע"ה, אל שדי) בְּשִׂמְחָה vesimjá

וּבְשָׂשׂוֹן uvesasón (En Shabat agregar: שַׁבָּתוֹת shabatot ו) מוֹעֲדֵי moadei

קָדְשֶׁךָ kodshejá, וְיִשְׂמְחוּ veyismejú בְךָ vejá כָּל col ילי יִשְׂרָאֵל Yisrael

מְקַדְּשֵׁי mekadshei שְׁמֶךָ shmeja. בָּרוּךְ Baruj אַתָּה Atá

יְהֹוָהאדניאהדונהי Adonai

אהיה יהו אלף הה יוד הה (en Shabat: יה אדני)

מְקַדֵּשׁ mekadesh (En Shabat agregar: הַשַּׁבָּת haShabat וְ ve) יִשְׂרָאֵל Yisrael

וְהַזְּמַנִּים vehazmanim:

LAS TRES BENDICIONES FINALES

A través del mérito de Moshé, Aharón y Yosef, quienes son nuestros canales para las últimas tres bendiciones, somos capaces de hacer descender toda la energía espiritual que despertamos con nuestras oraciones y bendiciones.

LA QUINTA BENDICIÓN

Durante esta bendición, que se refiere a Moshé, siempre debemos meditar en tratar de saber exactamente qué quiere Dios de nosotros en nuestra vida, como lo indica la frase: "*Que sea la voluntad de Dios*". Estamos pidiéndole a Dios que nos guíe hacia el trabajo que vinimos a hacer en esta Tierra. El Creador no puede aceptar sólo el trabajo que queremos hacer, debemos llevar a cabo el trabajo que estamos destinados a hacer.

Nétsaj

Medita en el Deseo Celestial (*Kéter*) que es llamado *Métsaj Haratsón* (la Frente del Deseo).

Y alegra nuestros espíritus con Tu salvación, y purifica nuestro corazón para servirte verdaderamente. Y otórganos, Señor, Dios nuestro, (**en Shabat:** *con amor y gracia,*) *con felicidad y dicha,* (**en Shabat:** *Shabatot y*) *las festividades, y todo Israel, quienes santifican Tu Nombre, estará regocijado contigo. Bendito eres Tú, Señor, que santificas* (**en Shabat:** *el Shabat*) *Israel y los Tiempos.*

רְצֵה retsé אלף למד הה יוד מם

Aquí meditar en transformar el infortunio y la tragedia (צרה) en deseo y aceptación (רצה).

יְהֹוָהאדניאהדונהי Adonai אֱלֹהֵינוּ Eloheinu ילה בְּעַמְּךָ beameja יִשְׂרָאֵל Yisrael

וְלִתְפִלָּתָם velitfilatam שְׁעֵה sheé. וְהָשֵׁב vehashev הָעֲבוֹדָה haavodá

לִדְבִיר lidvir רי״ו בֵּיתֶךָ beiteja ב״פ ראה. וְאִשֵּׁי veishei יִשְׂרָאֵל Yisrael

וּתְפִלָּתָם utfilatam מְהֵרָה meherá בְּאַהֲבָה beahavá אחד, דאגה

תְקַבֵּל tekabel בְּרָצוֹן beratsón מהש ע״ה, ע״ב בריבוע וקס״א ע״ה, אל שדי ע״ה.

וּתְהִי utehí לְרָצוֹן leratsón מהש ע״ה, ע״ב בריבוע וקס״א ע״ה, אל שדי ע״ה

תָּמִיד tamid ע״ה קס״א קנ״א קמ״ג עֲבוֹדַת avodat יִשְׂרָאֵל Yisrael עַמֶּךָ ameja:

וְאַתָּה veAtá בְּרַחֲמֶיךָ verajameja הָרַבִּים harabim.

תַּחְפֹּץ tajpots בָּנוּ banu וְתִרְצֵנוּ vetirtsenu

וְתֶחֱזֶינָה vetejezena עֵינֵינוּ eineinu ריבוע מ״ה בְּשׁוּבְךָ beshuvjá

לְצִיּוֹן leTsiyón יוסף, ו׳ הויות, קנאה בְּרַחֲמִים berajamim מצפצ, אלהים דיודין, י״פ ייי:

בָּרוּךְ Baruj אַתָּה Atá

אהיה יהו אלף למד הי יוד מם (en *Shabat*: אל)

יְהֹוָהאדניאהדונהי Adonai

הַמַּחֲזִיר hamajazir שְׁכִינָתוֹ Shjinató לְצִיּוֹן leTsiyón יוסף, ו׳ הויות, קנאה:

Las últimas tres bendiciones

La quinta bendición

Encuentra gracia, Señor, nuestro Dios, en tu Pueblo, Israel y oye su oración.

Restaura el culto en el santuario interno de Tu Templo. Acepta las ofrendas de Israel y sus oraciones con complacencia, prontamente y con amor. Que siempre sea agradable a Ti, el culto de Israel, Tu Nación. Y Tú en Tu gran compasión, te deleites en nosotros y estés agradado con nosotros. Puedan nuestros ojos contemplar Tu retorno a Sión con compasión. Bendito eres Tú, Señor, que devuelve Su Shejiná a Sión.

LA SEXTA BENDICIÓN

Esta bendición es nuestro agradecimiento. Kabbalísticamente, el mayor "agradecimiento" que le podemos dar a nuestro Creador es hacer exactamente lo que estamos destinados a hacer en términos de nuestro trabajo espiritual.

Hod

Inclina todo tu cuerpo en "*modim*" y enderézate en "*Adonai*".

מוֹדִים modim מאה ברכות שתיקן דוד לאמרם כל יום אֲנַחְנוּ anajnu לָךְ laj

שָׁאַתָּה sheAtá הוּא Hu יְהֹוָהאדניאהדונהי Adonai (ונ) אֱלֹהֵינוּ Eloheinu ילה

וֵאלֹהֵי veElohei לכב ; מילוי ע״ב, דמב ; ילה אֲבוֹתֵינוּ avoteinu לְעוֹלָם leolam

ריבוע ס״ג וי׳ אותיות דס״ג וָעֶד •vaed צוּרֵנוּ tsurenu צוּר tsur אלהים דההין ע״ה

וְחַיֵּינוּ jayeinu וּמָגֵן umaguén ג״פ אל (ייא״י מילוי דס״ג) ; ר״ת מיכאל גבריאל נוריאל

יִשְׁעֵנוּ yishenu אַתָּה Atá הוּא •Hu לְדוֹר ledor וָדוֹר vador רי״ו נוֹדֶה nodé

לְךָ lejá וּנְסַפֵּר unesaper תְּהִלָּתֶךָ •tehilateja עַל־ al חַיֵּינוּ jayeinu

הַמְּסוּרִים hamesurim בְּיָדֶךָ •beyadeja וְעַל veal נִשְׁמוֹתֵינוּ nishmoteinu

הַפְּקוּדוֹת hapkudot לָךְ •laj וְעַל־ veal נִסֶּיךָ niseja שֶׁבְּכָל shebejol

ב״ן, לכב יוֹם yom ע״ה נגד, מזבח, זן, אל יהוה עִמָּנוּ imanu ריבוע ס״ג, קס״א ע״ה וד׳ אותיות

וְעַל veal נִפְלְאוֹתֶיךָ nifleoteja וְטוֹבוֹתֶיךָ vetovoteja שֶׁבְּכָל shebejol

ב״ן, לכב עֵת •et עֶרֶב érev וָבֹקֶר vavóker וְצָהֳרָיִם •vetsahoráyim הַטּוֹב hatov

והו כִּי־ qui לֹא־ lo כָלוּ jalú רַחֲמֶיךָ •rajameja הַמְרַחֵם hamerajem אברהם, וז״פ

אל, רי״ו ול״ב נתיבות החכמה, רמ״ח (אברים), עסמ״ב וט״ז אותיות פשוטות כִּי־ qui לֹא lo

תַמּוּ tamu חֲסָדֶיךָ jasadeja כִּי qui מֵעוֹלָם meolam קִוִּינוּ kivinu לָךְ •:laj

---

LA SEXTA BENDICIÓN

Nosotros te damos gracias a Ti, porque eres Tú, Señor, quien es nuestro Dios y el Dios de nuestros padres, por siempre y por toda la eternidad. Tú eres nuestra Fortaleza, la Fortaleza de nuestras vidas y el Escudo de nuestra salvación. De una generación a otra, te daremos gracias a Ti y cantaremos Tu alabanza, por nuestras vidas que están en Tus Manos, por nuestras almas que están a Tu cuidado, por Tus milagros que diariamente están con nosotros y por Tus maravillas y Tus favores que están con nosotros en todo momento: de noche, de mañana y de tarde. Tú eres bueno, porque Tu compasión nunca se ha acabado. Tú eres el misericordioso, porque Tu bondad nunca ha cesado, porque siempre hemos puesto nuestras esperanzas en Ti.

MODIM DERABANÁN

Esta oración es recitada por la congregación en la repetición cuando el *jazán* dice "*modim*".

En esta sección hay 44 palabras, que es el mismo valor numérico que el Nombre: ריבוע אהיה (א אה אהי אהיה).

מוֹדִים modim מאה ברכות שתיקן דוד לאמרם כל יום אֲנַחְנוּ anajnu לָךְ laj
שָׁאַתָּה sheAtá הוּא Hu יְהֹוָהאדניאהדונהי Adonai אֱלֹהֵינוּ Eloheinu ילה
וֵאלֹהֵי veElohei לכב ; מילוי ע"ב, דמב ; ילה אֲבוֹתֵינוּ avoteinu
אֱלֹהֵי Elohei מילוי ע"ב, דמב ; ילה כָּל jol ילי בָּשָׂר basar. יוֹצְרֵנוּ yotsrenu
יוֹצֵר yotser בְּרֵאשִׁית bereshit. בְּרָכוֹת brajot וְהוֹדָאוֹת vehodaot
לְשִׁמְךָ leShimjá הַגָּדוֹל haGadol להח ; עם ד' אותיות = מבה, יזל, אום
וְהַקָּדוֹשׁ vehakadosh עַל al שֶׁהֶחֱיִיתָנוּ shehejeyitanu וְקִיַּמְתָּנוּ vekiyamtanu.
כֵּן quen תְּחַיֵּינוּ tejayeinu וּתְחָנֵּנוּ utejonenu. וְתֶאֱסוֹף veteesof
גָּלֻיּוֹתֵינוּ galuyoteinu לְחַצְרוֹת lejatsrot קָדְשֶׁךָ kodshejá. לִשְׁמוֹר lishmor
חֻקֶּיךָ jukeja וְלַעֲשׂוֹת velaasot רְצוֹנָךְ retsonjá. וּלְעָבְדָךְ uleovdejá
פוי, אל אדני בְּלֵבָב belevav בוכו שָׁלֵם shalem. עַל al שֶׁאֲנַחְנוּ sheanajnu
מוֹדִים modim לָךְ laj. בָּרוּךְ Baruj אֵל El ייא"י (מילוי דס"ג) הַהוֹדָאוֹת hahodaot:

וְעַל veal כֻּלָּם culam יִתְבָּרַךְ yitbaraj וְיִתְרוֹמָם veyitromam
וְיִתְנַשֵּׂא veyitnasé תָּמִיד tamid ע"ה קס"א קנ"א קמ"ג שִׁמְךָ Shimjá
מַלְכֵּנוּ malquenu לְעוֹלָם leolam ריבוע ס"ג ו' אותיות דס"ג וָעֶד vaed.
וְכָל־ vejol ילי הַחַיִּים hajayim אהיה אהיה יהוה, בינה ע"ה יוֹדוּךָ yoduja סֶּלָה sela:

וִיהַלְלוּ vihalelú וִיבָרְכוּ vivarjú יהוה ריבוע יהוה ריבוע מ"ה
אֶת־ et שִׁמְךָ Shimjá הַגָּדוֹל hagadol להח ; עם ד' אותיות = מבה, יזל, אום

MODIM DERABANÁN

Nosotros Te agradecemos, porque eres Tú Señor, nuestro Dios y el Dios de nuestros padres, el Dios de toda carne, nuestro Hacedor y el Creador de toda la creación. Bendiciones y gracias a Tu gran y Santo Nombre por darnos vida y por preservarnos. Que puedas Tú continuar dándonos vida, sé amable con nosotros y reúne nuestros exiliados en las cortes de Tu Santuario, para que podamos cumplir Tus leyes, hacer Tu voluntad y Te sirvamos con todo el corazón. Por esto Te agradecemos. ¡Bendito sea el Dios de los agradecimientos!

Y por todas estas cosas, que Tu Nombre sea siempre bendecido, exaltado y exultado, nuestro Rey, por siempre y para siempre, y todo lo que vive te agradecerá, Sela. Y te alabarán y bendecirán Tu gran Nombre.

בֶּאֱמֶת beemet אהיה פעמים אהיה, ז"פ ס"ג לְעוֹלָם leolam ריבוע ס"ג וי' אותיות דס"ג

כִּי qui טוֹב tov והו ; כי טוב = יהוה אהיה, אום, מבה, יזל.

הָאֵל haEl לאה ; ייא"י (מילוי דס"ג) יְשׁוּעָתֵנוּ yeshuatenu

וְעֶזְרָתֵנוּ veezratenu סֶלָה sela. הָאֵל haEl לאה ; ייא"י (מילוי דס"ג) הַטּוֹב hatov והו:

Flexiona tus rodillas en "*Baruj*", inclínate en "*Atá*" y enderézate en "*Adonai*".

אהיה יהו אלף למד הה יוד מם (en *Shabat*: אלהים)

בָּרוּךְ Baruj אַתָּה Atá יְהֹוָואדניאהדונהי Adonai (הי) הַטּוֹב hatov והו

שִׁמְךָ Shimjá וּלְךָ ulejá נָאֶה naé לְהוֹדוֹת lehodot ס"ת כהת, משיח בן דוד ע"ה:

Para la bendición de los *Cohanim*, ver la página 376.

LA BENDICIÓN FINAL

Estamos emanando la energía de paz para el mundo entero. También nos proponemos utilizar nuestras bocas sólo para el bien. Kabbalísticamente, el poder de las palabras y del habla es inimaginable. Esperamos usar este poder sabiamente, lo que tal vez es una de las tareas más difíciles de llevar a cabo.

Yesod

שִׂים sim שָׁלוֹם shalom

טוֹבָה tová אכא וּבְרָכָה uvrajá חַיִּים jayim אהיה אהיה יהוה, בינה ע"ה

וְחֵן jen מילוי דמ"ה בריבוע, מוזי וָחֶסֶד vajésed ע"ב, ריבוע יהוה

צְדָקָה tsdaká ע"ה ריבוע אלהים וְרַחֲמִים verajamim עָלֵינוּ aleinu

וְעַל־ veal כָּל־ col ילי ; עמם יִשְׂרָאֵל Yisrael עַמֶּךָ ameja

וּבָרְכֵנוּ uvarjenu אָבִינוּ avinu כֻּלָּנוּ culanu כְּאֶחָד queejad אהבה, דאגה

בְּאוֹר beor רז, א"ס פָּנֶיךָ paneja ס"ג מ"ה ב"ן כִּי qui בְאוֹר veor רז, א"ס

פָּנֶיךָ paneja ס"ג מ"ה ב"ן נָתַתָּ natata לָנוּ lanu אלהים, אהיה אדני יְהֹוָואדניאהדונהי Adonai

אֱלֹהֵינוּ Eloheinu ילה תּוֹרָה Torá וְחַיִּים vejayim אהיה אהיה יהוה, בינה ע"ה.

---

sinceramente y para siempre, porque Es bueno, el Dios de nuestra salvación y nuestra ayuda, Sela, el buen Dios. Bendito eres Tú, Señor, cuyo Nombre es bueno, y a Ti es propio dar gracias.

LA BENDICIÓN FINAL

Concede paz, bondad, bendiciones, vida, gracia, amabilidad, justicia y misericordia a nosotros y a todo Israel, Tu Pueblo. Bendícenos a todos como a uno solo, Padre nuestro, con la Luz de Tu Rostro, porque es con la Luz de Tu Rostro que Tú, Señor, nuestro Dios, nos has dado la Torá y la vida,

אַהֲבָה ahavá אחד, דאגה וָחֶסֶד vajésed ע"ב, ריבוע יהוה•
צְדָקָה tsedaká ע"ה ריבוע אלהים וְרַחֲמִים verajamim• בְּרָכָה brajá
וְשָׁלוֹם veshalom• וְטוֹב vetov והו בְּעֵינֶיךָ־ beeineja ע"ה קס"א ; ריבוע מ"ה
לְבָרְכֵנוּ levarjenu וּלְבָרֵךְ ulevarej אֶת et כָּל־ col ילי עַמְּךָ amjá
יִשְׂרָאֵל Yisrael בְּרוֹב־ berov י"פ אהיה עֹז oz וְשָׁלוֹם veshalom:

בָּרוּךְ Baruj אַתָּה Atá
אהיה יהו אלף למד הה יוד מם (en *Shabat*: מצפצ)
יְהֹוָהאדניאהדונהי Adonai

הַמְבָרֵךְ hamevarej אֶת et עַמּוֹ amó יִשְׂרָאֵל Yisrael
ר"ת = אלהים (אילההויהם = יב"ק) בַּשָּׁלוֹם bashalom• אָמֵן Amén יאהדונהי•

YIHYÚ LERATSÓN

Hay 42 letras en el versículo en el secreto del *Aná Bejóaj*.

יִהְיוּ yihyú אל (ייא" מילוי דס"ג) לְרָצוֹן leratsón מהש ע"ה, ע"ב בריבוע וקס"א ע"ה, אל שדי ע"ה
אִמְרֵי־ imrei פִי fi ר"ת אֶלֶף = אלף למד שין דלת יוד ע"ה וְהֶגְיוֹן vehegyón לִבִּי libí
לְפָנֶיךָ lefaneja ס"ג מ"ה ב"ן יְהֹוָהאדניאהדונהי Adonai צוּרִי tsurí וְגֹאֲלִי vegoalí:

ELOHAI NETSOR

אֱלֹהַי Elohai מילוי ע"ב, דמב ; ילה נְצוֹר netsor לְשׁוֹנִי leshoní מֵרָע merá•
וְשִׂפְתוֹתַי vesiftotai מִדַּבֵּר midaber ראה מִרְמָה mirmá• וְלִמְקַלְלַי velimkalelai
נַפְשִׁי nafshá תִדּוֹם tidom• וְנַפְשִׁי venafshá כֶּעָפָר queafar
לַכֹּל lacol יה אדני תִּהְיֶה tihyé• פְּתַח ptaj לִבִּי libí בְּתוֹרָתֶךָ betorateja•

---

amor y amabilidad, justicia y misericordia, bendición y paz. Que sea grato a Tus Ojos bendecirnos y bendecir a tu Nación, Israel, con abundante poder y con paz. Bendito eres Tú, Señor, que bendice a Su Pueblo, Israel, con paz, Amén.

YIHYÚ LERATSÓN

"Sean gratos ante Ti, Señor,
mi Fortaleza y mi Redentor, los dichos de mi boca y los pensamientos de mi corazón" (Salmos 19:15).

ELOHAI NETSOR

Mi Dios, cuida mi lengua del mal y mis labios de decir falsedad. Que mi alma permanezca en silencio ante aquellos que me maldicen y permite que mi espíritu sea humilde ante todos, como el polvo. Abre mi corazón a Tu Torá

וְאַחֲרֵי veajarei מִצְוֺתֶיךָ mitsvoteja תִּרְדּוֹף tirdof נַפְשִׁי nafshí.

וְכָל־ vejol ילי הַקָּמִים hakamim עָלַי alai לְרָעָה leraá רהע. מְהֵרָה meherá

הָפֵר hafer עֲצָתָם atsatam וְקַלְקֵל vekalkel מַחְשְׁבוֹתָם majshevotam.

עֲשֵׂה asé לְמַעַן lemaan שְׁמָךְ Shmaj. עֲשֵׂה asé לְמַעַן lemaan

יְמִינָךְ yeminaj. עֲשֵׂה asé לְמַעַן lemaan תּוֹרָתָךְ torataj. עֲשֵׂה asé

לְמַעַן lemaan קְדוּשָּׁתָךְ kedushataj. ר"ת הפסוק = מ"ה יהוה לְמַעַן lemaan

יֵחָלְצוּן yejaltsun יְדִידֶיךָ yedideja ר"ת ילי הוֹשִׁיעָה hoshía יהוה וש"ע נהורין

יְמִינְךָ yeminjá וַעֲנֵנִי vaaneni (כתיב: ועננו) ר"ת אל (ייא" מילוי דס"ג):

Antes de que recitemos el próximo verso ("*Yihyú leratsón*") tenemos una oportunidad de fortalecer la conexión con nuestra alma usando nuestro nombre. Cada persona tiene un versículo en la Torá que lo conecta con su nombre. O bien su nombre está en el versículo o la primera letra y última letra de nuestro nombre corresponden a la primera y última letra del versículo. Por ejemplo, el nombre Yehuda empieza con una *Yud* y termina con una *Hei*. Antes de terminar la *Amidá*, declaramos que nuestro nombre sea siempre recordado cuando nuestra alma abandone este mundo.

YIHYÚ LERATSÓN (EL SEGUNDO)

Hay 42 letras en el versículo en el secreto del *Aná Bejóaj*.

יִהְיוּ yihyú אל (ייא" מילוי דס"ג) לְרָצוֹן leratsón מהש ע"ה, ע"ב בריבוע וקס"א ע"ה, אל שדי ע"ה

אִמְרֵי־ imrei פִי fi ר"ת אֱלֹף = אלף למד שין דלת יוד ע"ה וְהֶגְיוֹן vehegyón לִבִּי libí

לְפָנֶיךָ lefaneja ס"ג מ"ה ב"ן יְהֹוָהאדניאהדונהי Adonai צוּרִי tsurí וְגֹאֲלִי vegoalí:

---

y permite que mi corazón siga Tus mandamientos. Prontamente frustra los planes y daña los pensamientos de todos aquellos que se levantan contra mí para hacerme daño. Hazlo por la gloria de Tu Nombre. Haz esto por el bien de Tu Diestra. Haz esto por el mérito de Tu Torá. Haz esto por Tu santidad, "Que Tus amados sean rescatados. Sálvalos con Tu Diestra y contéstame" (Salmos 60:7).

YIHYÚ LERATSÓN (EL SEGUNDO)

"Sean gratos ante Ti, Señor,
mi Fortaleza y mi Redentor, los dichos de mi boca y los pensamientos de mi corazón" (Salmos 19:15).

OSÉ SHALOM

Da tres pasos hacia atrás;

עוֹשֶׂה osé שָׁלוֹם shalom

Izquierda

Te vuelves a la izquierda y dices:

בִּמְרוֹמָיו bimromav ר״ת ע״ב, ריבוע יהוה

הוּא Hu בְּרַחֲמָיו verajamav יַעֲשֶׂה yaasé

Derecha

Te vuelves a la derecha y dices:

שָׁלוֹם shalom עָלֵינוּ aleinu ר״ת ש״ע נהורין

Centro

Te alineas al centro y dices:

וְעַל veal כָּל־ col ילי ; עמם עַמּוֹ amó יִשְׂרָאֵל Yisrael

וְאִמְרוּ veimrú אָמֵן Amén יאהדונהי:

יְהִי yehí רָצוֹן ratsón מהש ע״ה, ע״ב בריבוע וקס״א ע״ה, אל שדי ע״ה
מִלְּפָנֶיךָ milfaneja ס״ג מ״ה ב״ן יְהֹוָהאדניאהדונהי Adonai אֱלֹהֵינוּ Eloheinu ילה
וֵאלֹהֵי veElohei לכב ; מילוי ע״ב, דמב ; ילה אֲבוֹתֵינוּ avoteinu, שֶׁתִּבְנֶה shetivné
בֵּית beit ב״פ ראה הַמִּקְדָּשׁ hamikdash בִּמְהֵרָה bimherá בְיָמֵינוּ veyameinu
וְתֵן vetén חֶלְקֵנוּ jelkenu בְּתוֹרָתָךְ vetorataj לַעֲשׂוֹת laasot חֻקֵּי jukei
רְצוֹנָךְ retsonaj וּלְעָבְדָךְ uleavdaj פוי, אל אדני בְּלֵבָב belevav בוכו שָׁלֵם shalem.

Da tres pasos hacia delante.

OSÉ SHALOM

Él, que establece Paz en Sus altos lugares, Él, en Su compasión, hará que la paz esté entre nosotros y sobre Su pueblo entero, Israel, y dirán: Amén.

Sea agradable ante Ti, Señor, nuestro Dios y Dios de nuestros antepasados, que puedas reconstruir rápidamente el santo Templo, en nuestros días, y otórganos participación en Tu Torá, para que podamos cumplir las leyes de Tu deseo y servirte con todo el corazón.

KADISH TITKABAL

יִתְגַּדַּל yitgadal וְיִתְקַדַּשׁ veyitkadash שדי - ין לת וד (מילוי שדי) ; י"א אותיות כמנין ו"ה

שְׁמֵיהּ Shmei (שם י"ה דע"ב) רַבָּא rabá קנ"א ב"ן, יהוה אלהים יהוה אדני,

מילוי קס"א וס"ג, מ"ה ברבוע וע"ב ע"ה ; ר"ת = ו"פ אלהים ; ס"ת = ג"פ יב"ק • אָמֵן Amén אידהנויה•

בְּעָלְמָא bealmá דִּי di בְרָא verá כִּרְעוּתֵיהּ quirutei•

וְיַמְלִיךְ veyamlij מַלְכוּתֵיהּ maljutei• וְיַצְמַח veyatsmaj

פּוּרְקָנֵיהּ purkanei• וִיקָרֵב vikarev מְשִׁיחֵיהּ Meshijei• אָמֵן Amén אידהנויה•

בְּחַיֵּיכוֹן bejayeijón וּבְיוֹמֵיכוֹן uveyomeijón וּבְחַיֵּי uvejayei

דְכָל dejol בֵּית beit ב"פ ראה יִשְׂרָאֵל Yisrael בַּעֲגָלָא baagalá

וּבִזְמַן uvizmán קָרִיב kariv וְאִמְרוּ veimrú אָמֵן Amén• אָמֵן Amén אידהנויה•

La congregación y el *jazán* dicen lo siguiente:

28 palabras (hasta *bealmá*) – y 28 letras (hasta *almayá*)

יְהֵא yehé שְׁמֵיהּ Shmei (שם י"ה דס"ג) רַבָּא rabá קנ"א ב"ן,

יהוה אלהים יהוה אדני, מילוי קס"א וס"ג, מ"ה ברבוע וע"ב ע"ה מְבָרַךְ mevaraj,

לְעָלַם lealam לְעָלְמֵי lealmei עָלְמַיָּא almayá• יִתְבָּרַךְ yitbaraj•

Siete palabras con seis letras cada una (מ"ב בן שם). También, siete veces la letra Vav (בן שם מ"ב).

וְיִשְׁתַּבַּח veyishtabaj י"פ ע"ב יהוה אל אבג יתץ•

וְיִתְפָּאַר veyitpaar הי גו יה קרע שטן• וְיִתְרוֹמַם veyitromam וה כוזו נגד יכש•

וְיִתְנַשֵּׂא veyitnasé במוכסז בטר צתג• וְיִתְהַדָּר veyithadar כוזו יה וזקב טנע•

וְיִתְעַלֶּה veyitalé וה יוד ה יגל פזק• וְיִתְהַלָּל veyithalal א ואו הא שקו צית•

שְׁמֵיהּ Shmei (שם י"ה דמ"ה) דְּקוּדְשָׁא deKudshá בְּרִיךְ Verij הוּא Hu•

אָמֵן Amén אידהנויה •

KADISH TITKABAL

Glorificado y santificado sea Su gran Nombre (Amén).

En el mundo que Él creó de acuerdo a Su voluntad, y pueda Su Reino reinar. Y pueda Él hacer que Su redención florezca y pueda Él acercar al Mesías (Amén). En tus vidas y en tus días y en la vida de toda la Casa de Israel, prontamente y en el futuro cercano, y dígase: Amén (Amén). Que Su gran Nombre sea bendito por siempre y por toda la eternidad. Bendito y alabado, y glorificado y exaltado, y ensalzado y honrado, y adorado y loado, sea el Nombre del Santo Bendito sea (Amén).

לְעֵלָּא leelá מִן min כָּל col ילי בִּרְכָתָא birjatá• שִׁירָתָא shiratá•
תֻּשְׁבְּחָתָא tishbejatá וְנֶחָמָתָא venejamatá• דַּאֲמִירָן daamirán
בְּעָלְמָא bealmá וְאִמְרוּ veimrú אָמֵן Amén: אָמֵן Amén אידהנויה.

תִּתְקַבַּל titkabal צְלוֹתָנָא tslotaná וּבָעוּתָנָא uvautaná
עִם im צְלוֹתְהוֹן tslothón וּבָעוּתְהוֹן uvauthón דְּכָל dejol ילי
בֵּית beit ב"פ ראה יִשְׂרָאֵל Yisrael קֳדָם kadam אֲבוּנָא avuná
דְּבִשְׁמַיָּא devishmayá וְאִמְרוּ veimrú אָמֵן Amén: אָמֵן Amén אידהנויה•

יְהֵא yehé שְׁלָמָא shlamá רַבָּא rabá קנ"א ב"ן, יהוה אלהים יהוה אדני, מילוי קס"א וס"ג,
מ"ה ברבוע וע"ב ע"ה מִן min שְׁמַיָּא shmayá• וְחַיִּים jayim אהיה אהיה יהוה, בינה ע"ה
וְשָׂבָע vesavá וִישׁוּעָה vishuá וְנֶחָמָה venejamá וְשֵׁיזָבָא vesheizavá
וּרְפוּאָה urefuá וּגְאֻלָּה ugueulá וּסְלִיחָה uslijá וְכַפָּרָה vejapará
וְרֵיוַח vereivaj וְהַצָּלָה vehatsalá• לָנוּ lanu אלהים, אהיה אדני וּלְכָל ulejol יה אדני
עַמּוֹ amó יִשְׂרָאֵל Yisrael וְאִמְרוּ veimrú אָמֵן Amén: אָמֵן Amén אידהנויה.

Da tres pasos para atrás y dice:

עוֹשֶׂה osé שָׁלוֹם shalom

בִּמְרוֹמָיו bimromav ע"ב, ריבוע יהוה• הוּא Hu בְּרַחֲמָיו berajamav
יַעֲשֶׂה yaasé שָׁלוֹם shalom עָלֵינוּ aleinu ר"ת ש"ע נהורין•
וְעַל veal כָּל col ילי ; עמם עַמּוֹ amó יִשְׂרָאֵל Yisrael וְאִמְרוּ veimrú אָמֵן Amén:
אָמֵן Amén אידהנויה•

Más allá de todas las bendiciones, himnos, alabanzas y palabras de consolación que jamás se dijeran en el mundo, y dígase: Amén (Amén). Sean aceptadas nuestras oraciones y súplicas, junto con las oraciones y las súplicas de toda la Casa de Israel, ante nuestro Padre en los Cielos, y dígase: Amén (Amén). Que haya paz abundante del Cielo; Vida, satisfacción, salvación, consuelo, entrega, sanación, redención, perdón, expiación, comodidad y alivio para nosotros y para toda Su nación, Israel y dígase: Amén (Amén). Él, que establece la paz en Sus Alturas, Él, en Su compasión, hará la paz sobre nosotros y sobre toda Su nación, Israel. Y dígase: Amén (Amén).

KAVÉ

Ahora conectamos con el mundo de la Acción, *Asiyá*. Durante esta oración sucede algo sorprendente. Ahora que hemos terminado todas nuestras conexiones espirituales de la mañana, queremos conservar toda la energía por la cual hemos trabajado arduamente, resguardándola y sellándola. *Kavé* nos trae de regreso a través de los Mundos Superiores de Acción (*Asiyá*), Formación (*Yetsirá*), Creación (*Briá*) y Emanación (*Atsilut*) hasta una dimensión conocida como *Arij Anpín* (Cara Larga). A partir de este plano espiritual, nos elevamos aún más arriba, más allá de las dimensiones de *Atik* (Antiguo) y *Adam Kadmón* (Hombre Primordial), hasta llegar a la realidad de la Luz del Mundo Infinito. Este viaje repasa nuestro recorrido a través de los Mundos Superiores para asegurar que no dejemos aberturas a través de las cuales pueda entrar la negatividad.

En este punto, el Satán quiere evitar que cerremos estas aberturas, así que comienza a bombardearnos con sentimientos de impaciencia, y deseamos que las oraciones acaben pronto. Su objetivo es hacernos bajar la guardia y debilitar nuestra concentración durante esta etapa final para que dejemos una abertura a través de la cual él pueda entrar y sabotear nuestros esfuerzos y manjar nuestra Luz con energía negativa.

קַוֵּה kavé אֶל־ el יְהֹוָה יאהדונהי Adonai חֲזַק jazak פהל

וְיַאֲמֵץ veyaamets לִבֶּךָ libeja וְקַוֵּה vekavé אֶל־ el יְהֹוָה יאהדונהי Adonai:

אֵין ein קָדוֹשׁ Kadosh כַּיהֹוָה יאהדונהי caAdonai כִּי qui אֵין ein בִּלְתֶּךָ bilteja

וְאֵין veéin צוּר tsur אלהים דההין ע״ה כֵּאלֹהֵינוּ queEloheinu ילה: כִּי qui

מִי mi ילי אֱלוֹהַּ Elohá שם בן מ״ב מִבַּלְעֲדֵי mibaladei יְהֹוָה יאהדונהי Adonai

וּמִי umí ילי צוּר tsur אלהים דההין ע״ה זוּלָתִי zulatí אֱלֹהֵינוּ Eloheinu ילה:

Conexión con *Olam Asiyá* (Acción)

אֵין ein הה כֵּאלֹהֵינוּ queEloheinu ילה נוקבא.

אֵין ein וו כַּאדוֹנֵנוּ caAdonenu ז״א.

אֵין ein הה כְּמַלְכֵּנוּ queMalquenu אמא.

אֵין ein יוד כְּמוֹשִׁיעֵנוּ queMoshienu אבא:

KAVÉ

"Pon tus esperanzas en el Señor. Haz de tu corazón uno fuerte y valiente, y pon tus esperanzas en el Señor" (*Salmos 27:14*). *"No hay nadie tan Santo como el Señor, porque no hay nadie como Tú, ni hay Roca que se compare con nuestro Dios"* (*Samuel 1 2:2*). *"¿Pues quién es Dios además del Señor y quién es una Roca a parte de nuestro Dios?"* (*Salmos 18:32*).

No hay ninguno como nuestro Dios. No hay ninguno como nuestro Señor.
No hay ninguno como nuestro Rey. No hay ninguno como nuestro Redentor.

Conexión con *Olam Yetsirá* (Formación)

מִי ילי mi הא כֵּאלֹהֵינוּ jeEloheinu ילה נוקבא.

מִי ילי mi ואו כַּאדוֹנֵנוּ jaAdonenu ז"א.

מִי ילי mi הא כְּמַלְכֵּנוּ jeMalquenu אמא.

מִי ילי mi יוד כְּמוֹשִׁיעֵנוּ jeMoshienu אבא:

Conexión con *Olam Briá* (Creación)

אין, מי, נודה ר"ת אמן = יאהדונהי – וזיבור ז"א ומלכות.

נוֹדֶה nodé הי לֵאלֹהֵינוּ leEloheinu ילה נוקבא.

נוֹדֶה nodé ואו לַאדוֹנֵנוּ laAdonenu ז"א.

נוֹדֶה nodé הי לְמַלְכֵּנוּ leMalquenu אמא.

נוֹדֶה nodé יוד לְמוֹשִׁיעֵנוּ leMoshienu אבא:

Conexión con *Olam Atsilut* (Emanación)

בָּרוּךְ baruj הי אֱלֹהֵינוּ Eloheinu ילה נוקבא.

בָּרוּךְ baruj ויו אֲדוֹנֵנוּ Adonenu ז"א.

בָּרוּךְ baruj הי מַלְכֵּנוּ Malquenu אמא.

בָּרוּךְ baruj יוד מוֹשִׁיעֵנוּ Moshienu אבא:

Conexión con los Mundos por encima de *Atsilut*
Conexión con *Kéter* de *Arij Anpín* (Cara Larga)

אַתָּה Atá הוּא Hu אֱלֹהֵינוּ Eloheinu ילה.

Conexión con la Cabeza de *Atik* (Anciano)

אַתָּה Atá הוּא Hu אֲדוֹנֵנוּ Adonenu.

Conexión con *Adam Kadmón* (Hombre Primordial)

אַתָּה Atá הוּא Hu מַלְכֵּנוּ Malquenu.

Conexión con la Luz Infinita, que está rodeada por *Adam Kadmón*

אַתָּה Atá הוּא Hu מוֹשִׁיעֵנוּ Moshienu:

¿Quién es como nuestro Dios? ¿Quién es como nuestro Señor? ¿Quién es como nuestro Rey? ¿Quién es como nuestro Redentor? Debemos darle gracias a nuestro Dios, debemos darle gracias a nuestro Señor, debemos darle gracias a nuestro Rey, debemos darle gracias a nuestro Redentor. Bendito es nuestro Dios. Bendito es nuestro Señor. Bendito es nuestro Rey. Bendito es nuestro Redentor. Tú eres nuestro Dios. Tú eres nuestro Señor. Tú eres nuestro Rey. Tú eres nuestro Redentor.

toshienu תּוֹשִׁיעֵנוּ *Knéset Yisrael* (Congregación de *Yisrael*)) Atá אַתָּה

ג"פ רי"ו ; אברהם, ו"פ אל, terajem תְּרַחֵם כ"א הויות שבתפילין takum תָקוּם Atá אַתָּה

יוסף, ו' הויות, קנאה Tsiyón צִיּוֹן רי"ו ול"ב נתיבות החכמה, רמ"ח (אברים), עסמ"ב וט"ז אותיות פשוטות

:moed מוֹעֵד va בָא qui כִּי־ lejenená לְחֶנְנָהּ et עֵת qui כִּי־

(En este punto algunos dicen la porción de "*Któret*" de la pág. 241-247)

TANÁ DEVEI ELIYAHU

Se dice que las personas que estudian la Torá traen paz. Como cada letra aramea está imbuida de fuerzas místicas, recitar palabras que hablan acerca de traer paz activa la energía de paz en el mundo. La palabra aramea "*shalom*" inspira sentimientos de paz y armonía dentro de nosotros. Si no podemos desarrollar paz dentro de nosotros, no podemos compartir paz con los demás, porque uno no puede compartir lo que no tiene. Para concluir esta conexión estamos diciendo que Dios nos bendiga con paz.

hashoné הַשּׁוֹנֶה ילי col כָּל־ לכב Eliyahu אֵלִיָּהוּ devei דְּבֵי taná תָּנָא

יהוה אל, זן, מזבח, נגד, ע"ה yom יוֹם ב"ן, לכב bejol בְּכָל־ halajot הֲלָכוֹת

haolam הָעוֹלָם ben בֶּן shehú שֶׁהוּא lo לוֹ muvtaj מוּבְטָח

.lo לוֹ olam עוֹלָם halijot הֲלִיכוֹת sheneemar שֶׁנֶּאֱמַר .habá הַבָּא

:halajot הֲלָכוֹת ela אֶלָּא halijot הֲלִיכוֹת tikrei תִּקְרֵי al אַל

:Janiná חֲנִינָא Ribí רַבִּי amar אָמַר Eleazar אֶלְעָזָר Ribí רַבִּי amar אָמַר

shalom שָׁלוֹם marbim מַרְבִּים jajamim חֲכָמִים talmidei תַּלְמִידֵי

banáyij בָּנַיִךְ ילי vejol וְכָל־ :sheneemar שֶׁנֶּאֱמַר .baolam בָּעוֹלָם

:banáyij בָּנָיִךְ shlom שְׁלוֹם verav וְרַב Adonai יְהֹוָהאדנייאהדונהי limudei לִמּוּדֵי

yehí יְהִי־ :bonáyij בּוֹנָיִךְ ela אֶלָּא banáyij בָּנַיִךְ tikrei תִּקְרֵי al אַל

:bearmenotáyij בְּאַרְמְנוֹתָיִךְ shalvá שַׁלְוָה bejeilej בְּחֵילֵךְ shalom שָׁלוֹם

"Tú nos redimirás. Tú Te elevarás y serás misericordioso con Sión, porque es tiempo de ser benevolente con ella, pues ha llegado el tiempo fijado" (Salmos 102:14).

TANÁ DEVEI ELIYAHU

"Enseñaban en la Casa de aprendizaje de Eliyahu que alguien que estudia las leyes rectoras, cada día, tiene asegurada su presencia en el Mundo por Venir" (Meguilá 28b). *Estaba dicho: "Los caminos del mundo son de Él"* (Habacuc 3:6). *No leas "caminos" sino "leyes rectoras". Rabí Elazar decía que Rabí Janina había dicho que los eruditos versados aumentan la paz en el mundo* (Brajot 64a; Yevamot 122b; Kritut 28b; Tamid 32b). *Como está dicho: "Y todos tus hijos son los estudiantes de Dios"* (Isaías 54:13). *No leas "tus hijos" sino "tus constructores". Que haya paz en tus aposentos y serenidad en tus palacios.*

לְמַעַן lemaan אַחַי ajai וְרֵעָי vereái אֲדַבְּרָה־ adabrá נָּא na

שָׁלוֹם shalom בָּךְ: baj לְמַעַן lemaan בֵּית־ beit ב"פ ראה

יְהֹוָהאדניאהדונהי Adonai אֱלֹהֵינוּ Eloheinu ילה אֲבַקְשָׁה avakshá

טוֹב tov והו לָךְ: laj וּרְאֵה uré ראה בָנִים vanim לְבָנֶיךָ levaneja

שָׁלוֹם shalom עַל־ al יִשְׂרָאֵל: Yisrael שָׁלוֹם shalom רָב rav

לְאֹהֲבֵי leohavei תוֹרָתֶךָ torateja וְאֵין־ veein לָמוֹ lamó מִכְשׁוֹל: mijshol

יְהֹוָהאדניאהדונהי Adonai עֹז oz לְעַמּוֹ leamó יִתֵּן yitén יְהֹוָהאדניאהדונהי Adonai

יְבָרֵךְ yevarej עסמ"ב, הברכה (למתק את ז' המלכים שמתו)

אֶת־ et עַמּוֹ amó בַשָּׁלוֹם vashalom ר"ת ע"ב, ריבוע יהוה:

KADISH AL YISRAEL

Este *Kadish* ayuda a elevar todas las almas en el secreto de la Resurrección de los Muertos. Según el Arí: Si una persona perdió a uno de sus padres, debe decir este *Kadish* durante todo el primer año, incluso en *Shabat* y en Festividades. Porque, además del hecho de que el *Kadish* ayuda a que un alma se salve de la limpieza espiritual de *Guehinom*, este *Kadish* ayuda a elevar a un alma de un nivel espiritual al siguiente, y a entrar al Jardín de Edén.

יִתְגַּדַּל yitgadal וְיִתְקַדַּשׁ veyitkadash שדי (מילוי שדי) ; י"א אותיות כמנין ו"ה

שְׁמֵיהּ Shmei (שם י"ה דע"ב) רַבָּא rabá קנ"א ב"ן, יהוה אלהים יהוה אדני,

מילוי קס"א וס"ג, מ"ה ברבוע וע"ב ע"ה ; ר"ת = ו"פ אלהים ; ס"ת = ג"פ יב"ק. אָמֵן Amén אידהנויה.

בְּעָלְמָא bealmá דִּי di בְרָא verá כִּרְעוּתֵיהּ quirutei.

וְיַמְלִיךְ veyamlij מַלְכוּתֵיהּ maljutei. וְיַצְמַח veyatsmaj

פּוּרְקָנֵיהּ purkanei. וִיקָרֵב vikarev מְשִׁיחֵיהּ Meshijei. אָמֵן Amén אידהנויה.

"Por mis hermanos y mis compañeros, yo procuraré que sea la paz contigo. Por el bien de la Casa del Señor, nuestro Dios, procuraré tu bien" (Salmos 122:7-9). *"Que alcances a ver a los hijos de tus hijos y la paz sobre Israel"* (Salmos 128:6). *"Hay abundancia de paz para aquellos que aman Tu Torá y para ellos no hay obstáculo"* (Salmos 128:6). *"Que el Señor le dé fuerza a Su Pueblo. Que el Señor bendiga a Su Nación con paz"* (Salmos 29:11).

KADISH AL YISRAEL

¡Glorificado y santificado sea su Gran Nombre! (Amén).
En el mundo que Él creó de acuerdo a Su voluntad y pueda Su Reino reinar.
Y pueda Él hacer que su Redención florezca y pueda Él acercar al Mesías (Amén).

בְּחַיֵּיכוֹן bejayeijón וּבְיוֹמֵיכוֹן uveyomeijón וּבְחַיֵּי uvejayei

דְכָל dejol בֵּית beit ב"פ ראה יִשְׂרָאֵל Yisrael בַּעֲגָלָא baagalá

וּבִזְמַן uvizmán קָרִיב kariv וְאִמְרוּ veimrú אָמֵן Amén. אָמֵן Amén אידהנויה.

La congregación y el *jazán* dicen lo siguiente:

28 palabras (hasta *bealmá*) y 28 letras (hasta *almayá*)

יְהֵא yehé שְׁמֵיהּ Shmei (שם י"ה דס"ג) רַבָּא rabá קנ"א ב"ן,

יהוה אלהים יהוה אדני, מילוי קס"א וס"ג, מ"ה ברבוע וע"ב ע"ה מְבָרַךְ mevaraj,

לְעָלַם lealam לְעָלְמֵי lealmei עָלְמַיָּא almayá. יִתְבָּרַךְ yitbaraj.

Siete palabras con seis letras cada una (שם בן מ"ב) y también siete veces la letra Vav (שם בן מ"ב)

וְיִשְׁתַּבַּח veyishtabaj י"פ ע"ב יהוה אל אבג יתץ.

וְיִתְפָּאַר veyitpaar הי גו יה קרע שטן. וְיִתְרוֹמַם veyitromam וה כוזו נגד יכש.

וְיִתְנַשֵּׂא veyitnasé במוכסז בטר צתג. וְיִתְהַדָּר veyithadar כוזו יה וקב טנע.

וְיִתְעַלֶּה veyitalé וה יוד ה יגל פזק. וְיִתְהַלָּל veyithalal א ואו הא שקו צית.

שְׁמֵיהּ Shmei (שם י"ה דמ"ה) דְּקוּדְשָׁא deKudshá בְּרִיךְ Verij הוּא Hu.

אָמֵן Amén אידהנויה.

לְעֵלָּא leelá מִן min כָּל col יאי בִּרְכָתָא birjatá. שִׁירָתָא shiratá.

תֻּשְׁבְּחָתָא tishbejatá וְנֶחָמָתָא venejamatá. דַּאֲמִירָן daamirán

בְּעָלְמָא bealmá וְאִמְרוּ veimrú אָמֵן Amén: אָמֵן Amén אידהנויה.

En tus vidas y en tus días y en la vida de la Casa de Israel, prontamente y en el futuro cercano, y dígase, Amén (Amén). Que Su gran Nombre sea bendito por siempre y para toda la eternidad. Bendito y alabado, y glorificado y exaltado, y ensalzado y honrado, y adorado y loado, sea el Nombre del Santo Bendito Sea (Amén). Más allá de todas las bendiciones, himnos, alabanzas y palabras de consolación que deben decirse en el mundo, y dirán, Amén (Amén).

עַל al יִשְׂרָאֵל Yisrael וְעַל veal רַבָּנָן rabanán וְעַל veal

תַּלְמִידֵיהוֹן talmideihón וְעַל veal כָּל col ילי ; עמם תַּלְמִידֵי talmidei

תַּלְמִידֵיהוֹן talmideihón. דְּעָסְקִין deaskín בְּאוֹרַיְתָא beoraytá

קַדִּשְׁתָּא kadishtá. דִּי di בְּאַתְרָא veatrá הָדֵין hadein וְדִי vedí

בְּכָל vejol ב"ן, לכב אֲתַר atar וַאֲתַר veatar. יְהֵא yehé

לָנָא laná וּלְהוֹן ulhón וּלְכוֹן uljón חִנָּא jiná וְחִסְדָּא vejisdá

וְרַחֲמֵי verajamei. מִן min קֳדָם kodam מָארֵי marei שְׁמַיָּא shmayá

וְאַרְעָא veará וְאִמְרוּ veimrú אָמֵן Amén: אָמֵן Amén אידהנויה.

יְהֵא yehé שְׁלָמָא shlamá רַבָּא rabá קנ"א ב"ן, יהוה אלהים יהוה אדני, מילוי קס"א וס"ג,

מ"ה ברבוע וע"ב ע"ה מִן min שְׁמַיָּא shmayá. וְחַיִּים jayim אהיה אהיה יהוה, בינה ע"ה

וְשָׂבָע vesavá וִישׁוּעָה vishuá וְנֶחָמָה venejamá וְשֵׁיזָבָא vesheizavá

וּרְפוּאָה urefuá וּגְאֻלָּה ugueulá וּסְלִיחָה uslijá וְכַפָּרָה vejapará

וְרֶיוַח vereivaj וְהַצָּלָה vehatsalá. לָנוּ lanu אלהים, אהיה אדני וּלְכָל ulejol יה אדני

עַמּוֹ amó יִשְׂרָאֵל Yisrael וְאִמְרוּ veimrú אָמֵן Amén: אָמֵן Amén אידהנויה.

Da tres pasos para atrás y di:

עוֹשֶׂה osé שָׁלוֹם shalom בִּמְרוֹמָיו bimromav ע"ב, ריבוע יהוה. הוּא Hu

בְּרַחֲמָיו berajamav יַעֲשֶׂה yaasé שָׁלוֹם shalom עָלֵינוּ aleinu ר"ת ש"ע נהורין.

וְעַל veal כָּל col ילי; עמם עַמּוֹ amó יִשְׂרָאֵל Yisrael וְאִמְרוּ veimrú אָמֵן Amén:

אָמֵן Amén אידהנויה.

Sobre Israel, Sus Sabios, Sus discípulos y todos los estudiantes de sus discípulos que se ocupan de la Santa Torá, en este lugar y en cada y toda localidad, que hay para nosotros, para ellos, y para todos, gracia, benevolencia y compasión del Señor de los Cielos y la Tierra y dígase: Amén (Amén). Que haya paz abundante del Cielo, vida, satisfacción, salvación, consuelo, entrega, sanación, redención, perdón, expiación, comodidad y alivio para nosotros y para toda Su Nación, Israel, y dígase: Amén (Amén). Él, que establece la paz en Sus Alturas y con Su compasión hará la paz sobre nosotros y sobre toda Su Nación, Israel. Y dígase: Amén (Amén).

BARJÚ

El *jazán* (o la persona que recitó el *Kadish Al Yisrael*) dice:

רַבָּנָן rabanán: בָּרְכוּ barjú יהוה ריבוע יהוה ריבוע מ"ה אֶת et

יְהֹוָאדהנויאהדונהי Adonai הַמְּבוֹרָךְ: hamevoraj ס"ת כהת, משיח בן דוד ע"ה:

Primero la congregación responde con lo siguiente y después el *jazán* (o la persona que recitó el *Kadish Al Israel*) repite:

Néfesh — בָּרוּךְ Baruj

Rúaj — יְהֹוָאדהנויאהדונהי Adonai

Neshamá — הַמְּבוֹרָךְ hamevoraj

Jayá — לְעוֹלָם leolam ריבוע ס"ג וי' אותיות דס"ג

Yejidá — וָעֶד vaed:

ALEINU

El *Aleinu* es un agente sellador cósmico. Cementa y asegura todas nuestras oraciones, protegiéndolas de cualquier fuerza negativa tales como las *klipot*. Todas las oraciones anteriores al *Aleinu* atrajeron lo que los kabbalistas llaman Luz Interna. Sin embargo, el *Aleinu* atrae Luz Circundante, la cual envuelve nuestras oraciones con un campo de fuerza protectora para bloquear a las *klipot*.

Atrayendo Luz Circundante a *Atsilut*

עָלֵינוּ aleinu ריבוע דס"ג לְשַׁבֵּחַ leshabéaj עלינו לשבח = אבג יתץ, ושר

לַאֲדוֹן laAdón אני ; ס"ת = ס"ג ע"ה הַכֹּל hacol ר"ת ללה, אדני:

Atrayendo Luz Circundante a *Briá*

לָתֵת latet גְּדֻלָּה guedulá לְיוֹצֵר leyotser בְּרֵאשִׁית bereshit ר"ת גל"ב (באך ב"י יג"ל).

Atrayendo Luz Circundante a *Yetsirá*

שֶׁלֹּא sheló עָשָׂנוּ asanu כְּגוֹיֵי quegoyei הָאֲרָצוֹת haaratsot

Atrayendo Luz Circundante a *Asiyá*

וְלֹא veló שָׂמָנוּ samanu כְּמִשְׁפְּחוֹת quemishpejot הָאֲדָמָה haadamá

BARJÚ

Señores: ¡Bendigan a Dios, el Bendito!
Bendito es el Señor, el Bendito, por siempre y para siempre.

ALEINU

Es nuestro deber alabar al Soberano de todo y atribuir grandeza al Moldeador de la Creación, que no nos ha hecho como los pueblos del mundo. Él no nos colocó como las familias de la Tierra.

שֶׁלֹּא sheló שָׂם sam וַחֲלָקֵנוּ jelkenu כָּהֶם cahem וְגוֹרָלֵנוּ vegoralenu

כְּכָל quejol הֲמוֹנָם hamonam. שֶׁהֵם shehem מִשְׁתַּחֲוִים mishtajavim

לְהֶבֶל lahével וָרִיק varik וּמִתְפַּלְּלִים umitpalelim אֶל el אֵל el לֹא lo

יוֹשִׁיעַ yoshía. (haz una pausa aquí, y cuando digas "*vaanajnu mishtajavim*" inclina todo tu cuerpo)

וַאֲנַחְנוּ vaanajnu מִשְׁתַּחֲוִים mishtajavim לִפְנֵי lifnei מֶלֶךְ Mélej

מַלְכֵי maljei הַמְּלָכִים hamlajim הַקָּדוֹשׁ haKadosh בָּרוּךְ Baruj

הוּא Hu. שֶׁהוּא shehú נוֹטֶה noté שָׁמַיִם shamáyim י״פ טל, י״פ כוזו; ר״ת = י״פ אדני

שבי ספירות של נוקבא דז״א וְיוֹסֵד veyosed אָרֶץ árets. וּמוֹשַׁב umoshav

יְקָרוֹ yekaró בַּשָּׁמַיִם bashamáyim י״פ טל, י״פ כוזו מִמַּעַל mimáal עלם.

וּשְׁכִינַת ushjinat עֻזּוֹ uzó בְּגָבְהֵי begavhei מְרוֹמִים meromim.

הוּא Hu אֱלֹהֵינוּ Eloheinu ילה וְאֵין veéin עוֹד od אַחֵר ajer.

אֱמֶת emet אהיה פעמים אהיה, ז״פ ס״ג מַלְכֵּנוּ Malquenu וְאֶפֶס veéfes

זוּלָתוֹ zulató. כַּכָּתוּב cacatuv בַּתּוֹרָה baTorá: וְיָדַעְתָּ veyadata

הַיּוֹם hayom ע״ה נגד, מזבח, זן, אל יהוה וַהֲשֵׁבֹתָ vahashevota אֶל־ el

לְבָבֶךָ levaveja ר״ת לאו כִּי qui יְהֹוָהאדניאהדונהי Adonai הוּא Hu

הָאֱלֹהִים haElohim אהיה אדני ; ילה ; ר״ת יהה וכן עולה למנין ענו ע״ג

בַּשָּׁמַיִם bashamáyim י״פ טל, י״פ כוזו מִמַּעַל mimáal עלם ;

רמז לאור פנימי המתוז״ל מלמעלה וְעַל־ veal הָאָרֶץ haárets אלהים דההין ע״ה

מִתָּחַת mitájat רמז לאור מקיף המתוז״ל מלמטה אֵין ein עוֹד od:

Él no hizo nuestro lote como el de ellos ni nuestro destino como el de sus multitudes, ya que ellos se inclinan ante la futilidad y el vacío, y rezan a una deidad que no ayuda. Nosotros nos inclinamos ante el Supremo Rey de Reyes, el Santo, Bendito Sea. Él es quien extiende los Cielos y funda la Tierra. La Sede de Su gloria está arriba en el Cielo y la Presencia Divina de Su poder está en las alturas excelsas. Él es nuestro Dios y no hay ningún otro. Nuestro Rey es verdadero y no hay nadie excepto Él. Como está escrito en la Torá: "Aprende hoy y grábalo en tu corazón que el Señor es Dios arriba en los Cielos y abajo sobre la Tierra, y no hay otro" (Deuteronomio 4:39).

עַל al כֵּן quen נְקַוֶּה nekavé לָךְ laj יְהֹוָהאדניאהדונהי Adonai אֱלֹהֵינוּ Eloheinu
ילה לִרְאוֹת lirot מְהֵרָה meherá בְּתִפְאֶרֶת betiféret עֻזָּךְ: uzaj ס"ת כהת, משיח
בן דוד ע"ה לְהַעֲבִיר lehaavir גִּלּוּלִים guilulim מִן min הָאָרֶץ haárets אלהים דההין
ע"ה וְהָאֱלִילִים vehaelilim כָּרוֹת carot יִכָּרֵתוּן yicaretún. לְתַקֵּן letakén
עוֹלָם olam בְּמַלְכוּת bemaljut שַׁדַּי Shadai. וְכָל vejol ילי בְּנֵי bnei
בָשָׂר vasar יִקְרְאוּ yikreú בִשְׁמֶךָ vishmeja לְהַפְנוֹת lehafnot אֵלֶיךָ eleja
כָּל col ילי רִשְׁעֵי rishei אָרֶץ árets. יַכִּירוּ yaquiru וְיֵדְעוּ veyedú כָּל col ילי
יוֹשְׁבֵי yoshvei תֵבֵל tevel ב"פ רי"ו. כִּי qui לְךָ lejá תִּכְרַע tijrá כָּל־ col ילי
בֶּרֶךְ bérej תִּשָּׁבַע tishavá כָּל col ילי לָשׁוֹן lashón. לְפָנֶיךָ lefaneja ס"ג מ"ה ב"ן
יְהֹוָהאדניאהדונהי Adonai אֱלֹהֵינוּ Eloheinu ילה יִכְרְעוּ yijreú וְיִפֹּלוּ veyipolu
וְלִכְבוֹד velijvod שִׁמְךָ Shimjá יְקָר yekar יִתֵּנוּ yitenu. וִיקַבְּלוּ vikablú
כֻלָּם julam אֶת et עוֹל־ ol מַלְכוּתֶךָ maljuteja. וְתִמְלוֹךְ vetimloj
עֲלֵיהֶם aleihem מְהֵרָה meherá לְעוֹלָם leolam ריבוע ס"ג וי' אותיות דס"ג וָעֶד vaed.
כִּי qui הַמַּלְכוּת hamaljut שֶׁלְּךָ sheljá הִיא hi. וּלְעוֹלְמֵי uleolmei
עַד ad תִּמְלוֹךְ timloj בְּכָבוֹד bejavod בוכו. כַּכָּתוּב cacatuv
בְּתוֹרָתָךְ beTorataj: יְהֹוָהאדניאהדונהי Adonai | יִמְלֹךְ yimloj לְעֹלָם leolam
ריבוע ס"ג וי' אותיות דס"ג ; ר"ת ייל וָעֶד vaed: וְנֶאֱמַר veneemar: וְהָיָה vehayá יהוה ; יהה
יְהֹוָהאדניאהדונהי Adonai לְמֶלֶךְ leMélej עַל־ al כָּל־ col ילי ; עמם
הָאָרֶץ haárets אלהים דההין ע"ה בַּיּוֹם bayom ע"ה נגד, מזבח, זן, אל יהוה הַהוּא hahú
יִהְיֶה yihyé ייי יְהֹוָהאדניאהדונהי Adonai אֶחָד ejad אהבה, דאגה וּשְׁמוֹ uShmó מהש
ע"ה, ע"ב בריבוע וקס"א ע"ה, אל שדי ע"ה אֶחָד ejad אהבה, דאגה:

Por eso, Señor, nuestro Dios, esperamos contemplar pronto la gloria majestuosa de Tu poder, cuando elimines los ídolos de la Tierra y los falsos dioses hayan sido completamente destruidos, para perfeccionar al mundo con el Reino del Todopoderoso. Y la humanidad entera invocará Tu Nombre y todos los malvados de la Tierra se dirigirán a Ti. Entonces todos los habitantes del mundo reconocerán y sabrán que, por Ti, toda rodilla se dobla y toda lengua se colma. Que ante Ti, Señor, nuestro Dios, se arrodillen y se prosternen y honren Tu glorioso Nombre. Y todos aceptarán el yugo de Tu Reino y Tú reinarás sobre ellos para siempre jamás. Pues el Reino es Tuyo. Y para siempre y por la eternidad, Tú reinarás en gloria. Como está escrito en la Torá: "El Señor reinará por los siglos de los siglos" (Éxodo 15:18) *y también está dicho: "El Señor será Rey sobre toda la Tierra y, en aquél día el Señor será Uno y Uno su Nombre"* (Zacarías 14:9).

VAYÓMER

Hay un ángel específico que lleva cada oración que decimos hacia los Mundos Superiores. Al recitar esta oración adicional después de *Aleinu*, garantizamos que nuestras oraciones se eleven a los Mundos Superiores. Hay cuatro *Yud* יייי dentro del versículo "Yo soy Dios, tu sanador" que, de acuerdo con el Arí, activa el poder de la sanación.

וַיֹּאמֶר vayómer אִם־ im יוהך' מ"א אותיות דפשוט, דמילוי ודמילוי דמילוי דאהיה ע"ה

שָׁמוֹעַ shamoa תִּשְׁמַע tishmá לְקוֹל lekol | יְהֹוָׄאדהנויאהדונהי Adonai

אֱלֹהֶיךָ Eloheja ילה וְהַיָּשָׁר vehayashar בְּעֵינָיו beeinav ריבוע מ"ה

תַּעֲשֶׂה taasé וְהַאֲזַנְתָּ vehaazanta לְמִצְוֺתָיו lemitsvotav וְשָׁמַרְתָּ veshamarta

כָּל־ col ילי חֻקָּיו jukav כָּל־ col ילי הַמַּחֲלָה hamajalá

אֲשֶׁר־ asher שַׂמְתִּי samti בְמִצְרַיִם veMitsráyim מצר לֹא־ lo אָשִׂים asim

עָלֶיךָ aleja כִּי qui אֲנִי Aní אני יְהֹוָׄאדהנויאהדונהי Adonai

Corresponde a las cuatro *Yud* del Santo Nombre: (יוד הי ויו הי) ע"ב

רֹפְאֶךָ rofeja ר"ת איר:

עֵץ־ ets חַיִּים jayim אהיה אהיה יהוה, בינה ע"ה הִיא hi

לַמַּחֲזִיקִים lamajazikim ר"ת להח בָּהּ ba וְתֹמְכֶיהָ vetomjeha

מְאֻשָּׁר meushar: דְּרָכֶיהָ derajeha דַּרְכֵי־ darjei נֹעַם nóam וְכָל־ vejol

ילי נְתִיבוֹתֶיהָ netivoteha שָׁלוֹם shalom: מִגְדַּל־ migdal עֹז oz שֵׁם Shem

יְהֹוָׄאדהנויאהדונהי Adonai בּוֹ־ bo יָרוּץ yaruts צַדִּיק tsadik וְנִשְׂגָּב venisgav:

מו"ץ	ע'וי	מבטש
יצד	ווה	גרג
היי	זדו	דצב
ונק	שוה	לקה

כִּי qui בִי vi מ"ב יִרְבּוּ yirbú יָמֶיךָ yameja וְיוֹסִיפוּ veyosifu לְךָ lejá

שְׁנוֹת shnot חַיִּים jayim אהיה אהיה יהוה, בינה ע"ה:

VAYÓMER

"Y Dios dijo: Si escuchas la Voz del Señor, tu Dios,

y haces lo que es recto a Sus ojos, y cumples Sus preceptos y guardas todos Sus estatutos, no pondré sobre ti las plagas que puse sobre Egipto, pues Yo soy el Señor, tu sanador" (Éxodo 15:26). *"Es un Árbol de Vida para los que se aferran a ella y felices son quienes se aferran fuertemente a ella"* (Proverbios 3:18). *"Sus caminos son caminos dichosos y todas sus sendas son de paz"* (Proverbios 3:17). *"El Nombre del Señor es una torre de fortaleza. A ella, el justo corre y es fortalecido"* (Proverbios 18:10). *"Porque a través de Mí, tus días serán aumentados y se incrementarán los años de tu vida"* (Proverbios 9:11).

YEHÍ RATSÓN

La siguiente conexión nos ayuda a garantizar que nuestras oraciones sean aceptadas. También nos ayuda a eliminar los celos y la envidia que albergamos dentro de nosotros.

יְהִי yehí רָצוֹן ratsón מהש ע"ה, ע"ב בריבוע וקס"א ע"ה, אל שדי ע"ה מִלְּפָנֶיךָ milfaneja
ס"ג מ"ה ב"ן יְהֹוָאדהֹנָהי Adonai אֱלֹהַי Elohai מילוי ע"ב, דמב ; ילה וֵאלֹהֵי veElohei לכב;
מילוי דע"ב, דמב ; ילה אֲבוֹתַי avotai, שֶׁלֹּא sheló נִכָּשֵׁל nicashel בִּדְבַר bidvar ראה
הֲלָכָה halajá. וְלֹא veló נֹאמַר nomar עַל al טָמֵא tamé טָהוֹר tahor י"פ אכא
וְלֹא veló עַל al טָהוֹר tahor י"פ אכא טָמֵא tamé, וְלֹא veló עַל al אִיסוּר isur
מוּתָּר mutar וְלֹא veló עַל al מוּתָּר mutar אִיסוּר isur, וְלֹא veló יִכָּשְׁלוּ yicashlú
חֲבֵרַי javerai בִּדְבַר bidvar ראה הֲלָכָה halajá וְאֶשְׂמַח veesmaj אֲנִי aní אני
בָּהֶם bahem. וְלֹא veló אֶכָּשֵׁל ecashel אֲנִי aní אני בוֹ vo וְיִשְׂמְחוּ veyismejú
הֵם hem בִּי bi, כִּי qui יְהֹוָאדהֹנָהי Adonai יִתֵּן yitén חָכְמָה jojmá
במילוי = תרי"ג (מצוות) מִפִּיו mipiv דַּעַת dáat וּתְבוּנָה utvuná. גַּל־ gal
עֵינַי einai ריבוע מ"ה וְאַבִּיטָה veabita נִפְלָאוֹת niflaot מִתּוֹרָתֶךָ mitorateja:

Hay una conexión adicional que nos ayuda a mantener a la Luz en nuestra conciencia durante todo el día. Antes de que cerremos nuestro libro de oraciones y nos vayamos, recitamos esta oración para mantener a los ángeles con nosotros todo el día.

יְהֹוָאדהֹנָהי Adonai | נְחֵנִי nejení בְצִדְקָתֶךָ vetsidkateja לְמַעַן lemaan
שׁוֹרְרָי shorerai הַיְשַׁר hayshar (כתיב: הושר) לְפָנַי lefanai דַּרְכֶּךָ darqueja:
וְיַעֲקֹב veYaakov ז' הויות, אידהנויה הָלַךְ halaj מ"ה לְדַרְכּוֹ ledarcó
וַיִּפְגְּעוּ־ vayifgueú בוֹ vo מַלְאֲכֵי malajei אֱלֹהִים Elohim אהיה אדני ; ילה:
וַיֹּאמֶר vayómer יַעֲקֹב Yaakov ז' הויות, אידהנויה כַּאֲשֶׁר caasher
רָאָם raam מַחֲנֵה majané אֱלֹהִים Elohim אהיה אדני ; ילה זֶה ze וַיִּקְרָא vayikrá
עם ה' אותיות ב"פ קס"א שֵׁם־ shem הַמָּקוֹם hamakom הַהוּא hahú מַחֲנָיִם Majanáyim:

YEHÍ RATSÓN

Que sea Tu voluntad, Señor, mi Dios y Dios de mis antepasados, que no erremos en materia de halajá, y que no llamemos impuro a lo puro ni puro a lo impuro, y que no llamemos prohibido a lo permitido ni permitido a lo prohibido. Que mis colegas no erren en materia de halajá y que yo me regocije en ellos, y que ninguna ofensa ocurra a través de mí, y que todos mis colegas se regocijen en mí. Porque de Su boca el Señor da sabiduría y entendimiento: "Abre mis ojos para que pueda ver las maravillas de Tu Torá" (Salmos 119:18). "Señor, instrúyeme con Tu rectitud, y condúceme en Tus caminos en contra de mis enemigos" (Salmos 5:9). "Y Yaakov siguió su camino, y los ángeles de Dios se encontraron con él. Al verlos, Yaakov dijo: Este es el campamento de Dios. Y llamó a ese lugar Majanáyim" (Génesis 32:2-3).

KIDUSH PARA EL DÍA DE SHAVUOT

Todas nuestras oraciones han estado despertando energía espiritual desde los Mundos Superiores, pero ahora necesitamos manifestar y expresar esta energía en nuestro mundo físico para que podamos emplearla de manera práctica. Beber el vino es uno de los métodos para expresar esta energía.

En *Shabat* agregamos:

וְשָׁמְרוּ veshamrú בְנֵי־ vnei יִשְׂרָאֵל Yisrael אֶת־ et הַשַּׁבָּת haShabat ר״ת ביאה

לַעֲשׂוֹת laasot אֶת־ et הַשַּׁבָּת haShabat לְדֹרֹתָם ledorotam ר״ת אהל (זו אשתו, למשוך

נשמה קדושה ולא מסט״א) בְּרִית brit עוֹלָם olam: בֵּינִי beiní וּבֵין uvein בְּנֵי bnei

יִשְׂרָאֵל Yisrael אוֹת ot הִוא hi ר״ת ביאה לְעֹלָם leolam ריבוע ד״ס ג׳ וי׳ אותיות ד״ס ג׳ כִּי־ qui

שֵׁשֶׁת shéshet יָמִים yamim נלך עָשָׂה asá יְהֹוָהאדניאהדונהי Adonai אֶת־ et

הַשָּׁמַיִם hashamáyim י״פ טל, י״פ כוזו וְאֶת־ veet הָאָרֶץ haárets אלהים דההין ע״ה

וּבַיּוֹם uvayom ע״ה נגד, מזבח, זן, אל יהוה הַשְּׁבִיעִי hashvií שָׁבַת shavat

וַיִּנָּפַשׁ vayinafash:

אֵלֶּה ele מוֹעֲדֵי moadei יְהֹוָהאדניאהדונהי Adonai מִקְרָאֵי mikraéi קֹדֶשׁ kódesh

אֲשֶׁר־ asher תִּקְרְאוּ tikreú אֹתָם otam בְּמוֹעֲדָם bemoadam:

וַיְדַבֵּר vaydaber ראה מֹשֶׁה Moshé מהש, ע״ב בריבוע וקס״א, אל שדי, ד״פ אלהים ע״ה

אֶת־ et מֹעֲדֵי moadei יְהֹוָהאדניאהדונהי Adonai אֶל־ el בְּנֵי bnei יִשְׂרָאֵל Yisrael:

En *Shabat* agregamos:

עַל al כֵּן quen בֵּרַךְ beraj יְהֹוָהאדניאהדונהי Adonai אֶת et

יוֹם yom ע״ה נגד, מזבח, זן, אל יהוה הַשַּׁבָּת haShabat וַיְקַדְּשֵׁהוּ vaykadshehu:

סַבְרִי savrí מָרָנָן maranán (Respondemos: לְחַיִּים lejáyim)

בָּרוּךְ Baruj אַתָּה Atá יְהֹוָהאדניאהדונהי Adonai אֱלֹהֵינוּ Eloheinu מֶלֶךְ Mélej

הָעוֹלָם haolam בּוֹרֵא boré פְּרִי prí הַגָּפֶן haguefen:

KIDUSH PARA EL DÍA DE SHAVUOT

En Shabat, agregamos: *"Y los Hijos de Israel deberán guardar el Shabat, para hacer del Shabat una alianza eterna para todas sus generaciones. Entre Yo y los Hijos de Israel es una señal eterna de que en seis días hizo el Señor los Cielos y la Tierra, y en el Séptimo Día, cesó, y reposó. Por esa razón, el Señor bendijo el día de Shabat y lo hizo Santo"* (Éxodo 31:16-17).

Esas son las festividades del Señor, Santa alianza deberán llamarlas en su momento.
Y Moshé les mencionó las festividades del Señor a los hijos de Israel.

En Shabat, agregamos: *Entonces el Señor bendijo el día de Shabat y lo Santificó.*

Con su permiso, maestros míos. (Respondemos: *¡Por la vida!*)
Bendito eres Tú, Señor, Nuestro Dios, Rey del universo, Quien crea los frutos de la vid.

MINJÁ DE SHAVUOT

El valor numérico de la palabra *Minjá* (103) también es el número de submundos (dentro de los cinco mundos principales), controlados por la Columna Izquierda de Juicio. El propósito de la oración de *Minjá* no es simplemente hacer una conexión con la Luz del Creador, es aquietar la energía de Juicio en el mundo.

Yitsjak el Patriarca es nuestro canal para superar el Juicio. Yitsjak vino a este mundo a crear un sendero que nos conduciría a suavizar el Juicio en nuestra vida.

LESHEM YIJUD

לְשֵׁם leShem יִחוּד yijud קוּדְשָׁא Kudshá בְּרִיךְ Berij הוּא Hu
וּשְׁכִינְתֵּיהּ uShjintei (יאהדונהי), בִּדְחִילוּ bidjilu וּרְחִימוּ urjimu
(יאהדונהי), וּרְחִימוּ urjimu וּדְחִילוּ udjilu (איההיוהה), לְיַחֲדָא leyajdá
שֵׁם Shem יו"ד Yud קֵ"י Kei בְּוא"ו beVav קֵ"י Kei בְּיִחוּדָא beyijudá
שְׁלִים shlim (יהוה) בְּשֵׁם beshem כָּל col ילי יִשְׂרָאֵל Yisrael,
הִנֵּה hiné אֲנַחְנוּ anajnu בָּאִים baim לְהִתְפַּלֵּל lehitpalel תְּפִלַּת tfilat
מִנְחָה minjá ע"ה ב"פ ב"ן שֶׁל shel (en *Shabat* agregar: שַׁבָּת Shabat קוֹדֶשׁ kódesh
(וְ ve) שָׁבוּעוֹת Shavuot שֶׁתִּקֵּן shetikén יִצְחָק Yitsjak ד"פ ב"ן אָבִינוּ avinu
עָלָיו alav הַשָּׁלוֹם hashalom עִם im כָּל col ילי הַמִּצְוֹת hamitsvot
הַכְּלוּלוֹת haclulot בָּהּ ba, לְתַקֵּן letakén אֶת et שׁוֹרְשָׁהּ shorshá
בְּמָקוֹם bemakom עֶלְיוֹן elyón לַעֲשׂוֹת laasot נַחַת nájat- רוּחַ rúaj
לְיוֹצְרֵנוּ leyotsrenu, וְלַעֲשׂוֹת velaasot רְצוֹן retsón מהש ע"ה, ע"ב
ברבוע וקס"א ע"ה, אל שדי ע"ה בּוֹרְאֵנוּ borenu. וִיהִי vihí נֹעַם nóam אֲדֹנָי Adonai ללה
אֱלֹהֵינוּ Eloheinu ילה עָלֵינוּ aleinu וּמַעֲשֵׂה umaasé יָדֵינוּ yadeinu
כּוֹנְנָה conená עָלֵינוּ aleinu וּמַעֲשֵׂה umaasé יָדֵינוּ yadeinu כּוֹנְנֵהוּ conenehu:

MINJÁ DE SHAVUOT

LESHEM YIJUD

Para la unificación de El Santo, Bendito sea y Su Shejiná, con temor y amor y con amor y temor, para unificar El Nombre Yud-Kei y Vav-Kei en perfecta unidad, y en el nombre de Israel, hemos venido por este medio a recitar la oración de Minjá para, (en Shabat agregamos: *el Santo Shabat y*) *Shavuot establecida por Yitsjak, nuestro antepasado, sea la paz con él con todos sus preceptos, para corregir su raíz en el Sitio Supremo, para llevar satisfacción a nuestro Hacedor, y para satisfacer el deseo de nuestro Creador. "Y sea la gracia del Señor, nuestro Dios, sobre nosotros y pueda Él establecer en nosotros la obra de nuestras manos y que la obra de nuestras manos pueda establecerlo a Él"* (*Salmos 90:17*).

LOS SACRIFICIOS – KORBANOT - EL TAMID – OFRENDA (DIARIA)

וַיְדַבֵּר vaydaber ראה יְהֹוָ‍אדניאהדונהי Adonai אֶל־ el מֹשֶׁה Moshé
מהש, ע"ב בריבוע וקס"א, אל שדי לֵּאמֹר lemor: צַו tsav פוי, אל אדני אֶת־ et בְּנֵי bnei
יִשְׂרָאֵל Yisrael וְאָמַרְתָּ veamarta אֲלֵהֶם alehem אֶת־ et קָרְבָּנִי karbaní
לַחְמִי lajmí לְאִשַּׁי leishai רֵיחַ réaj נִיחֹחִי nijojí תִּשְׁמְרוּ tishmerú
לְהַקְרִיב lehakriv לִי li בְּמוֹעֲדוֹ bemoadó: וְאָמַרְתָּ veamarta לָהֶם lahem
זֶה ze הָאִשֶּׁה haishé אֲשֶׁר asher תַּקְרִיבוּ takrivu לַיהֹוָ‍אדניאהדונהי laAdonai
כְּבָשִׂים cvasim בְּנֵי־ bnei שָׁנָה shaná תְמִימִם tmimim שְׁנַיִם shnáyim
לַיּוֹם layom ע"ה נגד, מזבח, זן, אל יהוה עֹלָה olá ר"ת עשל תָּמִיד tamid ע"ה קס"א קנ"א קמ"ג:
אֶת־ et הַכֶּבֶשׂ haqueves אֶחָד ejad אהבה, דאגה תַּעֲשֶׂה taasé בַבֹּקֶר vabóker
וְאֵת veet הַכֶּבֶשׂ haqueves הַשֵּׁנִי hashení תַּעֲשֶׂה taasé בֵּין bein
הָעַרְבָּיִם haarbáyim: וַעֲשִׂירִית vaasirit הָאֵיפָה haefá סֹלֶת sólet
לְמִנְחָה leminjá ע"ה = ב"פ כ"ן בְּלוּלָה blulá בְּשֶׁמֶן beshemen
כָּתִית catit רְבִיעִת reviít הַהִין hahín: עֹלַת olat ושר, אבגיתץ

(Aquí meditar en doblegar la *klipá* llamada *Tolá* usando el Nombre: אבגיתץ)

תָּמִיד tamid ע"ה קס"א קנ"א קמ"ג הָעֲשֻׂיָה haasuyá
בְּהַר behar סִינַי Sinai נמם = ה הויות (ה גבורות) לְרֵיחַ leréaj נִיחֹחַ nijóaj
אִשֶּׁה ishé לַיהֹוָ‍אדניאהדונהי laAdonai: וְנִסְכּוֹ veniscó רְבִיעִת reviít
הַהִין hahín לַכֶּבֶשׂ laqueves הָאֶחָד haejad אהבה, דאגה בַּקֹּדֶשׁ bakódesh
הַסֵּךְ hasej נֶסֶךְ nésej שֵׁכָר shejar י"פ כ"ן לַיהֹוָ‍אדניאהדונהי laAdonai:

LOS SACRIFICIOS – KORBANOT - EL TAMID – OFRENDA (DIARIA)

"Y habló Dios a Moshé y dijo: Ordena a los Hijos de Israel y diles: Mi ofrenda, el pan para ofrenda de fuego, Mi agradable fragancia, guardarán para entregar en sacrificio a Mí en el momento especificado. Y les dirás: Este es la ofrenda de fuego que ofrecerán a Dios: cordero sin tacha de un año, dos diarios, como una ofrenda diaria regular; un cordero ofrecerás en la mañana y el segundo cordero ofrecerás al final de la tarde. Y un décimo de una fanega de harina fina, para la ofrenda de comida, mezclada con un cuarto de cuartal de aceite. Una ofrenda quemada permanente hecha en el Monte Sinaí, para fragancia adorable y una ofrenda de fuego ante Dios. Su libación es un cuarto de cuartal para un cordero en el Santuario, vierte una libación de vino superior ante Dios.

וְאֵת veet הַכֶּבֶשׂ haqueves הַשֵּׁנִי hashení תַּעֲשֶׂה taasé בֵּין bein
הָעַרְבָּיִם haarbáyim כְּמִנְחַת queminjat הַבֹּקֶר habóker וּכְנִסְכּוֹ ujeniscó
תַּעֲשֶׂה taasé אִשֵּׁה ishé (elevación a *Yetsirá*) רֵיחַ réaj (elevación a *Briá*)
נִיחֹחַ nijóaj (elevación a *Atsilut*) לַיהֹוָ֘ה אדניאהדונהי laAdonai ; (elevación al Mundo Infinito))

EL INCIENSO

Estos versículos de la Torá y del *Talmud* hablan sobre las 11 hierbas y especias que fueron usadas en el Templo. Estas hierbas y especias fueron usadas con un solo propósito: Para ayudarnos a remover la fuerza de la muerte de cada área de nuestra vida. Esta es una de las varias oraciones cuyo único propósito es la erradicación de la muerte. El *Zóhar* nos enseña que todo aquel que tenga juicio persiguiéndole, necesita conectarse con este incienso. Estas 11 hierbas y especias se conectan con las 11 Luces que sostienen a las *klipot* (cáscaras de negatividad). Cuando arrancamos las 11 Luces que sostienen a las *klipot* a través del poder del incienso, las *klipot* pierden su fuerza vital y mueren. Además de llevar las 11 especias al Templo, la gente llevaba resina, vino y otros elementos con propiedades metafísicas para ayudar a combatir al Ángel de la Muerte.

Está escrito en el *Zóhar*: "Ven y ve: Quien es perseguido por el juicio necesita incienso y debe arrepentirse ante su Señor, ya que el incienso ayuda a desaparecer el juicio de él". Las 11 hierbas y especias corresponden a las 11 Iluminaciones Santas que reviven a la *klipá*. Al elevarlas, la *klipá* muere. Mediante estas 11 hierbas, las *klipot* son alejadas y se elimina la fuerza energética que les daba vida. Y debido a que el Lado Puro y su sustento desaparecen, las *klipot* quedan sin vida. Por lo tanto, el secreto del incienso es que éste limpia la fuerza de la plaga y la cancela. El incienso destruye al Ángel de la Muerte y le quita su poder de asesinar.

אַתָּה Atá הוּא Hu יְהֹוָ֘ה אדניאהדונהי Adonai אֱלֹהֵינוּ Eloheinu ילה
שֶׁהִקְטִירוּ shehiktiru אֲבוֹתֵינוּ avoteinu לְפָנֶיךָ lefaneja ס״ג מ״ה ב״ן
אֶת et קְטֹרֶת któret י״א פעמים אדני (הנבררים מהקליפות ע״י י״א הסממנים) ;
קטרת - הק׳ באתב״ש ד׳ = תרי״ג (מצוות) הַסַּמִּים hasamim ע״ה קנ״א, אדני אלהים
בִּזְמַן bizmán שֶׁבֵּית shebeit ב״פ ראה הַמִּקְדָּשׁ hamikdash קַיָּם kayam
כַּאֲשֶׁר caasher צִוִּיתָ tsivita אוֹתָם otam עַל־ al יַד yad מֹשֶׁה Moshé מהש,
ע״ב בריבוע וקס״א, אל שדי נְבִיאֶךָ neviaj כַּכָּתוּב cacatuv בְּתוֹרָתֶךָ beTorataj:

Ofrecerás el segundo cordero en la tarde como la ofrenda de la mañana; su libación ofrecerás como ofrenda de fuego de una fragancia agradable a Dios" (Números 28:1-8).

EL INCIENSO

Eres Tú, Señor, nuestro Dios, ante quien nuestros antepasados quemaron las especias del incienso. Durante el tiempo en el que existía el Sagrado Templo, como habías ordenado a través de Moshé, Tu Profeta, y como está escrito en Tu Torá:

LA PORCIÓN DEL INCIENSO

Para elevar las *Sefirot* de todas las *Noga* de *Atsilut*, *Briá*, *Yetsirá* y *Asiyá*.

וַיֹּאמֶר vayómer יְהֹוָאדנייאהדונהי Adonai אֶל־ el מֹשֶׁה Moshé

מהש, ע"ב בריבוע וקס"א, אל שדי קַח־ kaj לְךָ lejá סַמִּים samim (*Tiféret, Nétsaj*)

ע"ה קנ"א, אדני אלהים נָטָף nataf | (*Hod*) וּשְׁחֵלֶת ushjélet (*Yesod*) וְחֶלְבְּנָה vejelbená

(*Maljut*) ע"ה פוי, אל אדני סַמִּים samim (*Kéter, Jojmá, Biná, Jésed, Guevurá*)

ע"ה קנ"א, אדני אלהים וּלְבֹנָה ulevoná זַכָּה zacá (Luz Circundante) בַּד bad בְּבַד bevad

יִהְיֶה yihyé ייי: וְעָשִׂיתָ veasita אֹתָהּ otá קְטֹרֶת któret י"א פעמים אדני (הנבררים

מהקליפות ע"י י"א הסממנים); קטרת - הק' באתב"ש ד' = תרי"ג (מצוות) רֹקַח rókaj מַעֲשֵׂה maasé

רוֹקֵחַ rokéaj שדי מְמֻלָּח memulaj טָהוֹר tahor י"פ אכא קֹדֶשׁ kódesh

ס"ת רוזש בכוונו לגרש החיצונים ויועיל לזכירה: וְשָׁחַקְתָּ veshajakta מִמֶּנָּה mimena

הָדֵק hadek וְנָתַתָּה venatata מִמֶּנָּה mimena לִפְנֵי lifnei הָעֵדֻת haedut

בְּאֹהֶל beóhel מוֹעֵד moed אֲשֶׁר asher אִוָּעֵד ivaed לְךָ lejá שָׁמָּה shama

קֹדֶשׁ kódesh קָדָשִׁים kodashim תִּהְיֶה tihyé לָכֶם lajem. וְנֶאֱמַר veneemar:

וְהִקְטִיר vehiktir עָלָיו alav אַהֲרֹן Aharón קְטֹרֶת któret י"א פעמים אדני

(הנבררים מהקליפות ע"י י"א הסממנים); קטרת - הק' באתב"ש ד' = תרי"ג (מצוות) סַמִּים samim

ע"ה קנ"א, אדני אלהים בַּבֹּקֶר babóker בַּבֹּקֶר babóker בְּהֵיטִיבוֹ beheitivo

אֶת־ et הַנֵּרֹת hanerot יַקְטִירֶנָּה yaktirena: וּבְהַעֲלֹת uvehaalot

אַהֲרֹן Aharón אֶת־ et הַנֵּרֹת hanerot בֵּין bein הָעַרְבַּיִם haarbáyim

ר"ת אהבה, דאגה, אוזר יַקְטִירֶנָּה yaktirena קְטֹרֶת któret י"א פעמים אדני

(הנבררים מהקליפות ע"י י"א הסממנים); קטרת - הק' בא"ת ב"ש ד' = תרי"ג (מצוות) תָּמִיד tamid

ע"ה קס"א קנ"א קמ"ג לִפְנֵי lifnei יְהֹוָאדנייאהדונהי Adonai לְדֹרֹתֵיכֶם ledoroteijem:

LA PORCIÓN DEL INCIENSO

"Y Dios dijo a Moshé: Toma especias de bálsamo, uña aromática, gálbano, e olíbano puro, de todo en igual peso. Y deberás preparar una mezcla de incienso: la obra de un perfumador, bien combinada, pura y santa. Molerás de ella pulverizándola y la colocarás delante del Testimonio en el Tabernáculo de Reunión, en donde Yo me encontraré contigo. Será el Santo de los Santos para ti" (Éxodo 30:34-36). *Y Dios también dijo: "Aharón quemará sobre el Altar especies de incienso cada mañana cuando prepare las velas. Y cuando Aharón encienda las velas a la caída del sol, él deberá quemar especias de incienso como una ofrenda de incienso permanente ante Dios, por todas sus generaciones"* (Éxodo 30:7-8).

LAS FUNCIONES DEL INCIENSO

El relleno del incienso tiene dos propósitos: Primero, remover las *klipot* para evitar que éstas acompañen la elevación de los Mundos y, segundo, para atraer Luz hacia *Asiyá*. Por lo tanto, medita en elevar las chispas de Luz de todas las *Noga* de *Atsilut*, *Briá*, *Yetsirá* y *Asiyá*.

Cuenta el incienso uno por uno usando tu mano derecha y no te saltes ni uno, porque está escrito: "Si uno omite uno de los ingredientes, es probable que reciba la pena de muerte". Y por lo tanto, debes tener cuidado de no saltarte ninguno, porque recitar este párrafo es un sustituto de la verdadera quema del incienso.

תָּנוּ tanú רַבָּנָן rabanán פִּטּוּם pitum הַקְּטֹרֶת haktóret י״א פעמים אדנ״י
(הנבררים מהקליפות ע״י י״א הסממנים); קטרת - הק׳ באתב״ש ד׳ = תרי״ג (מצוות);
פטום הקטרת = יְהֹוָה יֱהֹוִה מצפצ יה אדנ״י אל אלהים מצפצ (ו׳ מרגלאין דשבת)׃
כֵּיצַד ♦queitsad שְׁלֹשׁ shlosh מֵאוֹת meot המספר = ש׳ = אלהים דיודין
וְשִׁשִּׁים veshishim המספר = מילוי הש׳ (יו) וּשְׁמוֹנָה ushmoná מָנִים manim הָיוּ hayú
בָהּ ♦va שְׁלֹשׁ shlosh מֵאוֹת meot המספר = ש׳ = אלהים דיודין וְשִׁשִּׁים veshishim
המספר = מילוי הש׳ (יו) וַחֲמִשָּׁה vajamishá כְּמִנְיַן queminyán יְמוֹת yemot
הַחַמָּה hajamá מָנֶה mané ע״ה פוי, אל אדנ״י בְּכָל־ bejol ב״ן, לכב
יוֹם yom ע״ה נגד, מזבח, זן, אל יהוה♦ מַחֲצִיתוֹ majatsitó בַּבֹּקֶר babóker
וּמַחֲצִיתוֹ umajatsitó בָּעֶרֶב ♦baérev וּשְׁלֹשָׁה ushloshá מָנִים manim
יְתֵרִים yeterim קס״א, קנ״א וקמ״ג שֶׁמֵּהֶם shemehem מַכְנִיס majnís כֹּהֵן Cohén מלה
גָּדוֹל gadol להח ; עם ד׳ אותיות = מבה, יזל, אום וְנוֹטֵל venotel מֵהֶם mehem
מְלֹא meló חָפְנָיו jafnav בְּיוֹם beyom ע״ה נגד, מזבח, זן, אל יהוה הַכִּפּוּרִים ♦haKipurim
מַחֲזִירָן majazirán לַמַּכְתֶּשֶׁת lamajtéshet בְּעֶרֶב beérev
יוֹם Yom ע״ה נגד, מזבח, זן, אל יהוה הַכִּפּוּרִים haKipurim כְּדֵי quedei לְקַיֵּם lekayem
מִצְוַת mitsvat דַּקָּה daká מִן min הַדַּקָּה ♦hadaká וְאַחַד veajad אהבה, דאגה
עָשָׂר asar סַמָּנִים samanim הָיוּ hayú בָהּ ♦va וְאֵלּוּ veelu הֵן ׃hen

---

LAS FUNCIONES DEL INCIENSO

Nuestros Sabios han enseñado: ¿Cómo se hacía la composición del incienso? Trescientas sesenta y ocho porciones estaban contenidas allí. Trescientas sesenta y cinco correspondían al número de días en el año solar, una porción para cada día: La mitad de ella en la mañana y la otra mitad a la caída del sol. Y las tres porciones restantes, El Sumo Sacerdote, en Yom Kipur, se llenaba ambas manos con ellas. En la Víspera de Yom Kipur, él las llevaría de regreso al mortero para cumplir el requerimiento de que debían estar muy finamente molidas. Cada porción contenía once especias:

1) הַצֳּרִי haTsorí **(*Kéter*)** מצפצ, אלהים דיודין, י״פ ייי• 2) וְהַצִּפֹּרֶן vehaTsiporén **(*Yesod*)**
יהוה אדני אהיה שדי• 3) וְהַחֶלְבְּנָה vehaJelbená **(*Maljut*)** ע״ה פוי, אל אדני•
4) וְהַלְּבוֹנָה vehaLevoná **(Luz Circundante** - שהוא אור לבן והוא יוזדי הנקרא אדון יוזיד)
מִשְׁקַל mishkal שִׁבְעִים shivim שִׁבְעִים shivim מָנֶה mané ע״ה פוי, אל אדני•
5) מוֹר Mor **(*Jésed*)**• 6) וּקְצִיעָה uKetsía רהע **(*Guevurá*)** - ״כי מצפון תפתח הרעה״,
והגבורה סוד רווז צפון)• 7) וְשִׁבֹּלֶת veShibólet נֵרְדְּ nerd **(*Tiféret*)**•
8) וְכַרְכֹּם veJarcom **(*Nétsaj*)** מזוזך, סנדלפון, ערי• מִשְׁקַל mishkal שִׁשָּׁה shishá
עָשָׂר asar שִׁשָּׁה shishá עָשָׂר asar מָנֶה mané ע״ה פוי, אל אדני• 9) קוֹשְׁטְ Kosht
(*Jojmá*) שְׁנֵים shneim עָשָׂר asar• 10) קִלּוּפָה Kilufá **(*Biná*)** שְׁלֹשָׁה shloshá•
11) קִנָּמוֹן Kinamón **(*Hod*)** ר״ת ג״פ ק (בסוד קדוש קדוש קדוש)• תִּשְׁעָה tishá•
בּוֹרִית borit כַּרְשִׁינָא carshiná תִּשְׁעָה tishá קַבִּין kabín• יֵין yein מיכ, י״פ האא
קַפְרִיסִין kafrisín סְאִין seín תְּלַת tlat וְקַבִּין vekabín תְּלָתָא tlatá אהיה קבין
וְאִם veim יוהך, מ״א אותיות דפשוט, דמילוי ודמילוי דמילוי דאהיה ע״ה לֹא lo מָצָא matsá
יֵין yein מיכ, י״פ האא קַפְרִיסִין kafrisín מֵבִיא meví חֲמַר jamar חִוָּר jivar
עַתִּיק atik• מֶלַח mélaj סְדוֹמִית sdomit רוֹבַע rova• מַעֲלֶה maalé
עָשָׁן ashán כָּל col ילי שֶׁהוּא shehú• רִבִּי Ribí נָתָן Natán הַבַּבְלִי haBavlí
אוֹמֵר omer אַף af מִכִּפַּת miquipat הַיַּרְדֵּן haYardén י׳ הויות וד׳ אותיות כָּל col ילי
שֶׁהִיא shehí• אִם im יוהך, מ״א אותיות דפשוט, דמילוי ודמילוי דמילוי דאהיה ע״ה נָתַן natán
בָּהּ ba דְּבַשׁ dvash שו (דשופר) + י״ד (האווז) = ש״ך דינין דגדלות פְּסָלָהּ psalá•
וְאִם veim יוהך, מ״א אותיות דפשוט, דמילוי ודמילוי דמילוי דאהיה ע״ה חִסֵּר jiser
אַחַת ajat מִכָּל־ micol ילי סַמְמָנֶיהָ samemaneha חַיָּב jayav מִיתָה mitá:

---

1) Bálsamo 2) Uña Aromática 3) Gálbano 4) Olíbano; el peso de setenta porciones cada una. 5) Mirra 6) Acacia 7) Nardo 8) y Azafrán, el peso de dieciséis porciones cada una. 9) Doce porciones de Costo 10) Tres de Corteza aromática 11) Nueve de Canela. Asimismo, nueve kavs de Lejía de Carsina. Y tres kavín y tres seín de Vino de Chipre. Y si uno no encontrase vino de Chipre, él deberá traer vino blanco añejo. Y un cuarto de la sal de Sodoma. Y una pequeña medida de una hierba generadora de humo. Rabí Natán, el Babilonio, también aconsejaba una pequeña cantidad de ámbar de Jordania. Si se le añadía miel, se hacía defectuoso. Si omite aunque sea una de todas las hierbas, era merecedor de la muerte.

רַבָּן Rabán שִׁמְעוֹן Shimón בֶּן ben גַּמְלִיאֵל Gamliel אוֹמֵר omer:
הַצֳּרִי haTsorí מצפצ, אלהים דיודין, י"פ ייי אֵינוֹ einó אֶלָּא ela שְׂרָף seraf
הַנּוֹטֵף hanotef מֵעֲצֵי meatsei הַקְּטָף haktaf. בּוֹרִית borit
כַּרְשִׁינָא carshiná לְמָה lemá הִיא hi בָאָה vaá כְּדֵי quedei
לְשַׁפּוֹת leshapot בָּהּ ba אֶת et הַצִּפֹּרֶן haTsiporén יהוה אדני אהיה שדי
כְּדֵי quedei שֶׁתְּהֵא shetehé נָאָה naá. יֵין yein ע' (כנגד ע' אומות העולם התלויים בסמאל)
מיכ, י"פ האא קַפְרִיסִין Kafrisín לְמָה lemá הוּא hu בָא va כְּדֵי quedei
לִשְׁרוֹת lishrot בּוֹ bo אֶת et הַצִּפֹּרֶן haTsiporén יהוה אדני אהיה שדי
כְּדֵי quedei שֶׁתְּהֵא shetehé עַזָּה azá. וַהֲלֹא vahaló מֵי mei ילי רַגְלַיִם ragláyim
יָפִין yafín לָהּ la אֶלָּא ela שֶׁאֵין sheéin מַכְנִיסִין majnisín מֵי mei ילי
רַגְלַיִם ragláyim בַּמִּקְדָּשׁ bamikdash מִפְּנֵי mipnei הַכָּבוֹד hacavod לאו:
תַּנְיָא tanyá רִבִּי Ribí נָתָן Natán אוֹמֵר omer כְּשֶׁהוּא queshehú
שׁוֹחֵק shojek אוֹמֵר omer הָדֵק hadek הֵיטֵב heitev. הֵיטֵב heitev
הָדֵק hadek. מִפְּנֵי mipnei שֶׁהַקּוֹל shehakol יָפֶה yafé לַבְּשָׂמִים labesamim.
פִּטְּמָהּ pitmá לַחֲצָאִין lajatsaín כְּשֵׁרָה csherá. לְשָׁלִישׁ leshalish
וּלְרָבִיעַ uleravía לֹא lo שָׁמַעְנוּ shamanu. אָמַר amar רִבִּי Ribí
יְהוּדָה Yehudá זֶה ze הַכְּלָל haclal אִם im יוהך, מ"א אותיות דפשוט, דמילוי
ודמילוי דמילוי דאהיה ע"ה כְּמִדָּתָהּ quemidatá כְּשֵׁרָה csherá לַחֲצָאִין lajatsaín.
וְאִם veim יוהך, מ"א אותיות דפשוט, דמילוי ודמילוי דמילוי דאהיה ע"ה וְחִסֵּר jiser
אַחַת ajat מִכָּל micol ילי סַמָּנֶיהָ samemaneha חַיָּב jayav מִיתָה mitá:

Rabán Shimón ben Gamliel dice: El bálsamo era sólo una savia que rezumaba de los árboles de bálsamo. ¿Para qué se añadía la lejía de Carsina? Para frotar la uña aromática con ella y hacerlo agradable a la vista. ¿Cuál era el propósito de añadir vino de Chipre? Para remojarlo con la uña aromática.Orina es lo más apropiado para esto, pero no se lleva orina al Templo Sagrado por respeto. Se enseñaba que Rabí Natán decía: Cuando él molía, él decía: "Muélela finamente, muélela finamente". Esto es porque la voz es beneficiosa para las especias. Si combina la mitad de la cantidad es todavía válido, pero con relación a un tercio o un cuarto no poseemos información. Rabí Yehuda decía: Esta es la regla general: Si está en las proporciones correctas, la mitad es válida. Pero si él omite una de las especias, es merecedor de la muerte.

תָּנֵי tanei בַּר Var קַפָּרָא Kapará אַחַת ajat לְשִׁשִּׁים leshishim אוֹ o
לְשִׁבְעִים leshivim שָׁנָה shaná הָיְתָה haytá בָּאָה vaá שֶׁל shel
שִׁירַיִם shiráyim לַחֲצָאִין lajatsaín. וְעוֹד veod תָּנֵי tanei בַּר Var
קַפָּרָא Kapará אִלּוּ ilú הָיָה hayá יהה נוֹתֵן notén אבגיתץ, ושר בָּהּ ba
קָרְטוֹב kartov שֶׁל shel דְּבַשׁ dvash שו׳ (דשופר) - י״ד (האוויו) = ש״ך דינין דגדלות
אֵין ein אָדָם adam מ״ה יָכוֹל yajol לַעֲמוֹד laamod מִפְּנֵי mipnei
רֵיחָהּ reijá. וְלָמָּה velama אֵין ein מְעָרְבִין mearvín בָּהּ ba דְּבַשׁ dvash
שו׳ (דשופר) - י״ד (האוויו) = ש״ך דינין דגדלות מִפְּנֵי mipnei שֶׁהַתּוֹרָה shehaTorá
אָמְרָה amrá (ויקרא ב׳, י״א): כִּי qui כָל־ jol ילי שְׂאֹר seor ג׳ מוחין דאלהים דקטנות
(ש׳ = אלהים דיודין ; א׳ כללות שם אלהים ; ר׳ = ריבוע אלהים) וְכָל־ vejol ילי דְּבַשׁ dvash
שו׳ (דשופר) - י״ד (האוויו) = ש״ך דינין דגדלות לֹא־ lo תַקְטִירוּ taktiru מִמֶּנּוּ mimenu
שכן הם בוזינת דינין דקטנות ודגדלות לכן נאסרה הקרבתן אִשֶּׁה ishé לַיהֹוָה laAdonai:

Derecha

יְהֹוָה Adonai צְבָאוֹת Tsvaot פני שכינה עִמָּנוּ imanu
ריבוע דס״ג = קס״א ע״ה וד׳ אותיות מִשְׂגָּב־ misgav משה, מהש, ע״ב בריבוע קס״א, אל שדי,
ד״פ אלהים ע״ה לָנוּ lanu אלהים, אהיה אדני אֱלֹהֵי Elohei מילוי ע״ב, דמב ; ילה
יַעֲקֹב Yaakov ו׳ הויות, יאהדונהי אידהנויה סֶלָה sela:

Izquierda

יְהֹוָה Adonai צְבָאוֹת Tsvaot פני שכינה אַשְׁרֵי ashrei
אָדָם adam מ״ה ; יהוה צבאות אשרי אדם = תפארת בֹּטֵחַ botéaj
בָּךְ baj אדם בוטח בך = אמן ע״ה = ע״ה ; בוטח בך = מילוי ע״ב ע״ה:

Bar Kapara enseñaba que una vez cada sesenta o setenta años, las sobras se acumularían hasta llegar a la mitad de la medida. Bar Kapara también enseñaba que si se le añadía una pequeña medida de miel, ningún hombre soportaría su olor. ¿Por qué no se mezcla miel con ella? Porque la Torá ha estipulado: Porque cualquier levadura o miel, no debes quemar en una ofrenda por fuego a Dios (Kritut 6; Yerushalmi, Yomá: cap. 4). (Derecha) *"El Señor de los Ejércitos está con nosotros, nuestra fuerza es el Dios de Yaakov, Sela"* (Salmos 46:12). (Izquierda) *"El Señor de los Ejércitos, dichoso es aquel que confía en Ti"* (Salmos 84:13)

Central

יְהֹוָ(אדניאהדונהי) Adonai הוֹשִׁיעָה hoshía יהוה וש"ע נהורין הַמֶּלֶךְ haMélej ר"ת יהה

יַעֲנֵנוּ yaanenu בְיוֹם veyom ע"ה, נגד, מזבח, זן, אל יהוה

קָרְאֵנוּ korenu ר"ת יב"ק, אלהים יהוה, אהיה אדני יהוה ; ס"ת = ב"ן ועם כף ההמלך = ע"ב:

וְעָרְבָה vearvá לַיהֹוָ(אדניאהדונהי) laAdonai

מִנְחַת minjat יְהוּדָה Yehudá וִירוּשָׁלָםִ virushaláim

כִּימֵי quimei עוֹלָם olam וּכְשָׁנִים ujeshanim קַדְמֹנִיּוֹת kadmoniyot:

ANÁ BEJÓAJ (para saber más sobre el *Aná Bejóaj*, ir a la pág. 249)

El *Aná Bejóaj* probablemente sea la oración más poderosa en todo el universo. El Kabbalista del siglo II Rav Najunyá ben HaKaná fue el primer sabio en revelar esta combinación de 42 letras, la cual contiene el poder de la Creación.

Jésed, domingo (*Álef Bet Guímel Yud Tav Tsadi*) אבג יתץ

אָנָּא aná בְּכֹחַ bejóaj· גְּדֻלַּת guedulat יְמִינְךָ yemineja·

תַּתִּיר tatir צְרוּרָה tserurá:

Guevurá, lunes (*Kof Resh Ayin Shin Tet Nun*) קרע שטן

קַבֵּל kabel רִנַּת rinat· עַמְּךָ ameja שַׂגְּבֵנוּ sagvenu·

טַהֲרֵנוּ taharenu נוֹרָא norá:

Tiféret, martes (*Nun Guímel Dálet Yud Caf Shin*) נגד יכש

נָא na גִבּוֹר guibor· דּוֹרְשֵׁי dorshei יִחוּדְךָ yijudeja·

כְּבָבַת quevavat שָׁמְרֵם shamrem:

(Central) *"Señor, sálvanos. El Rey nos responderá el día que lo invoquemos"* (Salmos 20:10). *"Que el Señor encuentre la ofrenda de Yehudá y Jerusalem agradable como siempre y como en los tiempos antiguos"* (Malaquías 3:4).

ANÁ BEJÓAJ

Jésed, domingo אבג יתץ

Te suplicamos, con el gran poder de Tu diestra, pon en libertad a los cautivos.

Guevurá, lunes קרע שטן

Acepta el canto de Tu Nación. Fortifícanos y purifícanos, Oh Reverenciado.

Tiféret, martes נגד יכש

Por favor, oh Todopoderoso, a los que buscan Tu unidad, cuídalos como a la pupila de los ojos.

Nétsaj, miércoles (*Bet Tet Resh Tsadi Tav Guímel*) בטר צתג

•tsidkateja צִדְקָתֶךָ rajamei רַחֲמֵי •taharem טַהֲרֵם barjem בָּרְכֵם

:gomlem גָּמְלֵם tamid תָּמִיד

Hod, jueves (*Jet Kof Bet Tet Nun Ayin*) חקב טנע

•tuvja טוּבְךָ berov בְּרוֹב •kadosh קָדוֹשׁ jasín חֲסִין

:adateja עֲדָתֶךָ nahel נַהֵל

Yesod, viernes (*Yud Guímel Lámed Pei Zayin Kof*) יגל פזק

•pené פְּנֵה leamjá לְעַמְּךָ •gueé גֵּאֶה yajid יָחִיד

:kedushateja קְדוּשָּׁתֶךָ zojrei זוֹכְרֵי

Maljut, sábado (*Shin Kof Vav Tsadi Yud Tav*) שקו צית

•tsaakatenu צַעֲקָתֵנוּ ushmá וּשְׁמַע •kabel קַבֵּל shavatenu שַׁוְעָתֵנוּ

:taalumot תַּעֲלוּמוֹת yodea יוֹדֵעַ

BARUJ SHEM QUEVOD

maljutó מַלְכוּתוֹ quevod כְּבוֹד Shem שֵׁם Baruj בָּרוּךְ יוזו אותיות :(susurrar)

:vaed וָעֶד ריבוע ס"ג וי' אותיות דס"ג leolam לְעוֹלָם

Nétsaj, miércoles בטר צתג

Bendícelos. Purifícalos. Otórgales siempre tu fidelidad compasiva.

Hod, jueves חקב טנע

Invencible y Todopoderoso, con la abundancia de Tu bondad, guía a Tu congregación.

Yesod, viernes יגל פזק

Oh exaltado y orgulloso, vuélvete a Tu pueblo, aquellos que recuerdan Tu santidad.

Maljut, sábado שקו צית

Acepta nuestra plegaria y escucha nuestro clamor, Tú que conoces todo lo oculto.

BARUJ SHEM QUEVOD

"Bendito es el Nombre de la Gloria. Su Reino es para siempre y para la eternidad" (*Pesajim 56a*).

EL ASHREI

De las veintidós letras del alfabeto arameo, veintiuna de ellas están codificadas en el *Ashrei* en el orden correcto, de la *Álef* a la *Tav*. El Rey David, el autor, dejó a la letra aramea *Nun* fuera de esta oración, ya que la *Nun* es la primera letra de la palabra aramea *Nefilá*, que significa "caída". Caída se refiere a un descenso espiritual, caer en la *klipá*. Los sentimientos de duda, depresión, preocupación e incertidumbre son consecuencias de la caída espiritual. Debido a que las letras arameas son los verdaderos instrumentos de la Creación, esta oración ayuda a inyectar el orden y la fuerza de la Creación en nuestra vida, sin la energía de la caída.

En este Salmo está escrito diez veces el Nombre: יהוה por las Diez Sefirot. Este Salmo está escrito según el orden del *Álef Bet*, pero la letra *Nun* es omitida para evitar la caída.

אַשְׁרֵי ashrei (סוד הכתר) יוֹשְׁבֵי yoshvei בֵיתֶךָ veiteja ב"פ ראה

עוֹד od יְהַלְלוּךָ yehaleluja סֶּלָה sela: אַשְׁרֵי ashrei הָעָם haam

שֶׁכָּכָה shecaja מהש (משה), ע"ב בריבוע קס"א, אל שדי, ד"פ אלהים ע"ה לּוֹ lo

אַשְׁרֵי ashrei הָעָם haam ר"ת לאה שֶׁיְהֹוָהאדניאהדונהי sheAdonai (**Kéter**)

אֱלֹהָיו Elohav ילה: תְּהִלָּה tehilá ע"ה אמת, אהיה פעמים אהיה, ז"פ ס"ג לְדָוִד leDavid

אֲרוֹמִמְךָ aromimjá אֱלוֹהַי Elohai הַמֶּלֶךְ haMélej וַאֲבָרְכָה vaavarjá

שִׁמְךָ Shimjá לְעוֹלָם leolam ריבוע דס"ג ו' אותיות דס"ג וָעֶד vaed:

בְּכָל־ bejol ב"ן, לכב יוֹם yom ע"ה נגד, מזבח, זן, אל יהוה

אֲבָרְכֶךָּ avarjecá וַאֲהַלְלָה vaahalelá מ"ה יהוה שִׁמְךָ Shimjá

לְעוֹלָם leolam ריבוע דס"ג ו' אותיות דס"ג וָעֶד vaed:

גָּדוֹל gadol להח ; עם ד' אותיות = מבה, יזל, אום

יְהֹוָהאדניאהדונהי Adonai (*Jojmá*) וּמְהֻלָּל umehulal אדני, ללה

מְאֹד meod וְלִגְדֻלָּתוֹ veligdulató והו אֵין ein חֵקֶר jéker:

EL ASHREI

"Dichosos aquellos que moran en Tu casa, ellos Te alabarán, Sela" (Salmos 84:5). *"Dichosa es la nación que así es para ella y dichosa la nación de la que El Señor es su Dios"* (Salmos 145:15). *"Una alabanza de David:*

א *Yo te exaltaré a Ti, mi Dios, el Rey, y yo bendeciré Tu Nombre por siempre y por la eternidad.*

ב *Te bendeciré cada día y alabaré Tu Nombre por siempre y por la eternidad.*

ג *El Señor es grande y extremadamente alabado. Su grandeza es inescrutable.*

דּוֹר dor לְדוֹר ledor יְשַׁבַּח yeshabaj מַעֲשֶׂיךָ maaseja ר"ת דלים

וּגְבוּרֹתֶיךָ ugvuroteja יַגִּידוּ yaguidu יי"ז = כ"ב אותיות פשוטות (=אכא) וה' אותיות סופיות מנצפך:

הֲדַר hadar כְּבוֹד quevod הוֹדֶךָ hodeja וְדִבְרֵי vedivrei

נִפְלְאוֹתֶיךָ nifleoteja ר"ת אלהים, אהיה אדני

אָשִׂיחָה asija ר"ת הפסוק = פ"ז (בסוד כתם טהור פז):

וֶעֱזוּז veezuz נוֹרְאֹתֶיךָ noroteja יֹאמֵרוּ yomeru וּגְדוּלָּתְךָ ugdulatjá

(כתיב: וגדלותיך) ר"ת = ע"ב, ריבוע יהוה אֲסַפְּרֶנָּה asaprena ס"ת = "יא" (מילוי דס"ג):

זֵכֶר zéjer רַב־ rav טוּבְךָ tuvjá לאו יַבִּיעוּ yabíu

וְצִדְקָתְךָ vetsidkatjá יְרַנֵּנוּ yeranenú ס"ת = ב"ן, יבמ, לכב ; ר"ת הפסוק = רי"ו יהוה:

וְחַנּוּן janún וְרַחוּם verajum יְהֹוָהאדניאהדונהי Adonai (*Biná*)

וחנון ורחום יהוה = עש"ל אֶרֶךְ érej ס"ת = ס"ג ב"ן אַפַּיִם apáyim ר"ת = יהוה

וּגְדָל־ ugdal (כתיב: וגדול) וָחֶסֶד jásed ע"ב (יוד הי ויו הי), ריבוע יהוה (י יה יהו יהוה):

טוֹב־ tov והו יְהֹוָהאדניאהדונהי Adonai (*Jésed*) לַכֹּל lacol

יה אדני ; ס"ת ל"ז (מילוי דס"ג) וְרַחֲמָיו verajamav עַל־ al

כָּל col ילי ; עמם ; ר"ת ריבוע ב"ן ע"ה מַעֲשָׂיו maasav ס"ת = ע"ב (יוד הי ויו הי), ריבוע יהוה:

ד *Una generación y la próxima alabarán Tus obras y narrarán Tus proezas.*
ה *Yo hablaré de la luminosidad de Tu espléndida gloria y de la maravilla de Tus actos.*
ו *Ellos proclamarán el asombroso poder de tus actos y yo hablaré de Tu grandeza.*
ז *Ellos expresarán el recuerdo de Tu abundante bondad y proclamarán dichosos Tu justicia.*
ח *El Señor es misericordioso y compasivo, lento para la ira y grande en misericordia.*
ט *El Señor es bueno para con todos, Su compasión se extiende sobre todos Sus actos.*

יוֹדוּךָ yoduja יְהֹוָהאדניהיאהדונהי Adonai (*Guevurá*) כָּל־ col יל״י מַעֲשֶׂיךָ maaseja

וַחֲסִידֶיךָ vajasideja ר״ת = אלהים, אהיה אדני יְבָרְכוּכָה yevarjuja ס״ת = מ״ה:

כְּבוֹד quevod מַלְכוּתְךָ maljutjá יֹאמֵרוּ yomeru וּגְבוּרָתְךָ ugvuratjá

יְדַבֵּרוּ yedaberu ר״ת הפסוק = אלהים, אהיה אדני; ס״ת = ב״ן, יבמ, לכב:

לְהוֹדִיעַ lehodía לִבְנֵי livnei הָאָדָם haadam ר״ת ללה, אדני

גְּבוּרֹתָיו gvurotav וּכְבוֹד ujvod הֲדַר hadar

מַלְכוּתוֹ maljutó ר״ת מ״ה וס״ת רי״ו ; ר״ת הפסוק ע״ה = ק״כ צירופי אלהים:

מַלְכוּתְךָ maljutjá מַלְכוּת maljut כָּל־ col יל״י עֹלָמִים olamim

וּמֶמְשַׁלְתְּךָ umemshaltejá בְּכָל־ bejol ב״ן, לכב דּוֹר dor וָדֹר vador רי״ו:

סוֹמֵךְ somej ריבוע אדני יְהֹוָהאדניהיאהדונהי Adonai (*Tiféret*)

לְכָל־ lejol יה אדני ; סומך אדני לכל ר״ת סאל, אמן (יאהדונהי) הַנֹּפְלִים hanoflim

וְזוֹקֵף vezokef לְכָל־ lejol יה אדני הַכְּפוּפִים hacfufim נמם:

עֵינֵי־ einei ריבוע דמ״ה כֹל jol יל״י אֵלֶיךָ eleja יְשַׂבֵּרוּ yesaberu וְאַתָּה veAtá

נוֹתֵן־ notén אבגית״ץ, ושר לָהֶם lahem אֶת־ et אָכְלָם ajlam בְּעִתּוֹ beitó:

י *Todas tus obras Te agradecerán, Señor, y Tus fieles devotos te bendicen.*

כ *Ellos dirán de la gloria de Tu Reino y hablarán de Tus poderosos actos.*

ל *Él hace que el hombre conozca Sus proezas y la gloria de Su espléndido Reino.*

מ *Tuyo es el Reino de todos los mundos y Tu dominio se extiende a toda y cada generación.*

ס *El Señor sostiene a todos aquellos que caen y endereza a los torcidos.*

ע *Los ojos de todos ven con esperanza hacia Ti, y Tú les das su alimento al momento apropiado.*

POTÉAJ ET YADEJA

Conectamos con las letras *Pei*, *Álef* y *Yud* al abrir nuestras manos con las palmas hacia arriba. Nuestra conciencia está enfocada en recibir el sustento y la prosperidad financiera de parte de la Luz a través de nuestras acciones del diezmo y compartir; nuestro *Deseo de Recibir para Dar y Compartir*. Al hacer esto, también reconocemos que el sustento que recibimos proviene de una Fuente Superior y no de nuestras acciones. Según los sabios, si no meditamos en esta idea en este punto, debemos repetir la oración.

פתח (שע״ן נהורין למ״ה ולס״ה)

יוד הי ויו הי יוד הי ויו הי (וז׳ וזיוורתי)
אלף למד אלף למד (ש״ע)
יוד הא ואו הא (לז״א)
אדני (ולנוקבא)

פותח את ידך ר״ת פאי
גימ׳ יאהדונהי זו״ן
וחכמה דז״א ו״ק
יסוד דנוק׳

פּוֹתֵחַ potéaj אֶת et יָדֶךָ yadeja ר״ת פאי וס״ת חתך עם ג׳ אותיות = דִּיקָרְנוֹסָא

ובאתב״ש הוא סאל, פאי, אמן, יאהדונהי ; ועוד יכוין שם חתך בשילוב יהוה – יְחֹוָהתְוָכָה

אלף למד הי יוד מם אלף למד הי יוד מם מוחין דפנים דאחור אלהים אלהים
להמשיך פ״ו אורות לכל מילוי דכל

אחור דפרצופי נה״י וחג״ת
דפרצוף וחג״ת דיצירה דז״א
לף מד י וד ם
אלף למד הי יוד מם

וחתך
סאל יאהדונהי

ואחור דפרצופי נה״י וחג״ת
דיצירה דרחל הנקראת לאה
לף מד י וד ם
אלף למד הי יוד מם

וּמַשְׂבִּיעַ umasbía וחתך עם ג׳ אותיות = דִּיקָרְנוֹסָא

ובא״ת ב״ש הוא סאל, אמן, יאהדונהי ; ועוד יכוין שם חתך בשילוב יהוה – יְחֹוָהתְוָכָה

אלף למד הי יוד מם אלף למד הי יוד מם מוחין דפנים דאחור אלהים אלהים
להמשיך פ״ו אורות לכל מילוי דכל

אחור דפרצופי נה״י וחג״ת
דפרצוף נה״י דיצירה דז״א
לף מד י וד ם
אלף למד הי יוד מם

וחתך

ואחור דפרצופי נה״י וחג״ת
דיצירה דרחל הנקראת לאה
לף מד י וד ם
אלף למד הי יוד מם

לְכָל־ lejol יה אדני (להמשיך מוחין ד־יה אל הנוקבא שהיא אדני)

חַי jai כל חי = אהיה אהיה יהוה, בינה ע״ה, חיים

רָצוֹן ratsón מהש ע״ה, ע״ב בריבוע וקס״א ע״ה, אל שדי ע״ה ; ר״ת רחל שהיא המלכות הצריכה לשפע

יוד יוד הי יוד הי ויו יוד הי ויו הי יסוד דאבא
אלף הי יוד הי יסוד דאימא
להמתיק רחל וב׳ דמעין שך פר

También debemos meditar en atraer abundancia, sustento y bendiciones a todos los mundos desde el *ratsón* mencionado anteriormente. Debemos meditar y enfocarnos en este versículo porque es la esencia de la prosperidad, y meditar en que Dios esté interviniendo, sustentando y apoyando a toda la Creación.

POTÉAJ ET YADEJA

פ *Abre Tus Manos y satisface el deseo de todo ser viviente.*

צַדִּיק tsadik יוהוואדניאהדונהי Adonai (*Yesod*) בְּכָל bejol ב"ן, לכב

דְּרָכָיו derajav וְחָסִיד vejasid בְּכָל bejol ב"ן, לכב מַעֲשָׂיו maasav יבמ, ב"ן:

קָרוֹב karov יְהֹוָהאדניאהדונהי Adonai (*Maljut*) לְכָל־ lejol יה אדני

קֹרְאָיו korav לְכֹל lejol יה אדני אֲשֶׁר asher

יִקְרָאֻהוּ yikraúhu בֶאֱמֶת veemet אהיה פעמים אהיה, ו"פ ס"ג:

רְצוֹן retsón מהש ע"ה, ע"ב בריבוע וקס"א ע"ה, אל שדי ע"ה יְרֵאָיו yereav יַעֲשֶׂה yaasé

ר"ת רי"י וְאֶת־ veet שַׁוְעָתָם shavatam יִשְׁמַע yishmá וְיוֹשִׁיעֵם veyoshiem:

שׁוֹמֵר shomer כ"א הויות שבתפילין יְהֹוָהאדניאהדונהי Adonai (*Nétsaj*)

אֶת־ et כָּל־ col ילי אֹהֲבָיו ohavav ר"ת אכא

וְאֵת veet כָּל־ col ילי הָרְשָׁעִים hareshaim יַשְׁמִיד yashmid:

תְּהִלַּת tehilat יְהֹוָהאדניאהדונהי Adonai (*Hod*) יְדַבֶּר yedaber ראה

פִּי pi וִיבָרֵךְ vivarej ע"סמ"ב, הברכה (למתק את ז' המלכים שמתו)

כָּל col ילי בָּשָׂר basar שֵׁם Shem קָדְשׁוֹ kadshó

לְעוֹלָם leolam ריבוע ס"ג ו"י אותיות דס"ג וָעֶד vaed:

וַאֲנַחְנוּ vaanajnu נְבָרֵךְ nevarej יָהּ Yah מֵעַתָּה meatá

וְעַד־ vead עוֹלָם olam הַלְלוּיָהּ haleluyá אלהים, אהיה אדני ; ללה:

צ *El Señor es justo en todos Sus caminos y virtuoso en todas Sus obras.*

ק *El Señor está cerca de todos los que Lo llaman, de todos aquellos que Lo llaman sinceramente.*

ר *Él cumplirá la voluntad de aquellos que Le temen; Él escucha sus clamores y los salva.*

ש *El Señor protege a todos los que Lo aman y destruye a los impíos.*

ת *"Mis labios proclamarán la alabanza al Señor y toda criatura bendecirá Su Santo Nombre, por siempre y por la eternidad"* (Salmos 145:21). *"Y bendeciremos a Dios por siempre y por la eternidad. ¡Aleluya!"* (Salmos 115:18).

UVÁ LETSIYÓN

Esta oración es nuestra conexión con la redención. La oración comienza: *"Y vendrá un redentor a Sión"*. El redentor es una referencia al *Mashíaj* (Mesías). Kabbalísticamente, el *Mashíaj* no es una persona justa que vendrá y nos salvará y traerá paz al mundo. *Mashíaj* es un estado de espiritualidad y conciencia que puede alcanzar todo individuo. Nadie viene a salvarnos ni a hacer el trabajo por nosotros. Cada uno de nosotros debe conseguir su propio nivel de crecimiento espiritual y realización, nuestro *Mashíaj* personal, y cuando una masa crítica de personas haya alcanzado este estado, el *Mashíaj* global aparecerá para la humanidad.

ובא uvá לציון leTsiyón (יוסף, ו' הויות, קנאה) גואל goel ולשבי uleshavei פשע fesha

ביעקב beYaakov (ו' הויות, יאהדונהי אידהנויה) נאם neúm יהוה(אדני)יאהדונהי Adonai:

ואני vaAní (אני ; ר"ת גוף בניו (שירדו לחיצונים בעון הוצאת ז"ל, ויחזרו לגוף אוצר הנשמות, ויבוא גואל)

זאת zot בריתי brití אותם otam אמר amar יהוה(אדני)יאהדונהי Adonai

רוחי rují אשר asher עליך aleja ודברי udvarai אשר asher

שמתי samti בפיך befija לא lo ימושו yamushu מפיך mipija

ומפי umipí זרעך zarajá ומפי umipí זרע zera זרעך zarajá

אמר amar יהוה(אדני)יאהדונהי Adonai מעתה meatá ועד vead עולם olam:

ואתה veAtá קדוש kadosh יושב yoshev תהלות tehilot ישראל Yisrael:

וקרא vekará זה ze אל el זה ze (י"ב פרקין דיעקב מאירין לי"ב פרקין דרוז"ל) ואמר veamar:

En *Shabat*: Medita en las letras *Tav* ת y *Tsadi* צ de: אבגית"ץ, las cuales ayudan a la memoria espiritual.

קדוש kadosh | (*Jésed*) קדוש kadosh (*Guevurá*) קדוש kadosh (*Tiféret*)

יהוה(אדני)יאהדונהי Adonai צבאות Tsvaot (פני) (שכינה) מלא meló

כל jol (ילי) הארץ haárets (אלהים) (ההין) (ע"ה) כבודו quevodó:

ומקבלין umekablín דין dein מן min דין dein ואמרין veamrín

קדיש kadish (ב"פ אור, ב"פ רז, ב"פ א"ס) בשמי bishmei מרומא meromá

עלאה ilaá בית beit (ב"פ) (ראה) שכינתה Shejintei

UVÁ LETSIYÓN

"Y vendrá un redentor a Sión, a los que se vuelven de la transgresión de entre [la Casa de] Yaakov, dice el Señor. En cuanto a Mí, este es Mi pacto con ellos, dice el Señor. Mi espíritu que es sobre ti y Mis palabas que he puesto en tu boca, no se apartarán de tu boca ni de la boca de tus hijos ni de la boca de los hijos de tus hijos, dice el Señor, desde ahora y por siempre" (Isaías 59:20-21). *"Y Tú eres Santo y esperas las alabanzas de Israel. Y uno llamó al otro diciendo: Santo, Santo, Santo es el Señor de los Ejércitos, toda la Tierra es llenada con Su gloria"* (Isaías 6:3). *Y ellos reciben consentimiento uno del otro y dicen: Santo en los Elevados Cielos es la morada de Su Shejiná.*

קַדִּישׁ kadish ב״פ אור, ב״פ רז, ב״פ א״ס עַל־ al אַרְעָא ará עוֹבַד ovad
גְּבוּרְתֵּהּ gvurtei. קַדִּישׁ kadish ב״פ אור, ב״פ רז, ב״פ א״ס לְעָלַם lealam
וּלְעָלְמֵי ulealmei עָלְמַיָּא almayá: יְהֹוָהאדניאהדונהי Adonai צְבָאוֹת Tsvaot
פני שכינה מַלְיָא malyá כָל jol ילי אַרְעָא ará זִיו ziv יְקָרֵהּ yekarei:
וַתִּשָּׂאֵנִי vatisaeni רוּחַ rúaj וָאֶשְׁמַע vaeshmá אַחֲרַי ajarai קוֹל kol
רַעַשׁ raash גָּדוֹל gadol להוו ; עם ד׳ אותיות = מבה, יזל, אום בָּרוּךְ Baruj
כְּבוֹד Quevod יְהֹוָהאדניאהדונהי Adonai כבוד יהוה = יוד הי ואו הה מִמְּקוֹמוֹ mimkomó
עסמ״ב, הברכה (למתק את ז׳ המלכים שמתו) ; ר״ת = ע״ב, ריבוע יהוה ; ר״ת מ״כ, י״פ האא:
וּנְטָלַתְנִי unetalatni רוּחָא rujá. וּשְׁמָעִית ushmait בַּתְרַי batrai קָל kal
נמם (ה׳ גבורות) זִיעַ ziá שַׂגִּיא saguí דִּמְשַׁבְּחִין dimeshabjín וְאָמְרִין veamrín
בְּרִיךְ berij יְקָרָא yekará דַּיהֹוָהאדניאהדונהי daAdonai מֵאֲתַר meatar
בֵּית beit ב״פ ראה שְׁכִינְתֵּהּ Shejintei. יְהֹוָהאדניאהדונהי Adonai | יִמְלֹךְ yimloj
לְעֹלָם leolam ריבוע ס״ג וי׳ אותיות דס״ג ; ר״ת יי״ל וָעֶד vaed: יְהֹוָהאדניאהדונהי Adonai
מַלְכוּתֵהּ maljutei קָאֵם kaim לְעָלַם lealam וּלְעָלְמֵי ulealmei
עָלְמַיָּא almayá: יְהֹוָהאדניאהדונהי Adonai אֱלֹהֵי Elohei מילוי ע״ב, דמב ; ילה
אַבְרָהָם Avraham וז״פ אל, רי״ו ול״ב נתיבות החכמה, רמ״ח (אברים), עסמ״ב וט״ז אותיות פשוטות
יִצְחָק Yitsjak ד״פ ב״ן וְיִשְׂרָאֵל veYisrael אֲבֹתֵינוּ avoteinu
שָׁמְרָה־ shomrá זֹּאת zot לְעוֹלָם leolam ריבוע ס״ג וי׳ אותיות דס״ג
לְיֵצֶר leyétser מַחְשְׁבוֹת majshevot לְבַב levav בוכו
עַמֶּךָ ameja וְהָכֵן vehajén לְבָבָם levavam אֵלֶיךָ eleja:

Santo, sobre la Tierra, es el trabajo de Su valor. Santo, para siempre y para toda la eternidad, es el Señor de los Ejércitos, toda la Tierra es llenada con el esplendor de Su gloria. "Y un viento me cargó y detrás de mí escuché una gran voz estruendosa dando alabanza: Bendita sea la gloria del Señor desde Su morada" (Ezequiel 3:12). Y diciendo: Bendita sea la gloria del Señor desde el lugar de residencia de Su Shejiná. "El Señor reinará por siempre jamás" (Éxodo 15:18). El Señor, Su Reino es establecido por siempre y para la eternidad. "El Señor, Dios de Avraham, Yitsjak e Israel (nuestros antepasados), ¡resguarda esto para siempre en honor a los pensamientos en los corazones de Tu Nación, y dirige sus corazones hacia Ti!" (1 Crónicas 29:18).

וְהוּא veHú רַחוּם rajum יְכַפֵּר yejaper ר"ת רי"ו avón עָוֹן (*Aba* de la *klipá*)
וְלֹא veló יַשְׁחִית yashjit (*Ima* de la *klipá*) וְהִרְבָּה vehirbá לְהָשִׁיב lehashiv
אַפּוֹ apó (*Zeir* de la *klipá*) וְלֹא־ veló יָעִיר yair כָּל־ col ילי וַחֲמָתוֹ jamató
(*Nukvá de la klipá*): כִּי־ qui אַתָּה Atá אֲדֹנָי Adonai ללה טוֹב tov והו
וְסַלָּח vesalaj יהוה ע"ב וְרַב־ verav (*Yitsjak*) וָחֶסֶד jésed (*Avraham*) ע"ב, ריבוע יהוה
לְכָל־ lejol יה אדני קֹרְאֶיךָ koreja (*Yaakov*): צִדְקָתְךָ tsidkatjá צֶדֶק tsédek
לְעוֹלָם leolam ריבוע ס"ג וי' אותיות דס"ג וְתוֹרָתְךָ vetoratjá אֱמֶת emet
אהיה פעמים אהיה, ז"פ ס"ג: תִּתֵּן titén ב"פ כהת אֱמֶת emet אהיה פעמים אהיה, ז"פ ס"ג
לְיַעֲקֹב leYaakov ד' הויות, יאהדונהי אידהנויה וָחֶסֶד jésed ע"ב, ריבוע יהוה
לְאַבְרָהָם leAvraham וז"פ אל, רי"ו ול"ב נתיבות החכמה, רמ"ח (אברים), עסמ"ב וט"ז אותיות פשוטות
אֲשֶׁר־ asher נִשְׁבַּעְתָּ nishbata לַאֲבֹתֵינוּ laavoteinu מִימֵי mimei קֶדֶם kédem:
בָּרוּךְ Baruj אֲדֹנָי Adonai ללה יוֹם yom ע"ה נגד, מזבח, זן אל יהוה יוֹם yom
ע"ה נגד, מזבח, זן אל יהוה יַעֲמָס־ yaamós ר"ת ייי לָנוּ lanu אלהים, אהיה אדני ; ר"ת ייל
הָאֵל haEl לאה ; אל (ייא" מילוי דס"ג) ; ר"ת ילה יְשׁוּעָתֵנוּ yeshuatenu סֶלָה sela:
יְהֹוָהאדניאהדונהי Adonai צְבָאוֹת Tsvaot פני שכינה עִמָּנוּ imanu
ריבוע ס"ג, קס"א ע"ה וד' אותיות מִשְׂגָּב־ misgav מהש, ע"ב בריבוע וקס"א, אל שדי, ד"פ אלהים ע"ה
לָנוּ lanu אלהים, אהיה אדני אֱלֹהֵי Elohei מילוי ע"ב, דמב ; ילה יַעֲקֹב Yaakov
ד' הויות, יאהדונהי אידהנויה סֶלָה sela: יְהֹוָהאדניאהדונהי Adonai צְבָאוֹת Tsvaot פני שכינה
אַשְׁרֵי ashrei אָדָם adam מ"ה ; יהוה צבאות אשרי אדם = תפארת בֹּטֵחַ botéaj
בָּךְ baj אדם בוטח בך = אמן (יאהדונהי) ע"ה ; בוטח בך = מילוי ע"ב ע"ה:

"Y Él es misericordioso y perdona iniquidades, y no destruirá, y Él con frecuencia disminuye su ira y nunca despertará todo Su enojo" (Salmos 78:38). *"Porque Tú, Señor, eres bueno y misericordioso, y abundante en benevolencia para todos los que Te claman"* (Salmos 86:5). *"Tu rectitud es una justicia eterna, y Tu Torá es verdadera"* (Salmos 119:42). *"Tú das la verdad a Yaakov y benevolencia a Avraham, como lo has acordado con nuestros antepasados desde el principio de los tiempos"* (Miqueas 7:20). *"Bendito es el Señor, Quien lleva nuestras cargas día tras día, el Dios de nuestra salvación, Sela"* (Salmos 68:20). *"El Señor de los Ejércitos está con nosotros; el Dios de Yaakov es nuestra fortaleza. Sela"* (Salmos 46:12). *"Señor de los Ejércitos, dichoso es el hombre que confía en Ti"* (Salmos 84:13).

יְהֹוָהאדניאהדונהי Adonai הוֹשִׁיעָה hoshía יהוה ושׂ"ע נהורין הַמֶּלֶךְ: haMélej ר"ת יהה

יַעֲנֵנוּ yaanenu בְיוֹם־ veyom ע"ה נגד, מזבח, זן, אל יהוה קָרְאֵנוּ: korenu

ר"ת יב"ק, אלהים יהוה, אהיה אדני יהוה וס"ת ב"ן ועם אות כ' דהמלך = ע"ב:

BARUJ ELOHEINU

Recitar el siguiente verso ("*Baruj Eloheinu*") con felicidad genuina y un corazón que confía generará Luz adicional para nuestra vida, y nuestro proceso de *tikún* será mucho más fácil. Medita en dedicar tu alma a santificar el Santo Nombre (*Kedushat HaShem*).

בָּרוּךְ Baruj אֱלֹהֵינוּ Eloheinu ילה שֶׁבְּרָאָנוּ sheberaanu לִכְבוֹדוֹ lijvodó

וְהִבְדִּילָנוּ vehivdilanu מִן min הַתּוֹעִים hatoim (conectando con la información correcta)

וְנָתַן venatán לָנוּ lanu אלהים, אהיה אדני תּוֹרַת torat אֱמֶת emet אהיה פעמים אהיה, ז"פ ס"ג

וְחַיֵּי vejayei עוֹלָם olam נָטַע natá בְּתוֹכֵנוּ. betojenu. הוּא Hu יִפְתַּח yiftaj

לִבֵּנוּ libenu בְּתוֹרָתוֹ. betorató. וְיָשִׂים veyasim בְּלִבֵּנוּ belibenu אַהֲבָתוֹ ahavató

וְיִרְאָתוֹ veyirató לַעֲשׂוֹת laasot רְצוֹנוֹ retsonó וּלְעָבְדוֹ uleavdó

בְּלֵבָב belevav בוכו שָׁלֵם. shalem. לֹא lo נִיגַע nigá לָרִיק larik

(Aquí medita en ser protegido de las emisiones nocturnas, para que el esfuerzo espiritual no se vaya a la negatividad [*Rik* y *Behalá*]. También medita en tener hijos justos que sigan la senda de la Luz).

וְלֹא veló נֵלֵד neled לַבֶּהָלָה. labehalá. יְהִי yehí רָצוֹן ratsón מהש ע"ה,

ע"ב בריבוע וקס"א ע"ה, אל שדי ע"ה מִלְּפָנֶיךָ milfaneja ס"ג מ"ה ב"ן יְהֹוָהאדניאהדונהי Adonai

אֱלֹהֵינוּ Eloheinu ילה וֵאלֹהֵי veElohei לכב ; מילוי ע"ב, דמב ; ילה אֲבוֹתֵינוּ avoteinu

שֶׁנִּשְׁמוֹר shenishmor חֻקֶּיךָ jukeja וּמִצְוֹתֶיךָ umitsvoteja

בָּעוֹלָם baolam הַזֶּה hazé והו. וְנִזְכֶּה venizké וְנִחְיֶה venijyé וְנִירַשׁ venirash

טוֹבָה tová אכא וּבְרָכָה uvrajá לְחַיֵּי lejayei הָעוֹלָם haolam הַבָּא: habá:

"Señor, sálvanos. El Rey nos responderá en el día que nosotros le llamemos" (Salmos 20:10).

BARUJ ELOHEINU

Bendito es nuestro Dios, Quien nos creó por Su gloria, Quien nos separó de los que tomaron el mal camino, Quien nos dio la Torá de la verdad y Quien implantó en nosotros la vida eterna. Que abra nuestros corazones con Su Torá y coloque en nuestros corazones amor hacia Él y temor por Él, para satisfacer Su voluntad y servirlo con todo el corazón. Que nuestros esfuerzos no sean en vano y que no le demos cabida al pánico. Que sea Tu voluntad, Señor, nuestro Dios y Dios de nuestros antepasados, que mantengamos tus estatutos y Tus mandamientos en este mundo, y que logremos mérito, vida, bondad y bendición para la vida en el Mundo por Venir.

לְמַעַן lemaan יְזַמֶּרְךָ yezamerja כָבוֹד javod וְלֹא veló יִדֹּם yidom

יְהֹוָ֘ה Adonai ר"ת = אלהים, אהיה אדני אֱלֹהַי Elohai מילוי ע"ב, דמב ; ילה

לְעוֹלָם leolam ריבוע ס"ג וי' אותיות דס"ג אוֹדֶךָּ: odeca יְהֹוָ֘ה Adonai

חָפֵץ jafets לְמַעַן lemaan צִדְקוֹ tsidkó יַגְדִּיל yagdil תּוֹרָה Torá ר"ת צית

וְיַאְדִּיר veyaadir ר"ת = אבגית"ץ, ושר: וְיִבְטְחוּ veyivtejú בְךָ vejá יוֹדְעֵי yodei

שְׁמֶךָ shemeja כִּי qui ר"ת יכש לֹא lo עָזַבְתָּ azavta דֹרְשֶׁיךָ dorsheja

יְהֹוָ֘ה Adonai ס"ת כהת, משיח בן דוד ע"ה: יְהֹוָ֘ה Adonai

אֲדֹנֵינוּ adoneinu מָה־ ma מ"ה אַדִּיר adir הרי שִׁמְךָ shimjá בְּכָל־ bejol

ב"ן, לכב ; ומב הָאָרֶץ haárets אלהים דההין ע"ה: חִזְקוּ jizkú וְיַאֲמֵץ veyaamets

לְבַבְכֶם levavjem כָּל col ילי הַמְיַחֲלִים hameyajalim לַיהֹוָ֘ה laAdonai:

En *Shabat*, seguimos con el Medio *Kadish* que está a continuación.

En día de semana, continuamos con "*Tikón Tfilatí*" en la página 483

MEDIO KADISH

יִתְגַּדַּל yitgadal וְיִתְקַדַּשׁ veyitkadash שדי - ין לת וד (מילוי שדי) ; י"א אותיות כמנין ו"ה

שְׁמֵיהּ Shmei (שם י"ה דע"ב) רַבָּא rabá קנ"א ב"ן, יהוה אלהים יהוה אדני,

מילוי קס"א וס"ג, מ"ה ברבוע וע"ב ע"ה ; ר"ת = ו"פ אלהים ; ס"ת = ג"פ יב"ק • אָמֵן Amén אידהנויה•

בְּעָלְמָא bealmá דִּי di בְּרָא verá כִּרְעוּתֵיהּ quirutei•

וְיַמְלִיךְ veyamlij מַלְכוּתֵיהּ maljutei• וְיַצְמַח veyatsmaj

---

"Para que mi gloria pueda cantarte alabanzas, y no quedarse callada. Señor, Dios mío, Te agradeceré por siempre" (Salmos 30:13). "El Señor desea rectitud: Él hace la Torá grandiosa y poderosa" (Isaías 42:21). "Y colocarán su confianza en Ti, todos aquellos que conocen Tu Nombre, porque Tú no has abandonado a los que Te buscan, Señor" (Salmos 9:11). "Señor, nuestro Señor, que poderoso es Tu Nombre a lo largo del mundo" (Salmos 8:2). Sean fuertes y sus corazones valientes, todos aquellos que colocan su esperanza en el Señor.

MEDIO KADISH

¡Glorificado y santificado sea su Gran Nombre! (Amén).
En el mundo que Él creó de acuerdo a Su voluntad y pueda Su Reino reinar.

פּוּרְקָנֵיהּ purkanei• וִיקָרֵב vikarev מְשִׁיחֵיהּ Meshijei• אָמֵן Amén אידהנויה•

בְּחַיֵּיכוֹן bejayeijón וּבְיוֹמֵיכוֹן uveyomeijón וּבְחַיֵּי uvejayei

דְכָל dejol בֵּית beit ב"פ ראה יִשְׂרָאֵל Yisrael בַּעֲגָלָא baagalá

וּבִזְמַן uvizmán קָרִיב kariv וְאִמְרוּ veimrú אָמֵן Amén• אָמֵן Amén אידהנויה•

La congregación y el *jazán* dicen lo siguiente:

28 palabras (hasta *bealmá*) – y 28 letras (hasta *almayá*)

יְהֵא yehé שְׁמֵיהּ Shmei (שם י"ה דס"ג) רַבָּא rabá קנ"א ב"ן,

יהוה אלהים יהוה אדני, מילוי קס"א וס"ג, מ"ה ברבוע וע"ב ע"ה מְבָרַךְ mevaraj,

לְעָלַם lealam לְעָלְמֵי lealmei עָלְמַיָּא almayá• יִתְבָּרַךְ yitbaraj•

Siete palabras con seis letras cada una (שם בן מ"ב). También, siete veces la letra Vav (מ"ב שם בן).

וְיִשְׁתַּבַּח veyishtabaj י"פ ע"ב יהוה אל אבג יתץ•

וְיִתְפָּאַר veyitpaar הי גו יה קרע שטן• וְיִתְרוֹמַם veyitromam וה כוזו נגד יכש•

וְיִתְנַשֵּׂא veyitnasé במוכסז בטר צתג• וְיִתְהַדָּר veyithadar כוזו יה וזקב טנע•

וְיִתְעַלֶּה veyitalé וה יוד ה יגל פזק• וְיִתְהַלָּל veyithalal א ואו הא שקו צית•

שְׁמֵיהּ Shmei (שם י"ה דמ"ה) דְּקוּדְשָׁא deKudshá בְּרִיךְ Verij הוּא Hu•

אָמֵן Amén אידהנויה•

לְעֵלָּא leelá מִן min כָּל col ילי בִּרְכָתָא birjatá• שִׁירָתָא shiratá•

תֻּשְׁבְּחָתָא tishbejatá וְנֶחָמָתָא venejamatá• דַּאֲמִירָן daamirán

בְּעָלְמָא bealmá וְאִמְרוּ veimrú אָמֵן Amén: אָמֵן Amén אידהנויה.

Y pueda Él hacer que su Redención florezca y pueda Él acercar al Mesías (Amén).
En tus vidas y en tus días y en la vida de la Casa de Israel, prontamente y en el futuro cercano, y dígase, Amén (Amén). Que Su gran Nombre sea bendito por siempre y para toda la eternidad, y bendito y alabado, y glorificado y exaltado, y ensalzado y honrado, y adorado y loado, sea el Nombre del Santo Bendito Sea (Amén). Más allá de todas las bendiciones, himnos, alabanzas y palabras de consolación que deben decirse en el mundo, y dígase: Amén (Amén).

VAANÍ TFILATÍ

Vaaní Tfilatí ayuda a eliminar todo el juicio que nos enfrentará durante la próxima semana. A medida que recitamos *Vaaní Tfilatí*, nuestra intención y objetivo debe ser convertir todos los Juicios que vienen hacia nosotros en actos de Misericordia.

Este versículo debe decirse mientras se está de pie, incluso cuando no hay un pergamino de Torá presente.

El *jazán* debe ponerse un *Talit* antes de comenzar *Vaaní Tfilatí* porque este tiempo es llamado "*Et Ratsón*" (tiempo de satisfacción y aceptación) mientras la Luz de *Mitsjá Deraavá* (la Frente del Deseo) es revelada. Medita en la letra י de שקוצית mientras *Zeir Anpín* está siendo elevado a los 500 *nimín* (cuerdas) de *Dikná* de *Arij Anpín* (durante el resto de la semana, *Zeir Anpín* recibe esta Iluminación desde una larga distancia), y Él reviste estos 500 *nimín* (representado por el Nombre: יוד הי ויו הי)

וַאֲנִי vaaní אני תְפִלָּתִי tfilatí לְךָ lejá יְהֹוָאדהנויה Adonai יאהדונהי

יוד הי ויו הי

Medita en atraer a *Zeir Anpín* la Iluminación de los 500 *nimín* de *Arij Anpín*.

עֵת et י״פ יהוה ו״פ אהיה רָצוֹן ratsón מהש ע״ה, ע״ב בריבוע וקס״א ע״ה, אל שדי ע״ה

Medita en atraer Iluminación de *Jésed* de *Atik Yomín* al *Yesod* de *Atik Yomín* (que está revestida por la Frente de *Arij Anpín*), y en bajar todas las Iluminaciones previamente mencionadas a *Tiféret* de *Dikná* de *Arij Anpín*, que es el octavo *Mazal* ("*notser jésed*", *notser* tiene las mismas letras que *ratsón* o deseo), ya que aquí es hacia donde *Zeir Anpín* se va a elevar en la *Minjá* de *Shabat*. Ahora, medita en atraer todas las Iluminaciones previamente mencionadas a las Tres *Sefirot* Superiores de *Zeir Anpín* (las cuales están en el lugar de *Kéter, Jojmá, Biná, Dáat* de *Aba* e *Ima* Celestiales). Así que primero medita en dividir y revelar las Tres *Sefirot* Superiores de *Aba* e *Ima* Celestiales y, sólo entonces, medita en dividir la esencia de las Tres *Sefirot* Superiores de *Zeir Anpín* y, al hacer esto, *Nétsaj, Hod, Yesod* de *Aba* e *Ima* (que están dentro de *Jojmá, Biná, Dáat* de *Zeir Anpín*, y hacia donde *Jojmá, Biná, Dáat* de *Briá* fueron elevadas) son divididas. **Entonces los *Mojín*** que solían estar cubiertos por *Nétsaj, Hod, Yesod* de *Aba* e *Ima* Celestiales y dentro de la Frente de *Zeir Anpín*, **son revelados** y Ellos son Iluminados en *Jojmá, Biná, Dáat* de la esencia de *Zeir Anpín*. Todos los procesos mencionados anteriormente endulzan el Juicio que es revelado en la Frente de *Zeir Anpín* y lo hacen como *Mitsjá Deraavá*, La Frente de *Atik Yomín*.

Cinco *Jasadim* (Misericordias)

אֶהֱיֶה יֱהֱוֶה　אַהַיַה יַהַוַה

אהיה יהוה

אִהִיִה יִהִוִה　אֻהֻיֻה יֻהֻוֻה

Cinco *Guevurot* (Juicios)

אֶהֶיֶה יֶהֶוֶה　אְהְיְה יְהְוְה

אהיה יהוה

אִהִיִה יִהִוִה　אֻהֻיֻה יֻהֻוֻה

אֱלֹהִים Elohim אהיה אדני ; ילה בְּרָב berov חַסְדֶּךָ jasdejá

עֲנֵנִי aneni בֶּאֱמֶת beemet אהיה פעמים אהיה, ז״פ ס״ג יִשְׁעֶךָ yisheja:

VAANÍ TEFILATÍ

"Y en cuanto a mí, que mi oración a Ti, Señor, sea un momento de deseo.

Oh, Dios, con la abundancia de Tu gracia, respóndeme con la verdad de Tu salvación" (*Salmos 69:14*).

Segunda vez:

וַאֲנִי vaaní אני תְּפִלָּתִי tfilatí

Para conectar *Maljut* con *Zeir Anpín*

לְךָ lejá יְהֹוָהאדניאהדונהי Adonai

A pesar de que *Maljut* no está ascendiendo a *Dikná* de *Arij Anpín*, debes meditar en atraer la Iluminación mencionada anteriormente (*Mitsjá Deraavá*) a *Maljut*. Ahora, medita en atraer Iluminación desde *Jésed* de *Atik Yomín* a *Yesod* de *Atik Yomín* y luego a la Frente de *Arij Anpín* y, junto con la Iluminación del octavo *Mazal*, a *Jojmá* y *Biná* de Yaakov y Rajel. Hacer esto causa que Sus *Mojín* (los Nombres que están a continuación equivalen a la palabra "*et*", 470) y que el alma de *Nukvá* (las cuatro letras del Nombre: יְהֻוָּה como está a continuación) sean revelados (todos juntos —los *Mojín* [470] y el alma [4]— equivalen a *Dáat*, que es 474). Y estos *Mojín* están iluminando en la Frente de Yaakov y Rajel y están endulzando el Juicio en Su Frente por la Iluminación de la Frente de *Atik Yomín* (*Mitsjá Deraavá*).

עֵת et י״פ יהוה וי״פ אהיה רָצוֹן ratsón מהש ע״ה, ע״ב בריבוע וקס״א ע״ה, אל שדי ע״ה

יְהֻוָּה

י יה יהו יהוה

י יה יהו יהוה

יוד יוד הא יוד הא ואו יוד הא ואו הא

יוד יוד הה יוד הה וו יוד הה וו הה

יוד הה וו הה

אֱלֹהִים Elohim אהיה אדני ; ילה בְּרָב־ berov חַסְדֶּךָ jasdejá

עֲנֵנִי aneni בֶּאֱמֶת beemet אהיה פעמים אהיה, ז״פ ס״ג יִשְׁעֶךָ yisheja:

Medita que ahora, durante *Minjá* de *Shabat* (después de la repetición de *Musaf*), *Zeir* y *Nukvá* están ascendiendo a *Kéter* de *Aba* e *Ima* Celestiales. Y *Briá* ascendió y revistió el espacio de la esencia de *Zeir Anpín*, para atraer gran Luz hacia *Briá* para que podamos recibir la Iluminación de la Torá.

VAANÍ TFILATÍ

"Y en cuanto a mí, que mi oración a Ti, Señor, sea un momento de deseo. Oh, Dios, con la abundancia de Tu gracia, respóndeme con la verdad de Tu salvación" (*Salmos 69:14*).

APERTURA DEL ARCA

Atrayendo la Luz de *Jojmá*.

Rabí Shimón Bar Yojái dice: "Mientras el Arca está abierta, debemos prepararnos con temor reverencial. Todos deben despertar un sentido interno de asombro, como si realmente estuviéramos parados en el Monte Sinaí, temblando mientras contemplamos la abrumadora manifestación de Luz. Permanecemos parados en silencio, enfocados solamente en la oportunidad de escuchar cada palabra sagrada del pergamino. Cuando sacamos la Torá para leerla en público, todas las Puertas de la Misericordia en el Cielo están abiertas, y despertamos un amor desde Arriba".

וַיְהִי vayehí בִּנְסֹעַ binsoa הָאָרֹן haarón וַיֹּאמֶר vayómer מֹשֶׁה Moshé

מהש, ע"ב בריבוע וקס"א, אל שדי, ד"פ אלהים ע"ה קוּמָה kumá קנ"א (מקוה) |

יְהֹוָהאדהנויאהדונהי Adonai וְיָפֻצוּ veyafutsu אֹיְבֶיךָ oyveja וְיָנֻסוּ veyanusu

מְשַׂנְאֶיךָ mesaneja מִפָּנֶיךָ mipaneja ס"ג מ"ה ב"ן : כִּי qui

מִצִּיּוֹן miTsiyón יוסף, ו' הויות, קנאה תֵּצֵא tetsé תוֹרָה Torá וּדְבַר udvar ראה

יְהֹוָהאדהנויאהדונהי Adonai מִירוּשָׁלָםִ mirushaláim: בָּרוּךְ Baruj שֶׁנָּתַן shenatán

תּוֹרָה Torá לְעַמּוֹ leamó יִשְׂרָאֵל Yisrael בִּקְדֻשָּׁתוֹ bikdusható.

BERIJ SHMEI

Esta sección es tomada directamente del *Zóhar* y aparece en su arameo original. El *Berij Shmei* funciona como una máquina del tiempo que, literalmente, transporta nuestra alma de regreso al evento de revelación en el Monte Sinaí, cuando Moshé recibió las tablas. Al volver a visitar el momento y lugar exacto de la revelación, podemos atraer hacia nosotros los aspectos de la Luz original mediante la lectura de la Torá. El *Berij Shmei* contiene 130 palabras. Adam fue separado de su esposa, Eva, por 130 años; tiempo en el que él pecó. Cada palabra en esta oración ayuda a corregir uno de esos años. Cada uno de nosotros estaba incluido en el alma de Adam. Nosotros somos Adam. Adam es simplemente el código para el alma unificada que incluye a cada ser humano que alguna vez transitó o transitará por este planeta.

בְּרִיךְ Berij שְׁמֵיהּ Shmei דְּמָארֵי demarei עָלְמָא almá בְּרִיךְ Berij

כִּתְרָךְ quitraj וְאַתְרָךְ veatraj. יְהֵא yehé רְעוּתָךְ reutaj. עִם im

עַמָּךְ amaj יִשְׂרָאֵל Yisrael לְעָלַם lealam. וּפוּרְקַן ufurkán יְמִינָךְ yeminaj

אַחֲזֵי ajzei לְעַמָּךְ leamaj בְּבֵית beveit ב"פ ראה מִקְדְּשָׁךְ mikdashaj.

APERTURA DEL ARCA

"Cuando el Arca viajaba, Moshé decía: Levántate, Señor. Haz que tus enemigos sean esparcidos y que aquellos que Te odian huyan ante Ti" (Números 10:35). "Porque de Sión emergerá la Torá y la Palabra del Señor desde Jerusalem" (Isaías 2:3). Bendito es Él Quien dio la Torá a Su Nación, Israel, por Su Santidad.

BERIJ SHEMEI

Bendito es el Nombre del Señor del Mundo.

Bendita es Tu corona y Tu lugar. Que Tu deseo esté con Tu Nación, Israel, para siempre. Que puedas mostrar la redención de Tu Diestra a Tu Nación en Tu Templo Sagrado.

לְאַמְטוּיֵי leamtuyei לָנָא laná מִטּוּב mituv נְהוֹרָךְ nehoraj. וּלְקַבֵּל ulekabel

צְלוֹתָנָא tslotaná בְּרַחֲמִין berajamín. יְהֵא yehé רַעֲוָא raavá

קֳדָמָךְ kodamaj דְּתוֹרִיךְ detorij לָן lan חַיִּין jayín בְּטִיבוּ betivú.

וְלֶהֱוֵי velehevei אֲנָא aná ב"ן עַבְדָּךְ avdaj פוי, אל אדני פְּקִידָא pekidá

בְּגוֹ begó צַדִּיקַיָּא tsadikaya. לְמִרְחַם lemirjam אברהם, וה"פ אל, רי"ו ול"ב נתיבות

החכמה, רמ"ח (אברים), עסמ"ב וט"ז אותיות פשוטות עֲלַי alai וּלְמִנְטַר ulemintar יָתִי yatí

וְיַת veyat כָּל col יל"י דִּלִי dilí וְדִי vedí לְעַמָּךְ leamaj יִשְׂרָאֵל Yisrael.

אַנְתְּ ant הוּא Hu זָן zan נגד, מזבח, אל יהוה לְכֹלָּא lejolá וּמְפַרְנֵס umfarnés

לְכֹלָּא lejolá. אַנְתְּ ant הוּא Hu שַׁלִּיט shalit עַל al כֹּלָּא cola. אַנְתְּ ant

הוּא Hu דְּשַׁלִּיט deshalit עַל al מַלְכַיָּא maljayá וּמַלְכוּתָא umaljutá

דִּילָךְ dilaj הִיא hi. אֲנָא aná ב"ן עַבְדָּא avda דְּקוּדְשָׁא deKudshá

בְּרִיךְ Berij הוּא Hu דְּסָגִידְנָא desaguidná קַמֵּהּ kamé וּמִן umín קַמֵּהּ kamé

דִּיקַר dikar אוֹרַיְתֵהּ orayté בְּכָל־ bejol ב"ן, לכב עִדָּן idán וְעִדָּן veidán.

לָא la עַל al אֱנָשׁ enash רָחִיצְנָא rajitsna. וְלָא velá עַל al

בַּר bar אֱלָהִין elahín יל"ה סָמִיכְנָא samijná. אֶלָּא ela בֶּאֱלָהָא beelahá

דִּשְׁמַיָּא dishmayá. דְּהוּא dehú אֱלָהָא elahá קְשׁוֹט keshot.

וְאוֹרַיְתֵהּ veorayté קְשׁוֹט keshot וּנְבִיאוֹהִי uneviohi קְשׁוֹט keshot.

וּמַסְגֵּי umasguei לְמֶעְבַּד lemebad טַבְוָן taveván וּקְשׁוֹט ukeshot.

בֵּיהּ be אֲנָא aná ב"ן רָחִיץ rajits וְלִשְׁמֵהּ velishmé יַקִּירָא yakirá

קַדִּישָׁא kadishá אֲנָא aná ב"ן אֵמַר emar תֻּשְׁבְּחָן tushbeján.

Que nos puedas llenar con lo mejor de Tu iluminación y que puedas recibir nuestras oraciones con misericordia. Que sea agradable ante Ti el alargar nuestras vidas con bien. Y yo, Tu siervo, seré recordado junto a los justos. Ten misericordia de mí y protégeme, y todo lo que poseo y todo lo que pertenece a Tu Nación, Israel. Tú eres el que nutre todo y provee a todo con sustento. Tú eres el que gobierna todo. Tú tienes control sobre reyes y sus reinos son Tuyos. Yo soy el siervo del Santo Bendito Sea, mientras me postro ante Él y ante la gloria de Su Torá, en cada y todo momento. Yo no coloco mi confianza en ningún hombre y no tengo fe en los hijosde los dioses. Mi confianza y fe están sólo en el Dios en el Cielo, Quien es el verdadero Dios; Su Torá es verdadera; Sus profetas son verdaderos; y Él ejecuta abundante compasión y verdad. En Él, yo confío y digo alabanzas a Su Santo y precioso Nombre.

יְהֵא yehé רַעֲוָא raavá קֳדָמָךְ kodamaj דְּתִפְתַּח detiftaj לִבָּאִי libaí

בְּאוֹרַיְתָךְ beoraytaj. (וְתִיהַב vetihav לִי li בְּנִין benín דִּכְרִין dijrín

דְּעָבְדִין deavdín רְעוּתָךְ reutaj). וְתַשְׁלִים vetashlim מִשְׁאֲלִין mishalín

דְּלִבָּאִי delibaí וְלִבָּא velibá דְּכָל dejol ילי עַמָּךְ amaj יִשְׂרָאֵל Yisrael

לְטַב letav וּלְחַיִּין ulejayín וְלִשְׁלָם velishlam אָמֵן Amén יאהדונהי:

SACAR LA TORÁ DEL ARCA

Cuando la Torá es sacada del Arca, hay una oportunidad de hacer una conexión especial con ella, bien sea besándola o tocándola. A veces, las personas se apresuran en hacer su conexión, empujando, aglomerándose y apartando a la gente a un lado mientras intentan tocar el pergamino. Espiritualmente hablando, estas acciones reflejan una energía opuesta a la de la Torá. La conexión con la Torá no sólo es física. Las conexiones con la Torá se realizan a través de un estado mental espiritual, el cual incluye tolerancia y ocupación por los demás. No podemos estar en el marco mental espiritual adecuado si somos descorteses con otro individuo.

Antes de que la Torá sea llevada a la *bimá* (podio), el *jazán* dice:

גַּדְּלוּ gadlú לַיהוָֹהאדניאהדונהי laAdonai אִתִּי ití וּנְרוֹמְמָה unromemá

שְׁמוֹ Shmó ע״ב בריבוע וקס״א ע״ה, אל שדי ע״ה, מהש ע״ה יַחְדָּו yajdav:

Entonces la congregación dice lo siguiente mientras la Torá es llevada a la *bimá*:

לְךָ lejá יְהוָֹהאדניאהדונהי Adonai הַגְּדֻלָּה hagdulá וְהַגְּבוּרָה vehagvurá ר״ו

וְהַתִּפְאֶרֶת vehaTiféret וְהַנֵּצַח vehaNétsaj וְהַהוֹד vehaHod ההה כִּי qui

כֹל jol ילי בַּשָּׁמַיִם bashamáyim י״פ טל, י״פ כוזו וּבָאָרֶץ uvaárets לְךָ lejá

יְהוָֹהאדניאהדונהי Adonai הַמַּמְלָכָה hamamlajá וְהַמִּתְנַשֵּׂא vehamitnasé

לְכֹל lejol יה אדני לְרֹאשׁ lerosh ריבוע אלהים אלהים דיודין ע״ה: רוֹמְמוּ romemú

יְהוָֹהאדניאהדונהי Adonai אֱלֹהֵינוּ Eloheinu ילה וְהִשְׁתַּחֲווּ vehishtajavú

לַהֲדֹם lahadom רַגְלָיו raglav קָדוֹשׁ Kadosh הוּא Hu: רוֹמְמוּ romemú

יְהוָֹהאדניאהדונהי Adonai אֱלֹהֵינוּ Eloheinu ילה וְהִשְׁתַּחֲווּ vehishtajavú לְהַר lehar

קָדְשׁוֹ kadshó כִּי qui קָדוֹשׁ Kadosh יְהוָֹהאדניאהדונהי Adonai אֱלֹהֵינוּ Eloheinu ילה:

Que sea agradable ante Ti y Tú abrirás mi corazón con Tu Torá (y que Tú me concedas hijos varones, que puedan satisfacer Tu deseo). Y que Tú puedas satisfacer las solicitudes de mi corazón y el corazón de toda tu Nación, Israel, para bien, para vida y para paz. Amén.

SACAR LA TORÁ DEL ARCA

"Glorifiquen conmigo al Señor, alabemos Su Nombre todos juntos" (Salmos 34:4).

"Tuyos, Señor, son la grandeza, la fortaleza, el esplendor, el triunfo y la gloria, incluso todo lo que hay en los Cielos y en la Tierra. Tuyos, Señor, son el Reino y la soberanía sobre cada líder" (1 Crónicas, 29:11). "Exalten al Señor, nuestro Dios, y póstrense ante Su estrado, porque es Santo. Exalten al Señor, nuestro Dios, y póstrense ante Su Santa Montaña porque el Señor, nuestro Dios, es Santo" (Salmos 99:9).

Algunos añaden esta sección:

אֵין־ ein קָדוֹשׁ kadosh כַּיהֹוָה יאהדונהי caAdonai כִּי qui אֵין ein בִּלְתֶּךָ biltejá

וְאֵין veéin צוּר tsur אלהים דההין ע"ה כֵּאלֹהֵינוּ queEloheinu ילה: כִּי qui מִי mi ילי

אֱלוֹהַּ Eloha מ"ב מִבַּלְעֲדֵי mibaladei יְהֹוָה יאהדונהי Adonai וּמִי umí ילי צוּר tsur

אלהים דההין ע"ה זוּלָתִי zulatí אֱלֹהֵינוּ Eloheinu ילה: תּוֹרָה Torá צִוָּה־ tsivá לָנוּ lanu

אלהים, אהיה אדני מֹשֶׁה Moshé מהש, ע"ב בריבוע וקס"א, אל שדי, ד"פ אלהים ע"ה

מוֹרָשָׁה morashá קְהִלַּת kehilat יַעֲקֹב Yaakov ז' הויות, אידהנויה: עֵץ־ ets

חַיִּים jayim אהיה אהיה יהוה, בינה ע"ה הִיא hi לַמַּחֲזִיקִים lamajazikim ר"ת להח

בָּהּ ba וְתֹמְכֶיהָ vetomjeha מְאֻשָּׁר: meushar דְּרָכֶיהָ derajeha

דְּרָכֶיהָ דַּרְכֵי־ darjei נֹעַם nóam וְכָל־ vejol ילי נְתִיבוֹתֶיהָ netivoteha שָׁלוֹם: shalom

שָׁלוֹם shalom רָב rav לְאֹהֲבֵי leohavei תוֹרָתֶךָ torateja וְאֵין־ veéin לָמוֹ lamó

מִכְשׁוֹל: mijshol יְהֹוָה יאהדונהי Adonai עֹז oz לְעַמּוֹ leamó

יִתֵּן yitén יְהֹוָה יאהדונהי Adonai יְבָרֵךְ yevarej עסמ"ב, הברכה

אֶת־ et עַמּוֹ amó בַשָּׁלוֹם vashalom ר"ת, ע"ב, ריבוע יהוה:

כִּי qui שֵׁם Shem יְהֹוָה יאהדונהי Adonai אֶקְרָא ekrá הָבוּ havú אחד, אהבה, דאגה

גֹּדֶל gódel לֵאלֹהֵינוּ leEloheinu ילה: הַכֹּל hacol תְּנוּ tnú עֹז oz

לֵאלֹהִים leElohim אהיה אדני ; ילה וּתְנוּ utnú כָבוֹד javod לַתּוֹרָה: laTorá

LA ELEVACIÓN DE LA TORÁ

Después de que el pergamino es colocado en la *bimá* (podio), se llama a una persona para alzar la Torá para que la congregación vea la sección específica que se leerá de la Torá. Mientras elevamos la Torá, también meditamos en elevar nuestro nivel de conciencia. Debemos observar el pergamino para intentar ver la primera letra de la lectura de esa semana. También debemos tratar de encontrar la primera letra de nuestro nombre hebreo en el texto. Puedes usar el *Talit* para ayudarte a enfocar (Si no tienes un *Talit*, puedes usar tu dedo).

"No hay nadie tan Santo como el Señor, porque no hay nadie más aparte de Ti. No hay Fortaleza como nuestro Dios" (Samuel 1 2:2). "Porque ¿quién es Dios además del Señor? ¿Quién es Fortaleza como no sea nuestro Dios?" (Salmos 18:32). "La Torá que Moshé nos encomendó es una herencia para la congregación de Yaakov" (Deuteronomio 33:4). "Es un árbol de vida para aquellos que se aferran a él y los que lo apoyan son felices" (Proverbios 3:18). "Sus caminos son el camino de lo agradable y todos sus senderos llevan a la paz" (Proverbios 3:17). "Abundancia de paz para aquellos que aman Tu Torá y para ellos no hay obstáculos" (Salmos 119:165). "El Señor da fuerza a Su gente. El Señor bendice a Su nación con paz" (Salmos 29:11). "Cuando yo llamo al Nombre del Señor, proclamo grandeza a nuestro Dios" (Deuteronomio 32:3). "Todos reconozcan el poder de Dios y muestren respeto a la Torá" (Salmos 68:35).

וְזֹאת vezot הַתּוֹרָה haTorá אֲשֶׁר־ asher שָׂם sam מֹשֶׁה Moshé
מהש, ע״ב בריבוע וקס״א, אל שדי, ד״פ אלהים ע״ה לִפְנֵי lifnei בְּנֵי bnei יִשְׂרָאֵל Yisrael:
אֵל el ייא״י (מילוי דס״ג) שַׁדַּי Shadai אל שדי = משה, מהש, ע״ב בריבוע וקס״א, ד״פ אלהים ע״ה
אֱמֶת emet אהיה פעמים אהיה, ז״פ ס״ג וּמֹשֶׁה uMoshé מהש, ע״ב בריבוע וקס״א, אל שדי,
ד״פ אלהים ע״ה אֱמֶת emet אהיה פעמים אהיה, ז״פ ס״ג וְתוֹרָתוֹ vetorató
אֱמֶת emet אהיה פעמים אהיה, ז״פ ס״ג: תּוֹרָה Torá צִוָּה־ tsivá
לָנוּ lanu אלהים, אהיה אדני מֹשֶׁה Moshé מהש, ע״ב בריבוע וקס״א, אל שדי, ד״פ אלהים ע״ה
מוֹרָשָׁה morashá קְהִלַּת kehilat יַעֲקֹב Yaakov ז׳ הויות, אידהנויה:
הָאֵל haEl ייא״י (מילוי דס״ג) תָּמִים tamim דַּרְכּוֹ darcó אִמְרַת imrat
יְהֹוָהאדניאהדונהי Adonai צְרוּפָה tsrufá מָגֵן maguén ג״פ אל (ייא״י מילוי דס״ג)
ר״ת מיכאל גבריאל נוריאל הוּא Hu לְכֹל lejol יה אדני הַחֹסִים hajosim בּוֹ bo:

LA LECTURA

Para maximizar el poder de la conexión, es importante compartir toda la energía que estamos recibiendo con todas las demás personas al convertirnos en canales para la Luz espiritual. Si pensamos sólo en nosotros mismos, es como fundir un fusible. No fluye ninguna corriente, aun cuando el enchufe esté conectado al tomacorriente. Cuando alguien es llamado (el *olé*) para recitar la bendición antes de la lectura de la Torá, él hace conexión visual con las letras de la Torá para activar el poder de las palabras que son leídas. Se recita una bendición antes y una después de cada una de las lecturas. La primera bendición equivale a conectar un enchufe (nuestra alma) a un tomacorriente (la Torá). La última bendición atrae la corriente espiritual hacia nosotros para traer Luz a nuestra vida.

Meditación para las personas que suben a la *Torá* durante *Minjá*

Las Tres *Sefirot* Superiores (*Jojmá, Biná, Dáat* de *Zeir Anpín*) ahora revelan la Iluminación de *Aba* Celestial dentro de Ellas, y esta Iluminación (*Yesod* de *Aba*) está saliendo. Las tres personas que suben a la *Torá* durante *Minjá* son como se describe a continuación: La primera corresponde a *Jojmá*, la segunda a *Biná* y la tercera a *Dáat*. (Y así como la sexta *Aliyá* de la lectura de la Torá de *Shabat* en la mañana es más significativa porque ésta es el aspecto de *Yesod*, uno debe intentar llega a la tercera *Aliyá* de *Minjá*, que corresponde a *Dáat*, y también está para la corrección de *Yesod*).

Llamamos a tres personas a la Torá y leemos al menos diez versículos. Leemos de la porción que se leerá en el próximo *Shabat* (aun cuando el próximo *Shabat* sea un día festivo, leemos la porción del siguiente *Shabat* y no el de la festividad).

LA ELEVACIÓN DE LA TORÁ

"Y esta es la Torá que Moshé colocó ante los Hijos de Israel" (Deuteronomio 4:44).

Dios es verdad y Moshé es verdad y Su Torá es verdad. "La Torá que Moshé nos encomendó es una herencia para la congregación de Yaakov" (Deuteronomio 33:4). *"¡Dios! Sus caminos son perfectos. La declaración del Señor es pura. Él es el Escudo para todos aquellos que se refugian en Él"* (2 Samuel 22:31).

El *jazán* dice:

בֵּית beit ב"פ ראה אַהֲרֹן Aharón בָּרְכוּ barjú יהוה ריבוע יהוה ריבוע מ"ה אֶת et

ה' Hashem הַמְבֹרָךְ, hamevoraj כֹּהֵן Cohén מלה קְרַב kerav וְכַהֵן vejahén מלה.

La persona que sube a la Torá ("el *olé*"), sostiene el Pergamino con ambas manos y dice:

יְהֹוָהאדניאהדונהי Adonai עִמָּכֶם imajem:

La congregación responde:

יְבָרֶכְךָ yevarejejá ה' Hashem:

El *olé* continúa:

(ויכוין "ברכו את ה' המבורך" – מ"ב ור"ך שהם שמאל וימין):

רַבָּנָן rabanán: בָּרְכוּ barjú יהוה ריבוע יהוה ריבוע מ"ה אֶת et

יְהֹוָהאדניאהדונהי Adonai הַמְבֹרָךְ hamevoraj ס"ת כהת, משיח בן דוד ע"ה.

La congregación responde:

Néfesh *Rúaj* *Neshamá*

בָּרוּךְ Baruj יְהֹוָהאדניאהדונהי Adonai הַמְבוֹרָךְ hamevoraj

Jayá *Yejidá*

לְעוֹלָם leolam ריבוע ס"ג וי' אותיות דס"ג וָעֶד vaed:

El *olé* repite esta línea después de la congregación:

Néfesh *Rúaj* *Neshamá*

בָּרוּךְ Baruj יְהֹוָהאדניאהדונהי Adonai הַמְבוֹרָךְ hamevoraj

Jayá *Yejidá*

לְעוֹלָם leolam ריבוע ס"ג וי' אותיות דס"ג וָעֶד vaed:

Entonces el *olé* dice la siguiente bendición:

בָּרוּךְ Baruj אַתָּה Atá יְהֹוָהאדניאהדונהי Adonai אֱלֹהֵינוּ Eloheinu ילה

מֶלֶךְ Mélej הָעוֹלָם haolam אֲשֶׁר asher בָּחַר־ bajar בָּנוּ banu

מִכָּל־ micol ילי הָעַמִּים haamim וְנָתַן־ venatán לָנוּ lanu אלהים, אהיה אדני

אֶת et תּוֹרָתוֹ torató. בָּרוּךְ Baruj אַתָּה Atá יְהֹוָהאדניאהדונהי Adonai

נוֹתֵן notén אבג יתץ, ושר הַתּוֹרָה haTorá.

LA LECTURA

(La Casa de Aharón, bendigan al Señor, el Bendito. Cohén, acércate y ponte de pie y realiza tu responsabilidad sacerdotal). Que el Señor esté con ustedes. Que el Señor te bendiga. Señores: Bendigan al Señor que es Bendito. Bendito es el Señor que es Bendito, por siempre y para la eternidad. Bendito eres Tú, Señor, nuestro Dios, el Rey del Universo, Quien nos escogió entre las naciones y nos otorgó Su Torá. Bendito eres Tú, Señor, Quien otorga la Torá.

Luego de la lectura, el *olé* dice la siguiente bendición:

בָּרוּךְ Baruj אַתָּה Atá יְהֹוָה יאהדונהי Adonai אֱלֹהֵינוּ Eloheinu ילה
מֶלֶךְ Mélej הָעוֹלָם haolam אֲשֶׁר asher נָתַן natán לָנוּ lanu אלהים, אהיה אדני
אֶת et תּוֹרָתוֹ torató תּוֹרַת־ torat אֱמֶת emet אהיה פעמים אהיה, ז"פ ס"ג
וְחַיֵּי vejayei עוֹלָם olam נָטַע natá בְּתוֹכֵנוּ betojenu. בָּרוּךְ Baruj
אַתָּה Atá יְהֹוָה יאהדונהי Adonai נוֹתֵן notén אבג יתץ, ושר הַתּוֹרָה haTorá.

REGRESO DE LA TORÁ AL ARCA

Antes de regresar la Torá al Arca, el *jazán* dice:

יְהַלְלוּ yehalelú אֶת־ et שֵׁם Shem יְהֹוָה יאהדונהי Adonai כִּי־ qui
נִשְׂגָּב nisgav שְׁמוֹ Shmó מהש ע"ה, ע"ב בריבוע וקס"א ע"ה, אל שדי ע"ה לְבַדּוֹ levadó מ"ב

Luego la congregación dice lo siguiente mientras la Torá es llevada de regreso al Arca:

הוֹדוֹ hodú אהיה עַל־ al אֶרֶץ érets וְשָׁמָיִם veshamáyim י"פ טל, י"פ כוזו:
וַיָּרֶם vayarem קֶרֶן keren לְעַמּוֹ leamó תְּהִלָּה tehilá ע"ה אמת, אהיה פעמים אהיה,
ז"פ ס"ג לְכָל־ lejol יה אדני וַחֲסִידָיו jasidav לִבְנֵי livnei יִשְׂרָאֵל Yisrael
עַם־ am קְרֹבוֹ krovó הַלְלוּיָהּ haleluyá אלהים, אהיה אדני ; ללה:

Luego el *jazán* dice:

יְהֹוָה יאהדונהי Adonai הוּא Hu הָאֱלֹהִים haElohim
אהיה אדני ; ילה ; ר"ת יהה ועולה למנין ענו עם ג' כוללים:
יְהֹוָה יאהדונהי Adonai הוּא Hu הָאֱלֹהִים haElohim
אהיה אדני ; ילה ; ר"ת יהה ועולה למנין ענו עם ג' כוללים:

בַּשָּׁמַיִם bashamáyim י"פ טל, י"פ כוזו מִמַּעַל mimáal עלם וְעַל־ veal
הָאָרֶץ haárets אלהים דההין ע"ה מִתָּחַת mitájat אֵין ein עוֹד od:

Bendito eres Tú, Señor, nuestro Dios, Rey del Universo, Quien nos otorgó Su Torá, la Torá de verdad e implantó dentro de nosotros la vida eterna. Bendito eres Tú, Señor, Quien otorga la Torá.

REGRESO DE LA TORÁ AL ARCA

"Alaben todos el Nombre del Señor, porque sólo Su Nombre es sublime. Su majestad está sobre el Cielo y la Tierra. Él exalta la fuerza de Su pueblo, alaba a todos Sus fieles, los hijos de Israel, pueblo cercano a Él. ¡Aleluya!" (Salmos 148:13-14). "¡El Señor es el Dios! ¡El Señor es el Dios! En los Cielos arriba y en la Tierra debajo, no hay nadie como Él" (Deuteronomio 4:39).

אֵין־ ein כָּמוֹךָ camoja בָאֱלֹהִים vaElohim אהיה אדני ; ילה אֲדֹנָי Adonai ללה

וְאֵין veéin כְּמַעֲשֶׂיךָ quemaaseja: וּבְנֻחֹה uvenujó יֹאמַר yomar שׁוּבָה shuva

הו"ש יְהֹוָה Adonai רִבְבוֹת rivevot אַלְפֵי alfei יִשְׂרָאֵל Yisrael:

הֲשִׁיבֵנוּ hashivenu יְהֹוָה Adonai | אֵלֶיךָ eleja וְנָשׁוּבָה venashuva

(כתיב: ונשוב) חַדֵּשׁ jadesh י"ב הויות, קס"א קנ"א יָמֵינוּ yameinu כְּקֶדֶם quekédem:

ר"ת הפסוק = נפש רוח נשמה חיה יחידה ע"ה

תִּכּוֹן ticón תְּפִלָּתִי tfilatí קְטֹרֶת któret י"א פעמים אדני לְפָנֶיךָ lefaneja ס"ג מ"ה ב"ן

מַשְׂאַת masat כַּפַּי capai מִנְחַת־ minjat עָרֶב árev: הַקְשִׁיבָה hakshiva

לְקוֹל lekol שַׁוְעִי shaví מַלְכִּי malquí וֵאלֹהָי veElohai לכב ; מילוי ע"ב, דמ"ב ; ילה

כִּי־ qui אֵלֶיךָ eleja אֶתְפַּלָּל etpalal:

MEDIO KADISH

יִתְגַּדַּל yitgadal וְיִתְקַדַּשׁ veyitkadash שדי + ין לת וד (מילוי שדי) ; י"א אותיות כמנין ו"ה

שְׁמֵיהּ Shmei (שם י"ה דע"ב) רַבָּא rabá קנ"א ב"ן, יהוה אלהים יהוה אדני,

מילוי קס"א וס"ג, מ"ה ברבוע וע"ב ע"ה ; ר"ת = ר"פ אלהים ; ס"ת = ג"פ יב"ק. אָמֵן Amén אידהנויה.

בְּעָלְמָא bealmá דִּי di בְרָא verá כִּרְעוּתֵיהּ quirutei.

וְיַמְלִיךְ veyamlij מַלְכוּתֵיהּ maljutei. וְיַצְמַח veyatsmaj

פּוּרְקָנֵיהּ purkanei. וִיקָרֵב vikarev מְשִׁיחֵיהּ Meshijei. אָמֵן Amén אידהנויה.

"No hay nadie como Tú entre los dioses, Oh Señor, y no hay obras como las Tuyas" (Salmos 86:8). "Y cuando el Arca se posaba, Moshé decía: Vuélvete, Señor, hacia las miríadas de millares de Israel (Números 10:36). "Regrésanos a Ti, Señor, y nosotros volveremos. Renueva nuestros días como en los primeros tiempos" (Lamentaciones 5:21). "Que mi oración se coloque ante Ti, como el sacrificio del incienso, el alzar de mi mano como la ofrenda de la comida de la tarde. Escucha mis lamentos, mi Rey, mi Dios, porque es por Ti por quien estoy rezando" (Salmos 5:3).

MEDIO KADISH

¡Glorificado y santificado sea su Gran Nombre! (Amén).
En el mundo que Él creó de acuerdo a Su voluntad y pueda Su Reino reinar.
Y pueda Él hacer que su Redención florezca y pueda Él acercar al Mesías (Amén).

בְּחַיֵּיכוֹן bejayeijón וּבְיוֹמֵיכוֹן uveyomeijón וּבְחַיֵּי uvejayei

דְכָל dejol בֵּית beit ב"פ ראה יִשְׂרָאֵל Yisrael בַּעֲגָלָא baagalá

וּבִזְמַן uvizmán קָרִיב kariv וְאִמְרוּ veimrú אָמֵן Amén. אָמֵן Amén אידהנויה.

La congregación y el *jazán* dicen lo siguiente:

28 palabras (hasta *bealmá*) – y 28 letras (hasta *almayá*)

יְהֵא yehé שְׁמֵיהּ Shmei (שם י"ה דס"ג) רַבָּא rabá קנ"א ב"ן,

יהוה אלהים יהוה אדני, מילוי קס"א וס"ג, מ"ה ברבוע וע"ב ע"ה מְבָרַךְ mevaraj,

לְעָלַם lealam לְעָלְמֵי lealmei עָלְמַיָּא almayá. יִתְבָּרַךְ yitbaraj.

Siete palabras con seis letras cada una (שם ב"ן מ"ב). También, siete veces la letra Vav (מ"ב שם ב"ן).

וְיִשְׁתַּבַּח veyishtabaj י"פ ע"ב יהוה אל אבג יתץ.

וְיִתְפָּאַר veyitpaar הי גו יה קרע שטן. וְיִתְרוֹמַם veyitromam וה כוזו נגד יכש.

וְיִתְנַשֵּׂא veyitnasé במוכסז בטר צתג. וְיִתְהַדָּר veyithadar כוזו יה חקב טנע.

וְיִתְעַלֶּה veyitalé וה יוד ה יגל פזק. וְיִתְהַלָּל veyithalal א ואו הא שקו צית.

שְׁמֵיהּ Shmei (שם י"ה דמ"ה) דְּקוּדְשָׁא deKudshá בְּרִיךְ Verij הוּא Hu.

אָמֵן Amén אידהנויה.

לְעֵלָּא leelá מִן min כָּל col יכלי בִּרְכָתָא birjatá. שִׁירָתָא shiratá.

תֻּשְׁבְּחָתָא tishbejatá וְנֶחֱמָתָא venejamatá. דַּאֲמִירָן daamirán

בְּעָלְמָא bealmá וְאִמְרוּ veimrú אָמֵן Amén: אָמֵן Amén אידהנויה.

En tus vidas y en tus días y en la vida de la Casa de Israel, prontamente y en el futuro cercano, y dígase, Amén (Amén). Que Su gran Nombre sea bendito por siempre y para toda la eternidad, y bendito y alabado, y glorificado y exaltado, y ensalzado y honrado, y adorado y loado, sea el Nombre del Santo Bendito Sea (Amén). Más allá de todas las bendiciones, himnos, alabanzas y palabras de consolación que deben decirse en el mundo, y dígase: Amén (Amén).

LA AMIDÁ

Cuando comenzamos la conexión, damos tres pasos hacia atrás que significan que estamos dejando este mundo físico. Después damos tres pasos hacia delante para comenzar la *Amidá*. Los tres pasos son:
1. Entrar a la tierra de Israel; para entrar en el primer círculo espiritual.
2. Entrar en la ciudad de Jerusalem – para entrar en el segundo círculo espiritual.
3. Entrar en el Santo Sanctórum – para entrar en el círculo más interno.

Antes de recitar el primer verso de la *Amidá*, pedimos: "*Dios, abre mis labios y permite que mi boca hable*", estamos pidiendo a la Luz que hable por nosotros para que podamos recibir lo que necesitamos y no sólo lo que queremos. Con mucha frecuencia, lo que queremos de la vida no es necesariamente el deseo del alma, que es lo que verdaderamente necesitamos para estar satisfechos. Al pedirle a la Luz que hable a través de nosotros, nos aseguramos de que nuestra conexión nos traiga realización genuina y oportunidades para el crecimiento espiritual y el cambio.

El formato de la Ascensión en *Minjá* de *Shabat*

En la *Amidá* silenciosa, *Zeir Anpín* (significando *Yisrael* y *Leá*) se eleva a *Nétsaj, Hod, Yesod* de *Dikná* en sus tres *tikunim* (correcciones, las cuales son el decimotercer *tikún*, el duodécimo *tikún* y el undécimo *tikún*), significando que los cinco *Tselamim* de *Nétsaj, Hod, Yesod* de *Dikná* (que es la letra צ del *Tsélem*) se expanden en los cinco *Partsufim* de *Nétsaj, Hod, Yesod* de *Kéter* de *Zeir Anpín* (y es llamado *Néfesh, Rúaj, Neshamá, Jayá, Yejidá* de *Néfesh* de *Yejidá*). **Así que ahora**, *Kéter, Jojmá, Biná* de *Zeir Anpín* son elevadas a *Nétsaj, Hod, Yesod* de *Dikná*, y *Jésed, Guevurá, Tiféret* de *Zeir Anpín* son elevadas a *Kéter, Jojmá, Biná* de *Aba* e *Ima* Celestiales, y *Nétsaj, Hod, Yesod* de *Zeir Anpín* son elevadas a *Jésed, Guevurá, Tiféret* de *Aba* e *Ima* Celestiales. Y *Yaakov* y *Rajel* (Quienes están de pie en *Nétsaj, Hod, Yesod* de *Jojmá* de *Zeir Anpín*, significando *Nétsaj, Hod, Yesod* de *Aba* e *Ima* Celestiales) son elevados a *Jésed, Guevurá, Tiféret* de *Jojmá* de *Zeir Anpín* (significando a *Jésed, Guevurá, Tiféret* de *Aba* e *Ima* Celestiales, y a donde *Nétsaj, Hod, Yesod* de *Zeir Anpín* son elevados ahora en *Minjá*). Y *Nétsaj, Hod, Yesod* de *Zeir Anpín* se convierten en *Mojín* para *Jojmá, Biná, Dáat* de *Yaakov* y *Rajel*.

En la repetición, *Zeir Anpín* (significando *Yisrael* y *Leá*), se eleva a *Jésed, Guevurá, Tiféret* de *Dikná* en sus tres *tikunim* (correcciones, las cuales son el décimo *tikún*, el noveno *tikún* y el octavo *tikún*), significando que los cinco *Tselamim* de *Jésed, Guevurá, Tiféret* de *Dikná* de *Arij Anpín* (que es la letra ל del *Tsélem*) se expanden en los cinco *Partsufim* de *Jésed, Guevurá, Tiféret* de *Kéter* de *Zeir Anpín* (y son llamados *Néfesh, Rúaj, Neshamá, Jayá, Yejidá* de *Rúaj* de *Yejidá*). **Así que ahora**, *Kéter, Jojmá, Biná* de *Zeir Anpín* son elevadas a *Jésed, Guevurá, Tiféret* de *Dikná*, y *Jésed, Guevurá, Tiféret* de *Zeir Anpín* son elevadas a *Nétsaj, Hod, Yesod* de *Dikná*, y *Nétsaj, Hod, Yesod* de *Zeir Anpín* son elevadas a *Jojmá, Biná, Dáat* de *Aba* e *Ima* Celestiales. Y *Yaakov* y *Rajel* (Quienes están de pie en *Jésed, Guevurá, Tiféret* de *Jojmá* de *Zeir Anpín*, significando *Jésed, Guevurá, Tiféret* de *Aba* e *Ima* Celestiales) son elevados a *Kéter, Jojmá, Biná* de *Jojmá* de *Zeir Anpín* (significando a *Kéter, Jojmá, Biná* de *Aba* e *Ima* Celestiales, y a donde *Nétsaj, Hod, Yesod* de *Zeir Anpín* son elevadas ahora en la repetición de *Minjá*). Y *Nétsaj, Hod, Yesod* de *Zeir Anpín* se convierten en *Mojín* para *Jojmá, Biná, Dáat* de *Yaakov* y *Rajel*.

אֲדֹנָי Adonai ללה (pausa aquí) שְׂפָתַי sfatai תִּפְתָּח tiftaj וּפִי ufí יַגִּיד yaguid

ייז (כ"ב אותיות פשוטות [=אכא] וה' אותיות סופיות מנצפך) תְּהִלָּתֶךָ tehilateja ס"ת = בוכ:

LA PRIMERA BENDICIÓN – INVOCA AL ESCUDO DE AVRAHAM

Avraham es el canal de la energía de la Columna Derecha de positividad, compartir y misericordia. Las acciones dadoras pueden protegernos de todas las formas de negatividad.

Jésed que se convierte en *Jojmá*

En esta sección hay 42 palabras, el secreto del Nombre de Dios de 42 letras y, por lo tanto, comienza con la letra *Bet* (2) y termina con la letra *Mem* (40).

Flexiona tus rodillas en "*Baruj*", inclínate en "*Atá*" y enderézate en "*Adonai*".

בָּרוּךְ Baruj אַתָּה Atá א-ת (אותיות הא"ב המסמלות את השפע המגיע) ללה המלכות

יְהֹוָהאדניאהדונהי Adonai (יא) אֱלֹהֵינוּ Eloheinu ילה

וֵאלֹהֵי veElohei לכב ; מילוי ע"ב, דמב ; ילה אֲבוֹתֵינוּ avoteinu:

אֱלֹהֵי Elohei מילוי ע"ב, דמב ; ילה אַבְרָהָם Avraham (*Jojmá*)

וה"פ אל, רי"ו ול"ב נתיבות החכמה, רמ"ח (אברים), עסמ"ב וט"ז אותיות פשוטות.

אֱלֹהֵי Elohei מילוי ע"ב, דמב ; ילה יִצְחָק Yitsjak (*Biná*) ד"פ ב"ן

וֵאלֹהֵי veElohei לכב ; מילוי ע"ב, דמב ; ילה יַעֲקֹב Yaakov (*Dáat*) ו' הויות, אידהנויה

LA AMIDÁ

"Mi Señor, abre mis labios y mi boca declarará Tu alabanza" (*Salmos 51:17*).

LA PRIMERA BENDICIÓN

Bendito eres, Señor, nuestro Dios

y Dios de nuestros ancestros: el Dios de Avraham, el Dios de Yitsjak y el Dios de Yaakov.

הָאֵל haEl לאה ; ייא״ (מילוי דס״ג) הַגָּדוֹל hagadol האל הגדול = סיט גדול; = להחו

עם ד׳ אותיות = מבה, יזל, אום הַגִּבּוֹר haguibor ר״ת ההה וְהַנּוֹרָא vehanorá.

אֵל El ייא״ (מילוי דס״ג) ; ר״ת = ע״ב, ריבוע יהוה עֶלְיוֹן elyón.

גּוֹמֵל gomel חֲסָדִים jasadim טוֹבִים tovim. קוֹנֵה koné הַכֹּל hacol

וְזוֹכֵר vezojer חַסְדֵי jasdei אָבוֹת avot. וּמֵבִיא umeví

גּוֹאֵל goel לִבְנֵי livnei בְנֵיהֶם veneihem לְמַעַן lemaan

שְׁמוֹ Shemó מהש ע״ה, ע״ב בריבוע וקס״א ע״ה, אל שדי ע״ה בְּאַהֲבָה beahavá אחד, דאגה:

Cuando digas la palabra "*beahavá*" debes meditar en dedicar tu alma a santificar el Santo Nombre y aceptar sobre ti mismo las cuatro formas de muerte.

מֶלֶךְ Mélej עוֹזֵר ozer וּמוֹשִׁיעַ umoshía וּמָגֵן umaguén

ג״פ אל (ייא״ מילוי דס״ג) ; ר״ת מיכאל גבריאל נוריאל:

Flexiona tus rodillas en "*Baruj*", inclínate en "*Atá*" y enderézate en "*Adonai*".

אהיה יהו אלף הי יוד הי (en *Shabat*: יְהֹוָה)

בָּרוּךְ Baruj אַתָּה Atá יְהֹוָאדהי (יְהֹוָאֲדֹנָהי) אהדונהי Adonai (הר)

מָגֵן maguén ג״פ אל (ייא״ מילוי דס״ג) ; ר״ת מיכאל גבריאל נוריאל אַבְרָהָם Avraham

וו״פ אל, רי״ו ול״ב נתיבות החכמה, רמ״ח (אברים), עסמ״ב וט״ז אותיות פשוטות:

El Dios grande, poderoso y reverenciado.
El Dios sublime. El que otorga favores. Amo de todas las cosas. El que recuerda las buenas acciones de nuestros antepasados y El que trae un redentor a los hijos de sus hijos por el bien de Su nombre, con amor. Rey, Asistente, Salvador y Escudo. Bendito seas Tú, Señor, Escudo de Avraham.

LA SEGUNDA BENDICIÓN

LA ENERGÍA DE YITSJAK ENCIENDE EL PODER DE LA RESURRECCIÓN DE LOS MUERTOS

Mientras que Avraham representa el poder de compartir, Yitsjak representa a la Columna Izquierda, energía de Juicio. El Juicio acorta el proceso de *tikún* y prepara la vía para nuestra resurrección final.

Guevurá que se convierte en *Biná*

En esta sección hay 49 palabras que corresponden a las 49 Puertas del Sistema Puro en *Biná*.

אַתָּה Atá גִּבּוֹר guibor לְעוֹלָם leolam ריבוע ס״ג + י׳ אותיות דס״ג אֲדֹנָי Adonai ללה

(ר״ת אַגְלָא והוא שם גדול ואמיץ, ובו היה יהודה מתגבר על אויביו. ע״ה אלד, בוכו).

מְחַיֶּה mejayé ס״ג (יוד הי ואו הי) מֵתִים metim אַתָּה Atá. רַב rav לְהוֹשִׁיעַ lehoshía.

מוֹרִיד morid הַטָּל hatal יוד הא וא, כוזו, מספר אותיות דמילואי עסמ״ב ; ר״ת מ״ה:

Si por error dices “*Mashiv harúaj*” y te das cuenta de ello antes del final de la bendición (“*Baruj Atá Adonai*”), debes regresar al comienzo de la bendición (“*Atá guibor*”) y continuar normalmente. Pero si sólo te das cuenta de ello después del final de la bendición, debes iniciar la *Amidá* desde el principio.

מְכַלְכֵּל mejalquel חַיִּים jayim אהיה אהיה יהוה, בינה ע״ה בְּחֶסֶד bejésed

ע״ב, ריבוע יהוה (י יה יהו יהוה). מְחַיֵּה mejayé ס״ג מֵתִים metim בְּרַחֲמִים berajamim

(במוכסז) מצפצ, אלהים דההין, י״פ ייי רַבִּים rabim (טלא דעתיק). סוֹמֵךְ somej

(אכדטם) כוק, ריבוע אדני נוֹפְלִים noflim (זו״ן). וְרוֹפֵא verofé חוֹלִים jolim

וחולה = מ״ה וד׳ אותיות. וּמַתִּיר umatir אֲסוּרִים asurim. וּמְקַיֵּם umekayem

אֱמוּנָתוֹ emunató לִישֵׁנֵי lishenei עָפָר afar. מִי mi ילי כָּמוֹךָ jamoja

(debes pronunciar la letra *Ayin* en la palabra “*Báal*”) בַּעַל báal גְּבוּרוֹת guevurot

וּמִי umí ילי דּוֹמֶה domé לָּךְ laj. מֶלֶךְ Mélej מֵמִית memit

וּמְחַיֶּה umejayé ס״ג (יוד הי ואו הי) וּמַצְמִיחַ umatsmíaj יְשׁוּעָה yeshuá:

וְנֶאֱמָן veneemán אַתָּה Atá לְהַחֲיוֹת lehajayot מֵתִים metim:

אהיה יהו אלף הי יוד הי (en *Shabat*: יְהֹוִה)

בָּרוּךְ Baruj אַתָּה Atá יְהֹוָהאדני(יאהדונהי) Adonai

מְחַיֵּה mejayé ס״ג (יוד הי ואו הי) הַמֵּתִים hametim ר״ת מ״ה וס״ת מ״ה:

LA SEGUNDA BENDICIÓN

Tú, Señor, eres poderoso por siempre.

Tú revives a los muertos y eres muy capaz de redimir. El que hace caer el rocío. Tú sostienes a los vivientes con bondad y revives a los muertos con gran misericordia. Tú sostienes a los caídos, curas a los enfermos, pones en libertad a los cautivos y cumples Tu promesa con los que duermen en el polvo. ¿Quién es como Tú, Señor de fortaleza, y quién puede compararse contigo, Oh Rey, que causas la muerte, das vida y haces crecer la salvación? ¿Quién es como Tú, Padre Misericordioso, Quién llama a Sus criaturas con misericordia para la vida? Y eres fiel para resucitar a los muertos. Bendito eres Tú, Señor, que resucitas a los muertos.

NAKDISHAJ – LA KEDUSHÁ

Toda la congregación recita esta oración.

Mientras decimos la *Kedushá* (Santidad) meditamos en traer la Santidad del Creador entre nosotros. Ya que ésta dice: "*Venikdashti betoj Benei Yisrael*" (Dios es santificado entre los hijos de Israel).

נַקְדִּישָׁךְ nakdishaj וְנַעֲרִיצָךְ venaaritsaj•

כְּנוֹעַם quenóam שִׂיחַ síaj סוֹד sod מ״כ, י״פ האא שַׂרְפֵי sarfei

קֹדֶשׁ kódesh הַמְשַׁלְּשִׁים hameshalshim לְךָ Lejá קְדֻשָּׁה kedushá•

וְכֵן vején כָּתוּב catuv עַל al יַד yad נְבִיאָךְ neviaj• וְקָרָא vekará

זֶה ze אֶל־ el זֶה ze י״ב פרקין ל״ב מאירים דיעקב פרקין דרו״ל וְאָמַר veamar:

קָדוֹשׁ Kadosh | קָדוֹשׁ Kadosh קָדוֹשׁ Kadosh (סוד ג׳ רישין דעתיקא קדישא)

יְהֹוָה יאהדונהי Adonai צְבָאוֹת Tsvaot פני שכינה מְלֹא meló כָל־ jol ילי

הָאָרֶץ haárets אלהים דההין ע״ה כְּבוֹדוֹ quevodó:

לְעֻמָּתָם leumatam מְשַׁבְּחִים meshabjim וְאוֹמְרִים veomrim:

(או״א) בָּרוּךְ Baruj כְּבוֹד־ Quevod יְהֹוָה יאהדונהי Adonai ; כבוד ה׳ = יוד הי ואו הה

מִמְּקוֹמוֹ mimkomó עסמ״ב, הברכה (למתק את ז׳ המלכים שמתו); ר״ת ע״ב, ריבוע יהוה ; ר״ת מיכ:

וּבְדִבְרֵי uvedivrei קָדְשְׁךָ kadshaj כָּתוּב catuv לֵאמֹר lemor:

(זו״ן) יִמְלֹךְ yimloj קדוש ברוך ימלך ר״ת יב״ק, אלהים יהוה, אהיה אדני יהוה

יְהֹוָה יאהדונהי Adonai לְעוֹלָם leolam ריבוע ס״ג וי׳ אותיות דס״ג אֱלֹהַיִךְ Eloháyij ילה

צִיּוֹן Tsiyón יוסף, ו׳ הויות, קנאה לְדֹר ledor וָדֹר vador רי״ו ר״ת אצלו (מלכות אצל ז״א – ו)

הַלְלוּיָהּ haleluyá אלהים, אהיה אדני ; ללה:

NAKDISHAJ

Te santificamos y Te honramos,

como la agradable charla de la reunión de los Santos Serafines, que recitan la Santidad ante Ti tres veces, como está escrito por Tu Profeta: "Y cada uno llamó al otro y dijo: Santo, Santo, Santo es el Señor de los Ejércitos, todo el mundo está lleno de Su gloria" (Isaías 6:3). Frente a ellos alaban y dicen: "Bendita sea la gloria del Señor desde Su Lugar" (Ezequiel 3:12). Y en Tus santas Palabras, está escrito como sigue: "El Señor, tu Dios, reinará por siempre, para toda y cada generación, Oh Sión, ¡Aleluya!" (Salmos 146:10).

LA TERCERA BENDICIÓN

Esta bendición nos conecta con Yaakov, la Columna Central, el poder de la restricción. Yaakov es nuestro canal para conectar la Misericordia con el Juicio. Al restringir nuestro comportamiento reactivo, estamos deteniendo nuestro Deseo de Recibir para Nosotros Mismos. Yaakov también nos da el poder para equilibrar nuestros actos de Misericordia y Juicio hacia otras personas en nuestra vida.

Tiféret* que se convierte en *Dáat (14 palabras).

אַתָּה Atá קָדוֹשׁ Kadosh וְשִׁמְךָ veShimjá קָדוֹשׁ Kadosh ר״ת = אור, רז, אין סוף.

וּקְדוֹשִׁים ukdoshim בְּכָל־ bejol ב״ן, לכב יוֹם yom ע״ה נגד, מזבח, זן, אל יהוה

יְהַלְלוּךָ yehaleluja סֶּלָה sela:

אהיה יהו אלף הא יוד הא (en *Shabat*: מצפצ)

בָּרוּךְ Baruj אַתָּה Atá יְהֹוָואדני(יְהֹוָאדני)יאהדונהי Adonai

הָאֵל haEl לאה ; ייא״י (מילוי דס״ג) הַקָּדוֹשׁ hakadosh י״פ מ״ה (יוד הא ואו הא):

Aqui medita en el Nombre: יאהדונהי, ya que puede ayudar a eliminar la ira.

LA BENDICIÓN DEL MEDIO

La cuarta bendición nos conecta con la verdadera esencia de *Shavuot*. *Shavuot* es nuestra conexión con inmortalidad y esta bendición es nuestra oportunidad para escoger la semilla que queremos sembrar para alcanzar la inmortalidad. El poder de las letras en esta bendición radica en su capacidad de ayudarnos a escoger automáticamente la semilla correcta que necesitamos y no necesariamente la semilla que queremos.

אַתָּה Atá בְּחַרְתָּנוּ vejartanu מִכָּל micol ילי הָעַמִּים haamim.

אָהַבְתָּ ahavta אוֹתָנוּ otanu וְרָצִיתָ veratsita בָּנוּ banu.

וְרוֹמַמְתָּנוּ veromamtanu מִכָּל micol ילי הַלְּשׁוֹנוֹת haleshonot.

וְקִדַּשְׁתָּנוּ vekidashtanu בְּמִצְוֹתֶיךָ bemitsvoteja. וְקֵרַבְתָּנוּ vekeravtanu

מַלְכֵּנוּ malquenu לַעֲבוֹדָתֶךָ laavodateja. וְשִׁמְךָ veShimjá הַגָּדוֹל hagadol

להוו ; ועם ד׳ אותיות = מבה, יזל, אום וְהַקָּדוֹשׁ vehakadosh עָלֵינוּ aleinu קָרָאתָ karata:

LA TERCERA BENDICIÓN

Tú eres Santo y Santo es Tu Nombre, y los Seres Santos Te alaban día a día, porque Tú eres Dios, el Santo Rey, Sela. Bendito eres Tú, Señor, el Santo Dios.

LA BENDICIÓN DEL MEDIO

Tú nos has elegido entre todas las naciones. Tú nos has amado y has encontrado favor entre nosotros. Tú nos has exaltado sobre todas las lenguas y Tú nos has santificado con tus preceptos. Tú nos acercaste, Rey nuestro, a Tu servicio y proclamaste sobre nosotros Tu gran y Santo Nombre.

וַתִּתֶּן vatitén ב"פ כהת לָנוּ lanu אלהים, אהיה אדני יְהֹוָאדהנויאהדונהי Adonai

אֱלֹהֵינוּ Eloheinu ילה בְּאַהֲבָה beahavá אחד, דאגה (En *Shabat* agregar:

שַׁבָּתוֹת shabatot לִמְנוּחָה limnujá ו u) מוֹעֲדִים moadim לְשִׂמְחָה lesimjá•

וַחַגִּים jaguim וּזְמַנִּים uzmanim לְשָׂשׂוֹן lesasón• אֶת et

יוֹם yom ע"ה נגד, מזבח, זן, אל יהוה (En *Shabat* agregar: הַשַּׁבָּת haShabat הַזֶּה hazé והו•

וְאֶת veet יוֹם yom ע"ה נגד, מזבח, זן, אל יהוה) וְחַג Jag הַשָּׁבוּעוֹת haShavuot

הַזֶּה hazé והו• אֶת et יוֹם yom ע"ה נגד, מזבח, זן, אל יהוה טוֹב tov והו

מִקְרָא mikrá קֹדֶשׁ kódesh הַזֶּה hazé והו• זְמַן zmán

מַתַּן matán תּוֹרָתֵנוּ toratenu• בְּאַהֲבָה beahavá אחד, דאגה מִקְרָא mikrá

קֹדֶשׁ kódesh• זֵכֶר zéjer לִיצִיאַת litsiat מִצְרָיִם Mitsráyim מצר•

אֱלֹהֵינוּ Eloheinu ילה וֵאלֹהֵי veElohei לכב ; מילוי ע"ב, דמב ; ילה אֲבוֹתֵינוּ avoteinu

יַעֲלֶה yaalé וְיָבֹא veyavó וְיַגִּיעַ veyaguía וְיֵרָאֶה veyeraé ר"ו וְיֵרָצֶה veyeratsé

וְיִשָּׁמַע veyishamá וְיִפָּקֵד veyipaked וְיִזָּכֵר veyizajer ר"ת = מ"ב

זִכְרוֹנֵנוּ zijronenu וְזִכְרוֹן vezijrón ע"ב קס"א ונש"ב אֲבוֹתֵינוּ avoteinu•

זִכְרוֹן zijrón ע"ב קס"א ונש"ב יְרוּשָׁלַיִם Yerushaláyim עִירָךְ iraj•

וְזִכְרוֹן vezijrón ע"ב קס"א ונש"ב מָשִׁיחַ Mashíaj בֶּן ben דָּוִד David ע"ה כהת ;

בן דוד = אדני ע"ה עַבְדָּךְ avdaj פוי, אל אדני• וְזִכְרוֹן vezijrón ע"ב קס"א ונש"ב כָּל col

ילי עַמְּךָ amjá בֵּית beit ב"פ ראה יִשְׂרָאֵל Yisrael לְפָנֶיךָ lefaneja ס"ג מ"ה ב"ן

לִפְלֵיטָה lifletá לְטוֹבָה letová אכא• לְחֵן lején מילוי דמ"ה בריבוע ; מוזי

לְחֶסֶד lejésed ע"ב, ריבוע יהוה וּלְרַחֲמִים ulerajamim•

---

*Y puedas darnos Tú, Señor, nuestro Dios con amor este día (***en Shabat añade***: de Shabat para el descanso y) festividades de felicidad, festivales y momento de dicha, este día (***en Shabat añade:*** de Shabbat y este día) de la Fiesta de Shavuot, y este día de Santa Convocatoria, el momento en el cual recibimos nuestra Torá con amor, una Santa Convocatoria, una remembranza de la salida de Egipto.*

Nuestro Dios y el Dios de nuestros padres,

pueda levantarse y venir y llegar y aparecer y encontrar el favor y ser oído y ser considerado y ser recordado, nuestra remembranza y la remembranza de nuestros padres, las remembranza de Jerusalem, Tu ciudad, y la remembranza del Mesías Ben David, Tu sirviente, y la remembranza de toda Tu Nación, la Casa de Israel, ante Ti, para aceptación, para bien, para gracia, amabilidad y compasión,

לְחַיִּים lejayim אהיה אהיה יהוה, בינה ע"ה. טוֹבִים tovim וּלְשָׁלוֹם uleshalom.
בְּיוֹם beyom ע"ה נגד, מזבח, זן, אל יהוה (En *Shabat* agregar: הַשַּׁבָּת haShabat הַזֶּה hazé והו.
וּבְיוֹם uveyom ע"ה נגד, מזבח, זן, אל יהוה) חַג jag הַשָּׁבוּעוֹת haShavuot הַזֶּה hazé והו
בְּיוֹם beyom ע"ה נגד, מזבח, זן, אל יהוה טוֹב tov והו מִקְרָא mikrá קֹדֶשׁ kódesh
הַזֶּה hazé והו. לְרַחֵם lerajem אברהם, ח"ש אל, רי"ו ול"ב נתיבות החכמה, רמ"ח (אברים),
עסמ"ב וט"ז אותיות פשוטות בּוֹ bo עָלֵינוּ aleinu וּלְהוֹשִׁיעֵנוּ ulehoshienu.
זָכְרֵנוּ zojrenu **(desde *Zeir Anpín*)** יְהֹוָאדהנויאהדונהי Adonai אֱלֹהֵינוּ Eloihenu ילה
בּוֹ bo לְטוֹבָה letová אכא. וּפָקְדֵנוּ ufokdenu **(desde *Nukvá*)** בוֹ vo
לִבְרָכָה livrajá. וְהוֹשִׁיעֵנוּ vehoshienu **(desde *Dáat*)** בוֹ vo לְחַיִּים lejayim אהיה
אהיה יהוה, בינה ע"ה טוֹבִים tovim. בִּדְבַר bidvar ראה יְשׁוּעָה yeshuá
וְרַחֲמִים verajamim. חוּס jus וְחָנֵּנוּ vejanenu וַחֲמוֹל vajamol
וְרַחֵם verajem אברהם, ח"ש אל, רי"ו ול"ב נתיבות החכמה, רמ"ח (אברים), עסמ"ב וט"ז אותיות פשוטות
עָלֵינוּ aleinu. וְהוֹשִׁיעֵנוּ vehoshienu כִּי qui אֵלֶיךָ eleja עֵינֵינוּ eineinu ריבוע מ"ה.
כִּי qui אֵל El ייא"י מֶלֶךְ Mélej חַנּוּן janún וְרַחוּם verajum אָתָּה Atá:
וְהַשִּׂיאֵנוּ vehashienu יְהֹוָאדהנויאהדונהי Adonai אֱלֹהֵינוּ Eloheinu ילה.
אֶת et בִּרְכַּת bircat מוֹעֲדֶיךָ moadeja לְחַיִּים lejayim אהיה אהיה יהוה, בינה ע"ה
בְּשִׂמְחָה besimjá וּבְשָׁלוֹם uveshalom. כַּאֲשֶׁר caasher רָצִיתָ ratsita
וְאָמַרְתָּ veamarta לְבָרְכֵנוּ levarjenu. כֵּן quen תְּבָרְכֵנוּ tevarjenu
סֶלָה sela:

---

*para una buena vida y para paz en este Día de (***en Shabat decimos:** *Shabat y en este día de) la Fiesta de Shavuot, en este buen día de Santa Convocatoria, ten piedad de nosotros y sálvanos. Recuérdanos, Señor, nuestro Dios, en este día para bien y considéranos para bendición y entréganos una buena vida con las palabras de liberación y misericordia. Ten piedad y sé amable con nosotros y ten misericordia y sé compasivo con nosotros y sálvanos, porque nuestros ojos se vuelven a Ti, porque Tú eres Dios, Rey benévolo y compasivo. Y otórganos, Señor, nuestro Dios, Tu bendición de Tus festividades para una vida feliz y pacífica. Así como tu deseas y dices que nos bendices, así nos bendecirás, Sela.*

MEKADESH YISRAEL VEHAZMANIM

(En Shabat agregar: אֱלֹהֵינוּ Eloheinu ילה וֵאלֹהֵי veElohei לכב ; מילוי ע"ב, דמב ; ילה
אֲבוֹתֵינוּ avoteinu רְצֵה retsé נָא na בִמְנוּחָתֵינוּ vimnujateinu)
קַדְּשֵׁנוּ kadshenu בְּמִצְוֹתֶיךָ vemitsvoteja• תֵּן ten וְחֶלְקֵנוּ jelkenu
בְּתוֹרָתָךְ vetorataj• שַׂבְּעֵנוּ sabenu מִטּוּבָךְ mituvaj לאו•
שַׂמֵּחַ saméaj נַפְשֵׁנוּ nafshenu בִּישׁוּעָתָךְ bishuataj•
וְטַהֵר vetaher לִבֵּנוּ libenu לְעָבְדְּךָ leavdeja פוי, אל יהוה בֶּאֱמֶת veemet
אהיה פעמים אהיה, ד"פ ס"ג• וְהַנְחִילֵנוּ vehanjilenu יְהֹוָהאדניאהדונהי Adonai
אֱלֹהֵינוּ Eloheinu ילה (En Shabat agregar: בְּאַהֲבָה beahavá אחד, דאגה
וּבְרָצוֹן uveratsón מהש ע"ה, ע"ב בריבוע וקס"א ע"ה, אל שדי) בְּשִׂמְחָה vesimjá
וּבְשָׂשׂוֹן uvesasón (En Shabat agregar: שַׁבָּתוֹת shabatot וּ u) מוֹעֲדֵי moadei
קָדְשֶׁךָ kodshejá, וְיִשְׂמְחוּ veyismejú בְךָ vejá כָּל col ילי יִשְׂרָאֵל Yisrael
מְקַדְּשֵׁי mekadshei שְׁמֶךָ Shemeja• בָּרוּךְ Baruj אַתָּה Atá
יְהֹוָהאדניאהדונהי Adonai
אהיה יהו אלף הה יוד הה (en Shabat: יה אדני)
מְקַדֵּשׁ mekadesh (En Shabat agregar: הַשַּׁבָּת haShabat וְ ve) יִשְׂרָאֵל Yisrael
וְהַזְּמַנִּים vehazmanim:

LAS TRES BENDICIONES FINALES

A través del mérito de Moshé, Aharón y Yosef, quienes son nuestros canales para las últimas tres bendiciones, somos capaces de hacer descender toda la energía espiritual que despertamos con nuestras oraciones y bendiciones.

LA QUINTA BENDICIÓN

Durante esta bendición, que se refiere a Moshé, siempre debemos meditar en tratar de saber exactamente que quiere Dios de nosotros en nuestra vida, como lo indica la frase: "Que sea la voluntad de Dios". Estamos pidiéndole a Dios que nos guíe hacia el trabajo que vinimos a hacer en la Tierra. El Creador no puede aceptar sólo el trabajo que queremos hacer, debemos llevar a cabo el trabajo que estamos destinados a hacer.

MEKADESH YISRAEL VEHAZMANIM

(**En Shabat:** *Dios nuestro y Dios de nuestros antepasados, que Te plazca nuestro descanso).*
Santifícanos con Tus mandamientos y sitúa nuestro destino en Tu Torá, y sácianos con Tu benevolencia y alegra nuestros espíritus con Tu salvación, y purifica nuestro corazón para servirte verdaderamente. Y otórganos, Señor, Dios nuestro, (**en Shabat:** *con amor y gracia,) con felicidad y dicha,* (**en Shabat:** *Shabatot y) las festividades, y todo Israel, quienes santifican Tu Nombre, estará regocijado contigo. Bendito eres Tú, Señor, que santificas* (**en Shabat:** *el Shabat) Israel y los Tiempos.*

Nétsaj

Medita por el Deseo Celestial (*Kéter*), que es llamado *Métsaj HaRatsón* (la Frente del Deseo).

רְצֵה retsé אלף למד הה יוד מם

Aquí medita en transformar el infortunio y la tragedia (צרה) en deseo y aceptación (רצה).

יְהֹוָהאדניאהדונהי Adonai אֱלֹהֵינוּ Eloheinu ילה בְּעַמְּךָ beamjá יִשְׂרָאֵל Yisrael

וְלִתְפִלָּתָם velitfilatam שְׁעֵה sheé. וְהָשֵׁב vehashev הָעֲבוֹדָה haavodá

לִדְבִיר lidvir ריו בֵּיתֶךָ beiteja ב״פ ראה. וְאִשֵּׁי veishei יִשְׂרָאֵל Yisrael

וּתְפִלָּתָם utfilatam מְהֵרָה meherá בְּאַהֲבָה beahavá אחד, דאגה

תְקַבֵּל tekabel בְּרָצוֹן beratsón מהש ע״ה, ע״ב בריבוע וקס״א ע״ה, אל שדי ע״ה.

וּתְהִי utehí לְרָצוֹן leratsón מהש ע״ה, ע״ב בריבוע וקס״א ע״ה, אל שדי ע״ה

תָּמִיד tamid ע״ה קס״א קנ״א קמ״ג עֲבוֹדַת avodat יִשְׂרָאֵל Yisrael עַמֶּךָ ameja:

וְאַתָּה veAtá בְּרַחֲמֶיךָ verajameja הָרַבִּים harabim. תַּחְפֹּץ tajpots

בָּנוּ banu וְתִרְצֵנוּ vetirtsenu וְתֶחֱזֶינָה vetejezena עֵינֵינוּ eineinu ריבוע מ״ה

בְּשׁוּבְךָ beshuvjá לְצִיּוֹן leTsiyón יוסף, ו׳ הויות, קנאה

בְּרַחֲמִים berajamim מצפצ, אלהים דיודין, י״פ ייי:

אהיה יהו אלף למד הי יוד מם (en *Shabat*: אל)

בָּרוּךְ Baruj אַתָּה Atá יְהֹוָהאדניאהדונהי Adonai

הַמַּחֲזִיר hamajazir שְׁכִינָתוֹ Shjinató לְצִיּוֹן leTsiyón יוסף, ו׳ הויות, קנאה:

LAS TRES BENDICIONES FINALES
LA QUINTA BENDICIÓN

Encuentra gracia, Señor, nuestro Dios, en tu Pueblo, Israel y oye su oración. Restaura el culto en el santuario interno de Tu Templo. Acepta las ofrendas de Israel y sus oraciones con complacencia, prontamente y con amor. Que siempre sea agradable a Ti, el servicio de Israel, Tu Nación. Y Tú en Tu gran compasión, te deleites en nosotros y estés complacido con nosotros. Puedan nuestros ojos contemplar Tu retorno a Sión con compasión. ¡Bendito eres Tú, Señor, que devuelve Su Shejiná a Sión!

LA SEXTA BENDICIÓN

Esta bendición es nuestro agradecimiento. Kabbalísticamente, el mayor "agradecimiento" que le podemos dar a nuestro Creador es hacer exactamente lo que estamos destinados a hacer en términos de nuestro trabajo espiritual.

Hod

Inclina todo tu cuerpo en "*modim*" y enderézate en "*Adonai*".

מוֹדִים modim מאה ברכות שתיקן דוד לאמרם כל יום אֲנַחְנוּ anajnu לָךְ laj

שָׁאַתָּה sheAtá הוּא Hu יְהֹוָואדנהיאהדונהי Adonai (ונ) אֱלֹהֵינוּ Eloheinu ילה

וֵאלֹהֵי veElohei לכב ; מילוי ע״ב, דמב ; ילה אֲבוֹתֵינוּ avoteinu לְעוֹלָם leolam

וָעֶד vaed. צוּרֵנוּ tsurenu צוּר tsur אלהים דההין ע״ה

ריבוע ס״ג וי׳ אותיות דס״ג

וְחַיֵּינוּ jayeinu וּמָגֵן umaguén ג״פ אל (ייא״י מילוי דס״ג) ; ר״ת מיכאל גבריאל נוריאל

יִשְׁעֵנוּ yishenu אַתָּה Atá הוּא Hu. לְדוֹר ledor וָדוֹר vador רי״ו נוֹדֶה nodé

לְךָ lejá וּנְסַפֵּר unesaper תְּהִלָּתֶךָ tehilateja. עַל־ al חַיֵּינוּ jayeinu

הַמְּסוּרִים hamesurim בְּיָדֶךָ beyadeja. וְעַל veal נִשְׁמוֹתֵינוּ nishmoteinu

הַפְּקוּדוֹת hapkudot לָךְ laj. וְעַל־ veal נִסֶּיךָ niseja שֶׁבְּכָל shebejol

יוֹם yom לכב, ב״ן, ע״ה נגד, מזבח, זן, אל יהוה עִמָּנוּ imanu ריבוע ס״ג, קס״א ע״ה וד׳ אותיות

וְעַל veal נִפְלְאוֹתֶיךָ nifleoteja וְטוֹבוֹתֶיךָ vetovoteja שֶׁבְּכָל shebejol

עֵת et לכב, ב״ן. עֶרֶב érev וָבֹקֶר vavóker וְצָהֳרָיִם vetsahoráyim. הַטּוֹב hatov

והו כִּי־ qui לֹא־ lo כָלוּ jalú רַחֲמֶיךָ rajameja. הַמְרַחֵם hamerajem

כִּי־ qui אברהם, וז״פ אל, רי״ו ול״ב נתיבות החכמה, רמ״ח (אברים), עסמ״ב וט״ז אותיות פשוטות לֹא lo

תַמּוּ tamu חֲסָדֶיךָ jasadeja כִּי qui מֵעוֹלָם meolam קִוִּינוּ kivinu לָךְ laj:

LA SEXTA BENDICIÓN

Nosotros te damos gracias a Ti, porque eres Tú, Señor, quien es nuestro Dios y el Dios de nuestros padres, por siempre y por toda la eternidad. Tú eres nuestra Fortaleza, la Fortaleza de nuestras vidas y el Escudo de nuestra salvación. De una generación a otra, te daremos gracias a Ti y cantaremos Tu alabanza. Por nuestras vidas que están en Tus Manos, por nuestras almas que están a Tu cuidado, por Tus milagros que están con nosotros todos los días y por Tus maravillas y Tus favores que están con nosotros en todo momento: de noche, de mañana y de tarde. Tú eres bueno, porque Tu compasión nunca se ha acabado. Tú eres el misericordioso, porque Tu bondad nunca ha cesado, porque siempre hemos puesto nuestras esperanzas en Ti.

MODIM DERABANÁN

Esta oración es recitada por la congregación en la repetición cuando el *jazán* dice "*modim*".

En esta sección hay 44 palabras, que es el mismo valor numérico que el Nombre: ריבוע אהיה (א אה אהי אהיה).

מוֹדִים modim מאה ברכות שתיקן דוד לאמרם כל יום אֲנַחְנוּ anajnu לָךְ laj
שָׁאַתָּה sheAtá הוּא Hu יְהֹוָהאדניאהדונהי Adonai אֱלֹהֵינוּ Eloheinu ילה
וֵאלֹהֵי veElohei לכב ; מילוי ע"ב, דמב ; ילה אֲבוֹתֵינוּ avoteinu
אֱלֹהֵי Elohei מילוי ע"ב, דמב ; ילה כָּל jol ילי בָּשָׂר basar. יוֹצְרֵנוּ yotsrenu
יוֹצֵר yotser בְּרֵאשִׁית bereshit. בְּרָכוֹת brajot וְהוֹדָאוֹת vehodaot
לְשִׁמְךָ leShimjá הַגָּדוֹל haGadol להח ; עם ד' אותיות = מבה, יזל, אום
וְהַקָּדוֹשׁ vehakadosh עַל al שֶׁהֶחֱיִיתָנוּ shehejeyitanu וְקִיַּמְתָּנוּ vekiyamtanu.
כֵּן quen תְּחַיֵּינוּ tejayeinu וּתְחָנֵּנוּ utejonenu. וְתֶאֱסוֹף veteesof
גָּלֻיּוֹתֵינוּ galuyoteinu לְחַצְרוֹת lejatsrot קָדְשֶׁךָ kodshejá. לִשְׁמוֹר lishmor
חֻקֶּיךָ jukeja וְלַעֲשׂוֹת velaasot רְצוֹנֶךָ retsonjá. וּלְעָבְדְךָ uleovdeja
פוי, אל אדני בְּלֵבָב belevav בוכו שָׁלֵם shalem. עַל al שֶׁאֲנַחְנוּ sheanajnu
מוֹדִים modim לָךְ laj. בָּרוּךְ Baruj אֵל El ייא"י (מילוי דס"ג) הַהוֹדָאוֹת hahodaot:

וְעַל veal כֻּלָּם culam יִתְבָּרַךְ yitbaraj וְיִתְרוֹמָם veyitromam
וְיִתְנַשֵּׂא veyitnasé תָּמִיד tamid ע"ה קס"א קנ"א קמ"ג שִׁמְךָ Shimjá
מַלְכֵּנוּ malquenu לְעוֹלָם leolam ריבוע ס"ג וי' אותיות דס"ג וָעֶד vaed.
וְכָל־ vejol ילי הַחַיִּים hajayim אהיה אהיה יהוה, בינה ע"ה יוֹדוּךָ yoduja סֶּלָה sela:

וִיהַלְלוּ vihalelú וִיבָרְכוּ vivarjú יהוה ריבוע יהוה ריבוע מ"ה
אֶת־ et שִׁמְךָ Shimjá הַגָּדוֹל hagadol להח ; עם ד' אותיות = מבה, יזל, אום

MODIM DERABANÁN

Nosotros Te agradecemos,

porque eres Tú Señor, nuestro Dios y el Dios de nuestros padres, el Dios de toda carne, nuestro Hacedor y el Creador de toda la creación. Bendiciones y gracias a Tu gran y Santo Nombre por darnosvida y por preservarnos. Que puedas Tú continuar dándonos vida, sé amable con nosotros y reúne nuestros exiliados en las cortes de Tu Santuario, para que podamos cumplir Tus leyes, hacer Tu voluntad y Te sirvamos con todo el corazón. Por esto Te agradecemos. ¡Bendito sea el Dios de los agradecimientos!

Y por todas estas cosas, que Tu Nombre sea siempre bendecido, exaltado y exultado, nuestro Rey, por siempre y para siempre, y todo lo que vive te agradecerá, Sela. Y te alabarán y bendecirán Tu gran Nombre.

בֶּאֱמֶת beemet אהיה פעמים אהיה, ז"פ ס"ג לְעוֹלָם leolam ריבוע ס"ג וי' אותיות דס"ג

כִּי qui טוֹב tov והו ; כי טוב = יהוה אהיה, אום, מבה, יזל.

הָאֵל haEl לאה ; ייא"י (מילוי דס"ג) יְשׁוּעָתֵנוּ yeshuatenu וְעֶזְרָתֵנוּ veezratenu

סֶלָה sela. הָאֵל haEl לאה ; ייא"י (מילוי דס"ג) הַטּוֹב hatov והו:

Flexiona tus rodillas en "*Baruj*", inclínate en "*Atá*" y enderézate en "*Adonai*".

אהיה יהו אלף למד הה יוד מם (en *Shabat*: אלהים)

בָּרוּךְ Baruj אַתָּה Atá יְהֹוָהאדניאהדונהי Adonai (הי) הַטּוֹב hatov והו

שִׁמְךָ Shimjá וּלְךָ ulejá נָאֶה naé לְהוֹדוֹת lehodot ס"ת כהת, משיח בן דוד ע"ה:

LA BENDICIÓN FINAL

Estamos emanando la energía de paz para el mundo entero. También nos proponemos utilizar nuestras bocas sólo para el bien. Kabbalísticamente, el poder de las palabras y del habla es inimaginable. Esperamos usar este poder sabiamente, lo que tal vez es una de las tareas más difíciles de llevar a cabo.

Yesod

שִׂים sim שָׁלוֹם shalom

טוֹבָה tová אכא וּבְרָכָה uvrajá וְחַיִּים jayim אהיה אהיה יהוה, בינה ע"ה

חֵן jen מילוי דמ"ה בריבוע, מוזי וָחֶסֶד vajésed ע"ב, ריבוע יהוה

צְדָקָה tsedaká ע"ה ריבוע אלהים וְרַחֲמִים verajamim עָלֵינוּ aleinu וְעַל veal

כָּל col ילי ; עמם יִשְׂרָאֵל Yisrael עַמֶּךָ ameja וּבָרְכֵנוּ uvarjenu

אָבִינוּ avinu כֻּלָּנוּ culanu כְּאֶחָד queejad אהבה, דאגה בְּאוֹר beor רז, א"ס

פָּנֶיךָ paneja ס"ג מ"ה ב"ן כִּי qui בְאוֹר veor רז, א"ס פָּנֶיךָ paneja ס"ג מ"ה ב"ן

נָתַתָּ natata לָנוּ lanu אלהים, אהיה אדני יְהֹוָהאדניאהדונהי Adonai

אֱלֹהֵינוּ Eloheinu ילה תּוֹרָה Torá וְחַיִּים vejayim אהיה אהיה יהוה, בינה ע"ה.

---

sinceramente y para siempre, porque es bueno, el Dios de nuestra salvación y nuestra ayuda, Sela, el buen Dios. Bendito eres Tú, Señor, cuyo Nombre es bueno, y a Ti es propio dar gracias.

LA BENDICIÓN FINAL

Otorga paz, bondad, bendiciones, vida, gracia, amabilidad, justicia y misericordia a nosotros y a todo Israel, Tu Pueblo. Bendícenos a todos como uno solo, Padre nuestro, con la Luz de Tu Rostro, porque es con la Luz de Tu rostro que Tú, Señor, nuestro Dios, nos has dado la Torá y vida,

אַהֲבָה ahavá אחד, דאגה וָחֶסֶד vajésed ע"ב, ריבוע יהוה.
צְדָקָה tsedaká ע"ה ריבוע אלהים וְרַחֲמִים verajamim. בְּרָכָה brajá
וְשָׁלוֹם veshalom. וְטוֹב vetov והו בְּעֵינֶיךָ beeineja ע"ה קס"א ; ריבוע מ"ה
לְבָרְכֵנוּ levarjenu וּלְבָרֵךְ ulevarej אֶת et כָּל־ col ילי עַמְּךָ amjá
יִשְׂרָאֵל Yisrael בְּרוֹב־ berov י"פ אהיה עֹז oz וְשָׁלוֹם veshalom:

בָּרוּךְ Baruj אַתָּה Atá
אהיה יהו אלף למד הא יוד מם (en Shabat: מצפצ)
יְהֹוָהאדניאהדונהי Adonai

הַמְבָרֵךְ hamevarej אֶת et עַמּוֹ amó יִשְׂרָאֵל Yisrael
ר"ת = אלהים (אילההויהם = יב"ק) בַּשָּׁלוֹם bashalom. אָמֵן Amén יאהדונהי.

YIHYÚ LERATSÓN

Hay 42 letras en el versículo en el secreto del *Aná Bejóaj*.

יִהְיוּ yihyú אל (ייא"י מילוי דס"ג) לְרָצוֹן leratsón מהש ע"ה, ע"ב בריבוע וקס"א ע"ה, אל שדי ע"ה
אִמְרֵי־ imrei פִי fi ר"ת אֱלֶף = אלף למד שין דלת יוד ע"ה וְהֶגְיוֹן vehegyón לִבִּי libí
לְפָנֶיךָ lefaneja ס"ג מ"ה ב"ן יְהֹוָהאדניאהדונהי Adonai צוּרִי tsurí וְגֹאֲלִי vegoalí:

ELOHAI NETSOR

אֱלֹהַי Elohai מילוי ע"ב, דמב ; ילה נְצוֹר netsor לְשׁוֹנִי leshoní מֵרָע merá.
וְשִׂפְתוֹתַי vesiftotai מִדַּבֵּר midaber ראה מִרְמָה mirmá. וְלִמְקַלְלַי velimkalelai
נַפְשִׁי nafshá תִדּוֹם tidom. וְנַפְשִׁי venafshá כֶּעָפָר queafar
לַכֹּל lacol יה אדני תִּהְיֶה tihyé. פְּתַח ptaj לִבִּי libí בְּתוֹרָתֶךָ betorateja.

---

amor y amabilidad, justicia y misericordia, bendición y paz. Que sea grato a Tus Ojos bendecirnos y bendecir a tu Nación, Israel, con abundante poder y con paz. ¡Bendito eres Tú, Señor, que bendice a Su Pueblo, Israel, con paz, Amén!

YIHYÚ LERATSÓN

"Sean gratos ante Ti, Señor, mi Fortaleza y mi Redentor, los dichos de mi boca y los pensamientos de mi corazón" (*Salmos 19:15*).

ELOHAI NETSOR

Mi Dios, cuida mi lengua del mal y mis labios de decir falsedad. Que mi alma permanezca en silencio ante aquellos que me maldicen y permite que mi espíritu sea humilde ante todos, como el polvo. Abre mi corazón a Tu Torá

וְאַחֲרֵי veajarei מִצְוֹתֶיךָ mitsvoteja תִּרְדּוֹף tirdof נַפְשִׁי nafshí• וְכָל־ vejol

יְכֹל הַקָּמִים hakamim עָלַי alai לְרָעָה leraá רהע• מְהֵרָה meherá

הָפֵר hafer עֲצָתָם atsatam וְקַלְקֵל vekalkel מַחְשְׁבוֹתָם majshevotam•

עֲשֵׂה asé לְמַעַן lemaan שְׁמָךְ Shmaj• עֲשֵׂה asé לְמַעַן lemaan

יְמִינָךְ yeminaj• עֲשֵׂה asé לְמַעַן lemaan תּוֹרָתָךְ torataj• עֲשֵׂה asé

לְמַעַן lemaan קְדֻשָּׁתָךְ kedushataj• ר"ת הפסוק = מ"ה יהוה לְמַעַן lemaan

יֵחָלְצוּן yejaltsún יְדִידֶיךָ yedideja ר"ת יכלי הוֹשִׁיעָה hoshía יהוה וש"ע נהורין

יְמִינְךָ yeminjá וַעֲנֵנִי vaaneni (כתיב: ועננו) ר"ת אל (ייא" מילוי דס"ג):

Antes de que recitemos el próximo verso ("*Yihyú leratsón*") tenemos una oportunidad de fortalecer la conexión con nuestra alma usando nuestro nombre. Cada persona tiene un versículo en la Torá que lo conecta con su nombre. O bien su nombre está en el versículo o la primera letra y última letra de nuestro nombre corresponden a la primera y última letra del versículo. Por ejemplo, el nombre Yehuda empieza con una *Yud* y termina con una *Hei*. Antes de terminar la *Amidá*, declaramos que nuestro nombre sea siempre recordado cuando nuestra alma abandone este mundo.

YIHYÚ LERATSÓN (EL SEGUNDO)

Hay 42 letras en el versículo en el secreto del *Aná Bejóaj*.

יִהְיוּ yihyú אל (ייא" מילוי דס"ג) לְרָצוֹן leratsón מהש ע"ה, ע"ב בריבוע וקס"א ע"ה, אל שדי ע"ה

אִמְרֵי־ imrei פִי fi ר"ת אֶלֶף = אלף למד שין דלת יוד ע"ה וְהֶגְיוֹן vehegyón לִבִּי libí

לְפָנֶיךָ lefaneja ס"ג מ"ה ב"ן יְהֹוָהאדניאהדונהי Adonai צוּרִי tsurí וְגֹאֲלִי vegoalí:

---

y permite que mi corazón siga Tus mandamientos. Prontamente frustra los planes y daña los pensamientos de todos aquellos que se levantan contra mí para hacerme daño. Hazlo por la gloria de Tu Nombre. Haz esto por el bien de Tu Diestra. Haz esto por el mérito de Tu Torá. Haz esto por Tu santidad, "Que Tus amados sean rescatados. Sálvalos con Tu Diestra y contéstame" (Salmos 60:7).

YIHYÚ LERATSÓN (EL SEGUNDO)

"Sean gratos ante Ti, Señor,
mi Fortaleza y mi Redentor, los dichos de mi boca y los pensamientos de mi corazón" (Salmos 19:15).

OSÉ SHALOM

Da tres pasos hacia atrás;

עוֹשֶׂה osé שָׁלוֹם shalom

Izquierda
Te vuelves a la izquierda y dices:

בִּמְרוֹמָיו bimromav ר״ת ע״ב, ריבוע יהוה

Derecha
Te vuelves a la derecha y dices:

הוּא Hu בְּרַחֲמָיו verajamav יַעֲשֶׂה yaasé

שָׁלוֹם shalom עָלֵינוּ aleinu ר״ת ש״ע נהורין

Centro
Te alineas al centro y dices:

וְעַל veal כָּל־ col ילי ; עמם עַמּוֹ amó יִשְׂרָאֵל Yisrael

וְאִמְרוּ veimrú אָמֵן Amén יאהדונהי:

יְהִי yehí רָצוֹן ratsón מהש ע״ה, ע״ב בריבוע וקס״א ע״ה, אל שדי ע״ה

מִלְּפָנֶיךָ milfaneja ס״ג מ״ה ב״ן יְהֹוָהאדנייאהדונהי Adonai אֱלֹהֵינוּ Eloheinu ילה

וֵאלֹהֵי veElohei לכב ; מילוי ע״ב, דמב ; ילה אֲבוֹתֵינוּ avoteinu, שֶׁתִּבְנֶה shetivné

בֵּית beit ב״פ ראה הַמִּקְדָּשׁ hamikdash בִּמְהֵרָה bimherá בְיָמֵינוּ veyameinu

וְתֵן vetén חֶלְקֵנוּ jelkenu בְּתוֹרָתָךְ vetorataj לַעֲשׂוֹת laasot חֻקֵּי jukei

רְצוֹנָךְ retsonaj וּלְעָבְדָךְ uleavdaj פוי, אל אדני בְּלֵבָב belevav בוכו שָׁלֵם shalem.

Da tres pasos hacia delante.

OSÉ SHALOM

Él, que establece Paz en Sus altos lugares,
Él, en Su compasión, hará que la paz esté entre nosotros y sobre Su pueblo entero, Israel, y dirán: Amén.
Sea agradable ante Ti, Señor, nuestro Dios y Dios de nuestros antepasados, que puedas reconstruir rápidamente el santo Templo, en nuestros días, y otórganos participación en Tu Torá, para que podamos cumplir las leyes de Tu deseo y servirte con todo el corazón.

KADISH TITKABAL

יִתְגַּדַּל yitgadal וְיִתְקַדַּשׁ veyitkadash שדי ־ ין לת וד (מילוי שדי) ; י"א אותיות כמנין ו"ה

שְׁמֵיהּ Shmei (שם י"ה דע"ב) רַבָּא rabá קנ"א ב"ן, יהוה אלהים יהוה אדני,

מילוי קס"א וס"ג, מ"ה ברבוע וע"ב ע"ה ; ר"ת = ו"פ אלהים ; ס"ת = ג"פ יב"ק • אָמֵן Amén אידהנויה •

בְּעָלְמָא bealmá דִּי di בְרָא verá כִּרְעוּתֵיהּ quirutei•

וְיַמְלִיךְ veyamlij מַלְכוּתֵיהּ •maljutei וְיַצְמַח veyatsmaj

פּוּרְקָנֵיהּ •purkanei וִיקָרֵב vikarev מְשִׁיחֵיהּ •Meshijei אָמֵן Amén אידהנויה•

בְּחַיֵּיכוֹן bejayeijón וּבְיוֹמֵיכוֹן uveyomeijón וּבְחַיֵּי uvejayei

דְכָל dejol בֵּית beit ב"פ ראה יִשְׂרָאֵל Yisrael בַּעֲגָלָא baagalá

וּבִזְמַן uvizmán קָרִיב kariv וְאִמְרוּ veimrú אָמֵן •Amén אָמֵן Amén אידהנויה•

La congregación y el *jazán* dicen lo siguiente:

28 palabras (hasta *bealmá*) – y 28 letras (hasta *almayá*)

יְהֵא yehé שְׁמֵיהּ Shmei (שם י"ה דס"ג) רַבָּא rabá קנ"א ב"ן,

יהוה אלהים יהוה אדני, מילוי קס"א וס"ג, מ"ה ברבוע וע"ב ע"ה מְבָרַךְ mevaraj,

לְעָלַם lealam לְעָלְמֵי lealmei עָלְמַיָּא •almayá יִתְבָּרַךְ •yitbaraj

Siete palabras con seis letras cada una (שם בן מ"ב). También, siete veces la letra Vav (מ"ב שם בן).

וְיִשְׁתַּבַּח veyishtabaj י"פ ע"ב יהוה אל אבג יתץ•

וְיִתְפָּאַר veyitpaar הי גו יה קרע שטן• וְיִתְרוֹמַם veyitromam וה כוזו נגד יכש•

וְיִתְנַשֵּׂא veyitnasé במוכסז בטר צתג• וְיִתְהַדָּר veyithadar כוזו יה וקב טנע•

וְיִתְעַלֶּה veyitalé וה יוד ה יגל פזק• וְיִתְהַלָּל veyithalal א ואו הא שקו צית•

שְׁמֵיהּ Shmei (שם י"ה דמ"ה) דְּקוּדְשָׁא deKudshá בְּרִיךְ Verij הוּא •Hu

אָמֵן Amén אידהנויה•

KADISH TITKABAL

Glorificado y santificado sea Su gran Nombre (Amén).

En el mundo que Él creó de acuerdo a Su voluntad, y pueda Su Reino reinar. Y pueda Él hacer que Su redención florezca y pueda Él acercar al Mesías (Amén). En tus vidas y en tus días y en la vida de toda la Casa de Israel, prontamente y en el futuro cercano, y dígase: Amén (Amén). Que Su gran Nombre sea bendito por siempre y por toda la eternidad. Bendito y alabado, y glorificado y exaltado, y ensalzado y honrado, y adorado y loado, sea el Nombre del Santo Bendito sea (Amén).

לְעֵלָּא leelá מִן min כָּל col יל״י בִּרְכָתָא birjatá. שִׁירָתָא shiratá.
תֻּשְׁבְּחָתָא tishbejatá וְנֶחֱמָתָא venejamatá. דַּאֲמִירָן daamirán
בְּעָלְמָא bealmá וְאִמְרוּ veimrú אָמֵן Amén: אָמֵן Amén אידהנויה.

תִּתְקַבַּל titkabal צְלוֹתָנָא tslotaná וּבָעוּתָנָא uvautaná
עִם im צְלוֹתְהוֹן tslothón וּבָעוּתְהוֹן uvauthón דְּכָל dejol יל״י
בֵּית beit ב״פ ראה יִשְׂרָאֵל Yisrael קֳדָם kadam אֲבוּנָא avuná
דְּבִשְׁמַיָּא devishmayá וְאִמְרוּ veimrú אָמֵן Amén: אָמֵן Amén אידהנויה.

יְהֵא yehé שְׁלָמָא shlamá רַבָּא rabá קנ״א ב״ן, יהוה אלהים יהוה אדני, מילוי קס״א וס״ג,
מ״ה ברבוע וע״ב ע״ה מִן min שְׁמַיָּא shmayá. וְחַיִּים jayim אהיה אהיה יהוה, בינה ע״ה
וְשָׂבָע vesavá וִישׁוּעָה vishuá וְנֶחָמָה venejamá וְשֵׁיזָבָא vesheizavá
וּרְפוּאָה urefuá וּגְאֻלָּה ugueulá וּסְלִיחָה uslijá וְכַפָּרָה vejapará
וְרֵיוַח vereivaj וְהַצָּלָה vehatsalá. לָנוּ lanu אלהים, אהיה אדני וּלְכָל ulejol יה אדני
עַמּוֹ amó יִשְׂרָאֵל Yisrael וְאִמְרוּ veimrú אָמֵן Amén: אָמֵן Amén אידהנויה.

Da tres pasos para atrás y dice:

עוֹשֶׂה osé שָׁלוֹם shalom

בִּמְרוֹמָיו bimromav ע״ב, ריבוע יהוה. הוּא Hu בְּרַחֲמָיו berajamav

יַעֲשֶׂה yaasé שָׁלוֹם shalom עָלֵינוּ aleinu ר״ת ש״ע נהורין.
וְעַל veal כָּל col יל״י ; עמם עַמּוֹ amó יִשְׂרָאֵל Yisrael וְאִמְרוּ veimrú אָמֵן Amén:
אָמֵן Amén אידהנויה.

Más allá de todas las bendiciones, himnos, alabanzas y palabras de consolación que jamás se dijeran en el mundo, y dígase: Amén (Amén). *Sean aceptadas nuestras oraciones y súplicas, junto con las oraciones y las súplicas de toda la Casa de Israel, ante nuestro Padre en los Cielos, y dígase: Amén* (Amén). *Que haya paz abundante del Cielo; vida, satisfacción, salvación, consuelo, entrega, sanación, redención, perdón, expiación, comodidad y alivio para nosotros y para toda Su nación, Israel y dígase: Amén* (Amén). *Él, que establece la paz en Sus Alturas, Él, en Su compasión, hará la paz sobre nosotros y sobre toda Su nación, Israel. Y dígase: Amén* (Amén).

Cuando *Shavuot* (segundo día) cae en *Shabat*, añadimos lo siguiente.

HALELUYÁ

Según el orden del *Álef Bet* (para atraer orden a nuestra vida).

הַלְלוּיָהּ haleluyá אלהים, אהיה אדני ; ילה ; ללה אוֹדֶה odé יְהֹוָהאדניאהדונהי Adonai

בְּכָל־ bejol ב״ן, לכב לֵבָב levav בוכו בְּסוֹד besod מיכ, י״פ האא יְשָׁרִים yesharim

וְעֵדָה veedá סיט: גְּדֹלִים gdolim מַעֲשֵׂי maasei יְהֹוָהאדניאהדונהי Adonai

דְּרוּשִׁים drushim לְכָל־ lejol יה אדני וְחֶפְצֵיהֶם :jeftseihem

הוֹד־ hod ההה וְהָדָר vehadar פָּעֳלוֹ paoló וְצִדְקָתוֹ vetsidkató עֹמֶדֶת omédet

לָעַד laad ב״פ ב״ן: זֵכֶר zéjer עָשָׂה asá לְנִפְלְאֹתָיו lenifleotav חַנּוּן janún

וְרַחוּם verajum יְהֹוָהאדניאהדונהי Adonai חנון ורחום יהוה = עשל: טֶרֶף teéref נָתַן natán

לִירֵאָיו lireav יִזְכֹּר yizcor לְעוֹלָם leolam ריבוע דס״ג וי׳ אותיות דס״ג בְּרִיתוֹ :britó

כֹּחַ cóaj מַעֲשָׂיו maasav הִגִּיד higuid לְעַמּוֹ leamó לָתֵת latet לָהֶם lahem

נַחֲלַת najalat גּוֹיִם :goyim מַעֲשֵׂי maasei יָדָיו yadav

אֱמֶת emet אהיה פעמים אהיה, ז״פ ס״ג וּמִשְׁפָּט umishpat ע״ה ה״פ אלהים

נֶאֱמָנִים neemanim כָּל־ col ילי פִּקּוּדָיו pikudav מנק: סְמוּכִים smujim

לָעַד laad ב״פ ב״ן לְעוֹלָם leolam ריבוע דס״ג וי׳ אותיות דס״ג עֲשׂוּיִם asuyim

בֶּאֱמֶת beemet אהיה פעמים אהיה, ז״פ ס״ג וְיָשָׁר :veyashar פְּדוּת pdut שָׁלַח shalaj

לְעַמּוֹ leamó צִוָּה־ tsivá לְעוֹלָם leolam ריבוע דס״ג וי׳ אותיות דס״ג בְּרִיתוֹ britó

קָדוֹשׁ kadosh וְנוֹרָא venorá שְׁמוֹ Shmó ע״ב בריבוע קס״א ע״ה, אל שדי ע״ה, מהש ע״ה:

HALELUYÁ

"¡Alabado sea el Señor!

א *Daré gracias al Señor con todo el corazón,* ב *en la compañía de los rectos y en la congregación.* ג *Las obras del Señor son grandes,* ד *buscadas por todos las que se deleitan en ellas.* ה *Su obra es gloria y majestad;* ו *y Su justicia perdura para siempre.* ז *Ha hecho memorables Sus obras magnas;* חו *el Señor es benévolo y lleno de compasión.* ט *Ha dado alimento a quienes temen a Él;* י *Siempre recordará Su pacto.* כ *Ha dado a Su pueblo el poder de Sus obras,* ל *al darles la heredad de las naciones.* מ *Las obras de Sus manos son verdad y justicia;* נ *todos Sus preceptos son fieles.* ס *Son establecidos por siempre,* ע *son hechos en verdad y rectitud.* פ *Él ha enviado redención a Su pueblo;* צ *Él ha ordenado su pacto para siempre;* ק *Santo y asombroso es Su Nombre.*

רֵאשִׁית reshit חָכְמָה jojmá במילוי = תרי"ג (מצוות) יִרְאַת yirat
יְהֹוָהאֲדֹנָיאהדונהי Adonai שֵׂכֶל séjel טוֹב tov והו לְכָל lejol יה אדני
עֹשֵׂיהֶם oseihem תְּהִלָּתוֹ tehilató עֹמֶדֶת omédet לָעַד laad ב"פ ב"ן:

SHIR HAMAALOT LEDAVID

Estos versículos nos conectan con el antiguo Templo Sagrado. Según la Kabbalah, el Templo Sagrado es un centro energético y fuente de toda la Luz espiritual para el mundo entero, similar a una central nuclear que proporciona energía eléctrica a una ciudad completa. La Tierra de Israel es el centro de energía del planeta; Jerusalén es el centro de energía de Israel; el Templo físico era el centro de energía de Jerusalén; y el Santo Sanctórum, dentro del Templo, era la central máxima de energía para el Templo y, por ende, para el resto del mundo físico. Cuando el Templo existía, actuaba como un generador que trabajaba las 24 horas del día para producir toda la Luz y energía espiritual que necesitábamos. Con su destrucción, los cables transmisores fueron cortados. Las letras arameas en esta conexión restablecen los canales de comunicación con la esencia espiritual del Templo, dándonos la capacidad de capturar esta energía para nuestra vida personal.

Esta alabanza fue recitada por el Rey David por su reino, puesto que todo estaba en una sola unificación; "la justicia y la paz se besaron". Y ese es el significado de: "Yo solicitaré el bien para ti".

שִׁיר shir הַמַּעֲלוֹת hamaalot לְדָוִד leDavid שָׂמַחְתִּי samajti
בְּאֹמְרִים beomrim לִי li בֵּית beit ב"פ ראה יְהֹוָהאֲדֹנָיאהדונהי Adonai נֵלֵךְ nelej נלך:
עֹמְדוֹת omdot הָיוּ hayú רַגְלֵינוּ ragleinu ר"ת רהע בִּשְׁעָרַיִךְ bishearáyij
יְרוּשָׁלָם Yerushaláyim: יְרוּשָׁלַם Yerushaláyim הַבְּנוּיָה habnuyá
כְּעִיר queir בוזך, סנדלפון, ערי שֶׁחֻבְּרָה shejubrá לָּהּ la יַחְדָּו yajdav:
לְיִשְׂרָאֵל leYisrael לְהֹדוֹת lehodot לְשֵׁם leShem יְהֹוָהאֲדֹנָיאהדונהי Adonai:
שֶׁשָּׁם shesham עָלוּ alú שְׁבָטִים shvatim שִׁבְטֵי shivtei יָהּ Yah עֵדוּת edut
לְיִשְׂרָאֵל leYisrael לְהֹדוֹת lehodot לְשֵׁם leShem יְהֹוָהאֲדֹנָיאהדונהי Adonai:

ר *El temor a Dios es el comienzo de la sabiduría;*
ש *buen entendimiento tienen quienes la practican;* ת *Su alabanza perdura por siempre"* (Salmos 111).

SHIR HAMAALOT LEDAVID

"Cántico de las Ascensiones de David:

Me alegré cuando me dijeron: Vayamos a la Casa del Señor. Nuestros pies ya están pisando dentro de tus portones, Oh Jerusalem. Jerusalem que fuiste edificada en forma unificada. Allí subieron las tribus, las tribus del Señor, como testimonio para Israel, para ensalzar el Nombre del Señor.

כִּי qui שָׁמָּה shama יָשְׁבוּ yashvú כִסְאוֹת jisot לְמִשְׁפָּט lemishpat ע"ה ה"פ אלהים

כִּסְאוֹת quisot לְבֵית leveit ב"פ ראה דָּוִיד David: שַׁאֲלוּ shaalú שְׁלוֹם shlom

יְרוּשָׁלָםִ Yerushaláyim יִשְׁלָיוּ yishlayú אֹהֲבָיִךְ ohaváyij: יְהִי yehí

שָׁלוֹם shalom בְּחֵילֵךְ bejeilej שַׁלְוָה shalvá בְּאַרְמְנוֹתָיִךְ bearmenotáyij:

לְמַעַן lemaan אַחַי ajai וְרֵעָי vereái אֲדַבְּרָה adabrá נָּא na שָׁלוֹם shalom

בָּךְ baj: לְמַעַן lemaan בֵּית beit ב"פ ראה יְהֹוָה Adonai

אֱלֹהֵינוּ Eloheinu ילה אֲבַקְשָׁה avakshá טוֹב tov והו לָךְ laj:

KADISH YEHÉ SHLAMÁ

יִתְגַּדַּל yitgadal וְיִתְקַדַּשׁ veyitkadash שדי - ין לת וד (מילוי שדי) ; י"א אותיות כמנין ו"ה

שְׁמֵיהּ Shmei (שם י"ה ד"ע"ב) רַבָּא rabá קנ"א ב"ן, יהוה אלהים יהוה אדני,

מילוי קס"א וס"ג, מ"ה ברבוע וע"ב ע"ה ; ר"ת = ו"פ אלהים ; ס"ת = ג"פ יב"ק. אָמֵן Amén אידהנויה.

בְּעָלְמָא bealmá דִּי di בְרָא verá כִרְעוּתֵיהּ quirutei.

וְיַמְלִיךְ veyamlij מַלְכוּתֵיהּ maljutei. וְיַצְמַח veyatsmaj

פּוּרְקָנֵיהּ purkanei. וִיקָרֵב vikarev מְשִׁיחֵיהּ Meshijei. אָמֵן Amén אידהנויה.

בְּחַיֵּיכוֹן bejayeijón וּבְיוֹמֵיכוֹן uveyomeijón וּבְחַיֵּי uvejayei

דְכָל dejol בֵּית beit ב"פ ראה יִשְׂרָאֵל Yisrael בַּעֲגָלָא baagalá

וּבִזְמַן uvizmán קָרִיב kariv וְאִמְרוּ veimrú אָמֵן Amén. אָמֵן Amén אידהנויה.

Por cuanto allí fueron puestos tronos para juzgar, los tronos de la Casa de David, pidieron por la paz de Jerusalem. Tengan serenidad quienes te aman y haya paz en tus palacios. Por amor a mis hermanos y mis compañeros, yo hablaré de paz en su nombre. Por amor a la Casa del Señor, buscaré tu felicidad" (Salmos 122).

KADISH YEHÉ SHLAMÁ

Glorificado y santificado sea Su gran Nombre (Amén).

En el mundo que Él creó de acuerdo a Su voluntad, y pueda Su Reino reinar. Y pueda Él hacer que Su redención florezca y pueda Él acercar al Mesías (Amén). En tus vidas y en tus días y en la vida de toda la Casa de Yisrael, prontamente y en el futuro cercano, y dígase: Amén (Amén).

La congregación y el *jazán* dicen lo siguiente:

28 palabras (hasta *bealmá*) – y 28 letras (hasta *almayá*)

יְהֵא yehé שְׁמֵיהּ Shmei (שם י"ה דס"ג) רַבָּא rabá קנ"א ב"ן,

יהוה אלהים יהוה אדני, מילוי קס"א וס"ג, מ"ה ברבוע וע"ב ע"ה מְבָרַךְ mevaraj,

לְעָלַם lealam לְעָלְמֵי lealmei עָלְמַיָּא almayá. יִתְבָּרַךְ yitbaraj.

Siete palabras con seis letras cada una (שם בן מ"ב). También, siete veces la letra Vav (מ"ב שם בן).

וְיִשְׁתַּבַּח veyishtabaj י"פ ע"ב יהוה אל אבג יתץ.

וְיִתְפָּאַר veyitpaar הי נו יה קרע שטן. וְיִתְרוֹמַם veyitromam וה כוזו נגד יכש.

וְיִתְנַשֵּׂא veyitnasé במוכסז בטר צתג. וְיִתְהַדָּר veyithadar כוזו יה חקב טנע.

וְיִתְעַלֶּה veyitalé וה יוד ה יגל פזק. וְיִתְהַלָּל veyithalal א ואו הא שקו צית.

שְׁמֵיהּ Shmei (שם י"ה דמ"ה) דְּקֻדְשָׁא deKudshá בְּרִיךְ Verij הוּא Hu.

אָמֵן Amén אידהנויה.

לְעֵלָּא leelá מִן min כָּל col יל"י בִּרְכָתָא birjatá. שִׁירָתָא shiratá.

תֻּשְׁבְּחָתָא tishbejatá וְנֶחֱמָתָא venejamatá. דַּאֲמִירָן daamirán

בְּעָלְמָא bealmá וְאִמְרוּ veimrú אָמֵן Amén: אָמֵן Amén אידהנויה.

יְהֵא yehé שְׁלָמָא shlamá רַבָּא rabá קנ"א ב"ן, יהוה אלהים יהוה אדני, מילוי קס"א וס"ג,

מ"ה ברבוע וע"ב ע"ה מִן min שְׁמַיָּא shmayá. וְחַיִּים jayim אהיה אהיה יהוה, בינה ע"ה

וְשָׂבָע vesavá וִישׁוּעָה vishuá וְנֶחָמָה venejamá וְשֵׁיזָבָא vesheizavá

וּרְפוּאָה urefuá וּגְאֻלָּה ugueulá וּסְלִיחָה uslijá וְכַפָּרָה vejapará

וְרֵיוַח vereivaj וְהַצָּלָה vehatsalá. לָנוּ lanu אלהים, אהיה אדני וּלְכָל ulejol יה אדני

עַמּוֹ amó יִשְׂרָאֵל Yisrael וְאִמְרוּ veimrú אָמֵן Amén: אָמֵן Amén אידהנויה.

Que Su gran Nombre sea bendito por siempre y por toda la eternidad. Bendito y alabado, y glorificado y exaltado, y ensalzado y honrado, y adorado y loado, sea el Nombre del Santísimo, Bendito sea Él (Amén). Más allá de todas las bendiciones, himnos, alabanzas y palabras de consolación que jamás se dijeran en el mundo, y dígase: Amén (Amén). Que haya paz abundante del Cielo; vida, satisfacción, salvación, consuelo, entrega, sanación, redención, perdón, expiación, comodidad y alivio para nosotros y para toda Su nación, Yisrael y dígase: Amén (Amén).

Da tres pasos para atrás y dice:

עוֹשֶׂה osé שָׁלוֹם shalom בִּמְרוֹמָיו bimromav ע"ב, ריבוע יהוה. הוּא Hu

בְּרַחֲמָיו berajamav יַעֲשֶׂה yaasé שָׁלוֹם shalom עָלֵינוּ aleinu ר"ת ש"ע נהורין.

וְעַל veal כָּל col ילי ; עמם עַמּוֹ amó יִשְׂרָאֵל Yisrael וְאִמְרוּ veimrú אָמֵן Amén:

אָמֵן Amén אידהנויה.

ALEINU

Atrayendo Luz Circundante para ser protegido de las *klipot* (la inclinación negativa).

עָלֵינוּ aleinu ריבוע דס"ג לְשַׁבֵּחַ leshabéaj עלינו לשבח = אבג יתץ, ושר

לַאֲדוֹן laAdón אני ; ס"ת = ס"ג ע"ה הַכֹּל hacol ר"ת ללה, אדני.

לָתֵת latet גְּדֻלָּה guedulá לְיוֹצֵר leyotser בְּרֵאשִׁית bereshit ר"ת גל"ב (כאך ב"י יג"ל).

שֶׁלֹּא sheló עָשָׂנוּ asanu כְּגוֹיֵי quegoyei הָאֲרָצוֹת haaratsot

וְלֹא veló שָׂמָנוּ samanu כְּמִשְׁפְּחוֹת quemishpejot הָאֲדָמָה haadamá

שֶׁלֹּא sheló שָׂם sam חֶלְקֵנוּ jelkenu כָּהֶם cahem וְגוֹרָלֵנוּ vegoralenu

כְּכָל quejol הֲמוֹנָם hamonam. שֶׁהֵם shehem מִשְׁתַּחֲוִים mishtajavim

לָהֶבֶל lahével וָרִיק varik וּמִתְפַּלְּלִים umitpalelim אֶל el אֵל el לֹא lo

יוֹשִׁיעַ yoshía. (haz una pausa aquí, y cuando digas "*vaanajnu mishtajavim*" inclina todo tu cuerpo)

וַאֲנַחְנוּ vaanajnu מִשְׁתַּחֲוִים mishtajavim לִפְנֵי lifnei מֶלֶךְ Mélej

מַלְכֵי maljei הַמְּלָכִים hamlajim הַקָּדוֹשׁ haKadosh בָּרוּךְ Baruj

הוּא Hu. שֶׁהוּא shehú נוֹטֶה noté שָׁמַיִם shamáyim י"פ טל, י"פ כוזו;

ר"ת = י"פ אדני שבי ספירות של נוקבא דז"א וְיוֹסֵד veyosed אָרֶץ árets.

Él, que establece la paz en Sus Alturas,
Él, en Su compasión, hará la paz sobre nosotros y sobre toda Su nación, Iisrael. Y dígase: Amén (Amén).

ALEINU

Es nuestro deber alabar al Soberano de todo y atribuir grandeza al Moldeador de la Creación, porque no nos ha hecho como los pueblos del mundo. Él no nos colocó como las familias de la Tierra. Él no hizo nuestro lote como el de ellos ni nuestro destino como el de sus multitudes, ya que ellos se inclinan ante la futilidad y el vacío, y rezan a una deidad que no ayuda. Nosotros nos inclinamos ante el Rey de Reyes, el Santísimo, Bendito sea Él. Él es quien extiende los Cielos y funda la Tierra.

וּמוֹשַׁב umoshav יְקָרוֹ yekaró בַּשָּׁמַיִם bashamáyim י״פ טל, י״פ כוזו

מִמַּעַל mimáal עלם. וּשְׁכִינַת ushjinat עֻזּוֹ uzó בְּגָבְהֵי begavhei

מְרוֹמִים meromim. הוּא Hu אֱלֹהֵינוּ Eloheinu ילה וְאֵין veéin עוֹד od

אַחֵר ajer. אֱמֶת emet אהיה פעמים אהיה, ז״פ ס״ג מַלְכֵּנוּ Malquenu וְאֶפֶס veéfes

זוּלָתוֹ zulató. כַּכָּתוּב cacatuv בַּתּוֹרָה baTorá (דברים ד׳, ל״ט): וְיָדַעְתָּ veyadata

הַיּוֹם hayom ע״ה נגד, מזבח, זן, אל יהוה וַהֲשֵׁבֹתָ vahashevota אֶל־ el

לְבָבֶךָ levaveja ר״ת לאו כִּי qui יְהֹוָהאדניאהדונהי Adonai הוּא Hu

הָאֱלֹהִים haElohim אהיה אדני ; ילה ; ר״ת יהה וכן עולה למנין ענו ע״ג״כ

בַּשָּׁמַיִם bashamáyim י״פ טל, י״פ כוזו מִמַּעַל mimáal עלם ;

רמז לאור פנימי המתוזיל מלמעלה וְעַל־ veal הָאָרֶץ haárets אלהים דההין ע״ה

מִתָּחַת mitájat רמז לאור מקיף המתוזיל מלמטה אֵין ein עוֹד od:

עַל al כֵּן quen נְקַוֶּה nekavé לָּךְ laj יְהֹוָהאדניאהדונהי Adonai

אֱלֹהֵינוּ Eloheinu ילה לִרְאוֹת lirot מְהֵרָה meherá בְּתִפְאֶרֶת betiféret

עֻזָּךְ uzaj ס״ת כהת, משיוז בן דוד ע״ה לְהַעֲבִיר lehaavir

מִן min הָאָרֶץ haárets אלהים דההין ע״ה וְהָאֱלִילִים vehaelilim

כָּרוֹת carot יִכָּרֵתוּן yicaretún. לְתַקֵּן letakén עוֹלָם olam

בְּמַלְכוּת bemaljut שַׁדַּי Shadai. וְכָל vejol ילי בְּנֵי bnei

בָשָׂר vasar יִקְרְאוּ yikreú בִשְׁמֶךָ viShmeja לְהַפְנוֹת lehafnot

אֵלֶיךָ eleja כָּל col ילי רִשְׁעֵי rishei אָרֶץ árets.

La Sede de Su gloria está arriba en el Cielo y la Presencia Divina de Su poder está en las alturas excelsas. Él es nuestro Dios y no hay ningún otro. Nuestro Rey es verdadero y no hay nadie excepto Él. Como está escrito en la Torá: "Aprende hoy y grábalo en tu corazón que el Señor es Dios arriba en los Cielos y abajo sobre la Tierra, y no hay otro" (Deutoronomio 4:39). *Por eso, Señor, nuestro Dios, esperamos contemplar pronto la gloria majestuosa de Tu poder, cuando elimines los ídolos de la Tierra y los falsos dioses hayan sido completamente destruidos, para perfeccionar al mundo con el Reino del Todopoderoso. Y la humanidad entera invocará Tu Nombre y todos los malvados de la Tierra*

יַכִּירוּ yaquiru וְיֵדְעוּ veyedú כָּל col ילי יוֹשְׁבֵי yoshvei תֵבֵל tevel ב"פ רי"ו.

כִּי qui לְךָ lejá תִּכְרַע tijrá כָּל־ col ילי בֶּרֶךְ bérej תִּשָּׁבַע tishavá

כָּל col ילי לָשׁוֹן lashón. לְפָנֶיךָ lefaneja ס"ג מ"ה ב"ן יְהֹוָאדהנויה Adonai

אֱלֹהֵינוּ Eloheinu ילה יִכְרְעוּ yijreú וְיִפֹּלוּ veyipolu וְלִכְבוֹד velijvod

שִׁמְךָ Shimjá יְקָר yekar יִתֵּנוּ yitenu. וִיקַבְּלוּ vikablú כֻלָּם julam אֶת et

עוֹל־ ol מַלְכוּתֶךָ maljuteja. וְתִמְלוֹךְ vetimloj עֲלֵיהֶם aleihem

מְהֵרָה meherá לְעוֹלָם leolam ריבוע ס"ג ו' אותיות דס"ג וָעֶד vaed. כִּי qui

הַמַּלְכוּת hamaljut שֶׁלְּךָ sheljá הִיא hi. וּלְעוֹלְמֵי uleolmei

עַד ad תִּמְלוֹךְ timloj בְּכָבוֹד bejavod בוכו. כַּכָּתוּב cacatuv

בְּתוֹרָתָךְ beTorataj: יְהֹוָאדהנויה Adonai | יִמְלֹךְ yimloj לְעֹלָם leolam

וָעֶד vaed ריבוע ס"ג ו' אותיות דס"ג ; ר"ת י"ל וָעֶד vaed: וְנֶאֱמַר veneemar: וְהָיָה vehayá יהוה ; יהה

יְהֹוָאדהנויה Adonai לְמֶלֶךְ leMélej עַל־ al כָּל־ col ילי ; עמם

הָאָרֶץ haárets אלהים דההין ע"ה בַּיּוֹם bayom ע"ה נגד, מזבח, זן, אל יהוה

הַהוּא hahú יִהְיֶה yihyé ייי יְהֹוָאדהנויה Adonai אֶחָד ejad אהבה, דאגה

---

se dirigirán a Ti. Entonces todos los habitantes del mundo reconocerán y sabrán que, por Ti, toda rodilla se dobla y toda lengua se colma. Que ante Ti, Señor, nuestro Dios, se arrodillen y se prosternen y honren Tu glorioso Nombre. Y todos aceptarán el yugo de Tu Reino y Tú reinarás sobre ellos para siempre jamás. Pues el Reino es Tuyo. Y para siempre y por la eternidad, Tú reinarás en gloria. Como está escrito en la Torá: "El Señor reinará por los siglos de los siglos" (Éxodo 15:18) y también está dicho: "El Señor será Rey sobre toda la Tierra y, en aquél día, el Señor será Uno y Uno su Nombre" (Zacarías 14:9).

ARVIT PARA MOTSAÉI SHAVUOT

En la conexión vespertina de *Arvit*, conectamos con Yaakov el Patriarca, quien es el canal para la energía de la Columna Central. Él nos ayuda a conectar la energía de Juicio y la de Misericordia de forma equilibrada. Se dice que todo el mundo fue creado sólo para Yaakov, quien es la personificación de la verdad: "Dale verdad a Yaakov" (Miqueas 7:20). Para activar el poder de nuestra oración, y específicamente el poder de la oración de *Arvit*, debemos ser sinceros con los demás y, sobre todo, con nosotros mismos.

LESHEM YIJUD

לְשֵׁם leShem יִיחוּד yijud קוּדְשָׁא Kudshá בְּרִיךְ Berij הוּא Hu

וּשְׁכִינְתֵּיהּ uShjintei (יאהדונהי), בִּדְחִילוּ bidjilu וּרְחִימוּ urjimu

(יאההויהה), וּרְחִימוּ urjimu וּדְחִילוּ udjilu (איההיוהה), לְיַחֲדָא leyajdá

שֵׁם Shem יוּ"ד Yud קֵ"י Kei בְּוָא"ו beVav קֵ"י Kei בְּיִחוּדָא beyijudá

שְׁלִים shlim (יהוה) בְּשֵׁם beshem כָּל col ילי יִשְׂרָאֵל Yisrael,

הִנֵּה hiné אֲנַחְנוּ anajnu בָּאִים baim לְהִתְפַּלֵּל lehitpalel תְּפִלַּת tfilat

עַרְבִית arvit שֶׁתִּקֵּן shetikén יַעֲקֹב Yaakov ז' הויות, אידהנויה אָבִינוּ avinu

עָלָיו alav הַשָּׁלוֹם hashalom עִם im כָּל col ילי הַמִּצְוֹת hamitsvot

הַכְּלוּלוֹת haclulot בָּהּ ba, לְתַקֵּן letakén אֶת et שׁוֹרְשָׁהּ shorshá

בְּמָקוֹם bemakom עֶלְיוֹן elyón לַעֲשׂוֹת laasot נַחַת־ nájat רוּחַ rúaj

לְיוֹצְרֵנוּ leyotsrenu, וְלַעֲשׂוֹת velaasot רְצוֹן retsón מהש ע"ה, ע"ב בריבוע וקס"א ע"ה,

אל שדי ע"ה בּוֹרְאֵנוּ borenu. (תהלים צ', י"ז) וִיהִי vihí נֹעַם nóam אֲדֹנָי Adonai

ללה אֱלֹהֵינוּ Eloheinu ילה עָלֵינוּ aleinu וּמַעֲשֵׂה umaasé יָדֵינוּ yadeinu

כּוֹנְנָה conená עָלֵינוּ aleinu וּמַעֲשֵׂה umaasé יָדֵינוּ yadeinu כּוֹנְנֵהוּ conenehu:

ARVIT DE MOTSAÉI SHAVUOT– LESHEM YIJUD

Para la unificación de El Santo, Bendito sea y Su Shejiná,

con temor y amor y con amor y temor, para unificar el Nombre Yud-Kei y Vav-Kei en perfecta unidad, y en el nombre de Israel, hemos venido aquí a recitar la oración del Arvit, establecido por Yaakov nuestro antepasado, sea la paz sobre él, Con todos sus mandamientos, para corregir sus raíces en el Lugar Celestial, para llevar satisfacción a nuestro Hacedor, y para satisfacer el deseo de nuestro Creador. "Y sea la Gracia del Señor, nuestro Dios, sobre nosotros y Él establezca el trabajo de nuestras manos sobre nosotros y pueda el trabajo de nuestras manos establecerlo a Él" (Salmos 90:17).

Derecha

יְהֹוָהאדנייאהדונהי Adonai צְבָאוֹת Tsvaot פני שכינה עִמָּנוּ imanu

ריבוע ס״ג, קס״א ע״ה וד׳ אותיות מִשְׂגָּב־ misgav משה, מהש, ריבוע ע״ב וקס״א, אל שדי,

ד״פ אלהים ע״ה לָנוּ lanu אלהים, אהיה אדני אֱלֹהֵי Elohei מילוי ע״ב, דמב ; ילה

יַעֲקֹב Yaakov ז׳ הויות, יאהדונהי אידהנויה סֶלָה sela:

Izquierda

יְהֹוָהאדנייאהדונהי Adonai צְבָאוֹת Tsvaot פני שכינה אַשְׁרֵי ashrei

אָדָם adam מ״ה ; ה׳ צבאות אשרי אדם = תפארת בֹּטֵחַ botéaj

בָּךְ baj אדם בוטח בך = אמן (יאהדונהי) ע״ה ; בוטח בך = מילוי ע״ב ע״ה:

Central

יְהֹוָהאדנייאהדונהי Adonai הוֹשִׁיעָה hoshía יהוה וש״ע נהורין הַמֶּלֶךְ haMélej ר״ת יהה

יַעֲנֵנוּ yaanenu בְיוֹם veyom ע״ה נגד, מזבח, זן, אל יהוה קָרְאֵנוּ karenu ר״ת יב״ק,

אלהים יהוה, אהיה אדני יהוה ; ס״ת = ב״ן ועם אות כ׳ דהמלך = ע״ב:

MEDIO KADISH

יִתְגַּדַּל yitgadal וְיִתְקַדַּשׁ veyitkadash שדי + ין לת וד (מילוי שדי) ; י״א אותיות כמנין ו״ה

שְׁמֵיהּ Shmei (שם י״ה דע״ב) רַבָּא rabá קנ״א ב״ן, יהוה אלהים יהוה אדני,

מילוי קס״א וס״ג, מ״ה ברבוע וע״ב ע״ה ; ר״ת = ו״פ אלהים ; ס״ת = ג״פ יב״ק • אָמֵן Amén אידהנויה•

בְּעָלְמָא bealmá דִּי di בְרָא verá כִּרְעוּתֵיהּ quirutei•

וְיַמְלִיךְ veyamlij מַלְכוּתֵיהּ maljutei• וְיַצְמַח veyatsmaj

פּוּרְקָנֵיהּ purkanei• וִיקָרֵב vikarev מְשִׁיחֵיהּ Meshijei• אָמֵן Amén אידהנויה•

"El Señor de los Ejércitos, dichoso es aquél que confía en Ti" (Salmos 84:13).

"El Señor de los Ejércitos está con nosotros. El Dios de Yaakov es un refugio para nosotros, Sela. Dios, redímenos. El Rey nos contestará el día en que Le clamemos" (Salmos 20:10).

MEDIO KADISH

¡Glorificado y santificado sea su Gran Nombre! (Amén).

En el mundo que Él creó de acuerdo a Su voluntad y pueda Su Reino reinar.

Y pueda Él hacer que su Redención florezca y pueda Él acercar al Mesías (Amén).

בְּחַיֵּיכוֹן bejayeijón וּבְיוֹמֵיכוֹן uveyomeijón וּבְחַיֵּי uvejayei
דְכָל dejol בֵּית beit ב"פ ראה יִשְׂרָאֵל Yisrael בַּעֲגָלָא baagalá
וּבִזְמַן uvizmán קָרִיב kariv וְאִמְרוּ veimrú אָמֵן Amén. אָמֵן Amén אידהנויה.

La congregación y el *jazán* dicen lo siguiente:

28 palabras (hasta *bealmá*) – medita en:
מילוי דמילוי דע"ב (יוד ויו דלת הי יוד ויו יוד ויו הי יוד)
28 letras (hasta *almayá*) – medita en:
מילוי דמילוי דס"ג (יוד ויו דלת הי יוד ואו אלף ואו הי יוד)

יְהֵא yehé שְׁמֵיהּ Shmei (שם י"ה דס"ג) רַבָּא rabá קנ"א ב"ן,
יהוה אלהים יהוה אדני, מילוי קס"א וס"ג, מ"ה ברבוע וע"ב ע"ה מְבָרַךְ mevaraj,
לְעָלַם lealam לְעָלְמֵי lealmei עָלְמַיָּא almayá. יִתְבָּרַךְ yitbaraj.

Siete palabras con seis letras cada una (שם בן מ"ב) – medita en:
יהוה + יוד הי ויו הי + מילוי דמילוי דע"ב (יוד ויו דלת הי יוד ויו יוד ויו הי יוד)
También, siete veces la letra Vav (שם בן מ"ב)- medita en:
יהוה + יוד הי ואו הי + מילוי דמילוי דס"ג (יוד ויו דלת הי יוד ואו אלף ואו הי יוד).

וְיִשְׁתַּבַּח veyishtabaj י"פ ע"ב יהוה אל אבג יתץ.

וְיִתְפָּאַר veyitpaar הי נו יהקרע שטן. וְיִתְרוֹמַם veyitromam וה כוזו נגד יכש.
וְיִתְנַשֵּׂא veyitnasé במוכסז בטר צתג. וְיִתְהַדָּר veyithadar כוזו יה וזקב טנע.
וְיִתְעַלֶּה veyitalé וה יוד ה יגל פזק. וְיִתְהַלָּל veyithalal א ואו הא שקו צית.
שְׁמֵיהּ Shmei (שם י"ה דמ"ה) דְּקוּדְשָׁא deKudshá בְּרִיךְ Verij הוּא Hu.
אָמֵן Amén אידהנויה.

לְעֵלָּא leelá מִן min כָּל col ילי בִּרְכָתָא birjatá. שִׁירָתָא shiratá.
תֻּשְׁבְּחָתָא tishbejatá וְנֶחָמָתָא venejamatá. דַּאֲמִירָן daamirán
בְּעָלְמָא bealmá וְאִמְרוּ veimrú אָמֵן Amén: אָמֵן Amén אידהנויה.

En tus vidas y en tus días y en la vida de la Casa de Israel, prontamente y en el futuro cercano, y dígase, Amén (Amén). Que Su gran Nombre sea bendito por siempre y para toda la eternidad, y bendito y alabado, y glorificado y exaltado, y ensalzado y honrado, y adorado y loado, sea el Nombre del Santo Bendito Sea (Amén). Más allá de todas las bendiciones, himnos, alabanzas y palabras de consolación que deben decirse en el mundo, y dígase: Amén (Amén).

VEHÚ RAJUM

"*Vehú Rajum*" contiene 13 palabras. El número 13 denota los Trece Atributos de Misericordia, los cuales, en este caso, recitamos para enfriar los fuegos del infierno para todos los que allí habitan.

Hay 13 palabras que corresponden a los 13 Atributos de Misericordia de *Arij Anpín*.

וְהוּא vehú רַחוּם rajum יְכַפֵּר yejaper ר״ת רי״י עָוֹן avón (***Aba de la klipá***)

וְלֹא־ veló יַשְׁחִית yashjit (***Ima de la klipá***) וְהִרְבָּה vehirbá לְהָשִׁיב lehashiv

אַפּוֹ apó (***Zeir de la klipá***) וְלֹא־ veló יָעִיר yair כָּל־ col ילי וַחֲמָתוֹ jamató

(***Nukvá de la klipá***): יְהֹוָהאדניאהדונהי Adonai הוֹשִׁיעָה hoshía יהוה וש״ע נהורין

הַמֶּלֶךְ haMélej ר״ת יהה יַעֲנֵנוּ yaanenu בְּיוֹם veyom ע״ה נגד, מזבח, זן אל יהוה

קָרְאֵנוּ korenu ר״ת יב״ק, אלהים יהוה, אהיה אדני יהוה ; ס״ת ב״ן ועם כ׳ דהמלך = ע״ב:

BARJÚ

El *jazán* dice:

בָּרְכוּ barjú יהוה ריבוע יהוה ריבוע מ״ה אֶת et יְהֹוָהאדניאהדונהי Adonai

הַמְבֹורָךְ: hamevoraj

Primero la congregación responde con lo siguiente y después el *jazán* repite lo siguiente:

Néfesh *Rúaj* *Neshamá*

בָּרוּךְ: Baruj יְהֹוָהאדניאהדונהי Adonai הַמְבֹורָךְ: hamevoraj

Jayá *Yejidá*

לְעוֹלָם leolam ריבוע ס״ג וי׳ אותיות דס״ג וָעֶד vaed:

VEHÚ RAJUM

"Y Él es misericordioso,
olvida iniquidades y no destruye; con frecuencia deja a un lado Su ira y no ejerce toda Su fuerza" (Salmos 78:38) *"Dios, redímenos. El Rey nos contestará el día en que Le clamemos"* (Salmos 20:10).

BARJÚ

Señores: ¡Bendigan a Dios, el Bendito!
Bendito es el Señor, el Bendito, por siempre y para siempre.

HAMAARIV ARAVIM – LA PRIMERA CÁMARA – LIVNAT HASAPIR

Al momento del *Arvit*, tenemos una oportunidad de conectar con cuatro "Cámaras" diferentes en la Casa del Rey: La Cámara de Zafiro (*Livnat Hasapir*), la Cámara del Amor (*Ahavá*), la Cámara del Deseo (*Ratsón*) y la Cámara del Santo Sanctorum (*Kódesh HaKadoshim*). Cada Cámara nos conecta con otro nivel en el plano espiritual. La bendición que nos conecta con la Primera Cámara, *Livnat Hasapir*, contiene 53 palabras, que también es la numerología de la palabra *gan* גן, que quiere decir "jardín"; por lo tanto, nos conecta con el Jardín de Edén de nuestro mundo.

Heijal Livnat Hasapir (la Cámara de Zafiro) de *Nukvá* en *Briá*.

בָּרוּךְ Baruj אַתָּה Atá יְהֹוָאדהי״אהדונהי Adonai אֱלֹהֵינוּ Eloheinu ילה
מֶלֶךְ Mélej הָעוֹלָם haolam אֲשֶׁר asher בִּדְבָרוֹ bidvaró מַעֲרִיב maariv
עֲרָבִים aravim בְּחָכְמָה bejojmá (*Atsilut*) במילוי = תרי״ג (מצוות)•
פּוֹתֵחַ potéaj שְׁעָרִים shearim כתר בִּתְבוּנָה bitvuná (*Briá*)•
מְשַׁנֶּה meshané עִתִּים itim (*Yetsirá*) וּמַחֲלִיף umajalif אֶת et
הַזְּמַנִּים hazmanim (*Asiyá*) וּמְסַדֵּר umesader אֶת et הַכּוֹכָבִים hacojavim
בָּרָקִיעַ barakía בְּמִשְׁמְרוֹתֵיהֶם bemishmeroteihem •(*Los siete planetas*)
כִּרְצוֹנוֹ quirtsonó• בּוֹרֵא boré יוֹמָם yomam וָלָיְלָה valayla מלה• גּוֹלֵל golel
אוֹר or רז, אין סוף מִפְּנֵי mipnei חֹשֶׁךְ jóshej שך נצוצות של ז׳ המלכים
וְחֹשֶׁךְ vejóshej שך נצוצות של ז׳ המלכים מִפְּנֵי mipnei אוֹר or רז, אין סוף•
הַמַּעֲבִיר hamaavir יוֹם yom ע״ה נגד, מזבח, זן, אל יהוה וּמֵבִיא umeví לָיְלָה layla
מלה• וּמַבְדִּיל umavdil בֵּין bein יוֹם yom ע״ה נגד, מזבח, זן, אל יהוה וּבֵין uvein
לָיְלָה layla מלה • יְהֹוָאדהי״אהדונהי Adonai צְבָאוֹת Tsvaot פני שכינה שְׁמוֹ Shmó
מהש ע״ה, ע״ב בריבוע וקס״א ע״ה, אל שד״י ע״ה יְהֹוָאדהי״אהדונהי Adonai• בָּרוּךְ Baruj
אַתָּה Atá יְהֹוָאדהי״אהדונהי Adonai הַמַּעֲרִיב hamaariv עֲרָבִים aravim:

HAMAAVIR ARAVIM – PRIMERA CÁMARA – LIVNAT HASAPIR

Bendito eres Tú, Señor, nuestro Dios, Rey del universo, que con Sus palabras trae con sabiduría las noches. Él abre las puertas con discernimiento. Él cambia las estaciones y varía los tiempos y organiza las estrellas en sus constelaciones en el cielo, de acuerdo a Su voluntad. Él crea el día y la noche y aparta la Luz de la oscuridad, y la oscuridad de la Luz. Él es Quien causa que el día suceda y trae la noche, y separa el día de la noche. Señor de los Ejércitos, Su nombre es el Señor. Bendito eres Tú, Señor, quien trae las noches.

AHAVAT OLAM – LA SEGUNDA CÁMARA – AMOR

Esta bendición nos conecta con la Segunda Cámara, *Ahavá* (Amor), y su propósito es inspirarnos con un amor renovado por los demás y por el mundo.

Heijal Ahavá (la Cámara del Amor) de *Nukvá* en *Briá*.
El siguiente párrafo tiene 50 palabras que corresponden a las 50 Puertas de *Biná*.

אַהֲבַת ahavat עוֹלָם olam בֵּית beit ב"פ ראה יִשְׂרָאֵל Yisrael עַמְּךָ amjá

אָהָבְתָּ. ahavta תּוֹרָה Torá (*Atsilut*) וּמִצְוֹת umitsvot (*Briá*) וְחֻקִּים jukim

(*Yetsirá*) וּמִשְׁפָּטִים umishpatim (*Asiyá*) אוֹתָנוּ otanu לִמַּדְתָּ. limadta

עַל al כֵּן quen יְהֹוָהאדניאהדונהי Adonai אֱלֹהֵינוּ Eloheinu ילה

בְּשָׁכְבֵנוּ beshajvenu וּבְקוּמֵנוּ uvekumenu נָשִׂיחַ nasíaj בְּחֻקֶּיךָ bejukeja

וְנִשְׂמַח venismaj וְנַעֲלֹז venaaloz בְּדִבְרֵי bedivrei תַלְמוּד talmud

תּוֹרָתֶךָ torateja וּמִצְוֹתֶיךָ umitsvoteja וְחֻקּוֹתֶיךָ vejukoteja

לְעוֹלָם leolam ריבוע דס"ג וי' אותיות דס"ג וָעֶד. vaed כִּי qui הֵם hem

חַיֵּינוּ jayeinu וְאֹרֶךְ veórej יָמֵינוּ yameinu וּבָהֶם uvahem נֶהְגֶּה nehgué

יוֹמָם yomam וָלָיְלָה valayla מלה. וְאַהֲבָתְךָ veahavatjá לֹא lo תָסוּר tasur

מִמֶּנּוּ mimenu לְעוֹלָמִים. leolamim בָּרוּךְ Baruj אַתָּה Atá

יְהֹוָהאדניאהדונהי Adonai אוֹהֵב ohev אֶת et עַמּוֹ amó יִשְׂרָאֵל Yisrael:

EL SHMÁ (para saber más sobre el *Shmá*, ve a la pág. 351)

El *Shmá* es una de las herramientas más poderosas para atraer energía sanadora a nuestra vida. El verdadero poder del *Shmá* es liberado cuando recitamos esta oración mientras meditamos en otras personas que necesiten energía de sanación.

1) Para poder recibir la Luz del *Shmá*, debes aceptar el precepto de: "Ama a tu prójimo como a ti mismo", y verte a ti mismo unido con todas las almas que componen el Adam Original.

2) Necesitas meditar en conectarte al precepto de Recitar el *Shmá* dos veces al día.

3) Antes de recitar el *Shmá*, debes cubrir tus ojos con la mano derecha y luego decir las palabras "*Shmá Yisrael … leolam vaed*". Y debes decir el *Shmá* con una meditación profunda, cantándolo con las entonaciones. Es necesario ser cuidadoso con la pronunciación de todas las letras.

AHAVAT OLAM – SEGUNDA CÁMARA – AMOR

Con eterno amor Tú has amado a Tu Nación, la Casa de Israel. Tú nos has enseñado Torá, mandamientos, estatutos y leyes. Por lo tanto, Señor, nuestro Dios, cuando nos acostemos y cuando nos levantemos, discutiremos Tus estatutos y nos regocijaremos y exultaremos en las palabras de las enseñanzas de Tu Torá, Tus mandamientos y Tus estatutos, por siempre y para siempre. Ellos son nuestras vidas y la longitud de nuestros días; con ellos nos dirigiremos día y noche. Y Tu amor nunca apartarás de nosotros. Bendito eres Tú, Señor, que amas a Tu Nación, Israel.

Primero, medita en general, en el primer *Yijud* de los cuatro *Yijuds* del Nombre: **יהוה** y, en particular, para despertar a la letra **ה**, y luego para conectarla con la letra **ו**. Entonces conecta a la letra **י** y a la letra **ה** juntas en el orden siguiente: *Hei* (**ה**), *Hei-Vav* (**ה"ו**), luego *Yud-Hei* (**י"ה**), lo que suma 31, el secreto de **"יא"י** (=31) del Nombre **ס"ג**. Es bueno meditar en este *Yijud* antes de recitar cualquier *Shmá* porque actúa como un reemplazo por las veces que quizás no hayas recitado el *Shmá*. Este *Yijud* tiene la capacidad de crear una conexión Celestial igual que la lectura del *Shmá*: elevar a *Zeir* y a *Nukvá* juntos para el *Zivug* de *Aba* e *Ima*.

Shmá – שְׁמַע

Meditación general: **שם ע** – para atraer la energía desde las siete *Sefirot* inferiores de *Ima* hacia la *Nukvá*, la cual permite a la *Nukvá* elevar las *Mayin Nukvín* (despertar desde Abajo). **Meditación particular**: **שם** = **יהוה** + **שדי** y cinco veces las letras **י** y **ד** de **ב"ן** = **ע** [La letra *Hei* (**ה**) es formada por las letras *Dálet* (**ד**) y *Yud* (**י**), por lo tanto en **ב"ן** tenemos cuatro veces la letra **ה** más otra vez las letras **י** y **ד** de **י** de **ב"ן**]. También las tres letras **ו** (18) que quedan de **ב"ן**, más **ב"ן** mismo (52) equivale a **ע** (70).

Yisrael – יִשְׂרָאֵל

Meditación general: שי"ר אל – para atraer energía desde *Jésed* y *Guevurá* de *Aba* hacia *Zeir Anpín*, para hacer su acción en el secreto de *Mayin Dujrín* (despertar desde Arriba).

Meditación particular: (las letras reordenadas de la palabra *Yisrael*): **שׂר אלי**

אלהים דיודין (אלף למד הי יוד מם) = ש',

רבוע אלהים (א אל אלה אלהי אלהים) = ר',

מ"א אותיות רבוע אלהים במילואו (אלף אלף למד אלף למד הי אלף למד הי יוד אלף למד הי יוד מם) = אל"י.

También meditar en atraer el *Mojín* Interno de *Aba* de *Katnut* hacia *Zeir Anpín*.

Adonai Eloheinu Adonai – יְהוָה אֱלֹהֵינוּ יְהוָה

Meditación general: para atraer energía hacia *Aba*, *Ima* y *Dáat* desde *Arij Anpín*.

Meditación particular: **ע"ב (יוד הי ויו הי) קס"א (אלף הי יוד הי) ע"ב (יוד הי וי הי)**

Ejad – אֶחָד

(El secreto de la completa *Yijud-Unificación*)

Las letras *Álef* **א** y *Jet* **ח** de *Ejad* **אחד** son *Zeir Anpín* y la letra *Dálet* **ד** es *Nukvá*. **Debes meditar** en dedicar tu alma a la santificación del Nombre Sagrado, elevando de este modo a tu *Néfesh*, *Rúaj*, *Neshamá* y *Neshamá* de *Neshamá* con *Zeir Anpín* y *Nukvá* (usando los Nombres: **ע"ב** y **ס"ג**) hacia *Aba* e *Ima* como en el secreto de *Mayin Nukvín*, y por esa energía, *Aba* e *Ima* serán unificados en el secreto del Nombre: **יאהדונהי"ה**. **También meditar** en atraer los Seis Bordes Internos de *Gadlut* de *Ima* hacia *Zeir Anpín*. La Gota, que es **ע"ב**, es sacada desde lo externo de *Arij Anpín*, y desciende hacia *Yesod* de *Ima*, donde se convierte en: **ע"ב ס"ג מ"ה ב"ן**, y las cuatro **אהיה** deletreadas (**אלף הי יוד הי, אלף הי יוד הי, אלף הא יוד הא, אלף הה יוד הה**) se convierten en Su vestimenta. <u>Como resultado</u>, *Zeir Anpín* tiene cuatro **יה"ו** deletreadas (**יוד הי ויו, יוד הי ואו, יוד הא ואו, יוד הה וו**), cuatro **אה"י** deletreadas (**אלף הי יוד, אלף הי יוד, אלף הא יוד, אלף הה יוד**) y los Seis Bordes Internos de *Gadlut* de *Ima*. **También meditar en el Nombre: אל"ף ה"י וי"ו ה"י**, que es el *Mojín* entero en el secreto de *Dáat*. **Y también meditar** (según el Ramjal) en las cuatro *Álef* deletreadas (**אלף** =111) del Nombre: **אהי"ה** que es igual a la palabra *Midat* (444), haciendo el *Kéter* para *Leá*.

Baruj Shem – בָּרוּךְ שֵׁם כְּבוֹד מַלְכוּתוֹ לְעוֹלָם וָעֶד

Baruj Shem Quevod – *Jojmá*, *Biná*, *Dáat* de *Leá*;

Maljutó – Su *Kéter*; ***Leolam*** – el resto de Su *Partsuf*;

Vaed – los cuatro **היה** (4 veces 20 es igual a *Vaed* = 80) harán el *Kéter* para *Rajel*.

Y las cuatro **היה** deletreadas (**הי יוד הי, הי יוד הי, הא יוד הא, הה יוד הה**) harán el resto de Su cuerpo.

שְׁמַע Shmá ע׳ רבתי יִשְׂרָאֵל Yisrael יְהֹוָאהדונהי Adonai

אֱלֹהֵינוּ Eloheinu ילה יְהֹוָאהדונהי Adonai | אֶחָד ejad ד׳ רבתי ; אהבה, דאגה:

(susurrar): ויזו אותיות בָּרוּךְ Baruj שֵׁם Shem כְּבוֹד quevod מַלְכוּתוֹ maljutó,

לְעוֹלָם leolam ריבוע ס״ג וי׳ אותיות דס״ג וָעֶד vaed:

Yud, *Jojmá*, cabeza – 42 palabras que corresponden al Santo Nombre de Dios de 42 Letras.

א ב

וְאָהַבְתָּ veahavtá ב״פ אור, ב״פ רז, ב״פ אין סוף ; (יכוון לקיים מ״ע של אהבת ה׳) אֵת et

ג י

יְהֹוָאהדונהי Adonai אֱלֹהֶיךָ Eloheja ילה ; ס״ת כהת, משיח בן דוד ע״ה

ת צ ק ר

בְּכָל־ bejol ב״ן, לכב לְבָבְךָ levavjá וּבְכָל־ uvejol ב״ן, לכב נַפְשְׁךָ nafshejá

ע ש ט נ

וּבְכָל־ uvejol ב״ן, לכב מְאֹדֶךָ meodeja: וְהָיוּ vehayú הַדְּבָרִים hadvarim

נ ג ד י כ

הָאֵלֶּה haéle אֲשֶׁר asher אָנֹכִי anojí מְצַוְּךָ metsavjá הַיּוֹם hayom

ש ב ט

ע״ה נגד, מזבח, זן, אל יהוה (pausa aquí) עַל al לְבָבֶךָ levaveja: וְשִׁנַּנְתָּם veshinantam

ר צ ת ג

לְבָנֶיךָ levaneja וְדִבַּרְתָּ vedibarta בָּם bam מ״ב בְּשִׁבְתְּךָ beshivtejá

וו ק ב

בְּבֵיתֶךָ beveiteja ב״פ ראה וּבְלֶכְתְּךָ uvelejtejá בַדֶּרֶךְ vadérej

ט נ

ב״פ יב״ק, ס״ג קס״א וּבְשָׁכְבְּךָ uveshojbejá וּבְקוּמֶךָ uvkumeja:

ע י ג ל

וּקְשַׁרְתָּם ukshartam לְאוֹת leot עַל־ al יָדֶךָ yadeja

EL SHMÁ

"Escucha, Israel, el Señor nuestro Dios. El Señor es Uno" (Deuteronomio 6:4).

"Bendito es el glorioso Nombre, Su Reino es por siempre y para la eternidad" (Pésajim 56a).

"Y amarás al Señor, tu Dios, con todo tu corazón y con toda tu alma y con todo lo que posees. Deja que estas palabras que te ordeno hoy descansen sobre tu corazón. Y las enseñarás a tus hijos y hablarás de ellas mientras estés sentado en tu hogar y mientras caminas por el sendero y cuando te acuestas y cuando te levantas. Las atarás como una señal sobre tu mano

וְהָיוּ vehayú לְטֹטָפֹת letotafot בֵּין bein עֵינֶיךָ eineja

ע"ה קס"א ; ריבוע מ"ה: וּכְתַבְתָּם ujtavtam עַל־ al

מְזֻזוֹת mezuzot נית (זו מות) בֵּיתֶךָ beiteja ב"פ ראה וּבִשְׁעָרֶיךָ :uvisheareja

VEHAYÁ IM SHAMOA

***Hei, Biná,* brazos y cuerpo** – 72 palabras que corresponden a los 72 Nombres de Dios.

וְהָיָה vehayá יהוה ; יהה אִם־ im יוה"ך, מ"א אותיות דפשוט, דמילוי ודמילוי דמילוי דאהיה ע"ה

שָׁמֹעַ shamoa תִּשְׁמְעוּ tishmeú אֶל־ el מִצְוֺתַי mitsvotai אֲשֶׁר asher

אָנֹכִי anojí מְצַוֶּה metsavé אֶתְכֶם etjem הַיּוֹם hayom ע"ה נגד, מזבח, זן, אל יהוה

(haz una pausa aquí) לְאַהֲבָה leahavá אחד, דאגה אֶת־ et יְהֹוָהאדניאהדונהי Adonai

אֱלֹהֵיכֶם Eloheijem ילה (pronuncia la letra *Ayin* en la palabra "*uleavdó*") וּלְעָבְדוֹ uleavdó

בְּכָל bejol ב"ן, לכב לְבַבְכֶם levavjem וּבְכָל־ uvejol ב"ן, לכב

נַפְשְׁכֶם :nafshejem וְנָתַתִּי venatati מְטַר־ metar אַרְצְכֶם artsejem

בְּעִתּוֹ beitó יוֹרֶה yoré וּמַלְקוֹשׁ umalkosh וְאָסַפְתָּ veasafta דְגָנֶךָ deganeja

וְתִירֹשְׁךָ vetiroshjá וְיִצְהָרֶךָ :veyitsareja וְנָתַתִּי venatati עֵשֶׂב ésev ע"ב שמות

---

y serán como filacterias entre tus ojos.
Y las escribirás en los umbrales de tu casa y en tus puertas" (Deuteronomio 6:5-9).

VEHAYÁ IM SHAMOA

"Y sucederá que si escuchan Mis mandamientos que les estoy ordenando hoy de amar al Señor, su Dios, y servirle con todo su corazón y con toda su alma. Entonces enviaré lluvias sobre su tierra en el momento apropiado, tanto lluvias tempranas como lluvias tardías. Y recogerás tus granos y tu vino y tu aceite. Y te daré hierba

בְּשָׂדְךָ besadeja לִבְהֶמְתֶּךָ livhemteja וְאָכַלְתָּ veajalta וְשָׂבָעְתָּ vesavata:

הִשָּׁמְרוּ hishamrú לָכֶם lajem פֶּן־ pen יִפְתֶּה yifté לְבַבְכֶם levavjem

וְסַרְתֶּם vesartem וַעֲבַדְתֶּם vaavadtem אֱלֹהִים elohim אֲחֵרִים ajerim

משה (העומד נגד הקליפות) וְהִשְׁתַּחֲוִיתֶם vehishtajavitem לָהֶם lahem:

וְחָרָה vejará (haz una pausa aquí) אַף־ af יְהֹוָהאדניאהדונהי Adonai בָּכֶם bajem

וְעָצַר veatsar אֶת־ et הַשָּׁמַיִם hashamáyim י"פ טל, י"פ כוזו וְלֹא־ veló

יִהְיֶה yihyé ייי מָטָר matar וְהָאֲדָמָה vehaadamá לֹא lo תִתֵּן titén ב"פ כהת

אֶת־ et יְבוּלָהּ yevulá וַאֲבַדְתֶּם vaavadetem מְהֵרָה meherá מֵעַל meal עלם

הָאָרֶץ haárets אלהים דההין ע"ה הַטֹּבָה hatová אֲשֶׁר asher

יְהֹוָהאדניאהדונהי Adonai נֹתֵן notén אבג יתץ, ושר לָכֶם lajem: ***Vav, Zeir Anpín***

וְשַׂמְתֶּם vesamtem **estómago** – 50 palabras que corresponden a las 50 Puertas of *Biná*

אֶת־ et דְּבָרַי dvarai ראה אֵלֶּה ele עַל־ al לְבַבְכֶם levavjem

וְעַל־ veal נַפְשְׁכֶם nafshejem וּקְשַׁרְתֶּם ukshartem אֹתָם otam

---

en tu campo para tu ganado. Y comerás y quedarás saciado. Pero cuiden que su corazón no sea seducido y se alejen para servir a deidades foráneas y se postren ante ellas. Y la ira del Señor caerá sobre ustedes y Él detendrá los Cielos y no habrá más lluvia y la tierra no brindará su cosecha. Y rápidamente perecerán de la buena tierra que el Señor les ha dado. Y pondrán estas palabras Mías sobre su corazón y sobre su alma y las atarán

לְאוֹת leot ר"ת לאו עַל־ al יֶדְכֶם yedjem וְהָיוּ vehayú

לְטוֹטָפֹת letotafot בֵּין bein עֵינֵיכֶם eineijem ריבוע מ"ה:

וְלִמַּדְתֶּם velimadtem אֹתָם otam אֶת־ et בְּנֵיכֶם bneijem

לְדַבֵּר ledaber ראה בָּם bam שם כן מ"ב בְּשִׁבְתְּךָ beshivteja

בְּבֵיתֶךָ beveiteja ב"פ ראה וּבְלֶכְתְּךָ uvelejtejá בַדֶּרֶךְ vadérej ב"פ יב"ק, ס"ג קס"א

וּבְשָׁכְבְּךָ uveshojbejá וּבְקוּמֶךָ uvkumeja: וּכְתַבְתָּם ujtavtam עַל־ al

מְזוּזוֹת mezuzot בֵּיתֶךָ beiteja ב"פ ראה וּבִשְׁעָרֶיךָ uvishеareja: לְמַעַן lemaan

יִרְבּוּ yirbú יְמֵיכֶם yemeijem ר"ת י"ל וִימֵי vimei בְנֵיכֶם vneijem

עַל al הָאֲדָמָה haadamá אֲשֶׁר asher (pronuncia la letra *Ayin* en la palabra "*nishbá*")

נִשְׁבַּע nishbá יכוין לשבועת המבול יְהֹוָאדהנויהאהדונהי Adonai

לַאֲבֹתֵיכֶם laavoteijem לָתֵת latet לָהֶם lahem כִּימֵי quimei

הַשָּׁמַיִם hashamáyim י"פ טל, י"פ כוזו עַל־ al הָאָרֶץ haárets אלהים דההין ע"ה:

---

como una señal sobre sus manos y serán como filacterias entre sus ojos. Y las enseñarán a sus hijos hablando de ellas mientras estés sentado en tu hogar y mientras caminas por el sendero y cuando te acuestas y cuando te levantas. Y las escribirás en los umbrales de tu casa y sobre tus puertas. Esto es para que sus días sean numerosos y también los días de sus hijos sobre la Tierra que el Señor ha prometido a sus padres darles como los días de los Cielos sobre la Tierra" (Deuteronomio 11:13-21).

VAYÓMER

Hei, *Maljut*, piernas y órganos reproductores,

72 palabras que corresponden a los 72 Nombres de Dios en orden directo (según el Ramjal).

ווו וַיֹּאמֶר vayómer · ייי יְהֹוָה אדני איהדונהי Adonai · סבט אֶל־ el · עאם מֹשֶׁה Moshé

מבש לֵּאמֹר lemor מהש, ע"ב בריבוע וקס"א, אל שדי, ד"פ אלהים ע"ה: · ליה דַּבֵּר daber ראה · אנא אֶל־ el

כמת בְּנֵי bnei · הוזי יִשְׂרָאֵל Yisrael · אנד וְאָמַרְתָּ veamarta · להו אֲלֵהֶם alehem · המע וְעָשׂוּ veasú

יצל לָהֶם lahem · מרה צִיצִת tsitsit · היי עַל־ al · המם כַּנְפֵי canfei · לוו בִגְדֵיהֶם vigdeihem

כבי לְדֹרֹתָם ledorotam · ליו וְנָתְנוּ venatnú · פנל עַל־ al · נמך צִיצִת tsitsit

יוזי הַכָּנָף hacanaf ע"ה קנ"א, אדני אלהים · מנה פְּתִיל ptil י"פ ב"ן · וזהו תְּכֵלֶת tjélet:

ניה וְהָיָה vehayá יהוה ; יהה · השא לָכֶם lajem · ירת לְצִיצִת letsitsit · שאה וּרְאִיתֶם ureitem · רלי אֹתוֹ otó

אום וּזְכַרְתֶּם uzjartem · ליב אֶת־ et · והר כָּל־ col יכי · ייז מִצְוֹת mitsvot · להח יְהֹוָה אדני איהדונהי Adonai

כעק וַעֲשִׂיתֶם vaasitem · מנד אֹתָם otam · אני וְלֹא־ veló · וזום תָתוּרוּ taturu · רהע אַחֲרֵי ajarei

יוזז לְבַבְכֶם levavjem · השה וְאַחֲרֵי veajarei · מככ עֵינֵיכֶם eineijem · ריבוע מ"ה

Debes meditar en el precepto: "No seguirás los pensamientos sexuales negativos del corazón ni las miradas de los ojos que buscan prostitución".

VAYÓMER

"Y el Señor le habló a Moshé y dijo: habla a los Hijos de Israel y diles que deben hacer para sí mismos Tsitsit, en las esquinas de sus vestimentas, a lo largo de todas sus generaciones. Y deben colocar sobre el Tsitsit de cada esquina un filamento azul. Y esto será para ustedes como un Tsitsit; lo verán y recordarán los mandamientos del Señor y los cumplirán. Y no se dejen llevar en pos de su corazón y de sus ojos,

אשר־ asher אתם atem זנים zonim אחריהם ajareihem: למען lemaan

תזכרו tizkerú ועשיתם vaasitem את־ et כל־ col מצותי mitsvotai

והייתם vihyitem קדשים kedoshim לאלהיכם leEloheijem:

אני Aní יהוה Adonai אלהיכם Eloheijem אשר asher

הוצאתי hotseti אתכם etjem מארץ meérets מצרים Mitzráyim

Debes meditar en recordar el éxodo de *Mitsráyim* (Egipto).

להיות lihyot לכם lajem לאלהים leElohim;

אני Aní יהוה Adonai אלהיכם Eloheijem:

Está atento de completar este párrafo junto con el *jazán* y la congregación, y de decir la palabra "*emet*" en voz alta. El *jazán* debe decir la palabra "*emet*" susurrando.

אמת emet אהיה פעמים אהיה, ז"פ ס"ג.

La congregación debe estar en silencio, escuchar y oír las palabras "*Adonai Eloheijem emet*" dichas por el *jazán*. Si no completaste el párrafo junto al *jazán*, debes repetir las últimas tres palabras por cuenta propia. Con estas tres palabras el *Shmá* es concluido.

יהוה Adonai אלהיכם Eloheijem:

אמת emet אהיה פעמים אהיה, ז"פ ס"ג.

---

porque de acuerdo con ellos irás por mal camino. Para que se acuerden y hagan todos Mis mandamientos y de este modo serán santo ante su Dios. Yo soy el Señor, su Dios, quien los sacó de la tierra de Egipto para ser su Dios. Yo, el Señor, su Dios, Es verdad" (Números 15:37-41).

El Señor, su Dios, ¡es verdad!

VEEMUNÁ – LA TERCERA CÁMARA – RATSÓN

Veemuná nos conecta con la Tercera Cámara en la Casa del Rey: *Ratsón*, o deseo. Antes de que podamos conectar con cualquier forma de energía espiritual, tenemos que sentir un anhelo o deseo. El deseo es la vasija que atrae a la Luz espiritual. Un deseo pequeño atrae poca cantidad de Luz. Un gran deseo atrae una gran cantidad.

Heijal Ratsón (la Cámara del Deseo) de *Nukvá* en *Briá*.

וֶאֱמוּנָה veemuná (בוזינת לילה) כָּל col ילי זֹאת zot וְקַיָּם vekayam עָלֵינוּ aleinu,
כִּי qui הוּא Hu יְהֹוָהאדניאהדונהי Adonai אֱלֹהֵינוּ Eloheinu ילה וְאֵין veein
זוּלָתוֹ zulató. וַאֲנַחְנוּ vaanajnu יִשְׂרָאֵל Yisrael עַמּוֹ amó.
הַפּוֹדֵנוּ hapodenu מִיַּד miyad מְלָכִים melajim. הַגּוֹאֲלֵנוּ hagoalenu
מַלְכֵּנוּ Malquenu מִכַּף micaf כָּל col ילי עָרִיצִים aritsim.
הָאֵל haEl לאה ; ייא״י (מילוי דס״ג) הַנִּפְרָע hanifrá לָנוּ lanu אלהים, אהיה אדני
מִצָּרֵינוּ mitsareinu. הַמְשַׁלֵּם hameshalem גְּמוּל gmul לְכָל lejol יה אדני
אוֹיְבֵי oyvei נַפְשֵׁנוּ nafshenu: הַשָּׂם hasam נַפְשֵׁנוּ nafshenu
בַּחַיִּים bajayim אהיה אהיה יהוה, בינה ע״ה וְלֹא־ veló נָתַן natán לַמּוֹט lamot
רַגְלֵנוּ raglenu. הַמַּדְרִיכֵנוּ hamadrijenu עַל al בָּמוֹת bamot
אוֹיְבֵינוּ oyveinu. וַיָּרֶם vayarem קַרְנֵנוּ karnenu עַל al כָּל col ילי ; עמם
שׂוֹנְאֵינוּ soneinu. הָאֵל haEl לאה ; ייא״י (מילוי דס״ג) הָעוֹשֶׂה haosé
לָנוּ lanu אלהים, אהיה אדני נִסִּים nisim וּנְקָמָה unekamá בְּפַרְעֹה beFaró.
בְּאוֹתוֹת beotot וּבְמוֹפְתִים uvemoftim בְּאַדְמַת beadmat בְּנֵי bnei
חָם jam. הַמַּכֶּה hamaqué בְעֶבְרָתוֹ veevrató כָּל col ילי
בְּכוֹרֵי bejorei מִצְרָיִם Mitsráyim מצר. וַיּוֹצֵא vayotsí אֶת et
עַמּוֹ amó יִשְׂרָאֵל Yisrael מִתּוֹכָם mitojam לְחֵרוּת lejerut עוֹלָם olam.

VEEMUNÁ –TERCERA CÁMARA-RATSÓN

Y fidedigno. Todo eso y Él está sobre nosotros porque Él es el Señor, nuestro Dios, y no hay ningún otro. Y nosotros somos Israel, Su Nación. Él nos redime de las manos de reyes. Él es nuestro Rey, que nos libera del alcance de los tiranos; el Dios, que nos venga contra nuestros enemigos. Él paga a nuestros enemigos mortales su deuda. Él, que nos mantiene vivos y no permite que nuestros pies resbalen. Él, que nos ha guiado sobre las llanuras de nuestros enemigos y Él, que eleva nuestro poder sobre todos los que nos odian. Él es Dios, que hizo por nosotros milagros y acciones contra Faraón, con señales y maravillas, en la tierra de los hijos de Jam. Él que con Su ira cayó sobre los primogénitos de Egipto y sacó a Su Nación, Israel, de entre ellos a una libertad eterna.

הַמַּעֲבִיר hamaavir בָּנָיו banav

בֵּין bein גִּזְרֵי guizrei יַם yam ילי סוּף Suf. וְאֶת veet רוֹדְפֵיהֶם rodfeihem
וְאֶת veet שׂוֹנְאֵיהֶם soneihem בִּתְהוֹמוֹת bitehomot טִבַּע tibá. רָאוּ raú
בָנִים vanim אֶת et גְּבוּרָתוֹ gvurató שִׁבְּחוּ shibjú וְהוֹדוּ vehodú אהיה
לִשְׁמוֹ lishmó מהש ע"ה, ע"ב בריבוע וקס"א ע"ה, אל שדי ע"ה. וּמַלְכוּתוֹ umaljutó
בִּרְצוֹן beratsón מהש ע"ה, ע"ב בריבוע וקס"א ע"ה, אל שדי ע"ה קִבְּלוּ kiblú
עֲלֵיהֶם aleihem. מֹשֶׁה Moshé מהש, ע"ב בריבוע קס"א, אל שדי, ד"פ אלהים ע"ה
וּבְנֵי uvnei יִשְׂרָאֵל Yisrael ר"ת ע"ה = נגד, מזבח, זן, אל יהוה לְךָ lejá עָנוּ anú
שִׁירָה shirá בְּשִׂמְחָה besimjá רַבָּה rabá וְאָמְרוּ veamrú כֻלָּם julam:
מִי mi ילי כָמֹכָה jamoja בָּאֵלִם baelim יְהֹוָהאדניאהדונהי Adonai
ר"ת = ע"ב, ריבוע יהוה; ס"ת מ"ה מִי mi ילי כָּמֹכָה camoja נֶאְדָּר needar
בַּקֹּדֶשׁ bakódesh ר"ת = יב"ק, אלהים יהוה, אהיה אדני יהוה נוֹרָא norá תְהִלֹּת tehilot
עֹשֵׂה osé פֶלֶא fele: מַלְכוּתְךָ maljutjá יְהֹוָהאדניאהדונהי Adonai
אֱלֹהֵינוּ Eloheinu ילה רָאוּ raú בָנֶיךָ vaneja עַל־ al הַיָּם hayam ילי
יַחַד yájad כֻּלָּם culam הוֹדוּ hodú אהיה וְהִמְלִיכוּ vehimliju
וְאָמְרוּ veamrú: יְהֹוָהאדניאהדונהי Adonai | יִמְלֹךְ yimloj לְעֹלָם leolam
ריבוע ס"ג וי' אותיות דס"ג ; ר"ת ייל וָעֶד vaed: וְנֶאֱמַר veneemar: כִּי־ qui פָדָה fadá
יְהֹוָהאדניאהדונהי Adonai אֶת־ et יַעֲקֹב Yaakov ו' הויות, אידהנויה
וּגְאָלוֹ ugueal ó מִיַּד miyad חָזָק jazak פהל מִמֶּנּוּ mimenu: בָּרוּךְ Baruj
אַתָּה Atá יְהֹוָהאדניאהדונהי Adonai גָּאַל gaal באתב"ש כתר5 יִשְׂרָאֵל Yisrael:

Él, que hizo pasar a Sus Hijos entre las secciones del Mar Rojo mientras ahogó en las profundidades a sus perseguidores y sus enemigos. Los Hijos contemplaron Su poder y lo alabaron y dieron gracias a Su Nombre; aceptaron Su soberanía sobre ellos con deseo. Moshé y los Hijos de Israel elevaron sus voces en canto a Él, con gran alegría y dijeron todos: "¿Quién es como Tú entre los dioses, Señor? ¿Quién es como Tú, poderoso en santidad, impresionante en alabanza y que hace maravillas?" (Éxodo 15:11). Nuestros Hijos vieron Tu Reino, Señor, nuestro Dios, sobre el mar y todos al unísono te dan las gracias y aceptan Tu soberanía y dicen: "El Señor reinará por siempre y para siempre" (Éxodo 15:18). Y está dicho: "Porque el Señor ha liberado a Yaakov y lo ha rescatado de la mano de uno más fuerte que él" (Jeremías 31:10). Bendito eres Tú, Señor, Quien redimió a Israel.

HASHKIVENU – LA CUARTA CÁMARA – EL SANTO SANCTÓRUM

La Cuarta Cámara es *Kódesh HaKadoshim*, el Santo Sanctórum, el cual es nuestro vínculo al siguiente nivel que alcanzamos mediante la *Amidá*.

Heijal Kódesh HaKadoshim (la Cámara del Santo Sanctorum) de *Nukvá* en *Briá*

הַשְׁכִּיבֵנוּ hashquivenu אָבִינוּ avinu לְשָׁלוֹם leshalom ר״ת לאה

וְהַעֲמִידֵנוּ vehaamidenu מַלְכֵּנוּ Malquenu לְחַיִּים lejayim אהיה אהיה יהוה, בינה ע״ה

טוֹבִים tovim וּלְשָׁלוֹם uleshalom וּפְרוֹשׂ ufrós עָלֵינוּ aleinu

סֻכַּת sucat סוכה = סאל = אמן (יאהדונהי) שְׁלוֹמֶךָ shlomeja וְתַקְּנֵנוּ vetaknenu

מַלְכֵּנוּ Malquenu בְּעֵצָה beetsá טוֹבָה tová אכא מִלְּפָנֶיךָ milfaneja ס״ג מ״ה ב״ן

וְהוֹשִׁיעֵנוּ vehoshienu מְהֵרָה meherá לְמַעַן lemaan שְׁמֶךָ Shemeja

וְהָגֵן vehaguén בַּעֲדֵנוּ •baadenu וְהָסֵר vehaser מֵעָלֵינוּ mealeinu מַכַּת macat

אוֹיֵב •oyev דֶּבֶר •déver וְחֶרֶב •jérev וְחוֹלִי joli וחולי = מ״ה עם ד׳ אותיות•

צָרָה tsará אלהים דההין• רָעָה raá רהע• רָעָב •raav וְיָגוֹן •veyagón

וּמַשְׁחִית •umashjit וּמַגֵּפָה •umaguefá שְׁבוֹר shvor וְהָסֵר vehaser

הַשָּׂטָן hasatán מִלְּפָנֵינוּ milfaneinu וּמֵאַחֲרֵינוּ •umeajareinu וּבְצֵל uvetsel

כְּנָפֶיךָ cnafeja תַּסְתִּירֵנוּ •tastirenu וּשְׁמוֹר ushmor צֵאתֵנוּ tsetenu

וּבוֹאֵנוּ uvoenu לְחַיִּים lejayim אהיה אהיה יהוה, בינה ע״ה טוֹבִים tovim

וּלְשָׁלוֹם uleshalom מֵעַתָּה meatá וְעַד vead עוֹלָם :olam כִּי qui אֵל El יא״י

(מילוי דס״ג) שׁוֹמְרֵנוּ shomrenu כ״א הויות שבתפילין וּמַצִּילֵנוּ umatsilenu אָתָּה Atá

מִכָּל micol ילי דָּבָר davar ראה רָע ra וּמִפַּחַד umipájad לַיְלָה layla מלה•

בָּרוּךְ Baruj אַתָּה Atá יְהֹוָהאדניאהדונהי Adonai שׁוֹמֵר shomer כ״א הויות שבתפילין

אֶת et עַמּוֹ amó יִשְׂרָאֵל Yisrael לָעַד laad ב״פ ב״ן• אָמֵן Amén יאהדונהי:

HASHKIVENU – LA CUARTA CÁMARA – EL SANTO SANCTÓRUM

Otórganos, Oh Padre, que descansemos en paz y que nuevamente, Rey nuestro, nos levantemos a la buena vida y a la paz. Corrígenos con Tu buen consejo y sálvanos pronto por amor a Tu Nombre. Y elimina de nosotros el ataque de nuestro enemigo, pestilencia, sable, enfermedad, angustia, malicia, hambruna, tristeza, ruina y plaga. Destruye y elimina a Satán delante y detrás de nosotros. Ocúltanos en la sombra de Tus Alas y cuídanos en nuestro andar, para la buena vida y para la paz, desde ahora y hasta la eternidad. Porque Tú, Dios, eres nuestro Guardián y nuestro Salvador de todas las cosas malignas y del terror de la noche. Bendito eres Tú, Señor, Quien guarda a Su Nación, Israel, por siempre. ¡Amén!

MEDIO KADISH

יִתְגַּדַּל yitgadal וְיִתְקַדַּשׁ veyitkadash שׁדי + ין לת וד (מילוי שׁדי) ; י״א אותיות כמנין ו״ה

שְׁמֵיהּ Shmei (שׁם י״ה דע״ב) רַבָּא rabá קנ״א ב״ן, יהוה אלהים יהוה אדני,

מילוי קס״א וס״ג, מ״ה ברבוע וע״ב ע״ה ; ר״ת = ו״פ אלהים ; ס״ת = ג״פ יב״ק • אָמֵן Amén אידהנויה•

בְּעָלְמָא bealmá דִּי di בְרָא verá כִּרְעוּתֵיהּ quirutei•

וְיַמְלִיךְ veyamlij מַלְכוּתֵיהּ maljutei• וְיַצְמַח veyatsmaj

פּוּרְקָנֵיהּ purkanei• וִיקָרֵב vikarev מְשִׁיחֵיהּ Meshijei• אָמֵן Amén אידהנויה•

בְּחַיֵּיכוֹן bejayeijón וּבְיוֹמֵיכוֹן uveyomeijón וּבְחַיֵּי uvejayei

דְכָל dejol בֵּית beit ב״פ ראה יִשְׂרָאֵל Yisrael בַּעֲגָלָא baagalá

וּבִזְמַן uvizmán קָרִיב kariv וְאִמְרוּ veimrú אָמֵן Amén• אָמֵן Amén אידהנויה•

La congregación y el *jazán* dicen lo siguiente:

Veintiocho palabras (hasta *bealmá*) – meditar: (מילוי דמילוי דע״ב (יוד ויו דלת הי יוד ויו יוד ויו הי יוד

Veintiocho letras (hasta *almayá*) – meditar: (מילוי דמילוי דע״ב (יוד ויו דלת הי יוד ויו יוד ויו הי יוד

יְהֵא yehé שְׁמֵיהּ Shmei (שׁם י״ה דס״ג) רַבָּא rabá קנ״א ב״ן,

יהוה אלהים יהוה אדני, מילוי קס״א וס״ג, מ״ה ברבוע וע״ב ע״ה מְבָרַךְ mevaraj,

לְעָלַם lealam לְעָלְמֵי lealmei עָלְמַיָּא almayá• יִתְבָּרַךְ yitbaraj•

MEDIO KADISH

Glorificado y santificado sea su Gran Nombre (Amén).

En el mundo que Él creó de acuerdo a Su voluntad y pueda Su Reino reinar. Y pueda hacer que Su redención florezca y pueda Él acercar al Mesías (Amén). En tus vidas y en tus días y en la vida de toda la Casa de Israel, prontamente y en el futuro cercano, y dígase, Amén (Amén). Que Su gran Nombre sea bendito por siempre y por toda la eternidad, bendito,

Siete palabras con seis letras cada una (שֵׁם בֶּן מ"ב) – meditar:
יהוה ∴ יוד הי ויו הי ∴ מילוי דמילוי דע"ב (יוד ויו דלת הי יוד ויו יוד ויו הי יוד)

También, siete veces la letra Vav (שֵׁם בֶּן מ"ב) – meditar:
יהוה ∴ יוד הי ויו הי ∴ מילוי דמילוי דע"ב (יוד ויו דלת הי יוד ויו יוד ויו הי יוד).

וְיִשְׁתַּבַּח veyishtabaj י"פ ע"ב יהוה אל אבג יתץ.

וְיִתְפָּאַר veyitpaar הי נו יה קרע שטן. וְיִתְרוֹמַם veyitromam וה כוזו נגד יכש.

וְיִתְנַשֵּׂא veyitnasé במוכסז בטר צתג. וְיִתְהַדָּר veyithadar כוזו יה וזקב טנע.

וְיִתְעַלֶּה veyitalé וה יוד ה יגל פזק. וְיִתְהַלָּל veyithalal א ואו הא שקו צית.

שְׁמֵיהּ Shmei (שם י"ה דמ"ה) דְּקוּדְשָׁא deKudshá בְּרִיךְ Verij הוּא Hu.

אָמֵן Amén אידהנויה.

לְעֵלָּא leelá מִן min כָּל col ילי בִּרְכָתָא birjatá. שִׁירָתָא shiratá.

תֻּשְׁבְּחָתָא tishbejatá וְנֶחָמָתָא venejamatá. דַּאֲמִירָן daamirán

בְּעָלְמָא bealmá וְאִמְרוּ veimrú אָמֵן Amén: אָמֵן Amén אידהנויה.

LA AMIDÁ

Cuando comenzamos la conexión, damos tres pasos hacia atrás que significan que estamos dejando este mundo físico. Después damos tres pasos hacia delante para comenzar la *Amidá*. Los tres pasos sn:

1. Entrar a la tierra de Israel; para entrar en el primer círculo espiritual.
2. Entrar en la ciudad de Jerusalem; para entrar en el segundo círculo espiritual.
3. Entrar en el Santo Sanctórum; para entrar en el círculo más interno.

Antes de recitar el primer verso de la *Amidá*, pedimos: "*Dios, abre mis labios y permite que mi boca hable*", estamos pidiendo a la Luz que hable por nosotros para que podamos recibir lo que necesitamos y no sólo lo que queremos. Con mucha frecuencia, lo que queremos de la vida no es necesariamente el deseo del alma, que es lo que verdaderamente necesitamos para estar satisfechos. Al pedirle a la Luz que hable a través de nosotros, nos aseguramos de que nuestra conexión nos traiga realización genuina y oportunidades para el crecimiento espiritual y el cambio.

---

y alabado, y glorificado y exaltado, y ensalzado y honrado, y adorado y loado sea el Nombre del Santo Bendito Sea (Amén). Más allá de todas las bendiciones, himnos, alabanzas y palabras de consolación que deben decirse en el mundo, y dirán: Amén (Amén).

אדני Adonai ללה (pausa aquí) שפתי sfatai תפתח tiftaj ופי ufí יגיד yaguid

ייז (כ"ב אותיות פשוטות [=אכא] וה' אותיות סופיות מנצפך) תהלתך tehilateja ס"ת = בוכו:

La primera bendición – Invoca al escudo de Avraham

Avraham es el canal de la energía de la Columna Derecha de positividad, compartir y misericordia. Las acciones dadoras pueden protegernos de todas las formas de negatividad.

Jésed que se convierte en *Jojmá*

En esta sección hay 42 palabras, el secreto del Nombre de Dios de 42 letras y, por lo tanto, comienza con la letra *Bet* (2) y termina con la letra *Mem* (40).

Flexiona tus rodillas en "*Baruj*", inclínate en "*Atá*" y enderézate en "*Adonai*".

א ב

ברוך Baruj אתה Atá א-ת (אותיות הא"ב המסמלות את השפע המגיע) לה' המלכות

ג י

יהוהאדניאהדונהי Adonai (י"א) אלהינו Eloheinu ילה

ת צ

ואלהי veElohei לכב ; מילוי ע"ב, דמב ; ילה אבותינו avoteinu.

ק ר

אלהי Elohei מילוי ע"ב, דמב ; ילה אברהם Avraham (*Jojmá*)

וו"פ אל, רי"ו ול"ב נתיבות החכמה, רמ"ח (אברים), עסמ"ב וט"ז אותיות פשוטות.

ע ש

אלהי Elohei מילוי ע"ב, דמב ; ילה יצחק Yitsjak (*Biná*) ד"פ ב"ן

ט נ

ואלהי veElohei לכב ; מילוי ע"ב, דמב ; ילה יעקב Yaakov (*Dáat*) ו' הויות, אידהנויה

La Amidá

"Mi Señor, abre mis labios y mi boca declarará Tu alabanza" (*Salmos 51:17*).

La primera bendición

Bendito eres, Señor,

nuestro Dios y Dios de nuestros padres: el Dios de Avraham, el Dios de Yitsjak y el Dios de Yaakov.

נ נ

הָאֵל haEl לאה ; ייא״ (מילוי דס״ג) הַגָּדוֹל hagadol האל הגדול = סיט ; גדול = להח

ד י

עם ד׳ אותיות = מבה, יזל, אום הַגִּבּוֹר haguibor ר״ת ההה וְהַנּוֹרָא vehanorá.

ב ט ר צ ת

גּוֹמֵל gomel חֲסָדִים jasadim טוֹבִים tovim. קוֹנֵה koné הַכֹּל hacol

ג ח ק ב

וְזוֹכֵר vezojer חַסְדֵי jasdei אָבוֹת avot. וּמֵבִיא umeví

ט נ ע י

גּוֹאֵל goel לִבְנֵי livnei בְנֵיהֶם veneihem לְמַעַן lemaan

ג ל

שְׁמוֹ Shemó מהש ע״ה, ע״ב בריבוע וקס״א ע״ה, אל שדי ע״ה בְּאַהֲבָה beahavá אחד, דאגה:

Cuando digas la palabra “*beahavá*” debes meditar en dedicar tu alma a santificar el Santo Nombre y aceptar sobre ti mismo las cuatro formas de muerte.

פ ז ק ש

מֶלֶךְ mélej עוֹזֵר ozer וּמוֹשִׁיעַ umoshía וּמָגֵן umaguén

ג״פ אל (ייא״ מילוי דס״ג) ; ר״ת מיכאל גבריאל נוריאל:

Flexiona tus rodillas en “*Baruj*”, inclínate en “*Atá*” y enderézate en “*Adonai*”.

ק ו צ

בָּרוּךְ Baruj אַתָּה Atá יְהֹוָהאדני (יְהֹוָאדֹנָי) יאהדונהי Adonai

י ת

מָגֵן maguén ג״פ אל (ייא״ מילוי דס״ג) ; ר״ת מיכאל גבריאל נוריאל אַבְרָהָם Avraham

וז״פ אל, רי״ו ול״ב נתיבות החכמה, רמ״ח (אברים), עסמ״ב וט״ז אותיות פשוטות:

El Dios grande, poderoso y reverenciado. El Dios sublime. El que otorga favores. Amo de todas las cosas. El que recuerda las buenas acciones de nuestros antepasados y El que trae un redentor a los hijos de sus hijos por el bien de Su nombre, con amor. Rey, Asistente, Salvador y Escudo. Bendito seas Tú, Señor, Escudo de Avraham.

LA SEGUNDA BENDICIÓN

LA ENERGÍA DE YITSJAK ENCIENDE EL PODER DE LA RESURRECCIÓN DE LOS MUERTOS

Mientras que Avraham representa el poder de compartir, Yitsjak representa a la Columna Izquierda, energía de Juicio. El Juicio acorta el proceso de *tikún* y prepara la vía para nuestra resurrección final.

Guevurá que se convierte en *Biná*

En esta sección hay 49 palabras que corresponden a las 49 Puertas del Sistema Puro en *Biná*.

אַתָּה Atá גִּבּוֹר guibor לְעוֹלָם leolam ריבוע ס״ג + י׳ אותיות דס״ג אֲדֹנָי Adonai ללה

(ר״ת אֲגְלָא והוא שם גדול ואמיץ, ובו היה יהודה מתגבר על אויביו. ע״ה אלד, בוכו).

מְחַיֶּה mejayé ס״ג (יוד הי ואו הי) מֵתִים metim אַתָּה Atá. רַב rav לְהוֹשִׁיעַ lehoshía.

מוֹרִיד morid הַטָּל hatal יוד הא ואו, כוזו, מספר אותיות דמילואי ע״סמ״ב ; ר״ת מ״ה:

Si por error dices "*Mashiv harúaj*" y te das cuenta de ello antes del final de la bendición ("*Baruj Atá Adonai*"), debes regresar al comienzo de la bendición ("*Atá guibor*") y continuar normalmente. Pero si sólo te das cuenta de ello después del final de la bendición, debes iniciar la *Amidá* desde el principio

מְכַלְכֵּל mejalquel חַיִּים jayim אהיה אהיה יהוה, בינה ע״ה בְּחֶסֶד bejésed

ע״ב, ריבוע יהוה. מְחַיֶּה mejayé ס״ג מֵתִים metim בְּרַחֲמִים berajamim

(במוכסז) מצפצ, אלהים דההין, י״פ ייי רַבִּים rabim (טלא דעתיק). סוֹמֵךְ somej

(אכדטם) כוק, ריבוע אדני נוֹפְלִים noflim (זו״ן). וְרוֹפֵא verofé חוֹלִים jolim

חולה = מ״ה וד׳ אותיות. וּמַתִּיר umatir אֲסוּרִים asurim. וּמְקַיֵּם umekayem

אֱמוּנָתוֹ emunató לִישֵׁנֵי lishenei עָפָר afar. מִי mi ילי כָּמוֹךָ jamoja

גְּבוּרוֹת gvurot בַּעַל báal (debes pronunciar la letra *Ayin* en la palabra "*Báal*")

וּמִי umí ילי דּוֹמֶה domé לָךְ laj. מֶלֶךְ mélej מֵמִית memit

וּמְחַיֶּה umejayé ס״ג (יוד הי ואו הי) וּמַצְמִיחַ umatsmíaj יְשׁוּעָה yeshuá:

וְנֶאֱמָן veneemán אַתָּה Atá לְהַחֲיוֹת lehajayot מֵתִים metim:

בָּרוּךְ Baruj אַתָּה Atá יְהֹוָהאדהיאהדונהי Adonai

מְחַיֶּה mejayé ס״ג (יוד הי ואו הי) הַמֵּתִים hametim ר״ת מ״ה וס״ת מ״ה:

LA SEGUNDA BENDICIÓN

Tú, Señor, eres poderoso por siempre. Tú revives a los muertos y eres muy capaz de redimir. El que hace caer el rocío. Tú sostienes a los vivientes con bondad y revives a los muertos con gran misericordia. Tú sostienes a los caídos, curas a los enfermos, pones en libertad a los cautivos y cumples Tu promesa con los que duermen en el polvo. ¿Quién es como Tú, Señor de fortaleza, y quién puede compararse contigo, Oh Rey, que causas la muerte, das vida y haces crecer la salvación? Y eres fiel para resucitar a los muertos. Bendito eres Tú, Señor, que resucitas a los muertos.

LA TERCERA BENDICIÓN

Esta bendición nos conecta con Yaakov, la Columna Central y el poder de la restricción. Yaakov es nuestro canal para conectar la Misericordia con el Juicio. Al restringir nuestro comportamiento reactivo, estamos deteniendo nuestro Deseo de Recibir para Nosotros Mismos. Yaakov también nos da el poder para equilibrar nuestros actos de Misericordia y Juicio hacia otras personas en nuestras vidas.

***Tiféret* que se convierte en *Dáat*.** (14 palabras).

אַתָּה Atá קָדוֹשׁ Kadosh וְשִׁמְךָ veShimjá קָדוֹשׁ Kadosh רת = אה, ה, אן סף.

וּקְדוֹשִׁים ukdoshim בְּכָל־ bejol ב"ן, לכב יוֹם yom ע"ה נגד, מזבח, זן, אל יהוה

יְהַלְלוּךָ yehaleluja סֶּלָה sela:

בָּרוּךְ Baruj אַתָּה Atá יְהֹוָהאדני (יהוהאדני)יאהדונהי Adonai

הָאֵל haEl לאה ; ייא"י (מילוי דס"ג) הַקָּדוֹשׁ hakadosh י"פ מ"ה (יוד הא ואו הא):

Aqui medita en el Nombre: יאהדונהי, ya que puede ayudar a eliminar la ira.

LAS TRECE BENDICIONES DEL MEDIO

Hay trece bendiciones en el medio de la *Amidá* que nos conectan a los Trece Atributos.

LA PRIMERA (CUARTA) BENDICIÓN

Esta bendición nos ayuda a transformar la información en conocimiento al ayudarnos a internalizar todo lo que aprendemos.

Jojmá

En esta bendición hay 17 palabras, el mismo valor numérico de la palabra *Tov* (bueno) en el secreto de *Ets HaDáat Tov vaRá*, (Árbol de Conocimiento del Bien y el Mal), donde conectamos solamente con el *Tov*.

אַתָּה Atá חוֹנֵן jonén לְאָדָם leadam מ"ה דַּעַת dáat.

וּמְלַמֵּד umelamed לֶאֱנוֹשׁ leenosh בִּינָה biná ע"ה אהיה אהיה יהוה, חיים.

LA TERCERA BENDICIÓN

Tú eres Santo y Santo es Tu Nombre, y los Seres Santos Te alaban día a día, Sela, porque Tú eres Dios, el Rey Santo, Sela. Bendito eres Tú, Señor, el Santo Dios.

LAS TRECE BENDICIONES DEL MEDIO

LA PRIMERA (CUARTA) BENDICIÓN

Tú, graciosamente le otorgas conocimiento al hombre y entendimiento a la humanidad.

En *Motsaéi Shabat* **(noche del sábado)** y en *Motsaéi Jag* agregamos los siguiente:

ATÁ JONANTANU

Esta conexión nos ayuda a diferenciar lo bueno de lo malo durante la semana. Con demasiada frecuencia atraemos a las personas equivocadas y aprovechamos las oportunidades equivocadas en nuestra vida. Esta conexión nos da ese sexto sentido para percibir las consecuencias a largo plazo.

אַתָּה Atá חוֹנַנְתָּנוּ jonantanu יְהֹוָהאדניאהדונהי Adonai אֱלֹהֵינוּ Eloheinu ילה

מַדָּע madá וְהַשְׂכֵּל vehasquel, אַתָּה Atá אָמַרְתָּ amarta לְהַבְדִּיל lehavdil

בֵּין bein קֹדֶשׁ kódesh לְחוֹל lejol וּבֵין uvein אוֹר or רז, א״ס

לְחֹשֶׁךְ lejóshej וּבֵין uvein יִשְׂרָאֵל Yisrael לָעַמִּים laamim,

וּבֵין uvein יוֹם yom ע״ה נגד, מזבח, זן, אל יהוה הַשְּׁבִיעִי hashvií לְשֵׁשֶׁת leshéshet

יְמֵי yemei הַמַּעֲשֶׂה hamaasé. כְּשֵׁם queshem שֶׁהִבְדַּלְתָּנוּ shehivdaltanu

יְהֹוָהאדניאהדונהי Adonai אֱלֹהֵינוּ Eloheinu ילה מֵעַמֵּי meamei

הָאֲרָצוֹת haaratsot וּמִמִּשְׁפְּחוֹת umimishpejot הָאֲדָמָה haadamá,

כָּךְ caj פְּדֵנוּ pedenu וְהַצִּילֵנוּ vehatsilenu מִשָּׂטָן misatán רָע ra

וּמִפֶּגַע umipega רָע ra, וּמִכָּל umicol ילי גְּזֵרוֹת gzerot קָשׁוֹת kashot

וְרָעוֹת veraot הַמִּתְרַגְּשׁוֹת hamitragshot לָבֹא lavó בָּעוֹלָם baolam:

וְחָנֵּנוּ vejanenu מֵאִתְּךָ meitjá חָכְמָה Jojmá במילוי = תרי״ג (מצוות) בִּינָה Biná ע״ה

אהיה אהיה יהוה, חיים וָדַעַת vaDáat ר״ת חבו:

בָּרוּךְ Baruj אַתָּה Atá יְהֹוָהאדניאהדונהי Adonai חוֹנֵן jonén הַדָּעַת haDáat:

ATÁ JONANTANU

Tú nos has otorgado graciosamente, Señor, nuestro Dios, conocimiento e inteligencia. Tú nos ordenaste separar entre lo santo y lo no santo, entre la Luz y la oscuridad, entre Israel y las naciones y entre el Séptimo Día y los seis días de la Creación. Así como nos separaste, Señor, nuestro Dios, de las naciones de la Tierra y de las familias en la Tierra, que así puedas redimirnos y rescatarnos del adversario malvado, de cualquier deformidad, y de todo tipo de decretos severos y malvados que apasionadamente vienen al mundo

Concédenos con gracia, de Ti, sabiduría, comprensión y conocimiento.
¡Bendito eres Tú, Señor, que con gracia concedes conocimiento!

LA SEGUNDA (QUINTA) BENDICIÓN

Esta bendición nos mantiene en la Luz. Todos nosotros, en algún momento u otro, sucumbimos a las dudas y a la incertidumbre que el Satán constantemente nos implanta. Si cometemos el desafortunado error de retroceder y alejarnos de la Luz, no queremos que el Creador imite nuestras acciones y se aleje de nosotros. En lugar de eso, queremos que Él nos atrape. En el recuadro inferior hay algunas líneas que podemos recitar y en las cuales podemos meditar para el beneficio de otros que pudiesen estar alejándose. La guerra contra el Satán es la guerra más antigua que conoce el hombre. Y la única manera de vencer al Satán es uniéndonos, compartiendo, ayudando y meditando unos por otros.

Biná

En esta bendición hay 15 palabras, al igual que la poderosa acción de la *teshuvá* (arrepentimiento) que eleva 15 niveles en el camino hacia el *Quisé HaCavod* (el Trono de Honor). Éste pasa por siete *Rekiim* (Firmamentos), siete *Avirim* (Aires), y otro Firmamento en la parte superior de los Animales Santos (juntos suman 15). Además, hay 15 palabras en los dos versículos principales del Profeta Isaías y del Rey David que hablan sobre la *teshuvá* (*Isaías 55:7; Salmos 32:5*). El número 15 también es el secreto del Nombre: יה.

הֲשִׁיבֵנוּ hashivenu אָבִינוּ avinu לְתוֹרָתֶךָ letorateja (וזסד שבה – יְהֹוָאדָהֵי יאהדונהי)•

וְקָרְבֵנוּ vekarvenu מַלְכֵּנוּ malquenu לַעֲבוֹדָתֶךָ laavodateja•

וְהַחֲזִירֵנוּ vehajazirenu בִּתְשׁוּבָה bitshuvá שְׁלֵמָה shlemá

לְפָנֶיךָ lefaneja ס״ג מ״ה ב״ן:

> Si quieres meditar por otra persona y ayudarla en su proceso espiritual, recita:
>
> יְהִי yehí רָצוֹן ratsón מהש ע״ה, ע״ב בריבוע וקס״א ע״ה, אל שדי ע״ה
>
> מִלְּפָנֶיךָ milfaneja ס״ג מ״ה ב״ן יְהֹוָאדָהֵי יאהדונהי Adonai אֱלֹהַי Elohai מילוי ע״ב, דמב ; ילה
>
> וֵאלֹהֵי veElohei לכב ; מילוי ע״ב, דמב ; ילה אֲבוֹתַי avotai שֶׁתַּחְתּוֹר shetajtor
>
> וַחֲתִירָה jatirá מִתַּחַת mitájat כִּסֵּא quisé כְּבוֹדֶךָ quevodeja וּתְקַבֵּל utekabel
>
> בִּתְשׁוּבָה bitshuvá אֶת et (*el nombre de la persona y el nombre de su padre*) כִּי qui יְמִינְךָ yeminjá
>
> יְהֹוָאדָהֵי יאהדונהי Adonai פְּשׁוּטָה pshutá לְקַבֵּל lekabel שָׁבִים shavim•

בָּרוּךְ Baruj אַתָּה Atá יְהֹוָאדָהֵי יאהדונהי Adonai

הָרוֹצֶה harotsé בִּתְשׁוּבָה bitshuvá:

LA SEGUNDA (QUINTA) BENDICIÓN

Regrésanos, Padre nuestro a Tu Torá
y acércanos, Rey nuestro, a Tu servicio, y haznos retornar ante Ti en perfecto arrepentimiento.

> *Que sea agradable ante Ti, Señor, mi Dios y Dios de mis antepasados, que Tú seas generoso en el Trono de Tu Gloria y aceptes como arrepentido a* (el nombre de la persona y el nombre su padre) *porque Tu Diestra, Señor, se extiende hacia fuera para recibir a aquellos que se arrepienten.*

¡Bendito eres Tú, Señor, que desea arrepentimiento!

LA TERCERA (SEXTA) BENDICIÓN

Esta bendición nos ayuda a obtener el perdón verdadero. Tenemos el poder de limpiarnos a nosotros mismos de nuestro comportamiento negativo y acciones hirientes hacia los demás a través del perdón. Esta bendición no significa que al rogar por el perdón ya nuestra pizarra quedará limpia. El perdón se refiere a la metodología para eliminar los residuos que provienen de nuestras injusticias. Hay dos formas de eliminar los residuos: física y espiritual. Acumulamos residuo físico cuando no aceptamos nuestras faltas y las leyes de causa y efecto. Nos limpiamos a nosotros mismos cuando experimentamos cualquier tipo de dolor, bien sea financiero, emocional o físico. Si decidimos limpiarnos espiritualmente, prescindimos de la limpieza física. Hacemos esto generando en nosotros el dolor que les causamos a los demás. Sentimos a la otra persona y, con un corazón sincero, recitamos esta oración mientras experimentamos la herida y el dolor que infligimos a los demás. Esta forma de limpieza espiritual evita que tengamos que pasar por una limpieza física.

Jésed

En esta bendición hay 21 palabras, el cual es el valor numérico del Santo Nombre: אהיה.

סְלַח slaj יהוה ע"ב לָנוּ lanu אלהים, אהיה אדני אָבִינוּ avinu ר"ת סאל, אמן,

כִּי qui וְחָטָאנוּ jatanu. מְחוֹל mejol לָנוּ lanu אלהים, אהיה אדני ; מוחל לנו ע"ה =

קס"א וי' אותיות מַלְכֵּנוּ malquenu כִּי qui פָשָׁעְנוּ fashanu. כִּי qui אֵל El ייא"י (מילוי דס"ג)

טוֹב tov והו וְסַלָּח vesalaj יהוה ע"ב אַתָּה Atá: בָּרוּךְ Baruj אַתָּה Atá

יְהֹוָה Adonai חַנּוּן janún הַמַּרְבֶּה hamarbé לִסְלוֹחַ lislóaj:

LA CUARTA (SÉPTIMA) BENDICIÓN

Esta bendición nos ayuda a alcanzar la redención después que somos limpiados espiritualmente.

Guevurá

רְאֵה reé ראה נָא na בְעָנְיֵנוּ veanyenu ר"ת רנ"ב (אברים באשה - כנגד הגבורה)

וְרִיבָה verivá רִיבֵנוּ rivenu. וּמַהֵר umaher לְגָאֳלֵנוּ legaolenu

גְאֻלָּה gueulá מ"ה שְׁלֵמָה shlemá לְמַעַן lemaan שְׁמֶךָ Shemeja

כִּי qui אֵל El ייא"י (מילוי דס"ג) גּוֹאֵל goel וְחָזָק jazak פהל אַתָּה Atá:

בָּרוּךְ Baruj אַתָּה Atá יְהֹוָה Adonai גּוֹאֵל goel יִשְׂרָאֵל Yisrael:

LA QUINTA (OCTAVA) BENDICIÓN

Esta bendición nos da el poder de sanar cada parte de nuestro cuerpo. Toda la sanación se origina en la Luz del Creador. El aceptar y entender esta verdad nos da la apertura para recibir esta Luz. También debemos pensar en compartir esta energía de sanación con otros.

LA TERCERA (SEXTA) BENDICIÓN

Perdónanos, Padre nuestro, porque hemos transgredido. Perdónanos, Rey nuestro, porque hemos pecado, porque Tú eres un Dios bueno y que perdona. ¡Bendito eres Tú, Señor, que eres bondadoso y perdonas de manera magnánima!

LA CUARTA (SÉPTIMA) BENDICIÓN

Mira nuestra aflicción y defiende nuestra causa; por Tu Nombre redímenos prontamente, pues Tú eres un Dios poderoso y redentor. ¡Bendito eres Tú, Señor, que redimes a Israel!

Tiféret

רְפָאֵנוּ refaenu יְהֹוָהאדניאהדונהי Adonai וְנֵרָפֵא venerafé ר״ת רי״ו•

הוֹשִׁיעֵנוּ hoshienu וְנִוָּשֵׁעָה venivashea כִּי qui תְהִלָּתֵנוּ tehilatenu

אַתָּה Atá ר״ת = ב״פ רי״ו • וְהַעֲלֵה vehaalé אֲרוּכָה arujá וּמַרְפֵּא umarpé

לְכָל־ lejol יה אדני תַּחֲלוּאֵינוּ tajalueinu• וּלְכָל־ ulejol יה אדני

מַכְאוֹבֵינוּ majoveinu וּלְכָל־ ulejol יה אדני מַכּוֹתֵינוּ macoteinu•

Para meditar por sanación para ti mismo u otras personas, agrega lo siguiente;
y en los paréntesis a continuación, incluye los nombres:

יְהִי yehí רָצוֹן ratsón מהש ע״ה, ע״ב בריבוע וקס״א ע״ה, אל שדי ע״ה
מִלְּפָנֶיךָ milfaneja ס״ג מ״ה ב״ן יְהֹוָהאדניאהדונהי Adonai אֱלֹהַי Elohai מילוי ע״ב, דמב ; ילה
וֵאלֹהֵי veElohei לכב ; מילוי ע״ב, דמב ; ילה אֲבוֹתַי avotai שֶׁתִּרְפָּאֵנִי shetirpaeni
(וְתִרְפָּא vetirpá (incluye el nombre de la persona) בֶּן ben (Mujeres: בַּת bat) (incluye el nombre de su madre)
רְפוּאָה refuá שְׁלֵמָה shlemá – רְפוּאַת refuat הַנֶּפֶשׁ hanéfesh
וּרְפוּאַת urefuat הַגּוּף haguf, כְּדֵי quedei שֶׁאֶהְיֶה sheehyé חָזָק jazak פהל
(Mujeres: חֲזָקָה jazaká פהל) בִּבְרִיאוּת bivriut, וְאַמִּיץ veamits
(Mujeres: וְאַמִּיצַת veamitsat) כֹּחַ cóaj, בְּמָאתַיִם bematáyim וְאַרְבָּעִים vearbaim
וּשְׁמוֹנָה ushmoná אברהם, וז״פ אל, רי״ו ול״ב נתיבות החכמה, עסמ״ב וט״ז אותיות
פשוטות (Mujeres: בְּמָאתַיִם bematáyim וַחֲמִשִּׁים vejamishim וּשְׁנַיִם ushnáyim)
אֵבָרִים evarim וּשְׁלֹשׁ ushlosh מֵאוֹת meot המספר = ש = אלהים דיודין
וְשִׁשִּׁים veshishim המספר = מילוי הש״ (ין) וַחֲמִשָּׁה vajamishá גִּידִים guidim שֶׁל shel
נִשְׁמָתִי nishmatí וְגוּפִי vegufí, לְקִיּוּם lekiyum תּוֹרָתְךָ Toratjá הַקְּדוֹשָׁה hakdoshá•

כִּי qui אֵל El ייא״י (מילוי דס״ג) רוֹפֵא rofé רַחֲמָן rajamán וְנֶאֱמָן veneemán

אַתָּה Atá: בָּרוּךְ Baruj אַתָּה Atá יְהֹוָהאדניאהדונהי Adonai רוֹפֵא rofé

חוֹלֵי jolei חולה = מ״ה (יוד הא ואו הא) וד׳ אותיות עַמּוֹ amó יִשְׂרָאֵל Yisrael

ר״ת רפ״ו (להעלות הניצוצות שנפלו לקליפה דמשם באים התחלואים) :

LA QUINTA (OCTAVA) BENDICIÓN

Cúranos, Señor, y seremos curados. Sálvanos y seremos salvados. Porque Tú eres nuestro orgullo. Trae curación y sanación a todas nuestras dolencias, a todos nuestros dolores, a todas nuestras heridas.

Sea agradable ante Ti, Señor, mi Dios y Dios de mis antepasados, que Tú me sanes completamente (y el nombre de la persona y el nombre de su madre*) con la sanación del espíritu y la sanación del cuerpo, para que sea fuerte en salud y vigoroso en mi fortaleza en todos mis 248 (*la mujer dice *252) órganos y los 365 tendones de mi alma y mi cuerpo, para que yo sea capaz de mantener Tu Santa Torá.*

Porque Tú eres un Dios sanador,
compasivo y leal. ¡Bendito eres Tú, Señor, que sanas a los enfermos de Tu Pueblo, Israel!

LA SEXTA (NOVENA) BENDICIÓN

Esta bendición trae sustento y prosperidad para todo el planeta y nos provee sustento personal. Quisiéramos que todos nuestros años estuviesen llenos de rocío y lluvia, que son la corriente vital que sostiene nuestro mundo.

Nétsaj

Si por error dices "*Barej alenu*" en lugar de "*Barjenu*" y te das cuenta de ello antes del final de la *Amidá* ("*yihyú leratzón*" – el segundo), entonces debes regresar y decir "*Barjenu*" y continuar normalmente. Si te das cuenta de ello después, debes comenzar la *Amidá* desde el principio.

בָּרְכֵנוּ barjenu יְהֹוָה(אדניאהדונהי) Adonai אֱלֹהֵינוּ Eloheinu ילה בְּכָל־ bejol
ב״ן, לכב מַעֲשֵׂי maasei יָדֵינוּ yadeinu• וּבָרֵךְ uvarej שְׁנָתֵנוּ shnatenu
בְּטַלְלֵי betalelei רָצוֹן ratsón מהש ע״ה, ע״ב בריבוע וקס״א ע״ה, אל שדי ע״ה
בְּרָכָה brajá וּנְדָבָה unedavá בינה (וע״ה אהיה אהיה יהוה, חיים)• וּתְהִי utehí
אַחֲרִיתָהּ ajaritá חַיִּים jayim אהיה אהיה יהוה, בינה ע״ה וְשָׂבָע vesavá
וְשָׁלוֹם veshalom כַּשָּׁנִים cashanim הַטּוֹבוֹת hatovot לִבְרָכָה livrajá•

Si quieres meditar por sustento, puedes agregar:

יְהִי yehí רָצוֹן ratsón מהש ע״ה, ע״ב בריבוע וקס״א ע״ה, אל שדי ע״ה מִלְּפָנֶיךָ milfaneja
ס״ג מ״ה ב״ן יְהֹוָה(אדניאהדונהי) Adonai אֱלֹהֵינוּ Eloheinu ילה וֵאלֹהֵי veElohei
לכב ; מילוי ע״ב, דמב ; ילה אֲבוֹתֵינוּ avoteinu שֶׁתִּתֵּן shetitén ב״פ כהת לִי li
וּלְכָל ulejol יה אדני הַסְּמוּכִים hasmujim עַל al שׁוּלְחָנִי shuljaní, הַיּוֹם hayom
ע״ה נגד, מזבח, זן, אל יהוה וּבְכָל uvejol ב״ן, לכב יוֹם yom ע״ה נגד, מזבח, זן, אל יהוה
מְזוֹנוֹתַי mezonotai וּמְזוֹנוֹתֵיהֶם umezonoteihem בְּכָבוֹד bejavod בוכו וְלֹא veló
בְּבִזּוּי bevizui בְּהֶיתֵּר beheiter וְלֹא veló בְּאִיסּוּר beisur בִּזְכוּת bizjut
שִׁמְךָ Shimjá הַגָּדוֹל hagadol להוו ; עם ד׳ אותיות = מבה, יזל, אום
(**No pronunciar este nombre:** דִּיקַרְנוּסָא וזתך עם ג׳ אותיות - ובאתב״ש סאל, אמן, יאהדונהי)

LA SEXTA (NOVENA) BENDICIÓN

Durante el verano: *Bendícenos, Señor, nuestro Dios, en todos nuestros esfuerzos, y bendice nuestros años con el rocío de la buena voluntad, bendiciones y benevolencia. Que su conclusión sea vida, satisfacción y paz, así como otros años de bendiciones,*

Sea agradable ante Ti, Señor, mi Dios y Dios de mis antepasados, que Tú me proveas a mí y a mi hogar, hoy y todos los días, mi alimento y el de ellos, con dignidad y no con vergüenza, de forma permisible y no prohibida, en virtud de Tu gran Nombre

הַיּוֹצֵא hayotsé מִפָּסוּק mipasuk (מלאכי ג', י'): וַהֲרִיקֹתִי vaharikoti לָכֶם lajem
בְּרָכָה brajá עַד־ ad בְּלִי־ bli דָי dai וּמִפָּסוּק umipasuk (תהלים ד', ז'): נְסָה nesá
עָלֵינוּ aleinu אוֹר or רו, אין סוף ס"ג מ"ה ב"ן פָּנֶיךָ paneja יְהֹוָואדהיאהדונהי Adonai
וְאַל veal תַּצְרִיכֵנוּ tatsrijenu לִידֵי lidei מַתְּנוֹת matnot בָּשָׂר basar
וָדָם vadam, כִּי qui אִם im יוהך, מ"א אותיות אהיה בפשוטו מילואו ומילוי דמילואו ע"ה
מִיָּדְךָ miyadjá הַמְּלֵאָה hamleá וּמֵאוֹצַר umeotsar מַתְּנַת matnat וְחִנָּם jinam
תְּכַלְכְּלֵנִי tejalquelni וְתַשְׁפִּיעֵנִי vetashpieni, אָמֵן Amén יאהדונהי סֶלָה sela.

כִּי qui אֵל El ייא"י (מילוי דס"ג) טוֹב tov והו וּמֵטִיב umetiv
אַתָּה Atá וּמְבָרֵךְ umevarej הַשָּׁנִים hashanim: בָּרוּךְ Baruj
אַתָּה Atá יְהֹוָואדהיאהדונהי Adonai מְבָרֵךְ mevarej הַשָּׁנִים hashanim:

LA SÉPTIMA (DÉCIMA) BENDICIÓN

Esta bendición nos da el poder de influir de manera positiva sobre toda la humanidad. La Kabbalah enseña que cada individuo afecta la totalidad. Nosotros tenemos un efecto sobre el mundo y el resto del mundo tiene un efecto sobre nosotros, aunque no podamos percibir esta relación con nuestros cinco sentidos. Llamamos a esta relación conciencia cuántica.

Hod

תְּקַע teká ב"פ בוזוך וי' אותיות בְּשׁוֹפָר beshofar גָּדוֹל gadol להחו ; עם ד' אותיות =
מבה, יזל, הום לְחֵרוּתֵנוּ lejerutenu. וְשָׂא vesá נֵס nes מ"ה אדני לְקַבֵּץ lekabets
גָּלֻיּוֹתֵינוּ galuyoteinu. וְקַבְּצֵנוּ vekabtsenu יַחַד yájad מֵאַרְבַּע mearbá
כַּנְפוֹת canfot וזבו (בסגולתו להוציא ניצוצות מן הקליפות) ויכוין וַזָבו עם נקודותיו = ע"ב, ריבוע יהוה
הָאָרֶץ haárets אלהים דההין ע"ה ; ר"ת = אדני לְאַרְצֵנוּ leartsenu:

Lo siguiente es recitado a lo largo de todo el año:

La siguiente meditación nos ayuda a liberar y redimir todas las chispas restantes de Luz que hemos perdido mediante nuestras acciones irresponsables (especialmente el comportamiento sexual irresponsable):

---

que proviene del versículo: "derramar bendiciones sobre ti hasta que no haya espacio suficiente para éstas" (Malaquías 3:10) y del versículo: "Eleva sobre nosotros la Luz de Tu rostro, Señor" (Salmos 4:7), y no necesitaremos los regalos de carne y sangre, sino sólo de tu mano, la cual está llena, y del tesoro del regalo gratuito Tu me sostendrás y me alimentarás. Amén. Sela.

porque Tú eres un Dios bueno y benefactor y Tú bendices los años.
¡Bendito eres Tú, Oh Dios, que bendices los años!

LA SÉPTIMA (DÉCIMA) BENDICIÓN

Suena el gran Shofar para nuestra libertad y levanta un estandarte para reunir a nuestros exiliados. Suena y reúnenos de los cuatro confines de la Tierra en nuestra tierra.

יְהִי yehí רָצוֹן ratsón מהש ע״ה, ע״ב בריבוע וקס״א ע״ה, אל שדי ע״ה מִלְּפָנֶיךָ milfaneja
יְהֹוָהאדניאהדונהי Adonai אֱלֹהַי Elohai ס״ג מ״ה ב״ן מילוי ע״ב, דמב ; ילה
וֵאלֹהֵי veElohei לכב ; מילוי ע״ב, דמב ; ילה אֲבוֹתַי avotai שֶׁכָּל shecol ילי טִיפָּה tipá
וְטִיפָּה vetipá שֶׁל shel קֶרִי kerí שֶׁיָּצָא sheyatsá מִמֶּנִּי mimeni לְבַטָּלָה levatalá
וּמִכָּל umicol ילי יִשְׂרָאֵל Yisrael בִּכְלָל bijlal וּבִפְרַט ubifrat שֶׁלֹּא sheló
בִּמְקוֹם bimkom מִצְוָה mitsvá בֵּין bein בְּאוֹנֶס beónes בֵּין bein בְּרָצוֹן beratsón
מהש ע״ה, ע״ב בריבוע וקס״א ע״ה, אל שדי ע״ה בֵּין bein בְּשׁוֹגֵג beshogueg בֵּין bein
בְּמֵזִיד bemezid, בֵּין bein בְּהִרְהוּר behirhur וּבֵין uvein בְּמַעֲשֶׂה bemaasé,
בֵּין bein בְּגִלְגּוּל beguilgul זֶה ze בֵּין bein בְּגִלְגּוּל beguilgul אַחֵר ajer
וְנִבְלַע venivlá בַּקְּלִיפּוֹת baklipot, שֶׁתַּקִּיא shetakí הַקְּלִיפּוֹת haklipot
הַנִּיצוֹצוֹת hanitsotsot קֶרִי kerí שֶׁנִּבְלְעוּ shenivleú בָּהּ ba, בִּזְכוּת bizjut
שִׁמְךָ Shimjá הַגָּדוֹל hagadol להח ; עם ד׳ אותיות = מבה, יזל, אום הַיּוֹצֵא hayotsé
מִפָּסוּק mipasuk: וְחַיִל jáyil ומב בָּלַע balá וַיְקִאֶנּוּ vayekienu ר״ת וזבו ו- ילי
מִבִּטְנוֹ mibitnó יֹרִשֶׁנּוּ yorishenu אֵל El ייא״י (מילוי דס״ג) ; ס״ת ויל וּבִזְכוּת uvizjut
שִׁמְךָ Shimjá הַגָּדוֹל hagadol להח ; עם ד׳ אותיות = מבה, יזל, אום יְוַהֲבֶוֻהֶ
שֶׁתַּחֲזִירֵם shetajazirem לִמְקוֹם limkom קְדוּשָּׁה kedushá
וְהַטּוֹב vehatov והו בְּעֵינֶיךָ beeineja קס״א ע״ה ; ריבוע מ״ה עֲשֵׂה asé.

Debes meditar en corregir el pensamiento que provocó la pérdida de las chispas de Luz. También medita en los Nombres que controlan nuestros pensamientos para cada uno de los seis días de la semana como está a continuación:

Domingo	יֶהֶוֶהֶ	עַל צְבָא כף ואו זין ואו טפטפיה א מן אהיה דמרגלא ושם:	*Briá.*
Lunes	יֶהֹוִה	עַל מָגֵן כף ואו זין ואו טפטפיה ה מן אהיה דמרגלא ושם:	*Yetzirá.*
Martes	מצפץ	צוה פוזד כף ואו זין ואו טפטפיה י מן אהיה דמרגלא ושם:	*Asiyá.*
Miércoles	אל	צוה פוזד כף ואו זין ואו טפטפיה י מן יהו דמרגלא ושם:	*Asiyá.*
Jueves	אלהים	עַל מָגֵן כף ואו זין ואו טפטפיה ה מן יהו דמרגלא ושם:	*Yetzirá.*
Viernes	מצפץ	עַל צְבָא כף ואו זין ואו טפטפיה ו מן יהו דמרגלא ושם:	*Briá.*

Cada uno de estos Nombres (**עַל צְבָא, כף ואו זין ואו, טפטפיה**) tienen una suma total de 193, que es el mismo valor numérico de la palabra *zokef* (elevar). Estos Nombres elevan la Chispa Sagrada de los *Jitsoniyim*. Asimismo, cuando digas las palabras "*mekabets nidjéi*" (en la continuación de la bendición), que tiene una suma total de 304, el mismo valor numérico de *Shin*, *Dálet* (demonio), medita en reunir todas las chispas perdidas y anular el poder de las fuerzas negativas.

Sea agradable ante Ti, Señor, mi Dios y Dios de mis antepasados, que cada una de las gotas de kerí que salieron de mí en vano, y de todo Israel en general, y especialmente no a causa de un precepto, si fue obligado o voluntariamente, con o sin intención, debido a pensamiento o acción, en esta vida o en vidas anteriores, y si fue devorado por la klipá, que ésta vomite todas las chispas de kerí, en virtud de Tu gran Nombre que proviene del versículo: "Él devoró riqueza y la vomitó, y desde su estómago Dios la extrajo" (Job 20:15), y en virtud de Tu gran Nombre las regresarás al Lugar Santo, y harás lo que es bueno ante Tus ojos.

בָּרוּךְ Baruj אַתָּה Atá יְהֹוָהאדניאהדונהי Adonai ; יכוין וזבו בשילוב יהוה כוזו: יְוַהֲבֵוּהּ

מְקַבֵּץ mekabets ע״ב ס״ג מ״ה ב״ן, הברכה (למתק את ז׳ המלכים שמתו)

נִדְחֵי nidjei ע״ב, ריבוע יהוה עַמּוֹ amó וזבו יִשְׂרָאֵל Yisrael:

LA OCTAVA (UNDÉCIMA) BENDICIÓN

Esta bendición nos ayuda a equilibrar el Juicio con Misericordia. Debido a que la Misericordia es tiempo, podemos emplearlo en cambiarnos a nosotros mismos antes que el Juicio ocurra.

Yesod

הָשִׁיבָה hashiva שׁוֹפְטֵינוּ shoftenu כְּבָרִאשׁוֹנָה quevarishoná.

וְיוֹעֲצֵינוּ veyoatseinu כְּבַתְּחִלָּה quevatjilá ר״ת= שכ״ה (דינים זכרים שביסוד) ויהוה (הממתקם).

וְהָסֵר vehaser מִמֶּנּוּ mimenu יָגוֹן yagón (סמאל) וַאֲנָחָה vaanajá (לילית).

וּמְלוֹךְ umloj עָלֵינוּ aleinu מְהֵרָה meherá אַתָּה Atá

יְהֹוָהאדניאהדונהי Adonai לְבַדְּךָ levadjá. בְּחֶסֶד bejésed ע״ב, ריבוע יהוה

וּבְרַחֲמִים uverajamim מצפצ, אלהים דיודין, י״פ ייי ; להמתיק ברחמים דיני צדק ומשפט

בְּצֶדֶק betsédek וּבְמִשְׁפָּט uvemishpat ע״ה ה״פ אלהים: בָּרוּךְ Baruj אַתָּה Atá

יְהֹוָהאדניאהדונהי Adonai מֶלֶךְ Mélej אוֹהֵב ohev ממתיק דיני

צְדָקָה tsdaká ע״ה ריבוע אלהים וּמִשְׁפָּט umishpat ע״ה ה״פ אלהים:

LA NOVENA (DUODÉCIMA) BENDICIÓN

Esta bendición nos ayuda eliminar todas las formas de negatividad, ya sea que provengan de personas, situaciones o, inclusive, de la energía negativa del Ángel de la Muerte [(**no pronunciar estos nombres**) *Sa-ma-el* (aspecto masculino) y *Li-lit* (aspecto femenino), los cuales están codificados aquí], al usar el Santo Nombre: *Shadai* שדי, el cual está codificado matemáticamente en las últimas cuatro palabras de esta bendición y también se encuentra dentro de la *Mezuzá* con el mismo propósito.

¡Bendito eres Tú, Señor, que reúnes a los dispersos de Su Nación, Israel!

LA OCTAVA (UNDÉCIMA) BENDICIÓN

Restaura nuestros jueces, como al principio, y a nuestros consejeros, como al principio. Aparta de nosotros el pesar y los lamentos. Reina sobre nosotros pronto, Tú solo, Señor, con bondad y compasión, con rectitud y justicia. ¡Bendito eres Tú, Dios, el Rey que ama la rectitud y la justicia!

Kéter

לַמִּינִים laminim וְלַמַּלְשִׁינִים velamalshinim אַל al תְּהִי tehí תִקְוָה tikvá

וְכָל vejol ילי הַזֵּדִים hazedim כְּרֶגַע querega ג"פ אלהים עם ט"ו אותיות פשוטות

יֹאבֵדוּ yovedu• וְכָל־ vejol ילי אוֹיְבֶיךָ oyveja (סמאל)

וְכָל־ vejol ילי שׂוֹנְאֶיךָ soneja (לילית) מְהֵרָה meherá יִכָּרֵתוּ yicaretú•

וּמַלְכוּת umaljut הָרִשְׁעָה harishá מְהֵרָה meherá תְעַקֵּר teaker

וּתְשַׁבֵּר uteshaber וּתְכַלֵּם utejalem וְתַכְנִיעֵם vetajniem בִּמְהֵרָה bimherá

בְּיָמֵינוּ veyameinu: בָּרוּךְ Baruj אַתָּה Atá יְהֹוָהאדני (יאהדונהי) Adonai

שׁוֹבֵר shover אוֹיְבִים oyvim וּמַכְנִיעַ umajnía זֵדִים zedim ר"ת = שדי:

LA DÉCIMA (DECIMOTERCERA) BENDICIÓN

Esta bendición nos rodea con absoluta positividad para ayudarnos a estar siempre en el lugar correcto en el momento correcto. También nos ayuda a atraer a nuestra vida sólo personas positivas.

Yesod

עַל al הַצַּדִּיקִים hatsadikim צדיק יסוד עולם וְעַל veal הַחֲסִידִים hajasidim

וְעַל veal שְׁאֵרִית sheerit עַמְּךָ amjá בֵּית beit ב"פ ראה יִשְׂרָאֵל Yisrael•

וְעַל veal פְּלֵיטַת pleitat בֵּית beit ב"פ ראה סוֹפְרֵיהֶם sofreihem•

וְעַל veal גֵּרֵי guerei הַצֶּדֶק hatsédek וְעָלֵינוּ vealeinu• יֶהֱמוּ yehemú

נָא na רַחֲמֶיךָ rajameja יְהֹוָהאדני (יאהדונהי) Adonai אֱלֹהֵינוּ Eloheinu ילה

וְתֵן vetén שָׂכָר sajar י"פ ב"ן טוֹב tov והו לְכָל־ lejol יה אדני

הַבּוֹטְחִים habotjim בְּשִׁמְךָ beshimjá בֶּאֱמֶת beemet אהיה פעמים אהיה, ז"פ ס"ג•

LA NOVENA (DUODÉCIMA) BENDICIÓN

Para los herejes y los difamadores, que no haya esperanza.

Y que todos Tus enemigos y los que Te odian sean pronto arrasados. Y en el caso del gobierno dañino, puedas Tú rápidamente desarraigarlo y aplastarlo y puedas Tú destruirlo y humillarlo, con rapidez en nuestros días. ¡Bendito eres Tú, Señor, que aplastas a los enemigos y humillas a los malvados!

LA DÉCIMA (DECIMOTERCERA) BENDICIÓN

Sobre los justos, sobre los piadosos, sobre los demás de la Casa de Israel, sobre los remanentes de las academias de sus escritores, sobre los conversos sinceros y sobre nosotros, que se encienda Tu compasión, Señor, nuestro Dios. Otorga buena recompensa a todos los que verdaderamente confían en Tu Nombre

וְשִׂים vesim וְחֶלְקֵנוּ jelkenu עִמָּהֶם imahem וּלְעוֹלָם uleolam ריבוע ס"ג וי' אותיות דס"ג

לֹא lo נֵבוֹשׁ nevosh כִּי qui בְךָ vejá בָּטָחְנוּ batajnu

וְעַל veal חַסְדְּךָ jasdejá הַגָּדוֹל hagadol להח ; עם ד' אותיות = מבה, יזל, הום

בֶּאֱמֶת beemet אהיה פעמים אהיה, ז"פ ס"ג נִשְׁעָנְנוּ nishanenu:

בָּרוּךְ Baruj אַתָּה Atá יְהֹוָהאדניאהדונהי Adonai מִשְׁעָן mishán

וּמִבְטָח umivtaj לַצַּדִּיקִים latsadikim ר"ת ימול (כל מי שנימול נקרא צדיק):

LA UNDÉCIMA (DECIMOCUARTA) BENDICIÓN

Esta bendición nos conecta con la energía de Jerusalem, con la construcción del Templo y con la preparación para el *Mashíaj*.

Hod

תִּשְׁכּוֹן tishcón בְּתוֹךְ betoj יְרוּשָׁלַיִם Yerushaláyim עִירְךָ irjá

כַּאֲשֶׁר caasher דִּבַּרְתָּ dibarta ראה וְכִסֵּא vejisé דָוִד David

עַבְדְּךָ avdejá פוי, אל אדני מְהֵרָה meherá בְּתוֹכָהּ vetojá תָּכִין tajín

Meditar aquí en que el *Mashíaj Ben Yosef* no sea asesinado por el malvado *Armilos* **(no pronunciar)**.

וּבְנֵה uvné אוֹתָהּ otá בִּנְיַן binyán עוֹלָם olam בִּמְהֵרָה bimherá

בְּיָמֵינוּ veyamenu: בָּרוּךְ Baruj אַתָּה Atá יְהֹוָהאדניאהדונהי Adonai

בּוֹנֵה boné ס"ג יְרוּשָׁלָיִם Yerushaláyim:

LA DUODÉCIMA (DECIMOQUINTA) BENDICIÓN

Esta bendición nos ayuda a lograr un estado personal de *Mashíaj* al transformar nuestra naturaleza reactiva en proactiva. Así como hay un *Mashíaj* global, cada uno de nosotros tiene dentro un *Mashíaj* personal. Cuando suficientes personas alcancen su transformación, se preparará el camino para la aparición del *Mashíaj* global.

---

y coloca nuestra suerte junto a la de ellos. Que nunca nos avergoncemos, porque es en Ti en quien colocamos nuestra confianza; es en Tu gran compasión en la que nos apoyamos. ¡Bendito eres Tú, Señor, que eres sostén y refugio de los justos!

LA UNDÉCIMA (DECIMOCUARTA) BENDICIÓN

Puedas Tú morar en Jerusalem, Tu Ciudad, como lo has prometido. Y puedas Tú establecer el trono de David, Tu servidor, rápidamente dentro de ella y construirlo como una estructura eterna, pronto en nuestros días. ¡Bendito eres Tú, Señor, que construye Jerusalem!

Nétsaj

Esta bendición contiene 20 palabras, que es el mismo número de palabras en el versículo "*Qui nijam Adonai Tsiyón nijam col jorvotea...*" (Isaías 51:3), un versículo que habla sobre la Redención Final.

et אֶת tsémaj צֶמַח יהוה אהיה יהוה אדני David דָּוִד

avdejá עַבְדְּךָ פוי, אל אדני meherá מְהֵרָה tatsmíaj תַצְמִיחַ vekarnó וְקַרְנוֹ

tarum תָּרוּם bishuateja בִּישׁוּעָתֶךָ. qui כִּי lishuatjá לִישׁוּעָתְךָ

kivinu קִוִּינוּ col כָּל־ ילי hayom הַיּוֹם ע״ה נגד, מזבח, זן, אל יהוה

Aquí debes meditar y pedir por que la Redención Final ocurra ahora mismo.

Baruj בָּרוּךְ Atá אַתָּה יְהֹוָהאדניאהדונהי Adonai

matsmíaj מַצְמִיחַ keren קֶרֶן yeshuá יְשׁוּעָה:

LA DECIMOTERCERA (DECIMOSEXTA) BENDICIÓN

Esta bendición es la más importante de todas las bendiciones, porque aquí reconocemos todos nuestros comportamientos reactivos. Hacemos referencia a comportamientos errados en general, y también especificamos algún incidente en particular. La sección dentro del recuadro nos ofrece una oportunidad para pedirle a la Luz sustento personal. El Arí afirma que a través de esta oración, inclusive en los días de ayuno, tenemos un ángel personal acompañándonos. Si meditamos en este ángel, todas nuestras oraciones deberán ser respondidas. La decimotercera bendición es uno por encima de los doce signos del Zodíaco y nos eleva más allá de la influencia de las estrellas y los planetas.

Tiféret

shmá שְׁמַע kolenu קוֹלֵנוּ יְהֹוָהאדניאהדונהי Adonai (יוד הה וו הה)

Eloheinu אֱלֹהֵינוּ ילה (אבג יתץ). av אָב harajamán הָרַחֲמָן rajem רַחֵם

aleinu עָלֵינוּ אברהם, וז״פ אל, רי״ו ול״ב נתיבות החכמה, רמ״ח (אברים), עסמ״ב וט״ז אותיות פשוטות

(קרע שטן). vekabel וְקַבֵּל berajamim בְּרַחֲמִים מצפצ, אלהים דיודין, י״פ ייי

uveratsón וּבְרָצוֹן מהש ע״ה, ע״ב בריבוע וקס״א ע״ה, אל שדי ע״ה et אֶת

tfilatenu תְּפִלָּתֵנוּ (נגד יכש). qui כִּי El אֵל ייא״י (מילוי דס״ג)

shomea שׁוֹמֵעַ tfilot תְּפִלּוֹת vetajanunim וְתַחֲנוּנִים Atá אַתָּה (בטר צתג).

LA DUODÉCIMA (DECIMOQUINTA) BENDICIÓN

La progenie de David, Tu servidor, puedas Tú rápidamente hacer florecer. Y Puedas Tú exaltar su gloria con Tu salvación, porque es por Tu salvación que esperamos todo el día. ¡Bendito eres Tú, Señor, que haces florecer la salvación!

LA DECIMOTERCERA (DECIMOSEXTA) BENDICIÓN

Escucha nuestra voz, Señor, nuestro Dios, oh Padre misericordioso, ten piedad de nosotros. Acepta nuestra oración con compasión y favor, porque Tú eres Dios, que escuchas oraciones y súplicas.

Es bueno que estés al tanto, reconozcas y confieses tus acciones negativas del pasado y que pidas por tu sustento aquí:

רִבּוֹנוֹ ribonó שֶׁל shel עוֹלָם olam, וְחָטָאתִי jatati עָוִיתִי aviti

וּפָשַׁעְתִּי ufashati לְפָנֶיךָ lefaneja ס״ג מ״ה ב״ן יְהִי yehí רָצוֹן ratsón מהש ע״ה,

ע״ב בריבוע וקס״א ע״ה, אל שדי ע״ה מִלְּפָנֶיךָ milfaneja ס״ג מ״ה ב״ן שֶׁתִּמְחוֹל shetimjol

וְתִסְלַח vetislaj יהוה ע״ב וּתְכַפֵּר utejaper לִי li עַל al כָּל col ילי ; עמם

מַה ma מ״ה שֶׁחָטָאתִי shejatati וְשֶׁעָוִיתִי vesheaviti וְשֶׁפָּשַׁעְתִּי veshepashati

לְפָנֶיךָ lefaneja ס״ג מ״ה ב״ן מִיּוֹם miyom ע״ה נגד, מזבח, זן, אל יהוה

שֶׁנִּבְרֵאתִי shenivreti עַד ad הַיּוֹם hayom ע״ה נגד, מזבח, זן, אל יהוה הַזֶּה hazé והו.

וּבִפְרַט uvifrat (menciona aquí alguna acción negative o comportamiento por el cual te gustaría pedir perdón)

וִיהִי viyhí רָצוֹן ratsón מהש ע״ה, ע״ב בריבוע וקס״א ע״ה, אל שדי ע״ה

מִלְּפָנֶיךָ milfaneja ס״ג מ״ה ב״ן יְהֹוָהאדניאהדונהי Adonai אֱלֹהֵינוּ Eloheinu ילה

וֵאלֹהֵי veElohei לכב ; מילוי ע״ב, דמב ; ילה אֲבוֹתֵינוּ avoteinu שֶׁתַּזְמִין shetazmín

פַּרְנָסָתֵנוּ parnasatenu וּמְזוֹנוֹתֵינוּ umezonoteinu לִי li וּלְכָל ulejol יה אדני

אַנְשֵׁי anshei בֵּיתִי veití ב״פ ראה הַיּוֹם hayom ע״ה נגד, מזבח, זן, אל יהוה

וּבְכָל uvejol ב״ן, לכב יוֹם yom ע״ה נגד, מזבח, זן, אל יהוה

וָיוֹם vayom ע״ה נגד, מזבח, זן, אל יהוה בְּרֵיוַח berevaj וְלֹא veló

בְּצִמְצוּם vetsimtsum, בְּכָבוֹד bejavod בוכו וְלֹא veló בְּבִזּוּי bevizui,

בְּנַחַת benájat וְלֹא veló בְּצַעַר vetsáar, וְלֹא veló אֶצְטָרֵךְ etstarej

לְמַתְּנוֹת lematnot בָּשָׂר basar וָדָם vadam וְלֹא veló לְהַלְוָאָתָם lehalvaatam,

אֶלָּא ela מִיָּדְךָ miyadjá הָרְוָחָה harjavá וְהַפְּתוּחָה vehaptujá

וְהַמְּלֵאָה vehamleá וּבִזְכוּת ubizjut שִׁמְךָ Shimjá הַגָּדוֹל hagadol

להוז; עם ד׳ אותיות = מבה, יזל, אום (No pronunciar este Nombre: דִּיקַרְנוֹסָא וזהך עם ג׳ אותיות

- ובאתב״ש = סאל = אמן = יאהדונהי) הַמְּמוּנֶּה hamemuné עַל al הַפַּרְנָסָה haparnasá:

¡Señor del mundo!

He transgredido. He cometido iniquidades y he pecado frente a Ti. Sea Tu voluntad que me perdones y olvides y expíes por todo aquello que he transgredido, y por todas las iniquidades que he cometido y por todo lo que he pecado ante Ti, desde el día en que he sido creado y hasta este día Sea agradable ante Ti, Señor, nuestro Dios y el Dios de mis antepasados, que Tú me proveas de vitalidad y sustento a mí y a toda mi familia, hoy y todos y cada día, con abundancia y no con escasez; con dignidad y no con vergüenza; con comodidad y no con sufrimiento; y que yo no requiera los regalos de la carne y la sangre, ni sus préstamos, sino sólo de Tu Mano que es generosa, abierta y llena y por virtud de Tu gran Nombre, que es responsable del sustento.

וּמִלְּפָנֶיךָ umilfaneja ס״ג מ״ה ב״ן מַלְכֵּנוּ malquenu

רֵיקָם reikam אַל־ al תְּשִׁיבֵנוּ teshivenu (וזקב טנע)

וְחָנֵּנוּ janenu וַעֲנֵנוּ vaanenu וּשְׁמַע ushmá תְּפִלָּתֵנוּ tfilatenu:

כִּי qui אַתָּה Atá שׁוֹמֵעַ shomea תְּפִלַּת tfilat כָּל־ col ילי פֶּה pe
(פה דו״א) מילה ; וע״ה אלהים, אהיה אדני (יגל פזק)

בָּרוּךְ Baruj אַתָּה Atá יְהֹוָ(אדני)(יאהדונהי) Adonai

En este punto debes meditar en el Santo Nombre: אראר״ית״א
Rav Jayim Vital dice: “He encontrado en los libros de los kabbalistas que la oración de un individuo que medite en este Nombre, en la bendición *shomea tfilá*, siempre será respondida”.

שׁוֹמֵעַ shomea תְּפִלָּה tfilá (שקו צית) אתב״ש אִוְכַצ = ב״ן אדני וניקודה ע״ה = יוד הי וו הה:

LAS TRES BENDICIONES FINALES

A través del mérito de Moshé, Aharón y Yosef, quienes son nuestros canales para las últimas tres bendiciones, somos capaces de hacer descender toda la energía espiritual que despertamos con nuestras oraciones y bendiciones.

LA DECIMOSÉPTIMA BENDICIÓN

Durante esta bendición, que se refiere a Moshé, siempre debemos meditar en tratar de saber exactamente qué quiere Dios de nosotros en nuestra vida, como lo indica la frase: "*Que sea la voluntad de Dios*". Estamos pidiéndole a Dios que nos guíe hacia el trabajo que vinimos a hacer en esta Tierra. El Creador no puede aceptar sólo el trabajo que queremos hacer, debemos llevar a cabo el trabajo que estamos destinados a hacer.

Nétsaj

Has hecho peticiones (de necesidades diarias) a Dios. Ahora, después de pedir que tus necesidades sean cumplidas, debes alabar al Creador en las últimas tres bendiciones. Como una persona que ha recibido lo que necesita de su Señor y se aparta de Él. Debes decir “*retsé*” y meditar en el Deseo Celestial (*Kéter*) que es llamado *Métsaj Haratsón* (la Frente del Deseo).

Y de Tu presencia, nuestro Rey,
no nos devuelvas con manos vacías, pero sé amable, responde y escucha nuestra oración.
Porque Tú escuchas la oración de cada boca. Bendito eres Tú,
Señor, que escuchas las oraciones.

רְצֵה retsé אלף למד הה יוד מם

Aquí medita en transformar el infortunio y la tragedia (צרה) en deseo y aceptación (רצה).

יְהֹוָהאדניאהדונהי Adonai אֱלֹהֵינוּ Eloheinu ילה בְּעַמְּךָ beamjá יִשְׂרָאֵל Yisrael

וְלִתְפִלָּתָם velitfilatam שְׁעֵה sheé. וְהָשֵׁב vehashev הָעֲבוֹדָה haavodá

לִדְבִיר lidvir רי״ו בֵּיתֶךָ beiteja ב״פ ראה. וְאִשֵּׁי veishei יִשְׂרָאֵל Yisrael

וּתְפִלָּתָם utfilatam מְהֵרָה meherá בְּאַהֲבָה beahavá אוזר, דאגה

תְקַבֵּל tekabel בְּרָצוֹן beratsón מהש ע״ה, ע״ב בריבוע וקס״א ע״ה, אל שדי ע״ה.

וּתְהִי utehí לְרָצוֹן leratsón מהש ע״ה, ע״ב בריבוע וקס״א ע״ה, אל שדי ע״ה

תָּמִיד tamid ע״ה קס״א קנ״א קמ״ג עֲבוֹדַת avodat יִשְׂרָאֵל Yisrael עַמֶּךָ ameja:

וְאַתָּה veAtá בְּרַחֲמֶיךָ verajameja הָרַבִּים harabim.

תַּחְפֹּץ tajpots בָּנוּ banu וְתִרְצֵנוּ vetirtsenu וְתֶחֱזֶינָה vetejezena

עֵינֵינוּ eineinu ריבוע מ״ה בְּשׁוּבְךָ beshuvjá

לְצִיּוֹן leTsiyón יוסף, ו׳ הויות, קנאה בְּרַחֲמִים berajamim

מצפצ, אלהים דיודין, י״פ ייי: בָּרוּךְ Baruj אַתָּה Atá יְהֹוָהאדניאהדונהי Adonai

הַמַּחֲזִיר hamajazir שְׁכִינָתוֹ Shjinató לְצִיּוֹן leTsiyón יוסף, ו׳ הויות, קנאה:

LAS TRES BENDICIONES FINALES - LA DECIMOSÉPTIMA BENDICIÓN

Encuentra gracia, Señor, nuestro Dios, en tu Pueblo, Israel y oye su oración. Restaura el culto en el santuario interno de Tu Templo. Acepta las ofrendas de Israel y sus oraciones con complacencia, prontamente y con amor. Que siempre sea agradable a Ti, el servicio de Israel, Tu Nación. Y Tú en Tu gran compasión, te deleites en nosotros y estés complacido con nosotros. Puedan nuestros ojos contemplar Tu retorno a Sión con compasión. ¡Bendito eres Tú, Señor, que devuelve su Shejiná a Sión!

LA DECIMOCTAVA BENDICIÓN

Esta bendición es nuestro agradecimiento. Kabbalísticamente, el mayor agradecimiento que le podemos dar a nuestro Creador es hacer exactamente lo que estamos destinados a hacer en términos de nuestro trabajo espiritual.

Hod

Inclina todo tu cuerpo en "*modim*" y enderézate en "*Adonai*".

מוֹדִים modim מאה ברכות שתיקן דוד לאמרם כל יום אֲנַחְנוּ anajnu לָךְ laj

שָׁאַתָּה sheAtá הוּא Hu יְהֹוָאדנהיאהדונהי Adonai (וֹנ) אֱלֹהֵינוּ Eloheinu ילה

וֵאלֹהֵי veElohei לכב ; מילוי ע״ב, דמב ; ילה אֲבוֹתֵינוּ avoteinu לְעוֹלָם leolam

ריבוע ס״ג וי׳ אותיות דס״ג וָעֶד vaed. צוּרֵנוּ tsurenu צוּר tsur אלהים דההין ע״ה

וְחַיֵּינוּ jayeinu וּמָגֵן umaguén ג״פ אל (ייא״י מילוי דס״ג) ; ר״ת מיכאל גבריאל נוריאל

יִשְׁעֵנוּ yishenu אַתָּה Atá הוּא Hu. לְדוֹר ledor וָדוֹר vador ר״ו נוֹדֶה nodé

לְךָ lejá וּנְסַפֵּר unesaper תְּהִלָּתֶךָ tehilateja. עַל־ al חַיֵּינוּ jayeinu

הַמְּסוּרִים hamesurim בְּיָדֶךָ beyadeja. וְעַל veal נִשְׁמוֹתֵינוּ nishmoteinu

הַפְּקוּדוֹת hapkudot לָךְ laj. וְעַל־ veal נִסֶּיךָ niseja שֶׁבְּכָל shebejol ב״ן, לכב

יוֹם yom ע״ה נגד, מזבח, זן, אל יהוה עִמָּנוּ imanu ריבוע ס״ג, קס״א ע״ה וד׳ אותיות וְעַל veal

נִפְלְאוֹתֶיךָ nifleoteja וְטוֹבוֹתֶיךָ vetovoteja שֶׁבְּכָל shebejol ב״ן, לכב

עֵת et. עֶרֶב érev וָבֹקֶר vavóker וְצָהֳרָיִם vetsahoráyim. הַטּוֹב hatov והו

כִּי־ qui לֹא־ lo כָלוּ jalú רַחֲמֶיךָ rajameja. הַמְרַחֵם hamerajem

וז״פ אל, ר״ו ול״ב נתיבות החכמה, רמ״ח (אברים), עסמ״ב וט״ז אותיות פשוטות כִּי־ qui לֹא lo

תַמּוּ tamu חֲסָדֶיךָ jasadeja כִּי qui מֵעוֹלָם meolam קִוִּינוּ kivinu לָךְ: laj

---

LA DECIMOCTAVA BENDICIÓN

Nosotros te damos gracias a Ti, porque eres Tú, Señor, quien es nuestro Dios y el Dios de nuestros padres, por siempre y por toda la eternidad. Tú eres nuestra Fortaleza, la Fortaleza de nuestras vidas y el Escudo de nuestra salvación. De una generación a otra, te daremos gracias a Ti y cantaremos Tu alabanza. Por nuestras vidas que están en Tus Manos, por nuestras almas que están a Tu cuidado, por Tus milagros que están con nosotros todos los días y por Tus maravillas y Tus favores que están con nosotros en todo momento: de noche, de mañana y de tarde. Tú eres bueno, porque Tu compasión nunca se ha acabado. Tú eres el misericordioso, porque Tu bondad nunca ha cesado, porque siempre hemos puesto nuestras esperanzas en Ti.

וְעַל veal כֻּלָּם culam יִתְבָּרַךְ yitbaraj וְיִתְרוֹמָם veyitromam

וְיִתְנַשֵּׂא veyitnasé תָּמִיד tamid ע"ה קס"א קנ"א קמ"ג שִׁמְךָ Shimjá

מַלְכֵּנוּ malquenu לְעוֹלָם leolam ריבוע ס"ג וי' אותיות דס"ג וָעֶד vaed•

וְכָל־ vejol ילי הַחַיִּים hajayim אהיה אהיה יהוה, בינה ע"ה יוֹדוּךָ yoduja סֶּלָה sela:

וִיהַלְלוּ vihalelú וִיבָרְכוּ vivarjú יהוה ריבוע יהוה ריבוע מ"ה אֶת־ et

שִׁמְךָ Shimjá הַגָּדוֹל hagadol להח ; עם ד' אותיות = מבה, יזל, אום בֶּאֱמֶת beemet

אהיה פעמים אהיה, ז"פ ס"ג לְעוֹלָם leolam ריבוע ס"ג וי' אותיות דס"ג כִּי qui טוֹב tov והו ;

כי טוב = יהוה אהיה, אום, מבה, יזל• הָאֵל haEl לאה ; ייא"י (מילוי דס"ג) יְשׁוּעָתֵנוּ yeshuatenu

וְעֶזְרָתֵנוּ veezratenu סֶלָה sela• הָאֵל haEl לאה ; ייא"י (מילוי דס"ג) הַטּוֹב hatov והו:

Flexiona tus rodillas en "*Baruj*", inclínate en "*Atá*" y enderézate en "*Adonai*".

בָּרוּךְ Baruj אַתָּה Atá יְהֹוָהאדניאהדונהי Adonai (הי) הַטּוֹב hatov והו

שִׁמְךָ Shimjá וּלְךָ ulejá נָאֶה naé לְהוֹדוֹת lehodot ס"ת כהת, משיח בן דוד ע"ה:

LA BENDICIÓN FINAL

Estamos emanando la energía de paz para el mundo entero. También nos proponemos utilizar nuestras bocas sólo para el bien. Kabbalísticamente, el poder de las palabras y del habla es inimaginable. Esperamos usar este poder sabiamente, lo que tal vez sea una de las tareas más difíciles de llevar a cabo.

Yesod

שִׂים sim שָׁלוֹם shalom

טוֹבָה tová אכא וּבְרָכָה uvrajá וְחַיִּים jayim אהיה אהיה יהוה, בינה ע"ה

וְחֵן jen מילוי דמ"ה בריבוע, מוחי וָחֶסֶד vajésed ע"ב, ריבוע יהוה

צְדָקָה tsedaká ע"ה ריבוע אלהים וְרַחֲמִים verajamim עָלֵינוּ aleinu

וְעַל־ veal כָּל־ col ילי ; עמם יִשְׂרָאֵל Yisrael עַמֶּךָ ameja

---

Y por todas estas cosas, que Tu Nombre sea siempre bendecido, exaltado y ensalzado, por siempre, nuestro Rey, por siempre y para siempre, y todos los vivientes Te agradecen, Sela. Y ellos te alabarán y bendecirán Tu Gran Nombre, sinceramente y para siempre, porque Es bueno, el Dios de nuestra salvación y nuestra ayuda, Sela, el buen Dios. Bendito eres Tú, Señor, cuyo Nombre es bueno, y a Ti es propio dar gracias.

LA BENDICIÓN FINAL

Otorga paz, bondad,
bendiciones, vida, gracia, amabilidad, justicia y misericordia a nosotros y a todo Israel, Tu Pueblo.

וּבָרְכֵנוּ uvarjenu אָבִינוּ avinu כֻּלָּנוּ culanu כְּאֶחָד queejad

אהבה, דאגה בְּאוֹר beor רז, א״ס פָּנֶיךָ paneja ס״ג מ״ה ב״ן כִּי qui

בְאוֹר veor רז, א״ס פָּנֶיךָ paneja ס״ג מ״ה ב״ן נָתַתָּ natata לָּנוּ lanu אלהים, אהיה אדני

יְהֹוָהאדניאהדונהי Adonai אֱלֹהֵינוּ Eloheinu ילה תּוֹרָה Torá וְחַיִּים vejayim

אהיה אהיה יהוה, בינה ע״ה. אַהֲבָה ahavá אחד, דאגה וָחֶסֶד vajésed ע״ב, ריבוע יהוה.

צְדָקָה tsedaká ע״ה ריבוע אלהים וְרַחֲמִים verajamim. בְּרָכָה brajá

וְשָׁלוֹם veshalom. וְטוֹב vetov והו בְּעֵינֶיךָ beeineja ע״ה קס״א ; ריבוע מ״ה

לְבָרְכֵנוּ levarjenu וּלְבָרֵךְ ulevarej אֶת et כָּל col ילי עַמְּךָ amjá

יִשְׂרָאֵל Yisrael בְּרוֹב berov י״פ אהיה עֹז oz וְשָׁלוֹם veshalom:

בָּרוּךְ Baruj אַתָּה Atá יְהֹוָהאדניאהדונהי Adonai

הַמְבָרֵךְ hamevarej אֶת et עַמּוֹ amó יִשְׂרָאֵל Yisrael

ר״ת = אלהים = (אילההויהם = יב״ק) בַּשָּׁלוֹם bashalom. אָמֵן Amén יאהדונהי.

YIHYÚ LERATSÓN

Hay 42 letras en el versículo en el secreto del *Aná Bejóaj*.

יִהְיוּ yihyú אל (ייא״י מילוי דס״ג) לְרָצוֹן leratsón מהש ע״ה, ע״ב בריבוע וקס״א ע״ה, אל שדי ע״ה

אִמְרֵי imrei פִי fi ר״ת אֶלֶף = אלף למד + שין דלת יוד ע״ה וְהֶגְיוֹן vehegyón לִבִּי libí

לְפָנֶיךָ lefaneja ס״ג מ״ה ב״ן יְהֹוָהאדניאהדונהי Adonai צוּרִי tsurí וְגֹאֲלִי vegoalí:

Bendícenos a todos como uno solo, Padre nuestro, con la Luz de Tu Rostro, porque es con la Luz de Tu rostro que Tú, Señor, nuestro Dios, nos has dado la Torá y vida, amor y amabilidad, justicia y misericordia, bendición y paz. Que sea grato a Tus Ojos bendecirnos y bendecir a tu Nación, Israel, con abundante poder y con paz. ¡Bendito eres Tú, Señor, que bendice a Su Pueblo, Israel, con paz, Amén!

YIHYÚ LERATSÓN

"Sean gratos ante Ti,
Señor, mi Fortaleza y mi Redentor, los dichos de mi boca y los pensamientos de mi corazón" (*Salmos 19:15*).

ELOHAI NETSOR

אֱלֹהַי Elohai מילוי ע"ב, דמב ; ילה נְצֹור netsor לְשֹׁונִי leshoní מֵרָע merá.
וּשְׂפְתוֹתַי vesiftotai מִדַּבֵּר midaber ראה מִרְמָה mirmá. וְלִמְקַלְלַי velimkalelai
נַפְשִׁי nafshí תִדּוֹם tidom. וְנַפְשִׁי venafshí כֶּעָפָר queafar
לַכֹּל lacol יה אדני תִּהְיֶה tihyé. פְּתַח ptaj לִבִּי libí בְּתוֹרָתֶךָ betorateja.
וְאַחֲרֵי veajarei מִצְוֹתֶיךָ mitsvoteja תִּרְדּוֹף tirdof נַפְשִׁי nafshí.
וְכָל־ vejol ילי הַקָּמִים hakamim עָלַי alai לְרָעָה leraá רהע. מְהֵרָה meherá
הָפֵר hafer עֲצָתָם atsatam וְקַלְקֵל vekalkel מַחְשְׁבוֹתָם majshevotam.
עֲשֵׂה asé לְמַעַן lemaan שְׁמָךְ Shmaj. עֲשֵׂה asé לְמַעַן lemaan
יְמִינָךְ yeminaj. עֲשֵׂה asé לְמַעַן lemaan תּוֹרָתָךְ Torataj. עֲשֵׂה asé
לְמַעַן lemaan קְדֻשָּׁתָךְ kdushataj. ר"ת הפסוק = מ"ה יהוה לְמַעַן lemaan
יֵחָלְצוּן yejaltsún יְדִידֶיךָ yedideja ר"ת ילי הוֹשִׁיעָה hoshía יהוה וש"ע נהורין
יְמִינְךָ yeminjá וַעֲנֵנִי vaaneni (כתיב: ועננו) ר"ת אל (ייא"י מילוי דס"ג):

Antes de recitar el próximo verso ("*Yihyú Leratsón*") tenemos una oportunidad de fortalecer la conexión con nuestra alma al usar nuestro nombre. Cada persona tiene un versículo en la Torá que lo conecta con su nombre. O bien su nombre está en el versículo o la primera y la última letra de su nombre corresponden a la primera o última letra de un versículo.

YIHYÚ LERATSÓN (EL SEGUNDO)

Hay 42 letras en el versículo en el secreto del *Aná Bejóaj*.

יִהְיוּ yihyú אל (ייא"י מילוי דס"ג) לְרָצוֹן leratsón מהש ע"ה, ע"ב בריבוע וקס"א ע"ה, אל שדי ע"ה
אִמְרֵי־ imrei פִי fi ר"ת אֶלֶף = אלף למד + שין דלת יוד ע"ה וְהֶגְיוֹן vehegyón לִבִּי libí
לְפָנֶיךָ lefaneja ס"ג מ"ה ב"ן יְהוָֹהאדניאהדונהי Adonai צוּרִי tsurí וְגֹאֲלִי vegoalí:

ELOHAI NETSOR

Mi Dios, cuida mi lengua del mal y mis labios de decir falsedad. Que mi alma permanezca en silencio ante aquellos que me maldicen y permite que mi espíritu sea humilde ante todos, como el polvo. Abre mi corazón a Tu Torá y permite que mi corazón siga Tus mandamientos. Prontamente frustra los planes y daña los pensamientos de todos aquellos que se levantan contra mí para hacerme daño. Hazlo por la gloria de Tu Nombre. Haz esto por el bien de Tu Diestra. Haz esto por el mérito de Tu Torá. Haz esto por Tu santidad, "Que Tus amados sean rescatados. Sálvalos con Tu Diestra y contéstame" (Salmos 60:7).

YIHYÚ LERATSÓN (EL SEGUNDO)

"Sean gratos ante Ti, Señor,
mi Fortaleza y mi Redentor, los dichos de mi boca y los pensamientos de mi corazón" (Salmos 19:15).

OSÉ SHALOM

Da tres pasos hacia atrás;

עֹשֶׂה osé שָׁלוֹם shalom

Izquierda

Te vuelves a la izquierda y dices:

בִּמְרוֹמָיו bimromav ר"ת ע"ב, ריבוע יהוה

הוּא Hu בְּרַחֲמָיו verajamav יַעֲשֶׂה yaasé

Derecha

Te vuelves a la derecha y dices:

שָׁלוֹם shalom עָלֵינוּ aleinu ר"ת ש"ע נהורין

Centro

Te alineas al centro y dices:

וְעַל veal כָּל־ col ילי ; עמם עַמּוֹ amó יִשְׂרָאֵל Yisrael

וְאִמְרוּ veimrú אָמֵן Amén יאהדונהי:

יְהִי yehí רָצוֹן ratsón מהש ע"ה, ע"ב בריבוע וקס"א ע"ה, אל שדי ע"ה

מִלְּפָנֶיךָ milfaneja ס"ג מ"ה ב"ן יְהֹוָהאדניאהדונהי Adonai אֱלֹהֵינוּ Eloheinu ילה

וֵאלֹהֵי veElohei לכב ; מילוי ע"ב, דמב ; ילה אֲבוֹתֵינוּ avoteinu, שֶׁתִּבְנֶה shetivné

בֵּית beit ב"פ ראה הַמִּקְדָּשׁ hamikdash בִּמְהֵרָה bimherá בְּיָמֵינוּ veyameinu

וְתֵן vetén חֶלְקֵנוּ jelkenu בְּתוֹרָתָךְ vetorataj לַעֲשׂוֹת laasot חֻקֵּי jukei

רְצוֹנָךְ retsonaj וּלְעָבְדָךְ uleavdaj פוי, אל אדני בְּלֵבָב belevav בוכו שָׁלֵם shalem.

Da tres pasos hacia delante.

OSÉ SHALOM

Él, que establece Paz en Sus altos lugares, Él,
en Su compasión, hará que la paz esté entre nosotros y sobre Su pueblo entero, Israel, y dirán: Amén.

Sea agradable ante Ti, Señor, nuestro Dios y Dios de nuestros antepasados, que puedas reconstruir rápidamente el Templo, en nuestros días, y otórganos participación en Tu Torá, para que podamos cumplir las leyes de Tu deseo y servirte con todo el corazón.

KADISH TITKABAL

יִתְגַּדַּל yitgadal וְיִתְקַדַּשׁ veyitkadash שׁדי = ין לת וד (מילוי שׁדי) ; י"א אותיות כמנין ו"ה

שְׁמֵיהּ Shmei (שׁם י"ה דע"ב) רַבָּא rabá קנ"א ב"ן, יהוה אלהים יהוה אדני,

מילוי קס"א וס"ג, מ"ה ברבוע וע"ב ע"ה ; ר"ת = ו"פ אלהים ; ס"ת = ג"פ יב"ק • אָמֵן Amén אידהנויה •

בְּעָלְמָא bealmá דִּי di בְרָא verá כִרְעוּתֵיהּ quirutei•

וְיַמְלִיךְ veyamlij מַלְכוּתֵיהּ maljutei• וְיַצְמַח veyatsmaj

פּוּרְקָנֵיהּ purkanei• וִיקָרֵב vikarev מְשִׁיחֵיהּ Meshijei• אָמֵן Amén אידהנויה•

בְּחַיֵּיכוֹן bejayeijón וּבְיוֹמֵיכוֹן uveyomeijón וּבְחַיֵּי uvejayei

דְכָל dejol בֵּית beit ב"פ ראה יִשְׂרָאֵל Yisrael בַּעֲגָלָא baagalá

וּבִזְמַן uvizmán קָרִיב kariv וְאִמְרוּ veimrú אָמֵן Amén• אָמֵן Amén אידהנויה•

La congregación y el *jazán* dicen lo siguiente:

28 palabras (hasta *bealmá*) – meditar en: מילוי דמילוי דע"ב (יוד ויו דלת הי יוד ויו יוד ויו הי יוד)
28 letras (hasta *almayá*) - meditar en: מילוי דמילוי דע"ב (יוד ויו דלת הי יוד ויו יוד ויו הי יוד)

יְהֵא yehé שְׁמֵיהּ Shmei (שׁם י"ה דס"ג) רַבָּא rabá קנ"א ב"ן,

יהוה אלהים יהוה אדני, מילוי קס"א וס"ג, מ"ה ברבוע וע"ב ע"ה מְבָרַךְ mevaraj,

לְעָלַם lealam לְעָלְמֵי lealmei עָלְמַיָּא almayá• יִתְבָּרַךְ yitbaraj•

Siete palabras con seis letras cada una (שׁם בן מ"ב) – meditar en:
יהוה = יוד הי ויו הי = מילוי דמילוי דע"ב (יוד ויו דלת הי יוד ויו יוד ויו הי יוד)
También, siete veces la letra Vav (שׁם בן מ"ב) – meditar en:
יהוה = יוד הי ויו הי = מילוי דמילוי דע"ב (יוד ויו דלת הי יוד ויו יוד ויו הי יוד).

וְיִשְׁתַּבַּח veyishtabaj י"פ ע"ב יהוה אל אבג יתץ•

וְיִתְפָּאַר veyitpaar הי נו יה קרע שׂטן• וְיִתְרוֹמַם veyitromam וה כוזו נגד יכשׁ•

וְיִתְנַשֵּׂא veyitnasé במוכסז בטר צתג• וְיִתְהַדָּר veyihadar כוזו יה וקב טנע•

וְיִתְעַלֶּה veyitalé וה יוד ה יגל פזק• וְיִתְהַלָּל veyithalal א ואו הא שקו צית•

שְׁמֵיהּ Shmei (שׁם י"ה דמ"ה) דְּקוּדְשָׁא deKudshá בְּרִיךְ Verij הוּא Hu•

אָמֵן Amén אידהנויה•

KADISH TITKABAL

Glorificado y santificado sea Su gran Nombre (Amén). En el mundo que Él creó de acuerdo a Su voluntad, y pueda Su Reino reinar. Y pueda Él hacer que Su redención florezca y pueda Él acercar al Mesías (Amén). En tus vidas y en tus días y en la vida de toda la Casa de Israel, prontamente y en el futuro cercano, y dígase: Amén (Amén). Que Su gran Nombre sea benditopor siempre y por toda la eternidad. Bendito y alabado, y glorificado y exaltado, y ensalzado y honrado, y adorado y loado, sea el Nombre del Santo Bendito sea (Amén).

לְעֵלָּא leelá מִן min כָּל col יל״י בִּרְכָתָא birjatá• שִׁירָתָא shiratá•
תֻּשְׁבְּחָתָא tishbejatá וְנֶחָמָתָא venejamatá• דַּאֲמִירָן daamirán
בְּעָלְמָא bealmá וְאִמְרוּ veimrú אָמֵן Amén: אָמֵן Amén אידהנויה.

תִּתְקַבַּל titkabal צְלוֹתָנָא tslotaná וּבָעוּתָנָא uvautaná
עִם im צְלוֹתְהוֹן tslothón וּבָעוּתְהוֹן uvauthón דְּכָל dejol יל״י
בֵּית beit ב״פ ראה יִשְׂרָאֵל Yisrael קֳדָם kadam אֲבוּנָא avuná
דְּבִשְׁמַיָּא devishmayá וְאִמְרוּ veimrú אָמֵן Amén: אָמֵן Amén אידהנויה•

יְהֵא yehé שְׁלָמָא shlemá רַבָּא rabá קנ״א ב״ן, יהוה אלהים יהוה אדני, מילוי קס״א וס״ג,
מ״ה ברבוע וע״ב ע״ה מִן min שְׁמַיָּא shmayá• וְחַיִּים jayim אהיה אהיה יהוה, בינה ע״ה
וְשָׂבָע vesavá וִישׁוּעָה vishuá וְנֶחָמָה venejamá וְשֵׁיזָבָא vesheizavá
וּרְפוּאָה urfuá וּגְאֻלָּה ugueulá וּסְלִיחָה uslijá וְכַפָּרָה vejapará
וְרֵיוַח vereivaj וְהַצָּלָה vehatsalá• לָנוּ lanu אלהים, אהיה אדני וּלְכָל ulejol יה אדני
עַמּוֹ amó יִשְׂרָאֵל Yisrael וְאִמְרוּ veimrú אָמֵן Amén: אָמֵן Amén אידהנויה.

Da tres pasos para atrás y dice:

עוֹשֶׂה osé שָׁלוֹם shalom

בִּמְרוֹמָיו bimromav ע״ב, ריבוע יהוה• הוּא Hu בְּרַחֲמָיו berajamav

יַעֲשֶׂה yaasé שָׁלוֹם shalom עָלֵינוּ aleinu ר״ת ש״ע נהורין•

וְעַל veal כָּל col יל״י ; עמם עַמּוֹ amó יִשְׂרָאֵל Yisrael וְאִמְרוּ veimrú אָמֵן Amén:

אָמֵן Amén אידהנויה•

Más allá de todas las bendiciones, himnos, alabanzas y palabras de consolación que jamás se dijeran en el mundo, y dígase: Amén (Amén). Sean aceptadas nuestras oraciones y súplicas, junto con las oraciones y las súplicas de toda la Casa de Israel, ante nuestro Padre en los Cielos, y dígase: Amén (Amén). Que haya paz abundante del Cielo; vida, satisfacción, salvación, consuelo, entrega, sanación, redención, perdón, expiación, comodidad y alivio para nosotros y para toda Su nación, Israel y dígase: Amén (Amén). Él, que establece la paz en Sus Alturas, Él, en Su compasión, hará la paz sobre nosotros y sobre toda Su nación, Israel. Y dígase: Amén (Amén).

SHIR LAMAALOT

שִׁיר shir לַמַּעֲלוֹת lamaalot אֶשָּׂא esá עֵינַי einai ריבוע מ"ה

אֶל־ el הֶהָרִים heharim מֵאַיִן meayin יָבֹא yavó עֶזְרִי ezrí:

עֶזְרִי ezrí מֵעִם meím יְהֹוָה אדני אהדונהי Adonai עֹשֵׂה osé שָׁמַיִם shamáyim

וָאָרֶץ vaárets: י"פ טל, י"פ כוזו אַל־ al יִתֵּן yitén לַמּוֹט lamot רַגְלֶךָ ragleja

אַל־ al יָנוּם yanum שֹׁמְרֶךָ shomreja: הִנֵּה hiné לֹא־ lo יָנוּם yanum

וְלֹא veló יִישָׁן yishán ש"ע נהורין דא"א שׁוֹמֵר shomer כ"א ההויות שבתפילין

יִשְׂרָאֵל Yisrael: יְהֹוָה אדני אהדונהי Adonai שֹׁמְרֶךָ shomreja

יְהֹוָה אדני אהדונהי Adonai צִלְּךָ tsiljá עַל־ al יַד yad יְמִינֶךָ yemineja הי"י:

יוֹמָם yomam הַשֶּׁמֶשׁ hashémesh לֹא־ lo יַכֶּכָּה yaqueca ר"ת ילה

וְיָרֵחַ veyaréaj בַּלָּיְלָה balayla מלה: יְהֹוָה אדני אהדונהי Adonai

יִשְׁמָרְךָ yishmorjá מִכָּל־ micol ילי רָע ra יִשְׁמֹר yishmor

אֶת־ et נַפְשֶׁךָ nafsheja מוכ: יְהֹוָה אדני אהדונהי Adonai יִשְׁמָר yishmor

צֵאתְךָ tsetjá וּבוֹאֶךָ uvoeja מֵעַתָּה meatá וְעַד־ vead עוֹלָם olam וול:

KADISH YEHÉ SHLAMÁ

יִתְגַּדַּל yitgadal וְיִתְקַדַּשׁ veyitkadash שדי - ין לת וד (מילוי שדי) ; י"א אותיות כמנין ו"ה

שְׁמֵיהּ Shmei (שם י"ה) רַבָּא rabá קנ"א ב"ן, יהוה אלהים יהוה אדני,

מילוי קס"א וס"ג, מ"ה ברבוע וע"ב ע"ה ; ר"ת = ר"פ אלהים ; ס"ת = ג"פ יב"ק • אָמֵן Amén אידהנויה•

בְּעָלְמָא bealmá דִּי di בְרָא verá כִּרְעוּתֵיהּ quirutei•

וְיַמְלִיךְ veyamlij מַלְכוּתֵיהּ maljutei• וְיַצְמַח veyatsmaj

פֻּרְקָנֵיהּ purkanei• וִיקָרֵב vikarev מְשִׁיחֵיהּ Meshijei• אָמֵן Amén אידהנויה•

SHIR LAMAALOT

"Un cántico de ascensión: Alzo mis ojos a las montañas; ¿de dónde vendrá mi ayuda? Mi ayuda proviene del Señor, Creador de los Cielos y la Tierra. Él no permitirá que tus pies resbalen. Tu Guardián no se dormirá. He aquí que el Guardián de Israel ni descansa ni duerme. El Señor es tu Guardián. El Señor es tu sombra protectora a tu diestra. Durante el día, el Sol no te fatigará, ni la Luna de noche. El Señor te protegerá de todo mal, Él guardará tu alma. Él te protegerá cuando salgas y cuando regreses, ahora y eternamente" (Salmos 121).

KADISH YEHÉ SHLAMÁ

Glorificado y santificado sea Su gran Nombre (Amén).
En el mundo que Él creó de acuerdo a Su voluntad, y pueda Su Reino reinar.
Y pueda Él hacer que Su redención florezca y acercar al Mesías (Amén).

בְּחַיֵּיכוֹן bejayeijón וּבְיוֹמֵיכוֹן uveyomeijón וּבְחַיֵּי uvejayei

דְּכָל dejol בֵּית beit ב"פ ראה יִשְׂרָאֵל Yisrael בַּעֲגָלָא baagalá

וּבִזְמַן uvizmán קָרִיב kariv וְאִמְרוּ veimrú אָמֵן Amén. אָמֵן Amén אידהנויה.

La congregación y el *jazán* dicen lo siguiente:

28 palabras (hasta *bealmá*) – meditar en:
מילוי דמילוי דס"ג (יוד ויו דלת הי יוד ואו אלף ואו הי יוד)
28 letras (hasta *almayá*)- meditar en:
מילוי דמילוי דמ"ה (יוד ואו דלת הא אלף ואו אלף ואו הא אלף).

יְהֵא yehé שְׁמֵיהּ Shmei (שם י"ה דס"ג) רַבָּא rabá קנ"א ב"ן,

יהוה אלהים יהוה אדני, מילוי קס"א וס"ג, מ"ה ברבוע וע"ב ע"ה מְבָרַךְ mevaraj,

לְעָלַם lealam לְעָלְמֵי lealmei עָלְמַיָּא almayá. יִתְבָּרַךְ yitbaraj.

Siete palabras con seis letras cada una (שם בן מ"ב) – meditar en:
יהוה - יוד הי ואו הי - מילוי דמילוי דס"ג (יוד ויו דלת הי יוד ואו אלף ואו הי יוד);
También, siete veces la letra Vav (שם בן מ"ב) – meditar en:
יהוה - יוד הא ואו הא - מילוי דמילוי דמ"ה (יוד ואו דלת הא אלף ואו אלף ואו הא אלף).

וְיִשְׁתַּבַּח veyishtabaj י"פ ע"ב יהוה אל אבג יתץ.

וְיִתְפָּאַר veyitpaar הי נו יה קרע שטן. וְיִתְרוֹמַם veyitromam וה כוזו נגד יכש.

וְיִתְנַשֵּׂא veyitnasé במוכסז בטר צתג. וְיִתְהַדָּר veyihadar כוזו יה חקב טנע.

וְיִתְעַלֶּה veyitalé וה יוד ה יגל פזק. וְיִתְהַלָּל veyithalal א ואו הא שקו צית.

שְׁמֵיהּ Shmei (שם י"ה דמ"ה) דְּקֻדְשָׁא deKudshá בְּרִיךְ Verij הוּא Hu.

אָמֵן Amén אידהנויה.

לְעֵלָּא leelá מִן min כָּל col ילי בִּרְכָתָא birjatá. שִׁירָתָא shiratá.

תֻּשְׁבְּחָתָא tishbejatá וְנֶחֱמָתָא venejamatá. דַּאֲמִירָן daamirán

בְּעָלְמָא bealmá וְאִמְרוּ veimrú אָמֵן Amén: אָמֵן Amén אידהנויה.

En tus vidas y en tus días y en la vida de toda la Casa de Israel, prontamente y en el futuro cercano, y dígase: Amén (Amén). Que Su gran Nombre sea bendito por siempre y por toda la eternidad. Bendito y alabado, y glorificado y exaltado, y ensalzado y honrado, y adorado y loado, sea el Nombre del Santo Bendito sea (Amén). Más allá de todas las bendiciones, himnos, alabanzas y palabras de consolación que jamás se dijeran en el mundo, y dígase: Amén (Amén).

יְהֵא yehé שְׁלָמָא shlamá רַבָּא rabá קנ"א ב"ן, יהוה אלהים יהוה אדני, מילוי קס"א וס"ג,

מ"ה ברבוע וע"ב ע"ה מִן min שְׁמַיָּא shmayá. וְחַיִּים jayim אהיה אהיה יהוה, בינה ע"ה

וְשָׂבָע vesavá וִישׁוּעָה vishuá וְנֶחָמָה venejamá וְשֵׁיזָבָא vesheizavá

וּרְפוּאָה urefuá וּגְאֻלָּה ugueulá וּסְלִיחָה uslijá וְכַפָּרָה vejapará

וְרֵיוַח vereivaj וְהַצָּלָה vehatsalá. לָנוּ lanu אלהים, אהיה אדני וּלְכָל ulejol יה אדני

עַמּוֹ amó יִשְׂרָאֵל Yisrael וְאִמְרוּ veimrú אָמֵן Amén: אָמֵן Amén אידהנויה.

Da tres pasos para atrás y dice:

עוֹשֶׂה osé שָׁלוֹם shalom בִּמְרוֹמָיו bimromav ע"ב, ריבוע יהוה. הוּא Hu

בְּרַחֲמָיו berajamav יַעֲשֶׂה yaasé שָׁלוֹם shalom עָלֵינוּ aleinu ר"ת ש"ע נהורין.

וְעַל veal כָּל col ילי ; עמם עַמּוֹ amó יִשְׂרָאֵל Yisrael וְאִמְרוּ veimrú אָמֵן Amén:

אָמֵן Amén אידהנויה.

BARJÚ

El *jazán* (o la persona que recitó el "*Kadish Yehé Shlamá*") dice:

רַבָּנָן rabanán: בָּרְכוּ barjú יהוה ריבוע יהוה ריבוע מ"ה אֶת et

יְהֹוָהאדניאהדונהי Adonai הַמְּבֹרָךְ hamevoraj ס"ת כהת, משיח בן דוד ע"ה:

Primero la congregación responde lo siguiente,
y luego el *jazán* (o la persona que recitó el "*Kadish Yehé Shlamá*") lo repite:

Néfesh בָּרוּךְ Baruj *Rúaj* יְהֹוָהאדניאהדונהי Adonai *Neshamá* הַמְּבֹרָךְ hamevora

Jayá לְעוֹלָם leolam ריבוע ס"ג וי' אותיות דס"ג *Yejidá* וָעֶד vaed:

Que haya paz abundante del Cielo;
vida, satisfacción, salvación, consuelo, entrega, sanación, redención, perdón, expiación, comodidad y alivio para nosotros y para toda Su nación, Israel, y dirán: Amén (Amén). *Él, que establece la paz en Sus Alturas, Él, en Su compasión, hará la paz sobre nosotros y sobre toda Su nación, Israel. Y dirán: Amén* (Amén).

BARJÚ

Maestros: Bendigan al Señor, el Bendito.
Bendito sea el Señor, el Bendito, por siempre y por la eternidad.

ALEINU

El *Aleinu* es un agente sellador cósmico. Cementa y asegura todas nuestras oraciones, protegiéndolas de cualquier fuerza negativa tales como las *klipot*. Todas las oraciones anteriores al *Aleinu* atrajeron lo que los kabbalistas llaman Luz Interna. Sin embargo, el *Aleinu* atrae Luz Circundante, la cual envuelve nuestras oraciones con un campo de fuerza protectora para bloquear a las *klipot*.

Atrayendo Luz Circundante para ser protegido de las *klipot* (la inclinación negativa).

עלינו aleinu ריבוע דס״ג לשבח leshabéaj עלינו לשבח = אבג יתץ, ושר

לאדון laAdón אני ; ס״ת = ס״ג ע״ה הכל hacol ר״ת ללה, אדני.

לתת latet גדלה guedulá ליוצר leyotser בראשית bereshit ר״ת גל״ב (באך ב״י יג״ל).

שלא sheló עשנו asanu כגויי quegoyei הארצות haaratsot

ולא veló שמנו samanu כמשפחות quemishpejot האדמה haadamá

שלא sheló שם sam חלקנו jelkenu כהם cahem וגורלנו vegoralenu

ככל quejol המונם hamonam. שהם shehem משתחוים mishtajavim

להבל lahével וריק varik ומתפללים umitpalelim אל el אל el

לא lo יושיע yoshía. (haz una pausa aquí, y cuando digas "*vaanajnu mishtajavim*" inclina todo tu cuerpo)

ואנחנו vaanajnu משתחוים mishtajavim לפני lifnei מלך Mélej

מלכי maljei המלכים hamlajim הקדוש haKadosh ברוך Baruj

הוא Hu. שהוא sheHú נוטה noté שמים shamáyim י״פ טל, י״פ כוזו ; ר״ת = י״פ אדני

שבי ספירות של נוקבא דז״א ויוסד veyosed ארץ árets. ומושב umoshav

יקרו yekaró בשמים bashamáyim י״פ טל, י״פ כוזו ממעל mimáal עלם.

ושכינת ushjinat עזו uzó בגבהי begavhei מרומים meromim.

הוא Hu אלהינו Eloheinu ילה ואין veéin עוד od אחר ajer.

ALEINU

Es nuestro deber alabar al Soberano de todo y atribuir grandeza al Moldeador de la Creación, que no nos ha hecho como los pueblos del mundo. Él no nos colocó como las familias de la Tierra. Él no hizo nuestro lote como el de ellos ni nuestro destino como el de sus multitudes, ya que ellos se inclinan ante la futilidad y el vacío, y rezan a una deidad que no ayuda. Nosotros nos inclinamos ante el Supremo Rey de Reyes, el Santo, Bendito Sea. Él es quien extiende los Cielos y funda la Tierra. La Sede de Su gloria está arriba en el Cielo y la Presencia Divina de Su poder está en las alturas excelsas. Él es nuestro Dios y no hay ningún otro.

אֱמֶת emet אהיה פעמים אהיה, ו״פ ס״ג מַלְכֵּנוּ malquenu וְאֶפֶס veéfes

זוּלָתוֹ zulató. כַּכָּתוּב cacatuv בַּתּוֹרָה baTorá (דברים ד׳, ל״ט): וְיָדַעְתָּ veyadata

הַיּוֹם hayom ע״ה נגד, מזבח, זן, אל יהוה וַהֲשֵׁבֹתָ vahashevota אֶל־ el

לְבָבֶךָ levaveja ר״ת לאו כִּי qui יְהֹוָה Adonai הוּא Hu

הָאֱלֹהִים haElohim אהיה אדני ; ילה ; ר״ת יהה וכן עולה למנין ענו ע״ג כ

בַּשָּׁמַיִם bashamáyim י״פ טל, י״פ כוזו מִמַּעַל mimáal עלם ;

רמז לאור פנימי המתוזיל מלמעלה וְעַל־ veal הָאָרֶץ haárets אלהים דההין ע״ה

מִתָּחַת mitájat רמז לאור מקיף המתוזיל מלמטה אֵין ein עוֹד od:

עַל al כֵּן quen נְקַוֶּה nekavé לְּךָ laj יְהֹוָה Adonai

אֱלֹהֵינוּ Eloheinu ילה לִרְאוֹת lirot מְהֵרָה meherá בְּתִפְאֶרֶת betiféret

עֻזָּךְ uzaj ס״ת כהת, משיח בן דוד ע״ה לְהַעֲבִיר lehaavir גִּלּוּלִים guilulim מִן min

הָאָרֶץ haárets אלהים דההין ע״ה ע״ה וְהָאֱלִילִים vehaelilim כָּרוֹת carot

יִכָּרֵתוּן yicaretún. לְתַקֵּן letakén עוֹלָם olam בְּמַלְכוּת bemaljut

שַׁדַּי Shadai. וְכָל vejol ילי בְּנֵי bnei בָשָׂר vasar יִקְרְאוּ yikreú

בִשְׁמֶךָ vishmeja לְהַפְנוֹת lehafnot אֵלֶיךָ eleja כָּל col ילי רִשְׁעֵי rishei

אָרֶץ árets. יַכִּירוּ yaquiru וְיֵדְעוּ veyedú כָּל col ילי יוֹשְׁבֵי yoshvei

תֵבֵל tevel ב״פ רי״ו. כִּי qui לְךָ lejá תִּכְרַע tijrá כָּל־ col ילי בֶּרֶךְ bérej

תִּשָּׁבַע tishavá כָּל col ילי לָשׁוֹן lashón. לְפָנֶיךָ lefaneja ס״ג מ״ה ב״ן

Nuestro Rey es verdadero y no hay nadie excepto Él. Como está escrito en la Torá: "Aprende hoy y grábalo en tu corazón que el Señor es Dios arriba en los Cielos y abajo sobre la Tierra, y no hay otro" (Deuteronomio 4:39). Por eso, Señor, nuestro Dios, esperamos contemplar pronto la gloria majestuosa de Tu poder, cuando elimines los ídolos de la Tierra y los falsos dioses hayan sido completamente destruidos, para perfeccionar al mundo con el Reino del Todopoderoso. Y la humanidad entera invocará Tu Nombre y todos los malvados de la Tierra se dirigirán a Ti. Entonces todos los habitantes del mundo reconocerán y sabrán que, por Ti, toda rodilla se dobla y toda lengua se colma. Que ante Ti,

יְהֹוָה אהדונהי Adonai אֱלֹהֵינוּ Eloheinu ילה יִכְרְעוּ yijreú וְיִפְּלוּ veyipolu

וְלִכְבוֹד velijvod שִׁמְךָ shimjá יְקָר yekar יִתֵּנוּ yitenu. וִיקַבְּלוּ vikablú

כֻלָּם julam אֶת et עוֹל ol מַלְכוּתֶךָ maljuteja. וְתִמְלוֹךְ vetimloj

עֲלֵיהֶם aleihem מְהֵרָה meherá לְעוֹלָם leolam ריבוע ס"ג וי' אותיות דס"ג וָעֶד vaed.

כִּי qui הַמַּלְכוּת hamaljut שֶׁלְּךָ sheljá הִיא hi. וּלְעוֹלְמֵי uleolmei

עַד ad תִּמְלוֹךְ timloj בְּכָבוֹד bejavod בוכו. כַּכָּתוּב cacatuv:

בְּתוֹרָתָךְ beTorataj יְהֹוָה אהדונהי Adonai | יִמְלֹךְ yimloj לְעֹלָם leolam

ריבוע ס"ג וי' אותיות דס"ג ; ר"ת ייל וָעֶד vaed: וְנֶאֱמַר veneemar: וְהָיָה vehayá יהוה ; יהה

יְהֹוָה אהדונהי Adonai לְמֶלֶךְ leMélej עַל al כָּל col ילי ; עמם

הָאָרֶץ haárets אלהים דההין ע"ה בַּיּוֹם bayom ע"ה נגד, מזבח, זן, אל יהוה

הַהוּא hahú יִהְיֶה yihyé ייי יְהֹוָה אהדונהי Adonai אֶחָד ejad אהבה, דאגה

וּשְׁמוֹ uShmó מהש ע"ה, ע"ב בריבוע וקס"א ע"ה, אל שדי ע"ה אֶחָד ejad אהבה, דאגה:

Si rezaste solo, recita lo siguiente antes de comenzar *Arvit* y antes de "*Alenu*" en lugar de "*Barjú*":

אָמַר amar רַבִּי Rabí עֲקִיבָא Akiva חַיָּה jayá אַחַת ajat עוֹמֶדֶת omédet

בָּרָקִיעַ barakía וּשְׁמָהּ ushmá יִשְׂרָאֵל Yisrael וְחָקוּק vejakuk עַל al

מִצְחָהּ mitsjá יִשְׂרָאֵל Yisrael. עוֹמֶדֶת omédet בְּאֶמְצַע beemtsa

הָרָקִיעַ harakía וְאוֹמֶרֶת veoméret: בָּרְכוּ barjú יהוה ריבוע יהוה וריבוע מ"ה אֶת et

יְהֹוָה אהדונהי Adonai הַמְבֹרָךְ hamevoraj ס"ת כהת, משיח בן דוד ע"ה וְכָל vejol ילי

גְּדוּדֵי gdudei מַעְלָה mala עוֹנִים onim: בָּרוּךְ Baruj יְהֹוָה אהדונהי Adonai

הַמְבֹרָךְ hamevoraj לְעוֹלָם leolam ריבוע ס"ג וי' אותיות דס"ג וָעֶד vaed.

Señor, nuestro Dios, se arrodillen y se prosternen y honren Tu glorioso Nombre. Y todos aceptarán el yugo de Tu Reino y Tú reinarás sobre ellos para siempre jamás. Pues el Reino es Tuyo. Y para siempre y por la eternidad, Tú reinarás en gloria. Como está escrito en la Torá: "El Señor reinará por los siglos de los siglos" (Éxodo 15:18) *y también está dicho: "El Señor será Rey sobre toda la Tierra y, en aquél día, el Señor será Uno y Uno su Nombre"* (Zacarías 14:9).

Rabí Akivá dijo: Erguido en el Cielo hay un animal llamado Israel, e Israel está grabado en su frente, y ella está erguida en medio del Cielo diciendo: Bendigan al Señor, el Bendito, y todas las huestes del Cielo contestan: Bendito sea el Señor, el Bendito, por siempre y por la eternidad.

HAVDALÁ

Para completar y cerrar el *Shabat* o la festividad, hacemos *Havdalá*, que significa literalmente "separación". Muchas veces, las personas que consideramos como nuestros amigos en realidad son nuestros enemigos, y las personas que consideramos como nuestros enemigos son realmente nuestros amigos. Si compartimos información personal e íntima con nuestros supuestos amigos, en caso de que lleguen a convertirse en nuestros enemigos, serían el tipo de enemigo más peligroso que podríamos tener. Por ende, saber diferenciar entre el bien y el mal es vital si queremos alcanzar un estado de paz y serenidad en nuestra vida. Participar en la *Havdalá* nos ayuda a obtener una comprensión más profunda, conocimiento y mayor conciencia sobre qué es bueno y qué es malo para nuestra vida personal.

Algunos comienzan aquí:

אָנָּא aná ב"ן יְהֹוָה יאהדונהי Adonai הוֹשִׁיעָה hoshía יהוה וש"ע נהורין נָא na:
אָנָּא aná ב"ן יְהֹוָה יאהדונהי Adonai הוֹשִׁיעָה hoshía יהוה וש"ע נהורין נָא na:
אָנָּא aná ב"ן יְהֹוָה יאהדונהי Adonai הַצְלִיחָה hatslija נָא na:
אָנָּא aná ב"ן יְהֹוָה יאהדונהי Adonai הַצְלִיחָה hatslija נָא na:
הַצְלִיחֵנוּ hatslijenu. הַצְלַח hatslíaj דְּרָכֵינוּ drajeinu. הַצְלַח hatslíaj
לִמּוּדֵינוּ limudeinu. וּשְׁלַח ushlaj בְּרָכָה brajá רְוָחָה revajá
וְהַצְלָחָה vehatslajá בְּכָל bejol ב"ן, לכב מַעֲשֵׂה maasé יָדֵינוּ yadeinu,
כְּדִכְתִיב quedijtiv: יִשָּׂא yisá בְרָכָה vrajá מֵאֵת meet ר"ת יבמ, ב"ן
יְהֹוָה יאהדונהי Adonai וּצְדָקָה utsdaká ע"ה ריבוע אלהים ; יהה מֵאֱלֹהֵי meElohei
מילוי דע"ב, דמב ; ילה יִשְׁעוֹ yishó שכינה ע"ה ; ס"ת יהוה: לַיְּהוּדִים layehudim מלה
הָיְתָה haytá אוֹרָה orá וְשִׂמְחָה vesimjá וְשָׂשֹׂן vesasón וִיקָר vikar, וּכְתִיב ujtiv:
וַיְהִי vayehí דָוִד David לְכָל lejol יה אדני דְּרָכָו drajav מַשְׂכִּיל masquil
וַיהֹוָה יאהדונהי vaAdonai עִמּוֹ imó: כֵּן quen יִהְיֶה yihyé ייי
עִמָּנוּ imanu ריבוע ס"ג, קס"א ע"ה וד' אותיות תָּמִיד tamid ע"ה קס"א קנ"א קמ"ג:

Continúa con "*kos yeshuot esá*..." en la página siguiente.

Meditación para la memoria espiritual (antes de decir *Havdalá*):

משבענא עליך פורה שר של שכחה שתסיר לב טפש ממני
ותשליכהו על טורי רומיא ארמימ"ס רמימ"ס מימב"ס ימ"ס מ"ס ס'.
וְנֹחַ veNóaj מָצָא matsá חֵן jen מילוי ריבוע מ"ה, מוזי
בְּעֵינֵי beeinei ריבוע מ"ה יְהֹוָה יאהדונהי Adonai:

HAVDALÁ

"Por favor, Señor, sálvanos. Por favor, Señor, sálvanos. Por favor, Señor, danos éxito. Por favor, Señor, danos éxito" (Salmos 118:25). Danos éxito, haz nuestros caminos exitosos, haz nuestros estudios exitosos, y envía bendiciones y tranquilidad a toda la obra de nuestras manos, como está escrito: "Él recibirá bendición del Señor y rectitud del Dios de su salvación" (Salmos 24:5). "Y fue para los judíos Luz y alegría, y dicha y honra" (Ester 8:16). Y también está escrito: "Y David fue exitoso en todos sus caminos porque el Señor está con él. Que Él esté con nosotros por siempre" (1 Samuel 18:14).

No debemos agregar agua al vino de *Havdalá*.

הִנֵּה hiné אֵל El ייא״י (מילוי ד״ס״ג) יְשׁוּעָתִי yeshuatí אֶבְטַח evtaj

וְלֹא veló אֶפְחָד efjad כִּי־ qui עָזִּי ozí אלהים ע״ה, אהיה אדני ע״ה וְזִמְרָת vezimrat

יָהּ Yah ההה יְהֹוָה יאהדונהי Adonai וַיְהִי־ vayehí לִי li לִישׁוּעָה lishuá:

וּשְׁאַבְתֶּם־ usheavtem מַיִם máyim בְּשָׂשׂוֹן besasón מִמַּעַיְנֵי mimaaynei

הַיְשׁוּעָה hayeshuá: לַיהֹוָה יאהדונהי laAdonai הַיְשׁוּעָה hayeshuá עַל־ al

עַמְּךָ amjá בִרְכָתֶךָ virjateja סֶּלָה sela: יְהֹוָה יאהדונהי Adonai

צְבָאוֹת Tsvaot פני שכינה עִמָּנוּ imanu ריבוע ס״ג, קס״א ע״ה וד׳ אותיות

מִשְׂגָּב־ misgav מהש, ע״ב בריבוע קס״א, אל שדי, ד״פ אלהים ע״ה לָנוּ lanu אלהים, אהיה אדני

אֱלֹהֵי Elohei מילוי ע״ב, דמב ; ילה יַעֲקֹב Yaakov ז׳ הויות, יאהדונהי אידהנויה סֶלָה sela:

יְהֹוָה יאהדונהי Adonai צְבָאוֹת Tsvaot פני שכינה אַשְׁרֵי ashrei אָדָם adam מ״ה ;

יהוה צבאות אשרי אדם = תפארת בֹּטֵחַ botéaj בָּךְ baj אדם בוטח בך = אמן (יאהדונהי) ע״ה; בוטח

בך = מילוי ע״ב ע״ה: יְהֹוָה יאהדונהי Adonai הוֹשִׁיעָה hoshía יהוה וש״ע נהורין

הַמֶּלֶךְ haMélej ר״ת יהה יַעֲנֵנוּ yaanenu בְיוֹם veyom ע״ה נגד, מזבח, זן, אל יהוה

קָרְאֵנוּ korenu ר״ת יב״ק, אלהים יהוה = אהיה אדני יהוה ; ס״ת = ב״ן ועם כ׳ ההמלך = ע״ב:

לַיְּהוּדִים layehudim מלה הָיְתָה haytá אוֹרָה orá וְשִׂמְחָה vesimjá

וְשָׂשֹׂן vesasón וִיקָר vikar: כֵּן quen תִּהְיֶה tihyé לָנוּ lanu אלהים, אהיה אדני.

כּוֹס־ cos אלהים, אהיה אדני ; ובמילוי (כף וו סמך) = עסמ״ב, הברכה (למתק את ז׳ המלכים שמתו)

יְשׁוּעוֹת yeshuot אֶשָּׂא esá וּבְשֵׁם uveshem יְהֹוָה יאהדונהי Adonai אֶקְרָא ekrá:

"He aquí que Dios es mi salvación, yo confiaré y no temeré. Efectivamente, el Señor es mi fortaleza y mi canción, y Él se ha convertido en mi salvación. Obtendrán agua con dicha de los pozos de salvación" (Isaías 12:2-3). *"La salvación pertenece al Señor, que Tus bendiciones reposen sobre Tu pueblo, Sela"* (Salmos 3:9). *"El Señor de los Ejércitos está con nosotros, el Dios de Yaakov es refugio para nosotros, Sela"* (Salmos 84:13). *"Señor de los Ejércitos, feliz es aquél que confía en Ti. Señor, sálvanos; que el Rey nos conteste el día que Le llamemos"* (Salmos 20:10). *"Y fue para los judíos Luz y alegría, y dicha y honra"* (Ester 8:16). *"Que así sea para nosotros. Alzaré la copa de salvaciones e invocaré el Nombre del Señor"* (Salmos 116:13).

סַבְרִי savrí מָרָנָן maranán

(Y los demás contestan:) לְחַיִּים lejayim אהיה אהיה יהוה, בינה ע״ה

BORÉ PRÍ HAGUEFEN

בָּרוּךְ Baruj אַתָּה Atá יְהֺוָהאדניאהדונהי Adonai (יוד הי ויו הי) אֱלֹהֵינוּ Eloheinu

ילה מֶלֶךְ Mélej הָעוֹלָם haolam בּוֹרֵא boré פְּרִי prí הַגָּפֶן haguefen:

En la noche del sábado (*Motsaéi Shabat*) agregamos las bendiciones de *besamim* (hierba o especia) y del fuego:

BORÉ ATSEI BESAMIM

La *Havdalá* incluye oler la fragancia de una rama de mirto (si no tenemos una rama de mirto, podemos usar otra fuente de fragancia natural) para llenar el espacio creado por la partida del alma adicional que estuvo presente en nosotros durante el *Shabat*.

Debes tomar un ramo de tres ramas de mirto (el que usas en *Shabat*) y meditar en que ellas corresponden a *Néfesh*, *Rúaj* y *Neshamá* para resguardar la energía del alma adicional (de todos los tres aspectos) de *Shabat*, y esto se hace ahora mismo con estos tres mirtos y con el acto de olerlos. Sostén los mirtos con tu mano derecha cuando los huelas, inhala profundamente su fragancia a través de tus fosas nasales tres veces (que corresponden a *Néfesh*, *Rúaj* y *Neshamá*). También medita en las siguientes cuatro palabras (sin pronunciarlas):

רֵיחַ נִיחוֹחַ אִשֶּׁה לַיהֺוָהאדניאהדונהי:

בָּרוּךְ Baruj אַתָּה Atá יְהֺוָהאדניאהדונהי Adonai (יוד הי ואו הי)

אֱלֹהֵינוּ Eloheinu ילה מֶלֶךְ Mélej הָעוֹלָם haolam בּוֹרֵא boré

עֲצֵי atsei (עִשְׂבֵי isbei) (מִינֵי minei) בְשָׂמִים vesamim:

BORÉ MEOREI HAESH

Después hacemos un puño con nuestra mano derecha y ocultamos el dedo pulgar debajo de los otros cuatro dedos, y subimos la mano de modo que podamos ver el reflejo de la vela de *Havdalá* en las uñas de nuestros cuatro dedos. Los antiguos kabbalistas nos enseñan que el cuerpo de Adam en realidad estaba compuesto de este esmalte. A medida que finaliza el *Shabat*, las fuerzas y entidades negativas inmediatamente rondan a nuestro alrededor como predadores hambrientos que intentan robarnos nuestra Luz. El primer lugar que impactan es los dedos, específicamente en las uñas. La luz de la vela reflejada en nuestras uñas extingue a estas entidades.

Con el permiso de Tus maestros, (y los demás contestan) *¡por la vida!*

BORÉ PRI HAGUEFEN

Bendito eres Tú, Señor, nuestro Dios, Rey del mundo, Quien crea los frutos de la vid.

BORÉ ATSEI BESAMIM

Bendito eres Tú, Señor, nuestro Dios,
Rey del mundo, Quien crea las plantas (especias) (variedades) de fragancia.

Usamos una vela especial compuesta de cera y que se enciende como antorcha para la conexión con esta bendición. Debes doblar los dedos de tu mano derecha hacia la palma, de modo que el pulgar quede cubierto debajo de éstos. Y los dedos deben formar un puño firmemente cerrado y que apunte hacia tu cara y hacia la vela. Debes sostener tu mano derecha arriba a la vez que flexionas tu codo y el frente de tus dedos da hacia tu rostro; después debes doblar los dedos contra la palma de la mano y hacer que la parte dorsal de tus dedos esté en dirección a la vela. En efecto, tus dedos deben estar doblados de modo que cubran al dedo pulgar, y sólo debes ver el reflejo de la Luz que proviene de tus uñas, y no el resto de tus dedos. La razón es que en los cuatro dedos hay 2500 fuerzas externas que absorben energía de los dedos, y es por ello que los exponemos ante la llama de la vela (que representa a la *Shejiná*), para doblegarlas. Y decimos la bendición "*boré meorei haesh*" porque queremos conectar con su Creador, no con ellas.

בָּרוּךְ Baruj אַתָּה Atá יְהֹוָהאדניאהדונהי Adonai (יוד הא ואו הא)
אֱלֹהֵינוּ Eloheinu ילה מֶלֶךְ Mélej הָעוֹלָם haolam
בּוֹרֵא boré מְאוֹרֵי meorei הָאֵשׁ haesh שאה:

HAMAVDIL

La bendición final separa el bien del mal, lo que nos da la capacidad de distinguir entre estas dos fuerzas en cada área de nuestra vida.

בָּרוּךְ Baruj אַתָּה Atá יְהֹוָהאדניאהדונהי Adonai אֱלֹהֵינוּ Eloheinu ילה מֶלֶךְ Mélej
הָעוֹלָם haolam הַמַּבְדִּיל hamavdil בֵּין bein קֹדֶשׁ kódesh לְחוֹל lejol
וּבֵין uvein אוֹר or רז, א״ס לְחֹשֶׁךְ lejóshej שך נצוצות של ז׳ המלכים וּבֵין uvein
יִשְׂרָאֵל Yisrael לָעַמִּים laamim וּבֵין uvein יוֹם yom
ע״ה נגד, מזבח, זן, אל יהוה הַשְּׁבִיעִי hashvií לְשֵׁשֶׁת lesheshet יְמֵי yemei
הַמַּעֲשֶׂה hamaasé. בָּרוּךְ Baruj אַתָּה Atá יְהֹוָהאדניאהדונהי Adonai
(יוד הה וו הה) הַמַּבְדִּיל hamavdil בֵּין bein קֹדֶשׁ kódesh לְחוֹל lejol (קליפת נגה):

Después de realizar la *Havdalá*, debes sentarte y beber "*reviít*" (aproximadamente tres onzas de vino) y luego decir la última bendición. Si no puedes beber del vino, debes dárselo a alguien que tenga la intención de cumplir su obligación de beber (en tu lugar) y esta persona debe decir la última bendición. Pero si la otra persona no tiene la intención de cumplir su obligación de beber el vino, sólo debe decir la bendición "*boré pri haguefen*" y beber. Existe una creencia de que las mujeres no deberían beber vino de la *Havdalá* porque la fruta del Árbol del Conocimiento era la uva. Y a raíz del pecado, Eva tuvo la sangre de la menstruación para diferenciarla de Adam (nosotros no le prestamos atención a esto). Pero incluso para las mujeres que sí le prestan atención a esto, cuando hacen *Havdalá* por sí mismas, es mejor que hagan *Havdalá* con jugo de uva (o cerveza negra y deben decir *shehacol*) y después beber *reviít*.

BORÉ MEOREI HAESH

Bendito eres Tú, Señor, nuestro Dios, Rey del mundo, Quien crea las luminarias de fuego.

HAMAVDIL

Bendito eres Tú, Señor, nuestro Dios, Rey del mundo, Quien distingue entre lo Sagrado y lo mundano, y entre la Luz y la oscuridad, y entre Israel y las otras naciones, y entre el Séptimo Día y los seis días de acción. Bendito eres Tú, Señor, Quien distingue lo Sagrado de lo mundano.

1. *Kidush Levaná* debe recitarse en el período entre el séptimo día después de la Luna Nueva ("*Molad*") y el decimoquinto día (exactamente: catorce días, dieciocho horas y veintidós minutos después del *Molad*).
2. *Kidush Levaná* debe recitarse en un espacio abierto y bajo un cielo despejado, preferiblemente un sábado en la noche (en el mes de *Menajem-Av* recítalo después de *Tishá BeAv*, y en el mes de *Tishrei* recítalo después de *Yom Kipur*).
3. *Kidush Levaná* no debe recitarse un viernes en la noche o en la noche de alguna festividad, salvo que sea la última oportunidad de recitarlo durante el período mencionado anteriormente.

La Tierra es gobernada por el ciclo mensual de la Luna. Bendecimos la Luna cuando está creciente con el propósito de eliminar su negatividad y su influencia en nuestra vida personal, lo cual ocurre usualmente siete días después de *Rosh Jódesh* (la Luna Nueva). Al bendecir activamente a la Luna, tomamos control sobre ésta. Según la Torá, la Luna y el Sol alguna vez tuvieron igual tamaño y luminosidad. La Luna, no estando contenta con su posición de poder, denunció celosamente al Sol, con envidia porque ella también merecía gran valor e importancia. Debido a este celo sin razón, la Luna fue empequeñecida y no se le dio Luz propia. La única Luz que irradia la Luna proviene del Sol. Esta parábola revela nuestros propios celos. Muchas veces, tener ciertas posesiones no nos es suficiente. A veces nuestros deseos egoístas no quieren que otra persona tenga lo que nosotros tenemos, a pesar de que sus posesiones no disminuyan las nuestras de ninguna manera. La semilla de esta característica humana negativa es la Luna. Todos somos como la Luna en el sentido de que recibimos toda nuestra Luz de parte del Creador. El objetivo es que la Luna y nosotros irradiemos nuestra propia Luz. Actualmente, recibimos nuestra Luz del mundo de *Zeir Anpín*. Finalmente, al transformar nuestra naturaleza reactiva y al ser más proactivos, podremos conectar directamente con la *Sefirá* de *Biná*, lo cual es igual a que la Luna tenga su propia Luz. Este objetivo es llamado *Mashíaj*.

Lamenatséaj

La primera conexión en *Kidush Levaná* tiene trece versículos, que representan a los Trece Atributos. Además de esto, el número trece es uno sobre los doce signos del Zodíaco. Elevarse sobre los doce signos del Zodíaco nos eleva a su esfera de influencia, lo que por consiguiente nos da control y poder sobre los signos del Zodíaco, en vez de dejar que las constelaciones ejerzan control sobre nosotros. Mediante la ciencia de la astrología kabbalística, superamos su influencia y asumimos el control de nuestro destino. Nuestro comportamiento reactivo usual es el resultado de la influencia de los doce signos. Ser proactivo es superar dicha influencia.

En este salmo hay: 13 versículos que corresponden a los 13 atributos de misericordia,
Y seis veces el Nombre: יהוה que corresponde a los Seis Bordes de *Zeir Anpín*.

(א-אל) לַמְנַצֵּחַ lamenatséaj מִזְמוֹר mizmor לְדָוִד leDavid:

(ב-רווים) הַשָּׁמַיִם hashamáyim י״פ טל, י״פ כוזו מְסַפְּרִים mesaprim כְּבוֹד quevod

אֵל El ייא״י (מילוי דס״ג) ; ר״ת מכאל (מיכאל = נגא) ; כבוד אל = ס״ג (יוד הי ואו הי - דעת דנוקבא)

וּמַעֲשֵׂה umaasé יָדָיו yadav מַגִּיד maguid הָרָקִיעַ harakía:

(ג-וזנון) יוֹם yom ע״ה נגד, מזבח, זן, אל יהוה לְיוֹם leyom ע״ה נגד, מזבח, זן, אל יהוה

יַבִּיעַ yabía אֹמֶר omer וְלַיְלָה velayla מלה לְּלַיְלָה lelayla מלה

יְחַוֶּה־ yejavé דָּעַת dáat: (ד-ארך) אֵין־ ein אֹמֶר omer וְאֵין veéin

דְּבָרִים dvarim ראה בְּלִי blí נִשְׁמָע nishmá קוֹלָם kolam:

Lamnatséaj

"1) Al director, una cántico de David. 2) Los Cielos declaran la gloria de Dios y la amplitud del firmamento habla de Su obra. 3) Día tras día trae expresiones de encomio, y noche tras noche denota sabiduría. 4) No hay habla y no hay palabras, su sonido es inaudible.

(ה-אפים) בְּכָל- bejol ב"ן, לכב הָאָרֶץ haárets אלהים דההין ע"ה יָצָא yatsá
קַוָּם kavam וּבִקְצֵה uviktsé תֵבֵל tevel ב"פ רי"ו מִלֵּיהֶם mileihem
לַשֶּׁמֶשׁ lashémesh שָׂם- sam אֹהֶל óhel בָּהֶם bahem: (ו-ורב וסד)
וְהוּא veHú כְּחָתָן quejatán יֹצֵא yotsé מֵחֻפָּתוֹ mejupató יָשִׂישׂ yasís
כְּגִבּוֹר queguibor לָרוּץ laruts אֹרַח óraj: (ז-ואמת) מִקְצֵה miktsé
הַשָּׁמַיִם hashamáyim י"פ טל, י"פ כוזו מוֹצָאוֹ motsaó וּתְקוּפָתוֹ utkufató עַל- al
קְצוֹתָם ktsotam וְאֵין veéin נִסְתָּר nistar ב"פ מצר מֵחַמָּתוֹ mejamató:

Los kabbalistas escribieron: Este salmo tiene una gran y magnífica capacidad de protección. A partir de aquí, tenemos seis versículos consecutivos con cinco palabras cada uno, y la segunda palabra de cada uno de ellos es: יהוה. Debes contar las palabras con los dedos de tu mano derecha de la siguiente manera: Dices la primera palabra y cierras el pulgar hacia la palma de tu mano, luego dices la segunda palabra que es יהוה y mantienes el dedo índice arriba, después dices la tercera palabra y cierras el dedo medio, dices la cuarta palabra y cierras el dedo anular, y cuando dices la quinta palabra cierras el meñique. Y mientras haces esto, medita en que el Creador enderezará a aquellos que están torcidos y, también, que todos tus enemigos espirituales se rindan y tú logres vencerlos.

(וז-נצר וסד) תּוֹרַת torat יְהֹוָהאדנהי יאהדונהי Adonai (*Jésed*) תְּמִימָה temimá
מְשִׁיבַת meshivat נָפֶשׁ náfesh עֵדוּת edut יְהֹוָהאדנהי יאהדונהי Adonai (*Guevurá*)
נֶאֱמָנָה neemaná מַחְכִּימַת majquimat פֶּתִי petí: (ט-לאלפים) פִּקּוּדֵי pikudei מנק
יְהֹוָהאדנהי יאהדונהי Adonai (*Tiféret*) יְשָׁרִים yesharim מְשַׂמְּחֵי- mesamjei
לֵב lev מִצְוַת mitsvat יְהֹוָהאדנהי יאהדונהי Adonai (*Nétsaj*) בָּרָה bará
מְאִירַת meirat עֵינָיִם eináyim ריבוע מ"ה: (י-נשא עון) יִרְאַת yirat
יְהֹוָהאדנהי יאהדונהי Adonai (*Hod*) טְהוֹרָה tehorá עוֹמֶדֶת omédet
לָעַד laad ב"פ ב"ן מִשְׁפְּטֵי- mishpetei יוהוווהאדנהי יאהדונהי Adonai (*Yesod*)
אֱמֶת emet אהיה פעמים אהיה, ו"פ ס"ג צָדְקוּ tsadkú יַחְדָּו yajdav:

---

5) Su voz se extiende a toda la Tierra, y sus palabras alcanzan los extremos más lejanos del mundo. Él había preparado una tienda en medio de ellos. 6) Y Él es como un novio que se acerca a su dosel nupcial, regocijándose como un guerrero que recorre su camino. 7) Al final de los Cielos está su fuente y su circuito está al otro extremo. Nada es oculto de su calor.

8)	*La Torá del Señor*	(Jésed) *es perfecta y restaura el alma.*
	El testimonio del Señor	(Guevurá) *es confiable, hace sabio al sencillo.*
9)	*Las órdenes del Señor*	(Tiféret) *son rectas y agradan al corazón.*
	El mandamiento del Señor	(Nétsaj) *es claro e ilumina los ojos.*
10)	*El temor de Dios*	(Hod) *es puro y perdura para siempre.*
	Los juicios de Dios	(Yesod) *son verdaderos y todos son justos.*

(י"א-ופשע) הַנֶּחֱמָדִים hanejemadim מִזָּהָב mizahav וּמִפָּז umipaz רָב rav

וּמְתוּקִים umetukim מִדְּבַשׁ midvash שו' דשופר ועם י"ד האווז הרי ש"ך דינין דגדלות

וְנֹפֶת venófet צוּפִים :tsufim גַּם־ gam עַבְדְּךָ avdeja פוי, אל אדני

נִזְהָר nizhar בָּהֶם bahem בְּשָׁמְרָם beshomram עֵקֶב ékev ב"פ מום רָב :rav

(י"ב-וזוטאה) שְׁגִיאוֹת shguiot מִי־ mi ילי יָבִין yavín מִנִּסְתָּרוֹת ministarot

נַקֵּנִי :nakeni (י"ג-ונקה) גַּם gam מִזֵּדִים mizedim וַחֲשֹׂךְ jasoj

ש"ך נצוצות של ו"ז המלכים עַבְדֶּךָ avdeja פוי, אל אדני אַל־ al יִמְשְׁלוּ־ yimshelu

בִּי vi אָז az אֵיתָם eitam וְנִקֵּיתִי venikeiti מִפֶּשַׁע mipesha רָב :rav

מ"ב אותיות בפסוק

יִהְיוּ yihyú אל (ייא" מילוי דס"ג) לְרָצוֹן leratsón מהש ע"ה, ע"ב בריבוע וקס"א ע"ה, אל שדי ע"ה

אִמְרֵי־ imrei פִּי fi ר"ת המספר אֶלֶף = אלף למד שין דלת יוד ע"ה

וְהֶגְיוֹן vehegyón לִבִּי libí לְפָנֶיךָ lefaneja ס"ג מ"ה ב"ן יְהֹוָהאדניאהדונהי Adonai

צוּרִי tsurí וְגֹאֲלִי :vegoalí

צוּרִי tsurí בָּעוֹלָם baolam הַזֶּה hazé והו וְגוֹאֲלִי vegoalí לָעוֹלָם leolam

ריבוע ס"ג י' אותיות דס"ג הַבָּא :habá וְכָל־ vejol ילי קַרְנֵי karnei רְשָׁעִים reshaim

אֲגַדֵּעַ agadea תְּרוֹמַמְנָה tromamná קַרְנוֹת karnot צַדִּיק :tsadik

HALELUYÁ

Este salmo habla acerca del Sol y la Luna. La sola mención de las dos palabras que se refieren a estos cuerpos celestes nos da una conexión con su energía interior. Las letras arameas son como teclas de un computador. Cuando presionamos la secuencia de teclas correcta en un terminal, podemos abrir cualquier archivo o documento interno. Al recitar la secuencia correcta de letras arameas que forman la palabra "Luna", por ejemplo, estamos abriendo un archivo interno, la energía interior de la Luna, lo que nos da una conexión directa con el "documento" y el control sobre éste.

---

11) Son más deseables que el oro y muchas gemas, y más dulces que la miel y lo que destila el panal. Incluso Tu siervo es cuidadoso con ellos, porque al guardar dichos juicios hay gran recompensa. 12) Pero Tú, Quien que puede discernir los errores, límpiame de las fallas que no haya visto. 13) Y, también, de los pecados intencionales refrena a Tu siervo. No permitas que me controlen; entonces seré perfeccionado y limpiado de grandes transgresiones. Sean gratos los dichos de mi boca y la meditación de mi corazón delante de Ti, Señor, mi Fortaleza y mi Redentor" (Salmos 19).

"Él es mi Fortaleza en este mundo y mi Redentor en el Mundo por Venir. Cortaré los cuernos de los perversos. Que los cuernos de los justos sean ensalzados" (Salmos 75:11).

הַלְלוּיָהּ haleluyá אלהים, אהיה אדני ; ללה הַלְלוּ halelú (*Asiyá*) אֶת־ et

יְהֹוָה יאהדונהי Adonai ר"ת אהיה מִן־ min הַשָּׁמַיִם hashamáyim

י"פ טל, י"פ כוזו ; ר"ת מ"ה הַלְלוּהוּ haleluhu (*Yetsirá*) בַּמְּרוֹמִים bameromim:

הַלְלוּהוּ haleluhu (*Briá*) כָל jol ילי מַלְאָכָיו malajav הַלְלוּהוּ haleluhu

(*Atsilut*) כָּל col ילי צְבָאָו tsevaav ר"ת הפסוק = ע"ב ס"ג מ"ה ; ס"ת הפסוק = אהיה ס"ג:

הַלְלוּהוּ haleluhu שֶׁמֶשׁ shémesh וְיָרֵחַ veyaréaj הַלְלוּהוּ haleluhu כָּל col ילי

כּוֹכְבֵי cojvei אוֹר or רז, אין סוף: הַלְלוּהוּ haleluhu שְׁמֵי shmei

הַשָּׁמָיִם hashamáyim י"פ טל, י"פ כוזו וְהַמַּיִם vehamáyim אֲשֶׁר asher מֵעַל meal

עלם הַשָּׁמָיִם hashamáyim י"פ טל, י"פ כוזו ; ר"ת מ"ה: יְהַלְלוּ yehalelú אֶת־ et

שֵׁם shem יְהֹוָה יאהדונהי Adonai כִּי qui הוּא Hu צִוָּה tsivá וְנִבְרָאוּ venivraú:

וַיַּעֲמִידֵם vayaamidem לָעַד laad ב"פ ב"ן לְעוֹלָם leolam ריבוע ס"ג וי' אותיות דס"ג

חָק־ jok נָתַן natán וְלֹא veló ס"ת קנ"א (אלף הה יוד הה, מקוה), אדני אלהים

יַעֲבוֹר yaavor רפ"ח (להעלות רפ"ח ניצוצות שנפלו לקליפה דמשם באים התחלואים):

Hacemos una conexión visual con la Luna para finalizar y asegurar nuestro control sobre este astro lunar. Nuestra intención es conectar con el aspecto positivo de la Luna, a la vez que cancelamos su influencia negativa. Debemos evitar tener contacto visual con la Luna nuevamente durante el resto del mes. Cualquier contacto adicional sólo atraerá influencias negativas.

כִּי־ qui אֶרְאֶה eré שָׁמֶיךָ shameja מַעֲשֵׂה maasé אֶצְבְּעֹתֶיךָ etsbeoteja

יָרֵחַ yaréaj וְכוֹכָבִים vejojavim אֲשֶׁר asher כּוֹנָנְתָּה conanta:

יְהֹוָה יאהדונהי Adonai אֲדֹנֵינוּ adoneinu מָה־ ma מ"ה אַדִּיר adir הרי

שִׁמְךָ Shimjá בְּכָל־ bejol ב"ן, לכב ; ומב הָאָרֶץ haárets אלהים דההין ע"ה:

HALELUYÁ

"¡Alaben al Señor! Alaben al Señor, desde los Cielos. Alábenlo en las alturas. Alábenlo, todos Sus ángeles. Alábenlo, todas Sus Huestes. Alábenlo, Sol y Luna. Alábenlo, todos los astros de Luz. Alábenlo, firmamentos elevados y todas las aguas sobre los Cielos. Que todos alaben el Nombre del Señor, pues Él ordenó y ellos fueron creados. Él definió los estatutos que no pueden ser transgredidos" (Salmos 148:1-6).

"Cuando observo Tus Cielos, la obra de Tus Dedos, la Luna y las estrellas que Tú has establecido" (Salmos 8:4). *"Dios, Señor nuestro, cuán poderoso es Tu Nombre en todo el mundo"* (Salmos 8:10).

LESHEM YIJUD

Nos preparamos para la conexión lunar al engranar los Mundos Superiores (el Cielo) y el Mundo Inferior (la Tierra).

לְשֵׁם leshem יִחוּד yijud קוּדְשָׁא kudshá בְּרִיךְ berij הוּא Hu
וּשְׁכִינְתֵּיהּ uShjintei (יאהדונהי) בִּדְחִילוּ bidjilu וּרְחִימוּ urjimu
(יאהדויהה), וּרְחִימוּ urjimu וּדְחִילוּ udjilu (איההיוהה), לְיַחֲדָא leyajdá
שֵׁם shem יו"ד yud קֵ"י kei בְּוָא"ו bevav קֵ"י kei בְּיִחוּדָא beyijudá
שְׁלִים shlim (יהוה) בְּשֵׁם beshem כָּל col ילי יִשְׂרָאֵל Yisrael.
הִנֵּה hiné אֲנַחְנוּ anajnu בָּאִים baim לְבָרֵךְ levarej בִּרְכַּת bircat
הַלְּבָנָה halevaná כְּמוֹ quemó שֶׁתִּקְּנוּ shetiknú לָנוּ lanu אלהים, אהיה אדני
רַזַ"ל razal עִם im כָּל col ילי הַמִּצְוֹת hamitsvot הַכְּלוּלוֹת haclulot בָּהּ ba,
לְתַקֵּן letakén אֶת et שׁוֹרְשָׁהּ shorshá בְּמָקוֹם bemakom עֶלְיוֹן elyón.
וִיהִי vihí נֹעַם nóam אֲדֹנָי Adonai ללה אֱלֹהֵינוּ Eloheinu ילה
עָלֵינוּ aleinu וּמַעֲשֵׂה umaasé יָדֵינוּ yadeinu כּוֹנְנָה conená
עָלֵינוּ aleinu וּמַעֲשֵׂה umaasé יָדֵינוּ yadeinu כּוֹנְנֵהוּ conenehu:

BARUJ ATÁ

Esta es la verdadera conexión para la Bendición de la Luna. Las bendiciones y salmos anteriores fueron una preparación que era necesaria para llegar a este punto. No obstante, este verso es la culminación.

בָּרוּךְ baruj אַתָּה Atá יְהֹוָהאדניאהדונהי Adonai אֱלֹהֵינוּ Eloheinu ילה
מֶלֶךְ mélej הָעוֹלָם haolam אֲשֶׁר asher בְּמַאֲמָרוֹ bemaamaró
בָּרָא bará קנ"א ב"ן, יהוה אלהים יהוה אדני, מילוי קס"א ס"ג, מ"ה ברבוע ע"ב ע"ה
שְׁחָקִים shejakim וּבְרוּחַ uverúaj פִּיו piv כָּל col ילי צְבָאָם tsevaam.

"En aras de la unificación entre el Santísimo, bendito sea Él, y Su Shejiná, con temor y amor y con amor y temor, para unificar el Nombre Yud-Kei y Vav-Kei en perfecta unidad, y en nombre de todo Israel, hemos venido por este medio a recitar la Bendición de la Luna, como fue establecido para nosotros por nuestros Sabios de bendita memoria, con todos los mandamientos contenidos en ella, a fin de rectificar su fuente en un lugar elevado. "Y sea la hermosura del Señor, nuestro Dios, sobre nosotros y que Él establezca la obra de nuestras manos, y que la obra de nuestras manos lo establezca a Él" (Salmos 90:17).

BARUJ ATÁ

Bendito seas Tú, Señor, nuestro Dios, Rey del mundo,
Quien creó los Cielos con el aliento de Su Palabra y con el aliento de Su Boca, todas sus Huestes.

et אֶת־ yeshanu יְשַׁנּוּ sheló שֶׁלֹּא lahem לָהֶם natán נָתַן uzmán וּזְמַן jok חֹק

laasot לַעֲשׂוֹת usmejim וּשְׂמֵחִים sasim שָׂשִׂים •tafkidam תַּפְקִידָם

•koneihem קוֹנֵיהֶם מהש ע״ה, ע״ב בריבוע וקס״א ע״ה, אל שדי ע״ה retsón רְצוֹן

emet אֱמֶת shepeulató שֶׁפְּעֻלָּתוֹ אהיה פעמים אהיה, ז״פ ס״ג emet אֱמֶת poel פּוֹעֵל

shetitjadesh שֶׁתִּתְחַדֵּשׁ amar אָמַר velalevaná וְלַלְּבָנָה •אהיה פעמים אהיה, ז״פ ס״ג

•vaten בָטֶן laamusei לַעֲמוּסֵי tiféret תִּפְאֶרֶת atéret עֲטֶרֶת י״ב הויות, קס״א קנ״א

lehitjadesh לְהִתְחַדֵּשׁ atidim עֲתִידִים hem הֵם shegam שֶׁגַּם

al עַל leyotsram לְיוֹצְרָם ulfaer וּלְפָאֵר cmotá כְּמוֹתָהּ י״ב הויות, קס״א קנ״א

Atá אַתָּה baruj בָּרוּךְ •maljutó מַלְכוּתוֹ quevod כְּבוֹד shem שֵׁם

:jodashim חֳדָשִׁים י״ב הויות, קס״א קנ״א mejadesh מְחַדֵּשׁ Adonai יְהֹוָהאדניאהדונהי

Esta frase se usa usualmente en las celebraciones, como en una boda. Le deseamos a alguien "un buen signo", queriendo decir que tenga control sobre los signos del Zodíaco y que conecte sólo con el aspecto positivo. La palabra *Tov* טוב es un código del Nombre: *Vav*, *Hei*, *Vav* והו, el primer Nombre y la semilla de los 72 Nombres de Dios. Ambos, טוב y והו, comparten el valor numérico de 17. Esta frase nos da el poder de transformar la negatividad en positividad al cambiar el ADN en el nivel de la semilla de cualquier situación.

Recita este verso tres veces:

אלהים, אהיה אדני lanu לָנוּ tehí תְּהִי והו tov טוֹב besimán בְּסִימָן

:Yisrael יִשְׂרָאֵל יה אדני ulejol וּלְכָל

Repetimos los siguientes versos (hasta "*David mélej Yisrael jai vekayam*") tres veces.

Yetsirá – Para que *Yetsirá* bendiga a *Asiyá*.	yotsrij יוֹצְרֵךְ Baruj בָּרוּךְ
Asiyá – Para que la *Hei* Inferior conecte con la *Vav*.	osij עוֹשֵׂךְ Baruj בָּרוּךְ
Atsilut – Para que *Atsilut* bendiga a *Briá*.	konij קוֹנֵךְ Baruj בָּרוּךְ
Briá – Para que la *Hei* Superior conecte con la *Yud*.	borij בּוֹרְאֵךְ Baruj בָּרוּךְ

(ר״ת יעקב (ו׳ הויות, יאהדונהי אידהנויה

Él les dio ley y tiempo para que no se desviaran de su asignación. Ellos se regocijan y se deleitan en hacer la voluntad de su Señor. Un verdadero trabajador cuyo trabajo es verdad. Él le dijo a la Luna que se renovara a sí misma y que sea corona de gloria para aquellos que se encuentran en el vientre, porque ellos también están destinados a ser renovados como la Luna y glorificarán a su Hacedor por la gloria del Nombre de Su Reino. Bendito eres Tú, Señor, Quien renueva los meses.

Que sea un buen signo para nosotros y para todo Israel.
Bendito es Aquél que te formó. Bendito es Aquél que te hizo.
Bendito es Aquél que te posee. Bendito es Aquél que te creó.

כְּשֵׁם queshem שֶׁאֲנַחְנוּ sheanajnu מְרַקְּדִים merakdim

Salta tres veces y medita en elevar los Mundos de *Asiyá*, *Yetsirá* y *Briá* hacia *Atsilut*.

כְּנֶגְדְּךָ quenegdij וְאֵין veéin אֲנַחְנוּ anajnu יְכוֹלִים yejolim לִגַּע ligá

בִּיךְ bij◆ כַּךְ caj אִם im יוהך, מ״א אותיות דאהיה פשוט, מילוא ומילוי דמילואו ע״ה

יְרַקְּדוּ yerakdú אֲחֵרִים ajerim כְּנֶגְדֵּנוּ quenegdenu לְהַזִּיקֵנוּ lehazikenu◆

לֹא lo יוּכְלוּ yujlú לִגַּע ligá בָּנוּ banu◆ וְלֹא veló יִשְׁלְטוּ yishletú בָּנוּ vanu◆

וְלֹא veló יַעֲשׂוּ yaasú בָּנוּ vanu שׁוּם shum רוֹשֶׁם roshem◆

(algunos agregan: יְהִי yehí רָצוֹן ratsón שֶׁלֹּא sheló יְהֵא yehé לָנוּ lanu כְּאֵב queev שִׁינַּיִם shináyim)

MALJUT

Ahora queremos proteger a nuestro mundo de *Maljut* de toda la negatividad, porque *Maljut* es el mundo más cercano a las *klipot*. No queremos que *Maljut* tenga ninguna conexión con estas entidades negativas. El siguiente versículo es igual a este, pero invertido, para así desarraigar a las *klipot* de nuestra vida. Cuando desarraigamos a nuestras *klipot*, la Luz decide a quién será transferida esta negatividad. Si una persona verdaderamente quiere cambiar su naturaleza negativa, puede arrancar y transferir todas sus *klipot* a las personas malignas de nuestro mundo. Sin embargo, si una persona evita el cambio espiritual y mantiene sus costumbres egoístas y basadas en el interés propio, no sólo estará estancada en la ciénaga de su infelicidad y negatividad, sino que también será un objetivo potencial y un imán para la negatividad de las demás personas.

תִּפֹּל tipol עֲלֵיהֶם aleihem אֵימָתָה eimatá וָפַחַד vafájad ר״ת תעאו שם קדוש

בִּגְדֹל bigdol זְרוֹעֲךָ zroajá יִדְּמוּ yidmú כָּאָבֶן caaven ר״ת טל, כוזו, יוד הא ואו:◆

כָּאָבֶן caaven יִדְּמוּ yidmú זְרוֹעֲךָ zroajá בִּגְדֹל bigdol

וָפַחַד vafájad אֵימָתָה eimatá עֲלֵיהֶם aleihem תִּפֹּל tipol:◆

Regresa a "*baruj yotsrij*" (pág. 621) y recita todo nuevamente tres veces.

REY DAVID

El Rey David era el Rey de Israel. Él también es la manifestación física de la *Sefirá* de *Maljut*. Pronunciar este versículo conecta toda la Luz que hemos despertado con nuestro mundo de *Maljut*.

דָּוִד David מֶלֶךְ mélej יִשְׂרָאֵל Yisrael חַי jai וְקַיָּם vekayam

דוד מלך חי וקיים = רפ״ח (להעלות רפ״ח ניצוצות שנפלו לקליפה דמשם באים התולואים):◆ 3x

---

Y así como nosotros danzamos ante Ti, pero no podemos tocarte, de la misma manera será si los otros intentan atacarnos: no podrán tocarnos, gobernarnos ni dejar marca en nosotros.

MALJUT

"Que el temor y el miedo los aceche. Por la grandeza de Tu brazo, que se paralicen como piedra" (Éxodo 16:13). *Como piedra se paralizarán, por Tu brazo en su grandeza. Que los aceche el miedo y el temor.*

REY DAVID

David, Rey de Israel, vive y prevalece. (x3)

Recitamos lo siguiente (hasta "*bekirbí*") siete veces; de *Jésed* a *Maljut*.

אָמֵן יאהדונהי amén אָמֵן יאהדונהי amén אָמֵן יאהדונהי :amén

נֶצַח Nétsaj נֶצַח Nétsaj נֶצַח :Nétsaj

סֶלָה sela סֶלָה sela סֶלָה :sela וָעֶד vaed וָעֶד vaed וָעֶד :vaed

לֵב lev טָהוֹר tahor י״פ אכא בְּרָא berá קנ״א ב״ן, יהוה אלהים יהוה אדני, מילוי קס״א ס״ג,

מ״ה ברבוע ע״ב ע״ה ; לב טהור ברא = קס״א קנ״א קמ״ג לִי li אֱלֹהִים Elohim

וְרוּחַ verúaj נָכוֹן najón חַדֵּשׁ jadesh י״ב הויות, קס״א קנ״א בְּקִרְבִּי bekirbí :שדי

SHIR LAMAALOT

שִׁיר shir לַמַּעֲלוֹת lamaalot אֶשָּׂא esá עֵינַי einai ריבוע מ״ה

אֶל־ el הֶהָרִים heharim מֵאַיִן meayin יָבֹא yavó עֶזְרִי :ezrí

עֶזְרִי ezrí מֵעִם meim יְהֹוָהאדנייאהדונהי Adonai עֹשֵׂה osé שָׁמַיִם shamáyim

וָאָרֶץ :vaárets י״פ טל, י״פ כוזו אַל־ al יִתֵּן yitén לַמּוֹט lamot רַגְלֶךָ ragleja

אַל־ al יָנוּם yanum שֹׁמְרֶךָ :shomreja הִנֵּה hiné לֹא־ lo יָנוּם yanum

וְלֹא veló יִישָׁן yishán ע״ע נהורין דא״א שׁוֹמֵר shomer כ״א ההויות שבתפילין

יִשְׂרָאֵל :Yisrael יְהֹוָהאדנייאהדונהי Adonai שֹׁמְרֶךָ shomreja

יְהֹוָהאדנייאהדונהי Adonai צִלְּךָ tsiljá עַל־ al יַד yad יְמִינֶךָ yemineja :הי״ו

יוֹמָם yomam הַשֶּׁמֶשׁ hashémesh לֹא־ lo יַכֶּכָּה yaqueca ר״ת ילה

וְיָרֵחַ veyaréaj בַּלָּיְלָה balayla :מלה יְהֹוָהאדנייאהדונהי Adonai

יִשְׁמָרְךָ yishmorjá מִכָּל־ micol ילי רָע ra יִשְׁמֹר yishmor

אֶת־ et נַפְשֶׁךָ nafsheja :מיכ יְהֹוָהאדנייאהדונהי Adonai יִשְׁמָר yishmor

צֵאתְךָ tsetjá וּבוֹאֶךָ uvoeja מֵעַתָּה meatá וְעַד־ vead עוֹלָם olam :וולי

Amén, Amén, Amén, Eterno, Eterno, Eterno, Sela, Sela, Sela. Por siempre, por siempre, por siempre. "Crea para mí un corazón puro, Dios, y renueva dentro de mí un espíritu correcto" (Salmos 51:12).

SHIR LAAMALOT

"Cántico de las Ascensiones:

Alzaré mis ojos a las montañas, ¿de dónde provendrá mi auxilio? Mi ayuda viene del Señor, que hizo los Cielos y la Tierra. Él no permitirá que resbale tu pie. Tu Guardián nunca duerme. He aquí que Él no dormita ni duerme, el Guardián de Israel. El Señor es tu Guardián. El Señor es la sombra protectora sobre tu diestra. No te herirá el Sol de día ni la Luna de noche. El Señor te guardará de todo mal. Él cuidará tu alma. El Señor protegerá tu partida y tu regreso, desde ahora para siempre" (Salmos 121).

HALELUYÁ - HALELÚ EL BEKODSHÓ

Este salmo nos conecta con Me-ta-trón מטטרון (**no pronunciar**), el ángel más elevado de todos y el que los controla a todos en el mundo espiritual. Su nombre contiene seis letras arameas. Cada versículo en esta conexión ayuda a formar el Nombre. Él puede darnos control sobre nuestro mundo físico y asistirnos en lograr nuestro trabajo espiritual

אל (״יא״ מילוי דס״ג) אותיות בפסוק הַלְלוּיָהּ haleluyá (*Kéter*) אלהים, אהיה אדני ; ללה

הַלְלוּ- halelú אֵל El ״יא״ (מילוי דס״ג) בְּקָדְשׁוֹ bekodshó

הַלְלוּהוּ haleluhu (*Jojmá*) בִּרְקִיעַ birkía עֻזּוֹ uzó ס״ת = ע״ב ב״ן:

הַלְלוּהוּ haleluhu (*Biná*) בִגְבוּרֹתָיו vigvurotav הַלְלוּהוּ haleluhu (*Jésed*)

כְּרֹב querov גֻּדְלוֹ gudló: הַלְלוּהוּ haleluhu (*Guevurá*) בְּתֵקַע beteka

שׁוֹפָר shofar הַלְלוּהוּ haleluhu (*Tiféret*) בְּנֵבֶל benével וְכִנּוֹר vejinor:

הַלְלוּהוּ haleluhu (*Nétsaj*) בְתֹף betof וּמָחוֹל umajol הַלְלוּהוּ haleluhu (*Hod*)

בְּמִנִּים beminim וְעֻגָב veugav: הַלְלוּהוּ haleluhu (*Yesod*) בְּצִלְצְלֵי- vetsiltselei

שָׁמַע shamá הַלְלוּהוּ haleluhu (*Maljut*) בְּצִלְצְלֵי betsiltselei תְרוּעָה teruá:

כֹּל col ילי הַנְּשָׁמָה haneshamá תְּהַלֵּל tehalel ר״ת כהת, משיח בן דוד ע״ה

יָהּ Yah הַלְלוּיָהּ haleluyá אלהים, אהיה אדני ; ללה:

כֹּל col ילי הַנְּשָׁמָה haneshamá תְּהַלֵּל tehalel ר״ת כהת, משיח בן דוד ע״ה

יָהּ Yah הַלְלוּיָהּ haleluyá אלהים, אהיה אדני ; ללה:

TANÁ

Este versículo dice: "Si tuviéramos el privilegio de conectar con el rostro del Creador una vez al mes, sería suficiente". Cuando bendecimos a la Luna, transformamos la negatividad del mundo en positividad desde el nivel de la semilla, estamos cara a cara con el Creador. Debido a que estamos cara a cara con el Creador, nuestra negatividad es eliminada.

תָּנָא taná דְבֵי dvei רַבִּי Ribí יִשְׁמָעֵאל Yishmael. אִלְמָלֵא ilmalé זָכוּ zajú

בְּנֵי vnei יִשְׂרָאֵל Yisrael אֶלָּא ela לְהַקְבִּיל lehakbil פְּנֵי pnei חכמה בינה

HALELUYÁ – HALELÚ EL BEKODSHÓ

"¡Aleluya! Alaben a Dios en Su Santuario. Alábenle en Su poderoso firmamento; alábenle por Sus grandes proezas; alábenle conforme a Su grandeza; alábenle con el toque del Shofar; alábenle con el arpa y la cítara; alábenle tamboriles y danzas; alábenle con laudes y flautas; alábenle con resonantes platillos; alábenle con platillos reverberantes. ¡Alaben al Señor todas las almas! ¡Aleluya! ¡Alaben al Señor todas las almas! ¡Aleluya!" (Salmos 150).

TANÁ

"Se enseñó en la casa de Rabí Yishmael:
Si los hijos de Israel tuvieran el privilegio de contemplar el Rostro

אֲבִיהֶם avihem שֶׁבַּשָּׁמַיִם shebashamáyim י״פ טל, י״פ כוזו פַּעַם paam מנק
אַחַת ajat בַּחֹדֶשׁ bajódesh י״ב הויות, קס״א קנ״א דַּיָּם dayam.
אָמַר amar אַבַּיֵּי Abayei הִלְכָּךְ helcaj נֵימְרִינְהוּ nimrinhú מְעוּמָּד meomed:

Decimos *Kadish Al Yisrael* (págs. 444-446) y después continuamos:

VEHAYÁ

Pedimos que la luz de la Luna sea como la como la del Sol nuevamente. Esta es nuestra conexión con el Mesías, cuando el Sol y la Luna sean dos reyes iguales reinando en los Cielos.

וְהָיָה vehayá יהוה ; יהה אוֹר־ or רז, א״ס הַלְּבָנָה halevaná כְּאוֹר queor רז, א״ס
הַחַמָּה hajamá וְאוֹר veor רז, א״ס הַחַמָּה hajamá יִהְיֶה yihyé ייי
שִׁבְעָתַיִם shivatáyim כְּאוֹר queor רז, א״ס שִׁבְעַת shivat הַיָּמִים hayamim נלך
בְּיוֹם beyom ע״ה נגד, מזבח, זן, אל יהוה חֲבֹשׁ javosh יְהֹוָאדהנָי־אהדונהי Adonai אֶת־ et
שֶׁבֶר shéver עַמּוֹ amó וּמַחַץ umajats מַכָּתוֹ macató יִרְפָּא yirpá: וַתַּעְדִּי vataadí
זָהָב zahav וָכֶסֶף vajésef וּמַלְבּוּשֵׁךְ umalbushej שֵׁשׁ shesh (כתיב : ששי)
וָמֶשִׁי vameshi וְרִקְמָה verikmá סֹלֶת sólet וּדְבַשׁ udvash שו״ דשופר וי״ד האוזו =
ש״ך דינין דגדלות וָשֶׁמֶן vashemen אָכָלְתְּ ajalt (כתיב : אכלתי) וַתִּיפִי vatifí
בִּמְאֹד bimeod מְאֹד meod וַתִּצְלְחִי vatitslejí לִמְלוּכָה limlujá:

SHALOM ALEIJEM

Deseamos *Shalom Aleijem* / *Aleijem Shalom* al menos a tres personas para concluir la Bendición de la Luna. *Shalom Aleijem* ofrece la paz a nuestro prójimo. La contestación de *Aleijem Shalom* ofrece la paz de regreso. La acción de extendernos hacia los demás ayuda a manifestar la energía de "amar a tu prójimo". Este es un momento poderoso para infundir este tipo de energía porque acabamos de eliminar la negatividad desde su fuente (la Luna), lo que nos da una ventana de oportunidad para efectuar un cambio positivo.

Decir "*Shalom Aleijem*" es para ayudar a eliminar los celos que la Luna tiene del Sol.

Debes bendecir a tres de tus compañeros: שָׁלוֹם shalom עֲלֵיכֶם aleijem

Cada uno de los tres compañeros contesta: עֲלֵיכֶם aleijem שָׁלוֹם shalom:

Sacude los bordes de tu ropa y medita en eliminar todas las *klipot* (las *klipot* siempre se adhieren a los bordes) que fueron creadas por los celos de la Luna, y luego observa tus *Tsitsit*.

---

de su Padre en los Cielos sólo una vez al mes, sería suficiente para ellos. Abayé dijo: Por lo tanto, recitemos mientras estamos de pie" (Sanedrín 42a).

VEHAYÁ

"Y la luz de la Luna será como la luz del Sol, y la luz del Sol será siete veces más brillante, como la luz de los siete días, sobre ese día cuando el Señor componga el infortunio de Su nación y sane la herida de Su azote" (Isaías 30:26). *"Y te adornaste con oro y plata; tu vestimenta era de lino, seda y bordado. Comiste harina fina, miel y aceite; te hiciste muy hermoso y propio para reinar"* (Ezequiel 116:13).

SHALOM ALEIJEM

Que la paz esté contigo (y cada uno de ellos responde:) *Que contigo esté la paz.*

LECTURA DE LA TORÁ PARA SHAVUOT

בַּחֹדֶשׁ י״ב הוויות הַשְּׁלִישִׁי לְצֵאת ר״ת הבל בְּנֵי־יִשְׂרָאֵל מֵאֶרֶץ אלהים דאלפין
מִצְרָיִם מצר בַּיּוֹם ע״ה = נגד, זן, מזבח הַזֶּה והו בָּאוּ מִדְבַּר סִינָי נמם, ה״פ יהוה:
וַיִּסְעוּ מֵרְפִידִים וַיָּבֹאוּ מִדְבַּר סִינַי נמם, ה״פ יהוה וַיַּחֲנוּ בַּמִּדְבָּר רמ״ח, וז״פ אל
וַיִּחַן־שָׁם יִשְׂרָאֵל נֶגֶד זן, מזבח הָהָר רבוע אלהים + ה׳: וּמֹשֶׁה מהש, אל שדי
עָלָה אֶל־הָאֱלֹהִים מום, אהיה אדני ; ילה וַיִּקְרָא עם ה׳ אותיות = ב״פ קס״א אֵלָיו
יְהֹוָהאדניאהדונהי מִן־הָהָר לֵאמֹר כֹּה הי׳ תֹאמַר לְבֵית ב״פ ראה
יַעֲקֹב ז״פ יהוה, יאהדונהי אידהנויה וְתַגֵּיד לִבְנֵי יִשְׂרָאֵל: אַתֶּם רְאִיתֶם אֲשֶׁר
עָשִׂיתִי לְמִצְרָיִם מצר וָאֶשָּׂא אֶתְכֶם עַל־כַּנְפֵי נְשָׁרִים וָאָבִא אֶתְכֶם אֵלָי:
וְעַתָּה אִם־ יוהך, ע״ה מ״ב שָׁמוֹעַ תִּשְׁמְעוּ בְּקֹלִי וּשְׁמַרְתֶּם אֶת־בְּרִיתִי וִהְיִיתֶם
לִי סְגֻלָּה מִכָּל־ ילי הָעַמִּים ע״ה קס״א כִּי־לִי כָּל־ ילי הָאָרֶץ אלהים דההין ע״ה:
וְאַתֶּם תִּהְיוּ־לִי מַמְלֶכֶת כֹּהֲנִים מלה וְגוֹי קָדוֹשׁ אֵלֶּה הַדְּבָרִים ראה
אֲשֶׁר תְּדַבֵּר ראה אֶל־בְּנֵי יִשְׂרָאֵל: *Leví* וַיָּבֹא מֹשֶׁה מהש, אל שדי
וַיִּקְרָא עם ה׳ אותיות = ב״פ קס״א לְזִקְנֵי הָעָם וַיָּשֶׂם לִפְנֵיהֶם אֵת כָּל־ ילי
הַדְּבָרִים ראה הָאֵלֶּה אֲשֶׁר צִוָּהוּ יְהֹוָהאדניאהדונהי: וַיַּעֲנוּ כָל־ ילי הָעָם יַחְדָּו
וַיֹּאמְרוּ כֹּל ילי אֲשֶׁר־דִּבֶּר ראה יְהֹוָהאדניאהדונהי נַעֲשֶׂה וַיָּשֶׁב מֹשֶׁה מהש, אל שדי
אֶת־דִּבְרֵי ראה הָעָם אֶל־יְהֹוָהאדניאהדונהי: וַיֹּאמֶר יְהֹוָהאדניאהדונהי
אֶל־מֹשֶׁה מהש, אל שדי הִנֵּה מ״ה יה אָנֹכִי איע בָּא אֵלֶיךָ אני בְּעַב הֶעָנָן
בַּעֲבוּר יִשְׁמַע הָעָם בְּדַבְּרִי ראה עִמָּךְ ה׳ הויות, נמם וְגַם־ יג״ל בְּךָ יַאֲמִינוּ
לְעוֹלָם וַיַּגֵּד מֹשֶׁה מהש, אל שדי אֶת־דִּבְרֵי ראה הָעָם אֶל־יְהֹוָהאדניאהדונהי:

LECTURA DE LA TORÁ PARA SHAVUOT

"En el tercer mes de la salida de la tierra de Egipto los hijos de Israel llegaron al desierto de Sinaí. Y viajaron desde Refidim hasta el desierto de Sinaí, donde acamparon, frente al monte. Allí subió Moshé ante Dios acudiendo a Su llamado. Y Dios le dijo: Así le dirás a la Casa de Yaakov y anunciarás a los hijos de Israel: Ustedes *vieron lo que hice en Egipto y cómo los traje con alas de águila ante Mí. Escuchen ahora Mi voz y guarden Mi pacto. Serán para Mí propiedad preciada entre todos los pueblos, porque Mía es toda la Tierra. Y ustedes serán para Mí un reino de sacerdotes y un pueblo santo. Estas son las palabras que dirás a los hijos de Israel".* **LEVÍ** *"Y Moshé bajó y llamó a los ancianos del pueblo, y les repitió todas las palabras que le había ordenado el Señor. Y respondió todo el pueblo en coro, diciendo: ¡Haremos todo lo que dijo el Señor! Y Moshé le refirió al Señor la promesa del pueblo. Entonces le dijo el Señor: He aquí que vendré a ti en medio de una densa nube para que oiga el pueblo mientras hable contigo y también en ti creerán para siempre. Y Moshé le refirió al Señor la promesa del pueblo.*

וַיֹּאמֶר יְהֹוָאדנ״יאהדונה״י אֶל־מֹשֶׁה מהש, אל שדי לֵךְ אֶל־הָעָם וְקִדַּשְׁתָּם
הַיּוֹם ע״ה = נגד, זן, מזבח וּמָחָר רמ״ח וְכִבְּסוּ שִׂמְלֹתָם׃ וְהָיוּ נְכֹנִים
לַיּוֹם ע״ה = נגד, זן, מזבח הַשְּׁלִישִׁי כִּי | בַּיּוֹם ע״ה = נגד, זן, מזבח הַשְּׁלִשִׁי יֵרֵד
יְהֹוָאדנ״יאהדונה״י לְעֵינֵי ריבוע מ״ה כָל־ ילי הָעָם עַל־הַר רבוע אלהים - ה׳
סִינָי נמם, ה״פ יהוה׃ וְהִגְבַּלְתָּ אֶת־הָעָם סָבִיב לֵאמֹר הִשָּׁמְרוּ לָכֶם עֲלוֹת
בָּהָר אור, רז וּנְגֹעַ בְּקָצֵהוּ מלוי אהיה דאלפין כָּל־ ילי הַנֹּגֵעַ מלוי אהיה דאלפין
בָּהָר אור, רז מוֹת יוּמָת׃ לֹא־תִגַּע בּוֹ יָד כִּי־סָקוֹל יִסָּקֵל אוֹ־יָרֹה יִיָּרֶה
אִם־ יוהך, ע״ה מ״ב בְּהֵמָה ב״ן, לכב, יבמ אִם־ יוהך, ע״ה מ״ב אִישׁ ע״ה קנ״א קס״א לֹא
יִחְיֶה בִּמְשֹׁךְ הַיֹּבֵל הֵמָּה יַעֲלוּ בָהָר אור, רז׃ *Israel* וַיֵּרֶד ריי מֹשֶׁה מהש, אל שדי
מִן־הָהָר אֶל־הָעָם וַיְקַדֵּשׁ אֶת־הָעָם וַיְכַבְּסוּ שִׂמְלֹתָם׃ וַיֹּאמֶר אֶל־הָעָם הֱיוּ
נְכֹנִים לִשְׁלֹשֶׁת יָמִים נלך אַל־תִּגְּשׁוּ אֶל־אִשָּׁה׃ וַיְהִי אל, ייא״י בַיּוֹם ע״ה = נגד, זן, מזבח
הַשְּׁלִישִׁי בִּהְיֹת הַבֹּקֶר וַיְהִי אל, ייא״י קֹלֹת וּבְרָקִים וְעָנָן כָּבֵד עַל־הָהָר
וְקֹל נמם, רבוע מ״ה שֹׁפָר חָזָק פהל מְאֹד מ״ה וַיֶּחֱרַד כָּל־ ילי הָעָם אֲשֶׁר בַּמַּחֲנֶה׃
וַיּוֹצֵא מֹשֶׁה מהש, אל שדי אֶת־הָעָם לִקְרַאת הָאֱלֹהִים מום, אהיה אדני ; ילה
מִן־הַמַּחֲנֶה וַיִּתְיַצְּבוּ בְּתַחְתִּית הָהָר׃ וְהַר רבוע אלהים - ה׳ סִינַי נמם, ה״פ יהוה
עָשַׁן כֻּלּוֹ מִפְּנֵי חכמה בינה אֲשֶׁר יָרַד עָלָיו יְהֹוָאדנ״יאהדונה״י בָּאֵשׁ אלהים דיודין ע״ה
וַיַּעַל עֲשָׁנוֹ כְּעֶשֶׁן הַכִּבְשָׁן וַיֶּחֱרַד כָּל־ ילי הָהָר מְאֹד מ״ה׃ וַיְהִי אל, ייא״י
קוֹל ע״ב ס״ג ע״ה הַשּׁוֹפָר הוֹלֵךְ וְחָזֵק פהל מְאֹד מ״ה מֹשֶׁה מהש, אל שדי
יְדַבֵּר ראה וְהָאֱלֹהִים מום, אהיה אדני ; ילה יַעֲנֶנּוּ בְקוֹל ע״ב ס״ג ע״ה׃ **Cuarta**

"Y el Señor dijo a Moshé: Dile que se santifiquen hoy y mañana, y que laven sus vestimentas. Y que se preparen para el día tercero, porque en el tercer día descenderá el Señor a la vista de todo el pueblo sobre el monte Sinaí. Y dispondrás del pueblo en derredor, advirtiendo: Cuiden no subir al monte o tocar su borde. Quien toque el borde, morirá. Ninguna mano, ya sea de hombre o de animal, ha de tocar el límite, porque el que lo haga no vivirá, pues será lapidado o asaetado. Sólo al prolongarse el sonido del Shofar podrán subir al monte". **ISRAEL** *"Y descendió Moshé del monte y santificó al pueblo: Estén preparados. Durante tres días no se acerquen a mujer. Y a la mañana del tercer día hubo truenos y relámpagos y una nube espesa cubrió la cima del monte y se oyó un sonido fuerte del Shofar, y se estremeció todo el pueblo en el campamento. Entonces sacó Moshé del campamento al pueblo para que fuera al encuentro de Dios, y permanecieron de pie, expectantes, al borde del monte. Y todo el monte Sinaí humeaba al descender sobre la cima el Señor en medio del fuego, y era el humo como de horno y se sacudió todo el monte. Y el sonido del Shofar se intensificaba gradualmente, a medida que Moshé hablaba y Dios le respondía con voz tronante".* **CUARTA**

וַיֵּרֶד ריי יְהֹוָהאדניאהדונהי עַל־הַר רבוע אלהים - ה' סִינַי נמם, ה"פ יהוה אֶל־
רֹאשׁ ריבוע אלהים ואלהים דיודין ע"ה הָהָר רבוע אלהים - ה' וַיִּקְרָא עם ה' אותיות = ב"פ קס"א
יְהֹוָהאדניאהדונהי לְמֹשֶׁה מהש, אל שדי אֶל־רֹאשׁ ריבוע אלהים ואלהים דיודין ע"ה הָהָר
וַיַּעַל מֹשֶׁה מהש, אל שדי: וַיֹּאמֶר יְהֹוָהאדניאהדונהי אֶל־מֹשֶׁה מהש, אל שדי רֵד הָעֵד
בָּעָם פֶּן־יֶהֶרְסוּ אֶל־יְהֹוָהאדניאהדונהי לִרְאוֹת וְנָפַל מִמֶּנּוּ רָב ע"ב ורבוע מ"ה: וְגַם יג"ל
הַכֹּהֲנִים מלה הַנִּגָּשִׁים אֶל־יְהֹוָהאדניאהדונהי יִתְקַדָּשׁוּ פֶּן־יִפְרֹץ בָּהֶם
יְהֹוָהאדניאהדונהי: וַיֹּאמֶר מֹשֶׁה מהש, אל שדי אֶל־יְהֹוָהאדניאהדונהי לֹא־יוּכַל הָעָם
לַעֲלֹת אֶל־הַר רבוע אלהים - ה' סִינָי נמם, ה"פ יהוה כִּי־אַתָּה הַעֵדֹתָה בָּנוּ לֵאמֹר
הַגְבֵּל אֶת־הָהָר וְקִדַּשְׁתּוֹ: וַיֹּאמֶר אֵלָיו יְהֹוָהאדניאהדונהי לֶךְ־רֵד וְעָלִיתָ ר"ת הכל
אַתָּה וְאַהֲרֹן ע"ב ורבוע ע"ב עִמָּךְ ה' הויות, נמם וְהַכֹּהֲנִים מלה וְהָעָם אַל־יֶהֶרְסוּ
לַעֲלֹת אֶל־יְהֹוָהאדניאהדונהי פֶּן־יִפְרָץ־בָּם מ"ב: וַיֵּרֶד ריי מֹשֶׁה מהש, אל שדי אֶל־
הָעָם וַיֹּאמֶר אֲלֵהֶם: וַיְדַבֵּר ראה אֱלֹהִים מום, אהיה אדני ; ילה אֵת כָּל־ ילי
הַדְּבָרִים ראה הָאֵלֶּה לֵאמֹר: (*Kéter*) אָנֹכִי איע יְהֹוָהאדניאהדונהי אֱלֹהֶיךָ ילה
אֲשֶׁר הוֹצֵאתִיךָ מֵאֶרֶץ אלהים דאלפין מִצְרַיִם מצר מִבֵּית ב"פ ראה עֲבָדִים
לֹא־יִהְיֶה ייי לְךָ אֱלֹהִים מום, אהיה אדני ; ילה אֲחֵרִים עַל־פָּנָי (*Jojmá*) וחכמה בינה:
לֹא־תַעֲשֶׂה לְךָ פֶסֶל וְכָל־ ילי תְּמוּנָה אֲשֶׁר בַּשָּׁמַיִם מִמַּעַל עלם וַאֲשֶׁר
בָּאָרֶץ אלהים דאלפין מִתָּחַת וַאֲשֶׁר בַּמַּיִם מִתַּחַת לָאָרֶץ אלהים דאלפין: לֹא־
תִשְׁתַּחֲוֶה לָהֶם וְלֹא תָעָבְדֵם כִּי אָנֹכִי איע יְהֹוָהאדניאהדונהי אֱלֹהֶיךָ ילה אֵל ייא"י
קַנָּא קנ"א, מקוה פֹּקֵד רבוע ע"ב עֲוֺן ג"פ מ"ב אָבֹת עַל־בָּנִים עַל־שִׁלֵּשִׁים וְעַל־
רִבֵּעִים לְשֹׂנְאָי: וְעֹשֶׂה חֶסֶד ע"ב, ריבוע יהוה לַאֲלָפִים קס"א לְאֹהֲבַי וּלְשֹׁמְרֵי מִצְוֺתָי:

"Así descendió el Señor sobre el monte Sinaí, y llamó desde allí a Moshé, que subió. Y Dios dijo a Moshé: Desciende y advierte al pueblo que no pase el límite, porque en caso de hacerlo caerán muchos. Y también los sacerdotes que usualmente se acercan al Señor, que se santifiquen, para que el Señor no los destruya. Y le dijo Moshé al Señor: El pueblo no podrá subir el monte Sinaí porque Tú nos previniste ordenándonos: Señala límites al monte y santifícalo. Y le dijo el Señor: Desciende pues y subirás junto con Aharón, pero que los sacerdotes y el pueblo no lo hagan, para que no los destruya. Y bajó Moshé y previno al pueblo, y les dijo: Dios ha dicho todas estas palabras: **KÉTER** *Yo soy el Señor, tu Dios, que te sacó de la tierra de Egipto, de la casa de servidumbre.* **Jojmá** *No tendrás otros dioses fuera de Mí, no te harás esculturas ni imágenes de lo que hay arriba en el Cielo y abajo en la Tierra, y en las aguas debajo de la Tierra. No te postrarás ante ellas ni las servirás, pues Yo, el Señor, tu Dios, soy Dios celoso que castiga en los hijos los pecados de los padres hasta la tercera y cuarta generación de quienes Me aborrecen, pero soy misericordioso hasta la milésima generación de quienes Me aman y cumplen Mis mandamientos.*

(*Biná*) לא תשא את־שם־ יהוה שדי יהוה אהדונהי אלהיך ילה לשוא כי לא
ינקה יהוה אהדונהי את אשר־ישא את־שמו מהש ע״ה, אל שדי ע״ה לשוא:
(*Jésed*) זכור ע״ב קס״א את־יום ע״ה = נגד, זן, מזבח השבת לקדשו: ששת
ימים נלך תעבד ועשית כל־ ילי מלאכתך: ויום ע״ה = נגד, זן, מזבח השביעי
שבת ליהוה אהדונהי אלהיך ילה לא־תעשה כל־ ילי מלאכה אל אדני
אתה | ובנך ובתך עבדך פוי ואמתך ובהמתך וגרך אשר בשעריך:
כי ששת־ימים נלך עשה יהוה אהדונהי את־השמים י״פ טל, י״פ כוזו
ואת־הארץ אלהים דההין ע״ה את־הים ילי ואת־כל־ ילי אשר־בם מ״ב וינח ביום
ע״ה = נגד, זן, מזבח השביעי על־כן ברך יהוה אהדונהי את־יום ע״ה = נגד, זן, מזבח
השבת ויקדשהו: (*Guevurá*) כבד את־אביך ואת־אמך למען יארכון
ימיך על האדמה אשר־יהוה אהדונהי אלהיך ילה נתן אבגיתצ, ושר, אהבת חנם לך:
(*Tiféret*) לא תרצח (*Nétsaj*) לא תנאף (*Hod*) לא תגנב
(*Yesod*) לא־תענה ברעך עד שקר: (*Maljut*) לא תחמד בית ב״פ ראה רעך
לא־תחמד אשת רעך ועבדו ואמתו ושורו וחמרו וכל ילי
אשר לרעך: *Quinta* וכל־ ילי העם ראים את־הקולת ואת־הלפידם ואת
קול ע״ב ס״ג ע״ה השפר ואת־ההר עשן וירא אלף למד יהוה העם וינעו ויעמדו
מרחק שדי: ויאמרו אל־משה מהש, אל שדי דבר־ ראה אתה עמנו ונשמעה
ואל־ידבר ראה עמנו אלהים מום, אהיה אדני ; ילה פן־נמות: ויאמר
משה מהש, אל שדי אל־העם אל־תיראו כי לבעבור נסות אתכם בא
האלהים מום, אהיה אדני ; ילה ובעבור תהיה יראתו על־פניכם לבלתי תחטאו:

Biná *No pronunciarás el Nombre del Señor, tu Dios, en vano, porque no tolerará el Señor que Su Nombre sea invocado falsamente.* **Jésed** *Te acordarás del día de Shabat para santificarlo. Seis días trabajarás y harás en ellos toda tu labor, pero el día séptimo, sábado, lo consagrarás al Señor, tu Dios, y ese día no harás labor alguna, ni tu hijo, ni tu hija, ni tu siervo, ni tu sierva, ni tu animal ni el extranjero que esté en tu casa, porque en seis días hizo el Señor el Cielo, la Tierra, el mar y todo lo que hay en ellos, y descansó el día séptimo; por eso bendijo el Shabat y lo santificó.* **Guevurá** *Honrarás a tu padre y a tu madre, para que se alarguen tus días en la Tierra que te dio el Señor, tu Dios.* **Tiféret** *No asesinarás a tu prójimo.* **Nétsaj** *No cometerás adulterio.* **Hod** *No robarás.* **Yesod** *No darás testimonio falso contra tu prójimo.* **Maljut** *No codiciarás la casa de tu prójimo, ni su mujer, ni su siervo, ni su criada, ni su buey, ni su asno, ni ningún otro bien de tu prójimo".* **Quinta** *"Y todo el pueblo oía los truenos y veía las llamas y, temblando de pavor, permanecía lejos. Y le dijeron a Moshé: Habla tú con nosotros y te escucharemos, pero no hable Dios con nosotros para que no muramos. Y contestó Moshé al pueblo: No teman, pues Dios vino para probarlos y para que vieran Su majestad y no pequen.*

ויעמד העם מרחק שדי ומשה מהש, אל שדי נגש אל־הערפל אשר־שם
האלהים מום, אהיה אדני ; ילה: ויאמר יהוהאדניאהדונהי אל־משה מהש, אל שדי
כה היי תאמר אל־בני ישראל אתם ראיתם כי מן־השמים י״פ טל, י״פ כוזו
דברתי ראה עמכם: לא תעשון אתי אלהי דמב, ילה כסף ואלהי דמב, ילה
זהב לא תעשו לכם: מזבח זן, נגד אדמה תעשה־לי וזבחת עליו
את־עלתיך ואת־שלמיך את־צאנך ואת־בקרך בכל־ ב״ן, לכב, יבמ
המקום יהוה ברבוע, ו״פ אל אשר אזכיר את־שמי רבוע ע״ב ורבוע ס״ג אבוא
אליך אני וברכתיך: ואם־ יוהך, ע״ה מ״ב מזבח זן, נגד אבנים תעשה־לי לא־
תבנה אתהן גזית כי חרבך הנפת עליה פהל ותחללה: ולא־תעלה במעלת
על־מזבחי אשר לא־תגלה ערותך עליו:

Después de la lectura recitar *Medio Kadish* (pág. 407), y luego leer el *Maftir* (a continuación).

MAFTIR

וביום ע״ה = נגד, זן, מזבח הבכורים בהקריבכם מנחה ע״ה ב״פ ב״ן חדשה
ליהוהאדניאהדונהי בשבעתיכם מקרא־ שם ע״ה, יהוה שדי קדש יהיה ייי לכם כל־ ילי
מלאכת עבדה לא תעשו: והקרבתם עולה לריח אברהם, וח״פ אל, רמ״ח ניחח
ליהוהאדניאהדונהי פרים בני־בקר שנים איל אחד אהבה, דאגה שבעה כבשים
בני שנה: ומנחתם סלת בלולה בשמן י״פ טל, י״פ כוזו, ביט שלשה עשרנים
לפר מוזפך, ערי, סנדלפון האחד אהבה, דאגה שני עשרנים לאיל האחד אהבה, דאגה:
עשרון עשרון לכבש ב״פ קס״א האחד אהבה, דאגה לשבעת הכבשים:

Y permaneció el pueblo mirando lo que ocurría desde lejos, y Moshé subió frente a la espesa nube donde estaba Dios. Y le dijo el Señor a Moshé: Así les dirás a los hijos de Israel: Ustedes vieron que desde el Cielo les he hablado, no hagan junto a Mí dioses de plata o dioses de oro. No los hagan. Para Mí, harán un altar de tierra y sacrificarán sobre él sus holocaustos y ofrendas pacíficas, sus ovejas y sus vacas. En todo lugar donde yo haga recordar Mi Nombre, vendré a ustedes y los bendeciré. Y si hacen para Mí un altar de piedras, no las labrarán; porque cometerían profanación con el cincel. Y no subirás por gradas sobre Mi altar, para que no sea descubierta tu desnudez sobre él" (Éxodo 19:1-20:23).

MAFTIR

"En el día de las primicias, cuando traigan la ofrenda de los primeros frutos al Señor en la festividad de Shavuot, tendrán santa convocatoria durante la cual no harán labor servil. Ofrecerán holocausto de olor grato al Señor de dos novillos, un carnero y siete corderos de un año. Y su oblación vegetal de harina de sémola amasada con aceite, será de tres diezmos de efá por cada novillo, dos diezmos por el carnero, y un diezmo por cada uno de los siete corderos.

שְׂעִיר עִזִּים אֶחָד (אהבה, דאגה) לְכַפֵּר (מצפצ) עֲלֵיכֶם: מִלְּבַד
עֹלַת (אבגיתץ, ושר, אהבת חנם) הַתָּמִיד (ע"ה נתה, קס"א קנ"א קמ"ג) וּמִנְחָתוֹ תַּעֲשׂוּ
תְּמִימִם יִהְיוּ (אל) לָכֶם וְנִסְכֵּיהֶם:

Decir la bendición antes de la *Haftará* (pág. 408) y luego leer la *Haftará* (a continuación).

HAFTARÁ PARA SHAVUOT

וַיְהִי | בִּשְׁלֹשִׁים שָׁנָה בָּרְבִיעִי בַּחֲמִשָּׁה לַחֹדֶשׁ וַאֲנִי (אני) בְתוֹךְ־הַגּוֹלָה עַל־
נְהַר־כְּבָר נִפְתְּחוּ הַשָּׁמַיִם (י"פ כוזו, י"פ טל) וָאֶרְאֶה מַרְאוֹת אֱלֹהִים (מום, ילה):
בַּחֲמִשָּׁה לַחֹדֶשׁ הִיא הַשָּׁנָה הַחֲמִישִׁית לְגָלוּת הַמֶּלֶךְ יוֹיָכִין: הָיֹה (יהה)
הָיָה (יהה) דְבַר־ (ראה) יְהֹוָה(אדני אהדונהי) אֶל־יְחֶזְקֵאל בֶּן־בּוּזִי הַכֹּהֵן (מלה) בְּאֶרֶץ
כַּשְׂדִּים עַל־נְהַר־כְּבָר וַתְּהִי עָלָיו שָׁם יַד־יְהֹוָה(אדני אהדונהי): וָאֵרֶא וְהִנֵּה רוּחַ
סְעָרָה בָּאָה מִן־הַצָּפוֹן עָנָן גָּדוֹל (להח, מבה) וְאֵשׁ מִתְלַקַּחַת וְנֹגַהּ לוֹ סָבִיב
וּמִתּוֹכָהּ כְּעֵין (ריבוע מ"ה) הַחַשְׁמַל מִתּוֹךְ הָאֵשׁ: וּמִתּוֹכָהּ דְּמוּת אַרְבַּע חַיּוֹת
וְזֶה מַרְאֵיהֶן דְּמוּת אָדָם (מ"ה) לָהֵנָּה: וְאַרְבָּעָה פָנִים לְאֶחָת וְאַרְבַּע כְּנָפַיִם
לְאַחַת לָהֶם: וְרַגְלֵיהֶם רֶגֶל יְשָׁרָה וְכַף רַגְלֵיהֶם כְּכַף רֶגֶל עֵגֶל וְנֹצְצִים
כְּעֵין (ריבוע מ"ה) נְחֹשֶׁת קָלָל: וִידֵי (כתיב: וידו) אָדָם (מ"ה) מִתַּחַת כַּנְפֵיהֶם
עַל אַרְבַּעַת רִבְעֵיהֶם וּפְנֵיהֶם וְכַנְפֵיהֶם לְאַרְבַּעְתָּם: חֹבְרֹת אִשָּׁה
אֶל־אֲחוֹתָהּ כַּנְפֵיהֶם לֹא־יִסַּבּוּ בְלֶכְתָּן אִישׁ אֶל־עֵבֶר פָּנָיו יֵלֵכוּ:

Ofrecerán un macho cabrío por expiación. Todo ello será ofrecido sin perjuicio del holocausto diario y su oblación. Las víctimas serán sin defecto alguno" (Números 28:26-31).

HAFTARÁ PARA SHAVUOT

"Y ocurrió en el año treinta, en el mes cuarto, a cinco del mes, cuando yo estaba entre los cautivos junto al río Kevar, que los Cielos fueron abiertos y vi visiones de Dios. En el día cinco del mes, en el quinto año del cautiverio del Rey Yoyajín, vino la palabra del Señor expresamente a Yejezkel, el sacerdote, hijo de Buzi, en la tierra de los caldeos, junto al río Quevar, y la mano del Señor fue sobre él. Y yo miré y he aquí un viento tormentoso que venía del Norte, una gran nube, rodeada por un fuego parpadeante y una brillantez y de en medio surgió una semblanza de Jashmal, de en medio del fuego, y de su medio una semblanza de cuatro Jayot. Y esta era su apariencia: Tenían la semejanza de un hombre. Y cada uno tenía cuatro rostros, y cada uno de ellos tenía cuatro alas. Y sus pies eran pies derechos, y la planta de sus pies era como la planta de la pata de un becerro, y brillaban como el color del bronce bruñido. Y tenían las manos de un hombre debajo de sus alas en sus cuatro lados, y en cuanto a los rostros y alas de los cuatro, sus alas estaban unidas entre sí. No se doblaban cuando caminaban, quienes andaban cara adelante.

וּדְמוּת פְּנֵיהֶם פְּנֵי וחכמה, בינה אָדָם מ"ה וּפְנֵי וחכמה, בינה אַרְיֵה רי"ו אֶל־הַיָּמִין
לְאַרְבַּעְתָּם וּפְנֵי־ וחכמה, בינה שׁוֹר מֵהַשְּׂמֹאול לְאַרְבַּעְתָּן וּפְנֵי־ וחכמה, בינה נֶשֶׁר
לְאַרְבַּעְתָּן׃ וּפְנֵיהֶם וְכַנְפֵיהֶם פְּרֻדוֹת מִלְמָעְלָה לְאִישׁ שְׁתַּיִם חֹבְרוֹת אִישׁ
וּשְׁתַּיִם מְכַסּוֹת אֵת גְּוִיֹתֵיהֶנָה׃ וְאִישׁ אֶל־עֵבֶר פָּנָיו יֵלֵכוּ אֶל אֲשֶׁר
יִהְיֶה־ ייי שָׁמָּה הָרוּחַ לָלֶכֶת יֵלֵכוּ לֹא יִסַּבּוּ בְּלֶכְתָּן׃ וּדְמוּת הַחַיּוֹת מַרְאֵיהֶם
כְּגַחֲלֵי־אֵשׁ בֹּעֲרוֹת כְּמַרְאֵה הַלַּפִּדִים הִיא מִתְהַלֶּכֶת בֵּין הַחַיּוֹת וְנֹגַהּ לָאֵשׁ
וּמִן־הָאֵשׁ יוֹצֵא בָרָק׃ וְהַחַיּוֹת רָצוֹא וָשׁוֹב כְּמַרְאֵה הַבָּזָק׃ וָאֵרֶא הַחַיּוֹת
וְהִנֵּה אוֹפַן אֶחָד אהבה, דאגה בָּאָרֶץ אֵצֶל הַחַיּוֹת לְאַרְבַּעַת פָּנָיו׃ מַרְאֵה ראה
הָאוֹפַנִּים וּמַעֲשֵׂיהֶם כְּעֵין ריבוע מ"ה תַּרְשִׁישׁ וּדְמוּת אֶחָד אהבה, דאגה
לְאַרְבַּעְתָּן וּמַרְאֵיהֶם וּמַעֲשֵׂיהֶם כַּאֲשֶׁר יִהְיֶה ייי הָאוֹפַן בְּתוֹךְ הָאוֹפָן׃
עַל־אַרְבַּעַת רִבְעֵיהֶן בְּלֶכְתָּם יֵלֵכוּ לֹא יִסַּבּוּ בְּלֶכְתָּן׃ וְגַבֵּיהֶן וְגֹבַהּ לָהֶם
וְיִרְאָה רי"ו, גבורה לָהֶם וְגַבֹּתָם מְלֵאֹת עֵינַיִם סָבִיב לְאַרְבַּעְתָּן׃ וּבְלֶכֶת
הַחַיּוֹת יֵלְכוּ הָאוֹפַנִּים אֶצְלָם וּבְהִנָּשֵׂא הַחַיּוֹת מֵעַל עלם הָאָרֶץ אלהים דההין
יִנָּשְׂאוּ הָאוֹפַנִּים׃ עַל אֲשֶׁר יִהְיֶה־ ייי שָׁם הָרוּחַ לָלֶכֶת יֵלֵכוּ שָׁמָּה הָרוּחַ
לָלֶכֶת וְהָאוֹפַנִּים יִנָּשְׂאוּ לְעֻמָּתָם כִּי רוּחַ הַחַיָּה בָּאוֹפַנִּים׃ בְּלֶכְתָּם יֵלֵכוּ
וּבְעָמְדָם יַעֲמֹדוּ וּבְהִנָּשְׂאָם מֵעַל עלם הָאָרֶץ אלהים דההין יִנָּשְׂאוּ
הָאוֹפַנִּים לְעֻמָּתָם כִּי רוּחַ הַחַיָּה בָּאוֹפַנִּים׃ וּדְמוּת עַל־רָאשֵׁי
הַחַיָּה רָקִיעַ כְּעֵין ריבוע מ"ה הַקֶּרַח הַנּוֹרָא נָטוּי עַל־רָאשֵׁיהֶם מִלְמָעְלָה׃

En cuanto a la apariencia de sus rostros, tenían el rostro de un hombre y los cuatro tenían la cara de un león de lado izquierdo, y los cuatro tenían la cara de un águila. Así eran sus rostros, y sus alas se extendían hacia arriba, de cada cual, dos de sus alas se juntaban con las del otro, y dos cubrían sus cuerpos. Y caminaban cara adelante, donde iba el espíritu, iban ellos, sin mudar de frente al caminar. En cuanto a la apariencia de sus Jayot se asemejaban a ascuas de fuego, encendidas como antorcha, que andaban de un lado a otro entre las Jayot, y había un gran resplandor por el fuego, del que salían relámpagos. Y las Jayot corrían y volvían como si fueran destellos de relámpagos. Y cuando contemplaba a las Jayot de aquí, he aquí un Ofán sobre la tierra junto a cada uno de las cuatro Jayot frente a sus cuatro rostros. El aspecto de los Ofanim y de su obra era como el brillo del crisólito, y una misma semejanza tenían los cuatro, y su apariencia y su hechura era como si hubiese un Ofán dentro de otra. Cuando avanzaban, iban hacia sus cuatro lados. No se volvían al andar. En cuanto a sus llantas, eran altas, eran altas e infundían pavor, y las cuatro tenían sus llantas llenas de ojos en derredor. Y cuando los seres vivientes avanzaban, caminaban los Ofanim juntamente con ellos, y al alzarse aquellos sobre la tierra, también se alzaban los Ofanim. Adondequiera que iba el espíritu, allí iban ellos, y los Ofanim se alzaban a su lado, porque el espíritu de las Jayot estaba en los Ofanim. Cuando ellos andaban, andaban éstas, y cuando ellos se detenían, se detenían los Ofanim. Y cuando ellos se alzaban de la tierra, los Ofanim también se alzaban a su lado, porque el espíritu de las Jayot estaba en los Ofanim. Y sobre las cabezas de las Jayot había algo parecido a un firmamento, como el resplandor de la luz sobre el hielo.

וְתַחַת הָרָקִיעַ כַּנְפֵיהֶם יְשָׁרוֹת אִשָּׁה אֶל־אֲחוֹתָהּ לְאִישׁ שְׁתַּיִם מְכַסּוֹת
לָהֵנָּה וּלְאִישׁ שְׁתַּיִם מְכַסּוֹת לָהֵנָּה אֵת גְּוִיֹּתֵיהֶם: וָאֶשְׁמַע אֶת־קוֹל כַּנְפֵיהֶם
כְּקוֹל מַיִם רַבִּים כְּקוֹל־שַׁדַּי בְּלֶכְתָּם קוֹל הֲמֻלָּה כְּקוֹל מַחֲנֶה בְּעָמְדָם
תְּרַפֶּינָה כַנְפֵיהֶן: וַיְהִי־קוֹל מֵעַל עלם לָרָקִיעַ אֲשֶׁר עַל־רֹאשָׁם בְּעָמְדָם
תְּרַפֶּינָה כַנְפֵיהֶן: וּמִמַּעַל עלם לָרָקִיעַ אֲשֶׁר עַל־רֹאשָׁם כְּמַרְאֵה אֶבֶן־סַפִּיר
דְּמוּת כִּסֵּא וְעַל דְּמוּת הַכִּסֵּא דְּמוּת כְּמַרְאֵה אָדָם מ״ה עָלָיו מִלְמָעְלָה:
וָאֵרֶא | כְּעֵין ריבוע מ״ה חַשְׁמַל כְּמַרְאֵה־אֵשׁ בֵּית־ ב״פ ראה לָהּ סָבִיב מִמַּרְאֵה
מָתְנָיו וּלְמָעְלָה וּמִמַּרְאֵה מָתְנָיו וּלְמַטָּה רָאִיתִי כְּמַרְאֵה־אֵשׁ וְנֹגַהּ לוֹ
סָבִיב: כְּמַרְאֵה הַקֶּשֶׁת אֲשֶׁר יִהְיֶה ״י בֶעָנָן בְּיוֹם נגד, מזבח, זן הַגֶּשֶׁם כֵּן
מַרְאֵה ראה הַנֹּגַהּ סָבִיב הוּא מַרְאֵה ראה דְּמוּת כְּבוֹד־יְהֹוָהאדניאהדונהי וָאֶרְאֶה
וָאֶפֹּל עַל־פָּנַי חכמה, בינה וָאֶשְׁמַע קוֹל מְדַבֵּר ראה: וַתִּשָּׂאֵנִי רוּחַ וָאֶשְׁמַע
אַחֲרַי קוֹל רַעַשׁ גָּדוֹל להח, מבה בָּרוּךְ כְּבוֹד־יְהֹוָהאדניאהדונהי מִמְּקוֹמוֹ עסמ״ב:

Decir la bendición de la *Haftará* (pág. 409).

Y debajo del firmamento estaban sus alas que se tocaban entre sí. Cada uno tenía dos alas que les cubrían los cuerpos, por un lado y por el otro. Y cuando avanzaban, yo oía el ruido de sus alas como el ruido de grandes aguas, como la voz del Todopoderoso, un ruido de tumulto como el ruido de un ejército. Cuando se paraban, bajaban sus alas, y cuando había una voz en el firmamento encima de sus cabezas, se paraban y bajaban sus alas. Y sobre el firmamento que estaba encima de sus cabezas, había algo así como un trono, un trono de apariencia de piedra de zafiro, y sobre esa apariencia de trono había la apariencia de un hombre que estaba arriba. Y vi como una semejanza de ámbar, como una apariencia de fuego en derredor. Desde la apariencia de sus lomos hacia arriba y desde la apariencia de sus lomos hacia abajo, había algo así como fuego, y había resplandor en su trono. Como la apariencia del arcoíris que aparece en la nube en día de lluvia, así era el aspecto de la refulgencia en derredor. Era la apariencia de la figura de la gloria del Señor. Y cuando la vi, caí postrado en tierra, y oí la voz de Alguien que me hablaba. Entonces me alzó un viento y oí detrás de mí la voz de una gran algazara: Bendita se la gloria del Señor desde Su lugar" (Ezequiel 1:1-28, 3:12).

3 *Biná* Cerebro izquierdo יֵהֵוֵהֵ	1 *Kéter* Cráneo יָהָוָהָ	2 *Jojmá* Cerebro derecho יַהַוַהַ
5 Ojo izquierdo יהוה יהוה יהוה יהוה יהוה	9 8 Nariz יוד הי ואו הי יוד הי ואו הי	4 Ojo derecho יהוה יהוה יהוה יהוה יהוה
7 Oído izquierdo יוד הי ואו הה		6 Oído derecho יוד הי ואו הה
10 Boca יוד הי ואו הי (אהיה) אוהח״ע גיכ״ק דטלנ״ת זסשר״ץ בומ״ף		
12 *Guevurá* Brazo izquierdo יְהְוְהְ	13 *Tiféret* Cuerpo יֹהֹוֹהֹ	11 *Jésed* Brazo derecho יֶהֶוֶהֶ
15 *Hod* Pierna izquierda יֻהֻוֻהֻ	16 *Yesod* Órganos reproductivos יוּ הוּ וּו הוּ	14 *Nétsaj* Pierna derecha יִהִוִהִ
	17 *Maljut* עֲטָרָה יהוהאדני	

Domingo - יום אֶ

יֱהֹוִה

יַוַד הַי וַיַו הַי יֶוֶד הֶי וֶאֶו הֶי

אל שדי יאולדפההייויאוודההיי

אנא בכח גדולת ימינך תתיר צרורה

אֶבְגִיתֶץ יְהֶוֶה יֶהֶוֶה

סֶמֶטֶורֶיֶה גֶזֶרֶיאֶל וֶעֶנֶאֶל לֶמֶוּאֶל

ר"ת סגול

Lunes - יום בְ

יֵוֵד הֵי וֵאֵו הֵי יְוְד הְי וְאְו הְי יוֹד הֹא וֹאוֹ הֹא

אל יהוה יאולדפההאאויאוודההאא

קבל רנת עמך שגבנו טהרנו נורא

קְרְעֶשְׂטָן יֲהֶוְה יְהְוְה

שְׁמְעְיאְל בְּרְכִיאְל אְהְנְיאְל

ר"ת שוא

Martes - יום ג

יוֹד הֹא וֹאוֹ הֹא יוֹד הֵה וָו הֵה

אל אדני יאולדפהההויוודההה

נא גבור דורשי יחודך כבבת שמרם

נַגְדֶיכַשׁ יַהֶוִה יהֹוה

חניאל להדיאל מוחניאל

ר"ת חלם

Miércoles - יום ד

יוד הא ואו הא יוד הה וו הה

אל אדני יאולדפההההויוודהההה

ברכם טהרם רוזמי צדקתך תמיד גמלם

בטרצתג יהוה יהוה

וזזקיאל רהטיאל קדשיאל

ר"ת וזרק

Jueves - יום ה

יוד הי ואו הי יוד הי ואו הי יוד הא ואו הא

אל יהוה יאולדפההאאויאוודהאא

וזסין קדוש ברוב טובך נהל עדתך

וזקבטנע יהוה יהוה

שמועאל רעמיאל קניאל

ר"ת שרק

(הקבוץ מלאכיו בר"ת שורק)

Viernes - יום ו

יוד הי ויו הי יוד הי ואו הי

אל שדי יאולדפההייויאוודההיי

יוזיד גאה לעמך פנה זוכרי קדושתך

יגלפזק יהוה יודהוודה

שומושויואולו רופואולו קודושויואולו

ר"ת שרק

Ángeles del viernes en la noche

יוד הי ואו הי שועתנו קבל ושמע צעקתנו יודע תעלומות

שקוצית יהוה יהוה יהוה

שמעיאל ברכיאל אהניאל

ר"ת שוא

סמטוריה גזריאל ועאל למואל

ר"ת סגול

צוריאל רזיאל יופיאל

ר"ת צירי

Ángeles de *Shabat* (sábado) en la mañana

יוד הי ויו הי יוד הי ויו הי

שועתנו קבל ושמע צעקתנו יודע תעלומות

שקוצית יהוה יהוה יהוה

שמעיאל ברכיאל אהניאל

ר"ת שוא

קדמיאל מלכיאל צוריאל

ר"ת קמץ

Ángeles de *Shabat* (sábado) en la tarde

יוד הא ואו הא יוד הא ואו הא

שועתנו קבל ושמע צעקתנו יודע תעלומות

שקוצית יהוה יהוה יהוה

שמעיאל ברכיאל אהניאל

ר"ת שוא

פדאל תלמיאל (תומיאל) וזסדיאל

ר"ת פתח